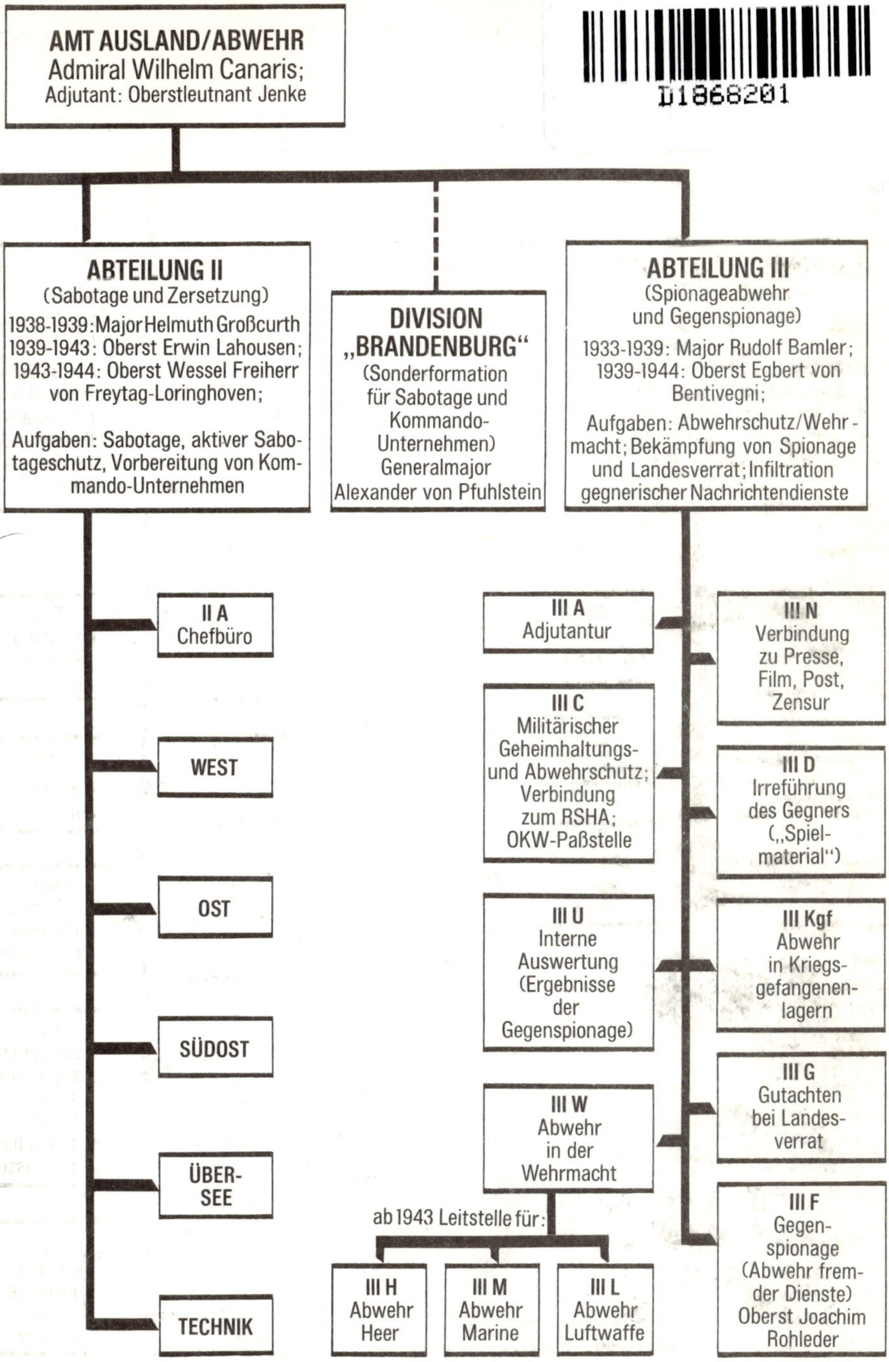
AMT AUSLAND/ABWEHR
Admiral Wilhelm Canaris;
Adjutant: Oberstleutnant Jenke
ABTEILUNG II
(Sabotage und Zersetzung)
1938-1939: Major Helmuth Großcurth
1939-1943: Oberst Erwin Lahousen;
1943-1944: Oberst Wessel Freiherr von Freytag-Loringhoven;
Aufgaben: Sabotage, aktiver Sabotageschutz, Vorbereitung von Kommando-Unternehmen
DIVISION „BRANDENBURG“
(Sonderformation für Sabotage und Kommando-Unternehmen)
Generalmajor Alexander von Pfuhlstein
ABTEILUNG III
(Spionageabwehr und Gegenspionage)
1933-1939: Major Rudolf Bamler;
1939-1944: Oberst Egbert von Bentivegni;
Aufgaben: Abwehrschutz/Wehrmacht; Bekämpfung von Spionage und Landesverrat; Infiltration gegnerischer Nachrichtendienste
II A
Chefbüro
WEST
OST
SÜDOST
ÜBER-SEE
TECHNIK
III A
Adjutantur
III C
Militärischer Geheimhaltungs- und Abwehrschutz; Verbindung zum RSHA; OKW-Paßstelle
III U
Interne Auswertung (Ergebnisse der Gegenspionage)
III W
Abwehr in der Wehrmacht
ab 1943 Leitstelle für:
III H
Abwehr Heer
III M
Abwehr Marine
III L
Abwehr Luftwaffe
III N
Verbindung zu Presse, Film, Post, Zensur
III D
Irreführung des Gegners („Spielmaterial“)
III Kgf
Abwehr in Kriegsgefangenenlagern
III G
Gutachten bei Landesverrat
III F
Gegenspionage (Abwehr fremder Dienste)
Oberst Joachim Rohleder

Heinz Höhne

Canaris

Patriot im Zwielicht

Gondrom

Sonderausgabe für Gondrom Verlag GmbH & Co. KG, Bindlach 1993

Covergestaltung: Creativ Werbe- und Verlagsgesellschaft
Ulrich Kolb, Leutenbach
Schaubilder: Jürgen Wulf, Hamburg
ISBN 3-8112-1010-6

Für meine Frau Christine,
ohne deren Verständnis und Geduld
dieses Buch nie entstanden wäre.

Inhaltsverzeichnis

Vorwort

Was veranlaßt einen Menschen, über einen anderen ein Buch zu schreiben? Gordon Shepherd, der britische Dollfuß-Biograph, meinte einmal dazu, es gebe zwei Motive für das Schreiben einer Biographie: Bewunderung oder Abscheu gegenüber dem Helden oder aber die Entdeckung neuer Materialien, die gängige Vorstellungen revidieren. Mich hat eher das historiographische als das emotionale Motiv bewogen, die Geschichte des Wilhelm Canaris zu erzählen: Ich habe neue Dokumente entdeckt und neue Erkenntnisse gewonnen, die diesen unergründlichen Mann in einer anderen als der gewohnten Beleuchtung zeigen.

Das mag zunächst verwundern angesichts der Fülle von Autoren, die in Literatur, Funk und Film Adolf Hitlers vielgesichtigen Spionagechef beschrieben haben. Kaum eine andere Figur aus dem Führungsapparat des Dritten Reiches hat die Phantasie der Zeitgenossen und die Kombinationsgabe der Historiker lebhafter beschäftigt als der Admiral und Abwehrchef Canaris. Allzu verlockend war es, diese sich scheinbar jeder rationalen Deutung entziehende Figur zu entschlüsseln, die den meisten Beobachtern rätselhaft blieb: Undurchsichtig, jeder konkreten Festlegung abgeneigt, agierte Canaris zwischen den Fronten, hier die Eroberungszüge Hitlers vorbereitend, dort mit regimefeindlichen Widerstandsgruppen seinen Sturz planend. Wer vermöchte solche Ungereimtheiten erklären?

Viele haben es versucht, einigen schien es geglückt zu sein. Von den vielen Deutungen hatten freilich nur zwei Bestand: die 1949 erschienene Canaris-Biographie des Publizisten Karl Heinz Abshagen, die jahrelang als ein zuverlässiges Standardwerk galt, und die 17 Jahre später publizierte Geschichte der Abwehr aus der Feder des Schriftstellers Gert Buchheit, die auf etwas soliderer dokumentarischer Basis ergänzte, wo sich Abshagen nur auf mündliche Überlieferungen hatte stützen können. Gemeinsam ist beiden Autoren das gleiche Canaris-Verständnis: Der Admiral wird als früher Gegner des NS-Regimes und als einer der führenden Männer des Widerstands gedeutet, die Abwehr gar zu einer regimefremden Organisation, ihr Kompetenzkonflikt mit SS und Polizei zu einer politisch-moralischen Auseinandersetzung aufgewertet.

Das entsprach so recht dem Bedürfnis der von Niederlage und Verbrechen des Hitler-Regimes schockierten deutschen Gesellschaft, mittels einer lichtvollen Gestalt eigene Schuldgefühle zu verdrängen, sich besser zu machen als sie gewesen, klüger, gütiger, menschlicher. Die Herausstellung, ja Heroisierung von Männern wie Canaris hatte eine nicht geringe Alibi-Funktion: Sie sollte helfen, den Nachweis zu erbringen, daß nicht alle Deutsche dem verfallen waren, was man in bezeichnender Schwarzweiß-Manier die Zwangsherrschaft des Nationalsozialismus nannte (als ob sich das NS-Regime nur mit Gewalt an der Macht gehalten und sich nicht auf die Zustimmung einer erdrückenden Mehrheit aus allen Bevölkerungs- und Berufsschichten gestützt habe). Und selbst ernsthafte Historiker lieferten solcher Legendenbildung noch scheinbar schlüssige Belege, grassierte doch auch unter ihnen eine maßlose Überschätzung des innerdeutschen Widerstandes und der Rolle, die darin der Admiral Canaris gespielt haben sollte.

Doch solche Interpretation hat mich nie befriedigen können, weil sie die pralle, farbige Lebensgeschichte von Canaris auf ein einziges Thema, eben jenes des Widerstandes gegen Hitler, einengt. Spätestens seit meinen Forschungen über Theorie und Praxis des sogenannten SS-Staates habe ich gelernt, den allzu einfachen Erklärungen zu mißtrauen, mit denen so manche Autoren die komplizierte Wirklichkeit des Dritten Reiches zu begreifen versuchen. Der gute, biedere Patriot und Vaterlandsfreund Canaris im schier pausenlosen Kampf gegen den bösen, satanischen SD-Chef Heydrich – dies Bild mochte den zutiefst apologetischen Bedürfnissen der Canaris-Biographen entgegenkommen, die Wirklichkeit ist es nicht. Mir ging es da wie jenem Kritiker der »Welt am Sonntag«, der sich den gefeierten Film »Canaris« mit den brillanten Schauspielern O. E. Hasse und Martin Held anschaute und danach schrieb: »Man starrt auf Canaris-Hasse und Heydrich-Held und manchmal zuckt es wie ein Blitz des Erinnerns auf. Dann aber ist es wie im Raritätenkabinett. Wohl stimmen die äußeren Formen, die verschiedenen Begebenheiten und die Masken. Aber das Eigentliche fehlt. Wo ist die Lust an jenem Spiel mit Leben und Tod? Wo der Kampf um die Macht, der letzten Endes das Mysterium Canaris beflügelte?«

Mir wurde immer deutlicher, daß man dieser irrlichternden Figur mit Schablonen nicht beikommen kann, es vielmehr gilt, jene politischen und gesellschaftlichen Bewußtseinsschichten freizulegen, die allein erklären können, was den vermeintlichen »Inspirator, Schirmherr und Kopf des Widerstandes«, wie ihn sein jüngster Biograph nennt, mit zahllosen Banden an das Regime Hitlers fesselte. Mit den herkömmlichen Materialien der Canaris-Biographen war die Aufgabe jedoch nicht zu bewältigen; allzu lükkenhaft sind die Quellen der älteren Autoren, zu unsicher die dokumentarische Basis, auf der sie ihre Theorien errichteten. Es gab kaum ein Kernereignis im Leben von Canaris, das die Biographen mit solidem Material belegen konnten: ob es um die Rolle des rechtsradikalen Konspirateurs in der Weimarer Republik ging oder um die ersten Schritte des Geheimagenten, ob um die Kontakte mit den Alliierten im Zweiten Weltkrieg oder die Gründe seines Sturzes – Vermutungen ersetzten oft Fakten, Legenden dokumentarische Gewißheit.

Ich habe versucht, dem Canaris-Thema neue Quellen zu erschließen und der gleichsam verkümmerten Figur wieder echtes Leben einzuhauchen. Sechs Jahre forschte ich in Archiven und Privatbibliotheken, las die Akten klärender Nachkriegsprozesse durch und sicherte mir die Aussagen wichtiger Zeugen, wobei mir so viele Menschen halfen, daß ich ihnen hier nur kollektiv danken kann. Stück um Stück fügte sich so zu einem neuen Bild von Canaris, zu einem Einblick in ein halbes Jahrhundert deutscher Geschichte, abzulesen an der faszinierenden Chronik eines Mannes, der mehr war denn der »untypische Einzelgänger«, als den ihn ein bedeutender Historiker verstand: ein Kind seiner Zeit, ein Produkt seiner Generation, repräsentativ für die Denk- und Verhaltensweisen einer ganzen militärischen Führungsschicht.

Was Canaris war und wurde, habe ich auf den folgenden Seiten niedergeschrieben – mit jener Behutsamkeit, die den Historiker vom Staatsanwalt unterscheiden sollte. Dazu gehört auch, daß ich der Verlockung widerstanden habe, in deutscher Gelehrten-Unart all die Irrtümer und Fehlinterpretationen festzunageln, die früheren Canaris-Biographen unterlaufen sind. Das wäre Beckmesserei und würde nicht dem Respekt entsprechen, den ich Menschen schulde, die in einem Zeitalter der Treulosigkeit ihrem Helden die Treue wahrten. Und was wäre ein Biograph ohne die Mühe und Arbeit seiner Vorläufer, so wenig er auch zuweilen ihren Thesen zustimmen kann?

So möge denn die Geschichte des Wilhelm Canaris beginnen, eine Geschichte, die von den Träumen und Illusionen des Menschen handelt, von seinen Ängsten und Leistungen, von seiner Verführbarkeit und seiner Selbsttäuschung. Möglicherweise ist es eine so facettenreiche Geschichte, daß sie kaum Aussicht hat, in unseren theorieüberfrachteten Geschichtsbüchern Eingang zu finden. Gleichwohl ist sie wahr – so wahr wie der Rat, den einst Benjamin Disraeli in seinem 1832 erschienenen Roman »Contarini Fleming« der Jugend gab: »Lest keine Geschichte, sondern nur Biographien, denn sie sind Leben ohne Theorie.«

1 Der Kadett des Kaisers

Leutnant zur See Arnold Böker war der erste, der die Rauchwolken sah. Er drückte das Fernglas an die Augen und erblickte am Horizont, was er befürchtet hatte: ein Schiff mit drei Schornsteinen. Böker wußte Bescheid. Er packte das Ruder und zog die Dampfbarkasse in einem jähen Bogen herum. Mit voller Kraft tuckerte sie auf den Kleinen Kreuzer »Dresden« zu, der am Ende der Cumberland-Bucht im sonntäglichen Sonnenlicht des 14. März 1915 lag.[1] Böker suchte den Kommandanten des Schiffes, Kapitän zur See Fritz Lüdecke. Ihm meldete er, ein britischer Kreuzer vom Typ »Newcastle« nähere sich der Bucht vom Westen.[2] Auch Lüdecke wußte sofort, was das bedeutete, denn die deutsche »Dresden«, Überlebende der Seeschlacht bei den Falklandinseln, wurde seit Monaten von der britischen Flotte gejagt. Immer wieder hatte sie sich den Verfolgern entzogen und war nun schließlich, ohne Kohlen und ohne Proviant, ramponiert und kaum noch bewegungsfähig, in einer Bucht der pazifischen Insel Más a tierra untergeschlüpft, dort, wo einst die schriftstellerische Phantasie des Daniel Defoe den schiffbrüchigen Robinson Crusoe an Land hatte gehen lassen.

Noch mochte freilich Lüdecke nicht an einen britischen Angriff denken, denn Más a tierra – zur Inselgruppe Juan Fernández gehörig – war Hoheitsgebiet des neutralen Staates Chile; zudem hatte sich der Kommandant der »Dresden« bereit erklärt, Schiff und Besatzung von Chiles Behörden internieren zu lassen. Eigentlich konnten die Briten keinen Angriff unternehmen. Doch Lüdecke war mißtrauisch, er befahl Alarm.[3]

Der Rumpf des Kreuzers erzitterte von dem Geheul der Sirenen und dem Dröhnen der Hörner. Die Geschützmannschaften traten auf dem Oberdeck an – entfernt von den Geschützen, weil Lüdecke zunächst die Friedfertigkeit des Kriegsschiffes demonstrieren wollte. Ein zweiter Dampfkessel wurde in Betrieb genommen, die Barkasse mit einer Manilaleine ans Heck gelegt, um die »Dresden« und ihre nach Land weisenden Geschütze im Falle eines Angriffs herumzuschleppen. Zugleich wurden die Boote klargemacht, die überflüssiges Heizpersonal an Land bringen sollten.[4]

Böker tauchte mit einer neuen Hiobsbotschaft auf: Vom Osten nahm ein zweiter britischer Kreuzer Kurs auf die Bucht.[5] Bald erkannte Lüdecke, daß sich insgesamt drei Kriegsschiffe der Royal Navy – der Panzerkreuzer »Kent«, der Kleine Kreuzer »Glasgow« und der Hilfskreuzer »Orama« – anschickten, die »Dresden« zu vernichten. Immer näher drängten die drei Briten heran; Lüdecke konnte sich bereits ausrechnen, wann sie den Eingang der Bucht erreichen würden. Einen Augenblick hielt er noch an der Hoffnung fest, der Gegner werde es nicht wagen, das neutrale Gebiet von Más a tierra zu verletzen, da zerstörte um 8 Uhr 40 das Aufblitzen schmutzigbrauner Wolken vor den Geschützen der britischen Kreuzer alle Illusionen. Die Briten griffen an.[6]

»An die Geschütze, Heizer in die Boote«, schrie Lüdecke. Schon heulten die britischen Granaten heran und detonierten – weit hinter der »Dresden«, meist in dem chilenischen Fischerdorf.[7] Der zweite Geschoßhagel aber war besser gezielt. Die Granaten schlugen im Hinterschiff ein, zerhackten die einzigen gefechtsbereiten Geschütze des deutschen Kreuzers und verwandelten »das Achterschiff in einen formlosen Trümmerhaufen«, wie sich später der Oberleutnant Otto Schenk erinnerte.[8] Dann erschütterte Schlag auf Schlag die »Dresden«: Granaten zerfetzten die Bordwände und »explodierten mit einem Laut wie unterirdischer Donner« (so ein Teilnehmer), im Hinterschiff züngelten Flammen empor, in den Munitionskammern II und III brach Feuer aus.[9]

Vergebens trieb Lüdecke die Männer auf der Dampfbarkasse an, das Heck der »Dresden« herumzuziehen. Sie schafften es nicht; die Strömung war zu stark, das Schiff ließ sich nicht mehr bewegen.[10] Der Kommandant konnte jetzt auch keine Order mehr geben, denn die Feuerleitanlage war ausgefallen, die Sprechrohrleitung zerstört. Stück um Stück zerbrach das Schiff, die Kriegsflagge stürzte herab (und wurde provisorisch an der Rah des Fockmastes befestigt), ein Geschütz nach dem anderen verstummte.[11] Kein Geschütz der »Dresden« konnte die Angreifer mehr treffen, selbst die Handfeuerwaffen der Besatzung waren nicht mehr erreichbar, vergraben unter den Trümmern des brennenden Achterschiffes.

Zusehends sah sich Kapitän Lüdecke der Möglichkeit konfrontiert, daß die Briten das schutzlose Schiff enterten und in ihren Besitz brachten. Das galt es um jeden Preis zu verhindern. Für den Offizier und Seemann Lüdecke, erzogen in den strengen Vorstellungen traditionellen Soldatentums, gab es nur einen Ausweg: Die »Dresden« mußte sich selber versenken. Doch erst mußten die Brände in den Räumen unter Deck gelöscht werden, ehe ein Sprengkommando genügend Bodenventile öffnen und jene Sprengladungen anbringen konnte, die das Schiff in die Tiefe zwangen. Außerdem waren die Verwundeten, Toten und der Rest der Besatzung an Land zu bringen. Lüdecke brauchte Zeit, viel Zeit – und der Gegner durfte es nicht einmal merken. Eine Kriegslist sollte helfen.

Sie sollte der Mann ausführen, dessen nimmermüder Phantasie und Geschicklichkeit die »Dresden« weitgehend ihr Überleben zu verdanken hatte, seit sie durch den Kriegsausbruch im August 1914 von der Heimat abgeschnitten worden war. Er hieß Wilhelm Canaris und war ein eher unscheinbarer, schweigsamer Mann, kaum mittelgroß, fast untersetzt; seine gebeugte, nahezu unsportliche Haltung verlockte Beobachter, ihn zu unterschätzen, obwohl der große, imponierende Kopf mit dem vollen Blondhaar und den wach-klugen Augen sie davor hätte warnen müssen. »Kleine, etwas schwächliche Figur«, hatte ihm Lüdecke am 1. Dezember 1913 in die Führungspapiere geschrieben. »Er scheint gesundheitlich nicht sehr widerstandsfähig zu sein.«[12]

Erst die engere Zusammenarbeit mit dem Oberleutnant zur See Canaris, den er sich schließlich zum Adjutanten erwählte, ließ Lüdecke sein Fehlurteil über den »schwächlichen« Offizier korrigieren. Wo immer es galt, die »Dresden« dem Zugriff des Feindes zu entziehen, wo immer es darum ging, der Mannschaft Proviant und dem Schiff Brennstoff zu sichern – Canaris wußte einen Ausweg. Nichts schien daher Lüdecke natürlicher, als seinem engsten Gehilfen den letzten Dienst für das todgeweihte Schiff abzuverlangen. Er vertraute Canaris seinen Plan an: Der Adjutant müsse sich zur »Glasgow« durchschlagen und die Briten so lange ablenken, bis die Vorbereitungen für die Selbstversenkung abgeschlossen seien.

»Signal heißen!« befahl Lüdecke, während sich Canaris für seine Mission fertig machte. Am Mast des deutschen Kreuzers gingen Signalflaggen hoch, deutlich zu lesen für den Gegner: »Unterhändler wird geschickt werden.«[13] Doch der Feind reagierte nicht, das gegnerische Feuer hielt an. Canaris ließ sich nicht beirren. Er sprang auf die Dampfbarkasse und legte ab, unbekümmert um die über ihn hinwegheulenden Granaten, nur eingedenk der Lüdecke-Order, Zeit zu gewinnen. Mit fast provozierender Langsamkeit fuhr die Barkasse durch die Cumberland-Bucht und hielt Kurs auf die feuernde »Glasgow«, vorbei am chilenischen Fort San Juan Bautista und am San Carlos Punto.[14]

Je mehr sich Canaris in der offenen See dem britischen Kreuzer näherte, desto stärker verlangsamte er die Fahrt der Barkasse. Er hatte Zeit, über sich und seine Umwelt nachzudenken. So also sah das Ende aus, das Ende der geliebten und verdammten »Dresden«, das Ende all der Träume und Hoffnungen, die ihn, Wilhelm Canaris, einst in die Reihen der Kaiserlichen Marine getrieben. Wie kaum ein anderer Seeoffizier hatte er sich vom Dienst auf Seiner Majestät Auslandskreuzern die Befreiung aus der heimatlichen Enge erhofft, hatte er die Begegnung mit der Welt des Südens gesucht.

Das Meer und die exotische Fremde hatten ihn fasziniert, seit er denken konnte. Aufgewachsen in einer Familie der Kaufleute, Ingenieure und Manager, die nichts mehr bewegte als Produktionsziffern und Leistungskapazitäten, drängte es ihn hinaus in unentdeckte Fernen, die vom Lärm der Maschinen noch unberührt waren. In ihm lebte die Unruhe der Canarisi noch einmal auf, wie sich die Familie ursprünglich genannt hatte, als sie zu Beginn des 16. Jahrhunderts in dem Seidenspinner-Dörfchen Sala am Westufer des Comer Sees zum erstenmal aufgetaucht war.[15] Es war ein begabtes, phantasievolles Geschlecht, das Europa manchen bedeutenden Kaufmann, manchen Handwerker und Seemann schenkte.

Lange hielten es jedoch die Canarisi nicht an einem Ort aus, ihre Wanderlust war notorisch. Sie verbreiteten sich über Oberitalien, viele von ihnen verließen das Land; ein Zweig der Familie ging nach Griechenland, ein anderer wanderte nach Korsika aus, ein dritter – die Linie, die zu Wilhelm Canaris führt – kam nach Deutschland.[16] Canaris-Blut floß in den Adern Napoleons, ein Konstantin Kanaris, Marineminister und Ministerpräsident, wurde zum Mitbegründer des modernen Griechenlands.[17] Die deutschen Canaris hingegen hielten sich von politischen Abenteuern fern und bevorzugten bürgerliches Mittelmaß; sie wurden, in der Gegend von Trier ansässig, Kammerräte und Manufaktur-Direktoren, Juristen und Beamte.[18]

Die industrielle Revolution lockte die Familie weiter nach Norden und vollends in das moderne Wirtschaftsleben. Seit Mitte des 19. Jahrhunderts gehörten die Canaris zur Managerelite des Kohlenbergbaus und der eisenschaffenden Industrie Westdeutschlands: Wilhelms Großvater, Johann Joseph Canaris (1817–1894), Königlicher Bergrat in Dortmund, galt als einer der Pioniere des Ruhrreviers, dessen Sohn Carl (1852–1904) leitete als Direktor und Vorstandsmitglied die Niederrheinische Hütte in Duisburg-Hochfeld, sein Sohn wiederum, Wilhelms Bruder Carl August Canaris (1881–1934), profilierte sich als einer der fähigsten Stahlwerker Deutschlands und wurde Generaldirektor der Lokomotiv- und Maschinenfabrik Henschel. Selbst seine Schwester Anna (1883–1964) blieb dem Metier der Familie treu; sie heiratete den Ingenieur Rudolf Buck, der später die Leitung der Buderusschen Eisenwerke übernahm.[19)]

Die Welt, in die Wilhelm Franz Canaris am 1. Januar 1887 im Kohlenpott-Dorf Aplerbeck bei Dortmund geboren wurde, war denn auch eine Bergwerkswelt: Fördermaschinen, Kesselhäuser und Bohranlagen, wohin der Blick schweifte.[20)] Es war eine Welt schrankenlosen Fortschrittsglaubens und fanatischen Schaffensdranges, praktiziert von einem Heer schwitzender Arbeiter und einem Korps produktionsfreudiger Ingenieure, nur einem Ziel verschworen – mehr zu fördern, bessere Leistungsquoten zu erzwingen.

Daß es auch in der jungen Familie des Ingenieurs Carl Canaris und seiner Ehefrau, der fränkischen Oberförster-Tochter Auguste Amélie Popp, mit den drei Kindern voranging, bekam Wilhelm bald zu spüren – am häufigen Wohnungswechsel. Der Vater, zunächst technischer Leiter der Aplerbecker Hütte, wechselte im Januar 1892 zur Niederrheinischen Hütte in Duisburg-Hochfeld, einem Unternehmen der Rheinischen Bergbau- und Hüttenwesen A.G., wo er anfangs als Oberingenieur arbeitete.[21)] Die Familie zog nach: erst in das Haus 13a der Düsseldorfer Kreuzstraße, dann, im April 1892, in Duisburgs Hüttenstraße und schließlich im Januar 1893 in das Haus 110 der Wörthstraße, eine hochfeudale Villa mit Park, Gärtnerei, Kutscherhaus und Tennisplatz, künftiges und nie wieder vergessenes Spielparadies für Wilhelm Canaris.[22)]

Der Vater bot seinem jüngsten Sohn eine Welt voll Luxus und großbürgerlicher Solidität. Auch später erinnerte sich Wilhelm gerne an die gemeinsamen Fahrten der drei Geschwister durch die Parkanlagen der Villa Canaris; oft übernahm er die Zügel des Ziegengespanns und belustigte die beiden anderen mit Kostproben seines trockenen Humors. »Über Wilhelmchen wurde immer gelacht«, erzählte später die Schwester.[23)] Auch die Eltern ließen sich von seinen oft skurrilen Einfällen erheitern. Der Vater, stets ein wenig reserviert und unnahbar, war von Wilhelms Kenntnissen in Geschichte und Geographie beeindruckt, die Mutter von seinem Charme eingenommen. Manchmal bog er mütterliche Schelte mit einem ironischen »Mama, deine Blicke sind wie Röntgenstrahlen« ab.[24)]

Indes, Jungenstreiche sind von ihm nicht überliefert, und das ist kein Zufall: Es ging von ihm etwas Altkluges aus, das ihn meist von Gleichaltrigen trennte. Anderen Kindern schloß er sich nur schwer an. Meist las er oder spielte allein im Park; am liebsten vergnügte er sich mit den Hunden der Familie, in der Regel Rauhhaardackel.[25)] Schon früh wußte er mit Friedrich dem Großen: »Hunde haben alle guten Eigenschaften des Menschen, ohne gleichzeitig ihre Fehler zu besitzen.«[26)]

Er war zu reizbar und nervös, zu sehr der Typ des Hyperästhetikers, um sich Menschen leicht zu erschließen. Das klassische Winkelprofil mit der langen, vorstehenden Nase und den zurückfliehenden Stirn- und Kinnpartien, die verkürzte Eiform seines Gesichts und der grazil-schmale Körperbau verrieten, was der Psychiater Ernst Kretschmer Schizothymie genannt hat: Seelenspaltung. Sie läßt Menschen unberechenbar und oft überempfindlich reagieren. Allzu Widersprüchliches war in Canaris vereinigt: die kalkulierende Nüchternheit eines Kaufmannsgeschlechts und die Kultiviertheit fränkischen Bildungsbürgertums, die heitere Katholizität der italienischen Vorfahren und die schwerblütige, zum Mystizismus neigende Religiosität der Mutter. Auguste Amélie Popp hatte die Neigung zur Metaphysik, fast zur Spiekenkökerei in die sonst so betriebsam-weltfrohe Familie gebracht, und auch der Hauch des Unpreußischen, den die Beobachter später an Canaris feststellten, ging auf sie zurück; ihre Mutter war Katharina Ronge gewesen, Schwester des deutsch-katholischen Kirchenrebellen Johannes Ronge (1813–1887) und Abkömmling schlesischer Bauern aus Bischofswalde im Kreis Neisse, einer Gegend, deren Menschen »nie echte Preußen geworden, sondern im Wesen immer Österreicher geblieben« waren, wie ein Kenner urteilt.[27] So verschiedenartige Erbmasse machte Wilhelm Canaris zu einem schwer durchschaubaren Menschen. Sprunghaft und abrupt, verbarg er sein oft verträumtes Innenleben hinter einer Maske der Ironie und Skurrilität, kapselte er sich ab gegen die Kontaktversuche der Mitmenschen.

Auch auf dem Duisburger Steinbart-Gymnasium, das er ab 1898 besuchte, blieb der Schüler Canaris ein Außenseiter; seine Mitschüler hatten später einige Mühe, sich seiner genau zu erinnern. Er war ein stiller und schweigsamer Junge, manchen schien er reserviert und verschlossen, obwohl er zu den besten Schülern der Klasse gehörte (beim Abitur wird ihm die mündliche Prüfung erlassen werden). Kaum einer kannte ihn richtig, nur dem Mitschüler Anton Marcotty, später Augenarzt im Ruhrgebiet, vertraute er sich an; der galt denn auch als sein bester Freund. Den meisten Klassenkameraden aber blieb er undurchschaubar, ihn umwehte ein Hauch von Luxus und Fremdartigkeit: Jeden Morgen brachte eine Kutsche den Sohn des Industriemanagers zum Schulgebäude in der Louisen-Straße und holte ihn mittags wieder ab.[28]

Canaris taute nur auf, wenn der Gymnasiumsdirektor Steinbart das Startzeichen zu dem alljährlichen Schulausflug nach Kettwig gab, der stets – wie konnte es im wilhelminischen Deutschland anders sein – zu einem pseudomilitärischen Manöver ausuferte.[29] Geleitet von sogenannten Zug- und Sektionsführern aus Prima und Sekunda, arbeiteten sich die Marschformationen der einzelnen Klassen entlang der Ruhr durch Wälder und Böschungen voran. Bis zuletzt hielt die Spannung darüber an, wer als erster das Ziel erreichen würde: den Bahnhof von Kettwig. Canaris assistierte dabei eifrig dem »Höchstkommandierenden« Steinbart und erfuhr etwas Überraschendes über sich selbst: Er konnte führen, er hatte Spaß am Kommandieren und Taktieren.

Nicht ohne Erstaunen beobachtete Vater Canaris, daß sich sein Sohn für das Militär interessierte. Bald wußte er noch mehr: Wilhelm wollte Berufsoffizier werden. Das verblüffte den Manager, denn in der Familiengeschichte der Canaris hatte es nie einen professionellen Soldaten gegeben. Er hatte gleichwohl nichts gegen die Berufswahl Wilhelms; stramm kaisertreu und nationalliberal, zudem Oberleutnant der Reserve beim Pionierbataillon Nr.

7 in Köln-Deutz, teilte Carl Canaris nicht die Abneigung seiner Managerfreunde an Ruhr und Rhein gegen das verzopfte preußisch-deutsche Militär.[30] So wäre alles in Ordnung gewesen, hätte sich der Junge nicht einer Waffengattung verschrieben, der Vater Canaris keine sonderliche Zukunftschance gab: der Kaiserlichen Marine.

Eben ihr aber galt Wilhelms leidenschaftliche Liebe, ohne sie konnte er sich ein freies Leben nicht mehr vorstellen. Die Schwärmerei rührte von einer Griechenland-Reise her, die er in den großen Ferien des Jahres 1902 mit seinen Eltern unternommen hatte.[31] In Athen war er auf das Denkmal eines Mannes gestoßen, der auch seinen Namen trug: Kanaris. Was er über ihn erfuhr, weckte seine Neugierde und die Frage, ob er gar mit ihm verwandt war. Die Abenteuer des Admirals Konstantin Kanaris (1790–1877) erregten seine Phantasie; Wilhelm spielte im knabenhaften Nachahmungstrieb die Kaperfahrten des Schiffskapitäns nach, der vom Kommandanten eines kleinen Kauffahrteischiffes zum Regierungschef seines Landes aufgestiegen war. Jede seiner Heldentaten im griechischen Unabhängigkeitskrieg kannte der Junge: den nächtlichen Überfall auf die türkische Flotte im Kanal von Chios am 18./19. Juni 1822, die Zerstörung des gegnerischen Admiralsschiffes im Hafen von Tenedos im folgenden November, die Verbrennung einer türkischen Transportflotte bei Samos im August 1824.[32]

Wilhelm lebte so in der Gedankenwelt des Admirals Kanaris, daß ihm der Vater eine kleine Nachbildung des Athener Denkmals schenkte; noch als Abwehrchef wird sich Wilhelm Canaris im Wohnzimmer seines Berliner Hauses einen farbigen Stahlstich des Konstantin Kanaris aufhängen und in skurrilen Augenblicken den Griechen als seinen Großvater ausgeben.[33] Selbst die Entdeckung, daß er nicht mit dem Griechen verwandt war, konnte ihn nicht daran hindern, sich in die Rolle eines neuen Admirals Kanaris hineinzuträumen. Für ihn stand fest: Er mußte zur See.

Doch der Vater wollte dem Eintritt seines Sohnes in die Marine nicht zustimmen. Immer wieder versuchte Carl Canaris, den Jungen abzulenken: Er erzählte ihm von dem bunten Leben bei der Kavallerie und schenkte dem Fünfzehnjährigen ein Pferd (Wilhelm wurde ein guter Reiter), um ihn von der Marine abzubringen.[34] Schließlich zwang er den Sohn sogar, sich als Offiziersanwärter beim bayrischen 1. Schweren Reiterregiment in München anzumelden.[35] Wilhelm schien seine Marinepläne aufgegeben zu haben. Dennoch hoffte er insgeheim weiter, den Vater doch noch überzeugen zu können.

Was er in Zeitungen und Büchern las, mußte ihn ohnedies in dem Glauben bestärken, auf dem richtigen Weg zu sein. Ganz Deutschland hallte von den Schlagworten und Parolen einer Massenbewegung wider, die sich zum Ziel gesetzt hatte, das Kaiserwort »Unsere Zukunft liegt auf dem Wasser« in die Tat umzusetzen. Den Deutschen waren Bismarcks Reich und Europa zu eng geworden, sie drängten hinaus in die angeblich lichteren Höhen der interkontinentalen Politik. »Weltpolitik« – das war das große Schlagwort der Zeit, war »die Mode, der Traum, eine glühende Erwartung, fast eine Weltanschauung und eine Religion«[36] – und nichts konnte diese Grundstimmung weiter Bevölkerungsschichten besser befriedigen als die »schwimmende Wehr«, die Flotte Kaiser Wilhelms II.

Seit die erste deutsche Marine, das Nordseegeschwader des Admirals Brommy, im Sturmjahr 1848 aufgestellt und bald darauf wieder unter den Hammer gekommen war, symbolisierten Kriegsschiffe den Traum von deutscher Einheit und Macht. Deutschland hatte zuvor nie eine staatliche Marine gekannt. Nach der Reichsgründung 1871 wurde sie des deutschen Bürgers liebstes Kind: Sie schien unbelastet von den feudalistischen Traditionen des preußisch-deutschen Militärs, sie war frei von dem Gezänk der föderalistischen Gewalten, allein Reichssache (daher: »Kaiserliche Marine«) und Werkzeug kommender deutscher Weltgeltung.

Lange Zeit freilich kam die kleine Streitmacht deutscher Panzerschiffe, die von preußischen Armeegeneralen kommandiert wurden und noch weitgehend mit britisch-schwedischem Personal bemannt waren, über die Rolle einer schwimmenden Küstenartillerie nicht hinaus. Mit seinen Korvetten, Fregatten und Kanonenbooten konnte der »Oberkahnführer«, wie die Landmilitärs den Oberbefehlshaber der Marine bespöttelten, keinen Gegner beeindrucken;[37] im Flottengründungsplan von 1872 hatte es denn auch geheißen, die Marine habe »nicht die Aufgabe, gegen die großen europäischen Staaten offensiv zu verfahren, sondern sie soll nur dahin unsere Macht tragen, wo wir selbst kleine Interessen zu vertreten haben«.[38]

Selbst als Deutschland in den achtziger Jahren dazu überging, die letzten Überbleibsel aus dem kolonialimperialistischen Beutezug der Großmächte aufzulesen und Kolonien zu gründen, darunter auch überseeische Stützpunkte für die Marine, blieben die Aufgaben der Flotte defensiv. Das nannte man nun mittelbaren und unmittelbaren Küstenschutz: Die Flotte sollte mit Panzerschiffen, Torpedobooten, Minen und Küstenbefestigungen den Feind direkt abschrecken, zugleich aber Handelskrieg führen und die Kolonien des Gegners bedrohen. Admiralitäts-Chef Leopold von Caprivi, letzter der preußischen Generale an der Spitze der Marine, beharrte noch 1888 darauf: »Es kann sich für Deutschland heute und für die nächste Zukunft nur darum handeln, wie klein unsere Flotte sein kann und nicht wie groß.«[39]

Doch Deutschlands brisante Wirtschaftsentwicklung riß die Marine in den Sog weltweiter Expansion. Die deutsche Bevölkerungsexplosion (zwischen 1850 und 1910 nahm die Bevölkerung um fast 30 Millionen oder 90 Prozent zu), die Steigerung der industriellen Produktion, das schier unaufhörliche Anwachsen der Beschäftigtenzahlen erheischten neue Lösungen.[40] Sie konnten nur in Übersee gefunden werden: auf erweiterten Absatzmärkten, in neuen Siedlungsräumen. Wer aber führte die Deutschen dorthin, wer sicherte ihnen das neue Paradies? Es gab nur einen Garanten: die Marine.

Die Expansionisten durften seit dem Thronwechsel von 1888 auf die Erfüllung ihrer Wünsche hoffen, denn mit Kaiser Wilhelm II. (»Der Dreizack gehört in unsere Hand«) war ein Marine-Fan an die Macht gelangt. »Der Ozean«, verhieß er, »ist unentbehrlich für Deutschlands Größe. Aber der Ozean beweist auch, daß auf ihm in der Ferne, jenseits von ihm, ohne Deutschland und ohne den Deutschen Kaiser keine große Entscheidung mehr fallen darf.«[41] Manche seiner Gesten kündigte an, daß die Marine herrlichen Zeiten entgegenging. Er trat als erster deutscher Kaiser in der Uniform eines Seeoffiziers auf, er schuf das Reichsmarineamt (eine Art Marineministerium) und ein Kaiserliches Marinekabinett, weil »ich mich entschlossen habe, den Oberbefehl über meine Marine selbst zu führen«, er überließ nun auch den Seeoffizieren die Führung der Flotte.[42]

So war der Boden schon vorbereitet für den großen Verführer, der ab 1897 Millionen Deutsche in einen Taumel der Flottenbegeisterung versetzte. Alfred von Tirpitz, Admiral und Staatssekretär des Reichsmarineamtes, war ein Schlachtschiff-Fetischist. Allein »ein Schlachtkörper, der zwischen Helgoland und der Themse stehen kann«, so erläuterte er dem Kaiser, könne den Briten Respekt einflößen, sie zu Bündnispartnern Deutschlands machen; Kreuzer, wie stark auch immer, könnten nichts ausrichten, da Deutschland nicht genügend überseeische Basen besitze.[43] Das leuchtete dem Kaiser ein. Jetzt konnte die deutsche Flotte gar nicht groß genug sein; immer uferloser wurden die Flottengesetze, die Tirpitz im Reichstag einbrachte.[44]

Die britischen Admirale erschraken. Sie konnten sich ausrechnen, wann die Deutschen die Royal Navy, der Welt stärkste Flotte, einholen würden. Schon das Flottengesetz von 1898 sah eine Kaiserliche Marine von 19 Linienschiffen, 8 Küstenverteidigungsschiffen, 12 Großen und 30 Kleinen Kreuzern vor. Das Flottengesetz von 1900 las sich noch radikaler; es projektierte den Bau von 2 Flaggschiffen, 4 Geschwadern mit je 8 Linienschiffen, 8 Großen und 24 Kleinen Kreuzern, außerdem eine Auslandsflotte mit 3 Großen und 24 Kleinen Kreuzern, daneben eine Reserveflotte von 4 Linienschiffen, 3 Großen und 4 Kleinen Kreuzern.[45] Das Papier kam einer Kriegserklärung gleich, gerichtet gegen das einzige Land der Erde, ohne dessen Sympathie kein deutscher Welthandel denkbar war.

Doch kaum ein deutscher Politiker protestierte, die Flottenpolitik des Admirals von Tirpitz diente allzu vielfältigen Interessen. Für jeden hielt Tirpitz ein Versprechen bereit: Der deutschen Exportwirtschaft wollte er internationale Märkte sichern, der Schwer- und Werftindustrie veritable Großaufträge, die Arbeiterschaft sollte in den Genuß der Vollbeschäftigung kommen, das in die Krise geratene preußisch-deutsche Herrschaftssystem von dem Zwang politischer und sozialer Reformen befreit werden. Es gab um die Jahrhundertwende keine Bevölkerungsschicht mehr, die sich nicht von den Tirpitz-Plänen eine Lösung ihrer Probleme erhoffte.

Und wer es noch immer nicht kapiert hatte, den überrollte eine Propagandamaschine, wie sie die deutsche Geschichte noch nicht gesehen hatte. Gelenkt von dem Nachrichtenbüro des Reichsmarineamtes, ergoß sich eine Sturzflut marinefreudiger Pamphlete und Artikel über Universitäten und Schulen, über Redaktionen und Amtsstuben. Die 900000 Mitglieder des mächtigen Flottenvereins, den Schwerindustrie und Marineamt gleichermaßen unterstützten, schwärmten aus, auch dem letzten Deutschen die Zukunftsperspektiven der Tirpitz-Flotte in buntesten Farben auszumalen.[46]

Eine neue Figur bereicherte die navalistische Debatte: der »Flottenprofessor«, allzeit zur Stelle, aus dem Zettelkasten seiner wissenschaftlichen Erkenntnisse die geeigneten Stichworte zu produzieren. Meist waren es Historiker, die das neue Utopia der deutschen Flotte auspinselten. Es sei, wußte der Historiker Englert 1900, die »erhabene, heilige Volkssache« der Kaiserlichen Marine, in Übersee neuen Siedlungsraum für Deutsche und damit ein

»größeres Deutschland« zu schaffen, während sein Kollege Erich Marcks propagierte, der Flottenbau sei ein Mittel zur »Persönlichkeitsbildung durch Weltpolitik«, er trage bei zu »gewaltiger Mannhaftigkeit«, ja, er werde zu einem »inneren Segen für unser Volk«.[47)]

Wer wollte es da einem 17jährigen Jungen verargen, daß auch er sich von der Flottenbegeisterung seiner Zeit fortreißen ließ! Canaris war sicher, daß seine Zukunft der Marine gehören müsse. Doch der Vater hatte ihm den Weg dahin verbaut; Wilhelm sollte Kavallerieoffizier werden. Doch wie den Vater umstimmen? Da traf die Familie ein Unglück: Carl Canaris, 52 Jahre alt, starb an den Folgen eines Schlaganfalls am 26. September 1904 bei einer Kur in Bad Nauheim.[48)] Für seinen Sohn aber war der Weg in die Marine frei. Seine Mutter widerstand nicht lange und meldete den Jungen bei der Seekadetten-Annahme-Kommission in Kiel an, noch ehe er Ostern 1905 mit zehn Prüflingen das Abitur bestand.

Für die Kommission, die jeden Bewerber mit peinlicher Gründlichkeit zu durchleuchten pflegte, war der Managersohn Canaris ein fast idealer Kandidat: Er kam aus »guter« Familie (für die Marine fast wichtiger als Schulbildung), er besaß angenehme Umgangsformen, er war Abiturient und stammte zudem aus der Society der Schwerindustrie, der unermüdlichen Förderin der Tirpitz-Pläne. Ebenso willkommen: Frau Canaris konnte leichten Herzens den Verpflichtungsschein unterschreiben, der sie dazu anhielt, für die ersten vier Jahre der Laufbahn ihres Sohnes finanziell aufzukommen; dazu waren 4800 Mark nötig – eine damals hohe Summe, die in der Praxis verhinderte, daß »unerwünschte« Elemente, etwa Söhne von Kleinbürgern oder gar Arbeitern, in das elitäre Seeoffizierskorps eintraten.[49)] Canaris wurde angenommen. Froh machte er sich auf die Reise nach Kiel.

Am 1. April 1905 stand er vor dem düsteren Gebäude der alten Deckoffiziersschule in der Kieler Muhliusstraße, traditioneller Ausgangspunkt aller Offizierskarrieren in der Kaiserlichen Marine.[50)] Mit Canaris strömten 158 andere Abiturienten, Primaner und Portepeefähnriche in das Haus, sämtlich Mitglieder der künftigen »Crew«, wie der Marineschule-Jahrgang nach dem Vorbild der Schulschiffsbesatzung eines Jahres genannt wurde.[51)] Eine neue Welt öffnete sich vor Canaris. Härte und Disziplin, totaler Gehorsam und gnadenloser Leistungszwang bis an die Grenzen des physischen Zusammenbruchs, nur gering gelindert durch die Kameradschaft, bestimmten seine ersten Monate in der Marine.

An Land noch begann die infanteristische Grundausbildung, das monotone Einerlei des »Griffekloppens«, Marschierens und Geländerobbens, die Qual ständiger Appelle, Nachtalarme und Waffenputzereien.[52)] Nach vier Wochen wurden die neuen Kadetten auf Deutschlands drei Segelschulschiffe aufgeteilt, zu etwa je 50 Mann. Canaris kam auf die Kreuzerkorvette »Stein«, das wohl härteste Ausbildungsschiff der Kaiserlichen Marine; dem 2843-Tonnen-Schiff, mit 20 Offizieren, 449 Unteroffizieren und Mannschaften, 50 Seekadetten und 210 Schiffsjungen bemannt, ging der Ruf voraus, schwer hantierbar zu sein – es segelte nur bei steifer, raumer Brise gut.[53)]

Die Kadetten trugen jetzt das kurze blaue Jackett mit den goldenen Knöpfen, an der Seite – wichtigstes Attribut – das »Käsemesser«, den Marinedolch, und glaubten nur zu gerne, bereits zu den Herren der Marine zu gehören. Die Inspektionsoffiziere der »Stein« trieben ihnen solchen Irrglauben rasch wieder aus. Noch vor dem Frühstück mußten die Kadetten über die drei Toppen des Schiffes entern; jeder der drei Masten war auf der einen Seite herauf- und auf der anderen herunterzuklettern, stets im Blitztempo – der Vortopp in einer Minute und 20 Sekunden, der Großtopp in einer Minute und 30 Sekunden, der Kreuztopp in einer Minute und zehn Sekunden. Mancher verfehlte die Wanten beim Aufentern und stürzte auf das Deck, viele trampelten den rasch nachfolgenden Kameraden auf die Finger.[54)]

Schier pausenlos wurden den Kadetten neue Mutproben und immer gewagtere Manöver abverlangt. Sie lernten, wie man schwindelfrei auf der obersten Rahe, der Oberbramrah, balanciert und im rückwärtigen Sitz Stegbolzen auf der Nock einer Rah legt. Stets ein wenig außer Atem, waren die Kadetten schon froh, wenn es zum Steuermannunterricht ging oder zum Exerzieren an den alten Kanonen der (zwischen 1878 und 1880 gebauten) Korvette. Ganz idyllisch aber wurde es auf der Nachtwache, wo fast jeder Kadett übte, im Stehen zu schlafen.

Als die ersten Griffe saßen, lief die »Stein« aus; sie nahm Kurs auf Skagen und Island – die Fahrt sollte bis ins Mittelmeer führen.[55)] Doch die Inspektionsoffiziere ließen den Kadetten keine Ruhe. Zwischen Seekrankheit, Schwindelgefühlen beim Topp-Entern und aufsteigendem Unmut über den harten Ton der Ausbilder schwankend, ließen sich die Kadetten gleichwohl zu immer neuen Manövern scheuchen. Ob es darum ging, das Kommando »Marssegel reffen« auszuführen, oder ob sie »Deck mit Sand und Steinen scheuern« lernten – stets fühlten sie sich angetrieben, keinen Augenblick in Ruhe gelassen. Kadetten brachen zusammen, einige erkrankten, weil sie allzu lange im nassen Zeug am Ruder oder auf dem Ausguckposten Wache gestanden hatten.[56)]

Auch Canaris hatte Mühe, die Manöver und Mutproben auf der »Stein« zu überleben. Er war nie ein sportlicher Typ gewesen, körperliche Leistungen bedeuteten ihm wenig. Wie oft mag er sich in den schwindelnden Höhen der Rahe übergeben, wie sehr mögen ihm die Hände beim Rudern mit den schweren Riemen der »Stein«-Barkasse versagt haben! Doch der Seekadett Canaris hatte den eisernen Willen durchzustehen. Von Woche zu Woche steigerten sich seine Leistungen, kräftigte sich sein schwacher Körper. Das Ringen mit sich selber gewann ihm den Respekt eines seiner Ausbilder, des Deckoffiziers Richard Protze, der ihm später zum Freund und in der Abwehr zu einem seiner engsten Mitarbeiter werden sollte.[57)]

Unter den Kameraden freilich fiel Canaris nicht sonderlich auf; er war wegen seines Humors und seiner Hilfsbereitschaft nicht unbeliebt, aber das große Wort führten andere.[58)] Einer von ihnen war der aus Uelzen stammende Kadett Karlgeorg Schuster, der in dem zurückhaltend-ironischen Canaris einen Gegenspieler witterte. »Von Anfang an waren sie Antipoden«, erinnert sich ein Crew-Mitglied, und in der Tat: Noch über den Tod des Abwehrchefs hinaus wird dereinst der Admiral Schuster den Admiral-Kameraden Canaris (wegen seines vermeintlichen »Verrats« im Dritten Reich) bekämpfen.[59)] Die Sticheleien des Mitkadetten Schuster aber ignorierte Canaris. Er sei, weiß Crew-Mitglied und Canaris-Freund Otto Benninghoff, »schnell zu hören, langsam aber zu reden und langsam zum Zorne« gewesen.[60]

Er konnte sich erst revanchieren, als die »Stein« Anfang 1906 Kiel wieder erreicht hatte und die 18monatige Ausbildung auf der Marineschule begann. Jetzt konnte Canaris zeigen, daß ihn an geistiger Leistungsfähigkeit so leicht kein Crew-Kamerad übertraf. »Theoretisch sehr gut begabt, von eisernem Fleiße«, wird später ein Ausbilder in die Canaris-Papiere eintragen.[61] Physik, Mathematik, Navigationslehre, Schiffsbautechnik – in jedem dieser Fächer wußte Canaris zu bestehen. Er galt, auch dies eine Formulierung in seinen Führungspapieren, als »von sehr guter allgemeiner Bildung und unausgesetzt bemüht, sich in jeder Beziehung zu vervollkommnen«.[62] Auf sportlich-gesellschaftlichem Gebiet schnitt er ebenfalls gut ab; Reiten gehörte zu seinen Lieblingsbeschäftigungen, beim Tanzen fehlte ihm freilich das Temperament.

Canaris wird jedoch rasch bemerkt haben, daß auf der Marineschule andere Kategorien zählten als jene der Wissenschaft oder Waffenkunde. Manche Disziplin fehlte völlig; der Fremdsprachenunterricht war seit 1905 gestrichen, Vorlesungen über Innen- und Sozialpolitik gab es überhaupt nicht.[63] Selbst die militärwissenschaftlichen Fächer wurden ohne sonderliche Gründlichkeit abgehandelt. Im Mittelpunkt stand die Ausbildung zum Offizier und Gentleman, und das war typisch: Jede Unterrichtsstunde sollte dem Kadetten einhauchen, Mitglied einer militärischen Elite zu sein, die zur Führung von Staat und Gesellschaft berufen sei.

Jeder Zögling der Marineschule hatte zu begreifen, daß das Korps der Seeoffiziere der erste Stand im Reich war, nicht unähnlich dem Gardeoffizier im alten Preußen, dem die Führer der Marine bewußt nachstrebten. Die Offiziere der Kaiserlichen Marine sahen sich als den künftigen Ritterorden des Reiches, allein dem Kaiser verantwortlich: abgekapselt gegen die Strömungen und Konflikte der Zeit, ein Klub der Exklusivität, der seinen Mitgliedern Enthaltsamkeit in allen Lebensbereichen vorschrieb und ihnen zugleich das Recht zubilligte, vermeintliche Ehrenfragen gewaltsam zu erledigen. Schulden waren verpönt, Eheschließungen bis zum Kapitänleutnant wurden kaum genehmigt, der Alkoholgenuß mit immer neuen Orders bekämpft.[64]

Allzeit hatte der Seeoffizier bereit zu sein, das Prestige des Korps gegen jedermann zu verteidigen – notfalls mit der Waffe. Schon die Kadetten wurden gezwungen, eine Herausforderung zum Duell anzunehmen. Ein Ehrengericht der Marine entschied: »Wer mit Offizieren Streit anfängt, muß fühlen, daß keine Spielerei vorliegt, sondern der Einsatz des Lebens in Frage kommt.«[65] Auch gegenüber den eigenen Kameraden in der Marine sollte der Seeoffizier Front machen, falls das Renommee des Klubs in Gefahr geriet; vor allem Marine-Ingenieure, Fach- und Deckoffiziere sollten lernen, die Allmacht der Seeoffiziere zu respektieren.

Denn in der Marine des Kaisers war nicht Offizier gleich Offizier; ein schottenartiges Vier-Klassen-System hielt das Führungspersonal streng auseinander. Da gab es die Deckoffiziere, die zwar so hießen, aber als Steuerleute usw. keinen Offiziersrang besaßen. Ihnen folgten die Feuerwerks- und

Torpederoffiziere (Fachoffiziere), denen die Lagerung und Verwaltung des Kriegsmaterials oblag. Über sie erhob sich eine dritte Klasse: die Gruppe der Ingenieuroffiziere, die das Maschinenwesen kontrollierte.[66] An der Spitze der Pyramide kam schließlich die Kaste der Seeoffiziere, das militärisch-navigatorische Führungskorps. Bei solchem Kastenwesen fühlten sich die Seeoffiziere fast immer von den »unteren« Klassen gefährdet; ein erbitterter Kleinkrieg um Privilegien, Uniformen und Kasinositten entbrannte.

Die Seeoffiziere trugen an ihrer Mütze ein schwarzes Mohairband, die Fachoffiziere ein dunkelblaues – Grund genug für die Seeoffiziere, beim Kaiser auf Änderung der Mützen zu drängen, da es ihnen als unzumutbar erschien, daß in der Dunkelheit ein Fachoffizier für einen Seeoffizier gehalten werden konnte.[67] Nichts ließen sie auch unversucht, den Deckoffizieren den Eintritt in die Offiziersklasse zu verwehren und sie sogar zu den Mannschaften herunterzustufen, obwohl denen schon 1854 durch Königliche Order zugesichert worden war, sie rangierten »nach den Offizieren und vor den Unteroffizieren mit Portepee«.[68]

Besonders arg aber fühlten sich die Seeoffiziere von den Marine-Ingenieuren herausgefordert. Hatte es schon Anstoß erregt, daß den Ingenieuren Offiziersränge zugesprochen worden waren, so verbaten sich die Seeoffiziere jetzt jede weitere Fraternisierung. Kein Marine-Ingenieur durfte einem Leutnant zur See einen Befehl erteilen, kein Ingenieuroffizier ein Kasino der Seeoffiziere in einer Marinegarnison betreten.[69] »Wir werden erreichen«, postulierte Vizeadmiral von Coerper, Inspekteur des Bildungswesens der Marine, »daß die Ingenieure von selbst in die untergeordnete Stellung zurückkehren, die ihnen zukommt.«[70] Folglich paßten die Führer der Marine auf, daß kein Seeoffizier gesellschaftlichen Kontakt mit den Ingenieuren unterhielt. Kapitän zur See Wilbrandt erregte sich: »Ein Kommandant soll sogar seinen leitenden Ingenieur zu sich in seine Familie eingeladen haben!«[71]

Ebenso eindeutig hatte sich der Seeoffizier gegenüber der Mannschaft abzugrenzen, die immer ein wenig im Verdacht stand, mit der verlästerten Sozialdemokratie (auf den großen Schiffen waren in der Tat viele Matrosen und Heizer gewerkschaftlich organisiert) im Bunde zu sein. Obwohl den Offizieren parteipolitische Betätigung untersagt war, hielt man es doch für eine selbstverständliche Pflicht, sozialdemokratische Bestrebungen zu bekämpfen.[72] Wehe aber dem Offizier, der in den Ruch geriet, mit der Mannschaft zu sympathisieren oder gar selber ein »Roter« zu sein! Mit seiner Karriere war es dann vorbei. Auch darin erwies sich das Seeoffizierkorps als »ein getreues Abbild der wilhelminischen Gesellschaft«, wie der Historiker Holger H. Herwig urteilt.[73]

Stunde um Stunde lernten die Kadetten in Kiel, daß sie dazu berufen seien, die Herrschaft des Seeoffiziers zu zementieren. Auch Canaris prägten die Lehren und Verhaltensmuster des kaiserlichen Seeoffizierkorps. Ohne Kontakt zu den »unteren« Volksschichten aufgewachsen, im Elternhaus mit seinem Herr-im-Haus-Standpunkt in kritisch-verständnisloser Distanz zur Arbeiterschaft erzogen, schien es ihm nur natürlich, daß auf den Schiffen Seiner Majestät eine Kaste der Herren allein das Kommando führen müsse.

Im Oktober 1907 war er soweit, die Kieler Lehren in die Wirklichkeit umzusetzen. Nach bestandener Abschlußprüfung stand der Fähnrich zur See Canaris auf dem Hof der Marineschule und schwor mit seinen Crew-Kameraden neben der im Winde knatternden Reichskriegsflagge den Fahneneid. Von Stund an wollte Wilhelm Franz Canaris »Seiner Majestät, dem Deutschen Kaiser, Wilhelm II., meinem Obersten Kriegsherrn, in allen und jeden Vorfällen, zu Lande und zu Wasser, in Kriegs- und Friedenszeiten und an welchen Orten es immer sei, treu und redlich dienen, Allerhöchstdero Nutzen und Bestes befördern, Schaden und Nachteil aber abwenden, die mir vorgelesenen Kriegsartikel und die mir erteilten Vorschriften und Befehle genau befolgen«.[74]

Ein gütiges Geschick bewahrte ihn indes davor, die auf der Marineschule erfahrenen Maximen jemals einer ernsthaften Belastungsprobe aussetzen zu müssen – dort, wo der Klassenkampf in der Marine hinter der Fassade äußerer Disziplin besonders deutlich war: auf den Schlachtschiffen. Canaris sollte nie die Monotonie der gepanzerten Ungetüme kennenlernen, die sich im Frühjahr und Herbst zu ewig gleichen Manövern in Nord- und Ostsee zusammenfanden, »ein auf eiserne Kasernen verpflanztes preußisches Armeekorps« (so Vizeadmiral Eberhard von Mantey).[75] Canaris erlebte eine Marine, die es praktisch kaum noch gab und die zumindest in der Tirpitz-Optik nicht sonderlich zählte: die Flotte der Kreuzer und Torpedoboote.

Sie war es, der noch ein Hauch von seemännischer Romantik und exotischer Ferne anhaftete. Die Auslandskreuzer des Deutschen Kaisers trugen letzte Spuren jener Mission, die die Vor-Tirpitz-Flotte hatte auszeichnen sollen: Botschafter des Reiches zu sein, Band zwischen dem Bismarck-Staat und Millionen Deutschen im Ausland. Das war es gewesen, was Canaris in die Marine gelockt hatte. Ein Zufall militärischer Personalpolitik brachte ihn dem Ziel seiner Wünsche näher: Noch im Oktober 1907 erging an den Fähnrich Canaris der Befehl, sich an Bord des Kleinen Kreuzers »Bremen« zu melden.[76]

Der 3816-Tonnen-Kreuzer, eines der modernsten Schiffe der Marine (Bauzeit: 1902–1904), nahm Kurs auf den südwestlichen Atlantik; er war zum Dienst auf der Ostamerikanischen Station bestimmt, worunter man verstand: durch Flaggezeigen und immerwährende Präsenz deutsche Interessen entlang der Ostküste Latein- und Mittelamerikas zu vertreten.[77] Canaris sollte auf der »Bremen« Matrosen ausbilden, Vorträge vor der Mannschaft halten und im Falle internationaler Verwicklungen mit seinen nicht unerheblichen fremdsprachlichen Fähigkeiten (er sprach gut Englisch, konnte leidlich Französisch und etwas Russisch) der Schiffsführung assistieren.[78] Mit gewohntem Eifer, wie immer unauffällig und ernst, gewann er rasch das Wohlwollen seiner Vorgesetzten.

»Er ist«, notierte der Kommandant der »Bremen«, Kapitän zur See Alberts, »von kleiner Figur, sehr bescheiden und zurückhaltend, so daß man einige Zeit braucht, ihn kennenzulernen. Sehr tüchtig und gewissenhaft.«[79] Auch die anderen Offiziere des Schiffes hatten den neuen Fähnrich gerne um sich und wußten seine Fähigkeiten zu rühmen. Dem Navigationsoffizier war er eine »sehr zuverlässige Stütze«, auch der Artillerieoffizier war voll des Lobes.[80] Was sie allenfalls irritierte, war Canaris' Schüchternheit, seine Scheu, aus sich herauszugehen. Alberts: »Er verspricht, ein guter Offizier zu werden, sobald er etwas mehr Zuversicht und Selbstvertrauen bekommen hat.«[81]

Auch nach seiner Ernennung zum Leutnant zur See am 28. September 1908 zog es Canaris vor, während der Freizeit meist in seiner Kajüte zu bleiben und private Studien zu treiben.[82] Die Gegenwart Lateinamerikas inspirierte ihn, die spanische Sprache zu erlernen; in kurzer Zeit wußte er sich so gewandt in ihr auszudrücken, daß oberflächliche Beobachter meinen konnten, er spreche sie bereits seit Jahren.

Das kam der »Bremen« zugute, als sie zu der Blockadeflotte stieß, mit der die USA, England, Frankreich und auch Deutschland den Präsidenten Venezuelas, Cipriano Castro, unter Druck setzten, dessen Nationalisierungspolitik die Großmächte provoziert hatte. Bei den Verhandlungen mit Venezolanern erwies sich Canaris, inzwischen auch Adjutant der »Bremen« geworden, als ein geschickter Gesprächspartner; wie kaum ein anderer verstand er es, mit Menschen fremder Völker umzugehen. Selbst der Nachfolger des schließlich gestürzten Castro, der General Juan Vicente Gomez, bekundete ihm seinen Respekt: Von ihm erhielt Canaris am 13. Mai 1909 den ersten Orden seines Lebens, den Bolivar-Orden V. Klasse.[83]

Den Offizieren der »Bremen« dämmerte, daß sie einen Künstler der Menschenbehandlung an Bord hatten. Auch der neue Kommandant des Schiffes, Kapitän zur See Albert Hopmann, gehörte zu seinen Bewunderern. »Gute militärische und gesellschaftliche Formen«, attestierte er Canaris, er zeichne sich »durch bescheidene Artigkeit und Höflichkeit« aus.[84] Hopmann gab ihm neue und erweiterte Aufgaben. Er beteiligte Canaris an den Mobilmachungsarbeiten, die gemeinhin nur dem dienstältesten Offizier der Ostamerikanischen Station zustanden. Wieder bewährte sich Canaris und zeigte »weit mehr Verständnis und Geschick, als dies bei seinem jugendlichen Dienstalter vorauszusetzen war« (Hopmann). Auch privat zog der Kapitän den Schiffsadjutanten an sich heran. »Mit Canaris, der mir immer besser gefällt«, wie sich Hopmann in sein Tagebuch notierte, besuchte er Verwandte und Freunde in Argentinien und Brasilien, und bald gab es keine Party an Land, zu der Hopmann ohne seinen Adjutanten erschien.[85]

Canaris genoß die Wochen und Monate an Bord der »Bremen«, die Welt des Südens hatte ihn in ihren Bann gezogen. Nie wieder konnte er die scheinbare Problemlosigkeit, die unbeschwerte Heiterkeit der Vorkriegszeit vergessen: die rauschenden Empfänge in den Häusern und Klubs der Auslandsdeutschen, die Paraden und Bordzeremonien unter des Kaisers Flagge, die Besuche auf fremden Kriegsschiffen. Da konnte sich schon ein 22jähriger Leutnant zu den Herren des Globus rechnen, konnte ernsthaft glauben, ein Deutschland zu verkörpern, dessen Macht und Herrlichkeit kaum Grenzen gesetzt waren.

Mochte er auch zu nüchtern sein, der Selbstüberhebung zu verfallen, mit der seine Kameraden fremden Nationen und Flotten begegneten – manche der Klischees auf den Schiffen der Kaiserlichen Marine teilte auch Canaris: die aus Überschätzung und Neid gemischte Bewunderung für England, dessen Macht man schätzte, dessen parlamentarisch-demokratische Struktur man jedoch nicht verstand; die Geringschätzung der Franzosen, die Verachtung der meist für korrupt gehaltenen russischen Seeoffiziere. Nur in einem unterschied sich Canaris deutlich von den meisten Kameraden: Kultur und Temperament der Südländer zogen ihn magisch an, ihr Wesen, ihre Fröhlichkeit brachten in Canaris Saiten zum Klingen, die er noch nie gehört.

Doch das militärische Rotationssystem unterbrach jäh die Idylle unter der heißen Sonne des Südens. Im Januar 1910 wurde Canaris als Zweiter Wachoffizier auf das Torpedoboot »V 162« versetzt, das kurze Zeit darauf zu den Frühjahrsmanövern der III. Halbflottille in der Nordsee auslief.[86] Er fühlte sich unbehaglich dabei, denn seit seinen Malariaanfällen (die Krankheit hatte ihn 1909 zweimal, in Venezuela und in Mexiko, niedergeworfen) mied er kühleres Wetter.[87] Im Juni mußte er abermals das Boot wechseln. Diesmal kam er als Kompanie- und Wachoffizier auf das Torpedoboot »S 145«, das zur II. Halbflottille gehörte.[88]

Das stürmische Herbstwetter in der Nordsee warf ihn um, er mußte seinen Dienst unterbrechen. Diagnose des Arztes: Lungenspitzenkatarrh. Er wurde ein halbes Jahr auf Erholungsurlaub geschickt.[89] 1911 kam er zurück und zeichnete sich erneut durch Pflichteifer aus. Wieder kamen schmeichelhafte Vorgesetzten-Urteile in seine Qualifikationspapiere: »Für den Spezialdienst auf Torpedobooten hat er Geschick und sicheren Blick bewiesen, er eignet sich zur späteren Verwendung als Kommandant eines Bootes«, schrieb Kapitänleutnant Nieden, Kommandant in der II. Halbflottille.[90] Noch ehe Canaris die letzten Strapazen der Nordsee überstanden hatte, hielt er ein neues Patent in der Hand: Er war zum Oberleutnant zur See befördert worden.[91]

Dann aber hatte ihn die Welt des Südens wieder. Im Dezember 1911 erreichte ihn die Order, Dienst auf dem Schiff anzutreten, das ihm zur zweiten Heimat werden sollte: dem Kleinen Kreuzer »Dresden«.[92] In Kiel sah er das 361-Mann-Schiff zum erstenmal. Es war, 1907/08 auf der Werft von Blohm & Voß gebaut, 118 Meter lang und 13,5 Meter breit, hatte eine Wasserverdrängung von 3664 Tonnen und eine Mindestgeschwindigkeit von 24 Seemeilen in der Stunde. Der Artillerist Canaris registrierte sofort die Armierung des Kreuzers: zehn 10,5-Zentimeter-Geschütze und vier Torpedorohre.[93]

Doch lange konnte er sich an dem Anblick des friedlich daliegenden Kreuzers nicht erfreuen. Der Ausbruch des Zweiten Balkankrieges trieb die »Dresden« am 6. April 1913 ins östliche Mittelmeer – Kurs Konstantinopel.[94] Fregattenkapitän Lüdecke, ihr Kommandant, hatte Befehl, die deutschen Interessen während der Balkanwirren zu wahren und Kontakt zu den mit Deutschland liierten Türken zu halten. Oberleutnant Canaris erhielt dabei einen Sonderauftrag: Er hatte die Bauarbeiten entlang der Bagdadbahn in Anatolien zu beobachten, die mit deutschem Kapital vorangebracht wurden.[95]

Ende 1913 war die »Dresden« wieder in Kiel. Ein neuer Kommandant, Fregattenkapitän Erich Köhler, kam an Bord, neue Befehle des Admiralstabes trafen ein: sofort auslaufen, Kurs auf die Ostküste Mexikos.[96] Die »Dresden« sollte die »Bremen« auf der Ostamerikanischen Station ablösen und deutsche Staatsbürger in Mexiko schützen, das seit Februar 1913 von einem Bürgerkrieg heimgesucht wurde. Der Admiralstab drängte derartig, daß Köhler die begonnene Überholung des Schiffes, das seit 1908 unentwegt im Dienst war, abbrechen mußte.[97] Für lange Zeit war freilich die Mission der »Dresden« nicht vorgesehen; der Admiralstab versprach, der Kreuzer werde in wenigen Monaten von der neuen »Karlsruhe« abgelöst werden.

Am 27. Dezember 1913 gegen sechs Uhr befahl Köhler: »Dampf auf.« Der Kreuzer legte ab. Er passierte den Kaiser-Wilhelm-Kanal, um 17 Uhr hatte er die Brunsbütteler Schleuse erreicht, dann lag die Nordsee vor ihm. Die »Dresden« gewann rasch an Fahrt. Bald war der Hafen Saint Thomas auf den Virgin Islands angelaufen, weiter ging es über Haiti, Jamaika und Kuba in den Golf von Mexiko. Am 21. Januar steuerte Köhler sein Ziel an: den mexikanischen Hafen Veracruz, wo bereits die »Bremen« auf Ablösung wartete.[98] Zwei Tage später ging Canaris' erstes Schiff auf Heimatkurs.[99]

Kaum aber hatte die »Dresden« Position bezogen, da eilte der Bürgerkrieg in Mexiko seinem blutigen Höhepunkt entgegen. Immer häufiger baten von den Kämpfen bedrohte Ausländer, die »Dresden« möge sie an Bord nehmen und in Sicherheit bringen. Schiffsadjutant Canaris übernahm die Verhandlungen; wo ausländische Bürger in Not gerieten, half er und vermittelte die Gespräche mit Köhler. Rasch war die »Dresden« so etwas wie ein internationales Kriegsschiff. Deutsche, Österreicher, Holländer und Amerikaner retteten sich auf den deutschen Kreuzer, der sie in das sichere Tampico brachte.[100]

Ende April assistierte der Dolmetscher Canaris wieder: 2000 amerikanische Bürger waren auf dem deutschen Schiff einzuquartieren – die gelungene Operation quittierte US-Präsident Woodrow Wilson mit einem Dankeswort.[101] Die diplomatische Geschicklichkeit der »Dresden«-Führung bescherte ihr schließlich eine heikle Aufgabe, gleichsam den Schlußakt des mexikanischen Bürgerkrieges. Am 14. Juli 1914 erhielt die »Dresden« den Befehl, den Mann außer Landes zu bringen, der den Bürgerkrieg ausgelöst hatte: General Victoriano Huerta, den inzwischen gestürzten Präsidenten Mexikos.[102]

Zwei Tage später lief die »Dresden« in Puerto Mexico ein, wo Huerta, sein Kriegsminister Blanquet und beider Familien eingeschifft werden sollten. Doch Huerta ließ sich mit der Abreise Zeit. Er schickte seinen Hofstaat voraus, Frauen und Bedienstete nahmen laut gestikulierend von der »Dresden« Besitz; oft mußte die Bordkapelle aufspielen, um die Damen und Herren bei Laune zu halten. Dann endlich erschien der Exdiktator, um gleich wieder zu verschwinden. Köhler wurde ungemütlich, verärgert schickte er Canaris aus, Huerta heranzulocken. Am 20. Juli hatte er es geschafft, die »Dresden« lief aus. Drei Tage später lud sie in Kingston auf Jamaika die Mexikaner wieder aus.[103]

Am 25. Juli traf die »Dresden« endlich in Port au Prince auf Haiti mit dem Kreuzer »Karlsruhe« zusammen, der Köhlers Schiff ablösen sollte. Der alte »Dresden«-Skipper Lüdecke, der die »Karlsruhe« geführt hatte und jetzt wieder sein Schiff übernahm, kletterte an Bord.[104] Die Übergabeformalitäten waren rasch erledigt. Die »Karlsruhe« erhielt von der »Dresden« Geschütze und Munition, am 26. Juli dampfte sie wieder zum Hafen hinaus.[105] Fritz Lüdecke aber drängte zur Eile, denn sein Auftrag lautete, die »Dresden« möglichst rasch in die Heimat zurückzuführen.

Der Kreuzer nahm eben den letzten Proviant an Bord, da stürzte der

Funkoffizier mit einem Papier in der Hand aus seiner Kajüte; das Wort »Krieg« verbreitete sich an Bord wie eine Sturmflut. Der Admiralstab meldete, Österreich-Ungarn und Serbien hätten die diplomatischen Beziehungen abgebrochen, ein Krieg zwischen allen Großmächten Europas drohe; die »Dresden« müsse mit größter Beschleunigung in die Heimat gebracht werden.[106] Es war der 28. Juli 1914, vier Tage vor Ausbruch des Ersten Weltkrieges.

Doch Lüdecke glaubte noch nicht an das Schlimmste. Sofort erging sein Befehl: »Alle Mann an Bord!«[107] Er wollte um jeden Preis versuchen, Deutschland noch rechtzeitig zu erreichen. Die »Dresden« machte Dampf auf, wenige Stunden später konnte sie den Hafen verlassen. Lüdecke steuerte Saint Thomas in der Nachbarschaft Puerto Ricos an, wo er Proviant- und Kohlenvorräte ergänzte.[108] Am 31. Juli nachmittags lief das Schiff aus – Richtung Heimat. Drei Stunden später aber ging ein neuer Funkspruch ein, der Lüdeckes Heimfahrt-Plan zunichte machte. Lüdecke las: »Drohende Kriegsgefahr Großbritannien, Frankreich, Rußland. Bundesgenosse Österreich-Ungarn, voraussichtlich Italien. Nicht heimkehren, Kreuzerkrieg führen gemäß den Mobilmachungsbestimmungen.«[109]

Das kam einem Befehl zum Selbstmord gleich. Vor den Kanonenrohren der mächtigsten Flotte der Welt, ganz allein auf sich gestellt, von der Heimat Tausende von Seemeilen entfernt, technisch keineswegs im besten Zustand, sollte die »Dresden« den gegnerischen Seehandel stören, womöglich unterbinden – das nämlich bedeutete die Formel »Kreuzerkrieg führen«. Jetzt rächte sich bitter, daß die schlachtschiffnärrische Flottenführung Deutschlands jahrelang die Kreuzer vernachlässigt hatte; nur halbwertige Schiffe (wie die »Dresden«) waren zum Auslandsdienst abgestellt worden, ihre Versorgung durch den Einsatz von Hilfsschiffen vernachlässigt.

Die Männer der »Dresden« wußten nur zu gut, was die Befehle des Admiralstabes bedeuteten. Unteroffizier Heinrich Schneider erinnerte sich später: »Wie lange würden wir uns halten können? Nicht lange, war die allgemeine Ansicht; denn wir mußten annehmen, daß feindliche Kriegsschiffe bereits hinter uns waren.«[110] Doch Lüdecke mochte nicht aufgeben: »Ein Streichen unserer Flagge gibt es nicht!«[111] So dachte natürlich auch die übrige Besatzung. Pflicht- und Vaterlandsgefühl, noch völlig ungetrübt, ließ keinem von ihnen eine andere Wahl als: durchstehen, Beute machen, auf ein Wunder hoffen.

Lüdecke hatte denn auch sofort einen neuen Plan: Die »Dresden« sollte nach Süden laufen und sich vor die Mündung des La Plata legen, wo die für England bestimmten Versorgungsschiffe Argentinien verließen.[112] Der Plan hatte freilich eine arge Schwäche; die Kohlenvorräte der »Dresden« würden nicht ausreichen, vor der Küste Argentiniens Krieg zu führen.

Kohlen – mit ihnen stand und fiel ein Kriegsschiff, seit das Maschinenzeitalter begonnen hatte. Die Segelschiffe früherer Zeiten hatten manchmal jahrelang kämpfen können; sie operierten, solange Frischwasser, Proviant und Takelage ausreichten. Der moderne Kreuzer hingegen war verloren, wenn die Kohlen ausgingen. Und sie waren rasch verbraucht: Die »Dresden« benötigte bei einer Stundengeschwindigkeit von 20 Seemeilen 170 Tonnen Kohlen pro Tag, bunkern aber konnte sie nicht mehr als 850 Tonnen.[113]

Um den Auslandskreuzern das Überleben zu ermöglichen, hatte der Admiralstab vor dem Krieg begonnen, in den Küstenstaaten sogenannte Etappen einzurichten. An ihrer Spitze stand ein Seeoffizier, der über die Operationen und Bedürfnisse eines deutschen Kriegsschiffes informiert war; er sammelte mit Hilfe von V(ertrauens)-Männern Nachrichten über den Feind und hielt Kontakt zu deutschen Reedereien und deren Schiffen. Die in den Häfen eines Etappengebietes liegenden deutschen Handelsschiffe mußten jeden Augenblick in der Lage sein, Kohlen, Proviant oder andere Schiffsausrüstung einem Kriegsschiff auf hoher See an einer vorher verabredeten Stelle zuzuleiten.[114] Voraussetzung war jedoch, daß der Feind von solchen Treffs nichts erfuhr. Allzuleicht konnte er – rechtzeitig informiert – dem deutschen Kriegsschiff auflauern, zumindest das Rendezvous stören.

Man brauchte also Nachrichten und noch einmal Nachrichten über den Feind – und gerade sie besaß die »Dresden« nicht. Gleich nach Kriegsausbruch hatten die Briten die fünf transatlantischen Kabel durchgeschnitten, die Deutschland mit Übersee verbanden.[115] Die »Dresden« war auf die Meldungen der Funkstationen amerikanischer Staaten angewiesen, die meist von britischen Nachrichtenagenturen abhängig waren und nicht selten mit Englands Flotte zusammenspielten. Angesichts solcher Lage gab es nur einen Ausweg: Die »Dresden« mußte sich selber Nachrichten sichern. Wer aber hatte ausreichende Verbindungen zum lateinamerikanischen Festland? Lüdecke kannte nur einen: Canaris.

Oberleutnant Canaris übernahm die Aufgabe, eine eigene Organisation von V-Männern zu schaffen, die einigermaßen sichere Nachrichten über Lage und Absichten des Feindes liefern konnten. Gemeinsam mit dem »Bremen«-Kommandanten Hopmann hatte er einst seine ersten Gehversuche in der Welt der konspirativen Verbindungen unternommen; das war 1908 gewesen, als Hopmann das V-Mann-System der »Bremen« in Argentinien und Brasilien ausgebaut hatte. Ein Verwandter des Kapitäns, in Hopmanns Tagebuch nur »Onkel Rudolf« genannt, hatte die nötigen Kontakte geschaffen, auch wenn sich Hopmann eine gewisse Skepsis gegenüber den geheimdienstlichen Ritualien bewahrte, wie seine Notizen offenbaren. Eintragung vom 21. November 1908: »Vormittags mit Canaris . . . V.M.-Sachen durchgegangen . . . Nachmittags G[eheim]-Akten gelesen, in denen viel Unsinn steht.« 25. November 1908: »Mit Canaris an Land gefahren und bei Onkel Rudolf Chiffre-Angelegenheiten erledigt. Das jetzt zur Einführung gelangende System ist der Gipfel der Kompliziertheit und funktioniert sicherlich nicht.« 24. Dezember 1908: »Mit Canaris an Land und mit Herrn Georgius über V.-Angelegenheiten . . . verhandelt und ihn als V. M. angeworben.«[116]

Canaris indes teilte die Skepsis seines ehemaligen Kommandanten nicht. Das Katz-und-Maus-Spiel mit dem Gegner lockte ihn. Schon als Kind hatte er mit unsichtbaren Tinten experimentiert und sich falsche Namen zugelegt;[117] er liebte das Mysteriöse, die halbe Andeutung, die Verschleierung eigener Wünsche und Absichten. Canaris kontaktierte per Funk einige Kaufleute in Brasilien und Argentinien, die er noch von seinem Dienst auf der »Bremen« her kannte.

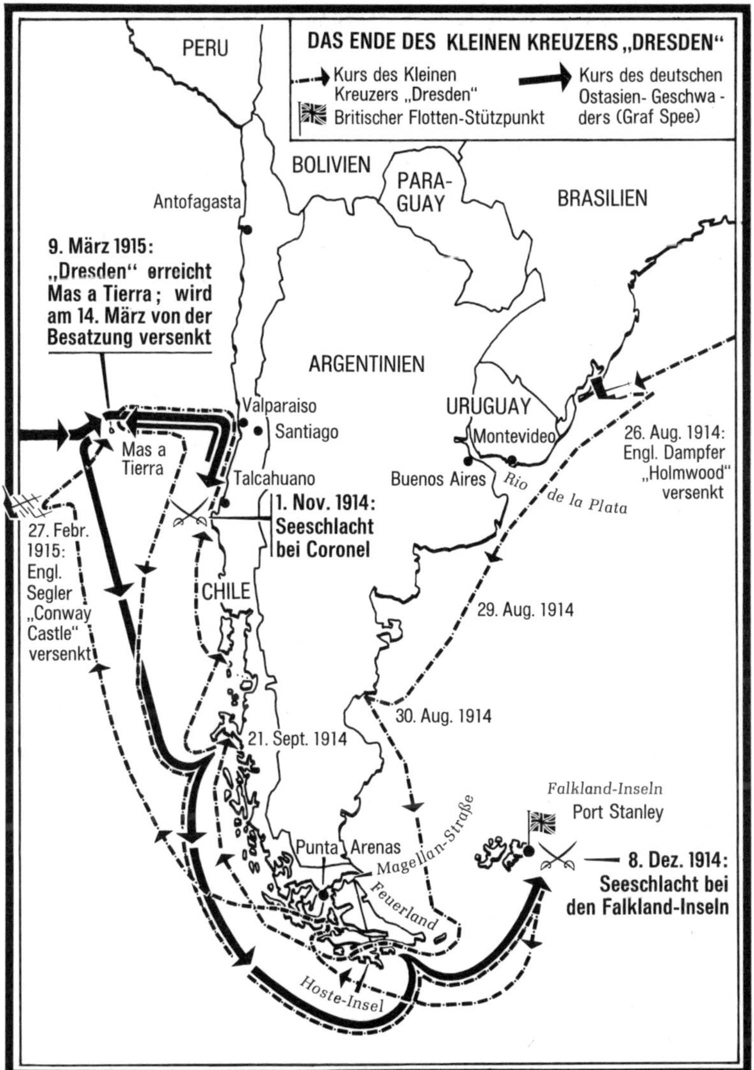

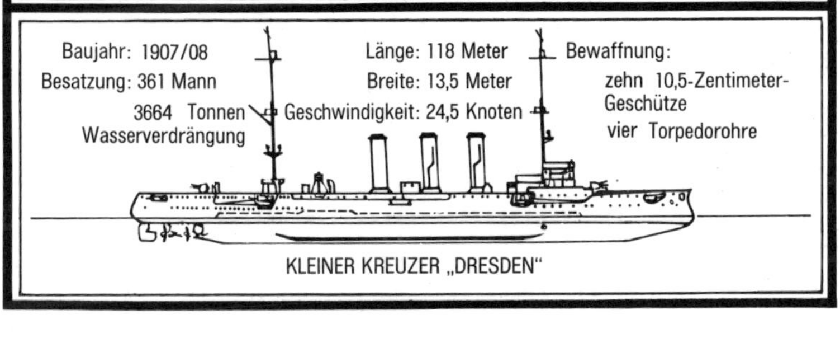

KLEINER KREUZER „DRESDEN“

Zugleich trug er Sorge, daß die »Dresden« auf der Fahrt nach Süden ihre Spuren verschleierte. Der US-Funkstation in San Juan auf Puerto Rico ging die falsche Meldung zu, die »Dresden« setze ihre Heimreise via Azoren fort, während ein anderer – chiffrierter – Funkspruch die Etappe Brasilien informierte, der Kreuzer werde sich fortan unter dem Decknamen »Sierra Salvada« melden und zunächst versuchen, die nordbrasilianische Insel Rocas zu erreichen, wo er neue Kohlenvorräte an Bord nehmen müsse.[118] Die »Dresden« hatte sich so gut getarnt, daß nicht einmal die Helfer der Etappe Brasilien ahnten, wer sich hinter der »Sierra Salvada« verbarg. Als der Kreuzer – aus Furcht, die Fahrt bis zur Insel Rocas nicht schaffen zu können – am 7. August um vorzeitige Kohlenversorgung bat, witterte der in dem nordbrasilianischen Hafen San Luiz de Maranhao alarmierte deutsche Dampfer »Corrientes« eine Falle.[119]

»Corrientes«-Kapitän Mehring mochte nicht einmal auslaufen, obwohl sich die »Dresden« als deutsches Kriegsschiff zu erkennen gab; er wähnte, ein britischer Kreuzer wolle ihn vor seine Geschützrohre locken.[120] Da kam Mehrings Gehilfen, dem Bootsmannsmaat Julius Fetzer, die rettende Idee. Fetzer hatte 1911 auf der »Dresden« gedient und verlangte nun, das Schiff solle funken, wer damals Kommandant und Erster Offizier gewesen sei. Als die richtige Antwort vorlag, gab Mehring seinen Widerstand auf. Am 10. August trafen sich die beiden Schiffe in einer Bucht bei Jericoacoara, die »Dresden« übernahm 570 Tonnen Kohlen.[121]

Fetzer meldete sich bei Canaris, und der war von Fetzers Kenntnissen so beeindruckt, daß er ihn bat, in die Dienste der »Dresden« zu treten. Der Kap-Hoorn-Fahrer Fetzer kannte in der Tat gut den patagonischen Archipel, das künftige Operationsgebiet der »Dresden«. Canaris' Angebot lockte ihn, er wechselte als Hilfsleutnant auf den Kreuzer über und wurde zum engsten Gehilfen von Canaris.[122] Ohne es zu wissen, hatte der künftige Spionagechef des Großdeutschen Reiches seinen ersten Mitarbeiter angeworben (Fetzer diente später als Kapitänleutnant in der Abwehr).[123]

Weiter ging die Fahrt der »Dresden«, immer tiefer in den Süden. Am 13. August erreichte der Kreuzer die Insel Rocas, dort bereits von dem Dampfer »Baden« mit neuen Kohlen erwartet. Als der Leuchtturmwärter von Rocas (die »Dresden« hatte sich ihm gegenüber als schwedisches Schiff ausgegeben) zu neugierig wurde, legte der Kreuzer wieder ab.[124] Neues Ziel: die brasilianische Insel Trinidad. So arbeitete sich die »Dresden« von Station zu Station fort, immer wieder von deutschen Dampfern erwartet, stets durch irreführende Funksprüche vor dem Gegner getarnt.

Doch als das Schiff Ende August durch das Mündungsgebiet des La Plata preschte, harrte seiner eine böse Überraschung: Kein britisches Schiff zeigte sich. Die bis dahin erlegte Beute war recht mager. Südlich der Rocas-Insel hatte die »Dresden« einen britischen Frachter versenkt, nördlich der La-Plata-Mündung einen weiteren; drei andere britische Schiffe waren angehalten, jedoch freigegeben worden, weil sie neutrale Ladung geführt hatten.[125] Seither ließ sich kein Brite blicken – Lüdecke und Canaris konnten nicht wissen, daß schon die ersten Erfolge der »Dresden« die britischen Kapitäne abgeschreckt hatten, die Häfen Argentiniens und Brasiliens zu verlassen.

Da meldete die VM-Organisation von Canaris Anfang September, daß die Royal Navy Flotteneinheiten zusammenziehe, um die »Dresden« zur Strecke zu bringen. Von Norden dampften die britischen Panzerkreuzer »Good Hope« und »Monmouth« und der Hilfskreuzer »Otranto« heran; mit ihrer Ankunft in Montevideo wurde in Kürze gerechnet.[126] Lüdecke trieb daraufhin sein Schiff weiter nach Süden. Ein Canaris-Mitarbeiter, Leutnant zur See Neiling, Frachtaufseher an Bord des Kohlendampfers »Santa Isabel«, eilte nach Punta Arenas, Chiles südlichstem Hafen, neue Nachrichten und neues Schiffsmaterial zu beschaffen, während sich die »Dresden« an der südlichsten Spitze Lateinamerikas in eine Bucht der Hoste-Insel zurückzog – zu notwendigen Reparaturarbeiten.[127]

Am 12. September war Neiling wieder zurück. Er brachte schlechte Meldungen: Vor der Osteinfahrt der Magellanstraße, etwa 200 Seemeilen vom »Dresden«-Versteck entfernt, kreuzten die britischen Kriegsschiffe »Good Hope«, »Monmouth« und »Glasgow«, offensichtlich auf der Suche nach dem deutschen Kreuzer.[128] Lüdecke entschloß sich, nach Nordwesten auszuweichen, in den Pazifik. Das riet auch der Admiralstab. Neiling legte einen Funkspruch aus Berlin vor, der am 9. September in Punta Arenas eingegangen war: »Es empfiehlt sich, gemeinsam mit ›Leipzig‹ zu operieren« – einem Kleinen Kreuzer, der im östlichen Pazifik stand.[129]

Lüdecke ließ die Anker lichten und fuhr der »Leipzig« entgegen. Die »Leipzig« aber verband ihn schließlich mit einem Geschwader, das – ein wenig ratlos und ohne rechtes strategisches Konzept – die Wasserwüste des Pazifischen Ozeans durchpflügte: den aus Ostasien kommenden Kampfverband des Vizeadmirals Maximilian Reichsgraf von Spee. Eine stattliche Armada dampfte da heran: die Großen Kreuzer »Scharnhorst« und »Gneisenau«, die Kleinen Kreuzer »Nürnberg« und »Leipzig«, der Hilfskreuzer »Prinz Eitel Friedrich«, das Hilfsschiff »Titania« und acht Kohlendampfer – zu groß für den Handelskrieg, zu schwach für den Seekrieg.[130]

Spee hatte lange gezögert, wie er (vom Krieg ebenso überrascht wie die »Dresden«) sein Geschwader einsetzen solle. Statt es aufzulösen und jeden Kreuzer allein Handelskrieg führen zu lassen, damit die feindliche Flotte zersplitternd, führte er mit seinem ganzen Kampfverband Handelskrieg, womit er alle erreichbaren Flotteneinheiten des Feindes auf sich zog. Die Vereinigung mit der »Dresden« lockte nun auch noch das Westatlantische Geschwader der Briten in den Pazifik – der Zusammenprall war unaufhaltsam.

Canaris, ständig mit den Etappen Argentinien und Chile in Verbindung, erkannte den feindlichen Flottenaufmarsch als einer der ersten. Ihm war es nicht zuletzt zu verdanken, daß die »Dresden« dem Befehlshaber Spee Nachrichten über die Bewegungen des Feindes zuleiten konnte. Die »Dresden« meldete in der Nacht vom 6. zum 7. Oktober: »›Newcastle‹ war 16. September in La Paz, vier englische Kriegsschiffe sollen im Kap Hoorn nach Westen gegangen sein.«[131] Kurz darauf eine neue Meldung: »Vom Dampfer in Corral (Chile) unverbürgt: Es geht das Gerücht, daß das englische Kreuzergeschwader das deutsche ostasiatische Kreuzergeschwader bei der Oster-Insel zu erwarten gedenke . . . Zwei feindliche Kreuzer haben am 5. Oktober morgens Punta Arenas passiert.«[132]

Die Meldungen der »Dresden« wurden so zahlreich, daß Spee den Kreuzer aussandte, die Buchten der chilenischen Küste nach feindlichen Kriegsschiffen abzusuchen. Canaris verbesserte sein Nachrichtensystem: Er kontaktierte Dampfer deutscher Schiffahrtsgesellschaften in Mollendo, Antofagasta, Valparaiso, Talcahuano, Coronel und Corral, die ihm – mit Funkentelegraphie ausgerüstet – jedes verdächtige Kriegsschiff meldeten.[133)]

Seine und die Meldungen der »Leipzig« ermöglichten Spee, am 1. November vor Coronel südlich von Valparaiso die britische Flotte zu stellen und ihr einen schweren Schlag zu versetzen. Bei hohem Seegang griff das deutsche Geschwader an, um 18 Uhr 34 eröffneten die Spee-Schiffe das Feuer. Die »Good Hope« sank, anderthalb Stunden später ging auch die »Monmouth« unter.[134)] Nur die »Glasgow« und »Otranto« konnten im Schutz der Dunkelheit entkommen. Deutschland hatte die erste Seeschlacht des Weltkrieges gewonnen, den »Nimbus der englischen Unbesiegbarkeit zur See zerstört« (so der Marine-Historiker Gerhard Bidlingmaier).[135)]

Stolz lief Spee mit einigen seiner Schiffe im Hafen von Valparaiso ein, laut bejubelt von den Auslandsdeutschen in Chile.[136)] Canaris freilich, mit dem Eisernen Kreuz II. Klasse ausgezeichnet, blieb nüchtern. »Sicher ein schöner Erfolg, der uns zunächst Luft schafft und vielleicht auch Einfluß auf die Gesamtlage hat«, schrieb er an seine Mutter. »Die Friedensaussichten sind wohl noch immer recht gering. Es wird wohl noch lange dauern, bis England erledigt ist.«[137)] Spee hingegen machte der Sieg bei Coronel waghalsig. Er glaubte, die (angebliche) Verwirrung des Gegners mache ihm jetzt den Weg in die Heimat frei. Spee wollte in den Südatlantik vorstoßen, um sich von dort mit seinem Geschwader nach Deutschland durchzuschlagen.

Ein Gerücht spornte ihn zudem zu neuem Kampfelan an. Der Admiral hörte, in Südafrika sei ein Aufstand ausgebrochen, der Englands Flotte im Südatlantik genötigt habe, den bedrängten Briten zu Hilfe zu kommen.[138)] Damit aber mußte auch der britische Flottenstützpunkt im südlichsten Lateinamerika – Port Stanley auf den Falklandinseln – von militärischen Kräften entblößt sein. Sofort stand der Entschluß des Admirals fest, auf der Fahrt in den Südatlantik Port Stanley zu zerstören.[139)]

Vergebens warnten ihn Lüdecke und andere Kommandanten vor dem Angriff. Sie gaben zu bedenken, man wisse nicht, wie stark der Gegner bei den Falkland-Inseln sei. Ihr Gegenvorschlag: das Geschwader aufzulösen und die Kreuzer zu separatem Handelskrieg freizugeben.[140)] Doch Spee war von dem Angriff nicht mehr abzubringen. Am frühen Morgen des 8. Dezember liefen »Gneisenau« und »Nürnberg« mit voller Kraft auf Port Stanley zu – mitten in ihr Verderben. Denn in der Nacht zuvor hatte ein britischer Kampfverband, ohne die Nähe der Deutschen zu ahnen, bei den Falkland-Inseln Anker geworfen, eine ansehnliche Armada: zwei Schlachtkreuzer, drei Panzerkreuzer und drei weitere Kreuzer.[141)]

Spee erkannte die Gefahr und versuchte, mit Volldampf auf Ostkurs zu entkommen. Doch das Unglück war schon geschehen. Die überraschten britischen Kriegsschiffe machten rasch Dampf auf, gegen 10 Uhr konnten sie bereits in Fahrt kommen und die Verfolgung des fliehenden Gegners aufnehmen. Die schnelleren Schiffe der Royal Navy holten die Deutschen rasch ein. Ihr Feuer kartätschte die deutschen Kampfschiffe nieder, ein Spee-Kreuzer nach dem anderen wurde von den britischen Granaten zerfetzt. Die deutschen Schiffe gingen in die Tiefe, vergebens versuchten sich ihre Besatzungen im eiskalten Wasser zu retten. Um 16 Uhr 17 sank auch Spees Flaggschiff, die »Scharnhorst«. Ein letzter Winkspruch des todgeweihten Admirals galt den Kritikern des Falkland-Unternehmens: »Admiral an Kommandant: Sie haben doch recht gehabt.«[142)]

Nur die »Dresden« war noch unversehrt. Wie ein Gespenst jagte der Kreuzer vor den britischen Torpedos und Granaten her, jede Chance ausnützend, der Katastrophe zu entkommen. Lüdecke trieb die Männer zu Höchstleistungen an; die Maschinen stampften, als wollten sie jeden Augenblick zerbersten. Heizer und Maschinisten holten das Letzte aus sich heraus. Allmählich vergrößerte sich der Abstand zu ihren Verfolgern.[143)]

Gegen 17 Uhr kam unsichtiger werdendes Wetter auf, die Dunkelheit brach rasch herein. Immer weiter schoß die »Dresden« ins Ungewisse hinein, hinter sich das zuckende Mündungsfeuer der britischen Verfolger, neben sich die von den Geschossen emporgeschleuderten turmhohen Wasserfontänen. Lüdecke hielt südsüdwestlichen Kurs, er wollte so rasch wie möglich in das Felsengewirr von Feuerland gelangen, um sich zunächst einmal vor den britischen Jägern zu verstecken.[144)] Doch war der Kurs richtig? Lüdecke bezweifelte es nach kurzer Zeit. Er mußte damit rechnen, daß ihm die Briten den direkten Weg nach Feuerland abschnitten, sicherlich patrouillierten längst britische Kreuzer an der Einfahrt der Magellanstraße und des Beagle-Kanals, den herkömmlichen Pforten zum Feuerland. Der Kommandant änderte den Kurs: Er wählte einen Umweg, um von der pazifischen Seite aus – durch den Cockburn-Kanal – Feuerland erreichen zu können.[145)]

Gegen Nachmittag des nächsten Tages passierte die »Dresden« Kap Hoorn, kurz darauf kroch dichter, schwerer Nebel heran, der das Schiff vollends seinen Verfolgern entzog. Lüdecke duldete jedoch keine Pause, immer weiter ging die Fahrt, jetzt in nordwestlicher Richtung die Felsenküste Feuerlands entlang, unentwegt auf der Suche nach einem Abgangspunkt. Der Nebel, die Dunkelheit und ein stürmisches Wetter ließen Lüdecke zunächst keine Einfahrt finden. Vorsichtig tastete sich das Schiff voran, 10 bis 20 Seemeilen von der Küste entfernt. Da endlich, am frühen Morgen des 10. Dezember, erspähten die Ausguckposten eine schmale Fahrstraße zwischen Felsen und Riffen, unweit der Lion Rocks und West Furies.[146)]

Doch die »Dresden« besaß keine Karten, die ihren Navigatoren den Felsendschungel des Feuerlands erschlossen. Meter um Meter ließ Lüdecke das Schiff voranschieben, dirigiert von Oberleutnant Schenk, der im vorderen »Krähennest« (Ausguck) saß und jäh auftauchende Riffe meldete.[147)] Die »Dresden« glitt vorbei an schneebedeckten Bergriesen und steilen, wuchtigen Felsen, in ein einsames Paradies der Wildgänse, Seehunde und Gletscherbäche. Um 16 Uhr war es geschafft. Der Anker rasselte in die Tiefe. In der stillen Sholl-Bay schien die »Dresden« in Sicherheit.[148)]

»Feuer aus«, befahl der Kommandant, dann versank die Besatzung in einen bleiernen Schlaf. Der ramponierte Zustand des Kreuzers ließ jedoch Lüdecke keine Ruhe. Die »Dresden« besaß nur noch 160 Tonnen Kohle, die Kessel- und Maschinenanlagen bedurften dringend der Reparatur. Ein

Kommando ging an Land, um Holz zu fällen und Wasser zu sammeln – beides zur Ersparnis von Kohlen; das Holz sollte an Stelle der Kohlen verfeuert, Wasserdestillation an Bord vermieden werden.[149]

Lange währte die friedliche Stille in der Sholl-Bay jedoch nicht. Am Abend des 11. Dezember tauchte der chilenische Torpedobootzerstörer »Almirante Condell« auf, alarmiert durch britische Klagen, im neutralen Feuerland verstecke sich ein deutsches Kriegsschiff. Ein chilenischer Seeoffizier kam an Bord. In der Kajüte des Kommandanten dolmetschte Canaris, was der Besucher zur Kenntnis gebracht haben wollte: Die »Dresden« dürfe, wie es die Neutralitätsregeln des Völkerrechts vorsehen, nur 24 Stunden im chilenischen Territorium bleiben.[150]

Lüdecke versicherte, er habe ohnehin vor, am nächsten Tag nach Punta Arenas auszulaufen – ihm blieb nichts anderes übrig. Er hoffte, von einem dort liegenden deutschen Dampfer, der »Turpin«, die dringend benötigten Kohlen zu erhalten. Tatsächlich lief die »Dresden« am 12. Dezember in Punta Arenas ein, um 32 Stunden später wieder umzukehren: Die »Turpin« besaß keine Kohlen, sondern nur minderwertige Briketts.[151]

Canaris aber konnte bei dem Besuch in Punta Arenas seine V-Mann-Organisation weiter ausbauen, von der jetzt mehr denn je das Überleben der »Dresden« abhing. Denn schon am 12. Dezember hatte der britische Konsul in Punta Arenas die Royal Navy mit der Meldung alarmiert, die »Dresden« verstecke sich irgendwo in der Magellanstraße.[152] Fast die gesamte britische Flotte im Südatlantik formierte sich gegen den deutschen Kreuzer. Noch am 12. Dezember liefen »Bristol«, »Inflexible« und »Glasgow« aus, bald darauf folgten »Carnarvon«, »Cornwall«, »Kent« und »Orama«.[153] Einige von ihnen nahmen sofort Kurs auf Punta Arenas, doch als sie den Hafen am 14. Dezember erreichten, war die »Dresden« schon wieder verschwunden.[154]

Was immer die britischen Verfolger unternahmen oder planten, versuchte der von Canaris gewonnene Oberleutnant a. D. zur Helle mit seinen Helfern zu ermitteln.[155] Er hielt von Punta Arenas aus durch Kuriere ständigen Kontakt mit der »Dresden«, die aus Furcht vor Entdeckung von einem Versteck zum anderen kroch. Helles Sendboten mußten vorsichtig sein, denn nicht nur der britische Geheimdienst, auch die probritischen Behörden Chiles fahndeten nach dem Unterschlupf des deutschen Kreuzers. Doch die Kuriere und Informanten aus Punta Arenas wußten stets ihren Auftraggeber Canaris zu finden – mit »größter Hingabe und hervorragendem Geschick«, wie später der offizielle Marinechronist Erich Raeder, Hitlers nachmaliger Marinechef, vermerkte.[156]

Helle alarmierte auch die Etappen Valparaiso und La Plata, die nun Kohlen heranschaffen sollten. An sie erging Mitte Dezember das Telegramm: »›Dresden‹ braucht Kohlendampfer spätestens in drei Wochen. Dampfer soll nach Eintritt in den Smyth-Kanal Funkspruchverbindung mit ›Dresden‹ suchen. Sofort antworten, ob möglich. Tun Sie das Möglichste.«[157] Die Etappen reagierten sofort. Am 18. Dezember setzte die Etappe La Plata den Dampfer »Sierra Cordoba« mit Kohlen in Bewegung, auch andere Kohlenschiffe wurden der »Dresden« zugesagt.[158]

Doch kaum einer von ihnen kam an den britischen Kriegsschiffen vorbei, nur der »Sierra Cordoba« gelang der Durchbruch. Am Abend des 18. Januar

1915 stieß der Dampfer auf die »Dresden«, die sich in einen entlegenen, noch völlig unvermessenen Ankerplatz (von den »Dresden«-Leuten »Weihnachtsbucht« genannt) zurückgezogen hatte.[159] Die Kohlen der »Sierra Cordoba« machten Lüdecke neuen Mut, Anfang Februar ließ er an den Admiralstab telegraphieren: »Am 3. Februar werde Durchbruch versuchen mit ›Sierra Cordoba‹ nach Südamerika-Westküste. Habe die Absicht, den Kreuzerkrieg zu verlegen nach Ostindien, falls Heranziehung ausreichender Kohlen gelingt.«[160]

Der Plan zerschlug sich zwar wieder, weil die Etappen keine Kohlenschiffe in die Südsee, das von Lüdecke anvisierte Operationsgebiet, schicken konnten, dennoch mochte der Kommandant nicht länger untätig in seinem Versteck liegen bleiben. Mancherlei legte einen baldigen Aufbruch nahe: der immer miserablere Zustand des Schiffes, die Gefahr der Entdeckung, die häufigen Schneestürme, die zunehmend schlechte Stimmung an Bord. Sollte die »Dresden« nicht völlig verrotten, mußte sie ins offene Meer vorstoßen.

Canaris und seine kleine Informantenschar versuchten, die Aufmerksamkeit der Briten vom Westteil des Feuerlandes abzulenken. Sie verbreiteten in Punta Arenas das Gerücht, die »Dresden« sei am Kap de las Virgenes an der Ostseite der Magellanstraße mit nördlichem Kurs gesehen worden.[161] Am 14. Februar gegen 5 Uhr 30 war es soweit: Im Schutze eines heftigen Schneesturms lichtete der Kreuzer die Anker und legte ab, wieder ohne Karte durch ein Labyrinth von Inseln und Felsen hindurchlavierend. Endlich, bei Einbruch der Dunkelheit, lag das Meer vor ihm.[162]

Dann war die »Dresden« wieder frei, Kommandant Lüdecke konnte »Volle Kraft voraus!« kommandieren. Mit altem Elan dampfte der Kreuzer auf westlichem Kurs, in einigen Tagen erreichte er die vielbefahrenen Segelschiffstraßen, die 200 Seemeilen von der südchilenischen Küste entfernt verliefen. Eine erste Beute kam der »Dresden« am 27. Februar vor die Geschützrohre: das britische Vollschiff »Conway Castle«, das 2400 Tonnen Gerste an Bord führte. Das Schiff wurde versenkt, seine Mannschaft später einem peruanischen Segler übergeben.[163]

Anfang März waren die Kohlenvorräte schon wieder so zusammengeschmolzen, daß die »Dresden« um Hilfe funken mußte. Am 7. März bekam sie Verbindung mit dem Etappen-Dampfer »Gotha«, der von Valparaiso mit 1200 Tonnen Kohlen unterwegs war und dringend mit dem Kreuzer zusammenkommen wollte. Lüdecke ließ eine Position im Pazifik durchgeben, bei der sich die beiden Schiffe treffen sollten. Lüdecke konnte hoffen, die »Dresden« weiter durchbringen zu können.[164] Optimistisch hielt er nach einer neuen Prise Ausschau. Nur wenig ließ sich freilich am nächsten Tag erkennen, denn ein zähflüssiger Nebel lagerte über dem Wasser. »An der Mittagstafel«, erinnert sich Schenk, »ist denn auch alles lustig und guter Dinge. Der fliegende Holländer hat einen würdigen Nebenbuhler bekommen.«[165]

Plötzlich lichtete sich der Nebel, und im gleichen Augenblick tönte auch schon die Stimme des Leutnants Böker durch das Achterschiff: »Verdächtiges Fahrzeug, anscheinend ein englischer Kreuzer, an Steuerbord, zwei Strich achterlich als querab in Sicht!«[166] Die Offiziere rannten an Deck und rissen die Gläser vor die Augen. Kein Zweifel: Die Silhouette eines britischen Kreuzers zeichnete sich am Horizont ab. Die Kommandos wirbelten durcheinander: »Alarm«, »Klar Schiff zum Gefecht«, »Dampf auf in allen Kesseln«.[167] Es war 15 Uhr, am 8. März 1915.

Bald wußte Lüdecke, daß es der Panzerkreuzer »Kent« war, der sie offensichtlich gestellt hatte. Gegen einen solchen Gegner aber konnte sich die »Dresden« kaum zur Wehr setzen. Da gab es nur ein Mittel: Flucht. Wieder trieb Lüdecke seine Männer an, wieder wurden die Maschinen zu höchster Leistung hochgejagt – wie einst in der Falkland-Schlacht. Mit letzter Kraft drehte der deutsche Kreuzer und versuchte, dem Gegner zu entkommen. Wie gebannt blickte Lüdecke auf den Entfernungsmesser: »Entfernung nimmt ab . . . Entfernung steht . . . Entfernung nimmt zu.«[168]

Die Geschütze der »Kent« hätten die »Dresden« noch treffen können, aber sie blieben stumm. Lautlos fuhr der Brite hinter dem Deutschen her, blieb auf einmal zurück, wurde kleiner und kleiner. Kein Schuß löste sich von der »Kent«, offenbar hinderte ihn das Gegenlicht, das Feuer zu eröffnen.

Die »Dresden« war noch einmal davongekommen – und doch hatte Lüdecke längst erkannt, daß der Kreuzer keine Chance mehr hatte. Ein Zusammentreffen mit der »Gotha« war nicht mehr möglich, der starke Funkverkehr verriet ohnehin, daß die »Kent« nicht das einzige britische Kriegsschiff war, das in diesem Gebiet operierte. Zudem ließ der Zustand des Schiffes keine Wahl mehr; die letzte Raserei hatte der »Dresden« den Rest gegeben. Der Kohlenvorrat war auf 80 Tonnen zusammengesackt, die Munition weitgehend verschossen. Die Rohrleitungen leckten, einige Kesselfeuerungen und Ventilationsmaschinen waren ausgefallen, das Schiff hatte seine Gefechtsfähigkeit verloren.[169]

»Es war«, schrieb Lüdecke später, »an die Fortsetzung der kriegerischen Tätigkeit nicht mehr zu denken, es mußte unbedingt sofort ein sicherer Hafenplatz aufgesucht werden.«[170] Man mußte schleunigst ein neutrales Land finden, das die »Dresden« internierte, ehe sie den Briten in die Hand fiel. Wo aber war, mitten im Pazifischen Ozean, ein solcher Platz? Lüdecke blieb nur übrig, die im Norden liegende Inselgruppe Juan Fernández anzusteuern, 400 Seemeilen von der chilenischen Küste entfernt und Schauplatz der Robinson-Crusoe-Abenteuer. Nicht jede ihrer Inseln war bewohnt, aber die Hauptinsel Más a tierra galt als Sitz einer Langustenfabrik.

Entschlossen steuerte Lüdecke sein Schiff auf die Robinson-Insel zu. Die »Dresden« brachte zwar nur noch eine Stundengeschwindigkeit von 20 Seemeilen auf, dennoch erreichte sie Más a tierra: Am 9. März gegen 8 Uhr 30 rasselten die Ankerketten der »Dresden« in das Wasser der Cumberland-Bucht, die im Norden der Insel liegt.[171] Das Schiff war zunächst wieder einmal gerettet.

Bald darauf kletterte der chilenische Hafenkapitän, ein Zigarrenhändler, an Bord und bedeutete den Deutschen, das Kriegsschiff müsse, wie es internationaler Brauch sei, die Bucht innerhalb von 24 Stunden wieder verlassen. Lüdecke erklärte, das ginge wegen der Kohlenlage nicht; die »Dresden« und ihre Besatzung wollten sich jedoch internieren lassen.[172] Der Chilene war dazu bereit. Als jedoch der Kommandant wissen wollte, welchen Schutz er dem Schiff gegen einen britischen Überfall bieten könne, zuckte der mit den Schultern: Die Insel besaß keine militärischen Einrichtungen.

Lüdecke schlug daraufhin vor, der Hafenkapitän solle chilenische Kriegsschiffe anfordern. Das wollte der Kapitän, meinte allerdings, es werde Tage dauern, bis ein Brief von ihm die zuständigen Behörden in Chile erreichen könne. Der Deutsche bot ihm die Funkanlage der »Dresden« an, doch der Chilene lehnte ab, weil er keinen Kode besaß. Lüdecke blieb nichts anderes übrig, als abzuwarten. Der Chilene schrieb einen Brief an seine Vorgesetzten auf dem Festland, ein Motorsegler nahm am Abend das Schreiben mit.[173]

Tag um Tag verging, eine Antwort kam nicht. Lüdecke ließ inzwischen das Schiff abrüsten: Alle Kessel mit Ausnahme eines einzigen wurden gelöscht, ein Teil der Besatzung durfte an Land. Wer von den Offizieren auf eigene Faust nach Deutschland zurückkehren wollte, konnte gehen; der Erste Offizier, der Erste Artillerieoffizier und zwei weitere Offiziere charterten einen Segler und reisten ab nach Valparaiso, um sich von dort aus in die Heimat durchzuschlagen.[174] Auch die Möglichkeit einer Selbstversenkung der »Dresden« wurde bereits geprüft. Der Admiralstab hatte ihr zugestimmt. In der Nacht zum 10. März war ein Funkspruch aus Berlin eingetroffen: »Seine Majestät der Kaiser stellt Ihnen frei, aufzulegen.«[175]

Doch die britischen Verfolger wollten dem Schiff dazu keine Chance mehr geben. Inzwischen hatte die »Kent« längst entdeckt, wo die »Dresden« lag; prompt holte sie Verstärkung heran. Der Kleine Kreuzer »Glasgow« übernahm die Führung. Die Kanonade in der Cumberland-Bucht am Vormittag des 14. März offenbarte schließlich, was den Briten die ungeschützte Neutralität einer chilenischen Insel wert war. Die »Dresden« war am Ende: zerfetzt, bewegungslos, in Brand geraten. Nur ein Gnadenstoß konnte sie jetzt noch vor britischer Besitznahme bewahren.

Dem Oberleutnant zur See Canaris aber war die Aufgabe gestellt, durch eine Scheinverhandlung mit der »Glasgow« den Gegner so lange zu beschäftigen, bis die »Dresden« zur Sprengung bereit war. So stand er denn nun auf der Dampfbarkasse des Kreuzers und steuerte auf die noch immer aus allen Rohren feuernde »Glasgow« zu. Als Canaris wenige Meter von dem feindlichen Kreuzer entfernt war, stellte der das Schießen ein.[176] Eine unheimliche Ruhe lagerte plötzlich über dem Wasser. Canaris ging an Bord.

Wenige Minuten später stand er vor Captain John Luce, dem Kommandanten der »Glasgow«. Canaris setzte zu einer langen Protesterklärung an: Der Angriff britischer Seestreitkräfte auf Seiner Majestät Schiff »Dresden« sei ein eklatanter Bruch des Völkerrechts, weil sich der Kreuzer auf dem Hoheitsgebiet Chiles befinde und mithin den Schutz chilenischer Neutralität genieße; zudem seien Besatzung und Schiff bereits vorläufig interniert. »Die Antwort von Captain Luce«, so verzeichnet das britische Admiralstabswerk nicht ohne Feierlichkeit, »entsprach der Tradition der Navy und besagte, er könne auf keiner anderen Basis verhandeln als auf jener der bedingungslosen Kapitulation«.[177]

Canaris wandte ein, das britische Verhalten widerspreche allen Regeln des Völkerrechts, schließlich sei Chile ein neutraler Staat. Darauf Luce: »Ich habe den Befehl, die ›Dresden‹ zu vernichten, wo immer ich sie treffe. Andere Fragen kümmern mich nicht, sie müssen nachher durch die Diplomatie erledigt werden.«[178]

Listig fragte er Canaris, ob denn die »Dresden« nicht ohnehin längst die Flagge gestrichen habe (die Briten hatten offenbar bemerkt, daß die Toppflagge des deutschen Kreuzers heruntergeschossen worden war). Canaris führte Luce an die Reling und zeigte ihm, daß die Kriegsflagge am Fockmast wieder befestigt worden war.[179] Die Herren hatten sich nichts mehr zu sagen. Stumm legten Seiner Britischen Majestät Offiziere ihre Hände an die Mützenschirme, als der Oberleutnant des Kaisers von Bord ging.

Canaris beeilte sich, zur »Dresden« zurückzukommen. Inzwischen hatte Lüdecke alle Sprengvorbereitungen getroffen und die Besatzung an Land gehen lassen. Die Bodenventile waren geöffnet, die Zünder der Sprengpatronen angeschlagen. Lüdecke verließ als letzter das Schiff. Um 11 Uhr 15 durchzuckten zwei gewaltige Schläge den stählernen Schiffskörper, eine blendende Explosionsflamme folgte, dann kamen gelblich-schmutzige Rauchwolken. Wenige Sekunden später tauchte der Bug ins Wasser, der Achtersteven mit den Schrauben erhob sich steil in die Luft, schließlich sackte der ganze Schiffskörper ab – begleitet von den traditionellen Hurra-Rufen der an Land angetretenen Besatzung.[180]

Kapitän zur See Lüdecke aber war ein gebrochener Mann. Fast willenlos ließ er es geschehen, daß sein Adjutant alles ordnete: den Abtransport der Verwundeten (die Briten brachten sie nach Valparaiso), die Beerdigung von sieben Toten, die notdürftige Einquartierung der Besatzung in den Hütten des Fischerdorfes.[181] Die Deutschen mußten noch fünf Tage warten, ehe Rauchwolken am Horizont das Herannahen chilenischer Kriegsschiffe verrieten: Die beiden Kreuzer »Zenteno« und »Esmeralda« sollten die Deutschen auf das Festland bringen.[182]

Die »Dresden«-Männer wurden von der »Esmeralda« an Bord genommen, nur Canaris und Lüdecke kamen auf die »Zenteno«. Sie staunten nicht schlecht, als sie von zwei chilenischen Seeoffizieren mit deutschen Namen in fehlerfreiem Deutsch begrüßt wurden. Kapitän zur See Schröder, Kommandant der »Zenteno«, und sein Erster Offizier Günther machten ihre Spinde auf, um die beiden Deutschen mit Wäsche usw. zu versorgen.[183] Sie hatten Order, die »Dresden«-Besatzung nach Talcahuano zu bringen. Unterwegs erhielten sie freilich einen neuen Befehl: Kurs auf Valparaiso.[184]

Die Briten paßten jedoch auf, daß die Deutschen nicht in ihre Heimat entwichen, um weiter gegen England zu kämpfen. Als der britische Gesandte in Chile erfuhr, die »Dresden«-Leute sollten als Schiffbrüchige auf dem deutschen Dampfer »York« im Hafen von Valparaiso untergebracht werden, setzte er Chiles schwache Regierung unter Druck.[185] Eine neue Order ging den Deutschen zu: Internierung auf der Insel Quiriquina gegenüber der mittelchilenischen Stadt Concepción.

Am 24. März sahen die Deutschen, inzwischen alle auf der »Esmeralda« untergebracht, die Isla Quiriquina: eine öde, menschenleere Insel, mit steiler, zerklüfteter Küste aus dem Meer aufsteigend, einst Sitz einer chilenischen Marineschule. An der Ostseite nahm die Klippenküste immer mehr ab und ging in ein Tal über, auf das nun die »Esmeralda« zusteuerte. Ein Landungssteg kam in Sicht, dahinter ein holpriger Weg, anschließend Baracken, die künftigen Wohnstätten der deutschen Internierten.[186]

Canaris allerdings quartierte sich mit Lüdecke und den übrigen Offizieren in einem Wohnhaus ein, das von den Baracken zehn Minuten entfernt lag.

Chilenische Wachtposten zogen auf, die Ordnung des Lagers aber wurde den Deutschen überlassen. Die Offiziere regelten den Dienst, Appelle hielten die Mannschaft in Bewegung. Lüdecke vor der Besatzung: »Die chilenische Regierung hat uns diese Insel als Aufenthaltsort angewiesen. Niemand darf sie ohne besondere Erlaubnis verlassen. Die chilenischen Wachtposten sind nur hier, um einen Fluchtversuch zu verhindern, wovor ich sehr dringend warnen möchte. Stimmt ein in den Ruf: Seine Majestät der Kaiser, Hurra!!«[187] Für die Mannschaft hatte Lüdecke bald Arbeit: Trupps mußten die Wasserleitung der Insel ausbessern, neue Wege wurden angelegt, Dächer repariert, Küchen gebaut.

Die Offiziere beaufsichtigten die Arbeiten oder vertrieben sich die Zeit mit Ritten durch die Gegend, denn die deutschen Grundbesitzer auf dem Festland – Concepción war Zentrum einer starken deutschen Kolonie – hatten es sich nicht nehmen lassen, den Führern der »Dresden« Reitpferde zur Verfügung zu stellen.[188] Manchmal durften die Offiziere, eingeladen von den Auslandsdeutschen, auch Concepción besuchen. Manche Party auf den deutschen Gütern tröstete die Offiziere über die Internierung hinweg.

Canaris aber ödete das Leben auf Quiriquina allmählich an. Er war nicht in die Marine eingetreten, um auf einer gottverlassenen Insel im Pazifik zu verdorren. Seit er angekommen war, beschäftigte ihn (wie so viele) nur ein Gedanke: Flucht. Doch Lüdecke wachte scharf darüber, daß keiner die Insel verließ. Erst allmählich konnte ihn Canaris davon überzeugen, daß es sinnlos sei, ihn hier länger festzuhalten. Da auch der Deutsche Gesandte von Erckert einverstanden war, daß Canaris von der Insel floh und sich nach Deutschland durchzuschlagen versuchte, gab Lüdecke seinen Widerstand auf. Lüdecke wußte es einzurichten, daß er zur Stunde der Canaris-Flucht nicht auf der Insel weilen würde. Anfang August fuhr der Kapitän mit Erlaubnis der chilenischen Behörden auf einen Monat nach Valparaiso, um auf der Gesandtschaft ein paar dienstliche Angelegenheiten zu erledigen und sich anschließend im Haus eines deutschen Arztes zu erholen.[189] Lüdecke war just abgereist, als sich auch Canaris für seine gefährliche Reise rüstete.

Leise verließ er in der Nacht vom 3. zum 4. August 1915 das Haus der Offiziere.[190] Den Fluchtweg kannte er wie fast jeder von der »Dresden«-Besatzung: Man mußte die chilenische Postenkette, die nur im Flachland stand, nach Nordosten unterlaufen, dort, wo das Gelände immer steiler und unwegsamer wurde. Ein Pfad führte zu einer Stelle des Strandes, an der sich eine hohe Klippe ins Meer vorschob; bei Ebbe wurde hier ein kleiner Vorstrand sichtbar, groß genug für das Anlandsetzen eines Fischerboots. In ein paar Stunden mußte man das Festland erreichen können. Stets waren Fischer bereit, sich ein Handgeld zu verdienen. Eine Überfahrt: 20 Pesos.[191]

Ein Fischer wartete, als Canaris auftauchte. Canaris sprang in das Boot. Leise glitt der Kahn ins Wasser und passierte die Bucht. Dann kam eine Stelle, die die Wachtposten einsehen und mit ihren Waffen erreichen konnten. Doch nichts rührte sich. Meter um Meter entfernte sich Wilhelm Canaris von der Insel der Sterilität – neuen Abenteuern entgegen.

2 Mission im Mittelmeer

Die Marschroute war schon ausgewählt, das Geld lag bereit. Kaum war Canaris an einem verschwiegenen Uferplatz bei Concepción an Land gesprungen, da reichten ihn hilfreiche Hände weiter. Seit er die Flucht von Quiriquina geplant hatte, war ihm von manchem unter den Deutschen der Umgebung Rat erteilt worden, wie man es anstellen konnte, sich dem Zugriff der chilenischen Wächter und Verfolger zu entziehen.

Entscheidend kam es darauf an, die meist verschneiten Kordilleren (Anden), natürliche Grenze zwischen Chile und Argentinien, zu überqueren, um ins deutschfreundlichere Nachbarland zu gelangen. Die meisten Fluchtversuche scheiterten an diesem Hindernis. »Einige verkamen in diesen Landen«, berichtet ein »Dresden«-Angehöriger, »andere kamen während der Flucht in den Pässen und Tunnels der Andenberge um und wurden unbekannt an unbekannter Stelle begraben.«[1] Canaris aber wollte um jeden Preis versuchen, die Flucht über die Kordilleren zu überleben – Natur und Chilenen zum Trotz.

Bei seinen Besuchen auf den Anwesen deutscher Gutsbesitzer, die in der Ebene bei Concepción große Ländereien besaßen, hatte Canaris erste Kontakte angebahnt. Auf dem Weingut »San Cristobal« und in dem Herrenhaus des Gutsbesitzers Puffe sah er eine vage Chance, der Internierung zu entfliehen; ein paar Freunde seiner Gastgeber versprachen ihm, alles zu beschaffen, was ihn rasch aus der Reichweite der chilenischen Polizei bringen konnte.[2] Sie hielten ihr Wort: Als Canaris in den frühen Morgenstunden des 4. August 1915 bei seinen Helfern auftauchte, lag alles bereit – Geld, eine Fahrkarte, Empfehlungsschreiben an Freunde in Argentinien.

Der Mann, der Stunden später in südlicher Richtung davonfuhr, war äußerlich kaum noch als der flüchtige deutsche Oberleutnant zur See Wilhelm Canaris zu erkennen. Er trug einen Reiseanzug nach Landesart und saß scheinbar gelassen in dem Abteil eines Eisenbahnzugs, der ihn in die südchilenische Provinzhauptstadt Osorno bringen sollte, einem Zentrum deutscher Einwanderer, die hier ein Dorado der Viehzucht und der Landwirtschaft geschaffen hatten.[3] Doch Canaris wiegte sich nicht in falscher Sicherheit; lange würde es nicht dauern, bis seine Abwesenheit auf Quiriquina auffiel und der Polizeiapparat Chiles reagierte. In Osorno kaufte sich Canaris ein Pferd und galoppierte nach kurzer Rast davon; er mußte den Schutz der unwegsamen Kordilleren erreichen, ehe die Verfolger seine Spur aufgenommen hatten.

Canaris ritt nach Osten, schließlich nach Nordosten, stets große Ortschaften vermeidend und nur in abgelegenen Gastwirtschaften übernachtend. Dörfer flogen an ihm vorbei, Menschen waren dem Flüchtling nur noch Schemen – er gönnte sich kaum eine Ruhepause. Canaris durchquerte abflußlose Hochflächen, er erreichte Salzseen und ließ sie wieder hinter sich.

Schneestürme kamen auf, nur mühsam konnte sich der Reiter voranbewegen. Nach zwei Wochen durfte er sich endlich in erster Sicherheit fühlen. Canaris hatte die Erde Argentiniens unter sich, bald lag vor ihm die Hazienda des deutsch-argentinischen Siedlers von Bülow, an den eines der Empfehlungsschreiben in Canaris' Gepäck gerichtet war.[4] Bülow nahm den völlig erschöpften Flüchtling auf, er wollte ihn längere Zeit pflegen lassen, doch Canaris hielt es nicht lange.

Mit einem frischen Pferd versorgt, trieb sich Canaris wieder voran. Canaris ritt in die mittelargentinische Bischofsstadt Neuquén am Zusammenfluß von Rio Limay und Rio Neuquén und fuhr dann mit der Bahn weiter nach Buenos Aires, wo er am 21. August eintraf.[5] Sofort meldete er sich auf der Deutschen Botschaft bei dem Marineattaché, der die Weiterreise arrangierte; Canaris erhielt einen Paß, der ihn als den verwitweten chilenischen Staatsbürger Reed Rosas, Sohn eines chilenischen Vaters und einer britischen Mutter, auswies. Der Marineattaché hatte auch bereits ein Schiff ausfindig gemacht, das Canaris sicher durch den Blockadering der Alliierten im östlichen Atlantik nach Deutschland schleusen sollte. Der niederländische Dampfer »Frisia«, der in den nächsten Tagen auslaufen und in einer umständlichen Fahrt entlang den Küsten Brasiliens, Portugals und Englands nach Amsterdam gehen sollte, hatte für Señor Rosas noch eine Kabine frei.[6]

Zum erstenmal konnte Canaris seinen neuen Paß ins Spiel bringen. Der Kapitän der »Frisia« erfuhr von Canaris, er müsse dringend in die Niederlande, um Erbschaftsangelegenheiten einer Verwandten seiner britischen Mutter zu regeln.[7] Der Kapitän sah keinen Grund, einem Chilenen mit so weltweiter Verwandtschaft die Passage nach Rotterdam zu verweigern, und ließ Reed Rosas an Bord. Ende August legte die »Frisia« ab und verließ Buenos Aires.

Was in den nächsten Tagen an Bord geschah, ist Bestandteil der Canaris-Legende. Keiner der Biographen verzichtet darauf, die Atlantik-Passage von Canaris möglichst dramatisch auszuschmücken, um dem Bild des vermeintlichen Meisterspions erste Konturen zu geben: Canaris soll die Rolle des Chilenen perfekt gespielt und sich mit britischen Passagieren so angefreundet haben, daß die Abwehroffiziere der Royal Navy, die in Plymouth Besatzung und Passagiere der »Frisia« durchleuchteten, ihn anstandslos passieren ließen. Die Biographen wissen noch mehr; Canaris habe den britischen Geheimdienstlern sogar bei der Überprüfung eines Chilenen assistiert, dessen Idiom ihnen suspekt gewesen sei.[8]

Ob Legende oder Tatsache – zweifelsfrei ist, daß Canaris nach einer langen Fahrt über Montevideo, Santos, Rio de Janeiro, Bahia, Pernambuco, Lissabon, Falmouth und Pile am 30. September Amsterdam erreichte. Nach anfänglichen Schwierigkeiten bahnte er sich den Weg nach Deutschland, am 4. Oktober 1915 hatte er es endlich geschafft: Zitternd, übermüdet und körperlich zerrüttet stand er plötzlich an der Wohnungstür seiner Tante Dorothea Popp in Hamburg, die den verloren geglaubten Neffen gerührt in die Arme schloß. Aber auch hier litt es den Ruhelosen nicht lange; kaum hatte er sich bei der Tante etwas gekräftigt, da meldete er sich beim Admiralstab und erstattete Bericht über die letzte Fahrt der »Dresden«.

Es war kein schönfärberischer Bericht, den die zuständige Abteilung des Admiralstabes in einem »Aktenvermerk« festhielt. In ihm artikulierte sich nicht zuletzt die ganze Aggressivität des Heimkehrers, der den Verlust seines Schiffes noch nicht verwunden hatte und nach Sündenböcken suchte, die erklären sollten, warum die »Dresden« trotz gelungener Flucht nach der Schlacht bei den Falkland-Inseln so rasch am Gegner und an den Kohlenproblemen gescheitert war. Canaris kannte einen solchen Sündenbock: Caesar Wehrhahn, Direktor der Dampfschiffahrtsgesellschaft »Kosmos«, der nach Canaris' Auffassung nicht genug getan hatte, um mit seinen Dampfern und Besatzungen die »Dresden« zu unterstützen. Wehrhahn hatte vor allem den Dampfer »San Sacramento«, der Spees Flottenverband mit Kohlen und Nachrichten versorgen sollte, nicht so eingesetzt, wie es Canaris opportun erschien. Canaris zögerte nicht, den Direktor wegen »Schädigung von Reichsinteressen« anzuzeigen. Ein Offizier des Admiralstabes schrieb die Canaris-Anklage mit: »Der Direktor der Kosmos-Linie, Herr Wehrhahn, hat sich in höchstem Maße unerfreulich betragen, indem er durch Bloßstellung seiner Untergebenen Sielfeld und Derp und durch Ablehnung der durch die Kosmos-Linie erfolgten Consignierung des Dampfers »Sacramento« die Gefahr heraufbeschworen hat, unser ganzes V.M.-Wesen bloßzustellen. Der D[ampfer] ›Sacramento‹ ist durch dieses Verhalten des Herrn W. rettungslos kompromittiert worden.«[9]

Die Vorgesetzten wußten die Beharrlichkeit des ehemaligen »Dresden«-Adjutanten zu ehren: Am 16. November wurde Canaris zum Kapitänleutnant befördert.[10] Doch für den Eifer und die Dienstbereitschaft des Heimkehrers schienen sie keine rechte Verwendung zu haben. Statt des ersehnten Frontkommandos harrte des neuen Kapitänleutnants nur militärische Routine. Er wurde der I. Marineinspektion in Kiel unterstellt, einige kurzfristige Bord- und Landkommandos folgten.[11]

Canaris, den zudem das alte Malarialeiden wieder quälte, konnte sich nur mühsam beherrschen: So hatte er sich seinen Kriegseinsatz nicht vorgestellt. Er war nicht Tausende und Abertausende von Kilometern geritten, er hatte nicht Hunger und Strapazen auf sich genommen, um sich nun im sterilen Gamaschendienst verbrauchen zu lassen. Ihn drängte es, auf der Kommandobrücke eines Schiffes seinem Vaterland zu dienen, ihn lockte die Bewährung vor dem Feind. Eine Aktennotiz des Admiralstabes hielt fest: »Sein persönlicher Wunsch geht dahin, Torpedobootskommandant zu werden.«[12]

Aus solcher Ungeduld erlöste ihn Ende November eine Order des Admiralstabes. Dessen Nachrichtenabteilung (Admiralstab N) war auf Canaris aufmerksam geworden; offenbar hatten Offiziere des geheimen Nachrichtendienstes der Marine erfahren, mit welcher Geschicklichkeit es Canaris in Lateinamerika gelungen war, Informanten und V-Männer für die deutsche Seekriegführung einzusetzen. Der verstärkte Seekrieg im Mittelmeer erforderte eine neue Nachrichten- und Nachschuborganisation. Sie zu schaffen war Canaris der ideale Mann.

Seit dem Kriegseintritt Italiens im Mai 1915 hatte die deutsche Flottenführung den Kampf gegen den feindlichen Seehandel auch auf das Mittelmeer ausgedehnt. Der Krieg mit U-Booten versprach dort besonders reiche

Beute, weil die Wetterbedingungen im Mittelmeer günstiger waren als im rauhen Atlantik. Einem erfolgreichen Handelskrieg gegen die Entente stand jedoch eine arge Schwierigkeit entgegen: Deutschlands Bundesgenossen am Rande des Mittelmeers, Österreich-Ungarn und die Türkei, besaßen kaum einsatzfähige U-Boote, die deutsche U-Boot-Flotte aber war 4000 Seemeilen von dem nächstgelegenen österreichisch-ungarischen Stützpunkt Cattaro (heute: Kotor) in der südlichen Adria entfernt.[13]

Der Anmarschweg für deutsche U-Boote war so umständlich und langwierig, daß der Admiralstab zunächst bezweifelte, ob man mit ihnen im Mittelmeer wirkungsvoll operieren könne. Im April 1915 war zum erstenmal ein deutsches Unterseeboot in Richtung Mittelmeer ausgelaufen; U 21 unter Kapitänleutnant Otto Hersing sollte die türkischen Verteidiger der Dardanellen in ihrem Kampf gegen ein britisch-französisches Expeditionskorps unterstützen. Hersing wählte einen komplizierten Weg um den Norden Englands herum. Prompt ging dem Boot im zentralen Mittelmeer der Brennstoff aus – es mußte schleunigst Cattaro anlaufen und dort neue Vorräte aufnehmen, ehe es die Dardanellen erreichte.[14] Gesamtfahrzeit: ein Monat.

Der Erfolg von U 21 (es versenkte zwei britische Linienschiffe, beschädigte ein weiteres und trug damit zum türkischen Dardanellen-Sieg bei) ermunterte den Admiralstab, mehr U-Boote ins Mittelmeer zu verlegen.[15] Um sich den langwierigen Seetransport zu ersparen, wurden zunächst zehn kleine Boote der Klassen B und C in Teile zerlegt, per Bahn nach dem österreichisch-ungarischen Flottenstützpunkt Pola (südlich von Triest) transportiert und dort auf einer Werft zusammengesetzt.[16] Sie schwärmten daraufhin in Adria und östlichem Mittelmeer aus, waren jedoch für größere Operationen ungeeignet; meist fanden sie als kleine Munitionstransporter Verwendung, sie hielten auf dem Seeweg Verbindung zu den Türken.

Im Sommer 1915 entschloß sich der Admiralstab, nun auch mit größeren, von See herangeführten U-Booten in die Kämpfe im Mittelmeer einzugreifen. Da zudem die wachsende Opposition Amerikas gegen den deutschen U-Boot-Krieg im Atlantik die Berliner Flottenführung bewog, den Handelskrieg in der Nordsee einzuschränken, wurden mehr U-Boote für das Mittelmeer frei. Bis Oktober 1915 liefen fünf große U-Boote (U 33, 34, 35, 38, 39) in Cattaro ein, einen Monat später gab Korvettenkapitän Kophamel, Kommandant von U 35, sein Boot an den Kapitänleutnant Lothar von Arnauld de la Perière ab und übernahm das Kommando über die »U-Flottille Mittelmeer«.[17]

Kophamel eröffnete mit seiner kleinen Streitmacht einen Handelskrieg auf breiter Front. Bald genügte es ihm nicht mehr, in der Adria und vor den Dardanellen Krieg zu führen. Seine Boote stießen in immer weitere Bereiche des Mittelmeeres vor: U 21 operierte vor der syrischen Küste, andere U-Boote drangen ins westliche Mittelmeer ein und eröffneten sich sogar im Seegebiet westlich Gibraltars neue Jagdgründe. U 38 vernichtete im Hafen von Funchal auf den portugiesischen Madeira-Inseln britische und französische Kriegsschiffe, in kurzer Zeit machten die Deutschen auch die Küste Marokkos unsicher.[18]

Als die ersten Transport-U-Boote der Klasse C II zur Verfügung standen, führte die U-Flottille Mittelmeer auch Sonderaufträge im Rahmen der psychologischen Kriegführung aus. Ihr Hauptzielgebiet war das britisch und französisch kontrollierte Nordafrika, dessen unruhige Stämme und Bewohner es gegen die Kolonialherren aufzuputschen galt. Oberleutnant zur See Franz Becker hielt mit seinem Transportboot UC 20 an der marokkanischen Küste Kontakt zu einheimischen Frankreich-Gegnern, während Stämme in Tripolitanien, die sich unter türkischer Führung gegen die italienische Herrschaft erhoben hatten, von Kophamels Booten mit Waffen versorgt wurden.[19]

Eine so weitreichende Kampfführung bedurfte einer leistungsfähigen Nachschuborganisation. Vor allem die im westlichen Mittelmeer operierenden U-Boote, Tausende von Seemeilen entfernt von den Adriabasen Cattaro und Pola, waren davon abhängig, daß ihnen rechtzeitig Nachschub und Ersatz zuging; sie konnten nur operieren, wenn genügend Treibstoff, Munition und Proviant vorhanden waren. Wie aber, wenn die Torpedos verschossen waren, der Brennstoff ausging, die Motoren versagten? Dann mußte eine lautlose Nachschuborganisation in Aktion treten. Sie konnte nur von einem Territorium aus operieren, von dem einzigen neutralen Staat im westlichen Mittelmeer: Spanien.

Gleich nach Kriegsbeginn hatte der geheime Marine-Nachrichtendienst eine Etappe in Spanien geschaffen, deren V-Männer deutschen Kriegsschiffen mit Feindnachrichten und Nachschubgütern behilflich sein sollten.[20] Ihr Leiter war der damals 44jährige Korvettenkapitän Hans von Krohn, ein Marineoffizier, der bei Kriegsausbruch nach kurzer Einarbeitung im August/September 1914 nach Madrid entsandt worden war.[21] Obwohl er keine Geheimdienst-Erfahrungen besaß, baute der Admiralstab auf die gesellschaftlichen Verbindungen des Spanien-Kenners Krohn: Über seinen Schwiegervater, einen portugiesischen Geschäftsmann und Honorarkonsul, hatte er Zugang zur Wirtschaftswelt der Iberischen Halbinsel.[22]

Doch Krohn, der im Schatten des deutschen Marineattachés in Madrid arbeiten mußte und dessen Posten erst im Februar 1918 übernahm, fehlten Phantasie und Improvisationsgabe eines Geheimdienstleiters, er war auch nicht energisch genug, sich gegenüber dem eigentlichen Spionagechef der Deutschen Botschaft, dem Militärattaché Major Kalle, zu behaupten, der die Interessen des geheimen Nachrichtendienstes der Obersten Heeresleitung vertrat.[23] Hier sollte nun Canaris Abhilfe schaffen. Sein Auftrag lautete, mitzuhelfen, die »Etappe Madrid« auszubauen und ein Nachschubsystem für die im westlichen Mittelmeer operierenden U-Boote zu schaffen, zugleich aber auch den Erkundungsdienst zu verbessern, der in der Lage sein mußte, sichere Nachrichten über feindliche Schiffsbewegungen zu bieten.[24]

Am 30. November 1915 setzte sich Canaris in Marsch, ein paar Tage später tauchte er in Madrid auf – ins Land auf dem Umweg über Italien und Frankreich gekommen, wie er später seinem Schiffsarzt erzählte.[25] Er zog es aus Tarnungsgründen vor, der Deutschen Botschaft in der Calle Castellana fernzubleiben; Canaris bediente sich wieder seines chilenischen Passes und mietete in Madrid unter dem Namen Reed Rosas Wohnungen, die er jedoch öfter wechselte.[26] Der Kapitänleutnant führte das Leben eines Geheimagenten: Mit seinem Chef Krohn kam er nur in dessen Privatwohnung zusammen, Informanten und Kuriere traf er auf abgelegenen Plätzen, wobei er, seit Kindertagen Liebhaber verschlüsselter Botschaften und geheimer Tinten, sich meist eines wunderlichen Decknamens bediente: »Kika«.[27]

Nur ein kleiner Personenkreis in der Botschaft wußte, wer Kika war. Zu Kalle hielt er Kontakt, auch zu den beiden engsten Kalle-Mitarbeitern, dem Oberstleutnant von Winterfeld und dem Botschaftssekretär Eberhard von Stohrer, der noch im Zweiten Weltkrieg als Botschafter in Madrid ein kritischer Mitspieler von Canaris werden sollte.[28] Kaum einer von ihnen aber teilte die hohen Erwartungen, die Canaris erfüllten. Kalle hielt Spanien für ein nachrichtendienstlich unergiebiges Terrain, er hatte wiederholt um Versetzung auf einen anderen Posten gebeten, weil »die Nachrichtenübermittlung von hier aus nur geringen Wert besitzt«.[29] Noch 13 Jahre später wird der ebenfalls zu diesem Kreis gehörende Major von Koss vor Canaris' lautem Übereifer warnen: Trotz aller Verdienste würde er »Herrn C.« lieber »nicht mit einer großen verantwortungsvollen Aufgabe betrauen«.[30]

Kika wurde in der kleinen Madrider Gemeinde deutscher Agenten und ihrer spanischen Gönner rasch zu einem Begriff. Die Madrider Gesellschaft, vor allem die spanische Geschäftswelt, aber auch junge Offiziere der Marine machten es dem Sendboten Canaris nicht schwer, seinen Sonderauftrag mit Erfolg zu absolvieren. Dem blonden »extranjero« mit seiner Vorliebe für hispano-amerikanische Kultur und Lebensart öffnete sich in Madrid manche Tür. »In Spanien«, schrieb die Herzogin de la Torre kurz vor Canaris' Ankunft an einen französischen Diplomaten, »ist die ›Gesellschaft‹ germanophil; aber man ist es, ohne deshalb antifranzösisch zu sein. Die Deutschen haben die Frauen und die Priester für sich . . . Die Frauen sind germanophil vor allem, weil die Königinmutter, eine Österreicherin, natürlich österreichisch-deutsche Sympathien hat. Um der Königinmutter zu gefallen, die noch einen großen Einfluß hat, ist man germanophil – einzig, weil sie es ist: Das schickt sich!«[31]

Auch Spaniens König Alfons XIII. sah die Deutschen nicht ohne Wohlwollen, obwohl er gelegentlich auch Sympathien für die Alliierten offenbarte. Major Kalle wußte das allerhöchste Interesse für die Deutschen zu wecken, seit er zu einem fast ständigen Begleiter des lebenslustigen Königs geworden war und sich sogar dessen Freund nennen durfte.[32] Sie waren so vertraut miteinander, daß sich der britische Spionagechef in Spanien, Captain F. Touhy, schon sorgte: »Der König schwatzt zuviel, und es ist zu befürchten, daß er Informationen, die er von alliierten Marine- und Militärattachés erhalten hat, feindlichen Ohren übermittelt.« Zudem sei er »von einer völlig prodeutschen Hofclique umgeben und von einem ebenso gesinnten Generalstab«.[33]

Bei so glücklicher Ausgangslage konnte Canaris nahezu unbesorgt Spaniens Hafenstädte bereisen, um Informanten für einen verbesserten Erkundungsdienst zu werben. Die Kalle unterstehenden Kriegsnachrichtenstellen in Madrid, Barcelona, San Sebastian und ein V-Mann in Bilbao halfen dabei;[34] allmählich stellten sich auch neue Mitarbeiter zur Verfügung, die es dem Marine-Nachrichtendienst erlaubten, einen eigenen Apparat zu errichten. Sein Schwerpunkt lag im Süden Spaniens: In Valencia beobachtete der spätere Vizekonsul Carlos Fricke, in Cadiz berichtete der Kaufmann Ricardo Classen, in Cartagena hielten die Kapitäne Meyer und Stahl an Bord ihrer Schiffe »Roma« und »Caesar« Ausschau nach Flottenbewegungen des Gegners.[35]

Schon Anfang 1916 standen in den wichtigsten spanischen Häfen V-Männer bereit, die Informationen über den Feind sammelten und an Kika übermittelten. In Matrosenkneipen wurden die Besatzungsmitglieder alliierter Schiffe ausgehorcht; manchen unter den spanischen Arbeitern im britischen Flottenstützpunkt Gibraltar lockte ein Handgeld Kikas, auch spanische Seeleute dienten den Deutschen gerne.[36] Fast jede Woche einmal schrieb Canaris im Hause Krohns Berichte über mutmaßliche Operationen der alliierten Flotten; die Berichte trugen immer dieselbe Anschrift: »Admiralstab N«.[37] Von Berlin wurden sie meist an den Stab der U-Flottille Mittelmeer in Cattaro weitergereicht.

Schwieriger indes ließ sich Canaris' zweite Aufgabe lösen: der Aufbau einer Nachschuborganisation. Nur zögernd fanden sich einige spanische Händler, die willens waren, Proviant und Schiffsbedarf für deutsche Kriegsschiffe zur Verfügung zu stellen; als vollends unmöglich aber erwies es sich zunächst, genügend Boote und kleinere Fahrzeuge ausfindig zu machen, die den Nachschub an die im Mittelmeer operierenden deutschen U-Boote heranführen konnten. Einer der größten Reeder Spaniens bahnte Canaris unerwartet einen Ausweg aus der Sackgasse.

Prinz Max von Ratibor, der deutsche Botschafter in Madrid, war mit einer Gruppe spanisch-deutscher Bankiers liiert, wobei offenbleiben muß, wer von wem abhängig war: Der Botschafter schuldete der Bankgruppe Kocherthaler/Ullmann/Lewin die Rückzahlung eines Kredits in Höhe von 250000 Peseten, die Bankiers wiederum bedurften Ratibors Zustimmung zum Export ihrer Bleiminenproduktion nach Frankreich.[38] Bankier Ullmann hörte von Canaris' Schiffssorgen und wußte Rat – der Bankier wird in der Lebensgeschichte von Canaris noch öfter eine Rolle spielen.[39]

Ullmann brachte Canaris mit dem Industriellen Horacio Echevarrieta zusammen, einem der einflußreichsten Männer Spaniens, Zeitungsherausgeber, Königsfreund und Liberaler (sein Privatsekretär Indalecio Prieto wurde später Führer der Sozialistischen Partei).[40] Für Canaris war eine andere Funktion des vielseitigen Mannes wichtiger: Ihm gehörte die Schiffsbaufirma Echevarrieta y Lariniaga, die in Cadiz, Barcelona und Ferrol Werften unterhielt.[41] Zehn Jahre später wird Canaris über Echevarrieta notieren: »Er ist Baske von Geburt, äußerst ehrgeizig und stolz, der reichste Industrielle Spaniens.«[42] Echevarrieta war nicht abgeneigt, sich Canaris' Ideen anzuhören. Kikas Vorschlag: Echevarrieta solle für die Deutschen kleine Hilfs- und Versorgungsschiffe bauen.

Echevarrieta war einverstanden – vorausgesetzt, man könne das Geschäft gegenüber den spanischen Behörden (Spanien war immerhin ein neutrales Land) und Echevarrietas britischen Kunden tarnen. An Camouflage ließ es Canaris nicht fehlen: Bei seinen häufigen Besuchen auf den Echevarrieta-Werften gab sich Señor Rosas als südamerikanischer Schiffsbauspezialist aus, der glücklich sei, daß die spanische Werftindustrie die mit Kriegsaufträgen der Entente überreichlich eingedeckte Schiffsbauwirtschaft Lateinamerikas entlasten wolle.[43] Ingenieure und Angestellte der Echevarrieta-Firma glaubten denn auch ernsthaft, für einen südamerikanischen Auftraggeber zu arbeiten.

Inzwischen rekrutierte Canaris – vermutlich unterstützt von Echevarrieta – spanische Besatzungen, mit denen die kleine Versorgungsflotte bemannt werden sollte. Im Frühjahr 1916 waren die ersten Boote auslaufbereit; ihre Kommandanten, ausschließlich Spanier, hatten Order, stets die spanische Flagge zu zeigen und sich nicht allzu weit von ihren Häfen zu entfernen.[44] Als schwimmende U-Boot-Stützpunkte waren sie von nun an unentbehrliche Helfer der deutschen Seekriegführung; vor allem im Raum Cadiz und vor den Kanarischen Inseln operierend, waren die spanischen Hilfsschiffe der Etappe Madrid stets zur Stelle, wann immer die U-Boote Proviant, Munition und Ersatzteile benötigten. Zum erstenmal hatte sich die Partnerschaft Canaris/Echevarrieta bewährt – sie wird noch einmal, zehn Jahre später, für die deutsche Marinerüstung von Bedeutung sein.[45]

Doch Canaris mochte den Erfolg seiner Arbeit in Spanien nicht mehr abwarten. Ihn trieb es fort aus dem Hinterland des Krieges, er wollte sich nicht länger damit begnügen, den kämpfenden Kameraden auf hoher See Zulieferdienste zu leisten – er wollte unmittelbar zu ihnen gehören, selber ein Boot gegen den Feind führen. Canaris bat um seine Versetzung zur Torpedobootwaffe und drängte seinen Chef Krohn, die Versetzung zu befürworten. Krohn verlor ungern seinen besten Mann, aber schließlich willigte er doch ein, zumal auch das Kommando der Marinestation der Ostsee in Kiel lebhaftes Interesse an dem fähigen Offizier zeigte.[46]

Ohne die Chance abzuwarten, durch ein U-Boot abgeholt zu werden und über Cattaro in die Heimat zurückzukehren, faßte Canaris den Plan, sich auf eigene Faust nach Deutschland durchzuschlagen. Wieder sollte ihm dabei die südamerikanische Camouflage helfen; in der Rolle eines Schwindsuchtkranken aus Chile, der in einem Schweizer Sanatorium Heilung suche, hoffte er sich durch Frankreich und Italien hindurchmogeln zu können.[47] Am 21. Februar verließ er Madrid.[48] Mit dem Zug fuhr er durch Südfrankreich und Norditalien, nur noch wenige Kilometer trennten ihn von der Schweizer Grenze.

Da schreckte ein Gerücht das Kieler Stationskommando auf: Canaris sei von italienischer Polizei verhaftet worden. Eine sofortige Rückfrage bei der Nachrichtenabteilung des Admiralstabes brachte keine Erleuchtung. Berlin telegraphierte am 28. Februar nach Kiel: »Kapitänleutnant Canaris ist am 21. Februar von Spanien nach Genua abgereist. Seitdem ist eine weitere Nachricht von ihm nicht eingegangen. Sobald etwas bekannt wird, wird sofort Mitteilung erfolgen. Admiralstab N.«[49] Erst zwei Tage später lief im Admiralstab eine Depesche ein, der zu entnehmen war, daß Canaris am 24. Februar in Genua verhaftet worden war.[50] Des Rätsels Lösung: Der französische Geheimdienst hatte entschlüsselt, wer sich hinter dem Namen Reed Rosas verbarg, und die italienischen Grenzbehörden gewarnt.[51]

Der französischen Gegenspionage in Spanien war es gelungen, einen Mitarbeiter der Deutschen Botschaft in Madrid abzuwerben; er meldete den Franzosen, was immer er in der Calle Castellana aufschnappte.[52] So hatte er offenbar auch von dem geheimnisvollen Reed Rosas gehört, ohne freilich genau zu wissen, was er trieb. Die Informationen genügten seinen französischen Auftraggebern, um die Italiener zu alarmieren. Das französische Beweismaterial muß allerdings so lückenhaft gewesen sein, daß der italienischen Polizei Zweifel kamen. Schon am 3. März wußte Admiralstab N: »Allem Anschein nach ist seine Freilassung wahrscheinlich.«[53]

Immerhin hielt Krohn seinen Mitarbeiter für äußerst gefährdet; er machte sofort seine Freunde in Spaniens Regierung und Marine mobil, bei der Regierung in Rom zugunsten von Canaris zu intervenieren. Vermutlich schalteten sich auch Mittelsleute im Vatikan ein und hielten den Italienern vor, daß Reed Rosas Chilene sei und keineswegs ein deutscher Spion.[54] Ganz überzeugt hat diese Demarche Italiens Behörden nicht, denn Canaris' Rückkehr vollzog sich in so dramatischen Formen, daß sich schon zu seinen Lebzeiten daran die abenteuerlichsten Legenden hefteten. Nach einer Version soll er den Gefängnispriester in seine Zelle gelockt, ihn getötet und in dessen Soutane die Flucht angetreten haben, während eine andere Lesart besagt, er sei zwar von den Italienern freigelassen, aber von ihnen auf ein nach Marseilles gehendes spanisches Schiff gesetzt worden, das erst durch Zureden von Canaris den Kurs geändert und unmittelbar Spanien angesteuert habe.[55]

Belege dafür existieren nicht. Es gibt nur ein einziges erhaltenes Dokument, ein marineärztliches Zeugnis von 1924, das über die Zeit in Genua Informationen enthält und zumindest den Schluß zuläßt, daß Canaris aus der Gefängniszelle entfloh. In diesem Papier äußert sich Canaris zu seinem damaligen Arzt über die Haft in Genua stichwortartig so: »Auf Rückkehr [von Spanien] in Italien in Gefangenschaft, sehr harte Haft, anstrengende Verhöre, üble Behandlung; erneute Flucht.«[56] Tatsache ist, daß Canaris am 15. März wieder in Madrid eintraf und fünf Tage später der Admiralstab N an das Ostseekommando telegrafierte: »Die Heimreise [von Canaris] über die Schweiz ist ausgeschlossen. Es wird ihm unter Berücksichtigung der für eine Reise von Spanien aus vorliegenden Verhältnisse . . . empfohlen werden, die Heimreise über Holland oder Amerika und Norwegen zu versuchen.«[57]

Gerettet und doch frustriert, mußte Canaris weiterhin in der Etappe Madrid Dienst tun. Der Marine-Geheimdienst war nicht unfroh, seinen Agenten Kika wieder in Spanien zu wissen. Admiralstab N hielt am 20. März 1916 fest: »Es wird nichts anderes übrigbleiben, als daß Kapitänleutnant Canaris vorläufig in Spanien bleibt.«[58] Krohn hatte ohnehin neue Aufträge für den Gehilfen. Der Admiralstab plante die Entsendung weiterer großer U-Boote in das Mittelmeer, die Ostküste Spaniens rückte noch mehr als bis dahin in das Blickfeld der maritimen Nachschub-Strategie. Für Canaris bedeutete das: Ausbau der V-Männer-Organisation in den ostspanischen Häfen.[59]

Wieder machten sich seine Mittelsleute daran, geheime Lager mit Ersatzteilen für die U-Boote anzulegen und neue Helfer für den Antransport der Nachschubmaterialien zu gewinnen. Selbst die spanischen Hafenbehörden wurden jetzt eingespannt; mancher Hafenkapitän drückte beide Augen zu, wenn ein hilfesuchendes deutsches U-Boot am Kai anlegte. Intelligence-Service-Captain Touhy zürnte: »Äußerst ernst ist die U-Boot-Frage. Die deutschen U-Boot-Kommandanten tun in den spanischen Gewässern und Häfen, was sie wollen.«[60]

Krohn und Canaris dehnten auch ihre nachrichtendienstliche Tätigkeit aus; ihre Agenten klärten gegen England auf (während die Spionage gegen Frankreich Kalles Reservat war).[61] Bis nach Südamerika reichte der Aktionsradius der Etappe Madrid. Canaris aktivierte seine alten Südamerika-Beziehungen aus der »Dresden«-Zeit und wachte über die Loyalität der Südamerika-Deutschen.[62]

Auch Sabotageaufgaben fielen allmählich in die Kompetenz der Etappe Madrid; ihre führenden Männer spielten mit dem Gedanken, Sprenganschläge in England zu inszenieren. Die spanische Zeitung »El Liberal« deutete später an, ein der Deutschen Botschaft nicht angehörender Marineoffizier (gemeint war offensichtlich Canaris) habe Sabotage betrieben, doch Canaris bestritt das.[63] Immerhin wußte er dies: »Dunkel entsinne ich mich auch noch, daß mir Krohn damals erzählte, daß er beabsichtige, in den nach England bestimmten Erzdampfern (von Nordspanien ausgehend) Sprengstoff einzuschmuggeln, um die englischen Hochöfen in die Luft zu sprengen.«[64]

Canaris zog weiterhin die Fäden, aber er war nur noch mit halbem Herzen bei der Sache. Jetzt wurde auch das Ostseekommando rebellisch und verlangte wegen des »großen Bedarfs an U-Boot-Kommandanten« die baldige Heimkehr von Canaris.[65] Der Admiralstab zierte sich zunächst (noch im September ließ er das Kommando wissen, mit einer »absehbaren Rückkehr« von Canaris sei nicht zu rechnen), doch dann rief auch er den Krohn-Gehilfen aus Spanien ab.[66] Der Chef der U-Flottille Mittelmeer erhielt Order, ein U-Boot nach Südspanien zu entsenden und dort Canaris an einer verabredeten Stelle aufzunehmen.

Flottillenchef Kophamel gab den Auftrag an das im westlichen Mittelmeer operierende U 34 unter Kapitänleutnant Rücker weiter; Rücker sollte Canaris vor dem Hafen von Cartagena in Empfang nehmen. Das Unternehmen scheiterte jedoch am schlechten Wetter.[67] Der Auftrag erging daraufhin an den Kapitänleutnant von Arnauld de la Perière, der mit seinem U 35 im Raum der Balearen Handelskrieg führte. Arnauld war gehalten, sich in der Salitrona-Bucht westlich von Cartagena mit Canaris zu treffen, der sich an Bord eines Segelboots durch Hissen einer roten Signalflagge und wiederholtes Dippen des Großsegels zu erkennen geben sollte.[68] Treffzeit: 30. September.

Doch noch ehe sich Canaris und zwei Begleiter, der Leutnant zur See Sievers und der Offizierstellvertreter Badewitz, auf die Abreise vorbereiteten und ein V-Mann in Cartagena ein Segelschiff charterte, war das Unternehmen bereits verraten.[69] Offenbar hatte wieder der französische Agent in der Deutschen Botschaft aufgepaßt. Kurz darauf hielt das französische U-Boot »Opale« unter Kommandant Pradeau, begleitet von einem als Fischdampfer getarnten Hilfskreuzer, Kurs auf die Salitrona-Bucht.[70] Als der 30. September heraufdämmerte, lagen die beiden französischen Schiffe auf der Lauer. Ihre Orders waren eindeutig: Das Schiff mit dem gefährlichsten deutschen Agenten in Spanien an Bord mußte vernichtet werden.

Indes, Canaris und sein Abholer kamen nicht. Eine Verfolgungsjagd in der

Straße zwischen den beiden Baleareninseln Mallorca und Ibiza hatte den Anmarsch von U 35 verzögert, während Canaris offenbar Mühe hatte, in dem Beiboot des deutschen Dampfers »Roma« den Hafen von Cartagena unbemerkt zu verlassen und auf den Segler umzusteigen. Vergebens hielt Arnauld nach dem Schiff Ausschau. Ins Kriegstagebuch notierte er: »In der Salitrona-Bucht gestoppt gelegen, Kptlt. Canaris nicht gefunden . . . Über Wasser auf der Trefflinie gelegen, dann während der Nacht unter Land mit O- und W-Kursen gekreuzt. Da Canaris bisher nicht gefunden, will ich heute nach Mitternacht wieder die Salitrona-Bucht absuchen.«[71]

Der französische Hilfskreuzer war das erste Schiff, das am Morgen des 1. Oktober den an der Küste entlanggleitenden Canaris-Segler entdeckte. Der vermeintliche Fischdampfer preschte sofort auf das Segelschiff zu. »Der Fischdampfer kam nun rasch näher«, berichtet Canaris. »Wir versteckten uns im Inneren des Bootes im Sandballast. Der Dampfer stoppte dicht an unserem Heck, und der Kapitän sah auch in das Innere des Bootes hinein. Da er nur die spanische Besatzung ausmachte, setzte er allmählich die Fahrt nach S.O. [Südost] fort in Richtung auf ein dort in Sicht kommendes Fahrzeug« – Pradeaus U-Boot.[72] Vorsichtig kletterte Canaris aus seinem Versteck heraus, kurz darauf sah er, was er seit Stunden suchte: ein unauffällig aus dem Wasser stoßendes Periskop.

Jetzt hatte auch Arnauld in seinem untergetauchten Boot die Canaris-Party ausgemacht, hinter dem Segel des Schiffes – von den entfernteren Franzosen nicht zu bemerken – sah er die rote Flagge, das Erkennungszeichen. Doch wie Canaris und seine Begleiter übernehmen, ohne die französischen Verfolger auf sich zu lenken? Es gab nur einen Weg: an Backbord des Seglers auftauchen, die Männer rasch übernehmen und im Nu wieder unter Wasser gehen. Arnauld gab die Kommandos, U 35 tauchte auf. Da stieß der französische Hilfskreuzer grelle Pfeiftöne aus, Alarmsignale für die »Opale«.[73]

Canaris, Sievers und Badewitz rannten an Deck zusammen, wie gebannt starrten sie auf das deutsche U-Boot. Canaris erinnerte sich später: »Um 6 Uhr 40 sprangen wir an Bord. Das ganze Manöver hat etwa 3–4 Minuten gedauert.«[74] Der Stahlkörper des Unterseeboots senkte sich bereits in die Wassertiefe zurück, ehe Pradeau begriffen hatte, was geschehen war. Er hatte »das Boot nicht bemerkt, weil es, von mir aus gesehen, direkt vor der untergehenden Sonne stand, die mich stark blendete«, wie Pradeau nach dem Krieg schrieb – eine verschönernde Erinnerungstäuschung, denn der Vorgang hatte sich am Vormittag und nicht bei Sonnenuntergang abgespielt.[75] Einen Augenblick überlegte Arnauld, ob er die Franzosen angreifen solle, doch dann nahm er entschlossen Kurs auf Cattaro. Am 9. Oktober erreichte U 35 den Stützpunkthafen, Canaris war in Sicherheit.[76]

Ein paar Tage später erstattete er bei seinen Vorgesetzten im Admiralstab Bericht über das Spanien-Unternehmen. Canaris, so wußte Vizeadmiral Reinhard Koch vom Marine-Geheimdienst zu rühmen, »hat den ihm erteilten Sonderauftrag mit außerordentlicher Geschicklichkeit, mit Schneid und Umsicht ausgeführt, so daß ich ihn an allerhöchster Stelle für eine Ordensauszeichnung vorgeschlagen habe«.[77] Am 20. Oktober wurde er »dem Kaiserlichen Kommando ergebenst zur Verfügung gestellt«, wie ein Schreiben an das Ostseekommando besagte, und vier Tage später kam der Orden: das Eiserne Kreuz I. Klasse.[78] Canaris hatte es geschafft. Endlich war der Weg auf die Kommandobrücke eines Kriegsschiffes frei.

Sein Traum, Kommandant eines Torpedobootes zu werden, erfüllte sich zwar nicht, aber er wurde zum Kommandanten eines U-Bootes ausersehen. Unterseeboote – sie waren nach all den blutigen Enttäuschungen auf den Schlachtfeldern Europas die letzte Hoffnung der deutschen Führung, sie sollten England auf die Knie zwingen, ehe der schon erkennbare Kriegseintritt der USA an der Seite der Entente Wirklichkeit wurde. Längst bereitete der Admiralstab den unbegrenzten U-Boot-Krieg vor; dazu benötigte man die leistungsfähigsten Offiziere – wer in der Kaiserlichen Marine etwas galt, wer Mut und Phantasie gezeigt hatte, wurde zur U-Boot-Waffe abkommandiert. So auch Canaris.

Der Admiralstab teilte ihn am 24. Oktober 1916 der U-Boot-Inspektion zu, bald danach bereitete sich Canaris auf seine Aufgaben an Bord eines U-Bootes vor.[79] Dann erlernte er das Einmaleins des Unterseekrieges und absolvierte einen Kurs nach dem anderen: zunächst den Kommandanten-Lehrgang auf der U(nterseeboot)-Schule in Eckernförde, dann den Kursus für Beobachtungsoffiziere, schließlich das Praktikum an Bord eines Schulbootes.[80] »Ein geistig wie praktisch gleich sehr gut veranlagter Offizier von ausgezeichneten Eigenschaften, die ihn für die U-Waffe besonders befähigen«, fand der Leiter der U-Schule, Korvettenkapitän Eschenburg. Gesamturteil: »Eignet sich besonders gut als Kommandant eines großen U-Bootes bzw. U-Kreuzers.«[81]

Einen so begabten Offizier mochte die U-Boot-Inspektion nicht länger der Front vorenthalten. Kaum hatte Canaris am 11. September 1917 das Praktikum in der U-Schule erfolgreich bestanden, da beorderten ihn bereits die Befehle der Vorgesetzten auf jenen Kriegsschauplatz, dessen Nachrichten- und Nachschubprobleme niemand besser kannte als der Kapitänleutnant Canaris. Am 16. September wurde er dem Führer der Unterseeboote im Mittelmeer zugeteilt – zur Verwendung als U-Boot-Kommandant.[82]

Der Abschied von Kiel fiel Canaris dennoch schwerer, als er sich nach seiner Rückkehr aus Spanien hatte vorstellen können, denn inzwischen hatte Canaris ein Mädchen kennengelernt, die erste Frau, die ihm nach der mißglückten Liaison mit der amerikanischen Kaufmannstochter Edith Hill – er hatte sich mit ihr am Ende seines Abstechers in den Balkankrieg im Dezember 1913 verlobt – wieder Vertrauen einflößte. Sie hieß Erika Waag und war mit der Schwester eines Canaris-Kameraden befreundet, der die beiden zusammengebracht hatte.[83] Die herb-schöne Fabrikanten-Tochter aus Pforzheim, geboren am 26. Januar 1893, gebildet, kunstinteressiert und Liebhaberin der Musik, zog den sensiblen Canaris seltsam an; ihre bestimmte, oft bestimmende Art ergänzte, was Canaris an sich (und mancher Vorgesetzte an ihm) so arg vermißte.[84]

Doch die Kriegslage erlaubte ihm nicht, sich jetzt schon fester zu binden. Ende September meldete sich Canaris bei Kapitän zur See Theodor Püllen in Pola, der inzwischen als Führer der U-Boote im Mittelmeer die Nachfolge Kophamels angetreten hatte. In Pola erfuhr Canaris, daß er schon in den nächsten Wochen ein U-Boot übernehmen sollte. Bis dahin freilich sollte

Canaris im U-Boot-Stützpunkt Cattaro Adjutanten- und Admiralstabsarbeiten übernehmen.[85] Sein neuer Chef wurde der Korvettenkapitän Rudolf Ackermann, der die militärische Aufsicht über die einsatzbereiten Boote in Cattaro führte und gerade dabei war, große Steinbaracken für die zeitweilige Unterbringung der deutschen U-Boot-Fahrer anzulegen.[86]

Ackermann war bald von dem neuen Mitarbeiter angetan. »Bei sehr guter Begabung, schneller Auffassungsgabe und klarem Urteil«, notierte sich Ackermann über Canaris, »hat er sich in diesen Dienst sehr schnell eingearbeitet und Vorzügliches geleistet.«[87] Canaris, kein Freund papierener Arbeiten, hielt geduldig an seinem Schreibtisch aus, weil er wußte, daß der Einsatz an der Front nicht mehr lange auf sich warten lassen würde. Er täuschte sich nicht. Am 28. November erhielt er das Kommando über das Transportboot UC 27 und lief zu seiner ersten Feindfahrt aus. Sein Auftrag: Verminung alliierter Seewege.[88]

Er offenbarte dabei solche Umsicht, daß ihn Ackermann zum stellvertretenden Kommandanten von U 34 ernannte, dessen Kommandant, Kapitänleutnant Johannes Klasing, ausgefallen war. Zwei Tage lang übte Canaris mit der ihm ungewohnten Mannschaft, dann, am 19. Januar 1918, lief U 34 aus – Kurs ins westliche Mittelmeer.[89] Das Boot legte sich im Seeraum östlich Gibraltars auf die Lauer, doch kein feindliches Schiff ließ sich blicken. Am 30. Januar schrieb Canaris ins Kriegstagebuch: »Ich will die mir noch zur Verfügung stehenden Mondnächte auf der Linie Oran–Cap de Gata bzw. Cap Sabinal verbringen, da ich dort den stärksten Verkehr vermute.«[90]

Canaris hatte richtig kalkuliert. Um 14 Uhr 30 sichtete er einen britischen Geleitzug mit fünf großen Dampfern, die im ständigen Zickzackkurs gen Westen liefen. Canaris ließ tauchen, sofort war er entschlossen, den mit starker Sicherung fahrenden Geleitzug anzugreifen. Eine neue Eintragung kam ins Kriegstagebuch: »Ich lasse mich von vorn zwischen die beiden Linien der Dampfer auf gleichen Kurs sacken und mache alle Schläge mit, um meine vorliche Stellung zu behalten. Falls der Abstand zwischen den beiden Spitzenschiffen groß genug ist, will ich versuchen, auf den einen Bug-, auf den anderen Heckschuß zu schießen.«[91]

Als erstes Opfer wählte er sich ein Schiff des britischen Foxglove-Typs, den 7293-BRT-Frachter »Maizar«. Um 15 Uhr 47 dröhnte sein Kommando durch das Sprachrohr: Torpedo Nr. 9371 zischte aus dem Bugrohr heraus. Canaris sah, daß das Torpedo die Schiffsmitte der »Maizar« traf, sofort ging U 34 auf 40 Meter Tiefe herunter – die feindlichen Wasserbomben folgten prompt.[92] Canaris wartete zwei Stunden, dann ließ er auftauchen. Die »Maizar« sank, der Rest des Geleitzuges aber war am Horizont verschwunden.

U 34 drehte ab und ging auf neuen Kurs, diesmal in Richtung Oran. Fünf Tage später hatte Canaris erneut Glück: Nördlich von Oran dampfte ein britischer Geleitzug mit 18 Schiffen heran. Wieder feuerte Canaris ein Torpedo ab, der britische bewaffnete Dampfer »General Church« wurde von einer Explosion erschüttert. Sofort schlugen die britischen Begleitzerstörer mit einem Wasserbombenangriff zurück, doch das U-Boot konnte sich der Attacke entziehen.[93] Canaris suchte sich neue Ziele.

Als er mit dem Boot am 16. Februar nach Cattaro zurückkehrte, konnte er sich eines bedeutenden Erfolges rühmen: U 34 hatte drei Feindschiffe mit insgesamt 16174 Bruttoregistertonnen versenkt und ein weiteres schwer beschädigt. »Die Unternehmung«, lobte Ackermann, »ist sachgemäß und mit gutem Erfolg durchgeführt worden. Die Leistungen sind unter Berücksichtigung dessen, daß der Kommandant zum erstenmal ein großes Boot führte, besonders anzuerkennen.«[94] Von Stund an durfte sich Canaris zur Elite der deutschen U-Boot-Kommandanten rechnen, die im Mittelmeer einen von den Gegnern fast abergläubisch gefürchteten Handelskrieg führten. Ihm fehlte zwar die Brillanz der Arnauld de la Perière, Forstmann, Valentiner, Hersing, aber auch er stand bei seinen Vorgesetzten in dem Ruf, als U-Boot-Kommandant jederzeit »gute Leistungen« erbringen zu können.[95] Selbst Kaiser Wilhelm horchte auf: »Ist das ein Nachkomme des griechischen Freiheitskämpfers?«[96]

Canaris agierte so sicher, daß ihm die U-Boot-Führung im Mittelmeer jetzt endlich auch ein eigenes Boot (Klasing hatte U 34 wieder übernommen) zugestand.[97] Im Mai 1918 fuhr er nach Kiel und meldete sich bei der U-Boot-Abnahme-Kommission (UAK), um sich sein neues Boot abzuholen und dessen Mannschaft zuvor einzuüben. »Die technische Durchbildung seines Bootes«, bestätigte die UAK am 1. August, »und die Ausbildung seiner Besatzung war dank seines unermüdlichen Eifers bei der Entlassung des Bootes auf voller Höhe.«[98] UB 128 (so die Kennziffer des Canaris-Bootes) lief noch Ende Juli aus, einen knappen Monat später legte es in Cattaro an.[99]

Doch Canaris kam zu spät, die Schatten der militärischen Niederlage Deutschlands und seiner Verbündeten hatten sich nun auch auf die sieggewohnten U-Boot-Fahrer gelegt. Der August hatte ihnen noch einmal einen letzten Höhepunkt gebracht: 165000 Tonnen feindlichen Schiffsraums waren versenkt worden.[100] Ab Mitte September aber ging es nur noch zurück. Die französische Saloniki-Armee eröffnete eine Balkan-Offensive, die zunächst die Kapitulation Bulgariens erzwang und dann auch Österreich-Ungarn erschütterte. Der Habsburger Staat zerbrach: Am 8. Oktober meldeten Polen, Tschechen und Südslawen ihre Unabhängigkeitswünsche an, Ende des Monats bot der Wiener Kaiser die Kapitulation seines Landes an.

Mit dem Zusammenbruch Österreich-Ungarns verlor auch die deutsche U-Boot-Flottille ihre Stützpunkte in der Adria. Kommodore Püllen gab Order, alle Lager abzubrechen und den Rückmarsch in die Heimat anzutreten. Zehn nicht mehr einsatzfähige Boote wurden von ihren Mannschaften versenkt, die Anlagen der Flottille in Cattaro und Pola in die Luft gesprengt.[101] 16 deutsche U-Boote formierten sich zu einer melancholischen Heimreise, unter ihnen auch Canaris mit seinem UB 128. Eine Hiobsbotschaft traf Canaris unterwegs: U 34, sein erstes Boot, war untergegangen – die Ursache blieb ungeklärt.[102]

Dann aber überspülte eine Welle alarmierender Telegramme aus der Heimat die U-Boot-Besatzungen. Deutschland hatte kapituliert, der Kaiserstaat war zusammengebrochen. In Bismarcks Reich triumphierte die Revolution.

3 Im Dienst der Konterrevolution

Pünktlich um 7 Uhr 20 gab Kapitän zur See Theodor Püllen das Zeichen zur letzten Fahrt. Der Signalgast blinkte Püllens Kommando an die in der nordwestlichen Ostsee versammelte Flottille, Boot um Boot setzte sich in Bewegung: 15 deutsche Unterseeboote, Überlebende der U-Flottille Mittelmeer, kehrten am 29. November 1918 in die Heimat zurück.[1)]

Drei Stunden später tauchten am Horizont die ersten Bauten des Kieler Hafens auf. Kurz vor dem Erreichen der Hafeneinfahrt sah Canaris eine Dampfpinasse, die in schneller Fahrt auf das Führungsboot der Flottille zusteuerte. An Bord der Pinasse stand breitbeinig ein derber, großer, leicht vornübergebeugter Mann mit herabhängendem Schnurrbart, für den französischen Historiker Gentizon Urtyp »jener alten Germanen, von denen Tacitus berichtet, daß sie mit Tierfellen bekleidet waren und jedem Streit allein mit ihrer starken Faust ein Ende bereiteten«.[2)] Der Riese symbolisierte die neue Staatsmacht im revolutionären Deutschland: Gustav Noske, Sozialdemokrat, Wehrexperte seiner Partei und Gouverneur von Kiel.

Püllen ließ sein Boot stoppen, Noske stieg an Bord. Weiter ging die Fahrt. Um 10 Uhr 30 liefen die Boote in den Hafen ein und steuerten den ihnen zugewiesenen Liegeplatz an.[3)]

Canaris notierte sich ins Kriegstagebuch: »An der Blücherbrücke festgemacht. Besatzung tritt an Land an. Ansprache des Gouverneurs Noske.«[4)] Auf der Landungsbrücke, so erinnerte sich Noske später, versammelten sich die bärtigen U-Boot-Fahrer, »schwarz, wie sie vom harten Dienst kamen, damit ich Worte der Begrüßung an sie richten und Aufschluß über die Vorgänge in der Heimat geben könnte, über die sie trotz funktelegraphischer Benachrichtigung doch nur recht mangelhaft unterrichtet waren«.[5)]

Wie durch einen Nebel drangen die Worte Noskes, der mit zunehmender Lautstärke zu erklären versuchte, was in den vergangenen Tagen in Deutschland geschehen war. Hilflos hörten die einstigen Mittelmeer-Fahrer seine Stichworte. Da war von Chaos und Revolution die Rede, da wurde an die altbewährte Disziplin der Marine appelliert, da beschwor der Sprecher Untergang und Zerfall des Vaterlandes. Nur den wachsten Zuhörern dämmerte, daß sie in eine neue, fremde Welt eingetreten waren, kaum ähnlich jener, die sie einmal Deutschland genannt hatten.

Eher verwirrt als aufgeklärt trotteten die Männer eine halbe Stunde danach zu ihren Booten zurück, um den letzten Dienst zu verrichten. Ins Kriegstagebuch trug Canaris ein: »12^{h}. Außerdienststellung. Ansprache des Kommandanten. Mit 3 Hurra's werden Flagge und Wimpel niedergeholt.«[6)] Die von Noske aufgeworfenen Fragen aber bohrten weiter – so heftig, daß sich Püllen noch am Nachmittag bei Noske meldete und ihn bat, seinen Männern »weitere Mitteilungen über die plötzliche Umwälzung in

Deutschland« zu machen. Noske sagte zu, am nächsten Tag wolle er zu Offizieren und Mannschaften sprechen.[7]

»Die Leute«, erzählt Noske, »versammelten sich Sonnabends abend in einem kleinen Saale des Schloßhofes. Blitzblank saßen sie bis auf den letzten Mann beieinander, brave, gut disziplinierte Leute.«[8] Noske hatte eben begonnen, ihnen darzulegen, wie es zum Zusammenbruch der Monarchie und zur Ausrufung der Republik gekommen war, da stürzte ein Kriminalbeamter in den Saal und berichtete Noske, in Friedrichsort an der Einfahrt in die Kieler Bucht rotteten sich Marineartilleristen zusammen, die einen Überfall auf ihn planten; sie könnten jeden Augenblick abmarschieren, wenn man sie nicht daran hindere.[9]

Noske hielt die Alarmmeldung für »Unfug«, doch seine Zuhörer waren tief beeindruckt. Noske wußte noch nachher: »Als ich meine Rede beendet hatte, knüpfte der Kommandant mit einigen Worten an den Vorgang an und fragte, wer von den Leuten gewillt sei, zu dem Gouverneur zu stehen. Wie aus einer Pistole geschossen schnellten ein paar hundert frische, straffe Leute in die Höhe.«[10]

Die Heimkehrer hatten endlich verstanden; die Szene im Kieler Schloßhof verriet ihnen mehr als jede Erläuterung, was in Deutschland vorging. Die staatliche Autorität war restlos ramponiert, das Land ein Spielball revoltierender Soldaten und fanatischer Agitatoren. Nur einige Beherzte, Männer wie Noske, mühten sich, die Fahrt in die Katastrophe aufzuhalten. Deutschland taumelte am Rande des Chaos entlang, von der Übermacht der alliierten Kriegskoalition zur Kapitulation gezwungen, des gewohnten staatlichen Systems verlustig gegangen, gelähmt von der Wut breiter Volksmassen, die vier Jahre Krieg, Hunger und amtliche Durchhaltelügen verbittert hatten.

Nirgendwo waren Ansätze einer neuen Staatsautorität sichtbar, nirgendwo formierte sich echte Macht. Die November-Revolutionäre hatten zwar eine jahrhundertealte Ordnung zerstört, einen tragbaren Ersatz aber konnten sie nicht schaffen. Denn dem deutschen Umsturz fehlte von Anfang an, was eine Revolution erst ausmacht: eine einheitliche Führung, eine verbindliche Strategie, eine allen Revolutionären gemeinsame Vorstellung von der Zukunft. Der November-Umsturz von 1918 war denn auch keine Revolution, sondern nur eine Kettenreaktion ungezügelter Revolten, inszeniert von führungs- und richtungslos gewordenen Ex-Soldaten, die nichts anderes zusammenband als der Zorn und die Enttäuschung über nutzlos vergeudete Lebensjahre in Schützengräben und Schiffsbunkern.

Ihre Emotionen entluden sich in wilden Exzessen gegen Offiziere und Bürger, beherrschten Straßen und Städte, putschten die heimkehrenden Soldaten zu immer weiterem Ungehorsam auf. Von Woche zu Woche wuchs die Gefolgschaft der Chaoten: Rowdies und Schlägertypen aus den Vorstädten, Drückeberger aus der militärischen Etappe, dazwischen Haufen zerlumpter Frontsoldaten, die – von Hunger und Kälte gepeinigt – ohne Unterkunft und Nahrung herumirrten, bereit, sich jedem anzuschließen, der eine bessere Zukunft versprach. Jede militärische Ordnung war zerstört: die Kasernen zu Bordellen und Warenhäusern herabgesunken, die Waffendepots eine Domäne der Revoluzzer, das alte Militärestablishment weitgehend ein Gefangener der neuen roten Herren.

Ob in Kiel oder in Hamburg, ob in Wilhelmshaven oder in Berlin – in fast allen norddeutschen Städten bot sich das gleiche Bild: rasende Militärautos mit roten Fahnen und johlenden Soldaten, Barrikaden mit MG-Nestern, Schüsse und Detonationen. Jugendliche Banden jagten Offiziere, um ihnen Rangabzeichen und Orden abzureißen, und manchen Demonstrationszug zierten Stangen mit den blutbefleckten Uniformjacken ermordeter Offiziere – unmißverständliche Zeichen dafür, wer im November 1918 die Straßen Deutschlands beherrschte.

Die Terrorakte der Aufgeputschten erregten den Kapitänleutnant Wilhelm Canaris, der auf Kiels Straßen in Trümmern sah, wofür er gelebt und gekämpft hatte. Nie wieder sollte Canaris die Bilder des roten Kiel aus seinem Gedächtnis löschen können, symbolisierten sie ihm doch für alle Zeiten Schmach und Schande der Kaiserlichen Marine: Ihre Matrosen und Heizer hatten die Waffen gegen die eigenen Vorgesetzten gekehrt, ihre Offiziere vor dem Ansturm der Meuterer kampflos kapituliert. Wo immer in Norddeutschland das morsche Gebälk des monarchischen Systems einstürzte, wo immer Terror die Stunde regierte – stets waren Matrosen dabei, die Zigarette schief im Mundwinkel und das Gewehr mit dem Lauf nach unten umgehängt, eine »Eiserne Lanzenspitze der Revolution«, wie sie ihre Kieler Anführer nannten.[11]

Die Marine, einst Lieblingskind des Kaisers und Instrument deutscher Weltmachtgeltung, war zum Schrittmacher des gewaltsamen Umsturzes geworden – diesen Schock konnte Canaris lange Zeit nicht verwinden. Er wußte nur zu gut: Die Marine und ihr Offizierskorps hatten im Augenblick ausgespielt, vorbei waren die Träume und Ambitionen, die des Kaisers Seeoffiziere unter der Reichskriegsflagge zusammengehalten hatten. Gleichwohl bäumte sich in Canaris alles dagegen auf, den Untergang der Marine tatenlos hinzunehmen. Immer wieder quälte ihn die Frage, wie alles gekommen war, wer all dies zu verantworten hatte.

Andere Seeoffiziere, nicht weniger schockiert als Canaris, stellten sich ebenfalls die Frage, manche schonungslos und ohne die Scheuklappen der Tradition. »Alles kann man heute vertragen, nur die Leute nicht, die einem jetzt das Umlernen verbauen wollen«, schrieb der Direktor der Marineschule Mürwik, Kapitän zur See von Egidy. Er warnte, die Schuld auf fremde Schultern zu verlagern: »Das ist nicht männlich und ist vor allem nicht vornehm, wenn man abgewirtschaftet hat (und das haben ›wir‹) und hat abtreten müssen von der Bühne.«[12] Ein anderer Kapitän, der alte Tirpitz-Gegner Lothar Persius, wußte freilich bereits, wie in der Marine die Suche nach den Schuldigen ausgehen würde. Persius: »Im Kameradenkreis vergißt man rasch, verzeiht Raub, Diebstahl, Betrug. Man vergißt aber nie, verzeiht nie politische Betätigung, die den eigenen Interessen zuwiderläuft.«[13]

Auch Canaris mochte keine Konsequenzen ziehen, erbittert wehrte er sich (wie so viele seiner Kameraden) gegen die Einsicht, daß nicht zuletzt das Offizierkorps selber zum Umsturz beigetragen hatte. Darin war er ein echtes Produkt der Marinetradition: Ihm kam nicht der Gedanke, daß die Kaiserliche Marine an ihren inneren Konflikten und Widersprüchen zerbrochen war. Je mehr er über die Ursachen der Katastrophe nachgrübelte, desto plausibler erschienen ihm die Alibi-Thesen, die schon andere Kameraden formuliert hatten. Die Marine, das galt als eherner Glaubenssatz der Traditionalisten, war einem Komplott von außen erlegen; der marxistisch-kommunistische Feind hatte die Flotte heimlich unterwandert und sie schließlich mit Hilfe seiner getarnten Helfershelfer an Bord ruiniert.

Eine Lebenslüge war entstanden, die einer ganzen Generation deutscher Seeoffiziere erlaubte, im alten Geist weiterzumachen. Auch Canaris erlag ihr, er sogar stärker als mancher andere: Er hatte nie auf einem großen Kriegsschiff gedient, er kannte nicht den Klassenkampf an Bord der Schlachtschiffe, er wußte nichts von dem erbitterten Kleinkrieg um Proviant, Menschenwürde und Privilegien. Canaris waren nur die kleinen Auslandskreuzer und U-Boote vertraut, auf denen er gewirkt hatte, und dort war die Marinewelt, dort war das Verhältnis zwischen Offizieren und Mannschaften noch in Ordnung gewesen.

Um so eifriger wies er jede Kritik an dem Herrenwahn kaiserlicher Marineoffiziere zurück. Noch 1926 wird er Reichstagsabgeordneten erregt zurufen: »Die Flotte war innerlich gesund. Der Keim des Aufruhrs wurde von außen hineingetragen.«[14] Er fand es »ungeheuerlich«, von einem Versagen der Seeoffiziere zu sprechen. Für Canaris stand unerschütterlich fest: »Bis zum Schluß« habe »bis auf wenige Ausnahmen zwischen Offizieren und Mannschaften ein ungetrübtes Vertrauensverhältnis bestanden«.[15]

In Wahrheit gingen die Canaris-Klischees weit an der Wirklichkeit vorbei. Die Kaiserliche Marine war keineswegs innerlich gesund gewesen, wohl aber unheilvoll zerrissen: zwischen Gruppen verschiedener Funktionsträger, deren harte Interessenkonflikte nicht zuletzt die gesellschaftlichen Widersprüche des Kaiserreiches reflektierten. Ohne jedes psychologisches Verständnis gingen manche Seeoffiziere über die Alltagssorgen der Mannschaften hinweg, waren ihnen doch »Leute Nebensache, denn die können wir kriegen, so viel wir haben wollen« – so der Kommandant des Schlachtschiffes »Rheinland«.[16] Für die Offiziere zählten allein Disziplin, Trainingsleistungen, widerspruchsloses Spuren.

Die Untätigkeit der Hochseeflotte verschärfte noch solche Spannungen, der Zusammenbruch der deutschen Ernährungswirtschaft im »Kohlrübenwinter« 1916/17, der die ungleiche Verpflegung an Bord besonders kraß hervorkehrte, brachte den Konflikt zum offenen Ausbruch. Angestachelt vom Vorbild der russischen Märzrevolution, in der Soldaten die Waffen gegen ihre Offiziere gekehrt hatten, rotteten sich rebellische Heizer und Matrosen zusammen, entschlossen, die Offiziere einmal die Macht des einfachen Soldaten fühlen zu lassen, ihnen zu demonstrieren, daß es ohne ihn nicht ging. Als gelernte Gewerkschaftler kannten ihre Führer nur ein Kampfmittel, den Streik, und so streikten sie denn: Am 20. Juli und am 1. August 1917 verschwanden auf mehreren Kriegsschiffen in Wilhelmshaven die Mannschaften von Bord.[17]

Ein paar Stunden später war der Spuk wieder vorüber, die meisten Offiziere nahmen den Matrosenstreik nicht sonderlich ernst – Zwischenfälle dieser Art hatte es in der deutschen Marine zu allen Zeiten gegeben. Doch der Chef der Hochseestreitkräfte, Admiral Reinhard Scheer, einer der ganz Harten in der Marine, wollte es anders. Er sah eine glänzende Gelegenheit:

Die verhafteten Streikführer hatten gestanden, vor dem Streik mit den Führern der Unabhängigen Sozialdemokratischen Partei Deutschlands (USPD) verhandelt zu haben, einer revolutionär-pazifistischen Splittergruppe, die von der SPD abgefallen war.[18]

Scheers Juristen bastelten daraufhin eine Verratsanklage, in der die streikenden Matrosen als Werkzeug der angeblich landesverräterischen USPD figurierten. Sie konnten freilich nicht nachweisen, daß die Partei und die Matrosen tatsächlich einen Aufstand vorbereitet hatten. Schon die Existenz einer revolutionären Organisation in der Hochseeflotte ließ sich nicht belegen, geschweige denn die konspirative Mitarbeit prominenter USPD-Funktionäre wie Haase und Dittmann. Das focht jedoch das zuständige Geschwadergericht nicht an, es erkannte auf »Vollendung der kriegsverräterischen Aufstandserregung«. Konsequenz: Fünf »Haupträdelsführer« des Flottenstreiks wurden zum Tode verurteilt, zwei von ihnen hingerichtet.[19]

Die sozialen Probleme der Flotte aber blieben ungelöst, die Marineführung ignorierte den weiterschwelenden Konflikt. Ihre Energien waren anderweitig engagiert: Im Herbst 1918 hoffte die neue Seekriegsleitung unter Führung Scheers, durch Einsatz aller Kraftreserven der Marine doch noch den Krieg zugunsten Deutschlands entscheiden zu können. Doch als die letzte Offensive des Heeres in Frankreich zusammenbrach und sogar der selbstherrliche General Erich Ludendorff, Deutschlands heimlicher Herrscher, Regierung und Kaiser zur Einleitung eines Waffenstillstandes aufforderte, inszenierten die Admirale, was sie ein Jahr zuvor noch hatten streng verurteilen lassen: eine Meuterei gegen die Regierung.

Schon verhandelte der neue Reichskanzler Prinz Max von Baden mit den Alliierten über einen Waffenstillstand, da beschloß die Seekriegsleitung, die Hochseeflotte zu einer dramatischen, Führung und Volk aufrüttelnden Todesfahrt auslaufen zu lassen – ohne Genehmigung der Regierung. Nur drei Admiralstabsoffiziere durften den Operationsplan ausarbeiten, die entscheidenden Befehle wurden mündlich weitergegeben, selbst die Geschwaderchefs blieben zunächst uninformiert. Am 27. Oktober formierte sich auf der Schilling-Reede vor Wilhelmshaven die Hochseeflotte, drei Schlachtschiff-Geschwader mit 60000 Mann Besatzung, bereit zum letzten Gefecht.[20]

Doch noch ehe die letzten Befehle ausgegeben waren, meuterten die Besatzungen. Allzu rasch hatte sich unter den Mannschaften herumgesprochen, was die Offiziere planten; das Wort von der »Todesfahrt« hatte die Besatzungen provoziert, die sich so kurz vor Kriegsschluß nicht noch verheizen lassen mochten. Ein Schiff nach dem anderen geriet in die Hände der Meuterer, auf manchen proklamierten Soldatenräte bereits die Revolution. Die Flottenleitung konnte zwar in wenigen Stunden die Meuterei niederschlagen, doch das Unglück war schon geschehen: Die mit dem Bazillus des Aufruhrs geimpften Besatzungen wurden in ihre Heimathäfen zurückgeführt und verbanden sich dort mit der bereits revolutionär gestimmten Arbeiterschaft zum Aufstand gegen das durch Krieg und Hunger diskreditierte Kaiserregime.

Ein Streit um die nach Kiel überführten verhafteten Meuterer löste schließlich am 4. November 1918 die deutsche Revolution aus. Die bewaffneten Mannschaften der Kieler Werft-Division und der Torpedo-Division besetzten die strategisch wichtigsten Punkte der Stadt, die Besatzungen der Kriegsschiffe rissen die Macht an sich, kurz darauf kapitulierte der Kieler Gouverneur vor den Meuterern. Ein Arbeiter- und Soldatenrat übernahm die Macht.[21] Und schon griff die Revolution auf das übrige Reichsgebiet über, so schnell, wie Schiffe auslaufen und Eisenbahnen fahren konnten: Am 5. November besetzten meuternde Matrosen Lübeck, am 6. waren sie in Hannover, Braunschweig und Köln, am 8. erreichten sie Breslau, Dresden und Darmstadt.[22]

Am nächsten Tag tauchten sie auch mit revoltierenden Arbeitern in Berlin auf und versetzten der Hohenzollern-Monarchie den Todesstoß. Max von Baden resignierte und hinterließ dem SPD-Führer Friedrich Ebert, was an Macht noch übrigblieb. Um einem befürchteten Schlag der extremen Linken unter Führung des Spartakistenführers Karl Liebknecht zuvorzukommen, rief der Ebert-Freund Philipp Scheidemann die Republik aus. Von jetzt an hing es nicht zuletzt von der Standhaftigkeit und der taktischen Begabung der SPD-Führer ab, ob das Land aus Chaos, Revolution und staatlicher Auflösung wieder herausfand.[23] Ebert und seine Freunde waren denn auch entschlossen, Einheit und Entwicklungsfähigkeit des Reiches zu sichern.

Solchen Ordnungswillen verkörperte vor allem der Brandenburger Holzarbeiter und führende Sozialdemokrat Gustav Noske, den eine Parteiorder ins rote Kiel katapultiert hatte. Er griff so rasch durch, daß er in wenigen Tagen zur zentralen Figur der unruhigen Stadt wurde. Noske bändigte den Arbeiter- und Soldatenrat, ließ sich zu dessen Vorsitzendem wählen und verdrängte den schwächlichen Kieler Gouverneur.[24]

Noske wußte freilich, daß seine Macht auf schwankendem Boden stand, Ordnung und Recht noch längst nicht gesichert waren. Den vom Soldatenrat beherrschten Marine-Einheiten fehlte Disziplin, in einigen von ihnen wurden die Offiziere kaum noch geduldet. Noske konnte sich nur allmählich, Einheit um Einheit durchsetzen – mit Hilfe einiger Offiziere und gemäßigter Männer im Soldatenrat. Ein junger Kapitänleutnant assistierte ihm dabei: Canaris, seit dem 1. Dezember zur U-Boot-Inspektion abkommandiert und kurz darauf zum Verbindungsoffizier des Ostseekommandos bei dem neuen Gouverneur ernannt.

Eine Welt militärischer Mentalität und sozialer Herkunft trennte die beiden Männer, gleichwohl zogen Noskes schlichte Ordnungsvorstellungen den Marineoffizier Canaris fast magisch an. Canaris faszinierten damals Männer, die sich durchsetzen und sich Respekt verschaffen konnten. Kurz nach seiner Rückkehr nach Kiel war er zu einem Kreis von Marineoffizieren gestoßen, die sich das Ziel gesetzt hatten, die Macht der Arbeiter- und Soldatenräte zu brechen.[25]

Gleich nach dem Kieler Umsturz hatte der Korvettenkapitän Wilfried von Loewenfeld, ein Offizier aus dem Stabe Scheers, begonnen, gleichgesinnte Kameraden um sich zu sammeln. Auf geheimen Zusammenkünften in Kieler Wohnungen schlossen sich Loewenfelds Freunde zu einer lockeren Organisation zusammen – mit dem Ziel, Offiziere vor der Willkür der neuen Machthaber zu schützen und die alte Ordnung in der Marine wiederherzustellen.[26] Loewenfeld schwebte freilich noch mehr vor: »Nach Herstellung der Ordnung im Reich Stamm der neuen Marine zu werden, das war mein Ziel.«[27]

Der Korvettenkapitän hatte einen guten Ruf in der Marine; einst Erster Offizier des Großen Kreuzers »Prinz Heinrich«, im Krieg Kommandant des Hilfs-Streuminendampfers »Deutschland«, war Loewenfeld auch bei den Mannschaften anerkannt.[28] So stießen viele zu seinem Kreis, unter ihnen große Namen aus der Elite der U-Boot-Fahrer wie der Kapitänleutnant Lothar von Arnauld de la Perière, der 1916 Canaris von Spanien abgeholt hatte.[29]

Auch Canaris schloß sich dem Loewenfeld-Kreis an. Seine diplomatische Geschicklichkeit, seine Fähigkeit, auseinanderstrebende Temperamente zu besänftigen und persönliche Ärgernisse aus der Welt zu schaffen, machten ihn zu einem unentbehrlichen Gehilfen Loewenfelds; zudem wußte er stets die richtigen politischen Stichworte den meist eher verwirrten als politisierten Kameraden zu liefern. Nicht zuletzt dank Canaris' Betriebsamkeit nahm Loewenfelds Organisation allmählich Gestalt an. Loewenfeld drängte denn auch seine Vorgesetzten, ihm die Aufstellung einer eigenen Truppe zu erlauben.[30]

Doch das Stationskommando in Kiel lehnte ab: Loewenfelds Aktivitäten störten den Versuch der Marineführung, die Soldatenräte allmählich wieder an den Gedanken militärischer Disziplin zu gewöhnen und für die Rückkehr zum gewohnten Dienstbetrieb zu gewinnen. Tatsächlich machten Loewenfelds Gesinnungsfreunde keinen Hehl daraus, daß sie letztlich darauf aus waren, den »roten Sumpf«, wie Arnauld formulierte, gänzlich auszutrocknen; »im Kampf – offen und auch still – gegen die Machthaber«, selbst gegen »die November-Regierung . . ., die die Revolution gemacht«, sah Loewenfeld die entscheidende Motivation seiner Arbeit.[31]

Deutlicher konnte kaum gesagt werden, daß Loewenfeld (wie auch Canaris) einen anderen Staat anstrebte als den im November entstandenen. Welche Ressentiments ihn beherrschten, hat Loewenfeld später angedeutet: »Die Marine war Keimzelle der Meuterei im Sommer 1918 [gemeint: 1917] und wurde, weil der damalige Reichstag die Urheber der Meuterei, die Abgeordneten Haase, Barth und Dittmann, für immun erklärte, anstatt sie nach Clemenceauscher Art sofort aufzuhängen, wieder Keimzelle der Novemberrevolution. Diese Schmach wiedergutzumachen, strengten sich . . . national denkende Angehörige der alten Kaiserlichen Marine . . . an.«[32] Kein Wunder, daß das auf Versöhnung und Ausgleich bedachte Stationskommando solche Töne ungern hörte.

Canaris war jedoch zu intelligent, um nicht sofort zu erkennen, in welche Sackgasse sich Loewenfeld manövrierte. Ohne den Kontakt zum Loewenfeld-Zirkel zu verlieren, setzte er auf den sozialdemokratischen Ordner Noske, der einen realistischeren Weg zur Ausschaltung der ultraroten Soldatenräte bot. Noch im November hatte Noske den Kapitän zur See Roehr in Kiel eine Ordnungstruppe aus zuverlässigen Marineangehörigen aufstellen lassen, die der Deckoffiziersbund und der Bund der Marineberufssoldaten für den Gouverneur anwarb.[33]

Ende Dezember verfügte Roehr bereits über eine Truppe in Stärke von 1200 Mann, sämtlich Freiwillige aus der Marine: Deckoffiziere, Unteroffiziere, Kapitulanten, Ingenieur-Aspiranten und Ingenieur-Applikanten.[34] Die 1. Marinebrigade oder »Eiserne Brigade«, wie sie sich selber gerne nannte, erhielt feldgraue Uniformen und Waffen aus Kieler Depots; sie war praktisch die einzige Truppe in der Hafenstadt, auf die sich das Stationskommando im Ernstfall verlassen konnte.[35] Auch der nach Berlin zurückgekehrte Noske – inzwischen im Kabinett der Volksbeauftragten zuständig für Heer und Marine – setzte auf diese Truppe.

Da wurde die Brigade von der Meldung alarmiert, in Berlin stehe ein Aufstand der Spartakisten unter Liebknecht und Rosa Luxemburg bevor. Roehr, sein Stellvertreter, Kapitän zur See von Schlick, und der Vertrauensmann der Brigade-Freiwilligen, Obermaat Hirschmann, reisten am 3. Januar 1919 nach Berlin und boten Noske die Unterstützung der Eisernen Brigade an.[36] Noske akzeptierte die Offerte, denn er rechnete täglich mit dem Ausbruch eines Aufstandes der Kommunisten, wie sich die Spartakisten seit dem just beendeten Gründungsparteitag der KPD nannten.

Wieder einmal hatten Marineangehörige revolutionären Zündstoff geliefert. Die Volksmarine-Division, zwischen Kommunisten und der sozialistischen Regierung schwankend, hatte am 23. Dezember 1918 gegen die Regierung gemeutert – wegen angeblich nicht gezahlter Löhnung. Bewaffnete Matrosen drangen in Eberts Arbeitszimmer ein, verlangten Geld und riegelten anschließend die Reichskanzlei von der Außenwelt ab. Ebert rief daraufhin die in Berlin stehenden Truppen des Feldheeres zu Hilfe, die das Feuer gegen die im Schloß verbarrikadierten Matrosen eröffneten. Schon hißten die Meuterer die weiße Fahne, da quollen Berlins Volksmassen heran und entwaffneten die Soldaten.[37]

Aus Protest gegen die Alarmierung des Militärs traten die USPD-Minister aus der Regierung aus, worauf Ebert den Rücktritt aller USPD-Männer auf Schlüsselposten des Sicherheitswesens verlangte. Der Kampf zwischen den beiden feindlichen Bruderparteien spitzte sich im Berliner Polizeipräsidium zu, dessen Chefposten von dem USPD-Funktionär Eichhorn gehalten wurde. Die Regierung verlangte seinen Rücktritt, Eichhorn weigerte sich.[38] In diesem Augenblick brachte sich die Kommunistische Partei ins Spiel; ihr Parteiorgan, die »Rote Fahne«, forderte »revolutionäre Maßnahmen« und die »Bewaffnung des Proletariats«, gemeinsam riefen Kommunisten und Unabhängige zur Massendemonstration gegen die Regierung auf.[39]

Noske wußte, daß es in den beiden radikalen Parteien Kräfte gab, die mit dem Gedanken eines Putsches spielten. Noch warnte zwar Rosa Luxemburg ihre Genossen vor einer so abenteuerlichen Politik, aber für manchen Kommunisten war es allzu verlockend, endlich mit Gewalt durchzusetzen, was mit friedlichen Mitteln gescheitert war: die rote Räterepublik.[40] So hatte Noske allen Grund, das Hilfsangebot der Eisernen Brigade anzunehmen. Er schrieb Roehr und Schlick die nötigen Einsatzbefehle aus, sie erhielten neue Ausweise mit Eberts Unterschrift. Noskes Befehl: Verlegung der Marinebrigade nach Berlin.[41]

Noch ehe aber der Marschbefehl der in Berlin gebliebenen Kapitäne die Kieler Brigade erreichte, schlugen die Kommunisten los. In der Nacht vom 5. zum 6. Januar besetzten bewaffnete Stoßtrupps der KPD – offenbar auf eigene Faust – das Berliner Zeitungsviertel. Die Tat ließ Rosa Luxemburg und ihrem Partner Liebknecht keine Wahl mehr, mit ungutem Gefühl lösten sie den »Spartakisten-Aufstand« aus. KP-Gruppen erstürmten die wichtigsten Bahnhöfe der Stadt, griffen Kasernen an und rollten Geschütze vor das Polizeipräsidium, Hauptquartier des Revolutionsrates, der die Regierung für abgesetzt erklärte.[42]

Der wichtigste Schlag aber mißlang ihnen: Die Erstürmung der Reichskanzlei wehrten zwei Kompanien zuverlässiger Freiwilliger ab. In der Zentrale hingegen herrschte Verwirrung. Ratlos diskutierten die Minister in Eberts Arbeitszimmer, wie der Aufstand niederzuschlagen sei. Noske mahnte schließlich, es müsse ein Entschluß gefaßt werden. Darauf sagte ein Minister: »Dann mach' du doch die Sache!« Noske: »Meinetwegen. Einer muß der Bluthund werden, ich scheue die Verantwortung nicht!« Mit außerordentlichen Vollmachten ausgestattet, stand der »Oberbefehlshaber in den Marken« bereits Minuten später in dem von linksradikalen Demonstranten umtosten Amtssitz des einstigen Großen Generalstabes und übernahm das Kommando.[43]

Auch Roehr und Schlick waren sofort zur Stelle, die versprochene Marinebrigade gab Noske den Mut, die schwerste Krise der jungen Republik zu überleben. Doch die Brigade kam nicht. Zivilbehörden und Eisenbahner in Kiel weigerten sich, die Truppe nach Berlin ziehen zu lassen. Auch Canaris konnte die Hindernisse nicht aus dem Weg räumen. Obermaat Hirschmann mußte erst von Berlin anreisen und Noskes Einsatzbefehle vorlegen, ehe die Brigade auf dem Kieler Hauptbahnhof verladen werden konnte. Sie traf am 9. Januar in den Dörfern um Teltow im Berliner Süden ein.[44]

Nicht zuletzt das Ausbleiben der Brigade hatte Noske noch am Mittag des 6. Januar veranlaßt, sein Hauptquartier an den Stadtrand Berlins zu verlegen, in das Mädchenpensionat »Luisenstift« in Dahlem.[45] Er war praktisch ein Feldherr ohne Armee, denn eine geordnete Streitmacht besaß die Regierung nicht mehr. Nach der Rückkehr in die Heimat hatte sich die Feldtruppe nahezu völlig aufgelöst; bis zur Schlußparade in Berlin Anfang Dezember noch mühsam zusammengehalten, war die Truppe binnen weniger Tage an ihren jahrelang überkleisterten Gegensätzen zerbrochen. Manche Soldaten schlossen sich den Revolutionären an, andere gingen einfach nach Hause. Es war ein Schock für alle traditionalistischen Militärs.

Die Truppenführer erholten sich jedoch rasch von ihrem Schrecken und begannen, aus den Restbeständen des Feldheeres Einheiten mit freiwilligen Soldaten aufzustellen. Populäre Offiziere, die guten Kontakt zu ihren Mannschaften gehalten hatten, fanden rasch wieder Zulauf; oft genügte ein Name oder eine Parole, Soldaten in den Dienst zurückzuholen. Ein bunt zusammengewürfelter Haufen oft abenteuerlicher Figuren fand sich unter den Fahnen renommierter Truppenführer zusammen; meist waren es nicht mehr als 500 oder 600 Mann, die ein Regiment bildeten. Freikorps nannten sie sich und wurden bald zum Alpdruck linker Straßenkämpfer.

Die neue Truppe hatte kaum Ähnlichkeit mit der alten Armee. Deren Traditionen und Normen waren längst zerstört, an die Stelle des Befehl-und-Gehorsam-Systems trat die Unberechenbarkeit modernen Landsknechtstums. Die traditionelle Militärdisziplin wich einer Selbstjustiz, die ohne viel Federlesens richtete. Menschenleben, eigene wie fremde, galten nicht viel;

den Tod zu geben und den Tod zu nehmen war ihre Parole. Gefangene machten die Freikorps kaum, »das rücksichtslose Vorgehen gegen bewaffnete und unbewaffnete Massen und Gegner, die grenzenlose Nichtachtung vor der sogenannten Heiligkeit des Lebens« (so der Freikorps-Barde Ernst von Salomon) galt als Ausdruck soldatischer Härte.[46]

Das brachte einen mörderischen Ton in den deutschen Bürgerkrieg, der ihm bis dahin trotz aller Ausschreitungen noch gefehlt hatte. Aufgeladen mit den Ressentiments der Besiegten und den Angstvorstellungen der vom sozialen Umsturz bedrohten Gesellschaftsschichten, waren die Freikorps potentielle Träger der Konterrevolution. Der Ekel vor der bürgerlichen Vorkriegswelt und der Abscheu vor dem »roten Gesindel« in den zerlumpten Uniformen vermischten sich zu anarchisch-terroristischen Verhaltensweisen, die die Truppe für entschlossene Konspirateure von rechts verwendbar machte. Die »Männer, die der Krieg niemals entließ, die ihn immer im Blute tragen werden« (Salomon), band nichts an die Republik. Sie traten freiwillig in den Dienst der Regierung – und konnten ihn freiwillig wieder verlassen.[47] Ihre Treue gehörte nicht der Regierung, ihre Treue galt nur dem Führer, dem sie sich unterordneten.

Allein Kommunistenhaß und Noskes Ruf als »starker Mann« brachten die Freikorps auf die Seite der Regierung. Mit 30 Mark Mindestlöhnung waren sie dabei, zum – zunächst – einmonatigen Einsatz in Berlin und dazu verpflichtet, die vor der Revolution erlassenen Militärgesetze einzuhalten.[48] So formierte sich ein Freikorps nach dem anderen zum Zug ins rebellische Berlin, brachten Ordonnanzoffiziere dem Oberbefehlshaber Noske in seinem Mädchenpensionat frohe Kunde: 10000 Mann unter dem Befehl des Generals Walther Freiherr von Lüttwitz marschierten heran.[49]

Fasziniert beobachtete Canaris in seinem Teltower Quartier den Anmarsch der Freikorps, die ihm als eine neue, schöpferische Form des Soldatentums erschienen. Das scheinbar ungebundene Leben des Freikorpssoldaten gefiel ihm, dem strikte militärische Ordnung nie sonderlich behagt hatte. »Er hat mir immer wieder von dem schönen Leben in den Freikorps erzählt«, erinnert sich Canaris-Freund Otto Wagner.[50] Der ungezwungene Ton in der Marinebrigade, die auf ihre Art Vorläuferin der Freikorps war, ließ Canaris zeitweilig andere ungelöste Probleme vergessen. Ein Noske-Befehl verband ihn schließlich ganz mit der Freikorpsbewegung.

Am 10. Januar besichtigte Noske die Brigade und erörterte mit ihren Offizieren die Lage, die durch einen überraschenden Schritt der Mannschaften recht peinlich geworden war: Sie baten, die Brigade mit Heeresoffizieren auszustatten – offenbar mißtrauten sie ihren eigenen Offizieren.[51] Tatsächlich übernahm ein Heeresoffizier, Oberst von Roden, das Kommando; auch die Führerstellen in Kompanien und Zügen wurden weitgehend mit Armeeoffizieren besetzt. Roehr und seine Marineoffiziere traten zurück und stellten sich Noske zur Verfügung.[52] Für Canaris hatte der Oberbefehlshaber sofort einen Auftrag: Er sollte Kontakt zum Stab der Garde-Kavallerie-Schützen-Division (GKSD) halten, der inzwischen auch die Marinebrigade unterstellt worden war.

Anderntags stand Canaris vor einem kleinen drahtigen Offizier, der ihn wie kaum ein anderer in die Welt politischer Konspirationen und Intrigen einführen sollte. Hauptmann Waldemar Pabst, Jahrgang 1880, Berliner, Sohn eines Museumsdirektors, Zögling der Hauptkadettenanstalt, jetzt Erster Generalstabsoffizier und eigentlicher Führer der GKSD, war der Urtyp eines politisierenden Offiziers; seit er seine der alten Gardetruppe der Monarchie entstammende Division zur schlagkräftigsten »Mustertruppe« (Lüttwitz) der Freikorps getrimmt hatte, träumte er vom Staatsstreich gegen die sozialistische Republik.[53] Pabst erkannte sofort, daß sich Canaris für seine Pläne verwenden ließ. Pabst: »Mein bester Mann.«[54]

Canaris wich seinem Mentor nicht mehr von der Seite. Er war dabei, als Noske am 11. Januar mit drei Schwadronen der Garde-Kavallerie-Schützen-Division und der Marinebrigade in die westlichen Stadtbezirke einrückte und den Kampf um Berlin eröffnete. Er marschierte mit, als das Gros der GKSD noch am gleichen Tag kommunistische Stellungen im Süden Berlins niederkämpfte und sich schließlich zum Kampf um den Besitz des Polizeipräsidiums rüstete. Er war zur Stelle, als am 13. Januar Noskes letzte Befehle im Stab der GKSD einliefen: Abschnürung des Berliner Südens von den Arbeitervierteln im Norden, Besetzung des Stadtgebietes zwischen Spree, Reichstag, Ringbahn und Potsdamer Platz durch die Division.[55]

Im Morgengrauen des 15. Januar setzten sich die Marschkolonnen der GKSD in Bewegung, doch sie stießen nirgends auf nennenswerten Widerstand. Die wichtigsten strategischen Punkte wurden besetzt, Plätze und Straßenkreuzungen mit Maschinengewehren und Panzerwagen gesichert. Ungehindert erreichten Pabst und Canaris ihr Ziel: das Hotel »Eden« am Zoologischen Garten, künftiges Hauptquartier der Division.[56]

Der Berliner Aufstand war zusammengebrochen, doch der Bruderkrieg ging weiter. Der seit den Novembertagen 1918 aufgestaute Haß traditioneller Soldaten und Offiziere entlud sich jetzt gegen die meist wehrlosen Gegner. Stoßtrupps der Freikorps suchten Haus für Haus ab und schossen rücksichtslos nieder, wen sie für Kommunisten hielten. Die ehemaligen Aufständischen waren vogelfrei. »Wie wilde Tiere«, berichtet der Historiker Benoist-Méchin, »wurden sie von einem Viertel zum anderen gejagt, in die Hinterhöfe getrieben und dort in Gruppen zu 15 oder 20 Mann erschossen. In der Stadt begann eine wahre Menschenjagd.«[57]

Die Suchtrupps fahndeten auch nach den beiden KPD-Führern Karl Liebknecht und Rosa Luxemburg, die seit dem 13. Januar untergetaucht waren.[58] Freikorpsgeneral Maercker hatte die Parole ausgegeben: »Die Bedrohung ist eine arge, die Rosa Luxemburg ein Teufelsweib und Liebknecht ein Kerl, der aufs Ganze geht.«[59] Vor allem die jüdische Polin mit dem preußischen Paß entsprach so ganz dem Zerrbild, das sich militärische Gehirne von einer »wurzellosen« Agitatorin machten. Ihre »schrillen Töne« gegen deutsche Sitten und Zustände, die selbst dem Moskauer Sendboten Karl Radek und manchen anderen Genossen auf die Nerven gingen, ihre haßgeladenen Reden gegen die »jämmerlich Geschlagenen von Flandern und den Argonnen«, ihre immer wieder fanatisch vorgetragene Forderung, hohe Militärs von einem Revolutionstribunal aburteilen zu lassen und Offiziere von allen Wahlen auszuschließen, fanden im Offizierskorps ein tausendfaches Echo voll Bitterkeit und Rachsucht.[60]

Pabst war entschlossen, die beiden Flüchtlinge »unschädlich zu machen«.

Der Besuch einiger KPD-Kundgebungen mit Liebknecht und Rosa Luxemburg, so erzählte er später, habe ihn »zu der Auffassung gebracht, daß beide außerordentlich gefährlich seien und man ihnen nichts Gleichwertiges entgegenstellen könne«.[61] Truppen und Einwohnerwehren erhielten von Pabst den Befehl, vordringlich nach den beiden KP-Führern zu fahnden. Am späten Abend des 15. Januar lief im »Eden« die von Pabst erwartete Erfolgsmeldung ein: Bürgerwehr hatte Liebknecht und Luxemburg zwischen 21 und 22 Uhr in der Wohnung einer Familie Markussohn im Haus 43 der Mannheimer Straße in Berlin-Wilmersdorf aufgestöbert und verhaftet.[62]

Wenige Minuten später wurden die beiden Häftlinge im ersten Stock des »Eden« abgeliefert, wo sich Pabst einquartiert hatte. Der Hauptmann unterzog Liebknecht und Rosa Luxemburg einem kurzen Verhör, dann stand sein Entschluß fest: Erschießen! Zwei Begleitkommandos wurden zusammengestellt, die jeweils einen der beiden Häftlinge unter dem Vorwand, ihn ins Moabiter Untersuchungsgefängnis zu liefern, fortbringen und dann unterwegs »auf der Flucht« erschießen sollten. Zwei Autos fuhren vor dem Hotel vor; das eine – für Liebknecht bestimmt – übernahm der Kapitänleutnant Horst von Pflugk-Hartung, sein Bruder Heinz und drei Leutnants der Marinebrigade, das für Frau Luxemburg vorgesehene Auto besetzte der Oberleutnant Kurt Vogel mit fünf Soldaten.[63]

Die Mordoperation wurde freilich so geheim vorbereitet, daß selbst die meisten Offiziere des Stabes nichts darüber erfuhren. Der Hauptmann Petri, Eisenbahnoffizier der Division, wähnte schon, Pabst wolle die Kommunisten wieder laufenlassen, und stiftete mit einem Hundertmarkschein den einfältigen Jäger Runge an, sie niederzuschlagen.[64] Als Liebknecht und Rosa Luxemburg nacheinander heruntergeführt wurden, stürzte sich Runge in einem Seiteneingang des Hotels auf die Häftlinge und schlug mit einem Gewehrkolben auf sie ein. Liebknecht blutete schwer, die Frau war lebensgefährlich verletzt. Dennoch schleppten Soldaten die beiden zu den Wagen.[65]

Um 22 Uhr 45 setzte sich das Auto mit Liebknecht und den Marineoffizieren in Bewegung. Der Mord klappte nach Plan: Mitten im dunklen Tiergarten stoppte der Wagen wegen einer angeblichen Panne. Liebknecht wurde genötigt, zu Fuß weiterzugehen – seinen Begleitern voran, die alsbald schossen; erst feuerte Horst von Pflugk-Hartung, dann die übrigen Offiziere. Die Liquidierung Rosa Luxemburgs hingegen – eine Stunde später – geriet außer Kontrolle. Durch das Dazwischentreten Runges nervös geworden, erschoß man die halbtote Frau bereits 100 Meter vom Hotel entfernt, dessen Gäste noch die Schüsse hören konnten; ein Mann war auf das Trittbrett des Wagens gesprungen und hatte geschossen. Transportführer Vogel verlor vollends die Nerven. Er steuerte den Landwehrkanal an und ließ die Leiche ins Wasser werfen.[66]

Ärgerlich kanzelte Pabst wegen solcher Planwidrigkeit Vogel ab , als der ihm Meldung machte. Vogel riet, die Version zu verbreiten, eine erregte Menschenmenge habe sich an den Luxemburg-Wagen gedrängt, auf die Frau geschossen und sie dann an einen unbekannten Ort entführt. Ein am 16 Januar herausgegebenes Kommuniqué der Division hielt sich denn auch an diese Version: Luxemburg von einer Menschenmenge getötet und entführt, Liebknecht auf der Flucht erschossen.[67]

Es war typisch für den moralischen Verfall der Zeit, daß kaum einer unter den Gegnern der beiden Kommunisten gegen den Doppelmord protestierte. Als sich Pabst bei Noske meldete, war der sozialdemokratische Oberbefehlshaber nicht unzufrieden. Pabst erinnerte sich später: »Er hat mir die Hand gedrückt.«[68] Besorgte Genossen aber fuhr Noske an: »Ihr habt Nerven wie hysterische alte Weiber. Krieg ist Krieg. Na ja, ihr wart eben nie dabei.«[69] Und das sozialdemokratische Zentralorgan »Vorwärts« schrieb über die beiden Toten: »Sie haben sich selbst bekannt als Bürgerkriegshetzer, als Proletariermörder, Brudermörder, und ewig muß ihnen das furchtbare Wort in den Ohren gellen: Unstet und flüchtig sollst du sein auf Erden.«[70]

Hat Canaris von dem Verbrechen gewußt, gar an ihm teilgehabt? Er hat es immer abgestritten. Auch seine Biographen geben sich redliche Mühe, ihren Helden möglichst weit entfernt vom Schauplatz der grausigen Tat zu vermuten; er soll zur Tatzeit nicht mehr in Berlin, sondern in Süddeutschland gewesen sein. Über die Datierung dieser Reise können sie sich freilich nicht einig werden: Gert Buchheit sieht ihn schon »Ende Dezember 1918« abreisen, André Brissaud läßt ihn »in der Nacht vom 14. zum 15. Januar« einen Zug besteigen, Karl Heinz Abshagen verlegt die Reise in die Zeit nach Canaris' Einzug ins »Eden«, also frühestens auf den 15. Januar.[71] Überzeugen will das alles nicht, zumal konkrete Unterlagen fehlen.

Vorstellbar dürfte immerhin sein, daß Pabst seinen »besten Mann« erst nach Süddeutschland entließ, als die Kämpfe in Berlin beendet waren. Das war im Verlaufe des 15. Januar der Fall. Vielleicht bieten uns die Umstände der Canaris-Reise einen Weg aus dem Dunkel?

Ein neues Stichwort beherrschte das Denken von Canaris: Einwohnerwehren. Sie waren im Dezember 1918 durch die Initiative Berliner Bürger entstanden; sie hatten kleine bewaffnete Gruppen gebildet, die Banken, Lebensmittellager und wichtige Gebäude gegen Diebe und Plünderer schützen sollten. Nach dem Ausbruch der Kämpfe in Berlin bemächtigten sich die Militärs der Einwohnerwehren. Vor allem die Garde-Kavallerie-Schützen-Division forcierte den Plan, Einwohnerwehren im größeren Rahmen aufzustellen, stark genug, die Truppe zu entlasten. Auch Noske gefiel die Idee, am 13. Januar erließ er einen öffentlichen Aufruf, der alle Berliner Bürger zum Eintritt in die Wehren animierte.[72]

Bald belebte die neue Bürgergarde das Straßenbild, Männer in Zivil oder alter Uniform mit weißen Armbinden tauchten auf, ausgerüstet mit Gewehren, Koppel, Stahlhelmen und Handgranaten. Sie wurden den Abschnittskommandeuren der Freikorps unterstellt.[73] Doch die GKSD-Pläne reichten weiter: In ganz Deutschland sollten Einwohnerwehren entstehen, zuverlässige Instrumente gegen rote Chaoten. In Bayern hatte man ebenfalls mit der Bildung von Einwohnerwehren begonnen – Grund genug, Canaris auf Erkundungsfahrt zu schicken. Wer aber schrieb ihm die Reisebefehle aus, wer war von Pabst zum Organisator der Einwohnerwehren bestellt worden? Kein anderer als sein Erster Ordonnanzoffizier, der Liebknecht-Mörder Horst von Pflugk-Hartung, mit dem sich Canaris angefreundet hatte.[74] Und er soll seinem Freund Canaris nicht erzählt haben, was ihn am Abend des 15. Januar so innerlich erregt haben muß?

Was immer Canaris von dem Doppelmord gewußt haben mag – er wird froh gewesen sein, dem Töten in Berlin auf ein paar Tage entrinnen zu können. Auch private Gründe trieben ihn in den Süden: Er wollte Erika Waag treffen. In Pforzheim sah Canaris sie wieder, sie war liebenswürdig, hoheitsvoll und selbstbewußt, wie immer. Man verstand einander gut, ein paar Tage später feierten die beiden Verlobung – am 22. November 1919 werden sie schließlich heiraten.[75] Doch es hielt Canaris nicht lange in Pforzheim, die Nachrichten aus Bayern beschleunigten seine Weiterreise: Das Projekt von Bayerns sozialdemokratischem Innenminister Auer, eine »Bürgerwehr« aufzustellen, war in Gefahr; er konnte sich kaum noch gegen die Radikalen in Regierung und Arbeiterräten durchsetzen, Bayern driftete immer mehr in das Chaos einer Räterepublik.[76] Dennoch fand Canaris aufmerksame Zuhörer, wo immer er die Einwohnerwehrpläne der GKSD erläuterte und die Bürger zur Tat ermunterte.

Canaris' Mission in Süddeutschland muß so erfolgreich gewesen sein, daß Pabst ihn mit der Vertretung des Einwohnerwehrgedankens in der Öffentlichkeit betraute. Anfang Februar wieder in Berlin, wartete bereits eine neue Reiseorder auf den Rückkehrer: Er sollte als Verbindungsoffizier der Division nach Weimar fahren, um im Vorhof der dort tagenden Nationalversammlung den Wehrplan zu vertreten.[77] Inzwischen hatten die von der SPD durchgesetzten Wahlen am 19. Januar den Parteien der demokratischen Mitte eine Mehrheit gesichert; die Nationalversammlung sollte nun der Republik eine Verfassung geben. Im Mittelpunkt aller Auseinandersetzungen: die neu aufzustellende Streitmacht, die künftige Reichswehr.

Fiel es Noske schon schwer, der linken Fraktion seiner eigenen Partei den Plan einer wieder auf Befehl und Gehorsam gegründeten Armee schmackhaft zu machen, so schien es vollends aussichtslos, die Linksparteien für die mit einem kräftigen Hauch von Bürgerkrieg belasteten Einwohnerwehren zu gewinnen. Hier sollte der Lobbyist Canaris helfen. Kaum hatte die Nationalversammlung am 6. Februar ihre Beratungen aufgenommen, da stand schon Canaris bereit, Abgeordnete zu beeinflussen, Propagandamaterial in die richtigen Kanäle gelangen zu lassen und Gegner zu bekehren.

Mit unnachahmlicher Geschicklichkeit wußte er auch den zurückhaltendsten Zuhörer seinen Argumenten zu öffnen. Seine chamäleonhafte Begabung, sich jedem Gesprächspartner scheinbar anzupassen, ließ viele Besucher das Canaris-Büro in der Überzeugung verlassen, einen gleichgestimmten Partner gefunden zu haben. »Er verstand es«, begeisterte sich noch später ein Canaris-Kamerad, »mit allen fertig zu werden, für jeden fand er den richtigen Ton, für den Deutschnationalen, der eben zu einer Tür hinausging, genauso wie für den Unabhängigen, der im gleichen Augenblick zur anderen hereinkam.«[78]

Solche Seelenmassage trug dazu bei, eine parlamentarische Mehrheit für die Einwohnerwehren zu finden. Befriedigt konnte Noske, nun bald Reichswehrminister, einen neuen Aufruf an alle Deutschen diktieren: »Die Einwohnerwehren . . . sind dazu bestimmt, alle nicht aufrührerisch gesinnten Einwohner zusammenzufassen, um die Regierungstruppen zu unterstützen, Ruhe und Ordnung aufrechtzuerhalten.«[79] Die Gewandtheit des Marineoffiziers imponierte dem SPD-Mann, er ließ ihn nicht mehr aus den Augen.

Der Erfolg in Weimar verstärkte Canaris' Stellung im Stab der Garde-

Kavallerie-Schützen-Division, mehr noch: Er machte ihn zu einer zentralen Kontaktperson für alle, die Zugang zum neuen Militär suchten oder das Militär für ihre politischen Pläne benutzen wollten. Sein Zimmer im Hotel »Eden« glich einem Werbebüro: Männer kamen und gingen, vertrauliche Informationen wurden ausgetauscht, Verbindungen geknüpft, Verabredungen fixiert. Bald war es manchem mit Ehrgeiz und Ambition wichtig, diesen unscheinbaren Kapitänleutnant zu kennen.

Vor allem Marineoffiziere umwarben Canaris, in dessen Macht es lag, die Tore zu der durch die Weimarer Verfassung geschaffenen Reichsmarine zu öffnen. Denn seit dem 15. Februar gehörte er zum Reichsmarineamt, das sich ein paar Monate später in »Admiralität« umbenannte (ab 1920: Marineleitung).[80] Als Verbindungsoffizier des Reichsmarineamtes saß Canaris zwar noch immer im Stab der GKSD, dennoch spielte er von der ersten Stunde an beim Aufbau der neuen Marine mit.

Im März tauchte der Konteradmiral Adolf von Trotha auf, der geistige Vater des mißglückten Flottenvorstoßes vom Oktober 1918, den die Verdrehtheiten der Republik ausgerechnet zum neuen Chef der Admiralität hatten werden lassen. Fanatischer Tirpitz-Anhänger und überzeugter Monarchist, vertrat er ein navalistisch-völkisches Programm, in dem die Marine als »Wahrzeichen deutscher Volkskraft« einen Altarplatz einnahm.[81] Nur allzu gerne griff er die Gedanken auf, denen Canaris und Loewenfeld in Kiel den Weg bereitet hatten: durch Bildung von Marinebrigaden neues Stammpersonal für die Flotte zu sichern.

Schon am 18. Februar war Loewenfeld eine Noske-Order zugegangen, die ihm endlich erlaubte, einen Marinelandtruppenteil im Stile eines Freikorps aufzustellen. Im Nu stand die erste Mannschaft bereit: Angehörige des Kleinen Kreuzers »Breslau«, See- und Ingenieuroffiziere, Unteroffiziere und Soldaten von Heer und Marine, zunächst 400 Mann stark, dann rasch auf 1200 Mann anwachsend. Als 3. Marinebrigade wurde sie in den Marine-Etat übernommen.[82] Sie erhielt Konkurrenz: Auch an den in Wilhelmshaven stationierten Korvettenkapitän Hermann Ehrhardt, ehedem Chef der IX. Torpedoflottille, war der Auftrag ergangen, eine Marinebrigade zu bilden. Er schuf aus Marineangehörigen rasch zwei Regimenter, die er zur 2. Marinebrigade zusammenfaßte.[83]

Die Gefahr neuer Kommunistenaufstände veranlaßten die Admiralität, die beiden Brigaden in den Raum Berlin zu verlegen. Ehrhardts Brigade kam im März zur weiteren Ausbildung auf den Truppenübungsplatz Jüterbog, Loewenfelds Soldaten folgten ihr einen Monat später.[84] Beide Brigaden wurden der GKSD unterstellt, und das hieß praktisch: Sie gerieten in das Wirkungsfeld von Canaris.[85] Für Loewenfeld war Canaris so wichtig, daß er ihn zu seinem Verbindungsoffizier bei der Admiralität ernannte, obwohl Canaris formal nicht zur Truppe gehörte; auch Ehrhardt hielt engen Kontakt zu ihm.[86]

Solche Verbindungen sicherten Canaris eine ungewöhnliche Schlüsselposition in den Vorzimmern der sich formierenden Militärführung der Republik: Als Angehöriger des Reichsmarineamtes beeinflußte er die Pläne der Admiralität, als Verbindungsoffizier Trothas saß er im politisch ehrgeizigen Stab der Garde-Kavallerie-Schützen-Division, als Verbindungsoffizier der

3. Marinebrigade und als Konfident Ehrhardts hatte er Einblick in die geheimsten Gedanken zweier wichtiger Freikorpsführer.

So knüpfte er sich allmählich ein Netz von Beziehungen und Kontakten, das ihn zu einem der bestinformierten Männer im unruhigen Nachkriegs-Berlin machte. Wo immer militärische Pläne erörtert wurden, wo Offiziere politisierten und konspirierten, wo militärisch-politische Wissensträger zusammenkamen – Canaris war dabei, meist schweigsam, ein geduldiger Zuhörer, sphinxhaft und nie ganz durchschaubar. Seinen wenigen Freunden war er freilich fast stets ein zuverlässiger Partner.

Bald bewies Canaris, mit welcher Bedenkenlosigkeit er seinen Freunden zu helfen verstand. Im April geriet Pabst in Bedrängnis, eine kriegsgerichtliche Untersuchung bedrohte seine Stellung: Stück um Stück offenbarte sich einem größeren Personenkreis die makabre Rolle, die Offiziere der Garde-Kavallerie-Schützen-Division bei der Ermordung des Kommunistenpaars Liebknecht/Luxemburg gespielt hatten. Die Untat schlug jetzt auf die Mörder und ihre Auftraggeber zurück. Gleichsam nachträglich verstrickte sich Canaris so unlösbar in die Mordaffäre, daß er zeitlebens in den – falschen – Geruch kam, selber einer der Mörder gewesen zu sein.

Zum Ärger Pabsts hatte der uneingeweihte Kommandeur der Division, Generalleutnant von Hofmann, einen Tag nach dem Mord, am 16. Januar, den zuständigen Untersuchungsführer der Division, Kriegsgerichtsrat Kurtzig, mit der Klärung des Falles beauftragt und dem Vollzugsrat der Arbeiter- und Soldatenräte Berlins angeboten, ihn an der Untersuchung zu beteiligen. Tatsächlich entsandten die Räte die beiden Beisitzer Wegmann und Rusch zur GKSD. Kurtzig kam sofort der Verdacht, an der offiziellen Todesversion (Liebknecht »auf der Flucht« erschossen, Rosa Luxemburg von einer Menschenmenge ermordet und entführt) stimme etwas nicht.[87] Er war überzeugt, die Tat habe sich anders abgespielt, als von der Division geschildert.

Noch am 16. Januar ließ er Oberleutnant Vogel festnehmen, der den Wagen mit Rosa Luxemburg geführt hatte. Begründung Kurtzigs: »Hinreichender Verdacht, daß er das Erforderliche zum Schutze der Festgenommenen verabsäumt hat.«[88] Zugleich wurde auf Kurtzigs Anweisung auch der Transportführer des Liebknecht-Wagens, Kapitänleutnant Horst von Pflugk-Hartung, verhaftet.[89] Schon begann der Kriegsgerichtsrat nach weiteren Verantwortlichen im Stabe zu forschen, da stoppte ihn Pabst. Er brachte einen zweiten Untersuchungsführer ins Spiel – angeblich zur »Beschleunigung der Ermittlungen«. Der ehrgeizige Kriegsgerichtsrat Jorns, ehedem Offizier der Kaiserlichen Schutztruppe in Afrika, sympathisierte mit den GKSD-Offizieren. Mehr noch: Er brachte den Schutzbehauptungen der Häftlinge und Verdächtigen eine Langmut entgegen, die schon an Verschleppungstaktik grenzte.

Die beiden Kriegsgerichtsräte teilten sich die Mordfälle (Jorns übernahm den Fall Liebknecht), bald aber beschwerte sich Jorns über die angeblich zu harten Vernehmungsmethoden Kurtzigs.[90] Am 18. Januar beantragte er bei Divisionskommandeur Hofmann, ihm beide Fälle zu übertragen. Hofmann stimmte zu, Kurtzig schied aus den Ermittlungen aus.[91] Von nun an führte Jorns allein die Untersuchung. Prompt ließ er Vogel und Pflugk-Hartung wieder frei; gemächlich machte er sich ans Aufarbeiten der Akten und vernahm hin und wieder einen Zeugen.[92] Nichts aber konnte ihn bewegen, an den Aussagen der Mörder zu zweifeln.

Auch als sich erste Zeugen meldeten, die Vogels Tatversion anzweifelten, blieb Jorns reserviert. Das Hotelpersonal sagte aus, beim Abtransport Rosa Luxemburgs habe es keine »erregte Menschenmenge« gegeben – Jorns reagierte nicht.[93] Der Jäger Dreger gab zu Protokoll, Vogels Begleiter hätten nach der Todesfahrt erzählt: »An der Brücke haben wir sie rüberbefördert« – Jorns schwieg.[94] Am 4. Februar forderten Wegmann und Rusch, der Untersuchungsführer solle Vogel verhaften, da er dringend verdächtig sei, »die Leiche der Ermordeten beiseite geschafft zu haben, um dadurch die Spuren der Tat zu verwischen« – Jorns rührte sich nicht.[95]

Statt Vogel zu vernehmen, drängte Jorns die beiden Beisitzer aus den Ermittlungen heraus. Anregungen für neue Zeugenvernehmungen ignorierte er, Verhöre ließ er ohne die Vertreter des Arbeiter- und Soldatenrates stattfinden. Schließlich hatte er erreicht, was er mit solchem Boykott bezweckte. Am 15. Februar schieden Wegmann und Rusch mit einer Protesterklärung aus: »Wir lehnen es ab, teilzunehmen an einem Gerichtsverfahren, das es ermöglicht, die Spuren der Tat zu verwischen und die Mörder den Armen der Gerechtigkeit zu entziehen.«[96]

Doch nun wurde die Regierung rebellisch, sie forderte energische Schritte und legte Jorns nahe, endlich jene Soldaten eidlich zu vernehmen, die beobachtet hatten, wie Vogels Begleiter die Luxemburg ins Wasser geworfen hatten.[97] Jetzt mochte sich Jorns nicht länger widersetzen. Am 18. Februar vernahm er die Tatzeugen, kurz darauf legte Vogel ein halbes Geständnis ab: Ja, er habe die Leiche ins Wasser werfen lassen, ja, er habe sich mit seinen Begleitern verabredet, eine falsche Version zu verbreiten.[98]

Am 20. Februar ließ Jorns den Oberleutnant verhaften und in die Strafanstalt Moabit abführen.[99] Vogel bekam acht Tage später Gesellschaft, denn der starke Druck, den die Justizminister des Reiches und Preußens auf Jorns ausübten, veranlaßte den Untersuchungsführer nun doch, einen Täter nach dem anderen in Haft zu nehmen. Am 28. Februar verfügte Jorns die Festnahme des gesamten Begleitkommandos des Liebknecht-Transports, ein paar Tage danach folgte der Rest des Luxemburg-Kommandos. Als letzter kam der Hauptmann Heinz von Pflugk-Hartung, der bis zu diesem Augenblick Jorns-Akten bearbeitet und den Mittäter Runge mit neuen Papieren und Geld hatte untertauchen lassen.[100]

Die Offiziere wußten ihre Haft gut zu nutzen. Da die Türen der Zellen offen standen und die Wachtposten jeden Besucher zu ihnen ließen, konnten sie sich fast täglich absprechen und ihre Aussagen aufeinander abstimmen. Auch auswärtige Besucher kamen oft in die Zelle und brachten ermunternde Nachrichten mit – nicht zuletzt Canaris, der wiederholt seinen Freund Horst von Pflugk-Hartung kontaktierte, »um sich mit ihm über Fragen der Einwohnerwehren zu unterhalten«, wie er später formulierte.[101]

Erst als sich die eifersüchtige Frau eines Häftlings am 14. März bei Jorns beklagte, ihr Mann empfange fremden Damenbesuch, reagierte der Kriegsgerichtsrat unwillig.[102] Vollends unwirsch aber wurde er, als ihm der Häftling Liepmann am Abend des 25. März am Wittenbergplatz aus der

»Kolibri«-Bar beschwingten Schritts entgegenkam.[103] Nun zeigte sich Jorns von einer anderen Seite. Am 27. März entzog er Vogel und Pflugk-Hartung, den beiden Hauptbelasteten, die Sprecherlaubnis, fünf Tage später beschwerte er sich bei Hofmann über die laxen Gefängniszustände.[104] Von Woche zu Woche wurde Jorns energischer. Als Anfang April auch der flüchtige Runge aufgestöbert war, konnte Pabst nicht länger zweifeln: Der Prozeß stand unmittelbar bevor.

Ein Prozeß in aller Öffentlichkeit konnte Pabst und der Division gefährlich werden, zumal auf Jorns kein voller Verlaß war; sein Verhalten zeigte deutlich genug, daß er nur begrenzt und so lange mitspielte, als nicht sein Juristen-Renommee tangiert war. Die offensichtlichen Gefahren aber konnte nur ein Mann abwehren: Canaris. Pabst wußte es zu arrangieren, daß der Vertrauensrat der GKSD Canaris zum Beisitzer des zuständigen Feldkriegsgerichts wählte, dann überließ er seinem Gehilfen die Regie.[105]

Noch ehe das Gericht am 8. Mai 1919 im Schwurgerichtssaal des Berliner Landgerichts I zusammentrat, ließ Canaris die Häftlinge im Moabiter Gefängnis den Prozeß proben. Einige der Gefangenen übernahmen die Rollen von Richtern und Anklägern, andere mimten Angeklagte; jeder hatte seine Rolle zu lernen, jedes Detail, jede Aussage mußte sitzen, wollten die Häftlinge verhindern, daß die volle Wahrheit des Liebknecht-Luxemburg-Mordes herauskam. Vor allem der tumbe Runge, der sich einst zum Überfall auf die beiden KP-Führer hatte verleiten lassen, mußte seinen Part immer wieder aufsagen.[106] Die Proben verfolgten meist nur einen Zweck: die Rolle der höheren Mordanstifter zu vernebeln. Alle Spuren, die zu Pabst führten, mußten verschleiert, außenstehende Zeugen so eingesetzt werden, daß sie das Gericht eher verwirrten als informierten.

Canaris mag freilich seinen Regiekünsten nicht ganz getraut haben, denn er bahnte den Hauptbelasteten noch einen zweiten Ausweg: die Flucht ins Ausland. Verbindungsleute bei Behörden und militärischen Dienststellen wurden kontaktiert, die Mittel und Wege wußten, den Häftlingen zu helfen. Es galt, falsche Pässe zu beschaffen, Fluchthelfer anzuheuern, Fluglinien zu erkunden und im Ausland Ausweichquartiere zu suchen. Ein zwielichtiger Mittelsmann besorgte das notwendige Geld.

Der ehemalige Berliner Rechtsanwalt Bredereck, vor dem Krieg wegen Unterschlagungen und Urkundenfälschung von der Staatsanwaltschaft gesucht, 1914 unter falschem Namen in die Armee eingetreten, vom Kaiser entlassen und dann begnadigt, saß im Vorstand des ultrakonservativen »Nationalverbands Deutscher Offiziere«, in dem zuerst das Fluchtprojekt erwogen worden war.[107] Unter den Vorstandsherren befanden sich Freunde der Familie Pflugk-Hartung, die meinten, man könne es nicht zulassen, daß die Söhne einer solchen Familie vor ein Feldkriegsgericht kamen. In den Worten Brederecks: Die Herren hätten bezweifelt, »ob es zweckmäßig sei, das Verfahren gegen die Offiziere zum Austrag bringen zu lassen«.[108]

Jemand schlug vor, Geld zu sammeln und damit den Offizieren die Flucht zu ermöglichen. Bredereck beschaffte 30000 Mark, freilich nicht aus Spenden des Nationalverbandes, sondern aus der Kasse »einer Stelle«, die der Ex-Anwalt auch später nicht preisgeben wollte.[109] 5000 oder 15000 Mark (an die genaue Summe konnte sich Bredereck nachher nicht mehr erinnern) sollte den Offizieren sofort zugestellt, die Restsumme ihnen ins Ausland nachgeschickt werden.[110] Als Kontaktperson diente Elli von Pflugk-Hartung, eine Schwester der beiden verhafteten Offiziere; zusammen mit Bredereck besuchte sie wiederholt ihre Brüder im Gefängnis.[111] Canaris hörte offenbar davon und bewog Elli von Pflugk-Hartung, die sofortige Auszahlung der Restsumme zu verlangen. Pünktlich war er mit der Frau zur Stelle, um Brederecks Geld in Empfang zu nehmen.[112]

Wer im Stab der GKSD nicht verhaftet war, arbeitete fleißig mit am großen Befreiungswerk: Pabst und ein Offizier namens Dr. Grabowski sicherten Fluchtverbindungen, Hauptmann Janssen von der Abteilung VIII stempelte die Pässe, der Fahrer (und Entlastungszeuge) Janschkow verkaufte der Division seinen privaten Wagen.[113] Die Offiziere in ihren Zellen konnten sich sicher fühlen. Einer von ihnen erzählte später, er und seine Kameraden hätten »sich über die Anklage des Kriegsgerichtsrats Jorns mit der gegenseitigen Zuversicht getröstet, daß ihnen so lange nichts passieren könnte, als . . . Canaris mit zu ihren Richtern gehörte«.[114]

Gelassen und selbstbewußt traten schließlich die acht Angeklagten vor das Feldkriegsgericht. »Sie werden«, notierte ein kritischer Beobachter, »nicht auf dem üblichen Weg zur Anklagebank gebracht, sondern durchschreiten vom Richterzimmer aus den Saal. Sie kommen lachend und strahlend daher, die Brust mit Orden geschmückt, und es hat eher den Anschein, als ob sie zu einem Hochzeitsfest schreiten als auf die Anklagebank.«[115] Der beisitzende Richter Canaris paßte auf, daß das Gericht unter dem Vorsitz des Kriegsgerichtsrats Ehrhardt nicht die letzten Geheimnisse des Liebknecht-Luxemburg-Mordes enttarnte.

Canaris' Regie klappte: Kein Angeklagter, kein Zeuge verwickelte den Hauptmann Pabst in den Prozeß, nirgendwo offenbarte sich eine Lücke in der Einheitsfront der Täter, die allesamt bestritten, den Tod der beiden Kommunisten absichtlich geplant oder verschuldet zu haben. Besonders raffiniert ließ Canaris die Schuldfrage im Fall des Luxemburg-Mordes vernebeln. Vogel mußte sich in den Mittelpunkt des Prozesses spielen und alle richterliche Aufmerksamkeit auf sich lenken – ein ungefährlicher Schachzug, denn es war zweifelhaft, ob Vogel den tödlichen Schuß auf Rosa Luxemburg abgegeben hatte. Geschossen hatte – zumindest nach der Meinung von Canaris – der Mann, der in letzter Minute auf das Trittbrett des Wagens gesprungen war. Vogel aber sollte die Richter mit dunklen Andeutungen über ebendiesen Mann verunsichern.

Kriegsgerichtsrat Ehrhardt fiel prompt auf diese List herein. Ehrhardt: »Angeklagter Oberleutnant Vogel! Wer war die dritte Person, die im Auto saß?«

Vogel: »Ich bleibe bei der Aussage in meiner letzten Vernehmung: Darüber verweigere ich die Aussage.«

Ehrhardt: »Angeklagter, ich halte Ihnen vor, daß das Material gegen Sie außerordentlich schwer ist, nicht nur durch die Aussagen der Zeugen. Ich lege Ihnen nahe, wenn Sie die Tat begangen haben, die Tat zuzugeben.«

Vogel: »Ich habe es nicht getan, und über die Person lehne ich die Aussage ab.«

Ehrhardt: »Sie haben früher behauptet, eine Person wäre aufgesprungen und wieder abgesprungen?«

Vogel: »Jawohl.«

Ehrhardt: »Sie geben zu, daß Sie diese Person beschrieben haben und gesagt haben, diese Person sei kein Soldat, sondern ein Zivilist gewesen? Jedenfalls hätten Sie nichts Blankes gesehen; sie hätte keinen Stahlhelm getragen, sie hätte auch keine Armbinde getragen, aus der Sie auf eine militärische Eigenschaft hätten schließen können?«

Vogel: »Jawohl.«

Ehrhardt: »Und trotzdem wollen Sie dabei bleiben, daß Sie der Tat nicht schuldig sind, und andererseits auch die Aussage darüber verweigern, wer die dritte Person gewesen ist?«

Vogel: »Jawohl.«[116]

Ankläger Jorns intervenierte: »Meine Herren, meiner Meinung nach ist es auch nicht anzunehmen, daß die unbekannt gebliebene Person, die jedenfalls ein Offizier gewesen ist, jetzt, nachdem sie in den Zeitungen von den außerordentlich schwer belastenden Aussagen gegen Oberleutnant Vogel gehört hat, sich nicht gemeldet haben würde. Eine solche Feigheit kann ich wenigstens von einem Offizier nicht annehmen, daß er einen Kameraden so in der Tinte steckenlassen würde.«[117] Er wußte nicht, daß der beisitzende Richter Canaris den dritten Mann, den Canaris zumindest für den Täter hielt, bewußt zurückhielt. Leutnant zur See Hermann Souchon trat im Prozeß erst auf, als das Thema des Luxemburg-Mords abgehandelt und die Mitfahrer des Luxemburg-Autos, die ihn hätten identifizieren können, den Gerichtssaal verlassen hatten.[118]

So hatten die Richter wohl einen Schuldigen, mußten aber zugleich bezweifeln, ob er den Schuß abgegeben hatte. Entsprechend unsicher fiel am 14. Mai 1919 ihr Urteil aus: Oberleutnant Kurt Vogel wurde »wegen erschwerten Wachtverbrechens im Felde in Tateinheit begangen mit Begünstigung während Ausübung des Dienstes, Mißbrauch der Dienstgewalt . . . und Beiseiteschaffung einer Leiche, sowie in einem weiteren Falle wegen vorsätzlich unrichtiger Abstattung einer dienstlichen Meldung zu einer Gesamtstrafe von 2 Jahren, 4 Monaten Gefängnis und Dienstentlassung« verurteilt. Runge erhielt wegen versuchten Totschlags eine ähnliche Strafe, ein anderer Angeklagter wegen »Anmaßung einer Befehlsbefugnis« sechs Wochen verschärften Stubenarrestes. Die übrigen Angeklagten wurden freigesprochen – kein Wort von Mord und kaltblütiger Menschenvernichtung, auch nicht der leiseste Hauch einer Verurteilung der verwerflichen Tat. Canaris hatte richtig spekuliert.[119]

Der Sündenbock Vogel freilich fühlte sich in seiner neuen Lage unwohl, ihn drängte es in die Freiheit. Schon Ende Januar hatte er sich einen Dreisprachenpaß des Auswärtigen Amtes auf den Namen Kurt Velsen besorgt, täglich wartete er auf seine Befreiung. Vogel hatte es so eilig, daß er – ungehindert von den Wachen – zum niederländischen Generalkonsulat fuhr und sich ein Visum geben ließ. Das aber sprach sich rasch herum. Am 14. Mai alarmierte der USPD-Abgeordnete Dr. Cohn den Minister Noske: Die verhafteten Offiziere besäßen falsche Papiere und wollten fliehen.[120]

Noch am gleichen Tag schärfte Noske in einem schriftlichen Befehl dem zuständigen Reichswehrgruppenkommando I ein, unter keinen Umständen dürfe den Häftlingen die Flucht fahrlässig oder leichtfertig ermöglicht werden.[121] Am 15. Mai hielt Pabst den Noske-Befehl in Händen. Ein Gespräch mit Jorns aber belehrte Pabst, daß nicht mehr viel Zeit blieb, Vogel entkommen zu lassen. Denn Jorns war nun entschlossen, Vogel in ein anderes Gefängnis zu verlegen und die Wachtposten vor seiner Zelle zu verstärken.[122] Wieder rief Pabst nach Canaris, wieder half der auf seine Art.

Am Nachmittag des 17. Mai, eines Samstags, fuhr vor dem Zellengefängnis in Moabits Lehrter Straße ein Wagen vor, dem ein Oberleutnant entstieg. Der Offizier, der sich als Oberleutnant Lindemann vorstellte, meldete sich bei der zentralen Wache und legte eine Weisung mit der Unterschrift des Kriegsgerichtsrats Jorns vor, die ihn bevollmächtigte, den Häftling Vogel in ein anderes Gefängnis zu überführen. Wenige Minuten später war Lindemann mit dem Häftling verschwunden. Als jedoch Jorns am nächsten Tag das Gefängnis aufsuchte, erlitt er einen Schock: Er hatte die Überführung Vogels nicht befohlen, er kannte auch keinen Oberleutnant Lindemann. Der war ebenso unecht wie die von ihm vorgelegten Papiere: Canaris hatte die Maskerade gewählt, um Vogel in Sicherheit zu bringen – in Holland.[123]

Das hatte es in der deutschen Rechtsgeschichte noch nicht gegeben: einen Richter, der den von ihm mitverurteilten Angeklagten aus dem Gefängnis befreit. Ärger konnte man das Recht nicht mehr beugen, übler der Justiz nicht in den Arm fallen. Noske fühlte sich denn auch herausgefordert und reagierte sofort: Heeresanwalt Sohl erhielt Order, Canaris zu verhaften und im Moabiter Untersuchungsgefängnis einzuliefern. Canaris blieb dort freilich nur vier Tage, denn sofort engagierten sich seine Freunde für ihn und verlangten seine Freilassung.[124]

Brigadekommandeur Loewenfeld konnte immerhin erreichen, daß Canaris' Haft in eine Art Ehrenhaft umgewandelt wurde – abzusitzen im Berliner Schloß, dem Stabsquartier der Marinebrigade Loewenfeld. Nach weiteren acht Tagen begann eine kriegsgerichtliche Untersuchung, die klären sollte, ob sich Canaris der Beihilfe zur Flucht schuldig gemacht habe.[125] Wer aber leitete die Untersuchung? Kriegsgerichtsräte der Garde-Kavallerie-Schützen-Division, in deren Auftrag Canaris gehandelt hatte. Sie sprachen Canaris von aller Mitschuld frei, nicht zuletzt mit dem Argument, das auch den Canaris-Biographen schon zur lieben Gewohnheit geworden ist: Canaris sei zur Tatzeit nicht in Berlin gewesen. Pabst wußte es bis zu seinem Tode besser: Canaris war Lindemann.[126]

Seine Rolle bei der Liquidierung des Falles Liebknecht/Luxemburg festigte den Ruf von Canaris, ein sagenhaft geschickter Mann zu sein. Der Kapitänleutnant, jetzt 33 Jahre alt, galt immer mehr als eine Art Geheimtip bei Militärs und rechtskonservativen Politikern, die nicht übel Lust hatten, dem schwankenden Staat ihren Willen aufzuzwingen. Canaris verstand es, politischen Einfluß in Aktion umzusetzen, zumal er längst zu dem Mann in engste Beziehungen getreten war, mit dessen Namen sich so manche wirren Hoffnungen auf die Diktatur eines Erlösers von allen Übeln deutscher Niederlage und Revolution verbanden: Noske. Er hatte sich Canaris in seinen Persönlichen Stab geholt; unter dem Chefadjutanten Major Erich von Gilsa bearbeitete Canaris Fragen der Marinebrigaden.[127]

In dem Gebäudekomplex 38/42 der Berliner Königin-Augusta-Straße, dem Sitz des Reichswehrministeriums, empfing Adjutant Canaris viele Besucher, die Noske für die eigenen Pläne gewinnen wollten und über Canaris Zugang zu ihm zu bekommen hofften. Die Vorurteilslosigkeit des Sozialdemokraten Noske, der die meist konservativen Militärs wie Partner behandelte und die Freikorps vor der Kritik auch der eigenen Partei schützte, nährte die Illusion, der rechte Genosse werde sich zu einem Staatsstreich gegen die Linkskräfte bereit finden. Noske sei »doch ein ganzer Kerl«, fand der Freikorpsführer Roßbach, beeindruckt von der Grobheit, mit der Noske die meist ressentimentgeladenen Anwürfe linker Sozialdemokraten gegen das Militär abwehrte.[128]

Auch Pabst setzte auf Noske, er war froh, seinen einstigen Gehilfen Canaris in dessen Vorzimmer zu wissen. Immer wieder drängte er Canaris, den Reichswehrminister für die Diktaturpläne zu gewinnen. Noske durchschaute freilich solche Absichten. Bei einem Gespräch mit Pabst, den er im Grunde sehr schätzte, spottete Noske, am liebsten wolle Pabst wohl die ganze Regierung einsperren. Pabst: »Sie, Herr Minister, unter keinen Umständen.« Darauf Noske: »Sehen Sie, Herr Hauptmann, da besteht zwischen uns beiden ein beträchtlicher Unterschied. Ich garantiere Ihnen gar nicht, daß ich Sie nicht eines Tages festnehmen lasse.«[129]

Da trieb ein nationaler Schock die Hoffnungen auf eine Noske-Diktatur noch weiter: Die alliierten Sieger hatten in Versailles ihre Friedensbedingungen diktiert, harte, törichte, selbstgerechte Forderungen an Deutschland: große Gebietsabtrennungen, Anerkennung angeblicher deutscher Kriegsschuld, Auslieferung hoher »Kriegsverbrecher«, Abrüstung bis auf ein 100000-Mann-Heer. Das mußte vor allem die Freikorps schwer treffen. Zu der Empörung über die Demütigung der Nation gesellte sich die Sorge um die eigene bedrohte Existenz; Freikorps würde es in Zukunft nicht mehr geben dürfen, wenn das Wort der Sieger galt. Eben darum aber ging es: ob man den Versailler Vertrag unterschreiben solle. Die Frage spaltete die Nation, zerriß Familien, Parteien, Kabinette.

Jetzt konnte nur noch – das war fast einhellige Meinung der Militärs – Noske helfen. Am 23. Juni, kurz vor der Entscheidung im Kabinett, fuhr der Freikorpsgeneral Maercker zu Noske und beschwor ihn, dafür zu sorgen, daß die Regierung den Friedensvertrag ablehne; er möge »die Geschicke des Vaterlandes in seine starke Hand nehmen, sich zum Diktator aufwerfen«, die Reichswehr werde »wie ein Mann hinter ihm stehen«. Noske traten Tränen in die Augen. Er schüttelte Maercker die Hand und rief: »Herr General, ich habe die Schweinerei jetzt auch satt.«[130] Er versprach, die Unterzeichnung des Versailler Vertrages nicht zuzulassen; eher werde er zurücktreten.

Das Kabinett akzeptierte den Vertrag, doch Noske – von Regierung und Reichspräsident gedrängt – blieb auf seinem Posten. Das aber lasteten ihm die Militärs als Verrat an, die Allianz zwischen dem SPD-Wehrminister und den Freikorps zerbrach. Am 24. Juni bedeutete ihm General von Lüttwitz, Kommandierender General des Reichswehrgruppenkommandos I und praktisch Oberbefehlshaber aller Kampfverbände, Noske habe sich zur Armee in Widerspruch gesetzt, das Offizierkorps das Vertrauen zur Regierung verloren.[131] Und auf einer Kommandeursbesprechung am Nachmittag dieses Tages schlug Noske feindselige Schelte entgegen. Pabst verlangte, die Regierung müsse die Politik der Armee übernehmen, und der Korvettenkapitän Ehrhardt zürnte, die Regierung habe den Pakt mit den Freikorps gröblichst verletzt, der nur unter der Bedingung abgeschlossen worden sei, daß die Soldaten weiterhin in Ehren ihren Dienst versehen könnten.[132]

Jetzt rächte sich bitter, daß Noske nie ernsthaft versucht hatte, die Macht der Freikorps zu zügeln und durch Aufbau einer republikanischen Armee zu konterkarieren. Nach der Niederschlagung der roten Aufstände in Berlin, West- und Süddeutschland fühlten sich die Freikorps stark genug, der Regierung Bedingungen zu diktieren. Doch Noske ließ sich nicht einschüchtern. Kaum hatte er die Kommandeursbesprechung verlassen, da war er entschlossen, sich seiner allzu mächtig gewordenen Helfer zu entledigen.

Zunächst mußte er sich vom Druck der GKSD befreien, die sich inzwischen zum Garde-Kavallerie-Schützenkorps erweitert hatte und drei Divisionen stark war. Eine solche Macht, mit 40000 Mann die stärkste Truppe in Deutschland, in der Hand des ehrgeizigen Putschstrategen Pabst – das schien allzu gefährlich.[133] Freilich, ihre Stärke war zugleich ihre Schwäche: Die politische Macht des Korps gründete sich allein auf die Persönlichkeit ihres Führers Pabst. Schaltete man ihn aus, so konnte das Reichswehrministerium volle Kontrolle über das Schützenkorps erlangen.

Noske handelte danach. Mitte Juli erfuhr Pabst, daß er abgesetzt und aus dem Heeresdienst entlassen sei. Der Hauptmann verlor die Nerven und ließ am 21. Juli Einheiten des Schützenkorps in Berlin einrücken – unter dem Vorwand, in der Reichshauptstadt stünden bolschewistische Unruhen bevor. Schon hatte die Truppe die Vororte besetzt, da eilte Maercker herbei und bewog Pabst, auf den Putsch zu verzichten.[134] Pabst nahm seinen Abschied, kurz darauf ließ Noske das Korps auflösen und dessen Verbände in vier Brigaden über das gesamte Gebiet des Gruppenkommandos I (Berlin und Teile Norddeutschlands) verteilen.[135]

Der Bruch zwischen Noske und Pabst brachte Canaris in eine schwierige Lage. Als Vertrauensmann der Freikorps in die Noske-Adjutantur gelangt, zur Loyalität gegenüber seinem Minister verpflichtet, geriet Canaris jäh in die Schußlinie der beiden Gegner. Konsequente Entscheidungen, offene Kampfstellung waren nie seine Stärke gewesen; er lavierte gerne, versuchte durch Taktik und Kompromißformeln eigene Entscheidungen hinauszuschieben. So mochte er auch nicht zwischen Noske und Pabst wählen, zumal Canaris sicher erkannt haben wird, daß Pabst keine Alternative bot. Die einzige Alternative zur Unterzeichnung des Versailler Vertrages lautete: Wiederaufnahme des Kampfes, zumindest Krieg im Osten – und das war Wahnsinn.

Canaris bedurfte aller Tricks raffinierter Ausweichtaktik, um seine eigene Position zu halten, denn Pabst hörte nicht auf, ihn in seine politischen Machinationen zu verwickeln. Pabst war inzwischen zu dem Kreis um den ostpreußischen Generallandschaftsdirektor Wolfgang Kapp gestoßen, einen blassen, kränkelnden Mann, der davon träumte, die alte hierarchische Ordnung des Kaiserreiches und die lädierte Vormacht des Beamten- und Offiziersstandes wiederherzustellen. Er hatte einst zusammen mit Tirpitz die

Vaterlandspartei aufgebaut und deren Reste unter dem Namen »Nationalunion« über die Novemberrevolution hinweggerettet. In der Berliner Schellingstraße unterhielt die Nationalunion einige Büros.[136]

Daraus machte Pabst nun eine »Nationale Vereinigung«, als deren Hauptgeschäftsführer er proklamierte, das Hauptquartier in der Schellingstraße müsse zum Organisationszentrum für »gutgesinnte, aktionsbereite nationale Offiziere« werden.[137] Seine Beredsamkeit und seine Organisationskunst ließen die Büros in der Schellingstraße in der Tat zu einer Art Verschwörerzentrale werden: Die Nationale Vereinigung zog an, was in Deutschland gegen das parlamentarische System revoltierte und sich von der Revolution entmachtet fühlte. Ein buntes Häuflein sammelte sich da, Freikorpsführer, Abenteurer, rechtskonservative Politiker und Industrielle, ehemalige Hofprediger und Polizeipräsidenten.

Auch der ehemalige Canaris-Helfer Bredereck gehörte zu ihnen, desgleichen der Oberst a.D. Max Bauer, Ludendorffs einstiger Operationschef, Ehrhardt und sein junger Adjutant Franz Liedig, der Freikorpsliterat Friedrich Wilhelm Heinz – sämtlich Namen, die in der Canaris-Biographie noch eine Rolle spielen werden. Canaris saß als Gast auch dabei und hörte sich das Gerede der Konspirateure an, ohne es sonderlich ernst zu nehmen. Pabst meinte denn auch, vor dem Herbst 1920 habe ein Putsch keine Chance.[138]

Doch er hatte nicht den verletzten Stolz des Generals von Lüttwitz einkalkuliert, der sich – seit Herbst 1919 zur Nationalen Vereinigung gehörig – als »Vater der Freikorps« zusehends von Noske herausgefordert fühlte. Im Februar 1920 waren die Alliierten in Berlin vorstellig geworden und hatten die Auflösung der Marinebrigaden gefordert, was Noske nicht unsympathisch war: Nach der Neutralisierung des Garde-Kavallerie-Schützenkorps waren die Marinebrigaden, vor allem die in Döberitz bei Berlin stationierte Brigade Ehrhardts, die einzigen potentiellen Träger eines Putsches der Freikorpsführer.[139] Am 29. Februar verfügte Noske die Auflösung der Brigaden zum 10. März.[140]

Die Noske-Order beraubte Lüttwitz seiner letzten Hausmacht unter den Freikorps, die er im Kompetenzkampf gegen den Chef des Truppenamtes der Reichswehr, Generalleutnant Hans von Seeckt, benötigte. »Technisch ein Bonaparte, psychologisch aber ein Hauptmann von Köpenick«,[141] war Lüttwitz zu gröbsten Konsequenzen bereit. Demonstrativ fuhr er am 1. März nach Döberitz zu einer Jubiläumsparade der Ehrhardt-Brigade und rief zum Widerstand gegen Noskes Auflösungsbefehl auf: »Ich werde nicht dulden, daß mir eine solche Kerntruppe in so gewitterschwüler Zeit zerschlagen wird!«[142]

Lüttwitz hielt nun kein Bedenken mehr zurück. Selbst die Warnung seines Stabschefs, er und die anderen Offiziere des Gruppenkommandos würden einen Putsch nicht unterstützen, konnte ihn nicht stoppen.[143] Auch Kapp war zum Losschlagen bereit (im Gegensatz zu dem realistischeren Pabst). Einer der führenden Theoretiker der Nationalen Vereinigung, Dr. Schnitzler, arbeitete einen Putschplan aus, während Lüttwitz Forderungen an die Regierung formulierte: Auflösung der Nationalversammlung und Neuwahlen, Einsetzung von Fachministern, seine Ernennung zum Oberbefehlshaber der Reichswehr, Zurücknahme des Auflösungsbefehls.[144]

Die Lüttwitz-Forderungen ließen keinen Raum mehr für einen Kompromiß, dennoch lud Reichspräsident Ebert den General zum 10. März um 18 Uhr ein, seine Vorstellungen mündlich vorzutragen.[145)] Bis dahin aber hatten Noske und der Lüttwitz-Gegner Seeckt längst ihre Gegenminen gelegt: Am Vormittag des 10. März entzog Noske die Ehrhardt-Brigade dem Befehl des Generals von Lüttwitz und unterstellte sie Trotha – sehr zum Ärger des Admirals, der sich von Noske mißbraucht fühlte.[146)] War schon die Auflösung der Marinebrigaden hinter seinem Rücken (Trotha war gerade auf Verwandtenbesuch in der Mark gewesen) beschlossen worden, so sah er sich nun auch noch mit der Aufgabe belastet, den unpopulären Auflösungsbefehl durchzusetzen.[147)]

Schlimmer als solche persönliche Verstimmung war, daß die Noske-Order Trothas Pläne durchkreuzte. Dem Admiral hatte immer vorgeschwebt, das Gros der Marinebrigaden als Stammpersonal der neuen Reichsmarine zu verwenden. Jetzt aber verlangte Noske die pauschale und übergangslose Auflösung der Marinebrigaden. Das empörte Trotha ebenso wie Canaris, der als Mitbegründer der Marinebrigade Loewenfeld und als Vertrauter Ehrhardts gegenüber den Kameraden in eine heikle Lage geriet. Kein Wunder, daß Trotha und Canaris keinen sonderlichen Eifer zeigten, Noskes Befehle auszuführen.

Den zögernden Canaris bedrängten jedoch Noske und Gilsa immer mehr, je offenkundiger wurde, daß Ehrhardt nicht abgeneigt war, einem von Lüttwitz geführten Putsch als Speerspitze zu dienen. In einem Gespräch mit Gilsa hatte Ehrhardt offen erklärt, wenn ihm Lüttwitz den Befehl gebe, werde er mit seiner Brigade Berlin besetzen.[148)] Und es gab in dieser Stunde keine geschlossenere und besser bewaffnete Truppe als die Brigade Ehrhardt: 5000 Mann stark, von hervorragenden Offizieren geführt, erzogen im Geist reaktionärer Befehl-und-Gehorsam-Ideale, hörte sie allein auf das Kommando eines väterlich-populären Truppenführers, der sich Ordnung nur im Rahmen eines monarchischen, autoritären Staates vorstellen konnte.[149)]

Diesen Hermann Ehrhardt sollten nun Canaris und Trotha vor Unbesonnenheiten warnen, ihn womöglich von einem Putsch abhalten. Wer will es ihnen verübeln, daß sie sich ihres Auftrags nur lustlos entledigten? Trotha rief den Korvettenkapitän zu sich und fragte ihn, ob er putschen wolle; als Ehrhardt schwieg, drang Trotha nicht weiter in ihn.[150)] Auch Canaris ermahnte den Brigadekommandeur, freilich auf so vage Art, daß Ehrhardt kaum unterscheiden konnte, was bei Canaris Auftrag und was eigene Meinung war. »Er hat sich oft mit mir«, schrieb Canaris später, »über die Schwierigkeiten der damaligen Zeit unterhalten, sich dabei aber nie in einem Sinne geäußert, der mir zur Besorgnis Anlaß gegeben hätte, er habe sich in irgendwelche politische Verbindung eingelassen.«[151)] Canaris will »ihm keine Putschabsichten« zugetraut haben.[152)] Kann der Freund des Hauptmanns Pabst so naiv gewesen sein?

Zu weiterem Taktieren ließ indes Lüttwitz nicht mehr viel Zeit. Am Abend des 10. März stand er vor Ebert und Noske, denen er seine Forderungen in schroffer Form präsentierte. Noske erwiderte heftig, das Lüttwitz-Programm komme einem Ultimatum gleich und müsse rundweg abgelehnt werden. Auch Ebert widersprach. Noske polterte, das Kommando über die

Marinebrigaden sei Lüttwitz entzogen, der General habe zu gehorchen. Zornig stürzte Lüttwitz davon.[153]

Jetzt war die Katastrophe kaum noch aufzuhalten. Schon am frühen Morgen des 11. März erschien der republiktreue Chef der Heeresleitung, Generalmajor Reinhardt, bei Noske und riet ihm, Lüttwitz müsse sofort beurlaubt werden, mit einer gewaltsamen Aktion des Generals sei zu rechnen.[154] Auch Seeckt war zu ähnlichen Schlußfolgerungen gekommen. Er ließ Haftbefehle gegen Lüttwitz' Verschwörerfreunde (Pabst, Kapp, Bauer, Schnitzler) ausfertigen, Noske unterschrieb sie.[155] Pabst-Vertraute im Polizeiapparat wußten zwar die Konspirateure rechtzeitig zu informieren, dennoch griff Noske weiter durch: Lüttwitz wurde beurlaubt, ein Geheimtelegramm des Lüttwitz-Nachfolgers, Generalleutnant von Oldershausen, warnte alle Gruppenkommandos und Wehrkreiskommandeure vor jedem Versuch einer gewaltsamen Veränderung der Regierung.[156]

Canaris und Trotha aber mochten sich noch immer nicht engagieren. Trotha fuhr am 11. März in einen Urlaub, während Canaris an der Seite Noskes und Gilsas blieb, äußerlich ein loyaler Mitarbeiter seines Ministers, innerlich aber von Zweifeln und Ängsten geplagt, ein undurchsichtiger Mann, für manchen Beobachter ein Rätsel.[157] Trothas Adjutant, der Kapitän zur See Erich Raeder, sah ihn damals oft – der Anblick des irrlichternden Noske-Adjutanten mag den künftigen deutschen Marinechef bestimmt haben, Canaris allzeit mit Unbehagen und Mißtrauen zu verfolgen.

Inzwischen hatte Lüttwitz auf dem Weg nach Döberitz Ehrhardt getroffen. Er informierte den Korvettenkapitän über die Auseinandersetzung beim Reichspräsidenten, dann stellte er die Frage, ob Ehrhardt bereit sei, sofort mit der Brigade nach Berlin zu marschieren. Ehrhardt sagte zu, hielt es freilich für unmöglich, noch am 11. März loszuschlagen; die Truppe sei von vielen Übungsmärschen ermüdet. Er versprach aber, am Samstagmorgen, dem 13. März, werde die Brigade am Brandenburger Tor stehen.[158] Ehrhardt fuhr zurück und traf erste Vorbereitungen für den Abmarsch der Brigade.

Am 12. März wurden im Lager Döberitz Bagagewagen bereitgestellt und LKW beladen; Sanitätswagen fuhren auf. Die Vorbereitungen blieben jedoch nicht unbemerkt. Sie fielen auch dem Kommandeur des Fliegerhorstes Döberitz, Hauptmann Freiherr von Freiberg, auf. Er meldete seine Beobachtungen an das Reichswehrgruppenkommando I, das die Meldung an den in Berlin weilenden Oldershausen weitergab.[159]

Oldershausen alarmierte Reinhardt, gemeinsam riefen sie am späten Nachmittag des 12. März Noske und den (aus dem Urlaub zurückbefohlenen) Trotha aus einer Kabinettssitzung heraus.[160] Noske hatte eine Idee: Trotha solle zu Ehrhardt fahren und ihm ins Gewissen reden. Doch der Chef der Admiralität wand sich, er mochte nicht nach Döberitz gehen. Trotha: »Ehrhardt jetzt noch, wenn er entschlossen sein sollte, heute nacht zu marschieren, durch eine Unterredung oder durch Einreden auf ihn abzubringen, halte ich für unmöglich, im Gegenteil, es wird nur einen schlechten Eindruck auf ihn machen.«[161]

Noske schnauzte: »Wollen Sie hinfahren oder nicht?« Darauf Trotha: »Selbstverständlich, wenn der Entscheid so ausfällt, daß der Versuch gemacht werden soll, fahre ich hinaus und werde mein Bestes versuchen.«[162]

Reinhardt bot sich an, Trotha zu begleiten, doch der Admiral wies den bei der Truppe unpopulären Republikaner ab. Gilsa hatte einen besseren Vorschlag: Trotha solle Canaris mitnehmen.[163] Gemeinsam fuhren die beiden in das Lager der Marinebrigade, um 19 Uhr 30 passierten sie die Lagerwache. Trotha suchte Ehrhardt in dessen Baracke auf, während Canaris das Lager inspizierte.[164]

Trotha konnte keinen Zweifel haben, daß Ehrhardt zum Putsch gegen Berlin bereit war. Nicht umsonst »warnte [er] mich vor dem Vorhaben eines Putsches«, wie sich später Ehrhardt erinnerte.[165] Auch Canaris mußte sich darüber im klaren sein. Doch die beiden Sendboten – zwischen Noske und seinen Gegnern lavierend – waren entschlossen, im Lager nichts gesehen zu haben. Als sich Trotha und Canaris um 20 Uhr 30 bei Noske und Gilsa zurückmeldeten, äußerten sie sich so verschwommen, daß der Reichswehrminister glauben mußte, von Döberitz drohe zunächst keine Gefahr.[166]

»Ich habe«, berichtete Trotha, »bei meiner Ankunft in Döberitz dort vollkommene Lagerstille angetroffen. Beurlaubte passierten das Tor, der Eindruck war ein völlig friedlicher.«[167] Er wollte sogar erkannt haben, daß »ursprüngliche Putschabsichten des Korvettenkapitäns Ehrhardt mit Rücksicht auf das verlorene Vertrauen von ihm wieder aufgegeben« worden seien; er fühlte sich dabei durch Canaris' Hinweis bestärkt, auch »er habe in seinem Gespräch mit den Offizieren keinerlei Anzeichen für Putschabsichten feststellen können«.[168] Canaris assistierte in der Tat: »Das Lager machte . . . mir den Eindruck der Ruhe.«[169] Allerdings ließen sich die beiden Kundschafter eine Hintertür für alle Fälle offen. Canaris: »Bei einer so guten Truppe, wie die Brigade war, hatte das gar nichts zu bedeuten, und es konnte dort noch in kürzester Zeit Marschbereitschaft einsetzen.«[170]

Was immer Canaris und Trotha an abschwächenden Bemerkungen anbrachten – Noske war beruhigt. Noske: »Wenn er [Ehrhardt] nur nicht heute nacht marschiert, bis morgen haben wir die Stimmung schon so hochgebracht, daß keine Gefahr mehr besteht.«[171] Es war ein fataler Irrtum. Zwei Stunden später setzte sich die Ehrhardt-Brigade in Bewegung, ihre Marschkolonnen näherten sich Berlin. Kurz nach Mitternacht wußte auch Noske, daß der Putsch begonnen hatte. Der Reichswehrminister fühlte sich von seinen beiden Sendboten düpiert, jählings schlug sein Zutrauen zu Trotha und Canaris in abgrundtiefes Mißtrauen um.

Canaris wurde zu der Krisensitzung im Reichswehrministerium, die Noske um 1 Uhr 30 einberief, gar nicht mehr hinzugezogen, auch Trotha war nur noch ein geduldeter Gast.[172] Noske fragte: »Wer von den Herren ist bereit, zu den Truppen zu fahren, um sie zum Widerstand gegen die Marinebrigade aufzurufen?« Nur Reinhardt und Gilsa hoben die Hand, die übrigen Vertreter der Reichswehr und Trotha schwiegen. »Ich persönlich«, so Trotha, »habe gar nicht angenommen, daß diese Frage an mich gerichtet sein könnte, weil ich ja tatsächlich keine einzige Truppe in Berlin unter meinem Befehl habe.«[173]

Als kurz nach drei Uhr das Kabinett noch einmal darüber beriet, ob man mit Ehrhardt verhandeln solle, sah sich Trotha vollends ausgeschlossen: Noske verwehrte ihm durch eine Handbewegung den Zutritt zum Sitzungssaal, da – so der Chef der Reichskanzlei – »das Vertrauen auf ihn durch die früheren Vorgänge, insbesondere seine Verhandlungen mit der Marinebrigade, erschüttert war«.[174] Eine Stunde später waren Gilsa und Noske verschwunden, die Regierung nach Stuttgart unterwegs. Im Morgengrauen des 13. März 1920 dämmerte herauf, was die Historiker den Kapp-Putsch nennen.

In wenigen Stunden hatten Ehrhardts Soldaten Berlin besetzt, die Freunde der Nationalen Vereinigung die Regierungsbefugnisse an sich gerissen. Den Putschisten schien die ganze Macht in die Hände zu fallen – Grund genug für Canaris, sich den neuen Herren anzuschließen. Auch Trotha war bereit, »mich innerlich widerstrebend der Gewalt zur Verfügung zu stellen, die zur Zeit die militärische Macht besaß«, wie er es später gerne gedeutet sehen wollte.[175] Der Widerwille war freilich den flammenden Aufrufen nicht anzumerken, mit denen er die Marine zur loyalen Zusammenarbeit mit dem Kapp-Regime anhielt. Solcher Aufforderung bedurfte es nicht, nahezu geschlossen trat das Offizierskorps der Marine zu den Putschisten über. Loewenfeld telegraphierte Ehrhardt seinen »herzlichen Glückwunsch zum Erfolg«, die Offiziere der Marinestation Nordsee bekundeten Kapp ihre Ergebenheit, kurz darauf folgte ihnen Konteradmiral von Levetzow, der Kieler Stationschef.[176]

Doch da geschah etwas, was die Marineoffiziere nie wieder aus ihrem Gedächtnis löschen konnten, lief ein in der deutschen Militärgeschichte einzigartiges Spektakulum ab: Der Revolte der Offiziere folgte eine Gegenrevolte der Mannschaften. In Wilhelmshaven setzten Deckoffiziere und Mannschaften den Stationschef und dessen Offiziere ab, ein Marinemaschinist übernahm das Kommando. In Kiel formierten sich Mannschaften, Werftarbeiter und eine Arbeitswehr gegen den Stationschef Levetzow, der daraufhin Teile der Loewenfeld-Brigade zu Hilfe rief und nach blutigen Kämpfen auf einem Torpedoboot floh. Auch auf manchen Schiffen, vor allem auf den Minensuchbooten, rissen Mannschaften die Herrschaft an sich und wählten sich ihre eigenen Offiziere.[177]

Mit einem Schlag hatte der Treubruch der Marineoffiziere zerstört, was Monate zuvor unter vieler Mühe aufgebaut worden war: die neue Reichsmarine. Die Offiziere waren praktisch die Gefangenen ihrer Mannschaften, die ersten Ansätze einer neuen Disziplin vernichtet, »das Ganze ein Trümmerhaufen«, wie Noske bitter bemerkte.[178] Sinnlos hatten die Offiziere ihre Marine aufs Spiel gesetzt, denn die Putschisten konnten sich nur ein paar Tage halten: Ein Generalstreik und die Loyalität der meisten Reichswehrgenerale machten dem Kapp-Lüttwitz-Spuk ein Ende.[179]

Der Kapitänleutnant Canaris aber mußte erneut den Weg ins Gefängnis antreten, in den Zellen des Berliner Polizeipräsidiums fand er sich mit so manchen Kameraden wieder, sämtlich verhaftet unter dem Verdacht des Hochverrats.[180] Nach ein paar Tagen war Canaris wieder frei, doch die Zeit der peinlichen Befragungen und Vernehmungen begann erst: Am 20. April wurde der Arbeitersekretär Christian Stock zum Unterstaatssekretär im Reichswehrministerium ernannt und mit der Bildung eines »Prüfungsausschusses für die Märzvorgänge« beauftragt, der das Verhalten jedes verdächtigen Offiziers untersuchte.[181] Zunächst säuberte der Stock-Ausschuß im Reichswehrministerium; ein Offizier nach dem anderen wurde durchleuchtet. Als einer der ersten kam Canaris vor die Kommission. Er hatte sich zwar Kapp zur Verfügung gestellt, eine Teilnahme an der Vorbereitung des Putsches aber konnte ihm nicht nachgewiesen werden. Da er sich zudem auf die Befehle des Admirals von Trotha berufen konnte, ließen ihn die Kommissare passieren.[182]

Der neue Reichswehrminister Otto Geßler – den desavouierten Noske hatte die eigene Partei nicht mehr vorschlagen wollen – bediente sich nicht ungern des rehabilitierten Canaris, als er daranging, wieder Ordnung in die Marine zu bringen. Die Marine lag in Trümmern, selbst Tirpitz hatte Geßler abgeraten: »Lassen Sie die Hände von der Sache! Sie ist von Grund aus verfault! Aus diesem Boden wird nichts Gesundes mehr wachsen.«[183] Doch unverdrossen zog Geßler von Marinestation zu Marinestation, um gegen den zähen Widerstand der Mannschaften die abgehalfterten Offiziere wieder in ihre Ämter einzusetzen.[184]

Lange mochte Geßler freilich Canaris nicht um sich haben, die meisten Offiziere aus der alten Noske-Adjutantur behagten seinem süddeutsch-liberalen Temperament nicht. Den allzu herablassenden Adjutanten Gilsa hatte er schon nach kurzer Zeit verabschiedet, auch Canaris mußte gehen.[185] Am 23. Juli 1920 versetzte ihn die Marineleitung zum Stationskommando der Ostsee in Kiel – als Ersten Admiralstabsoffizier.[186]

Sein Auftrag war klar umrissen: die letzten Folgen des neuerlichen Kieler Umsturzes zu beseitigen, mitzuhelfen am Aufbau einer deutschen Ostseeflotte. Als sich Canaris bei seinem neuen Vorgesetzten, dem Korvettenkapitän Meusel, Chef des Stabes beim Ostseekommando, meldete, fand er nur die Karikatur einer Flotte vor. Schiffe und Depots waren weitgehend ausgeplündert, die Mannschaften – eben noch Herren der Marine – kaum mehr an Disziplin gewöhnt, wichtige Posten an Land und auf See unbesetzt, weil das Fachpersonal oft fehlte. Und die einst so mächtige Flotte war auf einen dürftigen »Sicherungsverband« aus Kleinen Kreuzern und Torpedobooten zusammengeschrumpft, von denen zunächst nur ein Linienschiff und ein Kreuzer als einsatzfähig galten.[187]

Die Flotte war praktisch auf Land gesetzt worden, sie hatte sich jäh zurückentwickelt in die Anfangszeit der preußisch-deutschen Marine des 19. Jahrhunderts: Nicht Schiffe machten ihre Stärke aus, sondern die Marineteile auf dem Lande, meist zusammengesetzt aus den Mannschaften der großen Kriegsschiffe, die Deutschland den Alliierten ausgeliefert oder noch selber versenkt hatte. Da war es nur konsequent, daß Küstenabwehr-Abteilungen der Marine die Aufgaben übernommen hatten, die einst von Einheiten des Heeres wahrgenommen worden waren.[188] Von der Ostsee aber war die Reichskriegsflagge verschwunden.

Das mußte die ehrgeizigen Seeoffiziere verbittern, denn der Schwerpunkt der deutschen Marine hatte sich in die Ostsee verlagert. Nordsee und Weltmeere waren ihr seit der Niederlage von 1918 versperrt, allein in der Ostsee lag zunächst die Zukunft der kleinen Reichsmarine. Nach der Zerstörung der deutschen Vorherrschaft in diesem Raum harrten ihrer schier unlösbare Aufgaben: Die Marine sollte die Verbindung zu dem jetzt vom Reich abgeschnittenen Ostpreußen sichern, den Verlust der Danziger Bucht wettmachen und das Auftauchen einer polnischen Marine konterkarieren. Die

Agenten und Aufpasser der Alliierten Entwaffnungs-Kommission aber wachten darüber, daß die Reichsmarine nicht ein Gewehr und nicht ein Geschütz mehr besaß, als ihr im Versailler Vertrag zugestanden worden war.

Doch Canaris, Meusel und ihre Kameraden ließen sich nicht entmutigen. Verbissen begannen sie, wieder Grund in die Ostseeflotte zu bringen. Die Depots erhielten eine neue Ordnung, Diebstähle wurden unterbunden, die Mannschaften gesiebt. Vor allem Canaris verstand es, durch Vorträge und Einzelgespräche den Mannschaften immer wieder zu verdeutlichen, was ihnen allen gemeinsam sei. »Mit zielbewußter unermüdlicher Arbeitskraft . . ., sicherer und vorausschauender Organisationsgabe«, attestierte ihm Meusel, »hat er unter den schwierigen Verhältnissen an den Erfolgen im Wiederaufbau der Manneszucht . . . hervorragenden Anteil.«[189]

Mit ungewöhnlichem Elan schaffte Canaris Material für die Ausstattung der kleinen Flotte heran und ließ aus versteckten Waffenlagern Munition und Geräte sammeln, genug, um die ersten Marine-Einheiten auf Wasser und an Land auszurüsten. Bald waren die Depots der Ostseestation wieder so gefüllt, daß die Feuerwerksoffiziere allen Grund hatten, überraschende Besuche der alliierten Späher zu fürchten.[190] Seine immensen Personalkenntnisse wußte Canaris auch für die Ostseeflotte zu nutzen. Nach der Auflösung der Marinebrigaden im Herbst 1920 bemühte er sich, die besten Offiziere aus den Stäben Ehrhardts und Loewenfelds für den Dienst in der Ostseestation zu sichern.[191]

Im Dezember stand das Ostseekommando bereit, neue Schiffseinheiten aufzunehmen, die der Reichsmarine noch verblieben waren. Die Kieler Station erhielt die Linienschiffe »Schleswig-Holstein« und »Hessen«, die Kreuzer »Thetis« und »Berlin«, daneben sechs Torpedoboote und als Materialreserve noch ein Linienschiff, einen Kreuzer und ein Torpedoboot.[192] Im März 1921 folgten weitere Schiffe, darunter acht Torpedoboote.[193] Sie formierten sich zu einem Geschwaderverband, der einem »Befehlshaber der Seestreitkräfte der Ostsee« mit Sitz in Swinemünde (später nach Kiel umgezogen) unterstellt wurde.[194] Die Organisation blieb freilich noch weitgehend auf dem Papier: Den Schiffen fehlten meist die Besatzungen, da seefahrendes Personal kaum zur Verfügung stand. Auf die Marineteile an Land aber mochte man nicht zurückgreifen.

Mit den neuen Schiffen wuchs indes der Ehrgeiz des Kieler Stationskommandos. Während sich die Parteien im Reichstag noch darüber stritten, ob die Reichsmarine auf die Aufgaben einer Seepolizei (wie die Linke wünschte) beschränkt werden oder die Rolle eines aktiven Küstenschutzes übernehmen solle, projektierten Canaris und seine Kameraden bereits wieder eine voll kampfkräftige Großflotte. Sie hatten nie ihre Utopien über eine deutsche Weltmachtpolitik aufgegeben, für sie war es selbstverständlich, daß Deutschland eine mächtige Marine benötige. Desto leidenschaftlicher lehnten sie sich gegen die deutsche Wirklichkeit des Jahres 1921 auf: 15000 Mann, darunter 1500 Offiziere, hatten die Alliierten der Reichsmarine zugestanden – und keinen Mann mehr.[195]

Canaris wußte einen Ausweg: Es galt, der Marine eine heimliche (»schwarze«) Personalreserve zu sichern und durch gezielte Propaganda den

Gedanken an eine starke, schlagbereite Flotte wachzuhalten. Die Marine, nach den bitteren Erfahrungen des Kapp-Putsches auf die Konzeption unpolitischer, abstrakter Pflichterfüllung festgelegt, konnte freilich die Öffentlichkeitsarbeit nicht selber übernehmen; sie brauchte willige Helfer, die nach außen keine Verbindung zum Ostseekommando hatten. Es gab solche Helfer – im Labyrinth der rechtsradikalen Gruppen, die eine undurchsichtige Existenz am Rande der Legalität fristeten.

Die Ideen von Canaris fanden bei einem Kameraden, dem Kapitänleutnant Otto Schuster, lebhafte Zustimmung; er hatte zur Brigade Ehrhardt gehört, noch im Kapp-Putsch war er an der Seite Ehrhardts marschiert.[196] Schuster und Canaris gewannen die führenden Offiziere des Ostseekommandos für den Plan, wenn auch Stabschef Meusel und der Stationschef, Konteradmiral Freiherr von Gagern, es nicht so genau wissen wollten. Meusel und Gagern hielten sich, wie später in einer vertraulichen Marinepublikation zu lesen war, »frei von irgendeiner genaueren Kenntnis, weil sie bei der damaligen politischen Lage jederzeit imstande sein mußten, offiziell jede Mitarbeit an der unerlaubten politischen Tätigkeit . . . abzuleugnen«.[197]

Zunächst begann Canaris zu beschaffen, was dem Ostseekommando vor allem fehlte: Geld. Da die Marine offiziell das Canaris-Unternehmen nicht finanzieren konnte, mußte er auf die Waffen und Geräte zurückgreifen, die in überreichlicher Fülle in den Depots lagerten, und sie im Ausland verkaufen. Er wußte, daß der Feuerwerkskapitän a. D. Jung im Marinearsenal Kiel ein großes Geräte- und Waffenlager unterhielt, das es eigentlich gar nicht geben durfte. Da lagerten mehrere tausend Gewehre, Hunderte von Maschinengewehren, eine Menge optisches Gerät und Minen.[198] Jung half mit, einen Teil der Geräte ins Ausland zu verschieben.

Ein alter Canaris-Bekannter, der einstige Deckoffizier und nunmehrige Leutnant der Marine Richard Protze, der im Stationskommando eine kleine Nachrichtenstelle leitete, überwachte die Transaktion. Abwehrchef Protze, an List und Durchtriebenheit seinem einstigen Zögling durchaus ebenbürtig, unterhielt in Kiel und anderen Ostseehäfen einen Ring von V-Männern und Zuträgern, die politisch unzuverlässige Marineangehörige beobachteten, die geheimen Waffenlager vor Verrat schützen und die Kieler Gruppe der Alliierten Marine-Kontroll-Kommission beschatten sollten.[199]

Jetzt setzte er seine Agenten für Canaris ein. Artilleristische und optische Geräte wurden in Boote verladen, die das Material zu der dänischen Speditionsfirma »Bendix« in Kopenhagen brachten. In Kopenhagen übernahm die Firma »Daug & Co.« die Geräte und sorgte für den Verkauf; das Material ging nach Finnland, Estland und Schweden, einiges sogar nach China.[200] Die erste Verkaufsoperation war so erfolgreich, daß die Kunden bald Nachschub verlangten. Canaris und Protze lieferten, solange Jung es für vertretbar hielt. Auch die dänischen Vermittler waren an weiteren Geschäften interessiert, denn sie verdienten nicht schlecht: 60 Prozent vom Verkaufserlös kamen der Marine zugute, den Rest kassierten die Dänen.[201]

Zugleich ließ Canaris seinen Freund Protze dafür sorgen, daß genügend Waffen zur Verfügung standen, um die schwarze Personalreserve auszurüsten. Im Arresthaus und in den Wirtschaftsgebäuden A und B der Marineanlagen von Kiel-Wik wurden Räume freigemacht, in denen Canaris' Helfer alle illegalen Waffen und Geräte zusammenfaßten.[202] Nur besonders vertrauenswürdige Mitarbeiter des Baurats Kelm vom Marinearsenal Kiel hatten Zutritt zu dem Geheimlager. Ein Alarmsystem sollte den Schatz vor dem Zugriff der alliierten Kontrolleure bewahren; ertönte ein bestimmtes Stichwort, dann wurde das Lager sofort bis auf 2400 Gewehre geräumt und das Material von einem Prahm auf See geschleppt.[203]

Die Finanzierung war gesichert, die Waffen lagen bereit – jetzt konnte sich Canaris das Personalreservoir öffnen, aus dem er die schwarze Reservearmee der Marine rekrutieren wollte. Der ehemalige Mitbegründer der Loewenfeld-Brigade und Mitorganisator der Einwohnerwehr kannte für seine Zwecke kein geeigneteres Rekrutierungsfeld als die aufgelösten, in den politischen Untergrund der Republik abgewanderten Freikorps. Meist richtungslos, waren sie für jedes antidemokratische Abenteuertum zu haben und kannten doch im Grunde keinen anderen Daseinszweck als den militärischen. Prototyp dieses heimatlosen, verlorenen Haufens: die Schar des Korvettenkapitäns Ehrhardt.

Nach der Flucht Ehrhardts vor den Strafverfolgungsbehörden hatte sich im September 1920 ein »Bund ehemaliger Ehrhardt-Offiziere« konstituiert, halb politische Geheimsekte, halb paramilitärischer Verband. Er sollte das Gros der ehemaligen Brigade in sogenannten Arbeitsgemeinschaften auf dem Lande (vor allem in Bayern) unterbringen und die in der Reichsmarine zugelassenen Offiziere zusammenhalten.[204] Letzteres besorgte der Korvettenkapitän Wolf von Trotha, der in Wilhelmshaven Angehörige der ehemaligen Brigade in einer Organisation sammelte.[205] Ihr Ziel: die Marine mit »Ehrhardt-Geist« aufzuladen und sie damit nationalistisch-reaktionär umzufunktionieren.

Solche Unterwanderung wußte jedoch die neue Marineleitung zu unterbinden, worauf viele Offiziere Ehrhardts die Marine im Sommer 1921 wieder verließen.[206] Im »Bund ehemaliger Ehrhardt-Offiziere« kamen daraufhin noch radikalere Männer zum Zuge, die aus den verstreuten Resten der Brigade einen geheimen politisch-militärischen Kampfverband schufen, der eines Tages einem Rechtsputsch als Kerntruppe dienen sollte.[207] Da sie aber stets Geld brauchten und ein Putsch ohne Hilfe der Reichswehr sowieso undenkbar war, boten sie sich den militärischen Stellen als heimliche Reservearmee für den Fall eines Krieges an. Eine neue Organisation war entstanden, wirr, romantisch und doch gefährlich, weil sie vor der Ermordung prominenter Gegner nicht zurückschreckte. Ihr Name: »Organisation Consul« (OC) – genannt nach ihrem Chef Ehrhardt, der unter dem Decknamen »Consul Eichmann« in München untergetaucht war und die Führung der OC übernahm.[208]

Auch in Norddeutschland formierten sich Kampfgruppen der OC – Anlaß für Canaris, bald Kontakt zu ihnen aufzunehmen. Es fiel ihm nicht schwer, das geheimnisvolle Halbdunkel zu durchdringen, mit dem sich die seltsame Sekte umgab. Schuster bahnte den Weg zu dem Kapitänleutnant a.D. Wende, der zu den führenden Männern der OC gehörte und als sogenannter Gauleiter für Holstein, Mecklenburg und Pommern in Kiel residierte.[209] Was der OC-Gauleiter über seine Organisation und deren Personal offenbarte, imponierte Canaris: Hier stand offenbar schon die Truppe bereit, in deren Reihen sich die Ostseestation ihren personellen Ersatz schaffen konnte.

Die Herren wurden sich einig, die Organisation Consul war froh, von der Marine eine konkrete Aufgabe zugewiesen zu bekommen. Bald stand sie denn auch auf der Honorarliste des Ostseekommandos; Canaris zahlte so viel, daß er in kurzer Zeit bei Eingeweihten als der eigentliche Finanzchef der Ehrhardt-Organisation galt.[210] Einer seiner Vertrauten, der Kapitänleutnant a.D. von Werner, übergab meist das Geld, in der Regel Dänenkronen aus der Kasse der Waffengeschäfte; nur die Führer der Organisation wurden mit deutschem Geld honoriert – der maßgebliche Mann der OC in Holstein, Rittmeister a.D. Kurt Lieder, erhielt monatlich 250 Mark.[211] Auch sein Mitstreiter, der mecklenburgische OC-Führer Werner Voß, wurde von Canaris subventioniert.[212]

Lieder galt als der wichtigste Vertrauensmann des Kieler Marinekommandos. Er besaß einen Schlüssel zum geheimen Eingang der Marinestation, er durfte auch in die getarnten Waffenlager des Baurats Kelm.[213] Die OC an der Küste hörte weitgehend auf das Kommando der Marine: OC-Kampfkommandos veranstalteten militärische Manöver, OC-Instruktionen belehrten den Geheimorden über engstes Zusammenwirken zwischen der Organisation und der Marine im Kriegsfall. Protze hatte den meisten Gewinn davon. Zahlreiche OC-Männer traten in den Dienst seiner Spionageorganisation.

Je enger sich aber Canaris mit der OC liierte, desto mehr verstrickte er sich in deren politische Machinationen. Seine Loyalität zum demokratischen Staat geriet zusehends ins Zwielicht. Mochte es noch verständlich sein, daß sich ein Offizier um die Kampfkraft seiner Waffengattung Sorgen machte und auf eigene Faust Politik betrieb, die dem erklärten Abrüstungswillen der deutschen Regierung widersprach, so war es vollendeter Treubruch, mit einer staatsfeindlichen Organisation und einem Mann zu kooperieren, der noch immer wegen Hochverrats von den Staatsanwaltschaften der Republik gesucht wurde. Schlimmer noch: Canaris entzog der OC auch nicht seine Unterstützung, als junge Fanatiker dieser Organisation dazu übergingen, prominente Politiker wegen vermeintlichen Verrats am Vaterland zu ermorden und die Bevölkerung mit Femegerichten zu terrorisieren.

Mußte es ihn nicht zumindest peinlich berühren, allerorten Mörder und Mittäter von der Polizei gejagt zu sehen, die einmal sein Vertrauen genossen oder seinen Lebensweg gekreuzt hatten? Da war der Leutnant Erwin Kern, der Mörder des Reichsaußenministers Walter Rathenau – er hatte einst als Adjutant bei jenem OC-Gauleiter Wende gesessen, mit dem Canaris das Bündnis zwischen Marinestation und OC besiegelt hatte.[214] Da war der Kapitänleutnant a.D. Manfred von Killinger, Auftraggeber des Mordes an dem Reichsfinanzminister Matthias Erzberger – er hatte die Sturmkompanie geführt, die am Tage des Kapp-Putsches das Reichswehrministerium besetzte.[215] Da war der ehemalige Deckoffizier Voß, ein Mitwisser des Rathenau-Mordes – ein Konfident von Canaris.[216] Und da war nicht zuletzt der Oberleutnant von Bergen, einer der vielen Zuträger von Canaris, der sich gerade anschickte, ein Gasbomben-Attentat auf den Heereschef Seeckt vorzubereiten.[217]

Das focht den Ergänzungsstrategen Canaris ebensowenig an wie die Tatsache, daß Ehrhardt inzwischen seine Offiziere einem aggressiven, scheinbar unbedeutenden Parteiführer namens Adolf Hitler ausgeliehen hatte, eine paramilitärische Truppe zu schaffen, deren Marschkolonnen später die Republik entnerven sollten: die »Sturm-Abteilungen«, abgekürzt SA. Ehrhardts Offiziere waren es, die Hitlers braune Knüppelgarde gründeten und drillten – interessiert beobachtet von dem Kapitänleutnant in Kiel, der jede neue Kreation im Dschungel rechtsradikaler Organisationen mit Aufmerksamkeit registrierte.[218)]

Hatte Canaris bereits damals Verbindung zu Hitler? Die Frage muß ungeklärt bleiben. Der Canaris-Biograph Heinz Kiel will zwar wissen, Canaris habe sich 1923 mit Hitler in München getroffen, doch einen Beleg für diese Behauptung ist er schuldig geblieben.[219)] Sicher hingegen ist, daß Canaris über Hitlers Bewegung und namentlich über die SA hinreichend informiert war. Nach Ehrhardts Bruch mit Hitler im Mai 1923 (der NS-Führer mochte sich nicht länger dem Diktat der Ehrhardt-Offiziere unterwerfen) tauchte wiederholt der SA-Gründer und zwangspensionierte Leutnant zur See Hans-Ulrich Klintzsch in Kiel auf.[220)] Zu ihm, der später Nachfolger des holsteinischen OC-Führers Lieder wurde, hielt Canaris engen Kontakt.

Hitlers Münchner Putschpläne beeinflußten auch die weiteren Verhandlungen zwischen Canaris und der OC. Ehrhardts norddeutsche Beauftragte drängten immer hartnäckiger die Offiziere des Ostseekommandos, eine revolutionäre Tat gegen die Berliner Regierung zu unterstützen. Die Chancen eines Umsturzes schienen günstig: Der passive Widerstand gegen die Ruhrbesetzung durch Franzosen und Belgier hatte das Land an den Abgrund des wirtschaftlichen Chaos gebracht, in Bayern, in West- und Mitteldeutschland gärte es. Die OC-Freunde wollten nicht länger warten, auch in Schleswig-Holstein zum Schlag gegen die Regierung auszuholen.

Canaris gab ihrem Drängen nach, ein Beauftragter von ihm, der Korvettenkapitän Schultze, traf ein Arrangement mit Lieder. Danach sollte das Ostseekommando mit der OC im Falle eines Putsches in Kiel gemeinsam vorgehen: Die Marine übernahm Finanzierung und Bewaffnung der OC-Kampfkommandos, Lieder unterstellte sich der Marine, ohne freilich das Kommando über seine Einheiten völlig aufzugeben.[221)] Das Ostseekommando stellte der OC die Aufgabe, im Falle eines Putsches den Aufmarsch der Rechtsverbände zu sichern. Zu diesem Zweck wurden der Organisation zwölf Maschinengewehre ausgehändigt; außerdem stellte die Marine an mehreren Plätzen in Kiel weitere Waffen bereit.[222)] Näher konnten rechtsradikale Verschwörer und Marineoffiziere der Republik, die zu schützen auch sie durch Eid verpflichtet waren, nicht mehr aneinanderrücken.

Just inmitten dieser Vorbereitungen traf Canaris eine Routine-Entscheidung der Berliner Marineleitung: Er wurde im Juni 1923 von seinem Posten abberufen und als Erster Offizier an Bord des (in Kiel liegenden) Schulkreuzers »Berlin« abkommandiert.[223)] Schuster übernahm als neuer Erster Admiralstabsoffizier Canaris' Geschäfte und Verbindungen, der Abberufene aber meldete sich lustlos und kränkelnd an Bord der »Berlin«, schon interessiert erwartet von einem alten Bekannten: Wilfried von Loewenfeld, dem Kommandanten des Schiffes.[224)]

Canaris war überrascht, mit welcher Härte und Strenge der Kapitän von Loewenfeld seine »Berlin« kommandierte. Er duldete nur schwer Widerreden, peinlich waren die Streitigkeiten mit dem Ausbildungsoffizier Kapitänleutnant Warzecha, dessen Methoden Loewenfeld mißfielen.[225] Hinter allem aber stand Loewenfelds Eifer, sich als zuverlässiger Offizier der Reichsmarine zu profilieren; er hatte nie die peinlichen Stunden vor der Stock-Kommission vergessen, er wußte nur allzugut, daß der Reichspräsident Ebert noch immer gegen die Wiedereinstellung des alten Kapp-Putschisten räsonierte.[226]

Aus all dem hatte Loewenfeld die Schlußfolgerung gezogen, mit der Freikorpsspielerei müsse es ein für allemal ein Ende haben. Er wollte zwar die Marinepolitik (und damit auch die Reichspolitik) allmählich konservativ verändern, aber an seiner Treue zum demokratischen Staat mochte er als »Vernunftsrepublikaner« keine Zweifel aufkommen lassen. Das widersprach allem, was Canaris noch im Ostseekommando gedacht und gefühlt hatte. Nur schwer konnte er sich Loewenfelds neuem Stil anpassen.

Von seiner politischen Arbeit abgeschnitten, der Langeweile des Bordlebens ausgeliefert, konnte Canaris auch durch eine Fahrt der »Berlin« ins geliebte Spanien nicht aufgeheitert werden. Er fühlte sich kränker und pessimistischer denn je, das alte Malarialeiden peinigte ihn wieder. Am ärgsten war für ihn freilich, daß sich in Deutschlands Innenpolitik die Nach-Ruhrkampf-Krise immer heftiger zuspitzte; die Putschisten in München und Kiel mußten bald losmarschieren – und er war an Bord der »Berlin« festgenagelt. Wenn das Schiff in Kiel lag, hatte Canaris zwar wieder Kontakt zu den alten Freunden im Ostseekommando, aber er hielt keine Fäden mehr in der Hand.

Nur die artigen, fast servilen Aufmerksamkeiten eines langaufgeschossenen Seekadetten munterten Canaris gelegentlich auf. Canaris merkte sich sein Gesicht, er wird es nicht mehr vergessen, es wird ihn später wie ein Alpdruck verfolgen: auf einem zu lang geratenen Hals ein Kopf mit länglichem Gesicht, das wie aus zwei verschiedenen Hälften zusammengesetzt wirkte, große Nase, scharf hervortretende Backenknochen, schlechte Vorderzähne.

Der Seekadett Reinhard Heydrich, Jahrgang 1904, Sohn eines Opernsängers und einer Schauspielerin, konnte charmant und bestrickend sein – und Canaris war in der Laune, sich hofieren zu lassen.[227] Er war kein Menschenkenner, er ließ sich durch Artigkeiten leicht beeindrucken – schon ein Lekkerbissen, ein gutes Wort für die unvermeidlichen Rauhaardackel genügten, sein Wohlwollen zu erregen.

Heydrich hatte einigen Grund, das Interesse von Canaris auf sich zu lenken. Er fühlte sich isoliert, wegen seines gefallsüchtigen, arroganten Wesens, aber auch wegen seiner künstlerischen Neigungen war »Ziege« (wie die Kameraden Heydrich ob seiner hohen, fast piepsigen Stimme nannten) an Bord der unbeliebteste Kadett.[228] Canaris aber hatte ein Faible für Einzelgänger, er fand Gefallen an dem jungen Kadetten. Sie verstanden sich, auch politisch. Der Gymnasiast Heydrich hatte im Freikorps des Generals Maercker als Melder gedient, auch beim späteren Freikorps Halle war er dabei gewesen. Daß er zeitweise Mitglied des antisemitischen »Deutsch-völkischen Schutz- und Trutzbundes« gewesen war, konnte den Nationalisten Canaris nicht stören.[229]

Zudem brachte Heydrich eine Eigenschaft mit, die ihm die Sympathie von Erika Canaris sicherte. Er spielte hervorragend Geige. Die Ehe der beiden Canaris war kein sonderlicher Erfolg; auch nach der Geburt ihrer ersten Tochter Eva wurde das Zusammenleben von Erika und Wilhelm Canaris kaum herzlicher.[230] Ein gemütliches Familienleben kannten sie nicht: sie eher an der Kieler Society interessiert als am Beruf ihres Mannes, er lieber im Kreis seiner Kameraden denn in der besitzbürgerlich-konventionellen Welt der Erika Canaris. Ihn hielt nichts zu Hause, seit 1913 hatte er keinen Urlaub gemacht – er wird auch später selten mit seiner Frau verreisen.[231]

Die Höflichkeitsbesuche Heydrichs im Hause Canaris aber belebten zuweilen Erikas und Wilhelms Familienleben. Die musikalische Begabung des Seekadetten erkannte die gebildete Frau sofort. »Heydrich war beim Spielen weich und sanft, zeigte erstklassige Manieren und ausgesprochene Sensibilität als Geiger«, berichtet sein Biograph.[232] Canaris hatte zwar kein Verhältnis zur Musik (»Musik ist wohl nur etwas für Musiker«, pflegte er zu sagen), aber er sah seine Frau und Heydrich gerne musizieren und zog sich dann manchmal, die weiße Kochmütze auf dem Kopf, in die Küche zurück, um ein Essen anzurichten.[233]

Doch solche heiteren Stunden waren selten, meist überkam Canaris eine Stimmung der Hoffnungslosigkeit und Depression. Er fühlte sich ausgeschaltet, die Ereignisse, die die Nation bewegten, liefen ohne ihn ab: Hitlers Bürgerbräukeller-Putsch am 8. November 1923 scheiterte, der Aufmarsch der holsteinischen Rechtsverbände unter Führung der OC brach kläglich zusammen. Ärger noch für Canaris: Die Marineleitung ließ alle Verbindungen des Ostseekommandos zur Organisation Consul kappen, die abenteuerliche Zeit der Freikorps und Putsche war endgültig vorbei.

Für sich selber sah Canaris in der Marine keine Zukunft mehr. Er war entschlossen, den Dienst zu quittieren. Erneute Malaria-Anfälle gaben ihm einen Vorwand. Am 15. Januar 1924, inzwischen zum Korvettenkapitän befördert, schrieb er an das Stationskommando der Ostsee: »Da ich mich den Anforderungen des Dienstes in der Reichsmarine körperlich nicht mehr gewachsen fühle, bitte ich um meine Verabschiedung mit Ablauf des Monats März mit der gesetzlichen Versorgung nach W.V.G.«[234] Der Schiffsarzt der »Berlin«, Dr. Schulte-Ostrop, registrierte in der Tat »Zustände von körperlicher Erschöpfung und seelischer Abspannung«. Aus seinem Befund: »Nachlassen der geistigen Spannkraft, Stimmung leicht wechselnd, reizbar, über Kleinigkeiten leicht aufgeregt und sie über Gebühr schwer empfindend. Dazu Mangel an Energie und Konzentrationsvermögen.«[235]

Stationschef von Gagern mochte jedoch Canaris nicht verlieren. »Ganz einfach: Ich möchte Sie, Ihren Verstand, Ihre Energie, Ihre Arbeitskraft der Marine erhalten«, schrieb ihm Gagern am 6. Februar. Es sei ihm zwar klar, »daß es so – ich denke dabei an unsere Kieler politischen etc. Verhältnisse – nicht weitergehen« könne, aber er werde »versuchen – und ich glaube mit Erfolg – das zu ändern«. Dann deutete er dunkel an, für Ostasien lägen »Aufgaben vor, die in diesem Sommer erledigt werden sollen und die wohl ein halbes Jahr in Anspruch nehmen werden. Ich glaube Ihnen bestimmt versprechen zu können, daß sie Ihnen übertragen werden«.[236)]

Canaris verstand die Anspielung und zog sein Rücktrittsgesuch zurück. Der letzte Satz in Gagerns Schreiben hieß ihn, das Papier nach Lektüre zu verbrennen. Das klang nach Geheimdienst und Spionage, und um etwas ähnliches ging es denn auch. Auf Canaris wartete ein neues Arbeitsfeld, so recht dazu angetan, Phantasie und Tatendrang des scheinbar abgeschlafften Mannes wieder zu beleben: die geheime Wiederaufrüstung der Marine.

4 Die Abenteuer des Herrn Kika

Der Konteradmiral von Gagern hielt sein Wort. Schon wenige Wochen nach dem Gagern-Brief rief eine Order der Marineleitung (ML) den Korvettenkapitän Canaris von der »Berlin« ab und schickte ihn auf eine vertrauliche Mission, so geheim, daß sie als eine der im Offizierskorps üblichen Berufsbelehrungsfahrten getarnt werden mußte. Im Mai 1924 stieg Canaris in Zivilkleidung an Bord des Norddeutschen-Lloyd-Dampfers »Rheinland«, der nach dem Fernen Osten auslief. Canaris' Reiseziel: die japanische Hafenstadt Osaka.[1)]

Der kleine Dampfer, meist nur zur Frachtbeförderung eingesetzt, ließ sich Zeit auf der weiten Reise. So blieb auch dem Touristen Canaris die Muße, noch einmal zu rekapitulieren, was ihm von seinen Vorgesetzten in Kiel und Berlin anvertraut worden war. Ein paar Instruktionsstunden hatten genügt, ihn in die Geheimnisse der verbotenen deutschen U-Boot-Rüstung einzuweihen.

U-Boote waren den alliierten Siegern von 1918 als die aggressivsten Waffen der Deutschen erschienen, als die unheimlichste Verkörperung des deutschen Imperialismus. Die deutschen U-Boote mit ihrer weit fortgeschrittenen Technologie hatten England beinahe auf die Knie gezwungen, hatten die Flagge des Kaisers auch in die sichersten Domänen der angelsächsischen Seemächte getragen. Folglich diktierten die Sieger den Deutschen in Versailles, das Reich dürfe keine U-Boote mehr unterhalten und nie wieder welche bauen. Deutschlands U-Boote wurden den Alliierten ausgeliefert oder abgewrackt, die Werftanlagen zerstört, die Konstruktionspläne weitgehend vernichtet.[2)]

Doch auch das dichtmaschige Aufpasser-Netz der alliierten Entwaffnungs-Kommissionen konnte nicht verhindern, daß deutsche Seeoffiziere und zivile Schiffskonstrukteure irgendwo im Ausland – fern vom Schußfeld der Kontrolleure – heimlich begannen, eine neue U-Boot-Waffe zu planen, zunächst freilich nur auf dem Papier. In den Konstruktionsbüros der zwei wichtigsten U-Boot-Werften, der Kieler »Germania« und der Hamburger »Vulcan«, war die Idee entstanden, man müsse die geretteten Baupläne der letzten, noch vor Kriegsschluß erprobten U-Boote ausländischen Marinen anbieten und sich damit die Chance sichern, die Boote mit deutschem Personal zu bauen. Nur so, das war der Kerngedanke, könne sich Deutschland das notwendige Know-how im U-Boot-Bau erhalten.[3)]

Die Marineleitung stimmte zu, und bald hatte Diplomingenieur Techel, der Chefkonstrukteur der Germania-Werft, einen potenten Interessenten an der Hand: die japanische Werft »Kawasaki Sb. Co.« in Tanagawa/Osaka.[4)] Wie kaum ein anderes Land der Erde mit Ausnahme der USA wurde Japan vom Fieber des Navalismus geschüttelt; der leichte Beutezug gegen versprengte deutsche Kriegsschiffe und deutsche Kolonialbesitzungen in Ostasien hatte Japans Politiker und Militärs in dem Glauben bestärkt, allein mit einer mächtigen Flotte lasse sich Weltgeltung sichern und die Vormacht der angelsächsischen Mächte im Pazifik brechen. Ein ehrgeiziges Flottenbauprogramm, im Juli 1920 beschlossen, war die Folge: In acht Jahren sollten in Japan acht neue Schlachtschiffe und acht neue Schlachtkreuzer entstehen.[5)]

Das reichte den japanischen Admiralen noch nicht, sie wünschten sich eine starke U-Boot-Waffe als Ergänzung der projektierten Schlachtflotte. Ein paar deutsche U-Boote, die den Japanern bei Kriegsende in die Hände gefallen waren, überzeugten die japanischen Mariner, daß die Deutschen die richtigen Boote besäßen, die Japan brauche: groß und schwer genug, den ozeanischen Entfernungen des Pazifik gewachsen zu sein, und obendrein geeignet, in kombinierten Operationen mit der Schlachtflotte eingesetzt zu werden.[6)] In der Tat hatte die deutsche Marine übergroße U-Kreuzer und Minen-U-Kreuzer gebaut – Grund genug, die Vertreter japanischer Schiffswerften nach Deutschland zu locken und in der Erbmasse der deutschen U-Flotte nach geeigneten Stücken herumstochern zu lassen.

Die Japaner interessierten sich auch für deutsche Konstruktionspläne, und eben dies kam den Absichten des Chefkonstrukteurs Techel zupaß. Er bot 1920 den Kawasaki-Vertretern die Projektzeichnungen des U-Kreuzers U 142 und des Minen-U-Kreuzers U 117 zum Kauf an, die japanischen Interessenten griffen zu.[7)] Mit deutschen Konstrukteuren und Ingenieuren begann in Osaka der Bau der ersten japanischen U-Kreuzer der Itto-Sensui-Kan-Reihe, die zunächst als Minenleger Verwendung finden sollten.[8)]

Der erste Erfolg spornte Techel und seine Freunde zur Gründung einer Tarnfirma an, die ins Ausland verlegt wurde, damit sie vor dem Zugriff der alliierten Aufpasser sicher war. Die Germania-Werft, die Weser-Werft und die Vulcan-Werft schufen ein Konstruktionsbüro für U-Boot-Bau, das sich unter dem Namen »Ingenieurskantoor voor Scheepsbouw« (IvS) in Den Haag niederließ.[9)] Techel trat als technischer Direktor ein, während zwei bewährte U-Boot-Offiziere, die pensionierten Korvettenkapitäne Blum und Bartenbach, die Leitung der Firma übernahmen. Bald arbeiteten im IvS 30 Ingenieure und Konstrukteure an neuen U-Boot-Plänen.[10)]

Doch die Arbeiten auf der Kawasaki-Werft kamen nicht recht voran, das Mißtrauen und die Bürokratie der japanischen Marine behinderten nicht selten den Elan der deutschen Konstrukteure in Osaka. Canaris sollte deshalb erkunden, worin die Schwierigkeiten lagen, und für Abhilfe sorgen; außerdem galt es zu eruieren, wieweit Japan an einer engeren Zusammenarbeit mit dem Ingenieurskantoor interessiert war. Als Canaris in Osaka eingetroffen war, blieben ihm nur zwölf Tage Zeit, seinen Auftrag zu erfüllen, denn in knapp zwei Wochen ging die »Rheinland« wieder auf Heimatkurs.[11)]

Canaris kontaktierte das deutsche U-Boot-Personal in Osaka und suchte japanische Marinestellen auf, die ihn mit ausgesuchter Höflichkeit empfingen. Er erfuhr, daß Japan weiterhin auf die deutsche Hilfe beim Ausbau der U-Boot-Flotte zähle – jetzt sogar mehr denn je. 1921/22 hatten wirtschaftliche Rückschläge und die Pressionen der angelsächsischen Seemächte Japan gezwungen, mit den Rivalen im Pazifik ein navalistisches Stillhalteabkommen zu schließen, das die Flottenstärke der USA, Englands und Japans im Verhältnis 5 : 5 : 3 einfror.[12] Der Schlüssel und die Tonnagebeschränkungen galten jedoch nur für Schlachtschiffe, Kreuzer und Flugzeugträger. Desto größer war der Eifer der Japaner, durch verstärkten U-Boot-Bau auszugleichen, was Tokio auf dem Gebiet der großen Kriegsschiffe zugestanden hatte.[13]

Auf dem japanischen Schnelldampfer »Nagasaki Maru«, der ihn von Kobe nach Shanghai zu der dort wartenden »Rheinland« brachte, konnte sich Canaris mit einiger Genugtuung notieren, trotz anfänglicher Schwierigkeiten sei er mit dem Erfolg seiner Reise sehr zufrieden.[14] Der Lagebericht des im Herbst 1924 nach Deutschland zurückgekehrten Canaris klang so optimistisch, daß ein Jahr darauf einer der besten U-Boot-Experten des IvS, der Kapitänleutnant a. D. Robert Bräutigam, seine Koffer packte, um die Leitung der Arbeiten auf der Kawasaki-Werft zu übernehmen.[15]

Die Marineleitung in Berlin mochte die Dienste des wendigen Korvettenkapitäns Canaris nicht länger missen und kommandierte ihn in ihre Zentrale ab. Am 4. Oktober 1924 übernahm er die Leitung des Dezernats für organisatorische Mobilmachungsvorarbeiten (A II m), einer kleinen Sektion in der Flottenabteilung der Marineleitung.[16] Der neue Posten verband Canaris mit einem Kreis von Seeoffizieren, die zäh und unbeirrbar an der Verstärkung und Ausweitung der Reichsmarine arbeiteten, freilich auf ihre Art: unauffällig, ohne laute Gesten, meist nur das Mögliche und Naheliegende anvisierend.

Canaris hatte jedoch Mühe, sich dem Stil der Marineleitung anzupassen. Er kam aus den Freikorps mit ihrer undisziplinierten Freibeuter-Mentalität, er hatte zu lange an den Tischen rechtsradikaler Verschwörer gesessen, um an dem nüchternen Alltagsgeschäft der ML-Routine Vergnügen zu haben. Seine Sympathie gehörte den lautstarken Marinevereinen und Traditionsverbänden, die den Gedanken der Seegeltung und die Erinnerung an die vermeintliche Herrlichkeit der Kaiserzeit pflegten, sein Herz hing an dem monarchischen System und dem Ex-Kaiser, der für ihn (wie für die meisten Marineoffiziere) noch immer das legitime, nur durch widrige Umstände ins Ausland gezwungene Staatsoberhaupt war.

Jetzt aber sollte er, Wilhelm Canaris, in einer Marineleitung dienen, die bedingungslose Mitarbeit in dem sich endlich befestigenden demokratischen Staat verlangte. Canaris mag sich ähnlich gefragt haben wie der ehemalige Konteradmiral von Levetzow: »Ist es noch die Tradition unserer alten Marine, die heutzutage gepflegt wird, oder ist es ein neuer Geist, der nicht mehr als Träger bewährter Grundsätze gelten kann?«[17] Canaris selber hatte noch 1923 seinen Abschied nehmen wollen – nicht zuletzt wegen politischer Anpassungsschwierigkeiten.

Zudem brachte er das Vorurteil der »Front«, der Truppe, mit, in der Zentrale erschöpfe man sich in Kleinarbeit und Ressortegoismus, dort fehle die große Konzeption, der Wille zur neuen Seemacht. In den Marineteilen an Land und auf Wasser herrschte noch immer der aggressive Geist der ehemaligen Marinebrigaden aus dem deutschen Bürgerkrieg, dominierten »die radikalen, auf unmittelbare Befreiung nach innen und außen abzielenden Brigadeoffiziere, die ihre antirepublikanische Gesinnung nicht verleugneten und Kompromisse als Schwäche ablehnten«, wie ein Historiker urteilt.[18] Canaris' letzter Kommandant auf der »Berlin«, der Korvettenkapitän Paul Wülfing von Ditten, zürnte: »Jeder ist nur egoistisch auf sein Ressort und seine Befugnisse eingestellt, Blick für das Ganze fehlt sehr oft.«[19] Die Kritik hätte auch von Canaris stammen können.

In Wahrheit wollte auch die Marineleitung nichts anderes als die Verstärkung der Reichsmarine. »Es ist eine selbstverständliche Pflicht jeder Marinestelle«, schrieb einer ihrer Offiziere, »die Marinewaffe bei dem geknebelten Zustand, in dem wir uns befinden, so stark wie irgend möglich zu machen.«[20]

Die Lage Nachkriegs-Deutschlands ließ in der Tat keine andere Wahl: Im Westen von dem hochgerüsteten Frankreich bedroht, im Osten dem unruhigen polnischen Chauvinismus konfrontiert, nicht einmal völlig Herr seiner gefährdeten Küsten, brauchte das nahezu waffenlose Reich eine starke Marine. Nach Auffassung der ML ließ sie sich jedoch nur durch eine Politik der kleinen Schritte schaffen, »nicht mit starken nutzlosen Worten, sondern mit festem, starkem Herzen«, wie der Reichswehrminister Geßler dem ML-Chef Vizeadmiral Paul Behnke 1921 ermunternd schrieb.[21] Schritt um Schritt hatte die ML ihre Reichsmarine von den gröbsten Behinderungen befreit. Zunächst war das alte Schiffsmaterial in Dienst gestellt und damit die Marine überhaupt erst wieder seeklar gemacht worden, dann hatte sie die Tradition der Auslandsbesuche deutscher Kriegsschiffe erneut aufgenommen, schließlich programmierte sie jetzt zum erstenmal den Bau neuer Kreuzer und Torpedoboote, soweit ihn der Versailler Vertrag erlaubte.[22] Zugleich freilich entmutigte sie jede allzu laute Flottenpropaganda in der Marine und würgte monarchistische Kundgebungen in ihren Reihen ab – weniger aus eigener Überzeugung denn aus taktischer Rücksicht auf die pazifistische Linke und aus Furcht vor den Spähern der Alliierten. Darin sahen jedoch die extremen Traditionalisten bereits schwächliches Kompromißlertum, unwürdig des deutschen Seeoffizierkorps.

Noch ärger mußte Canaris persönlich treffen, daß fast gleichzeitig mit seinem Eintritt in die Marineleitung ein neuer Chef das Kommando übernahm, der geheimen Rüstungsanstrengungen im Stile des IvS reserviert gegenüberstand. Vizeadmiral Adolf Zenker, der Nachfolger Behnkes, zweifelte, ob der Marine die illegale Wiederaufrüstung tatsächlich nutze. Schon bei seinem Amtsantritt am 3. Oktober 1924 verwarf er, was Canaris just auf seiner Ostasien-Reise vorbereitet hatte: engere Beziehungen zwischen der deutschen und japanischen Marine.[23]

Zenkers Begründung: »Eine Anlehnung an die Angelsachsen für die nächste Zeit ist dringend notwendig. Jedes Schwanken in unseren militärpolitischen Anschauungen wird den Angelsachsen nicht unbekannt bleiben und sie mißtrauisch machen.«[24] Denn anders als Behnke, der auch eine Zusammenarbeit mit der sowjetischen Marine angestrebt hatte, wollte Zenker die Zukunft der deutschen Marine auf die Kooperation mit Englands Royal Navy gründen. Die Briten – so Zenkers These – hätten die für Deutschland demütigenden Marinebestimmungen des Versailler Vertrages ausgetüftelt, sie allein könnten auch die Reichsmarine von diesen Fesseln wieder erlösen.[25]

Eine geheime Wiederaufrüstung der Reichsmarine aber mußte die Verständigung mit England stören, denn auf die Dauer würde der britische Geheimdienst doch die illegalen Waffenexperimente enttarnen. Zudem störte Zenker die privatwirtschaftliche Form dieser Wiederaufrüstung; sie beschränkte sich auf die geschäftlichen Aktivitäten meist pensionierter Marineoffiziere, die die ML nicht ausreichend kontrollieren konnte. Vor allem die Geschäfte des IvS beobachtete Zenker mißtrauisch. Anfangs wollte er sie allerdings noch tolerieren, später aber wird er führende Offiziere der Flottenabteilung ermahnen: »Marinepolitik darf nicht durch wirtschaftliche Interessen I.v.S. geleitet werden. Marineleitung darf nicht als Aushängeschild I.v.S. dienen; dies ist mehr als bisher zu beachten.«[26] Konnte man noch schärfer formulieren, was Canaris und seinen höchsten Chef trennte?

Doch der neue Dezernent für organisatorische Mobilmachungsvorarbeiten war nicht der Mann, die offene Konfrontation mit seinen Vorgesetzten zu suchen. Willig erledigte er die Aufgaben, die ihm gestellt wurden. Sein Vorgänger im Dezernat hatte arg versagt, nur ungern erinnerte sich der Leiter der Flottenabteilung, Kapitän zur See Arno Spindler, an dessen bürokratische Fehlleistungen.[27]

Desto überzeugender demonstrierte der Korvettenkapitän Canaris, wie man Statistiken anlegte, Einsatztabellen berechnete, alle erreichbaren Details sammelte und gute Aktenordnung hielt. Bald konnte der Leiter der Flottenabteilung sicher und zuverlässig nachlesen, wo die Stärken und Schwächen deutscher Marine-Mobilmachung lagen. »Diese Arbeit«, lobte Spindler seinen Dezernenten, »hat er mit Gewissenhaftigkeit, klarem Blick und guter Sachkenntnis in Angriff genommen und alles Notwendige zweckmäßig, rasch und selbständig eingeleitet.«[28]

Spaß machte Canaris die Arbeit allerdings nicht; er langweilte sich am Schreibtisch, Akten waren ihm verhaßt. Seine Stärke war der Kontakt zu Menschen, das Vier-Augen-Gespräch, die Erkundung und Auslotung menschlicher und politischer Ambitionen. Auch das wußte Spindler. »Ich hatte den Eindruck«, notierte er 1925, »daß ihm diese Art reiner Schreibtischtätigkeit, die zu einem großen Teil im Sichten und Zusammenfügen besteht, nicht liegt. Er ist, wie auch aus früheren Berichten hervorgeht, ein unruhiger Geist, den außergewöhnliche, schwierige Aufgaben reizen.«[29] Solche Aufgaben aber hatte Spindler nicht zu vergeben. Canaris suchte sie sich auf eigene Faust.

Er kannte inzwischen die Verhältnisse in der Marineleitung gründlich genug, um zu wissen, daß nicht alle ihre Offiziere Zenkers Abneigung gegen geheime Wiederaufrüstungs-Experimente teilten. Canaris suchte gleichgesinnte Kameraden in der ML, zumal er hörte, daß die Männer im IvS dringender Unterstützung bedurften: Nach Anfangserfolgen in Japan, Spanien und in der Türkei drohten dem Unternehmen die Finanzreserven auszugehen.[30] In einer Nachbarabteilung, mit der Canaris zusammenarbeitete, in der »BS«, der Seetransportabteilung des Allgemeinen Marineamtes, fand er den Mann, der dem IvS helfen wollte: Kapitän zur See Walter Lohmann.

Gemeinsame Aufgaben führten die beiden Männer zusammen, denn auch Lohmanns Seetransportabteilung bearbeitete Mobilmachungsfragen. Die Abteilung war zuständig für das Seetransport- und Dienstschiffswesen, für nautische Fragen, das Küstennachrichtenwesen und die Verbindung zur Handelsschiffahrt. BS sollte für den Ernstfall Mobilmachungsmaßnahmen vorbereiten: den zivilen Schiffsraum für Kriegszwecke erfassen, Fahrzeuge der Handelsschiffahrt für den Dienst als Hilfskreuzer, Transporter, Hilfsminensuchboote, Lazarettschiffe u.a. einteilen.[31]

Letztere Arbeit reichte auch in den Aufgabenbereich von Canaris' Dezernat hinein, und so war es zu dem Kontakt zwischen den beiden Männern gekommen. Canaris erkannte rasch, daß er einen geistesverwandten Partner gefunden hatte. Phantasievoll, unruhig, geheimniskrämerisch, von hochfliegenden Plänen und einem unstillbaren Ehrgeiz getrieben, hatte sich der Kapitän Lohmann eine von allen Ämtern und Abteilungen der ML unabhängige Machtstellung geschaffen, die ihn oft einflußreicher erscheinen ließ als den Chef der Marineleitung.[32] Er war nur dem ML-Chef persönlich unterstellt, der aber hatte keinen Überblick über Lohmanns Aktivitäten. Seine Macht wollte Lohmann freilich nur nutzen, um zu verwirklichen, was er mit messianischem Wahn für seine historische Mission hielt: das Vaterland von den Klauseln des Versailler Vertrages zu befreien, der Marine zu neuer Kraft zu verhelfen.

Niederdrückende Erlebnisse an Bord des britischen Linienschiffes »Hercules«, auf dem er am 8. Dezember 1918 als Mitglied der deutschen Waffenstillstandskommission die harschen Forderungen der Alliierten entgegennahm, hatten ihn zu einem fanatischen Gegner der Entente gemacht.[33] An diesem Tag gab er dem Kommandanten des Kreuzers »Emden« sein Wort, er werde mit allen Mitteln und Fähigkeiten die Entente-Bedingungen bekämpfen und zu mildern suchen.[34] Zufälle und die Wirren der Nachkriegszeit gaben ihm die Chance dazu.

Gleich nach Kriegsende offenbarte Lohmann seine reiche Begabung für Organisation, Management und die Mobilisierung von allerlei Querverbindungen, die den Enkel Bremer Kaufleute und Sohn eines ehemaligen Generaldirektors des Norddeutschen Lloyd mit Schiffahrt und Industrie verknüpften. In kurzer Zeit gelang ihm die Demobilisierung von 2700 Hilfsschiffen, die die Handelsschiffahrt an die Kaiserliche Marine hatte abtreten müssen, wobei es ihm (wie später der Verfasser einer Marine-Dienstschrift lobte) »zu verdanken war, daß dem Reiche ohne Führung langwieriger und teurer Prozesse viele Millionen erspart wurden«.[35]

Schier unermüdlich befreite er Deutschlands Schiffahrt von den Beschränkungen des Krieges: Er richtete den »Panac«-Verkehr ein, der deutschen Handelsschiffen zum erstenmal ermöglichte, den alliierten Blockadering auf den Meeren zu durchfahren. Er schaffte alliierte Kriegsgefangene in ihre Heimatländer zurück, er brachte deutsche Kriegsgefangene in aller Welt nach Hause – auf 18 von der Entente erbeuteten deutschen Schiffen, die er schließlich mit Genehmigung des britischen Königs zurückkaufte. Und er holte deutsche Prisen- und Embargoschiffe aus dem Gewahrsam der ehemaligen Feindstaaten, vor allem der Sowjetunion, mit deren Marine Lohmann eigenmächtig vertrauliche Abkommen schloß.[36]

Der geheime Kontakt mit den Russen gab ihm die Idee ein, über das deutschfreundliche oder neutrale Ausland die strengen Entwaffnungsbestimmungen des Versailler Vertrages zu unterlaufen. Überall in den Nachbarstaaten wollte er Betriebe und Tarnfirmen gründen, die Deutschlands Waffenpotential vermehren sollten – abgesichert von einem allwissenden Geheimdienst, an dessen Spitze Lohmann sich selber wünschte. Denn Walter Lohmann war ein Romantiker der Spionage, seine Leidenschaft galt allem, was geheim war.[37)]

Er lebte so in der Welt der V-Männer, geheimen Treffs und konspirativen Wohnungen, daß er sich selber für geheim hielt. Seit Oktober 1920 Leiter der Seetransportabteilung und Herr über das Küstennachrichtenwesen, schuf er neben dem Abwehrreferat der Marineleitung einen eigenen Geheimdienst, dessen Zuträger meist pensionierte Offiziere und Kaufleute waren.[38)] Der Lohmann-Dienst verfolgte nicht zuletzt den Zweck, die vielfachen Aktivitäten des Kapitäns vor den eigenen Kameraden und Vorgesetzten zu tarnen. Nicht einmal seine engsten Mitarbeiter informierte er über den ganzen Umfang seiner Operationen; jeder Mitarbeiter durfte nur seinen jeweiligen Aufgabenbereich kennen, Unterhaltungen zwischen Lohmann-Assistenten über dienstliche Belange waren streng verboten.[39)]

Der munter fließende Nachrichtenstrom seines Dienstes brachte Lohmann in den Ruf eines in konspirativen Geschäften wohlerfahrenen Mannes, und so trug der Marinechef Behnke keine Bedenken, ihn mit vertraulichen Missionen zu beauftragen. Lohmann reiste zweimal in Behnkes Auftrag durch die Sowjetunion, er knüpfte Beziehungen zu ausländischen Nachrichtendiensten an, er war stets zur Stelle, wo immer in der Marineleitung etwas »Geheimes« anstand.[40)]

Seine große Stunde kam im März 1923, als die Reichsregierung den passiven Widerstand gegen die französischen und belgischen Ruhr-Invasoren organisierte. In der Reichskanzlei entstand die Idee, der Reichswehr für Zwecke der Landesverteidigung geheime Finanzmittel außerhalb des von der Entente einzusehenden Staatshaushalts zur Verfügung zu stellen.[41)] »Es fanden in der Marineleitung«, notierte sich Lohmann, »verschiedene Besprechungen über die Höhe der hierfür nötigen Summe statt. Diese wurde anfangs auf 200 bis 250 Millionen Mark errechnet und im Laufe der Besprechungen auf 100 Millionen herabgesetzt . . . [Schließlich] stellte es sich heraus, daß die Marine sich mit 10 Millionen Mark begnügen müßte.«[42)]

Generalmajor Wurzbacher, der Verwalter des geheimen »Ruhrfonds« im Reichswehrministerium, erhielt Order, dem Chef der Marineleitung 10039767 Mark und 74 Pfennig auszuhändigen. Behnke wußte keinen besseren Abnehmer als seinen Konfidenten Lohmann und verwies Wurzbacher an den Kapitän, der das Geld abholte und seinem Geheimfonds einverleibte.[43)] Lohmann: »Mir wurde gesagt, daß es sich um Gelder aus einer ganz dunklen Quelle . . . handele, deren Vorhandensein unter keinen Umständen bekannt werden dürfe, weil dies für die geldgebende Stelle einfach katastrophal sein würde.«[44)]

Entsprechend vage lauteten die Befehle Behnkes über Zweck und Verwendung des Wurzbacher-Fonds. Der Marinechef gab Lohmann zwar »Richtlinien für die zutreffenden Maßnahmen«, ließ ihm aber die Freiheit, »für die Durchführung der ihm gestellten Aufgaben die zweckmäßigsten Wege und Maßnahmen selbständig zu treffen«, wie später Zenker formulierte.[45)] Von nun an war Lohmann alleiniger Herr über den Geheimfonds:

Die Etatabteilung der ML blieb ausgeschaltet, der Rechnungshof durfte nichts nachprüfen.[46]

Jetzt hatte Lohmann genügend Geld, seine phantastischen Wiederaufrüstungspläne in die Tat umzusetzen. Er legte ein Labyrinth verschachtelter Firmen und Werkstätten, Organisationen und Deckadressen an, eine immer undurchsichtiger als die andere, alle aber miteinander verbunden zu einem einzigen Zweck: jene Wiederaufrüstung zu fördern und zu betreiben, die der Reichsmarine durch Versailles verboten worden war.

Lohmann gründete 1923 die »Navis GmbH« als zentrale Tarn- und Verwaltungsstelle seiner Unternehmen. Sie beaufsichtigte den Bau von Schnellbooten, erwarb in Berlin Häuser und Grundstücke und bereitete die Gründung weiterer Gesellschaften vor.[47] 1924 folgte die »Trayag A.G.« in Travemünde, Zweck: »Praktische Instandhaltung der ... Schnellboote, Stützpunkt dieser Fahrzeuge im Frieden und im Ernstfall.«[48] Zwei Organisationen sollten das notwendige Personal insgeheim anwerben und heranbilden: der Hochseetransportverband »Hansa« des ehemaligen Marinechefs von Trotha und der »Motor-Yachtklub« des Ex-Admirals Hopmann.[49]

Immer mehr Firmen und Betriebe stampfte Lohmann aus dem Boden, immer hektischer plante und gründete er. Hier sollte der Bau von Motorseglern (»Baltische Segelschiffs-Reederei«) gefördert, dort die Tankschifftonnage (»Berliner Öltransport GmbH«) erhöht werden.[50] Wieder woanders entstand eine »Bergungs-Studiengesellschaft«, an einer weiteren Stelle die »Neustädter-Slip GmbH«.[51] Selbst bis in die Flugzeug- und Filmindustrie drang Lohmanns nimmermüder Unternehmergeist vor: Er kaufte die bankrotten »Caspar-Werke« und erwarb Aktien der Filmgesellschaft »Phoebus«, weil ihm sein patriotischer Sinn vorgaukelte, es gehöre auch zu seinen Aufgaben, Marinepropaganda zu treiben und die deutsche Wirtschaft vor »amerikanischer Überfremdung« zu bewahren.[52]

Einem so betriebsamen Groß-Unternehmer brauchte Canaris nicht lange zu erläutern, daß das Ingenierskantoor voor Scheepsbouw just eine Lücke in Lohmanns Imperium füllen könne. An Fragen des U-Boot-Baus hatte sich in der Tat der Kapitän noch nicht herangewagt. Desto bereitwilliger griff er jetzt zu. Er lenkte eine knappe Million Mark in die Kassen des IvS und ließ mit einem Stammkapital von 20000 Mark die »Mentor-Bilanz GmbH« gründen, die ständigen Kontakt zum IvS halten sollte und zu diesem Zweck einen Konsortialanteil des Ingenieurskantoors übernahm.[53]

Canaris und Lohmann verstanden sich so gut, daß sie umgehend berieten, wo der geheime U-Boot-Bau im Interesse Deutschlands am lautlosesten beginnen könne. Der einstige Mittelmeer-Fahrer Canaris kannte nur ein Land, das den Deutschen wirklich gewogen war – nicht zufälligerweise zugleich das Land, dem seine ganze Sympathie und Phantasie galten. Spanien war gerade in einen verheerenden Kolonialkrieg in seinen marokkanischen Besitzungen verstrickt, sicher war das hartbedrängte Königreich und sein starker Mann, der Diktator-General Miguel Primo de Rivera, an Deutschlands Geld und militärischem Wissen interessiert. Da Canaris zudem seine guten Beziehungen zu spanischen Militär- und Wirtschaftskreisen aus dem Ersten Weltkrieg inzwischen erneuert hatte, lag die Idee nahe, sofort nach Spanien zu reisen und die Lage zu rekognoszieren.

Eine Gelegenheit fand sich rasch. Im Januar 1925 bat die am IvS beteiligte Germania-Werft den IvS-Chef Blum, nach Spanien zu fahren und dort die Chancen eines deutschen U-Boot-Baus zu erkunden.[54] Blum wollte nicht alleine reisen und verlangte, ein Spanien-Kenner müsse ihn begleiten – kein Zweifel, daß er dabei sofort an Canaris gedacht hat. Der IvS-Chef wandte sich daraufhin an den Chef der Marineleitung, der Canaris beurlaubte, da Zenker trotz aller Bedenken gegen die IvS-Aktivitäten die Chance nicht missen mochte, sich rechtzeitig in alle U-Boot-Baupläne einzuschalten.[55]

Die Marineleitung ließ Canaris reisen, nicht ohne ihn vorher noch mit einer zweiten Mission betraut zu haben. Zu Canaris' Aufgaben als Dezernent A II m gehörte es auch, für den Kriegsfall jenen geheimen Etappendienst im Ausland wiederaufzubauen, der schon im Ersten Weltkrieg den fern der Heimat operierenden Einheiten der Marine gute Dienste geleistet hatte. Wer aber war besser dazu geeignet als der Mann, der bereits einmal in Spanien eine leistungsfähige Etappen- und Nachschuborganisation geschaffen hatte! Die Order versetzte Canaris endgültig in die Welt, die ihm zu Beruf und Schicksal werden sollte: in die Welt der Spionage.

Am 28. Januar 1925 brach Canaris mit Korvettenkapitän a. D. Blum nach Spanien auf.[56] Ein paar Tage genügten für Canaris, seine alten Mitarbeiter und V-Männer aus der Zeit des Ersten Weltkriegs wieder zu sammeln und in ihre Aufgaben einzuweisen. Als Aufgaben der neuen V-Mann-Organisation definierte Canaris: »1. Entsendung von Agenten nach Frankreich. 2. M[obilmachung]s-mäßige Vorbereitung einer N[achrichten]-Stelle in Spanien. Diese Vorbereitungen sollen sich hauptsächlich auf den Agentendienst, den Ausfragedienst in den Häfen und den S[abotage]-Dienst beziehen. 3. Regelmäßige Berichterstattung (drei- bis viermal monatlich) über allgemeine politische und wirtschaftliche Fragen.«[57] Ein Canaris-Freund aus Freikorpszeiten, der ehemalige Heeresoffizier Conrad Meyer, ehedem Angehöriger der Loewenfeld-Brigade, war kurz zuvor in Madrid aufgetaucht, um die kleine Spionagegruppe zu übernehmen – Beginn des legendären ND-Netzes, das später der Abwehrchef Canaris in Spanien unterhielt.[58]

Canaris ließ es sich nicht nehmen, den V-Mann-Führer Meyer selber mit dem nötigen Handwerkszeug der Branche auszustatten. »Ich habe ihm«, meldete Canaris nach Berlin, »die für den Agentendienst erforderlichen G[eheim]-Tinten (Bl.-, S.- und J.-Tinten) übergeben und ihn mit deren Gebrauch vertraut gemacht. Ferner habe ich ihm als weitere Grundlage für seine Arbeit die mir mitgegebenen militärischen Fragebogen übermittelt.«[59] Gegen ein Monatshonorar von 200 Mark sollte der V-M-Führer unter dem nicht sonderlich phantasievollen Decknamen »Conrad« an die Deckadresse »Schäfer«, eine Berliner ND-Stelle der Marineleitung, regelmäßig berichten.[60]

Und so mancher war froh, wieder für »Kika« arbeiten zu können, wie sich Canaris in Spanien erneut nannte. In Barcelona sammelte Carlos Baum (Deckname: »Martha«), Inhaber einer Exportfirma, Informationen für die Reichsmarine, in Valencia spionierte der spätere Konsul Carlos Fricke (Deckname: »Fernando«), in Cartagena arbeitete der ehemalige Leutnant zur See Alfred Menzel (Deckname: »Edoardo«), Geschäftsführer einer

Filiale der Firma »Minerales y Productes Metalurgicos S. A.«, in Cadiz notierte Ricardo Classen (Deckname: »Ricardo«), Konsignatar der Firma »Baquera, Kuschke y Martin«, was ihm für die Marine nützlich schien. In Barcelona saß noch ein weiterer Canaris-Konfident, der Korvettenkapitän der Reserve Rüggeberg, in Madrid wahrte ein Canaris-Freund, der Kapitänleutnant a.D. Mayrhofer, Marine-Interessen.[61]

Als schwieriger erwies es sich hingegen, die politisch-militärisch entscheidenden Stellen Spaniens für die deutschen U-Boot-Pläne zu gewinnen. Mochten auch einflußreiche Canaris-Bekannte wie der spanische Kapitän Mateo Garcia y los Reyes, Chef der U-Boot-Basis Cartagena, und der ehemalige Kapp-Putschist Max Bauer, auf der Flucht vor den deutschen Justizbehörden zum Militärberater König Alfons' XIII. avanciert, dem deutschen Besucher die Tore zum Königshof und zum Amtssitz Primo de Riveras öffnen – für deutsche U-Boot-Pläne schienen die verantwortlichen Männer der spanischen Marine kaum Interesse zu haben.[62]

England war seit alters her der Waffenlieferant der spanischen Marine; britische U-Boot-Typen, britische Konstruktionspläne, britische Ausbilder und Ingenieure beherrschten das Bild von Spaniens Flotte. Die Firma »Constructora Naval« – mit britischem Kapital unterhalten – monopolisierte den spanischen U-Boot-Bau, wohlwollend gefördert von Spaniens pro-britischem Marineminister Cornejo.[63] Gegenüber solcher Konkurrenz konnten sich die Deutschen kaum behaupten. Im April 1924 hatte sich das IvS – unterstützt von der Firma Krupp – mit spanischen Schiffsbaufirmen zur »Union Naval de Levante« (UNL) zusammengeschlossen, doch die erhofften Aufträge der Marine waren ausgeblieben.[64]

Die Gespräche mit spanischen Marineoffizieren aber offenbarten Canaris, daß die deutschen U-Boot-Bauer sehr wohl in Spanien eine Chance hatten. Vor allem Spaniens jüngere Marineoffiziere waren mit den britischen U-Boot-Typen unzufrieden, ihnen mißfiel ohnehin die starke Abhängigkeit ihrer Flotte von britischem Kapital und Rüstungsmaterial. Zudem waren die Erfolge der deutschen U-Boote im Mittelmeer während des Ersten Weltkriegs noch unvergessen – mancher spanische Marineoffizier wünschte sich solche U-Boote, um Spaniens Prestige im Mittelmeer zu erhöhen.

Diese Stimmung in der spanischen Marine galt es für die deutschen U-Boot-Pläne zu nutzen. Die UNL erschien Canaris freilich als viel zu lasch und einflußlos, um in Madrid den Bau von U-Booten nach deutschen Plänen durchzusetzen. Selbst ihren finanziellen Möglichkeiten mochte er nicht trauen: »Die zur U. N. L. gehörige Bank, Banco de Cataluña, ist eine drittklassige Bank, die allgemein nicht ernst genommen wird.«[65] Und dem deutschen UNL-Direktor Ziegelasch sprach Canaris vollends die Fähigkeit ab, deutsche Interessen aggressiv zu vertreten. Canaris notierte, sicherlich nicht ohne polemische Absicht: »Z. selbst sehr abgekämpft – konfus – in Papier erstickend. Wird offenbar als Arbeitskraft von Spanien restlos ausgenutzt. Hat den Überblick verloren.«[66]

Man mußte also, folgerte Canaris, das IvS aus der Union Naval de Levante wieder herauslösen und mit einem anderen spanischen Partner verbinden, der eher Gewähr bot, die deutschen Pläne zu verwirklichen.[67] Canaris kannte einen solchen Partner, der ihm selber schon einmal, im Krieg, geholfen hatte: den Reeder und Industriellen Horacio Echevarrieta. Der Madrider Bankier Ullmann, auch ein alter Bekannter aus der Kriegszeit, hatte Canaris den Tip gegeben, sich mit Echevarrieta zu liieren: der habe »den festen Willen, eine Kriegsindustrie, unabhängig vom Auslande, in Spanien zu begründen«, und wolle »unter allen Umständen U-Boote bauen«.[68]

Im Nu setzte Canaris auf Echevarrieta und wurde fortan nicht mehr müde, in seinen Berichten an die Marineleitung den Basken als den einflußreichsten und zuverlässigsten Partner zu beschreiben, den sich die Reichsmarine wünschen könne. »Er ist zur Zeit«, schrieb Canaris, »eine politische Macht ersten Ranges, weil er sich den Dank des spanischen Volkes durch Loskaufen der spanischen Kriegsgefangenen in Marokko . . . unter erheblicher persönlicher Lebensgefahr errungen hat. Er ist . . . der reichste Industrielle Spaniens. Da Echevarrieta vom allgemeinen deutschen Standpunkt besondere Bedeutung verdient, muß versucht werden, ihn in unserem Sinne zu beeinflussen.«[69] Ein Informant hatte Canaris sogar schon gesteckt: »Einfluß Echev.'s [ist] auch in der U-Boots-Frage überwiegend. Hat angeblich Bestellung für 12 U-Boote in der Tasche.«[70]

Das war zwar maßlos übertrieben, denn in Wahrheit stand Echevarrieta vor dem Bankrott und war am Hof wegen seiner republikanischen Neigungen nicht gerade wohlgelitten; der Madrider Hapag-Vertreter von Jess warnte denn auch vor dem »großen Gauner« Echevarrieta, der alles Mögliche verspreche, ohne daran zu denken, es zu halten.[71] Doch in seiner Notlage war der Industrielle skrupellos genug, alles auf die deutsche Karte zu setzen und allein von Deutschland die finanzielle Hilfe für seine bedrängten Unternehmen zu erwarten. So ließ er sich nicht ungern von Canaris umwerben, der nun alle Register zog, den angeblich noch zögernden und kapriziösen Echevarrieta für Deutschland zu gewinnen.

Canaris-Konfident Bauer half kräftig mit, Echevarrieta für die deutschen U-Boot-Pläne zu interessieren und zugleich die spanische Führung auf das neue Duo Canaris/Echevarrieta aufmerksam zu machen. Primo de Rivera blieb einstweilen noch reserviert, doch sein Stellvertreter, der Admiral Antonio Graf de Magaz, erwärmte sich für die Idee, deutsche U-Boot-Typen in der spanischen Marine einzuführen.[72] Nicht ohne Genugtuung konnte Canaris nach Berlin melden: »Die spanische Marine hat sich endgültig für den deutschen Typ entschlossen. Der in dieser Frage maßgebende Offizier, Kapitän z. S. Don Mateo Garcia y los Reyes, will ein U-Boot deutschen Typs von etwa 100 ts und größter Geschwindigkeit und hohem Aktionsradius bauen.«[73]

Am 17. Februar 1925 wieder in Berlin, plädierte Canaris für eine großzügige Zusammenarbeit zwischen der Reichsmarine und der spanischen Marine, wobei er geschickt die Bedenken des Marinechefs Zenker gegen das IvS neutralisierte: Die Marineleitung sollte selber am Bau der spanischen U-Boote nach deutschen Plänen mitwirken, Echevarrieta und das IvS nur unter Einschaltung der ML kooperieren.[74] Zenker war einverstanden. Eine Aktennotiz von Canaris hielt später fest: »Spanische Marine soll unterstützt werden, weil eine Stärkung Spaniens ein Gewinn für Deutschland ist. Daher Interesse an I.v.S. und seinen Erfolgen.«[75]

Doch noch mochte Echevarrietas Konkurrentin, die UNL, nicht aufgeben und weigerte sich, das IvS für eine Zusammenarbeit mit dem Basken freizugeben. Im März erschien Ziegelasch in der Marineleitung und beteuerte, ein großer Auftrag zum Bau von mehreren U-Booten stehe der UNL ins Haus. Der am IvS mitbeteiligten Germania-Werft erschienen die Aussichten der UNL schon so überzeugend, daß sie Ziegelasch die Konstruktionspläne eines neuen U-Bootes aushändigte, die er der spanischen Marineführung vorlegen wollte.[76] Jetzt aber bat er um einen Dienst der Marineleitung: Sie sollte in einem Gutachten bestätigen, daß sie hinter den IvS-Projekten stehe. Zenker ließ ein entsprechendes Gutachten ausarbeiten. Das Papier blieb jedoch in der Schublade, weil Ziegelasch nicht verbindlich zusichern wollte, wovon die ML die Aushändigung des Gutachtens abhängig machte: die Freigabe des IvS.[77]

Das Hickhack um das ML-Gutachten nutzte nun Canaris dazu, Echevarrietas Kandidatur auch in Madrid durchzusetzen. Inzwischen war in Berlin eine spanische Marinekommission aufgetaucht, die sehr rasch begriffen hatte, daß allein Canaris den Spaniern die deutschen Kriegserfahrungen im U-, Schnellboot- und Torpedobau zugänglich machen könne.[78] Folglich konnte auch Canaris entscheidend dabei mitreden, wen die spanische Marineführung mit dem U-Boot-Bau beauftragte, denn dieser mußte zugleich das deutsche Vertrauen genießen. Und das war kein anderer als Don Horacio.

Ein Brief des Echevarrieta-Vertrauten Daniel Araoz rief Canaris im April 1925 wieder nach Spanien.[79] Echevarrieta drängte, in Madrid eine Entscheidung herbeizuführen, und verlangte bindende deutsche Zusagen. Canaris bot (hinter dem Rücken der UNL) Echevarrieta die Mitarbeit des IvS an, forderte freilich zugleich, daß der Industrielle seine geschäftlichen Verbindungen mit der Werft Blohm & Voß kappen müsse, die sich geweigert hatte, sich am IvS zu beteiligen. Echevarrieta sagte zu.[80] Und just in diesem Augenblick spielte Canaris seine entscheidende Karte aus: Er erschien im Marineministerium und überreichte das Gutachten, das nun die ML mit der spanischen Marine verband.[81]

Canaris hatte das Spiel gewonnen, der U-Boot-Handel schien perfekt. Der Korvettenkapitän meldete als Ergebnis seiner Mission: »1. Die spanische Marine und das Directorium sind fest entschlossen, den durch das I.v.S. ausgearbeiteten deutschen U-Boot-Typ zu bauen. 2. Ausschlaggebend für diesen Entschluß war die von der M.Ltg. ausgearbeitete Denkschrift, die als militärische Garantie aufgefaßt wird. 3. Die U.N.L., die das I.v.S.-Project angeboten hat, hat keine Aussicht, mit dem Bau der U-Boote beauftragt zu werden, weil ihre Preise zu hoch sind. 4. Das spanische Directorium ist entschlossen, Echevarrieta den Bau der U-Boote zu übertragen.«[82]

Nun galt es, Echevarrieta immer mehr für die deutsche Sache zu verpflichten. Ex-Oberst Bauer legte dem Industriellen nahe, nach Deutschland zu reisen und in direkte Verhandlungen mit der Marineleitung einzutreten; bald ging Echevarrietas Jacht »Kosmo Jacinta« in See, um ihn nach Kiel zu bringen.[83] »Es kommt wesentlich darauf an«, schrieb Bauer am 20. Juli an Canaris, »daß er gut aufgenommen wird und alles zu sehen bekommt, ohne das Gefühl zu bekommen, daß ihm etwas aufgenötigt werden soll.«[84] Canaris und Lohmann trugen Sorge dafür, daß Echevarrieta bei seinem Deutschland-Besuch im August 1925 respektvoll hofiert wurde – eingedenk der Mahnung Bauers: »Man muß immer betonen, daß er als spanischer Patriot uns Deutschen ganz besonders willkommen ist.«[85]

Echevarrieta und die deutschen Marineoffiziere verstanden sich auf Anhieb, der Spanier war bereit, auf die meisten Anregungen von Canaris und Lohmann einzugehen. Da in Madrid die letzte Entscheidung über den U-Boot-Bau noch nicht gefallen war, beschlossen die Partner, auf einem anderen Gebiet mit der Zusammenarbeit zu beginnen: in der Torpedo-Produktion. Nun stellte sich freilich heraus, daß dem angeblich reichsten Industriellen Spaniens das Kapital fehlte. Lohmann stellte Echevarrieta einen Kredit zur Verfügung.[86] Am 22. Februar 1926 notierte Canaris: »Durch kgl. Verordnung ist die Firma Echevarrieta y Lariniaga beauftragt, eine Torpedofabrik für die spanische Marine in Cadix zu errichten.«[87]

Canaris konnte mit sich zufrieden sein: Nicht zuletzt seinem Einfluß war es zuzuschreiben, daß sich zum erstenmal seit Kriegsende eine fremde Marine bereit zeigte, sich mit den verlästerten Deutschen zu verbünden. Selbst der Sturz des Primo-de-Rivera-Rivalen Magaz und die Vertagung der Entscheidung über den Bau der U-Boote vermochten Canaris' spanische Position nicht zu erschüttern. Er hielt weiterhin Kontakt zu Magaz, dessen Rückkehr an die Macht er – fälschlich – prophezeite, und ließ sich nicht in dem Glauben beirren, Echevarrieta werde den Auftrag für den Bau von mindestens 12 U-Booten bekommen.[88] Canaris verfügte bereits über solchen Einfluß, daß die Marineleitung in der Spanien-Frage keinen Schritt unternahm, ohne ihn zu konsultieren.

Im März 1926 rief ihn Lohmann zu Hilfe: Echevarrieta war wieder in Berlin aufgetaucht – mit neuen finanziellen Forderungen.[89] Ihm fehlte das Kapital, um die Torpedofabrik aufbauen zu können. Schlimmer noch, die Briten hatten ihm angeboten, mit Kapital und Patenten einzuspringen. Geschickt appellierte deshalb Echevarrieta an Lohmanns antibritische Komplexe und beteuerte, er brauche die Hilfe Deutschlands, denn er habe sich nun einmal »zum Ziel gemacht, den englischen Einfluß in der spanischen Rüstungsindustrie zu brechen«.[90] Doch diesmal überschritten seine Kreditwünsche Lohmanns Möglichkeiten. Da wußte Canaris einen Ausweg: Man mußte Echevarrieta einen Kredit der Deutschen Bank (DB) beschaffen.

Schon Anfang des Jahres hatte Canaris geschrieben: »Um also in Spanien zu einem Ziel zu kommen, ist es unbedingt erforderlich, daß . . . eine Bank (D.B.) dafür interessiert wird, um analog der Bank von England Echevarrieta Kredite zu gewähren.«[91] Lohmann schlug daraufhin dem Chef der Marineleitung vor, die Regierung solle durch Zusicherung einer Rückbürgschaft des Reiches die Deutsche Bank dazu bewegen, Echevarrieta einen großen Kredit zu gewähren. Bedingung: Echevarrieta müsse sich verpflichten, nur mit dem IvS zusammenzuarbeiten und allein deutsche Konstruktionen zu verwenden.[92] Marineleitung und Kabinett waren einverstanden, nicht zuletzt beeindruckt von dem Canaris-Argument, Echevarrieta könne jeden Augenblick abspringen: »Ist zur Zeit deutsch eingestellt, wird aber, wenn sich von dieser Seite Schwierigkeiten zeigen, unbedenklich sich anderer . . . Hilfe versichern und damit der Annahme des deutschen Typs außerordentlich schaden.«[93]

DB-Direktor Luck reiste im Mai nach Spanien, sorgfältig angeleitet von Canaris.[94] Wen will es da wundern, daß am Tisch der letzten Verhandlungen über den Echevarrieta-Kredit auch der Bankier Ullmann saß, der Mann, der seit Jahrzehnten die Fäden zwischen Canaris und dem Industriellen knüpfte?[95] Am 17. Mai unterschrieb Echevarrieta den Kreditvertrag, nachdem er schriftlich einen Tag zuvor auf alle deutschen Bedingungen eingegangen war.[96] Canaris aber ließ sich mit dem ihm eigenen kühlen Selbstbewußtsein von den Spitzen der spanischen Gesellschaft als der Befreier vom britischen Kapitaldruck feiern.

»General Primo de Rivera«, meldete er Mitte Juni, »sprach mir seinen Dank aus für die große Unterstützung, die die deutsche Marine durch Vermittlung von Herrn Echevarrieta der spanischen Marine zuteil werden ließe. Er erklärte mir, daß dieses große Entgegenkommen ihn mit dazu veranlaßt habe, einen günstigen Handelsvertrag mit Deutschland abzuschließen.«[97] Auch der König bekundete ihm sein ganzes Wohlwollen und hielt es für »selbstverständlich, daß als Dank für unser Entgegenkommen die spanische Marine uns an allen Erfahrungen und Erprobungen teilnehmen lassen werde«. Fazit: »Die Stimmung ist . . . scharf gegen die [pro-britische] Constructora Naval, und zwar vor allen Dingen wegen des Druckes, den letztere bei der kürzlichen Bestellung auf Neubauten gegen den Willen der Marine ausgeübt hat. Die Marine hat deutlich gesehen, daß ihre Entwicklung sich nicht nach dem Bedürfnis des Landes, sondern nach den Interessen der Constructora Naval richtet.«[98]

Die Spanier waren jetzt so sehr auf die Zusammenarbeit mit der Reichsmarine erpicht, daß es Canaris für unbedenklich hielt, den geheimen Wiederaufrüster Lohmann in der spanischen Szene einzuführen. Lohmann wollte endlich die Männer und Mächte Spaniens kennenlernen, die mit der Reichsmarine kooperieren mochten. Im August arrangierte Canaris eine Zusammenkunft zwischen Lohmann und König Alfons sowie Führern der spanischen Marine. Anlaß von Lohmanns Spanien-Visite: die Vorführung des deutschen Rotorschiffes »Barbara« im Hafen von Santander.[99]

Für den Höhepunkt der Lohmann-Reise am 18. August 1926 hatte Canaris die publicityträchtigsten Namen des Königreichs aufgeboten: Der König, die Infanten, der Herzog von Alba, die Kommandanten zahlreicher spanischer Kriegsschiffe, die führenden Männer der spanischen Schiffsindustrie – alle kamen zur Begrüßung Lohmanns.[100] Alfons XIII. ließ sogar auf der »Barbara« die Königliche Standarte aufziehen, »eine ganz besondere Ehrung, die bisher noch niemals einem ausländischen Handelsschiff zuteil wurde«, wie sich Lohmann merkte.[101]

Ebenso huldvoll erwies sich der König im Gespräch mit Lohmann: Spanien wolle eine »nationale Rüstungsindustrie mit deutscher Hilfe« aufbauen, Echevarrieta solle ein Komitee für die Nationale Verteidigung schaffen und Deutschlands moderne Marineprojekte für Spanien nutzen – nicht zuletzt im Interesse Deutschlands.[102] Lohmann wollte den Spaniern die neue deutsche Feuerleitanlage liefern und bot an, Deutschland werde der spanischen Marine zunächst sechs Schnellboote und zwei schnelle 10000-Tonnen-Tankdampfer bauen.[103] Lohmann war über Alfons' Eröffnungen so erfreut, daß er ihm einen geheimen Schnellboot-Film der Marineleitung überließ – bis er merkte, wie leichtsinnig das war. Prompt gab er Anweisung, der Film solle »unauffällig durch Vermittlung von [Echevarrietas Vertrautem] Araoz zurückgezogen . . . und auf sicherem Wege durch die Botschaft zurückgesandt werden«.[104]

Wo immer sich aber Lohmann in Spanien bewegte, stets war Canaris an seiner Seite und kannte die richtigen Kontakte, die geeigneten Türen, die überzeugendsten Argumente. Echevarrieta bat Lohmann um eine Liste neuer deutscher Marinewaffen – Canaris hatte sie zur Hand. Die Spanier verlangten eine Denkschrift über Feuerleitanlagen, Tankschiffe und die Rotor-Erfindung – Canaris hatte sie schon ausgearbeitet. Lohmann wollte wissen, wie der in Madrid gebliebene Marineminister Cornejo zu den deutschen Feuerleitanlagen stand – Canaris war bereits nach Madrid gefahren, Cornejos Position zu erkunden.[105]

Nicht ohne Staunen beobachtete Lohmann, wie sicher Canaris sich in Spaniens Gesellschaft und Militär bewegte. Der Korvettenkapitän Canaris, schrieb Lohmann nach seiner Rückkehr, habe »durch seine persönlichen Beziehungen zu den spanischen Kreisen, insbesondere zu Echevarrieta, zu dem Korvettenkapitän Daniel Araoz Baron del Sacro Lirio, Kammerherrn des Königs, und auch zu dem König selbst, die Grundlage für die Entwicklung unseres Zusammenarbeitens mit Spanien geschaffen«.[106] Wie kein anderer deutscher Offizier seiner Zeit kannte Canaris die Spielregeln spanischer Politik, wußte er auf der Klaviatur spanischer Mentalität und Tradition zu spielen.

Das erkannte auch der Mann, der ihm einst in den Bürgerkriegswirren nahegestanden hatte und jetzt wieder sein Vorgesetzter wurde: Kapitän zur See Wilfried von Loewenfeld, der neue Leiter der Flottenabteilung. Am 30. September 1926 schrieb er über Canaris: »Von feinstem Gefühl für fremdländische Psychologie und Mentalität, dabei über ungewöhnliche Sprachkenntnisse verfügend, versteht er es, mit ausländischen Persönlichkeiten (vom kleinen Mann bis zum Prominenten) mustergültig zu verhandeln, deren Vertrauen er dann binnen kurzem besitzt. Hat er einen solchen Auftrag, so gibt es für ihn keine Hindernisse, kein Fieber hält ihn fest, kein Raum ist so abgeschlossen, daß er nicht doch herein- und an die betreffende Persönlichkeit herankommt, um dann in verblüffend kurzer Zeit im Sattel zu sitzen, mit kindlich unschuldigem Gesicht.«[107] Spanien bot seiner vielfachen Begabung ein reiches Tätigkeitsfeld, in keinem anderen Land fühlte er so angesprochen, was in ihm steckte: die Kunst der Menschenbehandlung, seine Sehnsucht nach Abenteuern und Romantik, die kindliche Lust zum Verschleiern der eigenen Spuren.

Von Jugend auf hatten ihn Geheimschriften, Decknamen und Kodes fasziniert. In Spanien wandte er an, was er zum unverzichtbaren Rüstzeug des geheimen Emissärs zählte. »Kika« war überall und nirgends. Er stieg in kleinen, unbeachteten Hotels ab, er traf sich mit seinen V-Männern in abgelegenen Konspirativen Wohnungen, er übte mit seinen Agenten das Abc der Toten Briefkästen und unsichtbaren Tinten. Obwohl (oder gerade weil) er nie eine geheimdienstliche Ausbildung erfahren hatte, zeigte er eine nimmersatte Freude am Ritual und an den Indianerspielen der Nachrichtendienste.

Er entwarf sich nicht ohne Phantasie und Naivität einen komplizierten Kode, mit dem er seine spanischen Aktivitäten gegenüber fremden Beobachtern absichern zu können glaubte. Meist freilich verwirrte er damit nur seine Leser in der Marineleitung. Da meldete etwa Canaris, ein »in Schulzendorf aufgesetztes Dekret« habe »Hausknecht aufgefordert, die Richard-Anlage anzubieten«, oder es hieß, ein bestimmtes Flugzeug sei »in Gegenwart von Alex, Mogul und dem Prinz of Wales vom Bischof getauft« worden.[108] Erst ein Blick in die Schlüsselliste enträtselte dann das Kauderwelsch: »Schulzendorf« war das spanische Marineministerium, »Hausknecht« Echevarrieta, »Richard« die deutsche Feuerleitanlage, unter »Mogul« verbarg sich Primo de Rivera, und »Alex« war kein anderer als der König von Spanien.[109] Der Rest der Canaris-Berichte war jedoch in einem so nüchternen Klartext gehalten, daß jeder Geheimdienstprofi den Tanz der Pseudonyme hätte unschwer durchschauen können.

Gleichwohl war Canaris den Führern des spanischen Geheimdienst- und Polizeiapparates eine so vertraute Figur, daß sie sich gerne seiner Hilfe bedienten. General Severiano Martinez Anido, der Innenminister der Diktatur, hörte nicht selten auf die Ratschläge des deutschen Korvettenkapitäns. Anfang 1928 – wir greifen der Erzählung etwas vor – bat ihn der General zu sich und schlug ihm vor, ein Abkommen über die Zusammenarbeit der politischen Polizei beider Länder auszuarbeiten.[110] Offizieller Zweck der Vereinbarung: Bekämpfung der kommunistischen Gefahr. In Wahrheit war Martinez Anido in erster Linie daran interessiert, vom Ausland ausgehende Putschpläne und Attentatsversuche gegen führende Männer Spaniens zu unterbinden.

Canaris konsultierte die Deutsche Botschaft, dann erklärte er sich zur Ausarbeitung des Abkommens bereit. Martinez Anido reichte den Deutschen an General Bazan, den Chef der spanischen Sicherheitspolizei (Jefe de la Seguridad), weiter, mit dem zusammen Canaris einen Text formulierte – den ersten Antikominternpakt deutscher Geschichte.[111]

In diesem Abkommen über »wechselseitige Beziehungen zwischen der Polizeiverwaltung Deutschlands und Spaniens« (so der offizielle Titel des Papiers) verpflichteten sich die beiden Partner, Informationen über »die Vorbereitung von Aufständen und Agitationsfeldzügen« in dem jeweiligen Partnerland miteinander auszutauschen und sich bei Beobachtung oder Verfolgung politisch verdächtiger Personen zu helfen. Die Mitteilungen der deutschen Polizei sollten die Unterschriften »Tristan« und »Siegfried« tragen, die der spanischen Polizei »Alonso« und »Sancho«. Die beiden Texter formulierten: »In dem einen und in dem anderen Falle wird die Nachricht in einen doppelten Umschlag getan, auf dem ersteren wird die vereinbarte Anschrift getätigt, auf dem zweiten lediglich das Wort ›Especial‹.«[112]

Das geheime Canaris-Bazan-Abkommen vom 17. Februar 1928 begründete einen lebenslangen Verbund, der den späteren deutschen Abwehrchef mit der spanischen Geheimpolizei liierte und zwei spanische Regierungssysteme – Monarchie und Republik – überlebte. Die Seguridad war nicht die einzige Canaris-Partnerin unter den geheimen Diensten Spaniens. Canaris-Konfident Mayrhofer schuf ihm auch einen direkten Verbindungsweg zur Nachrichten- und Abwehrabteilung des Marineministeriums, dessen

Leiter, Fregattenkapitän Manuel de Vierna, seit Jahren mit Mayrhofer befreundet war. Mayrhofer meldete nach Berlin: »Man kann gelegentlich nützliche Sachen von ihm erfahren.«[113]

Nur zur spanischen Armee und ihrem Geheimdienst fehlte Canaris noch der rechte Kontakt. Aber auch er stellte sich ein, je mehr die Führung der Reichswehr Canaris zu vertraulichen Missionen heranzog. Schon 1925 hatte das Truppenamt, die Ersatzorganisation des durch den Versailler Vertrag verbotenen Heeresgeneralstabes, Canaris gebeten, deutsche Fliegeroffiziere in den fliegenden Verbänden der spanischen Armee unterzubringen, möglichst bei jenen, die im Marokkokrieg kämpften.[114] Der Auftrag führte ihn in das Madrider Kriegsministerium, wo der Oberstleutnant Alfredo Kindelán die Luftstreitkräfte befehligte.

Kindelán machte Canaris mit den Problemen des Kolonialkrieges in Marokko bekannt und genehmigte die Aufnahme deutscher Offiziere in die dort operierenden Fliegereinheiten.[115] Marokko und die anderen spanischen Besitzungen in Afrika blieben auch weiterhin auf Canaris' Traktandenliste. Später war er beauftragt, deutsche Wirtschaftsinteressen in Ifni und Spanisch-Guinea zu fördern und die Genehmigung für die Gründung deutsch-spanischer Handelsfirmen in Nordwestafrika zu sichern, was ihn mit dem spröden Kolonialminister General Gomez Graf Jordana zusammenführte.[116]

Marokko war auch das Standardthema unter den jungen Armeeoffizieren, die Canaris damals in Madrid kennenlernte. In den Augen ehrgeiziger Hauptleute wie Juan Vigón und Martinez Campos hatte der Marokkokrieg mit seinen anfänglichen Niederlagen und Verlusten den ganzen Schlendrian und Leerlauf des spanischen Militärsystems offenbart.[117] Das Thema faszinierte ebenfalls einen jungen Oberst, dem Canaris wiederholt im Königspalast begegnet sein dürfte, obwohl er ihn damals noch nicht persönlich kannte. Der Oberst war ein Lieblingsoffizier des Königs und Kommandeur des 1. Regiments der 1. Division. Sein Name: Francisco Franco y Bahamonde.[118]

Ohne es zu wissen, hatte sich Canaris mit Männern verbunden, die ein Jahrzehnt später die Führungselite des Franco-Regimes bilden sollten. Der General Kindelán wurde zum Königsmacher des Caudillo Franco, General Jordana avancierte zum Außenminister, die Canaris-Freunde Vigón und Martinez Campos rückten an die Spitze des Generalstabes und des militärischen Geheimdienstes. Auch ältere Canaris-Bekannte besetzten Schlüsselpositionen im Spanien Francos: Martinez Anido wurde der erste Sicherheitsminister des Caudillo, Admiral Magaz ging als Botschafter Francos nach Berlin.

Einen so beziehungs- und einflußreichen Offizier wollte Admiral Zenker nicht länger in dem kleinen Dezernat A II m sitzen lassen. Zum 1. Oktober 1926 wurde Canaris als Referent zum Chef des Stabes der Marineleitung, Kapitän zur See Peter Donner, versetzt und avancierte damit zu einer Art Außenminister der Marineleitung.[119] Donner umschrieb die Funktionen seines Referenten nüchterner: »Bearbeitung der Angelegenheiten der fremdländischen Attachés, Zentralstelle für Verkehr mit Ausländern und Vertretung des Chefs des Stabes.«[120] Jetzt gehörte dieser »Stabsoffizier von außergewöhnlichen Fähigkeiten des Geistes wie des Charakters« (Zenker) zur obersten Hierarchie der Marineleitung.[121]

Die meiste Zeit verbrachte er freilich nach wie vor in Spanien. Immer neue Aufgaben wurden an Canaris herangetragen, immer größere Wünsche äußerten die spanischen Partner. Torpedos, Tankdampfer, Feuerleitanlagen, Spezialmotoren, Schnellboote – die Liste der spanischen Anforderungen nahm kein Ende. Und auch deutsche Wirtschaftsunternehmen wurden auf den Spanien-Kenner aufmerksam. Er sollte für sie Verbindungen herstellen, Konzessionen sichern, nach neuen Absatzchancen Ausschau halten.

Eine Erfolgsmeldung nach der anderen konnte Canaris vorlegen. »Die Gelder für die beiden Tankschiffe (kombinierte Tankdampfer) sind von Mogul und dem Consejo de Defensa anläßlich unseres Zusammentreffens in Zarzuela bewilligt worden«, berichtete er im Mai 1927. Kurz darauf eine neue Botschaft: »In Cadiz soll neben der Fabrik für Torpedos auch eine solche für T-Flugzeuge, gewöhnliche Flugzeuge und Motoren eingerichtet werden. An dieser Versuchsstelle sollen auch die [deutschen] Schnellboote erprobt werden.«[122] Und in einer dritten Meldung signalisierte er »die Möglichkeit, durch ihn [Echevarrieta] der dt. Industrie bedeutende Aufträge zuzuführen, wie z. B. Kohle-Destillation und evtl. Verflüssigungsanlagen, Tank-Frachtabschlüsse und evtl. Finanzierungen«.[123]

Vor allem die deutsche Flugzeugindustrie fand in ihm einen unermüdlichen Interessenvertreter. Canaris-Notiz vom 8. August 1927: »Gegen die intensiven Bestrebungen seitens der englischen, französischen und italienischen Luftfahrtgesellschaften ist es Herrn E[chevarrieta] nunmehr gelungen, die Zusage seitens der Regierung zu erhalten, eine spanische Luftfahrtgesellschaft in Verbindung mit der deutschen Luft-Hansa zu gründen ... Ferner haben Besprechungen zwischen E. und der Luft-Hansa stattgefunden, die in den Grundzügen den weiteren Ausbau dieser Gesellschaft für den Übersee-Verkehr nach Südamerika vorbereitend festgelegt haben.«[124]

Bald kam ihm die Idee, die in Spanien so erfolgverheißenden Experimente mit deutschen Waffen und Konstruktionsplänen auf Südamerika auszuweiten. Canaris hatte im Frühjahr 1927 Argentiniens Marinechef Admiral Galindez in Madrid kennengelernt, der ihm erzählte, er habe soeben bei der Constructora Naval zwei moderne Zerstörer in Auftrag gegeben.[125] Canaris schloß daraus, der Argentinier habe nur aus Gründen der hispanischen Tradition die spanische Schiffsbauindustrie bevorzugt, denn britische und niederländische Werften hätten ihm weit günstigere Offerten gemacht.

Für Canaris stand fest: »Wir brauchen also unbedingt für das Arbeiten in S.A. [Südamerika] ein Sprungbrett in Sp[anien]. Die Gelegenheit hierzu ist jetzt gegeben, und zwar so günstig wie denkbar. Mit den Johnny-Bauten [gemeint: Tankdampfer] können wir uns in Cadiz eine erstklassige Werft aufziehen, die nicht nur den Bedürfnissen des sp. Schulzendorf [gemeint: spanisches Marineministerium] gerecht werden kann, sondern darüber hinaus auch die Verbrüderung mit den S.A.-Kreisen praktisch verwerten wird.«[126] Konsequent hielt er die Verbindung zu Galindez und animierte seine spanischen Freunde dazu, dem argentinischen Admiral die Segnungen deutscher Waffen- und Schiffsbaukunst zu rühmen.

Selbst König Alfons spannte er dabei ein. Canaris notierte sich nach einem

Gespräch mit Galindez: »Er sagte mir, der König habe ihn auf den bei Echevarrieta in Bau befindlichen Torpedo und auf die Tankschiffe aufmerksam gemacht. Der König habe dabei sehr abfällig über die Constructora Naval gesprochen und seine Freude über die Zusammenarbeit Echevarrietas mit deutschen Firmen zum Ausdruck gebracht.«[127] Canaris brachte den Argentinier mit Don Horacio zusammen und empfahl ihm auch, U-Boote nach deutschen Plänen zu bauen. Galindez war interessiert. Später reiste Canaris nach Argentinien und bahnte dem IvS erste Verbindungen zur argentinischen Marineführung – immerhin Grund genug für das Ingenieurskantoor, einen seiner führenden Männer als ständigen Vertreter in Buenos Aires zu stationieren.[128]

Canaris aber wandte sich bereits wieder neuen Themen und neuen Aufträgen zu, unermüdlich von einer Geheimmission zur anderen hetzend. Nichts schien ihn aufzuhalten, keine häusliche Gemütlichkeit, kein Familiensinn ließ ihn Einkehr halten. Canaris hier, Canaris dort, Canaris in Spanien, Canaris in Argentinien, im Mittelmeer, in Berlin – er, der fast nie Urlaub machte, agierte so heillos unruhig, daß sich Kapitän Donner schon sorgte: »Es wird darauf zu achten sein, daß dieser wertvolle Offizier nicht durch einseitige Verwendung im innen- und außenpolitischen Dienst und bei Sonderaufgaben für seine Seeoffizierslaufbahn geschädigt wird; auch besteht die Gefahr, daß er einmal körperlich und seelisch überanstrengt wird.«[129]

Erst ein mehrmonatiger Urlaub Donners im Sommer 1927 fesselte Canaris an seinen Berliner Schreibtisch: Er mußte den Chef des Stabes vertreten.[130] Jetzt lernte Canaris, Politik und Strategie der Reichsmarine von einer höheren Warte aus zu beurteilen. Er erhielt Einblick in die Arbeit der einzelnen Abteilungen und Dezernate; der Umgang mit der täglichen Entscheidungsroutine schärfte seinen Blick für das Machbare und Notwendige. Da schrumpfte so manche Eigeninitiative eines Seeoffiziers, so manche kecke Tat wider Versailles auf den wahren Wert zusammen, der ihr im Gesamtkonzept der Marineleitung zukam.

Kein ML-Offizier aber dünkte Canaris plötzlich problematischer als der Kampfgefährte Lohmann, mit dem er so manches Geheimnis teilte. Lohmann war ihm in den letzten Monaten fremd geworden, der Kapitän erschien ihm allzu hektisch und romantisch. Canaris mag auch gestört haben, daß Lohmann ihn niemals in seine letzten Absichten und Unternehmen eingeweiht hatte, obwohl sie eng zusammenarbeiteten. Noch Monate zuvor hatte Lohmann den Oberleutnant a. D. Messerschmidt (Deckname: »Ebi«) nach Madrid mit dem Auftrag entsandt, der Seetransportabteilung und Canaris regelmäßig über den weiteren Verlauf der Spanien-Aktionen zu berichten.[131] Canaris sah jetzt den Kameraden in einem neuen Licht.

Was ihn bewog, sich gegen Lohmann zu wenden, muß letztlich ungeklärt bleiben. Möglicherweise drangen zu Canaris die Besorgnisse von Lohmanns engeren Mitarbeitern, die nicht ohne Erschrecken beobachteten, wie ihr Chef, immer am Rande eines Nervenzusammenbruchs, allmählich durchdrehte und die zusehends unübersichtlicher werdenden Unternehmen von einem Verlustgeschäft in das andere manövrierte. Korvettenkapitän Flies klagte, Lohmann lebe in einem »Arbeitsrausch«, in dem es kein Halten mehr gebe; er stürze vom Automobil in den D-Zug, aus dem D-Zug ins Flugzeug, aus dem Flugzeug ins Auto, dabei stets per Telefon seine zahllosen Betriebe und Aktionen leitend.[132]

Tatsächlich geisterte Lohmann nur noch wie ein Schatten durch die Welt seiner Phantasien und Pläne. Er war ein kranker Mann, kaum noch in der Lage, seinen Dienst zu verrichten. Schon im November 1925 hatten die Ärzte des Standortlazaretts Berlin bei ihm »Sprachstörungen, Kopfschmerzen, rigide Arterien« registriert; Anfang 1926 mehrten sich die Anzeichen von Arteriosklerose, Ende des Jahres litt Lohmann erneut an Sprachstörungen.[133] Selbst die Behandlung durch einen Elektropathen vermochte Lohmanns Gesundheitszustand nicht nachhaltig zu verbessern. Ein neues Leiden kam hinzu: Immer mehr litt Lohmann an Gedächtnisschwäche, oft konnte er sich kaum noch konzentrieren und vergaß wichtige Details.[134]

Ein kranker Mann, der ein ganzes Imperium undurchsichtiger Betriebe und Operationen allein in seiner Hand hielt, konnte zu einer Gefahr für die ganze Reichsmarine werden. Canaris beschlich ein Gefühl drohenden Unheils, das er nicht mehr loswerden konnte. Er wußte nicht, an welchen Unternehmen Lohmann noch beteiligt war, aber schon seine begrenzten Kenntnisse über die Aktivitäten des Kapitäns genügten Canaris, Alarm zu schlagen.

Kaum war Donner im Juli von seinem Urlaub zurückgekehrt, da machte ihm Canaris Meldung: Er habe, so formulierte Canaris später, »den Eindruck gewonnen, daß B. S. sich mit Unternehmungen befasse, die uns und auch vor allem dem Chef der Marineleitung nicht bekannt seien«.[135] Canaris erinnerte sich: »Ich habe . . . Kapitän z. S. Donner . . . vorgeschlagen, daß der Chef der Marineleitung Kapitän z. S. Lohmann befehlen solle, Aufschluß über alle seine Unternehmungen zu geben.«[136] Donner griff den Canaris-Vorschlag auf und hielt Zenker Vortrag. Ende Juli erging der Befehl an Lohmann, alle seine Karten auf den Tisch zu legen.[137]

Schon die ersten Teilauskünfte Lohmanns klangen so beunruhigend, daß Zenker und Donner beschlossen, ihn aus dem Verkehr zu ziehen, bevor die Öffentlichkeit von seinen Eskapaden erfuhr. Die im Herbst anstehende Beförderung Lohmanns zum Konteradmiral wollte Zenker dazu nutzen, ihn praktisch auszuschalten: Lohmann sollte für die Leitung der Seetransportabteilung einen Stabschef erhalten, das Imperium der privatwirtschaftlichen Lohmann-Unternehmen aus der Marine herausgelöst und zu einer Holding-Gesellschaft zusammengefaßt werden. Als Geschäftsführer dieser Holding war Lohmanns engster Mitarbeiter, der Oberinspektor Schneider, vorgesehen, der zu diesem Zweck offiziell aus der Marine ausscheiden sollte.[138]

Doch noch ehe der Plan in Angriff genommen werden konnte, brach die von Canaris dunkel vorausgeahnte Katastrophe über die Marine herein: Eine der bizarrsten Lohmann-Unternehmungen, die Filmgesellschaft »Phoebus«, machte Bankrott.[139] Lohmann zögerte noch, seinen Vorgesetzten die Wahrheit zu sagen, da nahm ihm das »Berliner Tageblatt« die Arbeit ab. Am 8. August meldete das Blatt, das Filmunternehmen, »das über 4 bis 5 Millionen Mark Schulden verfügt«, sei »mit mindestens 6½ Millionen Mark bis

8 Millionen Mark Geldern aus dem Geheimfonds des Marineamts beim Reichswehrministerium finanziert worden«.[140]

Das Ministerium dementierte sofort die Story, die Marineleitung wiegelte ab. Die Gutgläubigkeit der ML währte freilich nicht lange. Canaris sorgte für Klarheit: Über den Kopf Lohmanns hinweg ließ er sich von Schneider die Unterlagen über die Geschäfte mit der Phoebus aushändigen.[141] Die Akten und Abrechnungen aus dem Panzerschrank Schneiders enthüllten ein Kapitel kaufmännischer Torheiten und politischer Scharlatanerie, einmalig in der Geschichte der deutschen Marine.

1922 hatten sich kleinere deutsche Filmunternehmen zur Phoebus-Film A.G. zusammengeschlossen; anfangs nur in der Filmproduktion und im Filmverleih tätig, war die Phoebus 1924 auch dazu übergegangen, eigene Lichtspieltheater zu bauen oder zu erwerben. Das nötige Kapital aber fehlte dem Unternehmen. Da lernte der Phoebus-Direktor Correll den Kapitän Lohmann kennen, dem er mit den angeblich guten Rußland-Kontakten seines Unternehmens und mit Vorträgen über die »nationale Verantwortung« der deutschen Filmindustrie imponierte. Lohmann witterte in der Phoebus einen künftigen Träger geheimer Rußland-Aufklärung und finanzierte die Firma, ohne den Chef der Marineleitung zu informieren.[142]

Zunächst begnügte sich Lohmann damit, der Phoebus erhebliche Darlehen zu gewähren, die im Januar 1925 bereits 870000 Mark betrugen. Dann trat er als Großaktionär in die Firma ein. Lohmann und die Phoebus-Direktion vereinbarten, das Grundkapital des Unternehmens um 2,8 Millionen Mark zu erhöhen, von dem Lohmann 1,3 Millionen Mark und ein Paket alter Aktien im Nominalwert von 320000 Mark übernahm. Aber auch dieser Zuschuß brachte die Phoebus nicht voran. Anfang 1926 geriet sie erneut in finanzielle Schwierigkeiten, abermals half Lohmann – mit einem von der Marineleitung verbürgten Kredit in Höhe von 3 Millionen Mark. Ein Jahr später rief die Phoebus Lohmann wieder zu Hilfe, zwei neue Kredite (4,4 Millionen Mark) folgten.[143]

Mochte Lohmann auch noch so viel zahlen – sein Geld konnte die Gesellschaft vor dem Zusammenbruch nicht bewahren. Später sollte eine amtliche Untersuchung festhalten: »Der Gesamtverlust, der dem Reich aus der Verbindung mit der Phoebus-Film A.G. entstanden ist, läßt sich also im groben Umriß auf rund acht Millionen Reichsmark schätzen ohne Zinsverluste und mittelbare Schäden.«[144]

Besonders arg aber mußte die Leser der Schneider-Papiere die schlitzohrige Art erregen, mit der Lohmann 1926 den durch eine Reichsbürgschaft gestützten Drei-Millionen-Kredit erschlichen hatte. Der Kreditgeber, die Deutsche Girozentrale, war zur Zahlung nur bereit gewesen, falls das Reich für den Fall bürge, daß die Phoebus den Kredit nicht zurückzahlen könne. Lohmann wandte sich daraufhin an den Reichsfinanzminister Reinhold und bat um sein Einverständnis, daß das Reichswehrministerium die Bürgschaft leiste; die Zusage des Reiches sei unbedenklich, da die Bürgschaft durch die Rückbürgschaft einer Lohmann-nahen Firma, der Rohfilm-Herstellerin »Lignose«, gedeckt werden solle. Als Reinhold Bedenken hatte, hielt Lohmann ein neues Argument bereit: Trete selbst der unwahrscheinliche Fall ein, daß das Reich zahlen müsse, werde »die Marineleitung etwa notwendig werdende Zahlungen aus ihren haushaltsmäßigen Nachrichtenmitteln leisten«. Reinhold war einverstanden.[145]

Lohmann entwarf eine allein von ihm unterzeichnete Bürgschaftserklärung der Marineleitung, doch der Aufsichtsrat der Girozentrale verlangte mehr: eine Gegenzeichnung durch den Reichsfinanzminister. Der aber wollte nur unterschreiben, wenn auch der Reichswehrminister Geßler das Papier abzeichne.[146] Das aber mußte Lohman in arge Verlegenheit bringen, denn Geßler kannte weder die angeblich vom Reichswehrministerium erwogene Bürgschaft noch war er in Lohmanns Phoebus-Geschäfte eingeweiht.

Lohmann blieb nur ein Weg, sein Ziel doch noch zu erreichen: die beiden ahnungslosen Minister gegeneinander auszuspielen. Dem Reichswehrminister Geßler spiegelte er denn auch vor, die Bürgschaftserklärung sei mit Reinhold bereits abgesprochen, während der Reichsfinanzminister von ihm zu hören bekam, Geßler habe schon allem zugestimmt.[147] »Die Bedenken des Ministers Reinhold«, gab später Geßler zu Protokoll, »zerstreute er mit dem Hinweis, daß es sich eben nur formell um seine Unterschrift handle und daß durch sie für ihn verpflichtende Bindungen nicht übernommen würden . . . Mir gegenüber hat Kapitän z. S. Lohmann umgekehrt die Sache so dargestellt, daß Minister Reinhold über die Angelegenheit Bescheid wisse, daß es sich mit meiner Unterschrift lediglich um die Erfüllung einer Formalität handle.«[148] Ergebnis: Beide Minister unterschrieben.

Der Inhalt der Schneider-Papiere war so brisant, daß Zenker und Donner ernsthaft befürchten mußten, sein Bekanntwerden werde die Beziehungen zwischen Geßler und der Marineleitung arg ramponieren. In der Hoffnung auf ein rasches Versickern der Phoebus-Affäre sollte Geßler die Wahrheit über Lohmanns Geniestreich möglichst vorenthalten werden. Er mußte entsprechend informiert, besser gesagt: desinformiert werden. Keiner eignete sich dazu besser als Canaris, der seit seiner Adjutantenzeit im Reichswehrministerium wußte, wie der phlegmatische Schwabe Geßler zu nehmen war. Canaris erhielt den Auftrag, dem gerade auf Sylt urlaubenden Geßler Vortrag zu halten – wortreich, ohne aber dabei viel zu sagen.

Canaris muß ein Meisterstück der Rhetorik und der Menschenbehandlung geleistet haben, denn keinen Augenblick lang kam Geßler der Verdacht, von einer heranziehenden Krise bedroht zu sein. »Durch den Vortrag in Sylt«, wird es später in einem Untersuchungsbericht heißen, »zeigte sich der Minister wenig beunruhigt.«[149] Er sah keinen Anlaß, nach Berlin zurückzukehren. Geßler sonnte sich weiter auf der Insel und fuhr am 16. August nach Kiel, um an einer Marine-Übung teilzunehmen.[150] Nichts und niemand verriet ihm, daß er just der größten Krise seiner politischen Laufbahn entgegenschlidderte.

Denn inzwischen war längst offenkundig geworden, daß sich der vom »Berliner Tageblatt« ausgelöste Lohmann-Skandal nicht mehr eindämmen ließ. Von Woche zu Woche mehrten sich in der Presse die Enthüllungen über das geheime Wirtschaftsimperium der Reichsmarine. Ein Unternehmen nach dem anderen geriet an das Licht der Öffentlichkeit, Zug um Zug enttarnten Reporter und Leitartikler einen »stattlichen Rattenkönig von Betrieben und Geschäften, deren eines fragwürdiger war als das andere«, wie allmählich auch Geßler erkannte.[151] Es schien kaum einen Bereich privatwirtschaftlicher Tätigkeit zu geben, in den die Marine nicht verstrickt war: Beteiligung an Banken, Produktion von Schweinefleisch-Konserven, Grundstücksspekulation, Gewinnung von Erzen, Bau von Mühlen für Kohlenstaubverfeuerung, Herstellung »nationaler« Kinofilme – den Unternehmer Lohmann hatte schlechterdings alles interessiert.

Er geriet prompt in den Verdacht, sich persönlich bereichert zu haben. Das »Berliner Tageblatt« unterstellte, Lohmann seien »zehn Prozent der sämtlichen Nettoeinnahmen, welche die Phoebus-Film-Aktiengesellschaft in dem ihr gehörigen Marmorhaus-Theater erzielt, zugesagt und, wie wir wissen, auch bezahlt« worden.[152] Auch eine Femme fatale durfte in den (meist nur allzu zutreffenden) Enthüllungs-Storys nicht fehlen. Sie hieß Else Ekimoff und war die geschiedene Frau eines zaristischen Generals.[153] Für sie hatte Freund Lohmann das Berliner Luxusgrundstück Lützowufer 3 für 900000 Mark gekauft und ihr obendrein ein für damalige Verhältnisse fürstliches Sekretärinnen-Gehalt in Höhe von monatlich 1000 Mark ausgesetzt.[154]

Noch schlimmer aber war, daß Lohmann seine 30 Gesellschaften ohne kaufmännisches Glück geleitet hatte. Nahezu alle Unternehmen waren in die roten Zahlen geraten; immer wieder hatte Lohmann neue Gelder aus seinem Geheimfonds bereitstellen müssen und zu fragwürdigen Geschäftspraktiken gegriffen – in »dem Glauben, auch die geschäftliche Seite der Dinge durch militärisches Draufgängertum und hemmungsloses Außerachtlassen der ihm als Bürokratismus erscheinenden rechtlichen und wirtschaftlichen Bedenken meistern zu können« (so ein amtlicher Revisor).[155] Gesamtschaden für den deutschen Steuerzahler: 26 Millionen Mark.[156]

Ein Sturm öffentlichen Protestes erhob sich gegen Lohmann und seine Vorgesetzten, die Marine stolperte in ihre schwerste Krise seit dem Kapp-Putsch. Lohmann wurde verabschiedet und mußte später vor einen Ehrenrat der Reichsmarine, der ihn jedoch entlastete, der Reichswehrminister Geßler stürzte, selbst Zenkers Tage in der Marineleitung waren gezählt.[157] So leicht ließ sich die Öffentlichkeit freilich nicht beruhigen. Unter ihrem Druck beauftragte der Reichskanzler den Präsidenten des Rechnungshofes, Staatsminister a. D. Saemisch, mit einer Untersuchung, dem bald ein weiterer Inquisitor, der Staatssekretär i. R. Fritze, folgte.[158]

Doch die Regierung konnte kein Interesse daran haben, das ganze System der geheimen Marinerüstung zu entblößen. Saemisch und Fritze durften nur an der Oberfläche kratzen und mußten dabei mithelfen, die enttarnten Lohmann-Unternehmungen aus der Marine auszugliedern und unter neuen Tarnnamen in die Privatwirtschaft einzuordnen, wo sie meist wieder dem alten Ziel dienten. Entsprechend lau fielen die Untersuchungsberichte aus. Fritze über Lohmann: »Ihn trifft die Verantwortung dafür, daß er viel zu viele Töpfe ans Feuer gestellt hatte und deshalb nicht merkte und tatsächlich gar nicht merken konnte, wenn es in einem der vielen Töpfe anbrannte oder überkochte.«[159]

In der Zentrale der Marineleitung ging es freilich weniger milde zu. Der neue Reichswehrminister, General a. D. Wilhelm Groener, mochte keine Offiziere um sich dulden, die ihre Vorgesetzten düpierten. Er verlangte eine genaue Aufstellung aller geheimen Wiederbewaffnungsprojekte der Marine und wurde ärgerlich, als ihm die Waffenabteilung der ML zurückschrieb, so etwas lasse »sich nicht aufs Papier bringen«.[160] Groener bestand auf penibelster Ausführung seiner Befehle. Auch wurde jetzt jeder Offizier der Marineleitung angehalten, detailliert über seine Beziehungen zu Lohmann und darüber Auskunft zu geben, wieweit er über dessen Aktivitäten informiert gewesen war. Auch Canaris mußte Rechenschaft ablegen.

Er habe zwar, gab der Korvettenkapitän zu Protokoll, an gewissen Lohmann-Aktionen in Spanien teilgenommen, im übrigen aber gelte für ihn, Wilhelm Canaris: »Mit allen anderen Unternehmungen des Kapitäns z. S. Lohmann habe ich persönlich nichts zu tun gehabt. In letzter Zeit habe ich lediglich erfahren, daß Beziehungen zur Trayag bestanden. Ferner war mir die Existenz der Navis, von Mentor, die Beteiligung am I.v.S. bekannt. Von den Filmunternehmungen, vom Bankverein und den zahlreichen anderen Unternehmungen, von denen ich im Laufe der Untersuchung erfuhr, habe ich nichts gehört.«[161]

Gleichwohl zog es Canaris vor, sich von dem einstigen Kampfgefährten zu distanzieren. Auch dies verstand der Menschenbehandler Canaris nur allzu perfekt: Ballast abzuwerfen, lästig gewordene menschliche Beziehungen abzubrechen. Wo immer ihm die Erinnerung an die frühere Partnerschaft unbequem wurde, erfuhren die Zuhörer von Canaris, wie wenig er sich mit Lohmann verstanden habe. Fortan warnte er vor den Machenschaften »Leos«, wie er ihn in seiner Decknamen-Sprache nannte. Für ihn gab es »keinen Zweifel« mehr, »daß ein geschäftliches Unternehmen, das von Leo in die Hand genommen werde, von vornherein zum Scheitern verurteilt sei«.[162]

Als ihm Echevarrieta eines Tages klagte, Lohmann biete sich ihm immer wieder als Geschäftspartner an und ginge ihm allmählich auf die Nerven, war Canaris sofort bereit, den Spanier von Lohmanns Gegenwart zu befreien. Canaris beruhigte Echevarrieta: »Das einzige, was wir mit aller Energie verhindern würden, wäre seine Einmischung in die laufenden Geschäfte, bei denen die M.L. interessiert sei.« Immerhin sei »erwiesen, daß Leo seine Befugnisse weit überschritten habe, daß er seinen Vorgesetzten wichtige Maßnahmen geheimgehalten habe und unverantwortliche Geldgeschäfte gemacht habe, die zu erheblichen Geldverlusten und Einbußen der Marine geführt hätten«.[163]

Donner bestätigte denn auch seinem engsten Mitarbeiter, daß er mit der Lohmann-Affäre »nicht nur nichts zu tun gehabt hat, sondern im Gegenteil klug und tatkräftig an der Bereinigung mitgewirkt und sich hierbei große Verdienste erworben hat«.[164] Dennoch glückte Canaris die Absetzbewegung nicht restlos. In der linken Presse mochten engagierte Canaris-Gegner nicht hinnehmen, daß er »mit der Gelenkigkeit seiner hellenischen Vorfahren hinter dem geduldigen Rücken des Kameraden Lohmann verschwunden ist«, wie die »Weltbühne« schrieb.[165]

Vor allem dieses Organ radikaler Pazifisten und Sozialisten, das die Abschaffung der Reichswehr verlangte und sogar vor einem vorsätzlichen Landesverrat nicht zurückschreckte,[166] hatte es sich zur Aufgabe gesetzt, am Beispiel der vermeintlichen Machenschaften von Canaris den Übermut deutscher Militaristen zu illustrieren. Mal sollte Canaris Redakteuren »eines großen demokratischen Tageblattes« Belastungsmaterial über Zenker angeboten haben, mal unterstellte ihm die »Weltbühne«, die Spionageabwehr der Marine im Interesse der Rechtsradikalen zu manipulieren, mal witterte man ihn hinter den schwedischen Geschäften der Junkers-Werke, mal sollte er der eigentliche Drahtzieher von Lohmanns nationalkonservativer Filmpolitik gewesen sein.[167]

Die meisten solcher »Enthüllungen« gingen zwar weit an der Wirklichkeit vorbei, dennoch brachten sie Canaris eine höchst unerwünschte Publicity ein. So mancher gutgläubige Republikaner mochte an die Gefährlichkeit dieses »letzten Kronzeugen der schwarzen Ära« glauben, wußte er doch aus der Lektüre der »Weltbühne«, daß es Canaris, »dem Schlauesten unter der Kriegerkaste«, 1919 sogar gelungen sei, Gustav Noske zur Rehabilitierung der alten Militärkaste zu bewegen.[168] Auch andere linke Blätter übernahmen solche Thesen. Aus der sozialistisch-pazifistischen Publizistik schlug Canaris eine aggressive Abneigung entgegen wie kaum einem anderen deutschen Marineoffizier seiner Zeit.

Die Anti-Canaris-Kampagne war freilich nicht unprovoziert. Canaris hatte nie einen Hehl daraus gemacht, daß er Linke nicht mochte und sie im Grunde für »national unzuverlässig« hielt. Wer dem Reich den notwendigen militärischen Schutz vorenthalten wollte, wer gar die Abschaffung des Militärs verlangte und eine deutsche Flotte »nicht nur eine kostspielige Luxusangelegenheit, sondern geradezu gemeingefährlich« (»Weltbühne«) nannte,[169] war für den Offizier Canaris indiskutabel. Sein Haß auf die »Roten« hatte den deutschen Bürgerkrieg überlebt, die extreme Linke war und blieb in seiner Optik mit der Erbsünde der Flottenunruhen von 1917/18 belastet.

Wie sehr ihn noch die Ressentiments aus der Revolutionszeit beherrschten, hatte Anfang 1926 eine heftige Auseinandersetzung zwischen ihm und sozialdemokratischen Abgeordneten im Reichstagsausschuß zur Untersuchung der Ursachen des deutschen Zusammenbruchs offenbart. Bei der Erörterung des Flottenstreiks von 1917 hatte der SPD-Abgeordnete Wilhelm Dittmann, einst USPD-Prominenter und einer der Gesprächspartner der Anführer des Streiks, heftige Angriffe auf die Kaiserliche Marinejustiz gerichtet und wiederholt, was er seit Jahren behauptete: Die Streikführer seien zu Unrecht zum Tode verurteilt worden, die Unruhen in der Flotte nicht das Werk der USPD, sondern Folgen interner Mißstände der Marine gewesen.[170]

Der Name Dittmann war für viele Seeoffiziere ein Reizwort, das sie an eine ihrer empfindlichsten Schlappen mitten im Krieg erinnerte: Gleich nach dem Flottenstreik von 1917 hatte das Kommando der Hochseeflotte vom Reichskanzler verlangt, Dittmann und zwei anderen USPD-Funktionären wegen Anstiftung von Matrosen zum Kriegsverrat den Prozeß zu machen. Das Material gegen Dittmann war freilich so dürftig gewesen, daß es nie zu einer Anklage kam.[171] Jetzt trat der gleiche Dittmann, inzwischen in die Sozialdemokratische Partei zurückgekehrt, wieder gegen die Flotte auf. Die Marineleitung reagierte heftig.

Canaris wurde auserwählt, Dittmann im Untersuchungsausschuß eine gepfefferte Antwort zu erteilen; offiziell meldete ihn die Marineleitung im Ausschuß als Sachverständigen für Fragen der Flottenunruhen an. Am 23.

Januar 1926 erschien er im Reichstag, forsch und krawallfreudig, wie ihn seine Kameraden kaum kannten. Schon seine ersten Worte waren eine Provokation. »Der Abgeordnete Dittmann«, begann Canaris, »hat versucht, den Nachweis zu bringen, daß der Zusammenbruch der Flotte nicht auf revolutionäre Einflüsse zurückzuführen gewesen sei, sondern auf Mißstände aller Art, besonders aber auf das Versagen der Offiziere . . . Diese ungeheuerlichen Vorwürfe habe ich zunächst energisch zurückzuweisen.«[172)]

Unter den sozialdemokratischen Ausschuß-Mitgliedern ertönte Gelächter, ein Abgeordneter rief: »Widerlegen Sie sie doch!« Die Heiterkeit der Linken währte jedoch nicht lange. Je mehr Canaris redete, desto heftiger und zorniger wurden die Zwischenrufe von Sozialdemokraten und Kommunisten.[173)]

Er werde, fuhr Canaris fort, »vor allem den Nachweis bringen, daß die Rädelsführer der Meuterei in der Flotte enge Beziehungen zur USPD hatten, daß die von dort ausgehenden Einflüsse von schweren Schädigungen für die Flotte waren und daß darauf die weitere Schädigung der Disziplin und der allmähliche Zusammenbruch zurückzuführen ist«. Und er zitierte aus den Akten des Kriegsgerichtes, das einst die Streikführer verurteilt hatte: Fast jeder der Häftlinge bestätigte, erst der Kontakt zu den USPD-Männern habe sie zum Streik ermuntert, habe ihnen das Gefühl gegeben, die Partei unterstütze die Aktion. Canaris: »Es kann kein Zweifel sein, daß schon allein die Tatsache dieser Verbindung von aktiven Marineangehörigen mit einer Partei, die in Opposition zur Regierung stand und den Frieden unter allen Umständen herbeiführen wollte . . ., früher oder später zum Zusammenbruch führen mußte, da dadurch Widerwille gegen die soldatische Betätigung erzeugt wurde.«[174)]

Der Kontakt zwischen den drei USPD-Abgeordneten und den »Meuterern« habe »den Rädelsführern wesentlich den Rücken gestärkt, disziplinschädigend gewirkt und die Mitläufer überhaupt erst bewogen«, behauptete Canaris. Deshalb habe die Führung der Hochseeflotte recht daran getan, die Verhaftung der drei USPD-Führer zu beantragen. Canaris' Stimme steigerte sich: »Die Flotte war überzeugt, daß ein unverzüglicher Zugriff zum Erfolge geführt hätte. Dieser unverzügliche Zugriff ist unterblieben. Diejenigen, die den Zugriff unterlassen haben, trifft die Schuld.«[175)]

Die Beweisführung von Canaris konnte schwerlich überzeugen (die meisten Aussagen der verhafteten Streikführer waren unter Druck entstanden), dennoch empörten seine Worte die linken Abgeordneten. Dittmann sprang von seinem Sitz auf und drohte Canaris, sein Parteifreund Moses wollte wissen, »ob der Korvettenkapitän Canaris identisch ist mit jenem Kapitänleutnant Canaris, der im Prozeß gegen die Mörder Liebknechts und Rosa Luxemburgs als Beisitzer tätig war und dem man in die Schuhe schiebt, daß er am meisten dazu tätig gewesen ist, daß Vogel damals entflohen ist«.[176)]

Ein Abgeordneter schrie: »Pfui! Der hat hier nichts zu suchen!« Andere riefen: »Unerhört! Helfershelfer der Mörder!« Der KPD-Abgeordnete Rosenberg bat um Unterbrechung der Sitzung, »weil meines Erachtens die Mehrheit des Ausschusses es mit ihrer Würde nicht vereinbaren kann, zusammen mit einem Regierungsvertreter wie Kapitän Canaris zu tagen«. Ein

SPD-Kollege witterte »eine Brüskierung des Ausschusses durch das Reichswehrministerium«, ein weiterer Abgeordneter wunderte sich über den »beispiellosen Vorgang«, daß der Reichswehrminister »es für gut findet, einen Vertreter herzuschicken, gegen den die schwersten Vorwürfe krimineller Art erhoben werden«. Als ein Liberaler beginnen wollte, sich mit den Canaris-Argumenten auseinanderzusetzen, schnitt ihm Moses das Wort ab: »Es handelt sich nicht um seine Ausführungen, sondern um seine Person! Wir wollen mit seiner Person nicht weiter tagen!«[177]

Mit einem Schlag stand das Gespenst des deutschen Bürgerkrieges im Raum, brachen die alten Gegensätze wieder auf, die durch das jahrelange Versöhnungswerk wechselnder Regierungen der Mitte zumindest entschärft zu sein schienen. Zwischen Canaris und seinen Kritikern gab es keine Basis der Verständigung. Canaris: »Die völlig ungerechtfertigten Angriffe, die gegen mich erhoben worden sind, werden durch eine Anfrage an meine vorgesetzte Stelle, die Marineleitung, ohne weiteres geklärt werden. Ich werde mich nicht selbst verteidigen, sondern die Antwort wird durch das Reichswehrministerium gegeben werden.« Sprach's und marschierte aus dem Saal.[178]

Tatsächlich ging dem Ausschuß sofort ein Dementi des Reichswehrministers zu, der schrieb: »Der gegen Korvettenkapitän Canaris erhobene persönliche Vorwurf, daß er an der Entweichung des Oberleutnants Vogel beteiligt gewesen sei, ist völlig unbegründet, wie durch ein von meinem Herrn Amtsvorgänger veranlaßtes gerichtliches Verfahren festgestellt ist. Die Untersuchung hat seinerzeit die völlige Schuldlosigkeit des Korvettenkapitäns Canaris ergeben.«[179] Mit einem solchen Persilschein konnte sich Canaris sicher fühlen, doch er mußte bald erkennen, daß er seinen Auftritt im Reichstagsausschuß teuer erkauft hatte: Von nun an kam er aus der Schußlinie linker Politiker und Polemiker nicht mehr heraus.

Sprecher der Linken wurden nicht müde, Canaris als einen politisch unzuverlässigen Offizier zu denunzieren, der seit Jahren am Sturz der Republik arbeite. Moses klagte ihn im Reichstag an, er habe während seiner Kieler Dienstzeit mit dem verfassungsfeindlichen Wiking-Bund, einem Nachfolger von Ehrhardts Organisation Consul, einen Putsch vorbereitet.[180] Der SPD-Abgeordnete Scheidemann enthüllte zahlreiche Details über jene Zusammenarbeit, und der Publizist Carl von Ossietzky unterstellte gar dem Canaris-Kreis, im November 1923 die britische Regierung dazu animiert zu haben, im Falle eines von der Marinestation unterstützten Putsches in Kiel Schleswig-Holstein zu besetzen und die Putschisten gegen Berlin zu beschützen.[181]

»Wir haben gezeigt«, bilanzierte die »Weltbühne« im September 1927, »daß es immer ein Mann war, der die Verbindungen aufrechterhielt und der vor allen Dingen die Auszahlung von Staatsgeldern an rechtsradikale Organisationen veranlaßte: der Korvettenkapitän Canaris.«[182] Namentlich seine Rolle bei der gerichtlichen Liquidierung der Mordaffäre Liebknecht/Luxemburg griffen linke Blätter immer wieder auf. Die kommunistische »Welt am Abend« wetterte: »Obwohl gegen Herrn Canaris in den letzten zehn Jahren wiederholt der Vorwurf, als Richter ein zuchthauswürdiges Verbrechen begangen zu haben, erhoben wurde, ... hat sich all diese Jahre hindurch kein deutsches Gericht gefunden, das dieses zuchthauswürdige Verbrechen zu ahnden bereit gewesen wäre.«[183]

Immer düsterer geriet das Canaris-Bild, das die Kritiker zeichneten. Er schien alles zu verkörpern, was sie abgrundtief verabscheuten: Für sie war Canaris der Typ des politisierenden Offiziers, ein Gegner der Republik, der mit tausend Banden dem alten monarchischen Untertanenstaat verhaftet blieb und selbst davor nicht zurückschreckte, Justizmorde wie die Verurteilung der Anführer des Marinestreiks von 1917 als Musterbeispiele dafür zu feiern, »mit welcher außerordentlichen und großen Sorgfalt auf Gefühle der Mannschaften Rücksicht genommen worden ist«.[184]

Die Anti-Canaris-Kampagne galt denn auch weniger der Person als der Sache, die der Korvettenkapitän vertrat. In der Sozialdemokratischen Partei Deutschlands dominierte eine Gruppe extremer Marxisten und Pazifisten, denen nichts unsinniger vorkam, als eine Marine zu unterhalten. Mit fast alttestamentarischem Abscheu verfolgten sie jeden Versuch der Reichsmarine, ihre Ausrüstung und Bewaffnung zu verbessern, und zwangen die gemäßigtere Parteiführung, bei den Etatberatungen im Reichstag der Marine keinen Pfennig zu bewilligen.[185]

Die illoyale Haltung der Marine im Kapp-Putsch und monarchistisch-nationalistische Exzesse im Seeoffizierskorps, die neue Zweifel an der Republiktreue der Marine weckten, hatten die SPD-Führung gegen alle Forderungen der Marine verschlossen. Der linke Flügel der Partei, einem utopischen Pazifismus huldigend, lehnte zudem jede Flotte als vermeintliches Werkzeug des Imperialismus ab, ja negierte überhaupt die Landesverteidigung im Rahmen der bürgerlichen Demokratie.[186] Ein persönliches Moment kam hinzu: Die Marinepolitik der SPD bestimmten linke Genossen, die 1918/19 (damals meist in der USPD organisiert) an den Schalthebeln der Revolution gestanden hatten und dort von den Marinebrigaden vertrieben worden waren.[187]

Als ihr Wortführer agierte der ehemalige Oberheizer Bernhard Kuhnt, der sich einst an die Spitze der Wilhelmshavener Revolutionsregierung gehievt hatte und schließlich vor den Soldaten der Ehrhardt-Brigade geflohen war.[188] Seither predigte er als Reichstagsabgeordneter der SPD blanken Haß gegen die Marine und ihre Offiziere. Das Seeoffizierkorps bestand für ihn nur aus Mördern und Verbrechern, Hunnen und Vandalen, wie er einmal im Reichstag erklärte: »So können wir durch ganz Deutschland hindurchgehen, wo wir ein Kapitalverbrechen antreffen, finden wir die Marineoffiziere.«[189] Unter seinem Einfluß wurde die SPD, mehr noch als die Kommunistische Partei, zu einer erbarmungslosen Gegnerin der Marine.

Wo immer der Marine-Etat beraten wurde, wo der Bau neuer Kriegsschiffe zur Diskussion stand oder Personalfragen der Marine erörtert wurden – die Sozialdemokratische Partei lehnte stets ab.[190] Ihre Sprecher mochten nicht einmal Ausgaben für Reparaturen des vorhandenen Schiffsmaterials zustimmen und verlangten eine kräftige Reduzierung des Seeoffizierskorps – getreu der Parole, die der SPD-Abgeordnete und Marine-Experte Künstler ausgegeben hatte: »Die Kriegsflotte ist vollkommen überflüssig, Deutschland kann ohne Marine seine Küsten schützen.«[191] Die von Frankreich und Polen ausgehenden Gefahren wurden schlichtweg negiert, die

Sorgen um die äußere Sicherheit der Republik zu Schimären einer unbelehrbar kriegslüsternen Militärkaste erklärt.

Eine so wenig um nationale Interessen bekümmerte Politik bedurfte ständiger Reizworte und Prügelknaben, um sich vor der Öffentlichkeit rechtfertigen zu können. Die Abenteuer und Missionen des Korvettenkapitäns Canaris im Halbdunkel der Reichswehrpolitik machten ihn zu einem idealen Buhmann der Linken; seine Vergangenheit im Schatten von Revolution und Gegenrevolution prädestinierte ihn so recht für die Rolle des putschsüchtigen Republik-Verräters und unverbesserlichen Reaktionärs. »Männer wie Sie«, klagte ihn die »Weltbühne« an, hatten »seit zwölf Jahren ihre Finger in jedem Handel stecken, der die Republik geschädigt hat«.[192]

Je mehr aber die linken Polemiker auf Canaris einhämmerten, desto nervöser reagierte die Marineleitung. Anfangs mochten die Kameraden und Vorgesetzten den Schneid bewundern, mit dem sich Canaris als Verteidiger der Marine gegen Sozialisten und Pazifisten schlug. Bald wich jedoch die Bewunderung dem Unmut. Es konnte die Marineleitung nicht gleichgültig lassen, daß ständig einer ihrer Offiziere Gegenstand öffentlicher Angriffe war und sein Name zum Fixpunkt marinefeindlicher Emotionen wurde. Eine Entwicklung voll bitterer Ironie zeichnete sich ab: Der Marine-Verteidiger Canaris wurde zu einer Belastung für die Marine.

Da trat ein Ereignis ein, das Canaris' Stellung vollends unhaltbar machte: Am 20. Mai 1928 fanden Neuwahlen zum Reichstag statt, aus denen die SPD als Sieger hervorging. Die Marineleitung mußte mit der Möglichkeit rechnen, daß ein sozialdemokratischer Politiker die nächste Regierung bildete und die SPD Einfluß auf die Marinepolitik ausüben würde. Tatsächlich wurde der SPD-Führer Hermann Müller neuer Reichskanzler. Jetzt galt es, auf die Haltung der Partei Rücksicht zu nehmen, zumal Müller den guten Willen mitbrachte, auch gegen den Widerstand der Linkssozialisten die Wehrpolitik früherer Regierungen fortzusetzen.[193] Das aber machte notwendig, alles aus dem Weg zu räumen, was das Einvernehmen zwischen Marine und SPD-Kanzler störte. Mit anderen Worten: Canaris mußte aus Berlin verschwinden.

Zenker versetzte ihn zum 22. Juni 1928 als Ersten Offizier an Bord des alten Linienschiffes »Schlesien«, das in der Nordsee Dienst tat und von dem Kapitän zur See Max Bastian kommandiert wurde. Die Versetzung von Canaris war ein reiner Akt opportunistischer Marinepolitik. »Im Verlauf der Ausführung von Aufträgen diskreter Natur«, schrieb ihm Donner am 18. Juni in die Führungspapiere, »ist sein Name in letzter Zeit in wehrfeindlichen Blättern usw. meist unter Hinzufügung völlig abwegiger Kombinationen mehrfach genannt worden. Dieserhalb . . . ist es nötig, . . . ihn wirklich nur in der Front zu verwenden.«[194] Ein Trostpflaster folgte ein Jahr später nach: seine Beförderung zum Fregattenkapitän.[195]

Donner und sein Chef ließen Canaris nur ungern ziehen, denn gerade jetzt verhießen ihnen die Nachrichten der spanischen Freunde, daß Canaris in Madrid auf der ganzen Linie gesiegt hatte. Echevarrieta erhielt von König und Diktator den Auftrag, ein deutsches 750-Tonnen-U-Boot für die spanische Marine zu bauen; weitere Boote sollten folgen.[196] »Ich bitte Sie«, schrieb Canaris-Freund Araoz an Donner am 13. Mai 1928, »teilen Sie A.

Z. [Admiral Zenker] die erfreuliche Nachricht mit; denn es ist ein großer Sieg, daß es möglich war, den Widerstand zu überwinden, der 25 Jahre währt, solange wie ich hier arbeite.«[197]

Unter dem Eindruck solcher Nachrichten wurden Zenker und Donner unsicher, ob es richtig sei, Canaris von allen politischen Sondermissionen fernzuhalten. Prompt fielen sie um, als die Spanier erneut nach ihrem Canaris verlangten. Zenker erlaubte Canaris wiederholt, nach Spanien zu reisen oder auf der »Schlesien« mit spanischen Beauftragten zu verhandeln.[198] Nicht ohne Verlegenheit mußte dann Donner beim Flottenkommando in Wilhelmshaven um Verständnis für die politischen Extratouren des Ersten Offiziers der »Schlesien« bitten. Das las sich etwa am 27. August 1928 so: »Obwohl der Chef sonst grundsätzlich Canaris aus diesen Geschäften herauszuhalten wünscht, ist ihm im vorliegenden Falle doch soviel daran gelegen, daß er diese Ausnahme gutheißt.«[199]

Plötzlich aber stoppte die Marineleitung alle weiteren Spanien-Aufträge für Canaris. Auf Zenkers Schreibtisch waren vertrauliche Meldungen gelangt, die in dem Marinechef den Verdacht nährten, daß Canaris in Spanien keineswegs mit jener Diskretion vorging, die allein der Marineleitung öffentlichen Ärger ersparen konnte. Das Renommee des Meisteragenten Canaris sank auf den Nullpunkt: Seine angeblich so geheimen Aktivitäten waren offenbar schon Tagesgespräch auf den Partys der Madrider Gesellschaft.

Schon am 22. November 1927 hatte die »Weltbühne« einen Artikel veröffentlicht, dessen anonymer Verfasser eine alarmierende Vertrautheit mit den Canaris-Unternehmungen in Spanien verriet. Im satirisch verschleierten Stil eines Märchens vorgetragen, erzählte der Autor die Geschichte eines nimmermüden Kriegers: »Dieser Schlaueste hatte mächtige Kastenverwandte in spanischen und griechischen Landen und führte den Namen ›Nauarchos‹. Das Volk aber nannte ihn nur den ›Canarischen‹.« Er habe »Tag und Nacht« auf einen neuen Krieg gesonnen und beschlossen, »sich vor allen Dingen Schiffe zu verschaffen« – im Ausland. So »schiffte er sich ein und fuhr mit vollen Segeln nach Spanien. Dort hatte er einen Freund, der von dem spanischen Volk nach dem schönen Baume ›die Esche‹ genannt wurde. Die Esche besaß viele Sklaven, Bergwerke, Schmelzöfen und baute Schiffe, die gleich den Fischen unter Wasser schwimmen konnten.« Die Esche (gemeint war natürlich Echevarrieta) habe dem Canarischen zugesagt, ihm auch solche Schiffe zu bauen, »und der Canarische versprach ihm, viel Geld zu schicken«. Die Esche habe nun fleißig Schiffe für den großen Krieg gebaut: »Auf Wunsch dieses Mannes hielt er den Bau geheim und verbarg die fertigen Fahrzeuge vor den Blicken der andern Völker, denn er wußte wohl, daß der Canarische den andern Nationen gegenüber einen heiligen Eid hatte schwören müssen, derartiges nicht zu tun.«[200]

Den führenden Männern der Marineleitung dämmerte, daß Canaris keineswegs der Meister der Tarnung war, für den er sich gerne ausgab. Ein Bericht des Ministerialrats Frerich vom Reichswehrministerium, just heimgekehrt von einer Berufsbelehrungsreise durch Spanien, bestärkte diesen Verdacht. Frerich meldete am 16. April 1928, zahlreiche Vertreter der deutschen Wirtschaft in Madrid bezweifelten, ob Canaris mit den richtigen spanischen Partnern zusammenarbeitete; Echevarrieta »arbeite skrupellos mit allen Mitteln«, er sei zudem an vielen Werften beteiligt, »die unter englischer Leitung und englischem Einfluß (Vickers) stünden«.[201]

Der Frerich-Bericht, an mehrere Referate der Marineleitung verteilt, las sich so katastrophal, daß Donner sofort sämtliche Exemplare wieder einziehen ließ, weil der Report »zum Teil Angaben enthält, die, in falsche Hände geraten, zu den schwersten außenpolitischen und wirtschaftlichen Folgerungen Veranlassung geben können«.[202] Von dem Mißtrauen gegen Canaris konnte sich jedoch selbst Donner nicht mehr frei machen. Die Bedenken erfuhren eine neue Bestätigung, als sich ein ehemaliger Agent der Marineleitung auf die Spuren des geheimnisvollen Herrn Kika setzte.

Im Frühjahr 1928 hatten Canaris' altes Dezernat (A II m) und das Abwehrreferat der Marineleitung (A II k) den deutsch-spanischen Journalisten Dr. Ritter von Goß als »Nachrichten-Agenten« angeworben; er sollte militärische Informationen liefern, während dem Canaris-Vertreter Messerschmidt die Wahrnehmung der geheimen Kontakte zur spanischen Marine allein überlassen blieb.[203] Wie kaum anders zu erwarten, kamen sich die beiden Agenten in die Quere, zumal der fanatische Deutschtümler Goß den Messerschmidt-Auftraggeber Canaris nicht ausstehen konnte, hielt er ihn doch als Partner »jüdischer Geschäftemacher« für eine zutiefst »undeutsche« Figur.

»Wir sind hier«, vertraute Goß seinem Führungsoffizier in Berlin an, »ein ganz kleiner Kreis von Leuten, die wir uns die Aufgabe gesetzt haben, bewußt das Deutschtum zu pflegen.«[204] In diesem Zirkel altgedienter Agenten und Zuträger aus dem Ersten Weltkrieg wurde der Name Canaris »nicht immer mit gleich guter Betonung« genannt. Goß: »Herr Canaris hat seine Gewährsleute in Kreisen, deren Deutschtum nicht immer die Feuerprobe ausgehalten hat . . . Also Herr Canaris steht der Bankwelt der Herren Ullmann und Genossen sehr nahe und holt sich von dort seine Kenntnisse. Diese Kenntnisse und Auskünfte sind samt und sonders aufgebaut auf dem Bestreben dieser Leute, Geschäfte zu machen, nichts weiter.«[205]

Goß lockte es, das ganze Spanien-Netz von Canaris aufzudecken. Solange er freilich im Dienst der Marineleitung stand, mußte sich Goß zurückhalten. Nach der Vereinigung des Marine-Geheimdienstes mit dem Abwehrdienst des Heeres im April 1928 aber witterte Goß eine Chance; nunmehr der Abwehrabteilung des Reichswehrministeriums unterstellt, ließ er sich im Juni von seinen neuen Vorgesetzten den Auftrag erteilen, hinter Canaris herzurecherchieren. Ein paar Tage genügten ihm, den spanischen Spionageapparat des »Herrn C.« zu enttarnen.

Goß stieß dabei auf einen solchen geheimdienstlichen Dilettantismus, daß er nicht länger an die Mär vom Meisterspion Kika glauben mochte. Sein Fazit: Was Canaris in Spanien treibe, sei »für die Katz«.[206] Am 27. September 1928 meldete er nach Berlin: »Wenn . . . es mir gelungen ist, innerhalb von vier Tagen den großen Rahmen der Zusammenhänge herauszufinden, mir, dem Anfänger in diesen Arbeiten, dann deckt ein geschulter Mann, der außerdem nicht wie ich einen vollen Beruf hat, das ganze Gebäude in 24 Stunden auf.« Canaris, folgerte Goß keck, sei für Geheimmissionen schwerlich geeignet, zumindest in Spanien, »weil die Vertraulichkeit, die nun einmal diese Arbeit verlangt, unter keinen Umständen gewahrt worden ist, da bei den einzelnen Gesellschaften Herr C. ein offenes Buch ist. Er wird schon auf der Suppenschüssel als geheimnisvolle Persönlichkeit herumgereicht, mit Augenzwinkern: ›Wissen Sie, Marinemann, sucht und hat Verbindungen, Auskünfte, wichtiger Mann.‹«[207]

Man wird sich lebhaft vorstellen können, wie diese Urteile auf die Canaris-Bewunderer gewirkt haben mögen. Korvettenkapitän Suadicani, Canaris' Nachfolger beim Chef des Stabes der Marineleitung, notierte am 21. Oktober einen »Vermerk« für die Akten: »Der Vertrauensmann in Madrid ist angewiesen, über diese Marineangelegenheiten seine Berichterstattung einzustellen.«[208] Der neue Marinechef Erich Raeder indes, seit dem 2. Oktober am Schreibtisch Zenkers,[209] zog andere Konsequenzen: Er sperrte Canaris für weitere politische Sonderaufgaben.

Raeder und Canaris hatten sich nie gemocht. Dem engherzigen, ängstlich um Karriere und Selbstdisziplin bemühten Admiral Raeder war der politisch ehrgeizige Canaris unheimlich, er trug allzu viele Gesichter, um Raeder Vertrauen einzuflößen. Er hatte nie das undurchsichtige Lavieren von Canaris in den Tagen vor dem Kapp-Putsch aus dem Gedächtnis streichen können, auch nicht die heftigen Kontroversen, die der damalige Bildungsinspekteur Raeder mit dem »Berlin«-Kommandanten von Loewenfeld und dessen Erstem Offizier Canaris austrug.[210] Zudem besaß Raeder ein persönliches Interesse, Distanz zu Canaris zu wahren. Auch der Konteradmiral Raeder hatte eine putschistische Vergangenheit zu bewältigen, er galt als der eigentliche Spiritus rector des Abfalls der Marine von der Republik während des Kapp-Abenteuers – Anlaß genug, jetzt Treue zur Republik zu demonstrieren und die Nähe des Prügelknaben der linken Presse zu meiden.[211]

Der Reichswehrminister Groener entmutigte ebenfalls eine weitere marinepolitische Betätigung von Canaris. Gemeinsam mit Raeder lehnte er jeden Antrag ab, Canaris in die neuen Verhandlungen mit dem spanischen Marineministerium einzuschalten. Als Echevarrieta im Mai 1929 die Marineleitung um die Entsendung von Canaris nach Spanien bat, hielt Suadicani in den Akten fest: »Entsendung C. vom Minister bedingungslos abgelehnt.«[212] Vergebens machte Canaris seine Freunde mobil, um das Reiseverbot zu unterlaufen. Echevarrieta beschwor die ML, ohne Canaris würden die Verhandlungen in Madrid scheitern, Messerschmidt drohte dunkel »Verärgerung der betreffenden Spanier« für den Fall an, »daß die Person, die die ganze Vorarbeit eingefädelt hat, jetzt desavouiert wird«, selbst die Deutsche Botschaft in Madrid wurde zugunsten von Canaris bemüht – Raeder und Groener blieben bei ihrem Nein.[213]

Widerwillig konzentrierte sich Canaris auf seinen Dienst an Bord der »Schlesien«. Fast wütend verbohrte er sich in jedes Detail seiner Arbeit, mit »hemmungslosem Diensteifer« (so eine Eintragung in seinen Führungspapieren) kompensierte er, was ihm die Berliner Zentrale verweigerte.[214] Unnachsichtig trieb er Mannschaften und Offiziere an, er verlangte strengste Erfüllung aller Pflichten und war wegen seines Durchgreifens gefürchtet, auch wenn er Zeichen menschlicher Güte gab.[215] Es müsse, sorgte sich der »Schlesien«-Kommandant, »darauf geachtet werden, daß er sich nicht zuviel zumutet«. Ende 1929 ging er mit der Familie in Urlaub und besuchte Korfu

– ein schlechtes Symptom für Canaris' Gemütszustand, denn er haßte solche Reisen, Urlaub erschien ihm meist als eine unerwünschte und höchst entbehrliche Unterbrechung des Dienstes.[216]

Canaris agierte so tatendurstig auf dem Linienschiff, daß die Berliner Vorgesetzten seinem Ehrgeiz einen inhaltsreicheren Posten suchen mußten. Sie fanden einen, ebenfalls weit genug entfernt vom Sitz der Marineleitung: Am 29. September 1930 wurde der Fregattenkapitän Chef des Stabes der Marinestation der Nordsee.[217] Aber auch die neue Dienststellung war zu klein für Canaris' Ambitionen, zudem behagte ihm der Stab nicht, vor allem sein Erster Admiralstabsoffizier, der Korvettenkapitän Karl Dönitz. Hitlers letzter Marineoberbefehlshaber erinnert sich: »Wir sagten damals von ihm, er hätte mehrere Seelen in seiner Brust. Wir vertrugen uns nicht.«[218]

Noch hoffte Canaris freilich, daß man ihn doch wieder nach Berlin zurückholen werde. Tatsächlich gab es Kameraden in der Marineleitung, die sein Comeback betrieben. Da geriet sein Name abermals in die Schlagzeilen: Ein öffentlicher Skandal machte alle Chancen für eine neue Karriere in Berlin zunichte.

Auslöser war der »Weltbühne«-Journalist Berthold Jacob, der sich auf Enthüllungen über die Reichswehr und rechtsradikale Organisationen spezialisiert hatte und 1928 vor dem Reichsgericht stand, angeklagt des Landesverrats.[219] Die Anklage vertrat der Reichsanwalt Jorns, jener Mann, der schon 1919 im Prozeß gegen die Mörder Liebknechts und Rosa Luxemburgs als Ankläger fungiert hatte. Jacob erinnerte sich an die umstrittene Rolle Jorns' und verfaßte einen Artikel, in dem er Jorns vorwarf, den Mördern Vorschub geleistet zu haben.[220] Auch der einstige Kriegsgerichts-Beisitzer Canaris bekam dabei einen Spritzer ab: »Er hat den Angeklagten nicht weh getan!«[221]

Kaum war Jacobs Artikel – anonym – am 24. März 1928 in der Zeitschrift »Das Tagebuch« erschienen, da reagierte Reichsanwalt Jorns. Er strengte gegen den verantwortlichen »Tagebuch«-Redakteur Josef Bornstein einen Prozeß wegen Beleidigung und übler Nachrede an.[222] Das war der Augenblick, auf den die Freunde und Bewunderer der ermordeten KP-Führer seit Jahren gewartet hatten. Vor dem Schöffengericht in Berlin-Mitte breiteten sie im April 1929 ihr Material gegen die Mörder und deren Helfershelfer Jorns aus. Ergebnis: Bornstein wurde freigesprochen, weil das Gericht »für erwiesen« hielt, daß Jorns' Verhalten 1919 »den Tätern zum Vorteil gereichen konnte«.[223]

Doch der abgewiesene Reichsanwalt gab nicht eher Ruhe, bis ein neues Gericht, eine Strafkammer des Landgerichts III in Berlin, den Fall Anfang 1931 abermals verhandelte.[224] Diesmal hatte Jorns mehr Glück, denn der Vorsitzende der Strafkammer sympathisierte mit ihm. Bornstein-Verteidiger Georg Löwenthal erkannte das sofort und spielte einen letzten Trumpf aus: Am 22. Januar 1931 bat er einen ehemaligen Kollegen in den Zeugenstand, der ihm bestätigen sollte, daß Jorns – wie Löwenthal behauptete – bei der Vorbereitung der Flucht der Mörder Liebknechts und Luxemburgs mitgewirkt habe. Es war der Mann, den in der Öffentlichkeit zu meiden Canaris allen Grund hatte: Ex-Anwalt Bredereck, der Konfident des Nationalverbandes Deutscher Offiziere, dessen Geld die Flucht der Mörder ermöglicht hatte.[225]

Umständlich erzählte Bredereck seine Geschichte: wie er im Auftrag des Offiziersverbandes Geld für die Angeklagten gesammelt und mit der Schwester der beiden Häftlinge Horst und Heinz Pflugk-Hartung Verbindung aufgenommen habe und schließlich das Geld von der Frau und deren Begleiter abgeholt worden sei. Löwenthal hakte ein: »Wer war der Begleiter?«

Bredereck zögerte einen Augenblick, dann sagte er: »Kapitänleutnant Canaris.«

Löwenthal: »War Canaris bekannt, welchem Zweck diese Gelder dienten?«

Bredereck: »Jawohl.«

Der Vorsitzende schaltete sich ein: »War das Geld auch für die Flucht von Vogel bestimmt?«

Bredereck: »Ich weiß nicht, ob Vogel damals noch im Gefängnis war. In erster Reihe sollte das Geld für die Offiziere bestimmt sein, die im Fall Liebknecht in Haft waren.«

Löwenthal: »Ist davon gesprochen worden, ob Herr Jorns von diesen Geldern etwas gewußt hatte?«

Bredereck: »Davon ist nicht gesprochen worden. Ich bin sogar überzeugt, daß Herr Jorns nichts gewußt hat. Es wußten davon nur der Geldgeber, Canaris und ich und selbstverständlich die Vorstände der Offiziersvereine.«[226]

Die Meldungen über die Bredereck-Aussage in den Morgenzeitungen des 23. Januar verstörten die Canaris-Freunde in der Marineleitung. Fregattenkapitän Flies, der ehemalige Lohmann-Adjutant, rief Canaris in Wilhelmshaven an und bat um eine Stellungnahme. »Er erklärt«, schrieb sich Flies auf, »daß er keine Gelder für eine Flucht Pflugk-Hartungs beschafft hat. Da es der Schwester Pflugks und ihren Eltern sehr schlecht ging, hat C. sich bei den Offiz.-Verbänden bemüht, ihr Unterstützungsgelder zu verschaffen. Zu diesem Zeitpunkt sei von einem Fluchtplan Pflugks noch gar nicht die Rede gewesen.«[227]

Das reichte jedoch den führenden Männern der Marineleitung nicht; Canaris wurde ersucht, eine schriftliche Erklärung aufzusetzen. Am 26. Januar formulierte er, Fräulein Pflugk habe ihm berichtet, die Familie werde »von kommunistischer Seite ständig in Angst versetzt«. Canaris: »Unter diesen Umständen sollte ein Geldbetrag verfügbar gehalten werden, um im Falle eines kommunistischen Umsturzes den Herren [den Häftlingen] und auch ihren bedrohten Angehörigen die Möglichkeit zu geben, sich vor Gewalthabern zu retten, welche den rücksichtslosesten Terror gegen jeden politischen Gegner offen zum Programmpunkt erhoben hatten.«[228]

Den Lesern in der Marineleitung wird nicht entgangen sein, daß in jeder der beiden Canaris-Erklärungen etwas anderes stand. Nach der einen Version sollte die Geldsammlung die Familie Pflugk-Hartung aus finanzieller Verlegenheit befreien, nach der anderen sie und die verhafteten Brüder vor politischen Gegnern in Sicherheit bringen. Zutreffend war keine der beiden Versionen, denn am 30. Januar 1931 schrieb die Mutter der beiden Brüder nicht ohne Empörung an ihren Anwalt, er möge folgende Richtigstellung in der Presse veröffentlichen: »Weder sie [die Familie] noch einer der beiden angeklagten und freigesprochenen Brüder v. P. H. haben jemals von irgendeiner Seite in dieser Angelegenheit Geld erhalten oder auch nur gefordert. Es ist ebenfalls unrichtig, daß die Familie von Kommunisten dauernd bedroht worden sei und deshalb Berlin verlassen hätte.«[229] Der Anwalt hatte Mühe, den Pflugk-Hartungs die Idee einer Presse-Erklärung wieder auszureden; erst allmählich begriffen sie, »daß wir unter Umständen Canaris schaden könnten, wenn wir eine solche Feststellung veranlassen« (so Ilse von Pflugk-Hartung).[230]

Bredereck wurde ebenfalls unter Druck gesetzt, seine Aussage zurückzuziehen, ja die Marineleitung drohte sogar, ihn wegen Falscheides anzuzeigen, doch der Anwalt blieb bei seiner Version.[231] Auch der Berliner Landesvorsitzende des Nationalverbandes Deutscher Offiziere, von der Marineleitung angesprochen, mochte sich nicht gegen Bredereck engagieren lassen. Eine ML-Notiz hielt fest: »Er legte keinen Wert auf eine öffentliche Auseinandersetzung über diesen Fall.«[232]

So blieb dem Reichswehrministerium nur übrig, in einer amtlichen Erklärung die Mär von der Kommunisten-Drohung zu erzählen: »Fräulein von Pflugk-Hartung hat sich mit der Bitte um Unterstützung an den ihr bekannten Kapitänleutnant Canaris gewandt, da sie und ihre Familie dauernd von Kommunisten bedroht waren ... Nach der Freisprechung der Brüder Pflugk-Hartung ... erfuhr dieser [Canaris], daß noch Gelder vom Nationalverband Deutscher Offiziere für die Familie Pflugk-Hartung vorhanden seien, er entschloß sich daher, ... die Aushändigung dieser Gelder an Fräulein von Pflugk-Hartung zu erwirken, damit diese und ihre Familienangehörigen Berlin verlassen konnten.«[233]

Das Dementi überzeugte natürlich keinen Canaris-Kritiker. »Die Reichswehr dementiert mal wieder«, »Neuer Versuch, die Wahrheit zu vertuschen« – so und ähnlich lauteten die Schlagzeilen der Presse.[234] »Eine solche Erklärung«, argumentierte die sozialdemokratische »Volkswacht«, »genügt jedenfalls nicht, um die eidliche Aussage Brederecks zu widerlegen, zumal Reichswehrdementis von vornherein unglaubwürdig sind, da sie sich zu oft als gänzlich unwahr herausgestellt haben.«[235]

Schlimmer aber war für Canaris, daß die Presse erneut begann, jede Phase seiner Vergangenheit zu durchleuchten. »Wenn Brederecks Aussage zutraf«, schrieb das »8-Uhr-Abendblatt« am 26. Januar, »so hätte sich Kapitän Canaris eines in der deutschen Rechtsgeschichte glücklicherweise noch nicht vorgekommenen Verbrechens schuldig gemacht, nämlich als Richter einem Angeklagten zur Flucht verholfen zu haben.«[236] Und der »Montag-Morgen« fand, »der bloßgestellte Kapitän Canaris« sei für das Reichswehrministerium nun so belastend, daß es sich »zum Einschreiten genötigt« sehen müsse.[237]

Die Marineleitung schritt in der Tat ein: Sie verbaute Canaris den Rückweg in die Berliner Zentrale. Raeder sorgte dafür, daß der Fregattenkapitän seinen Posten in der Nordseestation auf keinen Fall verließ. Canaris sollte endlich zur Ruhe kommen, doch die Ruhe des Flottenstabes irritierte, ja lähmte den quirligen Mann. Auch die Beförderung zum Kapitän zur See am 1. Oktober 1931 konnte Canaris nicht darüber hinwegtäuschen, daß er sich einer Endstation seiner Karriere näherte. Er sah seinen unvermeidlichen Weg schon voraus: Mit dem Kapitänsrang würde er irgendwo in der navalistischen Provinz enden. Er sah sich als Opfer pazifistischer Eiferer und militärischer Karrieristen, die Republik bot ihm kaum noch eine Zukunft.

Doch es gab eine Alternative, sie formierte sich just in diesen Wochen auf den Straßen deutscher Städte, laut, rüde, gewalttätig und doch so zukunftsgläubig. Auch auf den Straßen und Plätzen Wilhelmshavens erschienen die braunen Marschkolonnen des nationalsozialistischen Parteiheeres, das einem neuen Heiland folgte. Adolf Hitler und die Seinen schickten sich an, die Herrschaft in Deutschland an sich zu reißen.

War das die ersehnte Lösung, die Befreiung von allen Sorgen und Ängsten, die Canaris zusehends beherrschten? Er wußte es nicht, aber er mochte die Chance nicht missen. Wilhelm Canaris war entschlossen, den Zug in die neue Zeit nicht zu verpassen.

5 Im Labyrinth der Geheimdienste

Die Parole lief durch alle Zimmer des Stabes der Nordseestation, jeder Interessierte erfuhr die Nachricht, alle wußten Bescheid: Er kommt. Auch Stabschef Canaris hörte die Botschaft, keiner der in Wilhelmshaven stationierten Marineoffiziere mochte sich der eigenartigen Faszination entziehen, die von diesem Ruf ausging: Er kommt.

Am 23. Mai 1932 kam er, der umstrittenste Parteiführer Deutschlands, der Mann, der mit einer noch nie dagewesenen Massenbewegung einen gehässigen Feldzug voller Ressentiments und Anklagen gegen die hartbedrängte Republik führte und dennoch für Millionen Deutsche zur letzten Hoffnung geworden war. Adolf Hitler, Führer der Nationalsozialistischen Deutschen Arbeiter-Partei (NSDAP), schickte sich an, auch in der traditionsschweren Marinestadt Wilhelmshaven das Banner des Führerkults aufzupflanzen.

Schon auf Hitlers Fahrt nach Wilhelmshaven-Rüstringen »warteten die Menschen in allen Orten vor ihren Hütten und sauberen Häuschen auf den Führer«, wie der »Völkische Beobachter« in dem ihm eigenen byzantinischen Stil zu melden wußte.[1] Je näher der Wagen dem Versammlungslokal kam, in dem Hitler eine Rede halten sollte, desto größer wurden die Menschenmengen an den Straßenrändern. Vor dem Lokal »Schützenhof« in Rüstringen hielt der Wagen. »Nur einen Bruchteil der draußen Wartenden«, so ein Beobachter, »konnte der große Saal fassen. Auf freiem Feld standen Tausende und Tausende und lauschten dort der Rede des Führers, die durch Lautsprecher übertragen wurde.«[2]

Mancher Marineoffizier hatte Zivilkleidung angelegt, um den Parteiführer reden zu hören, der seit Monaten die politischen Gespräche in den Marinekasinos beherrschte. Der Anblick des Mannes mit der schwarzen Stirnlocke und der bizarren braunen Parteiuniform ernüchterte freilich; Auftreten und Gestik Hitlers verrieten nichts von dem Volksdemagogen, der er sein sollte. Doch kaum hatte er das Rednerpult betreten und die ersten Worte – noch stockend – gesprochen, schien er wie verwandelt: Jeder seiner hinausgestoßenen Sätze enthüllte, daß niemand die Mißstimmungen und Angstkomplexe der deutschen Gesellschaft besser zu artikulieren wußte als er.

Die Stunde war günstig für ihn, das Land hatte eine scheinbar ausweglose Staats- und Sozialkrise erfaßt. Über Deutschland rollten die Wogen der Weltwirtschaftskrise; 5,4 Millionen Deutsche waren arbeitslos, der seit der Inflation bereits verarmte Mittelstand sah sich seiner materiellen Basis vollends beraubt. Das Massenelend drohte zu zerstören, was die Republik trotz aller Krisen noch zusammengehalten hatte.[3]

Die Weimarer Demokratie war nie populär gewesen; für die sozialistische Linke blieb die Republik »mit dem Makel der verpaßten Sozialisierung behaftet« (so der Historiker Werner Conze),[4] während das Bürgertum in dem ungewohnten Parteienstaat kein geordnetes Staatswesen, sondern nur eine Anarchie egoistischer Interessengruppen sah. Nirgendwo fand sich eine Mehrheit, diesen Staat zu verteidigen. Sozialdemokraten, Demokraten und Zentrumsparteiler, in der »Weimarer Koalition« vereint, hatten 1919 den Staat begründet, aber schon ein Jahr danach die Mehrheit im Reichstag verloren. Seither lebte die Demokratie »nur noch von der Duldung durch die Gemäßigteren ihrer Gegner«.[5] Qualvoll mühten sich die Parteien, Koalitionen zu bilden, die oft die widersprüchlichsten Gruppen miteinander verbanden und jeweils kaum ein Jahr überdauerten.

Eine solche Koalition regierte auch, als Deutschland in die Weltwirtschaftskrise geriet; der sozialdemokratische Reichskanzler Hermann Müller, Chef einer Regierung aus SPD, Zentrumspartei und Deutscher Volkspartei, sollte die Krise meistern, doch die ungleichen Partner konnten sich auf ein Reformprogramm nicht einigen. Die Regierung stürzte, der Reichstag aber war regierungsunfähig, weil die stärkste Partei – die SPD – innerlich zerstritten war und sich jeder neuen Koalitionsbildung verschloß. Das verlockte den greisen Reichspräsidenten Paul von Hindenburg, bis zum letzten Atemzug Anhänger des monarchistischen Obrigkeitsstaates, ohne die Parteien zu regieren – allein mit Männern seines Vertrauens.

Aber auch der Präsidialkanzler Heinrich Brüning konnte das Steuer nicht herumwerfen, die von Arbeitslosigkeit und Parteienstreit angeheizte Panikstimmung höhlte die letzten Bastionen der Demokratie aus. Als schließlich Brüning im September 1930 Wahlen anberaumte, war die Stunde der nationalsozialistischen Demagogen gekommen: Hitlers NSDAP wurde zur zweitstärksten Partei im Reichstag. Die Hilflosigkeit der Regierenden hatte vor allem im Mittelstand eine Absetzbewegung ausgelöst, die der Republik die gesellschaftliche Grundlage entzog; von sozialem Abstieg bedroht, der Schönfärberei republikanischer Politiker überdrüssig, formierte sich das Kleinbürgertum zum Protest gegen den demokratischen Parteienstaat, namentlich auf dem Land und in den kleinen Städten, wo jeder Bankrott eines Ladenbesitzers, jede Aufgabe einer selbständigen Position für die hellwache Nachbarschaft zu einem Alarmsignal gesellschaftlichen Verfalls wurde.

Die Not des Mittelstandes und eines Teils der Arbeiterschaft entfesselte Ängste und Sehnsüchte, die demokratische Aufklärer längst überwunden glaubten. Der Ruf nach dem starken Mann war in aller Munde. Schon lange schien er angekündigt, der Erlöser, »auf den wir alle voll Sehnsucht warten, die Deutschlands Not heute so tief im Herzen empfinden, daß tausend und aberhunderttausend Hirne ihn malen, Millionen Stimmen nach ihm rufen, eine einzige deutsche Seele ihn sucht«, wie schon 1922 der nationalistische Militärschriftsteller Kurt Hesse schwärmte.[6] Und immer größer wurde die Masse der Deutschen, die in Hitler diesen Erlöser erblickte. In wenigen Jahren hatte seine Partei mehr als die Hälfte der traditionellen Wähler bürgerlicher Rechts- und Mittelparteien aufgesogen, seit 1930 sprengte sie in den Ländern eine demokratische Regierungskoalition nach der anderen – nur einem Ziel verschworen, nur einer Idee verhaftet: die Macht und nichts als die Macht an sich zu reißen.

Land auf, Land ab predigte Hitler vor immer noch wachsenden Zuhörermassen den politischen Umsturz, die Veränderung der staatlichen und gesellschaftlichen Verhältnisse. Nie hatte ein Volkstribun die Hoffnungen, Ressentiments und Träume eines Volkes instinktsicherer erahnt. Ob er mit der feierlichen Geste des Missionars auftrat oder mit der drohenden Gebärde des Demagogen – Hitler verstand es, den Zuhörer anzusprechen, seine Gläubigkeit zu befriedigen.

Wo immer der Redner Hitler agierte, wußte er sich mit der Masse verbunden, sie war ihm Medium, Aggressionsobjekt und Ansporn zugleich. Meist begann er seine Reden stockend, tastete sich die ersten nichtssagenden Sätze entlang, horchte zu den Zuhörern hin, spürte ihre Neigungen und Abneigungen, paßte sich sofort einer neuen Stimmung an, um dann immer schneller, immer lauter, immer eindringlicher dem Höhepunkt zuzustreben. »Das ist das Wunder unserer Zeit«, rief er einmal, »daß ihr mich gefunden habt, daß ihr mich gefunden habt unter so vielen Millionen! Und daß ich euch gefunden habe, das ist Deutschlands Glück!«[7]

Selbst in der norddeutsch-spröden Atmosphäre des Rüstringer »Schützenhof« wußte Hitler am Abend des 23. Mai 1932 die Zuhörer in Atem zu halten, sie zu frenetischem Beifall und begeisterten Zurufen zu animieren. »Vor ihrem geistigen Auge«, notierte mitgerissen der »Völkische Beobachter«-Korrespondent, »entstand das kommende deutsche nationalsozialistische Reich der Freiheit, Ehre und sozialen Gerechtigkeit gegenüber einem System, das sich 14 Jahre lang mit Sünden beladen hat.«[8] Als Hitler unter den unermüdlichen Heil-Rufen seiner Zuhörer das Rednerpodium verließ, umdrängten ihn zahllose Menschen; nur mit Mühe bahnten ihm die Begleiter den Weg zu seinem Wagen.

Nachdenklich verließen die Marineoffiziere die Szene; die Worte Hitlers hallten in ihnen noch nach, als sie in ihre Quartiere zurückfuhren. Allzu viele Thesen Hitlers waren ihnen vertraut, waren von ihnen selber einmal gedacht oder artikuliert worden. Einer der Marineoffiziere war von Hitlers Auftreten im »Schützenhof« so beeindruckt, daß er den NS-Führer zu sich einlud: Kapitän zur See von Schröder, Kommandant des in Wilhelmshaven liegenden Kreuzers »Köln«, bat ihn um einen Besuch auf dem Kriegsschiff.[9]

Am 26. Mai kletterte Hitler, der innerlich die See verabscheute, an Bord der »Köln«, deren Kommandant ihn mit allen militärischen Ehren empfing. Zur Überraschung der Marineoffiziere erwies sich Hitler als ein intimer Kenner der Marinerüstung; er war offenbar mit allen technischen Details militärischen Schiffsbaus vertraut, sowenig er auch die Nuancen marinestrategischer Planungen verstand. Mancher »Köln«-Offizier war begeistert, einer von ihnen notierte Hitler-Worte mit: »1. Ich werde jeden Landesverrat ausrotten, 2. Ich werde die Flotte im Rahmen des Versailler Vertrages ausbauen, 3. Wenn ich sage, ein Schiff hat 10000 t, so hat es 10000 t, gleichgültig, wie groß es tatsächlich ist.«[10]

Der Hitler, der das Schiff wieder verließ, galt fortan nahezu jedem Offizier der »Köln« als ein ausgemachter Freund und Förderer der Reichsmarine. Noch vor seinem Abschied hatte Hitler ins Gästebuch des Kreuzers eingetragen: »Mit der Hoffnung, mithelfen zu können am Wiederaufbau einer dem Reich würdigen Flotte. Adolf Hitler.«[11] Die Nachricht von dem Empfang des heftigsten Republik-Gegners auf einem Kriegsschiff eben dieser Republik verbreitete sich in Windeseile. Mancher ältere Marineoffizier mißbilligte Schröders Geste, das Gros des Seeoffizierkorps aber bekundete dem Führer der NSDAP seine Sympathie. Durch Tradition und Bordpraxis für autoritäre Lösungen anfällig, in ihrer beruflichen Existenz durch die Linksparteien der Republik immer wieder bedroht, marschierten bereits zahllose Marineoffiziere in Hitlers Heerscharen mit.

Hitlers neuer Wahlsieg im Juli 1932, der die NSDAP nun endgültig zur stärksten und ausschlaggebenden Partei machte, ließ die Masse der Marineoffiziere vollends auf die Seite des NS-Führers rücken. Bereits im Herbst meldete der Chef des Stabes der Ostseestation dem ML-Chef Raeder, die überwiegende Mehrzahl seiner Kommandeure glaube ihrer Einheiten im Falle eines nationalsozialistischen Putsches nicht mehr sicher zu sein.[12] Selbst Raeder, damals noch offiziell für strikteste Treue zur Republik, bahnte schon Kontakte zu Hitler an und propagierte unter der Hand seine eigene Kandidatur für den Posten des Reichswehrministers in einem Kabinett mit NSDAP-Beteiligung.[13]

Wen will es da wundern, daß auch der Chef des Stabes der Nordseestation, Kapitän zur See Wilhelm Canaris, keinen Sinn mehr darin sah, sich der aufsteigenden Massenbewegung des Nationalsozialismus zu verschließen? Ihn band nichts mehr an die Republik, seine Verbannung aus der Berliner Zentrale und die Kampagne der Linkspresse gegen ihn hatten die ohnehin dürftige Loyalität zur Weimarer Demokratie aufgeweicht. Der Massenkult der nationalsozialistischen Bewegung bereitete ihm zwar Unbehagen, ihm, den seit den Kieler Revolutionstagen Straßendemonstrationen und Kundgebungen jedweder Art beklommen machten. Gleichwohl witterte Canaris im Nationalsozialismus eine elementare Kraft, die der Marine die Tore zu einer besseren Zukunft aufstoßen werde und auch ihn aus der inneren Zwangsjacke befreien könne, die er seit dem Umsturz von 1918 trug.

Nie hatte Canaris die kühle Distanz überwinden können, die sein Verhältnis zur Republik bestimmte. Er war und blieb Monarchist, der Sturz des Kaiserstaates hatte ihn seiner politischen Lebensmitte beraubt und in eine Heimatlosigkeit geschleudert, die er nur mühselig durch einen abstrakten Dienst- und Pflichtbegriff kompensierte. Der Zusammenbruch von 1918, so formulierte Canaris später, habe den Offizier »aus dem persönlichen Verhältnis zu seinem Obersten Kriegsherrn herausgerissen und in ein lebensfremdes, unsoldatisches und abstraktes Verhältnis zu einer ebenso lebensfremden und unsoldatischen ›Verfassung‹ gebracht«.[14] Aus solcher Sackgasse gab es nur einen Ausweg: die Flucht in einen Staats- und Vaterlandsbegriff, der die Weimarer Republik zu einer zeitlich begrenzten Übergangslösung stempelte.

Da Canaris nicht einen Augenblick den Gedanken erwägen mochte, die Interessen von Marine und Nation könnten möglicherweise eines Tages nicht mehr identisch sein, zimmerte er sich das Traumbild eines »ewigen Deutschland«, das nichts gemein hatte mit der Tristesse des republikanischen Nachkriegs-Deutschlands und all seiner ungelösten politischen, wirtschaftlichen und sozialen Probleme. Er, der im Krieg »den Begriff ›Deutschland‹ in ganzer Hoheit und Größe« erlebt hatte[15], mochte sich nicht mit der deprimierenden Wirklichkeit des deutschen Alltags abfinden, zumal er nicht aufhörte zu glauben, Deutschland sei dazu berufen, eine Weltmacht zu sein – mittels einer Superflotte.

Das machte ihn empfänglich für die Parolen der NS-Bewegung, die just ein solches größeres Deutschland bauen wollte und die sozialintegrative Ausstrahlung besaß, die der Marine im Laufe des Ersten Weltkriegs verlorengegangen war. Sie bot Aussicht, all das zu verwirklichen, was Canaris erträumte: Errichtung eines autoritären, auf eine charismatische Führerfigur zugespitzten Staates, Befreiung von den Hemmnissen und Ärgernissen moderner Demokratie, Beseitigung der auf den Versailler Vertrag zurückgehenden Beschränkungen deutscher Militär- und Außenpolitik. Canaris dünkte es Aufgabe des deutschen Offiziers, »die seelischen Werte des Soldatentums . . . hinüberzuretten in eine Zeit, in der die Volksgemeinschaft wieder Wehrgemeinschaft war«.[16] Wer aber versprach eben dies energischer als Hitlers Partei?

Auch andere Aspekte des NS-Programms lockten Canaris, der Bewegung näherzutreten. Vor allem die radikalen antikommunistischen Parolen berührten den einstigen Freikorpskämpfer sympathisch, der noch 1931 an die roten »Gewalthaber« erinnerte, »welche den rücksichtslosesten Terror gegen jeden politischen Gegner offen zum Programmpunkt erhoben hatten«.[17] Auch Canaris teilte jene seltsame, fast panikartige Kommunistenangst, die weite Teile des deutschen Bürgertums in arger Disproportion zu den realen Gefahren beherrschte; er hatte von Anfang an zu der Mehrheitsgruppe der Marineoffiziere gehört, der das Techtelmechtel der Heeresführung mit Rußlands Roter Armee unheimlich war und die jede Zusammenarbeit mit der Sowjetunion verurteilte.

Gerade während Canaris' Berliner Dienstzeit hatten antisowjetische Vorstellungen die Politik der Marineleitung bestimmt. Die ML widersetzte sich lange Zeit einem Besuch sowjetischer Kriegsschiffe in deutschen Häfen, noch 1929 hatte sie einer Visite nur zustimmen wollen, falls gesichert sei, daß es zu keinen Kontakten zwischen sowjetischen Schiffsbesatzungen und deutschen Kommunisten komme.[18] Nicht einmal der Aufführung sowjetischer Marinefilme mochte die ML zustimmen. Als 1927 »Panzerkreuzer Potemkin« in einem großen Berliner Lichtspieltheater aufgeführt werden sollte, setzte die Marineleitung die großen Filmverleih- und Theatergesellschaften so lange unter Druck, bis Gewähr bestand, daß der sowjetische Streifen nur in einem kleinen Kino gezeigt wurde.[19]

Canaris und sein damaliger Vorgesetzter von Loewenfeld wachten streng darüber, daß in der Marine keine Fäden nach dem Osten gesponnen wurden. Im Juli 1926 hielt Loewenfeld vor hohen Marineoffizieren einen Vortrag über »Richtlinien und Ziele der deutschen Marinepolitik«. Kernsätze: Der Bolschewismus sei »der größte Feind der Kultur des Abendlandes«, das faschistische Italien und auch Frankreich seien normale Bundesgenossen Deutschlands; Loewenfeld hielt es sogar für denkbar, daß Polen »aus wirtschaftlichen Gründen« die nach 1918 annektierten deutschen Gebiete zurückgebe und sich dafür »auf Kosten von Rußland, Litauen, Kurland usw. gesund« mache. An England aber müsse Deutschland »zielbewußt und taktvoll Anschluß« suchen, denn: »Zerbricht England am Kommunismus oder zerbricht England durch Abfall seiner Kolonien, so ist die Gefahr der Bolschewisierung Europas brennend in die Nähe gerückt.«[20]

Wem fällt nicht auf, daß hier der Canaris-Mentor Loewenfeld Thesen formulierte, die schon Hitler in »Mein Kampf« zu seinem Programm erhoben hatte? Wer so artikulierte, konnte nicht mehr lange dem Nationalsozialismus fernbleiben. Manche Freunde und Kameraden von Canaris marschierten bereits bei den Braunen mit: Friedrich Wilhelm Heinz, Hartmut Plaas und Manfred von Killinger waren dabei, selbst der alte Hitler-Kritiker Ehrhardt spielte schon mit dem Gedanken, die Uniform eines SS-Brigadeführers anzulegen.[21]

Auch der Kapitän Canaris galt bald als ein »begeisterter Nationalsozialist«, wie sich sein Kamerad Conrad Patzig erinnert.[22] Die nächste Station seiner Laufbahn konfrontierte ihn stärker denn je mit den Stimmungen der Zeit und der Marine: Am 29. September 1932 übernahm Canaris das Kommando über die »Schlesien«, deren Besatzung in ihrer Mehrheit längst die Republik abgeschrieben hatte.[23] Auch die häufigen Besuche des Linienschiffes in den Hafenstädten der Nord- und Ostsee machten Canaris mit dem unruhig-diffusen Klima vertraut, das in allen Bereichen der deutschen Gesellschaft herrschte. Man brauchte nicht Prophet zu sein, um zu wissen, daß die Tage der Demokratie gezählt waren.

Persönliche Bekanntschaft mit maßgeblichen Nationalsozialisten bestärkte Canaris in dem Glauben, der bevorstehende »Umbruch« – von Freund und Feind wie ein Fatum erwartet – werde nicht in Chaos und Radikalismus ausarten. Canaris hatte bei einem Besuch in Hamburg den NS-Gauleiter Karl Kaufmann kennengelernt, einen führenden Parteigenossen der ersten Stunde, der eher zu den »vernünftigen« Nazis zählte und kein kritikloser Bewunderer Hitlers war. Was ihm Kaufmann als Programm seiner Partei definierte, gefiel Canaris, zumal der Gauleiter eine Visitenkarte vorwies, die den Kapitän stets beeindruckte: Kaufmann war Freikorpssoldat gewesen, er hatte in der Ehrhardt-Brigade mitgekämpft.[24]

So war Canaris längst auf die nationalsozialistische Ära eingestimmt, als der 30. Januar 1933, der »Tag der Machtübernahme«, über Deutschland hereinbrach. Er erlebte den Tag nicht an Land, sondern auf dem Wasser inmitten militärischer Routine (die »Schlesien« veranstaltete in der Kieler Bucht gemeinsam mit dem Linienschiff »Hessen« Torpedo- und Artillerieschießübungen), dennoch schlug auch ihn die Aufbruchstimmung des 30. Januar in ihren Bann.[25] Die Wogen nationaler Begeisterung in Stadt und Land spülten alle Bedenken weg, die Canaris noch gehabt haben mag. Als er am 13. Februar die »Schlesien« auf einer Kieler Werft zur Überholung ablieferte[26], sah er ein neues Deutschland: Uniformen wie zu Kaisers Zeiten beherrschten die Straßen, nationalistische Parolen riefen zur Rettung des Vaterlandes auf, das Land schien nur noch mit einer Stimme zu sprechen. Was der Kapitän Canaris sah, imponierte ihm – wie vielen, allzu vielen Deutschen in jener Stunde.

Selbst die ersten Anzeichen des braunen Gleichschaltungsterrors konnten ihn nicht davon abschrecken, das neue Regime mit Sympathie zu begrüßen. Leichtherzig verdrängte Canaris, was er hier und da über den Machtmißbrauch der NS-Herren und ihrer nationalkonservativen Mitläufer und

Wegbereiter hörte. Wie Millionen andere Deutsche wiegte auch er sich in der Hoffnung, die neue Bewegung, wie zügellos sie auch immer sein mochte, werde das Land von der sterilen Selbstbehinderung des demokratischen Parteiensystems befreien und einen besseren, auf Autorität und Ordnung gegründeten Staat schaffen. Da erschienen ihm auch Zwang und Terror der Gleichschalter nur als ein Feuer, in dem das Alte, Unzulängliche verbrannte.

Die apologetischen Canaris-Biographen wollen freilich ihren Helden von solchen politischen Fehlurteilen reinwaschen; mit allerlei vagen Formulierungen weichen sie der Erkenntnis aus, daß Canaris damals ein Förderer des NS-Regimes war. Die brutale Gewalt des Regimes, so findet Abshagen, sei Canaris »in tiefster Seele zuwider« gewesen: »Den Betrug des Reichstagsbrandes zu durchschauen, fällt ihm nicht schwer. So wird er skeptischer und besorgter, je länger die Sache dauert, ohne daß sich von irgendeiner Seite ernster Widerstand bemerkbar macht.«[27] Auch der Canaris-Biograph Klaus Benzing will wissen, schon »bald« habe Canaris »eine tiefe Abneigung gegen den Terror der Nazis« erfüllt, spätestens seit der Röhm-Affäre im Juni 1934 sei er »endgültig zu einem Gegner Hitlers und des nationalsozialistischen Regimes« geworden.[28]

Tatsächlich aber hat Canaris damals die NS-Manöver keineswegs durchschaut, ihm schien nichts natürlicher als die vorbehaltlose Zusammenarbeit mit dem Regime. »Als Patriot, der er im besten Sinne des Wortes war«, erinnert sich sein Freund Otto Wagner, »fühlte er wie die meisten Deutschen zunächst nur die dynamischen Lebenskräfte, die die NS-Bewegung der Nation als Ganzes mitteilte, um sie aus den inneren und äußeren Verstrikkungen des nationalen Lebens herauszuführen. Wir sind doch zunächst fast alle mitgegangen.«[29] Und ein anderer Zeuge, der einstige SS-Führer Werner Best, bestätigt: »Als alter Nationalist war er damals überzeugt, daß das neue Regime unendlich viel besser sei als alles, was ihm vorangegangen war, und daß es bis auf weiteres gar keinen anderen Weg gebe.«[30]

Auch ein emotional weniger engagierter Canaris-Mitarbeiter wie der Oberstleutnant a.D. Erich Pruck, ehedem Gruppenleiter in der Abwehr, weiß: »Bei Canaris vollzog sich die Entwicklung vom fügsamen Staatsdiener zum Förderer der Opposition nur schrittweise.«[31] In den ersten Jahren der Hitler-Ära war ihm jedenfalls Kritik am Regime fremd, er hätte jede Opposition gegen Staat und Partei weit von sich gewiesen. Noch nach der Bartholomäusnacht des sogenannten Röhm-Putsches, der ersten organisierten Mordaktion des Dritten Reiches, propagierte Canaris bedingungslose Mitarbeit im neuen Staat. Zum 1. November 1934 schrieb ihm sein Vorgesetzter, der Konteradmiral Bastian, Befehlshaber der Linienschiffe, in die Führungspapiere: »Hervorheben muß ich das unermüdliche Bestreben des Kapt. z. S. Canaris, im zweiten Jahre durch persönliche Vorträge seine Besatzung mit dem Gedankengut der nationalen Bewegung und den Grundsätzen des staatlichen Aufbaues des neuen Reiches vertraut zu machen.« Bastian lobte: »Hat auf diesem Gebiet vorbildlich gewirkt.«[32]

Der Text dieser Vorträge ist nicht mehr erhalten, doch ihre Linienführung läßt sich unschwer aus den Thesen erraten, die Canaris wenige Jahre später formulierte. Canaris: »Wie der Offizier vor dem Weltkrieg selbstverständlich Monarchist war, wie er nach dem Weltkrieg sich selbstverständlich darum bemühte, das Erbe des Fronterlebnisses zu bewahren, so selbstverständlich ist es heute, wo unser aller Fronterlebnis seine Verwirklichung im nationalsozialistischen Staate fand, Nationalsozialist zu sein. Und wir sind als Soldaten glücklich, uns zu seiner politischen Weltanschauung bekennen zu dürfen, die zutiefst soldatisch ist.«[33]

Was aber, so fragt Canaris, ist der Nationalsozialismus? Canaris gibt die Antwort: »Er ist nichts anderes, als was der Frontsoldat damals erlebte und erlitt: Pflichterfüllung, Gehorsam, Kameradschaft, dazu Bejahung der Pflicht zur völkischen Gemeinschaft. So hat Seite an Seite mit dem späteren politischen Künder und Gestalter dieser Idee, Adolf Hitler, der deutsche Offizier und Soldat damals durch seinen Einsatz den Grundstein zu einem neuen Deutschland gelegt: So wurden die Frontsoldaten des Weltkrieges zu den ersten Nationalsozialisten der Tat.«[34] Gleichwohl hielt er es für geboten, daß »gerade wir als Offiziere immer wieder bekennen: Ohne den Führer und seine NSDAP wäre die Wiederherstellung der deutschen Wehrhoheit und Wehrkraft nie möglich gewesen. Aus eigener Kraft hätte die Reichswehr nie zum Volksheer werden können«.[35]

Daraus ergab sich für ihn eine »persönliche Folgerung, die jeder Offizier ... zu ziehen hat«: »War im Kaiserreich und in der Armee der ersten Kriegszeit die unpolitische Haltung kein zerstörender Schaden, in der Reichswehr des Weimarer Staates sogar ein Nutzen, so wäre sie im nationalsozialistischen Staate eine Sabotage und ein Verbrechen ... Der Offizier hat den Nationalsozialismus vorzuleben und die deutsche Wehrmacht zu einem Bild der Verwirklichung nationalsozialistischer Weltanschauung zu machen. Das muß unser großes Ziel sein.«[36]

Ein Offizier mit so strammen, NS-konformen Auffassungen mußte früher oder später die Aufmerksamkeit der neuen Herren Deutschlands auf sich lenken. Doch die Kontakte von Canaris zu den Führern des Regimes schienen unter keinem guten Stern zu stehen. Am 23. Mai 1933 sah Canaris sie zum erstenmal: Hitler, der Reichswehrminister General Werner von Blomberg und der preußische Ministerpräsident Hermann Göring besuchten die in Kiel zusammengezogene Flotte, um sich Gefechtsübungen auf freier See vorführen zu lassen. Göring kam an Bord der »Schlesien«, die seit Januar zugleich Flaggschiff des Befehlshabers der Linienschiffe war.[37]

Görings Besuch endete indes mit einem Mißklang. Bei den Übungen auf stürmischer See wurde dem prunk- und titelsüchtigen Hitler-Paladin übel, er mußte sich erbrechen (»Neptun opfern«, wie die Seeleute sagen). Prompt leisteten sich ein paar angeheiterte Leutnants einen Scherz auf Kosten des hohen Herrn. Als Göring kreidebleich die Offiziersmesse aufsuchte, meldete ihm ein Leutnant mit todernstem Gesicht: »Herr Ministerpräsident, soeben ist folgender Funkspruch eingegangen: ›Neptun an Ministerpräsident Hermann Göring. Sie sind mit Wirkung vom heutigen Tage zum Reichsfischfuttermeister ernannt worden mit der Erlaubnis zum Tragen eines Netzhemdes.‹«[38]

Wütend verließ Göring die Messe – Grund genug für Canaris, sofort den Witzbold zu sich zu bestellen und ihn mit einem Verweis zu bestrafen. Göring aber reichte bei der Marineleitung in Berlin eine Beschwerde wegen ungebührlichen Benehmens ein und verlangte die Bestrafung des Leutnants, was wiederum Canaris ablehnte, da er den Offizier bereits belangt hatte und zudem in Görings Aktion eine Einmischung in seine dienstlichen Befugnisse sah.[39]

So banal der kleine Zwischenfall auch war – die von Canaris zweifellos erhoffte engere Berührung mit den führenden Männern des Staates blieb aus. Auch die Machtübernahme durch die Nationalsozialisten befreite Canaris nicht aus der Sackgasse, in die seine Karriere seit der Lohmann-Affäre geraten war. Solche Enttäuschung entlud sich in galligen und launenhaften Reaktionen, die sich auch auf sein Verhältnis zu Bastian ungünstig auswirken sollten. Der grob-konventionelle Konteradmiral Bastian und der sensible Canaris kamen so schlecht miteinander aus, daß sie sich möglichst aus dem Wege gingen.

Bastian bemängelte denn auch schriftlich, es fehle »an einer engeren, inneren Verbundenheit zwischen Befehlshaber und Flaggschiffkommandanten«; Canaris müsse sich dringend bemühen, »sich mehr auf meine Persönlichkeit einzustellen und auch meinen Auffassungen und Ansichten gerecht zu werden, insbesondere seiner Empfindlichkeit, die zweifellos einer vielleicht etwas übersteigerten Empfindsamkeit entspricht, mehr Zügel anzulegen«.[40] Canaris mühte sich nach Kräften, seinen Befehlshaber zufriedenzustellen, doch Bastian erkannte immer mehr, daß die Launen und häufig wechselnden Stimmungen Canaris schwerlich zu einem idealen Kommandanten machten.

»Es wird sich empfehlen«, schrieb Bastian am 19. September 1933, »ihn in Kommandos zu verwenden, wo es einmal auf eine scharfe Beobachtungsgabe und diplomatisches Geschick ankommt, dann aber auch in Stellungen, wo seine großen geistigen Fähigkeiten zur Geltung kommen, ohne daß seine durch nicht alltägliche Erlebnisse bedingten skeptischen Stimmungen sich auf einen allzu großen Personenkreis übertragen können.«[41] Ein Jahr später wußte Bastian, für welchen Posten Canaris besonders geeignet war. In einem »Beurteilungsbericht« notierte er: »Reichswehrminister (zunächst als Abteilungsleiter – Abwehrabteilung).«[42]

Auch der Flottenchef, Vizeadmiral Foerster, bekräftigte, daß Canaris »seiner Veranlagung und Neigung nach mehr für die militär-politische als rein militärische Verwendung geeignet ist«.[43] Doch die Marineleitung mochte von dem Politoffizier Canaris nichts mehr wissen. Sie schob ihn endgültig auf ein totes Geleis ab, in eine Endstation seiner Karriere: Am 29. September 1934 mußte Canaris seinen neuen Posten als Kommandant der Festung Swinemünde antreten.[44]

Praktisch war er am Ende, denn die Kommandantur Swinemünde mußte auf den beweglichen Geist Canaris' wie ein Gefängnis wirken. Der Kommandant von Swinemünde war dem Stationskommando der Ostsee unmittelbar unterstellt, er galt zwar als eigentlicher Herr der Küstenverteidigung seines Bereiches, doch selbst seine Weisungs- und Besichtigungsbefugnisse gegenüber den Marine-Artillerie-Abteilungen waren nur recht vage formuliert.[45] Resigniert fügte sich Canaris ins scheinbar Unvermeidliche; Anfang Oktober zog er mit der Familie in die provinzielle Verbannung.

Doch kaum hatte er sich auf seinem neuen Posten eingearbeitet, da drang eine Nachricht zu ihm, die ihn aufhorchen ließ. Zunächst war es nur ein Gerücht, dann aber wurde es zur Gewißheit: Im Reichswehrministerium war ein Streit um die Führung der Abwehr, des militärischen Geheimdienstes, ausgebrochen, den aus der Welt zu schaffen niemand anderer helfen sollte als Canaris. Der umstrittene, zum Rücktritt gezwungene Chef der Abwehr, Kapitän zur See Conrad Patzig, hatte den Swinemünder Festungskommandanten ins Spiel gebracht. Patzig weiß noch: »Ich nannte Canaris, weil ich in der Marine niemand kannte, der sich ohne längere Einarbeitung besser dazu geeignet hätte.«[46] Bastians Empfehlung hatte doch noch Erfolg gehabt.

Abwehr, Geheimdienst, Spionage – das Thema hatte Canaris stets fasziniert. Er beeilte sich, die Chance seines Lebens nicht zu verpassen. Am 15. Oktober stand er in Berlin vor Patzig, der ihn in die Malaise der Abwehr im Spannungsfeld zwischen Wehrmacht und Gestapo einweihte.[47] Doch Canaris hörte kaum den Bericht des resignierten Kameraden mit all seinen Warnungen vor den dämonischen Machenschaften von Partei und Polizei, er sah nur, was ihm die Gunst der Stunde bot: Er, Wilhelm Franz Canaris, sollte einen der einflußreichsten Machtapparate des neuen Staates übernehmen, sollte eintreten in die Erbfolge der Goltz, Gruner, Stieber, Nicolai und all der anderen Großen der deutschen Spionage.

Leichten Herzens gab Canaris die ohnehin aussichtslos gewordene Marinekarriere zugunsten dieser einmaligen Chance auf. Canaris war genug mit Wesen und Geschichte des deutschen Geheimdienstes vertraut, um zu wissen, daß er fortan zu der Handvoll von Wissensträgern gehören würde, die den Kurs des Reiches bestimmten. Der Geheimdienst war von jeher ein wichtiger Wegbereiter und Weggefährte des deutschen Machtstaates gewesen, seine Führer hatten stets zur herrschenden Kaste in Staat und Militär gehört – kein Deutscher war im Ersten Weltkrieg neben dem Militär-Duo Ludendorff/Hindenburg mächtiger gewesen als der unscheinbare Oberstleutnant Nicolai, der Chef des Geheimdienstes, Herr über Deutschlands Spionage, Abwehr und Propaganda.

Der deutsche Geheimdienst war so alt wie der Expansionsdrang des preußischen Staates, dessen bedeutendster König nicht zufällig auch den Geheimdienst gegründet hatte: Friedrich der Große, von Historikern gerne »Vater der Spionage« genannt.[48] Er fand in dem Agenten, Diplomaten und Soldaten Bernhard Wilhelm Freiherr von der Goltz einen idealen Spionagechef, der nach den Instruktionen des Königs den ersten organisierten Kundschafterdienst deutscher Geschichte aufstellte.[49] Seine Agenten infiltrierten fremde Gesandtschaften in Berlin, erkundeten die Lage feindlicher Heere, erbrachen die Siegel diplomatischer Kurierpost und intrigierten in den Vorzimmern ausländischer Staatskanzleien. Der Kundschafterdienst wurde zu einer gefährlichen und gefürchteten Geheimwaffe des Königs.

Er hatte ihm manche Erkenntnis, manchen spektakulären Erfolg zu verdanken. Eine Spionin drang 1741 in der Rolle einer katholischen Ordensschwester in einen Damenzirkel Breslaus ein, der die Stadt insgeheim den Österreichern ausliefern wollte, und durchkreuzte das Manöver.[50] Ein gekaufter sächsischer Kabinettskanzlist lieferte 1755 dem König Abschriften der geheimen Korrespondenz zwischen den Regierungen Rußlands, Österreichs und Sachsens, die sich zum Bund gegen Friedrich formierten.[51] Preußische Spione signalisierten Ende 1745 den bevorstehenden Einfall eines österreichisch-sächsischen Heeres in der Mark Brandenburg – der König kam ihm zuvor.[52]

Wo immer Friedrichs Armeen marschierten, wo der König einen diplomatischen Coup plante, stets waren Preußens Spione zur Stelle. »Dem Marschall de Soubise«, spottete Friedrich einmal über einen feindlichen Feldherrn, »folgen immer hundert Köche. Mir aber gehen immer hundert Spione voran.«[53] Obwohl er meinte, Spione seien Leute, die »man gebraucht, aber nicht ästimiert«, kümmerte er sich um jedes Detail geheimdienstlicher Operationen.[54] Der Kundschafterdienst unterstand ihm persönlich, die Aufträge erhielt Goltz unmittelbar vom König, meist ungeduldig und drängend: »Vorwärts, hier können Sie sich bewähren . . . [Ich] werde aus dem Erfolge Ihrer Bemühungen ersehen, ob Sie genug Witz haben, um mich hinsichtlich aller Dinge, die ich wissen will, zufriedenzustellen.«[55]

Unter Friedrichs einfallslosen Nachfolgern war jedoch der »Witz« preußischer Spionagechefs nicht mehr gefragt. Der einheitliche politisch-militärische Geheimdienst zerfiel, die nachrichtendienstliche Erbmasse geriet in den Besitz des klassischen Herrschaftsinstruments der absolutistischen Ära, der politischen Polizei. Der Geheimdienst spaltete sich in einen politischen und einen militärischen Teil – Geburtsstunde eines intrigenreichen Kompetenzstreites, der die Jahrhunderte deutscher Spionagegeschichte wie ein roter Faden durchzieht.

Im Allgemeinen Kriegsdepartement, Preußens künftigem Kriegsministerium, etablierte sich eine »Geheime Policey«, die militärische Feindaufklärung betrieb und deren Personal sich aus der Armee rekrutierte, während die »Höhere Policey« einem Sonderbeauftragten des preußischen Staatsministers (Ministerpräsidenten) unterstand:[56] Sie war nach dem Vorbild der »haute police« des französischen Königs Ludwig XIV., der 1667 die erste politische Polizei der Neuzeit geschaffen hatte, organisiert und sollte alle dem monarchischen Regime feindlichen Bestrebungen unschädlich machen.[57]

Diese königliche Spitzel-Polizei aber wandelte sich jäh zur Hauptträgerin preußischer Spionage und Spionageabwehr, als die liberalen Reformer nach der Niederlage von Jena und Auerstädt Preußen für den Endkampf gegen Napoleon fit machten. Im März 1809 war der westfälische Verwaltungsreformer Justus Gruner zum Polizeipräsidenten von Berlin ernannt worden, dem auch die Höhere Polizei unterstellt wurde.[58] Er setzte sich zunächst zum Ziel, ihre Arbeit zu verbessern. Gruner schuf ein dichtmaschiges Informationsnetz in ganz Preußen, dessen Agenten und Zuträger die französische Spionage lahmlegen und aktive Feindaufklärung beginnen sollten. Gruners Spione waren in kurzer Zeit so erfolgreich, daß die Geheime Polizei des Allgemeinen Kriegsdepartements ihre Arbeit einstellte.[59] Aus der Polizei war ein Geheimdienst geworden.

Mit Hilfe der Briefzensur gelang es Gruners Geheimer Polizei, einen französischen Spion nach dem anderen zu enttarnen. Es gab kaum einen Pförtner oder Sekretär in den fremden Gesandtschaften Berlins, der dem preußischen Geheimdienstchef keine vertraulichen Informationen lieferte. Depeschen an die französische Gesandtschaft wurden abgefangen und gelesen, französische Spitzel in den Postdirektionen Preußens und anderer deutscher Staaten »umgedreht«, ein unsichtbares Heer von Informanten in das Herrschaftsgebiet der französischen Armee entsandt. Die politische Bespitzelung eigener Staatsbürger wurde dabei freilich nicht vernachlässigt – Polizei blieb Polizei. Befriedigt notierte sich Gruner: »Kein Kaufmann erhält Briefe, ohne daß er mir solche vorzeigen muß, und ich trete jedes Gerücht sogleich mit Kraft darnieder.«[60]

Obgleich der Altliberale zuweilen voller Selbstmitleid über das »drükkendste, gehässigste und traurigste Geschäft, welches die Erde den Sterblichen auferlegen kann«, klagte, sann er immer wieder darüber nach, wie sich Arbeit und Organisation seiner Geheimpolizei noch perfektionieren ließen.[61] Im Oktober 1810 arbeitete Gruner dem Staatskanzler Hardenberg eine Denkschrift aus, in der er vorschlug, die Geheimpolizei mit erweiterten Vollmachten auszustatten.[62] Gruners »Grundzüge zur Verwaltung der Höheren Polizei« sahen den Aufbau einer Super-Geheimpolizei vor, gegen die sich selbst Heinrich Himmlers Gestapo wie ein dürftiger Schatten ausnimmt.

Gruner forderte, die Höhere Polizei müsse eine Alleinkompetenz für alle Fragen der äußeren und inneren Staatssicherheit erhalten. Dazu gehöre: Beobachtung der Verhältnisse fremder Mächte und Privatpersonen, Kontrolle der eigenen Behörden und Untertanen, Einleitung vorbeugender Maßnahmen zum Schutz gegen Unruhestifter. Diese Aufgaben aber ließen sich nur bewältigen, wenn die Geheimpolizei ein ausreichendes Instrumentarium erhalte. Die Polizei benötige daher »Kundschafter an fremden Höfen, die Benutzung aller eingehenden diplomatischen Notizen und öffentlichen Nachrichten über Politik, die Kontrolle aller privaten und literarischen Korrespondenz und aller Fremden im Lande, die Entdeckung und Gewinnung von Spionen, die Sammlung von Nachrichten in auswärtigen Blättern, die Verbreitung von dem Staat günstigen Nachrichten in den Zeitungen und die Zensur und Leitung der inländischen Blätter«.[63]

Diese Geheime Polizei, so Gruner weiter, müsse dem Staatskanzler persönlich unterstellt werden, in dessen Auftrag ein Staatsrat als Leiter des »Geheimen Polizeibüros« den Apparat kontrolliere und lenke. Das Büro sei mit der Vollmacht auszustatten, Rapporte von allen Agenten und Gesandtschaften anzufordern, die Kundschafter zu besolden, Brieföffnungs-Büros in Berlin und allen größeren Städten Preußens zu unterhalten und regelmäßige Berichterstattung durch die Polizeibehörden der Provinz zu verlangen.[64] Kein Gericht und kein bürgerlicher Rechtsschutz sollte die Arbeit der Geheimpolizei behindern. Schon früher hatte Gruner geschrieben: »Soll die Polizei juristische Formen beobachten, so verliert sie ihre Eigentümlichkeit und [ihren] Zweck. Ihr ist der Staat, nicht das Individuum, das heiligste. Soll dem nicht so seyn; soll das Glück des Einzelnen stets unangefochten bleiben und in ihm das Wohl des Ganzen beruhen, so bedarf man keiner Polizei, wenigstens nicht einer geheimen.«[65]

Hardenberg akzeptierte den Gruner-Plan, im Februar 1811 ernannte der König dessen Verfasser zum Staatsrat und Chef des Geheimen Polizeibüros. Die neue Organisation wurde von der übrigen Polizeiverwaltung abgetrennt und bezog Räume im Haus 13 der Berliner Kronenstraße.[66] Die Geheime

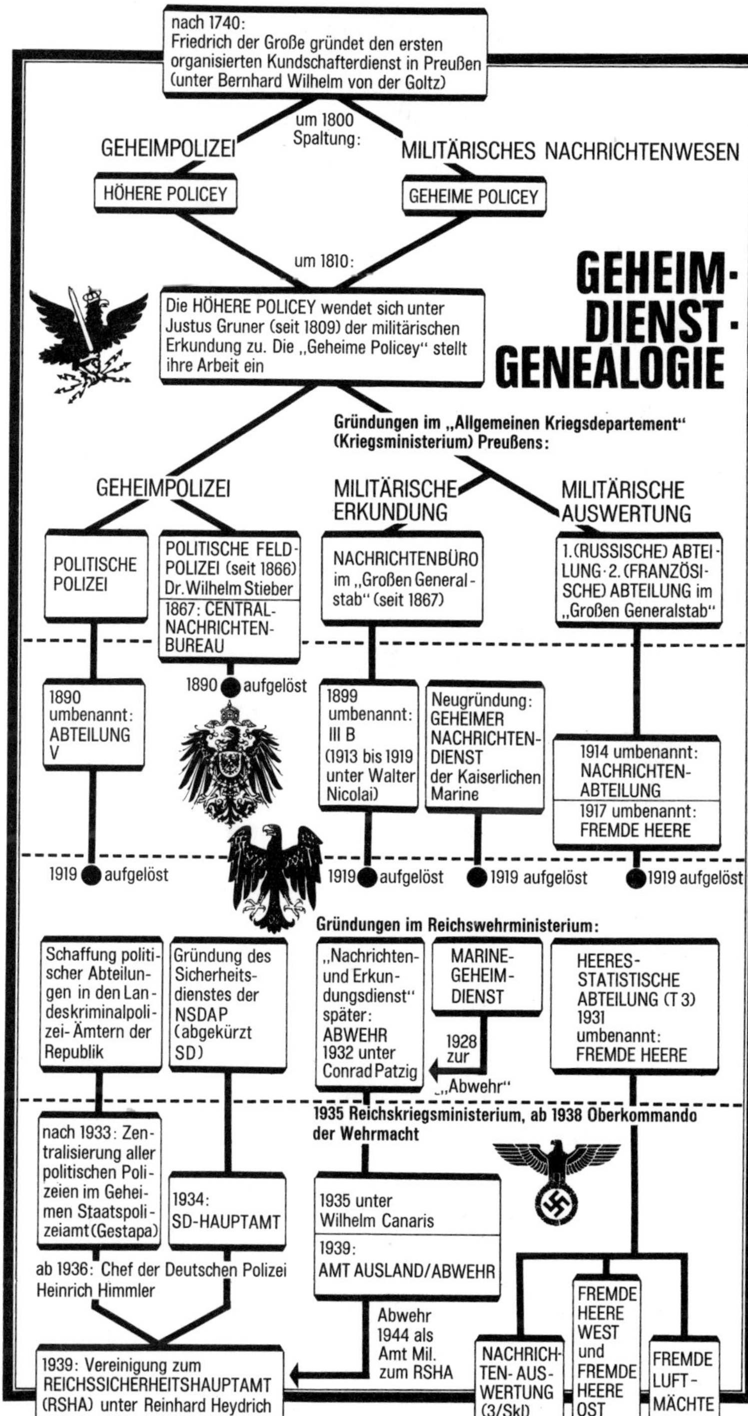
GEHEIM-DIENST-GENEALOGIE
nach 1740: Friedrich der Große gründet den ersten organisierten Kundschafterdienst in Preußen (unter Bernhard Wilhelm von der Goltz)
um 1800 Spaltung:
GEHEIMPOLIZEI
MILITÄRISCHES NACHRICHTENWESEN
HÖHERE POLICEY
GEHEIME POLICEY
um 1810:
Die HÖHERE POLICEY wendet sich unter Justus Gruner (seit 1809) der militärischen Erkundung zu. Die „Geheime Policey" stellt ihre Arbeit ein
Gründungen im „Allgemeinen Kriegsdepartement" (Kriegsministerium) Preußens:
GEHEIMPOLIZEI
MILITÄRISCHE ERKUNDUNG
MILITÄRISCHE AUSWERTUNG
POLITISCHE POLIZEI
POLITISCHE FELD-POLIZEI (seit 1866) Dr. Wilhelm Stieber
1867: CENTRAL-NACHRICHTEN-BUREAU
NACHRICHTENBÜRO im „Großen General-stab" (seit 1867)
1. (RUSSISCHE) ABTEILUNG · 2. (FRANZÖSISCHE) ABTEILUNG im „Großen Generalstab"
1890 aufgelöst
1890 umbenannt: ABTEILUNG V
1899 umbenannt: III B (1913 bis 1919 unter Walter Nicolai)
Neugründung: GEHEIMER NACHRICHTEN-DIENST der Kaiserlichen Marine
1914 umbenannt: NACHRICHTEN-ABTEILUNG
1917 umbenannt: FREMDE HEERE
1919 aufgelöst
1919 aufgelöst
1919 aufgelöst
1919 aufgelöst
Gründungen im Reichswehrministerium:
Schaffung politischer Abteilungen in den Landeskriminalpolizei-Ämtern der Republik
Gründung des Sicherheitsdienstes der NSDAP (abgekürzt SD)
„Nachrichten- und Erkundungsdienst" später: ABWEHR 1932 unter Conrad Patzig
MARINE-GEHEIM-DIENST
1928 zur „Abwehr"
HEERES-STATISTISCHE ABTEILUNG (T 3) 1931 umbenannt: FREMDE HEERE
1935 Reichskriegsministerium, ab 1938 Oberkommando der Wehrmacht
nach 1933: Zentralisierung aller politischen Polizeien im Geheimen Staatspolizeiamt (Gestapa)
1934: SD-HAUPTAMT
1935 unter Wilhelm Canaris
1939: AMT AUSLAND/ABWEHR
ab 1936: Chef der Deutschen Polizei Heinrich Himmler
Abwehr 1944 als Amt Mil. zum RSHA
1939: Vereinigung zum REICHSSICHERHEITSHAUPTAMT (RSHA) unter Reinhard Heydrich
NACHRICHTEN-AUSWERTUNG (3/Skl)
FREMDE HEERE WEST und FREMDE HEERE OST
FREMDE LUFT-MÄCHTE

Polizei war von nun an eine unangefochtene Macht. Sie durfte jeden preußischen Bürger anhalten und verhaften, sie konnte von jeder Behörde Berichterstattung verlangen, die von ihr bearbeiteten Fälle kamen nicht vor normale Gerichte, sondern vor speziell zur Geheimhaltung verpflichtete Kommissarien. Keine Dienststelle in Preußen aber konnte es wagen, sich mit Angelegenheiten der Geheimen Polizei zu befassen – kein Wunder, daß Gruners Apparat später zum uneingestandenen Wunschtraum jedes deutschen Polizeichefs gehörte.

Die Allmacht der Geheimen Polizei kam kurze Zeit auch der Spionage und Feindaufklärung zugute, aber schon kurz nach den Freiheitskriegen verlor sie ihr Interesse am Auslandsnachrichtendienst. Die Geheime Polizei wurde immer ausschließlicher zu einem Unterdrückungsinstrument des royalistischen Regimes. Sie hatte längst ihren altliberalen Schöpfer und Theoretiker überlebt: Gruner, der Reaktion verdächtig, war auf einem Gesandtenposten kaltgestellt worden und bereits 1820 gestorben.[67] Er erlebte die weitere Hybris preußischer Polizeiallmacht nicht mehr: die Gründung eines Polizeiministeriums, das zwar wenige Jahre später wieder abgeschafft wurde, gleichwohl das Spitzelsystem der politischen Polizei bis in die hintersten Winkel des preußischen Königreiches perfektionierte.[68] Erst nach der – gescheiterten – Revolution von 1848 wurde die Macht der Geheimpolizei wieder eingeschränkt.

Eine organisierte Spionage aber gab es nicht mehr. Das mußte Preußens Generalstab hart treffen, der seit 1810 keinen eigenen Aufklärungsdienst mehr unterhielt und keine Möglichkeit sah, sich Kenntnisse über potentielle Gegner zu verschaffen. Das aber schien dringend nötig, denn die Zeiten waren vorüber, in denen es oft einem Feldherrn genügte, sich von einer Mühle oder vom Dachboden eines Gutshauses herab einen Überblick über die gegnerische Schlachtordnung zu verschaffen und durch reitende Kundschafter die Absichten des Feindes zu erkunden.

Die Technisierung der Kriegsführung hatte die Feindaufklärung komplizierter gemacht. Man bedurfte sicherer Informationen im voraus, um den Gegner abschätzen zu können – Informationen über Bewaffnung und Ausrüstung, Operationsabsichten, Zustand der Festungen, Straßen- und Geländeverhältnisse.

Die Beschaffung dieses vorwiegend geheimen Materials wäre Sache der Spionage gewesen, doch sie existierte nicht. So mußten sich die Feindbearbeiter des Generalstabes ihre Unterlagen auf andere Art beschaffen. Sie begnügten sich zunächst damit, die militärische Fachpresse des jeweiligen Landes zu lesen, in Diplomatenberichte Einblick zu nehmen und Generalstabsoffiziere auf Auslandsreisen zu schicken. Das konnte die Feindbearbeiter nicht lange befriedigen. Sie griffen einen Plan auf, den der preußische Oberst von Massenbach schon 1795 entwickelt hatte: »Jeder Gesandtschaft teile man einen Offizier des Generalquartiermeisterstabes zu, der in diesem Korps schon mehrere Jahre gedient hat; man bilde militärisch-diplomatische Gesandte.«[69] Ein neuer, gleichsam legaler Kundschafter entstand: der Militärattaché.

1830 beorderte der preußische Generalstab den ersten Militärattaché an eine Gesandtschaft (Paris), Mitte des Jahrhunderts folgten weitere.[70] Aber auch die Militärattachés konnten den Nachrichtenhunger des Generalstabs nicht stillen, zumal sie offiziell keine Spionage betreiben durften und das von ihnen gelieferte offene Informationsmaterial aus Literatur und Presse nicht ausreichte, Stärken und Schwächen einer Armee zu beurteilen. In ihrer Verlegenheit gingen die Militärattachés trotz gegenteiliger Orders dazu über, Spione in ihren Dienst zu nehmen. In Paris, Turin, Wien, Pest und Linz tauchten Anfang der sechziger Jahre geheime Beauftragte der Militärattachés auf, die Kontakt zu Kriegsministerien, Kasernen und Truppen suchten.[71]

Gleichwohl war der Generalstab im deutschen Entscheidungsjahr 1866 über die Gegenspieler Preußens miserabel informiert. »Fast ausschließlich unsicheres, minderwertiges Material« habe den Feindbearbeitern vorgelegen, fand der spätere Generalfeldmarschall Graf von Waldersee.[72] Der Generalstab kannte nicht den Umfang der österreichischen Rüstungen, er wußte nichts über den Aufmarsch der österreichischen Armee gegen Preußen.[73]

Da demonstrierte abermals ein Polizist den Militärs, wie man Feindaufklärung betrieb. Der Polizeirat Dr. Wilhelm Stieber, ehemaliger Rechtsanwalt, Vorkämpfer demokratischer Freiheiten, zehn Jahre lang Chef der Berliner Kriminalpolizei, wegen rüder Vernehmungsmethoden zwangspensioniert, schließlich Leiter einer Privatdetektei und wegen seiner vielfältigen internationalen Verbindungen eine gern konsultierte Auskunftsperson der Mächtigen, war durch einen Zufall zur Spionage gekommen.[74]

Ein mißglückter Mordanschlag auf Preußens Ministerpräsidenten Otto von Bismarck im Mai 1866 hatte dem deutschen Sherlock Holmes den Auftrag eingebracht, eine geheime Staatspolizei zum Schutz des Regierungschefs und des Königs zu schaffen, die von der politischen Polizei völlig getrennt sein sollte.[75] Stieber griff den alten Gruner-Plan wieder auf: Ihm schwebte der Aufbau einer mächtigen Geheimen Staatspolizei in der Hand des Ministerpräsidenten vor, die für die innere und äußere Staatssicherheit zuständig ist und politisch-militärische Auslandsaufklärung mit dem internen Schutz des monarchischen Systems verbindet. Zunächst mußte sich Stieber freilich damit begnügen, eine Art geheimdienstliche Leibwache für den König im Krieg gegen Österreich aufzustellen. Eine Königliche Kabinettsorder vom 23. Juni 1866 ermächtigte ihn, eine »Politische Feldpolizei« (späterer Name: Geheime Feldpolizei) »zur Wahrnehmung der höheren polizeilichen Funktionen im Hauptquartier des Königs und dessen Umgebung« zu führen.[76]

Die Order führte Stieber in das Zentrum des militärischen Nachrichtenwesens, denn Punkt 5 seines Auftrags lautete: »Unterstützung der Militärbehörden durch Beschaffung von Nachrichten über die feindliche Armee.«[77] Stieber mobilisierte einige ihm bekannte Informanten im Ausland, zum erstenmal erhielt der Generalstab konkrete Nachrichten über den Aufmarsch der österreichischen Armee. Ein übergelaufener ungarischer Offizier, der ehemalige Unterleutnant August Freiherr von Schluga, erhöhte Stiebers geheimdienstliches Renommee: »Agent Nr. 17«, wie er fortan hieß, lieferte Stieber eine Charakteristik aller höheren Führer der österreichischen Armee, er signalisierte die Bewegungen der feindlichen Truppen – erste Leistungen eines Meisteragenten, der seine Auftraggeber noch oft verblüffen sollte.[78]

Nach Kriegsende baute Stieber seinen Geheimdienst weiter aus. Er bezog ein paar Räume im Auswärtigen Amt, seine Organisation erhielt einen neuen Namen: Central-Nachrichten-Büro. Die Agenten Stiebers jagten Bismarck-Gegner aus dem Kreis der hannoverschen Welfen-Anhänger und bespitzelten die Verfasser preußenfeindlicher Zeitungsartikel im In- und Ausland, sie sammelten aber auch militärische und politische Nachrichten. Das Central-Nachrichten-Büro unterhielt in Paris, London und Wien Agenten, die auffingen, was Stieber für wichtig hielt.[79]

Stiebers Erfolge und das Versagen der militärischen Aufklärung aber hielt Preußens Generalstabschef Helmuth von Moltke nicht länger mit der Würde der Armee vereinbar und rief einen eigenen Geheimdienst ins Leben. Am 11. Februar 1867 formierte sich das Nachrichten-Büro des preußischen Generalstabs, Urzelle der späteren Abwehr.[80] Mit einem Jahresetat von 2000 Talern, zwei festangestellten Agenten und einem Führungsoffizier »ohne gründliche militärische Kenntnisse« (so Waldersee) begann das Büro, militärische Nachrichten über den potentiellen Gegner zu sammeln.[81]

Das Nachrichten-Büro des Majors von Brandt konnte freilich nicht mit der Agententruppe des Polizeirats Stieber konkurrieren. Im deutsch-französischen Krieg 1870/71 weitete Stieber seinen Geheimdienst noch stärker aus; er verfügte jetzt über einen Stab von 182 Mitarbeitern.[82] Ihnen waren zahlreiche Nachrichten-Netze angeschlossen, die Stieber über Frankreich und die Schweiz gelegt hatte. Stieber war zwar noch weit von den 36000 Spionen entfernt, die ihm die Legende zuschreibt, doch er unterhielt in allen wichtigen Städten Frankreichs Agenten und Zuträger – auch darin ein Erbe Gruners, der 1815 für die Anti-Napoleon-Allianz im besetzten Frankreich eine Geheimpolizei organisiert hatte.[83]

Die ausbleibenden Erfolge des militärischen Nachrichten-Büros machten Moltkes Feindbearbeiter immer mehr von Stieber und seinem Apparat abhängig. Wann immer auch der Generalstab über die Lage des Gegners unterrichtet sein wollte, mußte er sich an Stiebers Geheime Feldpolizei wenden. Doch die Militärs hatten immer weniger Vergnügen daran, denn Stiebers Agenten forschten nicht nur den Feind aus, sie bespitzelten auch die preußischen Generale – im Auftrag Bismarcks. Zum erstenmal deutete sich ein Konflikt an, der in der Hitler-Ära tödliche Formen annehmen sollte: der Zusammenprall zwischen einer esoterischen, nur fachlich denkenden Militärkaste und den geheimpolizeilichen Aufpassern eines charismatischen Führers. – Die Geheime Feldpolizei unterstand formal dem Generalstab, doch Stieber sah in dem Kanzler Bismarck seinen einzigen legitimen Auftraggeber. Hatte Bismarck seine politischen Gründe, den Extratouren der Militärs zu mißtrauen, die durch allzu forsche Operationen seine ersten Friedensfühler zu den geschlagenen Franzosen störten, so lebten in dem längst konservativ angepaßten Ex-Revolutionär Stieber alte liberale Instinkte gegen die »Arroganz und Grobheit« der militärischen Halbgötter wieder auf.[84] Bismarck und Stieber waren sich einig: Die Militärs mußte man in ihre Schranken verweisen.

Die Militärs dagegen witterten in Stieber einen Aufpasser, der interne

Vorgänge im Generalstab an Bismarck weitermeldete. Sie warteten nur auf eine Chance, den Polizisten wieder auf Vordermann zu bringen. Die Chance kam im September 1870. Bismarck ernannte Stieber zum Polizeipräfekten von Reims, das der Kanzler-Vertraute regierte, ohne sich um die Befehle des Generalstabs zu kümmern. Als er auf Maueranschlägen die französische Bevölkerung zur Ablieferung aller Waffen aufforderte, wies ihn der Generalquartiermeister Podbielski zurecht: Das sei allein Sache der Militärverwaltung. Stieber beschwerte sich daraufhin bei Bismarck, der für ihn Partei ergriff. Der erboste Generalstab bedeutete dem Kanzler, Stieber sei allein ihm unterstellt – Bismarck bestritt das. Erst als die Militärs die entsprechenden Unterlagen vorwiesen, gab Bismarck nach.[85]

Die Militärs zogen aus der Affäre ihre Konsequenzen: Nie wieder sollten Polizeispitzel eines Kanzlers in die geheiligte Domäne des Generalstabes eindringen können, der Geheimdienst mußte alleiniges Reservat des Militärs werden. Das bedeutete praktisch, das Nachrichten-Büro systematisch auszubauen. Brandt war freilich nicht der rechte Mann, einen leistungsfähigen militärischen Geheimdienst zu schaffen. Er wurde 1872 durch einen energischeren Offizier ersetzt, der freilich entdecken mußte, daß sein Büro außer dem (inzwischen zu den Militärs übergewechselten) Schluga keinen einzigen fähigen Agenten besaß.[86] Geld war kaum vorhanden, von einer Organisation konnte keine Rede sein.

Brandts Nachfolger schuf allmählich Wandel. Ende der achtziger Jahre besaß Major Paul von Lettow-Vorbeck, der neue Leiter des Nachrichten-Büros und spätere Held der Kämpfe in Deutsch-Ostafrika, bereits ein kleines, aber solides Agentennetz. 1889 verfügte er in Frankreich über den unermüdlichen Nr. 17, der in jedem Jahr die großen Manöver der französischen Armee beobachtete und die Verteilung der Korps skizzierte, ferner über Agenten in Brüssel, Luxemburg, Belfort, Nancy und Kontaktstellen in anderen französischen Städten.[87] In Rußland standen 75 Agenten und V-Männer bereit. Sie arbeiteten nicht ohne Erfolg: Seit 1889 lieferten sie aus dem russischen Hauptstab »kistenweise« Informationen über Mobilmachung und Aufmarsch der Zarenarmeen.[88]

Die Expansion des Geheimdienstes stieß jedoch zunehmend auf den Widerstand des Auswärtigen Amtes, das den nachrichtendienstlichen Ehrgeiz der Militärs ungern sah. Vor allem die Militärattachés mit ihren geheimen Zuträgern störten die Kreise der Diplomaten, zudem verfolgte das Auswärtige Amt selber nachrichtendienstliche Interessen. Das Auswärtige Amt unterhielt seit alters her vertrauliche Kontakte zu freiwilligen Informanten, die das Ministerium über interessante Vorgänge im Ausland unterrichteten; die diplomatischen Vertretungen Preußen-Deutschlands verfügten außerdem über örtliche Agenten, während sich Bismarck meist persönlicher Vertrauter bediente, die er mit Geheimmissionen beauftragte.

Doch hinter dem Widerstand des AA stand keine politische Konzeption, verbarg sich nur das Kompetenzdenken einer Diplomatenkaste, die ihre Interessen gegenüber einem Nebenbuhler verteidigte. Stieber aber hatte eine Konzeption; er wollte mit seinem Central-Nachrichten-Bureau das Auswärtige Amt zum Träger eines politisch-polizeilichen Auslandsnachrichtendienstes machen und dem AA damit die zentrale Rolle in der preußischen Spionage zurückgewinnen, die es einmal für kurze Zeit (1808–1811) unter dem Staatsrat Nageler, dem Chef der 2. Sektion des Außenministeriums, gespielt hatte.[89] Doch Stieber fand bei Bismarck kein rechtes Gehör. Die schwere Gicht, die Stieber Mitte der siebziger Jahre befiel, zwang ihn ohnehin, das AA zu verlassen. 1882 starb er.[90)]

Nach seinem Abgang fand es der Große Generalstab leichter, seine nachrichtendienstlichen Pläne zu verwirklichen. Er setzte durch, daß dem Nachrichten-Büro immer größere Summen aus dem Geheimfonds des Auswärtigen Amtes zugestanden wurden, schließlich mußte sich das AA auch verpflichten, dem Generalstab militärische Nachrichten aus den Staaten zu liefern, in denen er keine Agenten unterhielt.[91)] Das inspirierte den neuen Generalstabschef Waldersee, einen weiteren Ausbau des Nachrichten-Büros zu befehlen. Der Geheimdienst erhielt dabei auch einen neuen Namen: III B – so genannt, weil der Geheimdienst als unabhängige Sektion dem Oberquartiermeister III unmittelbar unterstellt wurde.[92)]

Von nun an war die Vorrangstellung des Militärs im geheimen Nachrichtenwesen nicht mehr zu erschüttern. Die geheime Auslandsaufklärung wurde zur Domäne des Generalstabs, allein militärische Kategorien prägten die Mentalität deutscher Geheimdienstler. Entstanden am Vorabend der neuen Ära des Wettrüstens und der Weltkriege, kannte der geheime Aufklärungsdienst III B keine andere Welt als jene militärpolitischer Macht und Rivalität, meßbar in Divisionen, Artillerie, Aufmarschplänen, Rekrutenpotential. Militärische Kraftentfaltung war alles, was zählte; für politische Imponderabilien oder wirtschaftliche Sachzwänge hatten die III-B-Offiziere keinen Blick, die Psychologie anderer Völker und fremder Regierungen gehörte nicht zum Einmaleins militärischer Feindaufklärung. Jeder Ansatz zu einer politischen Auslandsaufklärung aber verkümmerte.

Das preußische Kriegsministerium wurde nicht müde, immer wieder die Alleinzuständigkeit der III B in Spionagefragen zu betonen. »Nur eine militärische Institution wird Gewähr bieten und etwas leisten«, schrieb der preußische Kriegsminister 1891 an den Reichskanzler.[93)] Entsprechend hart blockierten die III-B-Männer das Aufkommen neuer Spionageorganisationen. Als sich neben III B ein geheimer Nachrichtendienst der Kaiserlichen Marine etablierte und den Landkriegern die Kontrolle über die Feindaufklärung streitig machte, neutralisierte das Kriegsministerium den Konkurrenten: Der Marine-Geheimdienst mußte sich zunächst verpflichten, nur in England aktiv zu werden.[94)]

Die verstärkte Arbeit ausländischer Geheimdienste in Deutschland aber demonstrierte den Militärs bald, daß in ihrer Feindaufklärung eine arge Lücke klaffte: Eine Spionageabwehr gab es seit Gruners Tagen in Deutschland nicht mehr. Fremde Spione fanden im Reich nahezu ideale Arbeitsbedingungen vor; keine Polizei, keine Aufsichtsbehörde behinderte sie. Kam jedoch einmal ein Ortsgendarm auf die gewagte Idee, fremde Spione zu beschatten, so beschwerten sie sich nicht selten bei der Polizeileitung – wegen Belästigung durch subalterne Organe.[95)]

Deutsche Spionageabwehr war damals allenfalls das Hobby einiger Polizeibeamter, die auf eigene Faust ausländische Agenten verfolgten. Als die französische Spionage im Elsaß überhand zu nehmen drohte, gründete ein

Polizeirat namens Zahn 1887 im Polizeipräsidium von Straßburg eine Abwehrstelle, die er Central-Polizeistelle nannte.[96] Sein Experiment fand jedoch zunächst keine Nachahmung. Die Leiter der Polizei und ihre Vorgesetzten in den Innenministerien der Länder sahen die Zusammenarbeit mit dem Militär nicht gerne – aus Ressortegoismus. Sie ließen sich lange von III B bitten, ehe sie einmal einen Polizisten für eine Ermittlung in Spionagesachen freistellten. Stimmten sie zu, dann begann ein endloses Feilschen um Kompetenzen und Spesen.

Das mochte der Generalstab nicht länger hinnehmen. Er eröffnete eine Kampagne für den Aufbau eines Abwehrapparates, die nicht ohne historische Ironie war. Die Militärs, die so lange Zeit die Einmischung der Polizei bekämpft hatten, verlangten auf einmal nach einer Superpolizei zur Abwendung der Spionagegefahr. Der Chef des Generalstabes forderte die Errichtung einer »politischen Reichspolizei« und mithin eine Polizeireform, die praktisch auf eine Änderung des Artikels 4 der Reichsverfassung hinauslief, der den Ländern die Polizeihoheit garantierte.[97]

Als das Reichsamt des Inneren ablehnte, stellte der Generalstabschef am 5. Dezember 1890 eine neue Forderung: Der Geheimdienst müsse mit Polizeiorganen ausgestattet werden, die fremde Militärattachés und Journalisten zu überwachen, militärische Anlagen zu schützen und die Grenzen vor Spionen abzuriegeln hätten. Auch das verfiel der Ablehnung, denn die Juristen konnten leicht nachweisen, der Plan verstoße gegen die Verfassung, die es verbiete, eine dem Zivilressort zugeordnete Institution – die Polizei – dem Militärressort zu unterstellen.[98]

Doch der Generalstab ließ nicht locker, immer hartnäckiger wurden seine Forderungen. Er setzte schließlich die totale Revision der wilhelminischen Polizeistruktur auf die Tagesordnung; nur durch den »gänzlichen Bruch des bisherigen Systems« der föderalistisch organisierten Polizei sei eine wirkungsvolle Spionageabwehr möglich, schrieb der preußische Kriegsminister an den Reichskanzler.[99] Die politische Führung stellte sich taub, ohne freilich die Militärs in ihre konstitutionellen Schranken zu verweisen. Regierung und Reichstag bequemten sich lediglich, ein schärferes Landesverratsgesetz zu erlassen.

Schon wollten die Militärs resignieren, da kam ihnen ein renommierter Polizist zu Hilfe: der Kriminalkommissar von Tausch, Chef der politischen Polizei Preußens. Geheimdienst und politische Polizei arbeiteten wieder zusammen, seit es sich eingebürgert hatte, daß Beamte der Abteilung V des Polizeipräsidiums bei Manövern die ausländischen Besucher unter Kontrolle hielten und besonders wichtige Militäreinrichtungen sicherten.[100] Was Geheimdienstler und Geheimpolizisten miteinander verband, war nicht zuletzt die gemeinsame Unzufriedenheit mit den Halbheiten des pseudoliberalen Obrigkeitsstaates der Hohenzollern; beide glaubten an den gleichsam durchorganisierten autoritären Staat, beiden war das Regiment der wilhelminischen Geheimräte etwas schuldig geblieben: den Polizisten die Struktur einer schlagkräftigen Geheimpolizei, die das Leben jedes Staatsbürgers nach den Erfordernissen einer verabsolutierten Staatssicherheit maß, und den Geheimdienstlern den perfektionierten Apparat einer Spionageabwehr, ohne dessen Schutz die Arbeit von III B sinnlos war.

In der Frage der Spionageabwehr trafen sich die Interessen der Geheimdienstler und Geheimpolizisten. Das ermunterte den Kripokommissar von Tausch, den Militärs zu assistieren. 1895 schlug er in einem Memorandum vor, seine Behörde zur Zentrale einer Abwehrpolizei auszubauen, der per Befehl alle Polizeistellen in Preußen unterstellt und nach freier Vereinbarung Polizeistellen der Länder Sachsen, Württemberg und Bayern zugeordnet werden sollten.[101] Tausch hatte nicht viel mehr Glück als der Generalstab; die Kriegsministerien Sachsens, Württembergs und Bayerns verweigerten den Berlinern die Gefolgschaft.[102]

Der Tausch-Plan ließ nur eine schwache Organisation entstehen. Die Polizeipräsidien in Berlin, München, Dresden, Stuttgart, Karlsruhe und Hamburg folgten dem Beispiel des Straßburger Polizeirats Zahn und errichteten Central-Polizeistellen zur Bekämpfung der Spionage; das Berliner Polizeipräsidium durfte die Arbeit der anderen Stellen ab 1907 leicht koordinieren – wenn es die Kollegen zuließen.[103] In Mecklenburg, Thüringen, Hessen und anderen Ländern gab es jedoch keine Abwehrstellen, der Generalstab sah zu Recht »ein großes Gebiet Deutschlands noch schutzlos der Spionage preisgegeben«.[104]

Verbittert steigerten sich die Generalstäbler in immer radikalere Polizeiprojekte, ihre Denkschriften und Pläne lasen sich später wie Empfehlungsschreiben für Himmlers Gestapo. Der Chef des Großen Generalstabes am 9. November 1911: »Allen Anforderungen würde am besten eine Reichspolizei gerecht werden, die ihr Netz selbständig über das ganze Reich spannt und ihre Zentrale in Berlin hat.«[105] Die Forderungen verhallten ungehört, dennoch blieb der Kampf für die Schaffung einer Abwehrpolizei nicht ohne Folgen; er beeinflußte auf Jahrzehnte hinaus die politische Vorstellungswelt deutscher Geheimdienstler. Die gemeinsamen Anstrengungen der Geheimdienstler und Geheimpolizisten begründeten eine Partnerschaft, die noch im Dritten Reich eine Rolle spielen sollte.

Ohne mit einer effektiven Spionageabwehr ausgestattet zu sein, mußte die Sektion III B nach anderem Handwerkszeug suchen, wollte sie die Absichten des Gegners erkunden und durchkreuzen. Der Geheimdienstapparat wurde ausgestaltet und verfeinert. In den grenznahen Landwehrbezirken stationierte III B pensionierte Offiziere, sogenannte Bezirksoffiziere, die dies- und jenseits der Grenze V-Männer anwarben.[106] Sie hielten auch engen Kontakt zur Grenzpolizei, die gebeten wurde, bei der Beschaffung von Nachrichten zu helfen. Daraus entwickelte sich ein neuer Plan: Aufbau gemeinsamer Nachrichtenstationen durch III B und Grenzpolizei.[107]

Im April 1893 entstanden Nachrichtenstationen, in denen jeweils ein Bezirksoffizier mit einem Grenzkommissar zusammensaß. Ihnen fiel »in der Hauptsache die Aufgabe zu, Personen ausfindig zu machen und den betreffenden Bezirksoffizieren zu bezeichnen, welche sich als Agenten zur Einziehung von Nachrichten jenseits der Landesgrenzen eignen« – so eine Anweisung des Oberpräsidenten der Provinz Posen.[108] Die Nachrichtenstationen konnten bald einen lebhaften Informationsstrom auf sich lenken. Die Qualität der Nachrichten war freilich dürftig, denn die Bezirksoffiziere waren oft ungebildete Leute, mit fremden Armeen und Sprachen nicht vertraut.

Da kam der III-B-Führung eine Idee: An die Stelle unfähiger Bezirksoffiziere mußte man junge, aktive Generalstabsoffiziere rücken, die fremde Armeen kannten und intelligent genug waren, in Spannungszeiten die Agenten an den richtigen Punkten einzusetzen; sie sollten im Frieden den Kommandos der grenznahen Korps zugeteilt werden und im Krieg den Feindaufklärungsdienst des jeweiligen Armee-Oberkommandos übernehmen. So stand es in dem Plan, den der Generalstabschef am 6. März 1906 dem preußischen Kriegsminister von Einem unterbreitete.[109)] Eine neue Figur des Geheimdienstes war geboren: der Nachrichten- oder Ic-Offizier.

Der Kriegsminister war entsetzt, ihm schien es aus Standesgründen ungeheuerlich, »jüngere Offiziere . . . mehrere Jahre hindurch dem dauernden Verkehr mit Persönlichkeiten zweifelhaften Rufes auszusetzen«.[110)] Erst nach erneutem Drängen des Generalstabschefs erlaubte er einem Oberleutnant im Generalstab, die Richtigkeit der neuen Konzeption zu erproben. Der Oberleutnant hieß Walter Nicolai und war dazu ausersehen, III B in wenigen Jahren eine politische Machtstellung zu sichern, wie sie ein militärischer Geheimdienst noch nie besessen hatte. Der Offizierssohn und Abkömmling Braunschweiger Pastoren war in einer protestantisch-altpreußischen Welt aufgewachsen, der es nur natürlich erschien, daß der Offizier das Schicksal der Nation bestimme. Königstreu, ultrakonservativ, stets das angeblich unpolitische Soldatentum hervorkehrend, verkörperte Nicolai gleichwohl das politisierende Offizierkorps des Kaiserreiches.

Am 1. Juni 1906 übernahm Nicolai die Nachrichtenstation Königsberg und baute sie zu einem Führungsstab für eine V-Mann-Organisation in Rußland aus.[111)] Seine Erfolge waren groß genug, den Kriegsminister von Einem zu überzeugen. Er hatte nichts mehr dagegen einzuwenden, daß nahezu alle Armeekorps ab Sommer 1907 Nachrichtenoffiziere (NO) erhielten, denen die fähigeren Bezirksoffiziere als Vertreter attachiert wurden.[112] Die Maßnahme eröffnete freilich ein neues Feld der Kompetenzkabalen; im Dreieck zwischen Kriegsministerium, III B und Armeekorps entbrannte ein Streit darüber, wem die NO unterstellt seien, dem Großen Generalstab oder den Generalkommandos – der Streit wurde noch im Dritten Reich weitergeführt.

Die Einführung der NO war der Beginn eines weiteren Ausbaus des III-B-Apparates, denn das heraufziehende Gewitter des Ersten Weltkrieges zwang dem Geheimdienst eine immer hektischere Betriebsamkeit auf. Das Tempo beschleunigte vor allem der Oberstleutnant Erich Ludendorff, damals Chef der 2. Abteilung des Großen Generalstabs.[113)] Er nahm ein ungewöhnliches Interesse an Geheimdienstfragen. Ohne Geheimdienst konnte er sich den totalen Krieg der Zukunft nicht vorstellen, ohne Geheimdienst nicht das autoritäre Regime, das ihm vorschwebte.

Ab Ende 1908 ließ Ludendorff den Geheimdienst nicht mehr aus den Augen. Er förderte dessen personelle Ausweitung, er setzte durch, daß der III-B-Etat auf 450 000 Mark erhöht wurde, er spielte auch seinen Einfluß aus, um den inzwischen zum Major avancierten Nicolai im Frühjahr 1913 an die Spitze des Geheimdienstes zu bringen.[114)] Zwei kongeniale Männer hatten sich gefunden, verbunden durch das hochmütige Überlegenheitsgefühl der Militärkaste, die sich über zivile Politiker erhaben fühlte und schon bald der schwachen politischen Führung die Zügel aus der Hand nehmen sollte.

Selten übernahm ein Geheimdienstchef seine Amtsgeschäfte selbstbewußter als der 40jährige Nicolai, der für wilhelminische Hierarchiebegriffe allzu jung und rangniedrig war. Er wies sofort die NO an, sich nicht länger von den Generalkommandos gängeln zu lassen; seine Offiziere hätten auch nicht Spionageabwehr zu treiben, das sei Sache der Polizei. Ein solcher Mann begnügte sich natürlich nicht mit einer Sektion; er verlangte, die III B müsse zur selbständigen Abteilung erhoben werden (das wurde ihm für das Jahr 1915 zugestanden).[115]

Immer wieder impfte er seinen Offizieren ein, daß III B allein auf den Krieg ausgerichtet sei. Nicolai: »Vor jeder Neuerwerbung, Lieferung pp. frage sich der N.O.: Welchen Nutzen bringt sie für den Krieg!«[116] Er formulierte, als könne er den Krieg gar nicht schnell genug erwarten: »Im Kriege kommen für uns die Tage der Rechnungslegung. Dann verlangt die Armee von uns die Früchte unserer langen Friedensarbeit in Gestalt von strategischen Meldungen.«[117]

Als jedoch im August 1914 die Stunde des Einsatzes kam, schmeckten der Armee die III-B-Früchte recht bitter. Der Geheimdienst war kaum in der Lage, den Nachrichtenhunger der Feindbearbeiter des Generalstabs zu stillen. Ihm fehlten vor allem detaillierte Informationen über gegnerische Operationsabsichten und Aufmarschbewegungen. Schlimmer noch, Nicolai verlor in wenigen Wochen seine besten Agenten in den Feindländern. Konsequenz: Frankreich und Rußland blieben auf Nicolais Lagekarten weiße Flecken. Es war bezeichnend für die Hilflosigkeit des deutschen Geheimdienstes, daß er den 73jährigen Altspion Schluga reaktivieren mußte; Nr. 17 arbeitete trotz ramponierter Nerven noch einmal so gut in Paris, daß er »daselbst den Kern unseres geheimen Nachrichtendienstes gegen Frankreich« bildete, wie ein Abwehr-Historiker nicht ohne unfreiwillige Ironie urteilte.[118]

Diese Mißerfolge mußten die Feindbearbeiter schwer treffen, deretwegen einst der Geheimdienst gegründet worden war. Die Nachrichtenabteilung (ab 1917: Abteilung Fremde Heere), zu der sich die 1. und 3. Abteilung des Großen Generalstabes zusammengeschlossen hatten, war weitgehend auf Vermutungen angewiesen, zumal sich nur allzuoft die Meldungen von III B als falsch herausgestellt hatten.[119] Zwischen den beiden Abteilungen wucherte Mißtrauen.

Jetzt wurde deutlich, daß die Feindaufklärung an einem Krebsübel litt, das sie bis zum Ende des Dritten Reiches nicht wegoperieren konnte: der scharfen Trennung zwischen Nachrichtenbeschaffung und Nachrichtenauswertung. Die eine Abteilung wußte nicht, was die andere trieb. Der Geheimdienst hatte keinen Einfluß auf die Auswertung der Meldungen, die er beschaffte, die Nachrichtenabteilung hingegen konnte nicht beurteilen, woher eine Meldung stammte und ob eine »Quelle« seriös war, denn der Geheimdienst erteilte keine Auskunft über seine Informanten. Die Feindlagebearbeiter verkehrten mit III B nur über Fragebogen, Quellen für Mißverständnisse aller Art. Die Folge: eine Panne nach der anderen.

Nicolai bemühte sich nach Kräften, die Arbeit seiner Organisation zu verbessern. Er schuf neue Nachrichtendienststellen, entwickelte ein System der Gefangenenbefragung und fand Agenten, die für III B durch die Frontlinien des Gegners sickerten. Je mehr er aber seinen Apparat ausbaute, desto größer wurde Nicolais Einfluß in der deutschen Militärhierarchie. 1916/17 kam seine große Stunde: Ludendorff, inzwischen Generalquartiermeister und heimlicher Diktator Deutschlands, gab ihm die Gelegenheit, zu verwirklichen, was er schon immer gewollt hatte: die politische Expansion des militärischen Geheimdienstes.[120]

Der III-B-Chef hatte sich nie mit militärischen Zielen begnügen wollen, er sah in seinem Geheimdienst mehr: einen Propagandisten des Generalstabs, einen unerbittlichen Erzieher zum militärischen Siegwillen, Aufpasser und Initiator vaterländischer Selbstdisziplin. Und er hatte bereits die Macht, mit seiner Organisation in all jene Bereiche vorzustoßen, die von den müden politischen Instanzen längst aufgegeben waren. III B war die Kontrolle über die Spionageabwehr zugefallen, die sie gemeinsam mit Polizei und Geheimer Feldpolizei betrieb. Nicolai unterstanden das Kriegspresseamt und die Oberzensurstelle; keine Zeile über militärische Vorgänge durfte in Deutschlands Presse gedruckt werden, ohne von den Beamten und Offizieren der III B gebilligt worden zu sein. III B betrieb auch einen Inlandnachrichtendienst, der in Firmen, Behörden und privaten Kreisen V-Männer unterhielt.[121]

In den Köpfen führender III-B-Männer machte sich die Idee breit, es sei Aufgabe des Geheimdienstes, ein ganzes Volk auf Vordermann zu bringen. Eine Verfügung der Obersten Heeresleitung vom 8. Mai 1917 ermächtigte Nicolai, »die im Interesse der Kriegführung gebotene militärische Aufklärung im Inland, im besetzten Gebiet und beim Feldheer einheitlich zu leiten«.[122] Das hieß im Klartext: Erhaltung der Kriegsstimmung im deutschen Volk. Folgerichtig schuf Nicolai eine Propagandastelle, »die anregend und ausgleichend zwischen den einzelnen Stellen, welche sich mit Propaganda befassen, tätig werden« sollte, wie ein Erlaß besagte. Nicolai führte in der Truppe »vaterländischen Unterricht« ein, seine Offiziere leisteten Werbearbeit für die Kriegsanleihen.[123]

Wo immer Nicolai die Kriegsstimmung bedroht sah und Friedenssehnsucht witterte, griff er ein. Der III-B-Chef stand hinter der Gründung der Vaterlandspartei mit ihrem chauvinistisch-reaktionären Eroberungsprogramm, er steuerte die Stimmungsmache gegen die gemäßigten Führer der Sozialdemokratie, er mobilisierte deutsch-nationale Volksempörung, wenn es der Reichstag wagte, sieglose Friedenslösungen zu propagieren. Und es verging keine Pressekonferenz, in der Nicolai nicht Journalisten zu härtester propagandistischer Hilfe für die deutsche Kriegsanstrengung aufrief.

Mochten auch die Kameraden von der Abteilung Fremde Heere meinen, der Geheimdienst solle sich lieber um bessere Feindaufklärung bemühen – Oberstleutnant Nicolai hatte seinen wahren Beruf erkannt. Von Monat zu Monat legte sich der Schatten seines Geheimdienst- und Repressionsapparates düsterer auf Deutschlands Redaktionen und Parteien; Walter Nicolai wurde nicht nur für seine linken Gegner zum »Vater der Lüge«. Mit seinem Namen waren all »die Etappen der systematischen Verdummung, der politischen Verhetzung, der schillernden Lüge« verbunden, wie die »Weltbühne« schrieb.[124]

Noch nie zuvor war ein Geheimdienst derartig zu einem politischen Propagandainstrument entartet wie die III B des deutschen Generalstabes. Sie brach schließlich im November 1918 schneller zusammen, als selbst ihre pessimistischen Führer befürchtet hatten. Nicolai wurde abberufen, die meisten Geheimdienstakten der Obersten Heeresleitung verbrannten, III B löste sich auf.[125] Für lange Zeit war in Deutschland der Geheimdienst diskreditiert, Symbol und abschreckendes Beispiel für den politischen Mißbrauch nachrichtendienstlicher Macht.

Die Revolutionäre, die damals die Macht in Deutschland übernahmen, waren denn auch entschlossen, alles zu beseitigen, was an Geheimdienst und Geheimpolizei erinnerte; selber jahrzehntelang Gegenstand und Opfer geheimdienstlicher Ausforschung, fehlte ihnen jeder Sinn für die sachliche Notwendigkeit eines Geheimdienstes. Nie wieder, so schworen sie sich, sollten die Geheimen das Volk im Interesse des Klassenfeindes bespitzeln. »Fort mit der politischen Polizei, diesem schmachbeladenen Herd der schlimmsten Korruption«, hatte es schon 1911 in einer SPD-Broschüre geheißen.[126] Die neuen Machthaber handelten danach.

Der Linkssozialist Emil Eichhorn, Volkskommissar für den öffentlichen Sicherheitsdienst, löste die Abteilung V des Berliner Polizeipräsidiums auf, in der die politische Polizei ihren Sitz hatte; die Beamten wurden entlassen, die Akten sichergestellt.[127] Ebenso räumten die Revolutionäre in jeder anderen deutschen Stadt auf, die im Verdacht stand, eine Geheimpolizei zu besitzen. Auch im Auswärtigen Amt wurden alle Versuche entmutigt, einen neuen Nachrichtendienst zu errichten. Das Wort »geheim« war tabu, die linken Umstürzler sehnten sich nach einer transparenten Welt, befreit von jeder Art geheimer Ausforschung. – Der Traum währte nicht lange. Die gemäßigten Sozialdemokraten, die den Revoluzzern des linksextremen Flügels in den Chefzimmern der Polizeipräsidien folgten, schufen sich rasch wieder eine eigene politische Polizei; die Nachwehen der Revolution, die Gefahr ständig neuer Putsche von links und rechts zwangen die Republikaner, jedes Unternehmen der Extremisten im voraus zu erkennen. Zudem hatte sie das Beispiel des Kapp-Putsches gelehrt, wie wichtig eine zuverlässige politische Polizei gerade für die Sicherheit der Demokratie war – hätte damals die Regierung auf eine politische Polizei zurückgreifen können, wäre sie nicht von den Putschisten so arg übertölpelt worden.

Die Führer der Republik wagten freilich nicht, ihre geheime Schutzorganisation politische Polizei zu nennen – der Name schien ihnen allzu belastet. So versteckten sie ihre Geheimpolizei vor der mißtrauischen Öffentlichkeit in Behörden, die nicht nach politischer Polizei »rochen«. Preußens neue Geheimpolizei (IA) entstand zum Beispiel als Anhängsel der sachfremden Abteilung I des Berliner Polizeipräsidiums. Allmählich formierten sich die politischen Referate und Kommissariate bei den Polizeibehörden zu einer neuen Organisation: der »Centralen Staatspolizei« (C. St.).[128]

Der recht pompös klingende Titel verdeckte, daß es mit der Schlagkraft und Leistungsfähigkeit der C. St. nicht weit her war. Die Spionageabwehr konnte kaum wirkungsvoll arbeiten, denn die Spionagebekämpfung hatte sich seit den Tagen der Möchtegern-Reformer im Großen Generalstab nicht verbessert, eher verschlechtert. Der Abwehrpolizei der Republik fehlte jeder organisatorische Zusammenhang. Es gab keine Zentralstelle, die das einlaufende Material auswertete und zu einheitlichen Aktionen nutzte; man hatte sich lediglich darauf geeinigt, in der IA des Berliner Polizeipräsidiums eine Art nachrichtenspeichernde Clearingstelle zu sehen – konkrete Befugnisse aber besaß sie nicht.[129] Auf unzureichende Gesetze gestützt, von der Regierung nur halbherzig gedeckt, war die deutsche Spionageabwehr kein ernsthafter Gegner für die Geheimdienste des Auslandes.

Das zeigte sich besonders bei der Bekämpfung der sowjetischen Spionage, die Ende der zwanziger Jahre immer intensiver wurde. »Die deutsche Polizei war erstaunlich schlecht über die Aktivität der verschiedenen sowjetischen Apparate unterrichtet«, urteilt der amerikanische Spionage-Historiker David Dallin.[130] Sie kannte nicht Adressen und Personal der kommunistischen Untergrundorganisationen, sie durchschaute nicht das V-Mann-System der sowjetischen Industriespionage, sie wußte nichts von den Verbindungslinien des sowjetischen Geheimdienstes in Deutschland.[131]

Die Ohnmacht der Abwehrpolizei aber inspirierte wieder einmal das Militär, Geheimdienst und Spionageabwehr in eigene Regie zu nehmen. Zwar sahen mißtrauische Demokraten eine Neubelebung des militärischen Geheimdienstes ebensowenig gerne wie die Restauration der politischen Polizei, doch die fast autonome Stellung der Reichswehr ließ keinen rechten Widerstand aufkommen, zumal die vordringlichste Aufgabe des neuen Geheimdienstes den führenden Republikanern nicht unlieb war: die Bekämpfung linker Extremisten in der Truppe.

Diesem Zweck diente ein »Nachrichten- und Erkundungsdienst«, der bereits im Herbst 1919 bei den Truppenverbänden der Vorläufigen Reichswehr und bei den Freikorps geschaffen wurde; ihn steuerten Offiziere der aufgelösten III B, die politisch nicht allzu belastet waren.[132] Der Dienst sollte die Truppe vor den politischen Eruptionen schützen, revolutionäre Tendenzen abwehren – daher der Name der neuen Organisation, der sich später einbürgerte: Abwehr.

»Bei sämtlichen Wehrkreiskommandos und Reichswehrbrigaden«, befahl das Reichswehrgruppenkommando I am 24. November 1919, »sind Abwehrstellen einzurichten. Sie haben folgende Aufgaben: 1. a) Grenznachrichtendienst, b) Abwehr feindlicher Spionage; 2. Innerer Nachrichtendienst; 3. Beobachtung der eigenen Truppe.«[133] Noch deutlicher wurde das Gruppenkommando 2 in einem entsprechenden Befehl: Der Nachrichtendienst »umfaßt die Überwachung des gesamten politischen Lebens, insbesondere der linksradikalen Parteien«.[134] Damit war unverhüllt ausgesprochen, daß die Abwehr zunächst in erster Linie politische Aufgaben verfolgte.

Bald stand wieder ein kleiner Agenten- und V-Mann-Apparat zur Verfügung, die Orders der Geheimdienstoffiziere auszuführen. So klein der Erkundungsdienst auch sein mochte, es gab im revolutionsgeschüttelten Deutschland kaum einen besser informierten Aufklärungsapparat, denn seine V-Männer hatten sich für alles zu interessieren: für die »politische Lage bei der USPD und KPD, örtliche Organisationen und Pläne, Bereitwilligkeit, Befehlen der Zentralleitung zu folgen, Versammlungen: Ort, Zeit, Teilnehmer, Themen, Resolution, Stimmung, Personen der Redner. Bevorstehende Unruhen, Streiks, Putsche«.[135]

Dennoch schraken die Führer des neuen Geheimdienstes davor zurück, das politische Experiment von Nicolai zu wiederholen. Sie erkannten, daß sie die Abwehr nur durchsetzen konnten, wenn sie deren defensiven Charakter betonten; er hatte danach nur die Aufgabe, die Truppe zu schützen – vor Spionen und Umstürzlern. Einem so zurückhaltenden Geheimdienst mochten die Führer der Republik ihre Unterstützung nicht versagen, der militärische Geheimdienst durfte nun endlich auch offiziell wieder in Erscheinung treten.

Unter Führung des Majors Friedrich Gempp, Nicolais einstigem Stellvertreter, bezogen im Sommer 1920 drei aktive Offiziere, sieben Ex-Offiziere im Angestelltenverhältnis und einige Schreibkräfte den dritten Stock im Haus 72–76 des Berliner Tirpitzufers, ehedem Sitz des Reichsmarineamts und nun Quartier des Reichswehrministeriums.[136)] Am 17. Mai erging der erste Befehl in der Geschichte der Abwehr: Ihre Aufgabe bestehe »allgemein in dem Schutz des Heeres gegen überraschende Putsche, in der Verfolgung der Umsturz-Agitation in der Truppe und in der örtlichen Aufklärung bei Unternehmungen zur Wiederherstellung von Ruhe und Ordnung«.[137)]

Politische Umstände und Geldmangel zwangen Abwehrchef Gempp, bescheiden anzufangen. Er gliederte seine Abwehrgruppe in ein Ost- und ein Westreferat, das freilich keine Spionage im herkömmlichen Sinne betrieb.[138)] Die Abwehr von Spionage und Sabotage stand im Vordergrund, militärische Auslandsnachrichten wurden kaum beschafft, zumal Gempps Organisation noch über kein technisches Handwerkszeug wie Funkgeräte, Pässe und Geheimtinten verfügte.

Ein so wenig effizienter Apparat hatte allen Anlaß, die Nachbarschaft und Hilfe einflußreicherer Instanzen zu suchen. Das waren in erster Linie die Feindbearbeiter der alten Abteilung Fremde Heere, die sich jetzt im Truppenamt, dem getarnten, weil verbotenen Generalstab, »Heeresstatistische Abteilung« (T 3) nannte. Zu ihr stieß auch die Abwehr, die in der T 3 eine eigene Gruppe bildete; zum erstenmal waren Nachrichtenbeschaffer und Nachrichtenauswerter in einer Abteilung vereinigt.[139)]

Major von Boetticher, Chef der T 3, konnte endlich hoffen, daß sich in Zukunft die Unzuträglichkeiten vermeiden lassen könnten, die im Krieg so oft zwischen den Geheimdienstlern und den Feindbearbeitern aufgetreten waren. Alles schien nun in einer Hand: Die Abwehrstellen reichten ihre Meldungen an die Abwehrgruppe, diese legte das Material dem Abteilungschef Boetticher vor, der wiederum verteilte es an die West- oder Ostgruppe der T 3 mit ihren Länderreferaten.[140)] T 3 spornte die Abwehrgruppe noch zu vermehrter Leistung an, denn nach der (von den Alliierten erzwungenen) Zurückziehung aller deutschen Militärattachés waren die Fremde-Heere-Analytiker mehr denn je auf Meldungen des Geheimdienstes angewiesen.[141)]

Gempp und seine Offiziere verbesserten ihre Aufklärungsorganisation, doch dabei ging wiederum die Harmonie zwischen Feindbearbeitern und Geheimdienstlern in die Brüche. Das begann bereits Mitte der zwanziger Jahre, als die Abwehr nach der Stabilisierung der Republik ihre politischen Aufgaben verkleinerte und die eigentliche Spionagearbeit aktivierte. Gempp reorganisierte die Abwehrgruppe. Er schuf ein organisatorisches Grundmuster, das die Abwehr von da an beibehielt: Es entstanden die drei Untergruppen Abwehr I (Erkundung), Abwehr II (Chiffrier- und Funkhorchdienst) und Abwehr III (Spionageabwehr).[142] Zugleich knüpften die Abwehrstellen in den sieben Wehrkreisen Verbindungen zum Ausland an, zunächst an der Ostgrenze Deutschlands, wo das Reichswehrministerium den gefährlichsten Gegner witterte: das unruhige Polen mit seiner scheinbar angriffslustigen Armee.

Der Ausbau der Abwehr fiel zusammen mit dem Kanzler-Ehrgeiz des Obersten Kurt von Schleicher, der damals im Reichswehrministerium anfing, sich eine politische Hausmacht zu schaffen. 1926 löste er die militärpolitische Gruppe aus der Heeresabteilung des Truppenamtes heraus und bildete sie zu einer selbständigen Wehrmachtabteilung des Reichswehrministeriums um, an deren Spitze Schleicher trat. Von dieser Machtbasis aus erweiterte er seinen Einfluß immer mehr.[143]

Schleichers Tatendrang reichte weiter, er wollte auch den Geheimdienst unter seine Kontrolle bringen. Er fand in Gempps Nachfolger, dem Oberstleutnant Günther Schwantes, einen willigen Helfer, dem Schleicher eine weitere Verstärkung der Abwehr zusicherte. Schleicher erfüllte dabei Schwantes einen Lieblingswunsch: die Vereinigung der Abwehr des Heeres mit dem Marine-Geheimdienst. Gleich nach Kriegsende hatte sich auch dieser Nebenbuhler des Heeres-Geheimdienstes wieder organisiert; er setzte die alte Praktik fort, sich von den Heereskameraden möglichst wenig in die Karten schauen zu lassen. Obwohl der Marine-Geheimdienst über gute Auslandsbeziehungen verfügte, machte er organisatorisch einen recht desolaten Eindruck: Allzu viele Marinestellen übten sich in geheimdienstlichen Aufgaben.

Der Kapitän zur See Lohmann war nicht der einzige Marineoffizier gewesen, der auf eigene Faust Geheimdienst spielte. »Die Abwehr«, hielt eine Aktennotiz der Marineleitung 1928 fest, »wird nebenamtlich beim Mobilmachungs-Referat, der Angriff nebenamtlich beim Referat für fremde Marinen bearbeitet. Nur der Auslands-Nachrichtendienst mit seinen mehreren hundert Berichterstattern . . . hat ein eigenes Referat für sich.«[144] Desto stärker lockte es die Abwehr des Heeres, diesen ungeordneten Apparat sich einzuverleiben. Als die Lohmann-Affäre auch zu einer Schlappe des Marine-Geheimdienstes ausuferte, drängte Schwantes seinen Chef Schleicher, die Vereinigung der beiden Geheimdienste unter einem Heeresoffizier durchzusetzen.

Schleicher griff zu, da er hier die Gelegenheit sah, den vereinigten Militär-Geheimdienst in einer von ihm, Schleicher, geleiteten Superabteilung zu konzentrieren. Ohne vorher die Marineleitung zu verständigen, landete plötzlich Mitte März 1928 auf deren Schreibtischen der »Entwurf eines Befehls zur Bildung der Abwehr-Abteilung«, den Schleicher hatte ausarbeiten lassen.[145]

Fast ultimativ legte dort Reichswehrminister Groener fest: »1. Mit dem 1. 4. scheiden die Abwehrgruppe der Heeresleitung aus dem Bereich des Truppenamts sowie die für Spionageabwehr, Auslandsnachrichten, geheime Nachrichten, Horch- und Chiffrier-Dienst tätigen Stellen der Marineleitung aus dem Bereich des Marine-Kommando-Amtes aus. 2. Diese Dienststellen werden mit dem gleichen Tage zur ›Abwehr-Abteilung‹ (Abw.Abt.) vereinigt. Diese ist mir ... unmittelbar unterstellt. Die Leitung der Abwehr-Abteilung übernimmt Oberstleutnant Schwantes ... 4. Abwehr-Abteilung bearbeitet als alleinige Stelle des Reichswehrministeriums die gesamte Organisation des Geheimen Nachrichtendienstes und des Horch- und Chiffrierwesens sowie die gesamte Spionageabwehr für Heer und Marine ... Jeder anderen Stelle des Reichswehrministeriums ist es verboten, sich mit Angelegenheiten zu befassen, die in dieses Arbeitsgebiet fallen. Über jede Auslandsverbindung von Stellen des Reichswehrministeriums ist die Abwehr-Abteilung vorher zu unterrichten.«[146)]

Die Geheimdienstler der Marine reagierten ärgerlich. »Ein Ding militärischer Unmöglichkeit«, schimpfte das ML-Referat A IIa, und der Leiter der Flottenabteilung notierte: »Eine über das Knie gebrochene Entscheidung ... ist keinesfalls zu verantworten.«[147)] Noch härter formulierte er in einem Vortrag vor dem Marinechef: »Es ist ja eine bekannte Tatsache, daß eine Nachrichten-Organisation um so besser arbeitet, je dezentralisierter sie ist, weil alsdann Geheimhaltung und Verschleierung sicherer sind ... Ein großer Apparat ist außerdem auf diesem Gebiete politisch gefährlich und für die feindliche Gegenspionage erheblich leichter angreifbar.«[148)]

Die Marine versuchte in Verhandlungen mit Schleicher, das Schwantes-Projekt zu Fall zu bringen, doch Groener duldete keinen Widerspruch. Am 30. März 1928 verfügte er die Vereinigung der beiden rivalisierenden Dienste unter der Führung von Schwantes.[149)] Ein Jahr darauf rückte die vergrößerte Abwehr noch eine Stufe höher: Sie wurde mit der Wehrmacht- und Rechtsabteilung des Reichswehrministeriums dem neugebildeten Ministeramt zugeschlagen, das Schleicher übernahm.[150)] Lange sollte sich freilich Schwantes seiner neuen Machtstellung nicht erfreuen. Ende 1929 wurde er abgelöst, ein Schleicher-Vertrauter übernahm die Führung der Abwehr: Oberst Ferdinand von Bredow.[151)]

Die Marine-Geheimdienstler aber mochten sich noch immer nicht mit der neuen Konstruktion versöhnen, ihnen mißfiel, daß sie unter Heeresoffizieren dienen sollten. Fregattenkapitän Wollanke, der Leiter der Marinegruppe der Abteilung, schnitt die Heereskameraden, wo immer es nur ging; er entzog sich oft sachdienlichen Gesprächen, wenn er Marineinteressen gefährdet sah.[152)] Wollankes Widerstand irritierte schließlich Bredow derartig, daß er den ML-Chef Raeder bat, den Fregattenkapitän abzuberufen und einen umgänglicheren Nachfolger zu benennen. Raeder fand einen besseren Kandidaten: Fregattenkapitän Conrad Patzig, einen verbindlichen Offizier, den Raeder für geschickt genug hielt, die Frontstellung gegenüber der Heeresabwehr abzubauen.[153)]

Tatsächlich gelang es Patzig in kurzer Zeit, den Frieden zwischen den Marinern und Landkriegern herzustellen. Vor allem zu Bredow fand er rasch Kontakt. Patzig erinnert sich: »Bredow war ein etwas eitler Herr, und eitle Leute kann man besonders leicht behandeln.«[154)] Die beiden Männer verstanden sich so gut, daß ihn Bredow zu seinem Nachfolger vorschlug, als der Oberst im Juni 1932 nach der Ernennung Schleichers zum Reichswehrminister an die Spitze des Ministeramtes berufen wurde. Die Heeresoffiziere hielten den Atem an, so etwas hatte es noch nicht gegeben: einen Marineoffizier auf dem Kommandoposten einer alten Domäne des preußisch-deutschen Heeres. Schon rüsteten die Landkrieger zum Gegenstoß, da intervenierte der Chef des Truppenamtes, General Adam, mit der Erklärung, Patzig sei ein Mann seines Vertrauens und er wünsche enge Zusammenarbeit aller Heeresoffiziere mit dem neuen Abwehrchef.[155]

Der inzwischen zum Kapitän avancierte Patzig bewies denn auch bald seinen internen Kritikern, daß er ein guter Organisator war. Mit ihm begann eine explosionsartige Entwicklung, die den deutschen Geheimdienst wieder auf den Weg der Machtpolitik und ungehemmten Rüstungsexpansion trieb. Dazu trugen nicht zuletzt die in die Abwehr eingetretenen Marineoffiziere bei, die aus ihrer durch Freikorps und Putschistenzeit bestimmten Vergangenheit einen Hauch von Abenteuertum und Verschwörung mitbrachten, der den biederen Heeressoldaten meist unbekannt war.

Erst unter dem Kapitän Patzig wurde die Abwehr zu einem vollen militärischen Aufklärungsdienst. Jetzt drang sie mit Agenten, V-Männern und Führungsoffizieren in die geheimen Bereiche ausländischer Gegner vor. Die beginnende Wiederaufrüstung Deutschlands schob der Abwehr eine immer wichtigere Rolle zu. In den Deutschen war wieder – längst vor Hitlers Machtantritt – militärischer Ehrgeiz erwacht, und die Abwehr des Kapitäns Patzig schuf auf ihre Weise die Voraussetzungen für die gewagte Fahrt Deutschlands in neue Wetterzonen militärisch-außenpolitischer Risikobereitschaft mit. 1932/33 stand eine Kaderorganisation der Abwehr bereit, stark genug, jederzeit bei einer Verstärkung der Reichswehr selber um das Dreifache vergrößert zu werden.[156] Überall bildeten sich neue V-Mann-Verbindungen, begann die Abwehr, in bisher verbotene Tätigkeitsfelder einzudringen.

Major Grimmeiß, der Leiter des Geheimen Meldedienstes (Abwehr I), trug Sorge, das kleine Netz seiner Agenten im Osten auszudehnen. Die Abwehrstellen Königsberg, Stettin und Berlin erhielten Weisung, alle ihre Anstrengungen auf die verstärkte Aufklärung gegen Polen zu konzentrieren.[157] Auch V-Männer für den Einsatz in der Sowjetunion wurden in Marsch gesetzt. Erste ausländische Bundesgenossen konnte sich die Abwehr sichern: Der litauische Geheimdienst erklärte sich bereit, den Deutschen bei der Aufklärung im Osten behilflich zu sein – Grimmeiß revanchierte sich mit Polen-Material aus seinen Geheimakten.[158]

Ebenso verfeinerte die Spionageabwehr (Abwehr III) ihre Arbeit. Die Abwehr III hatte die Aufgabe, Militäranlagen vor Saboteuren zu schützen und die Erweiterung der Reichswehr gegenüber französisch-britischen Spionen abzuschirmen, die die inzwischen abgerückte Interalliierte Kontrollkommission zur Überwachung der deutschen Abrüstung im Lande zurückgelassen hatte.[159] Die Spionejäger fanden neue Methoden der Spionageabwehr, sie fingen an, eigene V-Männer in die Apparate der gegnerischen Geheimdienste einzuschleusen.

Da die Centrale Staatspolizei wenig wirkungsvoll arbeitete und dem Ansturm der französischen, polnischen und sowjetischen Geheimdienste nicht gewachsen war, ging die Abwehr III dazu über, mit eigenen Agenten und Konteragenten auch außerhalb der Reichswehr Spionageabwehr zu betreiben. Eigene Such- und Fahndungstrupps beobachteten die Aktivitäten der gegnerischen Spione so effektiv, daß sich die Polizei gerne vom Militär anleiten ließ. Denn in der Optik der Polizisten besaß die Abwehr, was der C. St. fehlte: eine einheitliche Organisation, dirigiert von einer allseits anerkannten Zentrale. »Die polizeilichen Abwehrspezialisten«, berichtet der ehemalige Gestapo-Justitiar Best, »gewöhnten sich so sehr daran, sich an die ›militärische Abwehr‹ anzulehnen und sich nach ihren Weisungen zu richten, daß manche von ihnen auch nach der Errichtung einer selbständigen, reichseinheitlichen Abwehrpolizei sich von dieser Gewohnheit nicht mehr zu lösen vermochten.«[160)]

Gleichwohl wußten die Spionagejäger der Abwehr nur allzu gut, daß sie einer starken Abwehrpolizei bedurften, ohne die ein wirkungsvoller Schutz gegen fremde Geheimdienste undenkbar war. Das Militär konnte und wollte nicht die zivilen Bereiche der Gesellschaft vor Spionen absichern – das war und blieb Aufgabe der Polizei. Zudem besaß die Abwehr keine Exekutiv-Vollmachten; wollte sie einen erkannten Spion verhaften, so mußte sie die Polizei einschalten. Wieder begannen die Militärs – wie einst in der Kaiserzeit – politische Reformpläne zu entwerfen, wieder kam die Idee einer zentralistischen Reichspolizei mit Spionageabwehraufgaben auf.

Da spülte Hitlers »nationale Revolution« Männer in die Polizeipräsidien, die auf ihre Art entschlossen waren, mit allen Halbheiten der Polizeiorganisation Schluß zu machen. Ihnen schwebte ein Polizeisystem vor, in dem kein Spion, aber auch kein politischer Gegner mehr Platz hatte. Die Nationalsozialisten versprachen, was Polizisten und Militärs immer gefordert hatten: mehr Geld und Prestige, bessere Methoden der Spionagebekämpfung, Zentralisierung der Polizeiarbeit, Freiheit von jeder öffentlichen Kritik. Und Deutschlands neue Herren bewiesen, daß sie wirklich meinten, was sie da versprachen; in wenigen Monaten errichteten sie einen Polizeiapparat, wie ihn das 20. Jahrhundert noch nicht gesehen hatte.

Als wollten die Nazis die polizeiliche Allmacht des Altliberalen Gruner wieder auferstehen lassen, schufen sie einen nahezu perfekten Polizeistaat. Sein Gründer war der preußische Ministerpräsident Göring. Er trennte die politischen Sonderabteilungen der Kriminalpolizei, die Politische Polizei (Bekämpfung des Hochverrats) und die Abwehrpolizei (Bekämpfung des Landesverrats), von der Kripo und faßte sie zu einer eigenen Landespolizeibehörde zusammen, der er den Namen »Geheimes Staatspolizeiamt« gab.[161)] Ein Postbeamter, der einen Laufstempel zu entwerfen hatte, erfand für die neue Behörde eine Abkürzung: Gestapa.[162)] Der Volksmund aber machte daraus das unheilvollste Wort, das es für Deutsche in den folgenden Jahren gab – Gestapo.

Sie verlor rasch jeden Zusammenhang mit der staatlichen Verwaltung, sie wurde eine Macht für sich, unheimlich und alles bedrohend. Die eigentliche Politische Polizei, Kern der Gestapo, formierte sich im Geheimen Staatspolizeiamt zur Abteilung III, die Abwehrpolizei zur Abteilung IV (zwei weitere Abteilungen für Organisation/Verwaltung und Recht kamen hinzu).[163)] Ihre neue Macht brachte sie auch räumlich zum Ausdruck: Wie in der napoleonischen Zeit unter Gruner, so verließ sie jetzt das Berliner Polizeipräsidium und zog um – in eine geräumte Kunstgewerbeschule im Haus 8 der Prinz-Albrecht-Straße.

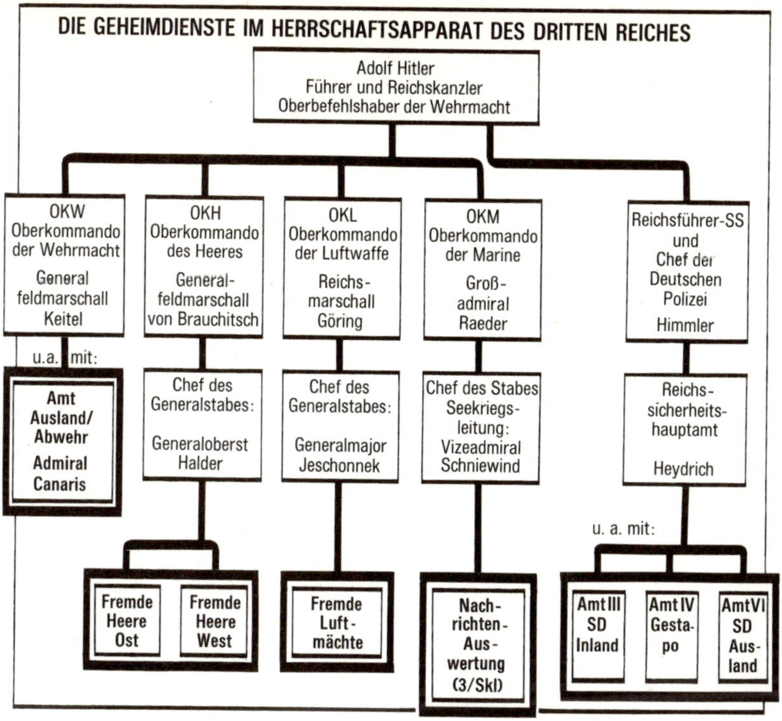

Auch auf der Ebene der mittleren Instanzen kappte die Gestapo ihre Verbindungen zur Verwaltung. In den Provinzen entstanden Staatspolizeistellen, die den Regierungspräsidenten nur noch formal unterstellt waren. Denn die Gestapo erhob ab Ende 1933 den Anspruch, eine selbständige, nur dem preußischen Ministerpräsidenten unterstellte Behördenorganisation zu sein.[164)] Nimmt man hinzu, daß die am 28. Februar 1933 erlassene Notverordnung des Reichspräsidenten »zum Schutz von Volk und Staat« alle Grundrechte des Bürgers aufgehoben hatte und mithin der Polizei ermöglichte, ohne richterlichen Befehl Haussuchungen und Verhaftungen vorzunehmen, Eigentum zu beschlagnahmen, Telefongespräche abzuhören und Briefe zu öffnen, so ließ sich kaum eine mächtigere Polizei denken als die Gestapo Görings.[165)]

Und immer noch stärker wurde der Kontrollapparat der Gestapo verfeinert. Ein differenziertes Listen- und Karteisystem sollte jeden Regimegegner und potentiellen Spion registrieren, ein ausgetüfteltes Fahndungssystem garantieren, daß kein Flüchtling dem Riesenauge der Gestapo entging.[166)] Die Macht über die Konzentrationslager, Prügelstätten des nationalsozialistischen Gleichschaltungsmechanismus, gab ihr später eine zusätzliche Waffe in die Hand; unerwünschte Ausländer konnten bis zu ihrem »Abschub« von der Gestapo in ein KZ eingewiesen werden.[167)]

Die Spionagejäger der Abwehr, wie viele Soldaten nur allzu bereit für autoritäre Lösungen und beeindruckt von den nationalistischen Parolen des

Regimes, beobachteten befriedigt die kaltblütige Perfektion, mit der die neue Abwehrpolizei ans Werk ging. Eine hartnäckige Legende will freilich, die Abwehr habe von Anfang an die Macht und Willkür der Gestapo bekämpft. Die Wirklichkeit sieht anders aus: Nichts konnte die Abwehroffiziere mehr befriedigen als die Effizienz und Durchschlagskraft der Geheimen Staatspolizei. So hatten sie sich immer die Bekämpfung der gegnerischen Spionage vorgestellt: hart, klar, geräuschlos. Über die politischen Begleitumstände, über den Verlust persönlicher Freiheit, über den Terror der SA-Kolonnen sahen sie hinweg – für die Experten zählte allein die Leistungsfähigkeit des neuen Apparates.

Für die Offiziere und Mitarbeiter der Abwehr III konnte die Gestapo gar nicht mächtig genug sein; Abwehrangehörige wurden nicht selten von ihren Vorgesetzten dazu angehalten, über noch bessere Methoden polizeilicher Spionageabwehr nachzudenken und den Kameraden von der »Stapo«, wie man offiziell sagte, bei ihrer Arbeit zu helfen.[168] Gestapo und Abwehr gewöhnten sich denn auch rasch daran, eng zusammenzuarbeiten. »Für die sachgemäße Bearbeitung der vorkommenden Abwehrfälle«, so besagte eine Dienstanweisung der Abwehr III, »ist eine enge, persönliche Beziehung zum alleinigen Exekutivorgan im Abwehrkampf, der Geheimen Staatspolizei, von besonderer Wichtigkeit.«[169]

Solche Zusammenarbeit band aneinander, dienstliche Zwänge und kameradschaftlicher Umgang begründeten eine Gemeinsamkeit, die auch spätere Kompetenzkämpfe nicht völlig ramponieren konnten. Die Männer von Abwehr und Gestapo waren Produkte ihrer Zeit, Zöglinge der nationalstaatlichen Ära, deren Menschen weitgehend noch an den absoluten Wert von Staat und Nation glaubten und denen nichts selbstverständlicher war als die Überzeugung, der Staat und seine Führung könne vom Bürger jedes Opfer verlangen.[170]

Entsprechend erfolgreich wirkten Abwehr und Gestapo zusammen. Schon wenige Monate nach dem Beginn ihrer Zusammenarbeit brachten sie gemeinsam die Organisation eines der gefährlichsten Spione des Jahrhunderts zu Fall: des polnischen Ulanenrittmeisters Jurik von Sosnowski, der mit seinen meist weiblichen Agenten und Zuträgern tief in Reichswehrgeheimnisse eingedrungen war.[171] Canaris-Freund Protze, nach der Vereinigung von Marine- und Heeres-Geheimdienst zur Gegenspionage der Abwehr III versetzt, deckte mit ein paar Gegen-Agentinnen das Sosnowski-Netz auf, und die von ihm alarmierte Gestapo schloß den Fall ab – durch eine Verhaftungsaktion am 27. Februar 1934.[172]

So wäre zwischen Abwehr und Gestapo nahezu alles in Ordnung gewesen, hätte nicht eine neue Macht ihren Totalitätsanspruch auf dem Gebiet der Staatssicherheit angemeldet: Heinrich Himmlers Schutzstaffel, abgekürzt SS. In kurzer Zeit zum Eliteorden der NSDAP und zu Hitlers Leibwache und Parteipolizei avanciert, verlangte die SS die Führung der Polizei. Im April 1934 gelang ihr ein entscheidender Durchbruch: Nach hektischen internen Auseinandersetzungen unter den NS-Hierarchen mußte Göring die Kontrolle über die Gestapo an die SS-Führung abtreten.[173] Auf einmal dämmerte manchem Abwehroffizier, daß sich in der Gestapo mehr widerspiegelte als das natürliche Schutzbedürfnis eines neuen Regierungssystems.

Hinter der Gestapo stand die Dämonie einer totalitären Bewegung, die keine Normen und keine Maße mehr anerkannte.

Abwehrchef Patzig erkannte das als einer der ersten Offiziere. Er hätte diese Erkenntnis sogar datieren können, sie rührte von jenem Frühlingstag des Jahres 1934 her, an dem ihm die leibhaftige Verkörperung nationalsozialistischer Dämonie, der Luzifer des Polizeistaates entgegengetreten war: Reinhard Heydrich, Canaris' ehemaliger Kadett und Hausmusikfreund, jetzt Leiter des Geheimen Staatspolizeiamtes. Patzigs Erschrecken wurde nicht von dem Umstand gelindert, daß der SS-Oberführer Heydrich einmal die Uniform eines Marineoffiziers getragen hatte, im Gegenteil: Der Oberleutnant zur See Heydrich war im April 1931 von einem Ehrengericht der Marine »wegen Unwürdigkeit« verabschiedet worden, weil er in ungewöhnlich geschmackloser Form ein Heiratsversprechen gebrochen hatte.[174)] Seither begegnete Heydrich fast jedem Marineoffizier mit Haß und Hochmut, auch Patzig bekam das zu spüren.

Der Hinauswurf aus der Marine hatte den arbeitslosen Ex-Offizier am 14. Juni 1931 auf die Waldtruderinger Hühnerfarm Himmlers geführt, in dessen SS Heydrich das Elitekorps des kommenden NS-Reiches witterte.[175)] Dem pedantisch-theatralischen Reichsführer-SS skizzierte Heydrich in 20 Minuten auf einem Blatt Papier einen Abwehrdienst der SS, dessen geheime Mitarbeiter die Partei vor Gegnern schützen sollte. Himmler nannte Heydrichs Kreation »Sicherheitsdienst des Reichsführers-SS« (SD) und machte dessen Schöpfer zum Chef der neuen Organisation.[176)]

Später entwarf Heydrich das Muster eines engmaschigen, vom SD gesteuerten Überwachungssystems, das jeden Bereich des nationalen Lebens beschatten und die totale Herrschaft der NSDAP sichern sollte – getragen von der SS und einem von ihr geführten Polizeikorps. Diese neue, SS-eigene Polizei unterschied sich von ihren Vorgängern in einem entscheidenden Punkt. Die Polizei früherer Systeme hatte sich damit begnügt, Staatsfeinde gleichsam auf frischer Tat zu ertappen, sie griff ein, wenn objektiv Gefahr vorlag; Heydrichs Polizei aber sollte den Gegner aufspüren, noch ehe er einen oppositionellen Gedanken, geschweige denn eine Tat des Widerstandes erwogen hatte. Die Polizei hörte auf, ein defensives Abwehrorgan des Staates zu sein, sie ging zum Angriff über – mehr noch: Sie wurde zum allmächtigen Säuberungskommissar, der die Nation von allen unliebsamen Ideen befreite. Damit waren alle gesetzlichen Fesseln traditioneller Polizeiarbeit gesprengt, nur ein Gesetz zählte – der rücksichtslose Schutz der Führerdiktatur.

Zug um Zug verwirklichte Heydrich sein Programm. Er schuf ab März 1933 die Bayrische Politische Polizei, ein Gegenstück zur preußischen Gestapo, dann strebte er hinaus ins Reich, denn noch waren die übrigen 16 deutschen Länderpolizeien herrenlos, zumindest nicht in einer einzigen Hand vereinigt.[177)] Ein Polizeiapparat nach dem anderen fiel unter die Kontrolle Himmlers, bis nur noch die Gestapo Görings übrigblieb. Ende April 1934 ergriffen Himmler und Heydrich auch in Preußen die polizeiliche Macht – Himmler als Inspekteur der Gestapo, Heydrich als Leiter des Geheimen Staatspolizeiamtes.[178)]

Zugleich schob sich Heydrich immer mehr auf das geheimdienstliche Feld vor. Am 9. Juni 1934 erklärte Rudolf Heß, der »Stellvertreter des Führers«, den SD zum einzigen Nachrichtendienst der NSDAP und verbot allen anderen NS-Organen geheimdienstliche Aktivitäten – Beginn eines ebenso lautlosen wie ehrgeizigen Feldzuges, mit dem sich Heydrich allmählich auch die Kontrolle über die staatlichen Geheimdienste sichern wollte.[179] Schon vorher hatte er einen ehrgeizigen SD-Führer, den Oberregierungsrat und ehemaligen Staatsanwalt Günther Patschowsky, an die Spitze der Abwehrpolizei manövriert, der gegenüber der militärischen Abwehr einen neuen Ton anschlug.[180] Er gab die Parole aus, die Gestapo dürfe die Vormachtstellung der Abwehr nicht länger tolerieren, allein die Gestapo sei zum Abwehrkampf gegen die Spionage berufen.

Heydrichs und Patschowskys Beamte drangen so weit in die Arbeitsbereiche der Abwehr ein, daß sich Patzig zur Wehr setzte. Er befürchtete, daß Gestapo und SD den Geheimdienst übernehmen wollten, und legte Gegenminen: Patzig drängte den schwachen, NS-hörigen Reichswehrminister von Blomberg, bei Hitler einen Erlaß zu beantragen, der die Abwehr zum alleinigen politisch-militärischen Geheimdienst des Reiches erklären sollte. Das war natürlich eine Illusion, denn niemals hätte das Auswärtige Amt zugelassen, die Abwehr mit der alleinigen ND-Berichterstattung zu betrauen. Immerhin konnte Patzig einen Teilerfolg verzeichnen: Hitler bestätigte in einer Order, allein der Abwehr stehe der militärische Geheimdienst und der Spionageschutz der Reichswehr zu.[181]

Gleichwohl ließ die Gestapo nicht davon ab, sich in militärische Belange einzumischen. Im Sommer 1934 ersuchte Heydrich die Abwehr, ihm eine Liste über die geheimen Waffenfabriken in Deutschland zur Verfügung zustellen. Patzig erinnert sich: »Ich erwiderte ihm, ich besäße eine derartige Liste nicht, weil ein solches Dokument viel zu gefährlich wäre, wenn es in fremde Hände falle.« Prompt beschwerte sich der Gestapochef bei Blomberg, der Patzig anwies, sich mit Heydrich zu einigen. Patzig aber wich jeder weiteren Besprechung aus.[182]

Heydrich deckte daraufhin den Abwehrchef mit neuen Forderungen ein. Patzig: »Mit Heydrich gab es immer wieder Trouble.«[183] Da bot die Mordserie des 30. Juni 1934 dem Abwehrchef einen willkommenen Anlaß, die Ausschaltung Heydrichs zu wagen. Bei der Niederschlagung des sogenannten Röhm-Putsches hatten die Mordkommandos der Gestapo die Grenzen der ihnen von Hitler und Göring erteilten Befugnisse überschritten und dabei völlig unbeteiligte Militärs liquidiert. Manchen Abwehroffizier erregte, daß zu den Opfern der Gestapo auch zwei ehemalige Abwehr-Herren gehörten: Bredow und Schleicher.

Darauf drängte ein Offizierskreis um den Dresdener Abwehrhauptmann Friede seinen Chef, die Entlassung Heydrichs zu verlangen. Tatsächlich wußte Patzig den Reichswehrminister zu einer Aktion zu bewegen. Blomberg gewann die Unterstützung einiger bürgerlicher Minister im Reichskabinett für den Plan, dann konfrontierte er Himmler mit der Forderung, Heydrich zu entlassen. Doch Himmler wies den Minister ab: Er wisse wohl, daß dies nichts als eine Intrige des Gestapogegners Friede sei.[184]

Blomberg fiel um und vergaß Patzig diese Schlappe nicht. Schon damals scheint er entschlossen gewesen zu sein, den lästigen Heydrich-Kritiker abzuhalftern, denn von nun an hörten die Animositäten zwischen Blomberg und Patzig nicht mehr auf. Blomberg wünschte, daß die Abwehr zum italienischen Geheimdienst Kontakt aufnehme und mit ihm eng zusammenarbeite, doch Patzig lehnte ab: Der italienische ND sei »rückständig und vor allem nicht vertrauenswürdig«.[185] Auch über die Luftaufklärung gegen Polen und Frankreich konnten sich die beiden Männer nicht einigen; Blomberg beharrte darauf, daß Hitler solche Luftaufklärung verboten habe.[186]

Im Oktober 1934 kam es schließlich zum Bruch. Bei einem Besuch in Kiel erfuhr Blomberg, daß Flugzeuge der Abwehr die Maginotlinie der Franzosen aus großer Höhe fotografierten. Aufgebracht ließ er Patzig kommen und fuhr ihn an: »Einen Abwehrchef, der derartige Eskapaden macht, kann ich nicht gebrauchen.«[187] Mochte sich auch der Chef der Heeresleitung, General Freiherr von Fritsch, auf die Seite Patzigs stellen und die Verantwortung für das Luftaufklärungsunternehmen übernehmen – Blomberg verlangte den Rücktritt Patzigs und die Benennung eines Nachfolgers.[188]

Der Abwehrchef unternahm noch einen letzten Versuch, Kameraden und Vorgesetzte vor den Machenschaften der Gestapo und der SS-Führung zu warnen, doch seine Worte fanden kein Gehör. Als er, oft zu etwas groben, undifferenzierten Formulierungen neigend, Blomberg bei einem Abschiedsvortrag erklärte, die SS sei ein Sammelbecken entwurzelter Existenzen, die vor nichts zurückschreckten, wenn es gelte, ihre Macht zu erweitern, verbat sich der Minister die Kritik: »Die SS ist eine Organisation des Führers!« Patzig fuhr es heraus: »Dann bedaure ich nur, daß der Führer nicht weiß, was für einen Sauhaufen er unter sich hat.«[189]

Aber auch der Mann, den er als Nachfolger ausgesucht hatte, wollte von Patzigs Kritik nichts hören. Der Nationalsozialist Canaris machte ihm sogar Vorhaltungen, daß er es nicht verstanden habe, mit Heydrich und der Gestapo auszukommen.[190] »Ich wußte«, erzählt Patzig, »daß Canaris meiner damaligen Ernennung zum Abwehrchef sehr kritisch gegenüberstand, weil er mich für zu gutmütig und zu anständig hielt. Er traute mir die Härte, die für ein solches Amt notwendig wäre, nicht zu.«[191] Als er Canaris nicht ohne Erregung bedeutete, die Auseinandersetzungen zwischen Abwehr und Gestapo seien unerträglich geworden, blieb der Nachfolger ungerührt: »Seien Sie ganz beruhigt, mit diesen Jungs werde ich schon fertig.«[192]

Voller Unbehagen machte sich Patzig auf den Weg zu Raeder, um ihm zu melden, wen er als seinen Nachfolger vorschlagen wolle. Als Raeder den Namen Canaris hörte, reagierte er unwillig: »Unmöglich! Mit diesem Mann kann ich nicht arbeiten.«[193] Raeder hatte den undurchsichtigen Kapp-Putschisten nie gemocht, nicht umsonst hatte er ihn auf dem Swinemünder Festungsposten kaltgestellt; 1935 wollte er ihn vollends in den Ruhestand versetzen. Patzig hatte nur noch ein Argument, das freilich auch Raeder überzeugen mußte: »Dann bleibt nichts anderes übrig, als die Abwehr wieder ganz dem Heer zu überlassen.« Der Marinelobbyist Raeder gab nach.[194]

Wilhelm Canaris hatte es geschafft. Vorbei waren die Jahre sterilen Marinedienstes, vorbei die Zeit der Selbstzweifel und beruflichen Engpässe. Eine neue Chance, eine neue Zukunft wartete auf ihn. Er war entschlossen, die Gunst der Stunde mit aller Kraft zu nutzen.

6 Der Abwehrchef

Um acht Uhr kam der neue Chef. Pförtner Gallmüller, Urberliner und seit Jahren Türhüter in dem geheimnisumwitterten Haus 72–76 am Tirpitz-Ufer, nahm so etwas wie stramme Haltung an, als der kleine, weißhaarige Mann in der blauen Marineuniform an ihm vorbeiging. Gallmüller schaute auf das Kalenderblatt; es zeigte den 2. Januar 1935 an. Er wußte nicht, daß es ein historischer Tag war: Kapitän zur See Wilhelm Canaris, Leiter der Abwehrabteilung des Reichswehrministeriums, trat sein neues Amt an.[1)]

Canaris ging weiter; den Weg zu dem altersschwachen Fahrstuhl, der ihn in die Abwehrabteilung bringen sollte, kannte er nur allzu gut. Das verwahrloste, enge Etagenhaus am Berliner Landwehrkanal, wegen seiner ebenso dunklen wie winkligen Gänge, Mauerdurchbrüche und Zimmer von den Berlinern »Fuchsbau« genannt, war einst Sitz des Reichsmarineamtes gewesen, in dem auch der Kapitänleutnant Canaris kurz nach Kriegsende gedient hatte. Auch das durch Quergänge erreichbare Nachbarhaus mit der Privatwohnung des Reichswehrministers und das daran wiederum anschließende Hauptgebäude des Reichswehrministeriums, das sich bis zur Bendler-Straße erstreckte, war dem einstigen Noske-Adjutanten nicht unbekannt.

Wo immer Canaris hier hintrat – er begegnete der eigenen Vergangenheit. Am Landwehrkanal hatte die Mordaffäre Liebknecht/Luxemburg gespielt, die ihn jahrelang verfolgte, im Haus nebenan hatte er die Illusionen und Demütigungen des Kapp-Putsches erlebt, in der Marineleitung ein Haus weiter war die so hoffnungsfroh begonnene Karriere des Admiralstabsoffiziers Canaris in eine Sackgasse geraten, aus der ihn erst jetzt die Malaise des Abwehrchefs Patzig befreit hatte.

Im dritten Stock hielt der Fahrstuhl. Canaris stieg aus und ließ sich das eiserne Scherengitter öffnen, das die Abwehrabteilung vor unwillkommenen Besuchern schützte. Die meisten Zimmer der Abteilung waren zu dieser Stunde noch unbesetzt, so früh erschien das Personal nicht. Beim Vorübergehen warf Canaris einen Blick in die Räume; es waren armselige und düstere Quartiere. Ein ehemaliger Abwehrangehöriger beschreibt sie so: »Schreibtisch, Tisch, einige Stühle, dazu Kleiderspind, Waschtisch und Feldbett, alles Typ Kaserne, sowie ein Panzerschrank – das war die normale Ausstattung eines Zimmers. Bei Gruppenleitern bildeten ein oder zwei zerschlissene Sessel, oft nur auf drei Beinen, vielleicht auch ein Sofa und ein Radio, den Inbegriff des Luxus.«[2)]

Am Ende des Ganges lagen die Räume des Abteilungschefs: ein kleines Vorzimmer, in dem bereits Chefsekretärin Wera Schwarte und eine Kollegin warteten, daran anschließend das Chefzimmer, das auch eine Terrasse mit Blick auf den Landwehrkanal besaß. Als Canaris sein künftiges Büro betrat, erschrak er – Patzig hatte sein gesamtes Mobiliar mitgenommen. Bald brachten jedoch Packer Canaris-Möbel: ein Ledersofa, einen Schreib- und einen Konferenztisch, Aktenböcke, das unvermeidliche Feldbett, dazu viele Bücher, ein Tischmodell des Kleinen Kreuzers »Dresden« und drei aus China stammende bronzene Affenfiguren, die die wichtigsten Geheimdiensttugenden (»Sehen, hören, schweigen«) symbolisieren sollten.[3]

Kurz darauf hatte sich Canaris einigermaßen wohnlich eingerichtet. Er saß in einer Ecke an seinem Schreibtisch, vor sich die »Dresden« und die Affen, als die herbeibefohlenen Gruppen- und Untergruppenleiter zum erstenmal ihren neuen Chef aus der Nähe sahen. Sie kamen nicht ohne Beklemmung, denn fast allen war die Abschiedsfeier für den beliebten, durch NS-Intrigen gestürzten Abwehrchef Patzig an die Nieren gegangen.[4] Gespannt blickten sie auf den Kapitän, der sich langsam von seinem Platz hinter dem Schreibtisch erhob.

Was die Offiziere sahen, schockierte sie. Statt des munteren und zupakkenden Patzig trat ihnen ein scheinbar abgeschlaffter Mann entgegen, gebeugt gehend, fast schüchtern und mit leiser Stimme sprechend. Keiner hatte die Abwehroffiziere auf diesen Anblick vorbereitet, niemand von ihnen kannte damals schon die Wahrheit des Spruches, mit dem später der Canaris-Freund Hartmut Plaas seine Bekannten vor Besuchen bei dem Abwehrchef aufklärte: »Der Admiral sieht nach gar nicht viel aus, aber er hat es faustdick hinter den Ohren.«[5]

Canaris wirkte in der Tat farblos, unpersönlich und »hatte nichts besonders Eindrucksvolles an sich«, wie ein Abwehroffizier notierte.[6] Die Gruppen- und Untergruppenleiter prägten sich jede Äußerlichkeit ihres neuen Chefs ein: etwa 1,60 Meter groß, weiße Haare, rotes Seemannsgesicht mit buschigen Augenbrauen, müder, matter Blick, gebrechlich wirkende Schlankheit, unmilitärisches Auftreten, abgewetztes Uniformjackett mit EK I, zurückhaltend, Fragen meist mit Gegenfragen beantwortend, zuweilen lispelnd. War das der energische, kompromißlose Mann, den sich die Abwehroffiziere nach dem demütigenden Abgang Patzigs als neuen Chef erhofft hatten? Keiner mochte die Frage bejahen, fast alle waren enttäuscht. »Er erschien uns«, erinnert sich der ehemalige Abwehroffizier Gerhard Henke, »im Vergleich zu dem frischen und drahtigen Kapitän Patzig für diese Stellung schon reichlich alt und verbraucht.«[7] Bei der ersten Begegnung mit den führenden Mitarbeitern gebärdete sich der 48jährige Canaris sogar »ein wenig salopp«.[8] Henke: »Seine Ansprache, die deutlich den neuen nationalsozialistischen Geist verriet, las er ab. Dann ließ er sich von uns berichten. Ich hatte dabei den Eindruck, daß ihm das Gähnen näher war als mein Bericht.«[9] Der Hauptmann Grosse hielt ihn später »eher für den Impresario einer weltumspannenden Varieté-Agentur . . . als für einen hohen deutschen Militär«,[10] dem Leiter der Abwehrgruppe III galt er als ein schlechthin unmöglicher Abteilungschef,[11] und ein frisch aktivierter Abwehr-I-Leutnant, zur Einarbeitung in die Abwehr-Zentrale versetzt, gratulierte sich, mit dem »blassen, undurchsichtigen Canaris« nicht zusammenarbeiten zu müssen.[12]

Vor allem die NS-Sprüche des neuen Abwehrchefs irritierten die Offiziere, solche Propagandasprache war man im internen Dienstbetrieb der Abwehr nicht gewohnt. Patzig hatte nie einen Hehl daraus gemacht, daß ihm das nationalsozialistische Regime herzlich zuwider war – Canaris aber gab sich als Repräsentant eben dieses Regimes. Er hatte ein klares Programm, das kaum zu den alten Patzig-Maximen paßte: konfliktfreie Tuchfühlung mit allen Organen der braunen Staatspartei, »kameradschaftliche Zusammenarbeit« zwischen Abwehr und Gestapo, dabei aber nüchterne, emotionslose Verteidigung der Abwehrkompetenzen gegenüber allen Übergriffen nichtmilitärischer Instanzen.

Verwirrt, zum Teil bedrückt, kehrten die Gruppen- und Untergruppenleiter in ihre Büros zurück. Was sie in den folgenden Tagen und Wochen über Canaris erfuhren, befreite sie nicht von dem bohrenden Verdacht, einen ungeeigneten Chef bekommen zu haben. Dazu trug auch so manche Story bei, die aus dem Vorzimmer des Chefs drang und den Kapitän Canaris zu einer eher skurrilen Figur stempelte.

Sternengläubig, hypochondrisch, ein zügelloser Pillenkonsument, traktierte er seine Umgebung mit einer fast abergläubischen Furcht vor Krankheiten, hochgewachsenen Menschen und Tierfeinden. Canaris »litt öfters unter Neuralgien und Schlaflosigkeit«, bezeugt einer seiner Offiziere,[13] und hatte ein übersteigertes Schlafbedürfnis: Am Nachmittag ruhte er gerne auf seinem Ledersofa, am Abend gab es keine dienstliche Zusammenkunft oder private Gesellschaft, die er nicht gegen 22 Uhr abbrach, um sich ins Bett zurückzuziehen.[14] Aber selbst nach einem guten Schlaf wirkte er zuweilen nervös, körperlich am Ende. Canaris bildete sich auch Krankheiten ein, er fühlte sich oft elender, als er in Wirklichkeit war.

Schon sein Schiffsarzt hatte ihm 1924 attestiert: »Beschwerden werden verstärkt durch Neigung, alle möglichen kleinen Symptome als Anzeichen einer schweren Erkrankung aufzufassen.«[15] Nahezu unbegrenzt war seine Befürchtung, das Opfer ansteckender Krankheiten zu werden; bereits der harmlose Schnupfen eines Mitarbeiters versetzte ihn in Panik. »Als ich eines Tages«, erzählt ein ehemaliger Gruppenleiter, »erkältet zum Vortrag bei ihm erschien und gar niesen mußte, fuhr er wie von einer Tarantel gestochen von seinem Stuhl mir gegenüber hoch und befahl mir, da ich Bazillenträger sei, mich sofort nach Hause zu begeben und nicht eher wieder im Amt blikken zu lassen, bis die Erkältung ganz behoben sei.«[16]

Das war freilich mehr als eine Schrulle; dahinter steckte die ganze Sensibilität eines Fatalisten, der sich im Grunde wehrlos fühlte und immer nur das Schlechte erwartete. Diese Sensibilität spiegelte sich auch in Canaris' Abneigung gegen die »langen Kerls« wider, die Kraftstrotzenden und Übereifrigen. Mitarbeiter, die im Dienst länger als bis 22 Uhr blieben, konnte er nicht ausstehen; zackige Offiziere, zumal mit protzig getragenen Kriegsorden, waren ihm ein Greuel.[17]

Zuweilen genügten ihm schon ein paar kleine körperliche Besonderheiten, einen Menschen zu fördern oder abzuqualifizieren. Gutaussehende Männer, nicht zu groß geraten und mit Formulierungskunst begabt, fanden rasch seine Sympathie, Männer mit kleinen Ohren nie. Nach einem Besuch bei dem Danziger Polizeipräsidenten Froböß fragte Canaris den ihn begleitenden Henke, ob ihm an dem Mann nichts aufgefallen sei. Henke verneinte. Canaris wurde ganz aufgeregt: »Ja, haben Sie seine kleinen Ohren nicht gesehen? Vor ihm müssen Sie sich in acht nehmen!«[18]

Seine härteste Abneigung galt Menschen, die mit Hunden und Pferden nichts anzufangen wußten. Canaris glaubte ernsthaft: »Wer Tiere schlecht behandelt, kann kein guter Mensch sein.«[19] Private Kontakte zu Menschen, die sich als Tierfeinde entpuppten, brach er ab; Hotels, die keine Hunde aufnahmen, mied er. Selbst gegenüber einflußreichen Gastgebern wurde Canaris aggressiv, wenn sie seine Hunde rügten. Als ein Gastgeber einem Canaris-Dackel aus Unmut einen Klaps gab und der Hund zu knurren begann, beruhigte der Abwehrchef seinen Liebling: »Ja, weißt du denn nicht, daß das ein ganz versoffener Korpsstudent ist?«[20]

Wehe aber dem Abwehrangehörigen, der den Canaris-Hunden nicht die schuldige Reverenz erwies! Gleich nach den ersten Tagen der Eingewöhnung im Amt hatte Canaris sie mitgebracht, die von nun an zum Schrecken seiner engeren Mitarbeiter werden sollten: die beiden Rauhhaardackel »Seppel« und »Sabine«. Sie erschienen jeden Morgen, sobald Canaris dem schwarzen Dienst-Mercedes entstiegen war, der ihn zum Tirpitz-Ufer brachte. Seppel und Sabine blieben den ganzen Tag über bei Canaris, verunreinigten nicht selten das Arbeitszimmer und heiterten ihren Herrn in schweren Stunden auf. Wenn Canaris erschöpft war, schloß er sich ein und spielte mit den Hunden.[21]

Die Dackel bewegten Canaris so stark, daß er sich über sie Notizen machte und kleine psychologische Essays schrieb. Keine Wesen beschäftigten ihn häufiger als Sabine, Seppel und der Seppel-Nachfolger »Kasper«. In seinen später begonnenen Tagebüchern, die 1945 spurlos verschwanden, meditierte Canaris oft über die Vierbeiner. Einer der wenigen Abwehrangehörigen, die Canaris' Tagebücher vor ihrem Verschwinden lesen konnten, erinnert sich: »Durch alle Bände zogen sich ausführliche Schilderungen über das Ergehen seiner Hunde; Liebe zum Hund in einer schwer verständlichen affektierten Form; mehrfach wird in geistreichen Wendungen und Sentenzen der Hund über die Frau gestellt.«[22]

Selbst auf seinen Dienstreisen mußten die beiden Dackel dabeisein. In Hotels bestellte Canaris immer Doppelzimmer, damit seine Hunde auf dem zweiten Bett Platz hatten, und er war ungehalten, wenn er beim Hotelpersonal Nachlässigkeiten gegenüber den Dackeln entdeckte. Mußte sich aber der Herr von seinen Hunden einmal kurzfristig trennen, so war ihm keine Entfernung zu weit, um täglich am Telefon Nachrichten über Stuhlgang und Gemütsverfassung der beiden Dackel einzuholen.

In der Abwehr erzählte man sich, der spanische Geheimpolizeichef, der Gespräche von Canaris auf Spanienreisen abhören ließ, habe verzweifelt darüber gerätselt, warum der Leiter des deutschen Militär-Geheimdienstes soviel Wert auf die Verdauung der offensichtlich wichtigen Abwehragenten Seppel und Sabine lege.[23] Kam Canaris aber von einer hundelosen Auslandsreise zurück, so war stets seine erste Frage an den Adjutanten, wie die »Lage zu Hause« sei. Damit waren freilich nicht die Frauen im Hause Canaris gemeint, sondern nur die Hunde.

Die Offiziere und Sekretärinnen am Tirpitz-Ufer belächelten solche Eigenarten ihres Chefs, ohne zu ahnen, welche menschlich-private Tragödie sich hinter der abstrusen Tierliebe von Canaris verbarg. Nur wenigen seiner Mitarbeiter fiel auf, daß er nie über seine Familie sprach. Canaris hatte nicht das private Glück gefunden, nach dem er sich gesehnt haben mochte. Der Ehe mit der klugen und kultivierten Erika Waag fehlte von Anfang an die Harmonie; die kunstverständige Industriellentochter und den unmusischen Marineoffizier schieden Welten.[24]

Die beiden lebten schon seit langem innerlich völlig getrennte Existenzen, obwohl sie nach außen, wie sich eine regelmäßige Besucherin der Familie erinnert, »immer mit einer geraden Front auftraten«.[25] Frau Canaris widmete sich ihrer Musik, brillierte auf Gesellschaften und hatte sich der Anthroposophie ergeben, entzückt über die dort gebotene Wesensschau des Geistigen in Welt und Mensch.[26] Der Ehemann aber fand keinen Zugang zu der Welt seiner Frau; er war zwar auch intellektuell interessiert (stets lagen Stapel neuer Bücher auf einem Tisch seines Arbeitszimmers), aber er meinte, die Sterne bestimmten das Leben des Menschen mehr als die Welterkenntnisse der Anthroposophie.[27]

Erikas Interesse für die schlummernden Seelenkräfte im Menschen schloß zudem nicht aus, daß sie – so eine andere Zeugin – »auch recht launisch und ungnädig« sein konnte; ihren Spitzen war der leicht verletzliche Canaris meist ziemlich wehrlos ausgeliefert.[28] Er zog sich gleichsam in sich zurück und nahm kaum Anteil am Familienleben. Die Enge der Wohnung, die Canaris im Hause 11 der Döllestraße in Berlin-Südende gefunden hatte, die ihm dort entgegenschlagende menschliche Kühle und das häufige Geigenspiel Erikas und der jüngsten Tochter machten ihm das häusliche Leben ohnehin nicht sonderlich behaglich. Er atmete erst auf, wenn am Abend Gäste kamen; dann war der Kapitän launig und charmant, zuweilen sogar witzig.[29]

Gleichwohl blieb er ein Fremder in seinen eigenen vier Wänden. Der Anblick seiner beiden problematischen Töchter mochte ihn zusätzlich irritieren, sowenig er auch Kontakt zu ihnen hielt. Tochter Eva, geboren am 16. Dezember 1923 in Kiel, und ihre jüngere Schwester Brigitte, geboren am 16. Januar 1926 in Berlin, galten als einzelgängerische, altkluge Kinder, die nicht mit anderen Kindern spielten und nie altersgemäß gekleidet waren.[30] Die wenig mütterliche, eher harte Erika Canaris vermochte kaum den schweren Schicksalsschlag zu dämpfen, der die Familie traf, als Eva immer stärker geistige Defekte offenbarte und die Volksschule verlassen mußte, ohne je wieder eine normale Schule besuchen zu können (sie kam später in die protestantische Pflegeanstalt zu Bethel).[31] Erikas Zuneigung gehörte eher Brigitte, die Mutters musikalische Begabung geerbt hatte, obwohl auch sie, intelligent und aggressiv, den Freunden der Familie »ein bißchen verdreht« erschien.[32]

So geartete Familienverhältnisse ließen Canaris nur in dienstlichen Bereichen Glück und Befriedigung suchen. Der Mann, der kaum einmal mit seiner Familie verreiste, private Wochenenden verabscheute und selbst an Festtagen möglichst der eigenen Häuslichkeit entfloh, stürzte sich in eine hektische Betriebsamkeit, die bald die bis dahin recht gemächlich arbeitende Abwehr vor neue Aufgaben stellte.

Die Mitarbeiter der Abwehr bekamen rasch zu spüren, daß der neue Chef energisch an die Arbeit ging. Schon nach kurzer Zeit erkannte der Canaris-Kritiker Henke: »Die ersten Eindrücke waren irrig.«[33] Ein paar Wochen genügten, auch dem letzten Mann in der Abteilung klarzumachen, daß es keinen geschickteren Verfechter der Abwehrinteressen gab als den Kapitän Canaris. Die neuen Pläne, die er seinen engsten Mitarbeitern entwickelte, hätten – wären sie bereits damals einem breiteren Kreis bekannt gewesen – jeden Angehörigen der Abwehrabteilung begeistert: Ausbau der Abwehr zu einem schlagkräftigen Instrument deutscher Spionage, Sicherung ihrer Position als »beauftragte überwachende Zentralstelle des vorsorglichen Geheimschutzes im Reich«, wie es Canaris formulierte.[34)]

Doch noch ehe seine organisatorischen Fähigkeiten gefragt waren, wurden die diplomatischen Qualitäten von Canaris benötigt. Er sollte dabei helfen, die Reichswehr aus der Krise herauszuführen, in die sie geraten war. Wie noch nie zuvor seit dem Machtantritt der Nationalsozialisten drohte ein Zusammenprall zwischen Reichswehr und NSDAP. Wilde Gerüchte über einen bevorstehenden Militärputsch durchzogen das Land, jeden Tag wußte die von deutschen Emigranten informierte Auslandspresse neue Anzeichen eines kommenden Bürgerkrieges im Reiche Adolf Hitlers zu melden.[35)]

Dabei figurierten Reichswehr und Partei in der Propagandasprache des Regimes als die beiden »Säulen«, auf die sich die neue Ordnung stütze. Tatsächlich hatte die Anfang 1933 entstandene Allianz zwischen Militär und nationalsozialistischer Partei Hitlers Herrschaft erst möglich gemacht. Der von Hitler faszinierte Reichswehrminister Generaloberst Werner von Blomberg und sein engster Berater, der Generalmajor Walter von Reichenau, Chef des Wehrmachtamtes im Reichswehrministerium, steuerten von Anfang an einen Kurs geschmeidiger Anpassung, um der Reichswehr eine genügend große Teilhabe an der politischen Macht zu sichern. Ihre Parole: »Hinein in den neuen Staat!«[36)]

Es gab kaum eine ideologische Wendung des NS-Regimes, keinen Gewaltakt der Machthaber und keine Neuerung, die Blomberg und Reichenau nicht tolerierten. Die Reichswehr, deren Generale sich noch immer als Hüter traditionellen Anstands begriffen, sah kaltblütig zu, wie die Nazis eine rechtsstaatliche Position nach der anderen beseitigten. Der Gleichschaltungsterror stieß Parteien und Gewerkschaften beiseite, das Regime eröffnete einen Kleinkrieg gegen die nonkonformistischen Bereiche der christlichen Kirchen, Konzentrationslager entstanden, Rechtsunsicherheit kam auf – die Generale der Reichswehr aber schwiegen.

Mehr noch: Die Führung der Reichswehr bewaffnete sogar die SS-Mordkommandos, die am 30. Juni 1934 gegen die rebellischen SA-Führer Ernst Röhms losschlugen, deren militärische Reformpläne nicht zufällig auch die Prärogativen der Reichswehr bedrohten. Blomberg und Reichenau sahen denn auch in der blutigen Entmachtung der SA-Rivalen einen Triumph ihrer Anpassungspolitik. »All catched« (alle geschnappt) telegraphierte Reichenau in fehlerhaftem Englisch an Patzig, als die letzten verhafteten SA-Führer erschossen worden waren, und Blomberg pries die »soldatische Entschlossenheit« und den »vorbildlichen Mut«, mit denen »der Führer die Verräter und Meuterer . . . niedergeschmettert« habe.[37)]

Plötzlich aber geriet die Reichswehr selber in den Sog des totalitären Machtanspruchs der NS-Herren. Der eigentliche Sieger des 30. Juni, Reichsführer-SS Heinrich Himmler, schob sich mit seiner Schutzstaffel immer mehr in das Staatsgefüge vor; er hatte sich von der Vormundschaft Röhms und dessen SA befreit, er bekam immer mehr die Polizei in den Griff, ihm war bereits die Alleinherrschaft über das düstere KZ-Imperium zugefallen – jetzt drang er auch mit einer eigenen militärischen Formation, der SS-Verfügungstruppe (später: Waffen-SS), in die Domäne der Reichswehr ein.

Bald fühlte sich die Reichswehr von Himmlers Gestapo und SD bespitzelt. Der Telefonverkehr hoher militärischer Dienststellen wurde von der Gestapo abgehört, der SD animierte Parteigenossen im Heer dazu, über vermeintlich regimefeindliche Umtriebe im Offizierskorps »Erfahrungsberichte« vorzulegen, zwischen Reichswehrsoldaten und Angehörigen der SS-Verfügungstruppe kam es wiederholt zu Schlägereien.[38] Die Gestapo drängte sogar auf ein Mitspracherecht bei der politischen Überprüfung neueingestellter Offiziere. Zusehends brachten fanatische Parteigenossen, von der SS angestachelt, das Heer in den Ruch, eine Gegenmacht zur NSDAP aufbauen zu wollen. Die Wehrkreiskommandos registrierten »eine planmäßige Hetze gegen die Wehrmacht«, und nicht ohne Systematik streuten SS-Führer das Gerücht aus, die Armee bereite einen Putsch vor.[39]

Die Alarmnachrichten aus allen Truppenteilen bewogen den Chef der Heeresleitung, General der Artillerie Werner Freiherr von Fritsch, dem Reichswehrministerium eine harte Abgrenzungspolitik anzuempfehlen. Fritsch glaubte allen Ernstes, das Heer könne sich gegenüber dem Regime abkapseln und seine Soldaten vor jeder Beeinflussung durch den Nationalsozialismus bewahren – mit dem neuen Staat einzig und allein durch den angeblich über der Partei stehenden »Führer und Reichskanzler« verbunden.[40]

Blomberg und Reichenau aber mochten sich durch solche Taktik nicht ihr politisches Konzept verderben lassen. Blomberg neigte ohnehin dazu, die Anzeichen des drohenden Konfliktes als Gerüchte und Mißverständnisse wegzudisputieren. Aber auch der klügere, machtpolitisch taktierende Reichenau stellte sich gegen Fritsch. Dessen Vorschläge hielt er für fatal, weil sie die Reichswehr von Staat und Gesellschaft isolieren müßten und das Militär gerade jenes Einflusses berauben würden, den sich Reichenau mit seinem Anpassungskurs sichern wollte. Der Generalmajor zog eine Umarmungspolitik vor: durch unentwegt freundschaftliche Gesten die Gegenspieler der Reichswehr bei guter Laune und sie sich zugleich vom Leibe zu halten.

Und genau hier sollte Canaris helfen, zumal er in der Abwehr über einen Apparat verfügte, der Kontakt zur Gestapo hielt und wie ein Seismograph alle Schwankungen im Verhältnis zwischen den feindlichen Brüdern zuerst registrierte. Für den Machiavellisten Reichenau war der Kapitän Canaris der richtige Mann am richtigen Platz. Männern seines Schlages mußte es gelingen, die Krise zu beheben, die Hitlers und die Wiederaufrüstungspläne der Militärs gleichermaßen bedrohte.

Ein spektakuläres Manöver Hitlers stimmte Canaris auf seine neuen Aufgaben ein. Schon wenige Stunden nach seinem Einzug in die Abwehrzentrale erreichte ihn der Befehl, sich am Nachmittag des 3. Januar 1935 in der Preußischen Staatsoper in Berlins Prachtstraße Unter den Linden einzufinden.

Die Meldungen über die Zwistigkeiten zwischen Reichswehr und Partei, die Hitler im Laufe des 1. Januar erreicht hatten, waren ihm so bedenklich erschienen, daß er beschloß, sie mit einem grandiosen Theatercoup zu konterkarieren. Hitler befahl die »gesamte Führerschaft von Partei, Staat und Wehrmacht« in die Staatsoper.[41)]

»Nach 24 Stunden«, so wußte der »Völkische Beobachter« zu rühmen, »war aus allen Teilen Deutschlands das gesamte Führerkorps des Reiches in Berlin versammelt und jede Maßnahme, die zur Durchführung eines so wichtigen Aktes notwendig ist, getroffen.«[42)] Als Canaris in der Staatsoper eintraf, waren Parkett und Logen bereits dicht besetzt; wer unter Deutschlands Offizieren, Beamten und NS-Funktionären etwas galt, war gekommen. Canaris nahm in der dritten Parkettreihe Platz, unmittelbar hinter dem Hitler-Adjutanten Major Friedrich Hoßbach.[43)]

Nach kurzer Zeit erschien Hitler, von frenetischen Sieg-Heil-Rufen empfangen. Rudolf Heß, der »Stellvertreter des Führers«, eröffnete die Versammlung, dann sprach Göring als Hausherr ein paar Worte. Schließlich trat Hitler ans Rednerpult und hielt eine anderthalbstündige Ansprache, die zu den Meisterleistungen der Rhetorik und Demagogie gerechnet werden muß. Später konnten sich zwar die Zuhörer kaum noch erinnern, was er eigentlich genau gesagt hatte, aber er sprach so bezwingend, daß den Militärs die Hitler-Rede des 3. Januar 1935 noch lange als die große Versöhnungsgeste eines fast nationalkonservativen Staatsmannes im Gedächtnis blieb.

Hitler dementierte alle »Gerüchte« über Zwistigkeiten zwischen Partei und Reichswehr und erklärte, das neue Deutschland werde weiterhin auf den zwei Säulen, Partei und Wehrmacht, beruhen. Es sei sein »unbeirrbarer Wille«, Deutschland mit dieser – in Zukunft noch verstärkten – Wehrmacht zu neuer Weltgeltung und nationaler Sicherheit zu führen. Er sei heute, fügte Hitler in bewußter Anspielung an Kritiker in der Partei hinzu, glücklich darüber, daß sich die Reichswehr vor 1933 nicht auf seine Seite geschlagen habe, denn das Wesen einer Wehrmacht sei Gehorsam und konservativer Sinn, und von einer Wehrmacht, die damals ihren Eid nicht gehalten habe, müßte er womöglich auch heute Untreue befürchten.[44)]

Immer wieder klang das »unbegrenzte und durch nichts zu erschütternde Vertrauen ... zu dem Können und vor allem zu der Loyalität der gesamten Wehrmacht« durch Hitlers Worte.[45)] Er verwahrte sich auch gegen eine Bespitzelung der Reichswehr. Hitler: »Dann kommt aber vielleicht einer von der Partei und sagt zu mir: Alles schön und gut, mein Führer, aber der General Soundso spricht und arbeitet gegen Sie! Dann sage ich: Das glaube ich nicht! Wenn dann der andere sagt: Ich bringe Ihnen aber schriftliche Beweise, mein Führer!, dann zerreiße ich den Wisch, denn mein Glauben an die Wehrmacht ist unerschütterlich.«[46)]

Die militärischen Zuhörer waren so beeindruckt, daß einige von ihnen sogar gehört haben wollten, Hitler habe bei dieser Gelegenheit auch die am 30. Juni 1934 ermordeten Generale von Schleicher und von Bredow rehabilitiert. Er selber – so Hitlers angebliche Erklärung – habe sich davon überzeugt, daß sie irrtümlich und zu Unrecht erschossen worden seien; deshalb würden die Namen der beiden Generale wieder auf die Ehrentafel ihrer Regimenter gesetzt werden.[47)] Was Hitler auch immer gesagt haben mag –

fast versöhnt saßen Militärs und Parteifunktionäre am Abend zusammen, als eine Festaufführung von Richard Wagners »Tannhäuser« das Spektakulum beendete.[48]

Canaris hatte den Redner Hitler zum erstenmal erlebt, er war tief beeindruckt – wen will es verwundern angesichts der Begeisterung, die er rings um sich beobachtete? Der Generalleutnant Curt Liebmann, Befehlshaber im Wehrkreis V, fand, hier werde der Reichswehr »in geradezu ergreifender Form . . . ein Vertrauen entgegengebracht, das von keinem Ehrenmann enttäuscht werden kann«, und selbst Fritsch erklärte, Hitlers Rede sei »ein eindeutiges Bekenntnis, eine Option für die Wehrmacht gewesen«.[49] Unter den maßgeblichen Militärs entstand ein Hitler-Kult, der den Führer des Dritten Reiches gleichsam aus seiner parteipolitischen Niederung herausholte und in den Rang eines Ersatzmonarchen erhob.

Auch Canaris wollte von Stund an mithelfen, den Bund zwischen NS-Staat und Reichswehr zu festigen, ohne freilich die eigenständige Position des Militärs aufs Spiel zu setzen. Darin folgte er ganz dem Kurs Reichenaus, der es für opportun hielt, dem Versöhnungsakt des 3. Januar einige Gesten des guten Willens gegenüber Partei, SS und Polizei folgen zu lassen.

Als Blomberg am 13. Januar zu einem gemeinsamen Bierabend rief, der die Führer der Reichswehr und der SS »in kameradschaftlichem Zusammensein vereinigte« (so der »Völkische Beobachter«), war auch Canaris wieder dabei.[50] Dort sah er auch den Mann, der die gegnerischen Bataillone anführte, die es zu gewinnen, zumindest zu neutralisieren galt: Himmler. Er war von Blomberg eingeladen worden, einen Vortrag über die Aufgaben der SS zu halten. Himmler formulierte dünnblütig und schwammig, dennoch machten seine Worte nur allzu deutlich, daß in den mannigfachen SS-Organisationen eine gefährliche und ernstzunehmende Macht heranwuchs.[51]

Der schwarzuniformierte Puritanerorden der SS formierte sich immer mehr zu einem Staat im Staate, zu einer Elite skrupelloser Machttechniker, längst eingesickert in all jene Freiräume von Staat, Partei und Verwaltung, die Hitler dem freien Kräftespiel seiner miteinander rivalisierenden Paladine überließ. Leibwächter Hitlers, Schützer der Führerdiktatur, kompromißlosester Apostel der nationalsozialistischen Ideologie, Gesinnungspolizist der Nation – die SS stilisierte sich immer deutlicher zu einer neuen, arroganten Herrenschicht empor. Himmler: »Unser Führer weiß, was er an der SS hat. Wir sind ihm die liebste und wertvollste Organisation, denn wir haben ihn noch nie enttäuscht.«[52]

Doch das Imperium der Totenkopfmänner war noch nicht perfekt, viele Lücken klafften in dem von Himmler erstrebten Überwachungssystem. Vor allem der Polizeiapparat war noch nicht völlig in der Hand des SS-Chefs. Von Anfang an hatte Himmler eine zentral gelenkte, von Verwaltung und Justiz unabhängige Reichspolizei schaffen wollen, aber bisher war ihm der entscheidende Durchbruch versagt geblieben. Zwar hatte er die Polizeiapparate aller deutschen Länder unter seine Kontrolle gebracht, doch ihm waren dabei mächtige Widersacher entstanden. In Preußen mußte er auf dessen Ministerpräsidenten Göring Rücksicht nehmen (Göring blieb nominell Chef der Gestapo, Himmler durfte sich nur Stellvertretender Chef und Inspekteur nennen), und auf der Reichsebene mühte sich der NS-Bürokrat Wilhelm Frick, der soeben sein Reichsinnenministerium mit dem preußischen Innenministerium vereinigt hatte, sich die Kompetenz über die Reichspolizei selber zu sichern und ihre Führung einem Himmler-Konkurrenten, dem SS-Gruppenführer Kurt Daluege, zu übertragen.[53]

Die Kabalen um die Schaffung der Reichspolizei werden den Offizieren im Reichswehrministerium nicht unbekannt geblieben sein; der Streit mit Frick und der hinter ihm stehenden Verwaltung konnte Himmler schwerlich verlocken, sich auch noch mit der Reichswehr anzulegen. Das nutzte jetzt Canaris dazu, mit Himmler und dessen Unterführern ins Gespräch zu kommen; denn ohne einen Burgfrieden mit den »Schwarzen« ließ sich die Abwehr nicht in Ruhe aufbauen. Canaris' Ziel: das in der Ära Patzig gestörte Verhältnis zwischen Abwehr und Gestapo zu verbessern, die Aufgabenbereiche der beiden Organisationen möglichst schriftlich zu definieren und gegeneinander abzugrenzen.

Himmler empfing den neuen Abwehrchef freundlich, fast jovial. Der SS-Chef war mittelgroß, recht kräftig gewachsen und hatte ein aufgedunsenes Alltagsgesicht. Das kleine, fast fliehende Kinn verriet eine gewisse Weichheit, während die graublauen Augen, die hinter einem Kneifer die Umwelt lebhaft musterten, eher eine beträchtliche Willensstärke andeuteten. Äußerlich hatte Heinrich Himmler nichts von dem sklavischen Hitler-Gehilfen an sich, als der er in die Geschichte eingegangen ist. Vor Canaris stand ein höflicher, beinahe charmanter Mann, Typ des aufgeweckten, etwas pedantischen Studienrats.

Die beiden Männer verständigten sich rasch, Himmler stimmte den meisten Vorschlägen zu, die Canaris im Auftrage des Reichswehrministeriums vortrug: Fixierung der Kompetenzen von Abwehr, Gestapo und SD, Verbesserung der Zusammenarbeit, Nachrichtenaustausch, regelmäßige Besprechungen und Konsultation der Amtschefs.

Himmler behandelte den Abwehrchef nicht ohne neugieriges Wohlwollen, denn Canaris ging der Ruf voraus, ein besonders listiger und kompetenter Vertreter der Geheimdienstbranche zu sein, ja mehr noch: der Spion par excellence. Die Mär vom teuflisch erfolgreichen Meisterspion Canaris paßte so recht in das bizarre Bild, das sich der machthungrige Ordensmystiker Himmler von der Welt und den sie beherrschenden Kräften machte. Im Grunde ungebildet, ohne jede Auslandskenntnis, allzu lange in das Sektierertum einer politischen Erweckungsbewegung verstrickt, gab es kaum einen kritikloseren Adepten der Spionageromantik als Himmler.

Auch seine Unterführer huldigten einem Art James-Bond-Kult. Wie keine andere Führungsschicht im nichtkommunistischen Europa des 20. Jahrhunderts glaubten sie ernsthaft, das Schicksal der Völker und ihrer Regierungssysteme hänge nicht zuletzt von dem unsichtbaren Wirken raffinierter Agenten und leistungsfähiger Geheimdienste ab. Himmler, Heydrich und ihre Gehilfen waren eifrige Leser von Kriminal- und Abenteuerromanen, in denen eine groteske Überschätzung des britischen Geheimdienstes grassierte – Grund genug für die führenden Totenkopfjünger, selber den Aufbau eines solchen Geheimdienstes zu erstreben. Ein erster Anfang war schon gemacht worden. Heydrich nannte sich im internen

Schriftverkehr »C«, weil er irgendwo gelesen hatte, der Leiter des Secret Intelligence Service heiße so.[54]

Bei solcher naiven Freude am Geheimdienstspielen mußte gerade der Kapitän Canaris mit seiner schillernden Vergangenheit die Phantasie der maßgeblichen SS-Führer erregen. Der »Fuchs unter den Bären der preußischen Militärhierarchie«[55] beeindruckte auch seine Gegenspieler. Nie konnte Himmler den fast abergläubischen Respekt vor dem »geborenen Spion« Canaris überwinden – noch 1943 wird er die mißtrauisch gewordene Gestapo anweisen, alle Fahndungen gegen den Abwehrchef einzustellen.

Bevor freilich Himmler einer schriftlichen Übereinkunft zustimmte, wies er Canaris an seinen ersten Gehilfen, den Leiter des Geheimen Staatspolizeiamtes und Chef des SD. Jetzt trat der Mann ins Bild, auf den sich Canaris vorbereitet hatte, seit er nach Berlin zurückgekehrt war: der SS-Gruppenführer Reinhard Heydrich, sein einstiger Kadett auf dem Schulkreuzer »Berlin«. Canaris wußte nur allzugut, daß die Gespräche mit Heydrich, dem »Oberverdachtschöpfer« des Regimes, nicht leicht sein würden. Er war intelligent, verschlagen, brennend ehrgeizig, sportbegeistert, immer darauf aus, der Erste zu sein, kein Ideologe zwar, nicht einmal ein kritikloser Hitler-Bewunderer, wohl aber ein gewissenloser Machttechniker und Nützlichkeitsfanatiker. Er war der Mann, der den Einfluß der Reichswehr eindämmen wollte, er war es, der die Aktivitäten der Abwehr mit Mißtrauen verfolgte, er, der den schrankenlosen Polizeistaat konzipiert hatte.

Doch Canaris fand sofort Zugang zu Heydrich – dank einer Zufallsbegegnung Anfang 1935. Bei einem Spaziergang mit seiner Frau sah Canaris in der Dölle-Straße einen SS-Führer auf sich zukommen, an der Seite einer Blondine, die einen Kinderwagen vor sich her schob. Canaris stutzte einen Augenblick, dann rief er: »Mein Gott, das ist ja Heydrich!« Der andere kam näher und erkannte nun auch sein Gegenüber. Aus alter Gewohnheit schlug Heydrich die Hacken zusammen, salutierte und fragte: »Herr Kapitän hier in Berlin?« Die beiden Männer schüttelten sich die Hand, ehe sie die Blondine aufklärten: Lina Heydrich, seit 1931 mit dem Himmler-Gehilfen verheiratet, erfuhr, daß ihr Mann und Canaris sich zwölf Jahre lang nicht mehr gesehen hatten.[56]

Es war typisch für die Distanz zwischen Abwehr und Gestapo, daß Heydrich erst durch das Zusammentreffen in der Dölle-Straße bekannt wurde, wer Nachfolger Patzigs geworden war. Frau Heydrich erinnert sich: »Mein Mann hat davon vorher nichts gewußt. Aber er freute sich doch, daß Canaris den Posten übernommen hatte. Sie waren schließlich beide in der Marine gewesen, und das band sie zusammen.«[57] Auch der ehemalige Justitiar der Gestapo bestätigt: »Als . . . Canaris die Leitung der militärischen Abwehr übernahm, bekundete Heydrich den Wunsch, das Verhältnis der Abwehrpolizei zur militärischen Abwehr zu verbessern.«[58] Der persönliche Kontakt erleichterte die dienstliche Kooperation.

Ein Zufall wollte es, daß die Heydrichs ebenfalls wie die Familie Canaris in der Dölle-Straße wohnten; sie lebten dort in einem Einfamilienhaus, das einer Bank gehörte. Das Ehepaar Heydrich lud die beiden Canaris zu sich ein, aus der Visite wurde ein regelmäßiger gesellschaftlicher Verkehr. Im

Frühjahr zogen die Canaris oft in den Garten der Heydrichs, um mit den Gastgebern Krocket zu spielen, während umgekehrt Canaris zum gemeinsamen Essen in seine Wohnung einlud.[59] Canaris kochte gut: Er offerierte Wildschweinrücken in einem Teig aus geriebenem Schwarzbrot und Rotwein, auch gefüllte Schweinefilets liebte Canaris, außerdem Heringssalat mit Cognac und Kaviar.[60]

Später, als die beiden Familien fast gleichzeitig nach Berlin-Schlachtensee zogen und so nahe beieinander wohnten, daß der Hühnerstall des Heydrich-Anwesens unmittelbar an den Canaris-Garten grenzte, nahmen Heydrich und Erika Canaris das gemeinsame Musizieren wieder auf, zu dem sie schon in den Kieler Tagen zusammengekommen waren. Im Hause Heydrich in der Augusta-Straße bildete sich ein Quartett: Der Hausherr spielte die erste, Frau Canaris die zweite Geige, der jüngere Heydrich-Bruder Heinz bediente das Cello, und der spätere Apotheker Ernst Hoffmann, ein Freund der Heydrichs, übernahm die Bratsche.[61] Fast jede Woche kamen die Musikanten zusammen, Canaris selber blieb jedoch in der Regel den Konzerten fern; nur die meist schwangere Lina Heydrich (»Einer mußte doch ›Bravo‹ rufen«) hörte zu und strickte dabei an der Babywäsche.[62]

Dennoch sah Canaris die Musikabende im Heydrich-Haus gern, denn sie förderten den Zusammenhalt zwischen den beiden Familien. Nicht selten bekam Frau Lina von Canaris zu hören, Heydrich sei ihm ein guter Freund, ja manchmal folgte sogar die Beteuerung, er sehe in Heydrich fast so etwas wie einen Sohn.[63] War das alles nur Maskerade, allein Ausfluß der Opportunität, die dem Abwehrchef nahelegte, engen Kontakt zu dem Gestapa-Herrn zu halten? Die Gralshüter der Canaris-Legende wollen es so gedeutet sehen, denn die seltsame Freundschaft zwischen den beiden Gegenspielern paßt ihnen nicht in das Bild des Antifaschisten Canaris.[64]

Die Wirklichkeit sah komplizierter aus. Die »blonde Bestie«, wie man Heydrich selbst in der SS nannte, faszinierte den Abwehrchef; das Spielerische in Canaris, die Freude am Hakenschlagen, die Verlockung, mit allen Möglichkeiten zu jonglieren, wußte niemand besser anzusprechen als Heydrich. Canaris hatte Spaß an den Tricks und Manövern des Gegenspielers, der nicht zufällig sich unter allen Sportarten gerade die Fechtkunst als Hobby erwählt hatte; das argwöhnische Beobachten und Parieren gegnerischer Absichten, das blitzschnelle Reagieren auf unvorhergesehene Situationen war Heydrich zur zweiten Natur geworden und forderte in Canaris ähnliche Qualitäten heraus.

Sie hatten noch manchen anderen Wesenszug gemeinsam: hier wie dort die menschliche Beziehungslosigkeit, ein Einzelgängertum, das unüberwindbare Distanz zur Umwelt hielt. Hinzu kam die Erinnerung an die gemeinsame Dienstzeit in der Marine, nicht zuletzt die beiderseitige Abneigung gegen den Marinechef Raeder, dessen Intervention Heydrich seinen Hinauswurf aus der Marine zuschrieb. Heydrich sprach so häufig über die Marine, daß Canaris auf die Idee verfiel, sich bei Raeder für eine Rehabilitierung Heydrichs zu verwenden. Als Raeder tatsächlich nach langem Zögern Heydrich erlaubte, wieder Marineuniform zu tragen, verbat sich der SS-Mann solche Einmischung. Canaris klagte dem SS-Führer Streckenbach: »Jetzt habe ich mich wohl zwischen alle Stühle gesetzt.«[65]

Die gemeinsamen Abende mit dem »Freund« konnten freilich Heydrich nicht daran hindern, in Canaris einen gefährlichen Konkurrenten zu sehen. Der SS-Gruppenführer wurde nicht müde, seine engsten Mitarbeiter vor den Machinationen des »Levantiners« Canaris zu warnen.[66] Immer wieder gab er die Parole aus: »Der spioniert, der schnüffelt überall herum!« Witwe Lina gibt noch heute solche Heydrich-Sentiments wieder: »Canaris war ein Spion! Er tat es nicht für ein Reich oder einen Führer, er tat es für sich. Er spionierte um der Spionage willen.«[67]

Selbst kleine private Vorkommnisse erregten das Mißtrauen des Oberverdachtschöpfers. Als eine der Canaris-Töchter bei einem Besuch im Herrenzimmer des Heydrich-Hauses sich allzusehr für den Schreibtisch des Gestapa-Chefs interessierte, brach es aus ihm heraus: »Spionieren jetzt auch schon die Kinder?«[68]

In noch ärgere Verwirrung versetzte ihn ein neuer Dauergast in der Familie Canaris. Halb aufgeregt, halb amüsiert eröffnete er eines Tages seiner Frau: »Du, Canaris hat'n Mann gekauft. In Bordeaux. Hat 20 Mark gekostet.« Am nächsten Abend bestaunten die beiden Heydrichs den Neuling. Er war Algerier, hieß Mohammed und sollte von nun an der Canaris-Familie als Butler dienen.[69] Doch der schweigsame Mohammed, der auch bei dienstlichen Gesprächen zwischen Canaris und Heydrich servierte, ging dem Allgewaltigen bald auf die Nerven. Heydrich: »Also, das paßt mir gar nicht, daß der Kerl hier immer rumschleicht.« Darauf Canaris: »Da brauchen Sie keine Angst zu haben, Heydrich, der versteht kein Wort Deutsch.« Heydrich aber sah seine schlimmsten Befürchtungen bestätigt, als ihm eines Tages der Bewacher seines Hauses, ein Kriminalbeamter namens Schmidt, meldete, er habe in der Nacht im benachbarten Canaris-Garten Mohammed beim Liebesgetändel »mit einer Dame« beobachtet und ihn Deutsch sprechen hören. Von nun an stand für Heydrich fest: »Canaris läßt sogar seine eigenen Gäste ausspionieren.«[70]

Heydrichs abergläubische Furcht vor dem angeblich allgegenwärtigen Spion Canaris setzte sich in einen immer stärkeren Argwohn um. Es wäre schon damals zu Zusammenstößen zwischen Canaris und Heydrich gekommen, hätte nicht ein neuer Gehilfe des Gestapa-Chefs zwischen den beiden vermittelt.

Ein dritter SS-Führer trat in Canaris' Gesichtsfeld: der SS-Obersturmbannführer Dr. Werner Best, seit Anfang Januar 1935 Leiter der für Rechts- und Verwaltungsfragen zuständigen Hauptabteilung I des Geheimen Staatspolizeiamtes. Der hessische Postbeamtensohn, Jahrgang 1903, Jurist mit philosophisch-literarischen Neigungen, jahrelang der eher konservativen Variante des deutschen Nationalismus zugehörig, war Anhänger einer herrischen Staatsräson, die das Ideal des liberalen Rechtsstaates radikal ablösen sollte; Best entkleidete das Recht fast jeder allgemeinverbindlichen Bedeutung.[71] Er redete einer schier uferlosen Steigerung der Polizeimacht das Wort: »Vollendung der Herrschaft ist die Tendenz des Staates: Je vollkommener die Herrschaft, desto vollkommener der Staat.«[72] Erst später sollte Heydrich merken, daß Best trotz aller theoretischen Verachtung für die »ichhaften« Menschenrechte noch an einem schmalen Rest normativen Rechtsdenkens festhielt.

Zu dem kleinen, drahtigen Gestapa-Justitiar faßte Canaris Zutrauen, zumal ihn dessen rationale und konziliante Art angenehm berührte. Zudem hatten auch sie manches gemeinsam: Wie Canaris interessierte sich Best für Spanien (er hatte das politische Testament des inzwischen verstorbenen Diktator-Generals Primo de Rivera ins Deutsche übersetzt); er war auch ein glühender Bewunderer des »heroischen Realismus« der Freikorps und hegte eine tiefe »Abneigung gegen Massen-Agitation«, die ihn jahrelang von dem Eintritt in Hitlers Partei abgehalten hatte.[73)]

Ein solcher Mann war wie geschaffen dazu, die von Canaris erstrebte Annäherung der Abwehr an Gestapo und SD zu fördern. Best und Canaris verstanden sich gut. Noch nach dem Zusammenbruch des Dritten Reiches schrieb Best, er habe »kaum einen Verhandlungspartner erlebt, der offener verhandelte und aufrichtiger seine Zusagen hielt als Canaris«; er habe ihn als »unbedingt ehrenhaften, wohlwollenden und moralisch feinfühligen Charakter kennen und schätzen gelernt«.[74)] Kein Wunder, daß auch die Familie Best bald vom Gastgeber Canaris bewirtet wurde. Erika Canaris erinnert sich: »Best war wohl ein großer Idealist, etwas ›gesteigert‹ kam er mir allerdings immer vor.«[75)]

Bei so enger Tuchfühlung mit den Führern von Gestapo und SD konnte Canaris sein Ziel rasch erreichen. Am 17. Januar 1935 unterschrieben die neuen Partner eine Vereinbarung, die die Kompetenzen der jeweiligen Organisationen schriftlich fixierte.[76)]

Als »Aufgaben der Wehrmacht« wurden definiert: »1.) Militärische Spionage und Gegenspionage. 2.) Abwehr in der Reichswehr und in reichswehreigenen Betrieben ... 3.) Überwachung und Durchführung aller zum Schutz gegen Spionage erlassenen Vorschriften ... 4.) Kontrolle und Überwachung der Einstellung [neuer Offiziere] in die Wehrmacht. 5.) Führung und richtunggebende Beurteilung aller Fälle, die in den Fragen der Landesverteidigung betroffen werden.« Ein Zusatz folgte: »Sämtliche Stellen der Geheimen Staatspolizei und des Sicherheitsdienstes des Reichsführers-SS einschließlich der Grenzpolizeistellen sind zu engster Zusammenarbeit mit den zuständigen Abwehrstellen verpflichtet.«

Zur Kompetenz der Geheimen Staatspolizei sollten fortan zählen: »1.) Alle Aufgaben der Politischen Polizei (allein zuständige Stelle für die Exekutive), Bekämpfung aller Staatsfeinde. 2.) Grenzpolizei und Grenznachrichtendienst, Fremdenkontrolle und Paßwesen. 3.) Allgemeine Spionage-Abwehrpolizei und Abwehrnachrichtendienst innerhalb der Reichsgrenzen. 4.) Werkspionage-Abwehrpolizei, Werksicherung, Werkabwehrnachrichtendienst. 5.) Fernsprech- und Postüberwachung.« Hinzu kamen noch die Kompetenzen des SD. Ihm wurde neben innenpolitischen Aufgaben zugestanden: »nachrichtendienstliche Mitarbeit (ohne Exekutive) auf dem Gebiete der Werksicherung, des Werkabwehrnachrichtendienstes und des Grenznachrichtendienstes«. Weitere Geheimdienste der Partei oder privater Stellen wollten die Partner nicht mehr dulden. Sie formulierten: »Andere nichtamtliche Nachrichtendienste werden nicht anerkannt und sind mit allen Mitteln zu unterdrücken.«[77)]

Canaris konnte mit dem Papier zufrieden sein. Die Vereinbarung grenzte – zumindest theoretisch – die beiden konkurrierenden Geheimdienstwelten der Wehrmacht und der SS/Polizei voneinander ab, sie schützte die Abwehr vor Übergriffen der anderen Seite, ja mehr noch: Sie begründete eine führende Rolle der Abwehr auf dem Feld der Spionage und der Spionageabwehr. Das war freilich nicht allein das Verdienst des neuen Abwehrchefs. Canaris hatte sich bei seinen Verhandlungen auf eine Kabinettsordre stützen können, von der später ein hoher Gestapofunktionär unwillig schrieb, sie stelle »wohl die umfassendste Generalklausel dar, die jemals eine Dienststelle im Dritten Reich erhalten hat«.[78]

Tatsächlich hatte das Reichskabinett unter Hitlers Vorsitz am 17. Oktober 1933 eine Entschließung angenommen, die besagte: »Der Reichswehrminister trifft alle Maßnahmen, die zum Schutz der nationalen Sicherheit und der wehrpolitischen Belange auf den Gebieten der Abwehr und der Propaganda erforderlich sind. Er stellt die hierfür erforderlichen Richtlinien auf, an die sich die Reichsressorts und die beteiligten Landesbehörden gebunden halten.«[79] Das hieß mit anderen Worten, daß die Abwehrabteilung des Reichswehrministeriums in allen Fragen der Spionageabwehr federführend war. Unter dem polternden Patzig war dieses Vorrecht verlorengegangen – Canaris holte es der Abwehr wieder zurück.

Er konnte die Abwehrinteressen weitgehend durchsetzen, weil die Konkurrenten der Abwehr noch relativ schwach waren. Die Organisationsprobleme der Polizei blieben einstweilen ungelöst, noch war ungeklärt, wem letztendlich die Herrschaft über den eines Tages »verreichlichten« Polizeiapparat zufallen würde. Und der SD war vollends ein Torso: Er gebot nur über ein paar Hundert hauptamtlicher Mitarbeiter, seine Aufgaben waren umstritten (Himmler: »Den Sicherheitsdienst interessieren nur die großen weltanschaulichen Fragen«) und seine Struktur so verworren, »daß es einen SD-Apparat als Nachrichtenerfassungs-Organisation 1936 überhaupt noch nicht gab«, wie einer seiner künftigen Führer entdeckte.[80] Sowenig auch Canaris die internen Probleme der anderen Seite kannte – ihre Unsicherheit wird er gespürt haben.

Gestapo und SD beeilten sich denn auch, die führende Rolle der Abwehr zu bestätigen. Am 19. Januar 1935 reichte das Gestapa einen Erlaß des Reichsinnenministers Frick an die Leitstellen der Geheimen Staatspolizei weiter, der ihnen zur Auflage machte, »alle ihnen zugehenden Nachrichten über etwaige militärische Vorbereitungen und Maßnahmen Frankreichs und sonstiger Mächte an die für ihren Bereich zuständigen Abwehrstellen der Wehrkreiskommandos auf kürzestem Wege abzugeben«.[81] Am 25. Januar folgte die Ermahnung des Geheimen Staatspolizeiamtes, die Gestapo sei »verpflichtet, die Landesverteidigungsaufgaben der Wehrmacht wirksam zu unterstützen«.[82]

Heydrich dekretierte: »Da persönliche Fühlung wesentliche Voraussetzung einer reibungslosen Zusammenarbeit ist, haben die Leiter der Staatspolizeistellen – soweit dies noch nicht geschehen ist – sich unverzüglich dem Leiter der zuständigen Abwehrstelle vorzustellen und mit ihm die Einzelheiten der Zusammenarbeit zu vereinbaren.«[83] Er rief die Leiter der Staatspolizeistellen nach Berlin, um ihnen einzuschärfen, wie in Zukunft mit den Kameraden von der Abwehr umzugehen sei.[84]

Er selber reiste gemeinsam mit Canaris zu Abwehrstellen, brachte Offiziere und SS-Führer zusammen und schwor sie auf bessere Kooperation ein. Am 7. Februar erschienen Heydrich und Canaris auf der Abwehrstelle (Ast) Kiel; Heydrich hielt eine programmatische Rede, von der ein Abwehrbericht festhielt: »Gruppenführer Heydrich erläuterte Zweck der Zusammenkunft und Notwendigkeit engster Zusammenarbeit zwischen Abwehrstelle, Stapo und SD. Führung hat Abwehrstelle, Prestige-Fragen müssen ausgeschlossen sein.«[85] Wenige Wochen später kreuzte Canaris mit Abwehroffizieren und SS-Führern in Bremen und Wilhelmshaven auf; wieder bekamen die Offiziere zu hören, daß ein »Zusammenarbeiten aller im Abwehrdienst tätigen Dienststellen und Organisationen unter der Führung der milit[ärischen] Ast sichergestellt werden müsse«.[86]

Auch Best betonte die Führungsrolle der Abwehr. Über einen Vortrag Bests auf einer Tagung des Gestapa notierte sich ein Abwehroffizier: »Dr. Best liest den Kabinettsbeschluß vom 24. 10. 1933 vor.[87] Er betonte die mil[itärische] Führung, jedoch andererseits die Selbständigkeit der Stapo auf ihrem Gebiet.«[88] Die Abwehroffiziere nahmen solche Versicherungen wortwörtlich: Sie forderten Akten der Gestapo an, beorderten Gestapobeamte (manchmal sogar per Gestellungsbefehl eines Wehrbezirkskommandos) zu Abwehrlehrgängen und schalteten sich manchmal in Vernehmungen der Gestapo derartig ein, daß Canaris schon bremsen mußte: Offiziere der Abwehr, so mahnte er, hätten »kein Recht, in die Vernehmung in irgendeiner Weise einzugreifen«.[89]

Zuweilen übernahm die Abwehr sogar Aufgaben der Gestapo oder förderte sie zumindest. Eine Order der Abwehrzentrale besagte, eine Abwehrstelle habe »unbedingt erforderliche Auslagen der Stapobeamten bei Überwachungen« auszulegen, »solange Etat des Gestapa und Organisation des SD hierfür nicht ausreichen«.[90] Um den Schutz von Truppenübungsplätzen zu verbessern, wurden die Abwehrstellen ermuntert, mehr Gestapo anzufordern. Aus einem Erlaß der Abwehr III: »Anträge auf Errichtung von Außenstellen der Geheimen Staatspolizei sind nach vorangegangener Besprechung mit der zuständigen Staatspolizeistelle mit eingehender Begründung und Angabe der erforderlichen Stärke an Abw. zu richten.«[91]

Auch die SS-Verfügungstruppe, Zankobjekt zwischen Heer und Himmler, geriet in den Kompetenzbereich der Abwehr. Die SS-Führung durfte zwar für ihre Truppe einen eigenen »Abwehrbeauftragten« ernennen, doch Himmlers Vertreter, der SS-Standartenführer Tscharmann, wurde der Abwehrabteilung unterstellt und mußte deren Weisungen befolgen; die Einheitsführer der Verfügungstruppe hatten ebenfalls mit den Abwehrstellen »zusammenzuarbeiten, von denen sie im eintretenden Bedarfsfalle Weisungen für den Abwehrdienst erhalten« – so ein Befehl Blombergs.[92] Selbst die Reichsführerschulen der SS, die späteren Junkerschulen, wurden von der Abwehr »betreut«.[93]

Jetzt mochte Heydrich auch nicht länger die Führer der einstigen Anti-Patzig-Kampagne in den vordersten Rängen der Gestapo belassen. Der Abwehrpolizeichef Patschowsky wurde im Frühjahr 1935 seines Postens enthoben, auch mittlere Chargen wie der Kieler Gestapoleiter Geschke mußten gehen.[94] Der zum SS-Standartenführer avancierte Best, inzwischen auch mit der Führung der Abwehrpolizei beauftragt, gab die Parole aus, die »Zentralen seien sich völlig einig, daher müsse das Gleiche nach unten gefordert werden«.[95]

Nicht ohne Erstaunen und Bewunderung sahen die Offiziere am Tirpitz-Ufer, wie ihr neuer Chef die Befugnisse und Kompetenzen der Abwehr ausweitete, ohne auf den offenen Widerstand der Konkurrenz in der Prinz-Albrecht-Straße zu stoßen. Manchem Abwehroffizier war zwar Canaris' geschmeidiger Umgang mit der anderen Fraktion unheimlich (Henke blieb auch später dabei, Patzig habe »den Totalitätsanspruch des SD . . . klarer erkannt als sein Nachfolger Canaris«[96], die Masse der Mitarbeiter aber war froh, daß der Chef gegenüber Gestapo und SD offenbar den richtigen Ton fand. Allzu viele Abwehrangehörige waren von der allgemeinen Euphorie der »nationalen Revolution« und deren Anfangserfolgen angesteckt; da wollte kaum einer zurückstehen oder gar in den Ruf kommen, am Aufbau des neuen Deutschland nicht mitzuwirken.

Das Regime verlangte auch bald ihren vollen Einsatz, denn just eben eröffnete Hitler die Serie seiner außenpolitischen Wochenendcoups, die Europa in eine neue Ära der Krisen und Kriege stürzen sollten. Mit einem Schlag sagte sich Hitler von allen Rüstungsbeschränkungen des Versailler Vertrages los und erfüllte den deutschen Militärs ihren größten Wunsch: die Wiederaufrüstung.

Zug um Zug hatte Deutschlands Führer die von Frankreich geleitete Nachkriegsallianz gegen den Hauptverlierer des Ersten Weltkriegs aufgebrochen. 1934 war es Hitler gelungen, durch Abschluß eines Nichtangriffspaktes mit Polen die französisch-polnische Umklammerung zu lockern, kurz darauf machten Englands Staatsmänner Miene, sich mit dem erstarkenden Deutschland zu arrangieren, auch Italien – einstweilen noch abgeschreckt von der gewalttätigen NS-Agitation in Österreich – schien einer Annäherung nicht abgeneigt. Da raffte sich Frankreich zu einer diplomatischen Gegenaktion auf: Paris plante einen Ostpakt unter Einschluß der Sowjetunion wider den unberechenbaren Hitler.[97]

Der triumphale deutsche Abstimmungserfolg an der Saar am 13. Januar 1935, der dieses nach Kriegsende unter Völkerbundsmandat gestellte Gebiet an das Reich zurückbrachte, ließ die französische Regierung überstürzt handeln. Sie kündigte am 6. März die Einführung der zweijährigen Militärdienstzeit an, kurz darauf erneuerte sie das Militärabkommen mit Belgien. Einen Augenblick sah es für harmlose Gemüter aus, als wolle das hochgerüstete Frankreich dem noch immer unterbewaffneten Deutschland drohen. Hitler, der sich gerade zur Ausheilung einer Krankheit in München aufhielt, erkannte sofort seine Chance und handelte.[98]

Am 13. März erreichte den Hitler-Adjutanten Hoßbach die Order seines Chefs, nach München zu kommen und ihn am nächsten Tag im Hotel »Vier Jahreszeiten« aufzusuchen. Als er sich dort am Morgen des 14. März meldete, eröffnete ihm Hitler, er wolle die Allgemeine Wehrpflicht wiedereinführen und eine neue Heeresstärke festlegen. Doch welche? Hoßbach wußte nur, daß sich die Heeresleitung in ihren kühnsten Träumen eine Armee von 36 Divisionen wünschte – 7 hatte die Reichswehr 1933 besessen. Hitler akzeptierte die Hoßbach-Zahl.[99]

Ohne auch nur Blomberg oder Fritsch zu konsultieren, wollte Hitler die

Wehrhoheit proklamieren, sobald das französische Parlament der Verlängerung der Dienstzeit zugestimmt hatte. Hoßbach mußte seinen Führer lange drängen, bis dieser sich einverstanden erklärte, daß Blomberg noch vor der für den 15. März anberaumten Sondersitzung des Reichskabinetts informiert wurde.[100] Als Blomberg hörte, was Hitler plante, war er entsetzt; auch Generalleutnant Ludwig Beck, der neue Chef des Truppenamtes, zweifelte am Verstand Hitlers, hatte er doch schon Monate zuvor eine weit geringere Erhöhung der Divisionen des Heeres mit dem Argument abgelehnt, eine solche Verstärkung bedeute »nicht mehr den Aufbau eines Friedensheeres, sondern eine Mobilmachung«.[101] Beck sorgte sich: »Mir bangt davor, daß wir in einen Krieg verwickelt werden könnten, bevor wir in der Lage sind, uns mit Aussicht auf Erfolg zu wehren. Wir müssen alles tun, es dazu nicht kommen zu lassen.«[102]

Tatsächlich lehnte Blomberg in der Kabinettssitzung die Vorschläge Hitlers ab, während die zivilen Minister sofort begeistert zustimmten.[103] Der Reichswehrminister konnte nicht vergessen, wie schlecht das Deutsche Reich für einen Krieg gerüstet war; da aber Hitlers Coup im Ausland »wie [eine] Bombe«[104] wirken mußte, war jederzeit mit einem bewaffneten Konflikt zu rechnen. Noch ein paar Tage später assistierte General von Fritsch mit der Bemerkung, für das deutsche Heer könne »ein Kampf . . . – wenn er doch kommt – nicht mehr sein als ein verzweifeltes Sich-wehren«.[105]

Doch lange hielt der weiche Reichswehrchef den Pressionen Hitlers nicht stand. Der Kanzler rief ihn und Fritsch am nächsten Tag, dem 16. März, zu sich und erläuterte, warum nach seiner Meinung ein Krieg unwahrscheinlich sei. Blomberg fiel um. Noch am gleichen Tag stimmte das gesamte Reichskabinett der »Proklamation der deutschen Wehrhoheit« zu.[106] »Die Mitglieder des Kabinetts«, meldete das amtliche »Deutsche Nachrichten-Büro« (DNB), »erhoben sich spontan von ihren Plätzen, und der Reichswehrgeneraloberst von Blomberg brachte ein dreifaches Heil auf den Führer aus, verbunden mit einem Gelöbnis der weiteren unverbrüchlichen Treue und Verbundenheit.«[107]

Jetzt trat die Abwehr in Aktion. Noch befürchtete die Reichswehrführung eine gewaltsame Reaktion des total überraschten Auslands, schon hatten die Regierungen Frankreichs, Italiens und Englands mit diplomatischen Noten protestiert. Canaris erhielt Order, jede militärische Bewegung der potentiellen Gegner beobachten zu lassen. Der Kapitän alarmierte seinen Apparat. Im Stil eines Nicolai diktierte Canaris am 29. März 1935: »Zeiten großer außenpolitischer Spannung sind eine Prüfungszeit für den Nachrichtendienst, seine Organisation und seinen Wert. Ich erwarte daher von allen Gliedern der Abwehr-Abteilung, daß sie ihre beste Kraft einsetzen, den hohen Anforderungen dieser Tage zum Besten des Vaterlandes zu genügen.«[108]

Die Meldung, in Stresa würden sich am 11. April die Regierungschefs Frankreichs, Italiens und Englands zu einer Gipfelkonferenz treffen und gemeinsame Aktionen gegen Deutschland beschließen, beschleunigte noch die Aktivitäten der Abwehr. Canaris-Order: »Sämtliche Abwehrstellen haben die Zeit bis zur Konferenz zu benützen, ihre Spannungsleute zu unterrichten, frühzeitige und schnelle Meldungserstattung sicherzustellen und genügend Leute für zeitlich verschiedenen Einsatz bereitzuhalten.«[109] Immer wieder hielt er seine Agenten dazu an, »festzustellen, ob und welche militärischen Vorgänge in den Nachbarstaaten stattfinden«.[110]

Er selber machte sich auf, die Funktionstüchtigkeit seines Apparates zu überprüfen; Canaris bereiste eine Abwehrstelle nach der anderen. Anfang April begann er, auch befreundete ausländische Geheimdienste einzuschalten. Am 4. April besuchte er den ungarischen ND in Budapest und gewann die Überzeugung: »Ungarn nehmen auch heute noch fest an, daß wir in einem künftigen Kriege gemeinsam kämpfen.«[111] Eine Aktennotiz über die Canaris-Reise fixierte: »Allgemein herrscht Begeisterung und Bewunderung für unser Vorgehen in der Wehrpolitik und Aufrüstungsfrage.«[112]

Auch zum italienischen Geheimdienst knüpfte Canaris erste Kontakte, obwohl Italien als Hauptmotor der gegnerischen »Stresa-Front« galt. Patzig hatte ihn gewarnt, sich mit den »unzuverlässigen« Italienern einzulassen, doch Canaris, der Freund südlicher Lebensart und Mentalität, glaubte, Italiens ND für die Abwehr besser nutzen zu können als sein Vorgänger.[113] Zudem hatten die Ungarn, die mit dem italienischen Geheimdienst durch Nachrichtenaustausch verbunden waren, Canaris geraten, Kontakt zu den Italienern zu suchen. Mittelsleute schufen eine direkte Verbindung zwischen Canaris und Oberst Mario Roatta, dem Chef des italienischen Geheimdienstes; es entstand eine Partnerschaft, die ein Jahr später im spanischen Bürgerkrieg von entscheidender Bedeutung werden sollte.[114]

Nach ein paar Wochen intensiver Aufklärungsarbeit wußte Canaris genug: Die fremden Mächte würden Hitlers tollkühnen Streich tatenlos hinnehmen. Auch die Gipfelkonferenz in Stresa endete ohne Ergebnis. Etwas Unerhörtes war geschehen, katastrophal für die Zukunft: Hitlers Vabanquespiel hatte den ersten spektakulären Erfolg gezeitigt und die Befürchtungen der Militärs ad absurdum geführt.

Die Abwehrmeldungen spülten schließlich die letzten Skrupel der Reichswehrführung hinweg, willig folgten die Militärs dem von Hitler verordneten Aufrüstungsprogramm. Warum sollten sie auch nicht? Hitler hatte verwirklicht, wofür sie jahrelang gekämpft und konspiriert, wofür sie in den verzweifelten Stunden der Nachkriegszeit im Untergrund der Schwarzen Reichswehr und verbotener Aufrüstung ihre Karriere, ja manchmal ihre Ehre aufs Spiel gesetzt hatten. Nur wenige bedachten, wohin Hitlers Fahrt gehen könnte. Für sie galt nur der jahrelange Traum, das endlich erreichte Ziel: die Nation in Waffen.

Ganz Deutschland erdröhnte vom Marschtritt und Panzergerassel neuer Heeresverbände; eine Division nach der anderen reihte sich in die schier pausenlos wachsende Armee ein. Fast explosionsartig erweiterte sich das Heer: 115 000 Mann hatte die Reichswehr bei Hitlers Machtantritt gezählt, jetzt standen bereits 350 000 Mann unter den Fahnen.[115] So hektisch strömten die Rekrutenmassen herbei und sprengten den viel zu kleinen Bestand an Kasernen und Ausbildern, daß die Generale ob der entstandenen Unordnung das Tempo der Aufrüstung zu bremsen versuchten. Doch Hitler kannte keinen Pardon: Immer mehr, immer bessere Soldaten verlangte der Führer.

Unter solchem Ansturm zerbrachen auch die letzten Formen, die den Soldaten noch an die ungeliebte Republik erinnerten. Aus der »Reichswehr«

wurde die »Wehrmacht«, aus dem Reichswehrministerium ein Reichskriegsministerium. Das Truppenamt hieß nun Generalstab des Heeres, und die Chefs der Heeres- und Marineleitung (seit Anfang März gab es neben Heer und Marine auch eine Luftwaffe unter dem zum General aufgestiegenen Göring) durften sich Oberbefehlshaber nennen.[116]

Auch den Abwehrchef Canaris versetzte die Wiederaufrüstung in Hochstimmung, zumal ihm die Vorgesetzten einen alten Jugendtraum verwirklicht hatten: Seit dem 1. Mai 1935 trug er die Uniform eines Konteradmirals, war äußerlich die Figur fertig, die später zur unsterblichen Legende werden sollte: der »Admiral Canaris«.[117] Der Rangerhöhung entsprachen die vergrößerten Aufgaben der Abwehr: Die Canaris-Organisation sollte die angelaufene Wiederaufrüstung des Reiches gegen fremde Agenten abschirmen. »Nach Einführung der allgemeinen Wehrpflicht«, hatte Canaris schon am 30. März 1935 an alle Abwehrstellen geschrieben, »ist mit erneutem und verstärktem Ansatz des gegnerischen N.D. gegen die Wehrmacht und die deutsche Rüstungsindustrie zu rechnen. Unser Abwehrkampf muß, um erfolgreich zu sein, auf breitester Basis organisiert werden.«[118] Ihm schwebte die Anlage eines dichtmaschigen Beobachtungsnetzes mit »V-Männern aller Gesellschaftskreise« vor, das jeden Lebensbereich der Nation von der Waffenfabrik bis zum letzten Tanzsaal abdeckte. Ziel laut Canaris: »dem gegnerischen N.D. den Einblick in unsere Heeresorganisation zu verwehren«.[119]

Das bedeutete praktisch: Ausbau der Abwehrgruppe III, die für die Spionageabwehr zuständig war. Sie war von den klassischen drei Gruppen der Abwehrabteilung (Gruppe I: Geheimer Meldedienst, Gruppe II: Chiffrierdienst, Gruppe III: Spionageabwehr) die bestorganisierte; da sie weitgehend defensive Aufgaben besaß, hatte sie sich schon bald nach dem Ersten Weltkrieg entwickeln können. Sie verfügte über einen Kern erfahrener, eng miteinander verbundener Mitarbeiter, die seit Jahren mit der Politischen Polizei erfolgreich zusammenarbeiteten. Hier konnte Canaris mit seinen neuen Plänen ansetzen.

Der verstärkte Ausbau der Abwehr III rückte einen Mann an Canaris' Seite, der gut auf der Klaviatur der Spionageabwehr zu spielen wußte. Der Major Rudolf Bamler, Jahrgang 1896, Sohn eines Stettiner Arztes, Artillerist und Generalstabsoffizier, leitete seit 1933 die Abwehrgruppe III und galt vielen Kennern als der eigentliche Chef der Abwehr.[120] »Intelligent, gesellschaftlich sicher, gewandt im Umgang mit Menschen und als Offizier eine gute Erscheinung« (so ein Kamerad), hatte Bamler die meisten grundlegenden Abwehrbefehle und Arbeitsanweisungen für die verschärfte Bekämpfung der gegnerischen Spionage jener Zeit verfaßt.[121]

Bamlers Ehrgeiz und das Geltungsbedürfnis seiner Frau verleiteten ihn bereits früh, sich dem Nationalsozialismus bedingungslos zu verschreiben. Er hielt engen privaten Kontakt zu Heydrich, lange bevor Canaris dies jedem seiner Gruppenleiter zur Pflicht machte. Die Bamler-Heydrich-Verbindung hatte freilich auch dienstliche Gründe. Die Abwehr III war, anders als die übrigen Gruppen der Abteilung, auf die Hilfe der Gestapo angewiesen, die allein Verhaftungen vornehmen konnte. Die Schnelligkeit indes, mit der Bamler sich den Nazis ebenso anschloß wie später den Kommunisten (er wurde nach dem Zweiten Weltkrieg Chefinspekteur der DDR-Volkspolizei), machte ihn zu einem idealen Verteufelungsobjekt bundesdeutscher Vergangenheitsbewältiger.[122] Für sie ist Bamler »so etwas wie ein angebräunter Spitzel«, kurz »der infame Bursche« – so der Widerstandsautor Hans Bernd Gisevius.[123]

In Wahrheit war Bamler ein populärer und mitfühlender Vorgesetzter, manchem erschien er sogar als ein »guter Kumpel«.[124] Auch Canaris schätzte den Sachverstand seines klügsten Gruppenleiters, wenngleich er zu dem Menschen Bamler eher Distanz hielt. Gemeinsam gingen sie daran, der Wehrmacht, Rüstungsbetrieben, Hafenstädten und sogar der Presse ein enggewebtes Netz der Beschattung und Kontrolle überzuwerfen.

Canaris und Bamler begannen mit einer Propagandakampagne in der Wehrmacht. Über alte und neue Truppenteile ergoß sich ein Regen von »Merkblättern« und Aufklärungsschriften, immer eindringlichere Anweisungen der Abwehrabteilung impften den Soldaten Wachsamkeit gegen die ausländische Spionage ein. Keine Vokabel war den Canaris-Männern zu grob, kein Schlagwort zu heikel, um die Wehrmacht zur Vorsicht und zu absoluter Staatstreue anzuhalten. Ein von der Abwehr III verfaßtes »Merkblatt über Spionage, Spionageabwehr und Landesverrat« verhieß: »Landesverrat ist ein Verbrechen, das eine verbrecherische Gesinnung voraussetzt . . . Wer es wagt, die Hände gegen sein Vaterland zu erheben, der ist des Todes!«[125]

Die Befehle und Richtlinien der Abwehrzentrale versetzten die Wehrmacht in einen permanenten Alarmzustand. Die Verschlußsachen-Vorschriften wurden verschärft, ständige Kontrollen eingeführt. »Das Privatleben von Geheimnisträgern«, formulierte der Leiter der Abwehr III am 8. März 1935, »bedarf einer steten Überwachung. Eine zeitweilige Kontrolle in und außer Dienst ist notwendig.«[126] Die Aktentaschen militärischer Geheimnisträger sollten beim Verlassen der Dienststelle geprüft, private Ferngespräche möglichst untersagt werden. Bamler: »Gegenseitiger Besuch von Angestellten und ganz besonders solcher von außerhalb während der Dienststunden muß auf das geringste Maß und die geringste Zeit eingeschränkt sein, da er zu Verratszwecken erfolgen kann.«[127]

Film und Presse schaltete Canaris in seine »Vorsicht, Feind-hört-mit«-Kampagne ein. 1936 ließ er den Regisseur Karl Ritter mit Männern und Materialien der Abwehr den Spionagefilm »Verräter« drehen, für den US-Historiker Frederic V. Grunfeld »ein typisches Beispiel für Filme, die im Bewußtsein der Bevölkerung die totale Mobilisierung vorbereiten sollten«.[128] Jeder Volksgenosse hatte sich in den Kampf gegen die fremde Spionage einzureihen, die ganze Presse wollte Canaris dafür einsetzen; in ihr hatten – selbstverständlich von Abwehroffizieren verfaßte – Artikel zu erscheinen, »dem jeweiligen Leserkreis angepaßt, interessant . . . und erzieherisch«.[129] Bamler gab bekannt: »Für besonders geeignet erscheinende Artikel hat der Herr Chef Abw Preise in Höhe bis zu RM 100,– ausgesetzt.«[130]

Canaris ließ es sich nicht nehmen, mit eigenen Beiträgen die Kampagne zu unterstützen. Wiederholt warnte er vor den Machenschaften des Gegners. Aus einem Canaris-Befehl: »Der ausl[ändische] ND hat in letzter Zeit ein planmäßiges Vorgehen an verschiedenen Stellen des Reiches gezeigt, um gewaltsam in den Besitz von Material zu gelangen . . . Die Abwehrstellen veranlassen umgehende Warnung aller Dienststellen der 3 Wehrmachtteile.«[131] Das Phänomen des Landesverrats faszinierte Canaris, der publizistische Landesverrat der ultralinken »Weltbühne« und anderer Extremisten in der Republik hatte sich ihm unvergeßlich eingebrannt – er ahnte nicht, welche schicksalhafte Rolle das Thema in seinem Leben noch spielen würde.

Stets war er zur Stelle, wenn es galt, fremde Spionage und Landesverrat zu verurteilen. In zahllosen Befehlen geißelte er die Täter. Als 1937 ein deutscher Hauptmann namens Dempwolf wegen Spionage für die Tschechoslowakei hingerichtet wurde, kannte Canaris nur schärfste Verurteilung. Die Truppe erfuhr durch Canaris, daß Dempwolf aus Geldmangel und Gewinnsucht für den Gegner spioniert habe. Canaris: »Hierfür hat er – als Offizier – sein Vaterland verraten, Ehre und Leben hingegeben und seine eigene und weitere Familien in unsagbares Unglück gestürzt.«[132]

Vor allem die Arbeiter und Angestellten der Wehrmacht gerieten unter den Röntgenschirm der Abwehr. Strenge Weisungen von Canaris hielten die Abwehrstellen an, Arbeiter und Angestellte vor deren Einstellung genau zu überprüfen. Die Abwehrstellen mußten neben der Zentralkartei der Abwehrabteilung auch die Karteien der Gestapo bemühen, was nicht selten zur Folge hatte, daß Canaris' Offiziere die Denkkategorien der Geheimen Staatspolizei übernahmen. Canaris legte fest: »In jedem Falle ist vorher von dem Bewerber eine schriftliche Erklärung zu verlangen, . . . ob er den marxistischen Parteien als Funktionär angehört hat . . . [und] daß er rückhaltlos auf dem Boden der Regierung steht.«[133]

Denn für den Konteradmiral Canaris war es eine ausgemachte Sache, daß in der Wehrmacht Adolf Hitlers kein Platz für linke Ex-Republikaner sei. »Von der Einstellung«, forderte er, seien »aus Abwehrgründen auszuschließen«: Ausländer, vorbestrafte Deutsche und »ehemalige Funktionäre der SPD, der KPD und Personen, die sich besonders aktiv im marxistischen Sinne betätigt haben«.[134] Als im August 1937 die Abwehrstelle Dresden Hans Winter, ein führendes Mitglied der inzwischen aufgelösten Republik-Schutzorganisation »Reichsbanner«, für den Dienst in der Wehrmacht empfahl, hatte Canaris starke Zweifel: »Eine Führerstellung im Reichsbanner ist als besonders aktive Betätigung im marxistischen Sinne anzusehen.« Allerdings wollte er die Entscheidung über Winter davon abhängig machen, »ob der Betreffende nach der Machtübernahme bewiesen hat, ob er politisch zuverlässig ist oder nicht. Die Frage ist von A[bwehr-]St[elle] in Zusammenarbeit mit der Gestapo zu klären«.[135]

Mit solchen Propagandatönen verbesserten und verfeinerten Canaris und Bamler die Arbeit der Spionageabwehr. Die Abwehrstellen in den 9 Wehrkreisen (bis Ende 1937 waren sie auf 13 angewachsen) erhielten Order, sich eigene Ermittlungs- und Überwachungsorgane zu schaffen. Eine kleine Mini-Organisation trat ins Leben: die »Hauskapelle«. So nannte man bei jeder Ast eine Ermittlungsgruppe, die ein Haupt-V-Mann (»Kapellmeister«) führte und der meist drei bis sechs V-Männer angehörten. Sie arbeitete außerhalb der Abwehrstelle, mußte jedoch jederzeit für ihren in der Abwehrstelle sitzenden Führungsoffizier erreichbar sein. Ihre Aufgabe: Beschattung verdächtiger Personen.[136]

Die Hauskapellen signalisierten die Heraufkunft eines neuen Geheimdienstzweiges, gleichsam einer Abwehr innerhalb der Abwehr, die Canaris besonders förderte: der Gegenspionage. Bis zum Amtsantritt von Canaris hatte sich die Bekämpfung der Spionage und Sabotage auf das deutsche Territorium beschränkt; mit den polizeilichen Mitteln der klassischen Spionageabwehr hatte man die Arbeit der fremden Geheimdienste bekämpft. Jetzt aber wollte Canaris die Spionageabwehr durch die hohe Kunst der Gegenspionage ergänzen und verstärken. Geschickte Agenten sollten in fremde Geheimdienste eindringen und deren Operationen gegen Deutschland von innen her erkunden oder sie durch Zuspielen wohlpräparierter Nachrichten (»Spielmaterial«) irritieren.[137] So doppelbödige ND-Arbeit lag Canaris' spielerischer Mentalität besonders. Er widmete sich verstärkt dieser neuen Kampfart. Kein Wunder, daß er die neue Gegenspionage-Untergruppe (III F) einem seiner engsten Vertrauten übertrug: dem Korvettenkapitän Richard Protze, von Kameraden »Onkel Richard« genannt.[138]

Die Hauskapellen hatten nicht zuletzt die Aufgabe, Agenten für die Infiltration in fremde Geheimdienste zu werben. Ihnen gesellte sich eine zweite Informantengruppe hinzu, die »Hotelorganisation«.[139] In ihren Dienst traten Kellner, Portiers und Zimmermädchen, die in nahezu allen Hotels am Sitz einer Abwehrstelle für die Canaris-Beauftragten arbeiteten. Sie sollten spionageverdächtige Personen beobachten, zugleich aber auch als »Tipper« (Geheimdienst-Jargon) nach Ausländern Ausschau halten, die geeignet schienen, in einem fremden Land für die deutsche Gegenspionage zu agieren.[140]

Der III-F-Offizier einer grenznahen Abwehrstelle war auch gehalten, mit Hilfe der Grenzpolizei Bürger im Nachbarland ausfindig zu machen und sie für die Gegenspionage zu gewinnen. Ebenso richtete sich die Aufmerksamkeit der III F auf die diplomatischen Vertretungen in Berlin; hier sollten einzelne V-Männer an Botschaften und Gesandtschaften herangespielt werden, um fremde Absichten transparenter werden zu lassen.[141]

Ein weiteres Ziel für Canaris' Spionagejäger boten Reichsbehörden und Rüstungsfabriken. Hitlers Aufrüstungspolitik ließ eine neue Waffenindustrie entstehen, die auch die Abwehr vor vermehrte Aufgaben stellte. Gemeinsam mit Gestapo und SD durchleuchtete die Abwehr die Belegschaften der militärisch relevanten Firmen nach »politisch unzuverlässigen« Elementen. Bamler notierte sich, nach welchem System der »Abwehrdienst« in den Rüstungsfirmen organisiert werden sollte: »a.) innerer Kreis: SD mit illegaler Überwachung des Betriebes, b.) äußerer Kreis: Stapo mit Überwachung der Belegschaft, Fremdenverkehr usw., c.) Gegenspionage vom Ausland her.«[142]

Da die Abwehr mit dem nachrichtendienstlichen Schutz der Rüstungsindustrie und der Einhaltung aller Spionageabwehr-Bestimmungen auch in Zivilbehörden betraut war, gab es praktisch kaum eine Dienststelle im Hitler-Reich, in die keine V-Männer des Admirals Canaris einsickerten. Behörden und Firmen mußten auf Verlangen von Bamlers Offizieren Abwehrbeauftragte ernennen, die den Abwehrstellen verantwortlich waren und deren Tätigkeit zugleich vor der Belegschaft geheimgehalten wurde.[143]

Die Vertreter der Abwehrstellen beanspruchten sogar eine Kontrollkompetenz auf dem Gebiet außenpolitischer Geheimnisse. So verlangte Rittmeister Kratzer, Offizier der Abwehrstelle Stuttgart, von der Firma Zeiß, »daß dieses Werk alle Maßnahmen trifft, die zum Schutz des ihm anvertrauten militärischen und außenpolitischen Geheimnisses gegen Spionage und Verrat nötig sind«.[144] Auch ein in Bamlers Gruppe entstandenes »Merkblatt für Abwehr von Spionage und Verrat« postulierte: »Personen, denen militärisches oder außenpolitisches Geheimnis anvertraut ist, haben die für den Geheimschutz getroffenen Anweisungen sorgfältig zu befolgen.«[145]

Bald legte sich ein unsichtbarer Schleier allgegenwärtiger V-Männer und Abwehragenten über das ganze Reichsgebiet. Immer dichter wurde das Netz des Spionageabwehr-Apparates, immer mehr V-Männer drangen in die entlegensten Bereiche der deutschen Gesellschaft. Bamler ging mit gutem Beispiel voran: Er heuerte in der Berliner »Königin-Bar«, einem beliebten Treffpunkt ausländischer Attachés und Touristen, 15 Tanzgirls an, die ihre Kunden für die Abwehr aushorchten und dabei nicht selten von dem Major, der an einem Tisch hinter einem Glas Sekt saß, beaufsichtigt wurden.[146]

Canaris wußte ebenso durch Kritik und Anregungen das Beschattungssystem laufend zu verbessern. Er ließ sich bei einem Besuch in Bremen die Geheimschutzvorrichtungen der Aktiengesellschaft »Weser« zeigen, kurz darauf protokollierte Bamler: »Bei Direktion fehlt noch Verständnis für Abw. Dienst, Besserung wird nach Ernennung des neuen Abwb. [Abwehrbeauftragten] erwartet. Erneuter Besuch ... in nächster Zeit erforderlich.«[147] Kurz darauf fiel Canaris auf: »Werft W'haven leidet bezüglich Geheimhaltung unter zu umfangreichen Besuchen [durch die NS-Freizeit-Organisation] ›Kraft durch Freude‹. Zumindest Beschränkung erforderlich.«[148] Und in Münster monierte er: »Auf III-Gebiet Schwierigkeiten wegen weit abgelegener Lage Münsters ... Eigenes V-Mann-System, nicht Stapo.«[149]

Ihn irritierte auch, daß in den Rüstungsbetrieben noch immer »politisch unzuverlässige« Personen arbeiteten oder aber durch Abwehrinitiative entlassene Arbeiter die Rechtsberatungsstellen der »Deutschen Arbeitsfront« (DAF) um Hilfe gegen die »Säuberer« angingen. Nicht ohne Erleichterung konnte das Abwehr-Referat III Wi-W am 2. Juli 1936 registrieren, der Präsident der Reichsanstalt für Arbeitsvermittlung und Arbeitslosenversicherung habe verfügt, »daß diejenigen Arbeiter oder Angestellten, die wegen politischer Unzuverlässigkeit in R[üstungs]-Betrieben nicht eingestellt werden dürfen bzw. aus solchen entlassen worden sind, auf ihrer Arbeitnehmerkarte in dem Feld ›Bemerkungen‹ rechts unten mit Tinte ein ›O‹ eingetragen erhalten«.[150]

Canaris fand auch rasch einen Weg, DAF-Interventionen zuvorzukommen. Die Abwehrstellen wies er an, bei der Entlassung eines Arbeiters aus Sicherheitsgründen sofort der DAF »vertraulich mitzuteilen, daß die Entlassung im Interesse der Landesverteidigung erfolgt« sei.[151] Er hatte noch ein anderes Mittel, mit Arbeiterprotest fertig zu werden. Canaris am 3. Juli 1936: »Abw hat bei der Wehrmachtrechtsabteilung beantragt, einen Gesetzentwurf beim Reichsjustizministerium einzubringen, daß Kündigungswiderrufsklagen von den Arbeitsgerichten abzuweisen sind, wenn der

Kläger auf Veranlassung einer amtlichen Stelle aus einem R[üstungs]-Betrieb entlassen worden ist.«[152]

Selbst die gleichgeschaltete Presse erregte zuweilen Canaris' kritische Aufmerksamkeit. Die Offiziere der Abwehrstellen waren beauftragt, auch über die Einhaltung der »Richtlinien für militärische Berichterstattung« zu wachen, die da vorschrieben: »1.) Der Abdruck von Spionageromanen ... und entsprechenden Tatsachenberichten sind [sic] in Zeitungen und Zeitschriften verboten. 2.) Alle Nachrichten über militärische und marinetechnische Bauten unterliegen der stärksten Beschränkung in der Berichterstattung ... 3.) Nachrichten über Beförderungen, Versetzungen, Neueinstellungen dürfen nur gebracht werden, wenn sie von DNB ausgegeben werden.«[153] Kein Journalist wagte, diese Richtlinien anzutasten, denn die Offiziere des Admirals Canaris waren mit Landesverrats-Vorwürfen schnell zur Stelle.

Und dennoch verärgerten die Zeitungen manchmal den Abwehrchef; meist waren es die Stellenangebote in Fachzeitschriften, vor allem in der »Bauwelt«.[154] Wiederholt ließ Canaris die Redaktionen verwarnen, weil »auf dem Gebiete der Aufnahme von Stellenangeboten in der Presse ... diesen Maßnahmen [des Geheimschutzes] im Interesse der Reichsverteidigung nicht überall hinreichend Rechnung getragen wird«, wie er am 30. Juni 1937 klagte.[155]

Presse, Rüstungsfabriken, Reichsbehörden, Wehrmacht – der Einfluß des Überwachungsapparates von Canaris reichte weit. Mancher Deutsche wurde, ohne es zu wissen, Gegenstand und vielleicht sogar Opfer geheimer Abwehrausforschung, zahlreiche Arbeiter, von Canaris-Offizieren mit dem oft lebensgefährlichen Makel politischer Unzuverlässigkeit versehen, verloren ihre Beschäftigung, weil sie nicht in das Programm der totalen Massenmobilisierung des Regimes paßten. Nicht nur die Gestapo, auch die Abwehr wirkte an der Festigung des Hitler-Systems mit.

Die Ausweitung ihrer Aufgaben nötigte die Abwehr, immer rascher zusätzliches Personal einzustellen. In die Dienststellen des Geheimdienstes strömten neu geworbene oder frisch abkommandierte Offiziere, Beamte und Angestellte, V-Männer, »Tipper« und andere Helfer – mit jener hektischen Eile, die auch den Aufbau der übrigen Wehrmacht bestimmte. In wenigen Monaten expandierte die Abwehr äußerlich zu einem stattlichen Geheimdienst. Mit knapp 150 Angehörigen war die Abwehr in die Hitler-Ära eingetreten, im Juni 1937 zählte sie bereits 956 Offiziere, Beamte und Angestellte, davon 327 allein in der Abwehrzentrale.[156]

Und Canaris gab keine Ruhe, immer weitere Mitarbeiter zu werben. Er sparte keinen Bereich der Gesellschaft aus, er sprach Freunde und Bekannte an, er klapperte die Personalstellen des Heeres und der anderen Teilstreitkräfte ab, stets auf der Suche nach potentiellen Abwehrkandidaten. Mancher Bekannte bekam von ihm zu hören: »Sieh zu, daß Du Reserveoffizier wirst. Dann hast Du die Wehrmachtuniform und brauchst Dich nicht anderweitig zu verkleiden. Denn uniformiert werden wir alle heutzutage.«[157]

Er öffnete die Abwehr, lange Zeit eine Domäne der Generalstabsoffiziere, auch ehemaligen Front- und Linienoffizieren des Ersten Weltkrieges, die nach Kriegsende aus der zu klein gewordenen Armee hatten ausscheiden müssen oder allenfalls als Zivilangestellte in den Wehrdienst zurückgekehrt waren. Sie konnten jetzt als Ergänzungsoffiziere (E-Offiziere) eingestellt werden, worunter man Offiziere von einer geringeren Wertigkeit verstand, die allerdings Aussicht hatten, eines Tages wieder als Vollmitglied in das aktive Offizierkorps aufgenommen zu werden.

Die meisten ehemaligen Offiziere, die in der Abwehr als Zivilangestellte arbeiteten, waren auf Antrag von Canaris kurz nach seinem Amtsantritt zu E-Offizieren ernannt worden, darunter auch der wegen einer Privataffäre aus der Reichswehr entlassene und auf Umwegen wieder in den Wehrdienst gelangte Major Hans Oster, dem das Referat III C 1 (Spionageabwehr außerhalb der Wehrmacht ohne Wirtschaft) unterstand und der in Canaris' Leben noch eine entscheidende Rolle spielen sollte.[158]

Darauf kam die erste Welle neuer Abwehrangehöriger, meist Kameraden und Weggefährten des Admirals, die seinem Ruf gefolgt waren oder eigene – politische – Gründe hatten, in den Dienst der Abwehr zu treten. Fast alle stammten aus der Welt der Freikorps: Da gab es den Ehrhardt-Brigadisten Friedrich Wilhelm Heinz, Verfasser nationalrevolutionärer Bücher (»Sprengstoff«, »Nation greift an«), ehedem SA-Führer und von den Nationalsozialisten enttäuscht, da stieß der Rechtsanwalt Franz Liedig, seit Jahrzehnten Verbindungsmann zwischen Canaris und Ehrhardt, hinzu, da suchte der Stahlhelmführer Werner Schrader, NS-Gegner und Kritiker des schwächlichen Nachgebens der konservativen Partner Hitlers, Zuflucht vor den Nachstellungen der Gestapo.[159]

Dann folgte eine weitere Welle von Abwehrkandidaten: Männer, die Deutschlands Wiederaufrüstung verlockte, ihre zivilen Posten zu verlassen und wieder die Uniform anzuziehen. Der ehemalige Major Joachim Rohleder, Zögling der Hauptkadettenanstalt Lichterfelde und im Krieg Offizier des Leib-Grenadier-Regiments Nr. 8, gab seinen kaufmännischen Job in Argentinien auf,[160] der ehemalige Seeoffizier Wilhelm Leißner liquidierte seinen Verlag in Nicaragua,[161] den einstigen Kavallerieoffizier Heinz Schmalschläger konnte seine Matratzenfabrik nicht länger halten,[162] den einstigen Fliegeroffizier Nikolaus Ritter bewog ein Besitzwechsel in der US-Textilfirma, der er als Direktor vorstand, nach Deutschland zurückzukehren.[163] Jeden von ihnen trieb meist nur ein Wunsch, ein Ziel: mitzuwirken am Aufbau der Wehrmacht.

Nicht alle jedoch kamen freiwillig. Den Rußland-Experten und Slawisten Erich Ferdinand Pruck, just eben erst nach einem Reitunfall wegen Dienstunfähigkeit aus der Wehrmacht ausgeschieden und inzwischen Student am Orientalischen Seminar der Berliner Universität, holten sich die Abwehroffiziere, obwohl er sich sträubte; erst der Hinweis, ein weiteres Zieren könne als Gegnerschaft zum Staat ausgelegt werden und seine Pension gefährden, ließ Pruck einwilligen.[164] Und der SS-Hauptsturmführer Otto Wagner, ehemaliger Polizeioffizier und im Grenzschutz erfahren, trat nur in Abwehrdienste, weil er mit Partei und SA zerstritten war und auf das Wort seines Freundes Best hörte, der ihn der Abwehr empfahl.[165]

Canaris nahm jeden, woher er auch immer kommen mochte. Wo sich dem Admiral eine Chance bot, neue Mitarbeiter zu finden, griff er zu. Die Auslandsorganisation der NSDAP schlug vor, der Abwehr bewährte Parteigenossen zur Verfügung zu stellen – Canaris akzeptierte.[166] Der Sudetendeutsche Paul Fidrmuc, ehedem Offizier im k. u. k. Evidenzbüro, suchte einen Job in der Abwehr – Canaris verschaffte ihm einen.[167] Der katholische Reiteroffizier Rudolf Graf von Marogna-Redwitz, NS-Gegner und einst zur III-B-Aufklärung gehörig, bat um Aufnahme in die Abwehr, der Alt-Nazi und Himmler-Freund Paul Thümmel bewarb sich um einen Posten bei der Abwehrstelle Dresden – jeder erhielt, was er wünschte.[168]

Wieder drängte eine neue Gruppe von Bewerbern heran: Kriminalbeamte und Angehörige der Politischen Polizei, die Heydrichs Apparat verließen, ehe die Gestapo vollends zu einem barbarischen Instrument der Unterdrükkung entartete. Auch aus den Ministerien lösten sich Beamte und Angestellte, die sich für Posten in der Abwehr interessierten und die soldatische Uniform anlegen wollten.

Je mehr neue Mitarbeiter aber in die Abwehr strömten, desto vielgestaltiger, ja disharmonischer wurde das Personalbild des militärischen Geheimdienstes. Bis 1935 hatte ein Menschentyp die Mentalität der Abwehr geprägt: der scheinbar unpolitische, einer abstrakten Dienstideologie verhaftete und von der Gesellschaft abgekapselte Reichswehroffizier, der nach dem hochmütigen Spruch seines großen Erziehers Hans von Seeckt lebte: »Das Heer dient dem Staat, nur dem Staat; denn es ist der Staat.«[169] Jetzt traten ihm zwei andere Offizierstyps entgegen und zur Seite.

Den einen Typ verkörperte der in der Monarchie aufgewachsene Offizier, dem das unmittelbare Verhältnis zum Obersten Kriegsherrn Urquell seiner eigenen Existenz gewesen war und der sich in den Nachkriegswirren jenem schwammigen »politischen Soldatentum« ergeben hatte, hinter dem doch nichts anderes stand als die Überzeugung, der Soldat könne ohne innere Übereinstimmung mit Nation und Staat nicht leben. Und den anderen, den dritten Offizierstyp stellten junge Männer dar, die schon im Banne des Nationalsozialismus standen, in denen ein aktivistischer Progressismus gärte, »ein unklarer, verschwommener Idealismus, ein ›Pathos der Zukunft‹, in dem vage nationalrevolutionäre wie nationalsoziale Vorstellungen sich mit antiliberalen und antiparlamentarischen Affekten verbanden«, wie es der Historiker Klaus-Jürgen Müller umschreibt.[170]

Hier deuteten sich Unterschiede und Konflikte an, die aufzulösen sicher schwerfallen würde. Was sie einigermaßen erträglich machte, war der Umstand, daß die Offiziere der Abwehr, zu welchem Typ sie auch immer gehören mochten, meist aus dem gleichen gesellschaftlichen Milieu (mittleres und höheres Bürgertum) stammten und eine gemeinsame Vorstellung vom Staat hatten. Sie glaubten alle an die Renaissance einer deutschen Großmacht, hielten den nationalen Obrigkeitsstaat für das einzig mögliche Modell, das zudem die Geographie und Geschichte Deutschlands vorschreibe, und waren mithin geschworene Gegner der Demokratie. Keiner weinte der Republik eine Träne nach, jeder erwartete von dem »nationalen Umbruch« à la Hitler höchste Kraftsteigerung der Nation.

Für Kritik am NS-Regime oder gar für grundsätzliche Gegnerschaft war da kein Platz. »Ich habe«, gesteht Wagner, »die NS-Bewegung begrüßt als große sozial ausgerichtete Partei, die das Los der Millionen Arbeitslosen zu ändern versprach und Deutschland von den Fesseln des Versailler Vertrages befreien würde.«[171] Fidrmuc notierte später: »Die nationalsozialistische Revolution konnte ohne drakonische Mittel besonders in der ersten Zeit nicht auskommen. Der Konflikt mit Rußland stand für früher oder später bevor.«[172] Bamlers Texter brachten das auf eine einfache Formel: »Deine Parole: Treue dem Führer! Schutz dem Deutschen Volke! Tod dem Verräter!«[173]

Das sind nun freilich nicht Stimmen jenes Widerstandsgeistes, den literarische Abwehr-Apologeten schon frühzeitig in der Canaris-Organisation ausgemacht haben wollen. In Wirklichkeit war die Abwehr wie jede andere Institution des Dritten Reiches ein Spiegelbild des nationalsozialistischen Zeitgeistes. Manchem Abwehroffizier war kaum noch bewußt, mit welcher Selbstverständlichkeit er die gefürchtetsten Instrumente des nationalsozialistischen Unterdrückungsapparates in seine Kalkulationen mit einbezog. Ohne Skrupel konnte da der Untergruppenleiter III C zum Thema »Grenzüberschreitung durch ausländische Militärpersonen« Forderungen wie die notieren: »Abschub in Konzentrationslager. Fremdenlegionäre ins Lager. Abw-Offz [Abwehr-Offizier] zur Vernehmung entsenden.«[174] Und selbst die Judenverfolgung warf ihren Schatten auf die Abwehr. Aus dem Protokoll einer Tagung von Wirtschaftsexperten der Abwehr III: »Notwendigkeit, die jüdischen Betriebe unmittelbar oder mittelbar als solche zu kennzeichnen. Es besteht kein Interesse, den Juden als solchen zu halten.«[175]

Nicht einmal der frustrierte Ex-Nationalsozialist Heinz, der jetzt als Hauptmann (E) dem Referat III C 3 vorstand und mithin für das Sachgebiet »Statistik, Belehrungsmaterial, Propaganda und Propagandaabwehr/Presse, Bild, Film, Funk« verantwortlich zeichnete, konnte sich der Suggestivkraft der deutschen Wiederaufrüstung entziehen. Sein Propagandamaterial rief zur Mobilisierung der Soldaten und Massen auf, er stand oft hinter dem agitatorischen Versuchen der Abwehrzentrale, jede Saumseligkeit, jede Lässigkeit mit dem Makel mangelnder Vaterlandsliebe zu behaften.[176]

Gleichwohl fehlte dem Abwehrpersonal die innere Geschlossenheit; allzu verschiedene Mentalitäten mußten sich in der Abwehr miteinander messen und arrangieren. Zu der politischen Differenzierung kamen noch Unterschiede der Qualität: Nicht jeder, der in die Abwehr eingetreten war, eignete sich für die geheimdienstliche Arbeit, zu zahlreich war die Schar derer, die nur eine neue Uniform oder einen neuen Job gesucht hatten. Einige der Neuen erwiesen sich als fähige Abwehroffiziere (Rohleder profilierte sich ab 1938 als ein listenreicher Gegenspionagechef, Schmalschläger wurde ein Meister des Gegenspiels, Leißner ein guter Agentenführer), aber die Masse der Eingestellten trug deutliche Züge des Dilettantismus.

Für leistungsfähige und karrierebewußte Offiziere war es nicht gerade ein erstrebenswertes Ziel, Berichte über Agentenmeldungen zu schreiben und in der Anonymität eines geheimdienstlichen Mönchsordens zu leben. So landete die Hauptarbeit in der Abwehrzentrale auf den schmalen Schultern unerfahrener, hastig beförderter Ergänzungsoffiziere, die aus ihren Spionage-fremden Zivilberufen herausgerissen worden waren und – ohne generalstabsmäßige Ausbildung, ohne Kenntnisse auf dem Gebiet der Feindaufklärung – Aufgaben bewältigen sollten, auf die sie nicht vorbereitet waren.

Die Folge: ein Mangel an Sachkenntnis und Effizienz, der die Abwehr auch später nicht über ein Durchschnittsniveau hinauskommen ließ. Denn auch nach ihrem Eintritt in die Abwehr erhielten die Neuen keine ausreichende Ausbildung. Das zügellose Tempo der Wiederaufrüstung ließ die Abwehr nicht mehr zur Ruhe kommen, es blieb nicht einmal genügend Zeit, die längst veralteten Dienstvorschriften der Abwehr neu zu bearbeiten. »Bei allem . . . Diensteifer«, kritisiert Pruck, »vermochten viele der so angeheuerten Offiziere, die auf Grund angerechneter, aber nicht abgeleisteter Dienstjahre schnell zu höheren Dienstgraden verzaubert waren, den Anforderungen ihrer Stellung in vieler Hinsicht nicht gerecht zu werden.«[177)]

Eine so buntscheckige, innerlich zerklüftete Truppe bedurfte eines Anführers, der genügend Ausstrahlung und Formkraft besaß, die konträrsten Menschen und Interessen auf einen Nenner zu bringen, aus einem diffusen Haufen verschiedener Individualitäten eine Organisation mit einheitlichem Willen zu schaffen und ihr einen krisenfesten Korpsgeist einzuimpfen. Solche Fähigkeiten hatte indes Canaris nicht. Ihm fehlte jenes Charisma, ohne das ein Troupier keine große Truppe erfolgreich führen kann. Canaris' Stärke lag im intimen Gespräch, in der Person-zu-Person-Aussprache, im kleinen Kreis; vor einer größeren Menschenmenge erlosch seine Überzeugungskraft.

Hier zeigte sich, daß Canaris keineswegs der ideale Abwehrchef war, als der er oberflächlichen Beobachtern erschien. Zur Abwehr war er in der ebenso populären wie falschen Vorstellung gestoßen, an der Spitze des Geheimdienstes werde so etwas wie ein Superspion gebraucht. Er wußte nicht (und lernte es wohl auch nie), daß Geheimdienstchefs in erster Linie Bürokraten sind; ihre geheimdienstlichen Qualitäten sind – so paradox das klingen mag – weniger gefragt als ihre administrativen Fähigkeiten. Die Größe eines Geheimdienstchefs bemißt sich allein danach, ob er Menschen führen und motivieren kann, ob er die Kunst beherrscht, einen schier unübersichtlichen Behördenapparat zu kontrollieren und all die ermüdende Detailarbeit bürokratischer Routine durchzustehen.

Denn ND-Arbeit ist vor allem Papierarbeit. Die Anlage und Instandhaltung von Karteien, die Zusammenstellung von Nachrichtenspiegeln und Lageberichten, die Erschließung und systematische Auswertung offener Quellen (Zeitschriften und Zeitungen, Literatur, amtliche Angaben) steht im Vordergrund der geheimdienstlichen Arbeit und rückt die Operationen der geheimen Agenten erst an die zweite Stelle. Der Geheimdienstchef aber darf nie den Überblick über die einzelnen Aktivitäten seines Apparates verlieren, er muß koordinieren und delegieren können, ohne seine Kontrollfunktion einzubüßen. Das nagelt ihn an seinem Schreibtisch fest, macht ihn zu einem unermüdlichen Leser von Akten, Analysen und Rechenschaftsberichten, gibt es doch nichts Fataleres als einen Geheimdienstchef, der nicht weiß, was in seinem Haus geschieht.

Solche bürokratische Arbeit aber ermüdete und langweilte den Abwehrchef Canaris. Wie so oft in seiner früheren Karriere entfloh er auch jetzt wieder dem Schreibtisch, der Chefstuhl in der Abwehrzentrale war manchmal tagelang verwaist. Canaris drängte es zu den Männern an der »Front«, wie man damals sagte: zu den Abwehrstellen und Abwehrnebenstellen, die vor allem die geheime Erkundungsarbeit im Ausland steuerten. Oft erschien der

Chef unangemeldet, ließ sich Vortrag halten und traf an Ort und Stelle neue Anordnungen, die sich jedoch manchmal mit den grundsätzlichen Vorstellungen der Gruppenleiter so wenig deckten, daß es sich einbürgerte, dem Chef einen Mann der Abwehrzentrale hinterherzuschicken, der behutsam wieder korrigierte, was soeben von Canaris angeordnet worden war.[178]

Auch in die Länder des Südens reiste Canaris gerne, wobei er zuweilen inkognito auftrat – konspiratives Gehabe entsprach seiner Vorstellung von einem staatlich angestellten Superspion. Von Fall zu Fall übernahm er selber kleine geheimdienstliche Erkundungsaktionen, für die jeder ortskundige V-Mann geeigneter gewesen wäre. Eines Tages geriet er im Schwarzwald auf der Heimreise von einer konspirativen Spanien-Fahrt in einen Schneesturm. Tagelang suchte ihn die Abwehrzentrale, weil er sich – völlig durchnäßt auf einem entlegenen Bauerngehöft untergekommen – von einer Bäuerin gegen die Gefahr einer Lungenentzündung immunisieren ließ. Heydrich hörte davon und höhnte: »Wird so die Abwehr regiert?«[179]

Die merkwürdige Hast, die den »ewigen Reisenden«[180] von Land zu Land, von Abwehrstelle zu Abwehrstelle trieb, übertrug sich auch auf das Innenleben der Zentrale. Canaris' mangelnde Menschenkenntnis und seine Ungeduld erzeugten ein ungutes Betriebsklima. Für mittlere und kleine Chargen hatte der Abwehrchef meist keine Zeit, mancher Vortragende wurde durch Canaris' unwilliges »Kürzer, kürzer!« abgeschreckt.[181] Zwar reagierte Canaris fast immer weich, wenn eine Sekretärin den wie zerstreut an den Korridorwänden entlangstreichenden Chef anhielt und um eine Gehaltsaufbesserung bat, gleichwohl waren seine oft willkürlichen Personalentscheidungen gefürchtet.[182]

»Canaris war der schwierigste Vorgesetzte, der mir in meiner dreißigjährigen Laufbahn begegnet ist«, schrieb später einer seiner Abteilungschefs und nannte ihn »widerspruchsvoll in seinen Anordnungen, ungerecht, launenhaft und undurchsichtig«.[183] Er hatte keinen Blick für Charaktere, ließ sich gerne umschmeicheln und förderte manchen unfähigen Opportunisten. Man brauchte sich nur einen Hund anzuschaffen oder vor den Augen des Chefs Vogelfutter aufs Fensterbrett zu streuen, um die Aufmerksamkeit von Canaris zu erregen. Seine willkürliche Personalpolitik förderte Intrigantentum. Ein Kenner bestätigt: »Es gab keinen Korpsgeist, sondern Mißtrauen, Eifersucht und Verdächtigungen.«[184]

Selbst der Canaris-Verehrer Wagner erschrak zuweilen vor den »geradezu grotesken Ausbrüchen einer galligen Launenhaftigkeit«, die dem Abwehrchef in der Zentrale viele Feinde schuf.[185] Es war auch seinem Prestige nicht förderlich, daß er manchmal Experten abkanzelte, wenn deren Auffassungen mit seinen eigenen Vorurteilen in Konflikt gerieten. Der Mann, der sich später zu Recht über Hitlers mangelnde Aufnahmebereitschaft für unfrisierte Abwehrmeldungen beklagte, fand es manchmal selber schwierig, die unliebsame Realität zu akzeptieren. Die Sachbearbeiter für Spanien, Italien und den Osten hatten Mühe, ihre von Canaris abweichenden Meinungen zu Gehör zu bringen. Mancher Referent erhielt seinen kritischen Bericht von Canaris durchgestrichen und mit der apodiktischen Anmerkung zurück: »Das ist alles Unsinn!«[186]

Noch bedenklicher aber war, daß Canaris die Kontrolle über den immer größer werdenden Apparat der Abwehr nur halbherzig ausübte. Seine Reisen hielten ihn so oft von der Zentrale fern, »daß Canaris über viele Vorgänge überhaupt nicht unterrichtet war«, wie ein Kenner feststellt.[187] Er verließ sich allzusehr darauf, daß seine Gruppen- und Untergruppenleiter den großen Apparat funktionsfähig hielten. »Ohne sie wäre das Ganze ein wüster Haufen gewesen«, urteilt ein Abwehr-interner Kritiker.[188] So manchen Unterführer lockte die Versuchung, selber in die großen Schuhe des Chefs zu schlüpfen.

Diese Verlockung spürte auch der kühl-ehrgeizige Bamler, der nicht ohne Verärgerung sah, daß der Abwehrchef den Gruppenleitern die eigentliche Arbeit überließ, ohne deren Stellung nach außen zu verbessern. Bamler fuhr oft sonntags zu den Heydrichs und beklagte sich beim gemeinsamen Bridge-Spiel, wie sehr Canaris die Abwehr »im Stich läßt«. Frau Heydrich behauptet: »Bamler war der Mann, der nicht dichthalten konnte. Er war unser bester Verbindungsmann in der Abwehr.« Heydrich bot ihm wiederholt an, in die Dienste der Gestapo zu treten, doch ein Gefühl der Loyalität ließ Bamler bei der Abwehr bleiben.[189]

Gleichwohl erwog Bamler Pläne, durch die er Canaris kaltstellen oder doch zumindest auf politisch-diplomatische Funktionen abdrängen wollte. Im August 1937 fühlte er sich stark genug, in einem Memorandum eine Reform der Abwehr zu seinen Gunsten vorzuschlagen. Bamlers Programm: Ernennung von Canaris zum Amtsgruppenchef, Beförderung aller Gruppenleiter zu Abteilungschefs und Entlastung Canaris' durch einen Stellvertreter.[190]

Das las sich in Bamlers verschleiernder Sprache so: »Die Aufgaben des Chefs Abw. [sind] z. Zt. so umfangreich und von solch vielseitiger Verantwortung, daß es sich als unmöglich erwiesen hat, daß diese Last auf *einem* Abt. Chef ruhen kann.« Zudem nehme der Leiter der Abwehrgruppe III, also Bamler selber, »trotz der praktischen Verantwortlichkeit für die Durchführung des Abwehrdienstes im Reiche und der Organisation des Abwehrdienstes außerhalb der Reichsgrenzen z. Zt. rein äußerlich eine Stellung ein, die dieser Aufgabe nicht entspricht«. Trotz so vorsichtiger Formulierung wurde dennoch in einem späteren Satz deutlich, daß Bamlers Reformvorschlag im Grunde gegen Canaris zielte: »Dem Chef der Amtsgruppe wird ein älterer Generalstabsoffizier beigegeben, der die Aufrechterhaltung einer gleichmäßig fortlaufenden Linie und die gleichmäßige Vertretung aller Abteilungen auch bei den häufigen Reisen des Chefs Abw. gewährleistet.«[191] Kein Zweifel, daß Bamler bei dem »älteren Generalstabsoffizier« an sich selber dachte.

Bamlers Vorstoß scheiterte jedoch, die Autorität von Canaris blieb ungeschmälert. Seine Führungsschwächen fielen den Vorgesetzten im Reichskriegsministerium nicht sonderlich auf, zumal sich Canaris nun dem Ausbau jenes Abwehrbereiches widmete, für den er besonders befähigt schien: des Geheimen Meldedienstes, der eigentlichen Spionage. Auslandskenntnisse, Erfahrungen in der Welt der Konspiration und Intrige, Intuition und ein Gespür für irrationale Strömungen prädestinierten Canaris zur Führung dessen, was Spionageromantiker gerne den »Krieg im Dunkeln« nannten.

Seit Canaris in das Haus am Tirpitz-Ufer eingezogen war, hatte er sich in dieser Rolle gesehen: als ein »master of spies«, Herr über ein unsichtbares

Heer von Agenten und V-Männern, das alle wichtigen Kommandostellen des Gegners infiltrierte und jede Bewegung der anderen Seite beobachtete, erkannte, registrierte. Das war die Welt, die ihn faszinierte, die Welt der Toten Briefkästen, geheimnisvollen Kuriere und konspirativen Verbindungen. Er ließ es sich denn auch nicht nehmen, jeden nach Berlin gereisten Abwehragenten persönlich zu empfangen. Unerschöpflich war sein Interesse für all die Details der geheimdienstlichen Profession; Geheimtinten beschäftigten ihn ebenso wie neue Funkgeräte oder die Geheimnisse der Mikrofotografie.

Seine Neugier war sogar groß genug, die ersten Stunden der Enttäuschung zu überleben, in denen er entdeckt hatte, daß die Abwehr gar nicht das große Agentenheer besaß, an dessen Spitze er sich gestellt wähnte. Die für den Geheimen Meldedienst zuständige Abwehrgruppe I des Oberstleutnants Grimmeiß verfügte nur über ein paar Informanten (»Friedensagenten«) in Polen, Frankreich und der Tschechoslowakei, die im Frieden Truppenbewegungen meldeten und Befestigungsanlagen auskundschafteten. Da sie fast immer Ausländer waren, fielen sie aus, sobald es zwischen ihrem Land und Deutschland zu erhöhten politischen Spannungen oder gar zum Krieg kam. Für solche Fälle benötigte man »Spannungsagenten« (S-Agenten) und »Kriegsagenten« (A-Agenten); die einen sollten die Abwehr mit Meldungen über gegnerische Mobilmachungen bedienen, die anderen hinter der feindlichen Front Erkundungsaufträge ausführen. Solche S- und A-Agenten aber besaß Grimmeiß kaum.

Canaris versuchte, rasch Wandel zu schaffen. Den Abwehrstellen befahl er, sich A- und S-Netze zuzulegen und auch neue Friedensagenten zu werben. »Vordringlich ist zurzeit der Aufbau einer Friedens- und Kriegsorganisation«, bedeutete Canaris den Offizieren der Abwehrstelle Münster bei einem Besuch[192]. Zugleich erhielten die Abwehrstellen neue Meldegebiete zugewiesen; weitere Stellen und Nebenstellen wurden geschaffen, alte in andere Städte verlagert. Münster erhielt beispielsweise das Meldegebiet Holland, die Abwehrstelle Wilhelmshaven erschien Canaris nur als »eine befestigte Baracke« und so falsch plaziert, daß er sie nach Bremen verlegen ließ.[193]

Bald sickerten die ersten A- und S-Agenten in ihre künftigen Meldegebiete ein. Die Abwehrstellen verbesserten allmählich ihre Aufklärungsarbeit im Ausland: Die Abwehrstelle Bremen begann »eine systematische Erkundung der französischen Marine an der Kanal- und an der atlantischen Küste auf dem Wege über Holland/Belgien, den sogenannten Frankreich-Nord-Weg«,[194] während die Ast Münster ihre V-Männer in Holland ausschwärmen ließ, unterstützt von der Kölner Nebenstelle, die in Belgien und Nordfrankreich Spannungsagenten, Umschlagstellen und Erkunder (Reiseagenten) unterhielt.[195] Auch deutsche Firmen stellten ihre im Ausland tätigen Vertreter zur Verfügung. I Wi, die Untergruppe Wirtschaft der Abwehr I, leistete gute Arbeit, wie auch Canaris anerkannte: »I Wi hat seine Ziele richtig erkannt: Überwachung der feindlichen Rüstungs-Industrie, Feststellung der Leistungsfähigkeit der feindlichen Rüstungs-Industrie und Feststellung der örtlichen Lage.«[196]

Unsicher aber blieb, wie die S-Agenten im Ernstfall ihre Meldungen an ihre Führungsoffiziere im Reich gelangen lassen konnten. Mit jedem Agenten war ein Stichwort ausgemacht, auf das er sofort seinen vorher festgelegten Einsatzraum aufsuchen und etwaige Kriegsvorbereitungen des Gegners melden sollte. Seine Nachrichten mußte er in getarnten (nicht aber verschlüsselten) Texten per Post schicken – meist an eine U-Stelle (Deckadresse) im Grenzgebiet, die sie auf dem Kurierweg nach Deutschland beförderte.[197] Für grenznahe S-Agenten konstruierte die Abwehr Lichtsprechgeräte, die Stimmen über beliebige Entfernungen hinweg mittels unsichtbarer Lichtstrahlen übertrugen.[198]

Noch war das Übermittlungssystem des S-Netzes unausgereift, da mußte Canaris Anfang 1936 seinen neuen Apparat bereits alarmieren: Hitler setzte seine Krisenstrategie am Abgrund des Krieges fort. Wieder machte sich der Führer des Dritten Reiches einen Schachzug der französischen Sicherheits- und Einkreisungspolitik zunutze, wieder stellte er seine zögernden Militärs vor vollendete Tatsachen.

Diesmal ging es um das letzte Überbleibsel der Versailler Friedensordnung, die entmilitarisierten linksrheinischen Gebiete Deutschlands. Ihr Status gründete sich nicht nur auf den Friedensvertrag von 1919, sondern auch auf den Locarno-Pakt von 1925, in dem Deutschland, Frankreich und Belgien gemeinsam mit den Garantiemächten Großbritannien und Italien die in Versailles entstandene Westgrenze des Reiches festgeschrieben hatten. Damals hatte die deutsche Regierung einer weiteren Entmilitarisierung des Rheinlands zugestimmt – als Gegenleistung für die Zusicherung Frankreichs, keinen unprovozierten Krieg gegen Deutschland zu führen. Das bedeutete praktisch: Kam es zu einem Konflikt zwischen beiden Ländern, so konnte Frankreich die entmilitarisierte Zone »besetzen, bevor auch nur die Vorausabteilungen des deutschen Heeres die Rheinbrücken überschritten« (Benoist-Mechin).[199]

Eine solche Achillesferse wollten Hitler und seine Generale nicht länger hinnehmen. Dennoch erschrak der Reichskriegsminister von Blomberg, als er hörte, was Hitler vorschwebte: die überfallartige Besetzung des entmilitarisierten Rheinlands. Blomberg nahm freilich Hitlers Vorstellungen nicht ernst, denn er wußte nur allzu gut, daß ein derartiger Einmarsch einen Krieg auslösen konnte. Einem Mehrfrontenkrieg gegen rund 200 Divisionen der restlichen Locarno-Mächte waren die 10 Divisionen der Wehrmacht auf keinen Fall gewachsen.

Doch der Vabanquespieler Hitler glaubte nicht an eine Kriegsgefahr und hoffte, daß ihm die französische Diplomatie – wie schon beim Start der Wiederaufrüstung – einen propagandistisch brauchbaren Vorwand für eine Überraschungsaktion liefern werde. Frankreich bot ihn in der Tat: Am 2. Mai 1935 schloß die französische Regierung mit dem Kreml einen Beistandspakt ab, 14 Tage später unterzeichneten die Tschechoslowaken – von Paris ermutigt – einen ähnlichen Vertrag mit der Sowjetunion. Prompt ließ Hitler erklären, der französisch-sowjetische Vertrag verpflichte Frankreich zum Eingreifen gegen Deutschland, im Locarno-Pakt aber habe Paris auf jeden Waffengang mit Deutschland verzichtet – der neue Vertrag bedeute also einen Bruch des Locarno-Pakts.[200]

Eine Art hellseherisches Gefühl hinderte indes Hitler daran, den Russenpakt sofort für seine Zwecke auszubeuten; noch war sich Hitler der Reaktion des Völkerbundes nicht sicher, noch wußte er nicht, wie die Garantiemächte von Locarno handeln würden. Er begnügte sich zunächst damit, Blomberg mit der Ausarbeitung einer Generalstabsstudie für die Rheinlandbesetzung zu beauftragen. Deckname des Unternehmens: »Schulung«. Die Operation sollte »schlagartig als Überfall zur Ausführung gelangen«, offiziell aber nur als militärische Übung ausgegeben werden.[201] Hitler forderte: »Beschränkung der Mitwisserschaft auf allerkleinsten Kreis von Offizieren.« Die Aktion wurde so geheim vorbereitet, daß selbst der Generalstabschef Beck »Schulung« für ein Übungsspiel hielt.[202]

Nicht einmal Blomberg mochte glauben, daß Hitler es wagen werde, die Wehrmacht ins Rheinland einmarschieren zu lassen. Er merkte nicht, wie sehr der von Italien im Herbst 1935 mutwillig ausgelöste Krieg gegen Abessinien Hitlers Pläne begünstigte. Die erfolglose Sanktionspolitik des Völkerbundes gegen den Rechtsbrecher Italien ließ das Prestige der Genfer Staatengemeinschaft auf den Nullpunkt sinken und entzweite zugleich die beiden Locarno-Garanten Italien und England. Auf einmal sah Hitler seine Stunde gekommen. Kaum hatte das französische Parlament am 27. Februar 1936 den Pakt mit Moskau ratifiziert, da schlug der deutsche Diktator los.

Zwei Tage lang schloß sich Hitler in seinem Arbeitszimmer in der Reichskanzlei ein, dann rief er Blomberg zu sich.[203] Kaum einer war von Hitlers Einmarschorder so überrascht wie der naive Oberbefehlshaber der Wehrmacht. Gehorsam nahm er gleichwohl Hitlers Befehl entgegen, »Winterübung« (so der neue Deckname des Unternehmens) auszuführen. Am 2. März diktierte Blomberg eine Weisung an die Oberbefehlshaber der drei Teilstreitkräfte: »Teile des Heeres und der Luftwaffe werden . . . überraschend und gleichzeitig in Standorte der entmilitarisierten Zone verlegt werden.«[204] Nur das Datum des Einmarsches setzte er noch nicht ein.

Blomberg hielt seine Weisung drei Tage lang zurück, ehe er sie weiterleiten ließ – mit dem entscheidenden Zusatz, »Winterübung« habe am 7. März zu beginnen.[205] Vielleicht hoffte er, daß Beck und Fritsch noch versuchen würden, Hitler von seinem Plan abzubringen. Tatsächlich waren die beiden Militärs ob der »Wahnsinnstat« Hitlers schockiert. Beck beschwor Hitler, wenigstens beim Einmarsch zu erklären, Deutschland werde auf dem Westufer des Rheins keine Befestigungen anlegen.[206] Auch Blomberg wagte jetzt einen Vorstoß bei seinem Führer: Die einmarschierten Wehrmachtseinheiten – so schlug er vor – könnten wieder zurückgenommen werden, wenn sich Frankreich verpflichte, einen Teil seiner Truppen von der Grenze abzuziehen.[207]

Hitler lehnte solche Vorschläge ungnädig ab, wurde dann jedoch selber unsicher. Am 5. März wollte er von Hoßbach wissen, ob man das ganze Unternehmen noch stoppen könne. Hoßbach bejahte. Ein paar Stunden später hatte Hitler sich wieder gefangen.[208] 19 Bataillone und 13 Batterien der Wehrmacht in Stärke von 30000 Mann überquerten am 7. März 1936 die Rhein-Brücken. Unternehmen »Winterübung« lief an.[209]

Fast panikartig warteten die Militärs und Hitler auf die Meldungen, die Canaris' S-Agenten über die Reaktion der anderen Seite liefern mußten. Jeden Augenblick waren die führenden Militärs bereit, das Unternehmen doch noch abzubrechen. Blomberg hatte in seiner Weisung geschrieben: »Sollten die übrigen Signatarmächte des Locarno-Paktes mit militärischen Vorbereitungen auf die Verlegungen deutscher Truppen in die entmilitarisierte Zone antworten, so bleibt jede militärische Gegenmaßnahme meiner Entscheidung vorbehalten.«[210]

Die Stichworte der Abwehrzentrale riefen die Spannungsagenten in ihre Einsatzräume, am Tirpitz-Ufer trafen die ersten Meldungen aus Frankreich und Belgien ein. Doch die Informanten berichteten nur, was ohnehin wenige Stunden später offiziell bekannt wurde: Frankreich brachte die Besatzung der Maginot-Linie auf volle Kriegsstärke, der französische Generalstab ließ nordafrikanische Divisionen aus Südfrankreich an die deutsche Grenze verlegen, für die Garnisonen in den Departements Nord- und Ostfrankreichs erging eine Urlaubssperre.[211] Mehr erfuhren die Spannungsagenten nicht. Kein Anzeichen einer kriegerischen Reaktion in Frankreich, keine Indizien für eine Mobilmachung Englands – die Warnanlagen der Abwehr blieben stumm.

Je stiller aber der Apparat von Canaris wurde, desto nervöser reagierte Blomberg. Die wenigen Meldungen seines Geheimdienstchefs überzeugten ihn nicht. Blomberg rechnete noch immer mit einem kriegerischen Gegenschlag Frankreichs und Englands – im Gegensatz zu den Meldungen der Abwehr. Canaris wurde jetzt das Opfer der – falschen – Berichte seiner Agenten, die schon Ende Dezember 1935 gemeldet hatten, die britischen und französischen Generalstäbe hätten einen gemeinsamen Aktionsplan für den Fall eines deutschen Einmarsches im Rheinland entworfen.[212]

Als Canaris nach wie vor keine Neuigkeiten meldete, verlor der Generaloberst von Blomberg vollends die Nerven. Er schlug Hitler vor, die Truppen aus Aachen, Trier und Saarbrücken wieder zurückzuziehen, da jeden Augenblick mit einem französischen Angriff zu rechnen sei, dem die Truppe nicht standhalten könne. Hitler wies ihn erneut ab, doch Blomberg ließ nicht locker: Dreimal bestürmte er Hoßbach, den Führer umzustimmen.[213]

Da erreichte ihn am 13. März ein Telegramm der drei Waffenattachés in London, das alle seine Befürchtungen bestätigte. Kapitän zur See Wassner, der deutsche Marineattaché, war nach einem Gespräch in der britischen Admiralität überzeugt, daß die Briten dabei seien, ihre Flotte zu alarmieren und ein Expeditionskorps nach Frankreich zu entsenden, während Generalmajor Geyr von Schweppenburg, der Militärattaché, wissen wollte, daß die Friedenschancen immer geringer wurden. Er bewog seine Kollegen, ein von ihm schon formuliertes »Citissime«-Telegramm an Blomberg zu unterschreiben: »Lage ernst, 50:50 Frieden/Krieg. Geyr, Wassner, Wenninger.«[214] Das Telegramm schockierte Blomberg und ermutigte ihn zugleich, noch einmal vor Hitler zu treten und zum Abbruch der Aktion zu raten. Zum Erstaunen Blombergs nahm Hitler das Telegramm achtlos entgegen und steckte es ungelesen in die Tasche – Blomberg konnte nicht wissen, daß Göring wenige Minuten zuvor Hitler eine Kopie des Telegramms vorgelegt hatte.[215] Wieder wies Hitler seinen Kriegsminister ab.

Hitlers Raubtierinstinkt trog nicht: England und Frankreich rafften sich zu keiner Gegenaktion auf, abermals beendete ein papierener Protest der Düpierten eine Überrumpelungsaktion Hitlers. Die zeitweilige Nervenkrise des Herausforderers aber ging unter in dem stürmischen Glockengeläute, mit dem ihm jubelnde Menschenmengen im Rheinland auf einer langen Triumphfahrt huldigten. Nur Hitler wußte, was er in den letzten Stunden durchgemacht hatte: »Bin ich froh! Herrgott! Bin ich froh, daß es so glatt abgegangen ist. Ja, dem Mutigen gehört die Welt.«[216] Und wie zum Hohn beförderte Hitler seine beiden loyalsten Bremser: Blomberg wurde Generalfeldmarschall und Fritsch Generaloberst.[217]

Für die Abwehr aber waren es keine Tage des Triumphes. Die Spannungsagenten hatten sich noch nicht bewährt, ihnen war jeder tiefere Einblick in die Lage des Gegenspielers verwehrt gewesen, und ihre wenigen Meldungen waren obendrein bei der Wehrmachtsspitze auf Skepsis gestoßen. Praktisch hatten die Canaris-Agenten nicht mehr in Erfahrung gebracht als ihre Konkurrenten von der Presse. Bei einem Besuch in Königsberg fragte Hitler den zum Leiter der Abwehrstelle Ostpreußen ernannten Henke, wie eigentlich Polen auf den Einmarsch im Rheinland reagiert habe. Henke erzählt: »Ich konnte ihm Auskunft geben, weil mich der Leiter des DNB kurz zuvor unterrichtet hatte.«[218]

Vor allem der Querschuß der Waffenattachés in London beunruhigte Canaris. Mochte auch ausgerechnet der entnervte Blomberg sie in einem Brief zurechtweisen, Attachés hätten selbst in schwierigen politischen Lagen ihre Nerven zu behalten[219] – der Fall war damit noch nicht aus der Welt geschafft. Wie, wenn die Militärattachés auf eigene Faust Spionage betrieben und gar noch die Feindaufklärungsabteilungen der Generalstäbe, deren elitäre Offiziere ohnehin auf die meist weniger gebildeten Abwehroffiziere herabschauten, dazu übergingen, sich selber Informantennetze im Ausland zu schaffen? Dann würde bald die Existenz der Abwehr gefährdet sein.

Bei dem traditionell schlechten Verhältnis zwischen den Nachrichtenbeschaffern des Geheimdienstes und den Nachrichtenauswertern des Generalstabes lag eine solche Bedrohung der Abwehr durchaus im Bereich der Realität. Die Feindaufklärer des Generalstabes klagten seit jeher über die miserable Qualität der Abwehrmeldungen. Jetzt waren ihnen in der Rheinland-Krise eifrige Bundesgenossen erwachsen: die Militärattachés mit ihrer eingewurzelten Abneigung gegen konspirative Abwehrpraktiken. Ein Militärattaché hielt einmal Pruck vor: »Wer dauernd Umgang mit Verbrechern hat, wird schließlich selbst zum Verbrecher.«[220]

Canaris dünkte es kein Zufall, daß gerade Geyr von Schweppenburg den Gegenschlag der Londoner Waffenattachés ausgelöst hatte. Mit dem General war er schon früher aneinandergeraten, weil der sich geweigert hatte, der Abwehr bei der Arbeit in England zu helfen; selbst Canaris' drohender Hinweis auf einen Befehl Hitlers hatte den selbstbewußten General nicht wanken lassen. Geyr erinnerte sich später: »Ich habe ihm in dürren Worten gesagt, ich täte das nicht, ich bliebe als Gentleman in London.«[221] Für Canaris bedeutete es einen geringen Trost, daß nun Blomberg den Abwehrverächter aus London abberief. Der Abwehrchef wußte nur allzu gut, daß es noch viele Geyrs unter den Militärattachés gab, die aus Kompetenzehrgeiz die Abwehr an ihrer Arbeit hinderten. Gegen das drohende Zusammenspiel der Militärattachés und Generalstäbler aber gab es nur ein Mittel: sofortige und beschleunigte Verbesserung des Geheimen Meldedienstes der Abwehr.

Neue Befehle von Canaris konzentrierten und systematisierten die Arbeit der geheimen Auslandserkundung. Ursprünglich war dies allein Aufgabe der Abwehr I gewesen. Inzwischen aber waren neue Gruppen des Geheimen Meldedienstes entstanden, die Gruppe V (Marine) und die Gruppe VI (Luftwaffe). Canaris befahl, die drei Gruppen miteinander zu vereinigen, da es »sich als notwendig erwiesen« habe, »daß der geheime Meldedienst in allen seinen Dienstzweigen enger zusammengefaßt und einheitlicher geführt werden muß«[222] – so Canaris in einem Befehl vom 9. September 1936. Die drei Gruppen wurden einer »Führungsgruppe« unterstellt, deren Leitung Grimmeiß übernahm.

Eine Dienstanweisung von Canaris instruierte Grimmeiß: »Die Oberleitung des geh[eimen] M[elde-] D[ienstes], ausgeübt durch den Gruppenleiter I, sorgt für engste Zusammenarbeit der Gruppen I, V und VI in der Nachrichtenbeschaffung, dem Spannungsdienst, der Kriegsorganisation. Dem Gruppenleiter I obliegt, im Benehmen mit den Leitern V und VI, die Führung des geh. M. D. im In- und Ausland nach leitenden Gesichtspunkten.«[223] Vordringlichste Aufgabe des Leiters der Führungsgruppe sei es, »in gemeinsamer Arbeit und durch ausgleichende Führung der unterstellten Untergruppen und Referate einen einheitlichen Spannungsdienst und eine gemeinsame Kriegsorganisation zu schaffen«.[224]

Doch dem blassen, im langjährigen Abwehrdienst ergrauten Oberstleutnant Grimmeiß fehlte die Autorität, die oft widerspenstigen Gruppen auf einen Nenner zu bringen. Canaris suchte sich einen neuen Oberleiter und fand ihn in einem lebensfrohen Rheinländer, dessen Wahl sich als die erfolgreichste Personalentscheidung des Abwehrchefs erwies. Der Major Hans Piekenbrock, von seinen Freunden »Pieki« genannt, Jahrgang 1893, Kriegsfreiwilliger des Ersten Weltkrieges und Leutnant im Husarenregiment Nr. 11, seit 1927 im Generalstabsdienst, erwarb sich rasch den Respekt von Canaris, zumal er mit seiner offenherzig-ironischen Art ein Gegengewicht zu Bamler bildete.[225] Canaris gewöhnte sich an ihn so sehr, daß er Piekenbrock später die Stellung einräumte, die sich Bamler erträumt hatte: die eines Canaris-Stellvertreters.

Piekenbrock, ebenso liebenswürdig wie bestimmt, brachte die drei Gruppen des Geheimen Meldedienstes auf Vordermann und erweiterte den Aktionsradius seiner Führungsgruppe. Bis dahin hatte sich die Arbeit der Abwehr I auf die Erkundung Frankreichs, Polens und der Tschechoslowakei beschränkt. Das änderte Piekenbrock. Er teilte die Landkarte der Abwehrzentrale in Länder mit »Hauptinteresse« und »Nebeninteresse« und in solche ein, in denen jeder geheime Nachrichtendienst verboten war. Das Hauptinteresse der Abwehr I fanden Frankreich, die Tschechoslowakei, Polen, England, Rußland, Spanien; das Nebeninteresse galt hingegen Belgien, der Schweiz, Jugoslawien, Rumänien und den USA. Verbotene Länder: Österreich, Italien, Ungarn, Finnland, Estland, Japan, Bulgarien.[226]

Entsprechend der neuen Stoßrichtung von Hitlers Revisionspolitik, die nun offenkundig auf den Anschluß Österreichs zielte, ordnete Piekenbrock die Schwerpunkte der Abwehrarbeit im Ausland neu. Auf den Röntgenschirm der Abwehr gerieten all die Länder, von denen stärkster Widerstand gegen einen Anschluß Österreichs zu erwarten war. Neue Abwehragenten sickerten in Frankreich, die Tschechoslowakei, Jugoslawien und Rumänien ein. Selbst an der österreichisch-italienischen Grenze, also in einem »verbotenen Gebiet«, etablierten sich Beobachtungsposten der Abwehr, »da die Haltung Mussolinis zeitweise scharf gegen den Anschluß war«, wie Piekenbrock später begründete.[227]

Canaris und Piekenbrock sicherten sich auch die Unterstützung befreundeter Geheimdienste des Auslandes. Der litauische Geheimdienst, zu dem Hauptmann a. D. Klein im Auftrag der Abwehrzentrale Verbindung hielt, beschaffte Rußland-Material und schleuste deutsche Agenten in die Sowjetunion,[228] der ungarische ND wiederum arbeitete fleißig bei der Aufklärung gegen die Tschechoslowakei, Jugoslawien und Rumänien mit.[229] Einen neuen Partner erschlossen sich Canaris und Piekenbrock bei einem gemeinsamen Abstecher in Wien: Die Nachrichtenabteilung des österreichischen Verteidigungsministeriums versprach Hilfe gegen die ČSR, wobei den beiden Besuchern der Oberstleutnant Erwin Lahousen assistierte, der wenige Jahre später ihr Kollege am Tirpitz-Ufer werden sollte.[230]

Von Monat zu Monat verbreiterte Piekenbrock die noch immer schmale Basis seiner Agenten und konspirativen Verbindungen. Aus dem Bukarester Kriegsministerium beschaffte der rumänische Major Urluziano Aufmarschpläne und Organisationsdetails, in Berlin bearbeitete der ehemalige Zarengeneral Dostowalow die sowjetische Militärpresse, in Belgrad sammelte der russische Ex-Oberst Durunowo Informationen über das jugoslawische und sowjetische Heer.[231]

Auch im Westen schwollen Piekenbrocks Agentenkolonnen an. In Frankreich belieferten die beiden Hauptleute Credle und Froge die Abwehr mit Bauplänen der Maginot-Linie, während der Sureté-Kommissar Flobert den Deutschen Akten der französischen Sicherheitspolizei zuspielte und ein französischer Marineleutnant mit Details aus dem Vorzimmer des französischen Flottenbefehlshabers Darlan aufwartete.[232] In England drangen Piekenbrocks Beauftragte auf den Kanälen der Gesellschaftsspionage vor, nach Amerika über den »Schiffsbefragungsdienst«, der Kapitäne und Offiziere deutscher Schiffe anhielt, Informationen in fremden Ländern zu sammeln und Kurierpost an V-Männer in Übersee zu befördern.[233]

Und wo immer die Agenten des Majors Piekenbrock Stellung an der unsichtbaren Front bezogen, folgten ihnen die Wunderwaffen aus den technischen Labors der Abwehr nach. Neue Erfindungen erleichterten und verbesserten das Aufklärungs- und Übermittlungssystem. Die Ultrafotografie ermöglichte, mit der Kamera Nebel und auch Tarnnetze fremder Festungsanlagen zu durchdringen.[234] Ein Apparat für Mikrofotografie ließ Dokumente und Karten auf die Größe eines Schreibmaschinenpunktes zusammenschrumpfen, neue »Afus« (Agentenfunkgeräte) entstanden, die so klein waren, daß sie in einem Minikoffer Platz hatten.[235]

So schuf Piekenbrock allmählich einen Agentenapparat, der den Admiral Canaris in den Ruf brachte, über einen der leistungsfähigsten Geheimdienste Europas zu gebieten. Zumindest im Reichskriegsministerium glaubte man an solche Canaris-Saga. Entsprechend wuchs der politische Einfluß des Abwehrchefs in der militärischen Hierarchie des Reiches: Es gab kaum eine ins Ausland zielende Planung oder Entscheidung, zu der Canaris nicht hinzugezogen wurde.

Doch er vergaß nie, daß es Männer und Mächte in diesem Reich gab, die mit Reserve und Mißtrauen den Aufstieg der Abwehr und ihres Chefs beobachteten. Auch die schwarze Konkurrenz hatte ihre Macht inzwischen noch weiter ausgedehnt: Himmler und Heydrich war endlich in die Hand gefallen, wonach sie von Anfang an gegriffen hatten – die totale Herrschaft über den Polizeiapparat.

Die erbitterten Auseinandersetzungen zwischen Himmler und dem Reichsinnenminister Frick, der dem SS-Chef nur eine repräsentative Führungsrolle in der Polizei zugestehen wollte, hatte Hitler im Sommer 1936 entschieden. Am 9. Juni hatte Heydrich im Namen seines Reichsführers gefordert, Himmler müsse Ministerrang erhalten, den Oberbefehlshabern der Wehrmachtteile gleichgestellt und unter der Dienstbezeichnung »Der Reichsführer-SS und Chef der Deutschen Polizei« zum alleinigen Befehlshaber der Polizei ernannt werden, dem Reichsinnenminister nur »persönlich« (also nicht der Sache nach) unterstellt.[236] Frick war empört und ließ sich bei Hitler melden, um Protest einzulegen. Da gab ihm Hitler zu verstehen, daß Himmlers Berufung längst beschlossene Sache sei.[237]

Himmler verzichtete zwar auf den Ministerrang und wollte sich auch Frick »persönlich und unmittelbar« unterstellen, was freilich in der verdrehten NS-Terminologie wenig bedeutete, in der Hauptsache aber setzte er sich durch: Am 17. Juni 1936 wurde Heinrich Himmler zum Chef der Deutschen Polizei ernannt.[238] Er schuf sich nun auch offiziell sein eigenes Polizei-Imperium. Zwei Hauptabteilungen entstanden: das Hauptamt Sicherheitspolizei unter Heydrichs Führung, das die Geheime Staatspolizei und die Kriminalpolizei vereinigte, und das Hauptamt Ordnungspolizei, das Schutzpolizei, Gendarmerie und Gemeindepolizei unter dem enttäuschten Frick-Günstling Daluege zusammenfaßte.[239]

Himmlers Avancement beförderte auch Heydrich in ungeahnte Höhen politischer Herrschaft. Als »Chef der Sicherheitspolizei und des SD« verfügte der SS-Gruppenführer Heydrich jetzt über eine ungeheure Macht, die immer mehr Gebiete des nationalen Lebens unter ihre Kontrolle zu bringen versuchte und sich allmählich einen rechtsfreien Raum schuf, in den kein anderes Staatsorgan und keine richterliche Autorität mehr einzudringen vermochten. Angesichts solchen Machtzuwachses nahmen auch Heydrichs Ansprüche gegenüber der Abwehr zu, wurde seine Sprache zusehends herrischer.

Schon kam es wieder zu Querelen zwischen Gestapo und Abwehr, kühlten sich die Beziehungen zwischen den beiden Organisationen merklich ab. Heydrich mißfiel, daß die Hauskapellen der Abwehr auf eigene Faust ermittelten und quasipolizeiliche Funktionen ausübten. Noch ärger aber waren die Kompetenzüberschneidungen auf dem Feld der Gegenspionage: Die Gestapo störte oft durch voreilige Fahndungen in aktuellen Spionagefällen die III-F-Arbeit, die Abwehr wiederum ließ die Polizei im unklaren darüber, wann eine Operation der Gegenspionage abgeschlossen war und die Gestapo eingreifen konnte.

Canaris spürte die Klimaveränderung und reagierte schnell. Heydrichs

Forderung nach Abschaffung der Hauskapellen lehnte er zwar entschieden ab, doch zur Regelung aller Fragen der Gegenspionage fand er sich bereit.[240] Im Herbst 1936 setzte sich Canaris mit Best zusammen; gemeinsam arbeiteten sie »Grundsätze für die Zusammenarbeit zwischen der Geheimen Staatspolizei und den Abwehrdienststellen der Wehrmacht« aus. Wegen seiner zehn Punkte »Vertrag der zehn Gebote« genannt, galt er als eine Art Magna Charta des deutschen Sicherheitswesens – sehr zu Unrecht: In Wahrheit behandelte das Papier im wesentlichen nur das umstrittene Thema der Gegenspionage und Spionageabwehr.[241]

»Die Gegenspionage, d.h. die Erkundung der militärischen Spionagedienste fremder Staaten«, so schrieben Canaris und Best, »ist Aufgabe der Abwehrdienststellen der Wehrmacht. Die Geheime Staatspolizei übergibt Mitteilungen dieser Art, die an sie gelangen, unverzüglich der zuständigen Abwehrdienststelle der Wehrmacht. Die Dienststellen der Geheimen Staatspolizei leisten den Abwehrdienststellen der Wehrmacht im Rahmen ihrer dienstlichen Möglichkeiten jede gewünschte Hilfe für die Gegenspionage.« Ähnlich galt umgekehrt: »Die Abwehrpolizei, d.h. die Erforschung strafbarer Handlungen gem. § 163 StPO. [Landesverrat] und die hierfür erforderliche Fahndung, ist Aufgabe der Geheimen Staatspolizei. Die Abwehrdienststellen der Wehrmacht übergeben Feststellungen, die auf das Vorliegen strafbarer Handlungen schließen lassen, unverzüglich den zuständigen Dienststellen der Geheimen Staatspolizei. Die Abwehrdienststellen der Wehrmacht erteilen den Dienststellen der Geheimen Staatspolizei alle zum Zwecke der Fahndung und der Erforschung strafbarer Handlungen gewünschten Auskünfte.«[242]

So gleichgewichtig wurde jeder Punkt der Übereinkunft formuliert, nur in Punkt 6 setzte Canaris eine Vorrangstellung der Abwehr durch: »In der Behandlung des einzelnen Falles gehen die Interessen des geheimen Meldedienstes und der Gegenspionage der abwehrpolizeilichen Erledigung des Falles vor. Wenn durch ... Maßnahmen der Geheimen Staatspolizei die Gewinnung von Ergebnissen des geheimen Meldedienstes und der Gegenspionage vereitelt würde, so sieht ... die sachbearbeitende Dienststelle der Geheimen Staatspolizei auf Wunsch der zuständigen Abwehrdienststelle der Wehrmacht so lange von der Fortführung ihrer Maßnahmen ab, bis nach dem Urteil der Abwehrdienststelle der Wehrmacht kein Interesse des geheimen Meldedienstes und der Gegenspionage mehr entgegensteht.«[243]

Am 21. Dezember 1936 unterschrieben Canaris und Best das Papier. Der Abwehrchef beeilte sich, allen seinen Mitarbeitern strikteste Einhaltung der Vereinbarung einzuschärfen. Canaris mahnte am 23. Dezember: »Ich erwarte, daß in vollster Offenheit etwa noch aus früherer Zeit bestehende Unklarheiten mit den zuständigen Stellen mündlich besprochen und restlos geklärt werden.« Zugleich befahl er, nicht allzu oft auf Punkt 6 zurückzugreifen. Canaris: »Vorbehalte gem. Ziff. 6 sollen durch die Abwehrstellen nur in wichtigen Fällen gemacht werden. Gedankenaustausch ist in allen Fällen notwendig.«[244]

Und auch Best legte seinen Mitarbeitern nahe, das Abkommen penibel zu respektieren. Auf einer Besprechung mit den Chefs der Stapoleitstellen prägte er allen seinen Zuhörern ein: »Aktive Spionage (Geheimer Meldedienst) sei ausschließlich militärische Aufgabe. Ebenso sei über Gegen-Spionage Einigung erzielt. Im Interesse der Sache müsse die Gestapo sich in dieser Hinsicht unterordnen.«[245)]

Nicht jeder Abwehroffizier sah jedoch in dem Canaris-Best-Papier ein begrüßenswertes Dokument. Am Tirpitz-Ufer ging die (noch heute von manchen Historikern geteilte) Version um, Canaris habe einer politischen Denaturierung der Abwehr zugestimmt.[246)] Henke warf sogar seinem Chef in einer Unterredung vor, er habe nun auf die politischen Aufgaben der Abwehr verzichtet – ein krasses Fehlurteil, denn die politischen Sicherungsaufgaben in Wehrmacht und Rüstungsindustrie (und andere hatte sie nie besessen) blieben der Abwehr erhalten, ja waren überhaupt nicht Gegenstand der Canaris-Best-Abmachung gewesen. Canaris verabschiedete denn auch seinen Kritiker so »ungnädig«, daß Henke schon an Rücktritt dachte; doch am nächsten Tag ließ ihm Canaris ausrichten, er solle »keine Dummheiten machen«, Henke habe »nach wie vor sein volles Vertrauen«.[247)]

Canaris glaubte, daß ihm kein anderer Weg bleibe als der engster Zusammenarbeit mit den Führern der Konkurrenz. Bald rückte er noch enger an Heydrich heran. Canaris schlug ihm vor, morgens gemeinsam auszureiten und dabei alle wichtigen Dienstprobleme zu besprechen. Heydrich war einverstanden, ein Pferdepfleger von dem märkischen Gut Siggen brachte Heydrichs Pferd und Canaris' Araberstute »Motte« in einem Stall unter. Auch Best schloß sich an.[248)]

Gemeinsam ritten die drei Männer durch den morgendlichen Tiergarten Berlins, meist nahmen die beiden SS-Führer den weißhaarigen Abwehrchef in die Mitte. Das Bild war nicht ohne Symbolik: Wilhelm Canaris war fest integriert im nationalsozialistischen Staat.

7 Im Banne Hitlers

Im Arbeitszimmer der Reichskanzlei erwartete Adolf Hitler seinen Geheimdienstchef. Der Konteradmiral Canaris hatte sich für 20 Uhr zu einem Vortrag angemeldet; die ungewöhnliche Stunde war von ihm mit dem Hinweis begründet worden, er habe dem Führer eine Sache von höchster Dringlichkeit vorzulegen. Pünktlich zur verabredeten Zeit erschien Canaris. Er wurde sofort vorgelassen.

Canaris brachte ein Geheimdokument mit, das seinem besten V-Mann-Führer in Paris zugespielt worden war. Ein mit dem Kurs der französischen Außenpolitik unzufriedener Beamter des Quai d'Orsay, so erläuterte Canaris, habe das Papier geliefert; es enthalte den geheimen Zusatztext des französisch-sowjetischen Beistandspaktes, in dem die militärische Zusammenarbeit zwischen Paris und Moskau vereinbart worden sei. Wichtigste Klausel der Verabredung: Im Falle eines Krieges gegen Deutschland sollten französische und sowjetische Truppen ins Reich einmarschieren – in enger Zusammenarbeit mit der Tschechoslowakei.[1)]

Hitler war von dem Canaris-Dokument so beeindruckt, daß er noch in dieser Nacht des 11. Februar 1936 den Reichskriegsminister von Blomberg rufen ließ und ihn anwies, die Vorbereitungen für den Einmarsch ins Rheinland zu beschleunigen.[2)] Das Dokument des Abwehrchefs schien zu bestätigen, was Hitler schon am 3. Februar 1933 vor den Befehlshabern der Reichswehr vorausgesagt hatte: »Gefährlichste Zeit ist die des Aufbaus der Wehrmacht. Da wird sich zeigen, ob Frankreich Staatsmänner hat; wenn ja, wird es uns nicht Zeit lassen, sondern über uns herfallen (vermutlich mit Ost-Trabanten).«[3)]

Das Pariser Geheimdokument erwies sich zwar später als eine Fälschung, gleichwohl illustrierte die Szene in der Reichskanzlei, wie eng die Tuchfühlung zwischen Führer und Abwehrchef geworden war. Hitlers Vabanquepolitik hart am Rand des Krieges führte Canaris immer häufiger in die Reichskanzlei; die Meldungen der Abwehr beeinflußten von Mal zu Mal mehr die außenpolitischen Wochenendcoups des Kanzlers. In Krisenzeiten war Canaris ein fast regelmäßiger Besucher Hitlers. Allein 17 Hitler-Canaris-Besprechungen in der Reichskanzlei sind für die Zeit zwischen Dezember 1935 und März 1936 überliefert.[4)]

In einem guten Jahr hatte Wilhelm Canaris geschafft, was ihm seit seinem Amtsantritt am Tirpitz-Ufer erstrebenswert erschienen war: mitzuspielen im Zentrum deutscher Macht, teilzuhaben an den Entscheidungen der Herrschenden. Wo immer Hitler einen neuen Schachzug plante, wo immer er das Ausland mit einem unerwarteten Streich herausforderte und die Gegenmaßnahmen der anderen Seite konterkarierte, war die kleine Gestalt des Admirals Canaris nicht fern. Er ging für seinen Führer auf geheime Mission in fremde Länder. Er öffnete der Expansionspolitik Hitlers die Länder des

Südens. Er erkundete für ihn das Potential des Gegners, zog die Fäden konspirativer Auslandsverbindungen, belieferte die Reichskanzlei mit vertraulichen Dossiers und geheimen Meldungen.

Canaris und Hitler rückten so eng aneinander, daß selbst oberflächlichen Beobachtern auffiel, wie gut sich die beiden verstanden. Wenn ihn mißtrauische Kameraden vor Hitlers Unberechenbarkeit und Launenhaftigkeit warnten, wehrte Canaris ab: »Man kann mit ihm reden.«[5] Er beherrschte diese seltene Kunst wie kaum ein anderer Besucher der Reichskanzlei. Hitler ließ sich gerne von Canaris vortragen; die leise und ruhige Stimme des Admirals, seine sachlichen und präzisen Formulierungen gefielen Hitler, zumal es der geniale Menschenbehandler Canaris verstand, heikle Themen geschmeidig zu umgehen. Canaris glaubte allen Ernstes: »Er ist ansprechbar und sieht etwas ein, wenn man es ihm nur richtig vorträgt.«[6]

Zudem war etwas zwischen ihnen, was den gegenseitigen Umgang erleichterte. Beide hatten eine tiefverwurzelte Abneigung gegen regelmäßige Schreibtischarbeit und eine schier unstillbare Reiselust. Wie Canaris oft von einer Abwehrstelle zur anderen jagte, so hastete Hitler mit seinem Gefolge von Stadt zu Stadt, von Dorf zu Dorf – im Wagen, in der Eisenbahn, im Flugzeug. Auch die Distanz zum Familien- und Privatleben, das seltsam kühle, fast geschlechtslose Verhältnis zu den Frauen hatten Hitler und Canaris gemeinsam.

Ihre stärkste Gemeinsamkeit freilich trennte sie eher: Beide waren Meister der Verstellungskunst, jeder von ihnen besaß die Fähigkeit, die Farbe der jeweiligen Umgebung anzunehmen und jedem neuen Gesprächspartner das Gefühl zu geben, einen kongenialen Zuhörer gefunden zu haben. Das hinderte Canaris lange Zeit, Hitler zu durchschauen, während Hitlers sonst so untrügerischer Gefahreninstinkt im Falle von Canaris völlig versagte: Bis zum Schluß hielt er den Admiral für einen unwandelbar treuen Gefolgsmann.

Damals indes stand Canaris' Hitler-Treue außer Zweifel. Der Abwehrchef dokumentierte in Wort und Tat, daß es für ihn keinen höheren Sinn gab, als dem Führer und dem Staat zu dienen. Canaris vor Abwehroffizieren: »Ich verlange von Ihnen, daß Sie ohne Einschränkung auf dem Boden des nationalsozialistischen Staates stehen und in diesem Sinne handeln.«[7] Für ihn stand unerschütterlich fest: »Die Gedankengänge Adolf Hitlers sind durchblutet von diesem Geist des Soldatentums: Ehre und Pflichtgefühl, Mut, Wehrbereitschaft, Einsatz- und Opferbereitschaft, Führertum, Kameradschaft, Verantwortungsgefühl.«[8]

Wer so dachte, hatte kein Bedenken, in engster Anlehnung an Hitler seinen Dienst zu versehen. Canaris suchte die Nähe Hitlers – so eifrig, daß sich andere Militärs vom Zugang zu ihrem Führer ausgeschlossen sahen. Auch Nationalsozialisten beobachteten den wachsenden Einfluß des Admirals mit Unbehagen. Selbst der wohlwollende Abwehrpolizeichef Best sprach dunkel von »einer schwachen Stunde des Führers«, auf die es zurückgehe, daß Canaris eine so wichtige Rolle spiele.[9] Und 150prozentige Nazis wie der ehemalige Gestapobeamte Gerhard Fischer monieren gar in ihren Memoiren, Hitlers »Gentlemanverhältnis zu Canaris« habe den Abwehrchef zum »extremsten Exponenten des Hitlerismus« gemacht.[10]

Canaris war in der Tat zugleich Nutznießer und Opfer des Hitler-Kults, der alle Bereiche der deutschen Gesellschaft erfaßt hatte. Auch Canaris erlag dem braunen Cäsarenwahn, auch er war von dem Begeisterungstaumel angesteckt, mit dem sich ein ganzes Volk um Verstand und Mündigkeit brachte. Canaris war im Grunde zu politikfremd, um die ganze Raffinesse des nationalsozialistischen Herrschaftssystems zu durchschauen, das mit seinen plebiszitären Wahlen, seinen gigantomanischen Führerkundgebungen, seinen Massenaufmärschen und rauschenden Fahnenwäldern eine scheinbar unzerstörbare Allianz zwischen Hitler und den Deutschen zementierte.

Gewiß, über die Minderwertigkeit der Partei, die Deutschland seit 1933 beherrschte, machte sich Canaris keine Illusionen. Der »Massenrummel« des Nationalsozialismus stieß ihn ab, er witterte in der NSDAP sozialistische Elemente, die die bürgerliche Gesellschaftsordnung umstürzen und eine Art »zweite Revolution« (nach der ersten des 30. Januar 1933) erzwingen wollten. Nicht selten kam in vertrauter Runde aus seinem Mund das Wort vom »braunen Bolschewismus«, und selbst in seinen offiziellen Reden warnte er vor den »Gefahren einer sachlich unerwünschten Belastung der Abwehr durch innerpolitische Machtkämpfe sozialistischer Prägung«.[11]

Das waren freilich nicht, wie arglose Canaris-Biographen wähnen, Anzeichen eines beginnenden Widerstandes gegen das NS-System, sondern nur natürliche Vorbehalte eines Konservativen, den im übrigen kein Bedenken davon abbringen konnte, dem Staat zu dienen. Der Hitler-Kult enthob zumindest hohe Funktionsträger der Pflicht, alle Aspekte der NS-Herrschaft gutzuheißen, denn der Hitlerismus reichte weiter als die Partei. Er schlug auch Deutsche in seinen Bann, die es weit von sich gewiesen hätten, Anhänger des Nationalsozialismus zu sein. Drei Jahre nach der Machtübernahme hatte Hitler die Masse der Nation hypnotisiert. Wie kein deutscher Staatsmann vor und nach ihm genoß er eine Autorität, die selbst das Gottesgnadentum monarchischer Regime übertraf.

»Uns kommt es aufrichtig aus der Seele: Gott erhalte unserem Volk unseren Reichskanzler«, schrieb der Münchner Kardinal Faulhaber an Hitler, und Mecklenburgs evangelischer Landesbischof Rendtorff feierte Hitler als den »uns von Gott gesandten Führer«.[12] Schon im Oktober 1933 hatten sich 88 Schriftsteller beeilt, »vor Ihnen, Herr Reichskanzler, das Gelöbnis treuester Gefolgschaft feierlichst abzulegen« – Beginn einer Kette schwülstiger »Sinndeutungen« des Hitlerismus, mit denen Intellektuelle verschiedenartigster Couleur untereinander wetteiferten.[13] Die Dichterin Ina Seidel fühlte »unser Streben und unsere Arbeit dankbar und demütig aufgehen im Werk des einen Auserwählten der Generation – im Werk Adolf Hitlers«, und der Lyriker Otto Bangert reimte:[14]

Er stieg empor aus Urwelttiefen
und wurde ragend wie ein Berg.
Und während wir ins Elend liefen
begann er groß sein heilig Werk.

Er steht mit aufgereckten Händen
im Untergange einer Welt,
Verzweiflung zuckt an allen Enden,
doch wie mit heißen Feuerbränden
sein Geist die wüste Nacht erhellt.

Ins ferne Morgenglühen weist er,
und alle Herzen sind entbrannt.
Die Fäuste beben und die Geister –
nun baue deinem Volk, o Meister,
ein neues hohes Vaterland.

Ein Wunder war geschehen: Einem einzelnen Mann dunkler Herkunft, charismatisch und mit noch nie dagewesener demagogischer Begabung ausgestattet, war es in kurzer Zeit gelungen, der Mehrheit des deutschen Volkes zu suggerieren, sie lebe in einem stolzen Staat unter der Führung eines Genies, »um das uns die ganze Welt beneidet«, wie eine Standardphrase der NS-Propagandisten besagte. In den Wirren der Republik desorientiert, im Elend der Wirtschaftskrise entmutigt, getrieben von uralten, vordemokratischen Instinkten der Autoritätsgläubigkeit, hatten sich die Deutschen dem vermeintlichen Heilsbringer überantwortet. In der Panikstimmung jener Zeit zählte für viele Menschen nur Befreiung aus sozialer Not – und Hitlers Regime hatte sie vollbracht.

Mit einem Sofortprogramm war das dramatischste Problem Deutschlands beseitigt worden: die Arbeitslosigkeit. Hitler hatte bei seinem Amtsantritt 5,6 Millionen Arbeitslose vorgefunden, ein Arbeitsbeschaffungsprogramm saugte die Beschäftigungslosen in wenigen Jahren auf.[15] Die Wirtschaft wurde derart auf Touren gebracht, daß rasch der Stand des Wirtschaftswunderjahres 1928 erreicht war. Zahlen belegten den »Sieg an der Wirtschaftsfront«, wie das im NS-Jargon hieß: 1938 übertrafen die Investitionen der Industrie jene von 1928 um 60 Prozent, der Produktionsindex verdoppelte sich, zwischen 1933 und 1938 stiegen die Pro-Kopf-Ausgaben um 35 Prozent. Ebenso wuchs das Bruttosozialprodukt: von 59 Milliarden Reichsmark (1933) auf 105 Milliarden Reichsmark (1938).[16]

Noch eindrucksvoller als Statistiken wirkten die sozialen Errungenschaften, die das Regime den Arbeitern brachte. Bessere Arbeitsbedingungen, die Bereitstellung von Wohnungen, der Bau von Sportanlagen und ein gelenkter Massentourismus erzeugten die Illusion, unter Hitler gehe der Arbeiter einem goldenen Zeitalter entgegen. Vor allem jüngere Arbeiter erhielten bessere Aufstiegsmöglichkeiten. Die Deutsche Arbeitsfront, in der sich Arbeiter und Unternehmer vereinigen mußten, preßte die Sozialpartner in eine »Volksgemeinschaft«. Auf solche Art gelang es, die Klassengrenze weitgehend zu beseitigen, die bis dahin Arbeitnehmer und Arbeitgeber getrennt hatte.

Nur wenige wollten wahrhaben, wie teuer der soziale Fortschritt erkauft war. Die Zerschlagung der Gewerkschaften, der Verlust jedweder Freiheit, eine scharfe Arbeitsplatzkontrolle, Einschränkungen der Freizügigkeit und das Spitzeltum der NS-Vertrauensleute in den Betrieben verurteilten die

Arbeiter zur politischen Ohnmacht. Einige Arbeiter rafften sich zum Widerstand gegen die Unfreiheit auf, die erdrückende Mehrheit indes ließ sich vom totalitären Sozialstaat imponieren.

Und was die materiellen Anreize in der Arbeiterschaft bewirkten, das lösten Hitlers nationalistische Parolen in den alten bürgerlich-feudalistischen Führungsschichten aus. Sein staatspolitisches Programm, eine Mixtur aus autoritärem Preußentum und völkischer Expansionsideologie, setzte einen Prozeß beklemmender Selbstgleichschaltung in Bewegung: Kulturbetrieb, Staatsapparat und Wehrmacht richteten sich nach dem charismatischen Führertum Hitlers aus.

Canaris machte darin keine Ausnahme. Jede seiner Reden enthielt ein Treuegelöbnis für Hitler, in keiner seiner Ansprachen fehlten in den Rang biblischer Wahrheiten erhobene Hitler-Zitate. Canaris: »Der Soldat und Offizier ist heute wieder durch einen persönlichen Eid, in der Anrufung des allmächtigen Gottes als Zeugen, an seinen Obersten Befehlshaber gebunden. Ein Zweifel an dieser Treue oder aber an der nationalsozialistischen Zuverlässigkeit überhaupt wäre die schwerste Beleidigung der Wehrmacht und ihres Offizierskorps.«[17] Für ihn galt als »eine Parole des Stolzes und der Genugtuung«: »Ein Volk, ein Reich, ein Führer und eine Wehrmacht!«[18]

Abstriche von solchem Bekennertum ließ Canaris nicht gelten. Wer jetzt noch in einer unpolitischen Haltung verharre, erklärte er, verübe »eine Sabotage und ein Verbrechen«.[19] Seine Offiziere ermahnte Canaris, »auch nur den leisesten Anschein einer sogenannten reaktionären Gesinnung zu vermeiden, die gar nicht vorhanden ist, oder die dort, wo sie etwa an wenigen einzelnen Stellen vorhanden sein sollte – meist nur aus Dummheit –, vernichtet werden muß«.[20] Immer wieder betonte er: »Wer ein wirklich guter Soldat ist, der wird auch ein guter Nationalsozialist sein.«[21]

Canaris' Stimme war nur eine und nicht einmal die grellste im Chor derer, die dem neuen Messias ihre Reverenzen erwiesen. Hitlers Appelle an den Nationalismus, seine sozialdarwinistisch-antisemitische Ideologie, seine Brandreden gegen das Unrecht von Versailles und die Visionen von einem Großdeutschen Reich fanden ein vieltausendstimmiges Echo. Allerdings: Die geistige Öde des neuen Deutschlands, der Zwang zur Reglementierung aller Lebensbereiche störte auch manchen der Angepaßten, die wachsende Macht des Polizeiapparates und das System der Konzentrationslager wirkten abschreckend. Doch das Gift der totalitären Verführung lähmte bereits jeden offenen Protest.

Nicht einmal die Verfolgung der Juden, die nun als das Böse schlechthin galten, provozierte lauten Widerspruch. Die antisemitischen »Säuberungen« in allen Positionen des öffentlichen Lebens, die Ächtung der Juden durch die sogenannten Nürnberger Gesetze – nichts vermochte die seit Jahren an das judenfeindliche Klima gewöhnte Gesellschaft zu alarmieren.

Auch Canaris, aufgewachsen in der Atmosphäre des »gemäßigten« Antisemitismus in Ruhr-Bürgertum und Marine, glaubte an die Existenz eines »Judenproblems«; wie viele, die aus Überzeugung oder Opportunismus die Formeln der nationalsozialistischen Propaganda nachbeteten, wollte er »das Bewußtsein für die ewigen Werte des Glaubens, der Rasse, des Volkstums geweckt« sehen.[22] Er förderte sie so nachhaltig, daß Ex-Nazis später behauptteten, Canaris sei der eigentliche Erfinder des Judensterns gewesen, jenes grausigen Kains-Zeichens, das die Juden im Zweiten Weltkrieg zu Aussätzigen stempelte und auf dessen Einführung die physische Vernichtung von Millionen Menschen unmittelbar folgte.

Tatsächlich hatte Canaris 1935/36 vorgeschlagen, die deutschen Juden durch einen Davidstern als Bürger besonderer Art zu kennzeichnen, die im Reich nur Gastrechte besäßen. Da es dem Nationalisten Canaris eine Selbstverständlichkeit schien, daß England und Frankreich eines Tages die 1919 »geraubten« deutschen Kolonien zurückgeben würden, wollte er in dem dann entstehenden neuen deutschen Überseereich einige Gebiete reservieren, in denen Juden angesiedelt werden und einen eigenen Staat schaffen sollten. Wer von den Juden einstweilen noch in Deutschland blieb, sollte sich durch Tragen eines Judensterns als Bürger dieses jüdischen Staates legitimieren – nicht zuletzt zum Schutz gegen die Übergriffe nazistischer Rassenfanatiker.[23]

Eben dies veranlaßte Canaris-Freunde nach dem Krieg, in dem Vorschlag des Abwehrchefs eine Geste zum Schutz der Juden zu sehen; Canaris habe sich – so hieß es – damals »noch bemüht, bremsend auf die NS-Führung einzuwirken«.[24] Die Freunde übersahen dabei freilich, daß die forcierte Massenauswanderung der deutschen Juden – und darauf lief der Vorschlag von Canaris hinaus – damals zum Programm weiter Kreise der Partei einschließlich der SS-Führung gehörte. Hermann Göring griff solche Ideen 1938 auf und ließ mit britischen Politikern darüber verhandeln, wobei als Mittelsmann ein deutscher Journalist namens Karl Heinz Abshagen assistierte, der später der erste Biograph von Canaris wurde.[25] Nein, ein Akt des Widerstandes war die Canaris-Aktion nicht; der Abwehrchef wird vielmehr geglaubt haben, durchaus im Einklang mit den Intentionen seines Führers gehandelt zu haben.

Denn es gehörte zu den Ungereimtheiten dieses Staates, daß so mancher, der trotz aller Loyalität an Ausschreitungen und Machtmißbrauch Anstoß nahm, Abhilfe nicht selten von Hitler selber erwartete. Der übersteigerte Ordnungssinn der alten Herrschaftsschicht konnte sich den Kanzler des Deutschen Reiches nicht anders vorstellen als einen Politiker, der in jedem Augenblick zur Wahrung der Staatsautorität entschlossen sei.

Vor allem die Militärs glaubten, man müsse zwischen Hitler und seiner Partei unterscheiden. Der Generalfeldmarschall Erich von Manstein berichtet in seinen Memoiren, es sei damals im Heer »weitverbreitete Anschauung« gewesen, daß »Hitler von den Missetaten seiner Leute nichts wisse und sie sicher nicht billigen würde, falls er sie erführe«.[26] Aus solchen Wunschvorstellungen entstand die unsterbliche Formel, die später einen bitter-ironischen Nachgeschmack hinterließ, gleichwohl damals von vielen Deutschen inbrünstig geglaubt wurde: »Wenn das der Führer wüßte!«

Hitler verstand es zudem, Distanz zu seiner eigenen Partei zu halten. Nicht umsonst hatte er nach dem Beginn seiner Kanzlerschaft den nationalen Staatserhalter hervorgekehrt, hatte an Loyalität und Staatstreue appelliert. Er galt als der Liquidator der sozialistischen Experimente nationalsozialistischer Heißsporne, er hatte den anfangs von ihm selber forcierten Versuch der Partei abgebrochen, die Evangelische Kirche in eine NS-Kirche umzudrehen, er hatte die Bespitzelung der Wehrmacht durch Gestapo und SD gestoppt. – In Wahrheit aber war Hitler keineswegs an der Staatsautorität interessiert, ihm ging es vorrangig um seine persönliche Macht. Was den Hitler-Gläubigen als staatsmännische Verantwortung und als Emanzipation eines Parteiführers von seinem politischen Fußvolk erschien, war nur der schrankenlose Egoismus eines Einzelnen, der sich über Nation und Gesellschaft hinwegsetzte. Nichts konnte Hitler gleichgültiger lassen als das Schicksal eines von seiner Person losgelösten Staates.

Hitler dachte auch nicht daran, seine Macht mit den Unterführern der NSDAP zu teilen. Instinktiv wehrte er sich dagegen, die »Totalität des Staates« zu verwirklichen, deren Errichtung er jahrelang versprochen hatte. Schon 1933 verhinderte Hitler, was jedem Parteigenossen selbstverständlich erschienen war: die Übernahme des Staates durch die Partei. Die NSDAP wurde einzige legale Partei im Dritten Reich, ohne je die totale Macht zu erlangen. Die Parteigenossen durften in Staatsstellen einrücken, der Partei aber blieb der Staat verschlossen. Hitler funktionierte die NSDAP um: zu einem Transmissionsriemen der Führergewalt, zum politisch-ideologischen Mobilmacher des Volkes.

Partei und Staat durften sich niemals vereinigen, wenn Hitler auch wiederholt ihre »Verschmelzung« ankündigte. Es wurde sogar ein »Gesetz zur Sicherung der Einheit von Partei und Staat« erlassen, doch es billigte der Partei nur eine propagandistische Aufgabe zu; sie sei, hieß es da, »Trägerin des deutschen Staatsgedankens«. Hitler wußte zu verhindern, daß diese Trägerin einen allzu intimen Einblick in seine Werkstatt und in seine Pläne erhielt. Er hintertrieb sogar die Übersiedlung der Reichsleitung der Partei von München nach Berlin; nur ein winziger »Verbindungsstab der NSDAP« hielt in der Reichskanzlei Kontakt zum Chef.[27)]

Hitler wachte auch darüber, daß in der Partei keine Fronde gegen ihn entstand. Führende Parteigenossen wollten einen Seniorensenat bilden – Hitler lehnte ab. Reichs- und Gauleiter der NSDAP wollten sich zu regelmäßigen Tagungen treffen – Hitler verhinderte es. Altparteigenossen planten eine eigene Organisation – Hitler verbot sie.[28)] Wo immer die Partei versuchte, sich neben Hitler als eigenständige Macht zu etablieren, entzog er ihr den Boden. Kein Wunder, daß kurzsichtige Militärs solches Verhalten als Unabhängigkeitsstreben eines um sein überparteiliches Profil bemühten Staatsmannes mißdeuteten.

So aber sah die Wirklichkeit aus:

Statt die Partei an der Führung des Staates zu beteiligen, wählte sich Hitler aus der Gruppe seiner engsten Mitarbeiter Männer aus, die er mit stets wechselnden Aufträgen bedachte und dadurch persönlich an sich band. Hitler wollte von keiner Hierarchie abhängig sein, deshalb delegierte er seine Aufträge an möglichst viele Mini-Hierarchen. Ein mehr intuitives als ausgeklügeltes Verfahren der Multiplikation verhinderte, daß einer der Unterführer sich mit einem Rivalen gegen Hitler verschwören konnte. Himmler, Göring, Goebbels, Darré und wie sie noch alle heißen mochten – jeder von ihnen erhielt weitreichende Aufgaben, aber keiner so genaue Kompetenzen, daß er sich völlig sicher fühlen durfte.

Es entstand ein seltsames System dauernder Selbstbehinderung, Ausfluß jener vulgär-darwinistischen Anschauungen, die Hitler auf das Staatsleben übertrug: Das bessere Amt und der stärkere Amtschef, so lautete das ungeschriebene Gesetz dieses Dschungels, werde sich von selbst im Kampf der Kompetenzen durchsetzen. Manchen Machtträger brachte solche Moral zur Verzweiflung; der SS-Ideologe Otto Ohlendorf stöhnte, an die Stelle des Staates sei »die pluralistische Willkür der obersten Hierarchen« gerückt.[29]

In diesem Chaos der Kompetenzen und Hierarchien aber gab es noch eine Macht, die unverdrossen an den absoluten Wert der Staatsautorität glaubte: die Wehrmacht. Ihre Führer sahen die Entfremdung zwischen Hitler und Partei nicht ungerne, ja sie verlockte der Gedanke, den Führer ganz von der Partei zu trennen und ihn auf die Seite der Wehrmacht herüberzuziehen. Die Männer um Blomberg, darunter auch Canaris, bauten allein auf Hitler, denn nur die Partnerschaft mit dem Führer konnte der Wehrmacht Einfluß und Machtteilhabe garantieren.

Das setzte in der Wehrmacht eine nationalsozialistische Mimikry in Gang, wie sie systematischer wohl kein Berufsstand im Dritten Reich betrieben hat. Die Wehrmachtführung warf ideologisch nahezu alles über Bord, was die angestrebte Sonderbeziehung zu Hitler gefährden konnte. Wie weit sie dabei ging, offenbarten gerade die Reden von Canaris.

Da gab es kaum eine Position der Wehrmacht, die Canaris nicht der braunen Weltanschauung anpaßte. Kaltblütig formulierte er die deutsche Militärgeschichte im Sinne des Nationalsozialismus um: Aus dem Großen Kurfürsten von Brandenburg wurde ein Vorläufer Hitlers, der mit der Aufstellung einer eigenen Armee »eine im tiefsten Sinne nationalsozialistische Entscheidung« getroffen habe, während die Frontsoldaten des Weltkriegs gleich en bloc zu »den ersten Nationalsozialisten der Tat« aufrückten. Wen konnte es nun noch verwundern, daß Hitlers Wehrgesetze »nur die folgerichtige und vom Nationalsozialismus kompromißlos und rein verwirklichte Krönung wahren Soldatentums« waren, mithin der Nationalsozialismus nichts anderes sein konnte als ein »Rüstzeug der Erziehung zum guten Deutschen«. Canaris beteuerte: »Echte soldatische Haltung und Nationalsozialismus sind eines.«[30]

Der Wortsalut wurde freilich nicht zuletzt abgefeuert, um Hitler zu verstehen zu geben, daß sein eigentlicher Platz an der Seite der Wehrmacht sei und er bei Streitigkeiten zwischen ihr und der Partei für das Militär zu optieren habe. Der Führer, argumentierte Canaris, habe schließlich »jedem Wehrmachtsangehörigen seinen besonderen Schutz zugesagt«. Canaris: »So steht der Führer zu seiner Wehrmacht, wie seine Wehrmacht zu ihm.«[31]

Beklagten sich aber die Abwehrstellen über Zusammenstöße mit der Partei oder gar über NS-Angriffe gegen das Offizierkorps, dann kannte Canaris keine bessere Antwort als die Berufung auf den Führer. »Seien Sie überzeugt«, schärfte er seinen Offizieren ein, »daß in der Regel die höheren Führer der Partei und ihrer Gliederungen Entgleisungen unterer Führer oder sonstiger Personen mißbilligen und volles Verständnis dafür haben, wenn die Wehrmacht in berechtigter Wahrung ihrer Stellung und ihres Ansehens im Staate sich gegen Übergriffe, Beleidigungen und dergleichen mit sicherer und schneller Entschlossenheit zur Wehr setzt.«[32]

Solche und ähnliche Reden schufen eine special relationship zwischen Hitler und seiner Wehrmacht, die zumindest den Offizieren des Reichskriegsministeriums suggerierte, in einem besonderen Vertrauensverhältnis zum Führer und Reichskanzler zu stehen. Canaris' Interpretationen machten freilich zugleich deutlich, daß er selber zu einem der maßgeblichen Wortführer der Wehrmachtspitze aufgestiegen war.

Canaris galt als der intelligenteste und taktisch versierteste Abteilungschef des Ministeriums, seit Generalmajor von Reichenau, der engste Berater Blombergs und eigentliche politische Kopf der Wehrmachtführung, im August 1935 seinen Posten als Chef des Wehrmachtamtes verlassen hatte.[33] Der Reichskriegsminister zog Canaris jetzt häufig zur Erörterung wehrmachtpolitischer Fragen heran. Canaris kam auch zugute, daß dem Amtschef Reichenau der phantasielos-pedantische Generalmajor Wilhelm Keitel gefolgt war, ein unpolitischer Bürosoldat, dem jede Geschicklichkeit fehlte, die Interessen des Militärs im Spannungsfeld zwischen Hitler, Partei und Wehrmacht erfolgreich zu vertreten.

Auch Keitel brauchte Canaris, der alles zu haben schien, was dem Generalmajor fehlte: Weltläufigkeit, überzeugendes Auftreten und rhetorische Geschicklichkeit. Keitel wurde in kurzer Zeit immer mehr von den Ratschlägen, Meldungen und Andeutungen des Abwehrchefs abhängig, obwohl er später schrieb, Canaris sei ihm im Grunde »ein Rätsel und ein Buch mit sieben Siegeln« geblieben.[34] Keitel: »Mein Vertrauen zu Canaris sollte mir später noch teuer zu stehen kommen.«[35]

Keitel und Blomberg hatten nichts dagegen einzuwenden, daß Canaris bei seinen Besuchen in der Reichskanzlei auch Wehrmachtbelange vertrat, die über seinen geheimdienstlichen Aufgabenbereich hinausgingen. Immerhin war der Abwehrchef in der engeren Umgebung Hitlers wohlgelitten und verstand sich auch mit den Führern des Polizeiapparats gut. Er wußte vor allem Hitler und dessen außenpolitischen Chefberater, den Sonderbotschafter Joachim von Ribbentrop, für die Länder des Mittelmeers zu interessieren, in denen Canaris künftige Bundesgenossen des Reiches, Helfer auf dem Weg zu neuer deutscher Weltgeltung, sah.

Canaris nannte immer wieder zwei Länder, die er für natürliche Bundesgenossen Deutschlands hielt: Italien und Spanien. Er glaubte seit langem, beide Länder könnten dazu beitragen, das Reich aus der außenpolitischen Isolierung zu befreien. Schon Canaris' politischer Mentor Loewenfeld hatte 1926 erklärt, das faschistische Italien käme als Partner Deutschlands in Frage, wäre nicht Benito Mussolini »als Diktator und ausgesprochener Zerstörer der italienischen Sozialdemokratie und der jüdischen Freimaurerei der Feind der deutschen Demokraten«.[36] Canaris hatte es nicht anders gesehen.

Das deckte sich mit den Vorstellungen Hitlers, der seit 1922 Italien einen zentralen Platz in einer deutschen Revisionspolitik einräumte: Es gelte, so lautete Hitlers Konzept, die imperialen Ambitionen Italiens im Mittelmeer und damit einen baldigen Zusammenstoß dieses Landes mit der Hegemoniemacht Frankreich zu fördern; ein Konflikt mit Frankreich werde Italien zur Anlehnung an das stärkere Deutschland zwingen, was wiederum für England, den Partner Frankreichs, den Bündniswert des Reiches erhöhen werde und die Briten zu einem Partnertausch verlocken könne. Ergebnis: Frankreich gerate in die Isolierung, Deutschland indes erhalte seine volle außenpolitische Bewegungsfreiheit zurück.[37]

Das waren freilich nur Gedankenspiele, die Wirklichkeit sah anders aus. Italiens Führung machte keine Miene, Hitlers ausgestreckte Hand zu ergreifen. Mussolini fürchtete die deutsche Macht und Hitlers Annexionspläne gegen Österreich, Puffer zwischen den beiden Staaten; in Stresa war der Duce sogar Wortführer einer diplomatischen Anti-Hitler-Front gewesen. Auch ein Besuch Hitlers bei Mussolini war unglücklich verlaufen. Erst Italiens Krieg gegen Abessinien hatte die reservierte Haltung Mussolinis aufgeweicht. Jetzt benötigte er in seinem diplomatischen Kampf gegen Briten und Franzosen, die sich Italiens Expansion entgegenstemmten, einen kräftigen Bundesgenossen. Wieder bot sich Hitler an, doch noch zögerten die Italiener.

Da half Canaris dem Führer auf seine Art: Er ließ die konspirativen Verbindungen spielen, die ihn mit italienischen Militärs und deutschen Mittelsleuten verknüpften. Zur Verfügung stand ihm ein buntes Sortiment von Helfern, zu denen der Geopolitik-Professor Karl Haushofer ebenso gehörte wie der italienische Geheimdienstmajor Giuseppe Renzetti, ferner ein alter Kumpan aus Kapp-Putsch-Tagen, Ex-Major Waldemar Pabst, mittlerweile Direktor der »Gesellschaft zum Studium des Faschismus«, und der Deutsche Botschafter in Rom, Ulrich von Hassell, der in den zwanziger Jahren als Generalkonsul in Barcelona dem Spanien-Fahrer Canaris assistiert hatte.[38]

Zum effektivsten Transporteur deutscher Wünsche erwählte sich Canaris den Obersten Mario Roatta, Chef des Servizio Informazioni Militari (SIM), wie sich der geheime Nachrichtendienst des italienischen Heeres nannte. Im September 1935 waren sich die beiden Abwehrchefs in München zum erstenmal begegnet.[39] Sie waren sich recht ähnlich: Roatta war im gleichen Jahr wie Canaris geboren, er galt als ebenso undurchsichtig wie sein deutscher Kollege und teilte – Abkömmling im 15. Jahrhundert vertriebener spanischer Juden – das Interesse des Admirals für Spanien.[40]

Der Italiener war zudem heilfroh, endlich einen deutschen Gesprächspartner gefunden zu haben, der die italienische Lebensart verstand. Die SIM-Offiziere hatten noch nicht das arrogante Auftreten des Canaris-Vorgängers Patzig und des ihn begleitenden Feindlage-Obersten Carl-Heinrich von Stülpnagel verwunden, die 1934 bei einem Besuch in Rom deutlich zu verstehen gaben, wie »rückständig und vor allem nicht vertrauenswürdig« ihnen Roattas Geheimdienst erschien.[41]

Selbst ein Angebot des SIM, mit der Abwehr eng zusammenzuarbeiten, hatte Patzig brüsk zurückgewiesen. Als kurz darauf der italienische Marineattaché in Berlin, Graf de Courten, dem damaligen Abwehrchef andeutete, König Victor Emanuel III. wolle ihm zum Zeichen seines Vertrauens einen hohen Orden verleihen, blieb Patzig kühl. Er bedeutete dem Italiener: »Zur Zusammenarbeit gehört gegenseitiges Vertrauen, das erst erworben werden muß. Auch ein Orden kann daran nichts ändern.«[42] Dem Wehrminister aber riet Patzig von jedem »Zusammengehen mit dem italienischen Geheimdienst dringend ab«, wie er sich erinnert.[43]

Natürlich wußte auch Canaris, daß der 1900 gegründete Servizio Informazioni Militari nicht sehr effektiv arbeitete; ihm fehlten Geld, ausreichendes Personal und Kompetenzen. Der SIM war nur für die Armee zuständig, ihm mangelte es an Residenturen im Ausland.[44] Aber gerade diese Schwächen machte sich Canaris zunutze. Er bot Roatta deutsches ND-Material an, namentlich aus Ländern, in denen der SIM keine Agenten unterhielt. Der Italiener nahm an und versprach Informationen aus dem Balkan- und Mittelmeerraum. Das war kein schlechter Handel, denn ungarische Geheimdienstler hatten Canaris berichtet, daß die Italiener den Militärkode einiger Balkanstaaten geknackt hätten.[45]

Wichtiger aber war ihm, daß die Abwehr mit dem SIM im Gespräch blieb und dadurch auf Italiens Führung einwirken konnte. Blomberg imponierte Canaris' Verhandlungsgeschick, zumal er Patzig noch immr die »Sabotage« der von ihm, dem Kriegsminister, befohlenen Kontaktaufnahme zu den Italienern nachtrug. Daß die Zusammenarbeit mit Rom außerdem im Sinne des Führers war, trug Canaris den besonderen Beifall des Hitler-hörigen Kriegsministers ein. Blomberg zog den Abwehrchef zu neuen Aufgaben heran.

Canaris war auch dabei, als Blomberg daranging, die Befehlsstruktur der Wehrmacht auf die Bedürfnisse des nationalsozialistischen Führerstaates umzustellen. Der Reichskriegsminister war Oberbefehlshaber der gesamten Wehrmacht, aber ihm fehlte noch eine Organisation, mit der er diese Wehrmacht führen und kontrollieren konnte. Sein Ziel: die noch weitgehend selbständigen Teilstreitkräfte praktisch in einem Wehrmachtministerium zusammenzufassen, geführt von einem Wehrmachtgeneralstab, der im Krieg die Leitung der Operationen aller Streitkräfte übernehmen und dem obersten Feldherrn Hitler assistieren sollte.[46]

Eine Keimzelle des künftigen Wehrmachtgeneralstabes gab es bereits: Keitels Wehrmachtamt (WA). Unter Reichenau hatte man begonnen, dem WA einen Kommandoapparat zu geben, mit dem sich die Wehrmacht lenken ließ. 1934 entstand im Wehrmachtamt die Abteilung L (Landesverteidigung), die alle operativen und organisatorischen Aufgaben der Gesamtwehrmacht bearbeiten sollte. Kurz darauf folgte eine Abteilung für Wehrwirtschafts- und Waffenwesen. Die WA verfügte bald über so viele Kompetenzen und Dienststellen, daß sie ab 1936 in den Fällen, in denen sie die Belange Blombergs als Oberbefehlshaber der Wehrmacht vertrat, im internen Schriftverkehr unter einem neuen Namen agierte: »Oberkommando der Wehrmacht«.[47]

In die neuen Abteilungen und Referate strömten vom Hitler-Kult faszinierte Offiziere, denen der im Heer gepflegte Führungsstil abgestanden erschien und die danach strebten, »etwas Neues, mehr dem neuen Staat und seinen Erfordernissen Rechnung tragendes« zu schaffen, wie es einer von ihnen umschreibt.[48] Sie waren wie der Oberst Alfred Jodl, der Chef der Abteilung L, kompromißlose Funktionalisten, denen in ihrem »leidenschaftlichen Sachfanatismus« nichts normaler dünkte als die Forderung, die Wehrmacht habe sich nach dem Führerprinzip auszurichten und keinen anderen Willen zu zeigen als den, der Staatsführung ein schlagbereites Instrument zu sein.[49]

Blombergs Strukturreform stieß jedoch auf den wachsenden Widerstand des Heeresgeneralstabschefs Beck, dem das allzu undifferenzierte Zusammenspiel zwischen Wehrmachtspitze und Hitler mißfiel. Auch die durch Blomberg und seine Mitarbeiter verfochtenen Thesen vom Instrumentalcharakter der Wehrmacht verstimmten Beck, denn er erhoffte sich selber eine militärpolitische Beraterfunktion an der Seite Hitlers. In langen und komplizierten Denkschriften hatte er sich die Rolle eines Supergeneralstabschefs der Wehrmacht zugeschrieben.[50)]

Der Geschichtsfreund Beck, befangen in historischen, von der Entwicklung längst überholten Vorstellungen, konnte nie verwinden, daß der Chef des Generalstabes des Heeres seine zentrale Rolle in der deutschen Militärführung verloren hatte. In den Kriegen des 19. und frühen 20. Jahrhunderts war der Chef des Großen Generalstabes die beherrschende Soldatenfigur gewesen. Jetzt besaß der Generalstabschef des Heeres nur noch relative Macht: In seiner eigenen Teilstreitkraft hatte er wesentliche Befugnisse an den neuen Oberbefehlshaber des Heeres verloren, und im Gesamtrahmen der Wehrmacht war er nur noch einer von mehreren Generalstabschefs.

Doch Beck ruhte nicht, diese Entwicklung wieder rückgängig zu machen. Er stellte den Grundsatz auf, auch in einem neuen Krieg werde das Heer die Hauptlast des Kampfes tragen, folglich sei sein Generalstabschef auch zur operativen Führung der gesamten Wehrmacht berufen. Beck konnte zwar nicht mehr verhindern, daß sich im Reichskriegsministerium so etwas wie ein Wehrmachtgeneralstab formierte, doch er betrieb sogleich dessen Entmachtung: Der Wehrmachtgeneralstab sollte nur Verwaltungs- und Organisationsaufgaben haben, der Heeresgeneralstab hingegen die operative Leitung der gesamten Wehrmacht übernehmen und sein Chef als »Erster Generalquartiermeister« wiederum zur Hauptfigur der deutschen Kriegsführung werden.[51)]

Beck meldete seine Ansprüche an, Blomberg wies sie prompt zurück. Die beiden gegnerischen Parteien, Wehrmacht- und Heeresführung, prallten mit einer Aggressivität aufeinander, wie sie nur die Kompetenzschlachten autoritärer Regime kennen. Mit der ihm eigenen Pedanterie lehnte Beck jeden Kompromiß ab, fühlte er sich doch auch persönlich verletzt, weil sich die Offiziere, die er dem Wehrmachtamt ausgeliehen hatte, als enragierte Partisanen des Blomberg-Konzepts erwiesen.[52)] Die zwei Lager riegelten sich gegeneinander ab. Für das WA war der Generalstab des Heeres nur noch »Feindseite«, wie Jodl in einem Brief schrieb, während Beck seinen Generalstabsoffizieren jeden Verkehr mit dem Reichskriegsministerium untersagte.[53)]

Becks Blockadepolitik mußte auch Canaris treffen, dessen Abwehr auf eine gute Zusammenarbeit mit dem Generalstab des Heeres angewiesen war; die ohnehin nicht immer reibungslosen Beziehungen zwischen der Generalstabsabteilung »Fremde Heere« und der Abwehr vertrugen keine zusätzlichen Konflikte. Doch der Generalstabschef nahm darauf keine Rücksicht, ja er spielte sogar mit dem Gedanken, das Heer von der Abwehr unabhängig zu machen.

Dazu mochte beigetragen haben, daß Canaris und Beck nicht sonderlich harmonierten. Sie waren allzu verschieden: Dem hochgebildeten, aber auch bedächtig-umständlichen Generalstabschef, der nie wagen wollte, ohne zu wägen, lag nicht die zuweilen jungenhaft-unbekümmerte Forschheit, mit der Canaris die ihm von Hitler und Blomberg gestellten Aufträge ausführte. Und der Abwehrchef, noch immer in deutsche Großmacht- und Weltmachtvorstellungen verstrickt, teilte nicht den Pessimismus Becks, den Hitlers laute Außen- und Rüstungspolitik abstieß und der noch immer für zutreffend hielt, was er sich schon 1934 notiert hatte: »Unsere außenpolitische Situation ist trostlos ... Alle Mächte, auf die es ankommt, sind gegen uns.«[54)]

Zudem ließ Canaris keinen Zweifel daran, daß er das Führungskonzept Blombergs billigte. Auch darin konnten Generalstabs- und Abwehrchef keinen gemeinsamen Nenner finden: Beck sah das Militär in einer politisch autonomen Rolle und schrieb den führenden Militärs die Funktion erstrangiger Berater der politischen Führung zu, Canaris hingegen hielt die Wehrmacht in erster Linie für ein auf das NS-Führerprinzip ausgerichtetes Instrument, die »gepanzerte Faust des Deutschen Reiches«, der »stärkste Ausdruck nationalsozialistischen Machtwillens und nationalsozialistischer Kraft nach außen«.[55)]

Der Skeptiker Beck mochte sich und seine Feindlagebearbeiter nicht länger von solcher Blauäugigkeit abhängig machen. Er setzte verstärkt die ihm unterstellten Militärattachés ein, die ermuntert wurden, ohne Rücksicht auf die Abwehr über das Ausland zu berichten. Jetzt trat ein, was Canaris seit der Extratour der Londoner Waffenattachés auf dem Höhepunkt der Krise um die Rheinland-Besetzung befürchtet hatte: Beck erschloß sich neue, von der Abwehr unabhängige Informationsquellen.

Auf die verstärkte Mitarbeit der Militärattachés legte Beck großen Wert, hatte er doch gleich nach seinem Amtsantritt die Attachéabteilung, die in der Nachkriegszeit dem Heer verlorengegangen war, dem Reichswehrministerium entrissen und dem Generalstab des Heeres (damals noch: Truppenamt) wieder einverleibt.[56)] Selbst Gegnern der Abwehr stärkte der Generalstabschef den Rücken. Den Militärattaché in London, Generalmajor Geyr von Schweppenburg, der jede Tätigkeit der Abwehr als unvereinbar mit dem Grundsatz von Treu und Glauben bezeichnete und sich wegen seines Verhaltens in der Rheinland-Krise einen Verweis Blombergs zugezogen hatte, ermunterte Beck mit der Versicherung, solche »Einengung der freien Meinungsäußerung« werde er künftig nicht hinnehmen.[57)] Und den Militärattaché in Belgrad, Generalmajor Moritz von Faber du Faur, einen weiteren Abwehrkritiker, animierte er, Canaris-Analysen zu überprüfen.[58)]

Beck schuf sich auch außerhalb seines Dienstbereiches neue Nachrichtenquellen, die ihn über die Lage im Ausland informieren sollten. An der Spitze der Staaten, die ihn interessierten, stand Italien. Ein Bekannter Becks, der Major a.D. Dr. Adolf Günther, und der junge Legationsrat von Waldheim informierten ihn über die Lage in Italien und in Abessinien, meist gestützt auf die Stimmungsberichte dort ansässiger Deutscher.[59)] Sie bestätigten nur, was Beck seit einem Besuch italienischer Manöver im Jahr 1932 glaubte: Auf die Italiener sei kein Verlaß.[60)]

Schließlich setzte Beck den General Faber du Faur in Marsch mit dem Auftrag, Italiens militärische und politische Lage zu erkunden. Zwar mußte Beck zulassen, daß der Canaris-Vertraute Piekenbrock mitreiste, doch das hinderte Faber du Faur nicht, die optimistischen Lageberichte der Abwehr zu zerpflücken.[61] »Nach der Abwehr«, spottete er, »wartete in allen Mittelmeerländern irgendeine andere Regierung – die die Abwehr natürlich unterstützte – nur darauf, daß alles anders würde, weil das Volk die Deutschen so sehr liebte.«[62] Auch Faber du Faur riet von engerer Partnerschaft mit den Italienern ab.

Doch Canaris hatte keine Lust, sich von Außenseitern in ein Arbeitsgebiet hineinreden zu lassen, das er als seine Domäne betrachtete. Sollte er, der Kenner der Mittelmeerwelt und ihrer Mentalität, sich von Leuten belehren lassen, die nichts anderes sahen als Rüstungsziffern, Divisionsstärken und Etatposten? Der Abwehrchef kannte Wege und Mittel, seine Kritiker zu neutralisieren. Die kritischen Militärattachés bekamen es schnell zu spüren. Ihre vom Abwehroptimismus abweichenden Berichte waren in der Reichskanzlei nicht gefragt, Hitler liebte ihren angeblich defätistischen Stil nicht. »Er wollte uns nicht«, klagt Faber du Faur, »er wollte nur Ribbentrop und Canaris . . ., und sie schlossen einem Militärattaché von vornherein den Mund.«[63]

Canaris konnte seine Kritiker um so leichter abwehren, als ihn jetzt ein eruptives Ereignis auf einen Höhepunkt seiner Karriere schleuderte. Im Sommer 1936 brach in Spanien ein Bürgerkrieg aus, der Europas politische Landkarte veränderte: Im Zeichen eines antikommunistischen Kreuzzuges fanden sich Deutschland und Italien zu einer »Achse« zusammen, griff die Führung des Dritten Reiches zum erstenmal über die deutschen Grenzen hinaus. Und kein einzelner Deutscher außer Hitler hatte daran größeren Anteil als der kleine Mann in der abgewetzten blauen Marineuniform.

Der Ausbruch des spanischen Bürgerkrieges konnte Canaris nicht überraschen. Seit Wochen hatten die Außenposten der Abwehr im Mittelmeerraum und in Frankreich Signale aufgefangen, die auf Sturm deuteten: Spanien, seit 1931 demokratisch-parlamentarische Republik, driftete immer mehr in ein Chaos von Straßenunruhen, politischen Morden, Brandstiftungen und Massenstreiks, kaum noch gebändigt von den faschistischen Revolutionsstrategen und von den meist doktrinären Führern der Linksparteien, die sich unter Einschluß der Kommunisten zu einer Volksfrontregierung zusammengefunden hatten.

Auf Madrids politische Szene ergossen sich all die ungelösten sozialen und politischen Probleme, die das Land seit Jahrzehnten nicht zur Ruhe kommen ließen. Die zügellose Übermacht der katholischen Kirche, das Elend des Landproletariats, das Problem des unbebauten Großgrundbesitzes, die Autonomiebestrebungen in Katalonien und im Baskenland – alles drängte nach Lösung, jetzt, da der Sieg der Volksfrontparteien bei den Wahlen im Februar 1936 die Heilserwartungen der Massen auf die Spitze trieb.

Die Anhänger der siegreichen Regierungsparteien ergingen sich nach den Wahlen wochenlang in aggressiven Jubelfeiern und provozierten damit ebenso unduldsame Gegendemonstrationen ihrer rechten Gegner, Beginn einer Eskalation des Straßenterrors, der immer beklemmendere Formen annahm. Und was Bomben und Attentate noch nicht schafften, gelang dem Verbalradikalismus extremistischer Politiker beider Seiten: den Eindruck zu erzeugen, Spanien stehe am Vorabend einer roten Revolution, der Tag sei nicht mehr fern, an dem die bürgerliche Republik in eine sozialistische umschlage und sich auf den Trümmern der katholisch-konservativen Gesellschaft das Sowjet-Spanien der proletarischen Diktatur erhebe.

Das Militär aber, von alters her eine eiserne Klammer der zahlreichen zentrifugalen Kräfte Spaniens, fühlte sich in seinem politikfremden Aberglauben bestärkt, Demokratie und Parlamentarismus seien Schrittmacher von Anarchie und Staatsauflösung. In der Armee bildete sich eine geheime Offiziersgruppe unter dem Namen »Unión Militar Española« (UME), entschlossen, die Republik durch einen Militärputsch zu stürzen.[64)]

Zur UME zählte auch der Oberst Juan Beigbeder Atienza, der als spanischer Militärattaché in Berlin engen Kontakt zu Canaris hielt.[65)] Von ihm erfuhr der Abwehrchef andeutungsweise, was sich in Spanien zusammenbraute. Zum erstenmal klang die Frage auf, die Canaris von nun an immer wieder von seinen spanischen Freunden hörte: Wird Deutschland das »alzamiento national«, den Nationalen Aufstand, unterstützen? Canaris dürfte zunächst dilatorisch geantwortet haben.

Doch Beigbeder ließ nicht locker, Ende Februar stellte er Canaris einen illustren Besucher vor: General José Sanjurjo Sacanell, den »Löwen des Rif«, einst Spaniens populärsten Kolonialkrieger, der nach einem gescheiterten Militärputsch im August 1932 ins portugiesische Exil gegangen war.[66)] Canaris empfing den Gast erwartungsvoll, denn er wußte mittlerweile, daß Sanjurjo zum Führer des bevorstehenden Militärputsches auserwählt worden war. Der General benutzte einen Besuch der Winterolympiade in Garmisch dazu, mit den Deutschen ins Gespräch zu kommen.[67)]

Canaris führte seine beiden spanischen Besucher durch deutsche Rüstungsfabriken und stellte ihnen eine Waffenhilfe des Reiches im Falle eines Militärputsches in Aussicht.[68)] Die Erzählungen Sanjurjos und Beigbeders von den anarchischen Zuständen in Spanien erinnerten ihn an seine Kieler und Berliner Freikorpszeit; ihm war, als erlebe er noch einmal die qualvollen zwanziger Jahre inmitten der ungeliebten Republik: hier wie dort – so schien es ihm – ein Offizierkorps, das an die ewigen Werte von Vaterland und Nation glaubte, abhold aller Parteipolitik, nur ausgerichtet auf Staatsräson und Ordnung, aufgebrochen, den gleichen Feind zu bekämpfen – Sozialismus, Kommunismus, Anarchismus.

Und bezeichneten nicht die Namen der führenden Verschwörer, die Canaris erfuhr, Wegstrecken seines eigenen Lebens? Kindelán, Jordana, Magaz, Martínez Anido – jeden von ihnen kannte er, mit jedem verknüpften ihn gemeinsame Erlebnisse oder zumindest verwandte Wertbegriffe. Da konnte er, der deutsche Abwehrchef, nicht länger zurückstehen, bedeutete doch jeder Name einen unüberhörbaren Appell an ihn, nun zurückzuzahlen, was ihm das geliebte Spanien einmal an Lebensfreude und Farbe gegeben hatte. In solcher Optik war Canaris nur allzusehr bereit, die antidemokratischen Thesen der reaktionären spanischen Militärs zu akzeptieren. Auch für den Ultrakonservativen Canaris vergröberte sich die innenpolitische Krise in Spanien zu einem dreisten Anschlag des bolschewistischen Weltfeindes auf ein Juwel abendländischer Kultur.

Befriedigt konnte Sanjurjo in der Überzeugung abreisen, der Spanienfreund Canaris werde helfen. Bei seiner Heimkehr fand der General schlechte Nachrichten vor: Nahezu alle leitenden Verschwörer waren von der Regierung in Madrid ihres Postens enthoben und nach entlegenen Garnisonen abgeschoben worden. Eine Vorahnung kommender Gefahren hatte die Regierung veranlaßt, den Generalstabschef Franco auf die Kanarischen Inseln, den Luftwaffen-Oberbefehlshaber Goded auf die Balearen und den General Mola nach Pamplona zu versetzen.[69)]

Vor allem General Francisco Franco, am 12. März auf Teneriffa, der größten der Kanarischen Inseln, eingetroffen, fühlte sich auf Schritt und Tritt beobachtet.[70)] Der Zivilgouverneur hatte Order, jede verdächtige Bewegung des Generals zu melden. Franco wußte freilich nicht, daß ihn auch zwei wohlwollende Augen verfolgten, die Augen des kaufmännischen Angestellten Niemann, der in der Firma des deutschen Exporteurs und Wahlkonsuls Sauermann in Las Palmas auf der Nachbarinsel Gran Canaria arbeitete und Canaris zugleich als V-Mann diente.[71)] Er war nur einer von den Agenten und Nachrichtenhändlern, die Canaris mit dem Auftrag alarmiert hatte, jede Änderung in dem kritischen Verhältnis zwischen Armee und Regierung Spaniens zu registrieren.

Trotz aller Beschattung setzten die UME-Frondeure ihre Putschvorbereitungen fort. Mola in Pamplona übernahm die Organisation des Staatsstreiches und knüpfte Verbindungen zu allen wichtigen Garnisonen im Lande. Zugleich trafen sich seine geheimen Sendboten mit den Führern der zersplitterten Rechtsparteien, vor allem der faschistischen Falange, die sich jedoch nur allmählich für ein gemeinsames Aktionsprogramm gewinnen ließen.[72)]

Die Meldungen aus den Garnisonen offenbarten, daß nicht alle Einheiten der 115000-Mann-Armee den Putsch unterstützen würden. Voller Verlaß war nur auf die beiden Armeekorps in Spanisch-Marokko, die den Kern des Heeres ausmachten: die Fremdenlegion und die maurische Eingeborenentruppe, insgesamt 34000 Mann stark.[73)] Diese Verbände mußten, falls der Putsch nicht glatt ablief, sofort in die Kämpfe im spanischen Mutterland eingreifen. Wie sie aber über die Meerenge von Gibraltar hinüberbringen? Franco wußte einen Weg. Am 11. Mai erschien in Santa Cruz de Tenerife ein spanisches Flottengeschwader, dessen Oberbefehlshaber, Admiral Javier de Salas, von Franco in die Putschpläne eingeweiht wurde. Der Admiral sagte seine Unterstützung zu und versprach, das Geschwader werde zur Stelle sein, um die Afrika-Armee nach Spanien zu transportieren.[74)]

Noch verhandelte Mola mit den Rechtsparteien, da forderte der politische Terror in Spanien sein prominentestes Opfer. Am frühen Morgen des 13. Juli drangen Polizisten, aufgebracht über die Ermordung eines ihrer Offiziere durch Falangisten, in die Wohnung des monarchistischen Oppositionsführers José Calvo Sotelo ein; sie verhafteten Calvo Sotelo und erschossen ihn bei einer Autofahrt. Die Bluttat entsprach ganz dem Feindbild der konservativen Militärs. Die Mörder waren Angehörige sozialistisch-kommunistischer Jugendorganisationen gewesen, die Verhaftung nicht ohne Einverständnis des Ministerpräsidenten und das Verbrechen wahrscheinlich auf direkte Anweisung der Zentrale der Kommunistischen Partei erfolgt.[75)]

Jetzt mochte Mola nicht mehr länger warten. Er drängte die Politiker zur Eile, kurz darauf brachten seine Kuriere jedem führenden Mitglied der Verschwörung eine kurze Botschaft: »Der 17. um 17.« Das hieß im Klartext:

Am 17. Juli 1936 um 17 Uhr sollten die Verschwörer in allen Provinzen und Kolonien Spaniens losschlagen.[76]

Auch Franco erreichte die Mola-Botschaft, sofort entzog er sich seinen Aufpassern. Unter dem Vorwand, an der Beerdigung des gerade gestorbenen Kommandanten von Las Palmas teilnehmen zu müssen, fuhr er am 17. Juli frühmorgens mit seinen wichtigsten Offizieren auf die Nachbarinsel und quartierte sich im Hotel »Madrid« in Las Palmas ein. Dann wartete er ab.[77] Um 3 Uhr am 18. Juli klopfte es an seiner Tür. Ein Offizier reichte ihm eine Meldung, die die Funkstation Teneriffa aufgefangen hatte. Franco las: »Melilla. General Solans an General Franco: Unsere Armee hat die Waffen gegen die Regierung erhoben und alle Kommandoeinrichtungen besetzt. Viva España!«[78] Die Garnison von Melilla im nordöstlichen Spanisch-Marokko hatte einen der blutigsten und langwierigsten Bürgerkriege europäischer Geschichte ausgelöst.

Franco flog mit einer in England gecharterten Maschine nach Tetuan, der Hauptstadt Spanisch-Marokkos, und übernahm die Führung der Afrika-Armee[79]. Doch als er in seinem neuen Hauptquartier die ersten Meldungen überflog, wußte er, daß zum Jubel kein Anlaß war. Das Alzamiento war nahezu gescheitert, nur ein Teil der Armee den Parolen der Verschwörer gefolgt; außer Marokko kontrollierten die »Nationalen« kleinere Partien Südwestspaniens und fast den gesamten Nordwesten. Zentralspanien und der gesamte Osten des Landes waren dagegen fest in der Hand der Regierung. Und das republikanische Regime zögerte nicht, das Volk gegen die Putschisten zu mobilisieren und seine internationalen Freunde in Ost und West zu alarmieren.

Am 20. Juli erreichte Franco eine neue Hiobsbotschaft: Sanjurjo, der Titularchef des Putsches, war in Portugal bei einem mißglückten Start seines Flugzeugs ums Leben gekommen.[80] Drei Tage nach Beginn des Putsches hatte die Verschwörung ihre Symbolfigur verloren, waren die einzigen profilierten Führer der Bewegung, Franco und Mola, durch Hunderte von Kilometern voneinander getrennt. Schlimmer noch, auf den Schiffen der Flotte, die Francos Armee nach Spanien transportieren sollte, brach eine Gegenrevolte der Mannschaften und Unteroffiziere aus; binnen weniger Stunden lagen 70 Prozent des spanischen Marineoffizierkorps ermordet auf den Schiffsplanken.[81] Franco wußte nur zu gut, was das bedeutete: Die Afrika-Armee saß fest, tatenlos mußte sie zusehen, wie die Regierung ihre Truppen und Freischaren gegen die Rebellen in Marsch setzte.

Der Sozialistenführer Indalecio Prieto spottete: »Ich weiß gar nicht, was die Rebellen wollen. Sie sind verrückt. Wer, glauben sie, kann sie noch retten?«[82] Franco jedoch kannte solche Retter: die faschistischen Mächte. Da er wußte, daß bereits ein paar Flugzeuge genügen würden, die Afrika-Armee nach Spanien zu bringen, bat er Mussolini, ihm sofort 12 Bomber und 3 Jäger zu überlassen.[83] Der Duce hatte schon früher Waffenhilfe für den Fall eines antirepublikanischen Putsches versprochen.[84] Franco nahm ihn jetzt beim Wort.

Doch ehe Francos Emissär am 21. Juli in Rom eintraf, hatte Mussolini auf das Telegramm, das ihm Francos Wünsche signalisierte, mit dem Blaustift ein Wort geschrieben: »Nein!«[85] Ihm war das ganze Unternehmen zu riskant. Daraufhin schickte Mola einen Kurier seines Vertrauens nach Rom, um Mussolini an dessen alte Versprechungen erinnern zu lassen.[86] Der Kurier war noch in der Luft, als der Canaris-Partner Beigbeder intervenierte. Er hatte seinen Berliner Posten verlassen und war nach Marokko versetzt worden, wo er das Amt für Eingeborenenangelegenheiten leitete.

Beigbeder berichtete Franco, was Anfang des Jahres mit Canaris besprochen worden war. Der Name Canaris war Franco nicht unbekannt; er hatte den deutschen Abwehrchef im Sommer 1935 in Madrid kennengelernt – bei Gesprächen zwischen Canaris und Spaniens Kriegsminister Gil Robles über deutsch-spanische Waffengeschäfte, zu denen Franco hinzugezogen worden war. Franco wußte deshalb nur allzugut, was die Verbindung zu Canaris bedeutete; sofort bat er Beigbeder, seine deutschen Freunde zu Hilfe zu rufen. Am 22. Juli schickte Beigbeder über das Deutsche Konsulat in Tetuan ein Telegramm an den ihm bekannten Generalmajor Kühlental, Militärattaché an der Deutschen Botschaft in Paris, mit der Bitte, das Schreiben an das Reichskriegsministerium weiterzuleiten – sicherlich in der Überzeugung, das Telegramm werde Canaris schon richtig erreichen. Inhalt des Beigbeder-Kabels: Bitte um sofortige Entsendung von 10 Transportflugzeugen durch deutsche Privatfirmen.[87]

Franco gab sich indes damit nicht zufrieden, er suchte einen eigenen Kontakt zu Berlin. Der General erinnerte sich an einen Deutschen, der ihm bei der Landung auf dem Flugplatz von Tetuan aufgefallen war. Franco erfuhr, der Mann sei ein Kaufmann namens Johannes Bernhardt, der in der Export-Import-Firma Wilmer in Tetuan sitze und Küchenherde an die spanische Armee verkaufe. Die Geltungssucht des ehemaligen ostpreußischen Zuckerhändlers, der in den zwanziger Jahren vor seinen deutschen Gläubigern ins Ausland geflohen war, wollte der Rebellengeneral für sich ausnutzen.[88]

Was Bernhardts dürftiger Existenz in der deutschen Kolonie von Tetuan etwas Farbe verlieh, war die Tatsache, daß er nebenberuflich als Pressewart und Wirtschaftsstellenleiter der Auslandsorganisation (AO) der NSDAP fungierte.[89] Zu der Besprechung mit Franco brachte er gleich seinen Chef mit: Adolf Langenheim, den Leiter der NS-Ortsgruppe Tetuan. Die beiden Nationalsozialisten griffen begierig die Chance auf, die ihnen der General bot: mit einem spanischen Offizier, Hauptmann Arranz, nach Berlin zu reisen und dort zwei Handschreiben Francos zu überreichen, das eine an Hitler und das andere an Göring gerichtet. Mündlich erläuterte Franco seinen Helfern, was in den Briefen stand; die Armee benötige dringend Deutschlands militärische Unterstützung.[90]

Ein Transportmittel für die Delegation war rasch gefunden. Die Rebellenbehörden in Las Palmas hatten die Lufthansa-Maschine D-A POK beschlagnahmt und zur Beförderung von hohen Funktionären benutzt. Dieses Flugzeug sollte nun Bernhardt, Langenheim und Arranz nach Berlin bringen. Am 24. Juli startete die Maschine, noch am gleichen Tag landeten die drei Emissäre auf dem Flughafen Tempelhof.[91]

Doch die Besucher fanden zunächst kaum Gesprächspartner. Der Leiter der Politischen Abteilung des Auswärtigen Amtes, Hans Heinrich Dieckhoff, hatte zuvor dem Reichskriegsministerium erklärt, die Franco-Leute dürften »von keinen amtlichen militärischen Stellen empfangen werden«.

Sein Argument: Eine Unterstützung Francos könne für die Deutschen in Spanien, den deutschen Export und Schiffsverkehr im Mittelmeer »außerordentlich nachteilige Folgen« haben.[92] Die Offiziere pflichteten Dieckhoff bei, ließen freilich manches offen, denn Blomberg war nicht im Amt, sondern mit seinem Führer bei den Bayreuther Wagner-Festspielen.

Auch dem AO-Chef und Gauleiter Bohle hatte Dieckhoff »dringend davon abgeraten, die beiden Offiziere [sic] mit parteiamtlichen Stellen zusammenzubringen und ihre Pläne hier irgendwie zu fördern«.[93] Doch das Drängen der Parteigenossen aus Tetuan veranlaßte Bohle, den Fall seinem nächsthöheren Vorgesetzten, dem Parteiadministrator Rudolf Heß, vorzutragen. Heß entschied, das Schreiben Francos müsse der Führer augenblicklich sehen. Drei Amtsleiter der AO reisten mit Francos Delegation nach Bayreuth; am späten Samstagabend des 25. Juli erreichten sie die Stadt.[94]

Hitler hatte just das »absolute Klangerlebnis, das Wilhelm Furtwängler in der ›Walküre‹ aufblühen läßt« (so ein Kritiker des »Völkischen Beobachter«) hinter sich und wollte sich in sein Appartement im »Haus Wahnfried« zurückziehen, als ihm die Besucher aus Spanien gemeldet wurden.[95] Der eine der drei Amtsleiter blieb in der Vorhalle, während die anderen Hitler vortrugen, was Franco von Deutschland wolle. Bernhardt erinnert sich, daß Hitler »die große Besprechung fast allein, monologartig führte, mit gezielten Fragen unterbrochen. Hitler fällte die Entscheidung ganz allein und rief dann, es war nach Mitternacht, Göring und Blomberg zu sich«.[96]

War auch Canaris dabei? Eine erhaltene Aufzeichnung von Hitlers Präsidialkanzlei hielt fest, der Führer habe in jener Nacht neben Blomberg und Göring auch »einen in Bayreuth anwesenden Admiral« zu sich gerufen.[97] Es lag nahe, Canaris für diesen Admiral zu halten, und viele Autoren (einschließlich der Verfasser dieses Buches) haben denn auch in Canaris den vierten Partner der schicksalhaften Konferenz des 25./26. Juni 1936 gesehen. Doch der einzige Überlebende dieser Konferenz, Bernhardt, beharrt darauf, der ominöse Admiral sei nicht Canaris gewesen, sondern Karl Coupette, der Chef der Schiffahrtsabteilung im Allgemeinen Marineamt des Oberkommandos der Marine, der allerdings erst nach der Separatbesprechung Hitler-Göring-Blomberg hinzugezogen worden sei. Ist es denkbar, daß ein nur technische Funktionen ausübender Marineoffizier an der hochbrisanten, politischen Besprechung aktiv teilgenommen hat? Zweifel sind erlaubt, zumal Bernhardts Erzählung sich nicht mit den Angaben in der Präsidialkanzlei-Aufzeichnung deckt: Dort ist von einem Admiral die Rede, Coupette aber war nur Kapitän zur See; der Admiral soll von Hitler »sofort« gerufen worden sein, während er laut Bernhardt erst nach der Besprechung Hitlers mit Blomberg und Göring hinzugezogen worden ist. Auch eine Aussage Görings im Großen Nürnberger Kriegsverbrecherprozeß paßt nicht zu Bernhardts Version. Bernhardt gibt an, Hitler sei bereits zur Intervention im spanischen Bürgerkrieg entschlossen gewesen, ehe er Göring und Blomberg zur Besprechung gerufen habe, der Zeuge Görings hingegen deutet an, Hitler sei noch unentschlossen gewesen: »Der Führer überlegte sich, ich drängte lebhaft, unter allen Umständen zu helfen.«[98]

Als sich Hitler gegen 4 Uhr am Morgen des 26. Juli von seinen Ratgebern trennte, war die Entscheidung gefallen: Das Dritte Reich würde den spanischen Putschisten helfen.[99] Zwei Tage zuvor hatte Hitler noch befürchtet, eine Intervention in dem spanischen Bürgerkrieg (mit Kriegsschiffen zum Schutz der Deutschen in Spanien) könne das Reich in einen unübersehbaren »Zwischenfall« verwickeln, jetzt kannte er keine Bedenken mehr.[100] Ihn beherrschte nur noch ein Gedanke: Die Entwicklung in Spanien mußte Mussolinis imperiale Mittelmeerambitionen herausfordern, Italien in die Konfrontation mit Frankreich, dem Schutzherrn der spanischen Republik, und schließlich in die Arme der Deutschen treiben.

Spätestens im Verlauf des 26. Juli dürfte Canaris in die Vorbereitung der Spanien-Hilfe eingeschaltet worden sein. Schon am Nachmittag trat im Reichsluftfahrtministerium ein »Sonderstab W« zusammen, der eine Luftbrücke nach Spanisch-Marokko organisieren sollte und zu dem auch Vertreter der Abwehr gehörten. Obwohl der Abwehrchef noch kaum die Lage in Spanien überblickte, sah er sich doch zunehmend von Molas und Francos Leuten kontaktiert. Mola war nicht umsonst Chef der Seguridal gewesen, mit der einst Canaris Nachrichtenaustausch vereinbart hatte, und Mola aktivierte jetzt auch Sanjurjos ehemalige Kontaktleute zu den Deutschen, u. a. Canaris-Freunde.[101]

Kurze Zeit später lief das »Unternehmen Feuerzauber« an – so der Deckname der deutschen Hilfsaktion.[102] Am 27. Juli hoben die ersten Ju-52-Maschinen vom Tempelhofer Flughafen ab, weitere folgten: Hitler hatte zunächst 20 dieser Transportflugzeuge genehmigt.[103] In ihrem Cockpit saßen Piloten der Lufthansa, die Tetuan auf dem schnellsten Kurs anflogen. Am 28. Juli landeten sie in Marokko und begannen, Soldaten von Francos Afrika-Armee zu verladen. Woche um Woche flogen die deutschen Maschinen von Tetuan nach Sevilla, eine Truppeneinheit nach der anderen wurde ins spanische Mutterland gebracht. Bis Mitte Oktober waren 13000 Soldaten und 270 Tonnen Versorgungsgüter in Andalusien ausgeladen.[104] Endlich konnte Franco mit seiner Armee in die Kämpfe eingreifen.

Inzwischen hatte eine zweite Welle deutscher Hilfslieferungen eingesetzt. In der Nacht vom 31. Juli zum 1. August verließen 86 Soldaten der Luftwaffe, in Zivil gekleidet und als Mitglieder einer »Union Reisegesellschaft« getarnt, an Bord des Dampfers »Usaramo« den Hafen von Hamburg. Das Schiff hatte Kriegsmaterial für Franco geladen: 6 Jagdflugzeuge des Typs He 51 und 20 Flugabwehrgeschütze.[105] Die »Freiwilligen« bildeten den Voraustrupp immer größerer Einheiten deutscher Soldaten, und schon bald ging das Gerücht um, das Reich wolle nicht nur mit Piloten und Ausbildern, sondern auch mit Heerestruppen in Spanien eingreifen.

Deprimiert beobachteten die Legationsräte des Auswärtigen Amtes, daß Außenseiter das Reich in eine unkalkulierbare Interventionspolitik stürzten, die es abermals – wie schon in der Rheinland-Krise – in eine harte Konfrontation mit den demokratischen Westmächten führen mußte. Ohne Rücksicht auf das AA verknüpften Canaris und Göring das Dritte Reich mit dem Schicksal einer unsicheren Bürgerkriegspartei; wieder einmal hatte ein Wochenendcoup Hitlers die Bedenken, ja sogar die bloße Existenz der Diplomaten ignoriert. Reichsaußenminister Konstantin von Neurath murrte, doch einen Protest wagte er nicht zu formulieren.

Generalstabschef Beck indes legte sich sofort quer, als zum erstenmal die

Frage eines Truppeneinsatzes in Spanien aufkam. Er lehnte den Gedanken kompromißlos ab – mit dem Hinweis, der Einsatz deutscher Heeresverbände werde nur das Aufrüstungsprogramm verlangsamen und gefährden.[106] Sein Oberbefehlshaber, der Generaloberst von Fritsch, politisch-taktisch nie sonderlich auf der Höhe, schlug dagegen vor, man solle doch russische Emigranten an die spanische Front schicken. Als seine Berater auf Transportschwierigkeiten hinwiesen, ließ er eine Karte holen; Fritsch drückte sich das Monokel ins Auge und starrte sekundenlang auf das Papier, dann schnarrte er: »Merkwürdiges Land, es besitzt ja gar keine Eisenbahnen.«[107] Auch Stülpnagel war entsetzt über die »nervöse Hast und Überstürzung« deutscher Außenpolitik: »Nun können wir wohl noch eine ganze Weile die Welt in Unruhe halten, aber einmal hat diese genug und ruft uns zur Ordnung.«[108]

Doch Canaris sah solche Gefahren nicht, er hatte ein Thema gefunden, das ihn nicht mehr losließ. »Ich war selber Zeuge«, erinnert sich Abwehr-III-Leiter Bamler, »wie Canaris alle anderen Fragen beiseite ließ und weder Zeit noch Anstrengung scheute, die führenden Männer Deutschlands und Italiens für seine [Spanien-]Pläne zu interessieren.«[109] Er fühlte sich in seinem Element: Keiner sollte ihn daran hindern, einen haltbaren Bund zwischen Deutschland und dem neuen, Francos Spanien zu schaffen.

Noch vor der Abreise der Franco-Delegation ersuchte Canaris den NS-Ortsgruppenleiter Langenheim, der schon früher für die Abwehr gearbeitet hatte, ihm regelmäßig zu berichten; der Parteigenosse sollte in der Nähe Francos bleiben und den Abwehrchef über wichtige Ereignisse im Stab des Mannes informieren, der immer mehr zum anerkannten Führer der Aufstandsbewegung wurde.[110] Aber auch den Franco-Partner Mola ließ Canaris nicht aus den Augen, zumal ein Freund von Canaris, Oberst Juan Vigón, als Generalstabschef der Nordarmee Molas fungierte. V-Mann Seydel berichtete aus Molas Hauptquartier, während ein Canaris-Vertreter an der Deutschen Botschaft in Paris, Kapitän zur See Lietzmann, die Sendboten anderer Putschgenerale kontaktierte, wobei er sich »an immer wechselnden dritten Orten, unter Anwendung aller Vorsichtsmaßregeln trifft, um jede Kompromittierung eines Mitglieds der Botschaft zu vermeiden«, wie der Missionschef registrierte.[111]

Canaris mobilisierte jeden verfügbaren Spanien-Kenner seines Apparats. Viele seiner alten Mitarbeiter aus den zwanziger Jahren machten wieder mit, unter ihnen der Korvettenkapitän d.R. Rüggeberg, Canaris' ehemaliger Vertreter in Barcelona, und der Marineoffizier Messerschmidt, Kikas einstiger Hauptvertreter in Madrid, der für seinen neualten Chef Erkundungsfahrten nach Portugal unternahm und sich auf die Bewaffnung der spanischen Aufstandsarmee spezialisierte.[112] Auch im Gebiet der »Roten«, wie die Republikaner nun im rechten Jargon genannt wurden, arbeiteten Canaris-Männer. Ein erstes Opfer hatte die Abwehr bereits zu beklagen: V-Mann Eberhard Funk war nach der Erkundung republikanischer Munitionsdepots ertappt und erschossen worden.[113]

Der deutsche Abwehrchef war zuweilen schneller informiert als Mola und Franco, die – noch immer durch einen Streifen republikanischen Territoriums getrennt – oft nicht wußten, was der andere trieb. »Da zuverlässige

Verbindung mit Franco gegenwärtig nicht immer gewährleistet scheint« (so Seydel in einer Meldung an Canaris), ließ Mola einen Teil seiner Nachrichten für Franco an den Abwehrchef übermitteln, der ihn dann über einen Berliner V-Mann an den General im Süden weiterreichte.[114)]

Was Canaris in Molas und Seydels Meldungen las, trieb den Abwehrchef zu neuer Aktivität. Schon am 2. August war ihm aus Paris eine detaillierte Liste zugegangen, aus der zu ersehen war, wie fieberhaft Frankreich die Truppen der spanischen Republik mit Waffen und Munition versorgte; in allen demokratischen Ländern Europas und in der Sowjetunion meldeten sich Freiwillige zur aktiven Bekämpfung dessen, was sie oder die linke Propaganda für Faschismus hielten.[115)] Den Streitkräften der Rebellen hingegen fehlten Waffen und Munition. Seydel meldete: »Nordgruppe hat dringendsten Bedarf an Flugzeugen, besonders Jagd, Bomben, Gewehr- und Maschinengewehrmunition, Handgranaten und Seitengewehren.«[116)]

Kurz darauf brach Canaris im Auftrag Blombergs auf, die Italiener zum Mitmachen zu bewegen. Am 4. August traf er sich mit Roatta in Bozen; die beiden Spanien-Freunde einigten sich rasch, zumal auch Mussolini inzwischen seine ablehnende Haltung revidiert hatte.[117)] Die Aussicht, auf Kosten des blutenden Spaniens die italienische Macht im Mittelmeer auszubauen, verlockte den Duce dazu, den scheinbar so schwachen Franco zu unterstützen.

Gleichwohl war Roatta gehalten, seinem deutschen Partner lediglich zu erklären, Italien werde »inoffiziell« die Sache Francos unterstützen; Canaris erfuhr dabei, daß am 30. Juli 12 italienische Flugzeuge und ein Dampfer mit Munition nach Marokko entsandt worden waren.[118)] Die Auskünfte reichten Canaris, um nun seinerseits die Führer des Reiches zu neuen Kriegsmateriallieferungen für Spanien anzuspornen. Franco wünschte 20 weitere Kriegsflugzeuge und Unmengen von Munition – Canaris beeilte sich, die Forderungen des Generals nachhaltig zu unterstützen.[119)]

Hitler hörte auf Canaris. Mochte auch das Reich offiziell der unter den europäischen Mächten verabredeten Nichteinmischung in den Bürgerkrieg Beifall spenden – insgeheim gab Hitler der nationalistischen Rebellenbewegung Schützenhilfe (wie andere Mächte »ihrer« Bürgerkriegspartei). Am 24. August erließ Hitler die Weisung, »General Franco weitgehendst materiell und militärisch zu unterstützen, wobei jedoch eine aktive Kampfbeteiligung vorerst ausgeschlossen« bleiben solle.[120)] Einen Tag später nahmen 3 deutsche Dampfer mit 28 Flugzeugen, Munition und anderen Kriegsgütern Kurs auf Südspanien.[121)]

Und wieder wurde Canaris ausgesandt, engste Kooperation mit den Italienern zu sichern. Am 27. August saß er erneut Roatta gegenüber und handelte mit ihm eine Übereinkunft aus, die die Spanien-Hilfe beider Staaten regelte.[122)] Danach sollte die Rüstungshilfe Deutschlands und Italiens möglichst in gleichen Teilen erfolgen und nur Franco zugute kommen; das Kriegsmaterial müsse von deutschem und italienischem Personal bedient und gewartet werden, das jedoch nicht offen an Kriegshandlungen teilnehmen dürfe. Dieses Verbot könne nur durch einen ausdrücklichen Gegenbefehl aufgehoben werden, der die Zustimmung beider Staaten habe.

Ohne es zu ahnen, hatten Canaris und Roatta den ersten Schritt zum deutsch-italienischen Bündnis getan, das Hitlers Weg ins außenpolitische Abenteuer beschleunigen sollte. Wie politisch in der Tat die scheinbar nur militärtechnische Canaris-Roatta-Übereinkunft war, gab Mussolinis Außenminister und Schwiegersohn Galeazzo Graf Ciano dem deutschen Admiral in einem Gespräch am 28. August zu verstehen: Italien und Deutschland hätten die Pflicht, Franco sowohl materiell als auch personell im Kampf gegen den »gemeinsamen roten Feind« beizustehen; dazu bedürfe es eines gemeinsamen Plans und gegenseitiger Verständigung.[123)]

Ciano drang auch darauf, Deutschland müsse seinen Fliegern in Spanien ebenso wie Italien den seinen erlauben, sich an den Kriegshandlungen aktiv zu beteiligen. Canaris wich aus: Diese Frage könne allein der Reichskriegsminister entscheiden. Canaris übernahm es denn auch, noch von Rom aus Blomberg zu informieren.[124)] Am gleichen Tag genehmigte der Kriegsminister den Kampfeinsatz deutscher Flieger in Spanien. Ein paar Tage später erteilte er auch einen Schießbefehl für Kriegsschiffe, die deutsche Transporter nach Spanien begleiteten.[125)]

Kurz darauf kletterten ein Begleiter von Canaris, der Oberstleutnant Walter Warlimont von der Abteilung L, der unter dem Decknamen Waltersdorf reiste, und der zum General beförderte Roatta (Deckname: Mancini) an Bord eines italienischen Kreuzers, der die beiden nach Tetuan brachte. Ein Flugzeug transportierte Warlimont und Roatta weiter nach Cáceres, wo Franco sein Hauptquartier aufgeschlagen hatte.[126)] Die beiden Sendboten erläuterten Franco, wie sich Deutschland und Italien die weitere Führung des Krieges vorstellten. Die deutsch-italienische Waffenbrüderschaft nahm Gestalt an.

Die Diplomaten setzten fort, was Canaris begonnen hatte. Deutsche und italienische Mittelsleute wärmten das Klima zwischen beiden Ländern so lange an, bis sich Mussolini endgültig entschloß, das Bündnis mit den Deutschen zu suchen. Am 20. Oktober erschien Ciano in Berlin und schloß schon am nächsten Tag mit Neurath ein Geheimabkommen ab, das ein gemeinsames Vorgehen der beiden Mächte in der europäischen Politik vorsah. Drei Tage später reiste Ciano nach Berchtesgaden weiter – zur Audienz bei Hitler.[127)]

Der Führer empfing den Italiener freundlich und feierte Mussolini als den »größten Staatsmann der Welt, mit dem sich keiner auch nur entfernt vergleichen kann«. Einem deutsch-italienischen Block, so Hitler, sei kein Staat in Europa gewachsen, nicht einmal England.[128)] Für so schmeichelhafte Worte revanchierte sich Mussolini: Am 1. November 1936 verkündete er auf einer Massenkundgebung in Mailand, eine »Achse Berlin–Rom« sei gegründet worden und alle Staaten Europas seien eingeladen, sich ihr anzuschließen.[129)] Die Worte konnten kaum verhüllen, daß die faschistischen Mächte dem Status quo in Europa den Kampf ansagten. In dem Geheimabkommen hatten sie sich bereits einen Teil Europas untereinander zugesprochen: das Mittelmeer den Italienern, Osteuropa den Deutschen.

Canaris aber ließ das merkwürdig kalt, sein Blick war allein auf Spanien gerichtet. Je fanatischer die beiden Bürgerkriegsparteien aufeinanderschlugen, Krieg und Terror das Land verwüsteten, desto leidenschaftlicher nahm Canaris an dem spanischen »Kreuzzug« teil. Er las jede Meldung seiner

Agenten vom spanischen Kriegsschauplatz, immer wieder funkte er Anfragen und Aufträge an die V-Männer. Im September hatte ihn eine langerwartete Meldung erreicht: Am 12. war Franco von einem Generalsrat zum Generalissimus und Staatschef Nationalspaniens gewählt worden – vorgeschlagen von keinem anderen als dem alten Canaris-Bekannten Kindelán.[130]

Manche der anderen Meldungen lauteten freilich weniger günstig. Der Vormarsch der Franco-Truppen auf Madrid kam nur langsam voran, von Woche zu Woche wurde der Widerstand der Regierungstruppen härter. Zudem machte sich auch der Einsatz ausländischer Freiwilliger bemerkbar. Schon am 17. August hatte V-Mann 110, einer der zuverlässigsten Canaris-Agenten im republikanischen Gebiet, gemeldet, »daß seit einigen Tagen begonnen hat truppweise Überführung französischer Freiwilliger zu spanischer roter Miliz. Täglich 100 bis 170 Mann. Gesamtzahl etwa 30000.«[131] Auch sowjetische Panzer und Flugzeuge waren inzwischen in Spanien eingetroffen. Am 29. Oktober erreichte Berlin eine Meldung aus Barcelona: »Ankunft zwanzig russische Flugzeuge, Jagdeinsitzer und Bombenflugzeuge in Cartagena mit russischem Personal einschließlich Mechaniker und Monteure.«[132]

Die Nachrichten über die wachsende Waffenhilfe der Sowjetunion und die zögernde, nur auf Sicherheit bedachte Kriegsführung Francos veranlaßte Blomberg, seinen Abwehrchef nach Spanien zu schicken. Ende Oktober startete Canaris in Zivil, ausgestattet mit falschen Papieren, die ihn als den argentinischen Staatsbürger Guillermo legitimierten.[133] Ziel der Reise: Salamanca, die neue Residenz Francos. Canaris sollte die militärische Lage der Aufstandsarmee erkunden und Franco notfalls verstärkte deutsche Hilfe in Aussicht stellen.

Nach seiner Landung in Salamanca fuhr Canaris zum Bischofspalais, in dem Franco seine Befehlszentrale eingerichtet hatte. Der General ging Canaris entgegen und umarmte ihn. Was immer auch der Caudillo von den Deutschen hielt, wie sehr er später Distanz zum untergehenden Dritten Reich halten sollte – niemals würde er, Francisco Franco y Bahamonde, vergessen, was der deutsche Admiral Canaris für die Sache des unsterblichen, konservativen Spaniens getan hatte. Auch Canaris begegnete Franco mit Zuneigung, später wird er als einziges zeitgenössisches Politikerporträt ein Foto Francos in seinem Arbeitszimmer aufstellen und den Spanier für einen der wenigen großen Männer, vielleicht sogar den größten seiner Zeit halten.

Für Gefühle blieb freilich in Salamanca wenig Zeit. Canaris fand den Generalissimus in düsterer Stimmung, denn just eben, am 29. Oktober, hatten seine Verbände an der Südfront Madrids eine arge Schlappe erlitten: 200 Panzer, 12- und 18-Tonner frisch aus den Produktionsstätten der Sowjetunion, waren plötzlich unter dem Kommando des russischen Generals Pawlow durch die engen Straßen des Städtchens Esquivia gebrochen und hatten Francos Kavallerie buchstäblich zermalmt.[134] Die Sowjetunion griff mit allen Mitteln aktiv in den spanischen Bürgerkrieg ein.

Als reiche eine Hiobsbotschaft noch nicht, erhielt Canaris am 30. Oktober eine Weisung Blombergs, die ihn anhielt, von Franco demütigende Zugeständnisse zu verlangen, ehe er, Canaris, weitere deutsche Hilfe zusage. Das Reich, so sollte Canaris dem General ausrichten, werde ein Luftwaffenkorps nach Spanien entsenden, wenn Franco sich zuvor damit einverstanden erkläre, daß es allein von einem deutschen Kommandeur geführt und ihm jede deutsche Militärperson in Spanien unterstellt werde.[135] Auch dies sollte Franco den Deutschen versprechen: »planmäßigere und aktivere Führung des Krieges in Erd- und Luftoperationen und im Zusammenwirken beider zur beschleunigten Inbesitznahme der für den russischen Nachschub bedeutungsvollen Häfen«.[136] Außenminister von Neurath schickte Canaris ebenfalls eine Instruktion: »Angesichts der möglicherweise vermehrten Hilfe für die Roten hält die Reichsregierung die weiß-spanische Kampftaktik am Boden und in der Luft nicht für erfolgversprechend.«[137]

Doch Canaris verstand es, die Arroganz der deutschen Forderungen zu verschleiern. Er bewog Franco, nur das Positive der deutschen Geste zu sehen: Das Reich kam den Nationalspaniern mit einer eigenen Truppe zu Hilfe. 4 Bomberstaffeln, 4 Jagdstaffeln, je 1 Staffel Marineflugzeuge und Aufklärer, 1 Versuchsstaffel, außerdem Flug- und Panzerabwehreinheiten, dazu 32 Panzer – das bedeutete eine erhebliche Verstärkung der Franco-Armeen. Der Caudillo akzeptierte.[138]

Am 6. November stand die neue 6500-Mann-Truppe (»Legion Condor«) in Sevilla einsatzbereit, kommandiert von Generalleutnant Hugo Sperrle.[139] Die Einheiten der Legion griffen bald so erfolgreich in die Kämpfe ein, daß Franco ihrem Kommandeur die Leitung auch der spanischen Luftstreitkräfte übertrug.[140] Die Lage der nationalspanischen Angriffsverbände schien sich zusehends zu bessern, schon urteilten die Führer in Berlin und Rom optimistisch, die Einnahme Madrids durch Franco-Truppen sei nur noch eine Frage von Tagen. Sie reagierten voreilig: Am 18. November 1936 erkannten Deutschland und Italien die Franco-Regierung als die einzig rechtmäßige Spaniens an.[141]

Franco freilich wußte, daß ihm noch immer nicht der entscheidende Durchbruch gelungen war. Wieder rief er seine deutschen Freunde zu Hilfe, wieder sollte Canaris helfen: Er brauche, ließ der Caudillo verlauten, mindestens eine deutsche und eine italienische Division, um den gemeinsamen Feind bezwingen zu können.[142] Doch diesmal stieß der unermüdliche Franco-Freund in Berlin auf unüberwindlichen Widerstand. Generalstabschef Beck wollte keinen einzigen Infanteristen nach Spanien ziehen lassen, auch Blomberg hielt die deutsche Hilfsaktion für abgeschlossen. Neurath diktierte: »Entsendung einer geschlossenen Division ... unter keinen Umständen tragbar.«[143]

Blomberg schärfte Canaris ein, er dürfe auf keinen Fall Francos Hilferuf aufgreifen. Anlaß zu dieser Ermahnung war eine neue Reise von Canaris nach Rom, denn inzwischen nutzte Mussolini die neuen Forderungen Francos aus, um Italiens Machtsphäre im westlichen Mittelmeer ausdehnen zu können. Schon schwärmte der Diktator von italienischen Stützpunkten auf den Balearen, schon sah er in Mallorca eine Art italienisches Gibraltar, Festung und Symbol des römischen mare nostrum.

Für den 6. Dezember rief der Duce eine Konferenz aller Stabschefs der italienischen Streitkräfte nach Rom ein, an der auch Roatta und Canaris teilnahmen.[144] Mussolini und Ciano ließen keinen Zweifel daran, daß für sie jetzt die Stunde gekommen war, Erdkampfverbände im spanischen Krieg einzusetzen. Noch gab es freilich die Canaris-Roatta-Übereinkunft, in der festgelegt war, beide Mächte müßten mit gleichstarkem Militärpersonal in Spanien vertreten sein. Mussolini wollte daher von Canaris wissen, ob auch das Deutsche Reich eine Division in Marsch setzen werde. Stumm und steinern saß der Abwehrchef in seinem Sessel, unglücklich darüber, welche Rolle ihm Blomberg zumutete.[145]

Der Duce war über Canaris' Zurückhaltung so befremdet, daß er bei der Einladung zur nächsten Besprechung am 10. Januar 1937 dem Deutschen Botschafter in Rom auftrug, in Berlin zu bestellen: »Da es sich diesmal darum handeln werde, wirkliche Entscheidung in Spanien herbeizuführen und folglich wichtige Entschlüsse zu fassen, würde Mussolini begrüßen, wenn Admiral Canaris oder wer sonst an seiner Stelle oder mit ihm entsandt, nicht nur wie das letzte Mal gewissermaßen als Beobachter, sondern mit Vollmachten käme.«[146]

Canaris wird noch einmal einen Vorstoß zugunsten einer stärkeren deutschen Unterstützung Francos unternommen haben, doch Blomberg blieb bei seiner Ablehnung. Am 7. Januar 1937 hielt eine Aktennotiz des Reichskriegsministeriums fest: »Die materiellen Ansprüche Francos benachteiligen die deutsche Rüstung so stark, daß eine Unterstützung von anderer Seite nur angenehm sein kann, was vielleicht auch aus außenpolitischen Gründen zutrifft.«[147] Canaris reiste mit der festen Order ab, jedem militärischen Engagement Italiens zuzustimmen. Nicht ohne Neid sah er, daß Freund Roatta in der Konferenz des 10. Januar zum Oberbefehlshaber eines italienischen Expeditionskorps bestellt wurde, das schon einen Monat später auf vier Divisionen in Stärke von 50000 Mann angewachsen war.[148]

Dennoch verfolgte Canaris die Einsätze des italienischen Expeditionskorps mit Sympathie. Roatta hatte offensichtlich Glück, seine Truppen errangen ihren ersten Sieg: Am 8. Februar eroberten italienische und spanische Verbände die republikanische Festung Malaga.[149] Einen Monat später wurden die Italiener an der Guadalajara-Front im Osten Madrids eingesetzt, zum erstenmal gegen die Internationalen Brigaden der Republik. »Das Debakel der internationalen Kräfte«, schrieb Mussolini an Roatta, »wird ein Erfolg von großer politischer wie auch militärischer Tragweite sein.«[150] Es wurde ein katastrophaler Mißerfolg: Die Internationalen Brigaden, darunter auch das Thälmann-Bataillon deutscher Kommunisten und Sozialisten, schlugen die hochgerüsteten italienischen Verbände in die Flucht.[151]

»Die Deutschen in Salamanca«, berichten zwei französische Chronisten des Bürgerkrieges, »versprühten Hohn und Spott: Die 11. Internationale Brigade möge zwar aus Juden und Kommunisten bestehen, aber sie hätten gelernt, wie Deutsche zu kämpfen und Italiener zu Klump zu schlagen.«[152] Auch die nationalspanischen Soldaten sangen Spottlieder auf Roattas Grenadiere, Italiens Prestige in Spanien war ramponiert.[153]

Das bekümmerte auch den Italienfreund Wilhelm Canaris. Er verbot seinen Offizieren jede arrogante Kritik an den italienischen Freunden und fegte selbst sachliche Berichte über das Versagen der Roatta-Soldaten beiseite. Als Major Pruck, Ostexperte in der Abwehrzentrale, einen japanischen Offizier anhörte, der in der Schlacht von Guadalajara das Verhalten der italienischen Soldaten beobachtet hatte, und über dessen Erlebnisse einen Bericht verfaßte, reagierte Canaris heftig. Er strich den Bericht mit einem dicken Stift durch und schrieb darauf: »Das ist alles Unsinn!« Ihm hatten vor allem die Passagen mißfallen, die von den Leistungen des Thälmann-Bataillons handelten.[154)]

Die Streitigkeiten zwischen Spaniern, Deutschen und Italienern nahmen zeitweise so überhand, daß Canaris wiederholt nach Spanien reisen mußte, um unter den Bundesgenossen zu vermitteln. Er wurde für Franco zu einem immer unentbehrlicheren Helfer. Wo Konflikte drohten oder sich neue Engpässe auftaten, stets sprang Canaris ein. Er kannte genügend Mittel, um den Caudillo von lästigen Problemen oder noch lästigeren Bundesgenossen zu befreien.

Das Kommando der Legion Condor und die italienische Befehlsstelle sprachen kaum miteinander – Canaris animierte Roatta, mehr Kameradschaft mit den Deutschen zu pflegen.[155)] Der Caudillo litt unter dem Größenwahn des nationalsozialistischen Generals a.D. Wilhelm Faupel, den ihm die Berliner Wilhelm-Straße als ersten Botschafter geschickt hatte – Canaris sorgte dafür, daß Faupel abgehalftert und durch einen alten Bekannten aus dem Madrid des Ersten Weltkriegs, den Berufsdiplomaten Eberhard von Stohrer, ersetzt wurde.[156)] Condor-Kommandeur Sperrle ging mit seiner herrisch-bulligen Art dem Caudillo auf die Nerven – ein Bericht von Canaris genügte, ihn abzulösen.[157)]

Kein Deutscher konnte damals in Spanien einflußreicher sein als der Konteradmiral Canaris. Gestützt auf seine Stellung in der Berliner Wehrmachtspitze und auf eine wachsende Agentenorganisation in Spanien, war er mit jeder Entwicklung, die der Bürgerkrieg nahm, intim vertraut. Seine V-Männer saßen in den Zentralen der kriegführenden Parteien, seine Agenten infiltrierten auch die entlegensten Nebenschauplätze des Bürgerkrieges. Längst hatte der Krieg seinen innerspanischen Charakter verloren; auf der Iberischen Halbinsel prallten fremde Machtinteressen und die Ideologien der Zeit unversöhnlich aufeinander, stießen vor allem die totalitären Mächte und ihre Geheimdienstapparate zusammen. Es war kein Zufall, daß die Geheimdienstchefs Deutschlands und Rußlands persönlich in Spanien agierten: der eine, Wilhelm Canaris, als Globetrotter Guillermo getarnt, der andere, Jan Karlowitsch Bersin, als Militärattaché Gorjew an der Madrider Sowjetbotschaft.[158)]

Der deutsch-sowjetische Agentenkrieg tobte spätestens seit dem Tag, an dem die Abwehr mit der Legion Condor auch offiziell in Spanien eingerückt war. Sie verbarg sich unter der nichtssagenden Dienstbezeichnung »S/88/Ic«, womit nur zum Ausdruck kam, daß die ihr unterstehenden Abwehroffiziere für die Feindaufklärung der Legion (Tarnbezeichnung: S/88) zuständig waren.[159)] Sie wurde von dem Korvettenkapitän Wilhelm Leißner geleitet, der unter dem Decknamen »Oberst Gustav Lenz« gleich nach Ausbruch des Bürgerkrieges in Algeciras einen Außenposten der Abwehr eingerichtet hatte. Das »Büro Lenz« in Algeciras blieb während der ganzen Bürgerkriegszeit die Zentrale für alle Abwehraktivitäten; Canaris kam oft nach Algeciras, um den ihm als ehemaligen U-Boot-Kommandanten nahestehenden Leißner zu besuchen – Algeciras wurde ihm bald die liebste spanische Stadt. (Das Büro, Urzelle der späteren »KO Spanien«, zog im Juni 1939 nach San Sebastian und im Herbst nach Madrid.)[160]

Leißner holte sich einige der fähigsten Sachbearbeiter des Geheimen Meldedienstes (Abwehr I) nach Spanien, darunter auch Lehrpersonal, das er an Francos Geheimdienst, den Servicio Informacion Policia Militar (SIPM), abtrat.[161] Noch wichtiger als die Männer des Geheimen Meldedienstes waren die IIIer, die Angehörigen der Spionageabwehr und der Gegenspionage, denn noch kein Krieg hatte die Kunst der Infiltration und Camouflage so perfektioniert wie der spanische Bürgerkrieg. Die Leitung der Spionageabwehr übernahm der wohl klügste Kopf der deutschen Gegenspionage, Major Joachim Rohleder.[162]

Zur Abwehrgruppe der Legion Condor stieß noch eine Beamtenriege der Geheimen Staatspolizei, die Exekutivaufgaben übernahm. Canaris und sein Gestapo-Partner Best hatten sich zuvor über die Aufstellung einer Polizeitruppe im Wehrmachtdienst geeinigt, deren Name an die ersten Versuche militärisch-polizeilicher Zusammenarbeit erinnerte: Geheime Feldpolizei.[163] Diese GFP unterstand jedoch militärischer Führung, und das gefiel manchen Gestapomännern nicht. Best mußte intern abwiegeln: »Der Führer hat das dem Canaris zugebilligt und einen entsprechenden Befehl unterzeichnet . . . Denken Sie unbedingt daran, daß der Führer dem Anderen den Vorrang in einer schwachen Stunde gegeben hat und wir uns jetzt unter Schwierigkeiten behaupten müssen!«[164]

Doch die Zusammenarbeit zwischen der GFP und der Abwehr III lief nahezu reibungslos ab, zumal einer der Gestapobeamten, Gerhard Fischer, in Rohleder einen alten Bekannten aus Buenos Aires wiederentdeckte.[165] Der Major erwarb sich als »Typ des reinen Soldaten« bei den Männern aus der Prinz-Albrecht-Straße ein unschlagbares Renommee, das Canaris später noch einmal in einer kritischen Situation zugute kommen sollte.[166] Willig ordneten sich die GFP-Männer dem Sachverstand Rohleders unter.

Gemeinsam schwärmten Abwehr und GFP aus, die im nationalspanischen Gebiet operierenden Agenten der Republik, meist Kommunisten mit sowjetischer Schulung, zu enttarnen. Oft gelang es, die bereits in die Franco-Truppe eingesickerten Agenten des Gegners zu erkennen, wobei auch die von deutschen Instrukteuren ausgebildete SIPM half. Doch der Kampf im Untergrund war nicht auf Spanien beschränkt; in Westeuropa hatten sich Nachrichten- und Organisationsnetze des sowjetischen Geheimdienstes etabliert, die es zu zerreißen galt.

In Den Haag hatte der sowjetische Residenturleiter General Walter Kriwitzki eine geheime Waffenhandelsfirma errichtet, deren Vertreter – meist Agenten des Moskauer Geheimdienstes – in allen Teilen Europas für die spanische Republik Waffen aufkauften. V-Männern der Abwehr gelang es, in sein Netz einzudringen. Canaris konterte: Er beschaffte schadhaftes Kriegsmaterial, ließ es aufpolieren und verkaufte es an die Kriwitzki-Organisation.[167] Auch die Import-Export-Firmen, die der sowjetische ND in Paris, London, Prag, Zürich, Warschau, Kopenhagen, Amsterdam und Brüssel zur Tarnung der Waffengeschäfte und zur Rekrutierung von Freiwilligen für die spanische Republik errichtete, entgingen der deutschen Abwehr nicht.[168]

Eine neue Spur, eine neue rote Geheimorganisation tat sich den Canaris-Männern auf: der Sabotagetrupp des in Kopenhagen sitzenden ehemaligen KPD-Funktionärs Ernst Wollweber, der deutsche, italienische und japanische Transportschiffe unschädlich machte. Wollwebers 20-Mann-Organisation ging immer nach der gleichen Methode vor: Sie brachte eine Ladung Dynamit in der Bilge des Schiffs zwischen der Außenhaut des Rumpfes und dem Laderaum an; der Zündmechanismus wurde so eingestellt, daß der Sprengsatz erst auf hoher See detonieren konnte.[169] Nur allmählich kam der deutsche Gegenspieler an die Organisation heran.

In Paris lieferten sich Deutschlands und Rußlands Geheimdienste den härtesten Kampf. Er tobte um die Kontrolle der dortigen Kolonie russischer Emigranten, die nicht übel Lust hatten, sich durch Eintritt in eine Internationale Brigade den Rückfahrschein für die Heimkehr nach Rußland zu verdienen. Manchmal jedoch kamen Canaris' V-Männer den Werbern der anderen Seite zuvor; nicht wenige ließen sich von Kriwitzkis und Bersins Beauftragten nach Spanien locken, ohne zu verraten, daß sie bereits von der Abwehr angeheuert waren.[170]

In ihrem Enttarnungseifer aber merkten Abwehr und Gestapo nicht, daß sich der Gegner längst in der Zentrale der deutschen Hilfslieferungen für Franco-Spanien eingenistet hatte. Der Antifaschist und Nationalkommunist Harro Schulze-Boysen, ein Opfer des Gleichschaltungsterrors von 1933 und Angestellter in der Pressegruppe des Reichsluftfahrtministeriums, sammelte auf eigene Faust, was er über den Sonderstab W erfahren konnte: Details über die deutschen Spanien-Transporte, über eingesetzte Offiziere und Soldaten, über Unternehmen der Abwehr im republikanischen Gebiet.[171] Die Informationen vertraute er Briefen an, die eine Verwandte, Gisela von Poellnitz, in den Postkasten der sowjetischen Handelsvertretung in Berlin warf.[172]

Hätte die Gestapo die Beobachtung der Handelsvertretung nicht verschärft, wäre ihr die Kurierin entgangen. Die Frau wurde 1937 verhaftet. Schon wollte Schulze-Boysen mit ein paar Gesinnungsfreunden ins Ausland fliehen, da kehrte Gisela von Poellnitz wieder zurück; sie hatte nichts verraten. Schulze-Boysen kam mit einer Verwarnung durch die Gestapo davon.[173] Erst später erkannte die Gestapo, daß er damals »geheimzuhaltende Abwehrvorgänge« verraten hatte.[174] Ein Gestapokommissar: »Während des spanischen Bürgerkrieges haben wir Leute von uns als Spione in die Internationale Brigade geschickt. Schulze-Boysen hat ihre Namen gewußt und den Roten übermittelt. Unsere Leute sind daraufhin an die Wand gestellt worden.«[175]

Der Fall verriet etwas von dem leidenschaftlichen Kreuzzugsgeist, mit dem Abwehr und Gestapo den gemeinsamen Gegner jagten. Nie hatte Canaris aufgehört, im Kommunismus und dessen sowjetischer Heimstatt die Wurzel allen Übels zu sehen. Rußland blieb dem Westdeutschen Canaris eine rätselhafte, unheimliche Welt, undurchschaubar und Brutstätte tödlicher Gefahren für die bürgerliche Lebensordnung Europas. Ihm genügte es jedoch nicht, die geheimdienstlichen Ausleger des Stalin-Reiches zu beobachten und möglichst unter Kontrolle zu bringen; Canaris wollte mehr über Rußlands Inneres wissen und Möglichkeiten erkunden, dessen gefährliche

Macht zu zersetzen. – Das konnte freilich die Abwehr nicht allein schaffen, dazu brauchte der deutsche Geheimdienst ausländische Partner. Bereits früher hatte Canaris eine Art Allianz zwischen Abwehr und den Geheimdiensten der Randstaaten Rußlands vorgeschwebt, verbunden zu dem einzigen Zweck, die Sowjetunion zu durchleuchten. Selbst das ferngelegene Japan bezog der Admiral in seine geheimdienstliche Strategie mit ein – und öffnete damit Hitlers latenter Expansionslust eine weitere Tür.

Die angesprochenen Staaten hatten zunächst wenig Lust verspürt, sich in den Kreuzzug des deutschen Geheimdienstchefs einspannen zu lassen. Selbst das traditionell deutschfreundliche Ungarn zögerte, als ihm Canaris im April 1935 einen ersten Besuch machte. »Von Ungarn«, ließ er einen Begleitoffizier notieren, »ist zur Zeit angesichts der politischen Lage in Europa keine klare Entscheidung für oder gegen Deutschland zu erwarten. Ein so kleines Land, von erbitterten Feinden umgeben, muß eine abwartende, vorsichtige Politik treiben . . . Die Ungewißheit über den Kurs [des ungarischen Ministerpräsidenten] Gömbös bringt auch in das höhere Offizierkorps Unsicherheit.«[176)]

Doch Canaris war sich sicher: »Die Freundschaft der Militärs [zu Deutschland] ist aufrichtig.«[177)] Canaris kontaktierte ungarische Offiziere, die mit ihm im Ersten Weltkrieg in den Adria-Stützpunkten der k. u. k. Marine gedient hatten, darunter auch ehemalige Kampfgenossen, die jetzt im ungarischen Geheimdienst arbeiteten. Ein jüngerer Generalstabsoffizier namens Szentpetery, dessen Foto später auf Canaris' Schreibtisch stand, half ihm dabei.[178)] Im Sommer 1935 kam Oberstleutnant Major, der Chef der Defensivgruppe des ungarischen Generalstabes, nach Berlin und eröffnete Verhandlungen, an deren Ende eine gemeinsame deutsch-ungarische Aufklärungsarbeit in der Sowjetunion stand.[179)]

Im Herbst meldete sich ein weiterer Partner: In Estland hatte eine deutschfreundliche Offiziersgruppe unter dem Obersten Maasing das Kommando über den Geheimdienst dieses Landes übernommen.[180)] Maasing bot kurz darauf Canaris engste Zusammenarbeit in der Rußland-Aufklärung an, der deutsche Abwehrchef ließ ein Abkommen ausarbeiten: ungehinderte Arbeit der Abwehr in Estland und gemeinsame Rußland-Aufklärung beider Geheimdienste gegen Finanzierung und technische Ausrüstung des estnischen Partners durch Deutschland.[181)] Im Sommer 1936 kam Maasing nach Berlin zur Unterzeichnung des Abkommens, später reiste Canaris nach Estland zu weiteren Besprechungen.[182)]

Ein dritter Geheimdienst reihte sich in die antisowjetische Allianz ein: der japanische. Der Spionageapparat der aufsteigenden fernöstlichen Weltmacht galt bei der Abwehr als »erstaunlich gut unterrichtet«.[183)] Dem japanischen Geheimdienst, so ein ehemaliger Abwehrhauptmann, »standen die besten und klügsten Köpfe des eigenen Landes zur Verfügung«.[184)] Vor allem die Infiltrationstechnik der Japaner in der Sowjetunion fand die Bewunderung der Abwehr, die selber kaum einen einzigen leistungsfähigen Agenten im sowjetischen Staats- und Militärapparat einschleusen konnte. Piekenbrock, der Chef des Geheimen Meldedienstes, wußte nur allzu gut: »Rußland ist für das Eindringen eines feindlichen Nachrichtendienstes das schwerste Land.«[185)]

Sich einen so hervorragend informierten Geheimdienst zum Partner zu machen, erschien der Abwehr als ein erstrebenswertes Ziel. Canaris förderte derartige Bemühungen, Japan faszinierte ihn. Seine Fernostreise im Sommer 1924 hatte in ihm tiefe Spuren zurückgelassen; was er damals in den japanischen Kriegshäfen beobachtet hatte, war nicht ohne Eindruck auf ihn geblieben. Nicht umsonst hatte er damals eine enge Zusammenarbeit zwischen den Flotten beider Länder konzipiert, doch der Plan war an der ablehnenden Haltung der Berliner Marineleitung gescheitert. Das Interesse für Japan verließ ihn jedoch nicht mehr.

Es fand neue Nahrung, als er einem kleinen, drahtigen, gutgelaunten und fast immer etwas nach Kirschwasser duftenden Mann begegnete, der gleichsam schon familiengeschichtlich deutsch-japanische Kooperation verkörperte. Generalmajor Hiroshi Oshima, japanischer Militärattaché in Berlin und Chef der Europa-Leitstelle des japanischen Geheimdienstes, war der Sohn eines Kriegsministers, der bei dem deutschen Reformer von Nippons Armee, General Meckel, und in einem Artillerieregiment in Ludwigsburg das militärische Handwerk erlernt hatte.[186] Die Bewunderung für deutsche Militärkunst und Kultur vereinigte Vater und Sohn Oshima.

Sie verführte den jungen Hiroshi, im Nationalsozialismus eine Wiedergeburt deutscher Großmacht zu sehen, mit der die beiden Oshimas und eine einflußreiche Gruppe japanischer Armeeoffiziere ehrgeizige Pläne verbanden. Gegner des parlamentarischen Regierungssystems und der prowestlichen Außenpolitik Japans, wollten diese Militärs einen autoritären Staat errichten und in einem Krieg gegen die Sowjetunion aus der sibirischen Landmasse neuen Lebensraum für das übervölkerte Japan herausschneiden, groß genug, Japan die beherrschende Rolle im Fernen Osten zu sichern. Rußland aber ließ sich leichter auf die Knie zwingen, wenn Japan an den Westgrenzen der Sowjetunion einen Bundesgenossen fand. Hiroshi Oshima schien den Militärimperialisten der geeignete Mann, für ihr Eroberungsprogramm die einzige Macht zu interessieren, die als Alliierter in Frage kam: Hitlers Deutschland.[187]

Oshima fand in dem Abwehrchef Canaris einen Gesprächspartner, der zumindest auf seinem eigenen Arbeitsgebiet nicht abgeneigt war, die japanischen Rußland-Pläne zu unterstützen. Die beiden Männer, die sich auch persönlich mochten und gerne gemeinsam tafelten, verabredeten ein Zusammenwirken der Geheimdienste ihrer Länder in allen die Sowjetunion betreffenden Fragen. Abwehr und japanischer ND sollten ihre Rußland-Nachrichten miteinander austauschen; liefen sowjetische Funktionäre über, so hatte der eine Partner den anderen an den Vernehmungen der Flüchtlinge zu beteiligen.[188]

Die mündliche Verabredung zwischen Canaris und Oshima wurde im Oktober 1935 schriftlich fixiert, ohne jedoch in die Form eines Vertrages gekleidet zu werden.[189] Denn noch herrschten in Japan Regierungen, die jedweder Allianz mit dem Dritten Reich abhold waren. Erst im Februar 1936 kam nach einer noch in letzter Minute niedergeschlagenen Truppenrevolte ein Kabinett an die Macht, das eher gesonnen war, sich den antisowjetischen Vorstellungen der Armee anzupassen.

Und wieder lief jener Automatismus ab, der schon einmal aus einer von

Canaris initiierten Geheimdienstabsprache ein politisches Bündnis gemacht hatte. Ein deutscher Ostasien-Kaufmann namens Friedrich Wilhelm Hack, Waffenhändler und Intimus Oshimas, interessierte Hitlers außenpolitischen Chefberater Ribbentrop für den japanischen Militärattaché; offenbar hatte Hack, dem als Waffenhändler die Welt der Geheimdienste nicht fremd war, von der Canaris-Oshima-Absprache gehört.[190] Der profilsüchtige Ribbentrop, stets begierig, auf Kosten des Auswärtigen Amtes eigenen Ruhm zu suchen, griff Hacks Anregung auf und traf sich im Oktober 1935 in dessen Wohnung mit Oshima[191].

Ribbentrop wollte von dem Japaner wissen, ob Tokio nicht am Abschluß eines »Verteidigungsbündnisses« gegen Rußland interessiert sei, und bat ihn, doch einmal bei dem japanischen Generalstab nachzufragen. Die Erkundigung sollte jedoch ganz diskret erfolgen, denn Ribbentrop ließ deutlich durchblicken, er selber handle nur »privat«, nicht im Auftrag Hitlers oder des Auswärtigen Amtes.[192] Das konnte Oshima nur recht sein, sah doch auch er große Schwierigkeiten bei seiner Regierung voraus. Gleichwohl kabelte Oshima an den Generalstab, der jedoch mit der Aufnahme von Verhandlungen einverstanden war.[193] Die Gespräche schleppten sich allerdings mühsam dahin, weil die japanische Regierung noch immer einen Horror vor einem Bündnis mit den Deutschen hatte, nicht zuletzt aus Furcht vor Moskaus Reaktion.

Da kam einem Mitarbeiter Ribbentrops, dem Ostexperten Hermann von Raumer, eine rettende Idee. Er hatte irgendwo gelesen, daß die sowjetische Regierung in amtlichen Noten jegliche Verantwortung für die propagandistische Arbeit der in Moskau sitzenden Kommunistischen Internationale (Komintern) abgestritten habe. Wenn also, so überlegte Raumer, zwei Staaten einen Vertrag zur Abwehr dieser Kominternpropaganda abschlossen, so konnte das die Regierung der UdSSR schwerlich als einen gegen sie gerichteten unfreundlichen Akt interpretieren.[194] Raumer war von seinem Einfall so begeistert, daß er sich sofort, am Abend des 22. November 1935, hinsetzte und einen Vertragstext entwarf.[195] Es war die Geburtsstunde des Antikomintern-Paktes.

Was aber stand in dem Papier? Kaum etwas anderes als in dem Abkommen, das Canaris im Februar 1928 mit dem spanischen Sicherheitschef Bazan ausgehandelt hatte: Bekämpfung der Komintern, gegenseitige Unterrichtung über Komintern-Aktivitäten, Einladung an dritte Staaten, sich dem Pakt anzuschließen. Später kam noch ein »Geheimes Zusatzabkommen« hinzu, in dem sich beide Partner versprachen, im Falle eines Krieges die Sowjetunion nicht zu begünstigen und mit ihr kein Abkommen ohne Zustimmung des Partners abzuschließen.[196]

Hitler war einverstanden, auch die japanische Regierung stimmte schließlich zu. Am 25. November 1936 wurde der Antikomintern-Pakt unterzeichnet, Start zur Begründung jener Mächtekoalition, die bald ihren bedrohlichen Schatten auf die diplomatische Weltszene werfen sollte: der Achse Berlin–Rom–Tokio.[197]

Canaris aber kamen keine Bedenken. Er ignorierte auch, daß die meisten führenden Wehrmachtoffiziere der Allianz mit Japan keinen Geschmack abgewinnen konnten, nicht zuletzt wegen der traditionellen Sympathien zu

China, dessen Armeen (von einer starken Beratergruppe deutscher Militärs ausgebildet) einen verzweifelten Kampf gegen die großangelegte Infiltrationsstrategie der japanischen Armee in der Mandschurei führten. Canaris hingegen knüpfte die Bande mit Oshima noch enger, zumal die Geheimdienste Deutschlands und Japans ein gemeinsames Ärgernis erregte: Sowjetische Spione hatten sich Zugang zu der geheimen Korrespondenz der deutsch-japanischen Vertragsverhandlungen verschafft.

Der Abwehr war aufgefallen, daß die sowjetische Regierungszeitung »Iswestija« schon am 30. Dezember 1935 über die deutsch-japanischen Verhandlungen berichtet hatte, zu einer Zeit, da nicht einmal die Außenministerien in Berlin und Tokio davon wußten.[198] Im August 1936 zeigten sich die Sowjets wiederum so gut informiert, daß in Berlin die Version umging, der Kreml sei in den Besitz der Verhandlungsunterlagen gekommen.[199] Canaris jagte seine Männer auf, nach dem Leck zu suchen, aus dem die vertraulichen Informationen flossen.

Deutsche und japanische Agenten suchten emsig den unsichtbaren Gegner, aber sie fanden ihn nicht. Sie wußten nicht, daß im Forschungsamt, der zentralen Abhörstelle des Dritten Reiches, ein V-Mann des Generals Kriwitzki saß, der Zugang zu den vom Amt aufgefangenen, verschlüsselten Telegrammen Oshimas hatte. Schon am 8. August besaß Kriwitzki einen Film mit allen Kabeln, die zwischen dem japanischen Militärattaché in Berlin und dem Generalstab in Tokio gewechselt worden waren; Kriwitzki ließ die Oshima-Texte in Den Haag entschlüsseln, übersetzen und via Paris nach Moskau funken.[200]

Gleichwohl festigte die gemeinsame Schlappe den Bund zwischen den deutschen und japanischen Geheimdiensten. Oshima wollte den Antikomintern-Pakt alsbald in ein Bündnis umwandeln. Als sich der Attaché Ende Dezember im Reichskriegsministerium verabschiedete, um nach Japan zu reisen, hatte er bereits eine »Deutsch-Japanische Militär-Konvention« entworfen.[201] Doch die Wehrmachtführung schrak zurück; Keitel bedeutete dem Japaner, der Abschluß einer solchen Konvention sei »Sache der politischen Reichsführung«.[202] Auch der drängende Canaris erfuhr am gleichen Tag, ein militärisches Bündnis mit dem undurchsichtigen Japan komme im Augenblick nicht in Frage.[203]

Oshima indes gab nicht auf. Kaum war der General im März 1937 wieder in Deutschland, präsentierte er im Namen seines Generalstabs ein neues Papier, das engste Zusammenarbeit der beiden Armeen einschließlich der Luftwaffe vorsah. Seine ersten Passagen betrafen die Abwehr: »Artikel 1. Beide Armeen tauschen die eingegangenen Nachrichten sowohl über die russische Armee als auch über Rußland. Artikel 2. Betreffs der Zersetzungsarbeit gegen Rußland, die beide Armeen beabsichtigen, beraten sie, gewähren sie gegenseitige Erleichterungen, arbeiten sie überdies möglichst zusammen.«[204] Die neuerliche Oshima-Offerte brachte das Reichskriegsministerium in nicht geringe Verlegenheit, denn Blomberg und Keitel mochten keiner Formalisierung der deutsch-japanischen Militärkontakte zustimmen.

Der Einfall der japanischen Armee in Nordchina im Juli erleichterte der Wehrmachtführung die Absage an die Japaner. Selbst Hitler wollte sich nicht in den fernöstlichen Krieg hineinziehen lassen und wandte sich gegen ein Bündnis mit Japan.[205] Schon vor dem Ausbruch des China-Krieges hatte Keitel dem General Oshima erklärt, »es bedürfe keinerlei schriftlicher Festlegung mehr, um die vertrauensvolle beiderseitige Zusammenarbeit weiter zu pflegen«.[206] Am Ende profitierte nur einer von den fruchtlosen Erörterungen: Canaris.

Keitel gab nämlich Oshima zu verstehen, er habe »keine Bedenken«, daß der Japaner »bezüglich des Nachrichtenaustausches und der Zersetzungsarbeiten gegenüber Rußland« unmittelbar mit Canaris verhandle und »eine klare Abgrenzung der beiderseitigen Arbeitsgebiete« verabrede.[207] Zugleich wurde der Abwehrchef zum Verhandlungspartner des japanischen Militärattachés bestellt. Mitte Juni hatte Keitel der Anregung zugestimmt, die Oberkommandos der Wehrmachtteile sollten künftig in Fragen der deutsch-japanischen Zusammenarbeit »nichts selbständig unternehmen«, sondern alles dem Wehrmachtamt und dem Abwehrchef überlassen.[208] Canaris und Oshima rückten noch näher aneinander.

Die beiden Männer einigten sich rasch über die gemeinsame Zersetzungsarbeit ihrer Geheimdienste, Japans und Deutschlands Spionageherren teilten sich Rußland untereinander auf. Aus den Kanälen der japanischen Rußland-Aufklärung floß manch wertvolles Material in die Gruppen und Referate der Abwehrzentrale (so mißtrauisch und fremdenfeindlich auch das Gros der japanischen Agenten blieb). Ein Jahr später bewährte sich das Canaris-Oshima-Abkommen: Als Genrich Samoilowitsch Ljuschkow, der sowjetische Staatssicherheitschef im Fernen Osten, zu den Japanern floh, lud Tokio die Abwehr ein, an allen Ljuschkow-Vernehmungen teilzunehmen.[209]

Canaris ließ es sich nicht nehmen, bei jeder sich bietenden Gelegenheit die deutsch-japanische ND-Allianz zu feiern. Wann immer japanische Geheimdienstoffiziere nach Deutschland kamen, suchte er die Begegnung mit ihnen. Eines Tages trafen sich die führenden Rußland-Experten des japanischen Geheimdienstes zu einer Konferenz in Berlin. Canaris erschien und begrüßte die Japaner mit einer überraschenden Geste: einer Rede in russischer Sprache, die er sich zuvor von Pruck hatte übersetzen lassen und (nur gestützt auf ein paar Brocken Russisch-Kenntnisse aus seiner Kadettenzeit) auswendig gelernt hatte. Pruck erinnert sich: »Er erntete zu Recht lebhaften Beifall der Hörer.«[210]

So gearteter Eifer bewies, wie sehr ihm die antisowjetische Allianz der Geheimdienste am Herzen lag. Wenn Canaris etwas zutiefst mit den faschistischen und autoritären Mächten seiner Zeit verband, so war es der totalitäre Antikommunismus. Der Kampf gegen die Zentrale des Weltkommunismus war ihm Glaubenssache, durch Canaris' politisches Denken und Fühlen zog sich von der Abwehr der roten Räteherrschaft nach dem Ersten Weltkrieg bis zum Abschluß des Antikomintern-Paktes eine konsequente Linie. Wo auch immer zum Kampf gegen den Kommunismus gerufen werden sollte, der Konservative und Christ Canaris würde stets zur Stelle sein.

Nicht ohne Genugtuung sah er, daß der deutsch-japanische Antikomintern-Pakt neue internationale Interessenten fand. Gerade Canaris' Lieblingsstaaten schlossen sich dem Abkommen an. Im November 1937 unterzeichnete Italien den Pakt, knapp anderthalb Jahre später werden sich Spanien, Ungarn und der japanische Marionettenstaat Mandschukuo dazugesellen.[211] Vor allem Spaniens Zusage erfreute Canaris, auf dem Vertrag standen die Unterschriften zweier Canaris-Bekannter: Botschafter von Stohrer hatte für das Reich, Außenminister Graf Jordana für Nationalspanien unterschrieben.[212]

Der Antikommunist Canaris war nicht kritisch genug, die innere Hohlheit der von Hitler und Ribbentrop forcierten Antikomintern-Pakte zu durchschauen. Anders als Canaris sahen der Führer und seine Gehilfen im Antikommunismus nur eine taktisch-diplomatische Spielart, ein Sprengmittel, mit dem sich Europas Nachkriegsallianzen zerstören und zugunsten Deutschlands neuordnen ließen. Das schloß sogar ein zeitweiliges Zusammengehen, zumindest ein Katz-und-Maus-Spiel mit dem eben noch verteufelten Rußland Josef Stalins nicht aus. Am Ende sollte freilich stehen, wovon Hitler seit den zwanziger Jahren träumte: der Ritt nach Ostland, die gewaltsame Erschließung deutschen Lebensraums in den Weiten Rußlands.

Dem Abwehrchef war solche Skrupellosigkeit fremd, ja er wußte nicht einmal von ihr. Lange, allzu lange hielt er die Führer des nationalsozialistischen Regimes für normale Bundesgenossen im Kampf gegen den atheistischen Kommunismus. Erst eine Affäre von welthistorischer Brisanz öffnete ihm die Augen.

Am 11. Juni 1937 wurde Canaris von der Meldung der sowjetischen Nachrichtenagentur »Tass« überrascht, Marschall Michail Tuchatschewski, ehedem stellvertretender Volkskommissar für das Kriegswesen, und sieben Generale der Roten Armee seien von einem Sondertribunal zum Tode verurteilt worden, weil sie »staatsfeindliche Beziehungen zu führenden militärischen Kreisen einer ausländischen Macht unterhielten, die eine der UdSSR feindliche Politik betreibt. Die Angeklagten arbeiteten für den Spionagedienst dieser Macht«.[213] Was das auch im einzelnen bedeuten mochte, eines war für Canaris sicher: Der Kampf um die Macht in der Sowjetunion, seit Monaten an den Schauprozessen gegen Stalin-Rivalen ablesbar, hatte nun auch die Armee erreicht.

Das Strafgericht gegen Tuchatschewski und seine Freunde löste eine Orgie von Blut, Terror und Willkür aus. Je brutaler Stalin nach der Alleinherrschaft strebte und jeden tatsächlichen oder eingebildeten Widersacher in Armee, Partei und Staat beseitigen ließ, desto länger und rätselhafter wurde die Liste der Liquidierten. Innerhalb eines Jahres wurden 35000 Offiziere »gesäubert«, fast die Hälfte des gesamten Offizierkorps der Roten Armee, darunter 90 Prozent der Generale und 80 Prozent der Obristen.[214]

Die »Jeschowtschina« (so genannt nach dem Staatssicherheitschef Nikolai Jeschow) walzte auch die Führer des sowjetischen Geheimdienstes nieder, zumal auch sie bei dem mißtrauischen Menschenfeind im Kreml im Verdacht standen, Komplotte gegen ihn zu schmieden. Mancher gefährliche Gegenspieler der Abwehr gehörte zu den Opfern: Bersin wurde aus Spanien zurückgerufen und später liquidiert, Kriwitzki konnte noch rechtzeitig seinen Häschern entkommen, der sowjetische Geheimdienstchef in der Schweiz wurde niedergeschossen, auch den Militärattaché in London, General Putna, trafen die Hinrichtungskommandos des Staatssicherheitsdienstes.[215]

Canaris aber stand ratlos vor solchem Ausbruch asiatischer Despotie. Die Rußland-Aufklärung der Abwehr war nicht gut genug, den Chef über die Hintergründe der innersowjetischen Krise zu informieren. Vor allem die Rolle Tuchatschewskis und anderer Generale blieb ungeklärt. Pruck kannte zwar einige von ihnen, die vor 1933 im Rahmen der geheimen Zusammenarbeit zwischen Reichswehr und Roter Armee an deutschen Manövern teilgenommen hatten, auch Blomberg war ihnen bei einem längeren Aufenthalt in der Sowjetunion begegnet, aber das Rätsel der Tuchatschewski-Affäre konnten sie nicht entschleiern.[216]

Blomberg und Canaris ersuchten die im Heeresgeneralstab zuständige Abteilung um Aufklärung. Als Oberstleutnant Dr. Karl Spalcke, Rußland-Referent der »Fremde Heere«, zum Vortrag erscheinen wollte, hielt ihn im Reichskriegsministerium ein Kamerad an und fragte ihn, »ob ich wüßte, daß der Gestapochef Heydrich den Sturz Tuchatschewskis inszeniert hätte?« Er habe »von SS-Leuten gehört, daß Heydrich sich rühme, es sei sein Verdienst, wenn die Rote Armee jetzt ihrer wichtigsten Führerpersönlichkeiten beraubt sei«. Spalcke kannte nur eine Antwort: »Reine Angeberei«.[217]

Immerhin hielt Spalcke die Geschichte für belangvoll genug, um sie Canaris zu erzählen. Der Abwehrchef war erstaunt, er hatte noch nichts davon gehört. Da auch Spalcke kein Licht in das Dunkel des Tuchatschewski-Falls bringen konnte, beauftragte Canaris ein paar Vertraute, sich im Geheimen Staatspolizeiamt umzuhören.[218] Als die Erkundungen ergebnislos blieben, fragte er Heydrich selber – bei ihrer nächsten Zusammenkunft.

»In tiefer seelischer Erschütterung« (so ein Zeuge) kehrte Canaris von dem Gespräch mit Heydrich zurück. Einem seiner Freunde im Amt, dem Hauptmann Heinz, erzählte er, Heydrich habe ihm tatsächlich gestanden, »die gesamte Führung der Roten Armee ans Messer geliefert zu haben«. Soviel wisse er nun von dem Chef der Sicherheitspolizei und des SD: Der SD habe sich Dokumente aus der Zeit der Reichswehr-Rote-Armee-Kooperation beschafft und die darin enthaltenen Mitteilungen und Unterschriften dazu benutzt, einen Briefwechsel zu fälschen, aus dem hervorgehen sollte, sowjetische Generale unterhielten landesverräterische Beziehungen mit deutschen Offizieren. An der Fälschung hätten auch vier ehemalige Angehörige des sowjetischen Staatssicherheitsdienstes mitgewirkt. Das Material sei dann dem tschechoslowakischen Generalstab zugespielt worden, der es nach Moskau weitergereicht habe.[219]

Canaris konnte kaum seine innere Bewegung unter Kontrolle halten. Er habe, so Canaris weiter, Heydrich gefragt: »Warum, um Himmels willen, haben Sie dieses Spiel getrieben?« Darauf habe Heydrich ihm geantwortet: »Die Idee stammt vom Führer selbst. Die russische Wehrmacht mußte in ihrer Spitze dezimiert und damit geschwächt werden. Das Ganze ist ein Schachzug des Führers und paßt in den Generalplan der nächsten Jahre.«[220]

Den Admiral beschäftigte der Fall so heftig, daß er weitere Nachforschungen über Heydrichs Tuchatschewski-Aktion anstellen ließ. Die Rechercheure kamen jedoch nicht weit, das Abschottungssystem des SD blieb undurchdringlich. So erfuhr der Abwehrchef auch nicht, daß Heydrich nur ein kleiner, unwichtiger Helfershelfer des Moskauer Staatssicherheitsdienstes gewesen war, der aller Wahrscheinlichkeit nach die ganze SD-Aktion angeregt hatte. Denn die ersten Meldungen, die Heydrich im Dezember 1936 auf die angebliche Existenz einer Oppositionsgruppe um Tuchatschewski aufmerksam gemacht hatten, stammten von dem in Paris lebenden russischen Exilgeneral Nikolaj Wladimirowitsch Skoblin, der zugleich für den SD und den sowjetischen Geheimdienst arbeitete.[221]

Schon die Chronologie der Ereignisse, die zum Sturz Tuchatschewskis führten, verriet die ordnende Hand des sowjetischen Staatssicherheitsdienstes: Ende September 1936 wurde Jeschow zum Volkskommissar für Innere Angelegenheiten ernannt.[222] Im gleichen Monat ließ man den Tuchatschewski-Mitarbeiter Putna verhaften.[223] Am 27. Januar 1937 wurde im Schauprozeß gegen den Rechtsabweichler Karl Radek der Marschall zum erstenmal öffentlich als Freund des »Landesverräters« Putna genannt.[224] Am 3. März sprach Stalin in einer Rede vor dem Zentralkomitee der KPdSU von dem ungeheuren Schaden, »den eine Handvoll Spione in den Reihen der Roten Armee dem Lande antun konnte«.[225] Am 11. Mai wurde Tuchatschewski als stellvertretender Kriegskommissar abgesetzt.[226] Drei Wochen später folgte seine Verhaftung.[227]

Der SD aber hatte erst im April 1937 die »systematische Fälscherarbeit« begonnen – zu einer Zeit also, da Putna bereits öffentlich denunziert worden war und Stalin von der »Handvoll Spione« sprach.[228] Mitte Mai lieferte dann der SD die gefälschten Dokumente an die Sowjets aus – am 11. Mai indes war Tuchatschewski bereits als Vizekommissar kaltgestellt.[229] Mit anderen Worten: Die Männer um Tuchatschewski waren niemals durch Heydrich oder den SD gestürzt worden (deutsche Dokumente tauchten denn auch an keiner Stelle des Prozesses gegen die Tuchatschewski-Gruppe auf).

Canaris kannte freilich diese Zusammenhänge nicht. Er mußte glauben, was ihm der ruhmsüchtige Heydrich enthüllte – und das war für den Antikommunisten Canaris eine Ungeheuerlichkeit, die kein deutscher Offizier von Ehre billigen konnte: Dienststellen des Reiches hatten mit Hilfe sowjetischer Geheimpolizisten fast die gesamte Armeeführung Rußlands gemordet, darunter auch Offiziere, die einmal Gäste und Kursteilnehmer deutscher Kriegsschulen gewesen waren. Canaris sah eine moralische Bodenlosigkeit vor sich, die ihn zum erstenmal seit seiner Ernennung zum Abwehrchef erschreckte.

Aber nicht nur der Moralist Canaris, auch der Behördenchef und Kompetenzstratege reagierte äußerst gereizt. Die Tuchatschewski-Affäre signalisierte das Vorpreschen eines Konkurrenten, der eines Tages die Monopolstellung der Abwehr auf dem Gebiet geheimdienstlicher Auslandserkundung ernsthaft bedrohen konnte. Der SD drang mit eigenen Agenten in die Auslandsaufklärung ein, seine – noch kleinen – Informantennetze behinderten die Arbeit der Abwehr; schon kamen sich Abwehr und SD auf dem schwierigen Gelände Paris in die Quere, auch in Polen und anderen osteuropäischen Ländern störten die beiden Organisationen einander.

Auch in der Spionageabwehr kam es zu mancher Kollision. »Es mehren sich die Fälle«, schrieb Bamler am 28. Mai 1937, »aus denen mit Sicherheit angenommen werden kann, daß der SD des Reichsführers-SS . . . bestrebt ist, zu einem Aufsichtsorgan über die Geheime Staatspolizei und andere amtliche Stellen des Reiches zu werden. Es kann keinem Zweifel unterliegen, daß der SD bestrebt ist, die Abwehrorganisation des RKM [Reichskriegsministeriums] in der Rüstungsindustrie und in den Behörden zum mindesten zu diskreditieren.«[230] Solche Meldungen alarmierten Canaris ebenso wie die Vorgänge um den Sturz Tuchatschewskis.

Bis dahin hatte er den SD nicht sonderlich ernst genommen. Canaris war auf die Gestapo fixiert, sie zu neutralisieren und zu kooperativem Verhalten zu bewegen, hatte er sich – meist mit Erfolg – bemüht. Dabei war ihm entgangen, daß im Sicherheitsdienst ein Rivale heranwuchs, dessen ehrgeizige Führer sogar davon sprachen, eines Tages den politischen und den militärischen Geheimdienst zu einem großdeutschen Intelligence Service zu vereinigen – zu vereinigen unter ihrer Kontrolle. Schon jetzt stellte der SD eine ansehnliche Macht dar: 1937 verfügte das SD-Hauptamt im Haus 102 der Berliner Wilhelm-Straße über 3000 hauptamtliche Mitarbeiter und 50000 mehr oder weniger freiwillige Informanten.[231]

Und das kleine SD-Imperium wuchs und wuchs, zumal Heydrich in diesem Geheimdienst der Partei das bewegliche Herrschaftsinstrument entdeckt hatte, das der Beamtenapparat der Gestapo trotz seiner ideologischen Umfunktionierung nicht sein konnte. In der Gestapo wirkte noch ein Hauch preußisch-deutscher Verwaltungstradition, in den SD aber strömten von Arbeitslosigkeit, Nachkrieg und bürgerlicher Auflösung geprägte Intellektuelle, Anhänger einer im Grunde doktrinlosen Dynamik, einer Technologie des Herrschens, die nur noch die Macht an sich, den Dienst für den charismatischen Führer kannte.

Nur in dem eiskalten Klima eines solchen, von aller Sittlichkeit losgelösten Funktionalismus konnte die Idee entstehen, die sowjetische Geheimpolizei zur mörderischen Jagd auf die eigene Armeeführung anzustacheln. Der Skrupellosigkeit entsprach der im SD praktizierte Dilettantismus. Die Auslandsspionage lag in der Hand des unerfahrenen SS-Oberführers Heinz Jost, der im SD-Hauptamt die Zentralabteilung III 2 (Abwehr gegnerischer Nachrichtendienste) leitete, und auch in den SD-Außenstellen im Grenzgebiet gab es kaum einen Spionageprofi.[232] Was den SD-Männern an Kenntnissen fehlte, ersetzten ihnen oft die Wahnideen des Nationalsozialismus. Es war nicht ohne unfreiwilligen Humor, was der SD beispielsweise über die Sowjetunion zu wissen glaubte.

So huldigte der SD der Überzeugung, die innersowjetischen Machtkämpfe seien nichts anderes als das Teufelswerk des Judentums. »Streng vertraulich« führte das Informationsamt des SD 1937 in einem Sonderbericht Stalins Säuberungsexzesse auf den Kampf zweier Machtgruppen zurück: »Die eine kann man unter dem Sammelbegriff ›westlerisch-freimaurerisch‹ und die andere unter dem Sammelbegriff ›östlerisch-ghetto-jüdisch‹ zusammenfassen.« Folgerichtig gehörte Tuchatschewski »zu den westlerisch-jüdisch-freimaurerischen Kräften und hat in diesem Sinne, wie auch andere Trotzkisten, eine wenn auch sehr vorsichtige Tätigkeit entfaltet«.[233]

Dennoch hatte Canaris allen Grund, den Expansionsdrang des SD zu fürchten. Der Abwehrchef wurde wiederholt bei Best vorstellig und beklagte sich über den Dilettantismus des SD, der mit seinen Informanten die Arbeit der Abwehr störe (eine Klage, die der Gestapobeamte oft nur allzu berechtigt fand).[234] Heydrich bequemte sich denn auch dazu, seine Geheimdienstler zur Zusammenarbeit mit der Abwehr zu ermahnen. Doch das Spannungsverhältnis zwischen den beiden Diensten blieb bestehen. Canaris konnte Heydrich nicht zu größeren Konzessionen bewegen, die Auslandsarbeit des SD ging weiter.

Canaris war darüber so erbost, daß er jetzt stets allergisch reagierte, wenn ihm irgendwelche Beeinträchtigungen von Abwehrkompetenzen zu Ohren kamen. Dann konnte er hart und ungnädig einschreiten. Als er erfuhr, das Reichspropagandaministerium plane für den Kriegsfall den Einsatz eigener V-Männer für den Propagandakampf im Grenzgebiet, verbat er sich solche Einmischung in Aufgaben der Abwehr. Am 24. April 1937 diktierte er: »Es wird gebeten, das Propagandaministerium auf das Unzulässige dieser Betätigung hinzuweisen. Die Abwehr wird gegen die Übertretung der eindeutigen Bestimmungen mit den schärfsten Mitteln vorgehen.«[235]

Er war auch in aggressiver Stimmung, als ihn sein Vorgänger Patzig im Herbst jenes Jahres traf. »Gleich zu Beginn unserer Unterhaltung«, weiß Patzig, »erklärte er mir, von oben bis unten wären sie alle Verbrecher, die Deutschland zugrunde richteten.« Patzig darauf: »Dann können Sie die Abteilung nicht weiterführen. Beantragen Sie Ihre Abkommandierung.« Canaris gab zurück: »Wenn ich gehe, kommt Heydrich, und dann ist alles verloren.«[236]

Nachdenklich verließ Patzig seinen so andersgearteten Nachfolger. War das noch der Mann, der ihn 1934 leichten Herzens abgelöst hatte und »mit diesen Jungs« schon »fertigwerden« wollte? Patzig hatte nie seine Verdrängung aus dem Amt des Abwehrchefs verwunden, er wird nicht ohne Genugtuung den Gefühlsausbruch von Canaris registriert und behalten (vielleicht sogar vergröbernd wiedergegeben) haben. Er konnte schwerlich auseinanderhalten, was bei Canaris Launenhaftigkeit und was wahre Meinung war.

Canaris hatte keinen Grund, seine Stellung für gefährdet zu halten. Seine Position in der Hierarchie der Wehrmacht war unangetastet, noch wähnte er, im Schatten eines wenn nicht genialen, so doch bedeutenden Führers zu arbeiten. Doch lange sollte diese Illusion nicht mehr währen.

8 Am Wendepunkt

Die Hochzeit des Reichskriegsministers war das Ereignis der Wintersaison. Canaris erfuhr davon, als er am 22. Januar 1938 von einer Spanienreise zurückkehrte und am Flughafen Tempelhof von Oberstleutnant Piekenbrock, seinem Statthalter in der Zentrale, abgeholt wurde. Gemeinsam fuhren die beiden Männer durch die verschneiten Straßen Berlins. Da sagte Piekenbrock: »Übrigens, Blomberg hat wieder geheiratet.«[1]

Die Nachricht überraschte den Konteradmiral nicht. Er kannte den Hausklatsch am Tirpitz-Ufer, der von den nächtlichen Streifzügen des alternden Witwers Werner von Blomberg durch Berliner Vergnügungslokale wußte. Man munkelte auch von einer Kellnerin im Lokal »Der Weiße Hirsch«, mit der er angebandelt haben sollte.[2] Wie sie hieß, war freilich unbekannt. Ob es sich um die gleiche Frau handelte, die Blomberg nun geheiratet hatte, ließ die kurze, fast wortkarge Hochzeitsnotiz nicht erkennen, die am 13. Januar im »Völkischen Beobachter« erschienen war: »Der Reichskriegsminister Generalfeldmarschall von Blomberg hat sich am Mittwoch, dem 12. Januar, mit Fräulein Gruhn vermählt. Der Führer und Generaloberst Göring waren Trauzeugen.«[3]

Auffallend war aber immerhin, daß die Hochzeitszeremonie im Reichskriegsministerium nur eine knappe Stunde gedauert hatte und die Hochzeiter sofort auf eine Reise gegangen waren. Das gab Anlaß zu mancherlei Gerüchten, die »Pieki« seinem Chef weitererzählte. Doch Canaris langweilte sich. Es war Sonnabend; der Flug hatte ihn ermüdet, und er sehnte sich nach seinen beiden Dackeln zu Hause. Am Montag würde er mehr über die Hochzeit wissen wollen.

Canaris konnte nicht ahnen, daß am Montag die deutsche Welt nicht mehr in Ordnung sein würde – und dies aus keinem anderen Grunde als der Hochzeit Blombergs. Schuld daran war ungewollt die Kriminalpolizei. Sie entdeckte an diesem Tag ein Geheimnis, dessen Publikwerden die Wehrmacht in die folgenschwerste Krise ihrer Geschichte und Deutschland vollends in die Niederungen der totalen Diktatur stürzte.

Begonnen hatte es am Vormittag im Zimmer des Kriminalrats Hellmuth Müller, der im Reichskriminalpolizeiamt (RKPA) die Reichserkennungsdienstzentrale leitete. Müllers Sekretär, der Kriminalassistent Richard Burkert, brachte ihm einen jener vertraulichen Briefe herein, die der Kriminalrat Nauck vom Dezernat für Sittlichkeitsverbrechen von Zeit zu Zeit herüberschickte; darin steckten pornographische Aufnahmen, die Müller zu Archivzwecken reproduzieren lassen sollte.[4]

Müller wollte die Aufnahmen schon beiseite legen, da meinte Burkert, der Kriminalrat möge sich doch einmal die eine Frau genauer anschauen, die auf sechs Fotos zu sehen war. Müller prägte sich ein, was er sah: einen blonden Bubikopf, einen nackten, wohlproportionierten Frauenkörper, etwa 1,75

Meter groß und nur mit einer Perlenkette bekleidet. Auf der Rückseite der Bilder stand der Name der Frau: »Gruhn, Luise Margarethe.«

Der Name kam Müller bekannt vor, er hatte ihn vor kurzem gelesen, konnte sich jedoch nicht mehr an den Zusammenhang erinnern. Seine Neugierde war jedoch geweckt. Er nahm ein Bild an sich und ging zu dem Kriminalkommissar Hennig, der in Müllers Zentrale die Zehnfingerabdrucksammlung leitete. Sie sahen die Namensregisterkartei durch und stießen auf den Namen Gruhn, der gleich auf einer Doppelkarte prangte. Müller weiß noch ganz genau: »Besagte Dame war zwei- oder dreimal in unserer Sammlung vertreten: erkennungsdienstlich wegen öffentlicher Aufforderung zur Unzucht und wegen Beischlafdiebstahl behandelt.«[5] Müller ließ daraufhin den Leiter des Einwohnermeldeamtes, Regierungsrat Mesch, feststellen, wer Luise Margarethe Gruhn sei.

»Als Mesch den Namen hörte«, berichtet Müller, »grinste er mich an und zeigte mir ein Blatt, das er aus einem Stahlkasten hervorholte: Es war die Meldekarte des Generalfeldmarschalls von Blomberg.«[6] Auf einmal wußte auch Müller wieder, weshalb ihm der Name Gruhn so bekannt vorgekommen war. Selbst dem unpolitischen Beamten dämmerte, daß er durch Zufall auf eine Zeitbombe von unvorstellbarer Sprengkraft gestoßen war: der oberste Soldat des Deutschen Reiches, der engste militärische Berater Adolf Hitlers – verheiratet mit einer vorbestraften Liebesdienerin!

Müller hastete zu seinem Chef, dem Reichskriminaldirektor und SS-Sturmbannführer Arthur Nebe, und trug ihm vor, was er ermittelt hatte. Nebe sprang auf, beugte sich hastig über die Fotos und ließ sich ebenso schnell »mit bleichem Gesicht« (so Müller) in seinen Sessel zurückfallen. »Mensch, Kamerad Müller«, flüsterte der Kripochef, »und dieser Frau hat der Führer die Hand geküßt!«[7]

Nebe hatte nicht übel Lust, die vor ihm liegenden Fotos und Karteikarten einfach verschwinden zu lassen, denn er wußte nur allzugut, wie sehr dieses Material – geriet es in falsche Hände – den Führern der Wehrmacht gefährlich werden konnte. Der Nationalsozialist Nebe, damals auf dem Höhepunkt seiner Karriere, machte sich längst keine Illusionen mehr über das Regime, zu dessen Errichtung er selber als Führer einer Arbeitsgemeinschaft nationalsozialistischer Polizeibeamter beigetragen hatte; die schrankenlose Herrschaft der SS im Polizeiapparat stieß ihn ebenso ab wie das totalitäre Gängelungssystem der Führerdiktatur. Doch Vorsicht hielt ihn davon ab, das Gruhn-Material zu beseitigen – zu viele wußten schon davon.

Doch wem sollte er das Material anvertrauen? Das Dienstreglement schrieb vor, den Fall an den nächsthöheren Vorgesetzten abzugeben, aber das war im Fall Nebes gerade der Mann, der die Akte um keinen Preis sehen durfte: Heydrich, der Chef der Sicherheitspolizei und des SD. Der würde nicht zögern, das Material im lautlosen Kompetenzkampf zwischen SS und Wehrmacht einzusetzen und die militärische Führung damit zu erpressen.

In seiner Verlegenheit wandte sich Nebe an den Hausherrn, unter dessen Dach das Reichskriminalpolizeiamt damals noch residierte: den Polizeipräsidenten Wolf-Heinrich Graf von Helldorf. Der Altnationalsozialist und SA-Obergruppenführer Helldorf, ein parteiinterner Gegner der SS, beobachtete ähnlich wie Nebe, was ihn die Entartung des Nationalsozialismus zu einem »undeutschen« Cäsarentum dünkte; auch er meinte, Heydrich und Himmler dürften auf keinen Fall von dem Skandal erfahren, die Wehrmachtführung müsse sofort gewarnt werden.

Wie aber an die Wehrmachtspitze herantreten? Man konnte nicht einfach Blomberg das fatale Material zuschicken. Da erinnerte sich Helldorf, in der Wochenendausgabe der »Deutschen Allgemeinen Zeitung« eine Anzeige gelesen zu haben, in der General der Artillerie Wilhelm Keitel die Verlobung seines Sohns Karl-Heinz mit der Feldmarschallstochter Dorothee von Blomberg bekanntgegeben hatte.[8)] Keitel, der engste Mitarbeiter Blombergs – das schien der geeignete Mann, den gefährdeten Kriegsminister und die Wehrmachtführung zu alarmieren.

Helldorf fuhr ins Kriegsministerium und ließ sich bei Keitel melden. Er holte die Meldekarte der Gruhn mit deren Foto aus einer Aktentasche und fragte Keitel, ob er ihm bestätigen könne, daß das Gesicht auf dem Foto mit jenem der neuen Frau von Blomberg identisch sei. Keitel konnte es nicht, und das hatte einen einfachen Grund: Er war der Frau nie begegnet. Der Polizeipräsident gab seiner Stimme plötzlich einen drängenden Ton: Er bitte, das Foto dem Generalfeldmarschall sofort vorzulegen. Der noch immer ahnungslose Keitel ließ sich telefonisch mit dem Ministerbüro verbinden, doch Blomberg antwortete nicht – er war am Wochenende nach Eberswalde gereist, um den Nachlaß seiner jüngst verstorbenen Mutter zu ordnen. Helldorf blieb nichts anderes übrig, als Keitel die ganze Wahrheit zu offenbaren.[9)]

Entsetzt hörte Keitel, was auf die Wehrmachtführung zukam; hilflos klammerte er sich an seinen Schreibtisch und wußte nicht, was zu tun war. Ihm fiel nichts besseres als die Forderung ein, die Unterlagen zu vernichten, doch er ließ rasch wieder davon ab, als ihm Helldorf erklärte, dieser Ausweg sei nicht mehr beschreitbar. Eine andere Lösung aber fand der General nicht. Ihm kam nicht einen Augenblick lang der Gedanke, die Abgabe der Polizeiakte an das Reichskriegsministerium zu verlangen.

Selbst nach dem Weggang des Polizeipräsidenten mochte sich Keitel, ängstlich, opportunistisch und versponnen in seine Welt der Kommandostrukturen und Mobilmachungspläne, zu keiner Aktion aufraffen. Er warnte auch jetzt nicht den in Eberswalde erreichbaren Blomberg, ja er verschaffte sich nicht einmal Gewißheit über Helldorfs Enthüllungen. Ein Anruf bei Canaris hätte genügt, Fahnder der Abwehr zu einer Personenfeststellung ausschwärmen zu lassen. Binnen einer Stunde wäre von der Abwehr geklärt worden, welches Fräulein Gruhn den Generalfeldmarschall geheiratet hatte. Das Berliner Telefonbuch führte nur vier weibliche Gruhns auf, die beiden entscheidenden Personen wohnten in der Nähe des Tirpitz-Ufers[10)]: Luise Margarethe Gruhn in der Eisenacher Straße 118, ihre Mutter in der Emser Straße 40.

Doch statt desssen hatte Keitel seinem Besucher einen Rat gegeben, der die Wehrmacht nun vollends in die Krise schliddern ließ. Der General hatte Helldorf empfohlen, den Trauzeugen Göring aufzusuchen, der schließlich wissen müsse, wie die neue Ehefrau des Generalfeldmarschalls aussehe. So wichtig war Keitel dieser Rat erschienen, daß er es noch selber übernommen hatte, Göring im Reichsluftfahrtministerium anzurufen und ihm den

Besuch des Polizeipräsidenten anzukündigen.[11] Keine innere Stimme warnte ihn davor, den nach Himmler und Heydrich wohl ungeeignetsten Krisenhelfer ins Spiel zu bringen: Hermann Göring, zweitstärkster Mann des Regimes und Oberbefehlshaber der Luftwaffe, gierte wie kaum ein anderer nach dem Posten des Reichskriegsministers.

Der Besuch Helldorfs lieferte Göring eine ungeahnte Trumpfkarte, stark genug, ihn das Spiel um die Blomberg-Nachfolge wagen zu lassen. Denn er erkannte mit einem Blick, daß der Skandal unaufhaltsam und Blomberg als Kriegsminister erledigt war; der strenge Sittenkodex des preußisch-deutschen Militärs würde den diskreditierten Blomberg nicht einen Tag länger an der Spitze der Wehrmacht dulden. Wer zog dann ins Kriegsministerium ein? Kein anderer als Generaloberst Werner Freiherr von Fritsch, Oberbefehlshaber des Heeres und respektiertester Offizier des Reiches.

Das aber wollte Göring auf alle Fälle verhindern, und er wußte auch schon, wie sich Fritschs Ernennung hintertreiben ließ. Göring war bekannt, daß im Geheimen Staatspolizeiamt noch die Abschriften einer alten Vernehmungsakte lagen, in der es um die Aussage eines vorbestraften Erpressers ging, Fritsch sei ein Homosexueller, der sich am Rande eines Berliner Bahnhofs mit einem Strichjungen abgegeben habe. Die Akte, Hitler 1936 zum erstenmal vorgelegt, war zwar auf seinen Befehl offiziell vernichtet worden, doch der einstige Gestapo-Gründer Göring besaß noch genügend Einfluß in der Prinz-Albrecht-Straße, um interessierte Beamte anzuspornen, mit Hilfe der erhaltenen Abschriften die Akte zu rekonstruieren.[12]

So hatte Göring alles in die Wege geleitet und konnte am Abend des 24. Januar 1938 in die Reichskanzlei fahren, um die große Krise auszulösen. Nicht ohne schauspielerisches Talent wußte er unter den Adjutanten und Ministern, die auf Hitlers Rückkehr von einer Wochenendvisite in Süddeutschland warteten, das Gefühl drohenden Unheils zu erzeugen. Schnaufend und klagend lief Göring herum, jeder bekam zu hören, immer müsse er dem Führer die unangenehmen Nachrichten bringen. »Was hat er denn?« fragte Hitler-Adjutant Hauptmann a.D. Fritz Wiedemann den Göring-Adjutanten Bodenschatz. Darauf Görings Mann: »Blomberg muß gehen.« Wiedemann glaubte nicht richtig gehört zu haben. Bodenschatz: »Ich sage dir doch, Blomberg muß gehen, er hat eine Hure geheiratet!«[13]

Kurz darauf erschien Hitler, sofort verschwand Göring mit seinem Führer in dessen Arbeitszimmer. In dramatischen Worten setzte er Hitler ins Bild, die Fotos der mitgebrachten Gruhn-Akte illustrierten drastisch seine Geschichte. Auch über Fritschs angebliche Belastung machte Göring erste Andeutungen und kündigte vermutlich die Gestapoakte an, die am nächsten Morgen auf Hitlers Schreibtisch lag.[14]

Hitler war schockiert. Der Führer fühlte sich bloßgestellt, die Doppelaffäre Blomberg-Fritsch traf ihn schwer, ja erschütterte vielleicht sogar ein ganzes Leben naiven Vertrauens in das preußisch-deutsche Militär. Doch bald witterte er instinktsicher die Chance, mit einem Hieb die ganze Führung der Wehrmacht zu entmachten und sich selber an ihre Spitze zu setzen.

Allzuoft hatten Blomberg und Fritsch in den von Hitler provozierten außenpolitischen Krisen Bedenken und Zurückhaltung gezeigt, allzu lange seinem hektischen Aufrüstungskurs widerraten. Unvergessen blieb Hitler die Nachmittagssitzung des 5. November 1937 in der Reichskanzlei, als er den führenden Militärs sein zum »politischen Testament« emporstilisiertes Eroberungsprogramm (gewaltsame Erweiterung des deutschen Lebensraums, Annexion Österreichs und der Tschechoslowakei bis 1943) entwikkelt und dabei von Blomberg und Fritsch nichts als militärtechnische Einwände gehört hatte.[15]

Nein, mit solchen Militärs wollte Hitler nicht in die kriegerische Risikozone seiner Außenpolitik eintreten. Der Doppelskandal kam ihm gerade zupaß, die Wehrmacht, einzige autonome Macht neben der Partei, politisch zu enthaupten. Hitlers Entschluß stand fest: Der Kriegsminister mußte den Abschied nehmen, Fritsch in eine hochnotpeinliche Untersuchung verwikkelt und auch zum Rücktritt gezwungen, Göring mit der Beförderung zum Generalfeldmarschall abgespeist werden, um ihm, Hitler, die Alleinherrschaft über das Militär zu ermöglichen – als neuer Oberbefehlshaber der Wehrmacht.

Spätestens am 26. Januar wußte auch Keitel, was er mit seiner Hilflosigkeit angerichtet hatte. »Erschüttert und mit Tränen in den Augen« (so sein Intimus, der Oberst Jodl) unterrichtete der General »unter Abnahme des Ehrenwortes« die Abteilungschefs des Kriegsministeriums, »daß der Generalfeldmarschall gestürzt ist«.[16] Jetzt erfuhr auch Canaris von den Ereignissen an der Wehrmachtspitze, freilich nur in der vagen, verschleiernden Form, die Keitel selbst gegenüber seinen engsten Mitarbeitern bevorzugte.

Niemand unter den Abteilungsleitern überraschte Hitlers kalter Staatsstreich mehr als den Abwehrchef. Canaris hatte bis dahin nicht geahnt, was sich gegen Blomberg und Fritsch zusammenbraute. Die Intrigen im Dreieck zwischen Gestapo, Göring und Hitler durchschaute er nicht. Canaris tappte noch völlig im dunkeln, als sich am 27. Januar zwei Informanten bei ihm meldeten. Je mehr die beiden Besucher ihr Wissen über die Blomberg-Affäre vor dem Admiral ausbreiteten, desto bekümmerter wurde das sonst so ausdruckslose Gesicht von Canaris. Er konnte nicht länger an sich halten und rief: »Ist das nicht alles schrecklich?«[17]

Erst allmählich wurde Canaris bewußt, wie übel man der Wehrmacht mitgespielt hatte. Die zentrale Rolle Görings (und vor allem Hitlers) blieb ihm zwar weiterhin verborgen, aber er erkannte immerhin, daß dunkle Mächte aus sicherem Hintergrund den Schuß auf die Führung der Wehrmacht abgefeuert hatten. Seit der Tuchatschewski-Affäre wußte Canaris, daß Heydrich und dessen Helfer auch zu den verwerflichsten Methoden griffen, wenn es galt, die Interessen des Führers durchzusetzen.

Zug um Zug wurde ihm die Blomberg-Fritsch-Affäre zu einer Stunde der Wahrheit, zu einem Wendepunkt seines Lebens, der ihn nötigte, von den Illusionen des Hitlerismus Abschied zu nehmen – zögernd noch, unsicher und doch schon in der Gewißheit, daß es keine Umkehr mehr geben würde. »Das war die Zeit, als Canaris anfing, sich von Hitler abzuwenden«, erläuterte später sein Freund Protze einem britischen Publizisten. »Wenn Sie nach irgendeinem Ereignis suchen, bei dem die Loyalität von Canaris gegenüber Hitler ins Wanken geriet, dann haben Sie es hier.«[18]

Leicht fiel Canaris diese Absetzbewegung nicht, er brauchte lange Zeit, um zu verstehen, was um ihn herum vorging. Ein Mitarbeiter half, ihm den politischen Blick zu schärfen. Mit ihm trat der Mann an Canaris' Seite, der ihn von nun an durch alle Höhen und Tiefen bis zum gemeinsamen Tod unter dem Flossenbürger Galgen begleiten sollte, der umstrittenste Weggefährte und Ratgeber, den die Lebensgeschichte des Wilhelm Canaris kennt: der Oberstleutnant (E) Hans Oster, Referent in der Abwehrgruppe III.

Canaris und Oster galten seit langem als enge, fast unzertrennliche Freunde, obwohl ihr Verhältnis von Widersprüchen und Spannungen nicht frei war. Schon äußerlich bildeten die beiden ein seltsames Paar: Der sächsische Pfarrerssohn Oster, Jahrgang 1887, im Ersten Weltkrieg wegen Tapferkeit vor dem Feind viel- und hochdekoriert, temperamentvoll, leicht aufbrausend und anscheinend immer nur auf der Jagd nach attraktiven Frauen und neuen Pferden, und der scheue, lispelnde, introvertierte Canaris paßten nicht leicht zusammen.[19]

Sie hatten sich 1931 im Stab der 6. Division in Münster kennengelernt, den der Oberst Franz Halder führte. Oster war als Zweiter Generalstabsoffizier (Ib) für Nachschubfragen zuständig und der geeignete Gesprächspartner, wenn Canaris, damals Chef des Stabes der Nordseestation, von Wilhelmshaven herüberkam, um mit dem Stab des benachbarten Wehrkreises gemeinsam interessierende Probleme zu erörtern.[20] Oster gefiel ihm so gut, daß er Halder bat, den Ib als Vertreter des Wehrkreises zu schicken, als Canaris zu einer Admiralstabsreise an Bord eines kleinen Kriegsschiffes einlud.[21]

Bei dieser Reise kamen sich die beiden Männer näher und entdeckten, daß sie manches gemeinsam hatten. Was sie miteinander verband, war das Lebensgefühl einer Soldatengeneration, die noch entschieden vom Kaiserreich geprägt worden war. Beide waren überzeugte Monarchisten, beide trugen nur widerwillig den Soldatenrock der Republik, beide ersehnten das Ende des »brüchigen Parteienstaates« (Oster) und die Restauration des nationalen, auf Befehl und Gehorsam gegründeten Machtstaates unter einem starken Oberhaupt.[22] Die Gespräche von 1931 offenbarten Canaris auch, daß hinter all dem Zynismus und all der Schnoddrigkeit, die Oster zur Schau trug, ein ernsthafter Mensch steckte, ein Mann mit schlichten, unreflektierten Lebensregeln soldatisch-christlicher Art, ein Offizier, der »bis zum letzten Atemzug« der »anständige Kerl« bleiben wollte, »wie wir es in der Kinderstube und in der Soldatenzucht gelernt haben«.[23]

Nicht jeder Beobachter hätte freilich einer so günstigen Beurteilung Osters zugestimmt. Oster war bei seinen Kameraden nicht sonderlich beliebt; vielen galt er als ein leichtfertiger und oberflächlicher Ehrgeizling, manchen stieß sein herrisches und lautes Wesen ab. Oberst Friedrich Hoßbach, Hitler-Adjutant und zugleich Personalchef des Generalstabs des Heeres, ließ sich nicht von seiner Meinung abbringen, charakterliche Schwächen machten Oster zum Generalstabsoffizier untauglich, und selbst wohlwollende Vorgesetzte wie Halder oder Kameraden wie Henke konnten Osters »unverantwortliche Sorglosigkeit« (Henke) nur schwer ertragen.[24]

Diese Sorglosigkeit machte schließlich seiner Generalstabskarriere ein Ende. Oster, selber verheiratet, knüpfte 1932 ein Verhältnis zu der Frau eines Reserveoffiziers und Professors aus Trier an und benahm sich dabei, wie Halder bezeugt, »derart daneben, daß ich ihn mit knapper Not aus dem

Heere entfernen konnte, ehe für ihn höchst unerfreuliche Maßnahmen eintraten«.[25] Immerhin mußte er vor ein Ehrengericht, das ihn nötigte, zum 31. Dezember 1932 den Abschied zu nehmen. Halder sorgte jedoch dafür, daß der Abgang in kulanten Formen erfolgte – Oster wurden die vollen Versorgungsbezüge und später auch das Recht zum Tragen der Uniform zugestanden.[26]

Gleichwohl bedeutete die Verabschiedung einen Bruch mit seinem bisherigen Leben, über den Oster innerlich nie hinwegkam. Wochenlang schlug er sich mit Gelegenheitsarbeiten durch, bis ihm Görings telefonabhörendes Forschungsamt für die Zeit ab 1. Mai 1933 einen Posten bot.[27] Lange Zeit hielt es ihn dort nicht, Bekannte (möglicherweise Canaris selber) vermittelten ihm im September ein Gespräch mit dem damaligen Abwehrchef Patzig. »Er machte«, so will sich Patzig erinnern, »einen verhärmten, abgerissenen Eindruck und bat mich: ›Herr Kapitän, Sie müssen mir helfen‹.«[28] Die Formulierung verrät bereits Patzigs Gefühle, denn er mochte den Bittsteller nicht. Patzig: »Ich schätzte ihn charakterlich nicht hoch ein, doch glaubte ich, seine Fähigkeiten ausnützen zu sollen, und stellte ihn als Zivilangestellten ein.«[29]

Patzig wies ihm ein Zimmer an, in dem Oster alsbald eine Tafel mit einem serbischen Sprichwort aufhängte: »Ein Adler frißt keine Fliegen.«[30] Das kam der programmatischen Ankündigung gleich: Hans Oster begnügt sich nicht mit Kleinigkeiten, er ist zu Großem fähig und berufen. Patzig merkte es rasch. Oster hofierte Vorzimmerdamen und unzufriedene Referenten, um »immer größeren Einfluß in der Abwehrabteilung zu bekommen« (Patzig). Der Canaris-Vorgänger berichtet: »Er wollte mein Vorzimmer übernehmen und damit einen Einfluß auf die Besucher gewinnen, welche ich empfangen sollte oder nicht.«[31]

Patzig schob ihn in die Gruppe III ab, wo Oster Referent für den Aufgabenbereich C 1 wurde; III C 1 war für die Spionageabwehr in allen nicht der Wehrmacht unterstehenden Reichsbehörden (ausgenommen: Wirtschaftssektor) zuständig und hielt Kontakt zu den Berliner Ministerien.[32] Das machte Oster frühzeitig zu einem Kenner so mancher Intrigen und Kompetenzkämpfe, in die Deutschlands neue Machtgruppen und Institutionen verstrickt waren. Oster hatte seinen Posten in dem wohl hektischsten Augenblick des Dritten Reiches angetreten: Es war der Vorabend des sogenannten Röhm-Putsches, noch tyrannisierten die Rabaukenkolonnen der SA Staat und Gesellschaft.

Ein 1,90 Meter langer Regierungsrat im Reichsinnenministerium, nach dem Urteil des Historikers Crankshaw »der geborene Zwischenträger, ein vollendeter Intrigant«[33], bot sich dem Abwehrmann als Führer durch den Dschungel der Cliquenkämpfe an – nicht ohne Nebenabsicht: Dr. Hans Bernd Gisevius, damals knapp 30 Jahre alt, ehedem deutschnationaler Jugendführer, in die NSDAP übergewechselt und daraufhin Assessor im Geheimen Staatspolizeiamt, suchte Helfer im Kampf gegen den (ersten) Gestapochef Rudolf Diels und die Übermacht der SA, in dem sich eigener Ehrgeiz und politische Motive seltsam mischten.[34]

Gisevius hatte einmal ernsthaft gehofft, Diels von dessen Posten verdrängen und selber Gestapochef werden zu können. Gemeinsam mit seinem

Freund Nebe, der damals die Exekutive des Gestapa leitete, hatte er Diels in den Geruch gebracht, ein verkappter Kommunist zu sein, was der Gestapochef mit dem Hinauswurf von Gisevius beantwortete.[35] Vom Innenministerium aus setzte Gisevius seine Kampagne fort. Da auch Nebe seinem Chef vorwarf, die SA nicht energisch genug zu bekämpfen, half er Gisevius wieder. Zusammen lieferten sie Belastungsmaterial an Himmler und Heydrich, von denen sich die beiden Freunde einen radikalen Stopp des SA-Terrors erhofften.[36]

Das Erscheinen Osters verlockte Gisevius, auch die Abwehr in den Kampf gegen SA und Diels einzuspannen. Bald tauchte Gisevius im Vorzimmer Patzigs auf und drängte den Abwehrchef, gegen die SA loszuschlagen. Patzig erinnert sich: »Er berichtete mir ausführlich über das skandalöse Benehmen von SA-Führern . . . und suchte mich zum Eingreifen zu veranlassen.«[37] Doch Patzig wies ihn mit der Bemerkung ab, das gehe die Abwehr nichts an.

Gisevius gab jedoch die Hoffnung nicht auf, die Abwehr für sich zu gewinnen. Er machte sich Oster unentbehrlich – nach der gleichen Methode, die er schon gegenüber Nebe praktiziert hatte: »Ich hängte mich so fest an ihn, bis er mich einfach nicht mehr los wurde.«[38] Gisevius konfrontierte Oster einer Flut von Informationen, Gerüchten und Halbwahrheiten, die der geschäftige Zwischenträger aus Ministerien, Polizei- und Parteistellen bezog. Oster war schockiert: So verrucht hatte er sich das neue Deutschland nicht vorgestellt.

Das Material von Gisevius trug nicht wenig dazu bei, Osters Einstellung zum Regime zu ändern. Er hatte wie fast jeder Soldat die »nationale Revolution« Hitlers begrüßt; von den Nationalsozialisten erwartete sich Oster vor allem »die Rückkehr zu früheren Traditionen«.[39] Was ihm aber jetzt aus dem Gisevius-Material entgegenschlug, war ein Abbau der Traditionen, eine Verhöhnung von Anstand und Sittenkodex, war die Herrschaft der Gosse, eine Revolution »von unten«.

Und was Gisevius nicht wußte oder meldete, das sah Oster mit eigenen Augen: den Gleichschaltungsterror in allen Bereichen der Gesellschaft, die Zerstörung des Rechtsstaats, den Kampf gegen die christlichen Kirchen, der vor allem den Pfarrerssohn Oster empörte. Die Mordwelle des 30. Juni 1934 lieferte Oster ein neues und besonders drastisches Beispiel für den barbarischen Ordnungssinn der neuen Herren: Zum erstenmal enthüllten sich ihm »die Methoden einer Räuberbande«, wie er es später nannte.[40]

Damit war freilich Oster noch nicht zu einem grundsätzlichen Gegner des NS-Regimes geworden, aber seine Opposition gegen ganz bestimmte Machtträger dieses Regimes geweckt. Schärfer als seine Kameraden erkannte er, daß eine gefährliche Macht die traditionelle Ordnung in Staat und Wehrmacht bedrohte, und sie trug ein schwarzes, schreckenverbreitendes Kürzel: SS. Ihm schien es ungeheuerlich, daß die Wehrmachtführung die Ermordung der beiden Generale von Schleicher und von Bredow am 30. Juni hinnahm, ohne ihre Mörder aus den Reihen der SS zur Rechenschaft zu ziehen. Osters Wut über die Schweigetaktik der hohen Militärs setzte sich in einen so fanatischen Haß gegen die SS um, daß selbst seine Freunde erschraken.

Von Stund an wurde er nicht müde, die Eindämmung des Einflusses der

»Schwarzen« zu fordern. Wie das allerdings zu praktizieren war, blieb ihm selber unklar. Patzig hörte nicht auf ihn, weil Osters Parolen ihm zu verschwommen und zu hysterisch erschienen; ihm war zudem der Warner nicht seriös genug (obwohl Patzig in ähnlichen Bahnen dachte). Patzig mahnte Canaris noch beim Abschied wegen Oster: »Ich warne Sie vor diesem Mann. Er ist charakterlich nicht in Ordnung.«[41]

Canaris dachte natürlich anders über den Freund, aber dessen politischer Fanatismus war auch ihm nicht ganz geheuer. Osters Warnungen vor der SS überzeugten Canaris nicht; er traute sich die Fähigkeit zu, mit den Schwarzen fertig zu werden. So hatten sich die Freunde anfangs wenig zu sagen. Canaris sicherte zwar Oster mit Hilfe Halders die Wiederaufnahme in das Offizierkorps (der Generalstabsdienst blieb ihm freilich für immer verschlossen), er half auch auf Osters Bitte Bedrängten, meist Opfern des Kirchenkampfes, aber politisch gingen sie zunächst getrennte Wege. Oster konnte nicht mehr den Optimismus teilen, mit dem Canaris Deutschlands Lage und Entwicklung beurteilte.

Canaris war jedoch großzügig (und nachlässig) genug, Oster auf dessen Art weitermarschieren zu lassen. Der Oberstleutnant baute das Netz seiner Kontakte zu Ministerien und Parteistellen aus, wobei der schier allgegenwärtige Gisevius, von der SS aus dem Reichsinnenministerium verdrängt und nach kurzem Gastspiel in Nebes RKPA in die Privatwirtschaft abgewandert, eifrig assistierte.[42] Gisevius schuf Oster eine direkte Verbindung zu Nebe, der über Gestapo-Interna hervorragend unterrichtet war, und schloß so manchen enttäuschten Nationalsozialisten an Osters Informationssystem an.

Auch in der Abwehr sammelte Oster Kameraden um sich, die kritisch über das Regime dachten. Der Canaris-Freund Friedrich Wilhelm Heinz, in derselben Untergruppe wie Oster tätig, schloß sich an, er wiederum holte den Kapitänleutnant Franz Liedig von der Abwehr I M hinzu, auch der hannoversche Abwehrstellenleiter Alexander von Pfuhlstein gehörte dazu.[43] »Bei Oster«, berichtet Liedig, »liefen eigentlich alle Personen an, die irgendwie innerhalb der Abwehr oder in Verbindung mit der Abwehr sich als Gegner des Nationalsozialismus erkannten.«[44] Osters Informantennetz war bald so legendär, daß vermeintliche Kenner es maßlos überschätzten. »Was schon existiert«, fabulierte der Diplomat Werner von Hentig 1938, »ist die Überwachung der gesamten Partei durch die Abwehrabteilung (Canaris) der Wehrmacht.«[45]

In Wahrheit sah Canaris das Informantennetz von Oster ungern, denn er fürchtete die Proteste des SD, dem allein der innenpolitische Nachrichtendienst zustand. Canaris beteuerte später offiziell: »Die Einziehung von Nachrichten der innenpolitischen Lage lag außerhalb des Aufgabengebiets [der Abwehr] und war von mir ausdrücklich verboten worden.«[46] Von solchen Unternehmungen am Rande der Legalität erwartete Canaris mehr Ärger als Nutzen, zumal er nicht einsah, was die Abwehr aus der Kenntnis innenpolitischen »Kleinkrams« gewinnen könne.

Zudem stand er so manchem Mitarbeiter Osters mit inneren Vorbehalten gegenüber. Den geschäftigen Gisevius, dessen physische Erscheinung ihm schon Unbehagen bereitete, konnte Canaris nicht ausstehen, Nebe war ihm zu undurchschaubar, und den alten Kumpan Heinz nahm er trotz gemeinsamer Stunden in der ersten Nachkriegszeit nicht ernst. Um Oster sah er allzuviel Außenseitertum gruppiert: Oster mit seinem brüchigen Verhältnis zum Offizierkorps, der an seinem eigenen Ehrgeiz gescheiterte Gisevius, der frustrierte Kripochef Nebe, der als Literat und Politiker gestrandete Heinz – waren das die geeigneten Ratgeber?

Canaris übersah dabei, daß Außenseiter oft schärfer sehen können als die durch Karriererücksichten und Anpassungszwänge gehemmten Funktionsträger. Und die kritischen Beobachter am Rande, die Oster und Gisevius, erahnten in der Tat mit sichererem Instinkt als Canaris die politisch-moralische Bodenlosigkeit Hitler-Deutschlands. Selbst der in konventioneller, ununterbrochener Laufbahn emporgestiegene Canaris mochte Osters unwillkommene Informantengruppe nicht ganz missen, denn er ließ sie unterderhand weitermachen. Er mußte sogar schließlich froh sein, daß es sie gab, als das Unwetter der Blomberg-Fritsch-Krise auf die Wehrmacht niederging.

Der vielgelästerte Gisevius war der erste Informant, der Canaris am 27. Januar 1938 über die Hintergründe des Blomberg-Sturzes aufklärte; die Informationen stammten von Nebe.[47] Doch Canaris kam der Verdacht, es gehe nicht nur um Blomberg, auch Fritsch sei in die Sache verwickelt – Keitel hatte eine Andeutung gemacht. Canaris: »Und mit Fritsch soll auch etwas nicht stimmen!«[48]

Am nächsten Mittag wußte Canaris mehr – durch Keitel. Der war am Vormittag des 28. Januar zu Hitler befohlen worden und hatte endlich das volle Ausmaß des radikalen Umschwungs an der Wehrmachtspitze erfahren. Er selber, so bedeutete Hitler dem General, werde das Reichskriegsministerium übernehmen, »ich sollte sein Chef des Stabes bleiben, ich dürfte und könne ihn in dieser Lage nicht im Stich lassen«, wie sich Keitel nicht ohne Selbstgefälligkeit notierte.[49] Dann kam die happigste Ankündigung: Auch Fritsch müsse gehen, er sei nicht mehr tragbar.[50]

Noch ganz benommen rief Keitel seine Abteilungsleiter zusammen und vertraute ihnen die Nachricht an. Jodl schrieb sich auf, was auch Canaris in dieser Form erfahren haben wird: »Er [Hitler] will auch d Ob d H [den Oberbefehlshaber des Heeres] ersetzen. Material über diesen liegt beim Reichsjustizminister. (Verdacht wegen Verfehlungen nach § 175 – seit zwei Jahren.) Er [Keitel] wird vom Führer mit der Untersuchung beauftragt und behauptet, schon seit zwei Jahren von diesen Dingen zu wissen.«[51]

Ein paar Stunden später stellte sich auch Gisevius bei Oster mit zusätzlichen Details ein. Er hatte von Nebe gehört, Fritsch stehe auf der Abschußliste und sei bereits zweimal von der Gestapo verhört worden; der Kripochef, so Gisevius, meine, gegen die Wehrmacht stehe ein ganz großer Schlag bevor.[52] Gisevius' Bericht regte Oster maßlos auf – ein Generaloberst von der Gestapo verhört! Seit Jahren wurde auch dem letzten Rekruten des Heeres eingehämmert, daß die Gestapo nicht das Recht habe, einen Soldaten zu verhaften oder auch nur zu vernehmen – und nun hatte die Gestapo einfach den Oberbefehlshaber des Heeres verhört.

Oster stürzte zu Canaris und beriet sich mit ihm. Was immer sie auch in den letzten Jahren getrennt haben mochte, für beide gab es keinen Zweifel mehr: Fritsch mußte gerettet, der Übergriff der Schzeàzen euf das Hoheitsgebiet der Wehrmacht zurückgewiesen werden. Canaris war bereit, seinen Apparat für die Rehabilitierung des in Bedrängnis geratenen Generalobersten einzusetzen. Oster stand ihm darin nicht nach. Fritsch war einmal, 1928, sein Regimentskommandeur gewesen, jetzt machte er »die Sache Fritschs zu meiner eigenen«, wie er später formulierte.[53)]

Canaris beeilte sich, Informationen einzuholen und das Heer gegen die Gestapoübergriffe mobil zu machen. Er klapperte Abteilungschefs und Offiziere im Kriegsministerium ab, er beriet sich mit Wehrmachtjuristen, er suchte Freunde und Bekannte im Generalstab des Heeres auf. Der Oberst Hoßbach war darunter, der seine Treue zu Fritsch mit der Absetzung als Hitler-Adjutant gebüßt hatte, auch der zum General avancierte Halder zählte dazu, inzwischen Oberquartiermeister II und mithin so etwas wie ein stellvertretender Generalstabschef des Heeres.

Entscheidend mußte sein, wie die Führung des Heeres auf die Schmutzkampagne gegen ihren Oberbefehlshaber reagierte. Nach der Ausschaltung Fritschs lag alle Macht des Heeres in der Hand des Generalstabschefs Beck, auf den sich die Aufmerksamkeit der Fritsch-Verteidiger richtete. Canaris vergaß alle Kompetenzstreitigkeiten, die ihm einmal Beck entfremdet hatten, und zog den Generalstabschef ins Vertrauen. Der Abwehrchef lieferte ihm laufend Informationen, meist überbracht von Oster, der oft ganze Vormittage im Arbeitszimmer Becks verbrachte.[54)]

Doch Beck reagierte nicht. Er durchschaute kaum die Hintergründe der Fritsch-Affäre, er hielt den Fall im Grunde für eine persönliche Angelegenheit, die das Heer nicht betreffe, ja er konnte sich nicht einmal schlüssig werden, ob nicht Fritsch vielleicht doch Homosexueller sei und mithin die Vorwürfe gegen ihn zuträfen.[55)] Gewiß, Beck wollte seinem Oberbefehlshaber helfen, freilich nur »in einer nach Möglichkeit diskreten Form«.[56)] Offiziell aber war für ihn die Fritsch-Affäre tabu; er verbot den Offizieren des Generalstabs, das Thema zu erörtern, und zerstörte damit alle Möglichkeiten einer Gegenwehr.

Als Halder gegen diese Taktik aufmuckte und Beck bat, den Generalstab über die Vorgänge zu informieren, belehrte ihn Beck, man habe zu warten und zu schweigen, bis man von ihm unterrichtet werde. Halder widersprach und beharrte darauf, es sei Becks Pflicht, die Offiziere des Generalstabs zu informieren. Da fuhr ihn Beck an: »Meuterei und Revolution sind Worte, die es im Lexikon eines deutschen Offiziers nicht gibt!«[57)]

In Wahrheit galt Becks ganze Aufmerksamkeit dem anderen Skandal, dem Sturz des Kriegsministers; Blombergs Weggang und die damit verbundene Schwächung des Reichskriegsministeriums reizten Beck, den alten Streit um die Befehlsstruktur der Wehrmacht neu zu entfachen und diesmal die Vorherrschaft des Heeres gegenüber den anderen Wehrmachtteilen durchzusetzen. Schon sprach er von einem eigenen Heeresministerium, schon entstanden bei ihm neue Denkschriften – darunter auch eine mit der Forderung, die Abwehr dem Heer zu unterstellen, was Canaris schwer verärgern mußte.[58)]

Kopfschüttelnd sahen Halder und Canaris, wie der »reine Tor« Beck in »seiner weithin bekannten Weltfremdheit und seinem Mangel an Menschenkenntnis« (Halder) die Rettung Fritschs behinderte.[59)] Bereits in diesem Augenblick wurde deutlich, daß die schwerste Krise der Wehrmacht ein nur in Gehorsam und Führerkult geübtes Soldatengeschlecht fand, auf das der Satz des französischen Marschalls MacMahon zutraf: »Die Generale sind die Leute, die in der ganzen Welt am wenigsten Mut zum Handeln haben.«[60]

Doch Canaris, Oster und die kleine Gruppe verstreuter Fritsch-Helfer gab nicht auf. Wenn sich die Heeresführung nicht rührte, so mußte man dem Generalobersten von einer anderen Seite zu Hilfe kommen. Es galt, die Vorwürfe gegen Fritsch zu widerlegen, sie als Produkte bösartiger Kombinationen und Absichten zu enttarnen. Was aber warf man ihm konkret vor? Canaris wußte es nicht. Wieder setzte Oster seine Zuträger in Bewegung, um mehr über die Vorwürfe zu erfahren.

Ein neuer Informant Osters, der Oberregierungsrat Dr. Johannes (Hans) von Dohnanyi, klärte ihn halbwegs auf. Er war Persönlicher Referent des Reichsjustizministers Gürtner und hatte die 22 Gerichtsakten, sieben Aktenhefter und die zwei Protokolle der Fritsch-Vernehmungen gelesen, die alles enthielten, was den sogenannten Fall Fritsch ausmachte.[61] Das Material war an Gürtner und von diesem an Dohnanyi gelangt, weil Hitler ein Gutachten zur Klärung der zwischen ihm und der Wehrmachtjustiz umstrittenen Frage wünschte, wie der Fall Fritsch zu lösen sei: durch ein Sondergericht (wie Hitler wollte) oder durch ein Kriegsgericht (so die Forderung der Militärjuristen). Dohnanyi erzählte Canaris und Oster, mit welchem »Augurenlächeln« Gürtner, anpasserisch, aber noch nicht ganz von den Nazis umfunktioniert, ihm das Hitler-Wort zitiert hatte: »Sie werden von selbst wissen, an welchem Tauende Sie zu ziehen haben.«[62]

Dohnanyi wußte es nur allzugut, denn seit langem überlegte er, wie man der Herrschaft Hitlers ein Ende machen könne. Auch diesem brillanten Juristen, 1902 geboren, Sohn eines Pianisten, Schwager des evangelischen Theologen Dietrich Bonhoeffer, mit 29 Jahren Staatsanwalt, mit 31 Oberregierungsrat, war erst durch ein persönliches Ereignis seine oppositionelle Rolle voll bewußt geworden.[63] Neider im Ministerium hatten 1936 in Dohnanyis Stammbaum einen nichtarischen Großvater mütterlicherseits entdeckt, und es war nicht ohne Mühe gewesen, eine Entscheidung Hitlers zu erhalten, wonach aus den »Zweifeln« hinsichtlich des Großvaters dem Gürtner-Adjutanten »kein Nachteil« entstehen durfte.[64]

Dohnanyi fing an, eine »Chronik« anzulegen, in der er NS-Untaten registrierte, die zur Kenntnis des Justizministeriums gelangten. »Vom Mord und Mordversuch in den Konzentrationslagern«, so berichtet Ehefrau Christine von Dohnanyi, »den . . . Greueln in diesen Lagern bis zu den üblichen Devisenschiebereien der Gauleiter und den unerfreulichen Schmutzereien innerhalb der HJ- und SA-Führung gab es wohl kaum ein Delikt, das in dieser ›Chronik‹ nicht verzeichnet gewesen wäre.«[65] Dem Sammler Dohnanyi enthüllte sich ein System der Korruption und des Machtmißbrauchs, das er letztendlich auf einen einzigen Mann zurückführte: Hitler. Ihn zu beseitigen, hieß zugleich das Land von einem moralischen Krebsgeschwür zu befreien – so Dohnanyis konsequente Folgerung.[66]

Wie aber Hitler beseitigen? Dohnanyi schwebte ein Attentat vor, auszuführen von einem der Männer, die stets in Hitlers Nähe weilten. Er wollte

1937 Wiedemann dafür gewinnen, doch der schreckte zurück: »Ich gebe Ihnen zu, hier hilft nur noch der Revolver, aber wer soll es tun? Ich kann niemanden morden helfen, der sich mir anvertraut hat.«[67] In seiner Verzweiflung kontaktierte Dohnanyi einen anderen Bundesgenossen: den radikalen Puritanerorden der SS. »Mein Mann hatte ein merkwürdiges Verhältnis zu Himmler«, bekundet Frau von Dohnanyi, die sich später noch gut daran erinnern konnte, welche Hoffnungen der Hitler-Gegner auf den elitären SS-Saubermann gesetzt hatte.[68]

Die Lektüre der Fritsch-Akten aber zeigte Dohnanyi, daß die SS und die von ihr geführte Gestapo lediglich Schmutz aufwühlte, um ihre oder Hitlers Gegenspieler oder das, was sie dafür hielt, moralisch zu zerbrechen. So gab es nur noch eine Macht, die Hitler Paroli bieten konnte: die Wehrmacht. Dohnanyi wollte sie für seine Pläne nutzen. Das von Hitler gewünschte Gutachten im Fall Fritsch formulierte er daher so, daß dem Führer kaum etwas anderes übrigblieb, als der Wehrmachtjustiz eine Chance zu geben.

Ein alter Bekannter aus gemeinsamer Arbeit in der Strafrechtskommission des Justizministeriums, der Reichskriegsgerichtsrat Dr. Karl Sack, half Dohnanyi bei der Abfassung des Gutachtens.[69] Sack war Mitglied des Reichskriegsgerichts, in dessen für Landes- und Hochverrat zuständigem Senat er saß. Sack und Dohnanyi verständigten sich schnell: Ein »Gericht des Obersten Befehlshabers der Wehrmacht«, bestehend aus den Oberbefehlshabern des Heeres, der Luftwaffe und der Marine sowie den beiden Senatspräsidenten des Reichskriegsgerichts, sollte den Fall Fritsch untersuchen und in einer Hauptverhandlung klären; ein Militärrichter war mit der Führung der Untersuchung zu beauftragen – ohne jede Teilnahme der Gestapo, wie sie Hitler vorschwebte.[70]

Hitler akzeptierte den Vorschlag, freilich nur unter erheblichen Abstrichen. Er beauftragte die Gestapo mit einer Paralleluntersuchung und schob Göring die Rolle eines Gerichtsvorsitzenden zu.[71] Der sorgte prompt dafür, daß nicht Sack (wie von der Wehrmachtjustiz vorgeschlagen), sondern der ängstlich-vorsichtige Reichskriegsgerichtsrat Biron zum Untersuchungsführer bestellt wurde.[72] Gleichwohl konnte Sack doch noch in das Verfahren eingeschmuggelt werden: Er rückte Biron als Gehilfe und Protokollführer an die Seite.[73]

Sack war es auch, der Dohnanyi mit Oster und Canaris zusammenbrachte.[74] Leicht wurde Dohnanyi der Weg zu den Offizieren am Tirpitz-Ufer nicht, denn die Welt des Militärs war und blieb ihm fremd; es gebe, pflegte er zu sagen, begeisterte Soldaten und begeisterte Zivilisten, und er gehöre nun einmal zu letzteren. Die Ordnungsvorstellungen der Militärs lagen ihm nicht, oft »hat er mir gegenüber ... ihren mangelnden Weltblick und ihre ›kadettenhaften‹ Begriffe von Ehre und Vaterlandsliebe kritisiert«, erzählt Christine von Dohnanyi.[75] Nur die Empörung über die Machenschaften Hitlers und seiner Helfer trieb ihn zu den Militärs, dort als wichtiger Bundesgenosse von Oster begeistert begrüßt.

Auch Canaris war von dem präzise, fast leidenschaftslos vortragenden Intellektuellen beeindruckt; im Geiste merkte er sich Dohnanyi schon als künftigen Mitarbeiter der Abwehr vor. Obwohl er Dohnanyis Auffassungen über Hitler nicht zustimmen konnte, imponierte ihm dessen kühle Ratio, die er an Oster so sehr vermißte. Zudem war ihm Dohnanyi als Informant willkommen, der Oberregierungsrat konnte detailliert beschreiben, was Fritsch vorgeworfen wurde.

Die Vorwürfe gegen Fritsch stammten von dem Berliner Gewohnheitsverbrecher Otto Schmidt, der 1935 wieder einmal in Haft geraten war und sich dort in einem seltsamen Anfall von Größenwahn zahlreicher Erpressungen bezichtigt hatte. Viele Homosexuelle, ja Hunderte und oft auch prominente darunter, wollte er erpreßt haben. Und er nannte Namen, darunter einen »General Fritsch«.[76]

Der Fall kam in den Kompetenzbereich der »Reichszentrale für die Bekämpfung der Homosexualität«, die im Gestapa saß und einen gnadenlosen Krieg gegen die mit allen Machtmitteln des Staates und der Gesellschaft verteufelten Homoerotiker führte. Die Reichszentrale leitete der Kriminalrat Josef Meisinger, ein primitiver Altnazi, der durch seine guten Beziehungen zur Partei rasch in die höheren Ränge der Gestapo aufgestiegen war. Meisinger las das Protokoll der Schmidt-Vernehmung und stolperte ebenfalls über den Namen Fritsch. Sollte das jener Oberbefehlshaber des Heeres sein, der als die heimliche Hoffnung der konservativen Opposition und zudem als erklärter Feind der SS galt?

Meisinger ließ dem Häftling Anfang Juli 1936 eine Sammlung von Fotos vorlegen, aus der sich der renommiersüchtige Schmidt das Konterfei mit den höchsten Titeln herauspickte. Meisinger, Verfechter kriminalistischer Holzhammermethoden, hatte unter jedes Bild Namen und Rang des Abgebildeten gesetzt. Als Schmidt las: »Generaloberst Freiherr von Fritsch, Oberbefehlshaber des Heeres«, griff er zu. Schmidt: »Das ist er!« Dann gab er eine wilde Geschichte zu Protokoll:[77]

An einem Novemberabend des Jahres 1933 habe er in der Vorhalle des Wannseebahnhofs in Berlin einen Mann beobachtet, der so gekleidet gewesen sei: dunkler Mantel mit braunem Pelzkragen, dunkler Hut, weißer Schal und ein Monokel im Gesicht. Der Mann habe zusammen mit dem Strichjungen Martin Weingärtner alias »Bayern-Seppl« die Bahnhofshalle verlassen und sei in die dunkle, der Reichsbahn gehörende Privatstraße gegangen. Dort habe er, Schmidt, einen gleichgeschlechtlichen Akt zwischen den beiden beobachtet.

Nach einer Weile sei der Mann zurückgekehrt und habe sich zu dem nahe gelegenen Ringbahnhof am Potsdamer Platz begeben. Dort habe er, Schmidt, den Mann angehalten, ihm alles auf den Kopf zugesagt und sich dabei als »Kriminalkommissar Kröger« vorgestellt. Der Mann habe gesagt, er sei der General von Fritsch, und das habe er durch einen Ausweis bewiesen, auf dessen breiter Seite rechts oben der Name »von Fritsch« deutlich zu lesen gewesen sei. Es sei dann über das Erpressungsgeld verhandelt worden. Der Mann habe ihm gesagt, auf ein paar tausend Mark komme es ihm nicht an, allerdings habe er nur 100 Mark bei sich. Daraufhin seien sie zusammen nach Berlin-Lichterfelde gefahren, wo der Mann in dem Haus 21 der Ferdinandstraße verschwunden sei.

Der Mann sei nach zehn Minuten wieder zurückgekehrt, habe ihm 500 Mark in die Hand gedrückt und ihm außerdem 1000 Mark für den nächsten Tag versprochen. Auch dieses Geld habe er erhalten, und wiederum seien ihm weitere 1000 Mark in Aussicht gestellt worden. Die habe er Mitte Januar 1934 im Wartesaal 2. Klasse des S-Bahnhofs Lichterfelde-Ost in Empfang genommen – diesmal in Begleitung eines Freundes, des Arbeiters Heiter alias »Bucker«.[78]

Soweit die Aussage Schmidts im Juli 1936. Meisinger ließ daraufhin ein paar zusätzliche Ermittlungen anstellen; bei einer neuen Vernehmung nannte Schmidt weitere Details, am 20. August bestätigte auch der Komplize Heiter die Schmidt-Story.[79] Das reichte Meisinger, um den glücklichen Fund seinen Oberen mitzuteilen, die alsbald in der Reichskanzlei antraten, Hitler die sensationelle Nachricht zu unterbreiten. Doch der Führer, damals noch an der Mitarbeit Fritschs interessiert, befahl Himmler, »diesen Dreck« zu verbrennen.[80] Erst die Heraufkunft des Blomberg-Skandals und das Interesse Görings an der Schmidt-Akte veranlaßten die Gestapo, den Fall erneut aufzurühren.

Jetzt hatte auch Hitler ein lebhaftes Interesse an den Papieren der Gestapo; es war nicht ohne Ironie, daß er just den Mitinitiator des Spektakulums, Göring, in die Prinz-Albrecht-Straße entsandte, sich von der Richtigkeit der Aussagen Schmidts zu überzeugen.[81] Am liebsten wäre es Hitler gewesen, wenn Fritsch nun einfach abgetreten wäre – er legte dem Generalobersten tatsächlich nahe, unter gegenseitigem Schweigen ohne Verfahren seinen Abschied einzureichen.[82] Doch das war der einzige Gefallen, den Fritsch seinem Führer nicht erweisen wollte. Von Hoßbach gegen den ausdrücklichen Willen Hitlers über die Vorwürfe informiert, stritt Fritsch alles ab: »Erstunken und erlogen!«[83]

Mehr sagte er nicht, und diese Scheu sollte sich als verhängnisvoll erweisen. Fatalistisch, in dumpfer Ergebenheit sah Fritsch seinem Schicksal entgegen, unfähig zu begreifen, was ihm sein Oberster Kriegsherr angetan hatte. Er stand so sehr im Banne Hitlers, daß er sich jeder Zumutung beugte, der ihn der Oberste Befehlshaber der Wehrmacht konfrontierte. Er marschierte in die Reichskanzlei, um sich dem Erpresser gegenüberstellen zu lassen. Widerspruchslos nahm er hin, daß Hitler sein Ehrenwort nicht akzeptierte und es mit dem Wort eines Verbrechers gleichstellte. Er setzte sich zweimal auf die Verhörstühle der Gestapo – immer hoffend, sein Führer werde doch noch ein Einsehen haben.[84]

Als sich Canaris aus den Erzählungen Dohnanyis und Gisevius' zusammengereimt hatte, was geschehen war, erkannte er, daß Fritsch keine Hilfe für seine Freunde sein würde. Zu seinem Glück hatte Fritsch jedoch in Rüdiger Graf von der Goltz, einem Vetter der Frau von Dohnanyi, einen wendigen Anwalt gefunden, der mit Canaris und den Untersuchungsführern Biron und Sack die Operationen zur Rehabilitierung Fritschs abstimmte.[85]

Canaris setzte dem Anwalt zwei Abwehrtechniker ins Büro, dessen Telefone sie nach »Wanzen« der Gestapo absuchten.[86] Canaris stellte auch andere Mitarbeiter zur Verfügung; vor allem beauftragte er Oster, ständigen Kontakt zu Dohnanyi und zu Sack zu halten, damit die Abwehrzentrale laufend über die offizielle Untersuchung informiert war. Die Berichte der Untersuchungsführer gelangten meistens über Oster zu Canaris, der sie dann an Hoßbach weiterreichte, von dem sie wiederum zu Beck kamen.[87]

Die Untersuchung lief jedoch nur recht mühsam an. Goltz und das Paar

Biron/Sack gingen in ermüdender Kleinarbeit den verschiedensten Spuren nach. Da brachte Gisevius am Abend des 31. Januar Oster eine Nachricht ins Heim, die den Fall in einem ganz neuen Licht zeigte. Nebe hatte ihm erzählt, »daß im sogenannten ›Falle‹ Fritsch eine Verwechslung vorliegt. Heydrich und Himmler wüßten es. Jedoch seien alle erdenklichen Maßnahmen getroffen, die Sache zu vertuschen«.[88] Der RKPA-Chef kannte zwar nicht den Namen der Person, mit der Fritsch verwechselt worden war, aber er wußte, daß es wegen dieser »Panne« im Gestapa einen Riesenkrach gegeben hatte.[89]

Nebe besaß freilich nicht genügend Einblick, um die wichtigsten Details der Gestapopanne zu kennen. Der Kriminaloberinspektor Franz Josef Huber, durch eine Urlaubsvertretung Meisingers zufällig in die Untersuchung gegen Fritsch geraten, hatte am 27. Januar den Generaloberst vernommen und das Gefühl bekommen, daß an der Schmidt-Geschichte etwas nicht stimme. Er beschloß, auf eigene Faust Nachforschungen anzustellen. Nach Dienstschluß visitierte er Meisingers verlassene Abteilung, vor allem den Schreibtisch des Kriminalinspektors Fehling, des Sachbearbeiters im Fall Fritsch.[90]

Dabei entdeckte Huber Auszüge aus dem Kontobuch Nr. 10220 der Dresdner Bank, Depositenkasse 49, als dessen Inhaber der Rittmeister a.D. Achim von Frisch registriert war. Huber sah eine Aufstellung von Barabhebungen, die mit den von Schmidt genannten Erpressungsgeldern übereinstimmten. Huber kam sich vor, als sei er »von einer Tarantel gestochen« worden.[91] Ihm war klar: Fehling wußte längst, wer in Wahrheit das Opfer Schmidts gewesen, wußte, daß der Generaloberst von Fritsch völlig unschuldig war! Prompt meldete Huber seine Entdeckung Himmler und Heydrich. Der SS-Chef konnte noch gerade ein »Danke, Sie haben Ihre Sache gut gemacht« murmeln, dann rasselte ein Eiserner Vorhang des Schweigens in der Prinz-Albrecht-Straße herunter.[92]

Canaris kannte diese Zusammenhänge nicht, aber ihm genügte auch, was Gisevius berichtete. Wenn sich erhärten ließ, daß es im Fall Fritsch um eine Personenverwechslung ging, war die Gestapo blamiert. Dann war auch Hitler bloßgestellt, war sein Zorn auf die dilettantischen Methoden der Geheimen Staatspolizei sicher. Diesen Augenblick galt es dazu zu nutzen, den Machtapparat Heydrichs und Himmlers zurechtzustutzen. Canaris hatte einen Plan: In der Stunde, da sich Fritschs Unschuld erwies, mußte die Wehrmacht antreten, die Abhalfterung der gesamten Gestapoführung zu verlangen.

Noch am 1. Februar meldete sich Canaris bei Keitel und Beck, die er in das Geheimnis der Gestapopanne einweihte.[93] Zugleich mußte Gisevius einen Bericht aufsetzen, in dem er alle Indizien aufführte, die für eine Personenverwechslung sprachen; diesen Bericht ließ Canaris an Sack und interessierte Truppenführer verteilen.[94]

Der Abwehrchef mußte jedoch vorsichtig taktieren, um nicht die führenden Militärs zu verprellen. Vor allem Keitel sah die Aktivität von Canaris in der Fritsch-Affäre nicht gern; er befürchtete, sie bringe die Wehrmachtspitze in Gegensatz zur Gestapo, und nichts erschreckte den General mehr als die Aussicht auf eine Konfrontation mit dem Machtapparat Himmlers. Keitel mahnte Canaris zur Vorsicht, wenn er ihn auch gewähren ließ. Er hatte sich an Canaris gewöhnt, er brauchte dessen Einfallsreichtum und Schläue. In den neuen Strukturplänen der Wehrmachtspitze hatte ihm Keitel sogar erweiterte Vollmachten zugeschrieben.

Inzwischen waren die Vorbereitungen abgeschlossen, um der Welt den neuen Machtcoup Hitlers zu annoncieren. Es hatte einige Tage gedauert, einen Nachfolger für Fritsch zu finden; General Walter von Brauchitsch war der neue Mann, schwach und ehrgeizig, bei Hitler mit dem Versprechen im Wort, das Heer an den nationalsozialistischen Staat »heranzuführen«.[95] Dann war es soweit: Am 4. Februar 1938 erfuhr die Nation, daß die Kritiker der Hitlerschen Vabanquepolitik beseitigt worden waren – Blomberg und Fritsch zurückgetreten, Reichsaußenminister Freiherr von Neurath durch Joachim von Ribbentrop abgelöst, mehrere Botschafter zurückberufen, 16 Generale zwangspensioniert, 44 andere versetzt, das Kriegsministerium in ein Oberkommando der Wehrmacht (OKW) unter Leitung Keitels umbenannt.[96]

Der Schlag, der Deutschlands Fahrt in totale Diktatur und Krieg beschleunigte, hob Canaris auf der Leiter seines Erfolgs um eine weitere Sprosse empor. Er wurde Amtsgruppenchef im OKW. Am 7. Februar diktierte Keitel einen Erlaß, in dem er festlegte, künftig werde es im Oberkommando der Wehrmacht zwei Amtsgruppen geben, die Amtsgruppe Führungsstab und die Amtsgruppe Allgemeine Wehrmachtangelegenheiten (AWA). Die AWA übernahm Canaris. Keitel ordnete an: »Amtsgruppenchef [ist] Admiral Canaris unter Beibehaltung seiner Dienststellung als Chef der Abteilung Abwehr. Ihm unterstehen die Abteilungen Abwehr, Inland und Versorgung.«[97]

Die Keitel-Order machte Canaris zum wichtigsten politischen Sprecher der Wehrmachtführung. Neben Keitel war er jetzt für die Beziehungen des OKW zu Partei, Polizei, Presse und Öffentlichkeit zuständig. »Es kann«, ließ Canaris die Ic- und Abwehroffiziere wissen, »kein Zweifel darüber bestehen, daß die innerpolitischen Belange der Wehrmacht, insbesondere auf dem Gebiete der Pressepolitik, eng verknüpft sind mit den Problemen der Abwehr . . . Unsere gemeinsame Arbeit erstreckt und erweitert sich also jetzt auch auf das innerpolitische Gebiet.«[98]

Die NS-Presse bekam seine Hand bald zu spüren. Als ein Leitartikler des »Völkischen Beobachter« jubilierte, mit dem Abgang Blombergs und Fritschs nehme »der Verschmelzungsprozeß zwischen Wehrmacht und Partei . . . immer deutlichere organisatorische Formen« an, die »natürliche Folge« werde »eine Neubelebung der deutschen Armee mit dem Geiste der Partei sein«, ließ Canaris bei Reichspressechef Dietrich protestieren, denn der Artikel widersprach dem Zwei-Säulen-Charakter des Dritten Reiches.[99] Canaris informierte seine Presseoffiziere: »Weitere Maßnahmen zur Korrektur der aus dem vorerwähnten Leitartikel erkennbaren Einstellung und zur Verhütung ähnlicher Auffassungen für die Zukunft sind getroffen.«[100]

Die neuen Befugnisse erleichterten es ihm auch, die führenden Männer des OKW und des Heeres mit Anti-Gestapo-Material zu munitionieren. Ihm kam dabei zugute, daß der zweite Amtsgruppenchef des OKW, Generalleutnant Max von Viebahn, seine Bemühungen kräftig unterstützte. Canaris und Viebahn waren alte Freunde; sie hatten zusammen im Stab des Reichswehrministers Noske gedient und nach dem Kapp-Putsch in derselben Zelle des Untersuchungsgefängnisses eingesessen.[101] Canaris brauchte Viebahn, um auf andere Generale des Heeres einwirken zu können.

Nur Beck störte noch immer Canaris' Pläne – durch das Aufrühren neuer Kompetenzstreitigkeiten. Ende Januar hatte Beck in einem Gespräch mit Keitel erklärt, das Heer sei für Deutschland der ausschlaggebende Faktor, Jodls Abteilung Landesverteidigung müsse daher zum Generalstab des Heeres treten.[102] Nun entwickelte er ein Programm, das laut Jodl »einer völligen Kaltstellung des OKW« gleichkam.[103] Als gebe es zur Stunde nichts wichtigeres als die Erörterung von Strukturproblemen, lenkte Beck die Energien der führenden Militärs auf ein ganz falsches Schlachtfeld ab.

Canaris aber benötigte jetzt jeden Bundesgenossen, denn der Zweikampf zwischen der Gestapo und den Untersuchungsführern der Wehrmachtjustiz war in voller Schärfe entbrannt. Das Geheime Staatspolizeiamt ließ seine Ermittler antreten, um neues Belastungsmaterial gegen den Generaloberst von Fritsch aufzuspüren, während sich Biron und Sack mühten, in die Geheimnisse der Gestapo einzudringen.

Es mochte für den Abwehrchef nicht ohne Spaß und Kitzel sein, jeden Morgen im Tiergarten mit Heydrich und Best auszureiten, die die gegnerische Partei dirigierten und die Canaris längst auf seine schwarze Liste gesetzt hatte. Er liebte so zwielichtiges Spiel, wenn er auch annehmen mußte, daß seine beiden Gegenspieler durchaus wußten, wer die andere Seite inspirierte. Doch die drei Reiter ließen sich nichts anmerken. Munter plaudernd trennten sie sich stets, um in ihren jeweiligen Hauptquartieren den Kampf gegeneinander fortzusetzen.

Canaris ließ nicht ab, neue Helfer für die Fritsch-Sache zu finden. Er scheute sich nicht einmal, Göring zu hofieren, dessen unheilvolle Rolle er allerdings nicht kannte. Göring, zum Guten wie zum Bösen fähig und stets auf die stärkeren Bataillone setzend, war umgeschwenkt; nach dem Abgang Blombergs einziger aktiver Generalfeldmarschall und mithin ranghöchster Soldat der Wehrmacht, schien es ihm nicht unratsam, den Wahrer militärischer Traditionen hervorzukehren. Es mochte dahinter auch ein kleiner, versteckter Racheakt an dem Mann stecken, der seinen Kriegsministerehrgeiz gestoppt hatte.

Zumindest zeigte sich Göring für Klagen der Wehrmachtführung aufnahmebereit, als Canaris ihn zusammen mit Keitel am 10. Februar auf seinem Landsitz Karinhall aufsuchte.[104] Das Gespräch muß so hoffnungsvoll verlaufen sein, daß Canaris auch Göring auf die Liste derer setzte, die er laufend mit Pro-Fritsch-Material versorgte.

Am nächsten Tag, dem 11. Februar, erreichte Canaris gute Kunde von Sack. Den beiden Untersuchungsführern war es endlich gelungen, den angeblich verschwundenen, in Wahrheit von der Gestapo festgehaltenen Zeugen Weingärtner zu finden, der mit Fritsch den homosexuellen Akt verübt haben sollte.[105] Weingärtner bestritt entschieden, daß der Generaloberst sein Partner gewesen sei. Der Präsident des Reichskriegsgerichts, General Heitz, hielt die Aussage für so entscheidend, daß er bereit war, Hitler die Niederschlagung des Verfahrens zu empfehlen.[106]

Heitz und die beiden Untersuchungsführer rüsteten sich gerade zur Reise zum Berghof Hitlers, da rief ein Keitel-Befehl Canaris zeitweilig aus der Fritsch-Affäre ab. Keitel war zum Berghof bestellt, die Abwehr wurde in Alarmzustand versetzt. Der Führer des Dritten Reiches bereitete einen neuen außenpolitischen Coup vor, diesmal gegen Österreich.

Spätere Historiker wähnten, Hitler habe bewußt die Österreich-Krise provoziert, um von dem Blomberg-Fritsch-Skandal abzulenken. Eine so schlichte These geht an der Wirklichkeit vorbei. Die Krise löste der Mann aus, der Hitler einst an die Macht geholfen hatte und nun zu den Opfern des Revirements des 4. Februars gehörte: Franz von Papen, der Deutsche Botschafter in Wien. Als er von seiner Entlassung erfuhr, war er entschlossen, sich nicht um seine Pfründe bringen zu lassen. Er fuhr auf den Berghof und lamentierte vor Hitler, gerade jetzt habe er Österreichs Bundeskanzler Kurt von Schuschnigg soweit, die vom Führer immer erstrebten engeren Beziehungen mit dem Reich einzugehen; Schuschnigg sei bereit, sich mit Hitler auszusprechen.[107)]

Hitler horchte auf, stets bereit, aus einer sich ihm bietenden Chance Kapital zu schlagen. Er beorderte Papen in die Wiener Botschaft zurück mit dem Auftrag, die Reise Schuschniggs zu arrangieren.[108)] Hitler sah eine Möglichkeit, dem österreichischen Kanzler neue Zugeständnisse abzupressen. Dazu bedurfte es jedoch politisch-militärischen Drucks, und diese Überlegung hatte Hitler veranlaßt, Keitel und zwei andere Generale auf den Berghof zu holen.

Am 12. Februar erschien Schuschnigg mit einer Delegation in der Residenz des deutschen Staatschefs. Er hatte eben Hitlers Arbeitszimmer betreten, da überfiel ihn der Diktator mit einer Flut von Vorwürfen: Er, der Wiener Kanzler, habe das 1936 abgeschlossene Abkommen über die Zusammenarbeit zwischen den beiden deutschen Staaten sabotiert, er treibe eine »undeutsche« Politik. Dann präsentierte Hitler seine Forderungen; die österreichische Regierung solle Nationalsozialisten als Minister aufnehmen, die Polizei sei einem Parteigenossen zu unterstellen, die Wirtschafts- und Außenpolitik beider Staaten müsse koordiniert werden.[109)]

Empört verließ Schuschnigg das Arbeitszimmer. Jetzt kam der Auftritt des OKW-Chefs. Während sich die österreichischen Gäste zu einer Beratung zurückzogen, tönte aus dem Arbeitszimmer plötzlich die Stimme Hitlers: »General Keitel! Wo ist Keitel? Er soll sofort zu mir kommen.« Aufgeregt rannte Keitel herbei. Keitel: »Was befehlen Sie, mein Führer?« Was dann geschah, hörten die Österreicher nicht mehr. Hitler lächelte: »Gar nichts. Bitte setzen Sie sich.« Als Keitel nicht verstand, fügte Hitler hinzu: »Ja, der Bundeskanzler will mit seinem Außenminister Schmidt eine kurze Konferenz abhalten, ich habe sonst gar nichts.«[110)]

Schon befürchteten Schuschniggs Begleiter, der deutsche Einmarsch in Österreich sei nur noch eine Frage von Stunden, da bewog Papen die Gäste, einem Protokoll zuzustimmen. Schuschnigg versprach, dem gemäßigten NS-Führer Arthur Seyß-Inquart als Innenminister die Kontrolle über die Polizei zu geben und die Koordinierung der Regierungsarbeit beider Länder zu fördern, Hitler wiederum sicherte zu, den österreichischen Nationalsozialisten jede illegale Tätigkeit zu verbieten.[111)]

Hitler war über das »Protokoll von Berchtesgaden« so froh, daß er damit das Österreich-Thema einstweilen für erledigt hielt. Ein paar Tage später wird er die fünf radikalsten NS-Führer Österreichs abberufen und seinen engsten Mitarbeitern erklären, die Österreich-Frage könne »nie durch eine Revolution gelöst werden«. Wörtlich: »Es bleibe nur die Möglichkeit übrig: 1. Gewalt, 2. evolutionärer Weg, und er wünsche, daß der evolutionäre Weg gewählt werde, ganz egal, ob man heute schon die Möglichkeit eines Erfolges übersehen könne oder nicht.«[112]

Doch noch befürchtete Hitler, das Kabinett in Wien und der österreichische Bundespräsident Miklas würden das Protokoll nicht akzeptieren. Sofort hatte er einen neuen Auftrag für Keitel: zurück nach Berlin und militärische Schaustellungen an der deutsch-österreichischen Grenze inszenieren. Nun war es an Canaris, seinen Part im Österreich-Abenteuer zu spielen.

Am Nachmittag des 13. Februar rief Keitel, wieder in Berlin, Canaris und Jodl in seine Privatwohnung. Die beiden Besucher erfuhren, Hitler habe befohlen, »den milit[ärischen] Druck durch Vorspiegelung milit[ärischer] Maßnahmen noch bis zum 15. aufrechtzuerhalten«.[113] Canaris hatte gleich ein Programm parat: Man müsse »falsche, aber glaubwürdige Nachrichten lancieren, die auf militärische Vorbereitung gegen Österreich schließen lassen, a) durch V-Männer in Österreich, b) durch unser Zollpersonal an der Grenze, c) durch Reiseagenten«.[114]

Canaris war phantasievoll genug, gleich ein paar Tatarennachrichten zu entwerfen, die Österreichs Führer irritieren sollten. Er diktierte: »a) Im Bereich des VII. AK [Armeekorps] soll Urlaubssperre verhängt sein. b) In München, Augsburg und Regensburg wird Eisenbahnleermaterial zusammengezogen. c) Der Militärattaché in Wien, Generalleutnant Muff, ist zu Besprechungen nach Berlin berufen worden. d) Die Grenzpolizeistellen an der österreichischen Grenze haben Verstärkungspersonal eingezogen. e) Zollbeamte berichten von bevorstehenden Übungen der Gebirgsbrigade in der Nähe von Freilassing, Reichenhall und Berchtesgaden.«[115]

Keitel gab die Vorschläge telefonisch an Hitler weiter und bat um Genehmigung. Um 2 Uhr 40 am Morgen des 14. Februar traf die Zustimmung Hitlers ein.[116] Canaris erhielt die Order, das Täuschungsmanöver persönlich zu leiten. Er holte sich den für Südosteuropa zuständigen Referatsleiter der Abwehr I, Major Pruck, und fuhr mit ihm noch in der Nacht im D-Zug nach München.[117]

Kurz darauf sickerten die Falschnachrichten in die Kanäle, die zu Österreichs militärischen Stäben hinführten. Bei den Dienststellen des österreichischen Geheimdienstes meldeten sich vermeintliche NS-Gegner aus dem Reich, die militärische Transportzüge und bereitgestellte motorisierte Verbände der Wehrmacht im grenznahen Gebiet gesehen haben wollten.[118] Jodl kommentierte begeistert: »Die Wirkung ist rasch und kräftig. In Österreich entsteht der Eindruck ernster milit[ärischer] Vorbereitungen in Deutschland.«[119] In Wirklichkeit konnten die österreichischen ND-Offiziere, die ihre deutschen Kollegen aus jahrelanger Zusammenarbeit kannten, über die Bemühungen der Abwehr nur lächeln. Oberstleutnant Erwin Lahousen von der Wiener ND-Zentrale: »Auf diesen Bluff sind wir nicht hereingefallen.«[120]. Auch Pruck gesteht zu: »Ein Schlag ins Wasser.«[121]

Canaris freilich sonnte sich noch im Glanz seines scheinbaren Erfolgs, als er bei Antritt der Heimreise auf dem Münchner Flughafen Riem den SS-Brigadeführer Best erspähte, der gerade in Bad Tölz einen Vortrag gehalten hatte. Freudig ging Canaris auf den Anführer der feindlichen Partei zu und zog ihn in eine lange Unterhaltung, die bis zur Landung in Berlin währte. Bestürzt beobachtete Pruck, daß sein Chef den Gestapomann in alle Details der just angelaufenen Abwehroperation einweihte.[122)]

Der Major verstand die Welt nicht mehr. »Es war das«, rätselt Pruck noch heute, »einer der gutgemeinten Versuche von Canaris, im anderen Lager Vertrauen und Bundesgenossen zu finden. Ich hatte und habe für solche Form der Verständigungspolitik kein Verständnis. Bei mir heißt es: hier Welf, hier Waiblingen! Nach meiner persönlichen Erfahrung . . . hat Canaris die Unmöglichkeit, die Antinomie von freiheitlicher Gesinnungsart und totalitärem Denken zu überbrücken, nicht in voller Schärfe erkannt.«[123)] Zum erstenmal fiel einem maßgeblichen Abwehroffizier auf, was nachher so viele irritieren sollte: das doppelbödige Lavieren von Canaris zwischen den innerdeutschen Fronten.

Auch Oster und seine Freunde mußten erkennen, daß sie trotz gemeinsamer Frontstellung gegen die Schwarzen nur bedingt auf die Mitarbeit des Abwehrchefs bauen konnten. Für sie war die Fritsch-Affäre längst zum Ansporn geworden, über eine Gewaltaktion gegen das Regime oder zumindest Teile davon nachzudenken. Vor allem Oster und Gisevius, unterstützt von dem Ex-Oberbürgermeister Goerdeler und dem ehemaligen Reichswirtschaftsminister Schacht, erwogen eine »bewaffnete Selbsthilfe-Aktion der Armee gegen SS und Gestapo« und eine radikale Reform des Regimes; Gisevius, Oster und Goerdeler waren Ende Januar nach Hannover, Münster und Leipzig gefahren, um die dortigen Wehrkreiskommandeure zu einem Coup gegen die SS aufzustacheln, was jedoch an der Uninformiertheit der Generale gescheitert war.[124)]

Canaris hielt jedoch solche Bemühungen für Ausgeburten mangelnden Realitätssinns, wußte er doch, daß Osters Plänen alles fehlte: eine Truppe, ein militärischer Führer, ein politisches Konzept, eine revolutionäre Situation. Canaris wird mitgelacht haben, als Graf von der Goltz belustigt erzählte, Oster habe ausgerufen, daß »der ganze Laden in der Prinz-Albrecht-Straße ausgeräuchert und besetzt werden müsse« – für Goltz nichts anderes als eine köstliche Probe Osterschen Temperaments.[125)]

Der Abwehrchef hatte einen allzu scharfen Blick für die Schwächen von Menschen und Positionen, als daß ihn die Pläne Osters überzeugt hätten. Fast jeden Tag warteten Oster und Gisevius mit neuen Projekten auf: Mal wollten sie die Truppenführer in der Provinz zu einer Gewaltaktion gegen das Regime anspornen, mal Fritsch zu einer Extratour gegen Hitler reizen, mal die Wehrmachtjustiz zum Einschreiten gegen die SS verlocken. Das brachte sie bei Canaris in den Ruf »ewiger Putschisten« und erzeugte auch bei anderen »den Eindruck mangelnder Seriosität, wenn nicht gar leichtsinnigen Draufgängertums«, wie der Historiker Müller urteilt.[126)]

Solches Revoluzzertum machte den Mann, der einst an sich selber die Fragwürdigkeit des Putschismus erfahren hatte, gegenüber Oster und Gisevius mißtrauisch, zumal er mit ihnen auch in der politischen Grundanalyse nicht völlig übereinstimmte. Sie lebten in zwei verschiedenen Welten oppositionellen Bewußtseins.

Gewiß, Canaris wußte inzwischen genug über die Hintergründe der Blomberg-Fritsch-Krise, um Hitlers ganze Treulosigkeit und Machtgier zu durchschauen. Damals schrieb er (gemeinsam mit Hoßbach) den Satz nieder, »daß der Führer sehr wohl die Psyche der Masse des Volkes genau kennt und beherrscht, daß er aber nicht lebt in dem Bewußtsein der Reinhaltung des Ehrenschildes einer Wehrmacht und ihrer Führer«.[127] Kritischer konnte ein Offizier über seinen Obersten Kriegsherrn kaum reden. Gleichwohl hatte er die Hoffnung auf einen besserungsfähigen Hitler noch nicht aufgegeben, lebte in ihm der Glaube weiter, das Regime könne sich aus sich selber heraus regenerieren. Es wird Canaris nicht anders ergangen sein als Nebe, über den ein intimer Kenner schrieb, er habe Himmler verabscheut, Hitler hingegen »für gefährlicher, aber auch zum Guten hin für unberechenbarer« gehalten.[128]

Kurz, für Canaris standen Hitler und das Regime nicht zur Diskussion, ja er zweifelte nicht einmal an der Existenzberechtigung der Gestapo. Er wollte nur eines: Fritsch aus dem Dreck herausholen, die Intrigen gegen ihn entlarven und die Vormacht der »Tscheka« brechen – brechen aber nicht im Stile Osters durch einen Gewaltakt, sondern durch einen gleichsam ordnungsgemäßen Schritt führender Generale.

Unverdrossen wartete Canaris auf die Gelegenheit, die Spitzenmilitärs mit neuen Horrornachrichten über die Gestapo in die rechte Proteststimmung zu versetzen. Er erhielt bald eine Chance dazu, denn der Kampf um Fritsch ging weiter. Hitler hatte den ihm von Heitz, Biron und Sack am 13. Februar vorgetragenen Wunsch nach Niederschlagung des Verfahrens abgelehnt, was die Gestapo zu einer neuen Aktion nutzte.[129] Sie lud Fritsch abermals zu einer Vernehmung vor. Goltz, Canaris und Oster rieten dem Generalobersten ab, doch der wollte sich nicht hindern lassen, seine »Pflicht« zu tun.

Schließlich wartete der OKW-Chef mit einem Kompromißvorschlag auf. Keitel riet, Gestapo und Fritsch sollten sich auf »neutralem Boden« treffen, in einer der SS gehörigen Villa in Wannsee, die offiziell aber nicht der Gestapo unterstand. Fritsch willigte ein.[130] Der Reichskriegsgerichtsrat Ernst Kanter, ein neuer Mitarbeiter der Ermittlungsgruppe Biron/Sack, sollte Fritsch begleiten und eine Heereseinheit auffällig-unauffällig in der Umgebung postiert werden, um die Gestapo vor »Dummheiten« – Oster befürchtete einen erzwungenen Selbstmord Fritschs – zu bewahren.[131]

Am 20. Februar fand die neue Vernehmung Fritschs statt. Meisinger führte das Verhör so ruppig, daß Kanter eingreifen und den Gestapomann ersuchen mußte, er habe sich nur mit Fragen zu befassen, die zum Verfahren gehörten.[132] Jetzt wurde es selbst Fritsch zuviel. Am 23. Februar diktierte er Sack eine zusätzliche Aussage ins Protokoll der Wannsee-Vernehmung: »Eine so schmachvolle Behandlung hat zu keiner Zeit je ein Volk seinem Oberbefehlshaber des Heeres angedeihen lassen. Ich gebe das hiermit ausdrücklich zu Protokoll, damit die spätere Geschichtsschreibung weiß, wie im Jahre 1938 der Oberbefehlshaber des Heeres behandelt worden ist. Eine solche Behandlung ist nicht nur unwürdig für mich, sie ist zugleich entehrend für die ganze Armee.«[133]

Das war just der Eklat, den Canaris für seine Zwecke benötigte. Kanter hatte ihm sofort berichtet, was in Wannsee vorgefallen war, und Canaris daraufhin für die Verbreitung des Berichts gesorgt. Zornig stellte Keitel den Reichskriegsgerichtsrat zur Rede; ihm mißfiel, daß Kanter den Abwehrchef zuerst informiert hatte. Er befahl Kanter absolutes Schweigen, vor allem gegenüber Canaris. Keitel: »Sie sind eben nicht mit den Gepflogenheiten der Geheimen Staatspolizei vertraut.«[134]

Doch Canaris ließ sich nicht mehr stoppen. Wo immer er hinkam, erzählte er die Geschichte von dem Eklat in Wannsee. Am 26. Februar notierte sich Jodl: »Canaris bringt vor, in welch unwürdiger Weise die Vernehmung des Generaloberst von Fritsch d[ur]ch die SS vor sich gegangen ist.«[135] Als Viebahn von den Vorgängen hörte, tobte er: »Wenn das in der Truppe bekannt wird, gibt es Revolution.«[136] Und Canaris schürte weiter, jeder hohe Funktionär im Reich sollte von der Mißhandlung Fritschs erfahren. Er erzielte dabei manchen Erfolg: Auf der Jahrestagung der Schlieffen-Gesellschaft am 28. Februar brandmarkten die Polizeipräsidenten von Berlin und Potsdam das Vorgehen der Gestapo.[137]

Solche Empörung spornte auch die drei Untersuchungsführer zu einem neuen Versuch an, Fritschs Unschuld zu beweisen. Sie hatten schon manche Behauptung Schmidts ramponiert: Ihnen war der Nachweis gelungen, daß Fritsch niemals den von Schmidt beschriebenen Ausweis besessen und nicht in der Gegend um die Ferdinandstraße gewohnt hatte. Doch die Aussage des Weingärtner ließ keinen Zweifel daran, daß die Szene am Wannseebahnhof tatsächlich stattgefunden hatte, freilich mit einem anderen Fritsch. Wer aber war dieser andere?

Sack fiel der Bericht wieder ein, der von einer Personenverwechslung gesprochen hatte. Auch Kanter wußte etwas: Der Gestapomann Fehling hatte ihm einmal erzählt, Schmidt mache manchmal aus seinen Opfern mehr, als sie in Wirklichkeit seien.[138] Der Partner des Weingärtner konnte also ein Mann sein, der eine ähnliche Position oder einen ähnlichen Namen wie Fritsch besaß. Vielleicht gab es auch Menschen, die diesen Doppelgänger mit Schmidt zusammen gesehen hatten, womöglich bei der Übergabe des Schweigegeldes. Biron und Sack setzten mit neuen Nachforschungen dort an, wo das Geld ausgezahlt worden war: im Wartesaal des Bahnhofs Lichterfelde-Ost.

Am Nachmittag des 1. März suchten sie den Wartesaal auf und befragten die Kellnerin, die sich nach einiger Mühe erinnerte, früher sei oft ein pensionierter Offizier gekommen, meist in Begleitung einer Dame, und der wohne in der Nähe, möglicherweise in der Ferdinandstraße.[139] Die beiden Untersuchungsführer beschlossen, gleich am nächsten Morgen die Nachbarhäuser der Ferdinandstraße 21 abzusuchen; sie wollten auch einmal im Adreßbuch nach einem Fritsch-ähnlichen Namen Ausschau halten. Die Idee fand Biron so gut, daß er noch am Abend Goltz anrief und ihm davon erzählte.[140]

Der Anwalt war zu ungeduldig, um auf das Ergebnis der neuen Visite in der Ferdinandstraße zu warten. Er beschaffte sich ein Adreßbuch, schlug die Seite mit den Eintragungen über die Bewohner der Ferdinandstraße auf und fuhr mit zitterigem Finger die Kolonne mit den Namen entlang. Auf einmal las er: »von Frisch, Achim, Rittmeister a. D.« Und wo wohnte der? Ferdinandstraße 20, dem Haus benachbart, in dem laut Schmidt der angebliche General von Fritsch verschwunden war. Sofort benachrichtigte der Graf Biron und Sack, am nächsten Vormittag rasten die beiden Fahnder in die Ferdinandstraße.[141)] Kurz darauf standen sie vor dem siechen Rittmeister und einer Krankenschwester – der Dame, von der die Kellnerin gesprochen hatte.

Es stimmte alles: Der Rittmeister von Frisch bekannte sich zu dem Vorgang am Wannseebahnhof, er besaß den von Schmidt beschriebenen Pelzmantel, und er wies auch die Quittungen für das gezahlte Erpressungsgeld vor. Die Krankenschwester erzählte dazu noch eine Geschichte, die nun die beiden Militärjuristen vollends verblüffte: Schon im Januar 1938 sei der Kriminalinspektor Fehling bei ihnen gewesen und habe die Bankauszüge mitgenommen.[142)] Mit einem Schlag enthüllte sich Biron und Sack die ganze Intrige der Gestapo.

Sack nahm die Aussage des Rittmeisters zu Protokoll, dann unterrichteten die beiden Reichskriegsgerichtsräte von der Goltz. Der eilte zu seinem Mandanten und rief ihm zu, ohne jeden Gruß, nur die gute Nachricht im Kopf: »Herr Generaloberst, Sie können Viktoria schießen lassen, der wirkliche Fritsch ist gefunden, der Fall ist restlos aufgeklärt.« Aber selbst solche Kunde konnte Fritsch nicht aufmuntern: »Auch das wird dem Führer nicht genügen. Er will etwas Derartiges nicht glauben.«[143)] Beinahe hätte er noch recht behalten – dank einer Vertrauensseligkeit von Canaris, der noch immer nicht ganz verstanden hatte, wozu die Gestapo fähig war.

Hoßbach war gleich die Befürchtung gekommen, die Gestapo werde nicht tatenlos zuschauen und werde versuchen, den Rittmeister von Frisch, der gleichsam über Nacht zu einem für sie gefährlichen Kronzeugen geworden war, in ihre Gewalt zu bringen. Das mußte um jeden Preis verhindert werden. Hoßbach suchte Canaris auf und beschwor ihn, sich etwas einfallen zu lassen, das die Abwehr berechtigte, Frisch in Schutzhaft zu nehmen. Canaris lehnte ab: »Diesmal sind Sie wirklich zu mißtrauisch.« Er meinte, der Zeuge solle ruhig in seiner Wohnung bleiben.[144)]

Am nächsten Tag war Achim von Frisch verschwunden – verhaftet von der Gestapo.[145)] Erst im letzten Augenblick war Canaris noch die Idee gekommen, einen Fotografen der Abwehr in der Ferdinandstraße zu postieren. »Der Admiral«, berichtet Gegenspionagechef Protze, »stellte mir die schwierige Aufgabe, innerhalb einer Stunde einen Fotografen zu beschaffen, der notfalls aufnehmen sollte, wie Frisch von SS-Männern abgeführt wurde.«[146)] Das Foto wurde (neben Sacks Vernehmungsprotokoll) gleichsam zu einer Lebensversicherungspolice für Frisch.

Die Militärjuristen waren jetzt ihrer Sache sicher. Sie erhoben Ende Februar formell Anklage gegen den Generalobersten Freiherrn von Fritsch wegen des Verdachts eines Verstoßes gegen den Paragraphen 175 des Strafgesetzbuches und beraumten eine Hauptverhandlung an. Schauplatz der gerichtlichen Auseinandersetzung: das »Preußen-Haus« in Berlin, Sitz des ehemaligen Herrenhauses, der Ersten Kammer des untergegangenen Königreiches.

Am Morgen des 10. März 1938 begann die Hauptverhandlung. Göring zog mit seinen Richtern, den Oberbefehlshabern der Teilstreitkräfte und den Senatspräsidenten, in den Saal, die Anwesenden erhoben sich, Fritsch aber blieb ostentativ sitzen – die einzige Demonstration des gestürzten OB.[147] Hitlers Generalfeldmarschall riß nach einigen Minuten die Verhandlungsführung an sich, doch er kam nicht weit.

Der Ankläger hatte gerade mit der ersten Vernehmung Schmidts begonnen, da tauchte ein Adjutant aus der Reichskanzlei auf und überbrachte Göring eine Meldung. Ein Flüstern ging durch die Reihe der Richter. Kurz darauf erfuhr auch Fritsch, was der Bote gebracht hatte: einen Befehl Hitlers, der alle Oberbefehlshaber in die Reichskanzlei rief. Die Verhandlung wurde vertagt.[148] Ein neues außenpolitisches Drama stand bevor – der Anschluß Österreichs an das Reich.

Der gedemütigte, erpreßte Protokollant von Berchtesgaden hatte doch noch zurückgeschlagen, freilich zu spät und mit untauglichen Mitteln. Dem Bundeskanzler von Schuschnigg war erst in Wien so recht zu Bewußtsein gekommen, worauf er sich am 12. Februar eingelassen hatte. Er hatte verabredungsgemäß eine Amnestie für verurteilte NS-Anhänger erlassen und den Nationalsozialisten Seyß-Inquart in das Kabinett genommen, aber seine Autorität sah er dabei so rasch schwinden, daß er den Plan faßte, durch einen Überraschungscoup die »nationale Opposition« zum Bekenntnis zu einem »freien und deutschen, unabhängigen und sozialen, christlichen und einigen Österreich« (dies Schuschniggs Parole) zu zwingen. In der Nacht vom 8. zum 9. März vertraute er fünf seiner engsten Berater, darunter auch dem Bundesminister Zernatto, an, er wolle binnen vier Tagen eine Volksabstimmung abhalten lassen, die den Willen Österreichs zu staatlicher Unabhängigkeit demonstrieren solle.[149]

Der Kanzler war sich jedoch seiner Sache so wenig sicher, daß er das Plebiszit durch Manipulation absichern wollte. Das Mindestwahlalter wurde auf 24 Jahre festgesetzt, um die in der Mehrheit nationalsozialistisch und großdeutsch empfindende Jugend von den Urnen fernzuhalten; nur Mitglieder der autoritären Staatspartei sollten zugelassen werden.[150] Entscheidend kam es Schuschnigg auf den Überraschungseffekt an. Er wollte die Abhaltung des Plebiszits erst am Abend des 9. März auf einer Kundgebung in Innsbruck bekanntgeben, um seinen Gegnern möglichst wenig Zeit zu Gegenmaßnahmen zu lassen.[151]

Doch die Sekretärin Zernattos verriet den Plan, schon um die Mittagszeit des 9. März wußte Berlin Bescheid. Hitler mochte die Nachricht zunächst nicht glauben.[152] Er sträubte sich gegen die Erkenntnis, daß sich ein von ihm mißhandelter Kontrahent anschickte, den Führer des Deutschen Reiches auszumanövrieren. Wie so oft, wenn sich Hitler unerwarteten Situationen gegenübersah, lavierte er einen Moment lang; er schickte einen Sendboten nach Wien, Schuschnigg die Volksbefragung wieder auszureden.[153]

Am Morgen des nächsten Tages aber erkannte Hitler die einmalige Gelegenheit, die sich ihm dank Schuschniggs Unbesonnenheit bot. In dem Berchtesgadener Protokoll waren Richtlinien für eine gemeinsame Politik beider Staaten fixiert worden, aus denen Hitler ableiten konnte, er hätte von dem österreichischen Kanzler zuvor konsultiert werden müssen. Hitler folgerte willkürlich, Deutschland habe das Recht, Truppen in Österreich einrücken zu lassen. In Hitler formte sich ein tollkühner Plan: mit militärischer Pression, notfalls durch einen kurzbefristeten Einmarsch in Österreich, das Schuschnigg-Regime zu stürzen und die Nationalsozialisten auch in seiner Heimat an die Macht zu bringen.[154]

Als er indes von Keitel die Vorlage der Einmarschpläne verlangte, erlebte Hitler eine arge Überraschung: Es gab keine Pläne. Blomberg hatte zwar schon im Juni 1937 in einer »Weisung für die einheitliche Kriegsvorbereitung der Wehrmacht« den Generalstab des Heeres ersucht, für den »Sonderfall Otto« (Besetzung Österreichs im Fall einer monarchistischen Restauration) einen Operationsplan auszuarbeiten, doch dem Kompetenzstrategen Beck, mit dem Kriegsminister wegen Strukturfragen zerstritten, war die Order nicht Grund genug gewesen, die Phantasie seiner Planungsoffiziere zu bemühen.[155]

Da Brauchitsch, der neue Oberbefehlshaber des Heeres, noch im Fritsch-Prozeß saß, ließ Hitler den Generalstabschef kommen. Es war der große Augenblick, auf den Beck immer gewartet hatte. Er erläuterte Hitler, für den Einmarsch benötige man das VII. und XIII. Armeekorps und eine Panzerdivision, die sofort mobilgemacht werden müßten, was natürlich schwierig sei, da keine Mobilmachungspläne bestünden; es müsse »also alles improvisiert werden«, aber zu schaffen sei es.[156] Hitler erklärte, er wolle »am kommenden Sonnabend, am Tage vor der beabsichtigten Abstimmung, einrücken«. Beck kalkulierte: Dann müsse der Mobilmachungsbefehl noch heute, am 10. März, an die Verbände hinausgehen.[157]

Nach dem Gespräch war Beck, der Kritiker der Hitlerschen Expansionspolitik, wie umgewandelt: Der Führer hatte ihm Befehle gegeben, der Führer seinen Rat gesucht – so und nicht anders stellte er sich die Rolle des Generalstabschefs vor. Emsig jagte er seine Planungsoffiziere auf, die Wünsche des Führers zu erfüllen. Nach fünf Stunden hatte Becks Operationschef, Generalmajor von Manstein, die Pläne fertig, »mit 20 Minuten Verspätung sind sie herausgegangen«.[158] Bedenken gegen die Annexionspolitik? Ludwig Beck kannte sie in diesem Augenblick nicht.

Am nächsten Tag – die Truppen waren bereits alarmiert und marschierten in ihre Bereitstellungsräume – begann Hitler, die außenpolitische Krise anzuheizen. Zeitweise übernahm Göring die Leitung des politischen Feldzugs und setzte am Telefon, ständig mit der Botschaft in Wien verbunden, Österreichs Staatsmänner unter Druck. Von Stunde zu Stunde wurden Görings Forderungen rüder: Er verlangte den Verzicht auf die Volksabstimmung, er forderte den Rücktritt Schuschniggs, ja die Einsetzung Seyß-Inquarts als Bundeskanzler, er wollte sogar ein Telegramm haben, in dem die neue NS-Regierung um den deutschen Einmarsch »bat«.[159]

Nun war es auch für Canaris Zeit, seinen Apparat zu alarmieren. An jenem Tag der Krisensteigerung, am 11. März, rief er sämtliche Dienststellenleiter der Abwehrzentrale zusammen und eröffnete ihnen, der Führer habe beschlossen, die österreichische Frage zu lösen, notfalls mit militärischen Mitteln. Canaris befahl, alle Dienststellen Tag und Nacht besetzt zu halten.[160] Die Spannungsagenten der Abwehr in den wichtigsten Ländern Europas wurden in Marsch gesetzt und auf ihre Posten dirigiert.

Drei Länder und deren Reaktion mußte die deutsche Führung fürchten, ihnen galt die Hauptaufmerksamkeit von Canaris' Spionen: Italien, Frankreich und Großbritannien. Gerade gegenüber dem heikelsten Land aber, Italien, lange Zeit Schutzmacht Österreichs, waren Canaris die Hände gebunden, denn in dem Land des Achsenpartners durfte die Abwehr nicht operieren. Hitler verschaffte sich allein Gewißheit. Er schrieb Mussolini einen erklärenden Brief, den Prinz Philipp von Hessen nach Rom brachte. Um 22 Uhr 25 meldete sich der Prinz am Telefon: »Der Duce hat die ganze Angelegenheit sehr, sehr freundlich aufgenommen.« Hitler: »Dann sagen Sie Mussolini bitte, ich werde ihm das nie vergessen. Nie, nie, nie, es kann sein, was will.«[161)]

Die Verbände des Heeres setzten sich in Bewegung, jetzt kamen die entscheidenden Stunden für die Abwehr. Gespannt verfolgten Canaris und seine Mitarbeiter die aus dem Ausland einlaufenden Meldungen, keiner rührte sich von dem Platz, auf den er gestellt war. Am Abend des 12. März wies noch kein V-Mann-Bericht auf kritische Reaktionen Frankreichs und Englands hin. Canaris verbrachte die Nacht in seinem Arbeitszimmer auf dem Feldbett, den Dienst im Vorzimmer übernahm Pruck. Der Major notierte sich am Telefon die Meldungen der Abwehrstellen, schrieb sie um und gab sie an interessierte Stellen weiter, in erster Linie an den Generalstab des Heeres und die OKW-Abteilung Ausland. Pruck erinnert sich: »Der Admiral versicherte mir am Morgen, er habe ausgezeichnet geschlafen.«[162)]

Canaris ging die eingelaufenen Meldungen durch. Nicht eine einzige verriet eine besorgniserregende Reaktion des Auslands, jede offenbarte, wie hoffnungslos Österreich und sein Kanzler isoliert waren. Bereits um Mitternacht hatte Pruck diese Meldung an die Abteilung Ausland zur Übermittlung an das Auswärtige Amt weitergereicht: »1) Maginotlinie ist durchlaufend besetzt, aber ausschl[ießlich] zu defensiven Zwecken. 2) Militärische Maßnahmen von seiten Frankreichs sind nicht zu erwarten außer dem Falle eines Angriffes auf die Tschechei.«[163)] Auch aus Großbritannien kamen keine Meldungen über militärische Bereitschaftsmaßnahmen. Abwehr-Fazit am 13. März: »Meldung[en] der V-Männer aus Frankreich berichten im allgemeinen, daß Ruhe herrscht und normaler Dienstbetrieb bei der Truppe.«[164)]

Statt beunruhigender Meldungen aus dem Ausland landeten auf Canaris' Schreibtisch immer häufiger Berichte der in Österreich vorrückenden Verbände, die ihm offenbarten, daß Hitler dem größten Erfolg seiner politischen Laufbahn entgegenmarschierte. Die deutsche Führung hatte mit aktivem Widerstand der Österreicher gerechnet, zumindest mit Protest und Unmut der Bevölkerung – in Wahrheit erwartete die Wehrmacht ein Empfangsjubel, der von Ort zu Ort immer stärker anschwoll.

Wie in Trance marschierte Hitler mit, den noch kein Eingeweihter so weich erlebt hatte wie in diesen Tagen. Er fuhr ins heimatliche Linz und blieb dort die Nacht über, von seinen Landsleuten mit frenetischem Jubel begrüßt. Er hielt eine Rede, für Göring »die interessanteste Rede, die ich jemals vom Führer gehört habe. Dieser Mann, der doch das Wort beherrscht wie kein Zweiter, konnte kaum reden«.[165)] Hitler rief den in Berlin gebliebenen

Satrapen an: »Göring, Sie können sich nicht denken, ich habe ja gar nicht mehr gewußt, wie schön meine Heimat ist.«[166]

Hitler war so verwirrt, daß er kaum wußte, was nun eigentlich mit Österreich geschehen solle. An einen totalen Anschluß des Landes dachte er zunächst nicht, ihm schwebte ein zweiter nationalsozialistischer Staat vor, mit Deutschland lediglich durch eine Personalunion verbunden. Da erschien der neue Bundeskanzler Seyß-Inquart in Hitlers Linzer Quartier und meldete ihm, das Kabinett habe den völligen Anschluß beschlossen. Hitler weinte und konnte nur mühsam hervorstoßen: »Ja, richtiges politisches Handeln erspart Blut.«[167]

Meldung um Meldung ermöglichte Canaris, den Triumphzug der Wehrmacht und ihres Führers zu verfolgen. In den Vormittagsstunden resümierte ein Abwehrbericht: »Vormarsch wird planmäßig fortgesetzt, die Luftwaffe veranstaltet Propagandaflüge über Österreich. Teile der eingesetzten Panzertruppe u. d. 27. Inf.Division werden heute mittag in Wien einmarschieren. Es wird angenommen, daß der Führer an dem Einmarsch teilnehmen wird.«[168] Canaris mußte sich beeilen, wenn er zu dem großen historischen Spektakulum noch zurechtkommen wollte. Ein Flugzeug brachte ihn nach Wien.

Er kam nicht zu früh, denn schon waren Heydrichs SD-Kommandos dabei, die Geheimdienstmaterialien des zusammengebrochenen Schuschnigg-Regimes zu beschlagnahmen.[169] Doch die Canaris-Freunde im Wiener Verteidigungsministerium, allen voran der Oberstleutnant Lahousen, hatten alle wichtigen Dossiers für den Empfang ihrer deutschen Gegenspieler-Kameraden sichergestellt. Das Material erlaubte Protzes Männern bald, die Spionagenetze gegnerischer Geheimdienste zu enttarnen, die von Wien aus gegen Deutschland operiert hatten.[170]

Canaris war sensibel genug, die Anschlußeuphorie in sich aufzunehmen, die ihm allerorten entgegenschlug. Zwei Tage später strömten Hunderttausende auf dem Platz vor der Wiener Hofburg zu einer Kundgebung mit Hitler zusammen, auch Canaris war dabei. Die Ekstase der Massen überbot alles, was er je erlebt hatte. Besessen tönte Hitlers Stimme vom Balkon der Hofburg: »Ich kann somit in dieser Stunde dem deutschen Volk die größte Vollzugsmeldung meines Lebens abstatten. Als der Führer und Kanzler der deutschen Nation und des Reiches melde ich vor der Geschichte nunmehr den Eintritt meiner Heimat in das Deutsche Reich.«[171]

Wäre Hitler in diesem Augenblick tot umgefallen – die meisten Deutschen hätten ihn für den größten Staatsmann ihrer Geschichte gehalten. Er hatte einen alten deutschen Traum verwirklicht, ihm war geglückt, was nicht einmal einem Bismarck gelungen war: die Vereinigung aller Deutschen, Sehnsucht jedes deutschen Patrioten. Das faszinierte selbst kritische Geister wie Ernst Freiherr von Weizsäcker, den künftigen Staatssekretär des Auswärtigen Amtes und Canaris-Vertrauten. »Der gestrige Tag in Wien«, schrieb er nach Hause, »ist schon der bemerkenswerteste seit dem [Reichsgründungstag des] 18. Januar 1871. Die österreichischen Dragoner nach der Prinz-Eugen-Melodie zusammen mit unseren Truppen defilieren zu sehen sowie die Kundgebung vom Balkon der Hofburg sind Eindrücke, die ich Euch allen gewünscht hätte.«[172]

Der Nationalist Canaris empfand kaum anders. Eine Mär will freilich, Canaris habe den Anschluß nicht gutgeheißen, ja er soll einem österreichischen Offizier »unwirsch« zugerufen haben: »Ihr Österreicher seid an allem schuld. Warum habt ihr nicht geschossen?!«[173] Das widerspricht allem, was über die Haltung von Canaris bekannt ist. Canaris 1938 in einer Rede über den Anschluß: »Wir alle stehen noch unter dem alle deutschen Herzen erhebenden Ereignis des großdeutschen Zusammenschlusses. Er wurde ersehnt, erarbeitet, erkämpft . . . in der Parole: Ein Volk, ein Reich, ein Führer!«[174]

Auch Lahousen, der damals Canaris' Stimmung gut kannte, bestätigt, der Abwehrchef sei für den Anschluß offen eingetreten: »Es war eine der wenigen außenpolitischen Aktionen, die Canaris (und leider auch damals führende britische Staatsmänner) Hitler nicht übelnahm.«[175] Canaris ermunterte sogar österreichische Offiziere, den Anschluß voll und ganz zu bejahen. Er erklärte: »Überdenken Sie diesen gesamtdeutschen Einsatz vor dem Weltkrieg und besonders im Weltkrieg – ich nenne nur die stolzen Siegesorte deutsch-österreichischen Sodatentums: Aspern, Leipzig, Gorlice-Tarnow, Tolmein-Karfreit –, dann wird Ihnen kein Gefühl der Bitterkeit über die Entwicklung zur großdeutschen Wehrmacht aufkommen können. Keine verlorene Schlacht ist es, die Sie zu uns führt, und kein Bewußtsein des Zurückstehen-Wollens oder -Müssens darf und wird mit ihrem Kommen verbunden sein.«[176]

Wie schwer wird es ihm allerdings gefallen sein, von diesen Höhen nationaler Euphorie wieder zurückzufinden in die Niederungen des totalitären Regimes! Noch war der Fall Fritsch nicht ausgestanden und gesühnt. Am 17. März trat das Gericht erneut zusammen, zwei Tage lang dauerte die juristische Auseinandersetzung, die immer mehr zu einem Scherbengericht über die Gestapo wurde.[177]

Göring spürte rasch, daß die Gestapo am kürzeren Hebelarm saß, und schlug sich nicht ohne Pfiffigkeit auf die Seite der Fritsch-Freunde. Er brüllte den Belastungszeugen Schmidt an, ob er denn glaube, das Gericht noch weiter belügen zu können. Göring schrie so lange, bis Schmidt gestand, er habe gelogen, denn der Generaloberst sei ihm vorher nicht bekannt gewesen. Der Verteidiger wollte wissen, ob er für den Fall einer Änderung seiner ursprünglichen Aussage bedroht worden sei. Darauf Schmidt: Ja, Meisinger habe ihm mit Liquidierung gedroht. Sofort meldete sich der Gestapomann zu Wort: Er habe den Zeugen lediglich zur Wahrheit ermahnt.[178]

Doch die Gestapo hatte die Schlacht schon verloren. Biron beantragte, das Gericht möge die erwiesene Unschuld des Angeklagten feststellen, während Graf von der Goltz in seinem Schlußplädoyer ausrief, »ein einmalig ungeheuerliches Vorgehen . . . von Verbrecherhand« sei »in nichts verflogen«, die »ungeheuerlichste Beschimpfung des ganzen Heeres« durch die Beschuldigung Fritschs in sich zusammengebrochen.[179] Am 18. März 1938 erging der Urteilsspruch: »Die Hauptverhandlung hat die Unschuld des Generaloberst a.D. Freiherr von Fritsch in allen Punkten ergeben.«[180]

Jetzt kam für Canaris die Stunde der Abrechnung mit der schwarzen Konkurrenz. Wochenlang hatte er Brauchitsch und Beck für diesen Augenblick bearbeitet; er besaß die Zusage des Oberbefehlshabers des Heeres, eine Demarche bei Hitler zu unternehmen, sobald die Unschuld seines Vorgängers gerichtlich bestätigt sei. Die Demarche konnte keinen anderen Sinn als den haben, Macht und Einfluß der Geheimen Staatspolizei zu verringern – ein alter Wunschtraum von Canaris. Der Abwehrchef hatte die Parole ausgegeben: »Befreiung der Wehrmacht von dem Alpdruck einer Tscheka.«[181]

Canaris und Hoßbach formulierten Vorschläge, die Brauchitsch zur Aktion anspornen sollten. »Der Gestapo«, schrieben Canaris und Hoßbach, »muß der Vorwurf gemacht werden: a) daß sie eigenmächtig, nachdem der Führer die Vernichtung der Akten angeordnet hatte, die Ermittlungen wiederaufnahm; b) daß sie bei Führung der Ermittlungen es pflichtwidrig unterlassen hat, die zur Entlastung des Beschuldigten dienenden Umstände aufzuklären; c) dem Führer wahrheitswidrig gemeldet hat, die Schuld des Generalobersten v. Fr. sei erwiesen, obwohl nur eine völlig unzulängliche Untersuchung stattgefunden hatte.« Meisinger habe außerdem Schmidt gedroht, wenn er umfalle, verliere er den Kopf. Die beiden Autoren verlangten: »Meisinger wird sich deshalb wegen eines Verbrechens der Zeugniserpressung nach § 373 R.St.G.B. [Reichsstrafgesetzbuch] zu verantworten haben.« Gegen die anderen an dem Fall beteiligten Beamten der Gestapo müsse ein Dienststrafverfahren eingeleitet werden.[182]

Das aber genüge noch nicht: »Darüber hinaus muß eine völlige Änderung des Systems und der leitenden Personen verlangt werden.« Zentrale Forderung sei: »Wesentliche Änderungen in der Führerstellenbesetzung der Geheimen Staatspolizei. Hierbei kommen in erster Linie in Frage: Himmler, Heydrich, Jost (SD), Best, Meisinger, Fehling u. a.« Canaris und Hoßbach begründeten: »Eine weitere gedeihliche Zusammenarbeit der Wehrmacht mit den verantwortlichen, an der Diffamierung des Generaloberst Freiherr von Fritsch und damit auch an dem beleidigenden und niederträchtigen Angriff auf das Heer beteiligten und führenden Personen der Geheimen Staatspolizei ist nach Lage der Dinge untragbar.«[183]

Der Menschenbehandler Canaris wird gewußt haben, was er da den Generalen Brauchitsch und Beck zumutete: nichts weniger als die Forderung nach Absetzung der SS- und Gestapoführung. Die beiden Autoren rieten denn auch, es werde »für die Aufnahme der Demarche beim Führer wesentlich sein, nicht gegen die Institution einer Geheimen Staatspolizei als solche anzugehen. Es muß nur gesagt werden, daß sich genügend anständige und ehrliche Nationalsozialisten finden, die diese Vertrauensaufgabe erfüllen können«. Auch müsse alles vermieden werden, was den Gegnern erleichtere, die Demarche »als eine Meuterei, einen Militärputsch oder eine andere gegen die Partei gerichtete Aktion« auszulegen.[184]

Wer aber sollte an der Demarche teilnehmen? Die Autoren schlugen vor: Brauchitsch, Beck, außerdem die Generale von Rundstedt, von Bock und List. Um den beiden Führern des Heeres Mut zu machen, regten die Verfasser ferner an, Göring und Keitel an dem Unternehmen zu beteiligen.[185] Und damit wurde das Canaris-Hoßbach-Programm vollends zur Illusion, denn es gehörte schon ein gerütteltes Maß an Naivität dazu, sich den Opportunisten Göring und »Lakeitel«, wie man den anpasserischen OKW-Chef zu nennen anfing, in einer Phalanx gegen die SS-Führung vorzustellen.

Aber auch die Führung des Heeres dachte nicht daran, den Vorschlägen zu folgen. Kein maßgeblicher General des Heeres brachte die Courage auf, das Säuberungsprogramm gegenüber dem zu schrankenloser, fast gottähnlicher Macht aufgestiegenen Hitler zu vertreten. Brauchitsch wollte sich an seine früheren Vorsätze nicht mehr erinnern und verbannte das heikle Papier in die Aktenablage, Beck war weniger denn je für oppositionelle Schritte ansprechbar, mochte sie Canaris noch so sehr in den Rahmen regimekonformer Legalität einordnen.[186]

Auch der dritte General auf Canaris' Liste – Rundstedt – verweigerte sich jeder Aktion gegen Himmler und die Gestapo. Das erfuhr auch Fritsch, der in einem Anfall verspäteter Wut den SS-Chef zu einem Pistolenduell fordern wollte und seinen Kameraden Rundstedt zum Sekundanten erwählt hatte. Rundstedt sollte die schriftliche Forderung Fritschs dem Reichsführer-SS übergeben, doch er zuckte zurück; tagelang lief er mit dem Papier herum, ehe er sich entschloß, Fritsch die Idee wieder auszureden. Rundstedts Argument: Man dürfe die Kluft zwischen Heer und Regime nicht noch vertiefen.[187]

Canaris hatte eine Lektion erhalten, die er nie wieder vergessen sollte. In den Panzer ihrer brüchig gewordenen Traditionen und Berufsauffassungen eingezwängt, ließen die Generale die Diffamierungskampagne gegen ihren ehemaligen Oberbefehlshaber ungesühnt und den schon angeschlagenen Herausforderer unangetastet – geblendet von dem Charisma des einen einzigen Mannes, dem zu dienen ihnen kein Preis zu hoch war.

Der Abwehrchef resignierte, zumal es die andere Seite nicht ohne Geschicklichkeit verstand, sich selber von den ärgsten Belastungen zu befreien. Meisinger wurde in das Archiv des SD-Hauptamtes abgeschoben, und Fehling mußte sich in einem Disziplinarstrafverfahren verantworten, während Hitler den freigesprochenen Fritsch formal rehabilitierte und mit dem inhaltslosen Ehrentitel eines Chefs des 12. Artillerieregiments abfand.[188] Jetzt wurde bittere Realität, was Canaris nur aus taktisch-dilatorischen Gründen am 3. März auf einer Zusammenkunft aller Ic-Offiziere erklärt hatte: »Wir haben uns zunächst mit dieser Erklärung [Hitlers zum Fall Fritsch] abzufinden. Es ist zur Zeit nicht möglich, auch nur ein Wort mehr darüber zu sagen.«[189]

Für SS-gegnerische Vorstellungen hatte er einstweilen kein Gehör mehr. Als ihn Pruck bei einem Vortrag drängte: »Wenn wir jetzt nicht den SS-Leuten das Handwerk legen, Herr Admiral, wird es zu spät sein, dann werden sie uns umlegen«, musterte ihn Canaris von unten her und sagte nur: »Meinen Sie?« Pruck: »Es lag wohl ein Zweifel in seinem Ausdruck, wes' Geistes Kind ich sei.«[190] Canaris schlug den entgegengesetzten Weg ein. Er nahm die inzwischen unterbrochenen Morgenritte mit Heydrich und Best wieder auf und legte auch seinen Mitarbeitern möglichst intensiven Umgang mit der anderen Seite nahe.

Am 1. April zum Vizeadmiral befördert, mauserte sich Canaris rasch wieder zu einem Garanten konfliktloser Zusammenarbeit zwischen Wehrmacht und Regime.[191] Gewiß, er schärfte seinen Offizieren ein, es sei »nicht vereinbar mit der Würde und der Stellung der Wehrmacht im Staat«, wenn sie Angriffe oder Diffamierungen hinnähmen; er sei sofort zu informieren, damit er sich einschalten könne. Canaris: »Vertuschen, Verschweigen und Hinnehmen, d. h. nichts veranlassen, kann die Willenskraft und den Widerstand anderer stärken, das Ansehen der Wehrmacht sowie das Vertrauen in der Truppe zu ihrer Führung aber lähmen.«[192]

Gleichwohl bestand er darauf, der Offizier habe jederzeit zu demonstrieren, daß er vorbehaltlos auf dem Boden des NS-Staates stehe. »In Ihren Aussprachen mit den führenden Männern der Partei«, erklärte Canaris, »müssen Sie Ihre klare Einstellung zum nationalsozialistischen Staate erkennen lassen. Sie müssen eindeutig aussprechen, daß das Durchhalten und der Kampf der Wehrmacht in der Systemzeit die wesentliche Voraussetzung für den Aufbau des Dritten Reiches geschaffen hat, daß die Führung der Außenpolitik durch den Führer bedingt ist durch das Vorhandensein der Wehrmacht.«[193]

Als habe er alle seine Einsichten in Wesen und Politik Hitlers schon wieder verdrängt, fiel Canaris schlimmer denn je in den Stil des Führerbyzantinismus zurück. »Dafür müssen wir dankbar sein«, rief er vor seinen Offizieren aus, daß allen ethischen Werten des Soldatentums »der Führer Entfaltungsmöglichkeiten auf der breiten Plattform des gesamten Volkes geschaffen« habe.[194] Man wird sich lebhaft vorstellen können, wie solche Phrasen auf Oster wirkten. Der Oberstleutnant grollte: »Ein Narr findet immer noch einen größeren Narren zum bewundern.«[195]

Canaris scheute sich auch nicht, seine Bekenntnisse in aller Öffentlichkeit abzulegen. Am 22. April 1938 hielt Canaris vor dem neuen Jahrgang der Kriegsschule in Wiener Neustadt einen Vortrag, in dem er ausführte, warum das Offizierkorps »aus tiefstem Herzen sein Ja« zum nationalsozialistischen Staat und dessen Wehrordnung sprechen müsse. Canaris formulierte: »Das Offizierskorps muß im gelebten und verwirklichten Nationalsozialismus vorangehen. Nur so bewahrt es sich seine ihm vom Führer zugewiesene und kraft seiner früheren Leistungen überkommene Stellung.«[196]

Er war auch willig zur Stelle, als wenige Wochen später Richard Donnevert, Reichsamtsleiter im Stabe des Stellvertreters des Führers, Mitarbeiter für ein Buch suchte, das der Propagierung der angeblich unzerstörbaren Partnerschaft zwischen Partei und Wehrmacht dienen sollte. Der Admiral übernahm es, das wichtigste Kapitel (»Politik und Wehrmacht«) zu schreiben, und bewies einmal mehr, wie gut er die schwammigen Floskeln der NS-Propaganda beherrschte. Er verbreitete sich über »die Verpflichtung des Führergedankens und die weltanschauliche Auswirkung charakterlicher Haltung«, sah »in wundervoller Klarheit« die Wehrmacht »zum Werkzeug des nationalsozialistischen Erziehungswillens geworden« und konnte schließlich überhaupt keine Unterschiede mehr zwischen Wehrmacht und Partei entdecken: »Je mehr wir uns mit dem nationalsozialistischen Gedankengut vertraut machen, um so mehr werden wir feststellen, daß es in Wahrheit echt soldatische Gedankengänge sind.«[197]

Solcher Formulierungskunst bedurfte jedoch Canaris bald nicht mehr, denn er verlor seine innenpolitischen Kompetenzen wieder. Zum 1. Juni 1938 ordnete Keitel noch einmal die Führungsstruktur des OKW neu, an die Stelle der zwei traten jetzt vier Amtsgruppen. Canaris mußte die Amtsgruppe Allgemeine Wehrmachtangelegenheiten abgeben, bei der auch die Abteilung Inland verblieb.[198]

Canaris sah sich auf seine ursprünglichen Abwehraufgaben zurückgeworfen, er blieb aber Amtsgruppenchef. Keitel zimmerte ihm eine neue Amtsgruppe, zusammengesetzt aus der Abwehrabteilung und der Abteilung Ausland, die er der Amtsgruppe Führungsstab entzog. Canaris' Organisation hatte damit ihre definitive Gestalt erhalten; die neue »Amtsgruppe Auslandnachrichten und Abwehr«, kurz Ausland/Abwehr genannt, blieb (von der Umwandlung in ein Amt 1939 abgesehen) bis zu ihrer Entmachtung im Februar 1944 mit dem Namen Canaris unlösbar verbunden.[199]

Die bisherigen Abwehrgruppen verwandelte Canaris in Abteilungen und stellte sie mit der hinzugekommenen Auslandsabteilung gleich, so daß deren Chef, der Kapitän zur See Leopold Bürkner, nur einer von vier Abteilungsleitern war. Von Bürkner hatte freilich Canaris ohnehin keine Machteinbuße zu befürchten; der biedere Seeoffizier, gutgläubig und NS-konform, zuletzt Kommandant des Kreuzers »Emden« und durch die Fürsprache Ribbentrops, an dessen Seite er 1935 »die Gesamt-Vorarbeit für das 33-Prozent-Flottenabkommen mit England« geleistet hatte, erst kürzlich an die Spitze der Auslandsabteilung gelangt, nahm es hin, daß er als zweithöchster Offizier der Amtsgruppe den Admiral nur in allgemeinen Amtsgeschäften, nicht aber in Sachen der Abwehr vertreten durfte.[200]

Der Zuwachs durch die Abteilung Ausland hatte für Canaris bedeutsame Folgen: Bürkners Abteilung verband ihn mehr denn je mit Hitlers Außenpolitik. Die Abteilung war so etwas wie ein Außenministerium des OKW; sie hielt Kontakt zum Auswärtigen Amt und war für dessen militärische Unterrichtung zuständig, sie informierte die militärischen Spitzenbehörden über außenpolitische Ereignisse, sie führte die deutschen Waffenattachés im Ausland und betreute die ausländischen Militärattachés in Berlin.[201]

Die Auslandsabteilung war jedoch nicht die einzige außenpolitisch relevante Dienststelle seiner Amtsgruppe. Mit der Amtsgruppe Ausland/Abwehr war zugleich eine neue Abteilung entstanden: die Abwehr II. Sie unterschied sich erheblich von der Abwehrgruppe gleichen Namens. Die alte Abwehr II, für Funk- und Chiffrierdienst zuständig, hatte Canaris schon im Herbst 1937 an die damals gegründete Abteilung für Wehrmachtnachrichtenverbindungen abgeben müssen, die das gesamte Funk- und Horchsystem der Wehrmacht zentral lenken sollte.[202] Derweil wuchs eine neue Abwehr II heran, gebildet aus der Untergruppe S der Abwehr I, ab 1. Juni 1938 führte sie auch offiziell den Namen Abwehr II. Ihre Aufgaben: psychologische Kriegsführung, Aufstachelung fremder Minderheiten im Ausland und Inszenierung dessen, was später entnervte Massenmedien die »Fünfte Kolonne« nannten.[203]

In den Nachbarländern Deutschlands, namentlich in Ost- und Südosteuropa, lebten Hunderttausende von Volksdeutschen, Bürger fremder Staaten, unzufrieden mit ihrem durch die Versailler Friedensordnung recht willkürlich bestimmten Los; diese und andere nationale Minderheiten galt es für das Reich zu mobilisieren, sie gleichsam als Sprengmittel zu benutzen, um jene Staaten zu beseitigen oder zu lähmen, die sich dem von Hitler konzipierten deutschen Marsch nach dem Osten entgegenstellten. Der Abwehr II kam darin eine wesentliche Funktion zu: Ihre Agenten sollten die Führer der deutschen und fremden Minderheiten kontaktieren, Waffen und Personal für Aufstände bereitstellen und Einsatzkommandos bilden, die am Tag X vom fremden Territorium aus den Vormarsch der deutschen Invasionsarmeen zu sichern hatten.[204]

Die Abwehr war freilich ein Spätling im Unterholz der volksdeutschen Infiltration. Andere NS-Organe hatten bereits allerlei Kompetenzen an sich gerissen: Die Auslandsorganisation der NSDAP überwachte alle Aktivitäten der Partei in den betreffenden Staaten, die »Volksdeutsche Mittelstelle«, eine Domäne der SS, sollte die Tätigkeit auslandsdeutscher Vereine und deutscher Volksgruppen koordinieren, der SD Informationsnetze über die Oststaaten Europas legen.[205] Doch die Abwehrabteilung II wußte ihre Interessen zu wahren; gestützt auf das Prestige der Wehrmacht, brachte sie auslandsdeutsche Volkstumspolitiker, Studentengruppen und Vereine unter ihren Einfluß.

Die Ironie der Zeitgeschichte aber wollte, daß an der Spitze der Abwehr II ein Offizier stand, der sich als entschiedener Gegner des NS-Regimes verstand. Dem Major Helmuth Groscurth, von seinen Freunden »Muffel« genannt, Jahrgang 1898, wie Oster Pfarrerssohn, Kriegsfreiwilliger und Infanterieoffizier im Weltkrieg, aus Protest gegen die Niederschlagung des Kapp-Putsches ausgeschieden, Kurier für Ehrhardts Organisation Consul, dann Landwirt, schließlich in die Reichswehr zurückgekehrt und 1935 nach Absolvierung der Kriegsakademie zur Abwehrabteilung versetzt, war »der Haß gegen das NS-System ins Gesicht geschrieben«, wie Bürkner fand.[206] Der überzeugte Christ, mutig und offen, ja allzu offen, galt dem Gesinnungsfreund Liedig als »die Siegfriedsgestalt innerhalb der damaligen kleinen Abwehr«.[207] Auch Canaris schätzte ihn, wenn auch Groscurths Direktheit ihm nicht lag. »Muffel«, spottete Canaris einmal, »du bist der richtige Mann für die Abwehr, weil du immer die Wahrheit sagst, und in unserem Dienst glaubt das niemand.«[208]

Groscurth war jedoch so sehr in den Traditionen nationalen Machtdenkens befangen, daß dem Hitler-Gegner gar nicht bewußt wurde, wie widersprüchlich seine Arbeit war. Nicht ohne Stolz notierte er sich in sein Tagebuch: »Meine Arbeit betrifft die Erfassung aller Volksdeutschen und fremden Minderheiten, ferner die Vorbereitung der gesamten Kriegssabotage. Die Dinge spielten sehr ins Politische hinein.«[209] Solche Aufgaben verstrickten auch Canaris in den nächsten Akt der Hitlerschen Eroberungspolitik: die Annexion der sudetendeutschen Gebiete.

Canaris und der Abwehr schien es ganz natürlich, daß Hitlers nächster außenpolitischer Coup dem Prager Nationalitätenstaat galt. Seit Jahren war es Axiom am Tirpitz-Ufer, daß mit dem Ende des unabhängigen Österreich das Schicksal der 3,5 Millionen Sudetendeutschen auf die Tagesordnung der deutschen Außenpolitik geraten werde. Die Abwehrstelle Breslau hatte schon am 3. Februar 1934 prophezeit: »Durch einen nat[ional]soz[ialistischen] Umsturz in Österreich würde auch das Sudetendeutschtum einen neuen nationalen Auftrieb erhalten, ganz abgesehen davon, daß die tschech[ische] Politik damit eine wichtige Stelle ihrer ständigen Einflußnahme verlieren würde.«[210]

Die Abwehr hatte wie kaum eine andere Behörde des Reiches die Sudetendeutschen auf die Stunde der »Befreiung« vorbereitet; militärische Aufklärungsaufträge und nationale Emotionen ließen die Abwehr gleichermaßen an den Leiden und Versuchungen der ČSR-Deutschen teilhaben. »Das Sudetendeutschtum«, schrieb ein V-Mann der Abwehr, »kämpft in der wichtigen Stellung eines Vorpostens für das Reich selbst. Es kann dem Reiche nicht gleichgültig sein, wenn sich die feindliche Linie durch ständige Abbröckelung immer näher an die Reichsgrenze selbst heranschiebt.«[211] Seit Deutschland unter Hitler wieder erstarkt war, fiel auch der Schatten der Abwehr kräftiger auf das Feld der Nationalitätenkämpfe, die den tschechoslowakischen Staat spalteten.

Ein Sündenfall des Nationalismus erleichterte der Abwehr die Infiltrationsarbeit in der ČSR. Am Ende des Weltkriegs, als das tschechische Volk seine staatliche Unabhängigkeit erhalten hatte, war zugleich der deutschen Volksgruppe jedwede Art von Selbstbestimmung verweigert worden. Eine harte Gleichschaltungspolitik sollte die tschechische Vormachtstellung in der ČSR zementieren und die deutsche Minderheit disziplinieren: Die deutschen Städtenamen wurden tschechisiert, deutsche Kinder zur Erlernung der tschechischen Sprache gezwungen, deutsche Schulen benachteiligt; eine Verordnung verbot jeden Geldverkehr mit dem Ausland, eine andere verfügte den Abbau der deutschen Beamten, eine Landreform enteignete allen deutschen Grundbesitz, der nach 1620 erworben worden war.[212]

Ein unbekannter Turnlehrer namens Konrad Henlein, 35 Jahre alt, Offizier des Weltkriegs und ehemaliger Bankangestellter, setzte sich das Ziel, das in fünf Parteien gespaltene Sudetendeutschtum zu einigen und seinen Landsleuten die volle Autonomie innerhalb der ČSR zu sichern. Im Herbst 1933 gründete er eine Partei, die Sudetendeutsche Heimatfront, die er später auf Druck der Prager Behörden umbenennen mußte: in Sudetendeutsche Partei (SdP).[213]

Prag und Berlin nahmen die »Jungfrau im politischen Bordell«, wie ein politischer Konkurrent Henlein nannte[214], nicht ernst, nur die Abwehr setzte auf ihn. »Es steht zu erwarten, daß die ›Heimatfront‹ in der weiteren Entwicklung zum Sammelblock aller national gesinnten Sudetendeutschen werden wird«, meldet ein V-Mann am 16. Januar 1934, und auch andere Agenten der Abwehr ließen nicht ab, die Fortschritte Henleins minuziös zu beobachten.[215] V-M-Meldung aus dem ČSR-Bezirk Braunau, 1. Mai 1934: »Die Henlein-Front ist hier . . . im steilen Aufstieg. Man behauptet in Versammlungen der Henlein-Front, daß diese bereits im ganzen Reichsgebiet 120000 Mitglieder habe.«[216]

Die Abwehrzentrale wurde auf Henlein aufmerksam und nahm 1935 Kontakt zu dessen Freund Friedrich Bürger auf, der in Berlin ein Verbindungsbüro unterhielt – Anlaß für die von Canaris häufig kolportierte Version, es sei die Abwehr gewesen, die Henlein »entdeckt« habe.[217] Entdeckt hatten Henlein zwar andere, dennoch besaß die Canaris-Übertreibung einen wahren Kern: Im Gegensatz zu anderen Reichsbehörden erkannte die Abwehr rasch, wie nützlich Henlein und seine Partei für das Reich werden könnten. – In seltener Eintracht stellten sich Auswärtiges Amt, NSDAP und SS gegen Henlein, denn er hatte für sie einen argen Webfehler: Er war kein Nazi. Der romantische Nationalist, Anhänger einer autoritären, alle Konflikte der Gesellschaft einfrierenden Volksgemeinschaftsdoktrin, erwartete die Rettung nicht vom Dritten Reich. Für ihn kam das Heil aus Österreich.

In den Wiener Kanzlern Dollfuß und Schuschnigg sah er seine politischen Mentoren, in dem Ständestaatsideologen Othmar Spann den größten Mann der Zeit.

Heydrichs SD-Hauptamt urteilte denn auch im Mai 1936, der »romhörige« Henlein sei »vom Standpunkt des Gesamtdeutschtums besonders verhängnisvoll«, weil er »das Sudetendeutschtum dem nationalsozialistischen Deutschland entfremdet«.[218] Größtes Ärgernis erregte bei SD-Rechercheuren der Umstand, daß Henlein dem »Kameradschaftsbund« angehörte, einem Zusammenschluß von 200 jungen Intellektuellen des rechtskatholischen Lagers, die den föderalistischen Umbau der ČSR erzwingen, aber auf jeden Fall den Anschluß der sudetendeutschen Gebiete an Deutschland vermeiden wollten.[219]

Canaris focht das nicht an; ihm bereitete es Genugtuung, daß nicht Heydrich, sondern er das Vertrauen des kommenden Mannes der sudetendeutschen Volksgruppe genoß. Und die Entwicklung gab den Abwehranalysen recht: Henleins SdP wurde zur größten Partei der ČSR und des Sudetendeutschtums. Der SdP-Chef fühlte sich jetzt so stark, daß er auf einer Massenkundgebung in Aussig am 28. Februar 1937 die Autonomie für die Sudetendeutschen verlangte: »völkische Selbstverwaltung und körperschaftliche Vertretung«.[220]

Prag ließ sich auf Verhandlungen mit Henlein ein, doch sie gerieten in eine Sackgasse, weil der tschechoslowakische Staatspräsident Edvard Benesch, ein mißtrauischer Apostel des Status-quo-Denkens, zu keinerlei Konzessionen bereit war. Aus den latenten Spannungen zwischen Prag und den Sudetendeutschen wurde eine regelrechte Krise, die sich immer mehr zuspitzte und auch für die Abwehr Folgen hatte. Im Laufe des Jahres 1937 stellte Canaris seine Agentenorganisation in der ČSR auf offenen Konflikt um. Immer mehr V-Männer der Abwehr sickerten über die Grenze. Groscurths Sendboten begannen zum erstenmal, Munitionslager und Versammlungsstätten für Partisanen auf tschechoslowakischem Staatsgebiet anzulegen – dirigiert von den Abwehrstellen Breslau und Dresden, in denen die meisten Führungsoffiziere für das Operationsgebiet ČSR saßen.[221]

Ein Haupt-V-Mann der Abwehr, der ehemalige Buchhändler und führende SdP-Funktionär Karl Hermann Frank, erhielt den Befehl, eine Organisation zur Zersetzung der ČSR-Armee zu schaffen und dem Tirpitz-Ufer laufend über die politische Entwicklung im Sudetenland zu berichten.[222] »Hager« (so Franks Deckname) hatte zudem, wie sich der spätere Abwehr-II-Oberst Erwin Stolze erinnert, »eine Organisation vorzubereiten, die von der deutschen Führung auszugebende Parolen in kürzester Frist innerhalb des sudetendeutsch besiedelten Gebietes weiterleiten und zur Wirksamkeit bringen konnte, wie zum Beispiel Freihalten der Straßen von Flüchtlingen im Kriegsfall«.[223]

Die Wahl des Haupt-V-Mannes erwies sich später als fatal, denn der Extremist Frank, in dem sich deutsches Herrenmenschentum und Tschechenhaß auf besonders rüde Art verkörperten, hatte 1935 zu den SS-Führern der Volksdeutschen Mittelstelle Kontakt aufgenommen und galt seither im SD-Hauptamt als willkommener Partner in allen Kabalen gegen den ungeliebten Henlein.[224] Franks Aufgaben in der Partei (er stieg noch 1937 zum

Stellvertreter Henleins auf) wurden so zahlreich, daß er seine Abwehrfunktionen zum Teil an Mitarbeiter wie den Turnerführer Kreutzberger abgab, ohne freilich auf die Oberaufsicht zu verzichten.[225]

Abwehr und SdP-Führung rückten noch enger zusammen, als Henlein im Frühjahr 1938 in das Lager Hitlers umschwenkte. Die ablehnende Haltung Prags und der Fortfall seines österreichischen Rückhalts ließen Henlein kaum eine andere Wahl, als auf die Hilfe Großdeutschlands zu bauen. Und Hitler griff nur allzu begierig das Sudetenproblem auf, für ihn nur eine weitere Etappe auf dem Marsch nach Osten. Seit dem Einmarsch in Österreich erlag er immer mehr fiebrigen Tagträumen von Macht und Eroberung. Die Hysterie der Anschlußtage hatte Hitler um den letzten Rest von Maß und Besonnenheit gebracht, die schwachen Proteste des Auslands gegen seinen Gewaltstreich ihn in seinem Auserwähltheitswahn nur noch bestärkt.

Am 28. März 1938 bestellte er sich Henlein in die Reichskanzlei und weihte ihn in seine Pläne ein. Der nächste Stoß, erklärte Hitler, werde sich gegen Prag richten, wobei die Sudetendeutschen den ersten Angriff selber zu führen hätten. Hitler: »Die SdP muß ihre Zersetzungsarbeit fortsetzen, sie muß der tschechischen Regierung unannehmbare Bedingungen stellen.« Henlein rekapitulierte: »Wir müssen also immer so viel fordern, daß wir nicht zufriedengestellt werden können.« Hitler nickte.[226] Keitel erhielt kurz darauf die Order, die Wehrmacht auf einen Krieg gegen die Tschechoslowakei vorzubereiten.

Henlein machte sich geflissentlich an die Arbeit. Am 24. April forderte er auf einem SdP-Parteitag in Karlsbad die bedingungslose Autonomie für die Sudetendeutschen, eine Entschädigung für das seit 1918 zugefügte Unrecht und »volle Freiheit des Bekenntnisses« zur nationalsozialistischen Weltanschauung.[227] Damit war ausgebrochen, was die Historiker die Sudetenkrise nennen. Der großdeutsche Propaganda- und Machtapparat stellte sich hinter Henleins Forderungen und beschwor einen bewaffneten Konflikt zwischen dem Reich und der Tschechoslowakei herauf. Sofort tauchte die zentrale Frage auf, die von nun an Freund und Feind bewegte: Würden die Westmächte im Falle eines deutschen Angriffes Prag zu Hilfe kommen?

Frankreichs Regierung wollte Prag helfen, freilich nur unter der Bedingung, daß sich England anschließe. Das aber lehnte die britische Regierung ab, die im Kreuzzug der Sudetendeutschen durchaus eine moralisch vertretbare Sache sah. Erschreckt eilte der französische Ministerpräsident Daladier Ende April nach London, um die Briten umzustimmen. Deren Premierminister Chamberlain aber blieb dabei: »Wenn Deutschland sich tatsächlich entschließen würde, die Tschechoslowakei zu zerstören, dann sehe ich nicht, wie das verhindert werden könnte.« England sei nicht gerüstet, es könne nicht einmal zwei Divisionen zur Verfügung stellen.[228]

Deprimiert hörte sich Daladier an, wie sich Chamberlain die Lösung der Sudetenkrise vorstellte: Man müsse Prag zu großzügigen Konzessionen drängen, die Deutschen aber zur Geduld mahnen. Daladier stimmte zu[229] – und eben dies ließ Benesch, den »Metternich der Demokratie«[230], auf ein spektakuläres Mittel sinnen, mit dem es ihm gelingen könne, die beiden Westmächte an seine Seite zu manövrieren. Ein paar dubiose Geheimdienstmeldungen lieferten ihm einen willkommenen Vorwand.

Anfang Mai erhielt der tschechoslowakische Geheimdienst Hinweise seiner Agenten, die von »ungewöhnlichen Konzentrationen deutscher Verbände an den Grenzen Sachsens und Schlesiens« sprachen.[231] Am 12. Mai berichtete der tschechische Agent A-54, der SD bereite einen Aufstand der Sudetendeutschen vor, der am Vorabend der tschechoslowakischen Gemeindewahlen (22. Mai) durch ein vom deutschen Rundfunk weitergegebenes Stichwort ausgelöst werden solle.[232] Diese Meldungen, möglicherweise noch von dem zu aggressivem Widerstand drängenden ČSR-Geheimdienstchef Moravec verschärft, nutzte Benesch für sich: In der Nacht vom 20. zum 21. Mai ordnete er eine Teilmobilmachung seiner Armee an und rief 180000 Reservisten zu den Fahnen.[233]

Beneschs Coup überraschte die Deutschen, ratlos befragte Canaris seine V-Männer in der Tschechoslowakei. In der darauffolgenden Nacht erst war der Abwehrchef sicher, daß kein Krieg drohte. Am Morgen des 22. Mai meldete er »über den Verlauf der Nacht« an Keitel: »Keine besonderen Vorkommnisse. Die befohlenen Mob[ilmachungs]maßnahmen in der Tschechoslowakei laufen weiter. Es sind einberufen: die Jahrgänge 1913 und 1914 vollständig und aus den Jahrgängen 1894 bis 1911 unter Fortlassung der Jahrgänge 04, 05, 09 nur die Spezialisten.«[234]

Rasch erwies sich, daß die Meldungen über den deutschen Truppenaufmarsch nicht zutrafen. Gleichwohl sah die internationale Presse in den deutschen Dementis ein Zurückweichen Hitlers vor dem energischen Benesch und den westlichen Demokratien. Und gerade diese genüßlich vorgetragene Fehlinterpretation reizte Hitler zu einer wütenden Trotzreaktion – er entschloß sich endgültig zum Krieg gegen die Tschechoslowakei.

»Es ist mein unabänderlicher Entschluß«, schrieb er am 30. Mai, »die Tschechoslowakei in absehbarer Zeit durch eine militärische Aktion zu zerschlagen. Den politisch und militärisch geeigneten Zeitpunkt abzuwarten oder herbeizuführen, ist Sache der politischen Führung.«[235] Auch über den Angriffstermin konnte kaum noch Unklarheit herrschen; »ab 1. 10. 1938« sollte »Unternehmen Grün« (so der Deckname des Feldzugs) ablaufen.[236] Eine Höllenmaschine begann zu ticken, die Europa zum erstenmal seit 1914 wieder an den Abgrund eines großen Krieges schleuderte.

Anweisungen der OKW-Spitze stellten der Amtsgruppe Ausland/Abwehr die Aufgabe, mit Propaganda, Zersetzung und Feindaufklärung den Angriff vorzubereiten. Aus dem »Entwurf für die neue Weisung ›Grün‹« vom 20. Mai konnte Canaris herauslesen, was Hitler von der Abwehr erwartete. »Der Propagandakrieg«, hieß es da, »muß einerseits die Tschechei durch Drohungen einschüchtern und ihre Widerstandskräfte zermürben, andererseits den nationalen Minderheiten Anweisungen zur Unterstützung des Waffenkrieges geben.«[237] Beim Einbruch der deutschen Angriffsverbände in die tschechoslowakischen Befestigungslinien, so stand an anderer Stelle, könne »die Zusammenarbeit mit der sudetendeutschen Grenzbevölkerung, Überläufern aus der tschechoslowakischen Armee . . . und den Organen des Sabotagedienstes von Bedeutung sein«.[238]

Hitler-Adjutant Schmundt hatte außerdem Vorstellungen seines Chefs über die Rolle der Abwehr in den ersten beiden Angriffstagen festgehalten. Schmundt notierte: »1. Oktober. Sabotage innerhalb der ›Nervenzentren‹.

Besetzung der Befestigungen, System ›trojanisches Pferd‹. 2. Okt[ober]. Sofortiges Nachschieben von getarnten Sicherheitstruppen zur Besetzung wichtiger Punkte zwischen Befestigungen und Grenze.«[239] Außerdem sollte die Abwehr ausarbeiten: »1. Flugblätter für das Verhalten der Deutschen im Grünland. 2. Flugblätter mit Drohungen zur Einschüchterung der Grünen.«[240]

Die Abwehr war so fest in die Invasionsplanung integriert, daß manche es sogar für normal hielten, sie möglicherweise auch mit der Inszenierung eines politischen Mordes zu beauftragen. Noch war Hitler nicht klar, wie er einen Kriegsanlaß konstruieren könne, da kam ihm eine Idee: »Es kann ja auch passieren, daß der Gesandte ermordet wird.« Keitel: »Welcher Gesandte?« Darauf Hitler: »Der Krieg 1914 ist doch auch durch einen Mord in Sarajewo entstanden. Solche Zwischenfälle können doch passieren.«[241] Bald besprachen Hitlers Berater einen vom Reich zu organisierenden Mordanschlag gegen den deutschen Gesandten in Prag so ernsthaft, daß sich Jodl schon Sorgen machte, das OKW könne nicht rechtzeitig seine Einsatzbefehle mit dem »Zwischenfall« koordinieren. Jodl hielt jedenfalls nicht für abwegig, daß »die Abw.Abt. mit der Organisation des Zwischenfalls beauftragt wird«.[242]

Canaris und seine Abteilungsleiter setzten die Generalanweisungen Hitlers und Keitels in Taten um. Die Abwehr II teilte auf ihren Lageplänen das Gebiet der Tschechoslowakei in Zonen ein, die die Ziffern K 1 bis K 7 trugen.[243] Das waren die Einsatzräume der K(ampf)- und S(abotage)-Verbände, die Groscurths Abteilung über die deutsch-tschechische Grenze sikkern ließ, um sie am Tag X für Sabotage- und Terroraktionen bereit zu haben.

Entscheidend war, daß die Verbände in der sudetendeutschen Bevölkerung einen Rückhalt fanden. Nicht alle ČSR-Deutschen billigten Henleins Kurs. Genaue Aufstellungen der Abwehrzentrale differenzierten die politische Haltung der Sudetendeutschen, so diese Expertise des Referats Ost-Süd der Abwehr I: »Für die Tschechen am gefährlichsten sind die Egerländer und Böhmerwalddeutschen bis etwa Gegend von Wickwitz . . . Siedlungsraum Mittelnordböhmen bis zur Elbe: Politisch bedeutend indifferenter, soldatisch weniger brauchbar, gleichgültiger gegen politische Bedrükkung . . . Siedlungsraum Nordostböhmen: Als besonders nationaldeutsch und fast 100% nationalsozialistisch kann der Kreis Schluck und Friedland gelten, dagegen als stark klerikal und unzuverlässig alles östlich Trautenau.«[244]

Nach solchen und anderen Bewertungen bezogen die K- und S-Männer ihre Stellungen jenseits der Grenze. Sie erkundeten im Raum Freudenthal Landeplätze für die 7. Fliegerdivision, die sich dort mit Verbänden des VIII. Armeekorps vereinigen sollte, sie bildeten Einsatzgruppen zur überfallartigen Besetzung von Grenzorten, sie hatten Brücken und Bahnhöfe am Tag des Angriffs zu okkupieren und im Hinterland mit zuverlässigen Sudetendeutschen kleine Aufstände vorzubereiten.[245]

Immer neue Aufträge überschwemmten die Führung der Abwehr. Stolz und zugleich verdrossen über so viel Arbeit notierte sich Groscurth: »Man erbittet unsere Hilfe. Wir müssen auch die Propagandarichtlinien aufstellen für die Prop[aganda]-Kompanien der Armeen. Das wäre Sache von Abt. Landesverteidigung!«[246] Die Wünsche nahmen bald so überhand, daß Canaris befürchtete, Ausland/Abwehr könne nur noch schludrige Arbeit leisten. Neue Groscurth-Notiz: »Die von uns gefertigten Flugblätter liegen beim Führer, der sie korrigiert . . . Admiral solle sich keine Sorgen machen, er regele das selber – läßt er durch Major Schmundt sagen.«[247]

Je mehr aber die unsichtbare Armee der Abwehr die letzten Stellungen für den Tag X bezog, desto unheimlicher wurde Canaris die Perfektion des eigenen Apparates. Erst allmählich dämmerte ihm, daß dies alles blutiger Ernst war und nicht eine Wiederholung jener propagandistisch-militärischen Manöver, die bis dahin jedem außenpolitischen Wochenendcoup Hitlers vorangegangen waren. Krieg – das Wort entsetzte den Admiral, der nur zu gut wußte, daß Deutschland für einen großen Krieg europäischen Formats gar nicht gewappnet war. Krieg – das war für Canaris nur ein Synonym für »Finis Germaniae«, für das Ende des Reiches, für die Vernichtung alles dessen, was Deutsche in generationenlangen Mühen geschaffen, erlitten und geopfert hatten.

Jede Nachricht, die ihm aus der Reichskanzlei zuging, mußte Canaris' Nervosität noch erhöhen, deutete nun doch alles darauf hin, daß in Hitlers engster Umgebung eine katastrophale Aktion heranreifte, »schlechterdings leichtfertig in den Prämissen, bedenkenlos in den Mitteln, abenteuerlich in Wagnis und Zielsetzung«, wie es ein Historiker umschreibt.[248] Hitler war auf den Krieg aus – und keine Macht der Erde sollte ihn daran hindern, den Marsch nach Prag anzutreten. Canaris befiel eine beklemmende Vorahnung: daß der Mann, der das Großdeutsche Reich geschaffen, zugleich sein Vernichter sein würde.

Canaris aber war entschlossen, Hitlers Weg in den Krieg zu stoppen. Auf einmal sah er sich einer Schizophrenie ausgeliefert, von der er sich nie wieder befreien konnte: gleichzeitig Wegbereiter und Möchtegern-Verhinderer von Hitlers Eroberungszügen zu sein. Es war die Schizophrenie, die nach dem Zweiten Weltkrieg den Stellvertretenden US-Ankläger Robert Kempner ausrufen ließ, wenn es jemals in der Geschichte einen Fall von Doppelpersönlichkeit à la Dr. Jekyll und Mr. Hyde gegeben habe, so sei es Canaris gewesen, »der Mann, der die nationalsozialistischen Fünften Kolonnen organisiert hat, der . . . die mörderischen Waffen der Sabotage, der heimlichen Einsickerung, eingeführt und deutsche Soldaten auf Todeskommandos geschickt hat, und andererseits einzelnen Offizieren . . . erlaubte, gegen das Regime zu konspirieren«.[249]

Anfangs hatte Canaris angenommen, Hitler wolle nur bluffen und mit militärischer Pression Prag ein Autonomiestatut für die Sudetendeutschen abnötigen. Selbst als Hitler Ende Juli »eine Art Versuchs-Mobilisierung« der Wehrmacht befahl, die dem britischen Militärattaché in Berlin, Oberst Mason MacFarlane, »sehr gefährlich und provokativ« erschien, beruhigte Canaris den Briten: Die Testmobilisierung sei militärisch völlig normal und bedeute nichts anderes »als einen Vorgang des Räder-Ölens«.[250]

Bald aber wußte Canaris, daß Hitler den Krieg wollte. Am 30. Juli hatte Keitel einen Urlaub angetreten und Canaris mit seiner Vertretung beauftragt. Was jetzt an Befehlen, Weisungen und Meldungen über Canaris'

Schreibtisch lief, ließ keinen Zweifel mehr daran, daß die Wehrmacht marschieren würde. Noch gab es freilich Generale, die sich dem Wahnsinn entgegenstemmten. Fasziniert beobachtete Canaris den letzten Akt des Ein-Mann-Feldzuges, zu dem der Generalstabschef des Heeres angetreten war.

Denn diesmal hatte Beck sofort erkannt, welche tödlichen Gefahren Armee und Nation drohten, wenn auch sein Widerstand zuerst nicht (wie die wohlwollenden Historiker annehmen) moralischen, sondern Kompetenzgründen entsprang. Wieder einmal plante der Führer eine Aktion, ohne den Generalstabschef des Heeres zu konsultieren. Gleich nach dem Bekanntwerden von Hitlers Kriegsplänen stellte er sich in einer Denkschrift vom 5. Mai gegen das tschechische Abenteuer.[251] Zwar schien auch ihm eine »baldige gewaltsame Lösung der tschechischen Frage« notwendig, gleichwohl hielt er den Augenblick für falsch gewählt: Deutschland sei für einen langen Krieg nicht gerüstet, England und Frankreich solidarisch mit der Tschechoslowakei verbunden, im Hintergrund außerdem von Rußland und Amerika unterstützt.[252]

Hitler wies die Denkschrift zurück, Beck mochte sich zunächst nicht stärker engagieren. Statt Hitler gleichsam von Mann zu Mann entgegenzutreten, zog er die Produktion weiterer Denkschriften vor. Als ihn Hitlers Heeresadjutant, Hauptmann Engel, zu der für die Kriegsplanung entscheidenden Sitzung in der Reichskanzlei am 28. Mai einlud, winkte Beck ab: »Es hat beim Führer ja doch keinen Zweck . . . Bestellen Sie ihm einen schönen Gruß von mir, und sagen Sie ihm, ich würde Gen[eral] Halder schicken.« Er kam dann schließlich doch noch zur Sitzung – und schwieg.[253]

Um so lebhafter war sein Schreibstift, als er am nächsten Tag all die Bedenken zu Papier brachte, die er am Vortag gegenüber Hitler nicht ausgesprochen hatte. Sein stärkstes Argument: Ein Krieg gegen die Tschechoslowakei müsse sich unausweichlich zu einem europäischen, ja zu einem Weltkrieg ausweiten; dank der Waffenhilfe, die Prag von England, Frankreich und Amerika zu erwarten habe, werde Deutschland letztlich einen Krieg gegen die ČSR verlieren.[254] Hitler tobte: »Das sei ein verlogenes Stück Papier, aber ihm mache man nichts vor«, schrieb Engel mit.[255]

Da Brauchitsch keine Lust hatte, die brisanten Denkschriften seines Generalstabschefs beim Führer zu vertreten, fiel Beck wieder in seine alte Resignation zurück. Prompt waren Canaris und Oster zur Stelle, Beck zu neuer Aktivität anzuspornen.[256] Oster saß oft stundenlang mit dem Generalstabschef zusammen und erörterte mit Beck neue Schritte, derweil Canaris den aggressiveren Halder dafür gewinnen wollte, Beck stärker zu drängen. Doch der Oberquartiermeister mochte nicht an Kabalen gegen seinen Generalstabschef teilnehmen.[257] Intern freilich drängte er Beck aus eigenem Antrieb, verzweifelt wehrte sich Beck: »Aber ich habe ihm [Hitler] doch eine Denkschrift geschrieben!«[258]

Erst die Verschärfung der Sudetenkrise im Juli provozierte Beck zu einer neuen Denkschrift. In ihr brachte er plötzlich anstelle der bisherigen militärtechnischen Argumente politische vor. Am 15. Juli formulierte er, das Volk und ein Teil des Heeres wollten nicht den Krieg gegen die Tschechoslowakei; die Kriegsfrage sei nunmehr »zu einer Vertrauensfrage des Volkes und des

Heeres an die oberste Stelle des Heeres« geworden, mithin müsse die Heeresführung reagieren.[259] Becks Schlußfolgerung: Der Oberbefehlshaber des Heeres solle bei Hitler vorstellig werden und ihn veranlassen, die Kriegsvorbereitungen einzustellen.[260]

Kaum war das niedergeschrieben, da wurde Beck noch energischer. Jetzt wollte er den Vorstoß bei Hitler nicht mehr Brauchitsch allein überlassen, sondern zu einem Kollektivschritt der gesamten Wehrmachtführung ausweiten, sozusagen zu einem Streik der Generale; sie sollten kollektiv zurücktreten, wenn Hitler auf ihre Forderungen nicht eingehe. In einer Vortragsnotiz vom 16. Juli legte er Brauchitsch nahe, gemeinsam mit der Generalität bei Hitler einzugreifen, »um einen Krieg gegen die Tschechei abzuwenden«.[261]

Bei der nächsten Vortragsnotiz, einer vom 19. Juli, wurde Beck noch stürmischer. Er hatte den alten Canaris-Hoßbach-Plan wieder entdeckt und auf die aktuellen Bedürfnisse der Sudetenkrise zugeschnitten: Der Kollektivschritt der militärischen Führung, so Beck, müsse auch zu einer »klärenden Auseinandersetzung mit der SS« führen; es gehe darum, »das deutsche Volk und den Führer selbst zu befreien von dem Alpdruck einer Tscheka und von den Erscheinungen eines Bonzentums, die den Bestand und das Wohl des Reiches durch die Stimmung im Volke zerstören und den Kommunismus wieder aufleben lassen«.[262] Das sei aber, mahnte Beck, kein Komplott gegen das Regime, vielmehr handle es sich um einen Kampf *für* den Führer, und es müßten »aufrechte und tüchtige Männer der Partei . . . von der Notwendigkeit eines solchen Schrittes überzeugt und dafür gewonnen werden«. Oberste Losung: »Für den Führer! Gegen den Krieg!«[263]

Wer will bezweifeln, daß in diesen Formulierungen und Gedanken die Hand von Canaris sichtbar wird? Wie Canaris hegte auch Beck damals noch – in völliger Verkennung des totalitären Systems – die Illusion, man brauche Hitler nur von den »Radikalen« zu befreien, um das Regime von den »Auswüchsen« zu säubern und es dadurch gleichsam lebenswert zu machen. Becks Vortragsnotiz vom 19. Juli 1938 entsprach ganz den Vorstellungen des Abwehrchefs: Verhinderung des Krieges, Beseitigung der SS-Vorherrschaft und des korrupten Bonzentums, zugleich aber Konservierung des autoritären Regimes unter Verschonung Hitlers. Ungeduldig beobachtete Canaris, ob sich Beck bei Brauchitsch durchsetzen würde.

Doch der gehemmte Oberbefehlshaber entzog sich allen Vorschlägen Becks. Brauchitsch mußte ihm allerdings versprechen, die Gruppenbefehlshaber und Kommandierenden Generale des Heeres zum 4. August zu einer Lagebesprechung nach Berlin zu bitten, wo er sie mit Becks Forderungen bekanntmachen sollte.[264] Brauchitsch aber sorgte dafür, daß der eigentliche Kern der Beck-Vorschläge (Kollektivrücktritt aller Generale im Falle einer Abweisung durch Hitler, innenpolitische Klärung) den Versammelten gar nicht bekannt wurde. Die meisten Generale stimmten mit Becks Lagebeurteilung überein, doch Konsequenzen wurden daraus nicht gezogen.[265]

Beck gab auf, vierzehn Tage später wird er Brauchitsch um seine Ablösung bitten.[266] Canaris war einer der ersten, der die Hiobsbotschaft erfuhr. Ihm war klar, daß die Fahrt in den Krieg nun nahezu unaufhaltsam geworden war. Auch die von Joseph Goebbels entfesselte Pressekampagne gegen die

Tschechoslowakei und ihren angeblichen antideutschen Terror konnte Canaris nur als Beschleunigung des Kriegskurses verstehen.[267]

»Ich kann es nicht mehr mitmachen«, fauchte er den Keitel-Adjutanten Eberhard an, »wir lassen uns nicht mißbrauchen als Verbreiter von Greuelmärchen.«[268] Und seinen Freund, den Hauptmann Wagner, fiel er bei einer Begegnung in einem der halbdunklen Korridore der Abwehrzentrale mit der Frage an: »Man sollte Goebbels umlegen. Was hältst du davon?« Wagner war verblüfft, doch er flüsterte zurück: »Ich bin einverstanden, Herr Admiral.«[269] Die Frage von Canaris war schwerlich ernst gemeint, das »Umlegen« von NS-Potentaten gehörte nicht zu seinem Stil. Er sah eine andere Möglichkeit, die Bremse des Hitlerschen Kriegswagens zu ziehen.

Am 6. August meldete ihm Bürkner, der britische Botschafter Nevile Henderson habe ihm auf einer Gesellschaft bei Mason-MacFarlane erklärt, England werde in der Sudeten-Frage »jeder vernünftigen Lösung« zustimmen, »solange sie nicht auf gewaltsamem Wege versucht würde«.[270] Die Meldung inspirierte Canaris zu einem Versuch, auf Hitler einzuwirken – im Sinne Becks. Damals habe Canaris, so berichtet Bürkner, »noch Wert darauf gelegt, selbst zu Hitler zu kommen«, glaubte er unverdrossen an die Beeinflußbarkeit des Diktators.[271]

Wie aber konnte man Hitler beeinflussen? Canaris kannte nur ein Mittel: Hitler von Scharfmachern wie Ribbentrop und Himmler trennen und mit Informationen eindecken, die ihn in seiner Überzeugung verunsicherten, England und Frankreich würden im Falle eines Krieges Prag nicht zu Hilfe kommen. Auch Henlein galt es ins Spiel zu bringen; der SdP-Führer konnte an einem Krieg nicht interessiert sein, die Sudetendeutschen wären die ersten Opfer des Krieges.

Canaris vertraute sich dem AA-Staatssekretär Freiherrn von Weizsäcker an. Weizsäcker sah die Lage wie Canaris, der Staatssekretär war für Canaris der kongenialste unter den führenden Funktionsträgern des Regimes. Die beiden Männer kannten sich aus der Kriegszeit her; 1935 hatten sie in Bern, wo Weizsäcker als Gesandter wirkte, ihre Bekanntschaft erneuert.[272] Weizsäcker war Seeoffizier gewesen, er hatte wie Canaris auf Auslandskreuzern gedient und bewunderte den Admiral ob der Mischung von reiner Gesinnung und höchster Verschlagenheit, die er in dem »listenreichen Odysseus« vereinigt sah.[273] Er spürte freilich gleichfalls, eben weil ihm der Admiral so ähnlich war, das »tief Tragische« an Canaris[274]: die destruktive Gefährlichkeit Hitlers erkannt zu haben und doch durch tausend Bande der Tradition und Loyalität an diesen Mann gefesselt zu sein.

So mußte ihm Canaris als Bundesgenosse hochwillkommen sein. Beide waren sich darin einig, daß der Schlüssel zur Beendigung der Krise in England lag: Nur ein Machtwort Englands konnte möglicherweise Hitler von seinem Kriegskurs abbringen.[275] Da Canaris und Weizsäcker von der – falschen – Vorstellung ausgingen, Großbritannien werde niemals die Tschechen im Stich lassen, schien es ihnen ein Gebot der Stunde, die Briten zu einer massiven Warnung an die Adresse Hitlers aufzuputschen. Aber auch die Bundesgenossen Deutschlands, allen voran Italien und Ungarn, mußten aufgestachelt werden, Hitler in den Arm zu fallen.[276] Weizsäcker versprach Canaris, ihm dabei diplomatische Schützenhilfe zu geben.

Schon wartete am Tirpitz-Ufer der von Oster mobilisierte altpreußische Großgrundbesitzer Ewald von Kleist-Schmenzin, einer der unermüdlichsten Gegner des NS-Regimes, und harrte der Wünsche von Canaris. Kleist sollte ihm bekannte britische Staatsmänner aufsuchen und ihnen klarmachen, wie notwendig es sei, eine deutliche Sprache gegenüber Hitler anzuschlagen; die Regierung Chamberlain müsse Hitler zweifelsfrei demonstrieren, daß jeder deutsche Marsch nach Prag automatisch den Krieg mit England bedeute.[277] Am 18. August flog Kleist nach London ab.[278]

Er verhandelte noch mit den Briten, da brach Canaris zusammen mit Groscurth am 22. August nach Budapest auf, um die Ungarn aufzuschrekken.[279] Canaris' Argumente blieben nicht ohne Wirkung. Groscurth notierte sich: »Ungarn erklären, daß sie nicht in den Krieg eingreifen können. Das bedeute für sie das Ende . . . Der Reichsverweser [Horthy] ist fest entschlossen, beim Führer gegen den Krieg Einspruch zu erheben.«[280] Am 23. August war Canaris wieder in Berlin.[281] Sofort fing er an, den nächsten Bundesgenossen gegen Hitler scharfzumachen.

Am 27. August schrieb sich Groscurth auf: »Admiral bittet, daß Henlein seine Bedenken gegen den Krieg dem Führer mitteilt. Frank wundert sich über unseren Pessimismus, teilt ihn aber auch.«[282] Henlein war in der Tat der Gedanke unheimlich, daß es seiner Sudetendeutschen wegen zu einem Weltkrieg kommen könne. Schon am 23. Juli hatte er Hitler bei einer Unterredung in Bayreuth gebeten, von einer kriegerischen Lösung der Sudetenkrise abzulassen.[283] Selbst der radikale Frank war Mitte August in der Reichskanzlei erschienen, um Hitler anhand von Karten nachzuweisen, die sudetendeutsche Bevölkerung sei derartig in Böhmen und Mähren verteilt, daß die Zuerkennung des Selbstbestimmungsrechtes bereits zu einer Lähmung der ČSR führen würde – auch ohne Krieg.[284]

Dann knatterten schon wieder die Propeller des Flugzeugs, das Canaris zu den nächsten Krisenhelfern bringen sollte: zu den Italienern. Da Mussolini zu wissen begehrte, wann die Deutschen losschlagen wollten, erhielt Canaris offiziell den Auftrag, die Italiener zu kontaktieren, ohne freilich ein Datum anzugeben. Am 2. September saß er in Rom Italiens Armee-Generalstabschef Pariani gegenüber, der ihm den Gefallen tat, Bedenken gegen Hitlers Kriegsplan zu äußern.[285] Groscurth erfuhr von Canaris: »Italiener raten dringend vom Kriege ab und werden sich nicht beteiligen.«[286]

Auch Weizsäcker mühte sich, Canaris diplomatischen Flankenschutz zu geben. Er alarmierte die deutschen Botschafter in den großen Hauptstädten und ließ sich von ihnen bestätigen, daß »sie an eine Enthaltung der westlichen Demokratien im Fall des deutsch-tschechischen Konflikts nicht glaubten« – so der Staatssekretär in einer Notiz für Ribbentrop.[287] Weizsäcker ließ auch nichts unversucht, Briten und Italiener durch allerlei zwielichtige, für den Partner aber durchaus erkennbare Andeutungen zu einer Intervention bei Hitler zu animieren.

Doch der Bericht des aus London zurückgekehrten Kleist-Schmenzin ließ nicht viel Hoffnung, daß England die Rolle spielen werde, die ihm Canaris und Weizsäcker zuschreiben wollten. Der Vorstoß Kleists war »bei Chamberlain ins Leere gegangen«[288], zumal der alte konservative Haudegen seine Vorträge mit allerlei realitätsfernen Wunschbildern aus den ihm nahestehenden Widerstandskreisen befrachtet hatte. Ein großer Teil des deutschen Volkes, so erklärte Kleist, sei »regimeverdrossen«, nur der geringere Teil halte zu Hitler, die Armee sei »einstimmig gegen den Krieg« und bedürfe nur einer deutlichen Ermunterung Englands, um Hitler die Kriegsfackel aus der Hand zu schlagen.[289]

Das nährte bei den antipreußischen Briten den Verdacht, dem Deutschland Hitlers solle nun eines der Junker und Generale folgen, das außenpolitisch kaum andere Ziele verfolgen werde als das NS-Regime. Einer solchen Entwicklung wollten Kleists Gesprächspartner auf keinen Fall Vorschub leisten. Entsprechend mager fiel ihre Antwort aus: Ein Brief des in Opposition stehenden Winston Churchill, der besagte, ein deutscher Einmarsch in der ČSR beschwöre »erneut einen Weltkrieg herauf«, war das einzige Konkrete, das Kleist dem Admiral vorweisen konnte.[290]

Für Realisten war längst erkennbar, daß England den tschechoslowakischen Staat nicht ernsthaft schützen werde. Ende Juli hatte die britische Regierung dem Präsidenten Benesch einen sogenannten Vermittler aufgedrängt, der keine andere Aufgabe hatte als die, alle Forderungen der Sudetendeutschen verklausuliert gutzuheißen. Der Vermittler Lord Runciman, ein ehemaliger Reeder, der von den mitteleuropäischen Problemen nichts wußte, war phantasielos genug, das von Chamberlain vorher festgelegte Programm zu realisieren.[291]

Doch plötzlich zeigte der Lord echtes Interesse und fand, eigentlich seien die Angebote der Prager Regierung an die SdP-Führer recht vernünftig. Das konnte er finden, weil Benesch – nur gezielt auf den ahnungslosen Lord – seinen Kurs radikal geändert hatte und sich jäh als treuherziger Deutschenfreund gab. Benesch überbot sich fast, den sudetendeutschen Unterhändlern jeden Wunsch von den Lippen abzulesen: Er bewilligte eine neue Sprachengesetzgebung, Beamteneinstellungen, Selbstverwaltung.[292] Die SdP-Führer gerieten in nicht geringe Verlegenheit. Wenn ihnen Benesch jetzt alles konzedierte, was sie je verlangt hatten – wo blieb dann der Vorwand für den deutschen Einmarsch?

Am 3. September hatte Hitler auf dem Berghof die letzten Details des deutschen Angriffs festgelegt. Hitler dekretierte: »Die Truppen sind zwei Tagesmärsche von der Grenze entfernt zu versammeln . . . Den Tag X werde ich dem OKW am 27. September mittags mitteilen.«[293] Die deutsche Kriegsmaschine rollte, jetzt aber drohte sie der ČSR-Präsident durch seinen diplomatischen Schachzug zu stoppen. Hitler befahl, sofort die Verhandlungen mit Prag zu sprengen und einen Zwischenfall zu provozieren. Wer aber sollte ihn inszenieren? Kein anderer als der Canaris-Konfident Frank, der Mann, der Hitlers Kriegspolitik mitstoppen sollte.

Für den 7. September berief Frank eine SdP-Kundgebung in der roten Hochburg Mährisch-Ostrau ein, bei der es zu schweren Zusammenstößen mit der Polizei kam; dabei wurde auch ein SdP-Abgeordneter von Tschechen mißhandelt.[294] Daraufhin brachen Henlein und Frank die Verhandlungen mit Benesch ab.[295] Die beiden schlugen einen so aggressiven Kurs ein, daß auch Gutgläubige merkten, Henlein und Frank wollten nur einen Bürgerkrieg provozieren. Und eben dies war der Zweck der Übung: Hitler brauchte »Tschechen-Terror«, um zum Schlag ausholen zu können.

Admiral Wilhelm Canaris, der Chef der deutschen Abwehr, auf dem Höhepunkt seiner Macht.

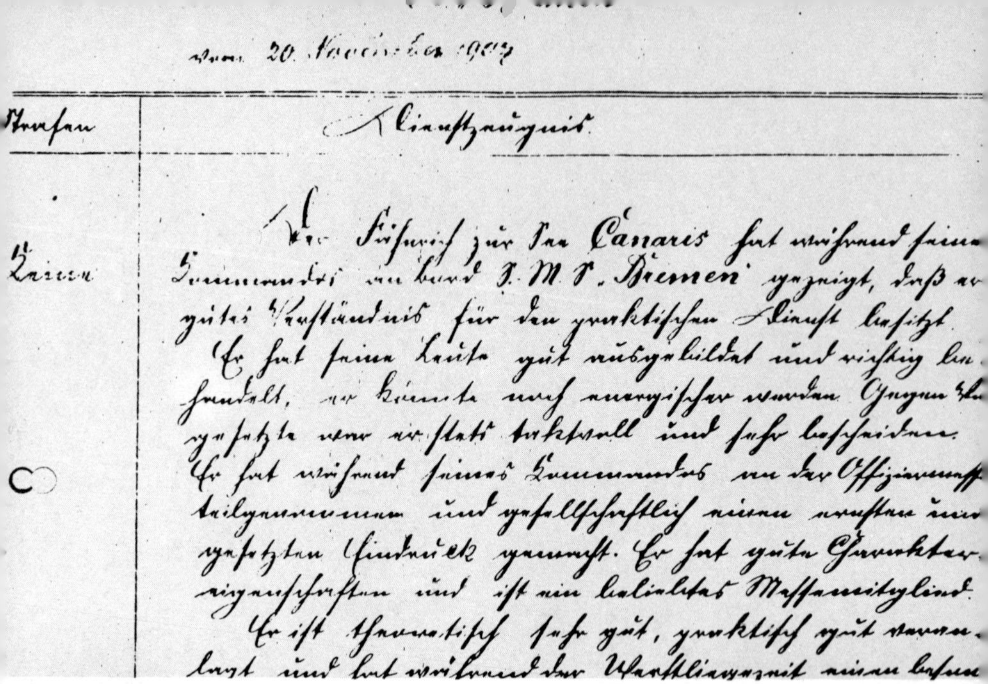
vom 20. November 1907

Strafen | Dienstzeugnis.

Keine

Der Fähnrich zur See Canaris hat während seines Kommandos an Bord S.M.S. Bremen gezeigt, daß er gutes Verständnis für den praktischen Dienst besitzt.
Er hat seine Leute gut ausgebildet und richtig behandelt, er könnte noch energischer werden. Gegen Vorgesetzte war er stets taktvoll und sehr bescheiden.
Er hat während seines Kommandos an der Offiziersmesse teilgenommen und gesellschaftlich einen ernsten und gesetzten Eindruck gemacht. Er hat gute Charaktereigenschaften und ist ein beliebtes Messemitglied.
Er ist theoretisch sehr gut, praktisch gut veranlagt und hat während der Wachtdienstzeit einen besseren

Am Beginn der Karriere.
Oben: Erstes Dienstzeugnis des Fähnrichs Canaris 1907.
Unten: Canaris inmitten seiner Mitschüler nach bestandener Abiturprüfung in Duisburg 1905.

»Unsere Zukunft liegt auf dem Wasser.«
Oben: Übung eines deutschen Torpedogeschwaders 1904.
Unten: Kaiserlicher Hofball an Bord eines Panzerschiffs 1894 (zeitgenössische Zeichnung).

Das Ende vor Südamerika.
Oben: Patriotische Postkarte von der Seeschlacht bei den Falklandinseln 1914 (nach dem Gemälde »Der letzte Mann« von Hans Bordt).
Unten: Der Kleine Kreuzer »Dresden« im Hafen von Valparaiso.

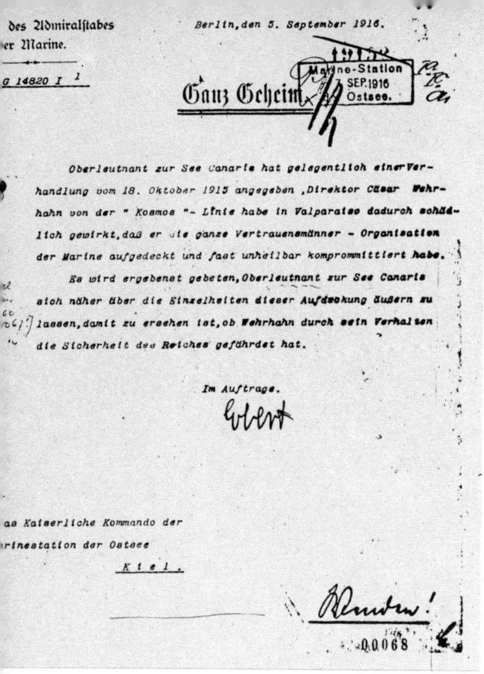

des Admiralstabes
er Marine.

G 14820 I [1]

Berlin, den 5. September 1916.

Marine-Station 7. SEP. 1916 Ostsee.

Ganz Geheim

Oberleutnant zur See Canaris hat gelegentlich einer Verhandlung vom 18. Oktober 1915 angegeben, Direktor Cäsar Wehrhahn von der " Kosmos "- Linie habe in Valparaiso dadurch schädlich gewirkt, daß er die ganze Vertrauensmänner - Organisation der Marine aufgedeckt und fast unheilbar kompromittiert habe.

Es wird ergebenst gebeten, Oberleutnant zur See Canaris sich näher über die Einzelheiten dieser Aufdeckung äußern zu lassen, damit zu ersehen ist, ob Wehrhahn durch sein Verhalten die Sicherheit des Reiches gefährdet hat.

Im Auftrage.
Ebert

as Kaiserliche Kommando der
rinestation der Ostsee
Kiel.

00068

Blitzlichter auf eine Laufbahn.
Links oben: Canaris-Anzeige gegen einen Deutschen wegen Gefährdung der »Sicherheit des Reiches«.
Rechts oben: Canaris in den 20er Jahren.
Unten: U-35 (im Vordergrund) im Mittelmeer, das den Geheimagenten Canaris 1916 aus Spanien herausschmuggelte.

Der Fall Canaris.

Der Richter begünstigt die Angeklagten.

Im Jorns-Prozeß wurde gestern der frühere Rechts-

Der bloßgestellte Kapitän Canaris

Das Reichswehrministerium zum Einschreiten genötigt!

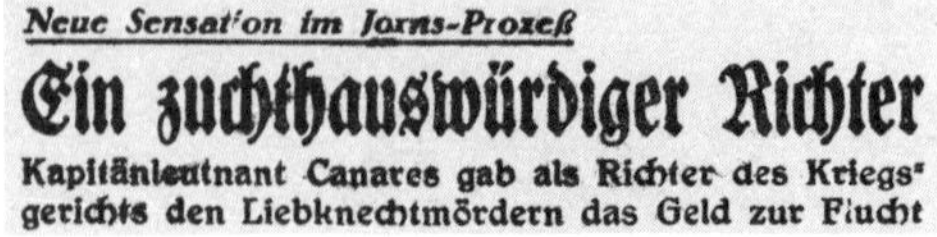

Neue Sensation im Jorns-Prozeß

Ein zuchthauswürdiger Richter

Kapitänleutnant Canares gab als Richter des Kriegsgerichts den Liebknechtmördern das Geld zur Flucht

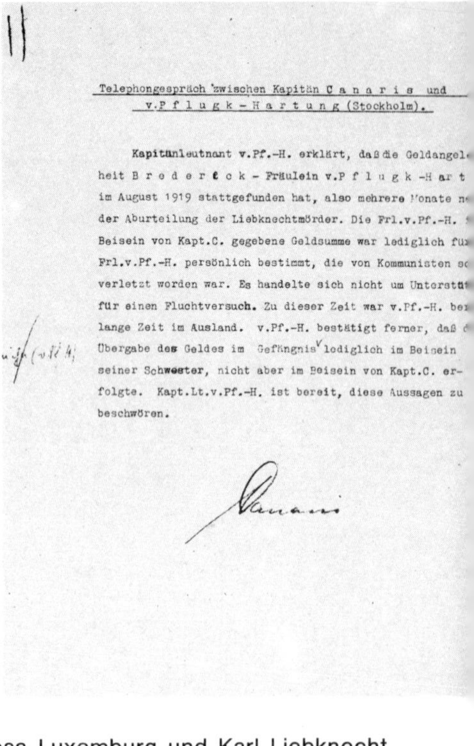

Telephongespräch zwischen Kapitän C a n a r i s und v.P f l u g k - H a r t u n g (Stockholm).

Kapitänleutnant v.Pf.-H. erklärt, daß die Geldangele heit B r e d e r e c k - Fräulein v.P f l u g k -H a r t im August 1919 stattgefunden hat, also mehrere Monate n der Aburteilung der Liebknechtmörder. Die Frl.v.Pf.-H. Beisein von Kapt.C. gegebene Geldsumme war lediglich fü Frl.v.Pf.-H. persönlich bestimmt, die von Kommunisten s verletzt worden war. Es handelte sich nicht um Unterstü für einen Fluchtversuch. Zu dieser Zeit war v.Pf.-H. be lange Zeit im Ausland. v.Pf.-H. bestätigt ferner, daß d Übergabe des Geldes im Gefängnis lediglich im Beisein seiner Schwester, nicht aber im Beisein von Kapt.C. erfolgte. Kapt.Lt.v.Pf.-H. ist bereit, diese Aussagen zu beschwören.

Canaris

Der Spartakisten-Aufstand.
Oben: Die Spartakistenführer Rosa Luxemburg und Karl Liebknecht, im Januar 1919 von Freikorpsoffizieren ermordet. Canaris' Rolle bei der Flucht der Mörder blieb umstritten.
Unten: Schlagzeilen der Berliner Presse, Canaris-Notiz von 1931.

Der Kapp-Putsch.
Oben: Soldaten der Marinebrigade Ehrhardt beim Kapp-Putsch; Canaris-Chef Gustav Noske, sozialdemokratischer Reichswehrminister.
Unten: Reichswehrsoldaten während des Kapp-Putsches in Berlin 1920.

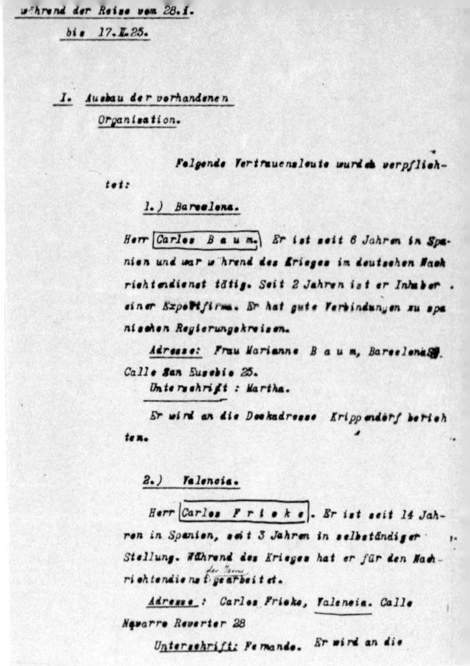

während der Reise vom 28.I.
bis 17.II.25.

I. Ausbau der vorhandenen Organisation.

Folgende Vertrauensleute wurden verpflichtet:

1.) Barcelona.

Herr Carlos B a u m. Er ist seit 6 Jahren in Spanien und war während des Krieges im deutschen Nachrichtendienst tätig. Seit 2 Jahren ist er Inhaber einer Exportfirma. Er hat gute Verbindungen zu spanischen Regierungskreisen.

Adresse: Frau Marianne B a u m, Barcelona. Calle San Eusebio 25.

Unterschrift : Martha.

Er wird an die Deckadresse Krippendorf berichten.

2.) Valencia.

Herr Carlos F r i c k e. Er ist seit 14 Jahren in Spanien, seit 3 Jahren in selbständiger Stellung. Während des Krieges hat er für den Nachrichtendienst der Marine gearbeitet.

Adresse : Carlos Fricke, Valencia. Calle Navarro Reverter 28

Unterschrift: Fernando. Er wird an die

Zwischen Geheimmissionen und Borddienst.
Oben: Canaris-Bericht über den Aufbau eines deutschen Agentennetzes in Spanien, Canaris als Erster Offizier des Linienschiffes »Schlesien« neben deren Kommandanten, Kapitän zur See Max Bastian.
Unten: Canaris (2. v. l.) als »Schlesien«-Kommandant 1934.

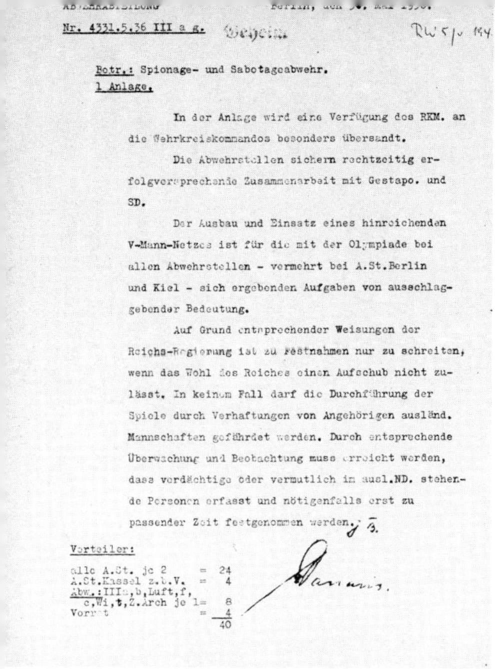

ABWEHRABTEILUNG Berlin, den 30. Mai 1936.

Nr. 4331.5.36 III a g. Geheim RW 5/v 194

Betr.: Spionage- und Sabotageabwehr.
1 Anlage.

In der Anlage wird eine Verfügung des RKM. an die Wehrkreiskommandos besonders übersandt.

Die Abwehrstellen sichern rechtzeitig erfolgversprechende Zusammenarbeit mit Gestapo. und SD.

Der Ausbau und Einsatz eines hinreichenden V-Mann-Netzes ist für die mit der Olympiade bei allen Abwehrstellen - vermehrt bei A.St.Berlin und Kiel - sich ergebenden Aufgaben von ausschlaggebender Bedeutung.

Auf Grund entsprechender Weisungen der Reichs-Regierung ist zu Festnahmen nur zu schreiten, wenn das Wohl des Reiches einen Aufschub nicht zulässt. In keinem Fall darf die Durchführung der Spiele durch Verhaftungen von Angehörigen ausländ. Mannschaften gefährdet werden. Durch entsprechende Überwachung und Beobachtung muss erreicht werden, dass verdächtige oder vermutlich im ausl.ND. stehende Personen erfasst und nötigenfalls erst zu passender Zeit festgenommen werden. J B.

Vorteiler:

alle A.St. je 2	= 24
A.St.Kassel z.b.V.	= 4
Abw.: IIIa,b,Luft,f, c,Wi,t,Z.Arch je 1	= 8
Vorrat	= 4
	40

Canaris.

Canaris und Heydrich.
Oben: Canaris-Befehl an alle Abwehrstellen, Canaris-Amtssitz am Berliner Tirpitzufer.
Unten: Canaris mit SS-Gruppenführer Reinhard Heydrich, dem Chef der Sicherheitspolizei und des SD, bei einem Traditionstreffen von Wehrmachtsoffizieren und SS-Führern in Berlin 1936.

Zwei Seiten einer Medaille.
Oben: Hitler plaudert mit seinen Oberbefehlshabern Göring, von Blomberg, Raeder und von Fritsch während einer Parade anläßlich seines 48. Geburtstages 1937 in Berlin.
Unten: Drei Soldaten der »Brandenburger«, als russische Soldaten verkleidet.

In Spanien und Berlin.
Oben links: Canaris mit dem spanischen General Moscardo.
Oben rechts: Canaris-Freunde Kindelán und Franco verabschieden 1939 die deutsche »Legion Condor«.
Unten: Canaris mit seinem Lieblingspferd, der Araberstute »Motte«, im Berliner Grunewald.

Die »Blumenfeldzüge« des Diktators.
Oben: Hitler spricht auf einer Massenkundgebung auf dem Wiener Heldenplatz 1938 nach dem Anschluß Österreichs.
Unten: Hitler rückt an der Spitze seiner Truppen im Sudetenland ein.

»Finis Germaniae«.
Oben: Das Kommando Jablunka mit Leutnant Herzner in der Mitte.
Unten: Deutsche Soldaten beseitigen am 1. September 1939 einen polnischen Schlagbaum an der Grenze und eröffnen damit den Zweiten Weltkrieg.

Die Abwehr.
Oben links: Erwin von Lahousen, Leiter der Abt. Abwehr II (Sabotage).
Oben rechts: Generalmajor Hans Oster, Stabschef der Abwehr, der zusammen mit Canaris die Hitler-Diktatur stürzen wollte.
Unten: Canaris mit Nazi-Prominenz (von links: Ordnungspolizei-Chef Daluege, Himmler, Goebbels).

Kampf bis zur letzten Patrone oder Sonderfrieden mit den westlichen Alliierten?
Oben: SD-Chef Schellenberg, Gestapo-Chefs Müller und Heydrich.
Unten: Der britische Geheimdienstchef Stewart Menzies.

Oberkommando der Kriegsmarine
MPA I Nr. 1454

(Bitte in der Antwort vorstehendes Geschäftszeichen, das Datum und kurzen Inhalt angeben)

Berlin W 35, den 21. März 1944
Tirpitzufer 72-76
Fernsprecher: Fernverkehr 218381
Ortsverkehr
Apparat

An
Marineoberkommando Ostsee,
Kiel

P.

Marineoberkommando Ostsee
- Offizierpersonalabteilung -
Eing. 27. MRZ 1944
B.Nr. 12782 Anl.

Der Oberbefehlshaber der Kriegsmarine hat dem Admiral C a n a r i s am 10. März 1944 mitgeteilt, daß er seine Entlassung aus dem aktiven Wehrdienst mit dem 30. Juni 1944 herbeiführen wird.

Das Fürsorge- und Versorgungsverfahren ist einzuleiten.

Admiral Canaris wird zur Verfügung der Kriegsmarine gestellt werden. Eine Wiederverwendung ist nicht vorgesehen.

Im Auftrage

Sturz und Ende.
Oben: Schreiben über die Entlassung von Canaris.
Unten links: Canaris' Todesbaracke im KZ Flossenbürg.
Unten rechts: Wilhelm Canaris als Ehrenhäftling auf Burg Lauenstein.

Just in diesem Augenblick kehrte Canaris von seiner Italien-Reise zurück. Noch glaubte er, das Schlimmste verhindern zu können. Hastig diktierte er einen Bericht über seine Gespräche mit Pariani, wobei er sicherlich schärfer formulierte, als der Inhalt des Meinungsaustausches rechtfertigte. Tendenz: Italien werde nicht mitmarschieren. Canaris verteilte den Bericht an interessierte Militärs, um sie gegen Hitlers Kriegskurs zu mobilisieren.[296)] Auch andere Materialien, die gegen den Krieg wirkten, schleuste er in OKW und Heeresgeneralstab ein.

Seine lautlose Kampagne offenbarte Wirkung. Brauchitsch zeigte sich »in großer Sorge wegen des [Italien-]Berichts und anderer ungünstiger Nachrichten«, wie Groscurth feststellte[297)], und selbst Jodl, der Apostel bedingungslosen Führerkultes, notierte am 8. September: »Ich muß zugeben, daß auch ich nicht ohne Sorgen bin.«[298)] Einen Tag später wagte sich sogar Brauchitsch vor seinen Führer und versuchte in stundenlanger Ansprache, ihm die Kriegsentscheidung auszureden.[299)]

Die Informationen des Abwehrchefs fand Keitel bald so lästig, daß er deren unkontrollierte Verteilung verbot. Bereits am 8. September wußte Groscurth: »Der Bericht des Admirals über seine Italienreise muß sofort zurückgezogen werden.«[300)] Ein paar Tage später hielt Keitel in »einer sehr erregten Ansprache« seinen Amtsgruppenchefs und Abteilungsleitern vor, man habe »schon begonnen, die Anklagen beim Führer wegen Miesmachens auch auf d. OKW auszudehnen«. Anlaß: »Berichte der Abwehr.«[301)] Der OKW-Chef redete sich immer mehr in Wut: Er werde »keinen Offiz[ier] im OKW dulden, der sich in Kritik, Bedenken und Miesmachen ergeht«. Als jedoch seine Rede in ein »wüstes Geschimpfe auf das Heer« (Groscurth) ausartete, widersprach Canaris energisch und verteidigte die Generale.[302)]

Doch die Hände waren ihm nun offiziell gebunden, ja schlimmer noch: Die Befehle Hitlers zogen ihn vollends in das Abenteuer, das er hatte verhindern wollen. Er mußte die im Osten eingesetzten Ic-Offiziere nach Berlin rufen und darüber instruieren, daß auch die Abwehr und ihre im Sudetenland operierenden Agenten an dem geplanten Aufstand der Sudetendeutschen mitwirken würden.[303)]

Am 11. September war es soweit. Demonstranten der Sudetendeutschen Partei rotteten sich zusammen und provozierten Zusammenstöße mit der tschechischen Polizei. Einen Tag später rebellierten dreizehn Landkreise gegen die Prager Regierung, es kam zu blutigen Ausschreitungen. Am 13. September verhängte die Regierung das Standrecht; 23 Tote waren zu beklagen, Hunderte von Verletzten. Bald zeigte sich freilich, daß nur ein kleiner Teil der sudetendeutschen Bevölkerung die Aufstandsbefehle Henleins und Franks befolgte. Bereits am 14. September herrschte im Sudetenland wieder Ruhe, vergebens riefen die SdP-Führer zu neuem Widerstand auf. Henlein floh mit seinen Mitarbeitern nach Deutschland, gefolgt von Tausenden panikgetriebener Landsleute.[304)]

Doch der Aufstand hatte schon seinen Zweck erfüllt. Am 12. September kletterte Hitler auf die Rednertribüne des Nürnberger Parteitages und forderte unter schwersten Beschimpfungen Beneschs, Prag müsse endlich den »unterdrückten« Sudetendeutschen »das freie Recht der Selbstbestimmung« einräumen.[305)] Hitler hatte vor aller Welt das Reich mit den Führern und

Parolen der Sudetendeutschen identifiziert. Wenn Prag nicht plötzlich kapitulierte, konnte dies nur eines bedeuten: Krieg.

Gab es gar kein Mittel mehr, den Krieg zu verhindern? Noch standen Oster und seine Freunde bereit, die einen radikalen Ausweg aus der Krise kannten: die gewaltsame Beseitigung Hitlers und seines Regimes. Der Oberstleutnant hatte nie aufgehört, Canaris für die Idee eines Militärputsches zu gewinnen; im Februar/März 1938 war es ihm nur um einen Gewaltstreich gegen die SS gegangen, jetzt aber meinte er, das ganze Regime müsse verschwinden. Und anders als zu Anfang des Jahres konnte er Männer und Kräfte nennen, die willens und in der Lage waren, das System zu stürzen, ehe es das Volk in einen alles vernichtenden Krieg zerrte.

Dem Abwehrchef klangen Osters Argumente plausibel, zumal er gelernt hatte, die Tatkraft und Beweglichkeit des Oberstleutnants zu schätzen. Seit der Blomberg-Fritsch-Affäre waren die beiden Männer näher aneinandergerückt. In Fragen des Amts und der geheimdienstlichen Technik war ihm zwar noch immer Piekenbrock der vertrauteste Mitarbeiter, aber politisch und menschlich stand ihm Oster von allen Offizieren der Amtsgruppe am nächsten. Es gab keine politische Entscheidung, keine Frage der Nation, keine der Personalpolitik, die Canaris nicht mit Oster besprach.

Oster war für ihn so unentbehrlich geworden, daß sich Canaris entschloß, solcher Vertrautheit auch äußerlich Ausdruck zu geben. Ihm schwebte vor, Oster zu seinem Stabschef zu ernennen. Der Erlaß lag schon bereit, der einige Tage später allen Angehörigen der Abwehr die Erhebung Osters anzeigen sollte. Canaris hatte formuliert: »Mit dem 26. 9. 1938 wird bei der Amtsgruppe Ausland/Abwehr eine Zentralgruppe gebildet. Leiter Oberstleutnant (E) Oster. Er ist im Mob[ilmachungs]-Falle Chef des Stabes des Amts Ausl/Abw.«[306] Die »Gruppe Z«, aus der dann eine Abteilung Z wurde, sollte die Offizierspersonalien, Finanzen und Rechtsangelegenheiten der Amtsgruppe bearbeiten und die Hauptregistratur, später auch die supergeheime Zentralkartei unter sich haben.[307]

Die Machterweiterung Osters löste zwar nicht überall Begeisterung aus, aber man respektierte ihn als den Intimus des Chefs. Schon seit Wochen gehörte er zur »Kolonne«, den regelmäßigen Morgenkonferenzen der Abteilungschefs und Gruppenleiter bei Canaris, auch in der Personal- und Hauspolitik war sein Einfluß zu spüren. Dennoch hatte Canaris noch ausdrücklich in seinen Erlaß hineingeschrieben: »Der Leiter der Zentralgruppe wohnt nach Möglichkeit den Vorträgen der Abteilungen beim Amtsgruppenchef bei. Bei allen organisatorischen und personellen Veränderungen der Abteilungen und Abwehrstellen ist die Zentralgruppe zu beteiligen.«[308] Jeder verstand: Wer etwas in der Abwehr werden wollte, kam an Oster nicht mehr vorbei.

Das tägliche Zusammensein mit dem Freund machte Canaris auch für den Plan eines vom Militär getragenen Staatsstreiches aufnahmebereit. Was ihm Oster in groben Zügen skizzierte, klang Canaris nicht unverständig: überfallartige Besetzung des Berliner Regierungsviertels, Inbesitznahme aller wichtigen Nachrichtenzentralen, Ausschaltung der Gestapo- und SS-Stellen, Verhaftung Hitlers, Proklamierung einer Militärdiktatur.[309]

Canaris war bereit, das Unternehmen zu unterstützen. Für ihn war entscheidend: Handelt sofort![310] Merkwürdig blieb allerdings, daß er nie sonderliches Interesse für die Details der Putschvorbereitungen zeigte. Allenfalls bewegte ihn das Schicksal, das die Verschwörer Hitler zugedacht hatten. Mit Oster war er sich einig, daß der Diktator nicht getötet werden dürfe; er müsse verhaftet und später vor ein Gericht gestellt werden. Eine andere Möglichkeit: ihn durch eine Ärztekommission für geisteskrank zu erklären.[311] Von der übrigen Detailarbeit der Verschwörung aber hielt sich Canaris fern, allzu wortreichen Erklärungen setzte er sein stereotypes »Macht ihr nur!« entgegen.[312]

Ständig den Stichtag des 27. September vor Augen, an dem Hitler den letzten Befehl zur Entfesselung des Krieges erteilen wollte, trieb Canaris die Frondeure zur Eile. Er drängte, endlich zu »handeln« – worin indes dieses Handeln bestehen sollte, sagte er nicht.[313] Eine zentrale Rolle bei den Putschvorbereitungen begehrte er nie – und hatte dafür eine Erklärung parat: Es sei, sagte er zu Liedig, »undenkbar, daß ein Mann aus der Marine die entscheidende Stellung im militärischen Widerstand irgendwie haben könnte«, angesichts der deutschen Mentalität müsse es unbedingt ein General sein.[314]

Eben dieser General aber, auf den sich alle Hoffnungen der Putschisten konzentrierten, der neue Heeresgeneralstabschef Halder, fand Canaris' Zurückhaltung wenig hilfreich. »Canaris war ein schwieriger Gesprächspartner«, erzählt Halder. »Er war sehr knapp in seinen Äußerungen und gefiel sich in Andeutungen. Es war oft wirklich schwierig, zu erraten, was er einem sagen wollte.«[315] Von Canaris erhoffte sich der General Unterstützung und Entlastung, seit er sich dem stürmischen Drängen Osters konfrontiert sah, »dessen glühender Haß gegen Hitler . . . oft genug Bilder schuf, die der nüchtern und kritisch wägende Verstand des Zuhörers nicht akzeptieren konnte«.[316]

Kaum hatte Halder am 1. September Becks alten Schreibtisch besetzt, da war Oster bei ihm erschienen, um die Frage zu stellen, ob er bereit sei, einen Militärputsch zur Beseitigung des Regimes anzuführen. Der General hatte zugesagt, galt ihm doch Hitler seit Jahren als das Böse schlechthin, als ein »Blutsäufer« und »Verbrecher«, der Sittlichkeit und Existenz des deutschen Staates gefährde.[317] Dann trug ihm Oster vor, welche Truppenführer mitzumachen bereit seien: General von Witzleben, der Befehlshaber im Wehrkreis III (Berlin), der ihm unterstellte Generalmajor Graf von Brockdorff-Ahlefeldt, Kommandeur der in Potsdam liegenden 23. Division, und Oberst von Hase, Kommandeur des Infanterieregiments 50 in Landsberg an der Warthe. Auch Nebe und Helldorf seien mit im Bunde, so daß ein Gegenschlag der Polizei (ausgenommen die Gestapo) nicht drohe.[318]

Halder ließ Witzleben kommen, und der Wehrkreisbefehlshaber, ein geradliniger Soldat und NS-Gegner wie Halder, bestätigte ihm in der Tat, daß er zum Losschlagen bereit sei, falls ihm der Generalstabschef oder der Oberbefehlshaber des Heeres den Befehl dazu erteile.[319] Oster erhielt daraufhin von Halder den Auftrag, einen detaillierten Umsturzplan auszuarbeiten und einen bestmöglichen Zeitpunkt zu erkunden, an dem der Putsch erfolgen konnte.

Doch schon die ersten Besprechungen mit Oster weckten in dem an präzise

Planung und unsentimentale Lagebeurteilung gewohnten Generalstabschef den Zweifel, ob Oster der geeignete Mann sei, einen Putsch in einem so perfektionierten Polizeistaat wie dem Dritten Reich vorzubereiten. Halder kannte seinen ehemaligen Nachschuboffizier nur allzu gut, Oster hatte sich seit den sorglosen Tagen von Münster nicht geändert: Für Halders Geschmack war er zu indiskret und zu laut. »Als er«, erinnert sich der General, »Miene machte, mich in gleicher Weise mit Beschlag zu nehmen wie meinen Vorgänger, setzte ich ihn auf Abstand und ließ ihn nur rufen, wenn ich dazu besonderen Grund hatte.«[320]

Zu der Unverträglichkeit der Temperamente kam die Meinungsdifferenz in einer zentralen Frage: wann und unter welchen Bedingungen der Staatsstreich ausgelöst werden sollte. Bei einer Zusammenkunft in Halders Privatwohnung in Berlin-Schlachtensee kam es zum Eklat – durch einen unwillkommenen Fremden. Halder konnte nie vergessen: »Oster . . . brachte zu der nächtlichen Besprechung sehr zu meinem Ärger ohne vorherige Anmeldung auch Herrn Gisevius mit.«[321]

Was ihm Gisevius vortrug, erschien dem Generalstäbler einigermaßen abenteuerlich: Man solle nicht länger auf eine Gelegenheit zum Staatsstreich warten, sondern einfach losschlagen; das Regime müsse man von seiner kriminellen Seite her packen, ein Zugriff gegen Gestapo, SD- und SS-Dienststellen werde schon genügend Belastungsmaterial zutage fördern, um den Putsch vor der Öffentlichkeit zu rechtfertigen. So gewagtem Spiel wollte Halder die Truppe nicht aussetzen. Dies war seine Vorstellung: Erst wenn Hitler vor dem ganzen Volk diskreditiert, seine ganze Gefährlichkeit offenkundig geworden und mithin der Bann Hitlers über das Offizierkorps gebrochen sei, könne das Heer eingreifen. Das sei spätestens in dem Augenblick gegeben, in dem auf Hitlers Befehl der erste Schuß des Krieges falle.[322]

Halder lehnte jede weitere Begegnung mit Gisevius ab, ließ allerdings zu, daß der ehemalige Gestapoassesssor im Stab Witzlebens ein Büro bezog – mit dem Auftrag, für den Fall eines Putsches die Aktivitäten von Militär und Polizei zu koordinieren.[323] Zwischen den Verschwörern hatte sich eine Kluft aufgetan, die nun Canaris überbrücken sollte. Auf ihn baute Halder zusehends, zumal nur Canaris ihm beschaffen konnte, was er dringend benötigte: sichere Informationen über den Stand der Sudetenkrise.

Denn Halders Plan, erst im letzten Augenblick – nach dem 27. September – loszuschlagen, setzte voraus, daß der Generalstabschef über die diplomatischen Verhandlungen genau unterrichtet war. Nur so konnte er Hitlers definitive Kriegsentscheidung sicher vorausberechnen und dann sofort den Diktator mit der Aktion lahmlegen. Über die Verhandlungen wußte niemand besser Bescheid als Weizsäcker. Doch zu dem Staatssekretär des Auswärtigen Amtes unterhielt Halder als Generalstabschef des Heeres keinen dienstlichen Kontakt. Deshalb brauchte er einen zuverlässigen Mittelsmann – Canaris.

Der Abwehrchef informierte ihn regelmäßig, freilich auf so sibyllinische Art, daß vieles »von dem, was von Weizsäcker über Canaris an mich gelangen sollte, . . . nicht klar genug« bei Halder ankam.[324] Halder: »Für die Beurteilung der politischen Gegebenheiten zum Handeln brauchte ich verläßliche Unterlagen. Diese waren von Canaris nur ganz ungenügend zu bekommen.«[325] Warum diese Zurückhaltung? Mit der angeborenen Schüchternheit und der geheimniskrämerischen Attitüde des Abwehrchefs allein ist sie nicht hinreichend erklärt. Canaris hatte offenbar die Hoffnung nicht aufgegeben, England werde doch noch aktiv eingreifen, Hitler eine deutliche diplomatische Niederlage bereiten und damit letztendlich einen innerdeutschen Umsturz mit all seinen Unwägbarkeiten vermeidbar machen.

Hier offenbarte sich, daß die Putschstrategie Halders an einer argen Schwäche krankte. Halder, Canaris und auch Witzleben machten sich von Faktoren abhängig, die nicht ihrer Kontrolle unterlagen: der Reaktion Englands und dem Verhalten Hitlers. Hinzu kam noch, daß Halder militärtechnisch gar keinen Staatsstreich auslösen konnte, denn ihm fehlte als Generalstabschef die Befehlsbefugnis über die Truppe. Er konnte nicht eine einzige Kompanie in Marsch setzen – das war allein Sache des Oberbefehlshabers des Heeres, den Halder erst in letzter Minute einweihen und gewinnen wollte.

Kein Wunder, daß in der Gruppe Oster/Gisevius der Verdacht aufkeimte, Halder und Canaris seien in Wahrheit an dem Putsch gar nicht ernsthaft interessiert. Auf den unentschlossenen Brauchitsch zu bauen, schien ihnen der Gipfel der Illusion. Oster, Gisevius und der besonders hart drängende Heinz wurden gegenüber der Heeresführung bald so mißtrauisch, daß sie ein Gegenkomplott unternahmen, »eine Konspiration innerhalb der Konspiration« (Müller), die das Ziel verfolgte, Halder wieder aus den Putschvorbereitungen hinauszumanövrieren.[326]

Oster und Gisevius animierten Witzleben, notfalls auch ohne die Führung des Heeres loszuschlagen. Damit wurde praktisch aus dem Staatsstreich des Heeres eine Meuterei der Truppe. Witzleben war dazu bereit; Brauchitsch und Halder goutierte er ohnehin nicht sonderlich, sie sollten ihn nicht daran hindern, den Staat vor Hitler zu retten. »Sie für die entscheidenden Stunden hinter Schloß und Riegel zu setzen, hätte ihm nichts ausgemacht«, berichtet Gisevius.[327] Auf einer Zusammenkunft in Osters Wohnung beschlossen die Konspirateure, ihren eigenen Putsch zu machen, und zwar sofort. Witzleben und Oster besprachen letzte Details. Der General beauftragte Heinz, einen Stoßtrupp aus Freiwilligen zusammenzustellen, der am Putschtag unter Witzlebens Führung die Reichskanzlei überfallartig besetzen und Hitler verhaften sollte.[328]

Der General hatte eben die Wohnung verlassen, da formierten sich die Verschwörer zu einer weiteren Konspiration in der Konspiration – diesmal ohne, ja gegen Witzleben. Heinz hielt seinen Freunden vor, es genüge nicht, Hitler zu verhaften und später vor ein Gericht zu stellen; Aufgabe des Stoßtrupps müsse vielmehr sein, bei der Verhaftung Hitlers einen Zwischenfall zu provozieren und den Diktator dabei zu erschießen – ein lebender Hitler sei eine zu gefährliche Potenz, stärker als alle Verschwörer und Witzlebens Armeekorps. Die Männer pflichteten Heinz bei und waren sich auch darin einig, Witzleben in Unkenntnis zu lassen. Von ihm war bekannt, daß er ein Attentat auf Hitler ablehnte.[329]

Auch Oster stimmte zu und nahm in Kauf, daß er damit die Verständigung mit Canaris unterlief.[330] Er konnte nicht daran zweifeln, daß der

Admiral niemals einer Ermordung Hitlers zustimmen würde. Canaris, so weiß Liedig, habe immer »aus seiner religiösen Grundhaltung heraus die Meinung vertreten, daß er für seine Person den Mord ablehnen würde«.[331] Oster hielt es denn auch für ratsam, seinem Freund zu verschweigen, was die Konspirateure beschlossen hatten. Canaris erfuhr nur, daß ein Stoßtrupp aufgestellt werde und Waffen benötige.

Canaris wies Groscurth an, Karabiner und Explosivstoffe an Heinz abzugeben.[332] Erst dadurch scheint Groscurth von den Putschplänen gehört zu haben. Mitarbeiter seiner Abteilung gehörten zu dem Stoßtrupp, den Heinz zusammenstellte, in Konspirativen Wohnungen der Abwehr II sammelten sich die Männer des Rollkommandos Reichskanzlei. Am Abend des 14. September traf Groscurth seinen Bruder und dessen Frau. Groscurth: »Könnt Ihr schweigen?« Die beiden nickten. Da platzte der Major heraus: »In dieser Nacht wird Hitler verhaftet!«[333]

Doch diese Putschvorbereitung überlebte nicht die Nacht. Als der Morgen des 15. September heraufdämmerte, waren die entschlossenen NS-Gegner um eine Hoffnung ärmer: Englands Premierminister Chamberlain flog Berchtesgaden an, um Hitler die rettende Friedensbotschaft zu bringen.[334] Entnervt von dem Aufstand im Sudetenland und der rüpelhaften, kriegslüsternen Pressekampagne Deutschlands, schwankend zwischen Krieg und Kapitulation, hatten die britischen und französischen Regierungschefs die Lösung gefunden – Einberufung einer Gipfelkonferenz, auf der die deutschen Forderungen gutgeheißen und protokolliert werden sollten. Es war die Formel von München, die Formel der Kapitulation.

Hitler fand es nicht schwer, den alten Herrn aus London von seiner vermeintlichen Friedfertigkeit zu überzeugen und zu jener Lösung der Sudetenkrise zu überreden, die Chamberlain zu akzeptieren längst entschlossen war: Abtretung des Sudetenlandes an das Reich. Chamberlain versprach, sein Kabinett und die Regierungen in Paris und Prag für das Projekt zu gewinnen.

Das britische Kabinett stimmte zu, auch die Franzosen willigten ein. Dann setzten sie gemeinsam Prag die Daumenschrauben an. Am 19. September erschienen bei Benesch die britischen und französischen Botschafter und richteten aus, ihre Regierungen empfählen die Abtretung aller Sudetengebiete mit mehr als fünfzigprozentiger deutscher Bevölkerung, möglichst ohne Plebiszit, unter Aufsicht einer internationalen Kommission. In Edvard Benesch brach eine Welt zusammen. »Also doch«, rief er, »man läßt die Tschechoslowakei im Stich.«[335] Zwei Tage später akzeptierte Prag die britisch-französischen Vorschläge.[336]

Benesch war nicht der einzige Zeitgenosse, den der Umfall Englands und Frankreichs überrascht hatte. Vor allem Canaris und die Verschwörer sahen ihre Annahmen und Voraussetzungen ramponiert, »sprachloses Entsetzen« (Müller) bemächtigte sich vieler.[337] Generalmajor Graf Brockdorff-Ahlefeldt glaubte sich seiner Truppe nicht mehr sicher, und in Witzleben keimte Mißtrauen gegen die politischen Analytiker Canaris und Weizsäcker auf, die sich offenkundig so getäuscht hatten.[338]

Doch den Konspirateuren wuchs noch einmal eine Chance zu, denn Hitler heizte die Krise abermals kräftig an. Er war so auf den Krieg fixiert, daß er sich jetzt mit der Abtretung der sudetendeutschen Gebiete nicht mehr begnügen mochte; er wollte die ganze ČSR haben, die Tschechoslowakei völlig unter deutsche Kontrolle bringen. Krieg beherrschte zusehends sein Denken: Der Aufmarsch der Wehrmacht war abgeschlossen, jeden Tag konnten die Divisionen des Dritten Reiches losbrechen.

Und wieder war es die Abwehr, mit deren Hilfe die Krise auf einen neuen Siedepunkt gebracht werden sollte. Im Grenzgebiet, auf der tschechischen Seite, war ein neuer Aufstand der Sudetendeutschen geplant, und wer konnte ihn besser inszenieren als der Apparat des Admirals Canaris? Schon am Nachmittag des 15. September hatte der Abwehrchef entsprechende Befehle erhalten, am Abend ging Groscurth die Order zu, 3000 österreichische Gewehre in die Tschechoslowakei zu schmuggeln.[339] Erwartungsvoll rief Canaris den auf dem Berghof weilenden Keitel an und wollte wissen, ob die Aktion starten könne. Keitel: »Nein, im Augenblick noch nicht.«

Der alte Abwehrschützling Henlein hatte interveniert und Hitler einen Vorschlag vortragen lassen, durch den die Abwehr praktisch aus dem Untergrund des sudetendeutschen Psychokrieges ausgeschaltet wurde. Henlein konnte nicht verwinden, daß der Sudetenland-Putsch vom 11. September so rasch zusammengebrochen war; er fieberte danach, vor seinem Führer die Scharte auszuwetzen. Am 16. September schickte er Frank auf den Berghof mit dem Angebot, aus Flüchtlingen eine Legion aufzustellen, die Vorstöße in die ČSR unternehmen und Zwischenfälle provozieren könne.[340]

Hitler war einverstanden und befahl die Aufstellung eines »Sudetendeutschen Freikorps« (SFK); SA-Führer und Heeresoffiziere übernahmen die Ausbildung, das OKW sollte Waffen und einen Kommandeur stellen.[341] Empört reagierten Canaris und Groscurth auf die Ausklammerung der Abwehr. Die beiden Männer, die eben noch Hitler beseitigen wollten, um den Krieg zu verhindern, protestierten jetzt dagegen, daß der Abwehr die Rolle des Krisenverschärfers genommen wurde. Groscurth schimpfte: »Abenteurerpolitik! Unsere Verbände werden dabei zerschlagen!«[342] Canaris war so verärgert, daß er anfangs jede Zusammenarbeit mit dem Freikorps ablehnte. Als Groscurth am 18. September seine Abwehr II anwies, das Freikorps zu unterstützen, kam es darüber zu einem heftigen Zusammenstoß zwischen Canaris und Groscurth.[343]

Am nächsten Tag freilich änderte Canaris seine Taktik, beruhigt notierte sich Groscurth: »Admiral ordnet vollste Unterstützung des Freikorps an!«[344] Canaris schien es nun opportuner, in engster Tuchfühlung mit den Henlein-Scharen zu bleiben und dadurch zu verhindern, daß die Abwehr die Kontrolle über den militärpolitischen Untergrund verlor. Auf einmal konnte ihm die Unterstützung des Freikorps gar nicht schnell und intensiv genug gehen. Als die Abwehrstelle Dresden nicht rasch auf den neuen Kurs umschwenkte, beschimpfte sie Canaris »in unmöglicher Form« (Groscurth).[345]

Flugs erhielt Groscurth von seinem Chef Order, mit dem militärischen Leiter des Freikorps enge Zusammenarbeit zu vereinbaren. Am 21. September fuhren die beiden Männer los, um die Stäbe der SFK-Gruppen in Leipzig, Dresden und Bayreuth aufzusuchen.[346] Der Admiral gehörte bald zu den regelmäßigen Gästen in Schloß Fantaisie, dem bei Bayreuth-Donndorf gelegenen Hauptquartier Henleins; er erschien, beobachtete SS-Brigadeführer Berger, Himmlers Vertreter beim SFK, »fast jeden zweiten Tag in Donndorf und besprach sich mit Henlein«.[347] Ein V-Mann von Canaris, der ehemalige österreichische ND-Offizier Richard Lammel, Stabsleiter der SdP und Mitarbeiter Franks, hielt im SFK für den Admiral die Augen offen.[348]

Was freilich Canaris in Donndorf sah und hörte, deprimierte ihn. Henlein hatte sich längst auf die Seite der SS geschlagen, und auch Frank war schon die Ernennung zum SS-Brigadeführer sicher. Groscurth schrieb sich auf: »Besprechungen mit Henlein. Unerfreulichste Eindrücke. Henlein nervös mit Diktatorallüren!«[349] Den Abwehrmännern konnte nicht entgehen, daß Henlein oft in das Dresdner Hotel »Bellevue« fuhr und den Kontakt zu dem dort wohnenden Chef des Ausland-SD, SS-Standartenführer Jost, suchte – dem gleichen Jost, dessen Absetzung Canaris im März verlangt hatte.[350]

Dennoch ließ Canaris nicht von Henlein ab, den er für zu gutherzig hielt, um sich völlig der SS zu unterwerfen. Zudem hatte die Abwehr Auftrag, das SFK zu unterstützen. Die Abwehr lieferte die Waffen, die ND-Verbindungen und nicht zuletzt das Geld – 100000 Reichsmark pro Tag.[351] Entsprechend aggressiv operierten die SFK-Trupps auf dem Gebiet der ČSR. Seit dem Morgen des 19. September griffen Henleins Freischaren tschechische Grenzposten an; sie führten so viele Zwischenfälle herbei, daß stärkere Verbände der tschechoslowakischen Armee an die Grenze verlegt werden mußten, woran nun wiederum die Wehrmacht kein Interesse haben konnte.[352]

Die Scharmützel im Grenzgebiet bildeten für Hitler die rechte Geräuschkulisse, vor der er nun neue Forderungen erhob. Als Chamberlain am 22. September im Godesberger Hotel »Dreesen« Hitler berichtete, daß die Prager Regierung die deutschen Forderungen vom 15. September akzeptiert habe, bellte der Diktator: »Es tut mir furchtbar leid, aber das geht nicht mehr.« Hitler verlangte auf einmal, das Sudetengebiet solle nicht – wie noch in Berchtesgaden vereinbart – allmählich und unter internationaler Kontrolle, sondern sofort und bedingungslos abgetreten werden. Chamberlain entrüstete sich: »Eine völlig neue Forderung!«[353]

Am nächsten Tag verlangte Hitler in einem Memorandum, die auf einer Karte näher bezeichneten sudetendeutschen Gebiete müßten von den tschechischen Behörden am 26. September geräumt und am 28. September dem Deutschen Reich übergeben werden. Chamberlain wandte ein, das Memorandum komme einem Ultimatum gleich und könne einen europäischen Krieg zur Folge haben. Hitler wich einen winzigen Schritt zurück. Er sei auch, erwiderte er, mit dem 1. Oktober als Übergabetermin einverstanden. Trotz schwerster Bedenken erklärte sich Chamberlain bereit, das Memorandum der tschechoslowakischen Regierung zu übermitteln.[354]

Mit einem Satz geriet die Welt nun doch noch an den Abgrund eines Krieges, denn diesmal schienen die Westmächte Hitler nicht nachgeben zu wollen. Benesch verfügte die totale Mobilmachung der ČSR-Streitkräfte, in London wurden Schutzgräben gegen deutsche Luftangriffe ausgehoben, Frankreich mobilisierte einen Teil seiner Kampfverbände.[355] Am 26. September teilte Chamberlain Berlin mit, Prag habe die Annahme der neuen deutschen Forderungen abgelehnt, Hitler aber blieb dabei, am 1. Oktober werde die Wehrmacht die sudetendeutschen Gebiete besetzen.[356] Als ein

Sendbote Chamberlains den deutschen Diktator warnte, in diesem Falle werde Frankreich mit Englands Unterstützung der ČSR durch »offensive Maßnahmen« helfen, erklärte Hitler, dann werde eben in sechs Tagen ein Weltkrieg ausbrechen, der die Vernichtung der Tschechei bedeute.[357]

Als Oster von Hitlers Erklärung erfuhr, rief er: »Jetzt haben wir Gott sei Dank endlich den klaren Beweis, daß Hitler unter allen Umständen zum Kriege treiben will. Nun kann es kein Zurück mehr geben.«[358] Er alarmierte die Freunde, Heinz rief seinen Stoßtrupp zusammen, und Halder hielt es für an der Zeit, Brauchitsch einzuweihen. Witzleben war sicher, daß der Oberbefehlshaber des Heeres mitmachen werde. Er rief Gisevius zu: »Doktor, gleich ist es soweit!«[359]

Auch Canaris sah kaum noch eine Chance, den Krieg zu verhindern. Stündlich liefen in der Abwehrzentrale Meldungen ein, die Canaris' Überzeugung stärkten, daß die Westmächte nicht nachgeben würden. Schon war das Auslaufen der britischen Flotte mit unbekanntem Kurs gemeldet worden, ja Abwehragenten wollten sogar die Prager Regierung durch ein Kabinett der Militärs abgelöst und die Deutsche Gesandtschaft in der ČSR vom Mob gestürmt sehen.[360]

Manche dieser Meldungen erwiesen sich zwar als falsch, dennoch rechnete Canaris stündlich mit dem Ausbruch des Krieges. Ihn konnte nichts in seiner Meinung irremachen, die Westmächte würden fest bleiben – nicht einmal der tägliche Umgang mit den »braunen Vögeln«, den auf braunem Papier unter einem Hoheitsadler abgetippten Abhörberichten des Forschungsamtes, die die Telefongespräche der fremden Botschaften und Staatskanzleien in London, Prag und Paris wiedergaben und enthüllten, wie wenig London und Paris bereit waren, sich für Prag zu engagieren. Der Seemann Canaris konnte sich nicht vorstellen, daß die Weltmacht England die dreiste Veränderung der europäischen Landkarte durch Hitler noch länger hinnehmen werde.

Am Vormittag des 28. September trug er Keitel vor, wie ernst die Lage sei. Er glaube fest an eine bewaffnete Intervention der Franzosen und Engländer, zudem sei die »Stimmung im deutschen Volk denkbar schlecht«, wie er aus Gestapoberichten wisse. Hauptmann Eberhardt, der Adjutant Keitels, notierte sich Canaris-Argumente: »Wir seien nicht in der Lage, Zweifrontenkrieg zu führen, Obd.H. [Oberbefehlshaber des Heeres] sei der gleichen Ansicht. Frank[reich] würde offensiv vorgehen. Engl[and] selbst kostete das Unternehmen wenig Blut, dafür hätten sie Möglichkeit, Deutschland alle Rohstoffe und Zufuhr zu nehmen.«[361]

Canaris irrte. Wenige Stunden später hatte Hitler die Krise wieder abgeblasen, waren die Verschwörer ihres Anlasses beraubt. Wieder war die Intervention von Chamberlain gekommen: Er hatte am Vormittag Hitler angeboten, nach Berlin zu reisen und mit ihm sowie Vertretern Frankreichs, Italiens und der Tschechoslowakei die Übergabe des Sudetengebietes zu erörtern; kurz darauf hatte Mussolini seinen deutschen Partner gebeten, er möge Chamberlains Vorschlag annehmen und nicht mobil machen.[362] Um 14 Uhr erfuhr auch der britische Botschafter die entscheidende Nachricht: Hitler lade Chamberlain und Daladier für den nächsten Tag nach München zu einer Konferenz mit ihm und Mussolini ein, um die Sudetenfrage zu regeln. Die Mobilmachungen in Westeuropa und die offenkundige Kriegsabneigung der Berliner Bevölkerung hatten den Diktator noch einmal zurückschrecken lassen. »Wissen Sie, Göring«, sagte Hitler, »ich habe mir gedacht, vielleicht schießt die englische Flotte doch.«[363] Er bekam auf der Münchner Konferenz auch ohne einen Schuß, was er haben wollte – nur ein paar Tage später.

Wieder einmal hatte es Hitler geschafft, hatte sein skrupelloses Durchsetzungsvermögen all die Bedenken und Ängste, all die Hoffnungen auf Befreiung von dem Alpdruck der Diktatur beiseite gefegt. Manche seiner Kritiker und Gegner vergaßen ihre Einsichten rasch und paßten sich dem nationalen Jubel an, mit dem Großdeutschlands Massen den neuen Erfolg ihres Führers begrüßten.

Auch Canaris reihte sich in die Einheitsfront der Erleichterten und Jubilierenden ein, sein Potential an Wunschdenken schien unerschöpflich. Zudem hatte er einigen Anlaß, wieder den Kontakt zu seinem Führer zu suchen: Allzu viele Analysen und Berichte der Abwehr waren unrichtig gewesen, allzusehr mußte er befürchten, daß sein geheimdienstliches Renommee in den letzten Wochen der Sudetenkrise gelitten hatte. Für Oster und dessen engere Freunde mag es gespenstisch gewesen sein, wie rasch Canaris erneut seinen Frieden mit Hitler machte.

Willig ordnete er sich in die Wagenkolonnen ein, die Anfang Oktober durch die »befreiten sudetendeutschen Gebiete« (Groscurth) preschten.[364] Zusammen mit Oster, Groscurth und seinem Adjutanten Jenke fuhr Canaris der Kolonne Hitlers nach, ohne sie jedoch zu erreichen. In Hörsin, einem Dorf bei Eger, erfuhren die vier Abwehrmänner endlich, daß Hitler dort durchkommen werde. Canaris und seine Begleiter eilten an den Dorfausgang, sprangen aus dem Wagen und machten für Hitler die menschenüberfüllte Straße frei. Dann kam der Führer. »Da ist ja Canaris«, rief er und ließ seinen Wagen halten. Der Admiral machte Meldung, Hitler sprach mit ihm und fuhr dann weiter. Nur Groscurth war ungehalten: »Wie üblich, hielt der Admiral es nicht für nötig, uns vorzustellen.«[365]

Canaris war bereits wieder so auf das Regime eingeschworen, daß es Oster nicht einmal wagte, ihm die von Groscurth verfaßten Reiseberichte mit ihren regimekritischen Glossen unzensiert vorzulegen. Oster redigierte mit hartem Stift: Daß Hitler in »unverantwortlicher Weise über die geheimsten Dinge laut redet« entfiel ebenso wie die Feststellung, daß der Führer den Einwand eines Generals mit »einem wilden Blick« abgetan habe, der Innenminister Frick »unpersönlich und unliebenswürdig« sei oder der Kultusminister Rust »eine fürchterliche Rede« gehalten habe.[366]

Der Abwehrchef des Großdeutschen Reiches wünschte im Augenblick solche Kritik nicht, die Stunde erheischte Zufriedenheit und Dankbarkeit. Er konnte zuweilen recht scharf werden, wenn er an seinen Offizieren und Mitarbeitern mangelnden Respekt gegenüber dem Obersten Kriegsherrn entdeckte. Bei einem Besuch der Abwehrstelle Hamburg begrüßten ihn Offiziere in Zivil mit lässig erhobenem Arm, der den Hitler-Gruß andeuten sollte. Der Admiral verbat sich solche Lässigkeit: »Meine Herren, ich bitte mir aus, daß Sie mit korrekt ausgestrecktem Arm grüßen. Vergessen Sie nicht: Sie ehren damit indirekt den Führer.«[367]

Lange hielten freilich solche Stimmungen bei ihm nie an. Er hatte schon einen zu tiefen Blick in den Abgrund getan, an dessen Rand die Deutschen noch jubilierten und feierten. In Canaris stieg eine Ahnung auf, die ein anderer, prominentestes Opfer Hitlerscher Kaltschnäuzigkeit, bereits in düsterem Fatalismus formuliert hatte. »Dieser Mann«, so schrieb Werner von Fritsch über Hitler, »ist Deutschlands Schicksal, im Guten und im Bösen, und dieses Schicksal wird seinen Weg zu Ende gehen; geht es in den Abgrund, so reißt er uns alle mit – zu machen ist da nichts.«[368)]

9 Weg in den Krieg

Der Staatssekretär hatte schlechte Nachrichten für den Vizeadmiral. Am 14. Dezember 1938 vertraute Freiherr von Weizsäcker seinem Besucher Canaris an, es gebe Schwierigkeiten bei der »Umstellung von der Volkstumspolitik zur imperialistischen Politik«. Dann wurde er deutlicher: Hitler forciere seine Ostpolitik derartig, daß ein Krieg zwischen Deutschland und Polen nicht ausgeschlossen sei.[1]

Weizsäcker sah die kommende Entwicklung in düsteren Farben. Zwar sei die Wehrmacht, argumentierte er, der polnischen Armee überlegen, auch sei anzunehmen, daß England und Frankreich neutral blieben; aber Italien könne den Polen-Krieg zu einem Überfall auf Frankreich benutzen, und dann sei der Weltkrieg da. Ihn verhindern könne allein eine »Aktion im Innern«, die Beseitigung Hitlers, doch der Verschwörung fehle ein überzeugender Führer. Der Staatssekretär resignierte: Das deutsche Volk habe sich wohl längst »daran gewöhnt, in einem napoleonischen Zeitalter zu leben«.[2]

Es war das erste Mal, daß Canaris erfuhr, was sich zwischen Deutschland und Polen anbahnte. Er wußte nur, daß Reichsaußenminister von Ribbentrop zwei Monate zuvor dem polnischen Botschafter Lipski eine »Generalbereinigung aller bestehenden Reibungsmöglichkeiten« zwischen beiden Ländern vorgeschlagen hatte. Ribbentrops Angebot klang relativ maßvoll: Polen sollte der Wiedervereinigung Danzigs mit dem Reich und dem Bau einer exterritorialen Autostraße und Bahnlinie durch Pommerellen, dem sogenannten polnischen Korridor, zustimmen, Deutschland dafür Polen in Danzig wirtschaftliche Vergünstigungen einräumen und die Grenzen Polens garantieren – einschließlich der nach dem Ersten Weltkrieg an Polen verlorenen deutschen Gebiete.[3]

Die polnische Regierung hatte ablehnend geantwortet, ohne freilich die Tür zu Verhandlungen gänzlich zuzuschlagen. Immerhin hielt Lipski »rein persönlich« Erörterungen über die Autostraße für möglich, und auch Oberst Józef Beck, Außenminister und starker Mann der Polen regierenden Militärjunta, zeigte Interesse an weiterführenden Gesprächen.[4] Noch am 29. November urteilte Canaris' polnischer Gegenspieler, Oberst Pelczynski, Chef der II. (Geheimdienst-)Abteilung des Generalstabs, die deutsch-polnischen Beziehungen entsprächen dem Nichtangriffspakt von 1934, ernsthafte politische Probleme gebe es zwischen beiden Ländern nicht.[5]

So mochte Canaris seinem Freund Weizsäcker in dessen Sorgen nicht beipflichten, zumal er andere Vorstellungen von den Voraussetzungen eines deutsch-polnischen Krieges hegte. Niemals, das war Canaris' unerschütterliche Überzeugung, würden die Westmächte einem von Hitler entfesselten Krieg gegen Polen tatenlos zusehen, während es ihm angesichts des miserablen Zustandes der italienischen Rüstung recht unwahrscheinlich dünkte, daß der Duce ein Kriegsabenteuer gegen Frankreich wagen würde. Nein, Weizsäcker sah sicherlich zu schwarz.

Heikel blieb allerdings, daß Hitler die Polen ungeduldig drängte, der ihnen vorgeschlagenen Regelung zuzustimmen. Aber das wird Canaris der nationalistischen Euphorie zugeschrieben haben, die nach dem spektakulären Erfolg der Sudetenkrise die Führung des Dritten Reiches beherrschte, jenes zwischen Stolz und Größenwahn angesiedelte Kraftgefühl, dem auch die alten herrschgewohnten Klassen des Militärs und des Beamtentums und zuweilen sogar der Skeptiker Canaris erlagen.

Allzu rasch hatten sich die meisten Deutschen mit Hitlers moralfreier »Realpolitik« abgefunden, hatten sich Millionen daran gewöhnt, »die vertragsbrüchige Überfalltaktik mit der listigen Genugtuung des Komplicen und mit der unpolitischen Philosophie des Stammtisches zu quittieren: so wird Politik gemacht, endlich können wir's besser als die anderen«, wie ein Historiker formuliert.[6)] Nichts galt in diesem Deutschland mehr als nationale Machtpolitik und völkische Eigenliebe. Wie noch nie zuvor schien Deutschland die europäische Szene zu beherrschen, schien dem Reich eine Schiedsrichterrolle zuzuwachsen, wie es sie nur unter Bismarck ausgeübt hatte.

Der Machtzuwachs Hitler-Deutschlands war in der Tat sensationell. Seit der Münchner Konferenz lag Südosteuropa deutschen Hegemonialbestrebungen offen, auch die letzten diplomatischen Positionen Englands und Frankreichs auf dem Balkan brachen zusammen. Und nichts verriet den Wandel drastischer als der Wiener Schiedsspruch vom 2. November, mit dem die Außenminister der Achsenmächte den Tschechen, Slowaken, Ruthenen und Ungarn ihre neue Rolle im Europa Adolf Hitlers zuteilten.

Canaris aber hielt die Eruptionen teutonischen Kraftmeiertums für kontrollierbar, denn er kannte die Erlasse an die Wehrmacht, in denen Hitler suggerierte, die Zeit der Eroberungen sei vorbei. An den Oberbefehlshaber des Heeres, Generaloberst von Brauchitsch, war just eben die Hitler-Order ergangen, alle Vorbereitungen für einen Aufmarsch oder eine Operation einzustellen; das Heer könne in aller Ruhe seinen bis 1945 vorgesehenen Aufbau vollenden.[7)] Selbst der bevorstehenden Beseitigung des tschechoslowakischen Rumpfstaates, von Hitler sofort nach der Münchner Konferenz beschlossen, wußte der Führer einen gleichsam unaggressiven Akzent zu geben. Im OKW lag schon die Nachtragsweisung unterschriftsfertig, in der Hitler erklären sollte, bei dem Einmarsch in die Rest-ČSR gehe es allein um eine »Befriedungsaktion«, die zudem nur dann erfolgen werde, wenn »kein nennenswerter Widerstand« zu erwarten sei.[8)]

Wie so viele Soldaten ließ sich auch Canaris zu dem Trugschluß verleiten, das Hitler-Reich sei saturiert. Ihm wollte es daher wenig realistisch erscheinen, was Weizsäcker bekümmerte. Nicht sonderlich beunruhigt verließ er den Staatssekretär und fuhr zur Zentrale am Tirpitz-Ufer zurück, wo er »Muffel« Groscurth von dem Gespräch mit Weizsäcker erzählte.[9)] Der Leiter der Abwehr II war gerade dabei, sich von Vorgesetzten und Kameraden zu verabschieden; Groscurth ging routinemäßig zur Truppe zurück und sollte in Breslau eine Kompanie übernehmen.[10)]

Das Stichwort »Polen« indes ließ den von vielen Abschiedsfeiern in Berliner Schlemmerlokalen ermüdeten Major aufhorchen, erinnerte es ihn doch an eine wunde Stelle seiner bisherigen Arbeit. Mit Hitlers geschmeidiger Polen-Politik war Groscurth nie einverstanden gewesen; seinem schlichten preußisch-deutschen Verstand dünkte, der Führer mache dem polnischen Chauvinismus zu große Zugeständnisse. Groscurth hatte deshalb auf seinem Arbeitsgebiet versucht, die offizielle Polen-Politik etwas zu korrigieren – zum Ärger des Auswärtigen Amtes und nur dürftig unterstützt von Canaris.

Helmuth Groscurth wußte sich im Besitz einer politischen Wunderwaffe, von der er sich die endgültige Durchsetzung und Sicherung deutscher Machtinteressen in Osteuropa erhoffte. Aus der Krise des deutschen Nationalismus am Ende des Ersten Weltkriegs, aus dem Zusammenbruch der deutschsprachigen Kaiserreiche, der Millionen Deutsche in Osteuropa den meist chauvinistischen Nachfolgestaaten überantwortete, hatte Groscurth eine eiserne Konsequenz gezogen. Der deutsche »Kulturträger« im Osten würde untergehen, wenn er sich nicht auf einen starken deutschen Machtstaat stützen könne. Das bedeutete: Errichtung einer deutschen Vormachtstellung im Osten. Dazu bedurfte das Reich freilich eines sicheren Bundesgenossen – und Groscurth hatte einen gefunden: den unerlösten ukrainischen Nationalismus.

Die Ukraine, unsicherster Gliedstaat der Sowjetunion, Traumland deutscher und polnischer Imperialismen, erstreckte sich mit ihren abgesprengten Gebieten über weite Teile der Landkarte Osteuropas; neben der Sowjetukraine gab es ukrainische Gebiete in vier weiteren Staaten, darunter in Polen (Galizien) und in der Tschechoslowakei (Ruthenien). Entriß man das ukrainische Kernland dem Sowjetstaat und vereinigte es mit den ukrainischen Gebieten Polens und der ČSR zu einer unabhängigen Republik, dann besaß Großdeutschland in ihr einen zuverlässigen Bundesgenossen, zumal nur die Deutschen den Ukrainern ihren alten Einheitstraum verwirklichen konnten. Das war Groscurths Konzept. »Schaffung einer freien Großukraine« nannte er das.[11]

Die Idee war nicht neu. Im Ersten Weltkrieg waren die Heere Deutschlands und Österreich-Ungarns in die ukrainische Kornkammer gestürmt, um zu verwirklichen, was der Reichskanzler von Bethmann-Hollweg zum Kriegsziel der beiden Mächte erklärt hatte: durch Schaffung eines selbständigen Staates Ukraine müsse »Rußland von der deutschen Grenze nach Möglichkeit abgedrängt werden«.[12] Im Granatfeuer der vorrückenden Armeen und im Chaos der Revolution von 1917/18 entstand der erste freie Staat der Ukraine.

Doch den deutsch-österreichischen Herren, mehr an Rohstoffen und Getreide als an fremder Unabhängigkeit interessiert, war bald die Regierung der ukrainischen Separatisten zu linkslastig. Sie brachten den monarchistischen Hetman Pavlo Skoropadsky an die Macht, der sich freilich auch nicht lange halten konnte.[13] Die Ukraine versank im Morast innerer Querelen und äußerer Bedrückung, bis die siegreichen Rotarmisten das Land wieder für Rußland in Besitz nahmen. Tausende ukrainischer Nationalisten flohen ins Ausland, entschlossen, eines Tages mit den Deutschen (andere Bundesgenossen konnten sie sich nicht vorstellen) zurückzukehren und den »wahren« ukrainischen Staat zu errichten.

Anfang der zwanziger Jahre griff ein nationalsozialistischer Phantast namens Alfred Rosenberg, Chefideologe der NSDAP, die Ukraine-Idee wieder auf. Er knüpfte Beziehungen zu führenden Männern des ukrainischen Exils an, darunter auch dem Ex-Obersten Eugen Konowalez, einem ehemaligen k. u. k. Offizier, der während der ukrainischen Revolution eine Elitetruppe, die regimentsstarke Legion »Sichovi Striltsi«, geführt hatte.[14]. 1929 gründete er im Exil mit Offizieren seines alten Regiments eine politische Bewegung, die sich »Organisation Ukrainischer Nationalisten« (OUN) nannte und Terroranschläge in der Sowjetukraine inszenierte.[15] Das OUN-Programm paßte so recht zum Aktionismus von Konowalez' faschistischen Freunden: Antiparlamentarisch und Gegnerin der westlichen Demokratien, wollte die Bewegung mit Brachialgewalt aufbrechen, was sie das »Völkergefängnis des großrussischen Imperialismus« nannte.

Rosenbergs ideologische Tiraden genügten dem OUN-Chef bald nicht mehr, Konowalez sehnte sich nach einem solideren Bundesgenossen. Da erfuhr er, in der Abwehr von Canaris säßen Offiziere, die ein außergewöhnliches Interesse an der Ukraine nehmen würden. Er hörte ein paar Namen: Voß, Groscurth, Pruck. Die Gespräche mit ihnen überzeugten Konowalez davon, daß die Abwehr ein konkretes, positives Ukraine-Programm besaß.

1937 trat er mit seiner gesamten Bewegung in den Dienst der Abwehr, dort betreut und geführt von Voß und Groscurth.[16] Noch im gleichen Jahr traf sich Konowalez mit Canaris und vereinbarte engste Zusammenarbeit, vor allem auf dem Gebiet der Zersetzung und Propaganda.[17] Persönlichkeit und Umgangsformen des ehemaligen österreichisch-ungarischen Offiziers beeindruckten den Abwehrchef so sehr, daß er wiederholt die Begegnung mit Konowalez suchte; auch nach dessen Tod im Jahre 1938 behielt Canaris ihn als einen bemerkenswerten Mann in Erinnerung. Bis zum Ende seiner Amtszeit ließ er die Grabstelle des Obersten pflegen.[18]

Weniger eindeutig war seine Haltung zu Groscurths ukrainischen Plänen; Canaris schätzte die Ukrainer als Helfer der Abwehr, aber die Leidenschaft, mit der sich »Muffel« für die ukrainische Sache engagierte, blieb dem Admiral fremd. Ukraine-Freund Pruck weiß: »Canaris war ausgesprochen westlich orientiert. Seine Ostinteressen übersprangen jedenfalls Polen und Rußland und betrafen nur die Japaner.«[19] Canaris mag freilich auch gewittert haben, daß sich Groscurths Kurs nicht mit der offiziellen Linie in Einklang bringen ließ. Denn der Major stellte ein Kernstück Hitlerscher Ostpolitik in Frage: die Köderung Polens zum gemeinsamen Eroberungskrieg gegen die Sowjetunion.

Rosenberg hatte schon 1927 geschrieben, das »allererste Erfordernis« einer deutschen Ukraine-Politik sei die »Wegräumung des polnischen Staates«.[20] Groscurths Konstruktion setzte denn auch die Aufspaltung Polens voraus, ohne dessen galizische Gebiete gab es keine Großukraine. Hitler aber taktierte genau umgekehrt: Als Ziel und Beute eines polnischen Waffenganges an der Seite des Reiches gaukelte er Warschau den Besitz der sowjetischen Ukraine vor, gleichsam zur Ergänzung der ukrainischen Gebiete, über die Polen bereits verfügte.

Im Januar 1935 schickte Hitler seinen Paladin Göring nach Warschau, um Polens alternden Staatschef-Marschall Pilsudski den Abschluß einer antirussischen Allianz vorzuschlagen und ihm selber den Oberbefehl über ein deutsch-polnisches Invasionsheer anzubieten.[21] Polnischen Generalen skizzierte Göring eine Aufteilung Rußlands zwischen den beiden Mächten, und zwar so, »daß die Ukraine zur polnischen Einflußzone werde, während Nordwestrußland unter deutschen Einfluß kommen solle«, wie sich ein Zuhörer notierte.[22] »Heil Hitler, Heil Pilsudski«-Sprechchöre in Berlin und Warschau feierten schon die gemeinsame Zukunft der beiden Diktaturen auf den Trümmern Rußlands.

Pilsudski ließ sich jedoch nicht gegen Moskau aufstacheln. Seine Erkenntnis: Breche erst einmal die Sowjetunion zusammen, dann werde Polen die ganze Wucht des deutschen Revisionismus zu spüren bekommen. An die Maxime hielt sich nach Pilsudskis Tod auch sein Erbe Beck. Gleichwohl gab Hitler die Hoffnung nicht auf, die Polen doch noch für den gemeinsamen Marsch nach Rußland zu gewinnen.

Nicht ohne Verbitterung mußten die Offiziere der Abwehr erkennen, daß Hitlers Polen-Politik die von ihnen geplante deutsch-ukrainische Allianz nicht zuließ. Groscurth mochte indes nicht aufgeben. Er ließ seine ukrainischen Helfer Pläne für eine kommende Regierung und Armee der Großukraine entwerfen, in Lagern der Abwehr II übten die OUN-Kommandos den Kampf gegen Polen und Russen. Es lag nahe, daß die Aktivitäten der OUN in erster Linie Polen trafen: Galizien lag in unmittelbarer Nachbarschaft des Reiches, die beiden führenden Männer der OUN – der Konowalez-Nachfolger Ex-Oberst Andrej Melnyk und der ehemalige k. u. k. Offizier Ryko Jary – waren Galizier, viele Ukrainer in Galizien ersehnten die Befreiung von polnischer Bedrückung.[23]

Die Abwehrstelle Wien wurde von der Zentrale angewiesen, der OUN eine Möglichkeit zu verschaffen, sich propagandistisch zu artikulieren. Bald stand ein Sender bereit, mit dem die Ukrainer zumindest eine Politik des Als-ob treiben konnten: als ob der Tag nahe sei, an dem die ukrainischen Gebiete Polens mit einer von Rußland freigesprengten Ukraine vereinigt würden. Die Arbeit des Wiener Senders war nicht ohne Erfolg: In Lemberg, der Hauptstadt Galiziens, brachen Mitte Oktober 1938 Unruhen aus – deutliches Zeichen dafür, wie empfänglich die polnischen Ukrainer für die OUN-Propaganda waren.[24]

Die Agenten des polnischen Geheimdienstes fanden rasch heraus, wer hinter den Rundfunksendungen aus Wien stand. Prompt ließ das Warschauer Außenministerium den deutschen Botschafter von Moltke kommen und legte Beschwerde ein.[25] Die polnischen Proteste wurden so heftig, daß sich Moltke schon sorgte, Abwehr und Propagandaministerium (ihm unterstand formal der Wiener Sender) würden die deutsch-polnischen Beziehungen ramponieren.

Als sich zwei weitere Sender in Graz und Leipzig der ukrainischen Kampagne anschlossen, alarmierte Moltke das Auswärtige Amt. Seine Berichte über die Auswirkung der OUN-Propaganda wurden immer dramatischer. Am 19. Oktober meldete der Botschafter, Warschau hege »größtes Mißtrauen gegen eine Polens Interessen verletzende Ukrainepolitik Deutschlands«[26], und ein paar Tage später konnte er »nicht verstehen«, warum das Reich das »Instrument der Radiopropaganda dazu benutzt, um an den Lebensnerv des polnischen Staates zu rühren, und zwar an seiner kitzligsten Stelle«.[27]

Die Legationsräte der Wilhelmstraße stoppten Groscurths Ukraine-Propaganda. Am 22. Oktober ersuchte das AA die Amtsgruppe Ausland/Abwehr, »alles zu vermeiden, was den Eindruck einer Zusammenarbeit amtlicher deutscher Stellen mit der Jary-Gruppe bzw. der Ukrainischen Nationalen Vereinigung erwecken könne«.[28] Und noch am gleichen Tag erging ein Erlaß des AA an den Botschafter von Moltke, der polnischen Regierung zu erklären, »daß Maßnahmen getroffen worden sind, die ... beanstandete Ukraine-Propaganda zu unterbinden«.[29] Canaris mochte sich nicht in Gegensatz zu Hitlers Polen-Politik setzen und hielt den ungestümen Groscurth an, mit seinen Ukrainern kürzer zu treten.

Canaris' Bericht über das Gespräch mit Weizsäcker am 14. Dezember aber ließ nun Groscurth hoffen, sein Ukraine-Konzept werde doch noch eine Chance erhalten; standen die deutsch-polnischen Beziehungen tatsächlich so schlecht, wie der Staatssekretär befürchtete, dann konnte die Abwehr – ungehindert vom AA – ihre Arbeit gegen Polen wiederaufnehmen, ja vielleicht sogar noch verstärken. Groscurths Spekulation sollte sich zum Teil als richtig erweisen. Er selber freilich konnte von der neuen Lage nicht mehr profitieren, wohl aber sein Nachfolger: Oberstleutnant des Generalstabes Erwin Lahousen.

Lahousen führte Groscurths Arbeit weiter, auch er war ein Anhänger des pro-ukrainischen Kurses. Familie und Karriere verbanden den damals 41jährigen Wiener mit den Traditionen deutsch-österreichischer Ostarbeit; Lahousen entstammte einer französisch-polnischen Adelsfamilie (vor dem Verbot der Adelstitel im republikanischen Österreich hatte er sich noch Lahousen Edler von Vivremont genannt), er hatte als k. u. k. Infanterieoffizier im Ersten Weltkrieg gegen Russen gekämpft, er war in der Republik im geheimen Nachrichtendienst des österreichischen Verteidigungsministeriums für die Länder Polen, Tschechoslowakei und Ungarn zuständig gewesen.[30]

Mit seiner kühlen, höflichen Zurückhaltung entsprach der hagere Oberstleutnant eher dem Geschmack von Canaris als der unruhige, immer etwas hausbacken wirkende Groscurth. Der Vielsprachige (Lahousen konnte Polnisch, Tschechisch, Ungarisch und Französisch) war ganz, was sich Canaris unter einem k. u. k. Offizier vorstellte.[31] »Schickt mir Österreicher, aber keine Ostmärker«, pflegte er zu sagen.[32] Der Oberstleutnant Lahousen war einer: österreichisch geprägt, großdeutsch gesonnen, aber ohne Sympathie für die Nazis.

Jetzt erwärmte sich auch Canaris stärker für die Ukraine-Pläne seiner Offiziere. Das war nicht nur auf die rationalere Argumentation Lahousens zurückzuführen, noch entscheidender beeinflußte Canaris eine taktische Wendung in Hitlers Polen-Politik, die schon Wochen vorher eingesetzt hatte. Der Diktator spielte plötzlich die ukrainische Karte aus.

Es war freilich nicht der große Kurswechsel, auf den die Ukraine-Freunde hofften. Hitler wollte lediglich den ukrainischen Nationalismus mobilisieren, um Polens Regierung unter Druck zu setzen und Beck zur Annahme der deutschen Oktober-Vorschläge zu zwingen. Waren es nun die ukrainischen Propagandaexperimente oder die Berichte Moltkes, die den Hakenschlag des Führers bewirkten – Hitler hatte jedenfalls gemerkt, daß die ukrainische Frage Polens schwache Stelle war. Sechseinhalb Millionen Ukrainer lebten in Polen, ihres Selbstbestimmungsrechts beraubt, auf Befreiung von außen hoffend. Das war Grund genug für Hitler, hier den Hebel gegen Warschau anzusetzen.

Und es gab just in unmittelbarer Nähe dieser polnischen Ukraine, gleich an ihrer Südgrenze, ein »gottverlassenes Gebirgsland« (Wenzel Jaksch), das so recht geeignet war, dem Führer als Startrampe für ein Erpressungsmanöver zu dienen.[33] Das Land hieß Ruthenien oder Karpaten-Rußland, manche nannten es auch Karpato-Ukraine, und wurde von einem 500000 Köpfe zählenden Bauernvolk bewohnt, das Ethnologen nur mit Bedenken zur ukrainischen Nation zählten. Ihr Dialekt wies die Ruthenen zwar eher der ukrainischen als irgendeiner anderen slawischen Sprachengruppe zu, aber sie bildeten doch einen eigenen Volksstamm. Mit dem ukrainischen Staat hatten sie freilich keine Berührung: Ruthenien gehörte vom frühen Mittelalter bis 1918 zu Ungarn, kam dann zur Tschechoslowakei und gelangte nach der Amputation der ČSR durch Hitler in den Genuß einer lange vorenthaltenen Autonomie.

Seither war Ruthenien ein Spielball fremder Mächte und deren Geheimdienste. Die von der Münchner Kapitulation entmutigten Tschechen übten kaum noch Kontrollfunktionen aus, deutsche Agenten (meist Beauftragte der »Volksdeutschen Mittelstelle«) beherrschten Verwaltung und Wirtschaft, und die Regionalregierung führte ein Ministerpräsident, der von den Ungarn ausgehalten wurde, die sich Hoffnungen machten, Ruthenien dem magyarischen Staat wieder einverleiben zu können.[34] Einen Teil besaßen sie schon: Der Wiener Schiedsspruch hatte einen südlichen Grenzstreifen Rutheniens den Ungarn zudiktiert.

Das war das trostlose Land, das Canaris' Trickgenie nun in ein Juwel der ukrainischen Nation verwandeln sollte, in ein »ukrainisches Piemont«, wie die Parole besagte. Womit gemeint war: Wie das norditalienische Fürstentum Piemont zur Keimzelle der Einigung Italiens geworden sei, so werde die Karpato-Ukraine zu einem Magnet werden, der alle anderen Splitter und Teile des einstigen ukrainischen Reiches an sich ziehe. Canaris und Lahousen setzten ihre Agenten in Marsch, das ukrainische Wunder zu vollbringen.

Die V-Männer der Abwehr konnten sich dabei auf ukrainische Emigranten aus Galizien stützen, die Jahre zuvor in die Karpato-Ukraine geflohen waren und entscheidenden Einfluß auf das politisch-intellektuelle Leben des Gastlandes ausübten. Die Emigranten waren nur allzusehr bereit, die deutschen »Piemont«-Pläne zu unterstützen. Willig verbündeten sie sich mit den Deutschen dazu, die pro-ungarischen Elemente auszuschalten und das Ländchen zu ukrainisieren. Eine günstige Krise stärkte ihre Position. Wenige Wochen zuvor hatte die Prager Zentralregierung den pro-ungarischen Ministerpräsidenten der Karpato-Ukraine wegen Hochverrats verhaften lassen und an dessen Stelle einen griechisch-katholischen Priester, Monsignore Augustin Woloschyn, eingesetzt.[35] Er galt als einer der wenigen ruthenischen Politiker, die sich als Ukrainer fühlten, obwohl er stets für die Tschechen optiert hatte. Woloschyn war schlau genug, die Unterstützung der deutschen Agenten zu suchen, und verband sich mit den ukrainischen Emigranten, die in kurzer Zeit das Land beherrschten.

»Woloschyn«, so hielt ein Bericht der Abwehrstelle Wien im Januar 1939 fest, »steht jetzt ganz unter dem Einfluß der ukrainischen Nationalisten (i. e. zahlreicher Emigranten), die die eigentliche Regierung ausüben.«[36] Die neuen Herren, »nur noch Marionetten in der Hand deutscher Agenten, die hinter den Kulissen die Fäden ziehen«, wie der junge US-Gesandtschaftsrat George F. Kennan beobachtete, kopierten das faschistische Staatsmodell: Eine Einheitspartei entstand, pro-ungarische Gruppen wurden unterdrückt und Konzentrationslager errichtet.[37]

Die ukrainischen Mitarbeiter der Abwehr II perfektionierten das autoritäre Regime: durch Errichtung einer SA-ähnlichen Parteimiliz, die »Sitsch« (zu deutsch: Eule) hieß und mit ihren grauen Uniformen und HJ-Dolchen an das großdeutsche Vorbild erinnerten.[38] Ein Abwehroffizier wußte zu rühmen: »In der Sitsch sind gewiß die besten Elemente des Volkes vertreten, besonders Angehörige der Intelligenzschicht, die sich, getragen von edelster nationaler Begeisterung, für die Befreiung ihres Volkes und die Errichtung der Groß-Ukraine einsetzen.«[39] Darauf fühlte sich Woloschyn sicher genug, Landtagswahlen ausschreiben zu lassen. Sie brachten am 12. Februar 1939 das erwartete Ergebnis: 98 Prozent aller Stimmen für die Regierung.

Eine Welle ukrainischer Einheits- und Freiheitspropaganda überflutete das ruthenische Land. Organisationen forderten die Vereinigung der Karpato-Ukraine mit anderen ukrainischen Gebieten im Ausland, die galizischen Emigranten putschten die Öffentlichkeit gegen Polen auf. Nicht ohne Befriedigung orteten Beobachter der Abwehr »Haß gegen Polen und Ungarn«. Ein Abwehrmann notierte trocken: »Von Deutschland erwarten die Ukrainer einfach alles.«[40]

Da geschah exakt, was der Sinn des ganzen Manövers war: Die Welle der panukrainischen Begeisterung schwappte auf polnisches Gebiet über. In Galizien kam es zu neuen Unruhen, polnische Bauern verkauften ihren Besitz, weil sie sich unter den Ukrainern nicht mehr sicher fühlten. An der Grenze zur Karpato-Ukraine wurden polnische Infanterie- und Artillerie-Einheiten zusammengezogen, Soldaten übernahmen den Grenzschutzdienst.[41] Sie konnten jedoch nur schwer verhindern, daß die in der Karpato-Ukraine führenden galizischen Emigranten Sendboten in die alte Heimat schickten – mit dem Auftrag, die Ukrainer Polens zum offenen Widerstand gegen ihre Herren aufzustacheln.

Gespannt verfolgten Canaris und Lahousen die Meldungen aus den ukrainischen Gebieten. »Man rechnet in der Karpatenukraine«, berichtete V-Mann »Martin«, der Abwehr-II-Hauptmann Robert Nowak, am 25. Februar seinen Vorgesetzten, »mit dem Ausbrechen eines bewaffneten ukrainischen Aufstandes in Galizien, vielleicht schon in diesem Frühjahr. In Galizien soll man allgemein der Ansicht sein, daß die Wojwodschaften Stanislau und Tarnopol an die [Karpato-]Ukraine kommen.«[42]

Beck durchschaute sofort, welche tödlichen Gefahren dem polnischen Staat drohten. Für Polens Außenminister gab es nur einen Ausweg: die

Arbeit der galizischen Frondeure in der Karpato-Ukraine lahmzulegen und dieses Land als Katapult deutscher Erpressungen auszuschalten.

Freilich, die üblichen Proteste an die deutsche Adresse fruchteten nichts. Als Beck am 5. Januar 1939 in Berchtesgaden Hitler gegenübersaß, drohte er dunkel: »Polen erkenne in den Agitatoren, die sich auf dem jetzigen karpato-ukrainischen Territorium betätigten, alte Feinde wieder, und fürchte, daß die Karpato-Ukraine sich möglicherweise einmal zu einem Herd derartiger Beunruhigung für Polen entwickelte, daß sich die polnische Regierung zu einem Einschreiten veranlaßt sehen würde, aus dem sich dann weitere Komplikationen ergeben könnten.« Hitler gab sich arglos. Im Protokoll steht: »Der Führer . . . erklärte, daß Polen in dieser Hinsicht von Deutschland nicht das geringste zu befürchten hätte.«[43]

Daraufhin versuchte Beck, die deutsche Position vom Ausland her zu unterlaufen. Er brachte die Ungarn ins Spiel, die darüber verärgert waren, daß sie beim Wiener Schiedsspruch nur einen kleinen Teil der Karpato-Ukraine bekommen hatten. Der polnische Außenminister animierte Ungarns Regierung, lauter als bisher ihre Ansprüche auf die Karpato-Ukraine anzumelden. Seine Argumentation: Verschwinde die Karpato-Ukraine von der politischen Landkarte, dann komme es zu einer gemeinsamen polnisch-ungarischen Grenze, und die liege durchaus im Interesse beider Länder, vor allem angesichts des übermächtigen deutschen Nachbarn.

Es gab von nun an keinen eifrigeren Förderer einer ungarischen Besitznahme der Karpato-Ukraine als den polnischen Außenminister. Welche ausländische Hauptstadt er auch besuchte – immer wieder verteidigte Beck die ungarischen Ansprüche. Er hatte sich mit ihnen schon so identifiziert, daß er auch ein paar konspirative Ratschläge wußte, wie Ungarn sich am schnellsten in den Besitz des verhaßten Ländchens setzen könne. Ein paar Unruhen an der »offenen« Grenze zwischen der Karpato-Ukraine und Ungarn, so ließ Beck in Budapest andeuten, könnten einen ausreichenden Vorwand für den ungarischen Einmarsch hergeben.[44]

Anfang März schickte Beck den Ungarn sogar einen Sabotage-Experten, den er sich vom militärischen Geheimdienst ausgeliehen hatte. Major Charaszkiewicz, Chef der 2. Expositur der Abteilung II, sollte dem ungarischen Geheimdienst »bei Diversionstätigkeiten helfen«, wie es ein polnischer Chronist umschreibt: bei der Inszenierung von Zwischenfällen an der Grenze der Karpato-Ukraine.[45] Schon vorher hatte das Berliner AA geurteilt, »daß Polen auf jede Weise (durch Geld, Agenten, Rundfunksendungen, bestellte Resolutionen usw.) sein Ziel zu verwirklichen sucht«, und hielt es für »nicht ausgeschlossen, daß Polen im Zusammenspiel mit Ungarn in nächster Zeit vollendete Tatsachen schaffen wird«.[46]

Beck suchte jedoch noch einer anderen Macht Appetit auf die Karpato-Ukraine zu machen: den Führern der Slowakei, der nach der Münchner Konferenz ebenso wie der Karpato-Ukraine die Autonomie im Rahmen der ČSR zugestanden worden war. Kontaktleute des polnischen Außenministers nahmen Verbindung zu dem slowakischen Ministerpräsidenten Josef Tiso auf und rechneten ihm vor, welche Rolle eine unabhängige, von der ČSR völlig losgelöste Slowakei in Europa spielen könne – erweitert durch die Karpato-Ukraine.[47]

Je heftiger aber Beck gegen den ukrainischen Unruheherd operierte, desto stärker reagierte Hitler. Becks Manöver in den südlichen Anrainerländern Polens gaben dem Führer eine fixe Idee ein: Wie, wenn er nun die ganze Rest-ČSR unter seine Kontrolle brachte, sozusagen Polen im Süden umfaßte und es damit zugleich vom Norden und Westen her in eine eiserne Zange nahm? Mit der Sowjetunion im Osten verfeindet, den Demokratien im ferneren Westen entfremdet, war Polen dann auf einen Modus vivendi mit Deutschland angewiesen – wenn es »vernünftig« reagierte.

Die Auseinandersetzungen der Prager Zentralregierung mit den störrischen Bundesländern Slowakei und Karpato-Ukraine konnten jederzeit Vorwände für einen deutschen Einmarsch in die ČSR liefern. Es würde nicht schwerfallen, slowakische Politiker für eine Los-von-Prag-Aktion und damit für die Sprengung des tschechoslowakischen Vielvölkerstaates zu gewinnen. Was aber wurde dann aus der Karpato-Ukraine? Hitler wollte auf sie notfalls verzichten und sie den Ungarn überlassen, die ihm für den großen Krieg gegen Rußland wichtiger erschienen als der diffuse ukrainische Nationalismus.

Canaris wußte nichts von solchen Überlegungen seines Führers – er wäre zutiefst erschrocken, hätte er von ihnen erfahren. Denn Hitlers Plan stellte nicht nur die ukrainische Operation der Abwehr in Frage, er widersprach auch allen außenpolitischen Instinkten des Mannes, der sein Vaterland für saturiert hielt. Canaris war strikt dagegen, sich so kurze Zeit nach der unruhestiftenden Sudetenkrise erneut an der Tschechoslowakei zu vergreifen. Alles sprach dagegen: Hitler hatte auf der Münchner Konferenz die territoriale Unversehrtheit der Rest-ČSR mitgarantiert, eine eng an das Reich gebundene, formal aber unabhängige Tschechoslowakei konnte deutschen Interessen mehr nutzen als eine von Deutschland annektierte ČSR mit einem fremden, unzufriedenen Volk. Canaris schwebte – Nationalist, der er war und blieb – eher eine indirekte Herrschaft Deutschlands über den Prager Staat vor.

Das hatte auch die Abwehr II schon beim Einmarsch ins Sudetenland im Oktober 1938 veranlaßt, die Flucht der Deutschen aus der Rest-ČSR zu stoppen. Lage und Stärke des Deutschtums in dem Rumpfstaat mußten als Druckmittel gegen Prag erhalten bleiben. »Auf eigene Faust«, wie Groscurth damals stolz anmerkte, hatten die Kommandos der Abwehr sofort »die Parole ausgegeben: Festhalten an Grund und Boden in der ČSR«.[48] Und das war keine Einzelaktion der Abwehr II gewesen, sondern das entsprach ganz der Auffassung des Admirals Canaris.

Er ließ denn auch am 6. Oktober die Abteilung Ausland in einem Schreiben an das Auswärtige Amt erläutern, warum alles unternommen werden müsse, eine unabhängige ČSR zu erhalten. Man solle, hieß es darin, Sorge dafür tragen, »daß der ›tschechische und slowakische‹ Reststaat sich in Zukunft erheblich an Deutschland anlehnen muß und wird. Die Voraussetzungen hierfür sind zur Zeit insofern besonders gegeben, als sich in der Tschechoslowakei eine starke Stimmung gegen England und Frankreich, von denen man sich verraten fühlt, geltend macht«. Eine Auflösung des Staates aber, etwa durch die Förderung des slowakischen Autonomismus, könne dazu führen, »daß an Deutschlands Ostgrenzen ein geschlossener Block der

Nachfolgestaaten mit Verbindung nach Südosteuropa entsteht«, und das wäre untragbar. Konsequenz: »Es liegt demzufolge im militärischen Interesse, wenn die Slowakei sich nicht vom tschechoslowakischen Verband abtrennt, sondern mit der Tschechei unter starkem deutschen Einfluß bleibt.«[49]

Eben dies aber, die Zerstörung der ČSR, plante nun Hitler. Ende Januar 1939 rief er einige SS-Führer seines besonderen Vertrauens zu sich in die Reichskanzlei, darunter den SS-Gruppenführer Wilhelm Keppler, Staatssekretär z. b. V. im Auswärtigen Amt, und Heydrich. Der SD sollte Verbindung zu separationswilligen Politikern der Slowakei aufnehmen und sie zu einer Trennung ihres Landes von der ČSR bewegen; bis spätestens Mitte März mußte die Aktion spruchreif sein.[50] Beim Abschied schärfte Hitler seinen Besuchern ein, der Auftrag »dürfe vorerst keiner anderen Dienststelle, sei es des Auswärtigen Amtes, sei es der Wehrmacht oder Partei, bekannt werden«, wie sich ein Teilnehmer merkte.[51]

Die Zusammenkunft in der Reichskanzlei sollte für Canaris' Stellung im Machtgefüge des Dritten Reiches von unheilvoller Bedeutung werden: Zum erstenmal beauftragte Hitler nicht den Abwehrchef, sondern dessen schärfsten Konkurrenten mit der konspirativen Vorbereitung eines außenpolitischen Coups. Der »Spezialist des Reiches fürs Feuerlegen«, wie der Admiral Alberto Lais, Chef des geheimen Nachrichtendienstes der italienischen Marine, seinen Kollegen Canaris nannte, genoß nicht mehr das volle Vertrauen Hitlers – seine Bedenken in der Sudetenkrise waren unvergessen.[52]

Desto eifriger machte sich der SD an die Arbeit, die Befehle des Führers zu vollstrecken. Keppler und ein Kommando von SD-Männern fuhren nach Preßburg und kontaktierten dort slowakische Politiker, die nicht abgeneigt schienen, ihr Land vom Prager Staat abzuspalten und es unter deutschen »Schutz« zu stellen.[53] Keppler bewog Ministerpräsident Tiso, eine von der Prager Zentralregierung einberufene Konferenz zur Lösung aller zwischen Tschechen und Slowaken strittigen Fragen zu boykottieren und die slowakische Unabhängigkeit vorzubereiten.[54]

Noch ahnte Canaris nicht, daß die Konkurrenz in der Slowakei niederriß, was die Abwehr in der Karpato-Ukraine aufbaute, da ging der SD bereits zum offenen Kampf über. SD-Saboteure unter Leitung des SS-Sturmbannführers Alfred Naujocks inszenierten Anfang März in der Slowakei Sprengstoffanschläge, die so aussahen, als seien sie von slowakischen Nationalisten verübt worden.[55] Der Bombenlärm in der Slowakei und sicherlich auch Nachrichten über die Preßburger Geheimgespräche provozierten den ČSR-Präsidenten Emil Hácha zu einer unüberlegten Aktion: In der Nacht vom 9. zum 10. März setzte er die slowakische Landesregierung ab.[56] Jetzt hatte Hitler die ČSR-Krise, die er sich wünschte.

Plötzlich mochten jedoch die Slowaken nicht mehr mitspielen. Der von Prag eingesetzte neue Ministerpräsident Karel Sidor stellte sich gegen die deutschen Pläne, selbst der abgehalfterte Tiso zögerte.[57] Am 11. März fuhr Keppler noch einmal zu Tiso und bestürmte ihn, endlich die Unabhängigkeit auszurufen und Deutschland um Hilfe zu bitten. Erst als Keppler drohte, andernfalls laufe zumindest die östliche Slowakei Gefahr, von den Ungarn besetzt zu werden, gab Tiso nach.[58] Kaum hatte der Slowake in der Nacht vom

12. zum 13. März sein Jawort gegeben, da stand auch schon ein Flugzeug des SD bereit, ihn zu Hitler zu bringen.[59]

Auch Hitler drohte Tiso am Abend des 13. März mit einer Invasion Ungarns, doch eines solchen Druckmittels bedurfte es bei Tiso nicht mehr. Ein paar Stunden später war er schon wieder auf dem Weg, um mit einer von Ribbentrop entworfenen Unabhängigkeitserklärung die noch zögernden Politiker in Preßburg umzustimmen, was ihm am nächsten Vormittag auch gelang.[60] Inzwischen lief die deutsche Militärmaschine an, spätestens am frühen Morgen des 15. März sollte die Wehrmacht in Böhmen und Mähren einrücken. Erst jetzt erfuhr auch Canaris, was hinter seinem Rücken geschehen war.

Es war für Canaris nicht ohne bittere Ironie, daß nun die einst von der Abwehr zurückbeorderten Deutschen in der ČSR dazu herhalten mußten, Hitlers Gewaltstreich den gewohnten Vorwand zu liefern. »Deutsches Blut fließt wieder in Brünn« schrien am 12. März die vom Propagandaministerium in Auftrag gegebenen Schlagzeilen der Presse, die in blutrünstigen Berichten angebliche Verfolgungen der deutschen Minderheit durch die ČSR-Behörden ausmalte.[61] Im Auswärtigen Amt wurde auch schon das Rundtelegramm des Staatssekretärs redigiert, das als Grund für die Intervention nannte, die Reichsregierung habe »im Bewußtsein ihrer Verantwortung für die Sicherung des Friedens in Mitteleuropa« und zwecks Beseitigung von »unerträglichen chaotischen Zuständen an seiner [Deutschlands] Ostgrenze sich gezwungen gesehen, die erforderlichen Maßnahmen einzuleiten«.[62]

Am 13. März versuchten die Tschechen noch einmal, die drohende deutsche Invasion zu verhindern – durch einen Appell an Hitler. Hácha bat den deutschen Geschäftsträger in Prag zu sich, doch der hatte Anweisung, sich nicht mehr sprechen zu lassen.[63] So mußte der kranke Präsident am 14. März anbieten, persönlich nach Berlin zu kommen. Er erschien am späten Abend und wurde von Hitler mit einer noch nie dagewesenen Brutalität zur Kapitulation und zur Unterschrift unter ein Dokument gezwungen, das verhieß, Hácha habe »das Schicksal des tschechischen Volkes und seines Landes vertrauensvoll in die Hände des Führers des Deutschen Reiches« gelegt.[64]

Canaris aber saß seit Stunden in seinem Büro und verfolgte, wie sich Hitlers Gewaltaktion Zug um Zug entwickelte. Wieder einmal lief scheinbar alles ohne jeden Widerstand ab, wie die in der Nacht vom 13. zum 14. März einlaufenden Meldungen der Abwehrstellen offenbarten: keine tschechischen Truppenbewegungen an der deutschen Grenze, bei den drei Armeekorps in Nordungarn Einberufung von Reservisten, in Frankreich und England »keine wesentlichen militärischen Maßnahmen«.[65]

Nur das Schicksal der Karpato-Ukraine blieb ungewiß. Eine Meldung aus Chust, der Hauptstadt der Karpato-Ukraine, erreichte Canaris am frühen Morgen: Woloschyn hatte, das Ende der Tschechoslowakei witternd, die Flucht nach vorn angetreten und die Unabhängigkeit des Landes erklärt – noch vor den Slowaken. Ihm war es dabei so eilig gewesen, daß er noch um 1 Uhr 30 den deutschen Konsul Hofmann wecken und bitten ließ, die Unabhängigkeitserklärung sofort nach Berlin zu kabeln.[66] Um 6 Uhr 15 lag die

Woloschyn-Depesche im Auswärtigen Amt vor. Kurz darauf las Canaris: »Dem Minister des Äußern Berlin, Deutschland. Im Namen der Regierung der Karpato-Ukraine bitte ich zur Kenntnis zu nehmen die Erklärung unserer Selbständigkeit unter dem Schutz des Deutschen Reiches. Premierminister Dr. Woloschyn in Chust.«[67]

Wenige Minuten später trafen in der Abwehrzentrale neue Meldungen ein: Die polnische Armee marschierte an der Grenze der Karpato-Ukraine auf. »Bei den polnischen Truppenbewegungen«, notierte sich Legationsrat von Heyden-Rynsch, der Verbindungsmann des AA zur Amtsgruppe, am Morgen des 14. März als Abwehrerkenntnis, »macht sich immer stärker eine Bewegung in Richtung Südosten, d.h. Aufmarschraum vor der Karpato-Ukraine bemerkbar. Während in den Olsa-Raum nur wenig Truppen nachgeschoben werden, mehren sich die Transporte von Norden und Westen an die karpato-ukrainische Grenze«.[68]

Kaum aber waren diese Nachrichten in das Lagebild der Abwehr eingeordnet worden, da meldete sich der eigentliche Bewerber um den Besitz der Karpato-Ukraine. Am Morgen des 14. März rief Oberst Rudolf Andorka, der Chef des militärischen Geheimdienstes Ungarns, bei Canaris an und hielt ihm unwirsch vor, er habe den alten Bundesgenossen Deutschlands nicht rechtzeitig informiert; der Generalstab der Honved wisse nicht, was die Deutschen eigentlich vorhätten – er bitte um genaueste Instruktion. Canaris rief Major Pruck, weihte ihn ein und ließ für ihn eine Maschine der Sonderstaffel Rowehl, einer der Abwehr zur Verfügung stehenden Luftwaffeneinheit, nach Budapest fertigmachen.[69]

Um 10 Uhr flog der Major ab, drei Stunden später landete er in Budapest, dort im Hotel »Carlton« am Donaukai schon von Offizieren des ungarischen Geheimdienstes dringend erwartet. »Ich unterrichtete Oberst Andorka«, erzählt Pruck, »über den [bevorstehenden] Einmarsch und die offizielle Begründung dafür, die freilich nicht ernst genommen wurde.« Canaris' Sendbote merkte, daß die Ungarn in der Tat völlig ahnungslos waren. Denn Andorka hatte Weisung seiner Regierung, die ungarischen Forderungen in aller Form anzumelden: Besitz der Karpato-Ukraine *und* der Slowakei.[70]

Jedes Wort des Ungarn verriet zugleich, daß auch er Opfer des Canaris-Mythos geworden war, der in so manchen Geheimdienstzentralen des Auslands grassierte. Pruck berichtet: »Der eigentliche Grund, weshalb den Ungarn an der Aussprache gelegen hatte, war aber, ihren politischen Anspruch . . . frühzeitig anzumelden, da sie annahmen, daß Admiral Canaris großen politischen Einfluß auf Hitler habe.«[71] Als er sich um 17 Uhr bei Canaris zurückmeldete, erkannte der Major, daß auch sein Chef im dunkeln tappte. Canaris mußte sich erst im Auswärtigen Amt und in der Reichskanzlei erkundigen, um selber zu wissen, was Hitler mit Ungarn und Ukrainern beabsichtigte.[72]

Da enthüllte sich Canaris die ganze Gewissen- und Bodenlosigkeit des Diktators. Hitler ließ mit einem Achselzucken die Karpato-Ukraine fallen und gab den ungarischen Truppen den Weg ins Land frei.[73] Die inzwischen unabhängig gewordene Slowakei verwehrte er zwar Budapest, aber die Karpato-Ukraine lieferte er dem Rachedurst des magyarischen Nationalismus aus. Verzweifelt warf Woloschyn das armselige Häuflein der Sitsch-Trupps den ungarischen Invasoren entgegen, doch in wenigen Stunden hatten die Honveds dem ukrainischen Musterländle der Abwehr ein Ende gesetzt.[74]

»All dies«, schrieb Kennan nach Washington, »werden die ukrainischen Nationalisten nicht so bald vergessen. Hinsichtlich der Aufrichtigkeit der deutschen Hilfsangebote wird eine große Enttäuschung die Folge sein, und die ganze ukrainische Bewegung wird bis zu einem gewissen Grade demoralisiert werden.«[75] Auch Canaris war deprimiert. Immer weitere Meldungen liefen ein, die dem Abwehrchef offenbarten, wie rüde und unmenschlich der ungarische Bundesgenosse in der Karpato-Ukraine vorging. Pruck erinnert sich: »Die Ungarn hängten alle Freiheitskämpfer auf, angeblich 3000.«[76]

Doch Canaris blieb gar keine Zeit, über so kriminelle Realpolitik nachzudenken. Schon rollten am 15. März die Verbände der Wehrmacht über die Grenzen der ČSR, immer neuen und entfernteren Horizonten entgegen. Triumphierend fuhr Hitler seinen Soldaten hinterher und verkündete auf der Prager Burg das Ende des tschechischen Staates; ein »Reichsprotektorat Böhmen und Mähren« sollte fortan die Tschechen im Griff halten. Hitler ließ sich seinen Pressechef Dietrich kommen: »Haben Sie Nachrichten über militärische Bewegungen in Frankreich, der Sowjetunion oder über eine Mobilmachung der englischen Flotte?« Dietrich verneinte. Hitler rief: »Ich habe es gewußt! In 14 Tagen spricht kein Mensch mehr darüber.«[77]

Nichts schien den besessenen Diktator mehr aufhalten zu können, keine Grenze, keine Mäßigung, keine Ratio mochte Hitler noch anerkennen. Nach der Kapitulation Háchas war Hitler aufgeregt zu seinen Sekretärinnen mit dem Ruf gestürzt, sie könnten ihn küssen: »Kinder, das ist der größte Tag meines Lebens. Ich werde als der größte Deutsche in die Geschichte eingehen.«[78] Der Führer war zeitweilig kaum noch ansprechbar, er agierte, als werde er von einem unheimlichen Fieber vorwärtsgepeitscht, von einer hektischen Unrast, einem »neurasthenischen Bewegungsdrang«, wie sein Biograph Fest konstatiert.

Und schon kletterte Hitler eine Woche später in Swinemünde an Bord des Panzerschiffs »Deutschland«, eine neue Krise ansteuernd. Diesmal ging es um die Rückforderung Memels, einer deutschen Hafenstadt im Norden Ostpreußens, die Litauen nach dem Ersten Weltkrieg besetzt und sich einverleibt hatte.[79] Ohne die Verhandlungen Ribbentrops mit den Vertretern Litauens in Berlin abzuwarten, ließ Hitler die »Deutschland« Kurs auf Memel nehmen und bereitete sich fieberhaft auf den Einzug in die Stadt vor – selbst auf die Gefahr, dort mit Geschützfeuer statt mit Blumen empfangen zu werden. Nur das rasche Zurückweichen der litauischen Unterhändler verhinderte eine Katastrophe, und wieder einmal konnte Deutschlands Führer unter dem frenetischen Jubel der Massen durch eine »befreite« Stadt ziehen.[80]

Dann aber war der Augenblick da, dem all die außenpolitischen Intrigen und Winkelzüge der letzten Wochen, ja im Grunde die ganzen diplomatischen Vorarbeiten der zurückliegenden Jahre gegolten hatten: Polen sollte endlich Flagge zeigen. »Nun schlägt die Stunde des ›Lebensraums‹«, hatte schon Wochen zuvor der französische Botschafter Coulondre geschrieben[81], und in der Tat sollte jetzt nach Hitlers Willen der Kampf zur Eroberung deutschen »Lebensraums« im sowjetischen Osten in eine entscheidende

Phase treten. Nur eine Voraussetzung fehlte noch, eine Vorbedingung – die Sicherung von Polens Partnerschaft, Wehrkraft und Aufmarschraum.

Am 21. März schickte Hitler seinen Außenminister vor, dem polnischen Botschafter Lipski noch einmal das deutsche Angebot zu wiederholen, es sogar noch zu erhöhen: Garantie des gesamten polnischen Territoriums durch das Reich, Verlängerung des deutsch-polnischen Nichtangriffspaktes um 25 Jahre, Aufnahme Polens in den Kreis der Antikominternmächte, deutsch-polnische Herrschaft über die zu erobernde Sowjetukraine, gleichberechtigte Beteiligung Polens bei der Kontrolle der scheinunabhängigen Slowakei. Als Gegenleistung verlangte Ribbentrop erneut, Polen müsse dem Bau eines exterritorialen Verkehrsweges durch Pommerellen, sozusagen eines Korridors im Korridor, zustimmen und außerdem konzedieren, daß die Freie Stadt Danzig – vom Völkerbund beaufsichtigt, von der NSDAP aber bereits regiert – zum Reich zurückkehrte.[82] Die deutsche Offerte faszinierte Lipski derartig, daß er sofort nach Warschau aufbrach, sie seinem Außenminister zu überbringen und zu empfehlen.

Doch Hitlers Unglück wollte, daß ihm in dem Obersten Beck eine kongeniale Spielernatur gegenüberstand, ein von Ehrgeiz und Träumen nationaler Grandeur getriebener Politiker, der nicht weniger verschlagen war als der deutsche Diktator. Geschickt, klug, beweglich, auf die Utopie einer Führungsrolle Polens im Zwischeneuropa am östlichen Rande des Kontinents fixiert, trieb Beck eine Schaukelpolitik zwischen den beiden feindlichen Giganten Deutschland und Rußland – blindlings davon überzeugt, daß nichts und niemand diese beiden Mächte je zusammenbringen könne. Sie mußten beide (so etwa Becks Überlegung) im Schwebezustand gehalten werden, um Polen die für seine Existenz tödliche Wahl zu ersparen: sich entweder mit den Deutschen oder mit den Sowjets zu liieren.

Das bedingte, daß sich Polen an keiner Mächtekoalition beteiligte, in der die Deutschen oder die Russen den entscheidenden Einfluß besaßen. Das hatte Beck just eben, kurz nach dem Schock des deutschen Marsches nach Prag, veranlaßt, den Vorschlag des britischen Außenministers Lord Halifax zurückzuweisen, die beiden Westmächte, Polen und die Sowjetunion sollten einen Pakt gegen den deutschen Unruhestifter abschließen.[83] Mit dem Todfeind im Osten würde Józef Beck niemals ein Arrangement treffen, aber auch nicht mit den Deutschen in umgekehrter Richtung – gegen die Sowjetunion. Und das hieß praktisch: Beck durfte die Forderungen Hitlers nicht erfüllen, die Probleme Danzig und Korridor mußten ungelöst, gleichsam als Felsbrokken liegen bleiben, häßlich, schwer und unbewegbar genug, Deutschland und Polen nicht zueinanderkommen zu lassen.[84]

Als Beck am 22. März Ribbentrops Vorschläge las, mußte er befürchten, daß sich die Deutschen nicht mehr lange hinhalten lassen würden. Mit jedem Tag wuchs die Bedrohung Polens durch das übermächtige Deutschland. Man mußte, so kalkulierte Beck, eine nichtsowjetische Großmacht dazu gewinnen, die Sicherheit Polens zu garantieren. Als Garantiemacht kam nur Großbritannien in Frage, doch die Briten hatten eine traditionelle Abneigung gegen die Ausstellung außenpolitischer Blankoschecks, ganz zu schweigen davon, daß die bizarre Konstruktion der Freien Stadt Danzig auf der Insel nie populär gewesen war.

Gleichwohl hoffte Beck zuversichtlich, London für eine Polen-Garantie gewinnen zu können. In England hatte der Prager Einmarsch einen Schock hinterlassen, der eben nicht – wie Hitler gewähnt hatte – nach 14 Tagen vergessen war. Der 15. März 1939 war vielmehr für Englands Öffentlichkeit zu einem Wendepunkt geworden, zu einem Todestag der Appeasement-Politik, der ungeahnte Kräfte des Widerstandes gegen die deutsche Expansion entfesselte. Selbst Chamberlain mußte sich solchen Sentiments anpassen: England war in einer Stimmung, in der es dem wort- und vertragsbrüchigen Hitler alles zutraute. Da schien es auch nicht mehr ausgeschlossen, daß die britische Regierung diplomatisch aktiv werden würde, wenn sich Hitler an einem neuen Land vergriff – zum Beispiel: an Polen.

Problematisch blieb nur für Beck, daß Hitler gar keine Miene machte, seine Truppen gegen Polen marschieren zu lassen. Hitler hatte Polen ein Bündnis angetragen, nicht von ihm eine Kapitulation verlangt; bis zum Spätsommer erwartete er eine definitive Antwort Warschaus. Das war Becks Dilemma: Die deutsche Pression blieb aus, die allein England zur Aktion treiben konnte. Da Hitler keine Krise machte, inszenierte sie Beck selber.

Als gelte es, einem drohenden deutschen Einmarsch in Polen zuvorzukommen, verfügte die Warschauer Regierung am 23. März eine Teilmobilmachung der polnischen Streitkräfte. Die gedienten Reservisten der Jahrgänge 1911 bis 1914 wurden zu den Fahnen gerufen, alle Reserveoffiziere des technischen Dienstes zu ihren Einheiten kommandiert. Einen Teil der neuen Verbände ließ der polnische Generalstab an die Grenzen zu Ostpreußen und Hinterpommern verlegen, den Führern der Armeen wurden die sie betreffenden Teile des Operationsplans »West« zugestellt.[85]

Verblüfft beobachteten die Horchposten der Abwehr den Waffenlärm in Polen, vergebens versuchte Canaris, sich aus den Meldungen seiner polnischen S-Agenten ein Bild zu machen. Plante Polen einen Präventivkrieg gegen das Reich? Der Gedanke war absurd, und doch mußte der Admiral berücksichtigen, daß in Polen eine Teilmobilmachung der letzte Schritt vor einer Kriegserklärung war. Immerhin wurden jetzt 334000 Mann zusätzlich eingezogen, schnellte die polnische Armee auf das Doppelte ihrer Friedensstärke empor.[86] In diesem rückschrittlichen Land war eine Mobilmachung mit so vielen wirtschaftlichen Risiken verbunden, daß die Abwehr von der berechtigten Annahme ausging, eine Generalmobilmachung der Armee bedeute automatisch den Entschluß zum Krieg.

Krieg – konnte Polen allen Ernstes den Krieg mit Deutschland wollen? Canaris konnte es sich nicht vorstellen, sosehr auch die Abwehrmeldungen von der regierungsamtlich geförderten Erregung in Polen mit Massenkundgebungen und antideutschen Parolen (»Nieder mit Hitler!«, »Wir wollen Danzig!«) berichteten.[87] Er konnte auch nicht ignorieren, daß der polnische Geheimdienst auf Kriegsplanung umgestellt worden war. Anfang des Jahres hatte die Sektion für Kriegsspionage und Kriegsdiversionsplanung in der Abteilung II ihre Arbeit aufgenommen, kurz darauf war die Aktivierung des polnischen Kriegsspionagenetzes in Deutschland angeordnet worden.[88]

Wie sehr aber auch Canaris jeder einzelnen Meldung nachgehen ließ – auf den richtigen Schluß kam er nicht: daß alles nur ein diplomatisches Manöver Becks war. So entging der Abwehr auch, daß Beck in europäischen Hauptstädten das (unzutreffende) Gerücht ausstreuen ließ, deutsche Truppenverbände marschierten auf die polnische Grenze zu.[89] Ein aus Deutschland ausgewiesener Korrespondent des britischen »News Chronicle« assistierte dabei noch unfreiwillig; er hatte gehört, antinazistische Generale der Wehrmacht wüßten von dem deutschen Aufmarsch und wollten England warnen.[90]

Am 29. März alarmierte der Journalist das Foreign Office und löste dort eine Panik aus. Polen schien in äußerster Gefahr, jetzt galt es rasch zu handeln.[91] Am 30. März entwarf Premierminister Chamberlain handschriftlich eine Erklärung zum Schutz Polens: »Für den Fall irgendeiner Aktion, die klarerweise die polnische Unabhängigkeit bedroht und von der polnischen Regierung daher für so lebenswichtig angesehen wird, daß sie ihr mit ihren nationalen Streitkräften Widerstand leistet, würde Seiner Majestät Regierung sich verpflichtet fühlen, der polnischen Regierung alle in ihrer Macht stehende Hilfe sofort zu gewähren.«[92] Am Nachmittag holte Chamberlain das Einverständnis Becks ein, am nächsten Tag verlas er den Text im Unterhaus unter dem Jubel der Abgeordneten. Frankreich schloß sich der Erklärung an.[93]

Oberst Beck hatte erreicht, was er bezweckte, ja mehr noch: Die Polen-Garantie der beiden Westmächte befreite ihn von dem Zwang, mit Hitler zu verhandeln. Kein Wort des Garantietextes hielt den polnischen Außenminister dazu an, durch Konzessionen zur Regelung der Danzig-Frage beizutragen, und nirgendwo stand, daß Polen durch sein Verhalten die Bildung einer Koalition zwischen den Westmächten und der Sowjetunion erleichtern müsse, der einzigen Koalition, die Hitlers martialischen Kurs stoppen konnte.

Zu spät merkten die Briten, daß sie auf einen gefährlichen Weg gelockt worden waren. Unfähig, auf Polen und Deutsche mäßigend einzuwirken, sahen sich die britischen Staatsmänner immer mehr zu dem gedrängt, was Canaris' Auslandsabteilung in einer Expertise als den »Versuch Großbritanniens« deutete, »unter seiner Führung den Weltwiderstand gegen Deutschland zu organisieren«.[94] Das aber mußte die wütende Reaktion des nicht mehr durchwegs rational agierenden Hitler auslösen – und sie tat es.

Ein Zufall fügte es, daß Canaris gerade einen seiner selten gewordenen Vorträge bei Hitler hielt, als die ersten Nachrichten über die britische Polen-Garantie in der Reichskanzlei eintrafen. Der Führer erstarrte, dann machte sich sein Zorn in wüsten Beschimpfungen fremder Staatsmänner Luft. Mit hochrotem Kopf lief er in seinem Arbeitszimmer auf und ab, des Admirals kaum noch gewärtig, und hämmerte mit den Fäusten auf einen Marmortisch. Dann rief er: »Denen werde ich einen Teufelstrank brauen!«[95]

So unbeherrscht hatte Canaris den Führer noch nie erlebt. Das war nicht mehr der Mann, der inmitten aller Krisen kaltblütig zu kalkulieren wußte, ja dessen Stärke gerade darin bestanden hatte, die ihn oft überraschenden Überrumpelungsversuche seiner Gegenspieler zum eigenen Nutzen umzufunktionieren. Als Canaris wieder am Tirpitz-Ufer war, begegnete ihm Oster. Der Admiral zog ihn in sein Büro und lispelte: »Ich habe gerade einen Verrückten gesehen. Ich kann's noch gar nicht fassen. Er ist verrückt, verrückt. Verstehst du? Verrückt.«[96]

Einen Tag später sah er Hitler wieder, noch voller Zorn über Briten und Polen – bei einer Rede zum Stapellauf des neuen Schlachtschiffs »Tirpitz« in Canaris' alter Marinestadt Wilhelmshaven. Wütend reihte Hitler Polen in die Reihe der »Trabantenstaaten, deren einzige Aufgabe es ist, gegen Deutschland angesetzt zu werden«, und drohte, Warschau möge sich hüten: »Wer sich schon bereit erklärt, für diese Großmächte die Kastanien aus dem Feuer zu holen, muß gewärtig sein, daß er sich dabei die Finger verbrennt!«[97)]

Und ein paar Tage später lag auf Canaris' Schreibtisch ein Papier, das ihm nun in aller Deutlichkeit enthüllte, welchen Teufelstrank Hitler seinen Gegnern zubereitete. Es war die Kopie einer Weisung des Führers an die Wehrmacht vom 3. April, die eine beklemmende Ankündigung enthielt: Krieg gegen Polen. »Die gegenwärtige Haltung Polens erfordert es«, hatte Hitler diktiert, »die militärischen Vorbereitungen zu treffen, um nötigenfalls jede Bedrohung von dieser Seite für alle Zukunft auszuschließen.« Becks Spiel mit Mobilmachungen und Truppenaufmärschen zeitigte jetzt böse Folgen, denn Hitler verfügte, im Falle einer Nichteinigung mit Warschau sei es Ziel von »Fall Weiß« (so der Deckname der Operation), »die polnische Wehrkraft zu zerschlagen und eine den Bedürfnissen der Landesverteidigung entsprechende Lage im Osten zu schaffen«. Zum erstenmal tauchte ein unheilvolles Datum auf: Die generalstabsmäßige Bearbeitung der Operation, hieß es, habe »so zu erfolgen, daß die Durchführung ab 1. 9. 1939 jederzeit möglich ist«.[98)]

Die in der Abwehrzentrale einlaufenden Meldungen ließen keinen Zweifel daran, daß sich der Horizont der internationalen Politik Tag um Tag mehr verdüsterte. Am 6. April unterzeichneten Großbritannien und Polen einen zeitlich begrenzten Beistandspakt, der demnächst in einen Dauervertrag umgewandelt werden sollte, am 7. April ließ Mussolini italienische Truppen das kleine Albanien überfallen, am 13. April garantierten England und Frankreich die Unabhängigkeit Griechenlands und Rumäniens, am 17. April begannen Verhandlungen zwischen den Westmächten und der Sowjetunion über einen gemeinsamen Pakt.[99)] Die Fronten des Zweiten Weltkriegs begannen sich zu formieren.

Noch waren jedoch die letzten Brücken zwischen den Blöcken nicht abgebrochen, da verschärfte der Diktator erneut die Lage. Am 28. April kletterte Hitler auf die Rednertribüne des Reichstags und rechnete in einer raffiniert aus Spott, Polemik und Prophetie gemischten Ansprache, nach dem Zeugnis eines amerikanischen Zuhörers »wahrscheinlich die brillanteste, die er je gehalten hat«, mit der britischen »Einkreisungspolitik« ab.[100)] Er kündigte den deutsch-britischen Flottenvertrag von 1935, aber auch den deutsch-polnischen Nichtangriffspakt von 1934. Begründung: Warschau habe ein Abkommen mit Großbritannien getroffen, das »Polen unter Umständen zwingen würde, . . . gegen Deutschland militärische Stellung zu nehmen«; das bedeute eine Verletzung des deutsch-polnischen Paktes, den er deshalb als »nicht mehr bestehend« ansehe.[101)]

Canaris wußte nur zu gut: Hitler hatte das Reich auf einen Kollisionskurs gesetzt, der einen Krieg zur Folge haben konnte. Krieg aber, das blieb Canaris' unwandelbare Überzeugung, war das letzte, was sich Deutschland leisten konnte; der erste Schuß eines Krieges, so seine stehende Redensart, bedeute bereits »das Ende Deutschlands«. Seit der beklemmenden Szene in der Reichskanzlei fühlte er zutiefst, daß es seine urpersönliche Mission sei, diesen Krieg zu verhindern, der alles vernichten konnte, was man Deutschland hieß.

Es gab freilich noch Chancen, die Fahrt in die Katastrophe rechtzeitig zu stoppen. Selbst Hitler war noch nicht zum Krieg entschlossen; und wenn er losschlagen wollte, so nur unter der Bedingung, daß die Westmächte den Polen nicht zu Hilfe kamen. So etwa stand es noch in der Hitler-Weisung des 3. April. Durch Weizsäcker wußte Canaris, der Führer sei »der Meinung, die Westmächte würden Polen nicht fallenlassen, wir könnten daher nicht zufassen«.[102] Es kam also, folgerte der Abwehrchef, entscheidend darauf an, Schlagkraft und Willensstärke Großbritanniens gebührend herauszustreichen, ja das Land Neville Chamberlains vielleicht sogar auf dem Papier aggressiver erscheinen zu lassen, als es in Wirklichkeit war.

Canaris-Biographen glaubten später gerne, daß ihr Held ein Bewunderer Englands gewesen sei. Die Wahrheit sah anders aus. Sein England-Bild verriet noch deutliche Spuren aus der Gott-strafe-England-Zeit des Großadmirals von Tirpitz, allzuoft hatten Briten als Gegner den Lebensweg des Wilhelm Canaris gekreuzt: Die vermeintliche Schande des »Dresden«-Unterganges war unvergessen, die Rolle Englands beim Ende der Kaiserlichen Flotte, die britische Abwehr der geheimen deutschen Marinerüstung in den zwanziger Jahren noch überaus lebendig. Auch auf dem geheimdienstlichen Gebiet sah Canaris wenig Anlaß, Briten zu bewundern.

Den weltweiten Respekt für Englands Secret Intelligence Service (SIS) teilte er nicht; politisch sei der SIS, so sein Urteil, gut in Form, militärisch aber tauge er nichts, und für den Soldaten Canaris zählten allein die militärischen Fähigkeiten eines Geheimdienstes. Zu seinem Intimus Piekenbrock meinte er, der militärische Nachrichtendienst Englands sei »wesentlich schlechter als der Frankreichs, Rußlands, Japans, Italiens oder Polens«, seine Mitarbeiter seien »Dilettanten«.[103]

Sein Urteil wurde von den Ergebnissen einer Operation der Abwehr beeinflußt, deren Gegenspionage es im Herbst 1937 gelungen war, in die »Organisation Z« einzudringen, wie sich das gegen Deutschland gesponnene Netz des SIS nannte. Der Canaris-Freund Protze, inzwischen formal aus Abwehr und III F ausgeschieden, hatte sich mit seinen Doppelagenten immer weiter in die in Holland sitzende Zentrale von Z vorgearbeitet – begünstigt durch eine selbst für Geheimdienste ungewohnte Korruption in deren Reihen.[104] Seither riet Canaris Gesprächspartnern ab, sich mit dem »Secret Service« einzulassen. Canaris zu dem NS-Gegner Fabian von Schlabrendorff: »Der Secret Service würde es Ihnen übel lohnen. Glauben Sie mir, die zahlen nicht sonderlich gut, und wenn sie auch nur den leisesten Verdacht schöpfen, werden sie nicht zögern, Sie an mich oder an meine Kollegen vom SD zu verraten.«[105]

Dennoch schätzte Canaris britische Zähigkeit und Schlagkraft, und niemals sehnte er sie sich dringender herbei als im Frühjahr 1939, da es galt, Hitler vom Kriegskurs abzulenken. Schon ging die braune Propagandamär um, das unter Juden und Plutokraten angeblich verweichlichte Großbritannien sei nicht Manns genug, dem neuen Deutschland entgegenzutreten. Am 16. April notierte sich Weizsäcker, sein Chef Ribbentrop erkläre »die gegenwärtige sogenannte englische Einkreisungsaktion für hohle Propaganda«: »Kein englischer Soldat würde unter die Waffen treten, wenn wir jetzt militärisch Polen vernichteten, so ist seine Ansicht.«[106]

Canaris aber steuerte dagegen. Die von seiner Amtsgruppe für die militärische Führung herausgegebene »Übersicht über außenpolitische Vorgänge in Europa« schilderte die Lage Deutschlands in realistischen Farben und mahnte, den britischen Widerstand gegen das Dritte Reich auf keinen Fall zu unterschätzen. Ein »radikaler Umschwung in der britischen Außenpolitik« habe die Lage verändert, hieß es da, und London mache den ernsthaften Versuch, »durch eine entsprechende politische Konstellation aller deutschfeindlichen Kräfte« das Reich zu isolieren.[107]

»Die Stimmung in der Bevölkerung [aller Balkanstaaten] wendet sich mehr und mehr gegen Deutschland bzw. den Nationalsozialismus«, konstatierte die »Übersicht« am 27. April. Es dürfe »nicht verkannt werden, daß die Sorge, die politische Selbständigkeit und Freiheit zu verlieren, ganz besonders bei den linksgerichteten Parteien zu Kundgebungen offener Feindseligkeit gegen die beiden Achsenmächte geführt hat«. Sogar vorsichtige Kritik an Hitlers hektischem Kurs wagte sich in den Zeilen der »Übersicht« hervor, etwa so: »Die Rückgabe des Memellandes an Deutschland ist nicht dazu angetan, zu einer Beruhigung der politischen Atmosphäre ... beizutragen.«[108]

Dem OKW-Chef Keitel trug Canaris wiederholt vor, daß »England mit allen Mitteln gegen uns kämpfen würde, wenn wir gewaltsam gegen Polen vorgehen und es zu Blutvergießen käme«.[109] Der Abwehrchef warnte vor der (angeblich) starken Position Englands auf dem Balkan, wobei ihm freilich manches Fehlurteil unterlief. So riet er Keitel dringend davon ab, auf das traditionell deutschfreundliche Bulgarien zu setzen; Bulgarien könne Deutschland nichts nutzen, »da es sofort von Rumänien und der Türkei angegriffen werden würde« – man merkte, daß ihm Kontakt zum rumänischen und türkischen Geheimdienst fehlte.[110]

Einem Besucher aus England erzählte Canaris, er versuche, Keitel und den Führern von Heer und Marine klarzumachen, daß England das Potential habe, selbst noch vorhandene Rüstungslücken zu schließen und die deutsche Kriegsrüstung in kurzer Zeit einzuholen.[111] Admiral Lais bekam ein paar Wochen später von ihm zu hören, England sei schon militärisch präpariert und auf den Krieg gerüstet.[112]

Doch was nutzte es, die im blinden Führerglauben erstarrte Militärführung oder gar Hitler selber durch differenzierte Lageberichte mit den Realitäten draußen in der Welt vertraut zu machen? Kritisches Geheimdienstmaterial war seit der Sudetenkrise nicht mehr gern gesehen, mit Informationen ließen sich die Handlungen oder Überzeugungen des Führers schwerlich beeinflussen, geschweige denn ändern oder lenken. Selbst die unmittelbaren Vorgesetzten brachten nur mühsam die Geduld auf, sich Canaris-Material vortragen zu lassen, das nicht der offiziellen Linie entsprach. Unvergessen war ihm der barbarische Akt der »Kristallnacht«, der gelenkten Ausschreitungen gegen jüdisches Menschentum und Vermögen am 9. November

1938; da hatte Canaris eine Vortragsnotiz für Generaloberst Keitel entworfen, in der er den Vandalismus des Nazipöbels detailliert beschrieb und vor den katastrophalen außenpolitischen Folgen warnte – und war von dem OKW-Chef ärgerlich abgewiesen worden.[113] Canaris lieferte auch seit geraumer Zeit regelmäßig Berichte über Verbrechen der Gestapo – Keitel las sie nur widerwillig.[114]

Ein anderer Mann wäre verzweifelt, hätte längst den Posten aufgegeben, wie ihm Patzig schon 1937 geraten hatte. Was hielt Canaris? Sicherlich das Bewußtsein, eine bedeutende Rolle zu spielen, an einem Schalthebel der Macht zu sitzen, mitzuentscheiden in der hauchdünnen Schicht von Funktionsträgern, die den Kurs von Vaterland und Reich bestimmten. Nichts konnte ihn mehr abschrecken als die Aussicht auf ein tristes Pensionärsleben an der Seite einer gleichgültigen Frau und Kindern, die ihn im Grunde nicht interessierten. Macht faszinierte ihn, ließ ihn bis zu seinem Lebensende nicht aus dem Bann.

Das kann freilich nicht die ganze Antwort sein. Er war so in den Illusionen und Verlockungen des Nationalismus befangen, ihm bedeutete der konservativ-nationale Macht- und Obrigkeitsstaat so viel, daß er nicht ablassen konnte, jenem Staat zu dienen, den er nach der Monarchie immer noch für den denkbar besten der deutschen Geschichte hielt. Ein besonderes Moment, untrennbar mit dieser Gefühlswelt verbunden, kam noch hinzu: Was immer ihn von Hitler jetzt trennen mochte, wie gefährlich ihm auch der Kurs seit Prag erschien – der Nationalist Canaris konnte grundsätzlich nichts dagegen einwenden, daß es gegen Polen ging.

Denn es gehörte zu den wunderlichen Ungereimtheiten der deutschen Lage von 1939, daß fast alle Deutschen – Anhänger und Gegner des Regimes – wie befreit aufgeatmet hatten, als nun Polen die ganze Aggressivität Hitlerscher Politik traf. Das Zusammenspiel des Führers mit der polnischen Militärjunta war innerlich bei den Deutschen nie auf Zustimmung gestoßen; die vom Regime mühsam gehemmten Ressentiments des deutschen Revisionismus gegen Polen waren unbefriedigt geblieben. Desto bereitwilliger stimmten jetzt viele politikfremde Deutsche der antipolnischen Kampagne zu, denn »im Gegensatz zur Frage der Annexion der Resttschechoslowakei [war] eine Revision der deutsch-polnischen Grenzen bei den Soldaten, im Volk und bei den meisten Oppositionellen populär« – so der Historiker Klaus-Jürgen Müller.[115]

Niemand demonstrierte das deutlicher als der leidenschaftliche Nazigegner Groscurth, der nach Hitlers Aufkündigung des Polen-Paktes notierte: »Die große Reichstagsrede des Führers gibt nun die Arbeit gegen Polen frei. Das ist gut und wurde Zeit.«[116] Weizsäcker hatte schon im Februar für den »im Inland populärsten . . . Akt der deutschen Außenpolitik« gehalten, »Polen auf das uns genehme Größenmaß als Puffer gegen Rußland zu reduzieren«.[117] An Krieg dachten dabei freilich die wenigsten, beherrschte sie doch alle der Wunderglaube, Hitler werde es auch diesmal ohne einen Schuß schaffen. – Auch Canaris ließ sich von solchen nationalistischen Instinkten fortreißen, fast automatisch ordnete er sich in die antipolnische Kampagne ein. Ein deprimierender Anblick: Der Mann, der den Krieg verhindern wollte, alarmierte seine Agenten, ihn vorzubereiten.

Anfang Mai rief Canaris die beiden Abteilungsleiter Piekenbrock (Abwehr I) und Lahousen (Abwehr II), um ihnen erste Befehle für die Vorbereitung des Falls Weiß zu erteilen. Vortritt hatten zunächst die aktiven Spione der Abwehr I; Oberst Piekenbrock gab die erhaltenen Orders weiter: Aufklärung der Stärke, Dislozierung und Operationsabsichten der polnischen Streitkräfte. Das S-Netz in Polen wurde alarmiert, zugleich verlegte Oberst Günther Rowehl seine Sonderstaffel mit den Höhenflugzeugen, deutschen Vorläufern der amerikanischen Spionagemaschinen U-2, in den Raum Budapest, von wo aus sofort begonnen wurde, den noch unbekannten Grenzraum Polen-Slowakei-Mähren aufzuklären.[118] Auch Piekenbrocks Agenten schafften Material über polnische Truppen heran.

Regelmäßig ließ sich Canaris von Piekenbrock und Rowehl über den Stand ihrer Arbeit Bericht erstatten, Lahousen war zuweilen auch dabei, wenn Canaris mit der großen Lupe die Aufklärungsfotos studierte. Doch die Erkundungsergebnisse der Abwehr I blieben dünn. »Zuverlässige Nachrichten über poln[ische] Aufmarsch- und Operationsabsichten liegen nicht vor«, registrierte der Erste Generalstabsoffizier des Heeresgruppenkommandos 3 am 14. Juni, und auch Oberstleutnant Kinzel von der Generalstabsabteilung »Fremde Heere Ost« ärgerte sich über die leeren Kolumnen seiner Feindstärketabellen.[119]

Das wurmte Canaris, dem es peinlich war, den ohnehin in Sachen der Abwehr hyperkritischen Feindlageoffizieren des Generalstabs mit leeren Händen gegenübertreten zu müssen. Desto hartnäckiger drängte er Lahousen, mit allen Mitteln die von Abwehr I zurückgelassenen Lücken zu füllen. Auf die Abwehr II wartete eine besondere Aufgabe.

Ihre Einsatzkommandos sollten sich einen Schnitzer zunutze machen, der dem polnischen Generalstab in seinen Aufmarschdispositionen unterlaufen war. Statt die Masse seiner Armeen weit hinten, jenseits der Weichsel und des San, zu sammeln und damit eine hinhaltende Kriegführung zu ermöglichen, hatte er zwei Drittel in den grenznahen Räumen konzentriert. Grund für diese Strategie: Schutz der Hauptindustriegebiete Polens.[120] Das aber verlockte die deutsche Militärführung zu dem Versuch, die polnischen Armeen schon im ersten Ansturm zu vernichten. Daraus wiederum ergab sich eine wichtige Aufgabe für die Abwehr II: die für den deutschen Vormarsch wichtigen Verkehrsanlagen und die Industriegebiete Polens vor der Zerstörung durch den Gegner zu bewahren.

Entscheidend aber schien Canaris und Lahousen, daß die Abwehr II losschlug, noch ehe der erste Schuß des Krieges gefallen war. Die Abwehrmänner, in »Räuberzivil« gekleidet, mußten rechtzeitig nach Polen eingeschleust und am letzten Friedenstag einsatzbereit sein. Schwierig war nur, sofort die Sprenganlagen zu finden, mit denen die Polen wichtige Objekte zerstören wollten. Die Deutschen mußten also schneller sein als ihre polnischen Gegner, und das setzte Kühnheit und Phantasie voraus. Lahousen und seine Offiziere besaßen sie.

Im Vordergrund ihrer Pläne standen zwei strategisch wichtige Verkehrsanlagen in Polen: die Weichsel-Brücke in Dirschau bei Danzig und der Jablunka-Paß in den Beskiden. Über die Dirschauer Brücke lief der gesamte Eisenbahnverkehr von Danzig und Ostpreußen in das Innere Polens, während die Tunnelröhren des Jablunka-Passes mit ihren zwei Geleisen den Bahnverkehr Ostdeutschlands und Südpolens nach dem Balkan kanalisierten. Diese Verkehrskreuze des Ostens galt es in einer Nacht-und-Nebel-Aktion zu besetzen, ihre polnischen Bewacher zu überrumpeln und gefangenzunehmen – mitten im Frieden. Entsprechend phantastisch sahen die Pläne aus, die Lahousens Offiziere ausarbeiteten.

Die Abwehrstelle Königsberg faßte den Plan, »einen Trupp von ca. 30–40 Mann auf eine Schute zu verladen und diese durch einen möglichst leise arbeitenden Schlepper bis ungefähr 3–5 km nördlich Dirschau zu bringen«; in Einzelgruppen sollten sich die Männer in die Nähe der Brücken heranarbeiten, die Polen durch einen Feuerüberfall erschrecken und zugleich »die in Frage kommenden prominenten Persönlichkeiten wie den Batl.-Kdr. [Bataillonskommandeur], den Pi[onier-]Offz. und den Stationsvorsteher in ihren Privatwohnungen ausheben und von diesen rücksichtslos die Angabe erpressen, wo sich die Zündstelle befindet«.[121] Vergleichsweise einfach hingegen las sich der »Auftrag« für das Greifkommando in den Beskiden: »Mit den K[ampf]-O[rganisationen] Jablunka und Sillein ist der Bahnhof von Mosty zu nehmen. Durch Zerstörung des dort befindlichen Zündapparates die Sprengung des Tunnels unter dem Jablunka-Paß zu verhindern. Danach der Tunnel zu besetzen und die Sprengladung herauszunehmen.«[122]

Canaris genehmigte die Einsatzpläne, dann begannen die Trupps, ihre Startplätze zu besetzen. Leutnant Hans-Albrecht Herzner von der Abwehrstelle Breslau erhielt Order, sich aus SA und Grenzpolizei einen Trupp von 24 Mann zusammenzustellen und in der nördlichen Slowakei auf das verabredete Signal zu warten.[123] Später erteilte die Abwehrzentrale ähnliche Weisungen für das Dirschau-Kommando.[124]

Die erste Aktion lief, jetzt kam der zweite Auftrag für Lahousens Organisation: Sabotage weit hinter der feindlichen Front. Jedem einzelnen S-Kommando wies die Ast Breslau seine Aufgaben zu. Die »Gruppe Harlos« erhielt die Weisung, »bei Dembitza die Brücke über die Wisloka zu sprengen«, die »Gruppe Hessler« sollte »den Bahnhof von Tarnow weitgehend zerstören«, die »Gruppe Neumann« erreichte der »Auftrag: Schienensprengungen an der Strecke Krakau–Bochnia«. Ein Spezialauftrag ging an eine weitere Gruppe: »Pätzold und Krüger werden in polnischer Uniform getarnt die Brücke über den Kanal Morzyslawski nordostwärts von Konin durch Sprengung von 3 Knoten unbrauchbar machen.«[125]

Lahousen mühte sich eifrig, jede Gelegenheit zur Stärkung seiner Sabotagegruppen zu nutzen. Am 11. Juni saß er in Hochdorf dem Fürsten Henckel-Donnersmarck gegenüber, der ihm das ganze Forstpersonal seiner polnischen Güter, darunter »30 volksdeutsche Jäger für Spezialaufträge«, anbot, kurz darauf klapperte er die Abwehrstellen im Osten ab, immer auf der Suche nach neuen S-Kommandos.[126] Bald standen 1300 Helfer bereit zum Einsatz in Polen. Sie brauchten Waffen und Sprengmaterial – »Unternehmen Goergey« schaffte sie auf Schleichwegen über Rumänien nach Polen.[127]

Eine dritte Welle von Abwehr-II-Agenten spülte heran: die Männer, die in Polen einen Aufstand entfachen sollten. Wen wollte es wundern, daß wieder der OUN-Oberst Melnyk mit seinen Ukrainern zur Stelle war, erneut auf die deutsche Karte zu setzen? Die Tragödie der Karpato-Ukraine schien vergessen, und wer allzu deutlich wie Ex-Premier Woloschyn daran erinnerte, wurde einfach ausgeschaltet. Notiz der Abwehr II, 13. Juni 1939: »Es wurde gebeten, Woloschyn und Revay, die . . . eine zwecklose politische Tätigkeit entfalten, aus Berlin zu entfernen und sie in irgendeinen Kurort zu schicken mit der Auflage, jede politische Tätigkeit zu unterlassen.«[128]

Die Pläne der OUN-Freunde wurden desto eifriger gefördert: Ein »Ukrainischer Militärstab« sollte eine Legion (geplante Stärke: 1300 Offiziere und 12000 Mann) zum Kampf an der Seite der Wehrmacht aufstellen und zugleich einen Aufstand in Galizien inszenieren. Deckname des ukrainischen Unternehmens: »Berg-Bauern-Hilfe«.[129] »Die Vorbereitungen zur Organisation eines ukrainischen Aufstandes«, schrieb Lahousen, »werden nach den Weisungen der Abw. II durch den II-Bearbeiter der Ast VIII (Breslau) vorgenommen. Hierbei ist enge Zusammenarbeit mit dem ukrainischen Militärstab erforderlich.«[130] Ein »Arbeitsstab Zips« in der Slowakei sollte die ukrainischen Agenten weiterschleusen, die zur Führung des Aufstandes benötigt wurden.[131]

Von Woche zu Woche erweiterte sich das Heer der Agenten und Saboteure, immer zuversichtlicher wurden die Berichte Lahousens an Canaris. »Die Auslösung der geplanten Sabotage-, Schutz- und Kampfaktionen«, meldete Lahousen am 3. Juli, »erfolgt automatisch durch die ersten Kampfhandlungen gegen Polen, deren Vernahme sich in Polen schnell verbreiten dürfte. Von einer Auslösung durch getarnte Anweisungen des deutschen Rundfunks wird bei der großen Anzahl der zu unterrichtenden V-Leute und der hiermit verbundenen Provokations- und Verratsgefahr Abstand genommen.«[132]

Canaris war beeindruckt. Lahousens Erfolgsberichte erregten seine Phantasie, befriedigten die Sehnsucht des Admirals nach dem Außergewöhnlichen. Geheimdienstler mit geschwärzten Gesichtern und fremden Uniformen, Sprengkommandos an vom Gegner bewachten Brücken, Kuriere in der Nacht, Aufstand mitten im Feindgebiet – das war die Welt, die er verstand und liebte. Canaris engagierte sich so lebhaft für die Pläne und Aktionen seiner Amtsgruppe, daß er kaum merkte, wie sehr er zum Schrittmacher des Krieges wurde.

Erst der Besuch eines SS-Standartenführers in seinem Büro brachte ihn wieder zur Besinnung. Ende Juli erschien Heinz Jost, der Chef des Auslandsnachrichtendienstes des SD, und eröffnete Canaris, der Führer habe angeordnet, die Abwehr möge bei der Durchführung eines »Unternehmens des Reichsführers-SS« behilflich sein. Jost detaillierte, was er benötigte: 150 polnische Uniformen, dazugehörige Waffen und Soldbücher, ferner 364 Mann, die auf kurze Zeit zum SD abgestellt werden müßten.[133] Welchem Zweck sie freilich dienen sollten, wollte der SD-Mann nicht sagen; es handle sich um eine »Geheime Reichssache«, er dürfe keine Auskunft geben.

Josts Wünsche regten den Admiral merkwürdig auf, vor allem das Verlangen nach polnischen Uniformen irritierte Canaris. Was war so Aufregendes an ein paar polnischen Uniformen? Canaris tarnte auch seine Agenten völkerrechtswidrig als polnische Soldaten und ließ sie in einem fremden

Land illegale Aktionen unternehmen. Doch instinktiv mag Canaris, der Kriegsgegner, gespürt haben, daß der SD etwas plante, was den Krieg nun vollends unaufhaltsam machte. Er wird damals noch nicht konkret gewußt haben, worum es ging, aber schon ein paar Tage später war er sicher, Reinhard Heydrichs Geheimdienst plane eine Kriegsprovokation.

Später gab jedoch Lahousen an, die Führung der Abwehr habe damals »alles mögliche um diese mysteriöse Beschaffung polnischer Uniformen kombiniert«, nur auf die richtige Lösung sei sie »nicht gekommen«.[134] Das ist sicher in dieser Form unzutreffend. Am 22. Juli vertraute Canaris seinem italienischen Kollegen Lais an, im »Spiel um Danzig« seien Provokationen Hitlers zu befürchten, der die »Parteipolizei mit der gesamten damit zusammenhängenden geheimen Tätigkeit betraut« habe, und noch eine Woche vor Kriegsausbruch legten die Freunde um Oster oder er selber Hitler die apokryphe Bemerkung in den Mund: »Ich lasse ein paar Kompanien in polnischer Uniform in Oberschlesien oder im Protektorat angreifen. Ob die Welt das glaubt, ist mir scheißegal.«[135] Canaris erahnte die Absichten des SD, die Einzelheiten kannte er allerdings nicht.

So blieb ihm auch verborgen, daß der Generalleutnant von Manstein, Generalstabschef der für den Polen-Krieg vorgesehenen Heeresgruppe Süd, unfreiwillig Anstoß zu dem SD-Unternehmen gegeben hatte. Ihm war der Gedanke gekommen, das Heer könne sich am ehesten in den Besitz des oberschlesischen Industriegebiets setzen, wenn es drei Sturmbataillone in polnischen Uniformen überraschend angreifen lasse.[136] Hitler lehnte den Vorschlag ab. Heydrich hörte davon und drehte den Plan um; aus einer fragwürdigen Militäroperation wurde ein Kriegsverbrechen, das erste des Dritten Reiches.

Das war Heydrichs Plan: In der Nacht vor dem Angriff der Wehrmacht sollten entlang der deutsch-polnischen Grenze SD-Männer, als polnische Freischärler und Soldaten verkleidet, Grenzzwischenfälle und Angriffe auf als Grenzer drapierte SD-Kameraden vortäuschen. Die falschen Polen hatten den Sender im deutschen Gleiwitz für kurze Zeit zu besetzen, um deutschfeindliche Propagandasprüche in den Äther zu schicken, im grenznahen Forst der Stadt Pitschen die dortige Försterei zu überfallen und im Raum zwischen Gleiwitz und Ratibor das Zollhaus bei Hochlinden zu zerstören.[137] Auf dem Kampfplatz sollten auch Tote zurückbleiben, die aus den Leichenhallen der Konzentrationslager stammten – denn alles mußte echt aussehen: »Ein tatsächlicher Beweis für polnische Übergriffe ist für die Auslandspresse und für die deutsche Propaganda nötig« (Heydrich).[138]

Josts Geheimniskrämerei machte den Admiral hellhörig. Zudem war Canaris' Konkurrenzneid geweckt; er befürchtete, der SD wolle auch die polnischen Einsätze der Abwehr übernehmen, beispielsweise die Aktion gegen die Dirschauer Brücke. Canaris zögerte deshalb die Auslieferung der polnischen Uniformen an den SD hinaus und versuchte bei Keitel, die Aktion Heydrichs zu hintertreiben.

Doch der Chef des Oberkommandos der Wehrmacht verstand wieder einmal nur die Hälfte. Er halte zwar, erklärte er Canaris, von »derartigen Unternehmungen« nichts, aber es gehe schließlich um einen Befehl des Führers, da sei nichts zu machen. Er gab gleichwohl Canaris einen Rat, wie »man dem ausweichen« könne. Keitel: »Sie sagen, Sie haben ja gar keine polnischen Uniformen. Sie können ja einfach sagen, Sie haben keine, dann ist der Fall erledigt.«[139] Naiver konnte Keitel kaum reagieren, denn schließlich wußte auch der SD, daß Canaris' Agenten zum Teil in polnischen Uniformen auftraten. Canaris konnte seinen Vorgesetzten nur dafür gewinnen, SD-Eingriffe in Aufgaben der Abwehr nicht zuzulassen. Der Admiral notierte sich: »Bezüglich Dirschau hat er entschieden, daß das Unternehmen nur durch die Armee durchgeführt werden soll.«[140]

Josts Auftreten demonstrierte ihm, wie nahe das Reich schon an den Abgrund des Krieges geraten war. Zwischen realistischer Lagebeurteilung und Rudimenten der alten Hitler-Gläubigkeit schwankend, hatte Canaris allzu lange darauf gesetzt, daß Hitler Frieden halten werde, solange eine militärische Intervention der Westmächte zugunsten Polens sicher sei. Weizsäckers Berichte aus der engsten Umgebung Hitlers hatten ihn in dem Glauben bestärkt, der Führer sei trotz aller Temperamentsausbrüche dann und wann doch noch beeinflußbar.

So glaubte Canaris wochenlang, wirkliche Kriegsgefahr drohe nur von zwei Seiten: von den Polen und von dem, was er »die extremistischen Kreise der Partei« nannte. »Der polnische Chauvinismus, der das ganze Volk, hohe militärische Stellen nicht ausgeschlossen, beherrscht, hat an Stärke nicht abgenommen«, konstatierte die »Übersicht« der Amtsgruppe am 26. Juni. »Die Folge davon ist, daß selbst für einen Ansatz zu einer Annäherung des polnischen an den deutschen Standpunkt in der Frage der Freien Stadt Danzig und des Korridors jede Voraussetzung fehlt.«[141] Canaris schloß daher mehr und mehr die Möglichkeit einer friedlichen Lösung der Danzig-Frage aus.

Gefährlicher noch als die polnische Halsstarrigkeit schien ihm das Treiben der NS-Extremisten, worunter sich Canaris in erster Linie wohl Ribbentrop, Himmler, den Propagandaminister Goebbels und den Danziger Gauleiter Forster vorstellte. Am 22. Juli urteilte Canaris, die NSDAP wolle den Krieg, und es bestehe (wie das italienische Außenministerium als Canaris-Meinung zusammenfaßte) durchaus »die Möglichkeit, daß der Führer unter dem Einfluß der extremistischen Elemente sich zu einem Gewaltakt überreden lassen könne«.[142] Hitler sei dafür besonders anfällig, weil er – von Göring und Keitel schlecht informiert – die Schlagkraft der Wehrmacht überschätze und sich Illusionen über die Kürze eines Krieges gegen Polen mache.[143]

Daraus folgerte Canaris, es müsse alles vermieden werden, was Hitler den »Extremisten« in die Arme treibe. Jetzt paßte ihm auch ein allzu lauter britischer Widerstand gegen Hitler nicht mehr ins Konzept; er befürchtete sogar, eine unüberlegte Handlung Englands könne den Führer zum Krieg provozieren. Gemeinsam mit seinem Freund Weizsäcker trieb Canaris ein kompliziertes Spiel: Einmal wollte er die Briten darin bestärken, Hitler ihre Kampfentschlossenheit zu demonstrieren, zum anderen aber mußte er sie vor aggressiven Akten bewahren, die Hitler kriegerisch reagieren ließen.

Canaris konnte auch wenig glücklich darüber sein, daß deutsche Hitler-Gegner auf eigene Faust nach England reisten, um die Regierung in London zu harten Demonstrationen gegen den Diktator zu animieren. Im Juli vermittelten der britische Major Kenneth Strong, stellvertretender Militärattaché in Berlin, und ein Freund Osters, der Hamburger Versicherungskaufmann Otto Hübener, der in der Geschichte der Abwehr noch eine verhängnisvolle Rolle spielen sollte, dem oppositionellen Oberstleutnant Graf Schwerin, Gruppenleiter England/Amerika in der Abteilung »Fremde Heere West«, ein Gespräch mit Englands führenden Geheimdienstlern.[144] In der Londoner Wohnung von Admiral John Godfrey, dem Chef des britischen Marinegeheimdienstes, erläuterte Graf Schwerin am 14. Juli, mit welchen Maßnahmen die Briten Hitler von dem Krieg gegen Polen abschrecken könnten: durch Entsendung eines Schlachtschiffgeschwaders in die Ostsee, Verlegung von zwei vollausgerüsteten Divisionen und einer Gruppe schwerer Bomber nach Frankreich, Aufnahme Winston Churchills in die Regierung Chamberlain.[145]

Dem deutschen Abwehrchef war es ein geringer Trost, daß einer der Gastgeber Schwerins, Oberst Stewart Menzies, im Ersten Weltkrieg Canaris' Gegenspieler in Spanien und ab November 1939 als Chef des SIS auch sein künftiger Rivale, dem Grafen kollegiale Grüße für den Mann am Tirpitz-Ufer mitgegeben hatte.[146] Schwerins Vorschläge mußten Canaris verstören. Just eben mühte sich Weizsäcker, den Führer und den Reichsaußenminister von dem Plan abzubringen, in den letzten Julitagen einen deutschen Flottenverband zu einem Besuch nach Danzig zu entsenden.[147] Ein Zusammenstoß deutscher und britischer Seestreitkräfte in der Ostsee – und der Krieg war perfekt!

Kein Wunder, daß der Chef des italienischen Marinegeheimdienstes am 22. Juli schriftlich festhielt, Canaris habe »seiner festen Meinung Ausdruck gegeben, daß England in Danzig Zwischenfälle provozieren könne, um den Konflikt anzuheizen«.[148] Das war nicht die Art britischer Reaktion, von der sich Canaris einen dämpfenden Einfluß auf Hitler erhoffte. Mit Weizsäcker war er sich einig: Nur starke, aber *geheim* vorgetragene Ermahnungen Englands würden den Diktator vom Kriegskurs fernhalten.

Was aber, wenn nun doch die »Extremisten« in Hitlers Umgebung die Oberhand gewannen? Dann gab es in Canaris' Optik noch immer eine Macht und eine Furcht, die Hitler Einhalt gebieten konnten. Die Macht hieß Rußland, und die Furcht war der Zweifrontenkrieg. Selbst wenn Hitler sich überreden ließ, das Risiko eines Krieges mit den Westmächten einzugehen, so mußte ihn doch der Gedanke schrecken, zugleich in einen Kampf mit der Sowjetunion verwickelt zu werden, in jenen katastrophalen Zweifrontenkrieg, der einst das Ende des Kaiserreiches besiegelt hatte. Und Hitler rechnete fest mit der sowjetischen Gegnerschaft, ebenso wie seine Militärs – Plan Weiß ging davon aus, die polnische Heeresleitung werde »im Großen um Zeitgewinn zu kämpfen suchen in der Hoffnung auf baldige militärische Hilfe Rußlands«.[149]

Hitler hatte allen Grund, diese sowjetische Intervention in seine Kalkulationen einzubeziehen. Seit Wochen verhandelten die Diplomaten Englands und Frankreichs mit dem Kreml über einen Beistandspakt, am 24. Juli hatten sich die Regierungen geeinigt, in die Phase der Militärbesprechungen einzutreten, die dann auch am 1. August begannen.[150] Canaris zweifelte nicht daran, daß sich die Gegner einigen würden. Gesprächspartnern rechnete er bereits aus, wie die Macht der anderen Seite ständig wachse: Zu der britisch-französischen Luftmacht kämen nun noch 3000 sowjetische Flugzeuge hinzu, ganz zu schweigen davon, daß die USA »die Garantie gegeben haben, einen amerikanischen Beitrag von 5000 vollausgerüsteten Maschinen zu leisten«.[151]

Desto ärger traf Canaris der Überraschungscoup, mit dem Hitler die diplomatische Initiative an sich riß – der Pakt zwischen den Braunen und den Roten. Schon am 6. August schrieb Weizsäcker ins Tagebuch: »Wir werden in Moskau dringlicher.«[152] Vier Tage später deutete der Kreml in Berlin an, die sowjetische Regierung sei zu umfassenden Besprechungen über die politische Lage bereit, und dann überstürzten sich die Ereignisse: Am 12. August ließ Hitler in Moskau ausrichten, er sei zu einer umgehenden Bereinigung aller zwischen dem Reich und der UdSSR offenen Fragen entschlossen, am 16. meldete der deutsche Botschafter in Moskau, Außenkommissar Molotow schlage den Abschluß eines Nichtangriffspaktes zwischen beiden Staaten vor, noch am gleichen Tag wurde der Botschafter angewiesen, Molotow mitzuteilen, der Führer nehme seinen Vorschlag an und empfehle Verhandlungen in Moskau.[153]

Binnen weniger Tage hatte sich die außenpolitische Lage radikal geändert. Hitler war in euphorischer Stimmung, jetzt glaubte er seine Gegner im Griff zu haben, ja er wähnte ernsthaft, die Unterzeichnung eines deutsch-sowjetischen Paktes würden die Kabinette in London und Paris nicht überleben. Weizsäckers Berichte an Canaris ließen keinen Zweifel daran, daß die Kriegspartei nahezu gesiegt hatte. Weizsäcker am 13. August: »Ribbentrop garantiert englische und französische Neutralität, wenn wir in den ersten drei Tagen, wie er sicher glaubt, den Polen vernichtende Schläge erteilen.«[154]

Weizsäckers Informationen trieben Canaris an, noch einen Versuch zu unternehmen, die Fahrt in den Krieg zu bremsen. Fieberhaft suchte er nach Bundesgenossen im Kampf gegen die Kriegstreiber, er zog Freunde und Gegner, Deutsche und Ausländer ins Vertrauen. Er fand einen Bundesgenossen: Mussolinis Italien.

Seit dem 23. Mai 1939 durch den Abschluß eines militärischen Bündnisses, des »Stahlpakts«, mit dem Dritten Reich scheinbar untrennbar verbunden, hatte Italien darauf vertraut, von seinem Bundesgenossen nicht so bald in ein Kriegsabenteuer verwickelt zu werden; drei Jahre Frieden – so hatten sich die beiden Achsenpartner geschworen – müsse es geben, bevor sie in die Ära der gewaltsamen Eroberungen eintreten würden. Spät, aber nicht zu spät hatten Mussolini und sein Außenminister Ciano dann plötzlich gemerkt, daß Hitlers Weg gleichwohl in den Krieg ging. Canaris wußte durch seine Verbindungen zu den Geheimdiensten Italiens, daß die Männer in Rom mißtrauisch geworden waren und mit einem Absprung von Hitlers Kriegswagen liebäugelten. Um sich über die deutschen Pläne Gewißheit zu verschaffen, sagte sich Graf Ciano zu einem Besuch in Ribbentrops Sommerresidenz, dem Schloß Fuschl bei Salzburg, am 11. August an.[155]

Canaris war entschlossen, die Italiener noch durch ein paar zusätzliche Schocknachrichten zum Bruch mit Hitler anzustacheln. Sein Grundgedanke war dabei, wie er italienischen Gesprächspartnern offen sagte: »Vielleicht wird Hitler noch vom Krieg abgehalten, wenn ihm die italienische Regierung in aller Form mitteilt, daß sie keine gemeinsame Sache mit ihm machen werde.«[156] Ein Besuch bei Ribbentrop in Fuschl am 10. August hatte ihm offenbart, daß dessen Kriegspläne ganz von der Voraussetzung ausgingen, Italien werde mitmarschieren – und diesen Glaubenssatz des neurotischen Hitler-Paladins galt es zu zerstören.[157]

Bei einem Essen im Kreis seiner Familie erläuterte Ribbentrop dem Gast Canaris, die italienische Seemacht könne den Briten außerordentlich gefährlich werden. Gelassen ließ sich der ehemalige U-Boot-Kapitän und Mittelmeer-Fahrer von dem Amateurstrategen Ribbentrop die Lage schildern: Die Italiener würden mit 100 U-Booten die Meerenge von Gibraltar sperren und der Royal Navy die Durchfahrt verwehren. Canaris schwieg. Erst auf dem Weg zum Flugplatz feixte er gegenüber einem Begleiter: »Hören Sie, wenn die große Seeschlacht im Mittelmeer steigt, dann sehen wir uns von einem Floß aus an, wie die ›Beefs‹ die Italianos in die Pfanne hauen.«[158]

Als er hörte, die beiden Außenminister seien in Fuschl heftig aneinandergeraten und Ciano habe Hitler um ein klärendes Gespräch gebeten, legte Canaris seine erste Mine. Am 12. August suchte er seinen Freund Roatta auf, der jetzt Militärattaché in Berlin war, und warnte ihn vor den deutschen Kriegsabsichten.[159] Die Zusammenkunft war für die zwei Männer nicht ohne bittere Ironie: Die beiden Geburtshelfer der Achse verabredeten sich, sie wieder zu sprengen – im Interesse und zur Rettung des Friedens.

Canaris malte sich das Gespräch zwischen Ciano und Ribbentrop aus, wobei er einfließen ließ, die Entscheidung über Krieg und Frieden hänge nun von Italien ab. Roatta wollte wissen, wie er das verstehen solle. Canaris: »Ribbentrop wird fragen, ob Italien bereit sei zum Eintritt in den Krieg. Ciano wird antworten: Nein.« Roatta fragte: »Wer sagt Ihnen das?« Darauf Canaris: »Das ist so meine Idee. Auch wir sind nicht für einen allgemeinen Krieg gerüstet.«[160]

Kaum aber hatte Ciano, von dem Gespräch mit Hitler nicht zufriedengestellt, Deutschland wieder verlassen, saß Canaris erneut Roatta gegenüber. Der Abwehrchef hatte am 15. August schlimme Nachrichten: »Der Führer hat nicht nur die Absicht, Danzig zu annektieren, sondern er will vielmehr Polen zerstören. Die militärische Operation soll in ungefähr zwei Wochen beginnen.«[161] Roatta war so beeindruckt, daß er das Gehörte augenblicklich dem Geschäftsträger der italienischen Botschaft in Berlin, dem Gesandten Magistrati, vortrug, der ebenfalls keine Zeit verlor, einen Bericht aufzusetzen und dem nach Rom fahrenden Kurier mitzugeben; Canaris hatte ausdrücklich geraten, wegen der Abhör- und Entzifferungsgefahr auf die Benutzung des Telegrafen zu verzichten. Magistrati wußte, was Canaris wagte. An den Rand seines Berichts schrieb er noch: »Auf keinen Fall den Namen des Admirals . . . nennen!«[162]

Und die von ihm mitentfachte Kriegsverdrossenheit der Italiener nutzte nun Canaris dazu, im deutschen Lager antiitalienischen Pessimismus zu verbreiten. Wo immer der Admiral erschien, ließ er Andeutungen darüber fallen, daß auf Italien kein Verlaß sei und die »Italianos« schon wieder dabei seien, die Deutschen wie anno 14 im Stich zu lassen. Dabei wußte er mit immer neuen Hiobsbotschaften aufzuwarten, etwa der, er habe soeben von der Abwehrstelle Wien »erfahren, daß der König von Italien [Spaniens ehemaligem] König Alfons vor einigen Tagen gesagt habe, daß er unter gar keinen

Umständen unterschreiben werde, wenn Mussolini ihm eine Mobilmachungsorder vorlegen würde«.[163]

Das vergrämte nicht nur Ribbentrop und die Anhänger seines Kollisionskurses, es traf auch Keitel an einer empfindlichen Stelle: seiner Eitelkeit. Er fühlte sich von seinem Führer düpiert, der ihm eben noch versichert hatte, Italien werde auf jeden Fall mitmarschieren. Canaris bewies ihm in einer Unterredung am 17. August, wie falsch ihn Hitler informierte: »Ich [Canaris] antwortete ihm, daß ich dieses für ausgeschlossen halte auf Grund des Gespräches Ciano–Ribbentrop, das ich ihm nochmals ausführlich übermittele. Er [Keitel] sagt, daß der Führer ihm das Gegenteil erklärt hätte. Es ginge also aus meinen Ausführungen hervor, daß der Führer ihm – Keitel – nicht alles sage.«[164]

Keitel war so irritiert, daß Canaris schon wieder Hoffnung schöpfte, er könne den Generalobersten gegen die Kriegstreiber einsetzen. Er wußte, daß Keitel zuweilen Bedenken hatte, ob Hitlers Kurs richtig sei. Immerhin hatte er sich einige Wochen vorher zu Hitler begeben und ihm gemeldet, die führenden Generale seien wegen der mangelnden Kriegsbereitschaft der Wehrmacht, vor allem wegen der Möglichkeit eines Zweifrontenkrieges, von größter Sorge erfüllt. Hitler hatte den OKW-Chef abgewiesen, doch Canaris konnte sich nicht vorstellen, daß Keitel alle seine Bedenken und Befürchtungen vergessen habe.[165]

So versuchte er wieder und wieder, Keitel darzulegen, wie katastrophal die Lage Deutschlands im Falle eines Krieges mit den Westmächten werden könne. Keitel liebte solche Gespräche nicht, hilflos setzte er sich gegen Canaris' Argumente zur Wehr. Es werde, trumpfte er auf, gar nicht zum Krieg mit den Westmächten kommen, die Briten würden keinesfalls Polen militärisch beistehen. Canaris berichtet: »Ich versuche diese Ansicht zu widerlegen und sage, daß die Engländer bestimmt sofort die Blockade eröffnen und unsere Handelsschiffahrt zerstören würden. Keitel meint, daß diese nicht von großer Bedeutung sei, da wir Öl von Rumänien bekämen. Ich antwortete, daß dies nicht ausschlaggebend sei und wir auf die Dauer einer Blockade nicht widerstehen können.«[166]

Das Streitgespräch wogte hin und her. Canaris: Die Briten würden schießen, wenn die Deutschen gegen Polen gewaltsam vorgingen. Keitel: Das glaube er nicht. Canaris: Die Folgen eines Handelskrieges seien für Deutschland kaum tragbar. Keitel bestritt das. Canaris: Die Deutschen könnten nur »mit geringen Mitteln« gegen die britische Blockade ankämpfen, gerade habe er gehört, »daß wir nur 10 U-Boote in den Atlantik schicken könnten«.[167]

So entmutigend die Gespräche mit Keitel auch waren – Canaris glaubte weiterhin daran, daß der OKW-Chef ansprechbar sei. Er aktivierte Helfer, die eindringlich auf Keitel einredeten. Da war der Generalmajor Thomas, Chef der Amtsgruppe Wehrwirtschaftsstab im OKW, der mit seinen erdrückenden Statistiken die Unterlegenheit deutscher Rüstungskraft in jedem längeren Krieg nachwies, da gab es OKW-Offiziere, die dem Chef das Abhalten eines Kriegsspiels vorschlugen, um Hitler zu demonstrieren, wie wenig das Reich einem Kampf mit Polen und Westmächten zur gleichen Zeit gewachsen sei.[168] Doch Keitel schloß sich keiner Kritik mehr an, er flüchtete sich in eine abstruse Theorie, mit der er allen Versuchern aus dem Weg ging: Polen werde klein beigeben, »wenn es sieht, daß wir Ernst machen«.[169]

Die Nachrichten von den deutsch-sowjetischen Verhandlungen machten Keitel vollends unansprechbar. Pedantisch verlangte er nun bedingungslose Ausführung aller Befehle, und die liefen nur auf ein Ziel zu: Krieg. Die Militärs fügten sich, auch Canaris. Schon am 12. August hatte er nach der Morgenkonferenz mit seinen Abteilungschefs und Gruppenleitern Spannungsdienst für die Amtsgruppe befohlen, jetzt traf Ausland/Abwehr die letzten Vorbereitungen für den Krieg.[170]

Am 15. August erhielt Canaris die Order, seine K- und S-Verbände in Marsch zu setzen und über die deutsch-polnische Grenze zu schicken.[171] Die Einsatzgruppen der Abwehr setzten sich in Bewegung, nur die Ukrainer wurden zurückgehalten – der zweite Verrat Deutschlands an seinen ukrainischen Freunden bahnte sich an, diesmal den Sowjets zuliebe. Lahousen ahnte davon freilich noch nichts, als er am 18. August die neueste Weisung ins Diensttagebuch der Abwehr II eintrug: »Waffen für die ukrainische Aufstandsbewegung bleiben von der Herüberschaffung über die Grenze ausgeschlossen.«[172]

Einen Tag zuvor war Lahousen in die OKW-Abteilung L gerufen worden, wo ihn Oberst Warlimont drängte, die versprochenen polnischen Ausrüstungsgegenstände dem SD auszuhändigen.[173] Am 19. August rumpelten zwei Lkw der Abwehrstelle Breslau unter dem Feldwebel Kutschke heran, der Auftrag hatte, polnische Uniformen samt Zubehör dem SS-Obersturmbannführer Ratz vom SD auszuhändigen.[174] Zur gleichen Zeit hakte Oberstleutnant von Frankenberg, der in Osters Zentralabteilung für Mobilmachungsmaßnahmen und Fragen des Verstärkten Grenzaufsichtsdienstes zuständige Offizier, eine Liste mit 364 Namen ab, jenen Mitarbeitern der Abwehr, die an Heydrichs Bubenstück mitwirken sollten.[175]

Die Wehrmacht räumte das Gebiet um Hochlinden, in dem die SD-Aktion stattfinden sollte, während der SS-Oberführer Mehlhorn in der Führerschule Bernau die von der Abwehr ausgeliehenen Männer und Angehörige oberschlesischer SS-Standarten Nachtangriffe und polnische Kommandos üben ließ. Dann teilte er an seine Leute Waffen, Munition und Bekleidung aus: pro Mann eine polnische Uniform und einen Karabiner mit 30 Schuß Munition. Am 20. August ließ Mehlhorn alle Männer im Großen Saal der Schule antreten und instruierte sie über das, was er einen »Grenzeinsatz« nannte.[176]

Anschließend rückten die Männer auf geschlossenen Lastkraftwagen in ihre Bereitstellungsräume ab, wo sie von Mehlhorns Unterführern erwartet wurden: von dem SS-Oberführer Rasch, der das Unternehmen gegen das Forsthaus Pitschen leitete, dem SS-Obersturmbannführer Hellwig, der mit seiner Angriffstruppe von Polen aus gegen Hochlinden vorzustoßen hatte, und dem SS-Standartenführer Trummler, der die »Verteidiger« in Hochlinden kommandieren sollte. Mehlhorn übernahm die Koordinierung des Spiels von Angreifern und Verteidigern. Am 22. August meldete er Heydrich, die Gruppen seien einsatzbereit.[177]

Es war der Tag, den Canaris nie wieder vergessen sollte. Einen Tag zuvor, am 21. August, hatte das OKW der Befehl erreicht, alle Amtsgruppenchefs hätten sich zu einer Besprechung beim Führer am 22. August gegen 12 Uhr auf dem Obersalzberg einzufinden. Als Canaris auf Hitlers Berghof eintraf, sah er die anderen Teilnehmer: fast alle maßgeblichen Generale und Admirale der Wehrmacht, unter ihnen die Führer der Heeresgruppen und Luftflotten und deren Generalstabschefs, ferner Göring und Ribbentrop. Jeder trug Zivil – auf besonderen Befehl Hitlers.[178]

Dann erschien der Diktator. Er begrüßte die Herren und lud sie zu einem Frühstück ein, das auf der großen Freiterrasse eingenommen wurde. Als ein Gewitter aufzog, gingen die Männer in Hitlers Arbeitszimmer zurück. Dann sprach der Führer. »Ich habe Sie zusammengerufen«, begann er, »um Ihnen ein Bild der politischen Lage zu geben, damit Sie Einblick tun in die einzelnen Elemente, auf die sich mein Entschluß, zu handeln, aufbaut.«[179] Je mehr er redete, desto leidenschaftlicher wurde seine Stimme, bis sie ganz hart, ungeduldig, aggressiv und fanatisch war. Bald gab es keinen Menschen mehr im Saal, der nicht verstand: Hier brannte ein Mann die letzten Brücken hinter sich ab, hier artikulierte einer, der nur noch einen Willen, einen Entschluß kannte – Krieg gegen Polen.

Langsam holte Canaris einen Stift und einen Notizblock hervor, noch ganz betäubt von den Eröffnungen Hitlers, dann begann er mitzustenographieren. Er hörte nur noch Wortfetzen: »Politische Lage für uns günstig: Im Mittelmeer Rivalitäten zwischen Italien und Frankreich und England, in Ostasien Spannung zwischen Japan und England, im Orient Spannung ... England wird auf das Äußerste bedroht ... Frankreichs Stellung ist ebenfalls schlechter geworden ... Alle diese glücklichen Umstände bestehen in zwei bis drei Jahren nicht mehr. Niemand weiß, wie lange ich noch lebe. Deshalb Auseinandersetzung besser jetzt ... Das Verhältnis zu Polen ist untragbar geworden ... Wir müssen mit rücksichtsloser Entschlossenheit das Wagnis auf uns nehmen.«[180]

Und immer wieder die Auseinandersetzung mit Gegnern und Kritikern: »Unsinn ist es, wenn man sagt, England will einen langen Krieg führen ... Der Gegner hatte noch die Hoffnung, daß Rußland als Gegner auftreten würde nach Eroberung Polens. Die Gegner haben nicht mit meiner großen Entschlußkraft gerechnet. Unsere Gegner sind kleine Würmchen ... Ich habe die Umstellung Rußland gegenüber allmählich durchgeführt ... Vorschlag eines Nichtangriffspakts ... Von Ribbentrop wird übermorgen den Vertrag schließen. Nun ist Polen in der Lage, in der ich es haben wollte ... Ich habe nur Angst, daß mir noch im letzten Moment irgendein Schweinehund einen Vermittlungsplan vorlegt.«[181]

Hitler brach ab. Er bat die Militärs zu einem kurzen Mittagessen, danach sprach er weiter – noch unduldsamer als vor der Pause. Canaris' Stift flog wieder über das Papier: »Eisernste Entschlossenheit bei uns ... Kampf auf Leben und Tod ... Eine lange Friedenszeit würde uns nicht gut tun. Bei uns qualitativ der bessere Mensch ... Vernichtung Polens im Vordergrund. Ziel ist Beseitigung der lebendigen Kräfte, nicht die Erreichung einer bestimmten Linie ... Ich werde propagandistischen Anlaß zur Auslösung des Krieges geben, gleichgültig, ob glaubhaft ... Herz verschließen gegen Mitleid. Brutales Vorgehen. 80 Millionen Menschen müssen ihr Recht bekommen ... Der Stärkere hat das Recht.«[182]

Erschöpft hielt der Redner inne. Ein starrer Blick auf die versammelten Militärs, dann sprach Hitler sein letztes Wort: »Ich habe meine Pflicht getan, tuen Sie die Ihre.«[183] Keiner der Militärs rührte sich, sie standen wie gelähmt da. Kein Wort des Protestes ertönte gegen Hitlers Kriegsrede, kein einziger Soldat stellte Hitlers Kombinationen aus Illusion, Größenwahn und Vernichtungstrieb in Frage. Das einzige, was erklang, war die Stimme des Heeres-OB von Brauchitsch, der seine Gruppen- und Generalstabschefs instruierte: »Herrschaften, begebt euch bald auf eure Plätze!«[184]

Entsetzt verließ Canaris den Berghof. Die Rede Hitlers hatte ihm auch die letzten Illusionen zerstört, die er über den Diktator noch hegen mochte, jetzt wußte der Admiral, daß der Krieg unaufhaltsam war. Allerdings, er wäre nicht Canaris gewesen, wenn er nicht doch noch in irgendeinem Winkel auf ein Wunder gehofft hätte. Aufgrund seiner Notizen arbeitete er einen Text der Hitler-Rede aus, mit dem er am nächsten Tag vor die Abteilungschefs und Gruppenleiter der Amtsgruppe trat.

Während der »Kolonne« des 23. August informierte er seine Mitarbeiter über Inhalt und Zweck der Hitlerrede. »Der Führer ist der Ansicht«, notierte sich Lahousen, »daß die Möglichkeiten für Deutschland zur Lösung der Ostfragen sehr günstig sind. Der Führer glaubt an ein Nichteingreifen der Westmächte . . . Der Zeitpunkt zum Losschlagen ist jetzt gekommen.«[185] Canaris bedeutete den Offizieren, Angriffstag für die gegen Polen antretenden deutschen Verbände sei der 26. oder 27. August; die Amtsgruppe habe sich sofort »auf kriegsmäßigen Betrieb« umzustellen.[186]

Als die Gruppenleiter und einige Abteilungschefs gegangen waren, las er seinen engeren Freunden die gravierenden Passagen der Rede Hitlers vor. Da merkten die Freunde erst, wie verzweifelt Canaris war. »Er war«, beschreibt Gisevius die Szene, »immer noch voller Entsetzen. Seine Stimme zitterte. Er fühlte, Zeuge von etwas Ungeheuerlichem gewesen zu sein.«[187] Oster aber faszinierte gerade die Aggression und Bosheit des Hitlerschen Textes – das war genau, so schien ihm, das Beweisstück, dessen er bedurfte, die Gegner des Regimes zur friedensrettenden Tat anzuspornen, zum Staatsstreich.

Hans Oster litt seit Wochen darunter, daß sich nirgends ein Ansatzpunkt zu einem Putsch gegen Hitler zeigte. Er hatte einen oppositionellen General nach dem anderen aufgesucht, er hatte Verbindungen zu neuen Hitler-Gegnern geknüpft, er hatte Pläne für einen Staatsstreich ausgearbeitet, aber kein Soldat war zur Tat bereit. Jetzt bot ihm der von Canaris mitstenographierte Hitler-Text eine winzige Chance: Wenn man den Text, vielleicht noch ein wenig verschärft und vergröbert, den Briten zuspielte – mußte dann nicht England endlich hart reagieren und den Diktator so bloßstellen, daß auch die deutschen Militärs den Mut fanden, gegen den entgötterten Hitler einzuschreiten?

Oster ließ sich von Canaris eine Kopie seiner Aufzeichnung über die Hitler-Rede geben – für die »Dokumentensammlung«, wie der Oberst angab.[188] Was dann mit der Kopie geschah, muß ungeklärt bleiben. Immerhin ist jedoch zweifelsfrei, daß in der Umgebung Osters eine Fassung der Hitler-Rede entstand, die mit der von Canaris überlieferten Version nur noch entfernte Ähnlichkeit besaß. Der Canaris-Text war umfrisiert, praktisch gefälscht worden: durch Übersetzung in eine Art Ganovensprache und Erfindung neuer Hitler-Zitate.[189]

Da wimmelte es dann von »Kretins und Halbidioten«, wie Hitler die westlichen Staatsmänner genannt haben sollte, von »verfressenen und müden Völkern« (gemeint waren die Westeuropäer), von einem »Schwachkopf von König und verräterischen Schurken von Kronprinzen« (Italiens Monarchie), von einem »korrupten Knecht seiner Sexualtriebe« (Rumäniens König) und einem »schwachen, feigen, entschlußlosen Kaiser«, dem japanischen nämlich. Ebenso erfunden waren andere Hitler-Worte: »Nach Stalins Tod, er ist ein schwerkranker Mann, zerbrechen wir die Sowjetunion. Dann dämmert die deutsche Erdherrschaft herauf . . . Seien Sie schonungslos, handeln Sie schneller und brutaler als die andern. Die Bürger Europas müssen vor Entsetzen erbeben.«[190]

Die Umarbeitung der Hitler-Rede war ein Verzweiflungsschritt, der nur beleuchtet, wie isoliert die deutschen Widerständler waren. Ein NS-Gegner, der ehemalige sozialdemokratische Jugendführer Hermann Maas, fand sich bereit, den Text dem amerikanischen Journalisten Louis P. Lochner zuzuspielen, der ihn am 25. August einem Beamten der Britischen Botschaft in Berlin mit der Bemerkung übergab, die Aufzeichnung stamme von einem Generalstabsoffizier, »der sie von einem bei der Versammlung [auf dem Berghof] anwesenden General« erhalten habe; der General sei schockiert und hoffe auf die Bändigung des Wahnsinnigen durch England.[191] Doch die Aufzeichnung, ohne Kopf und Unterschrift, beeindruckte die Briten nicht.

Canaris hätte die Tat des Oster-Kreises schwerlich gebilligt, resigniert blickte er den Stunden entgegen, die die Entscheidung bringen mußten. Er wußte, daß Hitler in kürzester Zeit den Befehl zum Angriff geben würde. Noch rätselte der Diktator, ob England und Frankreich den Polen zu Hilfe kommen würden, doch er war zum Krieg entschlossen. Stunde um Stunde verging. Canaris wartete nervös auf den Befehl aus der Reichskanzlei. Der deutsche Aufmarsch an den Grenzen Polens war abgeschlossen, es fehlte nur noch der Auslösebefehl.

Um 16 Uhr 05 am 25. August erhielt Canaris die entscheidende Order von Keitel. Lahousen schrieb sich ins Tagebuch: »Bekanntgabe des Führerbefehls an die Gruppenleiter, Ia und die gesamte Gruppe: Y Tag ist der 26. 8. 39.«[192] Das hieß in Klartext: Am Morgen des 26. August sollte die Wehrmacht den Krieg gegen Polen eröffnen. Von nun an standen die Telefone der Abwehrzentrale am Tirpitz-Ufer nicht mehr still. Die verabredeten Stichworte wurden durchgegeben, die Sabotage- und Kampfkommandos der Abwehr verließen ihre Stellungen. Auch Heydrichs Provokationstrupps marschierten ab.

Da geschah plötzlich das Wunder, auf das Canaris irgendwie und uneingestanden noch immer gewartet hatte: Italien stellte sich gegen Hitlers Kriegsentschluß. Die Arbeit von Canaris hatte doch noch Früchte getragen. Kurz nach 18 Uhr war Italiens Botschafter Attolico in der Reichskanzlei erschienen und hatte Hitler eine Botschaft überbracht, in der Mussolini zu verstehen gab, Italien könne bei einem deutsch-polnischen Krieg keinen militärischen Beistand leisten. Das war schon der zweite Schlag, der den Führer an diesem Nachmittag traf. Ein paar Minuten zuvor war die Nachricht eingegangen, daß England und Polen einen Militärpakt auf Dauer abgeschlossen hätten.[193] Der Diktator war einem Nervenzusammenbruch nahe.

Er ließ Keitel kommen und rief ihm entgegen: »Sofort alles anhalten, holen Sie Brauchitsch her, ich brauche Zeit für Verhandlungen.«[194] Der OKW-Chef glaubte nicht richtig gehört zu haben. Der Aufmarsch war vollendet, die Verbände rückten bereits zum Angriff aus, der in den Morgenstunden stattfinden sollte – wie konnte eine so riesige Kriegsmaschine noch zum Stoppen gebracht werden? Doch Keitel ließ sich von seinem Führer vorwärtstreiben. Er stürzte – es war inzwischen 18 Uhr 30 geworden – an einen Telefonapparat und informierte den Oberbefehlshaber des Heeres. Keitel: »Die bereits angelaufene Operation Weiß wird um 20 Uhr 30 wegen veränderter politischer Verhältnisse eingestellt.«[195]

Davon wußten jedoch die drei Widerständler noch nichts, die in diesem Augenblick unterwegs zu Canaris waren, um ihn für einen allerletzten Versuch zur Verhinderung des Krieges zu gewinnen. General Thomas, der ehemalige Reichsbankpräsident Schacht und Gisevius hatten sich einen abenteuerlichen Plan ausgedacht, mit dem sie die Heeresführung zum Putsch gegen Hitler zu zwingen gedachten; sie wollten Brauchitsch und seinen Generalstabschef Halder zum Staatsstreich auffordern und mit der Drohung erpressen, im Falle einer Weigerung würden sie alle konspirativen Gespräche mit ihnen der Gestapo preisgeben. Und Canaris sollte dem Trio die Unterredung mit Halder ermöglichen.[196]

Die drei Herren waren eben in der Abwehrzentrale angelangt, als dort die Nachricht von der Aufhebung des Angriffsbefehls eintraf. Thomas, Gisevius und Schacht sahen bei Canaris nur triumphierende Gesichter; nicht nur der Friede schien gerettet, sondern auch Hitlers Ruf ruiniert. »Ein oberster Kriegsherr, der einen so einschneidenden Befehl wie den über Krieg und Frieden binnen weniger Stunden widerruft«, schien ihnen »ein erledigter Mann«.[197] Canaris rief: »Von diesem Schlag erholt er sich nie wieder. Der Friede ist für zwanzig Jahre gerettet.«[198]

Selbst der mißtrauische Oster (»Der Führer ist erledigt!«) war so optimistisch, daß ihm keinen Augenblick lang die Idee kam, den größten politischen Schwächeanfall Hitlers seit Beginn seiner Herrschaft zu einer weiterführenden Aktion gegen den NS-Staat zu nutzen.[199] Fast jeder im Zimmer von Canaris war erleichtert, keiner mochte an Konsequenzen denken. Auch der Admiral sonnte sich in dem Gedanken, Reich und Friede seien endgültig gesichert.

Aus so schönen Stimmungen schreckte ihn Lahousen mit der Meldung auf, nicht alle Einsatzkommandos der Abwehr seien aus dem polnischen Gebiet zurückgekehrt. Vor allem zu dem K-Trupp des Leutnants Herzner, der den Tunnel des Jablunka-Passes besetzen sollte, bestand kein Funkkontakt mehr; Lahousen mußte befürchten, daß Herzner durch polnisches Gebiet irrte, ohne zu wissen, daß der Krieg gegen Polen abgesagt worden war. Canaris kam eine böse Vorahnung: Wie, wenn Trupps der Abwehr auf polnische Soldaten schossen und damit den Krieg provozierten, den Hitler gerade aufgegeben hatte?

Bei Heydrichs Leuten hatte es eine ähnliche Situation gegeben; vor Hochlinden war es irrtümlich zu einem Feuergefecht zwischen Hellwigs falschen

Polen und Trummlers Verteidigern gekommen.[200] Da hatten freilich nur Deutsche auf Deutsche geschossen, im Falle der Abwehr aber konnten Deutsche auf Polen schießen und damit eine schwere internationale Krise auslösen. Canaris trug dem Abwehr-II-Chef auf, dringend nach Herzners Trupp suchen zu lassen. Er mußte gefunden werden, ehe ein Unglück geschah. Lahousen alarmierte die Abwehrstelle Breslau, diese wiederum ihre Außenstellen in der nördlichen Slowakei und den Meldekopf Striegau, dessen Funker vergeblich nach dem Herzner-Trupp rief.[201]

Am Morgen des 26. August schienen sich Canaris' schlimmste Befürchtungen zu bestätigen. Lahousen zeichnete auf: »Hauptmann Ernst zu Eikkern meldet, daß der Oberbaustab XX aus Csacza um 4 Uhr 45 starkes Gewehrfeuer aus Richtung Jablunka-Paß gemeldet hat. Ast VIII vermutet, daß es sich dort um eine K[ampf-]Org[anisation] unter der Führung des Lt. d. Res. Herzner handelt, die nicht mehr erreicht werden konnte.«[202] Kurz darauf erhielt Meldekopf Striegau endlich Kontakt mit Herzner. Um 11 Uhr 45 berichtete Striegau: »Lt. Herzner noch in Polen. Tunnel in Ordnung. Zwei Verwundete.«[203]

Tatsächlich hatte Herzner schon Stunden vorher ein Papier an das Generalkommando VIII abgeschickt, das sich später als die erste Meldung des Zweiten Weltkriegs erweisen sollte. Herzner schrieb: »26. 8. 39. Um 3 Uhr 55 mit Gefreiten Jung und zwölf Männern der K. O. J. Bahnhof Mosty genommen. Verluste: ein Verwundeter. Angriff der Tunnelbesatzung auf Bahnhof abgewehrt.«[204] Der Versuch, in den Tunnel mit einer Lok einzufahren, mißlang. Kurz darauf erhielt Herzner von der im Grenzgebiet bereitgestellten 7. Division den Befehl, sich »nach Westen hin zur slowakischen Grenze durchzuschlagen«. Als sich Herzner jedoch mit seinen Leuten zurückziehen wollte, stieß er auf polnische Gendarmerie, die inzwischen alarmiert worden war. Die Polen schwärmten aus, den Deutschen den Weg zur Grenze zu verlegen. Nur mühsam konnte sich der deutsche Trupp unter dem Feuer der polnischen Gendarmen absetzen und um 13 Uhr 30 nordnordwestlich bei Rakowa die slowakische Grenze erreichen.[205]

Nervös beobachtete Canaris anhand der Meldungen den Rückmarsch Herzners und seiner Leute. Der Admiral wollte erleichtert aufatmen, da erfuhr er, Keitel habe befohlen, die KO Jablunka solle »vorläufig« in Polen bleiben.[206] Canaris horchte auf. War doch der Krieg noch nicht endgültig abgesagt? Voller Ahnungen schrieb Lahousen ins Diensttagebuch der Abwehr II: »Die Mobilmachung geht weiter, weil es immerhin noch im Bereich der Möglichkeit liegt, daß sich diese Verhandlungen zerschlagen und daß durch andere Maßnahmen den Forderungen Deutschlands entsprochen werden wird.«[207]

Diese »Verhandlungen« waren freilich nichts anderes als der Versuch Hitlers, die Briten von ihrem polnischen Bundesgenossen zu trennen und damit den deutschen Krieg gegen Polen risikoloser zu machen. Hitlers Erfolgschancen waren nicht gering, denn das Kabinett Chamberlain hatte innerlich der Appeasement-Konzeption nie ganz abgeschworen; der Abschluß des deutsch-sowjetischen Nichtangriffspaktes am 23. August und die Weigerung Polens, mit dem Reich auch nur ein einziges Wort über die Zukunft Danzigs zu reden, hatten die Briten alarmiert – kaum einer von ihnen hatte Lust, »für Danzig zu sterben«, wie die populäre Formel besagte.

Schon rüffelte Lord Halifax die polnische Regierung, sie mache »einen großen Fehler, wenn sie versuche, eine Stellung zu beziehen, in der die Diskussion über eine friedliche Veränderung des Status von Danzig ausgeschlossen wäre«.[208] Niemand hatte für solchen Unmut zwischen Bundesgenossen ein feineres Gespür als Hitler, der sofort versuchte, die beiden ungleichen Alliierten auseinanderzutreiben – durch scheinbar maßvolle Vorschläge, deren Mißachtung durch Polen die Krise im alliierten Lager verschärfen mußte. Hitler machte neue Vorschläge für die Danzig-Regelung und drängte die Regierung in London, sie dem unwilligen Warschau zu empfehlen. Dann wartete der Diktator ab.

Doch Hitler hatte das Warten verlernt, inmitten aller rational-schlauen Schachzüge brach bei ihm jetzt immer mehr der Vernichtungswille durch, das zornige Verlangen, endlich zu seinem Krieg zu kommen. »Tagsüber wird hier«, schrieb Weizsäcker über die Stimmung in der Reichskanzlei, »zwischen größter Englandfreundschaft und Krieg à tout prix geschwankt. Spätabends ist die Stimmung wieder völlig auf Krieg gerichtet: In zwei Monaten ist Polen erledigt, dann machen wir eine große Friedenskonferenz mit den Westmächten.«[209] Inzwischen aber verdichteten sich die Illusionen über ein Abspringen Englands fast zu einer Gewißheit.

Selbst die Agenten der Abwehr erlagen solchen Wunschträumen, manche Meldung kündigte die nahezu sichere Desertion Englands und Frankreichs an. Am 26. August berichtete ein »zuverlässiger V-Mann der Abw. III«, der französische General Georges habe »erklärt, er zweifelt sehr daran, daß England in Sachen Polen mitmache«[210], und am 29. August wurde »aus zuverlässiger Quelle gemeldet, daß von der englischen und französischen Regierung auf Warschau ein Druck für eine nachgiebigere Haltung ausgeübt wird«, wie die »Außen- und militärpolitischen Nachrichten« der Amtsgruppe registrierten.[211] Und ein weiterer Bericht von Abwehr III konstatierte: »An den Auslandsbörsen herrscht bezüglich der Erhaltung des Friedens eine ausgesprochen zuversichtliche Stimmung.«[212]

Nur einige V-Männer der Abwehr I ließen sich nicht täuschen und signalisierten Englands Kriegsbereitschaft. Meldung vom 30. August, 22 Uhr: »V-Mann, der heute ungefähr 30 Industriewerke 20 Meilen außerhalb Londons besuchte, soll über die umfangreichen Vorbereitungen, die getroffen worden sind, sehr erstaunt gewesen sein. Die politische Situation wird als erleichtert angesehen, aber nicht erheblich, da die Opposition Halifax und Eden als schwerwiegend erachtet wird. Halifax und Eden verlangen klare Entscheidungen oder Krieg.«[213] Am nächsten Tag eine neue Meldung: »V-Mann mit guten Beziehungen meldet aus amerikanischen Kreisen in England die Ansicht, daß die Maßnahmen Englands in den letzten Tagen nur darauf abzielten, Zeit zu gewinnen, um die Mob[ilmachungs]vorbereitungen noch ordnungsgemäß durchführen zu können.«[214]

Es bedurfte der instinktsicheren Überzeugungskraft von Canaris, um sich in diesem Dschungel einander widersprechender Meldungen und Analysen zurechtzufinden. Was immer die V-Männer der Amtsgruppe aus England berichteten – nichts konnte ihn von seiner Meinung abbringen, England werde losschlagen, sobald die Deutschen in Polen einfielen. Beschwörend redete er auf Weizsäcker ein, den Kampf um den Frieden nicht aufzugeben und jedes Mittel zu nutzen, um den Diktator an der Erteilung des Kriegsbefehls zu hindern.

Doch Canaris und Weizsäcker hatten den Kampf schon verloren. Rückschauend erkannte Weizsäcker: »Man ist seit 30. 8. abends offenbar fest entschlossen gewesen, den Krieg auf alle Fälle zu führen. Ich vermute, daß der Rat Ribbentrops den Ausschlag gab. Denn er schnitt alle Fäden ab, die sich noch boten.«[215] Das diplomatische Spaltungsmanöver war mißlungen, England ließ sich nicht von Polen trennen. Hitler erteilte den verhängnisvollsten Befehl seines Lebens: die Order zum Angriff gegen Polen.

Am 31. August um 17 Uhr 30 traf der furchtbare Befehl auch Canaris.[216] Der Abwehrchef stand wie unter einem Schock. Langsam, fast wie in Trance, ging er mit ein paar Offizieren durch die Korridore der Amtsgruppe. Ein Zivilist tauchte vor ihm auf, wie immer geschäftig und in Eile: Gisevius. Canaris zog ihn in eine Ecke, dann fragte er: »Was sagen Sie nun?« Gisevius wußte keine Antwort. Da kam ein Satz aus dem Mund des Admirals, ein einziger voll düsterer Ahnung und Prophetie: »Das ist das Ende Deutschlands.« Gisevius schaute im Halbdunkel der Ecke genauer hin. Canaris weinte.[217]

10 Die letzte Chance

Resigniert überließ es Canaris dem Konkurrenten Heydrich und dessen Helfern aus SD, SS und Abwehr, die Fackel des Krieges zu entzünden. Schon am Nachmittag des 31. August 1939 hatte Heydrich seine Männer mit dem verabredeten Stichwort alarmiert: »Großmutter gestorben.«[1] Die Trupps setzten sich in Bewegung, um ihre schmutzige Arbeit zu verrichten: Der bereits in der letzten ČSR-Krise »bewährte« Naujocks überfiel mit seinen Leuten den Sender Gleiwitz, Hellwigs Truppe startete ihre Scheinangriffe gegen die deutsche Grenze, Trummlers Einheit schoß auf die »Invasoren« vom SD.

»Polnische Aufständische überschreiten die deutsche Grenze« wußte am nächsten Tag der »Völkische Beobachter« zu melden, und aus den Lautsprechern Großdeutschlands erscholl die Stimme Adolf Hitlers, der im Reichstag aller Welt kundtat, in der voraufgegangenen Nacht sei es zu 14 Grenzzwischenfällen gekommen, und nun werde »zurückgeschossen«.[2]

Zu dieser Stunde standen in Canaris' Büro die Abteilungschefs und Gruppenleiter um den Admiral versammelt und hörten gemeinsam die Rundfunkübertragung von Hitlers Rede. Bei der Erwähnung der »Grenzzwischenfälle« unterbrach plötzlich Piekenbrock das Schweigen der Runde und rief: »Jetzt wissen wir, wozu wir die polnischen Uniformen beschaffen mußten!«[3] Canaris sagte kein Wort, ihm war nicht nach Enthüllungen zumute. Rasch, wie so oft, hatte er die deprimierenden Eindrücke des Vortages abgeschüttelt und sich nur auf das konzentriert, was er für seine Pflicht hielt.

Er war ganz Chef und Vorgesetzter gewesen, als er an diesem historischen 1. September 1939 die führenden Offiziere der Abwehrzentrale um 9 Uhr 15 in seinem Büro hatte antreten lassen. Er hielt ihnen eine kurze markige Ansprache: strenge Schweigepflicht für jeden Offizier und Mann der Amtsgruppe Ausland/Abwehr, absolute Treue zu Führer und Reich. Selbst das für ihn ungewohnte »Heil Hitler!« kam über seine Lippen.[4] Das war keine Heuchelei, sondern zutiefst empfundene Überzeugung, war das unreflektierte Ergebnis und Ethos eines 34jährigen Soldatenlebens. Noch Ende 1940 wird Canaris in einem Kriegsgerichtsverfahren einem Offizier der Abwehr II vorhalten, für den Soldaten gebe es nichts anderes als den Gehorsam. Er selbst, so Canaris, wundere sich oft über die Befehle von »oben«, aber: »Man ist doch Soldat und hat zu gehorchen.«[5]

Von diesem Augenblick an schien er für sich und die Abwehr nur noch eine Aufgabe zu kennen: der deutschen Wehrmacht zu dienen, ihr den Weg durch Polen bis zum Endsieg zu ebnen. Die Abwehrtrupps im Osten rückten ab, den deutschen Invasionsarmeen oft viele Kilometer voraus. Sie hatten pünktlich ihre Einsatzräume erreicht, als um 4 Uhr 45 fünf deutsche Armeen – aufgeteilt unter die Heeresgruppe Nord des Generalobersten von Bock und die Heeresgruppe Süd des Generalobersten von Rundstedt – in Polen einfielen und in kurzer Zeit die ersten Verteidigungsstellungen des Gegners durchbrachen.[6)]

Fasziniert vom deutschen Angriffselan, ließ sich Canaris detailliert über die von Stunde zu Stunde wechselnde Lage an und hinter der Front informieren. Eine Meldung nach der anderen offenbarte die Leistungsfähigkeit der Abwehreinheiten. Die strategisch wichtigsten Aktionen, jene gegen Dirschau und den Jablunka-Paß, mißlangen zwar, weil die polnischen Sprengtrupps den deutschen Greifkommandos zuvorkamen, doch die meisten Unternehmen liefen erfolgreich ab: Besetzung des Knotenpunkts Kalthof, Sicherung der Industrieanlagen von Rybnik, Zugriff auf nahezu alle oberschlesischen Kohlengruben, Einnahme von Kattowitz vor Eintreffen der deutschen Kampfverbände.[7)]

Das Gros der Abwehrmänner arbeitete so präzise, daß immer mehr und immer dringendere Aufträge den Geheimdienst erreichten. Hier bat der Generalstab des Heeres um sofortigen Einsatz von Fallschirmspringern, »um die Zerstörung der drei Bahnlinien von Rumänien nach Polen« herbeizuführen, dort sollte sich Abwehr II »durch Stellung von Dolmetschern, Führern, Propagandisten« an einem geheimen Unternehmen des Fliegergenerals Student beteiligen, dann wiederum riefen die Heeresverbände nach ukrainischen V-Männern, die die Feindlage in Galizien zu klären hatten.[8)] Und Oberstleutnant Lahousen schrieb immer fleißig mit: »Zum Schutz des besetzten Industriegebietes eine K. Org. in Stärke von 1200 Mann aufgestellt . . . Der Kommandierende General des VIII. A[rmee-]K[orps], General Busch, hat einer K. Org. von 400 Mann der Ast Breslau lobende Anerkennung ausgesprochen.«[9)]

Die Erfolgsmeldungen aus Polen versetzten die Offiziere der Abwehrzentrale in eine alle Bedenken und Ängste übertönende Euphorie. Sie wären keine Soldaten gewesen, hätten sie nicht mit Genugtuung, ja mit Stolz die militärischen Triumphe der Truppe im Osten verfolgt und sich selber einen hohen Anteil daran zugeschrieben. Jahr um Jahr hatten sie am Aufbau der Wehrmacht mitgewirkt, hatten mit den Mitteln ihres geheimdienstlichen Gewerbes dazu beigetragen, diese Wehrmacht zu der schlagkräftigsten und bestgeführten deutscher Geschichte zu machen. Jetzt war die vielbesungene Stunde der Bewährung da – und kein Abwehroffizier mochte sie missen.

Selbst NS-Gegner wie Groscurth, der inzwischen zur Abwehr zurückgekehrt war und als Verbindungsoffizier der Amtsgruppe bei dem OKW-feindlichen Heeresgeneralstab einen schwierigen Posten ausfüllte, konnte sich der allgemeinen Begeisterung nicht entziehen. Seine Tagebuchnotizen verraten, in welch merkwürdige Schizophrenie Widerständler dieser Art gerieten: einerseits Machtwahn und Brutalität des Regimes zu verurteilen, andererseits eben diesem Regime zu dienen, weil es scheinbar auf die gleichen nationalstaatlichen Wertvorstellungen ausgerichtet war, die ihr Leben prägten. Da konnte es dann geschehen, daß Groscurth im NS-System »alles Lug und Trug, nichts Wahres« erkannte und im gleichen Atemzug die Politik ausländischer Hitler-Gegner (»Wüste Kriegshetze im Ausland. Es ist wie im Juli 1914«) verdammte, daß er Hitlers Krieg einen »Wahnsinn« nannte und doch sich über jeden deutschen Waffenerfolg freute: »Gute Fortschritte im

Osten . . . Weiteres gutes Vorgehen . . . Einkesselung der Polen an vier Stellen. Hoffentlich halten die Ringe!«[10)]

Auch Canaris ließ sich von solchen Stimmungen beeindrucken. Nicht einmal die Kriegserklärungen Englands und Frankreichs konnten ihn veranlassen, äußerlich Zeichen der Sorge erkennen zu lassen. Mit keinem Wort trat er der Euphorie seiner Mitarbeiter entgegen. Das fiel auch dem Abwehrpolizeichef Best auf, der Canaris und dessen Abteilungschefs wenige Tage nach Kriegsausbruch in seinem Berliner Haus zu einem abendlichen Umtrunk geladen hatte.

Der SS-Brigadeführer Best stand noch ganz unter der deprimierenden Nachricht von der Kriegserklärung beider Westmächte, als an der Abendtafel seines Hauses die Sprache darauf kam, wie lange der Krieg wohl währen würde. Der Chef der Abwehr III beruhigte die Hausfrau, die sich besorgt geäußert hatte: »Aber, gnädige Frau, der Krieg wird doch nur fünf, sechs Wochen dauern.« Frau Best, eine resolute Hessin, widersprach: »Der Krieg wird nicht fünf, sechs Wochen dauern, sondern fünf, sechs Jahre!« Best will dabei seiner Frau beigepflichtet haben. Er erinnert sich: »Canaris selbst schwieg dazu, obwohl er in dieser Situation leicht unserer sorgenvollen Haltung hätte beitreten können.« Es wäre für Canaris in der Tat unbedenklich gewesen, mußte ihm doch bekannt sein, daß der Nationalsozialist Best seit geraumer Zeit die Außenpolitik seines Führers mit wachsendem Unbehagen verfolgte.[11)]

Doch Canaris mochte auf solche Bedenken nicht eingehen. Der Krieg engagierte all seine Phantasie und Energie, in diesem Augenblick waren ihm Skrupel und Zurückhaltung fremd. Mit der ihm eigenen Geschäftigkeit stürzte sich der Abwehrchef in den Krieg; kaum eine Woche verging, in der er nicht an die Front in Polen fuhr, kaum ein Tag, an dem er sich nicht Pläne für neue Abwehreinsätze vortragen ließ. Seine beiden Vorzimmerdamen bekamen ihn nur noch selten zu sehen; unruhig, voll neuer Ideen, reiste er von Abwehrstelle zu Abwehrstelle.

Am 3. September brach er mit Piekenbrock und Oster, der jetzt auch formal Stabschef der Amtsgruppe war, zu seiner ersten Frontreise auf, die ihn zur Heeresgruppe Süd führte.[12)] In deren Bereich lag die Hauptaktivität der Abwehr im Osten. In Rundstedts Hauptquartier fand Canaris erfolgverheißende Nachrichten vor: Die deutsche 14. Armee hatte soeben Krakau besetzt und trieb die gegnerischen Truppen auf die Linie Nida-Dunajec zurück, die 10. Armee sprengte sich den Weg nach Kielce und Tomaszow frei. Was Canaris sah, imponierte ihm. Am 5. September war er wieder in Berlin, Groscurth notierte: »Admiral ist zwei Stunden da . . ., kommt von der Front, günstiger Eindruck.«[13)]

Am nächsten Morgen stand er wieder vor der Kolonne der Abteilungschefs, angefüllt mit neuen Ideen und Projekten. Der Einsatz der Abwehr im Osten und die Aufklärung im Westen gegen den fast stündlich erwarteten Entlastungsangriff von Polens Alliierten genügten ihm nicht; die Abwehr mußte weltweit werden, mußte die westlichen Gegner, vor allem England, an ihrer empfindlichsten Stelle treffen: dem Kolonialreich, in dem unterdrückte Völker nur darauf zu warten schienen, sich mit Hilfe deutscher Waffen und Gelder gegen die verhaßten Herren zu erheben.

Schon im Ersten Weltkrieg hatten Deutschlands Führung und Geheimdienst versucht, eine Revolutionierungsstrategie zu entwickeln und unzufriedene Iren, Inder, Ukrainer und Kaukasier gegen die Ententemächte aufzuwiegeln. Das sollte jetzt die Abwehr fortsetzen. Einige Vorarbeit war bereits geleistet: Seit Februar 1939 bestanden Kontakte zu den Bombenwerfern der Irish Republican Army (IRA), auch Waliser Nationalisten und schottische Separatisten standen auf der Honorarliste des deutschen Geheimdienstes; bis nach Persien und Indien reichten die konspirativen Verbindungen der Abwehr II.[14]

Das alles galt es nun zu systematisieren und zu erweitern. Der inzwischen abgerissene Funkverkehr mit der IRA-Zentrale mußte erneut aufgenommen und Waffentransporte mit deren Beauftragten, dem Sprengmeister Jim O'Donovan, der am Tirpitz-Ufer als deutscher V-Mann unter dem Decknamen »Held« geführt wurde, abgesprochen werden, ja es gab später den Plan, den nach den USA ausgewichenen IRA-Stabschef Sean Russell nach Deutschland zu holen, mit ihm einen koordinierten Angriff auf die britischen Provinzen Irlands abzusprechen und ihn dann durch ein U-Boot in Irland an Land setzen zu lassen. Ebenso detailliert sahen die Pläne für einen Aufstand in Indien und im britischen Irak aus.[15]

Besonders beschäftigten Canaris die Einfälle des Oberregierungsrats Wöhrl, der als V-Mann der Abwehr II in Kabul agierte und einen verwegenen Plan ausgearbeitet hatte: Er wollte Afghanistans deutschfreundlichen Ex-König Amanullah durch einen Putsch wieder an die Macht bringen und mit Hilfe des neuen Regimes einen Aufstand der Bergstämme an der afghanisch-indischen Grenze gegen England inszenieren.[16] Canaris liebte solche an den Glanz wilhelminischer Weltgeltung erinnernde Projekte. Es gab deren viele: Eine Abwehrexpedition sollte in Tibet gegen die Briten aufwiegeln, ein anderer projektierter Vorstoß reichte bis nach Thailand.[17]

Canaris förderte so geartete Planstudien, konnte er doch mit ihnen seinem Führer beweisen, wie notwendig die Abwehr für die deutsche Kriegsanstrengung sei. Kaum waren die Pläne entstanden, da sorgte der Admiral auch schon dafür, daß sie Hitler vorgetragen wurden. Am 6. September schrieb Lahousen: »Amtsgruppenchef gibt Anweisungen zur Ausfertigung einer Vortragsnotiz für den Führer über: a) Beabsichtigter Einsatz im Westen, b) Erfolgs- und Verlust-Meldungen, c) Unternehmen Wöhrl, d) Stellung der Ukrainer, e) Unternehmen Tibet.«[18]

Noch am gleichen Tag sah Canaris Anlaß für neue Aktivität; diesmal galt es, einen weiteren Krieg zu verhindern. Für den 9. September hatte sich nämlich Oberst Homlok, der Chef der 5. Abteilung des ungarischen Generalstabes, zu einem Treff in Dresden angemeldet, und sein Kommen verhieß nichts Gutes: Die Ungarn (soviel wußte Canaris schon) hatten nicht übel Lust, den deutsch-polnischen Krieg zu einem militärischen Überfall auf Rumänien zu benutzen, um sich jene Gebiete zurückzuholen, die das Land 1919 an den Nachbarn verloren hatte.[19] Für Canaris aber lautete der Auftrag: »Es muß auf die Ungarn dahingehend eingewirkt werden, daß diese sich zurückhalten. Gegen Rumänien darf nichts unternommen werden.«[20]

Canaris fuhr mit Piekenbrock und Lahousen nach Dresden, am 9. September saßen die drei Abwehrmänner dem ungarischen Sendboten im Hotel »Bellevue« gegenüber. Der Admiral wußte, wie man mit Ungarn umging. Nach einigen Stunden kameradschaftlichen Palavers reiste Oberst Homlok wieder ab, überzeugt, daß sich Ungarn nicht leisten könne, den Zorn des deutschen Diktators auf sich zu lenken.[21] Canaris aber, einmal auf Reisen, zog weiter – an die Front. Neue Erfolgsmeldungen der Heeresgruppe Süd lockten ihn heran. Die 14. Armee war bis zu der Festung Przemysl vorgestoßen, ein Korps der 10. Armee hatte schon die Außenbezirke von Warschau erreicht.

Je mehr sich aber die Panzer des Generals von Kleist der westukrainischen Metropole Lemberg näherten, desto ärger tat sich vor Canaris eine politische Kalamität auf, die die Arbeit der Abwehr im Osten schwer behindern mußte. Wieder war es die ukrainische Frage, die Canaris irritierte. Am 10. September war der OUN-Führer Jary am Tirpitz-Ufer erschienen und hatte die Frage gestellt, der die Abwehr bis dahin sorgsam ausgewichen war: wie es die Deutschen mit der Ukraine hielten.[22] Der Ukrainische Militärstab hatte alle Vorbereitungen für den Aufstand im östlichen Galizien abgeschlossen – es bedurfte nur noch eines Wortes der deutschen Führung, den in Jahren der Ohnmacht und Unterdrückung aufgestauten Haß der Westukrainer gegen Polen zu entfesseln. Indes, das Wort der Deutschen kam nicht. Konnten sie, nach dem Abschluß des Hitler-Stalin-Paktes, noch Interesse an einem Aufstand haben, der die Gefahr in sich barg, auch auf das Gebiet der sowjetischen Ukraine überzugreifen?

Doch Canaris machte sich vor, diesmal werde die Abwehr ihre ukrainischen Freunde nicht im Stich lassen, obwohl er schon bei der Morgenkonferenz am 11. September gegenüber seinen Mitarbeitern einfließen ließ, man müsse natürlich »bedenken, daß ein ukrainischer Aufstand, wenn er einmal entfesselt ist, sich gegen Polen *und* Rußland wenden wird«.[23] Kurz darauf belehrte ihn ein Anruf aus dem Auswärtigen Amt, daß es eine galizische Revolte niemals geben werde. Die ukrainische Aufstandsbewegung, so notierte Lahousen, dürfe nach einer Entscheidung des Führers »überhaupt nicht aktiviert werden«.[24]

Doch wieder einmal – zum wievielten Male? – hoffte Canaris, Hitler umstimmen zu können. Gemeinsam mit Lahousen reiste er am 12. September ins oberschlesische Illnau, zu einer Abzweigung der Bahnlinie Oppeln-Kreuzburg, wo Hitlers rollendes Hauptquartier, der Führerzug mit seinen zwölf Waggons und zwei Lokomotiven, Station gemacht hatte.[25] Mit Hitler freilich konnte Canaris die ukrainische Frage nicht erörtern, doch Ribbentrop und Keitel äußerten sich so differenziert , daß der Admiral wähnte, die letzte Entscheidung sei noch nicht gefallen.

Keitel erklärte seinem Abwehrchef, der Führer sehe drei mögliche politische Lösungen des Polen-Konflikts, wie Lahousen in einer Notiz für Canaris' Tagebuch aufschrieb: »Fall 1: Es kommt zu einer vierten Teilung Polens, wobei Deutschland sein Desinteressement für den Raum östlich der Linie Narew-Weichsel-San zugunsten der Sowjetunion ausspricht. Fall 2: Es bildet sich ein selbständiges Restpolen (die dem Führer sympathischste Lösung, weil er dann mit einer polnischen Regierung den Ostfrieden aushandeln kann). Fall 3: Restpolen zerfällt. a) Litauen wird das Wilnaer Gebiet angeboten. b) Die galizische und polnische Ukraine wird selbständig. (Einverständliche außenpolitische Regelung mit der Sowjetunion vorausgesetzt.)«[26] Daraus schloß Canaris, der ukrainische Aufstand passe noch immer in die Pläne Hitlers.

Der OKW-Chef gab Canaris denn auch die Order, er habe für den Fall 3b seine »Vorbereitungen mit den Ukrainern so weit zu treffen, daß bei einer Auslösung dieses Falles durch die Organisation Melnyk (O. U. N.) ein Aufstand in der galizischen Ukraine ausbricht, der sich die Vernichtung des Polentums und der Juden zum Ziele setzt«.[27] Allerdings: »Eine politische Ausweitung dieser Bewegung in der Richtung der Sowjetunion (Groß-Ukrainische Idee) muß unbedingt verhindert werden.«[28] Beruhigt reiste Canaris nach Krakau weiter – in der sicheren Erwartung, Hitler werde den ukrainischen Aufstandsplänen der Abwehr zustimmen..

Hitler gab tatsächlich ein verklausuliertes Jawort, am 15. September befahl Canaris der Abwehr II, die Ukrainer in Marsch zu setzen. Der Ukrainische Militärstab sollte mit seinen Einheiten zu der 14. Armee stoßen und Melnyk sich »zur ständigen Verfügung« des Admirals halten.[29] Schon eilten Tausende in Abwehrlagern ausgebildete Ukrainer nach Galizien, da brach auch dieses Kartenhaus der Canaris-Illusionen zusammen: Hitler lieferte die (polnische) Westukraine den Sowjets aus.

Am frühen Morgen des 17. September legte Bürkner seinem Chef die aus dem AA stammende Meldung vor, Einheiten der Roten Armee hätten um 4 Uhr mitteleuropäischer Zeit die polnische Grenze zwischen Polozk und Kamenez-Podolsk überschritten; sie verfolgten das offenkundige Ziel, den Raum ostwärts der Linie Lemberg-Brest-Litowsk-Bialystok zu besetzen.[30] Das Ereignis konnte Canaris nicht überraschen. Seit Kriegsbeginn hatte sich Ribbentrop bemüht, den Kreml durch Aufforderung zu einem eigenen Militärbeitrag in den polnischen Beutezug zu verwickeln; der sowjetische Militärattaché in Berlin war laufend mit Berichten über die Frontlage versorgt worden. Canaris hatte nicht daran gezweifelt, daß Stalin zugreifen würde, sobald die polnische Armee zerschlagen war.

Dennoch deprimierte der russische Einmarsch den Abwehrchef. Stalins Intervention mußte die ukrainische Arbeit der Abwehr zerstören; sie wirkte auf die ukrainischen V-Männer »wie ein Keulenschlag«, war doch die sowjetische Intervention für sie »ein nationales Unglück größten Ausmaßes, ... Zusammenbruch aller in der letzten Zeit so üppig genährten Hoffnungen« – so der Abwehrhauptmann Nowak.[31] Canaris aber durfte solche Stimmungen nicht lange schwelen lassen. Er reagierte mit der Spionagechefs eigenen Doppelbödigkeit; Canaris stoppte die OUN-Aktion in Galizien, verbot alle Aufstandsvorbereitungen und versprach zugleich menschliche Hilfe für die vor den Sowjets fliehenden Westukrainer.

Canaris bestellte sich den wohl aggressivsten und mithin gefährlichsten OUN-Führer (Lahousen-Notiz: »Jary muß beobachtet werden, am besten Klausur«) nach Berlin und redete auf ihn solange ein, bis der Canaris' Konzept akzeptierte.[32] »Jary hat erklärt«, wußte Lahousen, »daß jetzt alle politischen Interessen zurücktreten müßten, um zu retten, was nach dem Einmarsch der Russen in den ukrainischen Raum noch gerettet werden kann.«[33] Canaris, Piekenbrock und Lahousen nahmen Jary am 19. September mit auf eine Reise nach Lemberg, wo die vier Männer prüfen wollten, was für die ukrainischen Flüchtlinge getan werden könne.[34]

Nur mühsam bahnten sie sich ihren Weg durch Galizien, vorbei ging die Fahrt an zurückflutenden Flüchtlingshaufen, marschierenden deutschen Heereskolonnen und brennenden Dörfern. Polens Armee und Staat waren praktisch zusammengebrochen. Einen Tag nach dem sowjetischen Einmarsch hatten sich das polnische Kabinett und Oberkommando nach Rumänien abgesetzt; richtungslos und entmutigt wehrten sich die noch intakten Truppen und Garnisonen der polnischen Armee, allen voran die Besatzung von Warschau, auf die sich nun die ganze Angriffswucht der deutschen Invasoren konzentrierte.

In Lemberg ließ sich Canaris von den dort eingesetzten Abwehroffizieren über die Fluchtbewegung der ukrainischen Bevölkerung Bericht erstatten. Fazit: Nur wenige Ukrainer Polens mochten das Einrücken der Roten Armee abwarten, viele retteten sich zu den Deutschen. Canaris überließ es Lahousen und Jary, eine Organisation mit Auffanglagern und einem kleinen Stab in Krakau zu schaffen.[35] Ihn selber aber trieb es weiter, nach vorn, in die Stäbe der Truppen, die bereits mit sowjetischen Einheiten Kontakt hatten.

Dort erwarteten ihn schlechte Nachrichten. Trotz der von Groscurth ausgearbeiteten Regeln für den Umgang mit Russen war es zu ersten Reibereien zwischen den beiden Armeen gekommen. Am 20. September hatten im Raum Lemberg deutsche und sowjetische Soldaten so heftig aufeinander geschossen, daß am nächsten Tag das Oberkommando des Heeres seine Truppen zurücknahm – auf eine Demarkationslinie, die Ribbentrop und Molotow schon Ende August vor der Unterzeichnung des Nichtangriffspaktes vereinbart hatten und die an Pissa, Narew, Weichsel und San entlanglief.[36]

»Der Rückmarsch«, tobte Groscurth, »ist mehr als kurz befristet, eine Art Flucht. Deutsches Blut half den Russen und dem Bolschewismus zum mühelosen Vordringen.«[37] Canaris aber schien dies alles nur der Anfang eines immer stärkeren Zurückweichens vor den Sowjets. Am 23. September, wieder in Berlin, ging ihm Hitlers Befehl zu, Ukrainer aus dem sowjetischen Besatzungsgebiet seien notfalls mit Gewalt an der Flucht ins deutsche Territorium zu hindern.[38] Bald war der Abwehr alle Tätigkeit in der ukrainischen Frage verboten. Lahousen: »Die Russen haben sich jede Debatte über das ukrainische Problem verbeten . . . Es kann den ukrainischen Führern nur geraten werden, ins neutrale Ausland . . . zu gehen.«[39]

Zwei Tage später, am 25. September, schlug Stalin seinem Partner Hitler vor, die Grenzen beider Mächte in Polen neu festzulegen und notwendige Gebietsverschiebungen in deren Herrschaftsgebieten vertraglich zu regeln. Prompt erschien Ribbentrop wieder in Moskau, ein neuer Pakt entstand: der deutsch-sowjetische Grenz- und Freundschaftsvertrag, unterzeichnet am 29. September 1939. Im Austausch gegen sowjetisch besetzte Gebiete Polens gestand Ribbentrop den Russen Litauen als deren Einflußgebiet und das Recht zu, dort »zu gegebener Zeit« Truppen zu stationieren; außerdem erklärte sich Stalin mit der Rücksiedlung aller Deutschen der UdSSR ins Reich einverstanden – Beginn des Exodus des Deutschtums im Osten, der ein paar Jahre später katastrophale Formen annehmen sollte.[40]

»Ein Tag der Schande«, kommentierte Generalstabschef Halder, als er von den Bedingungen des neuen Vertrages hörte.[41] Für den in düsteren Ahnungen und Untergangsprophetien befangenen Canaris war der Vertrag mehr: ein Sündenfall des deutschen Nationalstaates, ein frevelhafter Anschlag auf die Weltordnung, ein Akt politischer Barbarei mit nicht abschätzbaren Folgen für das Reich. Was Gott, Natur und Geschichte – so dünkte es den Abwehrchef – zusammengefügt hatten, um Deutschland und die Kernländer Europas von der östlichen Despotie fernzuhalten, das zerschlugen jetzt die machtgeilen Dilettanten an der Spitze des Reiches.

Der deutsch-sowjetische Grenzvertrag machte Canaris den ganzen Abgrund deutlich, der ihn von Hitler und dessen Pareigängern trennte. Jeder Buchstabe dieses Vertrages forderte heraus, wofür er, Wilhelm Canaris, ein Leben lang als Offizier, Patriot, Freikorpskämpfer und Antikommunist gestritten hatte: Das Reich verband sich mit der Zentrale des Bolschewismus, es verfeindete sich auf ewig mit England, ja mit dem übrigen Europa, ohne dessen Rückendeckung Deutschland eines Tages zum Anhängsel eines fremd-asiatischen Rußland und Hitler gar zum Satrapen Stalins werden konnte. Der Anfang war schon gemacht, mit der Opferung Litauens der Verzicht auf die Ostsee als einer »Deutschen See« bereits ausgesprochen.

Noch bedenklicher erschienen ihm die Auswirkungen des Russenpaktes auf die innerdeutsche Lage. Der Pakt mußte verstärken, was der Erzkonservative Canaris für sozialistische Tendenzen hielt. Die Furcht vor sozialistischen Experimenten in Staat, Wehrmacht und Gesellschaft war ihm beinahe zur fixen Idee geworden; überall witterte er »braunen Bolschewismus«, zuweilen von ihm auch Nationalbolschewismus genannt. Unter diesem Stichwort verstand er alles, was nach Abbau oder Zerstörung der hierarchisch-bürgerlichen Gesellschaftsordnung aussah. Und all diese Kräfte der Destruktion sah er durch den Stalin-Hitler-Pakt gefördert.

Was Canaris erst noch dunkel empfand, brachte sein Freund Liedig einige Wochen später schriftlich zu Papier. »Als Helfershelfer des neu erwachten russischen Raum- und Küstenhungers«, schrieb Liedig, »wird Deutschland tatsächlich und endgültig zum Todfeind Englands. Und es wird für diese Todfeindschaft . . . nichts anderes eintauschen als den Beruf, zum europäischen Glacis des asiatischen Großreiches der USSR, zur bolschewisierten Randgruppe Asiens in Europa zu werden«, denn gegenüber der Sowjetunion könne Deutschland »keineswegs die Herrschaft erlangen, sondern sich höchstens im Range einer Gefolgschaft behaupten, wenn nicht gar zum Helotenvolk Rußlands herabsinken«.[42]

Liedigs Bilanz: »So treibt Hitlers Politik der wechselnden Gelegenheiten steuerlos, prinzipienlos, aufenthaltslos in den Malstrom eines deutschen Untergangs von unvorstellbaren Ausmaßen.«[43] Noch aber glaubte Canaris, daß es einen Ausweg aus der Sackgasse gebe, noch suchte er auf seinen fieberhaften Reisen nach neuen Lösungen und Aushilfen. Magisch zog ihn die Front an, immer wieder fuhr er nach Polen.

Doch wo Canaris auch hinkam, er sah nur Chaos, Auflösung und Elend. Der Anblick schockierte ihn. Als er das brennende Warschau sah, war er dem Weinen nahe. Canaris sei »ganz zerbrochen aus Polen heimgekehrt«, notierte sich Ulrich von Hassell, weil er »dort die Folgen unserer brutalen Kriegführung, besonders in dem zerstörten Warschau, gesehen« habe.[44]

Tagelang fuhr Canaris mit dem Abwehrmajor Horaczek durch die Straßen der Stadt, einmal rief er: »Das ist ja furchtbar! Daran werden noch unsere Kindeskinder zu tragen haben.«[45)]

Die Bilder und Szenen polnischer Vernichtung prägten sich ihm unauslöschlich ein. Der Vizeadmiral Canaris hatte bis dahin den Landkrieg nie erlebt, er kannte den Krieg nur aus der Distanz einander bekämpfender Kreuzer und aus den traditionellen Riten militärischer Gentlemen zur See. Dies hier war ein anderer Krieg, war Massentod und totale Vernichtung, war ein Krieg der Fanatismen und Ideologien, der brennenden Städte und vernichteten Kulturen. Was Canaris sah, ließ in ihm ein Gefühl eigener und nationaler Schuld aufsteigen, bald verdichtet zu der Erkenntnis, die ihn von Mal zu Mal mehr peinigte: »Gottes Gerechtigkeit wird über uns kommen!«[46)]

Persönliche Erlebnisse schärften noch seinen Blick für das Ungeheuerliche, dessen Zeuge er war. Am 17. September hatte er erfahren, daß einer seiner Neffen, Oberleutnant Rolf Buck, ein Sohn seiner Schwester Anna, bei Radom gefallen war.[47)] Schon am 2. September hatte Weizsäcker seinen Sohn Heinrich verloren.[48)] Und dann kam die aufwühlendste Nachricht für einen deutschen Offizier, einem Menetekel gleich: der mysteriöse Tod, der den Generalobersten Werner Freiherr von Fritsch, neben seinem alten Regiment gleichsam beschäftigungslos herreitend, in der Warschauer Vorstadt Praga am 22. September ereilt hatte. Canaris mag wie Groscurth gedacht haben: »Welch ein erschütterndes Schicksal!«[49)]

Von dem Alpdruck der polnischen Schreckensbilder vermochte sich Canaris nur dadurch zeitweilig zu entlasten, daß er Bedrängten und Flüchtlingen, sofern sie keine aktiven Gegner Deutschlands waren, seine Hilfe anbot. Die Abwehrstellen in Polen erhielten den Befehl, polnische Prominente in Sicherheit zu bringen. Oft genügte ein persönlicher Appell an Canaris, um ihn zu einer Hilfsaktion anzuspornen.

Der in Berlin residierende US-Generalkonsul Geist bat den ihm bekannten Staatsrat Wohltat, einen in Warschau untergetauchten Rabbi zu suchen und ins Ausland zu bringen – Canaris sorgte dafür, daß der prominente Jude sicher in New York ankam.[50)] Der ukrainische Erzbischof in Krakau dünkte Canaris vor den Russen nicht mehr sicher, er ließ ihn ins Ausland schleusen.[51)] Auch der Przemysler Bischof Dr. Josafat war dem Admiral zu Dank verpflichtet; ein Neffe des Bischofs überbrachte Canaris »eine Kasette mit amer[ikanischen] Dollars 46000 (in Noten) und 40 Golddukaten zu treuen Händen«, wie Lahousen formulierte.[52)]

Bei einem Besuch in Posen trat Canaris eine bleiche, verwirrte Polin entgegen und bat ihn um Hilfe. Nicht ohne Erschütterung sah Canaris sie an, beinahe hätte er sie nicht wiedererkannt, die Frau, die einst in den Berliner Salons der Friedenszeit eine begehrte Gastgeberin gewesen war: Madame Schimanska, die Gattin des polnischen Militärattachés.[53)] Oberstleutnant Hartwig von der Abwehrstelle Lublin hatte sie und ihre beiden Kinder in einem Flüchtlingslager entdeckt.[54)] Wo ihr Mann war, wußte sie nicht. Canaris erinnerte sich an ihn gern, ihm war der Oberstleutnant Antoni Schimanski eine vertraute Figur gewesen, so etwas wie eine Personifizerung der deutsch-polnischen Tragödie: In Posen geboren, auf deutschen Schulen erzogen, in der deutschen Armee ausgebildet, danach polnischer Offizier und

Deutschland-Experte seines Generalstabs, hatte Schimanski in seinen Berichten den verhängnisvollen Kurs des Obersten Beck bekämpft und bis zum letzten Augenblick an ein gutes Ende des deutsch-polnischen Konflikts um Danzig und den Korridor geglaubt.[55]

Schluchzend erzählte die Frau die Geschichte ihrer Flucht, sie war beschämt von dem scheinbar mangelhaften Durchhaltevermögen der polnischen Truppen. Canaris beruhigte sie: »Machen Sie sich keinen Kummer, die polnischen Armeen haben gut und tapfer gekämpft.« Als Madame Schimanska jedoch den Wunsch äußerte, zu ihrer Mutter nach Warschau ziehen zu dürfen, schüttelte Canaris den Kopf. Er sagte: »Ich würde nicht nach Warschau gehen.« Er trat vor eine große Wandkarte und fuhr mit einem Zeigefinger über die Leinwand. Dann hatte er die Lösung gefunden: »Die Schweiz, das ist der beste Platz.«[56]

Er beschaffte ihr und den Kindern Papiere, die ermöglichten, daß die Familie in die Umgebung von Bern zog, wo Madame Schimanska eine Wohnung fand, in der später zuweilen der Schweiz-Tourist Canaris einen Besuch machte.[57] Über ihn lief auch die Korrespondenz zwischen der Emigrantin und ihrer Mutter in Warschau.[58] Canaris hatte die Mutter aufgesucht, nachdem ermittelt worden war, daß sie in Warschaus Ulonska-Straße wohnte. Horaczek mußte wieder seinen Wagen kommen lassen, um den Admiral durch Warschau zu steuern. Canaris: »Wir wollen zu der alten Dame hinfahren und ihr die Nachricht bringen, daß ihre Tochter mit den Kindern wohlauf ist.«[59]

Doch solche privaten Hilfsaktionen konnten Canaris nicht aus den Verstrickungen von Hitlers Krieg und Zwangsherrschaft in Polen befreien. Schon rückten die Einsatzgruppen der Sicherheitspolizei und des SD heran, entschlossen, mit barbarischer Pedanterie die Befehle zu vollstrecken, die ihnen der völkisch-rassenbiologische Säuberungsfanatismus der NS-Führer eingegeben hatte. Heydrichs Männer schwärmten aus, die Polen auf das Niveau eines Helotenvolks herabzudrücken, die polnische Gesellschaft ihrer Oberschicht und ihrer nationalen Persönlichkeit zu berauben – durch blanken Mord.

Mit beklemmender Systematik begannen sie, das Wort Hitlers wahrzumachen: »Was wir jetzt an Führerschicht in Polen festgestellt haben, das ist zu liquidieren, was wieder nachwächst, ist von uns sicherzustellen und in einem entsprechenden Zeitraum wieder wegzuschaffen.«[60] Anhand vorbereiteter Listen trieben Heydrichs Häscher polnische Lehrer, Ärzte, Beamte, Geistliche, Gutsbesitzer und Kaufleute zusammen. Die Verhafteten kamen in Auffanglager, die sich meist sehr rasch als Stätten des Todes erwiesen.[61]

Offiziell traten freilich die Einsatzgruppen als Sicherungsorgane der Armeen auf, denen sie zugeteilt waren, scheinbar nur dazu da, »Bekämpfung aller reichs- und deutschfeindlichen Elemente rückwärts der fechtenden Truppe, insbesondere Spionageabwehr, Festnahme von politisch unzuverlässigen Personen, Beschlagnahme von Waffen, Sicherstellung von abwehrpolizeilich wichtigen Unterlagen usw.« zu ermöglichen, wie ein Erlaß der 8. Armee suggerierte.[62] Doch Canaris ließ sich nicht täuschen; der ständige Umgang mit Heydrich ermöglichte ihm rasch, die wahre Aufgabe der Einsatzgruppen zu durchschauen.

Nach einem Gespräch mit Heydrich am 8. September war er im Bilde, Heydrich hatte es ihm selber gesagt: »Die kleinen Leute wollen wir schonen, der Adel, die Popen und Juden müssen aber umgebracht werden. Nach dem Einzug in Warschau werde ich mit der Armee vereinbaren, wie wir diese Kerle alle herausdrücken.«[63] Noch am gleichen Tag ließ Canaris dem Oberquartiermeister I des Heeres melden, SS-Führer brüsteten sich damit, täglich 200 Polen zu erschießen; die Exekutionen fänden meist ohne Verfahren statt.[64] Der Oberquartiermeister I, Generalleutnant Carl-Heinrich von Stülpnagel, wußte schon Bescheid. Groscurth merkte sich: »Er sagt, es sei Absicht des Führers und Görings, das polnische Volk zu vernichten und auszurotten.«[65]

Canaris war zutiefst erschüttert, zu Bürkner sagte er: »Ein Krieg, der unter Hintansetzung jeglicher Ethik geführt wird, kann niemals gewonnen werden. Es gibt auch eine göttliche Gerechtigkeit auf Erden.«[66] Er gab den Abwehrstellen im Felde die Weisung, die Arbeit der Einsatzgruppen zu beobachten und über sie genau zu berichten. Von jedem seiner Offiziere in Polen verlangte Canaris, über die Heydrich-Männer informiert zu sein. Als Canaris bei einem Besuch der Abwehrstelle Krakau von dem III-Referenten, Major Schirnick, wissen wollte, wie viele Juden im Bereich der Ast erschossen worden seien, und der keine Antwort wußte, fuhr er ihn an: »Das müssen Sie aber wissen, auch darum haben Sie sich zu kümmern!«[67]

Das Belastungsmaterial benutzte Canaris dazu, die Kommandierenden Generale in Polen gegen die Einsatzgruppen aufzustacheln. Der schlimmsten Heydrich-Einheit, der Einsatzgruppe des SS-Obergruppenführers Udo von Woyrsch, machte das Heer ein Ende – angestoßen durch eine Stellungnahme von Canaris und einen Bericht des Abwehroffiziers der 14. Armee, der feststellte, in der Truppe herrsche große Unruhe wegen der »z. T. ungesetzlichen Maßnahmen der Einsatzgruppe«; die Soldaten seien darüber verärgert, »daß junge Leute, statt an der Front zu kämpfen, ihren Mut an Wehrlosen erprobten«.[68]

Canaris selber hielt sich jedoch meistens dabei zurück, er überließ es anderen Militärs, sich offen gegen die SS-Verbrechen zu engagieren. Ein hoher Gestapobeamter, der SS-Obersturmbannführer Georg Kiessel, mokierte sich später: »Er war äußerst vorsichtig und ging ungern ein Risiko ein.«[69] In der Tat ist nur ein offizieller Protest von Canaris gegen die Polen-Morde bekannt – bei dem Besuch im Führerzug am 12. September.

»Ich machte«, ließ er Lahousen für sich selber aufzeichnen, »Gen[eral-] Oberst Keitel darauf aufmerksam, daß ich davon Kenntnis habe, daß umfangreiche Füsilierungen in Polen geplant seien und daß insbesondere der Adel und die Geistlichkeit ausgerottet werden sollen. Für diese Methoden werde die Welt schließlich doch auch die Wehrmacht verantwortlich machen, unter deren Augen diese Dinge geschähen. Gen[eral]-Oberst Keitel erwiderte hierauf, daß diese Sache bereits vom Führer entschieden sei, der dem ObdH [Oberbefehlshaber des Heeres] klargemacht habe, daß, wenn die Wehrmacht hiermit nichts zu tun haben wolle, sie es auch hinnehmen müsse, daß SS und Gestapo neben ihr in Erscheinung treten.«[70]

Auf dem Papier lesen sich freilich Canaris' Worte härter, als sie es in Wirklichkeit waren. Der Abwehrchef muß so vage formuliert haben, daß

Keitel den ebenfalls anwesenden Oberstleutnant Nikolaus von Vormann, Verbindungsoffizier des OKH bei Hitler, nach Canaris' Weggang erstaunt fragte: »Was wollte der Mann eigentlich?« Vormann war ebenso ratlos, er hatte Canaris »auch nicht verstanden«.[71)]

Canaris' Zurückhaltung war nicht nur wesensbedingt, ihn mag auch bedrückt haben, zu welcher Rolle die Abwehr an der Seite von Gestapo und SD verurteilt war – dank der politischen Knieweichheit der Wehrmachtführung. Sie hatte es nur allzu dankbar hingenommen, daß ihr der Führer die mörderische Schmutzarbeit in Polen durch Himmlers Organe abnehmen ließ und ihr erlaubte, wegzusehen, wenn hinter der Front die Einsatzgruppen mordeten. Angesichts solcher Lage fand Canaris kaum einen Ansatzpunkt, grundsätzlich das Morden der Heydrich-Leute zu bekämpfen.

Zudem hatte schon die Planung der OUN-Aktionen gezeigt, wie leicht sich Canaris selber in Hitlers Ostprogramm verstricken konnte. Ohne ein Wort des Protestes, ohne jedes Bedenken war von ihm Keitels Befehl entgegengenommen worden, den ukrainischen Aufstand zur »Vernichtung des Polentums und der Juden« zu nutzen.[72)] Schlimmer noch, Canaris unterhielt seit Kriegsbeginn sogar eine eigene Art von Einsatzgruppe, wohl in Wehrmachtuniform gekleidet, aber nicht weniger auf die politischen Ziele des NS-Staates orientiert: die Truppe der Geheimen Feldpolizei (GFP).

Was aber waren die GFP-Männer anderes als militärisch gekleidete, der Abwehr unterstellte Beamte und Angestellte der Geheimen Staatspolizei? Sie hatten sämtlich ihre Ausbildung bei Heydrich erfahren, ihr Kommandeur, der Oberst und Feldpolizeichef Wilhelm Krichbaum, war ein Freund Heydrichs und zuletzt SS-Standartenführer und Regierungsrat im SD-Hauptamt gewesen.[73)] So konnte es nicht verwundern, daß die Dienstvorschriften der Amtsgruppe Ausland/Abwehr den Einheiten der Geheimen Feldpolizei ähnliche Aufgaben zuschrieben wie den Einsatzgruppen, nämlich: »alle volks- und staatsgefährdenden Bestrebungen, insbesondere Spionage, Landesverrat, Sabotage, feindliche Propaganda und Zersetzung im Operationsgebiet zu erforschen und zu bekämpfen«.[74)]

Entsprechend rüde waren die Methoden, mit denen die GFP gegen vermeintliche und tatsächliche Gegner im Rücken der deutschen Front vorgingen. Beamte der Geheimen Feldpolizei verhafteten so viele Polen wegen Sabotage und Spionage, daß es ihnen opportun erschien, die Häftlinge den Kameraden von den Einsatzgruppen zur Liquidierung zu übergeben. Als diese Praxis überhandnahm, intervenierte Heydrich. Der Abwehroffizier der Heeresgruppe Süd funkte an die Armeekorps am 20. September: »Der Chef Sipo bittet, die GFP anzuweisen, ihre Erschießungen selbst durchzuführen.«[75)]

Der Vorgang verriet, daß Canaris' und Heydrichs Organisationen mehr Berührungspunkte besaßen, als die literarischen Apologeten der Abwehr später wahrhaben wollten. Seit Kriegsbeginn waren die beiden Mächte noch enger aneinandergerückt – mit leicht veränderten Namen und vermehrten Befugnissen: Am 27. September hatte Himmler Gestapo, Kriminalpolizei und SD unter Heydrich zu einem Reichssicherheitshauptamt (RSHA) vereinigt, das zu einer staatlich-polizeilichen Überbehörde werden sollte, am 18. Oktober mauserte sich Canaris' Amtsgruppe zum OKW-Amt Ausland/

Abwehr, das verschärfte Personenkontrolle in allen Bereichen der Wehrmacht und der Rüstungsindustrie ausübte.[76)]

Schon die ersten Kriegstage hatten zwischen RSHA und Abwehr ein Geflecht von gegenseitigen Beziehungen und Abhängigkeiten entstehen lassen, das die beiden Organisationen scheinbar unlösbar miteinander verband. Personal und Ausrüstung der Abwehr hatten bei dem Grenzprovokations-Unternehmen des SD mitgewirkt, Grenzpolizisten und SS-Männer die Kommandounternehmen der Abwehr im Polen-Feldzug unterstützt. Herzners kundigster Helfer am Jablunka-Paß war ein Beamter der Stapoleitstelle Brünn gewesen, SS-Standartenführer Neumann und SS-Obersturmbannführer Kriewald hatten als V-Führer dem Dirschauer Unternehmen der Abwehr assistiert.[77)]

Die in Polen (und vorher in der Tschechoslowakei) eingesetzten V-Männer der Abwehr waren meist stramme Nationalsozialisten und entstammten vielfach örtlichen SS-Einheiten, so daß es den Abwehroffizieren am Tirpitz-Ufer selbstverständliche Pflicht schien, ihren Helfern durch Anträge beim SS-Hauptamt Beförderungen und Auszeichnungen zu verschaffen. Major Klug von der Abwehrabteilung II gelang es sogar, seinen Männern, soweit sie SS-Angehörige waren, ein von Nationalsozialisten vielbegehrtes Statussymbol zu sichern: den am linken Ärmel der SS-Uniform getragenen »Ehrenwinkel«, der sonst nur »Alten Kämpfern« zustand, die schon weit vor 1933 unter Hitlers Fahnen mitmarschiert waren.[78)]

Der Gemeinsamkeiten waren viele: Materialien und Offiziere der Abwehr instruierten die SS-Verfügungstruppe über Geheimschutz und Spionageabwehr, Vortragsredner des Reichssicherheitshauptamtes belehrten die Kameraden von der Abwehr. Bei so vielen Berührungspunkten ließ es sogar Canaris gelegentlich an der nötigen Wachsamkeit gegenüber der anderen Seite fehlen. Aufgebracht stellte sich Groscurth gegen seinen Chef, weil der ihm eine Sekretärin empfohlen hatte, deren Bruder Ordonnanzoffizier der SS bei Hitler war. Groscurth schimpfte: »Das fehlt noch in der jetzigen Zeit. Frau C[anaris] war ja auch erschüttert, daß ihr Mann mir diesen Geist . . . zuteilte.«[79)]

Die beiden Mächte wirkten äußerlich so eng zusammen, daß die Abwehr uneingeweihten NS-Gegnern schon als verlängerter Arm der Gestapo erschien. So erging es dem an der Deutschen Gesandtschaft in Den Haag tätigen Diplomaten Wolfgang Gans Edler Herr von und zu Putlitz, der sich – durch homosexuelle Neigungen in die Netze des britischen Geheimdienstes geraten – von Abwehragenten verfolgt glaubte und Mitte September mit 250000 Gulden aus der Gesandtschaftskasse überstürzt nach England floh.[80)] Putlitz: »Canaris hätte mich aufgehängt, wenn er mich geschnappt hätte.«[81)]

Putlitz' Ahnungen trogen nicht: Holland war tatsächlich der Schauplatz einer gemeinsamen Aktion von Abwehr und SD, die bezweckte, den britischen Spionageapparat in Westeuropa zu unterlaufen. Die Geschichte hatte 1937 begonnen, als es dem Major Johannes Travaglio, I/Luft-Referent in der Abwehrstelle Stuttgart, gelungen war, Kontakt zu dem in Amsterdam lebenden deutschen Emigranten Fischer zu bekommen, der gute Beziehungen zu britischen Geheimdienststellen in London unterhielt.[82)]

Fischer war einer von jenen Emigranten der Hitler-Ära, die nicht übel Lust hatten, durch gute Dienste für die Sicherheitsorgane des Dritten Reiches dem tristen Exildasein wieder zu entfliehen und sich die Heimkehr nach Deutschland zu erkaufen. Der Emigrant Fischer hatte besondere Gründe, mit der Abwehr zu paktieren; er wurde von der deutschen Justiz gesucht und erhoffte sich aus der Zusammenarbeit mit dem Canaris-Dienst die Niederschlagung seines Strafverfahrens. Travaglio wird es ihm versprochen haben, denn Fischer bot, was jeden deutschen Geheimdienstler reizen mußte: Ausspähung des Secret Intelligence Service.[83]

Im Januar 1938 trafen sich die beiden Abwehrmajore Travaglio und Diebitsch mit Fischer im Amsterdamer Hotel »Carlton«, wobei sie sich der gängigsten Legende bedienten, die deutschen Geheimdienstlern beim Umgang mit fremden Spionagediensten einfiel: Sie gaben sich als besorgte Friedensfreunde aus, die der aggressive Kurs Hitlers bekümmere und die ausländischer Unterstützung bedürften, um ihn unschädlich zu machen.[84] Fischer verstand; er empfahl die vermeintlichen NS-Gegner seinen Freunden in der Londoner SIS-Zentrale. Es vergingen freilich noch anderthalb Jahre mißtrauischer Recherchen der Briten, ehe der SIS Fischer nahelegte, in Den Haag die Firma »Pharmisan« aufzusuchen und dort nach einem Mr. Payton Best zu verlangen.[85]

Der ehemalige Captain Best, mit Monokel, steifem Hut und Regenschirm Typ des britischen Gentleman, erwies sich als Chef einer SIS-Niederlassung in Holland, der durchaus Interesse hatte, mit deutschen Hitler-Gegnern ins Gespräch zu kommen. Man verabredete sich für Mitte September 1939 im Hotel »Wilhelminia« in dem niederländischen Grenzort Venlo. Best brachte noch seinen Partner mit, Major Richard Stevens, Leiter einer weiteren britischen ND-Filiale; Travaglio trat unter dem Decknamen »Dr. Solms« auf und flunkerte den Briten mancherlei über Umsturzpläne einflußreicher Widerstandsgruppen in der Wehrmacht vor.[86]

Stevens und Best waren so beeindruckt, daß sie sofort mit den Führern dieser Widerstandsgruppen sprechen wollten. Neue Treffs wurden vereinbart, immer mehr »Widerstandskämpfer« ließ die Abwehr anrücken. Da intervenierte der SD: Ein 29jähriger Regierungsrat und SS-Sturmbannführer namens Walter Schellenberg interessierte sich für das Holland-Spiel der Abwehr.

Schellenberg, bis dahin im SD-Hauptamt tätig, war Anfang Oktober von Heydrich an die Staatspolizeistelle Dortmund versetzt worden, um sich dort als künftiger Amtsgruppenchef im RSHA mit der Praxis der polizeilichen Spionageabwehr vertraut zu machen.[87] Da der Neuling nur beschäftigungslos herumsaß und den Dienstbetrieb durch seine Fragerei störte, ließ ihm der Exekutivleiter der Stapostelle, Kriminalkommissar Heimbach, zur Ablenkung alte Akten vorlegen, in denen es auch um die Holland-Aktivitäten dieser für die Observierung deutscher Emigranten in Westeuropa wichtigsten Dienststelle der Gestapo ging.[88]

Mit wachsender Spannung las Schellenberg, daß die Gestapo in Holland mit Anti-Hitler-Emigranten in Verbindung stand und sogar wiederholt versucht hatte, prominente Antifaschisten wie den ehemaligen Reichskanzler Brüning nach Deutschland zu entführen.[89] In diesem Augenblick, vermutete später Heimbach, »muß Schellenberg plötzlich eine fixe Idee bekommen haben«: mit der Hilfe von Emigranten in den britischen Geheimdienst auf holländischem Gebiet einzudringen und deren Führer zu kidnappen.[90] Er war von der Idee so begeistert, daß er sich augenblicklich von Heimbach für die Bahnfahrt nach Berlin eine Reichsnetzkarte auslieh und Heydrich Vortrag hielt.[91]

Schellenberg war zur rechten Zeit gekommen, denn wenige Tage zuvor hatte ein anderer SD-Mann im RSHA, der SS-Sturmbannführer Helmut Knochen, von Travaglios niederländischen Aktivitäten erfahren – durch den Informanten Fischer, der nicht nur für die Abwehr, sondern auch für den SD arbeitete.[92] Heydrich akzeptierte Schellenbergs Vorschlag, von nun an spielte der SD an der Seite der Abwehr in Holland mit. Knochen leitete die Aktion von Berlin aus, während Schellenberg als »Hauptmann Schemmel« bei allen Treffs mit Best und Stevens dabei war.[93]

Der SD plante kaum einen neuen Zug, ohne Travaglio vorher zu informieren oder zu konsultieren. Für den Nachmittag des 9. November war eine neue Zusammenkunft mit den beiden britischen Chefspionen in Venlo verabredet worden.[94] Schellenberg bereitete sich am frühen Morgen des 9. November in Dortmund gerade auf den Treff vor, als das Telefon klingelte. Er hörte die aufgeregte Stimme Himmlers: »Heute abend nach Abschluß der Ansprache im Bürgerbräukeller in München ist ein Attentat auf den Führer verübt worden. Der Führer hatte jedoch den Saal einige Minuten zuvor verlassen. Es handelt sich hier bestimmt um einen Anschlag des englischen Secret Service.«[95]

Ein Attentat auf Hitler – das war für den SS-Mann Schellenberg ungeheuerlich. Dennoch will Schellenberg erschrocken sein, als er Himmlers nächste Worte hörte: Der Führer habe befohlen, Stevens und Best zu verhaften und ins Reich zu bringen. Schellenberg gehorchte. Ein Rollkommando des SD unter Knochen und dem unvermeidlichen Naujocks war schon unterwegs nach Dortmund.[96]

Als Best um 16 Uhr mit seinem Wagen, in dem außer Stevens der niederländische ND-Oberleutnant Klop und der Garagenbesitzer Lemmens saßen, am Treffpunkt – einem der grenznächsten Cafés von Venlo – vorfuhr, ging der schon wartende Schellenberg den Ankömmlingen entgegen. In diesem Augenblick fuhr ein offener SS-Wagen in rasender Fahrt heran, durchbrach die Grenzsperre und hielt vor Bests Auto. Ein Maschinengewehr hämmerte los, die Briten rissen ihre Pistolen heraus. Naujocks sprang mit seinen Männern aus dem Wagen und überwältigte die Briten; deren Begleiter Klop brach, tödlich verwundet, bewußtlos zusammen, aber auch er wurde mitgeschleift, ebenso wie Lemmens. Nicht alle hatten im SS-Wagen Platz, erst am deutschen Zollhaus bot ein Gefreiter der Wehrmacht namens Fühlen seinen Wagen für den weiteren Transport der Häftlinge an.[97]

Die Wagen fuhren zu der nächstgelegenen Stapostelle, jener in Düsseldorf, wo die Personalien der beiden Briten festgestellt wurden. Am nächsten Tag, am 10. November, ging es weiter nach Berlin.[98] Klop aber war nicht mehr zu retten; er starb in Düsseldorf, ohne das Bewußtsein zurückerlangt zu haben, was Schellenberg nicht daran hinderte, dem Toten ein schriftliches »Geständnis« über angebliche britisch-niederländische Generalstabsbesprechungen zu unterschieben, mit dem der Völkerrechtsbruch von Venlo bemäntelt werden sollte.[99]

Erst am 10. November erfuhr Canaris von der Aktion in Venlo. Irritiert von den mannigfachen Kombinationen über die vermeintlichen Hintermänner des »Bürgerbräukeller«-Attentäters Georg Elser, laut Groscurth »sogenannter ›Brieftaubenkreis‹ (alte verärgerte Pg.) oder auch Gestapo selbst«, verlangte Canaris von Heydrich Einblick in die Protokolle der Stevens- und Best-Vernehmung.[100] Heydrich versprach sie, zögerte jedoch ihre Aushändigung hinaus. Darauf befahl Canaris seine führenden Holland-Aktivisten zu einer Besprechung ins Düsseldorfer »Park-Hotel« am 11. November.[101]

Als er Korvettenkapitän a. D. Protze, die legendäre graue Eminenz hinter allen Holland-Aktivitäten der Abwehr, vor sich sah, fragte er ihn mit gutgespielter Gelassenheit: »Na, Richard, was machen denn deine Freunde drüben, Stevens und Best?« Protze meldete stramm: »Die werden ständig überwacht, Herr Admiral!« Canaris sah ihn spöttisch an, dann sagte er: »So, aber im Augenblick sitzen beide in Berlin in der Prinz-Albrecht-Straße bei der Stapo.« Protze »sperrte Mund und Augen auf«, wie sich ein Teilnehmer erinnert. Der Abwehrchef aber schimpfte los: »Diese Schweinerei hat uns Heydrich eingebrockt.«[102]

Unter Berufung auf diese Szene beteuerten später die Verteidiger der Abwehr, Canaris und sein Amt hätten vorher von dem Venlo-Unternehmen nichts gewußt. Das wird zutreffen – und doch drängte die Abwehrzentrale Schellenberg, der Wehrmacht wenigstens einen bescheidenen Anteil an dem Unternehmen zu konzedieren. Als Schellenberg, Knochen und Naujocks wegen ihres Einsatzes in Venlo mit dem Eisernen Kreuz Erster Klasse ausgezeichnet wurden, mußte sich Korvettenkapitän Meißner, der Hauptverbindungsoffizier der Abwehr beim RSHA, an den SS-Sturmbannführer mit der Bitte wenden, auch dem Gefreiten Fühlen, der in Venlo seinen Wagen zur Verfügung gestellt hatte, zu einem EK zu verhelfen. Schellenberg lehnte ab.[103]

Canaris erkannte, daß der ihm bis dahin nahezu unbekannte Schellenberg einer der kommenden Spitzenfunktionäre des RSHA und mithin ein Mann war, den es sorgfältig zu beobachten galt. Möglicherweise hatte Canaris schon vorher durch SS-Brigadeführer Best erfahren, daß Schellenberg zu den Hauptprofiteuren der Reorganisation des Polizeiapparates gehörte: Best hatte die Führung der Abwehrpolizei, die jetzt in der RSHA-Amtsgruppe IV E zusammengefaßt war, verloren und an den Heydrich-Günstling Schellenberg abgeben müssen.

Das mußte Canaris sehr berühren, denn mit Best verstand er sich gut – trotz ihrer dienstlichen Rivalität; der Brigadeführer hatte oft zwischen den Kompetenzkriegern Heydrich und Canaris vermittelt. Best blieb zwar einstweilen noch Amtschef im RSHA, zuständig für »Verwaltung und Recht« (Amt I), doch er hatte seine zentrale Rolle an der Seite Heydrichs eingebüßt.[104] Wer aber war Schellenberg? Er saß seit Jahren als eine Art Ghostwriter und Ideengeber Heydrichs in der Stabskanzlei des inzwischen aufgelösten SD-Hauptamtes, die Gründung des RSHA ging nicht zuletzt auf seine Memoranden und Vorschläge zurück. Aus dem Schatten der SD-Bürokratie war er indes selten herausgetreten: einmal, im März 1938, als Begleiter

Himmlers beim Einmarsch in Wien und abermals als dessen Ordonnanzoffizier im Polen-Feldzug. So war nur wenig über Schellenberg bekannt.[105)]

Der Sohn eines bankrott gegangenen Klavierfabrikanten aus Saarbrücken, nach Rechtsstudium und Referendartätigkeit an westdeutschen Amtsgerichten zum SD gekommen, in schlechter Ehe mit einer ehemaligen Näherin lebend, die ihm einst seine Ausbildung finanziert hatte und nun den hochfliegenden Ambitionen des Herrn Regierungsrats nicht mehr genügte, galt als ehrgeizig, aalglatt und opportunistisch.[106)] Dabei war er äußerst intelligent und realistisch, ein typisches Produkt des in Nachkrieg und Inflation richtungslos gewordenen Bürgertums, dessen Söhne sich häufig in die Hohlwelt eines voraussetzungs- und bindungslosen Funktionalismus geflüchtet hatten. Die Fama schrieb Schellenberg intime Beziehungen zu Lina Heydrich zu (Frau Heydrich: »Dummes Gerede«), womit freilich nur ausgedrückt war, für wie grenzenlos man seine Karrieresucht einschätzte.[107)]

Da wurde es nun Zeit für Canaris, den neuen Abwehrpolizeichef persönlich kennenzulernen. Für den 9. Februar 1940 lud er Schellenberg und Best in sein Büro, anschließend gingen die Herren ins Weinrestaurant »Ewers« zu einem gemeinsamen Frühstück, bei dem alle Probleme zwischen RSHA und Abwehr besprochen wurden. »Man merkte genau die Absicht, daß Admiral Canaris Sturmbannführer Schellenberg überprüfen wollte«, hielt der neue Abwehrpolizeichef in einem Aktenvermerk fest.[108)] Die Probe fiel äußerlich für den jungen Aufsteiger vorteilhaft aus, schon kurze Zeit später legte ihm Canaris nahe, sich an den täglichen Ausritten mit Heydrich und Best im Tiergarten zu beteiligen.

Canaris und Schellenberg fanden rasch einen gemeinsamen Nenner, der ihnen ermöglichte, persönlich reibungslos miteinander zu verkehren. Canaris erkannte Schellenbergs lebhafte Phantasie und Intelligenz an, zumal der Sturmbannführer seine Bewunderung für den Abwehrchef deutlich durchscheinen ließ. Auch Schellenberg glaubte an die vor allem in der SS-Führung grassierende Legende vom genialen Meisteragenten Canaris – bis zu seinem Lebensende wird ihn der Admiral »Deutschlands bester Spion« dünken.[109)]

Als ihn einmal der Legationssekretär Krammarz vom Auswärtigen Amt allzu zutraulich fragte, ob er denn nun eigentlich Canaris »für einen gerissenen Fuchs oder einen harmlosen Mann« halte, gab Schellenberg eine Antwort, wie sie auch ein Abwehroffizier nicht besser hätte formulieren können. Schellenberg notierte: »Ich betonte, daß ich Herrn Admiral Canaris für einen unerhört klugen Mann hielte, dem man in sachlicher Hinsicht in jeder Richtung vertrauen könne.«[110)] Gleichwohl hatte das Schicksal den Sturmbannführer und den Admiral zu Erzfeinden bestimmt: Schellenberg wird der Mann sein, der 1944 Canaris von seinem Posten verdrängt, ihn kurz darauf verhaftet und den Todesmühlen der Gestapo überantwortet.

Denn der Ehrgeiz Schellenbergs ließ keinen Raum für einen von der SS unabhängigen Geheimdienst der Wehrmacht und einen autonomen Spionagechef. Wie Heydrich war Schellenberg fasziniert von der Idee eines einheitlichen, zentral gelenkten Supergeheimdienstes, der wiederum nur Teil des großen Staatsschutzkorps sein sollte, in dem sich die SS selbst zu verwirklichen anschickte. Schritt um Schritt hatte der SS-Obergruppenführer Heydrich mit Schellenbergs Assistenz die ersten Grundlagen eines allumfassenden Sicherheitsapparates gelegt, in dem es eines Tages keine separate militärische Abwehr mehr geben würde, sondern nur einen großdeutschen Intelligence Service, an dessen Spitze sich kein anderer emporträumte als Walter Schellenberg.

Gerade seine Aktivität offenbarte, daß die so ostentativ zur Schau getragene Kameraderie zwischen RSHA und Abwehr nur die unlösbaren Konflikte verschleierte, die weit über die übliche Kompetenzrangelei unterschiedlicher Geheimdienstorgane hinaus die beiden Mächte trennte. Keine Amtsleiterbesprechung im RSHA verging, keine grundsätzlichen Beschlüsse wurden gefaßt, ohne daß Heydrich und sein eifriger Adlatus das Mißtrauen und die Abgrenzung gegen die Konkurrenz am Tirpitz-Ufer förderten.

Dieses Mißtrauen galt freilich nicht, wie nach dem Krieg naive Interpreten wähnten, einer vermuteten regimefeindlichen Aktivität der Abwehr. Nur recht selten sorgten sich damals die Männer in der Prinz-Albrecht-Straße um die Regimetreue ihrer Konkurrenten. Was die Führer des RSHA vorantrieb, war der Expansionsdrang eines auf totale Macht ausgerichteten Apparates, war die Arroganz einer sich fortschrittlich dünkenden Gruppe polizeilich-geheimdienstlicher Funktionalisten gegenüber einem Traditionen verhafteten Geheimdienst, den man für altmodisch, ineffektiv und korrupt hielt.

Heydrich und Schellenberg wurden nicht müde, ihren Männern einzuschärfen, allein Materialien des RSHA dürften in Zukunft die Entscheidungen der Staatsführung beeinflussen. Begeistert las Heydrich seinen engsten Mitarbeitern auf einer Besprechung am 19. September 1939 ein Protokoll vor, aus dem hervorging, bei einer Sitzung des Reichskabinetts habe sich Göring nur der Meldungen des SD bedient.[111)] Das reichte Heydrich freilich noch nicht: Auch die Wehrmachtführung sollte eines Tages von den Informationen und Meldungen des Reichssicherheitshauptamtes abhängig sein.

Schellenberg entwarf am 22. Januar 1940 ein Memorandum, in dem er ausführte, das RSHA müsse allein zuständig werden für die politische Informierung der Wehrmacht, um auf diese Weise die gesamte politisch-weltanschauliche Erziehung der Streitkräfte in die Hand zu bekommen; dabei müsse »zur Vorbereitung des endgültigen Einbruches« die Aufmerksamkeit jenem OKW-Amt gelten, »das sich bereits heute diese politische Information auch auf dem innerdeutschen Sektor anmaßt«.[112)] Und in derselben Aktennotiz schrieb Schellenberg: »Es müßte jetzt schon daran gedacht werden, daß kurz vor Friedensschluß die notwendigen Verhandlungen mit der Wehrmacht beginnen, um aus taktischen Gründen recht frühzeitig die ›politische Information‹ . . . als Kontrollgebiet der Geheimen Staatspolizei zu erzielen.«[113)]

Immer wieder mahnten Heydrich und Schellenberg auf den RSHA-Sitzungen, SD und Gestapo müßten sich jedem Führungsanspruch der Abwehr widersetzen. Schellenberg am 1. Februar 1940: »Es soll in Zukunft darauf Bedacht genommen werden, nicht mehr von Abwehrpolizei oder Spionageabwehr zu sprechen, wegen der Gefahr, daß die Wehrmacht einen totalen Abwehranspruch geltend macht und die Staatspolizei als ihre Exekutive bezeichnet.«[114)]

Solche Scharfmacherei prallte freilich meist an der Alltagsroutine und an einer Art Komplizenschaft ab, die die Unterführer der beiden Mächte miteinander verband. Es fehlte nicht an Informanten, die das andere Lager vor den Schachzügen der eigenen Führung warnten. Das las sich dann in Groscurths Tagebuch so: »Dr. B[est] hat dem Chef anvertraut, daß H[eydrich] Material gegen den Chef sammelt und ihn zum Sturz bringen will.«[115] Auch der SS-Standartenführer Kanstein, Chef der Stapoleitstelle Berlin, gab Canaris oft einen Wink, ganz zu schweigen von dem Regimegegner Nebe, der jetzt als Amtschef V im RSHA saß und an die Abwehr weitergab, was er bei den Sitzungen mit Heydrich aufgeschnappt hatte.[116]

Ebenso hinderten aber auch Abwehroffiziere Canaris daran, allzu heftig gegen die Konkurrenz vorzugehen. Als die Stapoleitstelle Düsseldorf im Februar 1940 über einen V-Mann, der zudem noch Jude war, in einem Gegenspionagespiel Nachrichten aus dem Bereich der Wehrmacht an den westlichen Gegner gelangen ließ, deren Übermittlung nicht vorher (wie vorgeschrieben) von der Abwehr genehmigt worden war, warnte Meißner die Gestapo vor Canaris' Reaktion, »denn er befürchtet, daß dies vom Admiral zu einem schweren Hieb ausgenützt würde« – so Schellenberg.[117]

Meißner konnte so souverän reagieren, weil er das herrische Selbstgefühl der Abwehroffiziere besaß, die keine Minderwertigkeitskomplexe gegenüber der anderen Seite kannten. Der Polen-Feldzug hatte das Image der Wehrmacht in Volk und Gesellschaft auf ungeahnte Höhen hinaufgetrieben, und von diesem Prestigezuwachs profitierten auch die Offiziere von Canaris, besonders die führenden unter ihnen, die meist Generalstabsoffiziere waren. Der Krieg hatte ihnen zudem einen Zuwachs an Macht und Zuständigkeiten gebracht, die sie auch recht gerne gegenüber Gestapo und SD ausspielten.

Die Offiziere am Tirpitz-Ufer fühlten sich so mächtig, daß sie nicht selten das RSHA ob der Lückenhaftigkeit seines Kontrollsystems rügten. Die Abwehrabteilung III ließ sich immer neue Vorschläge einfallen, die darauf abzielten, den polizeilichen Überwachungsapparat noch zu verstärken – zum vermeintlichen Wohl der Wehrmacht und ihrer Sicherheit. Manche Erweiterung polizeilicher Macht ging auf die Anregungen der Abwehr zurück: die Errichtung einer Sichtvermerkszentrale beim Reichsführer-SS und Chef der Deutschen Polizei, die Schaffung von Sperrzonen an der Grenze, schärfere Personenkontrolle, die Hinausdrängung aller Zigeuner aus Grenzgebieten und Rüstungsbetrieben.[118]

Doch die polizeiliche Aktivität ging den Offizieren der Abwehr III noch immer nicht weit genug. Die von der Abteilung geforderte »allgemeine Grenzsperre« sei vom RSHA abgelehnt worden, monierte die Abwehr III Anfang 1940 in einer Expertise, und das sei kein Einzelfall: »Zahlreiche der von Abw III wiederholt vorgelegten Vorschläge für eine Verschärfung der Abwehrmaßnahmen« seien vom Reichssicherheitshauptamt »nicht durchgeführt worden«.[119]

Hinter diesen Beschwerden stand meist ein ehemaliger Gardeoffizier des Kaisers, der unter den Abteilungschefs der Abwehr zuletzt zu Canaris gestoßen war. Oberstleutnant im Generalstab Franz-Eccard von Bentivegni, für Abwehr-Insider nur »Benti«, seit dem 1. März 1939 Chef der Abwehrabteilung III, war ein unnachsichtiger Verfechter des preußisch-deutschen

Obrigkeitsstaates, dem es selbstverständlich schien, daß das Volk – und mithin auch die Polizei – den Interessen des Militärs und des Staates vorbehaltlos diene. Der kleine, schmächtige Mann mit dem dunklen Teint wirkte wie ein Abkömmling Italiens, aus dem die Adelsfamilie Bentivegni auch herkam, aber sein drahtiges Auftreten und das ins rechte Auge geklemmte Monokel verrieten unverfälschtes Preußentum.[120]

Benti stammte aus Potsdam und aus einer alten Soldatenfamilie, sein Vater war als Oberstleutnant im Krieg 1914/18 gefallen. Entsprechend militärisch war Franz-Eccards Laufbahn vorgezeichnet gewesen: Der Junge, 1896 geboren, war sofort nach dem Besuch der Realschule ins Militär abgerückt, natürlich in eine Elitetruppe: das 2. Garde-Feldartillerie-Regiment. Dort hatte er als Leutnant den Ersten Weltkrieg mitgemacht und das EK II erworben, war dann in die Reichswehr übernommen worden und 1931 über die Führergehilfenausbildung in den Generalstabsdienst gelangt. 1936 als Major Feindlageoffizier (Ic) im Wehrkreis XII, zwei Jahre darauf Erster Generalstabsoffizier der 26. Infanteriedivision, war er Canaris aufgefallen, der ihn sich holte, als der in seinem Ehrgeiz unbefriedigte Abwehr-III-Chef Bamler Rücktrittswünsche äußerte und bald darauf ein Truppenkommando übernahm.[121]

Canaris schätzte Bentivegnis Umgangsformen und Organisationstalent, doch trotz ihrer gemeinsamen italienischen Abstammung blieben die beiden Männer menschlich auf Distanz. Von allen seinen Abteilungschefs schenkte der Admiral Bentivegni das geringste Vertrauen. Dazu trug nicht nur Bentis Kühle und seine – dienstlich gebotene – enge Tuchfühlung mit der Welt des RSHA bei, Canaris blieb auch der Eifer etwas unheimlich, mit dem der Oberstleutnant daranging, das Überwachungssystem der Abwehr zu vervollständigen.

Dabei verfügte die Abwehr III bereits über weitreichende Kontrollinstrumente, die ihr erlaubten, die Aktivitäten von Soldaten und Zivilisten zu durchleuchten. Die Beamten der Geheimen Feldpolizei konnten im Zuge der Verbrechens- und Spionagebekämpfung in der Wehrmacht jede Militärperson verhaften. Die Angehörigen des Verstärkten Grenzaufsichtsdienstes durchstöberten die Sperrzonen, III-Offiziere saßen in den Wirtschaftsrüstungs-Inspektionen, kein von Bentivegnis Abteilung als Abwehrbeauftragter vereidigter Angestellter eines Betriebes durfte ohne ihre Erlaubnis entlassen werden.[122]

Die Gruppe III N wachte darüber, daß in Presse, Film und Postverkehr nichts verletzt wurde, was sie für militärisches Geheimnis hielt. In den Auslandsbrief- und Auslandstelegramm-Prüfstellen lasen Beauftragte von III N mit, und selbst Brieftauben fanden in der Abwehr III verstärktes Interesse.[123] Abschreckende »Feind hört mit!«-Plakate, meist von der Polizei verteilt, stammten aus den Büros der Abwehr III, während umgekehrt die Polizei angewiesen war, in allen Dienststellen der Partei die Einhaltung des von der Abteilung erlassenen Verbots öffentlicher Vorträge über Spionage und Sabotage zu überwachen.[124]

Gleichwohl forderte Bentivegni immer »weiteren Ausbau der deutschen Abwehr«. Am 6. Februar 1940 diktierte der Oberstleutnant, was er detailliert darunter verstand: »I. Die unbedingte Sicherung der Reichsgrenzen gegen jeden unerwünschten legalen und illegalen Grenzübertritt. II. Die Ausgestaltung der das ganze Reichsgebiet umschließenden Grenzzone zu einem Gürtel, der a) frei von unzuverlässigen Elementen ist, b) von Unbefugten weder betreten noch durchschritten werden kann. III. Der Schutz des Operationsgebiets und der angrenzenden militärisch stärker belegten Gebiete durch Schaffung einer Zone mit verschärften Abwehrbestimmungen. IV. Die restlose Erfassung und Überwachung aller Ausländer und aller unzuverlässigen Inländer im gesamten Reichsgebiet.«[125]

Dazu ließ Bentivegni von seinen Mitarbeitern eine bunte Palette neuer Vorschläge entwerfen, die von der grenznahen Errichtung »eines elektrischen Drahtzaunes, der naturgemäß auch einer Bewachung bedarf«, bis zur Schaffung neuer Kontrollinstanzen in den diplomatischen Auslandsvertretungen Deutschlands reichten.[126] Die Sichtvermerkszentrale der Polizei sollte zum Beispiel ihre Kontrolle auch auf deutsche Auslandsreisende erweitern, damit »sämtliche die Reichsgrenze überschreitenden Personen ... einer regelmäßigen und sich immer wiederholenden Kontrolle der Zentrale in Berlin unterworfen werden« könnten.[127]

Die meisten Vorschläge setzten sich in Aktionen um, Abwehr III und Gestapo verfilzten sich immer mehr. Das RSHA konnte jedoch schon aus Personalmangel nicht alle Wünsche Bentivegnis erfüllen. Das brachte ihn auf den Gedanken, die Geheime Feldpolizei stärker heranzuziehen. Eigentlich war die von der Abwehr III geführte GFP nur zum Schutz des Heeres in den Operationsgebieten gedacht, doch Bentivegni hatte schon im Juni 1939 in die »Dienstvorschrift für die Geheime Feldpolizei« Formulierungen aufnehmen lassen, die es der Abwehr ermöglichten, die GFP auch im Reichsgebiet als ihre Exekutive einzusetzen.[128]

»Bei Verfolgung von Spionage- usw. Fällen, die über das Op[erations]-Gebiet hinausgehen«, hieß es da, »ist die GFP befugt, in dringenden Fällen im gesamten Reichsgebiet einschl[ießlich] besetzter Feindgebiete tätig zu werden. Die örtlich zuständige Staatspolizeistelle bzw. die entsprechende Stelle im besetzten Gebiet ist, soweit möglich vorher, sonst unverzüglich zu verständigen.«[129] Mit anderen Worten, die Abwehr beanspruchte für die GFP die Exekutivrechte, die bis dahin allein der Gestapo zugestanden hatten. Ein weiterer Passus machte das noch deutlicher: »Die Dienststellen und Beamten der GFP haben die Befugnisse, die den Behörden und Beamten des Polizei- und Sicherheitsdienstes gesetzlich zustehen.«[130]

Canaris ließ Bentivegni gewähren, denn ihm konnte es nur recht sein, die Abwehr mit Hilfe der GFP von der Gestapo unabhängig zu machen. Heydrich merkte bald, was gespielt wurde, doch ihm waren zunächst die Hände gebunden; er mußte zusehen, wie seine ehemaligen Beamten gegen das RSHA ausgespielt wurden – keine Macht in Deutschland konnte die Wehrmacht daran hindern, Polizeibeamte zum Kriegsdienst einzuziehen. Unverdrossen setzte Bentivegni die GFP für seine Zwecke ein; die Beamten der Geheimen Feldpolizei (Höchststärke im Krieg: 5000 bis 6000 Mann) wurden zu gefürchteten Funktionären militärischer Personenkontrolle.[131]

Die Aktivitäten der Bentivegni-Abteilung verrieten etwas von dem Selbstbewußtsein, das fast jeden Offizier, Beamten und Angestellten der Abwehr durchdrang. In allen Abteilungen und Gruppen des Amtes regte sich

Unternehmungsgeist, neue Ideen und Projekte entstanden, kaum einer mochte abseits stehen, wenn jeder Deutsche aufgerufen war, dem Land und der Wehrmacht mit äußerster Aktivität zu dienen. Im OKW-Amt Ausland/Abwehr dachte man nicht anders als in den übrigen Institutionen des Reiches: Der Sieg über Polen schien alles machbar zu machen, kaum einer bedachte, wie so maßlose Kraftanstrengung enden würde.

Bürkner zeichnete am 29. September 1939 ein rosiges »Gesamtbild« und wollte schon »eine politisch und strategisch erheblich günstigere derzeitige Lage Deutschlands als im Verlauf des Weltkrieges« konstatieren.[132] Er schrieb: »In dieser Hinsicht bedingen die deutschen Waffenerfolge im Osten . . . einen Hochstand deutschen Prestiges und deutschen Machtansehens in der Welt.«[133] Entsprechend optimistisch sahen die Expansionspläne aus, die in allen Bereichen der Abwehr von fleißigen und erfolgsgläubigen Offizieren ausgearbeitet wurden.

Canaris indes, noch immer geschockt von den Erlebnissen in Polen, empfand keine so rechte Freude an dem gesteigerten Elan seiner Mitarbeiter. Das Perfektionsstreben der Abwehr III irritierte ihn, zudem lagen ihm Systematik und organisatorische Planung nicht. Ihn inspirierten Stimmungen, augenblickliche Einfälle – und oft war der Abwehrchef nicht in der Laune, sich mit planerischen Zukunftsperspektiven zu befassen. So kam es, daß manche Neuerung der Abwehr zunächst gegen deren Chef durchgesetzt werden mußte.

Als ihm der Abwehr-II-Hauptmann Dr. Theodor von Hippel auf einer gemeinsamen Dienstreise nach Dresden vorschlug, aus den im Sudetenland und in Polen eingesetzten volksdeutschen V-Männern eine Kampftruppe zu bilden, die hinter der feindlichen Front psychologische Kriegführung treiben solle, witterte Canaris darin »nationalbolschewistische Ideen« und lehnte den Vorschlag ab – mit der Bemerkung, psychologisch-ideologische Kriegführung sei in einem Führerstaat allein Sache der herrschenden Partei.[134] Er reagierte so unwillig, weil er Hippel im Verdacht hatte, ein verkappter Sozialist und Bolschewistenfreund zu sein; in der Tat interessierte sich Hippel, ehedem Offizier bei der Schutztruppe des Generals von Lettow-Vorbeck in Deutsch-Ostafrika, für das politisch-gesellschaftliche Experiment des Sowjetismus. Ihm schwebte eine sozialistische Ordnung mit nationalem Vorzeichen vor, »eine Synthese zwischen Ost und West, ein ›individueller Sozialismus‹«, wie er es später umschrieb.[135]

Bei seinem Vorschlag aber ging es nicht um Sozialismus, sondern um schlichte Fürsorge für die volksdeutschen V-Männer, die ohne jede beamten- oder sozialrechtliche Rückversicherung für die Abwehr gearbeitet hatten und nun nach dem Polen-Feldzug nicht mehr wußten, wohin sie gehörten. Ihnen wollte Hippel eine neue Heimat geben: in einer militärischen Truppe, die als eine Einheit der Wehrmacht im Gebiet des Gegners konspirative Kampfaufträge ausführte. Canaris wollte davon nichts wissen.

Doch Hippel ließ nicht locker und wandte sich an seinen ehemaligen Abteilungschef Groscurth, der einst die volksdeutschen K(ampf)-Verbände ins Leben gerufen hatte.[136] Am 27. September sprach er mit Groscurth, der Hippels Idee aufgriff.[137] Ein paar Tage später erließ die Organisationsabteilung des Heeresgeneralstabes einen Befehl, der den Hauptmann von Hippel ermächtigte, aus volksdeutschen V-Männern eine (wie Groscurth formulierte) »Kompanie von Sabotageleuten für den Westen« aufzustellen.[138] Hippel bezog mit seinen Leuten in Brandenburg die Kaserne eines an der Front stehenden Artillerieregiments. Die neue Einheit, der Abwehr II unterstellt, nannte sich zunächst »Deutsche Kompagnie«, ab 25. Oktober »Baulehrkompagnie 800« und ab 10. Januar 1940 »Bau-Lehr-Bataillon z. b. V. 800«. Ihr erster Standort aber gab der Truppe den eigentlichen Namen, unter dem sie sich später in die Tafeln der Kriegsgeschichte einkratzte: die »Brandenburger«.[139]

Die so geartete Entstehung der Abwehrtruppe hinderte später die Canaris-Apologeten nicht, den Admiral schlankweg zum geistigen Vater der Brandenburger zu machen, ja es fehlte nicht an Spekulationen, wonach Canaris mit der Schaffung dieser Truppe dem innerdeutschen Widerstand ein Schlaginstrument für den Staatsstreich gegen Hitler habe zur Verfügung stellen wollen.[140] Der wirkliche Gründer der Truppe konnte sich über derartige Phantasien nur wundern. Hippel: »Ich halte solche Erwägungen für abwegig. Die Brandenburger hatten nach 1940 sicher eine hohe Zahl von Nazibegeisterten aufgenommen, ihre soldatische Einsatzbereitschaft machte sie für eine Volkserhebung unfähig.«[141]

Auch die weitere Expansion der Abwehr im Herbst 1939 vollzog sich eher ohne das aktive Zutun ihres Chefs. Erst das verstärkte Drängen Keitels, die durch britische Sabotageakte bedrohte Ölversorgung aus Rumänien durch Abwehrkommandos zu sichern, veranlaßte Canaris Mitte Oktober, Pruck nach Rumänien zu entsenden und mit dessen Geheimdienstchef, General Moruzow, ein Arrangement zu treffen, das es der Abwehr erlaubte, eine geheime Ölschutzorganisation entlang der Donau zu schaffen.[142] Ebenso war es die Anregung Warlimonts, eine militärgeographische Erkundung Aserbeidschans in die Wege zu leiten, die Canaris bewog, den Hauptmann der Reserve Dr. Paul Leverkuehn in der Tarnung eines Konsuls nach Täbris zu entsenden – Beginn der Aufklärung des Nahen Ostens durch die Abwehr.[143]

Desgleichen ging der nächste Akt Abwehr-eigener Ausweitung, die Gründung der KO Bulgarien, auf einen Zufall zurück. Canaris hielt eines Tages im Januar 1940 seinen Freund Otto Wagner, Major der Abwehr III, auf dem Korridor an. Canaris: »Ich habe gehört, du fühlst dich hier in der Zentrale nicht wohl. Stimmt das?« Wagner nickte. Darauf Canaris: »Und wo hältst du deinen Einsatz für am zweckmäßigsten?« Der Major erläuterte ihm, Bulgarien scheine ihm den Einsatz zu lohnen, die Lage des Landes vor den Dardanellen und in unmittelbarer Nachbarschaft der Sowjetunion mache es erforderlich, dort eine Kriegsorganisation (KO) zu errichten. Canaris: »Gut! Sieh zu, daß du deinen Dienst in Sofia möglichst bald antrittst.« Sagte es und verschwand, ohne Wagner jemals genaue Instruktionen zu erteilen.[144]

Canaris' seltsames Desinteresse erklärt sich freilich nicht nur aus den Mängeln und Unzulänglichkeiten seiner Amtsführung. Die ganze Aufmerksamkeit des Abwehrchefs galt in jenen Tagen einer neuen Entscheidung Hitlers, die das deutsche Verhängnis noch ärger machen, die Fahrt in die Katastrophe noch mehr beschleunigen mußte: Der Diktator hatte eine möglichst rasche Offensive gegen den Westen beschlossen, und es wird die Stimmung von Canaris kaum erhöht haben, daß die von ihm nicht gewollte Abwehrtruppe in Hitlers Offensivplänen eine bedeutende Rolle spielte.

Noch am Tage der Kapitulation Warschaus, am 27. September 1939, hatte Hitler die Oberbefehlshaber der Teilstreitkräfte zu sich gerufen und ihnen eröffnet, die Wehrmacht müsse die Initiative im Westen an sich reißen, und sei es um den Preis einer Verletzung der Neutralität Hollands und Belgiens; das Reich – so Hitlers Begründung – könne es sich nicht leisten, den Angriff der Westmächte abzuwarten, zumal der Gegner von Tag zu Tag militärisch stärker werde.[145]

Als Hitler die erschrockenen Gesichter der Militärs vor sich sah, die von ihrem Führer ein Ende des Krieges, nicht aber dessen Ausweitung erwarteten, gab er sich maßvoll. Er werde den Angriffsbefehl nur geben, wenn die Westmächte nicht auf die Friedensvorschläge eingehen würden, die er ihnen in den nächsten Tagen unterbreiten werde. In der Tat schlug Hitler in einer Rede vor dem Reichstag am 6. Oktober eine Konferenz der führenden europäischen Staaten zur Regelung des Friedens vor – auf der Basis der deutschen Eroberungen.[146]

»Weshalb soll nun der Krieg im Westen stattfinden?« fragte Hitler scheinheilig und gab die Antwort, es lohne nicht, »Millionen von Menschenleben zu vernichten und hunderte Milliarden an Werten zu zerstören«, um Polen wiederherzustellen oder Deutschland ein anderes Regime zu geben. Hitler deklamierte: »Nein, dieser Krieg im Westen regelt überhaupt kein Problem.« Zugleich aber befrachtete er seine vagen Friedensvorschläge mit neuen Forderungen, etwa nach deutschen Kolonien oder nach einer »Ordnung und Regelung des jüdischen Problems«.[147]

Hitlers »Friedens«-Rede war nur propagandistischer Nebel, der den von ihm längst beschlossenen Krieg im Westen erleichtern sollte. Der Diktator wartete denn auch die Antwort der britischen Regierung gar nicht erst ab und rief am 10. Oktober die Oberbefehlshaber erneut zu sich, um ihnen seine definitiven Befehle zu erteilen: Angriff im Westen noch im Spätherbst.[148] Einen Tag zuvor hatte Hitler bereits die »Weisung Nr. 6 für die Kriegführung« unterschrieben, in der das Wort stand, Ziel der Operation sei die »Vernichtung der Kraft und Fähigkeit der Westmächte, noch einmal der ... Weiterentwicklung des deutschen Volkes in Europa entgegentreten zu können«.[149] Widerwillig machten sich die Offiziere des Heeresgeneralstabes daran, einen Operationsplan auszuarbeiten.

Hitler trieb die Militärs zur Eile an. Fast jeden Tag empfing er in der Reichskanzlei seine militärischen Berater, immer wieder wartete der Diktator mit neuen Einfällen und Ideen auf, die er sofort in die Operationsplanung aufgenommen wissen wollte. Seine an den Indianer-Romanen Karl Mays geschulte Phantasie produzierte schier unentwegt neue Tricks, mit denen er den Gegner im Westen zu überrumpeln hoffte. Über seine Militärs aber mokierte er sich: »Ihnen fallen keine Listen ein. Sie hätten mehr Karl May lesen sollen!«[150]

Wer aber war unter den deutschen Institutionen geeigneter als die Abwehr, die Karl-May-Romantik des Führers zu befriedigen? Auf die Abwehr ergoß sich ein Strom Hitlerscher Anregungen, Marginalien und

Befehle, häufig mußten Canaris und Lahousen in die Reichskanzlei, sich die phantastischen Kombinationen des Diktators anzuhören: Kommandos der Abwehr sollten wenige Stunden vor dem Angriff in fremder Uniform Brükken des Gegners besetzen und Festungswerke lahmlegen, ja es gab auch den Plan, Fallschirmspringer über Den Haag abzusetzen und Hollands gesamte Führung zu kidnappen.[151]

In Belgien galt es, den als Festungsgraben ausgebauten Albert-Kanal und das Sperrfort Eben Emael durch einen Überraschungsangriff auszuschalten, während im südlichen Holland die Brücken über die Maas, den Maas-Waal- und den Juliana-Kanal sowie die Yssel im Handstreich zu besetzen waren. Für jedes Unternehmen hatte sich Hitler einen Plan zurechtgelegt: Als Polizisten und Eisenbahner verkleidete Abwehrmänner sollten die Brückenwachen überrumpeln, Fallschirmspringer mit Lastenseglern »vor dem ersten Büchsenlicht« im Festungsgebiet von Eben Emael landen, Kähne mit versteckten Infanteristen das gegnerische Ufer ansteuern.[152]

Die Abwehrführung beeilte sich, Hitlers Wünsche zu verwirklichen. Piekenbrock wies die Abwehrstelle Münster und den Hauptmann Walter Schulze-Bernett, Leiter der KO Niederlande, an, holländische Uniformen zu beschaffen und den Aufenthaltsort von Hollands Regierung und Oberkommando festzustellen.[153] Das konnte für Schulze-Bernetts Agenten keine schwierige Aufgabe sein, denn der Hauptmann renommierte gerne: »Es gibt in diesem Lande keinen Stein, den wir nicht kennen.«[154]

Schulze-Bernett mobilisierte jeden ihm zur Verfügung stehenden Informanten, auch die V-Männer des NS-Landesgruppenleiters Otto Butting machten mit, der über die »Reichsdeutsche Gemeinschaft« mit 3000 Parteigenossen gebot und an die Gauleitung der Auslandsorganisation der NSDAP berichtete, wo wiederum ein Verbindungsmann Piekenbrocks, der Offizier Heinz Cohrs, saß.[155] Ähnlich gründlich gingen die Abwehrleute in Belgien ans Werk, derweil im Inland »Unterlagen über den Albert-Kanal (Profile, Uferböschungen, Tiefe, Brückenlängen, Sprengstellen)« beschafft wurden – bei »deutschen Firmen, die den Kanal als Reparationsleistung nach 1918 gebaut hatten«, wie Piekenbrock weiß.[156]

Inzwischen stellte Abwehr II die Stoßtrupps auf, die den deutschen Verbänden den Weg bahnen sollten. Hauptmann Fleck von der Ast Oppeln formierte aus 550 Abwehrmännern ein Infanterie-Bataillon z. b. V. 100, das Befehl hatte, der 6. Armee des Generalobersten von Reichenau die Brücken im nördlichen Belgien und im südlichen Holland zu sichern. Hauptmann von Hippel mußte 50 Mann seiner Baulehrkompanie abgeben, die der 4. Armee für deren Vorstoß ins südliche Belgien unterstellt wurden. Und für das Unternehmen gegen Eben Emael, Aufgabe der 7. Fliegerdivision, suchte Lahousen noch 18 Fallschirmagenten und etwa 20 Dolmetscher und Wegführer.[157]

Da er nicht über genügend sprach- und ortskundige Helfer verfügte, ließ Lahousen den Führer einer im Reich residierenden Organisation holländischer Nationalsozialisten, Julius Herdtmann, kontaktieren und zur Mitarbeit einladen. Herdtmann stellte 200 Angehörige seiner Organisation zur Verfügung; sie kamen in Lager der Abwehr II und wurden dort militärisch ausgebildet.[158] Ihre Aufgabe: vor dem Angriff in der Uniform holländischer

Militärpolizisten über die Grenze zu sickern und Objekte des Gegners zu besetzen.

Bald verfügte Lahousen über 1000 Mann, die nur auf Hitlers Angriffsbefehl warteten.[159] Wieder einmal sah sich Canaris in einen Gewaltakt des Diktators tief verstrickt. Der Canaris-Biograph Abshagen will freilich wissen, der Abwehrchef habe »ziemlich scharf« gegen die ihm auferlegte Beschaffung holländischer und belgischer Uniformen »opponiert«.[160] Das läßt sich nicht belegen, ist auch höchst unwahrscheinlich: Canaris sah allen Grund, Hitler seinen Eifer und seinen Einfallsreichtum zu demonstrieren.

Die Wendung der deutschen Wehrmacht gegen den Westen offenbarte nämlich eine peinliche Schwäche der Abwehr, die Hitler schwerlich verborgen bleiben konnte. Wie im Ersten Weltkrieg hatte der deutsche Geheimdienst auch im Zweiten sofort beim ersten Schuß die meisten seiner Informantennetze in Frankreich und England verloren. Keine Organisation stand in den gegnerischen Weststaaten bereit, die Abwehr mit zuverlässigen Nachrichten zu versorgen; hoffnungslos rätselte die Abwehrzentrale darüber, welche gegnerischen Truppen wo und wie stark an der deutschen Westgrenze aufmarschiert waren. Wochenlang kam keine Meldung über den Feind.[161]

Und da Canaris und Piekenbrock kaum etwas wußten, spekulierten sie – meist falsch, weil sie sich nicht von der aus dem Ersten Weltkrieg stammenden Vorstellung freimachen konnten, der französische Soldat sei stark und offensivfreudig. Nur unverbesserliche Optimisten wie Bürkner meinten, die französische Armee habe wenig Lust zum Kämpfen, die meisten Offiziere der Abwehr I aber glaubten das Gegenteil.[162] Jeden Augenblick, so wähnten sie, könne die französische Armee losschlagen – und wunderten sich, warum sich die französischen Soldaten nach einigen Scharmützeln zu einem fast gemütlichen »Sitzkrieg« einfanden.

Piekenbrock kombinierte: »Die Franzosen werden den ganzen Winter langsam gegen den Westwall schießen, uns zermürben und unsere Munition uns verschießen lassen.«[163] Da Hitler den französischen Kampfwillen völlig anders beurteilte, mußte es zu Friktionen zwischen ihm und der Abwehr kommen. Schon im Polen-Krieg gab es ein Rencontre, bei dem Canaris keine gute Figur machte.

Als Hitler ihn bei einer Zusammenkunft Mitte September fragte, welche Nachrichten über den Westen vorlägen, erklärte ihm Canaris, »aus allen uns vorliegenden Meldungen und Berichten« sei zu schließen, »daß die Franzosen – vor allem im Raume Saarbrücken – Truppen und Artillerie zusammenziehen, um systematisch und methodisch den Großangriff vorzubereiten«. Das wollte dem Führer nicht einleuchten. Hitler belehrte Canaris: »Ich kann mir nicht denken, daß der Franzose gerade im Raume Saarbrücken, wo unsere Stellung am stärksten ist, angreifen sollte. Wir haben dort unsere A.-Werke, und außerdem trifft er dort auf eine zweite und dritte Stellung, die womöglich noch stärker ausgebaut ist.«[164]

Die ganze Ahnungslosigkeit der Abwehr enthüllte sich schließlich, als der Generalstab des Heeres begann, die Westoffensive zu planen. Die Feindlagebearbeiter der Abteilung »Fremde Heere West« bekamen kaum Material von der Abwehr, sie mußten ihren ersten Lagekarten die Informationen zugrunde legen, die aus der Zeit der französischen Mobilmachung während der Sudetenkrise im Sommer 1938 stammten.[165] Über die Bewegungen der britischen Expeditionsarmee in Frankreich lagen überhaupt keine Nachrichten vor, ihre Führung und Einsatzräume blieben den Deutschen ein Rätsel.[166]

Der Chef der Fremde Heere West, Oberstleutnant Ulrich Liß, war über den »völligen Zusammenbruch unserer Abwehr bei Kriegsbeginn« so empört, daß er in einem langen, aggressiven Bericht den Geheimdienst beschuldigte, seine Pflichten versäumt zu haben.[167] »Großer Krach der Abw. über tollen Bericht des Oberstlt. Liß« registrierte Groscurth.[168] Canaris konnte dem höchsten Feindbearbeiter des Generalstabs sachlich kaum etwas entgegenhalten, gleichwohl war von nun an der »Stänkerer Liß« (Groscurth) für jeden Abwehroffizier ein rotes Tuch.[169]

Erst allmählich gelang es der Abteilung, sich ein zutreffendes Bild der gegnerischen Kräfte zu machen. Die verbesserte Funkabwehr und Frontaufklärung, die Befragung der wenigen gefangenen französischen Soldaten und die Berichte des Militärattachés in Brüssel erlaubten Liß, dem Generalstab einen Überblick über die Feindlage zu bieten.[170] Die Abwehr freilich wirkte dabei nur äußerst bescheiden mit; sie überwand nicht ihre ärgsten Schwächen.

Sie konnte nicht einmal in den neutralen Ländern Belgien und Niederlande die Uniformen beschaffen, die die Stoßtrupps der Abwehr benötigten. Anfang November verhaftete die holländische Polizei einen V-Mann der Abwehrstelle Münster, der bei einem Altwarenhändler in Amsterdam mehrere Uniformen gekauft und dann versucht hatte, sie über die Grenze nach Deutschland zu schmuggeln.[171] Der Fall erregte in der Presse solche Aufmerksamkeit, daß die Abwehrzentrale auf die Beschaffung weiterer Uniformen verzichtete – offenbar Anlaß zu der Version, Canaris sei gegen das Besorgen der Uniformen gewesen.

In Wahrheit suchte daraufhin Lahousen Leute, die den Schneidern der Abwehr genau aufzeichnen konnten, wie holländische Uniformen aussahen. Am 8. November notierte er: »Major von Schweinichen bringt den Hauptwachtmeister Wewer, der an der holländischen Grenze Dienst tut und anscheinend sehr gut über die Uniformierung und Bewaffnung der holländischen Polizei und Grenzformationen Bescheid weiß.«[172] Lahousens Schneider scheinen nicht immer gut beraten gewesen zu sein, im Mai 1940 wird mancher Abwehrmann ob seiner Phantasieuniform und seines Papphelms den holländischen Grenzbehörden auffallen.[173]

Ungehalten verlangte Hitler über die Uniformpannen Auskunft, als bei der nächsten Zusammenkunft in der Reichskanzlei Canaris über »die bisherigen Vorbereitungen in Verbindung zum Westunternehmen« berichtete.[174] Doch Canaris wiegelte rasch ab; noch immer beherrschte er die Kunst, den Führer zu besänftigen. Kein Muskel in seinem ausdruckslosen Gesicht verriet, wie verzweifelt er war. Jede neue Maßnahme Hitlers, jede weitergehende Entscheidung des Generalstabs bestärkte ihn nur in seinem fatalistischen Glauben, an Bord eines dem Untergang geweihten Schiffes zu weilen. Nichts und niemand, kein taktischer Erfolg und kein strategischer Sieg, konnten ihn davon abbringen. »Ehrhardt«, hatte er nach dem Polen-Feldzug zu dem alten Freund und Freikorpsführer gesagt, »Ehrhardt, der

Krieg ist verloren, ganz gleich, wieviel Siege wir noch machen; aber er ist verloren.«[175]

Anfangs allerdings hatte Canaris noch einmal Hoffnung geschöpft, als den Führern der Wehrmacht von Hitler eröffnet worden war, daß im Westen der Krieg weitergehen werde. Hitlers Ankündigung hatte die Militärs aufgewühlt wie keine andere zuvor. Noch nie war eine Entscheidung des Diktators so heftig umstritten gewesen: Es gab kaum einen prominenten Soldaten des Reiches, der den von Hitler geplanten Feldzug gegen den Westen nicht für Selbstmord hielt.

Allzu offenkundig waren die Schwächen und Engpässe der Wehrmacht: die neuaufgestellten Divisionen 3. und 4. Welle noch nicht einmal für Verteidigungsaufgaben voll einsatzbereit, die Panzerverbände nach den Strapazen des Polen-Feldzugs erneuerungsbedürftig, der im Oktober 1939 vorhandene Munitionsvorrat lediglich noch für einen Monat ausreichend, und dies auch nur für ein Drittel der deutschen Divisionen. Dazu kamen andere Schwierigkeiten: die durch die herbstliche oder winterliche Witterung eingeschränkte Einsatzfähigkeit der Panzer und Flugzeuge, die scheinbare Unüberwindbarkeit der französischen Festungsanlagen samt starker Armee und Artillerie.[176]

Entsprechend deutlich fielen die Kommentare aus, mit denen sich führende Militärs gegen Hitlers Pläne stellten. Generaloberst Ritter von Leeb, Oberbefehlshaber der im Westen stehenden Heeresgruppe C, empörte sich, »daß man diesen Wahnsinnsangriff unter Verletzung der Neutralität Hollands, Belgiens und Luxemburgs wirklich machen will«, und sein Kamerad von der Heeresgruppe B, Generaloberst von Bock, assistierte, der Angriff im Westen habe keinerlei Aussicht auf einen kriegsentscheidenden Erfolg.[177] Auch die Oberbefehlshaber der 4. und 6. Armee, der beiden wichtigsten Stoßkeile des deutschen Ansturms, rieten von dem Feldzug ab.[178]

Wie sehr Hitlers Offensivbeschluß die Militärs aufgebracht hatte, verriet der Generaloberst von Reichenau, der bei seinen Gegnern als »Nazigeneral« verschrien war. Er erzählte einem NS-Gegner, dem ehemaligen Bürgermeister Fritz Elsas, von dem Feldzugsplan und riet ihm, über dessen Auslandsverbindungen die Holländer und Briten zu warnen. Die Holländer, so lautete Reichenaus Vorschlag, müßten ihre Kanäle und Wasserwege sofort in Verteidigungszustand versetzen, und zwar derartig laut und demonstrativ, daß der deutschen Offensive jeder Überraschungseffekt genommen sei – allein das könne vielleicht Hitler noch von seinem Plan abbringen.[179]

Canaris war sensibel und informiert genug, die Anti-Hitler-Stimmung unter den führenden Militärs zu spüren. War dies eine allerletzte Chance, ein Wink des Schicksals, noch einmal den Versuch zu unternehmen, in die Speichen des unbarmherzig sich drehenden Rads der Geschichte zu greifen und die Fahrt in den Abgrund zu stoppen? Der von allerlei Mystik und Schicksalsgläubigkeit gefangene Mann sah sich einen kurzen Augenblick berufen, mitzuhelfen, dem Regime des Unheils ein Ende zu bereiten. Seine Phantasie und seine mannigfachen Einflüsterer suggerierten ihm, die unzufriedenen Militärs könnten sich vielleicht jetzt zu einem Staatsstreich bereitfinden, möglicherweise sogar unter Beihilfe der Westmächte.

Jetzt schien ihm die Stunde gekommen, da er in einer letzten persönlichen

Anstrengung verhindern konnte, daß sich Deutschland endgültig und für alle Zeit Europa entfremdete, mithin gänzlich in den Sog Rußlands geriet. In Canaris' Optik formte sich ein verführerisches Bild: durch die Beseitigung Hitlers den Briten die Hand zu reichen und einen Friedensschluß zu arrangieren, der gleichwohl konservierte, was Deutschland unter Hitler gewonnen und erpreßt hatte. Dazu gehörte freilich, daß man das braune Regime liquidierte, es gleichsam als Opfer darbrachte für das von Canaris ersehnte Versöhnungsfest zwischen den Deutschen und Europa.

Und schon standen die Männer wieder an seiner Seite, die in ihm schon einmal – in der Sudetenkrise 1938 – einen Wegbereiter des Umsturzes gesehen hatten: Oberst Oster und seine Freunde. Der Chef der Zentralabteilung und Stabschef der Abwehr hatte seit Wochen darauf gewartet, seine vielfältigen Verbindungen für die große Sache einzusetzen; die scheinbar nutz- und tatenlose Zeit seit Kriegsbeginn war von ihm gut dazu genutzt worden, seine Fäden zu gleichgesinnten Offizieren und Zivilisten weiter zu spinnen. Zu seinen Freunden in der Abwehr, Männern wie Liedig, Heinz, Pfuhlstein und Groscurth, waren neue gestoßen.

Seit dem 25. August saß im Zimmer nebenan der Reichsgerichtsrat Hans von Dohnanyi, dem Oster ein eigenes Referat (ZB) gegeben hatte, das dem Kampfgefährten aus der Fritsch-Krise zur Pflicht machte, Canaris (und auch Oster) regelmäßig über außen- und militärpolitische Fragen Vortrag zu halten.[180)] Der Antimilitarist Dohnanyi, in den allzu ungewohnten Uniformrock eines Sonderführers K im Hauptmannsrang eingezwängt, wirkte in der befehlsorientierten Welt der Abwehr ein wenig bizarr und gab dem ganzen Kreis um Oster etwas Unwirkliches, einen kräftigen Hauch militärfremden Zivilistentums, das in dieser auf Effizienz und Disziplin ausgerichteten Umgebung auffallen mußte.

Der Oster-Kreis galt denn auch im Amt als ein Fremdkörper, zumal Dohnanyi nach und nach Männer an sich zog, denen man schon äußerlich anmerkte, daß sie niemals (wie man damals sagte) »gedient« hatten. Meist waren es engste Freunde Dohnanyis, immer aber entschiedene Gegner des Regimes: Den Jugendfreund Justus Delbrück, einen Verwaltungsjuristen und Sohn des Historikers Hans von Delbrück, in dessen Haus Dohnanyi aufgewachsen war, nahm er in seinem Referat ebenso auf wie Karl Ludwig Freiherr von und zu Guttenberg, den Herausgeber der später verbotenen christlich-monarchistischen »Weißen Blätter«.[181)] Auch einen eigenen Verbindungsmann zu christlichen Widerstandskreisen hielt sich das Referat: den evangelischen Pastor und Theologen Dietrich Bonhoeffer, einen Schwager Dohnanyis.[182)]

Auch zu einigen Abwehrstellen unterhielten Oster und Dohnanyi besondere Beziehungen, dort saßen Freunde und Bekannte, die die politischen Bestrebungen des Widerstandsobersten unterstützten. Vor allem die Ast München war ein sicherer Hort solcher Konfidenten, zu denen auch der bayrische Bierbrauer und portugiesische Ehrenkonsul Wilhelm Schmidhuber gehörte, Sproß einer alten Offiziersfamilie, der freilich in Geschäften aller Art seinen höheren Lebenszweck sah und nur durch eine Reserveübung gleichsam nebenberuflich als Hauptmann in den Dienst der Abwehrstelle München gelangt war.[183)]

Selbst das problematische Verhältnis zu Halder hatte Oster leicht verbessern können, seit Groscurth, inzwischen Oberstleutnant, in dem ins Militärlager Zossen am Rande Berlins übergesiedelten Generalstab des Heeres saß. Aus dem Ein-Mann-Verbindungsstab der Abwehr war inzwischen eine »Abteilung zur besonderen Verwendung« geworden, in der unter Groscurths Leitung meist regimekritische Abwehroffiziere geheimdienstliche und politische Fragen des Heeres bearbeiteten.[184)] Abteilungsleiter Groscurth, dem Oberquartiermeister IV des Heeres unterstellt, obwohl für ihn Canaris »der Chef« war und blieb, wollte das seit der Sudetenkrise gestörte Oster–Halder-Verhältnis entkrampfen, wenn er auch dem Freund gegenüber nicht unkritisch dachte: »Allein auf Osters Berichte will ich mich nicht verlassen.«[185)]

So bot der Kreis Oster/Dohnanyi manche einflußreiche Querverbindung, als Canaris seinen Stabschef rief, ihm bei der Vorbereitung des großen Schlags gegen das Regime zu helfen. Der Admiral war wie verwandelt. Endlich sah er eine Chance zum Losschlagen, nun konnte es ihm nicht rasch genug gehen. »Es sei keine Stunde mehr zu verlieren, Hitler müsse weg« – dieses von Halder überlieferte Canaris-Wort wurde zu einer ständigen Redensart im Chefbüro der Abwehr.[186)] Das Verhältnis zwischen Canaris und Oster drehte sich um; bis dahin war der Oberst der Drängende gewesen, jetzt übernahm der Admiral die Führung.

In schier fieberhaftem Tatendrang trieb er Oster und dessen Leute an, ihre konspirativen Verbindungen spielen zu lassen. Er selber suchte jeden erreichbaren General auf, um ihn für einen Putsch gegen Hitler zu gewinnen. »Gegenüber dem engeren Kreis der ›Widerständler‹ spielte Canaris einseitig und eindeutig die Rolle des Aufpeitschers«, berichtete später Halder.[187)] Der Admiral ließ sich Material über die deutschen Verbrechen in Polen und Analysen über die militärische Lage des Reiches zusammenstellen, die er hastig in seine Aktentasche stopfte, ehe er begann, einen Armeekommandeur nach dem anderen aufzusuchen.

Noch Ende September reiste Canaris zusammen mit Lahousen zu den Hauptquartieren der Heeresgruppen und Armeen im Westen. Der Oberbefehlshaber der Heeresgruppe C, Ritter von Leeb, machte keinen Hehl daraus, daß er eine Aktion gegen das Regime unterstützen werde, sofern die Führung des Heeres den Befehl dazu gebe; auch Generaloberst von Witzleben, der Oberbefehlshaber der 1. Armee, 1938 einer der führenden Männer der Putschvorbereitungen, bekundete seine Sympathie.[188)] Die meisten der anderen von Canaris angesprochenen Militärs aber wichen einer klaren Stellungnahme aus. – Selbst Reichenau, noch immer Gegner der Westoffensive, scheute zurück, wenn auch Lahousen in seinem späteren Reisebericht die vorsichtige Formulierung bevorzugte, der Generaloberst habe die »Warnungen von Canaris« in »weitaus vorsichtigerer, aber im ganzen sehr nachdenklicher und kluger Reaktion zur Kenntnis« genommen.[189)] Da fiel schon die Antwort von Reichenaus Generalstabschef, des in Stalingrad später zu zweifelhaftem Ruhm gelangten Generalleutnants Paulus, eindeutiger aus: Er bezeichnete die deutschen Massenverbrechen in Polen als »kriegsnotwendig« und zog »sich im übrigen auf seinen rein militärischen Aufgabenbereich zurück«.[190)]

Schon hier wurde Canaris deutlich, daß sich die Problematik eines vom Militär getragenen Aufstandes gegen das Regime seit 1938 nicht geändert, sondern eher noch verhärtet hatte. Die vom Nationalsozialismus begeisterten oder zumindest geprägten jungen Offiziere ließen die ältere Führungsgeneration des Heeres keinen Entschluß zur Tat finden; aber auch ohne diesen Druck von unten schreckte die Generale der Gedanke eines Staatsstreiches gegen den Obersten Befehlshaber, zumindest so lange, als Hitler einen Sieg nach dem anderen für Deutschland erzwang. Noch unvorstellbarer war ihnen freilich, mitten im Krieg zu putschen – bedeutete das nicht eine Einladung an den Kriegsgegner, sich in diesem Schwächemoment des Landes zu bemächtigen?

Maßlos enttäuscht reiste Canaris wieder ab, wütend über die politische Instinktlosigkeit der Militärs. Als er am 3. Oktober wieder nach Berlin zurückkehrte, war Canaris so verbittert, daß er keinen General des Heeres zu sehen wünschte – nicht einmal den Oberquartiermeister IV, Generalmajor von Tippelskirch, der ihn wegen der Kritik an den Offensivplänen dringend zu sprechen wünschte.[191] Vergebens versuchte Groscurth, den Admiral zu einer Fahrt nach Zossen zu bewegen. Groscurth: »Er will nichts mehr von den schlappen Generalen wissen.«[192]

Lange wird Canaris' Mißstimmung jedoch nicht angehalten haben, denn schon wenige Tage später drang zu ihm das Gerücht, gerade im Zossener Hauptquartier formiere sich eine ernsthafte Opposition gegen Hitlers Offensivpläne. Generalstabschef Halder hatte seine antinazistischen Überzeugungen wiederentdeckt und drängte den Oberbefehlshaber des Heeres, Generaloberst von Brauchitsch, zu einer Aktion, die verhindern sollte, was der Generalstabschef um jeden Preis blockieren wollte: den Krieg gegen den Westen. Bis dahin hatte er gehofft, Englands Regierung werde auf Hitlers Friedensvorschläge eingehen; am 13. Oktober aber hatte ihm Weizsäcker mitgeteilt, Chamberlain habe abgelehnt.[193]

Am nächsten Tag setzte sich Halder mit Brauchitsch zusammen und erörterte, was der Generalstab tun könne. Halder sah »3 Möglichkeiten: Angriff, Abwarten, grundlegende Veränderungen. Für keine dieser durchschlagende Aussichtsmöglichkeiten, letzteres am wenigsten, da im Grunde negativ und Schwächemomente schaffend. Unabhängig davon Pflicht, militärische Aussichten nüchtern klarzulegen und jede Friedensmöglichkeit zu propagieren.«[194] Damit war zum erstenmal in einem Diensttagebuch der deutschen Wehrmacht die Möglichkeit eines Staatsstreiches gegen den obersten Kriegsherrn registriert, denn nichts anderes bedeutete die Formulierung von den »grundlegenden Veränderungen«.

Der unsichere OB Brauchitsch schreckte jedoch vor einer so garstigen Lösung zurück und schwor Halder auf die Idee ein, mit militärischer Argumentation den Führer von seinem Vorhaben abzubringen. Als Hitler gleichwohl am 16. Oktober auf der Durchführung der Offensive bestand, übten Halder und Brauchitsch stille Sabotage:[195] Sie ließen einen oberflächlichen, lückenhaften Feldzugsplan ausarbeiten und ihn durch OKW-Chef Keitel dem Diktator vorlegen, um dadurch ihre ganze »Interesselosigkeit« gegenüber Hitlers Absichten zu demonstrieren.[196] Langfristigen Erfolg konnte diese Taktik nicht haben. Hitler schickte denn auch Keitel am 22. Oktober mit seinen Änderungswünschen und ließ ausrichten, der Angriff im Westen müsse am 12. November beginnen.[197] Die beiden Generale gerieten in Panik, schon ein paar Tage zuvor hatte Groscurth bemerkt: »Völliger Nervenzusammenbruch [Halders]. Auch Brauchitsch ratlos.«[198]

Halders Freund und Stellvertreter, der Oberquartiermeister I, General Carl-Heinrich von Stülpnagel, beschwor den Generalstabschef, er solle nicht länger das sinnlose Taktieren des Oberbefehlshabers mitmachen, er müsse gleichsam zur eigenen Tat finden. Stülpnagel: »Du machst dich unnötig abhängig von diesem Brauchitsch.«[199] Nach langen Erörterungen waren sich die beiden Freunde einig, daß nur die »grundlegenden Veränderungen«, wie riskant und gefährlich sie auch immer sein mochten, die Lage entscheidend bessern könnten. Ohne sich selbst gegenüber seiner engsten Umgebung zu decouvrieren, suchte Halder nach Möglichkeiten und Bundesgenossen für einen Coup gegen Hitler.

Groscurth muß jedoch sofort etwas von Halders Plänen gehört haben, denn er spornte die Freunde am Tirpitz-Ufer an, alle Energien auf den Generalstabschef und dessen Stellvertreter zu konzentrieren. Augenblicklich war Canaris zur Stelle, auch Oster erschien in Zossen. Unverdrossen bearbeiteten sie die Generale, am 25. Oktober wagten sie einen gemeinsamen Vorstoß – und holten sich eine Abfuhr. Groscurth schrieb auf: »Oberst O[ster] bei OQu I, Ablehnung! Nachmittags Canaris bei OQu I. Auch ergebnislos. Vorwürfe gegen Oster und mich wegen zu starken Drängens.«[200]

In Halder brach wieder die alte Abneigung gegen Oster durch, zumal der Oberst ungeschickt genug war, sich auf den von ihm verehrten Halder-Vorgänger Beck zu berufen, den er eigenmächtig zum Haupt der militärischen Opposition emporstilisierte – ohne Rücksicht darauf, daß die galligen Kommentare des frustrierten Pensionärs über Halder und Brauchitsch (»Sextaner in bezug auf ihre Urteilsfähigkeit über den engsten militärischen Zusammenhang hinaus«) die Offiziere im Generalstab ebenso verärgerten wie seine oft fragwürdigen Lagebeurteilungen.[201] Marginalie des Generalmajors von Tippelskirch, wahrlich keines Nationalsozialisten, auf einem unsignierten Beck-Memorandum: »Stammt der Aufsatz von einem Engländer oder einem Deutschen? In letzterem Falle ist er überreif für ein Konzentrationslager.«[202]

In seiner Verstimmung über das Vorprellen Osters und Canaris' versperrte sich Halder allen Avancen der Opposition; mit keinem Wort ließ er durchblicken, daß er längst in Angriff nahm, wovon die anderen noch träumten. Während Dohnanyi mit Gisevius' Hilfe am 31. Oktober begann, in einem für die Generale bestimmten Memorandum alle Argumente gegen den Westfeldzug zusammenzutragen, hatte Halder bereits Stülpnagel nach dem Westen entsandt, um bei Heeresgruppen und Armeen in Erfahrung zu bringen, wer dort bereit sei, einen Putsch zu unterstützen.[203]

Erst jetzt, am 31. Oktober, hielt es Halder für opportun, die Verschwörer am Tirpitz-Ufer in seine Pläne einzuweihen. Er rief Groscurth und erging sich gegenüber dem erstaunten Oberstleutnant in so wilden Drohungen gegen Hitler, daß der Zuhörer besorgt äußerte, er »rate zu geordnetem Unternehmen«. Groscurth erzählt: »Mit Tränen sagt H[alder], er sei seit Wochen mit der Pistole in der Tasche zu Emil [= Hitler] gegangen, um ihn evtl. über den Haufen zu schießen.« Halder wollte wissen, welche Persönlichkeit für die politische Führung eines Putsches in Frage komme. Groscurth nannte ihm Beck und Goerdeler. Den Namen Beck überhörte der Generalstabschef geflissentlich, den Zivilisten Goerdeler aber bat er »sicherzustellen«.[204] Noch ganz verblüfft über Halders Enthüllung, stürzte Groscurth zu seinem Wagen und fuhr nach Berlin.

Canaris, Oster und Dohnanyi reagierten augenblicklich, in wenigen Stunden aktivierten sie die alten Verbindungen zu oppositionellen Politikern wie Goerdeler, Schacht und Hassell und zu dem Polizeipräsidenten Graf Helldorf. Inzwischen wurden die Andeutungen und Befehle der beiden putschbereiten Generale immer konkreter. Am 2. November rief Stülpnagel den Oberstleutnant Groscurth zu sich und erteilte ihm den Auftrag, nunmehr die »Vorbereitungen anlaufen zu lassen«.[205] Groscurth fuhr wieder nach Berlin; gemeinsam mit seinem engsten Mitarbeiter, Hauptmann Fiedler, besprach er mit Oster und Dohnanyi Putschdetails.

Immer wieder rief ihn Stülpnagel an, stets neue Anregungen und Informationen zur Hand. Mal gab er ihm Einblick in die Verteilung der Truppenverbände, die für den Umsturz in Frage kamen, mal wußte er Namen von Offizieren, die ins Vertrauen gezogen werden sollten.[206] Selbst der verlästerte Oster wurde nun in Zossen angehört, zwar nicht von Halder, wohl aber von dem unermüdlichen Stülpnagel, der ihn am 4. November empfing und bat, seinen Umsturzplan aus dem Sommer 1938 zu aktualisieren und zu ergänzen.[207]

Oster bedurfte freilich nicht solcher Ermunterung, er hatte sich längst die Papiere herausgeholt, in denen von ihm einst aufgezeichnet worden war, wie der Schlag gegen das Berliner Machtzentrum des Regimes zu führen sei. Da hatte er auf drei Blatt Papier unter dem harmlosen Titel »Studie« skizziert, »im Morgengrauen« müßten die putschbereiten Truppen das Regierungsviertel umstellen, die Reichszentralbehörden besetzen und das führende Personal des Regimes verhaften. Weitere Maßnahmen: Übernahme der vollziehenden Gewalt durch die Wehrmacht, Proklamierung des Ausnahmezustandes, Bildung eines Reichsdirektoriums durch Militärs und vertrauenswürdige Zivilisten.[208]

Eine Frage bewegte den Planer Oster besonders, nämlich die: »Wie legt man die Strecke und wen?« Damit war gemeint, welche Führer des Regimes sofort unschädlich gemacht werden sollten. Osters Antwort: »Hi, Gö, Rib, Hi, Hey«, was soviel hieß wie: Hitler, Göring, Ribbentrop, Himmler, Heydrich. Oster ließ keinen Zweifel daran, daß diese Männer sofort zu erschießen seien.[209] Unter Osters Papieren befand sich freilich auch eine Ausarbeitung Groscurths, der eine andere Lösung vorschlug: Man müsse Hitler lebend in die Hand bekommen, ihn auf seinen Geisteszustand untersuchen und dann das zweifellos negative Ergebnis veröffentlichen lassen.[210]

Oster schrieb seinen ursprünglichen Putschplan entsprechend der Kräftelage des November 1939 um. Groscurth lieferte ihm die nötigen Details, auch Canaris steuerte manche Einzelheit und Erkenntnis aus seinen Westreisen bei. Je mehr freilich Oster seinen Plan umarbeitete, desto deutlicher wurde ihm, daß diesmal die technische Ausführung des Putsches schwerer sein würde als 1938. Im Raum Berlin standen nicht genügend zuverlässige

Verbände bereit, der Gegner – Gestapo, SD und SS-Verfügungstruppe – war stärker geworden.

Wesentlichste Erschwernis: Deutschland befand sich im Krieg, jeder Führer eines Putsches mußte befürchten, daß die Westmächte die Stunde innerdeutscher Verwirrung, vielleicht sogar eines Bürgerkrieges zu einem Großangriff gegen das Reich ausnutzen würden. Durch alle Gespräche mit führenden Militärs zog sich diese Überlegung, den einen echte Sorge, den anderen willkommener Vorwand zum Nichtstun. Man mußte also, überlegte Oster, an die Westmächte herantreten und von ihnen eine Art Stillhalteerklärung, möglichst sogar eine Garantie für die territoriale Unversehrtheit eines künftigen Deutschlands erwirken.[211]

Doch wie sollten die Verschwörer den Gegner kontaktieren, ohne in den Geruch des Landesverrats zu geraten? Oster hatte eine Idee: Ein möglichst geachtetes Oberhaupt eines neutralen Staates, am besten Papst Pius XII., mußte die Gedanken und Überlegungen der innerdeutschen Opposition den Westmächten übermitteln. Canaris gefiel die Idee, er kannte den Papst, der vorher als Nuntius in Berlin gewirkt hatte; Canaris war ihm bei seinen Ausritten im Tiergarten oft begegnet.[212]

Wie aber an den Papst herantreten, ihn in die Pläne der Verschwörer einweihen? Canaris und Oster wußten zunächst nicht, wen sie als geheimen Sendboten nach Rom schicken sollten. Da half der geschäftstüchtige Hauptmann Schmidhuber, der gerne nach Berlin kam und Christine von Dohnanyi, die Frau des Sonderführers, mit Aufmerksamkeiten bedachte. Er kannte einen sagenhaft geschickten Rechtsanwalt und Vatikan-Konfidenten in München, der auf den seltsamen Spitznamen »Ochsensepp« hörte und es seit Jahren verstand, bedrohte Kirchengüter und Katholiken mit einer Mischung aus Verschlagenheit und derber Offenheit vor dem Zugriff der Gestapo zu schützen.[213]

Ochsensepp hieß mit bürgerlichem Namen Josef Müller und ließ sich bereitwillig nach Berlin zu einem vertraulichen Gespräch einladen. Oster und Müller fanden rasch, daß sie »eine gemeinsame Sprache sprechen«, wie der Oberst meinte.[214]

Der 41jährige Bauernsohn aus Oberfranken, nach harter Jugend zwischen Erntewagen und Viehherden (daher sein Spitzname) in die Anwaltslaufbahn gelangt, im Ersten Weltkrieg Leutnant eines Minenwerferbataillons, Vertrauter des 1933 von den Nazis gestürzten bayrischen Ministerpräsidenten Held, war ein kompromißloser Gegner des NS-Regimes.[215] Es bedurfte gar nicht der geheimniskrämerischen Attitüde Osters, um Müller für ihn einzunehmen. Oster: »Wir wissen viel mehr über Sie als Sie über uns!«[216]

Ruhig hörte sich Müller an, was Oster recht phantasievoll vortrug: »Die Zentrale Leitung der Deutschen Abwehr, in der Sie sich befinden, ist gleichzeitig die Zentrale Leitung der deutschen Militäropposition.«[217] Die Widerstandsgruppe stehe unter dem Befehl von Generaloberst Beck, der ihn, Müller, hiermit »bitte, im Namen des anständigen Deutschland . . . Verbindung zu dem derzeitigen Papst wiederaufzunehmen«.[218] Über den Papst müßten die Westmächte darüber informiert werden, daß die Militäropposition den Sturz Hitlers betreibe, um den Angriff im Westen zu verhindern; zugleich seien von ihnen Garantien für ein Stillhalten im Falle eines Putsches und für einen »fairen und ehrenhaften Frieden« einzuholen.

Müller erklärte sich bereit, für die Opposition nach Rom zu gehen. Der Anwalt wunderte sich zwar, daß er nicht zu Canaris geführt wurde, in dessen Namen Müller nach Berlin geladen worden war, er begnügte sich jedoch mit dem Gedanken, daß wohl Oster der eigentliche Drahtzieher sei. Tatsächlich überließ es Canaris seinem Stabschef, die Verbindung nach Rom und damit zu den Westmächten zu knüpfen. War es Skepsis über die Erfolgsaussichten des Unternehmens oder eine Scheu vor Kontakten mit dem Kriegsgegner – der Abwehrchef hielt sich zurück. Er war lediglich zur Stelle, als es galt, Müller eine glaubwürdige Tarnung für seine Geheimmission zu geben.

Canaris genehmigte, daß Müller als Oberleutnant der Reserve zur Abwehr einberufen und der Ast München zugeteilt wurde – mit dem Vorbehalt, der Berliner Zentrale jederzeit für Sonderaufträge in Italien zur Verfügung stehen zu müssen.[219] Keitel, stets mißtrauisch gegenüber dem unzuverlässigen italienischen Bundesgenossen, erfuhr von Canaris, der Oberleutnant Müller solle die Entwicklung in Italien beobachten, während man sich im Amt Ausland/Abwehr erzählte, Müller habe die Aufgabe, die Einstellung der Alliierten zu Friedensgesprächen mit Deutschland zu erkunden.[220]

Ähnliches hörte kurz darauf auch Heydrich von Canaris, der mit der ihm eigenen Zweigleisigkeit den Gegenspieler einweihte und zugleich neutralisierte. Sein Amt, so eröffnete ihm Canaris, habe eine Verbindung zu den Westmächten, die über den Vatikan laufe; die Abwehr stehe mit Briten in Kontakt, die jedoch seltsamerweise weniger an militärischen Informationen als an Nachrichten über die innenpolitische Lage des Reiches interessiert seien. Da die Abwehr über solches »Spielmaterial« nicht verfüge, bitte er das RSHA um Amtshilfe. Heydrich wich aus mit der Bemerkung, das könne er nicht allein entscheiden, das sei Sache Himmlers, den er jedoch aus grundsätzlichen Erwägungen nicht fragen wolle.[221]

Derart vorbeugend abgesichert, konnte Müller nach Rom reisen. Einflußreiche Helfer bahnten ihm den Weg dorthin; Schmidhuber wußte ein paar gute Adressen im Vatikan, vor allem aber nutzten Müller die Empfehlungsschreiben des Abtes Corbinian Hofmeister, der dem Anwalt seit 1934 wegen dessen Assistenz bei der Sanierung der Abtei Niederalteich verpflichtet war.[222] Zudem kannte Müller selber einige wichtige Leute im Vatikan, unter ihnen den Prälaten Schönhöffer, der sein Trauzeuge gewesen war, und den Prälaten Ludwig Kaas, ehedem Vorsitzender der deutschen Zentrumspartei und jetzt so etwas wie ein Deutschlandberater des Papstes.[223] Die beiden Kleriker sprach Müller zunächst an, als er Quartier in dem unauffälligen römischen Hotel »Flora« bezogen hatte.[224]

Kaas war es denn auch, der den ersten Kontakt zum Papst herstellte. Er fuhr zu dem päpstlichen Sommersitz Castel Gandolfo, wo sich Pius XII. bis Ende Oktober aufhielt, und berichtete dem Pontifex, was er von Müller erfahren hatte. Der Papst erklärte sich damit einverstanden, Mitteilungen der deutschen Militäropposition an die britische Regierung weiterzuleiten, wollte es freilich zunächst Kaas überlassen, bei Englands Gesandtschaft am

Vatikan zu sondieren.[225] Der Papst mochte sich auch nicht mit Müller treffen, alle Kontakte sollten über Kaas und den päpstlichen Privatsekretär, den aus Baden stammenden Jesuitenpater Robert Leiber, laufen. Pius XII.: »Pater Leiber soll unser gemeinsamer Mund sein.«[226]

Müller und Leiber trafen sich von nun an häufig, meist in der Privatwohnung des Paters in der Päpstlichen Universität. Zunächst fehlte es jedoch an Gesprächsstoff, weil sich die »Sondierungen Woche für Woche hinzogen, ohne zunächst ein greifbares Ergebnis zu bringen«, wie sich der ehemalige Sendbote erinnert.[227] Kaas, von der Ernsthaftigkeit der Auftraggeber Müllers keineswegs überzeugt, hatte Mühe, den richtigen Zeitpunkt für ein Gespräch mit dem britischen Gesandten Sir Francis d'Arcy Osborne zu finden; er ließ über einen Monat verstreichen, ehe er sich dem Briten offenbarte.[228]

Gleichwohl klangen die Nachrichten Müllers aus Rom optimistisch genug, die Aktivität der Verschwörer in Berlin noch zu steigern. Erste Müller-Informationen flossen bereits in das Memorandum ein, mit dem Dohnanyi und seine Freunde die Generale zur befreienden Tat drängen wollten. Am Berliner Tirpitz-Ufer und im Lager Zossen wurden die letzten Vorbereitungen für einen Putsch geplant; Halder hatte bereits die Parole ausgegeben, ab 5. November sollten sich die führenden Frondeure für eine mögliche Aktion des Heeres zur Verfügung halten.[229]

Das Datum war entscheidend. An diesem Tag wollte Brauchitsch einen letzten Versuch unternehmen, Hitler die Westoffensive auszureden. Das war zwar ein illusionäres Unterfangen, aber Halder ermunterte Brauchitsch dazu, ohne den seine eigenen Pläne zum Scheitern verurteilt waren. Denn auch dies hatte sich an der Problematik eines deutschen Militärputsches nicht geändert: Ohne den Oberbefehlshaber des Heeres war ein Umsturz nicht möglich, ohne seinen Befehl würde kein Truppenteil gegen den Obersten Kriegsherrn ausrücken – Halder hatte als Generalstabschef keine Befehlsgewalt über die Armeeverbände. Halder benötigte Brauchitsch. Nur ein vom Führer abgewiesener Brauchitsch – so mag Halder spekuliert haben – würde schließlich die Putschbefehle für das Heer unterschreiben.

Tagelang hatte sich der OB auf das Gespräch mit dem Diktator vorbereitet; von Halder war alles unternommen worden, seinen Chef gegen Hitler zu stählen. Noch Anfang des Monats hatte er mit Brauchitsch die Heeresgruppen im Westen bereist, um dem Oberbefehlshaber des Heeres die ganze Mißstimmung seiner Soldaten gegen die politische Führung vorzuführen.[230] Generaloberst von Brauchitsch schien entschlossen, alles auf eine Karte zu setzen. Gemeinsam mit Halder fuhr er am 5. November zur Reichskanzlei, pünktlich um 12 Uhr stand er im großen Kongreßsaal vor seinem Führer.[231]

Brauchitsch trug seine Bedenken gegen die Westoffensive vor, doch er kam damit nicht weit. Die Nähe des Diktators machte ihn nervös, er verhaspelte sich, verwickelte sich in Widersprüche – willkommene Gelegenheiten für Hitler, rhetorisch zurückzuschlagen. Der Führer überhäufte den General mit einem Schwall von Vorwürfen, er widerlegte Punkt für Punkt Brauchitschs Argumente, wobei seine Stimme immer lauter und wütender wurde. Ärgerlich rief Hitler Generaloberst Keitel herein, der stumm den neuen Wortattacken zusah. Schneidend verlangte Hitler von Brauchitsch, die vom OB zur Sprache gebrachten Fälle militärischer Gehorsamsverweigerung im Polenkrieg zu beweisen. Als Brauchitsch in der Eile keine Belege nennen konnte, drehte sich Hitler brüsk um und verließ den Raum. Schweigend starrten sich Brauchitsch und Keitel an.[232)]

Wenige Sekunden später rannte Brauchitsch »kreidebleich, man kann sogar sagen: mit einem verzerrten Gesicht« (so der Hitler-Adjutant Engel) zu dem wartenden Halder und zog ihn hastig mit sich fort.[233)] Brauchitsch war am Ende seiner Kräfte, zitternd erzählte er dem Generalstabschef von der Auseinandersetzung im Kongreßsaal. Da übertrug sich die Panik Brauchitschs auf Halder; ihn erschreckten vor allem die Drohungen, die Hitler am Schluß der Unterredung ausgestoßen haben sollte: Er kenne den »Geist von Zossen«, seine Geduld sei zu Ende, er werde ihn erbarmungslos ausrotten.[234)]

Halder befiel die Furcht, Hitler wisse bereits etwas über seine Staatsstreichpläne, ja jeden Augenblick könne ein Gegenschlag des Diktators kommen. Mit dem völlig zusammengebrochenen Brauchitsch aber ließ sich kein Staatsstreich führen, selbst in Westdeutschland – das hatte die Reise Anfang November erbracht – standen keine Heerführer für den Putsch zur Verfügung. Wie hatte doch der Generaloberst von Rundstedt, Oberbefehlshaber der inzwischen nach dem Westen verlegten Heeresgruppe A und für Lahousen Typ eines »zu allem entschlossenen Generals altpreußisch-deutscher Soldatentradition«, auf Halders Frage nach seiner Haltung in einem Putsch geantwortet? Rundstedt: »Ihr könnt meinetwegen so was befehlen; aber mein Machtinstrument würde mir, wenn ich es in diesem Sinne benutzen wollte, in der Hand zerbrechen.«[235)]

Daraus zog Halder nur eine Konsequenz, ebenso verblüffend wie zuvor sein jähes Liebäugeln mit einem Staatsstreich: das Boot der Verschwörer zu verlassen, solange noch Zeit war. Er eilte an seinen Schreibtisch zurück, rief Stülpnagel zu sich und befahl, alle Putschunterlagen zu vernichten.[236)] Keine Spur sollte die hochverräterischen Gedanken des Generalstabschefs preisgeben, kein Papier plötzlich eintretenden Gestapobeamten den geplanten Umsturz enthüllen. Stülpnagel informierte Groscurth, bald wußte auch der: »Wir haben Befehl, alles zu verbrennen.«[237)]

Dann ließ der Generalstabschef Groscurth kommen, um seine Haltung zu begründen. Alle Möglichkeiten militärischer Argumentation, so meinte er, seien erschöpft, die Offensive im Westen werde durchgeführt; es gebe auf der anderen Seite keine Persönlichkeit, »die Sache« zu übernehmen. Halder: »Damit sind die Kräfte, die auf uns rechneten, nicht mehr gebunden. Sie verstehen, was ich meine.«[238)] Groscurth kam »totenbleich«, wie sich seine Sekretärin erinnert, in die Abteilung zurück.[239)]

Einen Augenblick schöpfte er noch einmal Hoffnung. Nach einem langen Gespräch mit dem oppositionellen Obersten Wagner, dem Chef der 6. Abteilung des Generalstabs, kehrte Groscurth zu Halder zurück und schlug ihm vor, Beck, Goerdeler und Schacht heranzuziehen, die in der Lage seien, einen Staatsstreich zu führen. Doch Halder wies ihn ab. Als Groscurth darauf insistierte, die Aktion dulde keinen Aufschub mehr, auch nach der Meinung des Admirals Canaris müsse Hitler sofort beseitigt werden, fuhr es dem erregten Halder heraus, dann solle doch Canaris gefälligst »ihn selbst abservieren«.[240]

Groscurth jagte nach Berlin, den Eingeweihten am Tirpitz-Ufer die Nachricht von Halders Umfall zu bringen. Und auf dieser Fahrt am Abend des 5. November 1939 muß entstanden sein, was die Historiker später ein »folgenreiches Mißverständnis« nannten, was in Wahrheit aber wohl ein Verzweiflungsakt Groscurths war: die Umdeutung eines Ausrufs des Unmuts in eine klare Anweisung zum Handeln. Denn Groscurth erschien vor Canaris und Oster mit dem »dringenden Ersuchen« Halders, der Admiral möge »Hitler durch ein Attentat beseitigen. Unter dieser Bedingung sei er, Halder, zum ›Handeln‹ entschlossen«.[241] Der Bericht über diese Szene stammt von dem ressentimentgeladenen Halder-Gegner Gisevius, aber auch in Groscurths Tagebuch steht: »Ich soll Canaris orientieren und ihm sagen, er solle handeln.«[242]

In äußerster Erregung verwahrte sich Canaris gegen das angebliche Ansinnen Halders und schnauzte, er lasse sich doch von Herrn Halder nicht zum Meuchelmörder machen; wenn der Chef des Generalstabes derart hochpolitische Fragen mit ihm besprechen wolle, dann möge er sich persönlich an ihn wenden.[243] Der Abwehrchef konnte sich kaum beruhigen, immer wieder empörte er sich gegen die vermeintlichen Zumutungen Halders. Er verlange, so tönte Canaris vor seinen Vertrauten, daß Halder »klipp und klar« die Verantwortung übernehme und sie nicht anderen zuschiebe.[244]

Canaris war so verstört, daß er keinen Abwehroffizier mehr für die dubiosen Pläne des Generalstabschefs zur Verfügung stellen mochte. Zwar mag er bald gespürt haben, daß Groscurth etwas Falsches berichtet hatte, zumal der Admiral wußte, daß Halder ebenso wie er grundsätzlicher Gegner eines Attentats war, doch immer schneller schwand seine Hoffnung, daß vom Heer noch etwas zu erwarten sei. Seine Stimmung sank auf den Nullpunkt, als er am Nachmittag des nächsten Tages in die Reichskanzlei mußte, um erneut über die Vorbereitungen der Abwehr II für den Westfeldzug Vortrag zu halten.[245]

Er kam tief deprimiert zurück, obwohl er in der Reichskanzlei gehört hatte, daß die Westoffensive um ein paar Tage verschoben werde. Ihn ekelte alles an, was er um sich sah. Seine engsten Mitarbeiter beeindruckte das freilich wenig, sie waren an solche abrupten Stimmungswechsel ihres Chefs gewöhnt. Gisevius berichtet: »Canaris fragt uns, ob er zurücktreten solle. Aber das ist eine jener regelmäßigen Fragen, mit denen er nur seine Unentbehrlichkeit bestätigt zu haben wünscht.«[246] Bald merkten sie jedoch, daß hinter der schlechten Laune des Chefs mehr steckte. Canaris hatte weniger und weniger Lust, die Kombinationsspiele der Verschwörer mitzumachen.

Das spürte auch Groscurth, der schon wieder neue Mittel ersann, mit denen man das Heer zum Putsch bewegen konnte. Ihm war die Bemerkung Halders zu Ohren gekommen, er wolle an sich einen Putsch, doch sei er ohne Witzleben mit dessen 1. Armee machtlos. Sofort stand für Groscurth fest, Oster müsse in Begleitung von Gisevius zu Witzleben und der ihm übergeordneten Heeresgruppe C fahren, um sie für einen Putsch zu gewinnen.[247] Doch Canaris mochte Oster für die Reise nicht freigeben. Erst eine Kriegslist Groscurths – er rief Witzleben an und bat ihn, auf scheinbar eigene Initiative bei Canaris den Obersten anzufordern – machte die Reise am 7. November möglich.[248]

Bei dem Besuch in Leebs und Witzlebens Hauptquartieren einen Tag darauf benahm sich jedoch Oster so tolpatschig, daß Halder sich wieder einmal in seinen ärgsten Vorurteilen bestätigt sah und auch Canaris an Osters konspirativen Talenten zweifelte. Oberst Vincenz Müller, Ia der Heeresgruppe C, erschrak nicht schlecht, als Oster ihm im Hauptquartier in Frankfurt einen Verschwörer nach dem anderen nannte und ihm aus zwei von Beck verfaßten Staatsstreich-Proklamationen vorlas, die er offen mit sich führte, als gebe es in Deutschland keine Gestapo.[249]

Nur mit Mühe konnte ihn Oberst Müller bewegen, die beiden Papiere sofort vor seinen Augen in einem Aschenbecher zu verbrennen. Gleichwohl hatte Oster bereits wieder Kopien der beiden Proklamationen, ja sogar eine Liste der für den Putsch vorgesehenen führenden Persönlichkeiten zur Hand, als er am Nachmittag Witzleben in dessen Hauptquartier in Bad Kreuznach aufsuchte.[250] Der alte Haudegen, pessimistisch und kränkelnd, fuhr entsetzt hoch: »Was, Sie haben das bei sich im Wagen gehabt? Dann will ich Sie nicht mehr sehen!«[251] Erst allmählich beruhigte er sich, nicht ohne Oster vor weiteren Unbesonnenheiten zu warnen.

Immerhin war Witzleben so erschrocken, daß er dem nach Berlin reisenden Oberst Müller auftrug, dem Generalstabschef auszurichten, er möge kompromittierendes Material sorgfältig verstecken und sich vor dem Leichtsinn Osters in acht nehmen.[252] Dabei wußten Witzleben und Müller noch gar nicht, daß sich Oster inzwischen neue Eskapaden geleistet hatte: Auf der Rückreise hatte er in einem Frankfurter Offizierskasino unbeherrscht Polterreden gegen die Nazis gehalten und eine Liste der voraussichtlichen Mitglieder der Putschregierung liegenlassen, die glücklicherweise ein mit Oster sympathisierender Offizier an sich nahm, ehe sie in falsche Hände fiel.[253]

In Berlin aber erboste sich Halder über die Verantwortungslosigkeit Osters, der sie noch einmal alle an den Galgen bringen werde. Für ihn war der Oberst Oster erledigt; Halder verhängte über ihn ein Hausverbot für den gesamten Generalstab des Heeres und befahl zudem Groscurth, dem Obristen sein höchstes Mißfallen zum Ausdruck zu bringen. Der General legte ihm sogar nahe, über Oster eine dienstliche Meldung bei Canaris zu machen, die den Admiral zwingen würde, den eigenen Stabschef disziplinarisch zu bestrafen.[254]

Aus Kameradschaft zu Oster unterließ Groscurth die Meldung, doch auch so hatte Canaris von den politischen Extratouren seines Freundes genug. Kaum waren Oster und Gisevius am 9. November von ihrer Reise nach Berlin zurückgekehrt, da ließ der Abwehrchef Oster zu sich kommen und verbot ihm jede weitere konspirative Tätigkeit gegen das Regime.[255] Zudem warnte er Oster, Dohnanyi und Groscurth vor allzu häufigen Kontakten mit dem »ewigen Putschisten« Gisevius, was praktisch einem Hausverbot für den ehemaligen Regierungsrat gleichkam.[256]

Verwundert sahen die Freunde, daß sich Canaris immer mehr aus den Putschvorbereitungen zurückzog, deren leidenschaftlichster Wortführer er noch vor kurzem gewesen war. Die dramatischen Ereignisse der vergangenen Tage zerrten an seinen Nerven, machten ihm die Doppelrolle eines Kriegsvorbereiters und Regimebeseitigers schier unerträglich: Halders Kehrtwendung, Osters Leichtsinn, das Münchner Attentat gegen Hitler am 8. November, die Aktion der SD-Kidnapper in Venlo einen Tag darauf – das alles mußte den ohnehin sensiblen und nervenschwachen Mann in den Zweifel stürzen, ob er noch lange die Existenz des Dr. Jekyll und Mr. Hyde im Schatten Hitlers durchhalten könne.

Seine Position war allzu fragwürdig und zwielichtig geworden. Wie sollten beispielsweise die britischen Gegenspieler erkennen, daß es zwischen dem einen Canaris, der im Holland-Spiel seine Abwehroffiziere in der Tarnung angeblicher Widerständler einsetzte, und dem anderen Canaris, der in Rom einen echten NS-Gegner verhandeln ließ, einen grundsätzlichen Unterschied gab? Das konnten nicht einmal die deutschen Regimegegner ganz verstehen, denen der geschäftig-wortkarge Abwehrchef allmählich unheimlich wurde. Wie mißtrauisch wären sie erst geworden, wenn sie gewußt hätten, daß am 9. November der gleiche Mann, der sich Osters Bericht über die mangelnde Putschlust der Heeresgruppe C bekümmert anhörte, zugleich an die Gestapo Material weiterreichen ließ, das ihr anzeigte, in einer Pension am Kurfürstendamm werde »von Offizieren, Parteiführern und Ausländern über ein [neues] Attentat gegen den Führer gesprochen«![257)]

Das waren grellere Widersprüche, als sie ein einzelner Mensch in sich vereinigen konnte. Vielleicht wäre Canaris geduldiger und mutiger gewesen, hätte er wenigstens glauben können, daß ein Putsch gegen Hitler möglich sei. Doch er hatte alle Hoffnung auf den Umsturz verloren; Halder, mit dem er sich wieder ausgesöhnt hatte, bewies ihm konkret, daß kein Truppenführer putschbereit war. Canaris wird es ergangen sein wie dem General von Stülpnagel, der – anfangs bestürzt über Halders Resignation – von einer neuen Reise zu den Heeresgruppen mit der Erkenntnis zurückgekehrt war: »Du siehst richtig, es geht nicht! Die Kommandeure und die Truppen würden Deinem Ruf nicht folgen!«[258)]

Oster und seine Freunde mochten das für Feigheit halten, Canaris indes konnte die Gefühle der hohen Militärs zumindest nachempfinden, die ihre Truppe vor dem politischen Sprengsatz eines Bürgerkrieges bewahren wollten und denen die Erhaltung dieser Truppe, der eigentlichen Heimat der Soldaten, mehr bedeutete als das Schicksal des Vaterlandes. Groscurth und Oster, die nie größere Truppenverbände geführt hatten, ganz zu schweigen von den militärischen Laien Dohnanyi und Gisevius, konnten diese Mentalität nicht verstehen; er aber, der ehemalige U-Boot-Kommandant und Freikorpsoffizier, wußte, was es bedeutete, in Stunden politischen Verfalls eine Truppe zusammenzuhalten.

Auch die Berichte des Rom-Sendboten Müller, der am 13. November nach Berlin kam, konnten Canaris nicht zuversichtlicher stimmen.[259)] Er empfing Müller zwar nicht, doch auch der schriftliche Bericht des »Herrn X.«, wie die Vertrauten den Ochsensepp aus Tarnungsgründen nannten, täuschte nicht darüber hinweg, daß er noch keinen Kontakt zu britischen Regierungsstellen bekommen hatte, so optimistisch er sich auch geben mochte. Von dem Generalabt der Prämonstratenser, dem Belgier Hubert Noots, hatte Müller gehört, in »maßgeblichen englischen, französischen und belgischen

Kreisen« gebe es »einen ernsten Willen zu einem fairen Frieden« mit einem Nach-Hitler-Deutschland.[260]

Canaris wird nicht entgangen sein, daß solche Meinungsäußerungen nur Interpretationen der vatikanischen Kleriker und Diplomaten waren, die Gründe hatten, Müller zu einem Sprachrohr ihrer eigenen Interessen umzufunktionieren. Nichts hatte den Vatikan ärger beunruhigt als der Stalin-Hitler-Pakt, nichts erregte die Kirche mehr als der Alpdruck eines Zusammengehens von Kommunismus und Nationalsozialismus. Die beiden Mächte wieder auseinanderzudividieren, lag im Interesse der katholischen Weltkirche; ihre Vertreter scheuten daher nicht davor zurück, einem nichtnazistischen Deutschland den Bruch mit Moskau nahezulegen und sogar neue Beute im sowjetischen Osten vorzugaukeln.

Und Müller war treuherzig genug, die Lockrufe des Vatikans an die deutsche Militärführung weiterzugeben. Von Noots ließ er sich berichten, in den führenden Kreisen der Westmächte sehe man »den Krieg gegen Deutschland, wenn die rußlandfreundliche Regierung Hitler beseitigt sei, als sinnlos an, weil unsere natürliche Expansion nach dem Osten gehe, und dort seien die Interessen gemeinsam«.[261] Leibers Vorstellungen wiederum gipfelten laut Müller »sämtlich in der Schaffung einer europäischen Einheitsfront gegen Rußland«,[262] während ihm ein anderer vatikanischer Diplomat unverhüllt »einen Kreuzzug gegen Rußland« annoncierte, »bei dem auch Deutschland mitmachen müsse, wenn es nicht in dieselbe Front gezählt« werden wolle.[263]

Grotesker konnte sich Müllers Mission nicht in ihr Gegenteil verkehren: Statt eines Friedens mit den Westmächten bot der Vatikan eine Kriegsallianz gegen die Sowjetunion an. Manche der vatikanischen Sorgen teilte auch Canaris, aber an einem Krieg gegen Rußland konnte ein Reich nach Hitler nicht interessiert sein. So offerierten auch die Gespräche in Rom Canaris keinen Ausweg aus der deutschen Sackgasse. Am 30. November schrieb sich Hassell auf: »Er gibt jede Hoffnung auf Widerstand der Generäle auf und meinte, es habe keinen Zweck mehr, etwas in der Richtung zu versuchen.«[264]

Doch Oster war nicht der Mann, der sich befehlen ließ, seinen Kampf gegen den braunen Unrechtsstaat aufzugeben. Wenn das militärische Establishment nicht bereit war, den Diktator unschädlich zu machen, so würden er und seine Freunde andere Mittel finden, um das nationalsozialistische Regime zu beseitigen – ohne Canaris, notfalls gegen Canaris.

Ein Mittel bot sich sofort an, einfach und rabiat genug, die regimekritischen Militärs von allen Loyalitätsproblemen mit einem Schlag zu erlösen: die Ermordung Hitlers. Ein Mitarbeiter Ribbentrops, der Diplomat Erich Kordt, war zur Tat bereit; er hatte sich Lagepläne der Reichskanzlei beschafft, er kannte jeden Gang und jede Tür, die zu Hitler führte.[265] Nur der Sprengstoff fehlte noch, mit dem Kordt seinen Führer in die Luft jagen wollte. Die Abwehr verfügte über solchen Sprengstoff, doch Oster wußte nur zu gut, daß der Attentatsgegner Canaris ihn nicht freigeben würde. Oster beschloß, ohne Canaris zu handeln.

Er weihte noch im November Lahousen ein, weil der Chef der Abwehr II der einzige Abteilungsleiter des Amtes war, der Sprengstoff verwaltete. Als Lahousen von dem Bestimmungszweck des Sprengstoffs erfuhr, fragte er Oster, ob der Admiral von diesem Vorhaben wisse. Oster: »Nein, der Alte ist ohnedies schon ganz durchgedreht.«[266] Je mehr Oster seinen Plan entwickelte, desto deutlicher wurde Lahousen, daß »Canaris von diesen Dingen keine Kenntnis hatte bzw. augenscheinlich von Oster nicht eingeschaltet worden war«.[267]

Trotz seiner Bedenken beschaffte Lahousen den Sprengstoff, den einzigen, der dem nach dem Hitler-Attentat des 8. November verschärften Registrierverfahren für Explosivmittel nicht unterlag: einen in der Deutschen Botschaft in Stockholm abgestellten »Koffer mit Sprengstoff und Uhrwerkzündern« (Lahousen), der zu Sabotageakten in Schweden verwendet werden sollte.[268] Lahousen wollte von Oster wissen, ob er schon einen Attentäter habe. Darauf Oster: »Ja, aber er kann weder mit Zünd- noch Sprengmitteln umgehen und müßte, ev[entuell] als V-M getarnt, vorher an einem Kurzlehrgang im Labor der Abwehrabteilung II in Tegel teilnehmen.«[269] So weit kam es jedoch nicht, Kordt schien Oster schließlich doch nicht der richtige Mann für den Anschlag.

Der Attentatsplan blieb Canaris ebenso verborgen wie die Weisungen, die Oster dem Unterhändler Müller für die weiteren Sondierungen in Rom erteilte. Ursprünglich hatte Müller erkunden sollen, unter welchen Bedingungen die Westmächte bereit seien, mit einem von Hitler befreiten Deutschland einen Friedensvertrag abzuschließen. Jetzt veränderte sich Müllers Position: Statt die Friedensbedingungen der Alliierten abzuwarten, entwarf er selber ein Programm, wobei er bereits die zu erwartenden Forderungen der Gegenseite vorausnahm.[270]

Auf kleinen Zetteln, die er seinen vatikanischen Vertrauensleuten als Gesprächsunterlagen zuschob, entschlackte Müller das Reich mehr und mehr, um die Briten aus ihrer Reserve herauszulocken. Er bot die Rückgabe Polens und der Tschechoslowakei (minus der sudetendeutschen Gebiete) an, er versprach den Umbau des zentralistischen Reiches in einen lockeren Bundesstaat, er offerierte die Teilung Deutschlands in einen westdeutschen Staat (durch Zusammenlegung Preußens mit dem Rheinland und Westfalen) und möglicherweise einen süddeutschen Staat einschließlich Österreichs.[271]

Müller wurde so konzessionsfreudig, daß sich selbst der Skeptiker Kaas jetzt bemüßigt fühlte, den Kontakt zu den Briten herzustellen. Aber mit welchen Argumenten tat er es! Er weihte den Gesandten Seiner Britischen Majestät am 1. Dezember so umständlich ein, daß Osborne wähnte, Kaas wolle England vor Gesprächen mit Müllers Auftraggebern warnen: Man dürfe, so mahnte Kaas, die Affäre von Venlo nicht vergessen, zudem sei der Vorschlag geheimer Friedensverhandlungen »voreilig«, und außerdem müßten die Männer, für die der deutsche Unterhändler spreche, erst einmal beweisen, daß sie überhaupt in der Lage seien, Hitlers Regime zu beseitigen.[272]

Müller kannte nicht die mehrgleisige Argumentation von »Onkel Ludwig« (so Kaas' Deckname in Müllers Berichten), ihm genügte, daß der Prälat mit dem Briten gesprochen hatte. Desto eifriger mühte er sich, auf seinen Zetteln Staatsstreiche zu entwerfen, einen phantastischer als den anderen. Der Putsch, so ließ er Osborne ausrichten, werde nicht in Berlin beginnen, sondern anderswo; es werde eine Zeitlang zwei deutsche Regierungen geben und zu einem »mehr oder weniger ernsthaften Bürgerkrieg in Deutschland« kommen.[273)]

Canaris hätte so geartetem Taktieren schwerlich zugestimmt, aber er hatte keinen Einblick. Der Admiral, so erzählte Müller später, habe sich nie mit ihm über die römischen Gespräche unterhalten; »um meine Reisen hat er gewußt, . . . ohne jedoch je nach Einzelheiten zu fragen. Er hat es stets gescheut, Mitwissender zu sein«.[274)] Oster hütete sich, den Chef über Details zu informieren. Müller kannte auch die Gründe, warum »Canaris nicht eingeweiht« wurde und »die zentrale Leitung von Oster aus selbständig arbeitete«.[275)] Müller: »Canaris war eminent klug, aber vor lauter Klugheit konnte er oft nicht über Schwierigkeiten hinweg, weil er alle Hemmungen nicht überwunden hat.«[276)]

Der Abwehrchef wurde nur eingeschaltet, wenn die Konspirateure in Bedrängnis gerieten und seiner listenreichen Hilfe bedurften. Und sie brauchten ihn bald: Im Dezember setzte sich ein V-Mann der Abwehrstelle Stuttgart, der Benediktinermönch Hermann Keller, auf die Spur des Ochsensepp und drohte binnen weniger Tage dessen geheime Sondierungen in Rom aufzudecken.

Der NS-konforme Mönch, in allerlei Klerikerintrigen verstrickt und dabei mit dem Klosteranwalt Müller in Konflikt geraten, hatte durch einen Zufall von dessen Mission gehört.[277)] Er war bei einer Reise durch die Schweiz auf den Berliner Rechtsanwalt Etscheit gestoßen, den er von einem Klosterprozeß her kannte und den Canaris und Halder gemeinsam ins Ausland geschickt hatten, um mit prominenten deutschen Emigranten ins Gespräch zu kommen. Bei einer Zechtour erzählte Etscheit dem Mönch, die Militärs Halder, von Hammerstein-Equord und Beck bereiteten einen Putsch gegen Hitler vor; er verhandle in ihrem Namen in der Schweiz, während der Kollege Müller in Rom Friedensverhandlungen mit den Westmächten einzuleiten versuche.[278)]

Keller hörte nur den Namen Müller und brannte sofort darauf, das Spiel des ihm verhaßten Anwalts zu durchkreuzen. Er reiste nach Rom und wäre rasch hinter Müllers Geheimnis gekommen, hätte er nicht mit seinen ersten Erkundungsergebnissen bei dem im Vatikan lebenden Benediktinerpater Augustin Mayer renommiert, der Müller warnte.[279)] Müller konnte jedoch nicht mehr verhindern, daß Keller der Abwehrstelle Stuttgart einen Bericht über seine Ermittlungen vorlegte: Der V-M-Bericht gelangte auf dem Dienstweg in die Abwehrzentrale, wo auch Oster und Dohnanyi von ihm hörten.[280)]

Kellers Report versetzte die beiden Konspirateure in höchste Unruhe, denn ihnen war bekannt, daß der spionierende Mönch gelegentlich auch für den SD arbeitete. Ihre ärgsten Befürchtungen wurden bestätigt, als sie erfuhren, Heydrich habe Keller nach Berlin gerufen und sich noch einmal mündlich Bericht erstatten lassen.[281)]

Was dann geschah, läßt sich nicht mehr zweifelsfrei eruieren. Müller berichtet, Dohnanyi habe Keller unter dem Vorwand, im Auftrage des Amtschefs die Details des Rom-Berichts verifizieren zu müssen, zu sich bestellt und den Mönch ausgehorcht, um zu erfahren, was er Heydrich erzählt habe; dabei sei herausgekommen, daß Müllers Verhaftung »nur mehr eine Frage von Tagen« sei. Daraufhin habe sich – so Müller weiter – Canaris eingeschaltet und ihn animiert, einen Bericht zu schreiben, aus dem hervorgehen sollte, daß *vor* dem Krieg die Generale von Fritsch, Halder, Hammerstein-Equord und Reichenau einen Putsch geplant hätten. Bei dem Namen Reichenau habe er, Müller, allerdings eingewandt, das sei doch ein Nazigeneral. Darauf Canaris: »Du wirst noch etwas zulernen müssen bei mir, Müllerchen. Schreib den Reichenau hin, ich werd es dir einmal sagen, warum!« Mit diesem Bericht sei Canaris zu Hitler gegangen, der den Bericht wegen seines offensichtlichen Unsinns als »Schmarrn« abgetan und »zu Boden geworfen« habe.[282)]

Diese dramatische Version weckt Zweifel. Ist es schon unwahrscheinlich, daß Dohnanyi als Angehöriger der Zentralabteilung, die von der Führung von V-Männern ausgeschlossen war, einen Abwehragenten zur Berichterstattung anforderte, so ist es vollends fraglich, daß Canaris einem Mann, den er kaum kannte und damals sicherlich nicht duzte, einen Bericht diktierte, mit dem er nichts geringeres vorhatte als den allmächtigen Diktator zu düpieren – ganz zu schweigen davon, daß ihm ein Bericht mit der Unterschrift Müllers nichts nutzte, zumal der Originalbericht von Keller stammte und in einer Kopie auf Heydrichs Schreibtisch lag!

Keller beteuerte später, er habe nicht mit Dohnanyi gesprochen, und das Gespräch mit Heydrich sei auch anders verlaufen, als es von Müller überliefert wird.[283)] Wichtiger als dieses Dementi aber ist, daß der andere Hauptbetroffene von Etscheits Schwatzsucht, Halder, die Geschichte erheblich einfacher in Erinnerung hat.

Danach löste nicht Kellers Bericht, sondern ein durch Etscheits Indiskretionen entstandener Artikel in einer Schweizer Zeitung die Affäre aus. Halder schreibt: »Canaris bekam den Artikel sofort in die Hand. Er ließ eine Abschrift machen, in die er auch andere für Hitler unverfängliche Namen mit aufnahm, wie Reichenau und Keitel. Diese Abschrift legte er beim Vortrag Hitler auf den Tisch. Er [Hitler] überflog sie, sagte ›Unsinn‹, und die Gefahr war überwunden.«[284)] Halders Version über »diese kleine Episode« klingt realistischer als Müllers wilde Erzählung, in der natürlich auch nicht der Hinweis fehlt, Heydrich habe gehofft, mit der Keller-Etscheit-Affäre »die ganze Abwehr ›aufzurollen‹«.[285)]

Welche Lesart auch zutreffen mag – der Eindruck drängt sich auf, daß Canaris eher Halder als Oster zuliebe in den Vorfall eingegriffen hat. Auch nach der Affäre gab Oster seinem Chef keinen Einblick in Müllers römische Gespräche, selbst die gemeinsame Gefährdung rückte Oster und Canaris politisch nicht näher aneinander. Im Gegenteil, zwischen den beiden Männern tat sich eine Kluft auf, die sie kaum noch zu überbrücken vermochten.

Gewissen und Überzeugung hatten inzwischen Oster einen weiteren Schritt tun lassen, der schon dorthin führte, wo für Canaris das Minenfeld des Landesverrats begann. Wenn die Militärs – so überlegte Oster – aus lauter Hitler-Gläubigkeit vor einem Putsch zurückschreckten und sich auch ein Anschlag auf den Diktator als undurchführbar erwies, dann gab es nur noch ein Radikalmittel, Deutschlands Soldaten von der unheilvollen Suggestionskraft Hitlers zu befreien: Bei dem nächsten Kriegsabenteuer mußten Wehrmacht und Hitler einen so schweren Rückschlag erleiden, daß darüber der

Mythos von der Unbezwingbarkeit des Führers zerbrach und die Regimegegner im Heer endlich den Mut zur Liquidierung des NS-Systems fanden. Diese Rückschlagstheorie hatte manchen Anhänger unter den Militärs; auch Halder dachte ähnlich – die pessimistische Beurteilung der deutschen Offensivkraft ließ eine Schlappe im Westen nur allzu gewiß erscheinen.[286)]

Was indes Oster von den anderen Regimegegnern unterschied, war die fanatische Kompromißlosigkeit, mit der er eine deutsche Schlappe beim Angriff im Westen anvisierte. Er begnügte sich nicht damit, den Rückzug abzuwarten; er wollte ihn beschleunigen, er wollte aktiv dabei mithelfen, daß die Wehrmacht eine Niederlage erlitt. Das bedeutete praktisch, den wider Willen zu Gegnern Deutschlands gewordenen Ländern Westeuropas die Pläne und Maßnahmen der Wehrmachtführung preiszugeben, sie rechtzeitig vor dem deutschen Angriff zu warnen. Und je schneller der neue Akt des Krieges kam, desto sicherer war die Chance, daß sich die Offensive der noch unfertigen Wehrmacht festlaufen würde.

Auf einem solchen Weg wäre Canaris, hätte er Osters Absichten gekannt, dem Freund nie gefolgt. Ihre Positionen schlossen einander immer schärfer aus: Canaris wollte den neuen Krieg verhindern, Oster indes ihn gerade herbeiführen, weil ohne diesen Krieg eine Schlappe der Wehrmacht und die Zerstörung des Hitler-Mythos undenkbar waren. Extrem ausgedrückt: Oster fürchtete nichts mehr als einen Frieden, der die nazistische Diktatur konservierte. Canaris hingegen war es immer nur um die Erhaltung des Friedens gegangen, weil er in jedem Krieg das Ende Deutschlands sah, und dieses Deutschland, in Canaris' Gefühls- und Gedankenwelt ein pseudoreligiöser Wert an sich, bedeutete ihm mehr als jede innenpolitische Ordnung, die sich das Land geben mochte. Jenem Deutschland zuliebe besaß denn auch Canaris' Widerstand enge Grenzen. Er opponierte – das zeigte sein Verhalten in der Sudetenkrise und vor dem Polen-Feldzug – gegen Hitlers Kriegspolitik immer nur solange, wie noch nicht der erste Schuß gefallen war; fiel er aber, dann galten für Canaris allein die Normen und Traditionen militärischen Gehorsams.

Darin dokumentierte sich nicht zuletzt, daß Canaris dem nationalstaatlichen Denken verhaftet war und blieb. Oster jedoch hatte längst erkannt, daß der vom braunen Totalitarismus entfesselte Krieg der Ideologien und Weltanschauungen die herkömmlichen Grenzen nationaler Gesellschaftsordnungen sprengte; daß es jenseits von Staat und Nation höhere Werte gab, die es vor dem vaterländisch drapierten Nihilismus zu retten galt, ehe es zu spät war – und sei es mit Mitteln, die der konventionelle Verstand nur als Landesverrat begriff.

»Es gibt kein Zurück mehr für mich«, murmelte Oster, als er einmal im Oktober 1939 mit seinem Freund Liedig durch die Straßen Berlins fuhr. Der Korvettenkapitän verstand zunächst nicht, was Oster beschäftigte. Da vertraute sich ihm der Oberst an: »Es ist viel einfacher, eine Pistole zu nehmen und jemanden über den Haufen zu schießen, es ist viel einfacher, in eine Maschinengewehrgarbe hineinzulaufen, wenn es um der Sache willen geschieht, als das, was zu tun ich mich entschlossen habe. Und wenn Sie je in die Lage kommen sollten, dann bitte ich Sie, bleiben Sie auch nach meinem Tode der Freund, der weiß, wie es um mich gestanden hat und was mich bewogen hat, Dinge zu tun, die andere vielleicht nie verstehen werden oder mindestens nie selbst getan haben würden.«[287]

Er hatte bereits den Mann gefunden, der ihm helfen sollte, Nachrichten über Deutschlands militärische Vorbereitungen den Alliierten zuzuspielen: Major Gijsbertus Jacobus Sas. Er war niederländischer Militärattaché in Berlin und kannte Oster seit 1932; die beiden Männer hatten sich angefreundet, weil sie auch in politischen Grundfragen übereinstimmten. Als ehemaliger Chef der Operationsabteilung des niederländischen Generalstabs schien Sas just der richtige Mann, die Andeutungen und Enthüllungen Osters zutreffend zu deuten, zumal er schon Anfang Oktober prophezeit hatte, in wenigen Wochen werde der Krieg im Westen beginnen, »und diesmal werden wir [die Niederlande] der Gefahr nicht mehr entgehen«.[288]

Zwei Wochen darauf wußte auch Oster: »Mein lieber Freund, du hast recht gehabt, jetzt ist auch Holland an der Reihe.«[289] Von Stund an lieferte er Sas Informationen und Gerüchte aus der Abwehr und anderen Bereichen des OKW, mit deren Preisgabe Oster die Niederländer in die Lage versetzen wollte, ihre Verteidigungsstellungen zu verstärken und dem deutschen Angriff gewachsen zu sein. Osters Informationen richteten sich dabei nicht nur an den niederländischen Generalstab; Sas sollte alle Staaten alarmieren, die von Hitlers Wehrmacht bedroht waren.

Der selbsternannte Konterspion in der Spionagezentrale fand es jedoch nicht einfach, den eigenen Apparat auszuforschen. Das Abschottungssystem der konkurrierenden Abteilungen und Gruppen von Ausland/Abwehr verwehrte Oster einen genaueren Einblick in die deutschen Invasionsvorbereitungen, der Weg der V-Mann-Meldungen erreichte nicht die Zentralabteilung; zudem kannte er nicht die Operationspläne, die fern der Abwehr, im Generalstab des Heeres, entstanden. So mußte sich Oster meist mit dem begnügen, was er bei den Morgenbesprechungen im Chefzimmer von Canaris und in Gesprächen mit Kameraden erfuhr.

Das machte seine Informationen recht lückenhaft, vor allem in der zentralen Frage, deren richtige Beantwortung für das Schicksal der Niederlande entscheidend war: wann der deutsche Angriff beginnen werde. Nicht selten entging Oster die kurzfristige Veränderung des Angriffstermins.[290] Und da Hitler die Offensive wegen schlechter Wetterlage oder militärischer Mängel immer wieder verschob, hatte Oster Mühe, den jeweils neuesten Stand des Angriffsplanes zu erfahren. Die Inflation der Angriffstermine aber irritierte Sas' Vorgesetzte von Mal zu Mal mehr; allmählich mochten sie den dramatischen Ankündigungen ihres Militärattachés und dessen geheimnisvollen Informanten gar nicht mehr trauen.[291]

Oster genügte es jedoch nicht, seine Informationen allein über Sas in den Westen gelangen zu lassen. Auch Müller mußte über seine vatikanischen Querverbindungen die Westmächte vor den deutschen Angriffsplänen warnen. »Eine deutsche Großoffensive«, kabelte der Gesandte Osborne am 12. Januar 1940 an das Foreign Office, »ist bis ins letzte Detail für Mitte Februar, möglicherweise aber auch für früher, vorbereitet worden. Sie wird hart, bitter und mitleidlos sein.«[292]

Oster ließ keine Chance aus, die Absichten der Wehrmachtführung zu erkunden und dem Westen zu vermitteln. Ein makabres Bild: Ein deutscher

Oberst verrät zur anders verstandenen Rettung des Vaterlandes die Arbeit seiner eigenen Kameraden. Das mußte ihn bald in arge Gewissenskonflikte stürzen, denn schon stand eine militärische Operation bevor, in der die Abwehr eine führende Rolle spielen sollte: der Feldzug gegen Dänemark und Norwegen. Der Krieg nahm eine neue Wendung, und keiner hatte dazu einen kräftigeren Anstoß gegeben als Canaris.

Ende September 1939 waren am Tirpitz-Ufer Meldungen eingegangen, die Canaris folgern ließen, der britische Generalstab plane, Norwegen zu besetzen.[293] Die Abwehrmeldungen trafen ausnahmsweise ins Schwarze: Wenige Tage zuvor, am 19. September, hatte der britische Marineminister Churchill dem Kabinett vorgeschlagen, die norwegischen Hoheitsgewässer zu verminen, um die über Narvik laufenden Transporte schwedischen Erzes nach Deutschland zu unterbinden; er ging sogar schon mit dem Gedanken um, Narvik durch britische Truppen besetzen zu lassen.[294] Obwohl Canaris nur wenige Details der britischen Norwegen-Pläne kannte, berichtete er sofort dem Oberbefehlshaber der Kriegsmarine, Großadmiral Raeder.

»Die Meldung des Abwehrchefs«, erinnert sich Raeder, »bekam für mich ein größeres Gewicht dadurch, daß er sie in einem persönlichen Vortrag erstattete, was er nur in Ausnahmefällen tat.«[295] Raeder war von Canaris' Informationen so beeindruckt, daß er Hitler Anfang Oktober vorschlug, den Briten zuvorzukommen und Norwegen zu besetzen. Hitler indes, alle Gedanken und Energien auf die Westoffensive konzentriert, lehnte ab.[296]

Raeder hielt an seinem Projekt fest und sammelte neue Argumente, um Hitler von der Richtigkeit eines Sprungs nach Norwegen zu überzeugen. Mitte Dezember führte ihm die Abwehr II einen gelegentlichen Informanten zu, der mit neuen Hiobsbotschaften über britische Invasionspläne nach Berlin gekommen war: den norwegischen Faschistenführer Vidkun Quisling.[297] Seine Nachrichten über eine bevorstehende britische Landung lauteten immerhin so bedrohlich, daß sich Hitler herbeiließ, den Norweger zu empfangen.[298] Der Diktator schärfte ihm zwar ein, das Reich sei nur an einem neutralen Norwegen interessiert, doch zum erstenmal hielt auch er eine Besetzung des Landes durch deutsche Truppen für möglich. Hitler befahl dem Oberkommando der Wehrmacht, eine Studie über eine Besetzung Norwegens anzufertigen.[299]

Noch zweifelte Hitler, ob die Invasion nach dem Norden unvermeidlich sei, da verdichteten sich die Meldungen über britisch-französische Landungsabsichten. Der inzwischen ausgebrochene Krieg zwischen Rußland und Finnland bot den Westmächten einen idealen Anlaß für eine Intervention in Norwegen; unter dem Vorwand, den bedrängten Finnen zu Hilfe kommen zu wollen, konnten die Westmächte gleichsam nebenbei Nordnorwegen besetzen und die deutschen Erztransporte stoppen. Der französische Oberbefehlshaber Gamelin hatte so etwas im Sinn: Er wollte ein Hilfskorps im Norden Finnlands landen lassen, das zugleich Häfen und Flugplätze an der norwegischen Westküste besetzen und bis in die Eisenerzgruben Schwedens vorstoßen sollte.[300]

Jetzt mochte Hitler nicht länger warten, am 27. Januar 1940 gab er dem OKW Order, einen Plan für die Besetzung Norwegens und Dänemarks auszuarbeiten.[301] Noch am gleichen Tag entstand bei der OKW-Abteilung L ein Sonderstab, der die Invasion (Deckname: »Weserübung«) vorbereiten sollte. Und wieder sah sich Canaris aufgerufen, einem neuen Kriegsabenteuer Hitlers den Weg zu ebnen, ja mehr noch: es überhaupt erst möglich zu machen. Denn die militärischen Planer wußten über Norwegens Streitkräfte nicht mehr, als in dem »Orientierungsheft Norwegen« aus dem Jahr 1907 stand, das ein Sachbearbeiter nach langem Suchen in einem staubigen Archiv gefunden hatte.[302)]

Canaris stellte den inzwischen zum Oberstleutnant avancierten Pruck dem Sonderstab von L zur Verfügung, der Pruck genaue Anweisungen gab. Pruck sollte, in der Deutschen Gesandtschaft in Oslo eingebaut, mit einigen Abwehroffizieren die »Tätigkeit von Angehörigen der Feindmächte in Norwegen« beobachten und die militärische Lage aufklären, darunter »a) Stärke, Dislokation und Einsatzabsichten der norwegischen Streitkräfte, b) Beschaffenheit der Hafenanlagen in Oslo, Kristiansand, Stavanger, Bergen, Trondheim und Narvik im Hinblick auf Truppenausladungen«.[303)]

Ein Paß lag schon bereit, der Pruck als Oberregierungsrat Ernst Pohl legitimierte, am 30. Januar flog der Canaris-Mann nach Oslo. Binnen weniger Wochen gelang ihm und seinen Mitarbeitern ein Wunder militärischer Feindaufklärung; die »Abwehraußenstelle Norwegen« konnte Truppen, Militäranlagen und Küstenbefestigungen so zuverlässig identifizieren, daß der Arbeitsstab der Gruppe XXI, die Zentrale der deutschen Invasionsarmee, die Operationspläne rasch fertigstellte.[304)]

Eile war geboten, denn schon beobachteten Prucks V-Männer, daß immer häufiger britische und französische »Finnlandfreiwillige« in Norwegen auftauchten. Die Deutschen wußten freilich nicht, daß der Auftrag dieser »Freiwilligen« lautete, gemeinsam mit von See herbeistoßenden Einheiten am 20. März Drontheim, Stavanger, Bergen und Narvik überfallartig zu besetzen.[305)] Nur die überraschende Kapitulation Finnlands am 13. März machte den Plan zunichte; die Briten und Franzosen mußten Norwegen wieder verlassen. Doch ein neuer Plan entstand in London und Paris: Einmarsch in Norwegen Mitte April.[306)]

Pruck warnte denn auch immer wieder, daß mit einer baldigen Invasion des Gegners in Norwegen zu rechnen sei. Er ahnte nicht, daß ihn aus der Ferne die feindseligen Augen eines hohen Kameraden beobachteten, der entschlossen war, Prucks Arbeit zu konterkarieren: Oberst Oster wartete nur auf den günstigsten Augenblick, die deutsche Invasion zu Fall zu bringen.

Doch ehe er seinen Rubikon endgültig überschritt, ergab sich eine Gelegenheit, noch einmal auf die regimekritischen Militärs einzuwirken. Müller schien in Rom der Durchbruch gelungen: Papst Pius XII. hatte sich eingeschaltet und die britische Regierung zu einer Erklärung für den Fall eines Militärputsches in Deutschland veranlaßt.

Er hatte am 12. Januar Sir Francis d'Arcy Osborne zu sich gebeten und ihm eröffnet, es gebe deutsche Militärs, die die gegenwärtige Reichsregierung durch eine »verhandlungsfähige Regierung« ablösen wollten, falls sie »eines Friedens mit Großbritannien . . . sicher sein könnten, der weder ein neues Compiègne noch einer nach der Art Wilsons sei«. Die neue Regierung werde die Unabhängigkeit Polens und der Tschechoslowakei wiederherstellen, bestehe aber darauf, daß Österreich beim Reich bleibe. Der britische Gesandte reagierte reserviert: Das sei wohl ein zu »nebulöser und unsicherer Vorschlag«, um von Seiner Majestät Regierung ernst genommen zu werden; er werde gleichwohl nach London berichten.[307)]

Als sich der Brite nicht wieder rührte, bat ihn der Papst noch einmal um einen Besuch. Am 7. Februar legte er Osborne nahe, seine Regierung möge sich zu den Sondierungen der deutschen Frondeure äußern; was sie wünschten, sei »eine Garantie, daß die territoriale Integrität des Reiches plus Österreich ... in den Friedensbedingungen der Alliierten bewahrt werden würde«.[308)] Pius XII. äußerte sich so entschieden, daß die Regierung in London eine Antwort geben mußte. Zehn Tage später lag sie in Rom vor.

»Es muß von vornherein klar sein«, schrieb Lord Halifax am 17. Februar an den Gesandten, »daß die Regierung Seiner Majestät in dieser Frage nur im Zusammenwirken mit Frankreich handeln kann. Wenn die Regierung Seiner Majestät überzeugt wäre, daß die Unterhändler, die sich an Seine Heiligkeit gewandt haben, Kräfte in Deutschland repräsentieren, die den Willen und die Macht haben, ihre Versprechungen auszuführen, dann würde die Regierung Seiner Majestät bereit sein, gemeinsam mit der französischen Regierung jede Anfrage zu beantworten, die jene Kräfte haben mögen. Die Regierung Seiner Majestät kann jedoch diese Frage mit der französischen Regierung nicht aufgrund von Ideen erörtern, deren Herkunft so unbestimmt und deren Charakter so vage ist wie jene, die Ihnen vorgetragen wurden. Soll es zu Fortschritten kommen, so muß ein definitives Programm vorgelegt und autoritativ vertreten werden.« Osborne solle außerdem erklären, daß die Regierungen der Alliierten keinen Landgewinn erstrebten; allerdings hielten sie es für richtig, die Österreicher selber entscheiden zu lassen, ob sie dem vorgeschlagenen Deutschen Bund angehören wollten oder nicht.[309)]

Osborne beeilte sich, Englands Antwort dem Papst zu übermitteln; kurz darauf wußte auch Müller, wie die Briten reagiert hatten. Bilanz: Die Gegenseite blieb kühl und ging nicht darüber hinaus, höfliches Interesse für Müllers Vorschläge zu bekunden. Was in Wirklichkeit hinter allen diplomatischen Floskeln stand, demonstrierte Osborne, als er am 19. Februar dem Papst erneut begegnete. »Ich sagte lediglich«, berichtete er, »wenn sie die Regierung stürzen wollten, so sollten sie es doch tun. Ich fügte hinzu: Falls es aber zu einem Regierungswechsel käme, würde ich immer noch nicht sehen, wie man Frieden machen könne, solange die deutsche Militärmaschine intakt bleibe.«[310)]

Aus dem Zettel aber, auf dem Pater Leiber den enttäuschenden Inhalt der britischen Antwort notiert hatte, machte Müller eine konkrete Vorvereinbarung mit Englands Regierung, »eine Art Gentleman's Agreement«, wie später selbst differenziert urteilende Historiker wähnten, ehe die Akten der britischen Regierung mit ihrem so anderslautenden Text ans Tageslicht kamen.[311)] Der Erfolgszwang verlockte offenbar den sonst so realistischen Anwalt Müller zu einer grotesken Überbewertung der britischen Antwort. Freudig eilte er Ende Februar nach Berlin und steckte die schon resignierten Freunde Osters mit seinem derben Optimismus an. Dohnanyi rief begeistert: »Jetzt schaffen wir es!«[312)] Müller las in Dohnanyis Wohnung aus seinen Notizen vor. Dohnanyi schrieb sich daraufhin Stichworte auf, die er verwendete, als er noch in der Nacht seiner Frau ein etwa zwölf Seiten langes Memorandum über die Gespräche in Rom diktierte: den »X-Bericht«, so genannt nach Müllers Decknamen.[313)]

Am nächsten Tag lag vor Müller das Papier, ein erstaunliches Dokument der Interpretation und des Wunschdenkens. Was wollte sein Verfasser nicht alles aus der britischen Antwort herausgelesen haben: England sei mit der Beibehaltung Österreichs und des Sudetenlandes einverstanden, es räume Deutschland freie Hand im Osten ein.[314)] Später erinnerte sich Halder sogar, in dem (nicht mehr erhaltenen) X-Bericht habe auch gestanden, Deutschland werde die Ostgrenzen von 1914 und außerdem Elsaß-Lothringen zurückerhalten.[315)]

Nach dem Krieg schwächte Müller ab, manche Übertreibung müsse nachträglich in den X-Bericht aufgenommen worden sein; seine Notizen hätten sie nicht enthalten.[316)] Tatsächlich war der Bericht später wiederholt umformuliert worden. Müller übersah jedoch, daß schon seine – erhaltenen – Berichte aus dem November 1939 der Optimismus durchzog, Deutschland werde für die Beseitigung Hitlers von den Alliierten gleichsam noch beschenkt werden. Kaas hatte ihm danach »wohlwollende Behandlung auch des Polenproblems in deutschem Sinne« zugesichert, Noots wollte dem Reich »Eupen und Malmedy zurückgeben«, und durch den südafrikanischen Botschafter wußte Müller sogar: »Übrigens könne Deutschland auch wieder Kolonien haben.«[317)]

Wer immer im X-Bericht manipuliert haben mochte – der Text schien geeignet, regimekritischen Militärs die gewünschten außenpolitischen Garantien für einen Putsch zu bieten. Das Papier kam zur rechten Zeit, ging doch wieder einmal das Gerücht um, Halder habe sich von dem Schock des 5. November 1939 erholt und suche nach neuen Möglichkeiten für einen Staatsstreich. Selbst Brauchitsch sollte nicht abgeneigt sein, diesmal auf seinen Generalstabschef zu hören. Wieder einmal setzte man Hoffnungen auf die beiden Führer des Heeres.

Wie aber sollte man sie ansprechen? Der Weg zu ihnen war versperrt, seit Groscurth Anfang Februar wegen eines Streits um einen Ehe-Erlaß Himmlers, in dem der Oberstleutnant eine Beleidigung traditionell-christlichen Soldatentums sah, von Brauchitsch entlassen und als Bataillonskommandeur kaltgestellt worden war.[318)] Oster durfte sich im Generalstab des Heeres nicht mehr blicken lassen, andere Vermittler gab es kaum. So verging Woche um Woche, ehe sich der kranke Generalleutnant Thomas Anfang April 1940 erbot, den X-Bericht zu Halder zu bringen.[319)]

Der Generalstabschef war zu intelligent, um nicht die Fußangeln auf diesem »nicht voll tragfähigen Boden« zu entdecken; die angeblichen territorialen Zugeständnisse Englands, gab er nachher an, hätten ihn stutzig gemacht.[320)] Dennoch reichte er den Bericht an Brauchitsch weiter. Der OB aber war nach der Lektüre blaß und empört: »Sie hätten mir das nicht vorlegen sollen. Was hier geschieht, ist glatter Landesverrat.« Brauchitsch war so erregt, daß er Halder befahl, den Überbringer des Berichts sofort verhaften zu lassen. Halder will geantwortet haben: »Wenn einer verhaftet werden soll, dann bitte verhaften Sie mich!«[321)]

So wußte schließlich Oster, daß kein Putsch, kein Ungehorsam der Generale die Skandinavien-Invasion verhindern könne – nur noch das eigene Opfer, seine Tat, der Verrat. Für ihn war der Überfall auf Norwegen und Dänemark, so hat Liedig die Gedanken Osters nachempfunden, »die letzte Wende, die letzte Schwelle«; von da an würde es »kein Zurück mehr geben, würde sich die Nemesis vollziehen«.[322] Einen Augenblick mag Oster noch überlegt haben, ob er Canaris ins Vertrauen ziehen solle. Er scheint es vorsichtig versucht zu haben.

Nach einem Vortrag Liedigs vor Canaris und Oster (Thema: Stand der Vorbereitungen von »Weserübung«) am 1. oder 2. April begann der Oberst laut darüber nachzudenken, wie sich vielleicht die Invasion noch verhindern lasse. Oster: »Man versteht ja die Engländer gar nicht, daß die so blind sind. Man müßte doch eigentlich sehen, daß es möglich wäre, eine Demonstration der englischen Macht auszulösen. Ich bin sicher, daß das ganze Unternehmen abgeblasen würde, wenn man sieht, daß die Grand Fleet zum Gegenschlage ausholt, um diesen Überfall eines Neutralen zu verhindern.«[323] Die Konsequenz blieb unausgesprochen: die Briten warnen und die Invasion damit stoppen.

Doch Canaris überhörte die Frage, sein Gehorsamsbegriff ließ eine solche Tat nicht zu. Für ihn, der seit dem 1. April die goldenen Ärmelringe und Epauletten eines vollen Admirals trug, gab es kein Schwanken mehr, denn Hitler hatte inzwischen den Beginn des deutschen Angriffs auf den 9. April 5 Uhr 15 festgelegt.[324] Von jedem seiner Offiziere verlangte Canaris jetzt strikteste Pflichterfüllung und schnauzte wie ein Feldwebel, wenn einer es wagte, von der militärischen Routine abzuweichen.

Das bekam auch Pruck zu spüren, der – über den Angriffstermin noch nicht informiert – ein paar Tage später auf eigene Faust nach Berlin reiste, um sich dagegen zu beschweren, daß er mit Canaris' Zustimmung für die Dauer des Unternehmens dem Marineattaché in Oslo, einem Reserveoffizier, unterstellt worden war. Als er sich beim Admiral meldete, raunzte der ihn ungnädig an: Das sei unerlaubtes Verlassen eines Postens im Kriege, darauf stehe Kriegsgericht. Erst da erfuhr Pruck, daß die letzten Vorbereitungen für die Invasion angelaufen waren; Canaris aber befürchtete, die Norweger könnten davon erfahren und Pruck nicht mehr ins Land zurücklassen. In seiner Bedrängnis bat Pruck, da Piekenbrock und Lahousen nicht in Berlin waren, den Abteilungschef Oster, sich für ihn bei Canaris zu verwenden. Der Admiral war schon wieder versöhnt. Canaris: »Also lassen wir die Unterstellung. Ich bin nur besorgt, daß Sie rechtzeitig nach Oslo zurückkommen.«[325]

Für Oster aber war der kleine Zwischenfall letzter Beweis dafür, daß die Invasion unmittelbar bevorstand. Jetzt handelte er: Am 3. April wies er Müller an, seine Konfidenten im Vatikan zu alarmieren, kurz darauf jagte er Sas los, die skandinavischen, britischen und niederländischen Stellen zu informieren. Jedem seiner Vertrauensleute erzählte Oster die gleiche Geschichte: Er sei sicher, daß in der ersten Hälfte der kommenden Woche, also zwischen dem 8. und 10. April, der Angriff gegen den Norden beginne.[326]

Am Morgen des 4. April kabelte Sas die Information Osters an seine Vorgesetzten in Den Haag mit der zusätzlichen Bitte, sofort den britischen Geheimdienst zu benachrichtigen; etwa zur gleichen Zeit rief Müller den Monsignore Schönhöffer in Rom an und gab ihm einen verschlüsselten Text durch, dessen Kode sie vorher verabredet hatten.[327)] Inzwischen war Sas schon wieder unterwegs. Im Hotel »Adlon« weihte er den norwegischen Gesandtschaftsrat Ulrich Stang ein, der jedoch skeptisch blieb, weil er wußte, daß sich in den britischen Häfen bereits eine Truppentransporterflotte für Norwegen sammelte. Sas rief verblüfft: »Was, die Engländer wollen in Ihrem Land landen? Wissen Sie nicht, daß die Deutschen nächsten Dienstag in Norwegen landen werden?« Darauf Stang: »Unmöglich, Unsinn!«[328)] Sas lief weiter und erreichte seinen letzten Adressaten, den dänischen Marineattaché Kjølsen, der alsbald einen Kurier nach Kopenhagen in Marsch setzte.[329)]

Gespannt wartete Oster die Reaktion der gewarnten Staaten ab. Jetzt hatten die Opfer Hitlerscher Kriegsausweitung eine echte Chance, sich rechtzeitig zur Wehr zu setzen, jetzt war man vorgewarnt und konnte den deutschen Gegner sicher erwarten. Niemals zuvor schien ein militärisches Unternehmen Hitlers derartig zum Scheitern verurteilt: Die Verteidiger waren informiert, der Sprung des deutschen Heeres nach Norwegen eines der riskantesten Unternehmen der Kriegsgeschichte, zumal sich von Westen ein zusätzlicher mächtiger Gegner näherte – die britische Flotte.

Für Oster stand unerschütterlich fest, daß die Tage von »Emil« (Hitler) gezählt seien. Darin bestärkten ihn auch die düsteren Lagebeurteilungen des Pensionärs Beck, der freilich in seiner Isoliertheit immer mehr in Gefahr geriet, den Kontakt zur Wirklichkeit zu verlieren. Oster rechnete mit einem sicheren Rückschlag in Norwegen. Müller fand ihn bei einem Besuch in der Abwehrzentrale über eine Landkarte gebeugt; Oster wies auf einen Punkt in der Nordsee im Süden der norwegischen Küste und erläuterte ihm: »An dieser Stelle wird die englische Flotte die deutschen Truppentransporter angreifen, und dann wird alles aus sein.« Diese Niederlage werde Hitler nicht überstehen.[330)]

Doch Oster irrte, seine eigene Tat blieb ergebnislos. Der niederländische Generalstab gab Sas' Information nicht an den britischen Geheimdienst weiter, der Norweger Stang ließ seine Regierung in Unkenntnis, obwohl der Gesandte in Berlin rechtzeitig warnte;[331)] erst wenige Stunden vor der deutschen Invasion erfolgte die Mobilmachung der norwegischen Streitkräfte. Und Englands Home Fleet, um eine Tageslänge gefolgt von den Truppentransportern, lief am 7. April aus, ohne die deutschen Angriffstermine zu kennen.[332)] Hans Oster hatte Leben und Ehre vergebens aufs Spiel gesetzt.

Mit der Präzision eines Uhrwerks setzte sich in den Morgenstunden des 9. April 1940 die deutsche Invasionsarmee in Bewegung, von keinem Verteidiger in Dänemark und Norwegen ernsthaft aufgehalten. Fallschirmjäger besetzten in Überraschungsaktionen Flugplätze und Kasernen, bis in den hohen Norden rund um Narvik wagten sich die Invasoren im Sofortangriff vor. Sie hielten schon die Schlüsselstellungen Norwegens besetzt, als die britischen Landungstruppen um den 12. April herum die Westküste erreichten. Die Briten kämpften ohne Glück. Sie erwiesen sich zwar in Mittel- und Nordnorwegen als ebenbürtige Gegner und konnten die Deutschen sogar zeitweilig aus Narvik verdrängen, aber einen entscheidenden Erfolg erzielten sie nicht. Um den 1. Mai schifften sie sich wieder ein, nur im Norden wurde noch ein paar Wochen lang gekämpft.[333] Hitler und die Wehrmacht hatten wieder einmal trotz teilweise schwerer Verluste auf der ganzen Linie gesiegt.

Starren Gesichts verteilte der Stabschef Oster Kriegsauszeichnungen an die Abwehrmänner, die abermals einen Eroberungsakt Hitlers möglich gemacht hatten. 10 Mann der inzwischen auf Bataillonsstärke gebrachten »Brandenburg« hatten vor Invasionsbeginn im deutsch-dänischen Grenzgebiet Eisenbahnbrücken gesichert und verdächtige Personen der Gestapo übergeben (»Unternehmen Sanssouci«), 4 V-Männer unter Major Klug die Nachrichtenverbindungen zwischen Gjedser und Nykoebing gestört (»Unternehmen G. V.«).[334] Und unvergessen war die Bravour des Pruck-Gehilfen Kempf, der mit einem Agentenfunkgerät an Bord des Dampfers »Widar« die deutschen Truppen im Raum Oslo dirigiert hatte.[335]

Der neuerliche Triumph Hitlers aber hatte fatale Folgen. Jetzt mochte auch nicht der kritischste General mehr an Widerstand und Putsch denken, der Sieg in Norwegen hatte letzte Bedenken weggeschwemmt. Von Woche zu Woche schienen die Siegesaussichten der Westoffensive zu wachsen, ja Halder war nun schon so optimistisch, daß er sich von einem deutschen Waffenerfolg im Westen eine Korrektur und Mäßigung des Regimes erhoffte.[336] Und munter schimpfte er »auf alle Leute, die an Putsch dächten, sich aber nicht einig wären, . . . auch meist nur reaktionär wären und das Rad der Geschichte zurückdrehen wollten«.[337]

Mit solchen Militärs hatte Hitler leichtes Spiel, als er nun darauf pochte, die Masse der deutschen Divisionen nach Westen zu werfen und den Sieg über den Kriegsgegner perfekt zu machen. Die Generale folgten ihm gehorsam, zumal ihnen der Führer statt des »alten Schlieffenschinkens« (Hitler) dank einer Idee des Generalleutnants von Manstein ein neues strategisches Siegeskonzept bot: Verlagerung des Schwergewichts von dem rechten auf den linken Flügel, Führung des Hauptschlags durch die bis dahin für unwegsam gehaltenen Ardennen.[338] Erfolgsgierig formierten sich die Heeresgruppen A, B und C zum Angriffskrieg im Westen.

Wer konnte auf das makabre Schauspiel von Anpassung und Opportunismus mit mehr Verachtung herabschauen als der Oberst Oster, der noch vor kurzem so manchen der plötzlich wieder hitlergläubig gewordenen Kameraden zu den Sympathisanten seines Widerstandskreises gezählt hatte? Doch er selber blieb unbestechlich, blieb dem Weg treu, den ihm sein Gewissen und eine Vorahnung kommender Katastrophen vorzeichneten. Noch einmal war Oster bereit, den Gegner zu warnen – in der verzweifelten, ja schon irrationalen Hoffnung, durch die Herbeiführung einer kurzfristigen Niederlage die deutschen Militärs noch zur Besinnung bringen zu können.

Hatte er gar keine Bedenken, die Arbeit der eigenen Kameraden zu sabotieren, kamen ihm keine Skrupel, das Leben Tausender deutscher Soldaten aufs Spiel zu setzen? Wer so fragt, versteht nicht, was aus moralisch-sittlicher Empörung handelnde Täter treibt. Es war für Oster nicht die entscheidende Frage, im Gegenteil: Er kalkulierte den Tod von 40000 deutschen Soldaten für den Fall einer Niederlage im Westen ruhig ein, weil er zu wissen glaubte, daß einem deutschen Sieg ein Meer von Blut und Tränen folgen werde, Jahr um Jahr ansteigend, bis das Reich Hitlers vollends an seinen eigenen Verbrechen erstickte.[339] Der Tod deutscher Soldaten, die für ihn in diesem Augenblick nur willenlose Werkzeuge einer inhumanen Diktatur waren, schreckte Oster nicht.

Er hatte die Brücken hinter sich so abgebrochen, daß ihn nicht einmal die Frage irritierte, ob seine Tat überhaupt sinnvoll war, will sagen: erreichen konnte, was sie bezweckte. Und das war in der Tat nun das Erstaunlichste an Osters Verrat: daß der Stabschef eines der größten Spionagcapparate der Welt ernsthaft glaubte, eine Meldung dunkler Herkunft, zumal aus dem Räderwerk der großdeutschen Kriegsmaschine, werde Länder wie Belgien und Holland bewegen, gegen Deutschland mobil zu machen. Die Regierung mußte erst noch erfunden werden, die es wagen würde, aufgrund einer einzigen Agentenmeldung das Land in Kriegszustand zu versetzen; das widersprach allen Erfahrungen der Geheimdienste. Wie leicht konnte hinter einer solchen Meldung die Absicht der Deutschen stehen, durch Provozierung einer fremden Mobilmachung einen Vorwand für den eigenen Angriff zu schaffen!

Doch Überlegungen der Zweckmäßigkeit und Nützlichkeit lenkten nicht Osters Handlungen, der Haß gegen das Hitler-System ließ in ihm keine rationalen Erwägungen aufkommen. Da schockte ihn auch nicht mehr der Ruch des Landesverräters, fühlte sich Oster doch als besserer Patriot denn die Masse seiner Landsleute und Kameraden. Oster: »Man kann nun sagen, daß ich Landesverräter bin, aber das bin ich in Wirklichkeit nicht, ich halte mich für einen besseren Deutschen als alle die, die hinter Hitler herlaufen. Mein Plan und meine Pflicht ist es, Deutschland und damit die Welt von dieser Pest zu befreien.«[340]

Und wieder lief ab, was schon Anfang April mit so geringem Erfolg geprobt worden war. Oster alarmierte Sas und Müller, ihre Freunde auf der Gegenseite von der bevorstehenden deutschen Westoffensive in Kenntnis zu setzen; das genaue Datum kannte er noch nicht – er wußte nur, daß der Angriff in den ersten zwei Maiwochen erfolgen werde. Sas wollte noch ein paar Tage abwarten, weil ihm die Vorgesetzten in Den Haag allzusehr mißtrauten, Müller aber reagierte sofort. Am 1. Mai tauchte er in Rom auf und weihte Pater Leiber ein. Für den Papst gab Müller einen Zettel mit, darauf stand: »Hitler wird angreifen, und der Angriff steht dicht bevor.«[341]

Das war die Formel, der auch der hinzugezogene Beck zugestimmt hatte, ohne freilich zu ahnen, was Oster vorhatte; er glaubte, das »anständige Deutschland« verhandle noch immer mit den Briten im Vatikan (in Wirklichkeit hatte Müller seine Sondierungen Ende Februar eingestellt) und müsse wenigstens durch eine vage Andeutung der kommenden Westoffensive sein gutes Gewissen demonstrieren. Doch mit so ungenauen Anspielungen mochten sich Müllers vatikanische Freunde nicht begnügen. Sie wünschten konkrete Details – und Müller gab sie ihnen.

Dem Generalabt Noots enthüllte er in zwei Gesprächen am 1. und 3. Mai, Hitler habe sich entschieden, in Frankreich, Belgien, Holland und Luxemburg einzurücken, und zwar schon in den nächsten Tagen. In die neutralen Länder des Westens werde die Wehrmacht ohne Kriegserklärung einfallen und bei ihrer Offensive jedes Mittel einsetzen, darunter auch »Gas und Bakterien«. Müller lieferte Details über die Operationen, darunter auch über Unternehmen der Abwehr: Landung von Fallschirmagenten hinter den feindlichen Linien, Unterbrechung von Nachrichtenverbindungen, Zugriff auf militärische Anlagen des Gegners.[342)]

Müllers Informationen setzten den diplomatischen Apparat des Vatikans in Bewegung. Am 3. Mai telegraphierte Kardinalstaatssekretär Maglione an die Nuntien in Brüssel und Den Haag, die furchtbare Nachricht an die Regierungen Belgiens und Hollands weiterzugeben. Am 6. Mai sagte es Pius XII. dem italienischen Kronprinzen Umberto und dessen belgischer Frau. Einen Tag darauf bestellte Prostaatssekretär Montini, der spätere Papst Paul VI., die diplomatischen Vertreter Englands und Frankreichs zu sich.[343)] Osborne depeschierte an das Foreign Office: »Der Vatikan rechnet damit, daß in dieser Woche eine deutsche Offensive im Westen beginnt.«[344)]

Inzwischen alarmierte Noots den belgischen Gesandten Adrien Nieuwenhuys, bei dem schon ein anderer Landsmann, der Jesuitenpater Monnens, erschienen war, den wiederum Leiber informiert hatte. Die beiden Kleriker bestürmten den Gesandten, unverzüglich die Regierung in Brüssel zu verständigen. Nieuwenhuys war skeptisch (wie übrigens auch sein britischer Kollege, den die Nachricht des Vatikans nicht sonderlich beeindruckt hatte).[345)] Als Nieuwenhuys hörte, von wem die Informationen ausgingen, reagierte er ungläubig: »Kein Deutscher würde so etwas tun!«[346)]

Erst nach langem Zureden von Noots kabelte er am 2. Mai einen verschlüsselten Text nach Brüssel. »Ich habe . . . Gewährsmann«, meldete der Gesandte, »der angibt, Angriff auf Belgien und Holland für nächste Woche festgesetzt. Informant, von Nuntius immer für vertrauenswürdig erachtet, hat Landsmann gebeten, seine Regierung zu benachrichtigen . . . Versteht sich, daß ich diese Information übermittle, ohne Möglichkeit der Nachprüfung, alle möglichen Überraschungen tatsächlich denkbar.«[347)] Nieuwenhuys blieb gleichwohl mißtrauisch, noch am nächsten Tag zweifelte er an der Ernsthaftigkeit von Müllers Informationen, wie er in einem weiteren Telegramm an das belgische Außenministerium andeutete.

Vor allem der deutsche Informant irritierte ihn. Es handle sich zwar, kabelte er nach Brüssel, um eine »Person, die ihre Information aus dem Generalstab beziehen muß, dessen Emissär sie sich nennt«, dennoch sei sie recht suspekt: »Entweder verrät dieser Mann sein Land zu unserem Vorteil oder er handelt im deutschen Auftrag; offenbar präsentiert er sich in jenem Licht, als vertrauter Freund, das heißt als Landesverräter, und es ist sehr möglich, daß er auf diese Weise unseren Landsmann über seinen wahren Auftrag täuscht«. Nieuwenhuys kam zu scharfsinnigen Schlußfolgerungen: Belgien solle möglicherweise »durch Betonung der Schrecken einer Invasion« eingeschüchtert werden oder Hitler wolle die »Aufmerksamkeit auf unser Gebiet . . . lenken, um im Südosten anzugreifen«.[348)]

Der belgische Gesandte ahnte nicht, was er mit seinen telegraphischen Meditationen anrichtete. Ohne von Müller oder dessen Konfidenten vorgewarnt worden zu sein, daß Görings Forschungsamt (FA) nahezu den gesamten diplomatischen Telegrammverkehr Westeuropas mitlas, hinterließ Nieuwenhuys eine breite Spur, auf die die Jäger der deutschen Gegenspionage eines Tages nur allzu leicht stoßen mußten. Obwohl Müller die Telegramme nicht kannte, wurde es ihm in Rom allmählich unbehaglich. Am 4. Mai reiste er nach Deutschland zurück.[349]

Als er sich wieder bei Oster meldete, lagen gerade die ersten konkreten Nachrichten über den Angriffstermin vor. Der Beginn des Westfeldzuges war von Hitler auf den 5. Mai festgelegt worden, doch an diesem Tag wurde der Termin wieder um einen Tag verschoben.[350] Das Spiel wiederholte sich in den nächsten Tagen noch öfter. Müller sollte den jeweils neuesten Termin nach Rom übermitteln, doch er mochte nicht wegen der sich ständig ändernden Einsatzdaten unentwegt zwischen Berlin, München und Rom hin- und herreisen. Da traf es sich gut, daß sein Freund und Gönner Schmidhuber ohnehin dabei war, in die italienische Hauptstadt zu reisen. Er weihte Schmidhuber ein und gab ihm einen Zettel für Pater Leiber mit, auf dem der damals neueste Angriffstermin (8. Mai) stand – ein fataler Entschluß, der später den ganzen Oster-Kreis ins Verderben stürzen sollte.[351]

Müller traf außerdem mit Schmidhuber eine Verabredung: Er werde den Hauptmann im römischen Hotel »Flora« anrufen, falls sich das Datum wieder geändert habe; Schmidhuber müsse dann den neuen Termin – wiederum auf einen Zettel geschrieben – an Leiber weitergeben.[352] Als Tarnung vereinbarten sie eine Unterhaltung über eine angeblich bevorstehende Vorstandssitzung der Münchner Eidenschitz-Bank, bei der beide Männer Konten unterhielten; gab Müller ein bestimmtes Datum der Vorstandssitzung durch, dann wußte Schmidhuber, daß in Wirklichkeit der neue Termin des deutschen Angriffes im Westen gemeint war. Am 6. Mai reiste Schmidhuber ab.[353]

Zweimal rief ihn Müller im »Flora« an, um ihm mitzuteilen, die Vorstandssitzung sei auf den nächsten Tag verschoben worden.[354] Tag für Tag wartete Oster auf den definitiven Befehl. Am 9. Mai war es endlich soweit, jeder der Abteilungschefs der Abwehr wußte, daß die Entscheidung an diesem Tage fallen werde. Um 12 Uhr 30 notierte sich Lahousen: »Chef L gibt bekannt, daß voraussichtlich der 10. Mai A[ngriffs]-Tag ist. X-Zeit: 5.33 Uhr, der endgültige Entscheid soll um 20.45 Uhr getroffen werden.«[355]

Unruhig lief Oster am Abend in seiner Wohnung auf und ab, gegen 19 Uhr kam Sas zu ihm. Die beiden Männer gingen in der Berliner Innenstadt essen, um ihrer Nervosität Herr zu werden. Oster zu Sas: »Es besteht immer noch eine Möglichkeit, daß die Sache zurückgestellt wird. Wir haben dies nun schon dreimal mitgemacht. Also laß uns noch ein bißchen warten.«[356] Auch nach anderthalb Stunden war die letzte Entscheidung noch nicht gefallen. Um 20 Uhr 45 hörte Lahousen, daß »Entscheidung über A-Tag um eine Stunde verschoben« worden war.[357] Eine dreiviertel Stunde später mochte Oster nicht länger warten. Er fuhr mit Sas in einer Taxe zum Tirpitz-Ufer, der Holländer blieb im Wagen, Oster eilte in sein Dienstzimmer.[358]

20 Minuten später kehrte er wieder zurück, er war zum richtigen Augenblick gekommen: Just eben, um 21 Uhr 45, hatte Abteilung L das Stichwort »Danzig« ausgegeben, das Kodewort für den definitiv beschlossenen Angriff.[359] Oster rannte zu dem wartenden Wagen, hastig kamen seine Worte: »Nun ist es wirklich aus. Es sind keine Gegenbefehle gegeben, das

Schwein ist abgefahren zur Westfront, jetzt ist es wirklich endgültig aus.« Oster hatte noch eine letzte Bitte: »Sas, sprengt mir die Maasbrükken!«[360]

»Danach bin ich im Laufschritt zu meiner Gesandtschaft gerannt, wohin ich inzwischen den belgischen Militärattaché bestellt hatte«, erinnerte sich Sas später.[361] Kaum hatte der Belgier das Nötige gehört, da jagte er davon, während Sas bereits den Telefonhörer abnahm und eine Verbindung mit dem Kriegsministerium in Den Haag verlangte. 20 Minuten vergingen, ehe sich der Anschluß in der niederländischen Hauptstadt meldete. Am anderen Ende der Leitung war der Leutnant zur See Post Uitweer, den Sas »zum Glück gut kannte«.[362]

Aufgeregt rief Sas: »Post, Sie kennen meine Stimme, nicht wahr? Ich bin Sas in Berlin. Ich habe Ihnen nur eins zu sagen. Morgen früh bei Tagesanbruch: ›Ohren steif!‹ Sie begreifen mich doch? Wollen Sie es eben wiederholen!« Der Leutnant schnarrte die Meldung herunter, dann fügte er hinzu: »Also Brief 210 erhalten.« Da wußte der Major, daß ihn der andere verstanden hatte, denn gemäß einem vorher verabredeten Kode bedeutete »Brief 200« nichts anderes als »Invasion« und die beiden zusätzlichen Zahlen den Angriffstag. Beruhigt konnte Sas das Gespräch beenden: »Ja, Brief 210 erhalten.«[363]

Doch der niederländische Geheimdienst traute wieder einmal seinem Berliner Vertreter nicht. Oberst van de Plaasche, der Chef des Geheimdienstes, rief anderthalb Stunden später bei Sas an und legte heftige Zweifel in seine Stimme. Plaasche: »Ich habe so schlechte Nachrichten von Ihnen über eine Operation Ihrer Frau. Wie mir das leid tut! Haben Sie denn auch alle Ärzte konsultiert?« In Sas stieg eine wilde Wut auf, wußte er doch, daß solche Gespräche gemeinhin vom Forschungsamt abgehört wurden. Zornig gab er zurück: »Ja, ich verstehe nicht, daß Sie mich unter diesen Umständen noch belästigen. Ich habe mit allen Ärzten gesprochen. Morgen früh bei Tagesanbruch findet sie statt.« Dann knallte er den Hörer auf die Gabel.[364]

Auch Müller hing inzwischen am Telefon, Oster hatte ihn ebenfalls informiert. Schmidhuber fuhr mit seinem Zettel zu Pater Leiber, obwohl sich die beiden Männer später nicht mehr einigen konnten, wann die letzte, endgültige Nachricht über den Beginn der deutschen Westoffensive überbracht worden war.[365] Die vatikanische Diplomatie reagierte erneut.

Indes, abermals sollte sich die völlige Erfolglosigkeit von Osters Tat erweisen. Die Meldung von Sas kam nicht rechtzeitig genug, den niederländischen Verteidigungsvorbereitungen noch nützen zu können; zudem wagten Hollands Regierung und Oberkommando aus Furcht vor Deutschland nicht einmal jetzt, die Generalmobilmachung zu verfügen.[366] Sie bauten allein auf den bereits im April verfügten Ausnahmezustand, nach dessen Proklamation die Grenzverteidigung verstärkt worden war. Auch die belgische Regierung ordnete keine Generalmobilmachung ihrer Streitkräfte an. Erst das verstärkte Auftauchen deutscher Flugzeuge im niederländisch-belgischen Grenzgebiet in den frühen Morgenstunden des 10. Mai setzte die Alarmklingeln der Verteidiger in Bewegung.[367]

Doch da war es schon zu spät. Der deutsche Sturm brach mit voller Wucht los und traf die Verteidiger Belgiens und der Niederlande meist dort, wo sie den Angreifer gar nicht erwartet hatten. Vor allem die Mehrfachstrategie der deutschen Angriffsverbände warf die Verteidiger aus dem inneren Gleichgewicht: Während Generalmajor Rommels 7. Panzerdivision gegen die niederländischen Grenzstellungen anstürmte, stürzte sich zugleich die Luftwaffe mit ihren Stukas auf die 72 Flugplätze im gegnerischen Hinterland und setzte Fallschirmjäger bei Den Haag und Rotterdam ab, damit den Krieg mitten in die Zentrale des Gegners tragend.[368] Auch die belgischen Verteidiger bekamen die furchtbare Karl-May-Phantasie des deutschen Diktators zu spüren. 78 Fallschirmjäger landeten mitten im Fort Eben Emael, überwältigten die Besatzung und sprengten Panzertürme, Munitionslager und Geschütze. Ebenso wildwesthaft überfielen andere deutsche Angreifer die belgischen Wachtposten auf den Brücken über den Albert-Kanal und nahmen sie gefangen.[369]

Und wo immer die deutschen Angreifer antraten, stürmten die Kommandos der Abwehr voran. Der »Brandenburg«-Oberleutnant Walther hatte mit seinem Zug in den frühen Morgenstunden des 10. Mai gleichsam den Feldzug eröffnet: Getarnt als holländische Polizisten, die angeblich Häftlinge mit sich führten, enterten die Brandenburger die Maas-Brücke bei Gennep, überwältigten deren Wache und erschlossen damit der 7. Panzerdivision den Weg nach Holland.[370]

Nicht alle wichtigen Brücken konnten jedoch die Abwehrmänner in ihre Hand bringen, vor allem der Zugriff auf die beiden bedeutendsten Maas-Brücken bei Nijmwegen scheiterte. Vergebens stürmte Hauptmann Flecks Infanteriebataillon z. b. V. 100 unter schweren Verlusten gegen die Brükkenwachen an, die sprengten, ehe sie den Deutschen weichen mußten. Auch ein Angriff auf die Brücke bei Arnheim mißlang.[371] In Belgien hingegen war die Abwehr fast immer erfolgreich. Dort besetzte die 3. Kompanie der »Brandenburg« Brücken und Viadukte. Später wird der Chronist Lahousen befriedigt verzeichnen, insgesamt habe die Abwehr II in der ersten Phase des Westfeldzuges »von 61 zu schützenden Objekten insgesamt 42 gesichert und den nachfolgenden Truppeneinheiten übergeben«.[372]

So konnte sich die deutsche Angriffswucht hemmungslos entfalten, schier unaufhaltsam drangen die Verbände der Wehrmacht in Holland und Belgien vor. Nach fünf Tagen kapitulierte die niederländische Armee, auch die Belgier gaben bald auf. Und längst waren die Irreführungs-Experten der Abwehr III in Aktion getreten, den nächsten Akt des militärischen Dramas vorzubereiten: V-Männer und Zwischenträger lenkten mit ihren Spielmaterialien die Aufmerksamkeit der alliierten Generalstäbe so auf die Vernichtungsschlacht in Holland und Belgien, daß der Gegner nicht auf die Idee kam, der Hauptschlag der deutschen Angreifer stehe erst noch bevor.[373]

Wieder marschierten Abwehrtrupps mit, als die Panzer der 3 Armeekorps des Generals von Kleist, die bis dahin größte Panzermassierung der Kriegsgeschichte, überraschend durch die Ardennen stießen, die Maas überquerten und in einer noch nie dagewesenen Blitzoperation bis zur Kanalküste vordrangen, noch ehe der französisch-britische Gegner Zeit zu einem wirksamen Gegenschlag finden konnte. Kaum aber war Anfang Juni die Masse der im Norden stehenden Feindverbände zerschlagen, da wendete sich die deutsche Angriffsfront schon wieder gen Süden: Die deutschen Divisionen trieben den Gegner Schlag um Schlag zurück, Paris immer näher und damit der Niederwerfung Frankreichs.

Verblüfft sah Canaris den offenbar unaufhaltsamen deutschen Vormarsch. Ihn beeindruckten die Leistungen der Abwehrtrupps, er schien in diesem Augenblick alle Vorbehalte vergessen zu haben, die er monatelang gegen Hitlers Offensivplan artikuliert hatte. Der Soldat Canaris sah allein die Bravourtaten seiner Männer, und in beklemmender Verdrängung früherer Erkenntnisse dünkte es ihn nur natürlich, daß »seine« Truppe, die »Brandenburg«, an der Spitze der deutschen Invasionsarmeen marschierte, dekoriert und belobigt wie kaum eine andere Einheit der Wehrmacht.

Stolz und befriedigt registrierte er jedes Lob der Wehrmachtspitze, das ihn, den Admiral Canaris, mit dieser Truppe verband. Lahousen rief den Chef sofort an, als er bei einem Besuch im Führerhauptquartier am 14. Mai höchste »Anerkennung für die Tätigkeit der Abw. II im Zusammenhang mit dem Beginn der Operationen« gefunden hatte, und Canaris mochte es ebenfalls als Auszeichnung empfinden, daß am 15. Mai die Erweiterung des »Lehrbataillons z. b. V. 800« zum »Lehr-Regiment Brandenburg z. b. V. 800« befohlen wurde.[374] Keitel stand nicht an, es Canaris am 27. Mai noch einmal schriftlich zu geben, daß sich die Brandenburger hervorragend geschlagen hätten.[375]

Nicht ohne Rührung las auch der kaltgestellte Groscurth in einem Brief Hippels, wie gut sich seine Brandenburger hielten. »Er hat«, schrieb Groscurth am 25. Mai, »mit seinem Unternehmen anscheinend Riesenerfolge, Anerkennung des Führers, 75 Prozent seiner Leute das EK (von 600!), Auffüllung zu einem Regiment, als dessen Führer er mich wünscht.«[376] Dem Einflußstrategen Canaris konnte es nur recht sein, daß er und die Abwehr seinem Führer durch Leistungen auffielen.

Schon klangen die Sektgläser auf den Siegesparties am Tirpitz-Ufer, da verdüsterten sich jäh die Mienen der führenden Abwehroffiziere. Mitte Juni erreichte Canaris die Nachricht, das Angriffsdatum des Westfeldzuges sei verraten worden, aller Voraussicht nach von einem deutschen Offizier. Die »braunen Vögel«, die auf braunes Papier getippten Abhörberichte des Forschungsamtes, brachten es an den Tag: Das FA hatte, wie nicht anders zu erwarten, die Telegramme des belgischen Gesandten Nieuwenhuys vom 2. und 3. Mai aufgefangen und dechiffriert, auch das Telefongespräch von Sas in der Nacht vor dem deutschen Angriff war aufgezeichnet worden.[377]

Auch Hitler hatte den FA-Bericht gelesen, sofort bestellte er Canaris und Heydrich zu sich und befahl ihnen, den Verräter augenblicklich zu finden. Die beiden Rivalen verabredeten engste Zusammenarbeit bei der Fahndung; es wurde, erinnert sich ein hoher Gestapobeamter, »verabredet, die gegenseitigen Ergebnisse auszutauschen, damit kein Leerlauf entstehe«.[378] Im RSHA bearbeitete die Amtsgruppe IV E den Fall, im Amt Ausland/Abwehr erhielt der für die Gegenspionage zuständige Gruppenleiter, Oberstleutnant Joachim Rohleder, den Auftrag, den Schuldigen zu enttarnen, wo immer er auch sitzen mochte.[379]

Die Nachricht vom Verrat der Westoffensive verbreitete sich am Tirpitz-Ufer wie ein Steppenbrand. Landesverrat – das war das scheußlichste Verbrechen, das sich ein deutscher Soldat denken konnte. Daß auch ein Staat oder seine Führung an den ihnen anvertrauten Menschen Verrat begehen könne, war ihnen noch völlig unvorstellbar; sie hielten wie selbstverständlich an dem Treuebegriff des traditionellen Soldatentums fest, ohne zu wissen, daß der normenzerstörende Totalitarismus der Führerdiktatur längst die Werte jenes Soldatentums fragwürdig gemacht hatte.

Selbst härteste Regimegegner verachteten den Landesverrat. Sie zogen einen strengen Trennungsstrich zwischen Hoch- und Landesverrat; den innenpolitischen Kampf gegen Hitler hielten sie auch im Krieg für vertretbar, eine Zusammenarbeit mit dem Feind auf Kosten der eigenen Kameraden aber war für sie indiskutabel. »Jeder Angehörige des Abwehrkreises hätte sich schärfstens dagegen verwahrt, Landesverrat zu begehen«, schrieb später der regimekritische Abwehr-Verwaltungschef Georg Duesterberg.[380] Wieviel dramatischer aber muß die Masse der unpolitischen oder gar der Hitler-gläubigen Abwehroffiziere den Verrat der Westoffensive empfunden haben! Wie hieß es doch in den Parolen der Abwehr III: »Landesverrat ist ein Verbrechen, das eine verbrecherische Gesinnung voraussetzt . . . Wer es wagt, die Hände gegen sein Vaterland zu erheben, der ist des Todes!«[381]

Niemand aber mochte das heftiger empfinden als der Abwehrchef selber, der einen nahezu körperlichen Ekel vor dem Landesverrat hatte. Unvergeßlich war ihm der publizistische Landesverrat der Linken in der Weimarer Republik geblieben, er hatte stets stärkste Vokabeln verwendet, wenn es galt, landesverräterischen Strömungen in Wehrmacht und Gesellschaft entgegenzutreten. »Für den Gegner und seinen Kampf«, hatte er noch am 6. Januar 1940 diktiert, »gibt es keinen Unterschied, ob er seine Unterlagen und sein Wissen bezieht durch vorsätzliche Landesverräter oder durch leichtfertige Schwätzer. Die einen morden durch die vorsätzliche Tat, die anderen durch das leichtsinnige Wort.«[382]

Jedem Offizier, Soldaten und Angestellten hatte er immer wieder auferlegt, auch kleinste Indizien, die auf Landesverrat hindeuteten, sofort zu melden. »Alle verantwortlichen Geheimnisträger«, so schrieb Canaris, hätten die Pflicht, »rücksichtslos einzugreifen, wenn sie auf Preisgeben von echten oder vermeintlichen Geheimnissen der Landesverteidigung stoßen«.[383] Verräter fanden vor ihm keine Gnade. Den sich aus »Fahrlässigkeit und Leichtfertigkeit ergebenden schweren Gefahren« für die Sicherheit der Wehrmacht, so ein anderer Canaris-Befehl, müsse »unerbittlich Einhalt getan werden«.[384]

Doch der vor ihm liegende Abhörbericht des Forschungsamtes ließ Canaris ahnen, daß ihm diesmal die Entlarvung eines Verräters bitter werden würde. Der Abwehrchef war zu routiniert, um lange darüber zu rätseln, wer der in dem belgischen Gesandtschaftsbericht aus Rom genannte Informant war, jene »Person, die ihre Information aus dem Generalstab beziehen muß, dessen Emissär sie sich nennt«. Wer sollte es anders sein als Josef Müller, der Emissär, über dessen Mission Oster immer so geheimnisvolles Dunkel gebreitet hatte? Canaris befahl Oster, den Ochsensepp sofort herbeizuschaffen.

Dohnanyi alarmierte Müller in München und bestellte ihn nach Berlin, nicht ohne ihm einen Rat zu geben: Er möge sich vor Rohleder in acht nehmen, unauffällig reisen und möglichst keine Spuren hinterlassen, am besten komme er mit einem Auto.[385] Müller wußte nur zu gut, was das bedeutete. Ratlos konsultierte er einen geistlichen Freund: »Giovanni, ich glaube, daß ich verloren bin.«[386] Dennoch fuhr er nach Berlin, begleitet von dem ihm befreundeten Hauptmann und Schmidhuber-Intimus Ickrath, der ebenfalls zur Abwehrstelle München gehörte.[387] Doch ehe sich Müller bei dem Admiral meldete, suchte er Oster in dessen Privatwohnung auf. Oster kehrte den Optimisten hervor: »Kopf hoch, der liebe Gott wird uns helfen und nicht den Lumpen.«[388]

Dann trat Müller dem Abwehrchef gegenüber. Canaris zeigte ihm den Abhörbericht des FA und wollte wissen: »Sind Sie das?« Müller wich aus: »Ich bin mir nicht sicher; kann sein, ja, kann sein, nein.« Canaris drängte ungeduldig: »Das muß man doch wissen!« Doch Müller blieb dabei: »Sie dürfen mir glauben, ich weiß es nicht. Ich zweifle jetzt an allem.«[389]

Nach diesem Gespräch, so hat es Müller überliefert, habe ihm Canaris einen raffinierten Ausweg vorgeschlagen; er wolle Müller als seinen Sonderbeauftragten nach Rom entsenden, wo er alles Nötige arrangieren und den dortigen Vertreter der Abwehr veranlassen könne, »die ganze ›Untersuchung‹ an Müller abzugeben«, wie es der gutgläubige Historiker Harold C. Deutsch nachempfindet.[390] Müller: »Natürlich habe ich diesen Auftrag übernommen. Der Admiral hatte mich zu meinem eigenen Untersuchungsführer gemacht.«[391] Der Vorgang kann sich schwerlich so abgespielt haben, selbst Canaris konnte sich nicht über die Kompetenzverteilung in seinem Amt hinwegsetzen. Längst war Rohleders III F mit der Untersuchung des Falles beauftragt, und kein Josef Müller konnte den Oberstleutnant daran hindern, seine V-Männer auf die Fährte der Verräter zu setzen.

So bleibt nur die Vermutung, daß Oster oder vielleicht auch Canaris (aus Freundschaft zu Oster) dem belasteten Müller die Chance gab, durch eine Fahrt nach Rom die Spuren seiner Tat zu verwischen. Müller nutzte denn auch die Gelegenheit, sich eine scheinbar hiebfeste Legende zu konstruieren, an der er sogar über den Zusammenbruch des Dritten Reiches hinaus festhielt. Danach sollte der deutsche Verräter aus dem Mitarbeiterstab des Reichsaußenministers von Ribbentrop stammen und ein Agent des Grafen Ciano, Italiens Außenminister, gewesen sein, der wiederum den Termin der deutschen Westoffensive über den italienischen Botschafter an den Vatikan habe gelangen lassen.[392]

Diese Mär konnte den Gegenspionage-Profi Rohleder schwerlich beeindrucken. Ihm kam der Verdacht, der Verräter sei nirgendwo anders zu suchen als unter den merkwürdigen Informanten, die Oster gleichsam halboffiziell unterhielt. Wie Canaris tippte auch Rohleder sofort auf Müller. Ein Satz in Nieuwenhuys' Telegramm vom 3. Mai wies Rohleder eine deutliche Spur: »Der Betreffende, der Berlin am 29. April verließ, traf am 1. Mai in Rom ein und führte Freitagabend (3. Mai) ein neues, mehrstündiges Gespräch mit unserem Landsmann.«[393] Man mußte also – kalkulierte Rohleder – feststellen, ob Müller in der fraglichen Zeit in Rom gewesen war und Berlin an dem angegebenen Tag zu einer Auslandsreise verlassen hatte.

Rohleders Rechercheure wurden rasch fündig. Sie ermittelten, daß Müller in der Tat am 29. April eine Reise nach Italien angetreten hatte und am 4. Mai wieder nach Deutschland zurückgekehrt war.[394] Fraglich blieb nur, ob er am 1. oder 3. Mai in Rom gewesen war. Die Gruppe III F richtete daher an die Münchner Abwehrstelle die Anfrage, ob Müller eine Dienstreise nach Rom unternommen habe und Anfang Mai dort gewesen sei. Doch die Antwort aus München fiel negativ aus.[395]

Die III F konnte nicht wissen, daß ein Freund Müllers in der Münchner Ast die Anfrage beantwortet hatte: Karl Süß, ehemaliger Angehöriger der Zollfahndungsstelle München, der Müller 1936/37 bei einem Prozeß wegen Devisenschmuggels kennengelernt hatte und jetzt als III-F-Referent in der Abwehrstelle München saß. »Mein Referat«, erinnert sich Süß, »meldete nach Abstimmung mit Dr. Müller bewußt wahrheitswidrig, daß dieser an dem fraglichen Tage nicht in Rom, sondern in Venedig gewesen war.«[396] Vorsichtshalber hatte sich Müller auf dem Rückflug am 4. Mai in Venedig bei einem italienischen Zollbeamten einen Stempel beschafft, mit dem er in seinem Paß die Einreise- und Ausreisedaten verwischte.[397]

Rohleder kannte jedoch einen Informanten, dem er die Fähigkeit zutraute, in das Halbdunkel vatikanischer Zirkel einzudringen, wo man nur allzugut wußte, welche Rolle Müller in Rom gespielt hatte. Der Mann hieß Gabriel Ascher und war ein deutsch-jüdischer Emigrant, der in Stockholm lebte und sich als Korrespondent einer Schweizer Zeitung kümmerlich durchschlug; er war zum katholischen Glauben übergetreten und hielt Kontakt zu dem aus Bayern stammenden katholischen Bischof von Schweden, der zufälligerweise auch Müller hieß.[398] Mit Empfehlungsschreiben des Bischofs Müller ausgerüstet, erhielt V-Mann Ascher Zugang zu fast den gleichen Kreisen, in denen sich der andere Müller bewegt hatte.

Kaum einer der vatikanischen Exzellenzen und Eminenzen mochte dem Anti-Hitler-Emigranten aus Schweden mißtrauen, bereitwillig informierten sie ihn. Ein paar Wochen genügten Rohleders Mann, wesentliche Teile des Müllerschen Bekanntenkreises in Rom zu enttarnen. »Ascher gelang es«, rühmt Rohleder, »die gesamten Zusammenhänge in logisch lückenloser und völlig überzeugender Weise zu klären. Er nannte den damaligen Rechtsanwalt Dr. Josef Müller als den Verräter.«[399]

Indiz um Indiz fügte Rohleder in einem Aktenhefter zusammen, auf dessen Deckel er mit der trockenen Ironie seiner pommerschen Heimat das Kennwort »Palmenzweig« schrieb.[400] Auch die Recherchen über den mutmaßlichen Informanten des Niederländers Sas kamen allmählich voran; es war ohnehin am Tirpitz-Ufer Hausgespräch, daß Sas mit einem hohen Offizier der Abwehr gesellschaftlich verkehrte. Allzuoft hatte man Sas und Oster zusammen gesehen, auch noch in den letzten Tagen vor dem deutschen Westfeldzug. Der Verdacht war nicht mehr auszuschließen, daß Müller und Sas nur Helfer eines Dritten gewesen waren, der in der Abwehrzentrale saß, denn in beiden Fällen tauchte immer wieder derselbe Name auf: Oster.[401]

Je mehr Rohleders Akte anwuchs, desto unheimlicher war ihm, was er da las. Der Oberstleutnant, aufgewachsen im elitären Soldatentum des (1. Brandenburgischen) Leibgrenadier-Regiments Nr. 8, ein »friderizianischer Offizierstyp«, der unerschütterlich an die hierarchischen Werte preußisch-deutscher Militär- und Gesellschaftsordnung glaubte, konnte es kaum fassen[402]: Sollte es deutsche Offiziere geben, die in ihrer Abneigung gegen das nationalsozialistische Regime so weit gingen, die eigenen Kameraden zu verraten, die Zerstörung der Truppe zu wollen, die ihrer aller Heimat war? Und was der Patriot und Moralist Rohleder nicht verstand, mochte der geheimdienstliche Fachmann Rohleder erst recht nicht begreifen. Welch eine laienhafte Tat: unter den weitgeöffneten Ohren und Augen von Gestapo und Forschungsamt bei dürftigster Tarnung dem Feind militärische Geheimnisse preiszugeben!

Rohleder tat seine Pflicht. Er nahm die Akte »Palmenzweig« und meldete sich zu einem Gespräch bei Oster an. Dohnanyi stand an Osters Seite, als Rohleder in das Zimmer des Obersten trat. Mit einer Kühle, die ihm Kritiker oft als Herzenskälte auslegten, trug Rohleder das Ergebnis der Recherchen von III F vor. Fazit: Die Verräter seien der Oberleutnant Müller und Oberst Oster selber.[403] Oster verschlug es einen Augenblick die Sprache. Dann polterte er los und verbat sich solche Unterstellungen, auch Dohnanyi erklärte, das seien lügnerische Behauptungen.[404]

Rohleder blieb unbeeindruckt und bat Oster, ihn zum Amtschef zu begleiten, dem er den Fall vortragen werde. Erregt und eilig schritten die beiden Offiziere zu Canaris. Der Admiral blickte starr vor sich hin, als Rohleder noch einmal erläuterte, was seine Männer ermittelt hatten. Canaris war »sichtlich beeindruckt«, wie Rohleder noch weiß.[405] Erneut verteidigte sich Oster. Sein Hauptargument: Das wesentlichste Material der III F stamme von Informanten aus Rom, die seit langem auf das Vertrauen neidisch seien, das Müller in vatikanischen Kreisen genieße.[406] Der Abwehrchef hörte zu, ohne sich zunächst zu äußern.

Niemand kann heute noch belegen, was Canaris in dieser Stunde empfand. Nur Vermutungen sind möglich. In ihm muß eine ganze Welt zusammengestürzt, muß ein Band des Vertrauens und der Zuneigung zerrissen sein: Hans Oster, der Freund und Vertraute, der Partner unzähliger politischer Erörterungen, der Stabschef der Abwehr, der Mann, dem er nach dem Fehltritt von 1932 wieder zu Offiziersehren verholfen hatte – ein Landesverräter! Gewiß, Canaris wußte, daß Oster nicht aus üblen Motiven gehandelt hatte. Aber hier war eine Grenzlinie, eine unübersteigbare Mauer, die die beiden NS-Gegner für alle Zukunft trennte.

Noch einmal freilich waren in Canaris die Gefühle der Freundschaft stärker als das Entsetzen über die Tat. Canaris entschied, die Beweisführung der Gruppe III F sei nicht stichhaltig, der Fall nicht weiter zu verfolgen. Doch Rohleder widersprach: Er müsse zumindest darauf bestehen, daß die Verbindungen Müllers zum Vatikan augenblicklich abgebrochen würden. Canaris sagte das zu und verabschiedete Rohleder.[407] Doch der Oberstleutnant ließ seinen Unmut so deutlich spüren, daß ihn Canaris ein paar Tage später noch einmal zu sich rief, zumal im Kameradenkreis der Abwehr III über die Hintergründe der Affäre »sehr viel gesprochen und gemutmaßt wurde«, wie Lahousen bezeugt.[408]

Canaris verlangte eine Kopie der »Palmenzweig«-Akte und erklärte Rohleder, die Verbindung zwischen Oster und Müller werde abgebrochen werden. Das befriedigte Rohleder noch immer nicht, unversehens übermannte ihn eine Stimmung des Ärgers. »Bei dieser Gelegenheit«, berichtet Rohleder, »habe ich in meiner Erregung den Admiral Canaris sehr scharf darauf aufmerksam gemacht, daß der von Oster unterhaltene private Nachrichtendienst sehr dilettantisch geführt werde und höchst gefährlich sei. Dieselben Ermittlungen, die ich in dieser Angelegenheit angestellt hätte, hätte auch das Gestapa mit dem gleichen Erfolg führen können. Die Auswirkungen für das Amt und den Admiral persönlich wären in dem Fall wohl nicht zweifelhaft gewesen.«[409)]

Rohleder mußte sich mit der Entscheidung von Canaris begnügen, doch Oster und seinen Freunden drohte eine neue Gefahr. Am 11. Juni war der Norwegen-Aufklärer Pruck nach Berlin zurückbeordert worden – wegen eines Berichts, in dem er sich in ungewöhnlich scharfer Form gegen die rüden Praktiken der deutschen Besatzungspolitik, vor allem der Gestapo und des SD, in Norwegen gewandt hatte.[410)] Solche laute Kritik verstörte Canaris, der nicht daran interessiert war, sich offiziell mit dem RSHA anzulegen.

Bei seinem Warten auf Canaris' Entscheidung hörte Pruck, was man sich am Tirpitz-Ufer über den Fall »Palmenzweig« zuflüsterte. Pruck dachte zwar durchaus kritisch über das Regime, aber ihm schien jedwede konspirative Arbeit gegen die Staatsführung mitten im Krieg unpraktikabel und verwerflich. Er gab das Gehörte an seine Frau weiter, die sich darüber erregte, daß Offiziere der Abwehr gegen den Führer intrigierten; sie hatte von anderer Seite gehört, daß auch im SS-Führungshauptamt Männer säßen, die mit Hitler unzufrieden seien und seinen Sturz betrieben.[411)]

Ohne ihren Mann zu informieren, wurde Kaete Pruck aktiv. Sie schrieb einen Brief an Canaris, in dem sie darüber Klage führte, unverantwortliche Elemente in der Abwehrzentrale und im SS-Führungshauptamt schmiedeten Pläne zur Beseitigung der Staatsordnung. Sie wußte auch Namen: Im SS-Führungshauptamt intrigiere der SS-Sturmbannführer Hofmann gegen den Führer, in der Abwehr konspirierten Oster, Dohnanyi und Müller.[412)] Der Brief der Frau mußte Canaris in äußerste Erregung versetzen, ein Außenstehender drohte das Geheimnis des Oster-Kreises zu enträtseln. Canaris reagierte sofort und bewies, wie rabiat er selbst bewährteste Mitarbeiter fallenlassen konnte, wenn er seine eigene Stellung gefährdet sah.

Canaris diktierte einen Brief an Himmler, in dem er ihm nahelegte, die »verrückte« Frau Pruck verhaften zu lassen und in ein Irrenhaus einzusperren, wobei der Admiral nur die Vorwürfe gegen das SS-Führungshauptamt erwähnte, jene gegen die Abwehr aber unterschlug.[413)] Zugleich drängte Canaris den Oberstleutnant Pruck, sich von seiner Frau scheiden zu lassen und überdies seinen Abschied zu nehmen. Tatsächlich wurde Pruck noch im Juni 1940 aus dem Wehrdienst entlassen – mit der klassischen Begründung, er habe bei seiner Berichterstattung aus Norwegen Auffassungen offenbart, die mit denen eines deutschen Offiziers unvereinbar seien.[414)]

Himmler zögerte nicht, der Anregung des Denunzianten Canaris zu folgen. Kriminalinspektor Hugo Hoffmann, Sachbearbeiter für Sonderfälle in der RSHA-Amtsgruppe IV E, erhielt Order, Kaete Pruck zu verhaften und zu vernehmen. Dem Gestapomann kamen jedoch bald Zweifel, ob die Frau geistesgestört sei. »Da Frau Pruck am ersten Tag ihrer Vernehmung nicht den Eindruck einer Irren machte«, berichtet Hoffmann, »habe ich sie . . . in die Frauenabteilung des Polizeigefängnisses am Alexanderplatz in Berlin eingeliefert.«[415)] Schon die nächste Vernehmung ließ Hoffmann erkennen, daß die Gestapo drauf und dran war, von dem Abwehrchef düpiert zu werden.

Bei dieser Vernehmung erklärte Frau Pruck, in der Canaris-Anzeige sei der Inhalt ihres Briefes an den Abwehrchef nur ungenügend wiedergegeben worden; sie habe nicht nur auf hoch- und landesverräterische Umtriebe im SS-Führungshauptamt, sondern vor allem in Amt Ausland/Abwehr hingewiesen. Hoffmann zweifelte noch, da schlug ihm die Frau vor, in ihre Wohnung zu fahren und die dort aufgehobene Kopie des Briefes zu holen. Der Durchschlag des Briefes fand sich in der Tat und bestätigte alle Angaben der Frau.[416]

Auf einmal drohte Canaris' Schachzug zu einem gefährlichen Bumerang zu werden: Kriminalinspektor Hoffmann hielt plötzlich einen wichtigen Indiz in Händen, der die Gestapo in die Lage versetzen konnte, die in die Sackgasse geratenen Fahndungen im Fall des Offensivverrats wieder flottzumachen. Doch noch einmal hatten die Verschwörer Glück. Der Gestapomann Hoffmann war kein Nazi, er scheute davor zurück, seine Vorgesetzten zu alarmieren und damit zu einem Kesseltreiben gegen die Abwehr beizutragen. So behandelte er den Fall dilatorisch, fügte in die Vernehmungsakten nur die vage Bemerkung ein, Frau Pruck erkläre, im Amt von Canaris sei »auch nicht alles in Ordnung«, und schloß seine Untersuchung ab.[417]

Dank Hoffmanns Haltung verlief der Fall im Sande. Kaete Pruck wurde aufgrund eines ärztlichen Gutachtens, das ihrem Mann die Scheidung ermöglichte, für schizophren erklärt und zeitweise in die Heilanstalt Tapiau eingewiesen, während Ermittlungen gegen das SS-Führungshauptamt unterblieben.[418] Kein Gestapomann tastete die Abwehr an; Hoffmanns Ermittlungsbericht kam mit der Randbemerkung des Gestapochefs Müller zurück, der Admiral Canaris werde in seinem Amt schon selbst für Ordnung sorgen.[419] Hoffmann: »Erst nach dem 20. Juli 1944 wurde mir klar, daß die Angaben der Frau Pruck in bezug auf die Dienststelle Canaris in vollem Umfange zutrafen.«[420]

Es war der letzte große Freundschaftsdienst, den Canaris seinem Gefährten Oster erwies. Von nun an hatten sich die beiden Männer politisch kaum noch etwas zu sagen. Canaris drängte Oster, die gesonderten Verbindungen zu Müller zu kappen und alles zu beseitigen, was das Amt mit den Staatsstreichplänen von 1938–1940 in Verbindung brachte. Noch lagen in den Bürosafes von Oster und Dohnanyi die Skizzen, Proklamationen und Programmentwürfe der Verschwörer, die minuziös offenbarten, wieweit hohe Offiziere der Abwehr in Staatsstreichkomplotte verwickelt waren.

Oster gab den Liquidierungsbefehl an Dohnanyi weiter, doch der sträubte sich, ihn auszuführen. Stundenlang rangen Oster und sein Referent miteinander, keiner wollte dem anderen nachgeben; erst ein »dienstlicher Befehl« Osters beendete die Debatte: Papiere vernichten.[421] Doch Dohnanyi dachte nicht daran, dem Befehl seines Abteilungschefs nachzukommen. »Ich habe die Dokumente«, interpretierte später der aktenfreudige Jurist seine Verweigerung, »deshalb nicht vernichtet, um einmal nachweisen zu können, daß wir Zivilisten auch etwas getan hatten. Wenn die Sache geklappt hätte, dann hätten sicher die Generale alles gemacht und wir Zivilisten gar nichts. Das wollte ich vermeiden.«[422]

Major Heinz bot ihm einen scheinbar sicheren Bewahrungsort für die gefährlichen Papiere. Heinz hatte einen Stiefbruder, den Staatsfinanzrat Hermann Schilling, der der Preußischen Staatsbank vorstand; Schilling half dem oft in Geldnöten verstrickten Major, er war auch jetzt bereit, wieder zu assistieren. In einem Safe der Bank wurden die Oster/Dohnanyi-Papiere verschlossen, antransportiert im Wagen des Majors Schrader von der Abteilung z. b. V. Auch diese unbesonnene Aktion sollte sich bitter rächen – der Fahrer des Wagens wird später der Gestapo den Fundort der Papiere verraten, die das Schicksal des Oster-Kreises endgültig besiegeln.[423)]

Canaris aber mochte sich nicht länger in die Pläne der Verschwörer einspannen lassen. Nach seiner Meinung hatte das Schicksal Deutschlands längst seinen unerbittlichen Lauf genommen, und keiner werde das Verhängnis aufhalten können. »Der Strich, den Canaris auf seinem Schreibtisch sozusagen vor den Augen derjenigen, die sich mit ihm unterhielten, zog«, so hat Liedig bekundet, sei unmittelbar »nach Beendigung des Frankreichfeldzuges« erfolgt; der konsequente Widerstand gegen das NS-Regime (dies Canaris' Formulierung) sei »auf weniger als fünf Finger an einer Hand zusammengeschrumpft«.[424)]

Es war der Abschied des Wilhelm Canaris vom Widerstand. Allmählich verließen ihn die konspirativen Freunde und Helfer: Liedig übernahm einen Auslandsposten, Heinz wechselte als Bataillonskommandeur zur »Brandenburg« über, Gisevius wurde als V-Mann an das Generalkonsulat in Zürich abgeschoben, Groscurth blieb für immer dem Abwehrchef fern.[425)] Ihm menschlich verbundene Abwehroffiziere wie Otto Wagner waren schon früher ins Ausland gegangen, selbst der Partner-Rivale Best hatte seinen RSHA-Posten geräumt, froh, dem dämonischen Magnetfeld Heydrichs entrinnen zu können.[426)]

Der Admiral igelte sich immer mehr ein. Er wußte, daß es schwer, wenn nicht gar aussichtslos sein würde, die Stürme der nächsten Zeit zu überstehen. Schicksalsgläubig führte er die Abwehr weiter, neuen Eruptionen der verderbten Phantasie Hitlers entgegen.

11 Tränen für Heydrich

Ende Juli 1940 reiste ein kleiner, weißhaariger Mann durch die Provinzen Spaniens, dem man unschwer anmerkte, daß er seiner Umwelt möglichst wenig auffallen wollte. Señor Juan Guillermo, laut Reisepaß Bürger der Republik Argentinien, trug einen unscheinbaren grauen Flanellanzug und hielt sein Gesicht meist im Schatten der breiten Krempe eines übergroß geratenen Hutes. Ähnlich war sein Begleiter gekleidet, ein schlaksiger Mann, der den Weißhaarigen in einem Wagen mit spanischer Hoheitsnummer chauffierte.[1)]

Die beiden Touristen bewegten sich sorglos durch Spaniens Landschaften und Städte, scheinbar nur den exotischen Reizen des fremden Landes zugetan. In Wirklichkeit merkten sie sich jedes Detail, das ihnen über den militärischen Zustand Spaniens Aufschluß geben konnte.[2)] Ein Erkundungsauftrag hatte Señor Guillermo und seinen Fahrer in das Land Francisco Francos gebracht. Sie sollten ermitteln, ob Spanien, seit einem Jahr von der Geißel des Bürgerkriegs befreit und von einer halbfaschistischen, halbmilitärischen Diktatur beherrscht, schon wieder kräftig genug sei, einen Krieg zu führen.

Sonderbar an dieser Geheimmission war freilich, daß sich die spanischen Militärs von den beiden Erkundern offenbar recht gern ausforschen ließen. Wo immer die Fremden abstiegen oder übernachteten, stets boten sich spanische Geheimdienstoffiziere an, sie mit militärischen Kenntnissen zu versorgen; nicht selten lagen in den Hotels Offiziersuniformen bereit, die den beiden Ausländern erleichtern sollten, Kontakt zu spanischen Militärs zu finden und sich gegenüber möglichen Beobachtern gegnerischer Geheimdienste zu tarnen. Oberst Martinez Campos, der Chef des geheimen Nachrichtendienstes der spanischen Armee, hatte befohlen, Guillermo und dessen Begleiter in jeder Hinsicht zu unterstützen.[3)]

Die beiden Reisenden hatten gerade am 23. Juli ihr Ziel in Madrid erreicht, da klingelte in einem Dachzimmer der Deutschen Botschaft in der Calle Castellana das Telefon. Oberstabsintendant Max Franzbach, Finanzchef der Abwehr-Kriegsorganisation Spanien (»KO Spanien«), nahm den Hörer ab. Aus dem Apparat klang die Stimme einer Spanierin: »El tio está aqui.« Franzbach wußte Bescheid; die Spanierin, ein Mädchen aus Medinaceli, arbeitete im Haus des Abwehr-III-Beauftragten Helm, in dem der Weißhaarige in Madrid stets zu wohnen pflegte. Der Oberstabsintendant reichte die Meldung an seinen Vorgesetzten, den KO-Chef Fregattenkapitän Wilhelm Leißner, dem Botschaftspersonal nur als »Ehren-Attaché Gustav Lenz« bekannt, weiter: »Der Onkel ist da.«[4)] Leißner rüstete sich sofort zum Empfang, denn der Onkel und dessen Begleiter liebten Präzision und reaktionsschnelles Handeln: Admiral Canaris (er war natürlich der Onkel) und Oberstleutnant Piekenbrock, Chef des Geheimen Meldedienstes (Abwehr I), hatte ein Auftrag von höchster Dringlichkeit nach Spanien geführt.[5)]

Je mehr jedoch Canaris den KO-Chef über die Hintergründe seiner Mission einweihte, desto deutlicher wurde Leißner, daß der Besuch des Admirals für das neutrale Spanien und den Frieden im westlichen Mittelmeer schicksalhafte Folgen haben konnte. Denn Canaris' Auftrag lautete, mit einem noch folgenden Stab von Pionier-, Luftlande- und Artillerieoffizieren zu erkunden, ob es möglich sei, die britische Felsenfestung Gibraltar zu erobern und damit Englands Flotte das Mittelmeer und die Ölversorgungswege zu sperren.[6]

Canaris war von der Idee so begeistert, daß er keine Zeit verlieren mochte, seinem Freund Juan Vigón, der jetzt Generalmajor und Chef des spanischen Generalstabes war, das Projekt augenblicklich vorzutragen. Mit Piekenbrock und Leißner fuhr er zu Vigón, der sogleich Oberst Martinez Campos hinzuzog, als er hörte, was den Freund Canaris nach Spanien geführt hatte.[7] Canaris erklärte, er sei nach Madrid gekommen, um eine deutsch-spanische Operation gegen Gibraltar vorzubereiten; er wolle mit einer Arbeitsgruppe das britische Verteidigungssystem erkunden, wobei er auf die Hilfe des spanischen Geheimdienstes rechne.[8]

Vigón zeigte sich beeindruckt, wenn er auch bezweifelte, daß es möglich sei, Gibraltar in einer Überraschungsaktion zu nehmen, wie sie Canaris vorschwebte. Immerhin schienen ihm die Eröffnungen des Admirals wichtig genug, ihn sofort bei Staatschef Franco zu einer Sonderaudienz anzumelden. Noch am 23. Juli sahen die beiden Freunde den Caudillo, der offensichtlich an dem deutschen Gibraltar-Plan Gefallen fand.[9] Franco machte sich allerdings Sorgen über die Stärke der britischen Flotte, doch Canaris überhörte zunächst solche Untertöne.[10]

Ihm genügte, daß die Spanier offenbar bei dem Feldzug gegen Gibraltar mitmachen wollten. Kurz darauf erschien bei Canaris ein Offizier aus dem Heeresministerium, der Geheimdienst-Oberstleutnant Ramon Pardo; er hatte Order, die deutschen Erkunder im Raum Gibraltar einzuweisen. Inzwischen waren auch die anderen Teilnehmer der Canaris-Mission in Madrid eingetroffen: Oberstleutnant Hans Mikosch, Kommandeur des Pionierbataillons 51, das sich im Westfeldzug bei der Erstürmung des belgischen Forts Eben Emael ausgezeichnet hatte, der Major Wolfgang Langkau vom Stab der Artillerieschule Jüterbog und die beiden Fallschirmjäger-Hauptleute Witzig und Osterecht.[11]

Canaris drängte bald zum Aufbruch. Am 24. Juli sahen die Deutschen die düsteren Umrisse der britischen Festung vor sich, kurz darauf begannen sie mit ihrer Erkundung – assistiert von Pardo, der ihnen die Möglichkeit bot, spanische Dienststellen bei ihrem Spähunternehmen zu benutzen. Die Deutschen konnten vom Amtszimmer des spanischen Stadtkommandanten von La Linea, dem nördlichen Nachbarort Gibraltars, die Nordanlagen der Festung sehen, während ihnen der Leuchtturm von Punta Camero Einblicke in die westlichen Verteidigungswerke erlaubte.[12]

Jedem Teilnehmer seiner Arbeitsgruppe erteilte Canaris einen Auftrag: Der korpulente Mikosch mußte sich in die Uniform eines spanischen Stadtkommandanten zwängen, um möglichst unauffällig in einer Passagiermaschine die Flugstrecke Sevilla–Ceuta abzufliegen, die ganz nahe an Gibraltar heranführte, Langkau fuhr an der Sperrzone Gibraltars entlang und versuchte zu erfahren, wie das Gebiet vermint war und wo der Schwerpunkt der Geschützstellungen lag, Witzig und Osterecht hatten zu ermitteln, ob das felsige Terrain Luftlandeoperationen zuließ.[13)]

Canaris zog es vor, auf eigene Faust die Umgebung zu durchstreifen. Das erregte seine Phantasie, so hatte er sich die Arbeit eines Geheimdienstchefs immer vorgestellt: an vorderster Front den Gegner selber auszukundschaften, getarnt und immer zur Stelle, wie es sich für einen Meisterspion geziemte. Und kein Terrain schien ihm geeigneter, seine Fähigkeiten ins rechte Licht zu rücken, denn Südspanien war ihm vertraut: Als junger Kapitänleutnant hatte er das Gebiet bereist, um Versorgungsstützpunkte für die deutschen U-Boote im Mittelmeer zu finden, und im spanischen Bürgerkrieg hatte er hier, in Algeciras, das erste Büro der späteren KO Spanien einrichten lassen. Der Name Gibraltar erinnerte ihn vollends an die Zeit des Ersten Weltkriegs; im Osten der Festung hatte der Kommandant Canaris mit seinem U-Boot oft tagelang auf britische Geleitzüge gelauert.

Emsig machte er sich daran, auf seine Art zu erfüllen, was der Führer von ihm erwartete. Señor Guillermo bestieg seinen Wagen und fuhr von Ort zu Ort, das Gelände zu rekognoszieren. Nirgendwo hielt es Canaris lange. Er inspizierte die drei Häuser, die die Abwehr am Westufer der Bucht von Algeciras zur Beobachtung des feindlichen Hafens unterhielt, er besuchte in Algeciras das Hotel »Reina Maria Cristina« und belauschte aus Gibraltar herübergekommene britische Offiziere an Nachbartischen, er kontaktierte spanische Armeeposten, die dem deutschen Abwehrchef nur allzu gerne ihr – freilich spärliches – Wissen über das Innenleben der Festung preisgaben.[14)]

Nicht ohne Erstaunen beobachteten die erfahrenen Landkrieger in Canaris' Arbeitsgruppe, wie eifrig der Admiral auf dem Papier den Angriff gegen Gibraltar probte. Die Erfahrungen und Ermittlungen der Erkundungsmission waren noch nicht ausgewertet, da malte sich Canaris schon einen großen Feldzug aus: Deutsche Eliteverbände erstürmen unter spanischem Oberbefehl das zum Symbol britischer Weltherrschaft erstarrte Gibraltar, sperren England das Mittelmeer und zwingen damit das Land zum Frieden mit Deutschland.

Wenn schon die konventionellen Militärs über Canaris' kriegerisches Engagement staunten – wie muß dann erst seine chamäleonhafte Verwandlungsfähigkeit die Freunde des Admirals, die sich dem Widerstand gegen Hitlers Krieg und Regime verschworen hatten, bestürzt haben! Noch wenige Wochen vor dem Westfeldzug zum Kampf gegen Hitlers Kriegsausweitungspläne entschlossen und in antinazistische Umsturzvorbereitungen verstrickt, wollte Canaris jetzt der deutschen Wehrmacht den Weg quer durch das neutrale Spanien ebnen und den Waffenlärm des Zweiten Weltkriegs in die bis dahin noch ruhige Westecke des Mittelmeers tragen.

Seine spanischen Aktivitäten wollen denn auch nicht zu dem Bild des Kriegsgegners Canaris passen, das nach dem Zusammenbruch des Dritten Reiches Literatur und Geschichtsschreibung beherrschte. Der Biograph Abshagen fand, dem Admiral habe »jeder neue, an Hitlers Kriegswagen gefesselte Verbündete eine Verlängerung des unsinnigen Konfliktes« bedeutet, und auch Historiker wie Hermann Graml glaubten ernsthaft, gerade in

Spanien sei es Canaris 1940 gelungen, »die Politik des Diktators zu konterkarieren«.[15] Unbelehrbare Hitler-Anhänger spiegelten auf ihre verdrehte Art ebenfalls solche Legenden wider; Canaris, so lautet noch heute ihr Vorwurf, habe das Gibraltar-Unternehmen sabotiert und damit das Reich der einmaligen Chance beraubt, durch Schließung des Mittelmeers England zum Frieden zu zwingen.[16]

Tatsache aber ist, daß gerade der Admiral Canaris die Eroberung Gibraltas leidenschaftlich herbeigesehnt hat. Schon Mitte Juli 1939 hatte er bei einem Gespräch mit Franco die Frage aufgeworfen, ob Spanien im Falle eines europäischen Krieges auf die Seite der Achsenmächte treten und notfalls durch eigene Anstrengungen Gibraltar als feindlichen Stützpunkt ausschalten werde.[17] Doch der Caudillo hatte ihm eine Absage erteilt.

»General Franco«, notierte sich Admiral Lais, der Chef des italienischen Marinegeheimdienstes, nach einem Gespräch mit dem deutschen Kollegen, »hat zu Admiral Canaris gesagt, a) daß er sich vor einem Konflikt fürchte, in den Italien und Deutschland verwickelt sein könnten, weil Frankreich sofort in Spanisch-Marokko einmarschieren würde und Spanien zu keinem Krieg, weder heute noch in nächster Zukunft, in der Lage sei, und b) daß Spanien im Falle eines Konflikts keinerlei Operationen gegen Gibraltar vorhabe«.[18]

Seither schien es Canaris ausgemachte Sache, daß ein verbündetes Spanien im Kriegsfall »für Italien und Deutschland eher eine Last als eine Hilfe« sei.[19] Seine Reisen durch Spanien und dessen Besitzungen in Marokko bestärkten ihn noch in seinem skeptischen Urteil: Wirtschaftlich ruiniert, von Hungersnöten heimgesucht, von der Rachejustiz einer siegreichen, aber in sich zerstrittenen Bürgerkriegspartei geschockt, nur zusammengehalten durch die Gleichgewichtsartistik des Caudillo, schleppte sich Spanien durch die turbulente Zeitgeschichte. Er habe »viel Elend, Unordnung und Unzufriedenheit vorgefunden«, vertraute Canaris dem Kollegen Lais an.[20] Canaris-Bilanz: »Es herrscht kein Frieden im Lande, und er würde sich nicht wundern, wenn es zu einem neuen Bürgerkrieg käme.«[21]

Als aktiver Verbündeter fiel Spanien aus, als Helfer der deutschen Militärmacht mochte jedoch Canaris das Land nicht missen. Nach Absprache mit Franco ließ er in Tarifa, einer spanischen Hafenstadt an der schmalsten Stelle der Straße von Gibraltar, Beobachtungs- und Horchposten der Abwehr etablieren, die Bewegungen in der britischen Festung registrierten.[22] Zugleich durfte die deutsche Abwehr weitere Basen zur Beobachtung des gegnerischen Schiffsverkehrs in Atlantik und Mittelmeer errichten, so in Vigo, Santander, Cadiz, Barcelona und in Marokko.[23]

Immer mehr deutsche Agenten sickerten in Spanien ein, dirigiert von Leißner, der im Herbst 1939 seinen Dienstsitz von San Sebastian nach Madrid verlegte und sich zunächst mit seinen engsten Mitarbeitern in vier Dachzimmern der Deutschen Botschaft einquartierte. Die KO wuchs jedoch so schnell, daß ihr Wohnraum ständig erweitert werden mußte; bald okkupierten Lenz' Leute alle Dach- und Kellerräume der Botschaft, zwei weitere Häuser in Madrid wurden erworben, immer neue Wohnungen in der Hauptstadt und in der Provinz kamen hinzu. In kurzer Zeit galt die KO Spanien als die personalstärkste Auslandsdependence der Abwehr. In ihrer

Glanzzeit 1943/44 wird sie etwa über 250 Angehörige der Abwehr und 2000 V-Männer verfügen. Monatliche Gesamtausgaben: 100 Millionen Peseten oder 20 Millionen Reichsmark.[24]

Das Schicksal Gibraltars aber wurde fortan zwischen Canaris und Franco nicht mehr erörtert – bis zu dem Tag, da Westeuropas Staatenwelt unterzugehen schien. Die unerwartet raschen Waffenerfolge der deutschen Armeen im Sommer 1940 veränderten auch Francos Kalkulationen: Als die Wehrmacht binnen sechs Wochen Frankreichs Streitkräfte zerschlug und das britische Expeditionskorps vom Kontinent verdrängte, glaubte selbst der vorsichtige Caudillo, Deutschland habe endgültig über seine Gegner gesiegt und die Beendigung des Krieges sei nur noch eine Frage von Tagen.

Daraufhin beeilte sich Franco, noch zum deutschen Siegesfest und zur Verteilung der Beute zurechtzukommen. Flugs diktierte er am 3. Juni einen »Lieber-Führer«-Brief an Hitler, in dem er seine »Begeisterung und Bewunderung« über die deutschen Erfolge bekundete und versicherte, »wie groß mein Wunsch ist, nicht entfernt von Euren Sorgen zu sein und wie groß meine Befriedigung, Euch in jedem Augenblick die Dienste zu leisten, die Ihr für die Wertvollsten erachtet«.[25] Dann drängte er Generalmajor Vigón, schleunigst mit dem Brief in Hitlers Hauptquartier aufzubrechen; jedes Wort des Sendboten hatte zu suggerieren, daß Spanien bereit sei, in den Krieg einzutreten.[26]

Noch irrte Vigón durch das besetzte Belgien, um die auf Schlössern einquartierten deutschen Führer zu finden, da unterstrich Franco die Worte seines Briefes mit Taten. Am 10. Juni erklärte er in einer Rede, Spanien sei nicht mehr neutral, sondern nur noch »nichtkriegführend«, und zwei Tage darauf ließ er spanische Truppen in die internationale Zone von Tanger einrükken.[27] Und schon strömten Spaniens Massen auf die Straßen, um hinauszuschreien, was auch Canaris elektrisieren mußte: »Gibraltar para España« – Gibraltar für Spanien.[28]

Vigón war denn auch gehalten, bei Hitler sofort die Frage »Gibraltar« aufzuwerfen. Als der General schließlich am 16. Juni auf Schloß Acoz Hitler gegenüberstand, legte er dar, Spanien werde bei Kriegsende dem Deutschen Reich seine Interessen anvertrauen und weise schon jetzt darauf hin, daß es die Rückgabe Gibraltars verlange. Hitler wollte wissen, wie sich Spanien in den Besitz der Festung bringen wolle, doch Vigón wich aus: So genau habe sich der Caudillo noch nicht geäußert.[29]

Drei Tage später kreuzte ein anderer Canaris-Bekannter auf, um sich deutlicher zu äußern: der spanische Botschafter Marqués de Magaz. Er eröffnete dem AA-Staatssekretär Freiherrn von Weizsäcker, Spanien beanspruche Gibraltar, ganz Marokko, das Gebiet von Oran und weitere Teile der Sahara; dafür werde Spanien an der Seite des verbündeten Deutschen Reiches in den Krieg eintreten, falls England den Kampf fortführen sollte.[30] »Es würde in diesem Falle«, hieß es in einem von Magaz mitgebrachten Memorandum, »einige Unterstützung durch Deutschland mit Kriegsmaterial, schwerer Artillerie, Flugzeugen für den Angriff auf Gibraltar benötigen.«[31]

Das Hochspielen der Gibraltar-Frage durch die Spanier lockte Canaris heran, der eine Gelegenheit witterte, sich und die Abwehr vor Hitler zu profilieren. Nichts hatte im Westfeldzug das Prestige des Admirals in OKW und Führerhauptquartier mehr erhöht als die konspirativen Aktionen der »Brandenburger«, Canaris' Haustruppe, die Brücken, Festungsanlagen und Verkehrsknotenpunkte des Gegners im Handstreich besetzt hatte. Dabei war besonders die inzwischen zum III. Bataillon erweiterte 3. Kompanie des Hauptmanns Hans-Jochen Rudloff aufgefallen; allein 8 Eiserne Kreuze I. Klasse und 84 II. Klasse waren ihren Soldaten zuerkannt worden.[32)]

Die Erfolge Rudloffs und seiner Männer inspirierten Canaris Ende Juni zu einem abenteuerlichen Plan: Wie, wenn er jetzt, da England von der erlittenen Schlappe noch benommen war, seine Brandenburger auf Schleichwegen nach Spanien schickte und sie die stolze Britenfestung in einer einzigen Nacht-und-Nebel-Aktion besetzen ließ? Ohne die Vorgesetzten im Oberkommando der Wehrmacht in seinen Plan einzuweihen, ließ Canaris prüfen, ob »Unternehmen Felsennest«, wie er die Aktion nannte, praktikabel sei.[33)]

Anfang Juli rief er Rudloff zu sich und eröffnete ihm pathetisch: »Die Stunde ist gekommen, durch neue große Taten die Aufmerksamkeit auf die Abwehr zu lenken.«[34)] Der Hauptmann war unternehmungslustig genug, mit seinen Leuten einen Handstreich gegen eine feindliche Festung zu wagen.[35)] Dennoch kam ihm reichlich phantastisch vor, was ihm sein Amtschef skizzierte: Das III. Bataillon der »Brandenburg« müsse sich auf dem Landweg unauffällig an Gibraltar heranarbeiten, während ein Pionierbataillon des Heeres auf dem Seeweg nach Tarifa und eine Abteilung schwerer Artillerie nach Ceuta zu verlegen sei; im Schutze eines plötzlich losbrechenden Artilleriefeuers müsse Gibraltar so überraschend erstürmt werden, daß der Besatzung keine erfolgreiche Gegenwehr mehr möglich sei.[36)]

Vor allem der Anmarsch des III. Bataillons beschäftigte die konspirative Phantasie des Admirals. Er sah schon ein grandioses militärisches Indianerspiel vor sich: Das Bataillon wird in einer dreitägigen Operation auf geschlossenen Lastwagen durch Spanien nach Gibraltar geschleust, ohne als militärische Einheit zu erscheinen; die Soldaten tragen Zivil und vermeiden jeden Kontakt mit der Bevölkerung.[37)] »Natürlich sollten«, erinnert sich ein ehemaliger Abwehroffizier, »möglichst unbelebte Straßen benutzt und Städte umgangen werden. Weiter war beabsichtigt, Vorsorge dafür zu treffen, daß an mehreren Stellen in einsamer Landschaft abgekocht und die Truppe verpflegt werden konnte.«[38)]

Rudloff behielt für sich, was er von diesem skurrilen Plan des Abwehrchefs dachte, und flog befehlsgemäß mit einer Maschine der Lufthansa nach Südspanien. Nun hielt es auch Canaris für opportun, zumindest den Heeresgeneralstabschef Halder über seinen Plan zu informieren. Am 6. Juli notierte sich Halder in sein Tagebuch knapp: »11 Uhr: Canaris berichtet über Spanien, Fragen des Abwehreinsatzes.«[39)]

Doch Rudloff kam mit schlechten Nachrichten zurück. Er hatte entdeckt, daß dem Hafen von Ceuta die Krananlagen fehlten, die notwendig waren, um schwere Geschütze an Land zu bringen.[40)] Bedenklicher noch: Es bestand keine Aussicht, das »Brandenburg«-Bataillon auch nur einen Tag lang unbemerkt über Spaniens Straßen zu transportieren; der britische Geheimdienst überwachte Nordspanien so genau, daß seinen Agenten sofort die deutschen Lastwagen aufgefallen wären.[41)]

Canaris legte seinen Plan zu den Akten. Er wollte schon das Wort »Gibraltar« endgültig von seiner Wunschliste streichen, da bekam es jäh von unerwarteter Seite brennende Aktualität: Hitler und die militärische Führung des Reiches engagierten sich für einen großangelegten Feldzug zur Eroberung der britischen Festung.

Fast zur gleichen Zeit, da Canaris seinen Gibraltar-Plan skizziert hatte, war am Schreibtisch des Generalmajors Alfred Jodl, des Chefs des Wehrmachtführungsamtes, eine Denkschrift entstanden, in der Hitlers militärischer Chefplaner auch die Gibraltar-Frage in die Debatte warf.[42] Die Denkschrift trug den Titel »Die Weiterführung des Krieges gegen England«, und das allein sagte genug: Mit eiskalter Logik bereitete Jodl unter dem Datum des 30. Juni 1940 seinen Führer auf die Stunde der Enttäuschung und Ernüchterung vor, die dem Siegesrausch des Westfeldzuges unweigerlich folgen mußte.[43] Denn längst war die Illusion verflogen, nach der Kapitulation Frankreichs, Belgiens und Hollands werde auch das auf seine Insel zurückgeworfene England mit Hitler Frieden machen. Noch wehrte sich Hitler gegen diese Erkenntnis, noch redete er sich ein, der neue britische Premierminister Churchill, auf härteste Fortsetzung des Krieges eingeschworen, werde stürzen und ein Nachfolger dem siegreichen Deutschland ein Friedensangebot unterbreiten.[44]

Doch Hitler wartete auf London vergebens, statt der Friedensbotschaft dröhnte ihm Churchills Kampfansage entgegen: »Hitler weiß sehr wohl, daß er entweder uns auf unserer Insel zerschmettern oder den Krieg verlieren muß.«[45] Erst allmählich dämmerte Hitler, wie ausweglos trotz aller Waffenerfolge die Lage des Reiches wurde: im Westen dem unbesiegten England konfrontiert, im Süden an das ehrgeizig-unzuverlässige Italien gekettet, das die Aussicht auf Beute im Juni in den Krieg hatte eintreten lassen, im Osten von der Sowjetunion beunruhigt, die von den Baltenstaaten bis nach Bessarabien ein Land nach dem anderen annektierte und sich immer mehr an die Ostgrenze des deutschen Herrschaftsgebietes heranschob.

Mußte da nicht Hitler befürchten, britischer Durchhaltewille könne sich eines Tages mit dem neuerwachten Expansionsehrgeiz Sowjetrußlands gegen das Reich verbinden? Dagegen gab es vorerst nur ein Präventivmittel: die sofortige Niederzwingung Englands. Und auf eben diese Erkenntnis hatte Jodl den Diktator vorbereiten wollen. Der General nannte Hitler zwei Alternativen: entweder eine deutsch-italienisch-spanische Generaloffensive gegen das Empire, wozu auch die Schließung des Mittelmeers durch Operationen gegen Gibraltar und Suez gehörte, oder ein deutscher Frontalangriff gegen England mit anschließender Besetzung.[46]

Hitler entschloß sich scheinbar für die zweite Alternative. Mitte Juli erläuterte Hitler in einer »Weisung Nr. 16« den führenden Militärs: »Da England, trotz seiner militärisch aussichtslosen Lage, noch keine Anzeichen einer Verständigungsbereitschaft zu erkennen gibt, habe ich mich entschlossen, eine Landungsoperation gegen England vorzubereiten und, wenn nötig, durchzuführen.«[47] Wieder bereitete sich die deutsche Wehrmacht zu einem Feldzug vor, diesmal »Unternehmen Seelöwe« geheißen.[48]

Doch Hitler war nur mit halbem Herzen bei der Sache, die Besetzung und Zerstörung Englands ließ den einst anglophilen Diktator zurückschrecken;

nicht einmal ein Hitler konnte sich in ein paar Wochen von einem lebenslang verfolgten Wunschtraum trennen, dem Traum von der großen deutsch-britischen Allianz. Er ließ die Vorbereitungen von Seelöwe zwar weiterlaufen, doch zusehends größer wurde sein Interesse für die andere Alternative des Jodl-Plans, die Schließung des Mittelmeers. In seiner Umgebung sprach man immer mehr von einem Projekt: Gibraltar.

Am 12. Juli formulierte Jodl bereits an einer ersten Studie über die Eroberung Gibraltars.[49] Als jedoch die Seekriegsleitung ebenfalls begann, das Gibraltar-Unternehmen zu durchdenken, erkannte sie, wie wenig die Marine über die Lage in Südspanien wisse; eine Erkundungsmission müsse sich Klarheit verschaffen.[50] Auch Jodl fand das.

Mit der dem OKW eigenen Überstürzung beschlossen Jodl und sein Chef Keitel am 22. Juli, sofort einen hochqualifizierten Erkundungstrupp auszuschicken.[51] Wer aber war für seine Leitung geeigneter als der Mann, der im OKW die deutsch-spanischen Beziehungen als eine Art Privatdomäne betrachtete? Canaris war wieder einmal der Mann der Stunde. Jodls Plan führte ihn auf eine noch vor kurzem unvorstellbare Höhe seiner Karriere: Zum erstenmal durfte er die strategischen Pläne der Wehrmachtführung mitgestalten.

Er nutzte die Chance nochmaliger Prestigeerweiterung um so bereitwilliger, als die Mission nach Spanien von einer soeben offenbar gewordenen Schwäche der Abwehr ablenken konnte. Die Vorbereitungen für das Unternehmen Seelöwe hatten den für Canaris unangenehmen Auftrag ausgelöst, mit allen verfügbaren Agenten das gegnerische Kräftepotential in England aufzuklären – unangenehm deshalb, weil die Abwehr über keine effektiven V-Männer auf der Insel verfügte.[52] Hastig waren ein paar schnell rekrutierte Fallschirmagenten über England abgesetzt worden und prompt der britischen Spionageabwehr in die Hände gefallen, was freilich Canaris nicht wußte.[53]

So konnte es ihm nur lieb sein, daß sich der Blick Hitlers plötzlich nach Süden kehrte. In Spanien fühlte sich der deutsche Abwehrchef unschlagbar, in Spanien wartete eine ganze Truppe bewährter V-Männer auf seine Befehle; und was die deutsche Abwehr nicht wußte, lieferte der spanische Geheimdienst, dankbar über so manchen Tip, den ihm Guillermo über oppositionelle Gruppierungen und Bestrebungen gegen das Franco-Regime gab.

Doch als sich Canaris nach dem Erkundungszug im Raum Gibraltar am 27. Juli mit seinen Gefährten wieder in Madrid traf, um Erkenntnisse und Beobachtungen auszutauschen, war seine Begeisterung schon wieder etwas abgekühlt.[54] Die Herren waren sich darüber einig, daß ein Überraschungsangriff gegen Gibraltar keine Erfolgsaussichten habe; zudem reichten die kartographischen Unterlagen über Gibraltar nicht aus.[55]

Gleichwohl entwarfen Canaris, Piekenbrock und Mikosch ein paar Tage später einen Angriffsplan. 167 Geschütze, vor allem 21-Zentimeter-Mörser und schwere Flak, sollten das Feuer auf die britischen Flotteneinheiten und Flugabwehrstellungen in Gibraltar eröffnen, nach 30 Minuten sollte ein Angriff deutscher Stukas folgen, die den nördlichen Teil der Festung und die Tunneleingänge zu zerstören hatten; dann sollte erneut die Artillerie einsetzen, während zugleich Sturmpioniere und Gebirgsjäger aus dem Raum

La Linea hervorbrachen, sich den Weg durch die gegnerischen Abwehrstellungen erzwangen und in einem weiten Ost-Süd-Bogen die Nordwestflanke der Verteidiger aufrollten. In drei Tagen, so berechneten Canaris, Piekenbrock und Mikosch, müsse Gibraltar in deutscher Hand sein.[56]

Canaris trug am 2. August Keitel und Generalmajor Warlimont, dem Stellvertreter Jodes, den Angriffsplan vor.[57] Fünf Tage später ließ Warlimont eine Studie über die Eroberung Gibraltars ausarbeiten, die Hitler vorgelegt wurde.[58] Warlimonts Planer formulierten als Ziel der Operation: »Wegnahme des Felsens durch Angriff von der Land- und möglichst auch Seeseite her; hierbei wäre spanischer Oberbefehl uneingeschränkt anzuerkennen, durch die Persönlichkeit des deutschen Befehlshabers aber sicherzustellen, daß die Führung der Operation praktisch in deutscher Hand liege.«[59] Die Operation erhielt einen Kodenamen: »Unternehmen Felix«.

Canaris aber war von nun an aus der Operationsplanung von Felix nicht mehr wegzudenken. Es gab keine Phase, kaum eine wichtige Einzelheit der Feldzugsplanung, die der gespannten Aufmerksamkeit des Abwehrchefs entging. Nicht selten entfaltete er dabei eigene Initiative und stürzte sich in Entdeckungsreisen, ohne konkrete Aufträge Keitels oder Warlimonts erhalten zu haben.

Als Piekenbrock im Auftrag seines Chefs am 12. August Warlimont ankündigte, Admiral Canaris wolle persönlich die Erkundung gegen Gibraltar fortsetzen und bitte um genaue Anweisungen, geriet der General in nicht geringe Verlegenheit.[60] Warlimont wußte Piekenbrock nichts anderes mitzugeben als die Faustregel, leitender Gesichtspunkt müsse sein, »auf keinen Fall die Aufmerksamkeit der Engländer auf die eigenen Angriffsvorbereitungen zu lenken, ehe genügende Sicherheit gegen die dann bestimmt zu erwartenden englischen Versuche, die Verteidigung Gibraltars nach Norden und Westen vorzuschieben«, gegeben sei.[61]

Am 16. August brach Canaris zusammen mit dem Abwehr-II-Chef Lahousen nach Frankreich auf, ohne sonderlich genaue Vorstellungen über Zweck und Ziel seiner Fahrt zu haben.[62] Ihn trieb wieder einmal das Reisefieber. Zunächst besuchte er die Abwehrleitstelle Paris, dann klapperte er im deutschbesetzten Frankreich die nachgeordneten Abwehrstellen ab.[63] Am 19. August ließ er plötzlich Lahousen hinter sich, um nach Madrid zu reisen. Der erste Weg führte ihn wie immer, wenn er in die spanische Hauptstadt kam, in das Büro von Vigón.[64]

Zwei Stunden lang erläuterte er dem Freund, was er bei seinen Gesprächen mit der OKW-Spitze aufgeschnappt hatte: Der Führer wünsche, daß die Spanier die nach Gibraltar führenden Straßen ausbesserten, die Flugplätze Antequer, Granada, Jerez, Moron, Sevilla und Tablad einsatzbereit machten und die Feindaufklärung gegen Gibraltar verschärften. Vigón versprach rasche Erfüllung dieser Wünsche und versicherte, Spanien werde zu einem möglichst frühen Datum in den Krieg eintreten und schon bald eine Liste der von Deutschland erbetenen Kriegsmaterialien vorlegen.[65]

Befriedigt reiste Canaris nach Algeciras weiter. Er sprach sich mit dem dortigen Abwehroffizier, Major Fritz Kautschke, aus und durchstreifte erneut die Umgebung der Festung.[66] Lange Zeit blieb er aber auch hier nicht. Schon war er auf dem Weg nach Portugal, auch dies ohne Auftrag; er wollte, ließ Canaris später verbreiten, nur einmal verifizieren, ob die Befürchtung, in Portugal stehe eine britische Invasion bevor, berechtigt sei.[67] Einen Tag darauf saß er wieder an seinem Schreibtisch.

Inzwischen war in Berlin eine wichtige Entscheidung gefallen: Am 24. August hatte Hitler den Operationsplan »Felix« genehmigt – Grund genug für Canaris, sich noch stärker als bisher in die Vorbereitungen des Feldzuges einzuschalten.[68] Prompt erschien er bei Halder und meldete sein Mitspracherecht an, denn nun beteiligte sich auch der Generalstab des Heeres an den Vorbereitungen des Feldzugs: Verbände des Heeres – die 6. Armee unter Generalfeldmarschall von Reichenau – sollten den Schlag gegen die Britenfestung führen.[69]

Halder notierte: »Gespräch mit Adm. Canaris. Er bietet sich für Einführung aller in Gibraltar tätigen Erkundungsoffiziere an.«[70] Dahinter verbarg sich Canaris' Anspruch, an allen Aktionen des Heeres in Verbindung mit Felix beteiligt und konsultiert zu werden. Er interessierte sich so heftig für die Details der Heeresplanung, daß Halders Offiziere zu murren begannen, sie könnten nicht einsehen, mit welchem Recht sich der Chef des Geheimdienstes in die operative Planung einmische.[71] Canaris beschwerte sich daraufhin bei Halder.

»Er ist offenbar gekränkt, weil man ihm Eingriffe in den Bereich des OKH zumutet«, schrieb sich der Generalstabschef auf.[72] Halder wußte, daß bei der Feindaufklärung in Spanien kein Weg an Canaris vorbeiführte. Deshalb bat er ihn um Amtshilfe, worauf der Abwehrchef seinen Mann in Algeciras anreisen ließ. Vor Halder und seinen Stabsoffizieren entwarf Major Kautschke anhand von Karten, Zahlen und Luftaufnahmen ein Bild von der militärischen Lage in und um Gibraltar, wie es genauer kein Generalstabsoffizier des Heeres hätte bieten können.[73]

Bald wurde Canaris noch wichtiger für die Vorbereitungen des Feldzuges. Erneut verlangten OKW und OKH von ihm Aufschluß darüber, wie ernst es Franco mit dem von ihm angekündigten Kriegseintritt Spaniens war, denn mit ihm stand und fiel die Operation gegen Gibraltar.

Trotz der formalen Zusagen Vigóns konnte sich Canaris nicht des Eindrucks erwehren, als bedaure der Caudillo längst seinen voreiligen Schritt vom Juni 1940. Auch die aggressiven Reden des neuen spanischen Außenministers Ramón Serrano Suñer, eines Schwagers von Franco, konnten Canaris nicht darüber hinwegtäuschen, daß sich für den Caudillo die Lage entscheidend verändert hatte: England kämpfte weiter, nirgendwo war ein Anzeichen zu erkennen, daß die Deutschen kurz vor ihrem Endsieg standen.

Den Spaniern blieb nicht verborgen, daß sich Hitlers Siegeschancen immer mehr verflüchtigten. Das Unternehmen Seelöwe war längst tot; die für Großangriffe der Luftwaffe gegen England ungünstige Wetterlage hatte Hitler am 17. September veranlaßt, die projektierte Landeoperation »bis auf weiteres« zu verschieben.[74] Was von dem ehrgeizigen Invasionsplan übrigblieb, war die Luftschlacht über England, die sich jedoch von Woche zu Woche ungünstiger für die Deutschen entwickelte. Franco, der geniale Opportunist, zog daraus seine Konsequenzen. Zusehends deutlicher wurden die Symptome spanischen Zögerns und Ausweichens – Canaris erkannte sie nur zu gut. Halder hatte sich schon am 27. August als Canaris-Erkenntnis notiert: »Innere Lage Spaniens sehr schwierig. Ernährung schlecht. Kohlen fehlen. Franco hat die Generalität und die Geistlichkeit gegen sich. Einzige Stütze Suñer, der aber mehr italienisch gesinnt ist als deutsch.«[75)]

Doch die Führer des Reiches glaubten, den spanischen Kriegseintritt erzwingen zu können. Mitte September luden sie Serrano Suñer nach Berlin ein, behandelten ihn jedoch dann so arrogant, daß der spanische Außenminister mit sichtlicher Empörung der Kernfrage ausweichen konnte.[76)] Franco sah die Verstimmung nicht ungerne, denn sie gab ihm eine Chance, der deutschen Hauptforderung auszuweichen; vorsichtig lavierend zwischen dem noch übermächtigen Deutschland und dem immer mehr erstarkenden England, suchte er Zeit zu gewinnen.

Der deutsche Diktator aber mochte ihm dazu keine Gelegenheit mehr geben: In direkter Konfrontation wollte er dem Caudillo das Jawort für Felix abpressen. Kurz nach dem Besuch Serrano Suñers schlug der Führer seinem Amtsbruder vor, sich mit ihm an der spanischen Nordgrenze zu treffen. Franco zögerte die Begegnung noch um einen Monat hinaus, dann aber reiste er Hitler entgegen. Am 23. Oktober 1940 trafen sich die beiden Diktatoren in dem französisch-spanischen Grenzort Hendaye.[77)]

Hitler nannte sofort seine Forderungen: Abschluß eines deutsch-spanischen Bündnisses, Eintritt Spaniens in den Krieg im Januar 1941, zugleich Beginn der Operation gegen Gibraltar. Franco war »grundsätzlich« zu einem Bündnis bereit, doch dann türmte er vor Hitler eine Schwierigkeit nach der anderen auf: Spanien benötige riesige Lebensmittellieferungen, ihm fehle eine moderne Rüstung, vor allem schwere Artillerie sei für das Unternehmen gegen Gibraltar notwendig. Von einem separaten deutschen Feldzug gegen die britische Festung aber wollte er nichts hören; Gibraltar könne »nur von den Spaniern selbst erobert werden«, das sei Spanien seiner Ehre schuldig.[78)] Erschöpft ließ Hitler die Suada seines Kollegen über sich ergehen. Lieber wolle er sich, schimpfte er später, drei oder vier Zähne ziehen lassen, als noch einmal eine Konferenz mit dem Caudillo durchmachen.[79)]

Der Spanier war freilich vorsichtig genug, es nicht zum Bruch kommen zu lassen. Er verpflichtete sich, dem im September zwischen Deutschland, Italien und Japan geschlossenen Dreimächtepakt beizutreten, und versprach in einem Geheimprotokoll: »In Erfüllung seiner Verpflichtungen als Verbündeter wird Spanien im gegenwärtigen Krieg der Achsenmächte gegen England intervenieren, nachdem ihm diese die für seine Vorbereitung notwendigen militärischen Unterstützungen gewährt haben.«[80)]

Als Canaris hörte, was in Hendaye vorgegangen war, wußte er instinktiv, daß es niemals zu einem Kriegsbeitritt Spaniens kommen würde. Fünf Tage später machte der Krieg eine neue Wendung, die Spaniens aktive Partnerschaft an der Seite des Dritten Reiches vollends illusorisch werden ließ: Am 28. Oktober fielen italienische Angriffsverbände von Albanien aus in Griechenland ein und eröffneten einen Kriegsschauplatz, der den Briten die unerwartete Chance bot, auf dem europäischen Kontinent wieder Fuß zu fassen.[81)]

Kaum ein anderes Ereignis des Jahres 1940 führte Hitler und Canaris wieder enger zusammen als Italiens griechisches Kriegsabenteuer: Diktator und

Geheimdienstchef wurden von ihm gleichermaßen überrascht, beide versuchten, den italienisch-griechischen Krieg zu ersticken, ehe er die deutschen Siegesaussichten ramponierte.

Nach dem Ende des Westfeldzuges war offenkundig geworden, daß der italienische Bundesgenosse nicht ruhen werde, bis er seinen »kleinen« Krieg bekam, in dem er leicht ein paar Siege erringen konnte, die seine Armee zu einem ebenbürtigen Partner der deutschen Wehrmacht machten. Es lag für die Italiener nahe, den Kampf gegen die britische Flotte im Mittelmeer aufzunehmen, doch die italienische Marine wich meist der Royal Navy aus. Italiens Generalstab flüchtete sich in Surrogate: Im August besetzte die Ostafrika-Armee das kaum verteidigte Britisch-Somaliland, im September folgte von Libyen aus ein Großangriff auf die schwachen britischen Grenztruppen Ägyptens.[82)]

Mussolinis Stolz genügte das nicht, er erhoffte sich triumphale Siege der italienischen Armee auf dem Balkan, wobei es ihm im Grunde gleichgültig war, gegen welches Land sich der Angriff richtete. Zwei Länder kamen in Frage: Jugoslawien und Griechenland. Doch Hitler legte sich quer und erklärte, er wolle an der Südgrenze seines Reiches Ruhe haben. Er verbot alle deutsch-italienischen Generalstabsbesprechungen über einen Krieg gegen Jugoslawien und riet Mussolini und dessen Außenminister Ciano von einem Krieg gegen Griechenland ab.[83)]

Auch Canaris mühte sich, einen italienischen Balkankrieg zu verhindern. Es hatte ihn schon schwer genug getroffen, daß Italien überhaupt in den Krieg eingetreten war; noch im Februar 1940 hatte er General Giacomo Carboni, dem Chef des Geheimdienstes der italienischen Armee, eingeschärft, Italien müsse sich aus dem Krieg heraushalten, um als »diplomatische Reserve« Deutschlands dienen zu können.[84)] Damals war er noch der guten Hoffnung gewesen, mit Italiens Hilfe werde es vielleicht doch gelingen, Deutschland wieder aus dem Krieg herauszumanövrieren. Diese Illusion war verflogen. Canaris blieb nur noch die Aufgabe, zu verhindern, daß Italien nun auch noch deutschen Interessen schadete.

Die aus italienischen Quellen stammenden Meldungen ließen ihn frühzeitig vermuten, daß Mussolini einen Krieg gegen Griechenland plante. Systematisch streuten die Italiener das Gerücht aus, britische Kriegsschiffe benutzten die Häfen Griechenlands als Basen.[85)] Der Griechenfreund Canaris, seit Kindheit mit dem Land der Hellenen verbunden und seit den zwanziger Jahren mit griechischen Seeoffizieren befreundet, konnte nicht ausschließen, daß die italienischen Behauptungen zutrafen: Griechenland wurde von dem Diktator-General Ioannis Metaxas regiert, der – das hatten von der Abwehr erbeutete Geheimakten des französischen Generalstabs enthüllt – heimlich mit England paktierte.[86)]

Das veranlaßte Canaris Mitte Juli, den Major Christian Clemm von Hohenberg, einen ehemaligen Abwehroffizier, der jetzt als Militärattaché in Athen wirkte, zu dem Chef des Militärkabinetts des griechischen Königs, General Tetsis, zu entsenden und ihm ausrichten zu lassen, der Admiral warne Griechenland dringend vor einer Fortsetzung der neutralitätswidrigen Außenpolitik; die Regierung in Athen möge ihre Stellung gegenüber dem siegreichen Deutschland bereinigen, das Reich wisse längst, daß griechische Minister gegenüber England Verpflichtungen übernommen hätten, die mit einer Neutralitätspolitik nicht in Einklang stünden.[87]

Canaris handelte aus eigener Initiative – und doch spiegelte er auch Hitlers Auffassungen wider: Einen Monat später ließ der Führer dem griechischen Gesandten in Berlin bestellen, er werde niemals einen italienischen Angriff gegen Griechenland dulden, er rate allerdings, auf jede Herausforderung Italiens zu verzichten.[88]

Die Beteuerungen der griechischen Regierung überzeugten dann Canaris, daß die italienischen Vorwürfe nicht zutrafen. Je mehr die Italiener ihre Propagandakampagne gegen Griechenland steigerten, desto deutlicher ergriff Canaris Partei für die Griechen. Am 17. August ließ er den Chef seiner Auslandsabteilung, Konteradmiral Bürkner, gegenüber dem griechischen Marineattaché Konstantinides erklären, die Abwehr wisse natürlich, daß die italienischen Anklagen gegen Athen unwahr seien[89] – auch hier wieder im Einklang mit Hitler: Am gleichen Tag rief der Diktator den Italienern »ein absolutes Halt auf der ganzen Linie« zu, wie es der empörte Ciano empfand.[90]

Dann allerdings tat sich eine Lücke in den Anstrengungen Hitlers und Canaris' auf. Hitler, schon den Krieg gegen Rußland im Kopf, mochte nicht länger durch harte Absagen einen Bundesgenossen verärgern, den er noch im Osten brauchen würde, und schlug gegenüber Italien einen milderen Ton an. Canaris indes warnte immer stärker – über den Militârattaché in Rom, Generalleutnant von Rintelen – die Italiener vor einem Krieg gegen Griechenland.[91]

Die Italiener spürten den Klimawechsel in der Berliner Reichskanzlei und schlugen gegen die Griechen los – ohne vorherige Benachrichtigung der Deutschen. Hitler, eben auf der Fahrt zu einem Treffen mit Mussolini in Florenz, schimpfte lauthals über unfähige »Verbindungsstäbe und Attachés, die nur frühstücken«, als ihn am frühen Morgen des 28. Oktober die Nachricht von der italienischen Invasion erreichte.[92] Er hatte Mühe, seine Wut und Enttäuschung zu überwinden, ehe er den Duce in Florenz sah. Mussolini strahlte: »Führer – wir marschieren!«[93]

Was nutzte es da, daß in der Wehrmacht die Parole ausgegeben wurde, der italienische Schritt liege »nicht im Sinne der Politik und Gesamtkriegführung des Führers« – der Schaden war schon geschehen.[94] Die italienische Offensive brach nach ein paar Tagen zusammen, die griechische Armee trat Mitte November zum Gegenangriff an und drängte die Invasoren bis weit in das Innere Albaniens zurück.[95] Mehr noch: Britische Luftstreitkräfte setzten sich auf Kreta fest, ein großer Balkankrieg drohte, der Deutschland von seiner Ölzufuhr aus Rumänien abschneiden konnte. Die militärische Lage auf dem Balkan wurde für die Achsenmächte so heikel, daß Hitler beschloß, seinen Bundesgenossen zu retten. Noch drohte Ciano seinem Schwiegervater, er werde sich eher erschießen als Ribbentrop um Hilfe zu bitten, da saßen bereits Warlimonts Offiziere an einem neuen Feldzugsplan (Deckname: »Marita«), der einen Einmarsch deutscher Truppen in Griechenland vorsah.[96]

Die italienische Schlappe mußte vor allem Franco schwer beeindrucken. Sie wird ihn in seinem Entschluß bestärkt haben, auf keinen Fall in den Krieg einzutreten; ab Oktober 1940, so urteilt der Historiker Detwiler, war Franco für die Kriegspläne Hitlers nicht mehr zu haben.[97] Der Führer mochte es jedoch nicht wahrhaben – im Gegensatz zu Canaris, der sehr rasch begriffen hatte.

Am 12. November war der Admiral erneut nach Spanien gereist, um wieder einmal die Lage rund um Gibraltar in Augenschein zu nehmen und sich ein Bild über Spaniens Kriegsvorbereitungen zu verschaffen.[98] Wieder fuhr Canaris gleichsam als Chefspion der Abwehr; er wollte klären, in welcher Form Einheiten und Kommandos der Abwehr an der Eroberung Gibraltars teilnehmen könnten. Canaris und Lahousen hatten sich ein Unternehmen ausgedacht, mit dem die Abwehr die große Operation unterstützen sollte. Seit dem 7. November trug es einen Kodenamen: »Basta«.[99]

Canaris knüpfte an seinen alten Gibraltar-Plan an: Kommandotrupps der »Brandenburg« sollten kurz vor dem Angriff den schweren Eisenzaun in der neutralen Zone zwischen Gibraltar und dem spanischen Gebiet in die Luft sprengen, die Durchgangsstraße im nordwestlichen Teil Gibraltars besetzen und für die heranrückenden deutschen Angriffsverbände um jeden Preis offenhalten. Zugleich waren Sabotage-Aktionen geplant; Benzindepots, der Flugplatz, das Kraftwerk und die Anlagen zur Destillierung des Wassers sollten zerstört werden, um den Widerstandswillen der Verteidiger zu lähmen.[100] Hauptmann Rudloff, unter dem Decknamen »Rodrigo« der KO Spanien zugeteilt, erhielt den Auftrag, die Aktion vorzubereiten.[101]

»Das Lehrregiment«, notierte Lahousen am 5. November, »wurde angewiesen, rund 150 Leute bereit zu stellen. Von diesem Sonderkommando, das demnächst nach Südfrankreich transportiert wird, sind 50 Mann für sofortige Verwendung, die weiteren 100 für spätere Verwendung bestimmt.«[102] Die zunächst allein aus Rudloff bestehende »Sabotage-Organisation Spanien« (SO Spanien) hatte den spanischen Geheimdienst ins Vertrauen zu ziehen; die Männer des Unternehmens Basta sollten als Soldaten der spanischen Fremdenlegion getarnt werden und spanische Waffen tragen.[103] Und Canaris ließ es sich nicht nehmen, allein in der Maske des Señor Guillermo das Einsatzgebiet von Basta auszuspähen.

Der verstärkte Kontakt mit den Spaniern machte es Canaris fast zur Gewißheit, daß Franco im Falle eines deutschen Angriffs gegen Gibraltar inaktiv bleiben würde. Der Abwehrchef meldete denn auch nach seiner Rückkehr Halder, es seien keinerlei Fortschritte in den spanischen Kriegsvorbereitungen zu verzeichnen.[104] Hitler und die meisten seiner militärischen Ratgeber aber glaubten ernsthaft, allen Zweifeln zum Trotz werde Franco doch mitmarschieren, ja die Katastrophe auf dem Balkan inspirierte sie sogar zu dem Plan, mehrere Schläge zugleich auszuteilen, um die Briten sowohl aus dem westlichen als auch aus dem östlichen Mittelmeer zu vertreiben. Am 19. November wies Keitel den Chefplaner Jodl an, die operativen Befehle des Wehrmachtführungsstabes so zu formulieren, daß die Unternehmen Felix und Marita zur gleichen Zeit durchgeführt werden könnten – spätestens im Frühjahr nächsten Jahres.[105]

Der Vertreter der Luftwaffe in Jodls Stab wandte ein, die beiden Unternehmen ließen sich schwerlich zur gleichen Zeit durchführen, da die gegen Gibraltar angesetzten 8 Stukagruppen auch im Falle Marita benötigt würden.[106] Plötzlich gerieten Deutschlands militärische Planer in Zeitnot: Wenn der Schlag gegen Griechenland spätestens Anfang März 1941 geführt werden sollte, dann mußte das Unternehmen Felix sofort in Angriff genommen werden. Das bedeutete, Francos Zustimmung zu dem Angriff gegen Gibraltar und dem dazu notwendigen Aufmarsch deutscher Truppen in Spanien so rechtzeitig einzuholen, daß die Operation am 4. oder 5. Februar 1941 beginnen konnte. Da das OKW mit einer Anmarschzeit von 25 Tagen rechnete, mußten die deutschen Truppen spätestens am 10. Januar 1941 die spanische Grenze überschreiten dürfen.[107]

Wer aber sollte Francos definitive Zustimmung sichern? In einer Besprechung am 4. Dezember mit Keitel brachte Hitler die Idee auf, ein persönlicher Vertreter der Wehrmachtführung, am besten Jodl, müsse Franco die Gründe für das nun so rasch beschlossene Unternehmen erläutern. Keitel wußte einen besseren Sendboten: den Franco-Kenner Canaris. Er schlug Hitler vor, der Admiral solle sich sofort nach Madrid begeben und Francos Zustimmung sichern. Hitler war einverstanden und meinte, Jodl könne dann ein paar Tage später folgen, um die militärischen Details mit dem Caudillo zu besprechen.[108]

Als Canaris von dem Auftrag hörte, erschrak er. Bürkner konnte sich später noch genau erinnern, wie verdrießlich und übellaunig sein Chef auf den Befehl, nach Madrid zu reisen, reagiert hatte.[109] Canaris wußte, daß der Auftrag Hitlers unausführbar war und die Mission fehlschlagen mußte, denn keine Macht der Welt würde den Caudillo zu einem Krieg bewegen können, den er nicht wünschte.

Wie hatte doch der Admiral am 2. November zu Halder gesagt? Der Generalstabschef hatte es sich gemerkt: »Gesamteindruck über Spanien: Angst vor einem Konflikt mit England; daher große Sorge vor einer englischen Landung in Spanien oder Portugal und vor der Möglichkeit einer englischen Besetzung der Canarischen Inseln . . . Schwierige Stellung Francos, der nichts mehr hinter sich hat und daher nichts riskieren kann.«[110] Ein solcher Mann machte nicht Krieg – das stand für Canaris fest. Was aber geschah, wenn er mit leeren Händen zu Hitler zurückkehrte? Weder Canaris' Nerven noch das schwankende Prestige der Abwehr vertrugen die Zornesausbrüche des Führers.

Voller Unbehagen meldete sich Canaris noch am 4. Dezember bei Hitler, um sich letzte Instruktionen für das Gespräch mit Franco geben zu lassen. Eine Stunde lang sprachen die beiden Männer miteinander. Canaris' Stimmung muß sich rasch gebessert haben, denn der Diktator bot ihm neben der Madrider Mission einen unerwarteten Auftrag: Canaris sollte hinter dem Rücken des italienischen Bundesgenossen und der offiziellen deutschen Diplomatie einen Waffenstillstand zwischen Italien und Griechenland in die Wege leiten.[111]

Die Indizien sprechen dafür, daß Canaris als erster das Stichwort »Waffenstillstand auf dem Balkan« eingeworfen hat. Seit Tagen bemühte er sich, Hitler für eine Vermittlungsaktion im italienisch-griechischen Krieg zu gewinnen. Canaris hatte schon auf eigene Faust versucht, in Athen und Rom ein für die Beendigung des Krieges günstiges Klima zu fördern. Im November ließ er Major Clemm bei der Regierung in Athen vorfühlen, unter welchen Bedingungen sie zu einem Waffenstillstand bereit sei. Am 1. Dezember erklärte Canaris dem Generalleutnant von Rintelen, man müsse unbedingt versuchen, die Italiener zum Einlenken zu bewegen.[112]

Hitler hörte sich Canaris' Argumente ruhig an, der Admiral hatte den Diktator in einem scheinbar günstigen Augenblick angesprochen. Adolf Hitler war an einem entscheidenden, möglicherweise dem entscheidendsten Kreuzweg seines Lebens und seines Reiches angelangt. Unsicher schwankte er, welchen Kurs er einschlagen sollte, nachdem nahezu alles mißlungen war, England niederzuringen.

Hitler sah mehrere Alternativen vor sich: einen verschärften Krieg gegen die Briten im Mittelmeer, die Organisierung eines antibritischen Kontinentalblocks unter Einschluß der Sowjetunion, deren Energien allerdings von den deutschen Ostgrenzen fort- und nach dem Orient und Indien umgelenkt werden mußten – oder einen Schlag gegen eben diese Sowjetunion, dem traditionellen Angriffsobjekt Hitlerscher Lebensraumpläne und belebend-verlockenden Element britischen Widerstandswillens. Da Hitler einen Seekrieg gegen England ebenso scheute wie die unmittelbare Konfrontation mit der Insel, tendierte er mehr und mehr zu einem Krieg gegen Rußland.

In dieses Konzept aber paßte der italienisch-griechische Krieg nicht, auch nicht die beabsichtigte Feuerwehraktion Marita; ein deutscher Feldzug gegen Griechenland mußte die sich allmählich nach Osten wendende Angriffswucht der Wehrmacht in eine falsche Richtung lenken. Aus diesem Dilemma bot nun Canaris' Vermittlungsprojekt einen Ausweg. Für den Admiral freilich bahnte sich eine tragische Situation an, die er zunächst kaum erkannt haben wird: Der Mann, der auf dem Balkan den Krieg beenden wollte, geriet in die Gefahr, durch seine Vermittlungsaktion nur die Voraussetzungen für einen noch blutigeren Krieg im Osten zu schaffen.

So hatte denn der Führer keine Bedenken, dem Waffenstillstandsprojekt seines Geheimdienstchefs Raum zu geben. Canaris' Ideen müssen ihn beeindruckt haben, denn schon einen Tag nach der Zusammenkunft mit ihm – am 5. Dezember – erschien Hitler vor seinen führenden Militärs, die ihm über Felix und Marita Vortrag hielten, und warf den für sie überraschenden Gedanken auf, es sei auch möglich, daß es zu dem Unternehmen Marita gar nicht komme. Verblüfft protokollierte Jodl die Erklärung Hitlers, deutsches Eingreifen in Griechenland sei erforderlich, es sei denn, daß die Griechen von sich aus den Konflikt mit Italien beendeten und die Engländer zum Verlassen griechischen Bodens zwängen; in diesem Falle erübrige sich ein Eingreifen, da in Griechenland nicht über die europäische Hegemonie entschieden werde.[113]

Und Canaris ließ sich von dem stolzen Gefühl forttragen, in einer Schicksalsstunde des Reiches eine Schlüsselrolle zu spielen. Wieder einmal beherrschte ihn die alte Illusion, letzten Endes sei mit dem Führer doch zu reden, wenn man es nur verstünde, ihn richtig zu behandeln. Nichts konnte seiner schier unerschöpflichen Phantasie mehr Nahrung bieten als das Bewußtsein, im Auftrag Hitlers eine Mission von seltener Ambivalenz ausführen zu dürfen: hier einen Krieg zu ermöglichen, dort einen zu beenden.

Am 5. Dezember flog Canaris, begleitet von Piekenbrock, los, zunächst nach Bordeaux, wohin ihn ein Auftrag Halders führte: die Einweisung einer

Erkundungsmission des Heeres, die nach Gibraltar gehen sollte. Der Admiral ließ am nächsten Morgen die Mitglieder der Mission aus den Hotels in Bordeaux holen und weihte sie in ihre Aufgaben ein. Jeder Zoll der Interpret des Obersten Kriegsherrn, stellte Canaris seine Ausführungen unter »ein Wort des Führers«: »Wenn ich einen Einbrecher in einem Zimmer mit zwei Türen fangen will, dann schließe ich erst die eine Tür und schnappe ihn mir dann bei der anderen.« Das – erklärte Canaris – bedeute praktisch, Gibraltar müsse erobert werden, um die Briten bei Suez zu schlagen.[114] Anschließend erteilte er seine Instruktionen und ließ durch Abwehroffiziere falsche Papiere, spanisches Geld und Kartenmaterial verteilen. Der unvermeidliche Pardo tauchte auf, um die Wagen der Deutschen mit spanischen Nummernschildern zu versehen und den unauffälligen Grenzübertritt zu arrangieren.[115]

Canaris fuhr den Erkundern voraus, denn jetzt kam sein entscheidender Auftritt: das Gespräch mit Franco. Am Morgen des 7. Dezember kam er in Madrid an, kurz darauf kontaktierte er Vigón.[116] Mimik und Redensarten des spanischen Freundes verrieten Canaris, welche Antwort ihn im Pardo-Palast, dem Amtssitz Francos, erwartete. Nun galt es erst recht, keinen Fehler zu machen, der ihn bei Hitler in Verruf bringen konnte. Canaris bat deshalb Vigón, ein ausführliches Protokoll über die Unterredung mit Franco anzufertigen und ihm dann für den Gebrauch beim Führer zur Verfügung zu stellen.[117]

Für 19 Uhr 30 war die Audienz im Prado-Palast angesetzt, pünktlich erschien Canaris in Begleitung von Piekenbrock und Leißner. Canaris übermittelte Franco die Grüße Hitlers und erklärte, Deutschland habe den Wunsch, den »Angriff auf Gibraltar binnen kurzem vorzunehmen, wobei deutsche Truppen am 10. Januar in Spanien einmarschieren sollen«. Dem Führer scheine dies der günstigste Augenblick, denn schon in nächster Zukunft müßten die jetzt gegen Gibraltar verfügbaren Truppen für andere Operationen eingesetzt werden. Sobald aber der deutsche Einmarsch begonnen habe, trete auch die Wirtschaftshilfe des Reiches in Kraft.[118]

Da kam aus Francos Mund das Wort, das Canaris erwartet hatte. »Generalissimus erklärt Admiral darauf: daß es Spanien aus seinerzeit dargelegten Gründen unmöglich sei, zum angegebenen Datum in den Krieg einzutreten«, hielt Vigón in seinem Protokoll fest.[119] Begründung: Der drohende Einsatz der britischen Flotte, die unvollständige Rüstung und die Versorgungsschwierigkeiten Spaniens erlaubten keinen baldigen Kriegseintritt. Franco: »Aus diesen Gründen kann Spanien nicht binnen kurzem in den Krieg eintreten, es könnte auch nicht einen langen Krieg durchführen, ohne spanischem Volk untragbare Opfer aufzuerlegen.«[120]

Francos Antwort entsprach fast wortwörtlich den Canaris-Analysen, deren Fazit sich Halder in sein Tagebuch geschrieben hatte. Dennoch wollte Canaris von Franco wissen, ob er ein anderes Datum nennen könne, an dem der Einmarsch deutscher Truppen möglich sei. Vigón protokollierte: »Generalissimus erwidert, daß, da Behebung Schwierigkeiten nicht allein vom Willen Spaniens abhängt, er auch kein festes Datum nennen könne, welches durch die Verhältnisse Änderung erfahren könnte.«[121] Canaris erhob sich, das Gespräch war beendet. Franco ließ seine Besucher hinaus, nicht ohne vorher dem »Admiral seine Wertschätzung und seine Freude, ihn wieder in Spanien zu sehen, erneut zum Ausdruck« zu bringen.[122]

Canaris fuhr mit seinen beiden Begleitern in die Deutsche Botschaft und gab noch in der Nacht ein Telegramm an Bürkner auf, der als sein Vertreter im Amt fungierte. »Chef Ausl./Abw., Admiral Canaris, meldet«, trug der Tagebuchführer des Oberkommandos der Wehrmacht am 8. Dezember 1940 ein, »er habe gemäß der Weisung vom 4. 12. am 7. 12. abds. dem Generalissimus Franco eindringlich die Notwendigkeit des baldigen Kriegseintritts Spaniens auseinandergesetzt. Franco habe erwidert, daß Spanien zu dem vom Führer verlangten Termin nicht in den Krieg eintreten könne, da es hierzu nicht vorbereitet sei . . . Abschließend habe General Franco betont, daß seine Absage aus Rücksicht auf das beiderseitige Interesse erfolge. Es sei zu befürchten, daß Spanien nach der Eroberung Gibraltars eine starke Belastung für die Achsenmächte sein würde.«[123]

Bürkner reichte Canaris' Telegramm an Jodl weiter, der es Keitel überließ, die Hiobsbotschaft Hitler vorzulegen.[124] Der Diktator aber mochte noch immer nicht glauben, daß ihn der spanische Kollege im Stich ließ. Um 18 Uhr mußte Keitel in einem Telegramm Canaris ersuchen, »General Franco nach dem nächstmöglichen Zeitpunkt für die Durchführung des Angriffs auf Gibraltar zu fragen«.[125] KO-Chef Leißner hatte freilich Mühe, den Adressaten des Telegramms zu finden, denn Canaris zog inzwischen mit der nach Madrid gekommenen Heeresmission von einer spanischen Dienststelle zur anderen.

Erst am 10. Dezember beantwortete Canaris die Anfrage Keitels. Canaris kabelte, er habe bereits am 7. Dezember Franco »wiederholt eindringlich gefragt, ob er zu einem anderen Termin bereit sei, in den Krieg einzutreten oder einen späteren genauen Zeitpunkt angeben könne«. Franco habe jedoch die Frage verneint und erklärt, ein solcher Termin hänge »von der weiteren wirtschaftlichen Entwicklung Spaniens . . . wie auch von der weiteren Enwicklung des Krieges gegen England« ab.[126] Die Auskunft überzeugte nun auch Hitler: Noch am gleichen Tag sagte er das Unternehmen gegen Gibraltar ab, der Traum von der Schließung des westlichen Mittelmeers war zerronnen.[127]

Einen Augenblick mochte Canaris befürchten, Hitler werde wütend auf den Fehlschlag in Madrid reagieren. Doch der Diktator blieb ruhig. Selbst die mißglückte Franco-Mission konnte ihn nicht von der Überzeugung abbringen, Canaris verstehe es unübertrefflich, mit den Spaniern umzugehen. SS-Oberstgruppenführer Karl Wolff, Himmlers ehemaliger Chefadjutant, erinnert sich, Hitler sei damals »voll des Lobes für Canaris« gewesen, weil der Admiral »nach Meinung Hitlers die Verhandlungsführung mit Franco in Spanien besonders geschickt vorbereitet hatte«.[128]

Bei solchem Wohlwollen fiel es Canaris nicht schwer, den zweiten von Hitler erteilten Auftrag in Angriff zu nehmen: die Vermittlungsaktion im italienisch-griechischen Krieg. Eile war geboten, denn am 9. Dezember 1940 hatte das britische Oberkommando in Ägypten eine Gegenoffensive in Nordafrika begonnen, vor der die italienischen Soldaten panikartig flohen. Schon einen Tag nach Offensivbeginn war die Masse von vier italienischen Divisionen zerschlagen. Und der Angriff der Briten ging immer weiter.[129]

Canaris mußte rasch handeln, ehe ein Übergewicht der Gegner Italiens jeden Vermittlungsversuch illusorisch machte. Ein Zufall ermöglichte ihm, den Versuch gleich in Madrid zu beginnen. Dort saß als ungarischer Gesandter der ehemalige Geheimdienstchef und Oberst Rudolf Andorka, mit dem Canaris lange Zeit zusammengearbeitet hatte. Ihm skizzierte Canaris, wie er sich das Ende des Krieges auf dem Balkan vorstellte, und fragte ihn, ob er helfen wolle, das Konzept zu verwirklichen. Der Oberst stimmte zu.[130)]

Andorka hielt guten Kontakt zu dem griechischen Admiral Perikles Argyropoulos, der in Madrid sein Land ebenfalls als Gesandter vertrat. Bei ihm meldete sich Andorka am 17. Dezember mit der Nachricht, er habe eine deutsche Waffenstillstandsofferte, die so rasch wie möglich der Regierung in Athen zur Kenntnis gelangen müsse. Das war Canaris' Vorschlag: Die deutsche Regierung vermittelt an der albanischen Front einen Waffenstillstand und entsendet eine Truppe, die sich zwischen die beiden feindlichen Armeen schiebt und die Einhaltung der Waffenruhe garantiert; Griechenland behält die von seinen Truppen eroberten Gebiete Albaniens. Einzige Gegenleistung Athens: Es kehrt zur strikten Neutralität zurück und sorgt dafür, daß die Briten griechisches Territorium verlassen.[131)]

Argyropoulos war von dem Vorschlag so verblüfft, daß er Andorka wiederholt fragte, ob dies wirklich ein offizielles deutsches Angebot sei und er es nach Athen weitergeben dürfe.[132)] Der Grieche beruhigte sich erst, als er hörte, Canaris stehe hinter dem Vorschlag. Argyropoulos wird die historische Parallele nicht entgangen sein: Der griechische Admiral Konstantin Kanaris hatte einst die Unabhängigkeit des Landes gesichert – sollte der deutsche Admiral Wilhelm Canaris Griechenland den Frieden bringen? Nun handelte der Gesandte sofort; noch am gleichen Tag erfuhr General-Diktator Metaxas von dem deutschen Angebot. Metaxas griff den Vorschlag auf, denn auch ihm schwebte ein Waffenstillstand durch deutsche Vermittlung vor.

Selbst der England-Freund Metaxas, ein erbitterter Gegner der Achsenmächte, konnte nicht länger verkennen, daß die Existenz seines Landes tödlich bedroht war. Mit den Italienern mochte man fertig werden, aber hinter ihnen stand das mächtige Deutschland; griff es mit seiner ungeheuren Kriegsmaschine ein, dann war Griechenland verloren. Gewiß, England würde dann zur Hilfe kommen, aber um einen furchtbaren Preis: die Zerstörung Griechenlands. Und die Nachrichten, die Metaxas erhielt, ließen keinen Zweifel daran, daß eine deutsche Militärintervention unmittelbar bevorstand.

Metaxas wollte einen Versuch wagen, sie um jeden Preis zu verhindern. Er schickte zu der Stunde, da Canaris den Ex-Kollegen Andorka eingeweiht hatte, einen Kontaktmann zu dem Canaris-Vertrauten Clemm, dem er seinen Wunsch ausrichten ließ, das Deutsche Reich möge sich um die Vermittlung eines Waffenstillstandes bemühen.[133)] Ohne Canaris' Vorschläge schon zu kennen, bat der Regierungschef dringend, bei dem Vermittlungsversuch nicht Ribbentrops Diplomaten, sondern Admiral Canaris, den bewährten Freund Griechenlands, einzuschalten.[134)]

So war Metaxas nur allzu bereit, Canaris' Vermittlungsvorschlag zu unterstützen, als ihm der Bericht des Gesandten Argyropoulos vorlag. Metaxas wird sofort erkannt haben, daß der Vorschlag von Canaris für Griechenland weit günstiger als seine eigene Offerte war; er, der griechische Diktator, war von den Vorkriegsgrenzen ausgegangen, Canaris aber konzedierte Griechenland die inzwischen eroberten albanischen Gebiete. Gemeinsam hingegen war beiden die griechische Verpflichtung, für den Rückzug der britischen Truppen zu sorgen.[135]

Metaxas trug die beiden Vorschläge im Ministerrat vor, doch die Minister mochten nicht zustimmen; die meisten von ihnen, beeindruckt von den immer noch anhaltenden griechisch-britischen Waffenerfolgen, deuteten die Canaris-Offerte als italienisches Schwächezeichen oder als ein deutsches Manöver zur Untergrabung der griechischen Kampfmoral. Angesichts solcher Sentiments verschwieg der Diktator, daß er selber schon in geheimen Verhandlungen mit dem deutschen Militärattaché stand.[136] Eines lehrte ihn die Debatte: Eine Vermittlungsaktion der Deutschen würde in Griechenland eine schwere innenpolitische Krise auslösen.

Der General schrak zurück, wenn er auch den Faden zu den Deutschen nicht abreißen ließ. Clemm erfuhr, Metaxas wünsche, daß Canaris seinen Vorschlag auf diplomatischem Weg wiederhole, damit die griechische Regierung die Briten offiziell über die Offerte informieren könne. Clemm gab den Metaxas-Hinweis an Canaris weiter, der ihn Hitler übermittelt haben dürfte.[137] Hitler jedoch zögerte – aus Rücksicht auf die Italiener, die explosiv reagieren, vielleicht sogar das Bündnis mit Berlin aufkündigen würden, wenn sie erfuhren, daß die deutsche Regierung Athen Teile des von Italien beanspruchten Albaniens anbot.

Desto heftiger bemühten sich britische Militärs, Diplomaten und Geheimdienstler, Griechenlands Regierung zu einem eindeutigen Engagement gegen Deutschland zu drängen. Immer häufiger bestürmte London Metaxas, endlich zuzulassen, daß britische Truppen auf dem griechischen Festland operierten und den gemeinsamen Krieg gegen Deutschland vorbereiteten. Metaxas schob die Entscheidung hinaus, denn er wußte, was hinter dem britischen Drängen stand: der Plan Churchills, den italienisch-griechischen Krieg auf den ganzen Balkan einschließlich Jugoslawiens, Bulgariens und der Türkei auszuweiten und eine Art Zweite Front gegen Deutschland zu errichten.[138]

Die türkische Regierung hatte Churchills Kriegsplan abgelehnt, auch das traditionell deutschfreundliche Bulgarien und das vorsichtig lavierende Jugoslawien wollten sich nicht in einen Krieg gegen Deutschland ziehen lassen. Blieb nur Griechenland, dessen Regierung es in der Hand hatte, im Zuge der Kriegsanstrengungen gegen Italien ein britisches Expeditionskorps auf das balkanische Festland zu lassen. Bis dahin hatte jedoch Metaxas dazu seine Genehmigung noch nicht erteilt; nur auf Kreta waren britische Fliegerverbände stationiert.[139] Mehr wollte der griechische Regierungschef ohne Not den Briten nicht zugestehen.

Da tauchte in Athen ein Britenfreund auf, der Canaris' Vermittlungsbemühungen vollends zunichte zu machen drohte: Oberst William J. Donovan, Sondervertreter des US-Präsidenten Roosevelt und schon bald Chef des amerikanischen Geheimdienstes. Bereitwillig ließ sich der leidenschaftliche Verfechter einer Kriegsintervention der (damals noch neutralen) USA in Englands balkanische Kriegspläne einspannen. Er kam nicht zuletzt auf Anregung des britischen Geheimdienstes, der die Balkanreise des »wilden Bill« (so Donovans Spitzname) mitarrangiert hatte.[140]

Wo immer er auf dem Balkan erschien, forderte er zum Kreuzzug gegen den deutschen Nazismus auf und versprach jeder kriegsbereiten Regierung amerikanische Waffenlieferungen. Der Colonel besuchte griechische Truppen an der Front in Albanien, er verhandelte mit Metaxas und dessen Generalen, er fuhr zu dem bulgarischen Zaren Boris. Was Donovan auch seinen Konfidenten anbot und versprach – stets ging es ihm darum, »Englands entscheidende strategische Position zu wahren« (so sein Biograph) und die Botschaft Roosevelts auszurichten, wonach »jede Nation, die sich mutlos unterwirft, um schnell überrannt zu werden, von der Welt weniger Sympathie zu erwarten hat als eine, die Widerstand leistet, selbst wenn dieser Widerstand nur ein paar Wochen dauert«.[141]

Mißtrauisch beobachtete Canaris die Gespräche des Amerikaners. Deutsche Agenten erhielten Auftrag, Donovan auf Schritt und Tritt zu folgen. Als er Zar Boris in Sofia einen Besuch machte, durchsuchten Agenten seinen abgelegten Mantel und stahlen Donovans Paß. Der Orientexpreß nach Belgrad mußte 20 Minuten aufgehalten werden, ehe der Colonel mit einem provisorischen Paß das Land wieder verlassen konnte.[142] Die Furcht der Deutschen vor Donovans Reise nach Jugoslawien kam nicht von ungefähr: Der Belgrader Staat war der schwierigste Adressat der großdeutschen Außenpolitik.

Lange Zeit hatte sich der Vielvölkerstaat den deutschen Umarmungen ebenso entzogen wie den britischen Avancen; Neutralitätspolitik und innenpolitische Spannungen verboten dem Ministerpräsidenten Cvetković den Bund mit einem der beiden Kriegslager, zumal er befürchten mußte, bei einem Anschluß an die Achse würden »die Serben rebellieren, bei einem Krieg gegen Deutschland aber die Kroaten«.[143] Hitler indes, immer fanatischer in seine Kriegspläne gegen Rußland verstrickt, verlangte jetzt von Belgrad eine Entscheidung; er benötigte Jugoslawien als Partner und Aufmarschraum für den Krieg im Osten, er forderte den Beitritt des Landes zum Dreimächtepakt. Cvetković sah keinen Ausweg und war zum Anschluß an die Achsenmächte bereit.[144]

Eben diesen Anschluß zu verhindern, hatte sich Colonel Donovan vorgenommen. Seine deutschen Verfolger registrierten genau, wie er versuchte, die Belgrader Regierung von dem unheilvollen Schritt abzubringen. Den Beschattern entging freilich ein wichtiges, ein entscheidendes Detail: Donovan kontaktierte den Fliegergeneral Dušan Simović und eine Gruppe serbisch-nationalistischer Offiziere, die eher bereit waren, die Regierung zu beseitigen, als das Bündnis mit den Deutschen hinzunehmen. Bei einem heimlichen Besuch in Simovićs Quartier in Semlin versprach Donovan »volle moralische und materielle Hilfe« Amerikas.[145]

Donovan erwies sich dabei so spendabel, daß er später gerne renommierte, er habe den Putsch des Generals Simović »gekauft«.[146] Ähnlich wie den jugoslawischen General beeindruckten auch Metaxas die Zusagen des Amerikaners. Nicht zuletzt Donovans Hilfsversprechen bewogen ihn Mitte Januar 1941, den britischen Fordersngen entgegenzukommen. Das britische Nahost-Kommando, so konzedierte der Grieche, solle insgeheim Vorbereitungen für eine Landung seiner Truppen in Saloniki treffen; die britischen Truppen dürften ausgeschifft werden, sobald die deutsche Wehrmacht in Bulgarien einrücke und damit der Krieg gegen Griechenland unvermeidlich werde.[147]

Zwei Wochen später starb Metaxas und hinterließ eine gespaltene Nation – Grund genug für Canaris und seinen Gehilfen Clemm, noch einmal Hoffnung zu schöpfen. Die Führung übernahmen zwar anglophile Generale und Politiker, doch in den mittleren und unteren Führungsrängen des griechischen Establishments regten sich Kräfte gegen die Allianz mit England. Schon vor dem Tode des Diktators waren an Clemm »auf Beseitigung der Regierung Metaxas zwecks Herbeiführung eines Friedens hinzielende Vorschläge deutschfreundlicher Oppositionsgruppen« herangetragen worden, wie sich später der Militärattaché erinnerte, »wobei diese Kreise Deutschland für die Dauer des Krieges U-Boot- und Flugstützpunkte auf dem Peloponnes einräumen wollten«.[148]

Jetzt sah sich Major Clemm immer öfter von griechischen Militärs und Politikern angesprochen, die mit Hilfe Deutschlands den Krieg gegen Italien beenden wollten und dafür bereits den mit einer deutschen Kaiserenkelin verheirateten Kronprinzen (und späteren König) Paul gewonnen hatten.[149] Als Hitler den Major Ende Januar zu einem Immediatvortrag über die Lage in Griechenland nach Berlin rief, sahen Clemm und Canaris eine Gelegenheit, noch einmal ihr Vermittlungsprojekt ins Spiel zu bringen.

Am 1. Februar stand Clemm vor seinem Führer und fragte ihn, ob er »frei von der Leber weg reden« dürfe. Hitler nickte. Darauf setzte Clemm zu seinem Vortrag an, der auf die These hinauslief, der deutsche Feldzug gegen Griechenland sei vermeidbar, da einflußreiche Kreise Griechenlands aus dem Krieg auszuscheiden wünschten und kaum nennenswerte britische Einheiten auf griechischem Boden stünden.[150] Der Diktator ließ sich anmerken, daß er noch immer unentschieden war. Als er Clemm verabschiedete, wies er mit dem Finger auf eine Balkankarte, dort, wo Albanien lag. Hitler: »Und das alles wegen dieses Drecks da! Greife ich ein, so wird die Welt von mir sagen, daß ich ein kleines, tapferes Volk, das ebenso wie die Finnen seine Freiheit verteidigt, hinterrücks überfallen habe, greife ich aber nicht ein, so fallen die Italiener ab.«[151]

Immerhin war Hitler so unentschlossen, ob der Feldzug gegen Griechenland stattfinden solle, daß er den Canaris-Plan noch einmal vortragen ließ. Am 17. Februar durften »offizielle Persönlichkeiten« in Berlin, zu denen zweifellos der Abwehrchef gehörte, dem griechischen Gesandten Rangabé ein deutsches Vermittlungsangebot machen, das mit der ursprünglichen Offerte des Admirals nahezu identisch war. Einziger Unterschied: Das Reich wollte es nun selber übernehmen, die Briten vom griechischen Territorium zu vertreiben.[152] Rangabé, häufiger Gesprächspartner des deutschen Abwehrchefs, kabelte das Angebot nach Athen.

Das entsprach den Intentionen Hitlers, der am gleichen Tag auf dem Berghof die jugoslawischen Minister Cvetković und Marković empfing. Die beiden Jugoslawen waren erschienen, um Hitler ein Projekt vorzuschlagen, mit dem sie ihrem Lande den Beitritt zum Dreimächtepakt ersparen wollten. Ihr Projekt: Gründung eines Balkanbundes zwischen Jugoslawien, Bulgarien,

Griechenland und der Türkei, der sich zu strengster Neutralität verpflichten und jede Festsetzung britischer Truppen auf dem Balkan verhindern sollte. Die Belgrader Minister boten auch an, einen Waffenstillstand zwischen Griechenland und Italien zu vermitteln. Hitler willigte ein und empfahl ihnen Gespräche mit Italien.[153)]

Doch beide Vermittlungsversuche scheiterten, der eine am Widerstand Italiens, der andere am Widerspruch Griechenlands. Canaris war verzweifelt: Am 19. Februar wies Griechenlands neuer Ministerpräsident Korysis das deutsche Angebot zurück; es sei unzumutbar für ein Land, das sich »im Kriege befinde«.[154)] Jetzt war das Verhängnis nicht mehr aufzuhalten. Die deutschen Armeen formierten sich zum Sprung nach Griechenland. Am 2. März rückten deutsche Verbände via Rumänien in Bulgarien ein, worauf prompt eine britische Flotte aus Alexandria auslief, um ein Expeditionskorps unter General Wilson in Piräus auszuschiffen.[155)]

Canaris' Vermittlungsplan enthielt jedoch unverhofft noch eine allerletzte Chance – durch frondierende griechische Generale, die der Anblick landender Briten schockierte. Die Führung der Epirus-Armee, der Kronprinz Paul politischen Flankenschutz gab, bedrängte den Regierungschef Korysis so lange, bis dieser sich einverstanden erklärte, eine Verständigung mit Deutschland zu suchen.[156)] Ohne die Aktion der Regierung abzuwarten, preschte der Oberbefehlshaber in Nordgriechenland, Generalleutnant Tsolakoglyu, am 12. März mit einem Vermittlungsvorschlag vor, den er dem deutschen Konsulat in Saloniki übergab und der wiederum dem alten Canaris-Plan glich.[157)]

Korysis griff den Vorschlag des Generals auf und bat am 16. März das Deutsche Reich offiziell um Vermittlung. Der Unterstaatssekretär des Ministerpräsidenten informierte den deutschen Gesandten in Athen, während zugleich in Berlin der Gesandte Rangabé in das Auswärtige Amt eilte – mit einer diplomatischen Note, in der Griechenlands Regierung Hitler ihrer Ergebenheit versicherte. Kernsatz: »Auf jeden Fall liegt die Entscheidung [über Griechenland] in den Händen des Reiches.«[158)] Doch Hitler lehnte die Entgegennahme des Dokuments ab. Staatssekretär von Weizsäcker hatte bereits vorher gewußt: »Alles schon zu spät. Da ist nichts mehr zu machen.«[159)]

Verzweifelt lief Rangabé am 20. März ins Tirpitz-Ufer und ließ sich bei Canaris melden, den er bat, die Note persönlich Hitler zuzuleiten. Der Admiral war skeptisch, doch er versprach zu helfen. Er beauftragte Bürkner, in die Reichskanzlei zu fahren und Hitler die Note der griechischen Regierung zu übergeben. Doch der Konteradmiral Bürkner kam nicht weit. Das Papier wurde ihm zwar in der Reichskanzlei abgenommen, von dort aber ins Auswärtige Amt geschickt und zu den Akten gelegt – Hitler hat es nie gesehen.[160)]

Der Diktator war längst wieder fest auf Kriegskurs, und keine Macht, kein Argument der Vernunft konnte ihn mehr davon abbringen. Ein Ereignis bestärkte ihn noch in seinem Vernichtungstrieb: Kaum war Jugoslawien dem Dreimächtepakt beigetreten, da schlugen Donovans serbische Freunde los; in der Nacht vom 26. zum 27. März riß General Simović die Macht in Jugoslawien an sich und machte gegen das Dritte Reich mobil.[161)] Hitler wartete keinen Augenblick länger. Noch am 27. März diktierte er, es sei sein Entschluß, »Jugoslawien militärisch und als Staatsgebilde zu zerschlagen« – die Operation gegen Griechenland weitete sich zum Südostfeldzug aus.[162]

Am 6. April 1941 traten Deutschlands Armeen zum Angriff an. Wieder überrollte die deutsche Wehrmacht fremde Länder, wieder zerfiel ein Stück der klassischen Staatenwelt Europas. Bestürzt beobachtete Canaris, wie die Armeen und Divisionen des Reiches in immer fernere Gegenden stürmten und in alle Windrichtungen zerstoben. Deutsche Soldaten in den Bergen Serbiens und auf der Akropolis, deutsche Soldaten in Bulgarien und Rumänien, deutsche Soldaten nun auch im Wüstensand Afrikas als Notretter der zerschlagenen Armeen Italiens – wann würde je dieser wahnsinnige Krieg ein Ende finden?

Krieg, Krieg und kein Ende – das war es, was Canaris in zunehmender Deutlichkeit vor sich erblickte. Das Scheitern seiner balkanischen Vermittlungsbemühungen und der Feldzug in Südosteuropa dünkten ihn auf einmal nur weitere Schritte auf der Fahrt in die selbstmörderische Ausweglosigkeit Hitlerscher Politik und Strategie, die mit scheinbar unaufhaltsamer, unkorrigierbarer Automatik ablief. Der Abwehrchef versank in einem neuen Stimmungstief. Monate zuvor war er noch optimistisch gewesen, jetzt sah Canaris nur noch eine endlose Kette blutiger Pyrrhussiege voraus, einer grausiger und sinnloser als der andere.

In diesen Stunden der Verzweiflung mag sich Canaris an ein Gespräch mit dem Publizisten Franz Josef Furtwängler erinnert haben, in dem er prophezeit hatte, wie alles kommen werde. Furtwängler hatte ihn im Herbst 1939 gefragt, wen man wohl dereinst als die hervorragenden Heerführer des neuen Krieges bezeichnen werde. Die Antwort des Fatalisten Canaris: Führen werde der Wahnsinn in Person, die anderen militärischen Führer seien auswechselbare Statisten und »Edelkomparsen«, und im übrigen laufe »der technische Krieg mit der Automatik der Maschine und der Gesetzmäßigkeit des Ameisenhaufens«.[163] War nicht der Balkanfeldzug eine neue Bestätigung dieser düsteren Vorausschau?

Canaris trieb es an die Front, um selber zu sehen, was der Wahnsinn in Person wieder angerichtet hatte. Am 15. April kletterte er mit seinen Abteilungschefs in eine auf dem Flughafen Tempelhof wartende Sondermaschine, die die führenden Abwehrmänner in das eroberte Belgrad bringen sollte. Um 16 Uhr sah Canaris die durch einen deutschen Bombenangriff zerstörte Stadt, brennend, mit Leichen übersät, im Innersten gelähmt. »Die Stadt«, schrieb sich Lahousen mit der ihm eigenen Nüchternheit auf, »ist ohne Wasser, Licht, Strom und Gas. Man schätzt die Zahl der Toten auf über 7000. Der im ganzen Stadtgebiet verbreitete süßliche Leichengeruch scheint diese Annahme zu bestätigen.«[164]

Die Umgebung des Flugplatzes war so zerstört, daß Canaris und seine Begleiter mit einem »Fieseler Storch« in die Stadt geflogen werden mußten. Sie kamen gerade zurecht, den Marsch einer geschlagenen und gefangenen Division der jugoslawischen Armee durch die Straßen Belgrads zu beobachten. Ziellos fuhr der erschütterte Admiral die einzelnen Stadtteile ab, an qualmenden Hausruinen und hilfesuchenden Menschen vorbei. In der Nacht quartierte er sich im benachbarten Semlin ein und wäre auf der Rückfahrt nach Belgrad bei der Überquerung der Save mit einer kenternden Hilfsfähre beinahe untergegangen.[165] Den Anblick Belgrads aber konnte er kaum noch ertragen. »Ich kann nicht mehr«, stöhnte Canaris. »Wir fliegen fort.«[166]

Einen Monat später freilich durchstreifte er schon wieder die neuen Schlachtfelder, die ihn seltsam anzogen. Canaris kam bis nach Athen, das zuerst von seinen »Brandenburgern« besetzt worden war; am Morgen des 27. April hatten Soldaten des II. Bataillons unter Rittmeister Dr. Jacobi die griechische Hauptstadt betreten und die Hakenkreuzfahne auf dem Rathaus gehißt.[167] Als Canaris am 17. Mai Athen besuchte, traf er auch den Major Clemm von Hohenberg. Gemeinsam erörterten die beiden Männer noch einmal, woran ihre Vermittlungsaktion gescheitert war.[168]

Wer ihn damals sah, fand den Admiral kränklich, blaß und übelgelaunt. Nur wenige wußten, daß Canaris qualvolle Wochen hinter sich hatte, Wochen der Verzweiflung und der Resignation. Canaris' Stimmung spiegelte nicht nur das Scheitern aller seiner Bemühungen wider, den Krieg auf dem Balkan zu verhindern. Ein weit brisanteres Thema marterte Canaris, ein bevorstehendes Ereignis von unabsehbaren Konsequenzen hielt ihn in Atem, ja gab ihm das Gefühl kommenden, unabwendbaren Unheils: Hitlers Krieg gegen die Sowjetunion.

Seit Canaris wußte, daß Hitler mit dem Gedanken umging, noch vor der Niederzwingung Englands die Sowjetunion zu überfallen und als potentiellen Gegner auszuschalten, hatte er instinktiv gespürt, daß der Diktator dabei war, nun auch die letzten Brücken hinter sich abzubrechen. Mutwillig und ohne Notlage einen Zweifrontenkrieg auf sich zu laden – das schien Canaris politischer Wahnsinn, schlichter Selbstmord. Denn gelang es nicht, die Rote Armee im ersten Ansturm zu bezwingen, dann war Deutschland an allzu vielen Fronten einem Zermürbungskrieg ausgesetzt, den es nicht bestehen konnte – dann wurde Wirklichkeit, was Canaris so lange schon prophezeite: »Finis Germaniae.«

Eine Zeitlang allerdings hatte Canaris gehofft, Hitler werde noch vor dem Rußlandkrieg zurückschrecken. Offenkundig waren die Symptome Hitlerschen Zögerns: Der Diktator hatte zwar schon am 21. Juli 1940 den Oberbefehlshaber des Heeres, Generalfeldmarschall von Brauchitsch, wissen lassen, man müsse »das russische Problem in Angriff nehmen«, aber es war bei den »gedanklichen Vorbereitungen« (Hitler) geblieben; im Generalstab des Heeres entstanden erste Operationspläne, die jedoch über Denkmodelle nicht hinausgingen.[169] Sie blieben Papier, solange Hitler mit der Idee spielte, Moskau auf politische Art zu neutralisieren: durch Einbau in eine antibritische Einheitsfront, die zugleich Rußlands Länderhunger im Nahen Osten und in Indien stillte.

Erst nachdem dieser Versuch gescheitert war (bei dem Besuch des sowjetischen Außenministers Molotow im November 1940), entschied sich Hitler zum Krieg gegen Rußland.[170] Ein neues Kodewort tauchte auf, unheilkündend wie das ganze Unternehmen, das Hitler-Deutschlands Ende einleiten sollte: »Barbarossa«. Am 18. Dezember 1940 befahl Hitler in einer »Weisung 21« an das OKW: »Die deutsche Wehrmacht muß darauf vorbereitet sein, auch vor Beendigung des Krieges gegen England Sowjetrußland in einem schnellen Feldzug niederzuwerfen.«[171] Die Vorbereitungen sollten bis zum Frühsommer abgeschlossen sein, der Aufmarsch 8 Wochen vor Operationsbeginn erfolgen.[172]

Anfang 1941 konnte Canaris nicht länger daran zweifeln, daß dies alles so ernst gemeint war, wie es da auf dem Papier stand. Er weihte seine Abteilungschefs ein. Piekenbrock erinnerte sich später: »Genaueres habe ich im Januar 1941 über den Zeitpunkt des deutschen Angriffs gegen die Sowjetunion erfahren, und zwar durch Canaris. Er hat mir gesagt, daß der Angriff . . . auf den 15. Mai festgesetzt sei.«[173] Überraschung konnte Canaris' Mitteilung nicht mehr auslösen, denn der Admiral hatte seit dem Hochsommer 1940 Piekenbrock, Bentivegni und Lahousen laufend über den Stand der supergeheimen Barbarossa-Diskussion informiert.

Schon im August hatte Canaris den Abwehr-III-Chef, Oberst von Bentivegni, in sein Zimmer gerufen und ihm »eröffnet, daß Hitler die Durchführung der Maßnahmen im Sinne der Verwirklichung des Feldzuges nach Osten . . . nunmehr beschlossen« habe, wie Bentivegni später aussagte.[174] Einen Monat darauf häuften sich die Anforderungen der »Fremde Heere Ost« (FHO) nach mehr Informationen über die sowjetischen Verbände in Osteuropa, und im November erreichte Bentivegni »die Anweisung von Canaris, die Abwehrtätigkeit an den Stellen der Konzentrierung der deutschen Truppen an der deutsch-russischen Grenze zu aktivieren«.[175] Canaris' engste Mitarbeiter wußten, was das bedeutete: Krieg gegen Rußland.

Canaris aber suchte nach einer Möglichkeit, den verhängnisvollen Feldzug zu verhindern. Denn für ihn war gewiß, was er in einer der ersten »Barbarossa«-Konferenzen der Abwehrzentrale mit leiser, lispelnder Stimme ausgesprochen hatte: »Die deutschen Armeen werden auf den eisigen Ebenen Rußlands verbluten, und wir werden nach zwei Jahren nichts mehr von ihnen wiederfinden.«[176] Mit aller Energie stellte er sich gegen Hitlers Kriegsplan und fand dabei einflußreiche Bundesgenossen. Mit Ausnahme des engeren Kreises um Hitler gab es kaum einen deutschen Amtsträger, der nicht den Feldzug gegen Rußland fürchtete – selbst der eitle Reichsaußenminister von Ribbentrop war erschrocken, als er gehört hatte, wohin die Fahrt ging.[177]

Der Abwehrchef mobilisierte jeden Helfer, der ihm für seinen Zweck nützlich erschien, ob Nationalsozialist oder Regimegegner, ob Soldat oder Zivilist. Den Wehrrüstungschef Thomas bewog er, in einer umfassenden Denkschrift die wirtschaftlichen Grenzen deutscher Kriegführung darzulegen, seinen Freund Weizsäcker ließ er formulieren: »Ein deutscher Angriff auf Rußland würde den Engländern nur neuen moralischen Auftrieb geben. Er würde dort bewertet als deutscher Zweifel am Erfolg unseres Krieges gegen England.«[178] Er beschwor Keitel, den Führer vor zu optimistischen Beurteilungen des Gegners zu bewahren – und holte sich eine eisige Abfuhr. Keitel: »Mein lieber Canaris, von der Abwehr mögen Sie etwas verstehen. Als Marinemann wollen Sie uns aber doch keine Lektion über strategische Planungen erteilen.«[179]

Er brachte den jungen Volkswirtschaftsprofessor Theodor Oberländer ins Spiel, einen Nationalsozialisten, als Reichsführer des »Bundes Deutscher Osten« Kenner Osteuropas, der auffallend maßvolle Auffassungen vertrat und deshalb mit Ostpreußens rabiatem Gauleiter Koch in Konflikt geraten war. Canaris bat Oberländer zu sich und fragte ihn, was er von einem Krieg gegen die Sowjetunion halte. Oberländer sagte deutlich seine Meinung: »Wahnsinn.« Canaris pflichtete ihm bei und ersuchte ihn, seine Auffassungen in einer Denkschrift zu begründen, die er Hitler vorlegen wollte. Der nonkonformistische NS-Professor war dazu bereit – ein paar Wochen später lag ein Oberländer-Papier auf Hitlers Schreibtisch.[180)]

Selbst die Konkurrenz versuchte Canaris gegen »Barbarossa« einzuspannen. Auf seinen täglichen Ausritten mit dem Abwehrpolizeichef Schellenberg im Tiergarten ließ er keine Gelegenheit aus, immer wieder auseinanderzusetzen, wie fragwürdig die Annahme sei, das Sowjetsystem werde schon nach dem ersten deutschen Angriff militärisch und politisch zusammenstürzen. Die Canaris-Argumentation war freilich auf einen Mächtigeren zugeschnitten: auf Heydrich. Schellenberg gab denn auch an seinen Chef weiter, was ihm Canaris eingeflüstert hatte. Heydrich wollte jedoch von den beiden »Klagevögeln« im Tiergarten nichts wissen. Als Schellenberg insistierte, wurde Heydrich wütend: »Hören Sie endlich mit Ihren spießigen und defätistischen Bedenken auf!«[181)]

Mochte auch Canaris noch hoffen, irgendwie werde es Hitler nicht zum ärgsten kommen lassen – er machte gleichwohl befehlsgemäß seinen Apparat mobil, um zu ermöglichen, was er eigentlich verhindern wollte. Widerwillig erteilte er seinen Abteilungschefs die ersten Befehle für die Vorbereitung von »Barbarossa«. Für sein Unbehagen gab es neben der grundsätzlichen Ablehnung des ganzen Unternehmens noch einen abwehrinternen Grund: Der deutsche Geheimdienst war nicht gerüstet, jenes Nachrichtenmaterial zu liefern, das nun die Generalstäbe von ihm verlangten.

Die Vorbereitungen für »Barbarossa« mußten nämlich einen Sachverhalt aufdecken, der nicht der Ironie entriet: daß ausgerechnet der enragierte Antikommunist Canaris die Rußland-Aufklärung der Abwehr gründlich entmannt hatte. Der deutsche Geheimdienst war über Rußland nie sonderlich gut informiert gewesen, aber so beharrlich hatte man ihn noch nie von sowjetischen Quellen abgeschnitten. Gleich nach Abschluß des deutsch-sowjetischen Nichtangriffspaktes im August 1939 war der Abwehr von Hitler jedwede Tätigkeit gegen die Sowjetunion verboten worden; seither operierte die Abwehr nicht mehr in Rußland.[182)]

Wäre Canaris der listige, durchtriebene und vorausschauende Geheimdienstchef gewesen, zu dem ihn die Legendenschreiber emporgelobt haben, dann hätte er Mittel gefunden, das Verbot des Diktators zu unterlaufen. Doch Canaris hielt sich brav an die Richtlinien seines Führers. Canaris-Anweisung vom 26. März 1940, notiert von Lahousen: »Es darf nichts geschehen, was die Russen verletzt.«[183)]

Die von der Abwehrzentrale eingesetzten »Beauftragten für Grenzfragen« an der deutsch-sowjetischen Demarkationslinie sollten nicht zuletzt verhindern, daß V-Männer auf eigene Faust Aufklärung gegen sowjetische Truppen betrieben. »Ein Erfolg der Tätigkeit der Beauftragten«, schrieb Canaris am 22. Juni 1940, »kann nur bei sorgsamer Pflege der Zusammenarbeit mit den sowjetischen Beauftragten erwartet werden. Diese Zusammenarbeit ist so eng wie möglich zu gestalten. Sie erfordert ein besonderes Maß an Taktgefühl und Verhandlungskunst.« Die Beauftragten der Abwehr sollten, falls von sowjetischer Seite Zwischenfälle drohten, nur im äußersten Fall eingreifen. Canaris: »Es ist zu vermeiden, das Verhältnis zu dem sowjetischen Beauftragten durch Beschwerden und Warnungen, die nicht auf ganz einwandfreier Grundlage beruhen, zu belasten.«[184]

Und er meinte es so ernst: Canaris entmutigte Abwehroffiziere, die versuchten, ihrer Organisation neue Rußland-Quellen zu erschließen. Als der rumänische Geheimdienstgeneral Moruzow im Oktober 1939 dem Oberstleutnant Pruck bei einem Besuch in Bukarest das vorzügliche Rußland-Material seiner Behörde anbot, mußte der Besucher ablehnen, weil »Admiral Canaris mir vor der Abreise noch ausdrücklich Weisung erteilt [hatte], mich auf keinerlei Verabredung bezüglich der Sowjetunion einzulassen«.[185]

Das blieb kein Einzelfall. Im November 1940 offerierte General Okamoto, der japanische Militärattaché in Berlin, die Möglichkeit, eine Gruppe estländischer Informanten mit U-Booten aus dem sowjetisch besetzten Baltikum nach Danzig zu bringen – Canaris lehnte »wegen Gefährdung der politischen Lage« ab.[186] Canaris ließ es auch nicht zu, daß dem ehemaligen lettischen Sozialminister Bersinsch, einem V-Mann des japanischen Militärattachés in Stockholm, die Einreise ins deutschbesetzte Holland erlaubt wurde, wo er die Emigranten seines Landes sammeln wollte.[187]

Besonders arg hatten die ukrainischen V-Männer der Abwehr unter der Hitler-treuen Willfährigkeit von Canaris zu leiden. Abwehr-II-Chef Lahousen hatte bis dahin noch versucht, seine ukrainischen Mitarbeiter aus dem Umkreis der OUN Melnyks und Jarys unter irgendwelchen Tarnungen zu halten. Canaris zerschlug auch diese Möglichkeit, sobald ihm Schwierigkeiten mit der Gestapo drohten. Als der SS-Oberführer Müller, der Chef der Gestapo, im November 1940 erfuhr, daß die Abwehr II trotz klarer Hitler-Befehle noch immer führende Männer der OUN als V-Männer beschäftigte, wollte er sie verhaften lassen, wozu freilich das Einverständnis der Abwehrzentrale nötig war. Lahousen alarmierte sofort seinen Chef, doch der reagierte nur lahm: Canaris verhinderte zwar die Verhaftung, entschied aber, »aus außenpolitischen Gründen« sei es untragbar, ukrainische Führer wie Jary noch länger in der Abwehr zu beschäftigen.[188] Am 14. Dezember 1940 mußte Lahousen den V-Mann Jary kommen lassen und ihm eröffnen, eine Zusammenarbeit mit ihm und seiner Organisation komme »nicht in Frage« – und das zu einer Zeit, da der Krieg gegen Rußland schon beschlossen und abzusehen war, daß die Ukrainer wieder einmal als Helfer Deutschlands willkommen sein würden![189]

Ergebnis solcher nachrichtendienstlichen Selbstlähmung: Die Abwehr wußte kaum, was in Rußland vorging. Das merkten die Feindlagebearbeiter der Fremde Heere Ost sehr rasch, als sie für die »Barbarossa«-Planung die militärische Stärke der Sowjetunion berechnen sollten. »Unsere Kenntnisse über die sowjetrussischen Waffen und Ausrüstungsgegenstände sind außerordentlich lückenhaft«, monierte der FHO-Referent Goth, und Oberstleutnant Helmdach, ehedem Gruppenleiter Sowjetunion in der Fremde Heere Ost, erinnert sich: »Geheime Nachrichten zu erhalten, war kaum möglich.«[190]

Konnte die Abwehr schon kein zuverlässiges Bild über die Stärke der

Roten Armee bieten, so versagte sie vollends auf dem Gebiet des sowjetischen Rüstungspotentials. »Einen Einblick in die Rüstungsindustrie zu gewinnen«, so Helmdach, »war so gut wie unmöglich, so daß der Rüstungsstand der Sowjets ein Geheimnis blieb.«[191] Und der Generalleutnant Paulus, Mitautor des Operationsplans »Barbarossa« und seit den Staatsstreichgesprächen im Winter 1939/40 ohnehin kein Bewunderer von Canaris, fand später, ein »Hauptfehler« sei gewesen, »daß unsere Abwehr uns keine klaren Vorstellungen darüber gegeben hatte, was für eine mächtige industrielle Basis Rußland im Osten hat«.[192] (Er vergaß dabei freilich, daß deutsche Privatfirmen wie etwa die I. G. Farben darüber ausgezeichnet informiert waren.)

Um nicht vollends das Gesicht zu verlieren, mußten Abwehroffiziere die alten Beuteakten aus dem Polen-Feldzug nach Rußland-Material durchwühlen. »Sehr reichhaltiges Material« hatte Hauptmann Hermann Baun, der Rußland-Experte der Abwehr I, den FHO-Kameraden schon im Juli 1940 verheißen.[193] Aber auch das antiquierte Vorkriegsmaterial der Polen konnte das Wissen der Fremde Heere Ost nicht sonderlich erweitern. Im Gegenteil, es bestärkte sie nur noch in ihrer hochmütigen Geringschätzung der Roten Armee, wenn sie polnische Geheimdienstanalysen wie diese lasen: »Anwachsen der stalin-feindlichen Stimmung im höheren Offizierkorps [der Roten Armee] infolge des Terrors. Mittlere Ränge Karrieristen, ohne Selbständigkeit und Initiative . . . Unteroffiziere und Mannschaften: Vertrauen zu Vorgesetzten untergraben.«[194]

Je mehr die FHO nach Material über die Rote Armee rief, desto stärker empfand jedoch auch die Abwehrzentrale ihr russisches Defizit. Ab Herbst 1940 genehmigte Canaris, daß die Abwehr allmählich Hitlers Aufklärungsverbot lockerte. Jetzt durfte die Abwehr Nachrichtenaustausch mit dem rumänischen Geheimdienst vereinbaren, und bald flossen der Abwehr aus den nachrichtendienstlichen Kanälen aller künftigen Bundesgenossen im Rußland-Feldzug Informationen über die Sowjetunion zu. Auch die Japaner waren nun am Tirpitz-Ufer wieder wohlgelitten.[195] Die eigene Rußland-Aufklärung aber blieb einstweilen noch dürftig. Sie beschränkte sich im wesentlichen – auch dies ein rauher Witz der Zeitgeschichte – auf die Arbeit zweier »Nichtarier«, die dem Staat rüdester Judenverfolgung die besten Rußland-Nachrichten der Branche lieferten. Der eine war der jüdische Kaufmann Klatt in Sofia, V-Mann der Abwehrstelle Wien und zugleich Konfident japanischer ND-Stellen, dessen Berichte (nach seinem Decknamen »Max«-Meldungen genannt) im Ostfeldzug berühmt werden sollten,[196] und der andere war der deutschbaltische Schriftsteller Ivar Lissner in Harbin, ein Opfer nazistischer Rassegesetze, der sich gleichwohl zum Schutz seiner gefährdeten Eltern der Abwehr verdingt hatte und präzise Nachrichten über Rußlands Luftrüstung funkte.[197] »Der V-Mann Ivar«, so urteilte Canaris, »ist die einzige Quelle des Amtes Ausl./Abw., die über den Raum des asiatischen Rußlands sowie des Grenzgebietes Mandschukuo/Rußland in größerem Umfange Meldungen liefert. Die eingegangenen Meldungen . . . bieten die einzige Aufklärungsunterlage, um die Reserven, Neuaufstellungen usw. insbesondere der SU-Luftwaffe im sibirischen Raum zu erfassen.«[198]

Doch lange konnte sich Canaris mit Max und Ivar nicht begnügen. Er drängte Piekenbrock, seinen Aufklärungsapparat nach Osten schleunigst auszuweiten und zu verbessern. Agentenwerber der Abwehr I suchten nach neuen sowjetischen Informationsquellen, denn Canaris wußte, daß die »Barbarossa«-Planung die Abwehr vor neue Aufgaben stellen werde. Schon klapperten in Keitels Vorzimmer die Schreibmaschinen mit den geheimen Anweisungen, die die Abwehr in die vorderste Front des sich formierenden deutschen Invasionsheeres riefen.

Am 15. Februar 1941 lag auf Canaris' Schreibtisch eine von Keitel unterzeichnete »Geheime Kommandosache«, durch die der Abwehrchef zum Koordinator aller geheimdienstlichen und militärischen Aktionen zur Verschleierung des deutschen Aufmarsches gegen Rußland aufrückte.[199] Die OKW-Abteilung L hatte sich ausgedacht, was Keitel »das größte Täuschungsunternehmen der Kriegsgeschichte« nannte und was in Wirklichkeit ein Doppelbluff war: die Russen glauben zu machen, die deutschen Truppenkonzentrationen im Osten dienten allein der bevorstehenden Invasion in England und sollten nur die Briten zu dem Fehlschluß verleiten, Hitler plane einen Krieg gegen die Sowjetunion. Es komme darauf an, hieß es in Keitels Befehl, »im ersten Zeitabschnitt, d.h. bis etwa Mitte April, z.Zt. vorherrschende Ungewißheit über unsere Absichten zu erhalten. In dem anschließenden zweiten Zeitabschnitt müssen die dann nicht mehr zu tarnenden Vorbereitungen für ›Barbarossa‹ selbst als Irreführung und Ablenkung von der Invasion nach England hingestellt werden.«[200]

Für den Mann, der sich mit aller Macht gegen die Entfesselung des Rußland-Krieges stellen wollte, konnte es kaum einen beklemmenderen Befehl geben als Keitels Anordnung. Ausgerechnet er, Wilhelm Canaris, sollte alle Welt über die wahren Absichten Hitlers und der deutschen Militärführung täuschen – nicht nur den Gegner, sondern auch Deutschlands Verbündete, ja selbst die eigenen Kameraden. Denn nichts anderes besagte Keitels Formulierung: »Sparsamer Gebrauch der Gesamttendenz [erfolgt] auf nur von Chef Ausl./Abw. zu bestimmenden Wegen. Dieser steuert auch die zweckdienliche Unterrichtung der eigenen Attachés in neutralen Ländern und neutralen Attachés in Berlin mit Täuschungsnachrichten.«[201]

Welch eine ideale Gelegenheit für einen Hitler-Gegner, die Welt über die neuen Kriegspläne des Dritten Reiches aufzuklären! Ein Oster hätte nicht einen Augenblick gezögert, die Täuschungsnachrichten mit echten Meldungen zu vermischen und so die Russen zu warnen, wie er 1940 die Norweger, Dänen und Holländer gewarnt hatte. Doch der konventionelle Soldat Canaris mochte solche Wege nicht beschreiten. Für ihn galt nur der Befehl, und ihn führte er aus – widerwillig, gewiß, und sicher in der Hoffnung auf ein Einlenken des Diktators in letzter Minute, dennoch loyal und ohne jeden Abstrich.

Seine Hemmungen werden zudem bald der Neugier und Experimentierfreude des Profis gewichen sein, denn das befohlene Täuschungsmanöver mußte gerade die konspirative Seele von Canaris ansprechen. Spuren zu verwischen, Absichten zu verschleiern, Gegenspieler auf Abwege zu führen – nichts machte ihm mehr Freude als dies. Noch bäumte er sich gegen die Uferlosigkeit Hitlerscher Pläne und Strategien auf, da spielte sein beweglicher, sein allzu beweglicher Geist schon all die Hakenschläge und Verwirrmanöver durch, in denen er sich als unübertrefflicher Meister fühlte. Der Befehl Keitels ließ ihm keine Ruhe mehr; wenige Tage später bestellte er sich sein Flugzeug, um die Abwehrstellen im Osten zu bereisen und das große Täuschungsmanöver vorzubereiten.

Am 19. Februar schickte er Lahousen in das Zossener Lager »Zeppelin«, den Sitz des Heeresgeneralstabes, mit dem es die Aktionen zwischen Abwehr und Armee zu koordinieren galt, während er selber Ende des Monats in der Abwehrstelle Krakau mit den dortigen Offizieren beriet, wie der Gegner im Osten zu überraschen sei.[202] Und Anfang März stand er bereits wieder vor Bentivegni in Berlin, der als Canaris-Order festhielt: »a) Vorbereitung aller Gliederungen der Abwehr III zur aktiven Spionageabwehrtätigkeit gegen die Sowjetunion, wie zum Beispiel . . . Lähmung der Tätigkeit der sowjetischen Nachrichtendienststellen. b) Irreführung der ausländischen Nachrichtendienste durch eigene Agenten im Sinne der angeblichen Besserung der Beziehungen mit der Sowjetunion und der Vorbereitung des Schlages gegen Großbritannien. c) Abwehrmaßnahmen zur Geheimhaltung der Vorbereitungen zum Kriege gegen die Sowjetunion und Sicherung der geheimen Beförderungen der Truppen nach dem Osten.«[203]

Oberst von Bentivegni alarmierte die Abwehrgruppe III D, die in Zusammenarbeit mit der Abteilung L des OKW und den Generalstäben der Teilstreitkräfte Falschmeldungen präparierte, die dann von V-Männern und Zwischenträgern der Gegenspionage, Oberst Rohleders Gruppe III F, an den Gegner herangespielt wurden.[204] Bald tauchten an den Gerüchtebörsen der neutralen Hauptstädte Europas Meldungen auf, die von raffinierten Methoden der Deutschen zur Verschleierung ihrer bevorstehenden Landeoperation in England handelten. Auch im Mittelmeer sollten sich die Deutschen zu einem Schlag gegen England rüsten, wie Meldungen von unbekannter Herkunft suggerierten. Da war von geheimnisvollen deutschen »Touristen« die Rede, die in Französisch-Marokko Luft- und Marinestützpunkte kontrollierten, da waren in Marokko 6000 deutsche Soldaten gesehen worden, da marschierten 60000 Mann der Wehrmacht durch Spanien.[205]

Am 11. März ging Canaris von der Abteilung L eine neue Order zu: Irreführung des sowjetischen Militärattachés in Berlin, Generalmajor W. I. Tupikow.[206] Das machte Zusammenarbeit mit dem Auswärtigen Amt notwendig, dessen Nachrichtendienstlern es gelungen war, einen an der Botschaft in Berlin stationierten Angehörigen des sowjetischen Staatssicherheitsdienstes namens Orests Berlings umzudrehen.[207] Canaris nutzte diese Verbindung zur sowjetischen Botschaft – über Berlings gelangten die Falsifikate der III D auch auf den Schreibtisch des Generals Tupikow.

Einen Monat später setzte eine neue Irreführungskampagne ein: »Unternehmen Haifisch«. Mit Hilfe des Heeresoberbefehlshabers von Brauchitsch ließ Canaris von Skandinavien bis in die Bretagne Truppenbewegungen simulieren, die den Meldungen über die bevorstehende England-Landung noch mehr Glaubwürdigkeit verleihen sollten.[208] Zugleich gingen an die – uneingeweihten – deutschen Militärattachés in neun neutralen Staaten Geheimtelegramme, die für mögliche sowjetische Mitleser gedacht waren und die erfreuliche Kunde enthielten, demnächst würden acht deutsche Divisionen von der russischen Grenze abgezogen.[209] Selbst dem Reichspropagandaminister Goebbels wies Canaris in seinem Täuschungsmanöver eine Statistenrolle zu; Goebbels mußte in einem Artikel für die Ausgabe des »Völkischen Beobachter« vom 13. Juni dunkle Andeutungen über die England-Invasion machen, worauf die Gestapo in einer lautstarken Aktion die Exemplare wieder einzuziehen hatte, um den schon neugierig gewordenen Korrespondenten der ausländischen Presse in Berlin zu suggerieren, Goebbels sei eine furchtbare Indiskretion unterlaufen.[210]

Befriedigt beobachtete Canaris die Winkelzüge seiner Desinformanten. Während immer mehr deutsche Divisionen zum Rußland-Feldzug aufmarschierten und in ihre Bereitstellungsräume einrückten, schien die Gegenseite nichts zu ahnen. Wie froh wäre der deutsche Abwehrchef erst gewesen, hätte er gewußt, mit welcher Effizienz sein Spielmaterial die Gegenspieler in die Irre führte.

Obwohl die Geheimdienste Englands und Rußlands frühzeitig über Indizien eines deutschen Aufmarsches gegen die Sowjetunion verfügten, glaubten sie nicht an einen Angriff der Wehrmacht. Stalin sah in jeder Meldung über deutsche Truppenkonzentrationen im Osten eine Schurkerei der Briten, die nur einen Krieg zwischen Moskau und Berlin provozieren wollten. »Die Gerüchte und Dokumente, aus denen hervorgeht, daß in diesem Frühjahr ein Krieg gegen die UdSSR unvermeidlich sei«, schrieb der Chef des Geheimdienstes der Roten Armee, General F. I. Golikow, am 20. März 1941, »müssen als Falschmeldungen betrachtet werden, die vom britischen und vielleicht sogar vom deutschen Nachrichtendienst ausgehen.«[211] Golikows britischer Kollege wußte es nicht besser. Lagebeurteilung des Direktors des Military Intelligence, Generalmajor Francis Davidson, vom 13. März: »Wir haben keinen Anlaß zu der Annahme, daß ein Angriff auf Rußland bevorsteht.«[212]

Canaris durfte zufrieden sein. Erfolgreicher konnte ein Abwehrchef nicht arbeiten, präziser kein Geheimdienst die ihm gestellten Ziele erreichen. Doch ein Stachel blieb: das Unbehagen, einen Krieg zu fördern, den man für ein nationales Unglück hielt. Auch die Triumphe geheimdienstlicher Täuschungskunst konnten Canaris schwerlich darüber hinweghelfen, daß er sich mitschuldig machte an einer Untat, die Millionen Menschen das Leben kosten konnte. Ein konsequenter Mann wäre zurückgetreten oder hätte den aktiven Kampf zum Sturz einer verbrecherisch leichtsinnigen Staatsführung aufgenommen.

Der Abwehrchef tat keines von beidem, er blieb auf seinem Posten. Wie ist dieses Rätsel zu erklären? Persönliche Schwäche, Ehrgeiz, soldatisches Pflichtbewußtsein – alles mag hier zusammengeflossen sein. Ein weiteres, entscheidendes Motiv wird ihn zum Bleiben veranlaßt haben: der Zweifel, ob nicht am Ende Hitler mit seiner These doch recht habe, allein der Schlag gegen Rußland könne dem mit Sicherheit zu erwartenden Angriff der Roten Armee gegen das Reich zuvorkommen und die Briten ihres letzten potentiellen Bundesgenossen in Europa berauben. Denn was immer auch Canaris gegen Hitlers Feldzugsplan einwenden mochte, er konnte nicht ausschließen, daß die Massierung der sowjetischen Armeen im grenznahen Westrußland *vor* Beginn des deutschen Aufmarsches Bedrohliches ankündigte.

Gewiß, heute ist es leicht, den Nachweis zu führen, daß Stalin im Sommer

1941 keinen Angriff plante, weil allein schon die Mängel der eigenen Rüstung (veraltete Panzerwaffe und Luftstreitkräfte, Fehlen einer Rüstungsindustrie hinter dem Ural) einen solchen Angriff verboten.[213] Der Canaris von 1941 aber besaß nicht die Kenntnis späterer Historiker, er mußte sich mit dem unsicheren, lückenhaften Material seines Geheimdienstes begnügen, das sich auf den Lagekarten der Abwehr niederschlug. Und was er da sah, mußte ihn in Unruhe, wenn nicht gar in Panik versetzen: eine sowjetische Division nach der anderen in den Westen vorgeschoben, zu immer größeren Armeen und Heeresgruppen vereinigt, mal hier auftauchend, mal dort, meist aber in der Nachbarschaft jener Staaten, die sich kurz darauf neuen Gebietsforderungen des Kreml konfrontiert sahen.

Canaris mußte folgern, daß ein derartiger Aufmarsch nicht ohne Hintersinn erfolgte. Schließlich war er es selber gewesen, der im Mai 1940 das OKW vor der Massierung sowjetischer Truppen an der Ostgrenze des Reiches gewarnt hatte.[214] Das Informationsmaterial dazu war ihm freilich nicht von Agenten der Abwehr, sondern von der Funkaufklärung des Heeres geliefert worden, die einzelne Truppenverbände auf der anderen Seite identifizierten. Canaris zählte 100 sowjetische Divisionen in Westrußland, davon je 30 gegenüber Rumänien und den Baltenstaaten, neu-alten Objekten des russischen Imperialismus.[215]

Das mußte Canaris erschrecken, denn den 100 sowjetischen Divisionen standen nur 6 deutsche gegenüber – die Masse der Wehrmacht war gerade im Westfeldzug engagiert.[216] Wie leicht bestand da die Gefahr, daß die Russen ihr momentanes militärisches Übergewicht zu politischen Pressionsmanövern benutzen würden. Als sollten sich seine Befürchtungen bestätigen, sah Canaris neue Bewegungen auf den Lagekarten: Ende Mai/Anfang Juni 1940 wurde plötzlich ein Teil der gegenüber Rumänien stehenden Sowjettruppen in die Grenzgebiete der Baltenstaaten verlegt.[217] Ultimaten des Kreml folgten, Mitte Juni kapitulierten Estland, Lettland und Litauen vor der sowjetischen Übermacht – 250000 Rotarmisten rückten in die Baltenstaaten ein.[218]

Und schon wieder wurden die Fähnchen auf den Lagekarten neu gesteckt: 36 sowjetische Divisionen rückten soeben aus dem Baltikum ab und tauchten in neuen Stellungen an den Grenzen Rumäniens auf. Ende Juni 1940 schlugen auch hier die Militärdiplomaten des Kreml zu; sowjetische Pressionen zwangen die rumänische Regierung, Bessarabien und die Nordbukowina an die UdSSR abzutreten.[219]

Seither wußte Canaris, daß der Aufmarsch sowjetischer Truppen an den Grenzen eines Landes etwas zu bedeuten hatte. Sein Blick blieb weiterhin an den Lagekarten haften, die ständig neue Bewegungen zeigten: Ab August 1940 verstärkten die Sowjets ihre Truppen gegenüber Finnland, immer schneller wurde die Rote Armee auf Kriegsstärke gebracht, ab Februar 1941 schlossen die russischen Verbände zusehends an die deutsch-sowjetische Demarkationslinie auf, am 17. März ordnete Moskau Mobilmachungsvorbereitungen für alle westlichen Militärbezirke an.[220] Kein Wunder, daß Canaris alarmiert war, zumal der deutsche Aufmarsch für »Barbarossa« noch kaum begonnen hatte.

Canaris war so beunruhigt, daß er die Feindstärkebearbeiter der Fremde

Heere Ost mit immer aufregenderen Divisionszahlen traktierte. Die FHO mißtraute jedoch den Angaben der Abwehr, sie glaubte nicht an sowjetische Angriffsabsichten. Derartigen Befürchtungen hielt die FHO in einer »Feindbeurteilung« entgegen: »Die Tatsache, daß bisher weit günstigere Gelegenheiten eines Präventivkrieges (schwache Kräfte im Osten, Balkan-Krieg) von der UdSSR nicht ausgenutzt wurden, ferner das gerade in letzter Zeit fühlbare politische Entgegenkommen und festzustellende Bestreben der Vermeidung möglicher Reibungspunkte lassen eine Angriffsabsicht unwahrscheinlich erscheinen.«[221]

Doch Canaris ließ nicht locker, er drängte die FHO, die Stärkezahlen der im Januar 1941 auf 150 Divisionen angewachsenen Sowjetverbände im Westen erneut zu revidieren, da die Rote Armee abermals verstärkt worden sei. Wochenlang weigerte sich die FHO, die neuen Berechnungen und Meldungen der Abwehr zu akzeptieren. Erst am 4. April konnte sich Halder notieren: »Ostabteilung gibt nun zu, daß die Stärke des russischen Heeres im europäischen Rußland stärker anzunehmen ist als bisher angenommen. (Das hatten die Finnen und Japaner schon immer behauptet.) Die Gesamtzahl wird nun auf 171 Divisionen, 36 Kavalleriedivisionen und 40 motorisierte Brigaden angenommen.«[222]

Der Generalstabschef des Heeres war davon so beeindruckt, daß er, wie es ein Historiker umschreibt, »seine Skepsis in der Frage eines möglichen ›Praevenire‹ Anfang April weitgehend aufgegeben hatte«.[223] War damit auch Canaris auf Hitlers These eingeschwenkt, der deutsche Angriff sei nur ein Präventivschlag, der einem sowjetischen Überfall zuvorkommen solle? Sicherlich nicht. Aber es wird ihm ergangen sein wie Halder, der in sein Tagebuch schrieb: »Wenn man sich von dem Schlagwort freimacht, der Russe will Frieden und wird nicht von sich aus angreifen, dann muß man zugeben, daß die russische [Militär-] Gliederung sehr wohl einen Übergang zum Angriff ermöglicht.«[223] Die echte Furcht vor der sowjetischen Gefahr erleichterte Canaris, an der Seite Hitlers zu bleiben und der als verhängnisvoll erkannten Kriegsentscheidung des Diktators einen Zug des Schicksalhaft-Unabwendbaren abzugewinnen.

So hatte er keine Bedenken, auch die restlichen Abteilungen und Einheiten der Abwehr in den Krieg gegen Rußland zu rufen. Lahousen und Piekenbrock hatten inzwischen ihre Organisationen mobilisiert und auf die Bedürfnisse von »Barbarossa« umgestellt. Piekenbrock löste die Ostgruppen seiner Abwehr I aus der Abteilung heraus und vereinigte sie zu einem vorgeschobenen operativen Befehlsstab, der unter dem Decknamen »Stab Walli« (später: Walli I) die Abwehrgruppen bei den einzelnen Heeresgruppen, Panzergruppen und Armeen führen sollte; die Leitung von Walli übernahm der Rußland-Experte Baun, der mit seinem neuen Apparat nach Sulejowek bei Warschau zog.[224]

Auch Lahousen brachte seine Kommandotruppen, Saboteure und Zersetzer in Stellung. Einheiten des Lehrregiments wurden auf die drei Heeresgruppen verteilt, in deren Auftrag sie »teilweise einige Stunden vor Beginn der Operationen, teilweise später aus der Bewegung heraus« wichtige Objekte im Land des Gegners besetzen sollten.[225] Zugleich schwärmten Lahousens V-Männer aus, Aufstände im sowjetischen Hinterland zu inszenieren und Widerstandsgruppen mit Waffen und Munition zu versorgen. Besonders rege waren antikommunistische Gruppen im Baltikum, Kaukasus und in der Ukraine.

Vor allem die ukrainischen Emigranten strömten wieder heran, seit Lahousen in sein Tagebuch hatte schreiben dürfen: »Der Amtschef hat angeordnet, daß seitens Abw. II die Verbindung zu dem ukrainischen Führer Melnyk wieder aufzunehmen ist.«[226] Oberstleutnant Erwin Stolze, Lahousens Stellvertreter, reihte sofort Melnyk (Deckname: »Konsul I«) und dessen Anhänger in die subversive Armee der Abwehr ein und gab ihnen »die Weisung, sogleich nach dem Überfall Deutschlands auf Rußland provokatorische Putsche in der Ukraine zu organisieren mit dem Ziele, die Sowjettruppen in ihrem unmittelbaren Hinterlande zu schwächen« – so Stolze.[227] Eine Stoßtruppe stand schon bereit, den ukrainischen Aufstand voranzutreiben: die »Gruppe Nachtigall«, eine bataillonsstarke Wehrmachtseinheit aus 3 Kompanien ukrainischer Soldaten und 1 Kompanie des Lehrregiments »Brandenburg«, die der Oberleutnant Herzner, der unglückliche Jablunka-Paß-Eroberer aus dem Polen-Feldzug, führte.[228]

Die Allianz mit den Ostemigranten lud die Abwehr mit einem antikommunistischen Kreuzzugsgeist auf, der nach Taten in den lockenden Weiten Rußlands verlangte. Die romantischen Pläne einer deutsch-ukrainischen Partnerschaft feierten am Tirpitz-Ufer neue Urständ, und manchem von machtpolitischen Wahnideen umnebelten Abwehroffizier erschien es plötzlich, als »mußte der Krieg gegen Rußland sein«, wie einer von ihnen formulierte.[229] Herzner schrieb an seine Frau: »Polen und Frankreich, Holland und Norwegen, Jugoslawien und Griechenland waren ja nur die Vorfeldkämpfe, die Entscheidung fällt erst dann, wenn dem Bolschewismus die Möglichkeit einer Mitherrschaft in Europa aus der Hand gerissen ist.«[230]

Canaris, nie sonderlich an ostpolitischen Fragen interessiert, waren solche Sentiments fremd. Er sah nur, wie das Verhängnis immer deutlichere Gestalt annahm, selber zutiefst unsicher, ob nun Hitler oder Stalin zuerst losschlagen werde. In so verzweifelter Position blieb ihm nur, die politische und militärische Führung vor einer Unterschätzung des sowjetischen Gegners zu warnen, vor jenem deutschen Hochmut, der selbst einen vorsichtigen Mann wie Halder glauben ließ: »Man braucht nur einmal mit der Faust hinzuhauen – und das Ganze geht in Stücke.«[231]

Noch am 21. Juni, einen Tag vor dem Schicksalsdatum von »Barbarossa«, trug Canaris bei einem Essen im Berliner Feinschmeckerlokal »Horcher« Heydrich und Schellenberg seine Besorgnis vor, der Führer und dessen Berater sähen die Siegesaussichten allzu optimistisch.[232] Doch Heydrich hatte scheinbar bessere Nachricht. Er wisse, erzählte er dem Abwehrchef, von einem Gespräch zwischen Hitler und dessen Intimus Martin Bormann, aus dem gefolgert werden könne, daß der Führer sich nichts vormache. Hitler sei zumindest, so hat Schellenberg die Heydrich-Erklärung überliefert, »keineswegs so optimistisch wie seine engste militärische Umgebung«.[233]

Als Canaris von dem Gespräch zurückkehrte, war in der Abwehrzentrale bereits der Befehl eingetroffen, der das Verhängnis in Gang setzte.[234] »Dortmund« hieß das verabredete Stichwort, der Auslösebefehl. Am nächsten Tag, dem 22. Juni 1941, setzte sich um 3.15 Uhr die deutsche Feuerwalze gegen Rußland in Bewegung. Canaris' »Brandenburger« stürmten los, gefolgt von der größten Armada, die die Kriegsgeschichte bis dahin gesehen hatte: 152 Divisionen, 3580 Panzern, 2740 Kampfflugzeugen, insgesamt 3 Millionen Mann.[235]

Und wieder liefen am Tirpitz-Ufer von den mitmarschierenden Abwehrgruppen Erfolgsmeldungen ein, die Canaris erneut bewiesen, mit welcher Präzision die deutsche Wehrmacht gegnerische Verteidigungsstellungen überrollte und hastig herbeigeführte Feindverbände zerstampfte. Oft waren dabei Einheiten und Kommandos der Abwehr beteiligt; sie besetzten kriegswichtige Objekte hinter der sowjetischen Front, sie öffneten den nachfolgenden deutschen Verbänden den Weg weiter nach Osten, sie meldeten Gegenangriffsabsichten und Ausweichmanöver des Feindes. Vor allem die »Brandenburg« zeichnete sich wieder aus: Einheiten des Regiments besetzten Przemysl, bildeten einen Brückenkopf auf dem gegnerischen Ufer des San und standen in wenigen Tagen vor Lemberg, andere »Brandenburg«-Einheiten besetzten im Norden Düna-Brücken und hielten sie gegen sowjetische Angriffe.[236]

Auch die von der Abwehr II gesteuerten Widerständler im sowjetischen Gebiet räumten dem deutschen Vormarsch Hindernisse aus dem Weg. In Wilna erschossen antikommunistische Verschwörer in einer litauischen Division ihre politischen Kommissare und übergaben die Truppe den Deutschen, im Raum Kowno besetzten litauische »Aktivisten« 24 wichtige Brükken, dazu einen Tunnel und einen Sender, in Lemberg rotteten sich ukrainische Nationalisten zum Sturm auf das NKWD-Gefängnis der Stadt zusammen.[237]

Immer neue Aktionen, immer kühnere Operationen der Abwehr bahnten den Invasionsarmeen den Weg. Der Sonderführer Schwarze, ein »Brandenburg«-Mann und im Zivilberuf Journalist, startete mit 16 V-Männern und zwei Wasserflugzeugen zum »Unternehmen Erich«, das die Aufgabe hatte, den Eismeer-Kanal zu sprengen, während 80 estnische V-Männer das »Unternehmen Erna« eröffneten, mit dem versucht werden sollte, einen Partisanenkrieg gegen die sowjetischen Verbände in Estland zu führen.[238] Und schon rüstete sich eine Gruppe kaukasischer Fallschirmagenten, »Unternehmen Tamara« auszuführen, eine Aktion »zur Vorbereitung und Entfachung eines Aufstandes im georgischen Volksgebiet«, wie Lahousen notierte.[239]

Eine kurze Zeitlang konnte sich Canaris an den Polen-Feldzug erinnert fühlen, der einst mit ähnlichen Erfolgsmeldungen eröffnet worden war. Doch dann erreichten ihn Nachrichten aus dem Hinterland der deutschen Angriffsverbände, die solche Vergleiche illusorisch machten: Hinter der kämpfenden Truppe waren die Einsatzgruppen der Sicherheitspolizei und des SD aufgetaucht, die Juden, Russen, ja selbst Ukrainer zusammentrieben und in den besetzten Gebieten eine Herrschaft des Terrors und des Todes errichteten.

Auf einmal wurde Canaris bewußt, daß dies ein anderer Krieg war als der Polen-Feldzug, einer, der selbst aus dem Rahmen von Hitlers noch halbwegs »normal« geführten Feldzügen herausfiel. Endlich hatte der Diktator seinen Krieg bekommen, nach dem er sich gesehnt, seit er Politiker und Parteiführer war, jenen Krieg, den er nur noch unter seinen Bedingungen kompromißlos und ohne jede Einmischung von außen führen wollte: den Krieg zur Eroberung deutschen »Lebensraums« im Osten, halb kolonialistischer Raubzug, halb rassistische Vernichtungsoperation gegen »minderwertige« Völker.

Hitler hatte gegenüber seinen führenden Militärs keinen Hehl daraus gemacht, was ihm im Osten vorschwebte: schrankenlose Dominanz des deutschen Herrenmenschen, biologische Dezimierung der dort lebenden Völker. Anfangs war das von ihm noch mit antibolschewistischen Parolen bemäntelt worden. »Die jüdisch-bolschewistische Intelligenz als bisheriger Unterdrükker des Volkes muß beseitigt werden«, hatte Hitler am 3. März 1941 Jodl als politische Richtlinie des Rußland-Krieges diktiert, und vor 200 hohen Offizieren war zwei Wochen später Hitlers Wort gefallen, der Ostfeldzug werde der barbarischste Krieg aller Zeiten werden.[240] Halder hatte Hitlers Stichworte festgehalten: »Wehrmacht zerschlagen, Staat auflösen ... Kampf zweier Weltanschauungen gegeneinander ... Bolschewismus ist gleich asoziales Verbrechertum.«[241] Im engeren Kreis ließ Hitler jedoch die antikommunistische Phraseologie fort, da bediente er sich nur noch des kolonialistischen Vokabulars. Es komme, so Hitler, »darauf an, den riesenhaften Kuchen handgerecht zu zerlegen, damit wir ihn erstens beherrschen, zweitens verwalten und drittens ausbeuten können«; das schließe aber nicht aus, daß man »alle notwendigen Maßnahmen – Erschießen, Aussiedeln usw. – trotzdem tun« könne.[242]

Diese »notwendigen Maßnahmen« auszuführen, hatte Hitler – mit Zustimmung der Militärs! – dem Reichsführer-SS Himmler überlassen, dem die politisch-polizeiliche Sicherung der besetzten Ostgebiete übertragen worden war. Himmler hatte den Auftrag an den RSHA-Chef Heydrich weitergegeben, der alsbald vier Einsatzgruppen in Stärke von 3000 Mann bereit hielt, jeden Befehl des Führers zu vollstrecken.[243] Sie folgten dicht der kämpfenden Truppe und jagten, was die Befehle ihrer SS-Führer als »Untermenschen« verteufelten: Bolschewisten, Juden, russische Intellektuelle. Vor allem den fünf Millionen Juden Rußlands galt ihr Vernichtungsprogramm.

Kaum hatte eine Einheit der Einsatzgruppen eine Stadt erreicht, da sahen sich die jüdischen Bewohner in einem tödlichen Würgegriff, dem täglich, stündlich Tausende und Abertausende zum Opfer fielen. Keine Brutalität schien den Männern Heydrichs zu gering, kein Trick zu hinterlistig, keine Barbarei zuviel, um das von ihrer Führung verlangte Vernichtungssoll zu erfüllen. Meldung um Meldung, in der Sprache von Kühlschrankproduzenten und Schädlingsbekämpfern abgefaßt, bezeugte den fanatischen Eifer der Einsatzgruppen. Ereignismeldung Nr. 153 von der Einsatzgruppe D: »Arbeitsbereich der Teilkommandos vor allem in kleineren Orten judenfrei gemacht. In der Berichtszeit wurden 3176 Juden, 85 Partisanen, 12 Plünderer, 122 kommunistische Funktionäre erschossen. Gesamtsumme 79276.« Meldung des Einsatzkommandos 6: »Von den übrigen 30000 wurden ungefähr 10000 erschossen.« Meldung der Einsatzgruppe C: »... hat das Sonderkommando 4a bis zum 6. 9. 1941 insgesamt 11328 Juden erledigt.«[244]

Canaris kannte diese Meldungen nie dagewesener Barbarei nicht, aber auch die Informationen der Abwehrgruppen in Rußland genügten, ihn das

Ungeheuerliche spüren zu lassen, das sich im Osten vollzog. Stolze berichtete am 23. Oktober von den »Angstträumen fürchterlichster Art«, von denen sich ein bei Massenerschießungen eingesetzter Offizier nicht befreien könne, und in einem von Rundstedt abgezeichneten Befehl des Abwehroffiziers der Heeresgruppe Süd vom 10. August hieß es, Soldaten beteiligten sich an den Exekutionen in so »unerfreulicher Weise«, daß »scharf durchgegriffen« werden müsse; die Abwehroffiziere der Armeen und Heeresgruppen waren sogar gehalten, die bei »Judenaktionen« gemachten Fotos einzuziehen und zu sammeln.[245] Der sensible Christ und Konservative Canaris verstand nur zu gut, was hier geschah: ein Jahrhundertverbrechen, das die Deutschen mit einer Schuld belud, von der sie keine Macht auf Erden mehr würde freisprechen können. Wenn irgendein Ereignis dem Fatalisten Canaris den Glauben einpflanzte, daß dies Reich, dies Deutschland zum Untergang verurteilt sei, dann war es das Verbrechen an den Juden.

Diese Erkenntnis drückte ihn nieder, raubte ihm auch die letzte Ruhe – und dennoch: Canaris war nicht der Mann, gegen das Massenverbrechen des Regimes aufzustehen. Er hatte eine seltsame Scheu, gegen die Männer Heydrichs aktiv zu werden. Der »Nachtigall«-Oberleutnant Herzner war einer der ersten Abwehroffiziere, die das zu spüren bekamen.

Am 30. Juni 1941 war das Bataillon in Lemberg eingerückt, stürmisch begrüßt von der ukrainischen Bevölkerung. Die jäh aufwallende Hoffnung auf Gründung eines unabhängigen ukrainischen Staates machten sich die Anhänger des linksrevolutionären Ukrainer-Führers Stefan Bandera zunutze; sie riefen – ohne Konsultation von Abwehr und »Nachtigall« – einen »Ukrainischen Staat« aus und bildeten eine Regierung unter dem Bandera-Stellvertreter Jaroslaw Stetsko.[246] Noch versuchten Herzner und andere Abwehroffiziere Bandera zu einer Rücknahme seiner »verfrühten« Staatsgründung zu bewegen, da schritt die im Raum Lemberg operierende Einsatzgruppe ein. Am 2. Juli wurden die ersten Bandera-Anhänger verhaftet, am 12. Stetsko und Bandera abgeführt.[247] Begründung der Einsatzgruppe: Der Führer wünsche keine unabhängige Ukraine.

Jetzt konnte nur noch Canaris helfen, doch er versagte sich. Nur ungern ließ sich der Admiral zu einem Besuch des inzwischen ins ukrainische Jozwin verlegten Bataillons am 30. Juli bewegen. Erst kam Canaris zwei Stunden zu spät, dann aber absolvierte er die Visite so hastig, daß er schon nach kurzer Zeit wieder fort war.[248] »Daß – oder vielmehr – *wie* wir in Jozwin vom Admiral besichtigt wurden, möchte ich Ihnen lieber einmal persönlich berichten«, schrieb Herzner ärgerlich an seinen Freund Oberländer.[249] Der eigentliche Eklat aber folgte erst: Zwei Tage später erfuhr Herzner, auf Befehl des Admirals werde die »Nachtigall« nach Deutschland zurückverlegt. Herzner notierte ins Kriegstagebuch: »Die U[krainer]-Leute waren geradezu erschüttert, daß ihr Freiheitskampf, ehe er nur begonnen, auch schon zu Ende sein sollte.«[250]

Canaris aber sah erneut Anlaß, seinen wegen der brutal-stupiden Besatzungspolitik erregten Offizieren einzuschärfen, sie hätten sich aus allen politischen Fragen herauszuhalten. Schon am 23. Juni hatte er Lahousen »ausdrücklich und eindeutig« feststellen lassen, »daß Abw. II nur militärische Aufgaben habe«.[251] Die Abwehrstellen im Osten wurden »in Wiederholung der früher gegebenen Befehle insbesondere angewiesen, daß in allen politischen Fragen äußerste Zurückhaltung zu wahren sei und keinesfalls irgendwelche politischen Zusicherungen oder auch nur Aussichten an eingesetzte V-Leute zu machen wären«, wie im Kriegstagebuch der Abwehr II stand.[252] Da brauchte etwa das RSHA nur am Tirpitz-Ufer anzufragen, »ob von seiten des OKW mit den litauischen Aufständischen im politischen Sinne zusammengearbeitet« werde, und schon erging die Versicherung, der Abwehr liege solch politische Zusammenarbeit völlig fern.[253]

Der Abwehrchef mochte sich nicht einmal offen engagieren, als Wehrmacht und Sicherheitspolizei zu einer Praxis der Kriegsgefangenenbehandlung übergingen, die jeden ehrenhaften Offizier empören mußte. Am 16. Juli 1941 hatte Heydrich mit dem Chef des Allgemeinen Wehrmachtsamtes im OKW, Generalleutnant Reinecke, eine Vereinbarung getroffen, die es Gestapo und SD erlaubte, in den Kriegsgefangenenlagern der Wehrmacht alle Sowjetbürger auszusondern und zu erschießen, die als »Träger des Bolschewismus« galten.[254] Dazu gehörten Juden ebenso wie »asoziale Elemente«, politische Kommissare und Funktionäre der Kommunistischen Partei.

Die Roheit, mit der Heydrichs Kommandos in den Gefangenenlagern ihre Opfer auswählten, erregte auch Canaris. Er habe schon bald, berichtet Lahousen, »in unseren Kreisen . . . schärfstens dagegen Stellung genommen«.[255] Als es freilich galt, wenigstens die schlimmsten Auswüchse des Mordens in den Gefangenenlagern zu stoppen, wich Canaris einer Auseinandersetzung mit Reinecke und dem Gestapo-Chef Müller aus und schickte an seiner Stelle Lahousen in die Schußlinie. Der Chef der Abwehr II weiß dafür eine bemerkenswerte Begründung: Er, Lahousen, habe als jüngerer Abteilungschef eine »deutlichere Sprache« führen können »als Canaris, der als Amtschef sich dem Vertreter des RSHA gegenüber . . . nicht zu sehr in ›negativer Einstellung‹ zu der ideologischen Tendenz dieser Befehle [über die Behandlung sowjetischer Kriegsgefangener] festlegen wollte«.[256]

Lahousen fuhr zu einer Besprechung mit Reinecke und Müller und gab zu bedenken, »daß diese Befehle den völkerrechtlichen Gepflogenheiten widersprächen, aber auch von ungünstigsten Folgen für die Moral der Truppe wären, unter deren Augen häufig die Exekutionen der ausgesonderten Gefangenen stattfänden«.[257] Müller wies Lahousens Einwände zurück, Canaris aber kam seinem Sendboten nicht zu Hilfe. Erst als das OKW neue, noch schärfere Bestimmungen über die Behandlung der Kriegsgefangenen erließ, reagierte Canaris, wobei er freilich auch diesmal zunächst anderen Mitarbeitern den Vortritt ließ.[258]

Das Völkerrechtsreferat der Abteilung Ausland, in dem der aktive Widerständler und Kriegsverwaltungsrat Helmuth James Graf von Moltke, der Wortführer und Gastgeber des antifaschistischen Kreisauer Kreises, saß, erhielt von dem Abteilungschef Bürkner den Auftrag, eine für Keitel bestimmte Vortragsnotiz zu entwerfen. Mit der neuen Anordnung, schrieb Moltke, werde »die Geltung kriegsrechtlicher Normen im Kampf gegen den Bolschewismus verneint und außerdem vieles beiseite gestellt, was nach der bisherigen Erfahrung nicht nur als militärisch zweckmäßig, sondern auch als zur Aufrechterhaltung der Manneszucht und Schlagkraft der eigenen

Truppe als unbedingt erforderlich angesehen wurde«. Konsequenz: Gegen die OKW-Anordnung »bestehen nach Ansicht Amt Ausl./Abw. sowohl vom grundsätzlichen Standpunkt aus als auch wegen der sicherlich eintretenden nachteiligen Folgen in politischer und militärischer Hinsicht schwere Bedenken«.[259]

Die Vortragsnotiz, datiert vom 15. September 1941 und in der Kopfleiste als Schriftstück von »Chef (Ausl(and)« ausgewiesen, unterschrieb schließlich Canaris. Wie vorauszusehen war, beeindruckte sie den Hitler-hörigen Chef des OKW nicht. Keitel schrieb auf das Papier: »Die Bedenken entsprechen den soldatischen Auffassungen vom ritterlichen Krieg! Hier handelt es sich [jedoch] um die Vernichtung einer Weltanschauung. Deshalb billige ich die Maßnahmen und decke sie.«[260] Es war bezeichnend, daß Keitel seinen Kommentar nicht an den Abwehrchef Canaris, sondern an den Auslandschef Bürkner adressierte.

Der Vorfall enthüllte die Unsicherheit, mit der Canaris auf die politisch-moralischen Grundfragen antwortete, vor die sich damals jeder Deutsche gestellt sah. Behinderte Canaris nur die ihm angeborene Schüchternheit oder lähmte ihn schon ein Gefühl eigener tragischer Verstrickung in Schuld und Verbrechen des nationalsozialistischen Regimes? Canaris konnte nicht guten Gewissens darüber hinwegsehen, daß er und seine Abwehr Teil des Herrschaftsapparates waren, der jetzt seine furchtbarste Seite zeigte.

Er selber hatte noch Anfang Juni im OKW die führenden Ic-Offiziere der Wehrmacht und die maßgeblichen Führer von Gestapo und SD, unter ihnen Heydrich und Schellenberg, zusammengerufen, um mit ihnen die Kooperation zwischen Abwehr, Geheimer Feldpolizei und Einsatzgruppen durchzuspielen.[261] Über das Grundmuster war man sich sofort einig gewesen, die Aufgabenteilung hielt eine Aktennotiz fest: »Wehrmacht: Niederringen des Feindes. Reichsführer-SS: Politisch-polizei[liche] Bekämpfung des Feindes.«[262] In einem anderen Papier über »Abgrenzung der Arbeit zwischen GFP – SD und SP« hieß es: »Die Dienststellen haben sich gegenseitig weiteste Unterstützung zu leisten.«[263]

Nach diesem Schema vollzog sich dann im besetzten Rußland die Zusammenarbeit zwischen Wehrmacht und den Organen des Reichssicherheitshauptamtes. Die der Abwehr unterstellte Geheime Feldpolizei half zuweilen, so etwa im Juli 1941 in Minsk, den Einsatzgruppen bei der »Selektion« in den Gefangenen- und Interniertenlagern; die dort stationierten Offiziere der Abwehr III präparierten oft die Listen und Unterlagen, die Heydrichs Leuten die grausige Arbeit erleichterten, und nicht selten waren die Fälle, in denen Einheiten der GFP (wie zum Beispiel die GFP-Gruppe 647 in Kodyma im August 1941) die Kameraden von den Einheitsgruppen herbeiriefen, um mit ihnen zusammen auf Judenjagd zu gehen.[264] Und auch das Vorgehen des Majors Stephanus vom Generalstab der 11. Armee, der im Dezember 1941 Abwehr und GFP anwies, entflohene und wieder eingefangene Juden an die Einsatzgruppen auszuliefern, war beileibe kein Einzelfall.[265]

So selbstverständlich war manchen Abwehroffizieren schon die Zusammenarbeit mit den Organen des RSHA geworden, daß sie gar nicht mehr merkten, wie sehr sie deren Denkkategorien und Wertbegriffe übernommen hatten. Da konnte es dann dem Obersten von Bentivegni fast wie eine normale Maßnahme der Spionageabwehr erscheinen, noch vor dem Beginn der »Endlösung«, der totalen Judenvernichtung, bei Goebbels in dessen Eigenschaft als Gauleiter von Berlin zu beantragen, die angeblich spionageverdächtigen Juden der Reichshauptstadt äußerlich kenntlich zu machen und im Osten Berlins zu konzentrieren – und dafür sogar die Unterstützung des zögernd-schwachen Abwehrchefs zu gewinnen![266]

Selbst in den Gestapo-ferneren Bereichen der Abwehr, etwa im Geheimen Meldedienst, grassierte ein regimekonformer Antisemitismus, der so manche Meldung tönte. Das las sich dann in der Sprache des Walli-I-Leiters Baun so: »Das Bewußtsein, über 20 Jahre unter Judenherrschaft zu stehen, gewinnt [in Rußland] langsam Raum. Die Rotarmisten beginnen mehr und mehr gegen die Juden zu murren, da diese praktisch vom Fronteinsatz befreit sind. Die jüdischen Ärzte schreiben die Juden ausnahmslos frontdienstunfähig. Die starke Verjudung der Etappe und rückwärtigen Dienste läßt die Artgemeinschaft von Judentum und bolschewistischem System immer deutlicher empfinden. Bemerkungen wie etwa: ›Die Deutschen gehen mit den Juden richtig um‹ fallen auf äußerst fruchtbaren Boden.«[267] Verjudung, Artgemeinschaft von Judentum und Bolschewismus – konnte ein Abwehroffizier noch ärger dem von den Nazis seit Jahren verabreichten Gift des antisemitischen Ungeistes erliegen?

Canaris mag gespürt haben, daß sich mit solchen Abwehroffizieren schwerlich ein konsequenter Kampf gegen das Massenverbrechen im Osten führen ließ. Er selber fühlte sich zu schwach dazu, wenn er es auch zuließ, daß anders gesinnte Offiziere seiner Organisation bedrängten Juden halfen – vorausgesetzt, daß sich solche Hilfe formal mit Abwehrbelangen deckte. Canaris erlaubte sogar, daß jüdische Menschen als V-Männer in den Auslandsdienst der Abwehr aufgenommen wurden und auf diese Weise den deutschen Herrschaftsbereich verlassen konnten.

So war er sogleich zur Stelle gewesen, als Abwehroffiziere im besetzten Holland auf die Idee gekommen waren, 500 dort lebende Juden ins Ausland zu bringen. Der Plan dazu war im Büro des Leiters der Abwehrstelle Den Haag, des Majors Schulze-Bernett, Anfang März 1941 entstanden, als der Hauptmann Pannwitz vorgeschlagen hatte, seine guten Beziehungen zu den diplomatischen Vertretungen lateinamerikanischer Staaten zu einer Judenrettungsaktion zu nutzen. Canaris wurde eingeweiht und genehmigte die Aktion zur »Einschleusung von Vertrauensleuten in Südamerika« – so die offizielle Sprachregelung. Der Höhere SS- und Polizeiführer in den Niederlanden hatte keine Bedenken. Im Mai starteten die Transporte via Spanien.[268]

Solche Manöver blieben jedoch Himmler und Heydrich nicht unbekannt; sie warteten nur darauf, ihren Konkurrenten Canaris zu behindern. Ihre Chance kam im Februar 1942. Damals machte in der deutschen Geheimdienstbranche ein V-Mann der Abwehr von sich reden, der in Tanger eingesetzt und nach der NS-Terminologie Volljude war. Himmler hörte davon, vermutlich angestachelt von Schellenberg, der es liebte, hinter Canaris' Agenten in Spanien und Nordafrika herzurecherchieren. Bei einer Besprechung mit Hitler stichelte der SS-Chef, Canaris sei ja ohnehin wegen seiner positiven Einstellung zum Judentum bekannt; kein Wunder, daß er zahllose jüdische Verbindungs- und Mittelsmänner im Ausland unterhalte.[269]

Hitler, von Himmlers Bemerkungen erzürnt, ließ Keitel kommen und erregte sich in dem folgenden Gespräch so heftig, daß er befahl, Canaris sei bis auf weiteres vom Dienst zu suspendieren. Keitel gehorchte, ohne ein Wort für seinen Untergebenen einzulegen. Mit einem Schlag sah der Admiral seine ganze Existenz gefährdet. Er mußte es zulassen, daß Bürkner die Leitung des Amtes übernahm, ja schlimmer noch: Der OKW-Chef entzog sich jedem Gespräch mit Canaris, der wenigstens versuchen wollte, durch eine Unterredung mit Hitler eine Rücknahme des Abberufungsbefehls zu erwirken.[270]

Canaris flog schließlich ins Führerhauptquartier und bat Hitlers Heeresadjutanten, Oberst Engel, ihm eine Aussprache mit dem Diktator zu vermitteln. »Unter Umgehung von Keitel und [dem Wehrmachtadjutanten] Schmundt tat ich dies noch am gleichen Vormittag«, erinnert sich Engel. Der Diktator war bereit, Canaris zu empfangen. Engel weiß noch: »Canaris wurde nach dem Essen vorgelassen und bei Beendigung der Unterredung wieder [in sein Amt] eingesetzt. Er flog, ohne sich bei Keitel und Schmundt sehen zu lassen, nach Berlin zurück.« Kaum aber war er wieder im gewohnten Büro, da rief ihn Keitel an und beglückwünschte ihn freudig zur Rehabilitierung; es habe ihn »große Mühe gekostet«, den Führer von Canaris' Unschuld zu überzeugen und die Audienz zu vermitteln, aber nun sei alles in Ordnung. Canaris vergewisserte sich durch einen Telefonanruf bei Engel, daß dieser und nicht Keitel das Gespräch arrangiert hatte. Als Engel sich über den Generalfeldmarschall wundern wollte, brach Canaris ab. Canaris: »Kommentar überflüssig.«[271]

Die Affäre lehrte ihn, wie hohl und zerbrechlich seine Machtstellung in der Hierarchie des Regimes war. Ein paar Sticheleien Himmlers hatten beinahe genügt, ihn zu stürzen. Die Tage waren vorbei, in denen er der erste geheimdienstliche Berater des Diktators gewesen war; jetzt wurde er nur noch selten ins Führerhauptquartier gerufen, jetzt trug man ihm fast nur noch unwillig-spöttische Aussprüche Hitlers über die Abwehr zu. Je mehr der Krieg fortschritt und die deutschen Armeen in die unbezwingbaren Weiten Rußlands gerieten, desto weniger waren die Meldungen der Abwehr, war der Admiral Canaris am Hofe Hitlers gefragt.

Eine hartnäckig geglaubte Version will wissen, die Meldungen des Geheimdienstes seien im Führerhauptquartier unpopulär geworden, weil sie die immer ausweglosere Kriegslage allzu ungeschminkt wiedergaben. Canaris sah es so – gleichwohl trifft die Lesart nur bedingt zu. Sie geht zudem von einer falschen Voraussetzung aus: Nur in seltenen Fällen wurden die Meldungen der Abwehr unmittelbar Hitler vorgetragen, die Masse der Informationen kam in die Nachrichtenkanäle der Generalstäbe, deren Feindbearbeiter das Material in ihre Lagebilder einordneten. Und eben diese Feindbearbeiter hatten eine wenig schmeichelhafte Auffassung über die Qualität des Abwehrmaterials.

»Was wir von Canaris bekamen, war alles Mist«, sagt der ehemalige Major Horst Hiemenz, im Krieg Gruppenleiter II (»Gesamtlage Sowjetrußland«) in der Abteilung Fremde Heere Ost.[272] Die Abwehr war zu schwach und zu personalarm, um den Forderungen der Generalstäbe nach mehr Informationen, nach besseren Aufklärungsergebnissen, nach tieferen Einblicken in die gegnerischen Absichten gerecht werden zu können. Oft erwarteten die Feindlageoffiziere in den Generalstäben, vor allem die hyperkritische FHO unter ihrem neuen Abteilungschef Reinhard Gehlen, von der Abwehr Wunder, die sie natürlich nicht bieten konnte. Selbst die Meldungen guter V-Männer stellten die FHO-Offiziere oft nicht zufrieden; »Max«-Meldungen wurden bekrittelt, und auf Lissners Berichten stand zuweilen: »Ivar bringt alte Klamotten unter neuem Datum.«[273]

Das Material und die Organisation der Abwehr erwiesen sich als so unzulänglich, daß die Feindbearbeiter der Generalstäbe begannen, bewährte Informationsstellen der Abwehr sich selber anzugliedern. So erging es dem Stab Walli I des inzwischen zum Major avancierten Baun, der in einen so engen und direkten Kontakt zu Fremde Heere Ost geriet, daß er bald mehr in Gehlen als in Canaris seinen eigentlichen Chef sah. Die Zeit war nicht mehr fern, in der Baun und sein Apparat in den Personallisten der FHO geführt wurden.[274]

Das Schicksal der Baun-Organisation deutete zum erstenmal einen Zerfall der Abwehr an, dem Canaris nicht energisch genug entgegentrat. Was Walli widerfuhr, ließ sich auch an der Entwicklung der im Herbst 1942 zur Division erweiterten »Brandenburg« ablesen: Der Abwehrchef tolerierte, daß seine für kompliziierteste Geheimdienstoperationen ausgebildete Haustruppe immer häufiger vom Heer zu normalen infanteristischen Aufgaben herangezogen und an der Ostfront in den krisenhaften Abwehrschlachten des Winters 1942/43 sinnlos »verheizt« wurde.[275] Dabei hatte es sich Canaris einst vorbehalten, selber darüber entscheiden zu können, welchen Heeresgruppen und Armeen er welche Einheiten der »Brandenburg« zur Verfügung stelle; er hatte sogar verfügt, daß die Division dem unmittelbaren Befehl der Abwehr II entzogen und ihm persönlich unterstellt wurde.[276] Nun aber entglitt ihm immer mehr die Kontrolle über die »Brandenburg«.[277]

Erschreckt sahen Canaris' engere Mitarbeiter diese Auflösungserscheinungen, die nicht zuletzt auch den inneren Zustand ihres Chefs widerspiegelten. Der Admiral verfiel zusehends, er wirkte krank und körperlich erledigt; manchmal reagierte er auf kleinste Pannen und Unregelmäßigkeiten nervös, ja fast hysterisch. Schon sein Äußeres deutete Verwirrung an. Oft kam er seltsam graugesichtig, beinahe wie ungewaschen ins Büro, den Uniformrock falsch zugeknöpft, darauf Spuren von Zigarrenasche und Essensresten.

Bedenklicher war, daß er immer mehr den Überblick über die laufenden Dienstgeschäfte verlor und wesentliche Vorgänge nicht kannte. Bürodetails und Organisationsplanungen hatten ihn auch früher nicht sonderlich interessiert; jetzt fehlte ihm aber manchmal auch die Kenntnis konspirativer Unternehmen, die früher seinen lebhaften Verstand beschäftigt hatten. Als der belobigte V-Mann-Führer Schwarze Canaris' Vortrag über das von ihm geleitete Unternehmen »Erich« halten wollte, mußte der Abwehrchef erst umständlich aufgeklärt werden, was die Operation eigentlich bezweckt hatte.[278] Bei so lückenhaftem Interesse des Amtschefs begannen die Abteilungen, ein Eigenleben zu führen. Auch die Abwehrstellen hatten weniger und weniger die Kontrollbesuche ihres höchsten Chefs zu befürchten.

Den Mitarbeitern fiel jetzt auch an Canaris ein starker Hang zum Mystizismus auf, der ihnen früher entgangen war. Ihn zog es in das geheimnisvolle Dunkel katholischer Kirchen, wo er stundenlang in Meditation und Andacht versank; meist waren es spanische Kirchen, die ihn faszinierten.[279] In solchen Stunden suchte er Erlösung von den Spannungen und Frustrationen seines Amtes und seiner verwinkelten Seele. Die Mitarbeiter sahen es staunend – nicht wissend, daß hier ein Erbteil seiner Ahnen nachwirkte, der urkatholischen Ronges aus dem Neisser Bischofsland.[280]

Ebenso irritierten die Eruptionen seines galligen Humors manchen Abwehrmann, selbst der verständnisvolle Piekenbrock, der seinen Chef aus Schabernack gern »Exzellenz« nannte, hatte Mühe, immer mitzukommen. Als die beiden Männer einmal durch Spanien fuhren, begegnete ihnen eine Schafherde; Canaris ließ den Wagen halten, erhob sich von seinem Sitz und grüßte militärisch. »Was gibt's, Exzellenz?« wollte »Pieki« wissen. Canaris: »Man kann nie wissen, ob sich darunter nicht ein Vorgesetzter befindet.«[281] Und einem hochdekorierten Luftwaffenoffizier, der ihm einen zu optimistischen Lagevortrag gehalten hatte, rief er halblaut hinterher: »Dummkopf mit Eichenlaub und Schwertern!«[282]

Canaris ertappte sich nun auch öfter bei dem Gedanken, wie schön es wäre, den »ganzen Krempel« hinzuwerfen und nur noch Privatmann zu sein. Noch öfter als früher flog er nach Spanien, meist nach Algeciras, in dessen Abwehrstelle er gerne kochte und auf das Stimmengewirr horchte, das aus dem Hotel »Reina Maria Cristina« herüberdrang.[283] Bei einem Besuch in Sofia fragte er seinen Freund Wagner, den dortigen Abwehrleiter: »Was willst du denn nach dem Kriege machen? Bleibst du bei's Militär?« Wagner antwortete, er wolle auf dem Balkan bleiben, worauf sich Canaris eine gemeinsame Zukunft ausmalte: »Wir sollten im Hafen von Piräus eine kleine Kaffeebudik aufmachen. Ich koche den Kaffee, und du servierst. Das wäre doch herrlich, so ein einfaches Leben zu führen.«[284]

Die Indizien Canarisscher Amtsmüdigkeit entgingen jedoch auch seinen Gegenspielern im RSHA nicht. Dort waren inzwischen die Spitzenpositionen neu verteilt worden: Heydrich war im Herbst 1941 zum Stellvertretenden Reichsprotektor in Böhmen und Mähren ernannt worden, ohne freilich die Kontrolle über den RSHA-Apparat zu verlieren, während Schellenberg an Stelle des nach dem Osten kommandierten Jost die Führung des Ausland-SD (Amt VI im RSHA) übernommen hatte.[285] Der dritte im Bunde aber sollte für Canaris verhängnisvoll werden: Walter Huppenkothen, neuer Chef der Abwehrpolizei (Amtsgruppe VI E), Regierungsrat und SS-Sturmbannführer, Typ des eiskalten Funktionalisten, der für jeden Auftrag der Führerdiktatur bereit stand.[286]

Während des schon traditionellen Einführungsessens bei »Horcher« hatten sich Canaris und Huppenkothen, das künftige Opfer und sein Exekutor, im August 1941 näher kennengelernt. »Canaris enttäuschte beim ersten Zusammentreffen«, erinnert sich Huppenkothen. »Er machte einen alten, müden und abgekämpften Eindruck.«[287] Auch der Abwehrchef war von dem Neuen nicht sonderlich angetan. Huppenkothen wirkte unpersönlich, formal, farblos, seine Karriere wies ihn als Allzweckfunktionär des SS-Polizeiapparats aus: Jahrgang 1907, Rheinländer, Sohn eines Werkzeugmeisters, promovierter Jurist, Dienststellenleiter bei der Gestapo, dann beim SD, nach dem Polen-Krieg Kommandeur der Sicherheitspolizei und des SD in Krakau und nachher in Lublin, im Juli 1941 ins RSHA übergewechselt.[288)]

Das war der Mann, der sich gemeinsam mit Heydrich und Schellenberg die offenkundigen Schwächen der Abwehr zunutze machen wollte. Vorwände für eine Aktion gab es genug: die alten Kompetenzprobleme der Gegenspionage waren ungelöst, der nach alleiniger Geheimdienstkontrolle dürstende Ehrgeiz des SD unbefriedigt, Abwehr und Geheime Feldpolizei in den deutschbesetzten Westgebieten der wachsenden Aktivität kommunistischer Spionage- und Sabotageorganisation nicht gewachsen. Huppenkothen und Schellenberg brauchten nicht lange auf Heydrich einzureden, um ihn zu einem Vorstoß gegen Canaris zu bewegen.

Ende Dezember 1941 schrieb Heydrich einen Brief an Jodl, in dem er darlegte, die Kompetenzen zwischen Abwehr und RSHA seien ungenügend geregelt und man müsse daher zu neuen Lösungen kommen.[289)] Jodl reichte den Brief an Canaris weiter, der sich mit Heydrich zu einer Besprechung verabredete. Anfang 1942 trafen sich die beiden Parteien; Canaris brachte Bentivegni mit, Heydrich erschien mit Huppenkothen, Gestapo-Müller und dem RSHA-Amtschef Streckenbach.[290)]

Heydrich holte zu einer gönnerhaften Rede aus, die in dem Satz gipfelte, eigentlich beanspruche das Reichssicherheitshauptamt die Kompetenz für alle bisher der Abwehr zustehenden Aufgabengebiete, doch mit Rücksicht auf die Kriegslage wolle es sich jetzt mit einer Teillösung zufriedengeben. »Canaris nahm diese Erklärung erstaunlicherweise unwidersprochen hin«, berichtet Huppenkothen.[291)] Dann einigten sich die Herren auf ein Programm: Gegenspionagekompetenz auch für die Organe des RSHA, Beschränkung der Abwehr auf militärische Berichterstattung, Überführung der Geheimen Feldpolizei in die Sicherheitspolizei. Huppenkothen erhielt den Auftrag, eine entsprechende Vereinbarung und dazugehörige Ausführungsbestimmungen auszuarbeiten und mit Bentivegni abzustimmen.[292)]

Heydrich, Huppenkothen und Schellenberg konnten sich als Sieger fühlen, denn Canaris hatte einer nicht unbeträchtlichen Demontage der Abwehr zugestimmt. Ohne die Alleinkompetenz auf dem Gebiet der Gegenspionage und ohne das Recht zur politischen, mindestens zur militärpolitischen Berichterstattung war die Abwehr nicht mehr, was sie bis dahin gewesen. Das erkannten auch Canaris' Mitarbeiter. Was dann in der Abwehrzentrale geschah, läßt sich nicht mehr rekonstruieren. Tatsache aber ist, daß Bentivegni einen Gegenentwurf ausarbeiten mußte, in dem praktisch alles zurückgenommen wurde, was Canaris zugestanden hatte.[293)]

Wütend reagierte Heydrich auf Canaris' »Illoyalität« und brach jeden Verkehr mit ihm ab; aus dem RSHA verlautete dunkel, das Nähere werde der Reichsführer-SS veranlassen. Nervös eilte Canaris mit Bentivegni in die Prinz-Albrecht-Straße und verlangte dort, Heydrich zu sehen. Doch der Chef des RSHA ließ sich verleugnen. Canaris blieb in Heydrichs Vorzimmer und bat immer wieder um eine Unterredung. Als nach stundenlangem Warten Heydrich immer noch nicht antwortete, verließ Canaris das Zimmer, nicht ohne Bentivegni eingeschärft zu haben, sich erst von der Stelle zu rühren, wenn er bei Heydrich vorgelassen worden sei. Der Oberst blieb, wie befohlen. Erst Gestapochef Müller bewog ihn, das Haus zu verlassen – im Auftrag Heydrichs.[294)]

Canaris bat daraufhin Keitel, den RSHA-Chef umzustimmen. Diesmal half der OKW-Chef tatsächlich; ein Anruf genügte, Heydrich zum Einlenken zu bewegen. Die beiden Rivalen verabredeten sich zum Mittagessen in einem Haus am Wannsee, in dem sie sich dann am 1. März 1942 verständigten. Auf einem Papier entwarfen Heydrich und Canaris »Ausführungsbestimmungen über den dienstlichen Verkehr zwischen den militärischen Abwehrdienststellen und den Dienststellen der Sicherheitspolizei und des SD« und unterzeichneten es. Weit wichtiger aber war, daß sie sich auch über »Grundsätze für die Zusammenarbeit der Sicherheitspolizei und des SD und der Abwehrdienststellen der Wehrmacht« einig wurden, deren genauer Text allerdings erst im April formuliert wurde. Außerdem erklärte sich Canaris damit einverstanden, daß die GFP zumindest in den Westgebieten der Sicherheitspolizei unterstellt werde.[295)]

Am Ende konnte Heydrich mit dem Erreichten trotz einiger Abstriche zufrieden sein. Punkt 3, 4 und 5 der »Grundsätze« räumten dem RSHA vermehrte Kompetenzen ein. Punkt 3: »Der geheime politische Nachrichtendienst im Auslande mit seinen inländischen Ansatzpunkten ist ausschließlich Aufgabe der Dienststellen der Sicherheitspolizei und des SD.« Punkt 4: »Die politische Berichterstattung (wozu auch die Stimmungslage im Reich gehört) ist alleinige Aufgabe der Sicherheitspolizei und des SD.« Punkt 5 war entscheidend und zugleich kompliziert genug formuliert, um der Abwehr Manöverraum zu lassen. Es hieß da: »Aufgabe der Gegenspionage ist die Erkundung und Lahmlegung ausländischer Nachrichtendienste, die gegen die Reichsinteressen arbeiten. Aufgabe des militärischen Abwehrdienstes hierbei ist die Bekämpfung des Geheimen Meldedienstes und der damit in unmittelbarem Zusammenhang stehenden Tätigkeit der ausländischen Nachrichtendienste. Da die ausländischen Nachrichtendienste auch politische Zersetzungs-, Sabotage- und Terrortätigkeit durchführen, ist die Gegenspionage in Zukunft auch Aufgabe der Sicherheitspolizei und des SD.«[296)]

Canaris mühte sich, die schwere Einbuße an Abwehrkompetenzen durch offiziellen Optimismus zu überspielen, was freilich bei seinen engeren Mitarbeitern nicht verfing. Er ermahnte alle Abteilungen des Amtes Ausland/Abwehr zu enger Zusammenarbeit mit dem RSHA und half künstlich nach: Für den 17. Mai verabredete er mit dem RSHA-Chef eine Tagung aller Dienststellenleiter der Abwehr, Gestapo, SD und Kriminalpolizei in Prag, dem neuen Zentrum Heydrichscher Aktivität. Thema der Tagung: die Unterzeichnung und Erläuterung der neuen Vereinbarungen zwischen den beiden Mächten.[297)] Canaris fuhr mit seiner Frau nach Prag und wohnte in Heydrichs Residenz Jungfern-Breschan bei Prag. Lina Heydrich erinnert sich noch an den Logierbesuch der beiden Canaris: »Ach, es war doch eine schöne Zeit.«[298)] Die Tagungsteilnehmer gingen wieder friedlich auseinander.

Ein paar Tage später erhielt Canaris die Nachricht, Heydrich sei von tschechischen Attentätern angeschossen worden und ringe mit dem Tode. Canaris flog nach Prag zurück, doch er sprach Heydrich nicht mehr. Am 4. Juni 1942 war Reinhard Heydrich seinen Verletzungen erlegen.[299)] Stumm stand Canaris bei dem pompösen Begräbnis in den vordersten Reihen der Trauergäste und weinte. Als er Huppenkothen sah, drückte er ihm, immer noch Tränen in den Augen, die Hand und versicherte, er habe »Heydrich als großen Menschen außerordentlich geschätzt und verehrt«.[300)] Und an die Witwe schrieb Canaris: »Seien Sie überzeugt, ich habe einen echten Freund verloren.«[301)]

War das Schauspielerei oder echt empfunden? Lina Heydrich jedenfalls bleibt noch heute dabei: »Ich glaube nicht einmal, daß Canaris' Kondolenzwort eine Phrase war.«[302] Was immer es gewesen sein mag – der Tod des Partner-Rivalen konnte schwerlich im Interesse der Abwehr und ihres Chefs sein. Denn im Reichssicherheitshauptamt geboten jetzt Männer, die nicht durch Anrufung gemeinsamer Marinetage oder Erinnerung an gemütliche Hausmusikabende beeinflußbar waren, ganz zu schweigen davon, daß noch nicht abzusehen war, wer Heydrich in der Führung des RSHA nachfolgen würde. Zunächst war es Himmler, und das konnte Canaris nicht unlieb sein, kannte er doch dessen scheu-abergläubischen Respekt vor dem vermeintlichen Superspion Canaris.

Canaris konnte jedoch nicht verkennen, daß auch abwehrintern seine Stellung schwieriger geworden war. Den Abteilungschefs war nicht entgangen, wie schwach er im Augenblick agierte; seine verstärkt hervortretenden Führungsmängel stießen auf wachsende Kritik. Die Rücknahme der ursprünglich Heydrich zugestandenen Konzessionen in der Frage der Kompetenzen war dafür bezeichnend gewesen: Offensichtlich hatte der Unmut der Abteilungschefs über die zu weitgehenden Zugeständnisse an Gestapo und SD Canaris veranlaßt, die erste Vereinbarung mit dem RSHA wieder rückgängig zu machen.

Piekenbrock, Lahousen und Bentivegni konnten schwerlich mit der Art einverstanden sein, in der Canaris das Amt verwaltete. Sie wünschten sich einen härteren und fleißigeren Chef, und sicherlich ließen sie das Canaris auch fühlen. Kritik kam freilich auch aus dem Kreis um Oster und Dohnanyi, die immer noch mit dem Gedanken spielten, Canaris für ihre Widerstandspläne wieder stärker zu engagieren; die Resignation des Abwehrchefs deprimierte sie – desto heftiger drängten sie Canaris, neue Mittel zu finden, dem Krieg ein Ende zu bereiten.

Canaris aber hatte Mühe, sich den Pressionen seiner engeren Mitarbeiter zu entziehen. Gelegentlich verwischte er auch ihnen gegenüber seine Spuren und wählte Hakenschläge zur Förderung seines abwehrinternen Image, wie eine Affäre offenbarte, die kurz nach Heydrichs Tod spielte. In ihr ging es um die gewaltsame Zurückholung des entflohenen Kriegsgefangenen Henri Honoré Giraud, eines angesehenen französischen Generals und Armeeführers aus dem Westfeldzug. Seine Ermordung durch die Abwehr – so hat es Lahousen der Nachwelt überliefert – soll von Keitel befohlen, von Canaris indes vereitelt worden sein.[303)] Die Wirklichkeit sah freilich anders aus.

Die Geschichte begann am frühen Morgen des 17. April 1942, als der 63jährige Giraud die 17 Meter hohe Felsenmauer der sächsischen Kriegsgefangenenfeste Königstein herunterkletterte und den deutschen Wachtposten entkam. Tagelang blieb seine Flucht unentdeckt, erst am 20. April alarmierte Kripochef Nebe in einem Blitzfernschreiben alle Einheiten von Polizei, SS und SD. Nebe diktierte: »Die Wiederergreifung ist von größter Wichtigkeit. Für die Wiederergreifung sind 100000 RM Belohnung ausgesetzt.«[304] Die Polizisten kamen jedoch zu spät; Giraud war bereits im unbesetzten Frankreich untergetaucht.

Hitler verlangte wütend die Rückkehr Girauds, Keitel assistierte: »Den General müssen wir wieder haben, tot oder lebendig.«[305] Da Giraud im Frankreich des Marschalls Pétain lebte, schaltete man die Diplomatie ein: Botschafter Abetz in Paris wurde angewiesen, Giraud zur Rückkehr aufzufordern und ihm dafür die Leitung der Betreuung aller französischen Kriegsgefangenen in Deutschland anzubieten – mit dem drohenden Zusatz, wenn Giraud nicht zurückkehre, werde es den übrigen französischen Gefangenen übel ergehen. Abetz nahm mit Giraud Kontakt auf, am 2. Mai traf er sich mit dem General im »Hotel de Paris« in Moulins-sur-Allier, einer Grenzstadt zwischen dem deutschbesetzten und dem unbesetzten Frankreich.

Giraud lehnte das deutsche Angebot ab.[306] Er wollte schon wieder abreisen, da erfuhr der zufällig auch im Hotel sitzende Kommandeur der deutschen 337. Infanteriedivision, daß der vielgesuchte Franzose im Hause sei. Augenblicklich wollte er Giraud verhaften lassen. Er rief jedoch vorsichtshalber bei Keitel an, der nicht einverstanden war. Keitel erinnerte sich später: »Ich habe das sofort kategorisch abgelehnt, weil ich es für einen Vertrauensbruch hielt, da der General im Vertrauen auf eine entsprechende Behandlung gekommen war.«[307] Unbehindert konnte Giraud in sein südfranzösisches Versteck zurückfahren.

Canaris hörte von dem Vorfall und erklärte Keitel, die Abwehr könne auf andere Weise versuchen, Girauds wieder habhaft zu werden. Der Admiral hatte eine Idee: Er wisse, daß Girauds Familie im deutschbesetzten Frankreich lebe; es sei doch vorstellbar, daß er sie demnächst einmal besuchen werde – dann müsse man zupacken.[308] »Er schlug mir vor«, berichtet Keitel, »das Entsprechende vorzubereiten, den General, wenn er einen solchen Besuch im besetzten Gebiet mache, ihn bei der Gelegenheit wieder gefangenzunehmen. Die Vorbereitungen würde er persönlich treffen und einleiten.«[309] Keitel war zufrieden, er hatte auch sogleich einen Kodenamen für das Unternehmen: »Gustav«.

Das ist der wahre Kern der später vielkolportierten Geschichte, wonach Keitel dem Admiral Canaris den Auftrag erteilt haben soll, Giraud »umzulegen«. Keitel hat das bis zu seinem Tod bestritten: »Niemals war von mir auch nur das Wort gefallen, den General zu beseitigen. Nie!«[310] Auch dem Botschafter Abetz ist über den angeblichen Mordplan »nie etwas, und sei es nur gerüchteweise, zu Ohren gekommen«.[311] Kein Dokument, keine anderweitige Zeugenaussage stützt die von Lahousen stammende Mordversion.

Gleichwohl besteht kein Anlaß, an der Wahrheitsliebe des Chronisten Lahousen zu zweifeln. Das Stichwort »Giraud umlegen« muß er von jemandem gehört haben; da Keitel es nicht war, kann dieser Jemand nur der Mann gewesen sein, der fast alle die Abwehr betreffenden Befehle Keitels an die Unterführer des Geheimdienstes weitergab: Canaris. Was aber konnte den

Abwehrchef bewegen, der von ihm selbst vorgeschlagenen Kidnapperaktion Züge einer Mordaffäre zu verleihen? Einen Grund gab es: seine Schwäche im Amt. Denn wieder einmal, wie schon im Falle der ersten Vereinbarung mit Heydrich Anfang des Jahres, erwies sich, daß Canaris intern nicht halten konnte, was er nach außen versprochen hatte. Die Abteilungschefs hatten keine Lust, die Abwehr in eine Kidnapperaffäre zu verwickeln. Canaris paßte sich der Stimmung an und ließ das Unternehmen »Gustav« unausgeführt. Keitel bestätigt: »In der Folgezeit ereignete sich nichts.«[312]

Nach einigen Wochen aber wunderte sich der OKW-Chef, warum er von »Gustav« so gar nichts hörte. Er drängte den Abwehrchef wiederholt, endlich etwas zu unternehmen – und das brachte nun Canaris in eine peinliche Lage: Keitel konnte er nicht gestehen, daß er auf Druck seiner Abteilungschefs »Gustav« aufgegeben hatte, und die Mitarbeiter wiederum vermochte er nicht für das Unternehmen zu gewinnen. Canaris brauchte einen mittleren Eklat, um die Abteilungschefs in die rechte Proteststimmung zu versetzen, die ihn offiziell zwingen würde, Keitel um Rücknahme des »Gustav«-Auftrags zu bitten.

In seiner Verlegenheit mag Canaris auf die Idee gekommen sein, durch verschwommene Formulierungen anzudeuten, daß Keitel im Grunde von der Abwehr die Ermordung Girauds erwartete. »Giraud umlegen« oder »die Sache Giraud erledigen« hießen die Canaris-Vokabeln. Sie benutzte der Abwehrchef, als er an einem Freitagabend im August Lahousen in dessen Privatwohnung aufgeregt anrief und ihm erzählte, Keitel dränge schon wieder wegen »Gustav«, jetzt müsse etwas geschehen.[313] Am folgenden Tag trafen sich die Abteilungschefs mit Canaris und beratschlagten, was zu tun sei. Lahousen weiß noch ganz genau: »Es wurde von allen Anwesenden dieses Ansinnen, eine Mordaktion einzuleiten und durchzuführen, glatt abgewiesen . . . Canaris ging daraufhin zu Keitel hinunter, um ihn zu bewegen, die militärische Abwehr völlig aus solchen Sachen herauszuhalten und diese Angelegenheit . . . völlig dem SD zu überlassen.«[314] Canaris verließ das Zimmer, derweil sich die Abteilungschefs noch weiter erregten. Piekenbrock schimpfte: »Man müßte Herrn Keitel doch endlich einmal klar sagen, daß er seinem Herrn Hitler melden solle, daß wir, das heißt die militärische Abwehr, keine Mörderorganisation sind wie der SD oder die SS.«[315]

Canaris kam zurück und hatte alles erreicht. Keitel hatte genehmigt, daß der Fall »Gustav« an das RSHA abgegeben werden und die Abwehr aus dem Fall ausscheiden sollte.[316] Das erfuhren auch Canaris' engste Mitarbeiter. Ein entscheidendes Detail freilich enthielt ihnen der Abwehrchef vor: die Mitteilung Keitels, der Führer habe ihm »mehrfach bereits gesagt, er würde es Himmler übertragen«.[317] Statt dessen erinnerte sich Lahousen später noch deutlich der Formulierung von Canaris, er werde die Durchführung des Mordkomplotts »auf jeden Fall« verhindern, »und ich solle ihn unterstützen«.[318]

Lahousen glaubte ernsthaft, Canaris werde es zu vereiteln wissen, daß der Mordauftrag auf den SD überging. Er wußte nicht, daß Hitler längst mit Himmler über »Gustav« gesprochen und dieser Schellenberg die Order erteilt hatte, eine Aktion gegen Giraud vorzubereiten. Die Leitung des »Unternehmens Leiermann« (so der Kodename der Aktion beim SD) erhielt der seit dem Venlo-Abenteuer im Kidnapping erfahrene SS-Standartenführer Knochen, der Befehlshaber der Sicherheitspolizei und des SD in Frankreich war. Er stellte in Paris ein »Aktivkommando« zur Wiederergreifung Girauds auf, während einige seiner V-Männer unter Leitung des Agenten AG 379 in Zusammenarbeit mit der französischen Polizei Girauds Wohnungen in Cap d'Antibes und Aix les Bains beschatteten.[319] Die Ermordung Girauds plante freilich selbst der SD nicht. »Das hiesige Aktivkommando«, meldete Schellenberg an Himmler, »erhielt Auftrag, Leiermann mit allen Mitteln zu folgen. Die französischen Angehörigen dieses Kommandos sind weiter im unbesetzten Gebiet und bereit, . . . Leiermann aufzutreiben und sofort zu handeln.«[320]

Der Fall wäre für Canaris und die Abwehr erledigt gewesen, hätte sich nicht Himmler bei Keitel beklagt, der SD habe zwar den Fall Giraud übernommen, Canaris beschäftige sich jedoch mit ihm noch immer. Im September wollte Keitel deshalb Canaris beauftragen, sich mit dem RSHA ins Benehmen zu setzen.[321] Doch Canaris weilte in Paris. So rief Keitel bei Lahousen an, um ihm den Auftrag zu geben. Keitel: »Was ist mit ›Gustav‹? Sie wissen doch, was mit ›Gustav‹ gemeint ist?« Lahousen bejahte. Darauf Keitel: »Sie wissen doch, daß die anderen die Sache machen sollen?« Als Lahousen abermals zustimmte, sagte Keitel endlich, was er wollte: »Dann gehen Sie sofort zu [dem Gestapochef] Müller und erkundigen Sie sich über den Stand der ganzen Aktion; ich muß es dringend wissen.«[322]

Da geriet Lahousen in Panik. Er wähnte, Canaris habe seinerzeit den Fall »Gustav« nicht an den SD weitergegeben, um die Aktion vollends zu Fall zu bringen, und befürchtete nun, eine Nachfrage bei Gestapo-Müller werde das ganze Manöver aufdecken. Der Oberst stürzte zu Oster, der ihm riet, zu Canaris zu fliegen und ihn zu warnen.[323] Am nächsten Tag stolperte der lange Lahousen in das Pariser Hotel »Lutetia«, wo Canaris mit hohen Abwehroffizieren tafelte. Als Canaris hörte, was geschehen war, zeigte er sich »sehr bestürzt und fand zunächst keinen Ausweg« (Lahousen) – freilich aus einem anderen Grund, als der Abwehr-II-Chef vermutete: Die neue Wendung der Affäre drohte zu enthüllen, daß Canaris seinen Abteilungschefs nicht die Wahrheit gesagt hatte.[324]

Düster saß der Admiral am Tisch und grübelte, als plötzlich – der gutgläubige Biograph Abshagen hat die Szene dramatisch beschrieben – ein Schmunzeln über sein Gesicht zog. Er bat Lahousen, ihm die exakten Daten von drei Ereignissen zu geben: der Flucht Girauds, der Abwehr/RSHA-Tagung in Prag und dem Tod Heydrichs. Lahousen konnte die Daten sofort nennen; die Flucht Girauds war am 17. April gewesen, die Prager Tagung am 17. Mai und der Tod Heydrichs am 4. Juni. Canaris schien zufrieden, lachte und hob sein Glas: »Nun, Langer, stimmt's? Ja, es stimmt. Prost!«[325] Allmählich glaubte auch Lahousen zu verstehen, was Canaris vorschwebte. Später erläuterte er: »Canaris hatte seinen Plan auf diese drei Daten aufgebaut. Der Plan bestand darin, den Anschein zu erwecken, daß er Heydrich bei dieser Tagung [in Prag] den Befehl weitergegeben hätte, die Aktion durchzuführen, also den Tod Heydrichs auszunützen und damit die ganze Sache zu Fall zu bringen.«[326] Und das sei Canaris dann gelungen.

Spätestens an diesem Punkt hätten selbst die unkritischsten Canaris-Apologeten merken müssen, daß an der Geschichte etwas nicht stimmt. Die drei Daten paßten nämlich nicht zu einem vierten, das nun in der Tat das entscheidende ist: das Datum der Übereinkunft zwischen Canaris und Keitel, den Fall »Gustav« an den SD abzutreten. Das hatte sich im August abgespielt – und da war Heydrich bereits zwei Monate tot gewesen! Die Rechnung mit den drei Daten war so falsch wie die Spekulation Lahousens, Canaris habe einen Mord verhindert, der in Wirklichkeit gar nicht geplant worden war. Noch im November 1942 lagen Knochens Agenten auf der Lauer, um Giraud zu fangen – bis ein britisches U-Boot den General abholte und ihn den inzwischen in Nordafrika gelandeten angloamerikanischen Invasionstruppen zuführte.[327]

Der Fall war nur ein besonders drastisches Beispiel für die verschlungene Art, mit der sich Canaris in jenem Herbst 1942 durch all die Schwierigkeiten, Krisen und Stimmungstiefs hindurchlavierte, denen er sich konfrontiert sah. Die Lage an den Fronten mußte ihn deprimieren: 1942 war auch der zweite Versuch des deutschen Ostheeres, die Rote Armee entscheidend zu schlagen, mißglückt, und im Süden machte sich das materielle Übergewicht des inzwischen ebenfalls in den Krieg eingetretenen Amerika immer bemerkbarer. Schon hatte Rommel seinen Siegeszug im östlichen Nordafrika abbrechen müssen, schon war der US-General Eisenhower mit seiner britisch-amerikanischen Armee im westlichen Nordafrika vorgerückt.

Von Monat zu Monat empfand Canaris die ersten Anzeichen der kommenden deutschen Katastrophe deutlicher, versank er zeitweilig in Apathie und Hoffnungslosigkeit. Selbst Freunde und wohlwollende Beobachter erschraken vor den düsteren, apokalyptischen Visionen, die den Abwehrchef jetzt immer häufiger heimsuchten. Der ehemalige Gestapomann Best, der seit 1940 als Kriegsverwaltungschef in Paris saß und manchmal von Canaris besucht wurde, litt fast körperlich unter dem Trübsinn seines Gastes. »Der Pessimismus, der ein Grundzug seines Wesens war«, schreibt Best, »wurde so sehr zum beherrschenden Ausdruck seiner Persönlichkeit, daß das Zusammensein mit Canaris geradezu bedrückend wirkte.«[328]

Vor allem die regimekritischen Abwehroffiziere verstörte das Stimmungstief ihres Chefs, zumal er in seinen philosophischen Augenblicken meinte, der Mensch dürfe nicht versuchen, allzu stark in den Gang der geschichtlichen Entwicklung einzugreifen. Zu der großen befreienden Tat gegen Regime und Krieg war Canaris nicht zu bewegen. Handelte er, so waren es oft andere, die ihn dazu gedrängt hatten; er selber war kein Mann der Aktion, und die moralische Empörung gegen Hitlertum und Faschismus, die andere zur Tat trieb, bestimmte nicht sein Handeln, denn er hatte – wie es ein ehemaliger Abwehroffizier umschreibt – einen »Sinn fürs Abenteuer, auch für das Abenteuer des Bösen«.[329] Wäre es nach ihm allein gegangen, so hätte er den führenden Nazis einfach »gern aus nächster Nähe zugesehen, wie man einen gutgeschriebenen Verbrecherroman liest« – so das Urteil des Widerständlers Werner Wolf Schrader.[330]

Gleichwohl kamen noch einmal Gelegenheiten, die selbst den Fatalisten Canaris agieren ließen, weil er eine Chance witterte, den Krieg zu beenden, ehe das ganze Reich vor dem Zorn Gottes (wie es sich der Christ und Mystiker vorstellte) zusammenbrach. Auch hier hatten andere die Vorarbeit geleistet: V-Männer, Zwischenträger und zuweilen auch ein paar echte Widerstandskämpfer, die Canaris die Möglichkeit boten, an verschwiegenen Orten des neutralen Auslands mit Vertretern der Alliierten ins Gespräch zu kommen und die Aussichten eines Sonderfriedens mit dem Gegner zu erproben.

Die Historiker des deutschen Widerstands ziehen es vor, die Geheimkontakte zwischen Canaris und Personen des alliierten Lagers als Resistanceakte gegen das NS-Regime zu deuten. Das ist weitgehend ein Mißverständnis. Canaris ging es in erster Linie um die Beendigung des Krieges, um die Rettung des deutschen Machtstaates, und es blieb dem im Grunde innenpolitisch uninteressierten Admiral eine sekundäre Frage, unter welchem Regime Deutschland in die Nachkriegszeit eintreten werde. Ihm war natürlich klar, daß die Alliierten mit Hitler nicht mehr paktieren würden, aber er mag es durchaus für vertretbar gehalten haben, die Zustimmung der Alliierten zu einem gleichsam liberalisierten NS-Staat unter Führung Hermann Görings zu erhalten. Ihm schien es nicht einmal grotesk, die Entmachtung Hitlers mit Hilfe Himmlers und dessen Herrschaftsapparats zu bewerkstelligen – und durfte sich dabei sogar der Zustimmung entschiedener NS-Gegner wie Dohnanyi sicher sein.

Auffallend ist denn auch, daß nicht aus der Historie bekannte Widerständler den geheimen Kontakt zum alliierten Lager anbahnten, sondern jene Zwischenträger und Nachrichtenhändler des Abwehrchefs, von denen Halder einmal etwas zu hoheitsvoll schrieb, man lasse sich mit ihnen »nicht gerne in der Öffentlichkeit sehen«.[331] Zu ihnen gehörte auch ein russischer Emigrant aus einem baltischen Soldaten- und Diplomatengeschlecht, dem Canaris unter seinen wenigen Freunden wohl das größte politische Vertrauen entgegenbrachte: Wladimir Baron Kaulbars, Abkömmling eines berühmten Gegenspielers Bismarcks auf dem Balkan und ehemaliger Stabskapitän der Kaiserlich-Russischen Armee, Initiator so mancher undurchsichtiger Transaktionen im Zwielicht zwischen Geschäft und Geheimdienst.[332]

Offiziell war Baron Kaulbars nur ein Freund des Hauses Canaris, der aus Liebhaberei dem Admiral russischen Sprachunterricht gab und sich zuweilen auch von der Abwehr als Dolmetscher heranziehen ließ; kurz vor Beginn des Rußland-Feldzuges hatte er den Freund, den er seit 1920/21 kannte, zur Abwehr I einberufen lassen, um ihn als eine Art Rußland-Experten einzusetzen.[333] Kaulbars stand mit britischen und osteuropäischen Kreisen in Verbindung, wobei der schwedische Militärattaché in Berlin, Oberst Juhlinn-Dannfeld, die Kontakte nach Ost und West vermittelte. Später, nach dem Sturz von Canaris, wollte die Gestapo sogar an Hand des Inhalts einer verlorenen, ihr zugegangenen Aktentasche des Schweden nachweisen, Kaulbars sei ein Agent Juhlinn-Dannfelds gewesen, der ihn mit Details deutscher Militäroperationen im Osten versorgt habe.[334]

Kaulbars hatte frühzeitig Canaris gedrängt, den Kontakt zu Briten oder Russen aufzunehmen, ihm allerdings zugleich geraten, nur mit einer der beiden Mächte, mit Rußland oder England, zu verhandeln. Dabei warnte er Canaris immer wieder vor einer Überschätzung der deutschen Macht – offenbar kannte er die illusionären Lagebeurteilungen der Abwehr im ersten Jahr des Rußland-Krieges, so etwa die Abwehrstudie über Friedensmodalitäten vom 18. Juli 1941, die in der Vorstellung gipfelte, nach dem »Ende Rußlands« werde es in England zu einer Kabinettsumbildung kommen, die verständigungsbereite konservative Kräfte an die Macht bringe, mit denen ein Friedenskompromiß möglich sei.[335]

Das war der erste jener halboffiziellen Friedenspläne, die in der Umgebung von Canaris entstanden. Einen zweiten, schon realistischeren Plan hatte der Rechtsaußen des deutschen Widerstands, Ulrich von Hassell, im Frühjahr und Herbst 1941 mit Wissen von Canaris einem Amerikaner skizziert, der sich Stallforth nannte und nach heutigem Erkenntnisstand mit dem Präsidenten der »General Motors Overseas Corporation«, James D. Mooney, identisch war.[336] Hassells Plan: Beendigung des Krieges unter der Bedingung, daß Hitler und seine Regierung entfernt werden, Deutschland die eroberten Gebiete mit Ausnahme vom Saargebiet, Österreich und Danzig räumt, Polen das deutsche Ostpreußen und Deutschland den polnischen Korridor erhalten, insgesamt aber die Alliierten auf Reparationen verzichten.[337]

Da weder Washington noch London auf solche Vorschläge eingingen, blieb Canaris zunächst nur der zweite der von Kaulbars gewiesenen Wege zu einem Sonderfrieden: der Weg zu den Russen. Im September 1941 fing die Abwehrzentrale zum erstenmal Anzeichen auf, die darauf hinwiesen, daß es in Sowjetrußlands Diplomatie und Parteiführung Personen gab, die nicht abgeneigt waren, ein Arrangement mit den Deutschen zu finden.[338]

Ein V-Mann der Abwehr namens Edgar Klaus, seit Frühjahr 1941 in Stockholm stationiert und der dritte der großen jüdischen Rußland-Aufklärer des deutschen Geheimdienstes, kannte die Symptome sowjetischen Schwankens aus erster Quelle: Er war Bridgepartner der sowjetischen Gesandtin und Altbolschewikin Alexandra Michailowna Kollontai, die als ehemalige Heroine der kommunistischen Arbeiteropposition innerhalb der KPdSU noch immer gute Beziehungen zur Moskauer Parteiführung unterhielt.[339]

Der vielgewandte Agent Klaus, wie Kaulbars Balte, früher Kommunist, dann Mitarbeiter französischer und sowjetischer Geheimdienste, schließlich auf die deutsche Seite übergewechselt, verfügte über genügend Spürsinn, um die Panikstimmung seiner sowjetischen Gesprächspartner herauszufühlen.[340] Vor allem Madame Kollontai gab dem sowjetischen System keine lange Lebensdauer mehr. Bald rückte sie gegenüber Klaus mit einem Wunsch heraus: Sie sei bereit, für die Deutschen zu optieren, wenn ihr Hitler honorige Bedingungen einräume.[341] Klaus reiste nach Berlin und berichtete Canaris.

Der Abwehrchef glaubte nicht richtig gehört zu haben; er ließ sich von seinem Stockholmer V-Mann zweimal über den Fall Vortrag halten, bis er die Nachricht glaubte.[342] Dann erst reagierte er und meldete seinem Führer die frohe Botschaft. Am 20. Juli 1941 notierte Botschafter Ritter vom Auswärtigen Amt, Canaris habe Hitler berichtet, »daß an ihn durch seine Abwehrleute Mitteilungen darüber gelangt seien, daß die russische Gesandtin in Stockholm, Frau Kollontai, die Absicht habe, sich von der Sowjetregierung loszusagen und sich nach Deutschland zu begeben, wenn ihr die nötigen Sicherheiten geboten werden«.[343] Frau Kollontai habe »ein Vermögen von 3 Millionen Dollar« und wolle in Deutschland »ein Haus kaufen«. Der Führer zeigte sich generös: Man solle der Kreml-Dame »in jeder Weise und sehr großzügig entgegenkommen« – so ein Befehl Hitlers an Jodl.[344]

Canaris verfolgte von nun an verstärkt, was der Agent Klaus auf der gegnerischen Seite beobachtete. Doch er verstand die Meldungen und Hinweise des V-Manns nur als Symptome sowjetischer Auflösung, nicht aber als Anknüpfungspunkte für ernsthafte Gespräche mit den Sowjets. Wie so viele war auch er, der einstige Kritiker des »Barbarossa«-Unternehmens, dem Siegestaumel der deutschen Militärs erlegen, deren Truppen der Roten Armee einen Schlag nach dem anderen versetzten und scheinbar dem Endsieg entgegenrollten.

Erst das zweite Kriegsjahr (1942) machte Canaris für versteckte sowjetische Offerten hellhöriger. Nach dem neuerlichen Mißerfolg der deutschen Sommeroffensive gab der Kreml abermals Zeichen einer Verständigungsbereitschaft. Inzwischen hatte zwar Madame Kollontai ihr persönliches Angebot wieder zurückgezogen, aber Klaus wußte Neues von seiner Bridgepartnerin zu berichten.

Schon vollzog sich in Stalingrad die große Wende des Krieges und der Beginn der deutschen Niederlage, da signalisierte Klaus seinem Chef Canaris, auf sowjetischer Seite sei man ernsthaft bereit, »einen Ausgleich mit Deutschland zu suchen, um diesen verlustreichen Krieg so schnell wie möglich zu beenden«.[345] Was die Sowjets gerade jetzt, am Ende des Jahres 1942, zur Kompromißbereitschaft bewog, muß Gegenstand der Spekulation bleiben. War es das jäh erwachte sowjetische Kraftgefühl, war es die Verärgerung über die von den Westmächten versprochene, aber immer wieder hinausgezögerte Errichtung einer Zweiten Front in Westeuropa – Tatsache bleibt: Die Sowjets zeigten sich verhandlungsbereit. Klaus war sicher: »Ich garantiere Ihnen, wenn Deutschland auf die Grenzen von 1939 eingeht, so können Sie in acht Tagen Frieden haben.«[346]

Jetzt wäre es für Canaris an der Zeit gewesen, die verschleierten sowjetischen Offerten auf die Probe zu stellen. Doch der Admiral reagierte nicht. Eingezwängt in den Panzer seiner antikommunistischen Überzeugungen, mochte er sich zu keinem Gespräch mit sowjetischen Vertretern verstehen. Mehr denn je war er von der Bedrohlichkeit des Kommunismus überzeugt. Es waren die Tage der Enttarnung und Verurteilung der kommunistischen Widerstands- und Spionageorganisation »Rote Kapelle«, und was sich dem Zeugen Canaris in den Verhandlungen vor dem Reichskriegsgericht enthüllte, schien ihm ungeheuerlich: Deutsche Menschen, darunter auch Offiziere, hatten für Moskau spioniert, hatten die ihm teuren Werte der Staatstreue und Pflichterfüllung verraten.[347]

Sein Zorn über die Verräter artikulierte sich um so heftiger, als auch ein Abwehroffizier, der Oberleutnant Herbert Gollnow, Referent für Luftlandetruppen und Fallschirmspringer in der Abwehr II, für die Rote Kapelle gearbeitet hatte.[348] Der Sachverständige Canaris zögerte nicht, dem Reichskriegsgericht darzulegen, durch den Verrat der Roten Kapelle seien der Wehrmacht 100000 Soldaten verlorengegangen – ein krasses Fehlurteil, das nur offenbart, wie emotional Canaris engagiert war.[349] In Wahrheit waren den Agenten Moskaus 36 Soldaten zum Opfer gefallen, Angehörige von 10

Sabotagetrupps, deren Einsatz hinter den sowjetischen Linien Gollnow (übrigens unwissentlich) verraten hatte. Auch der Gegenspionagechef Rohleder korrigierte später Canaris: »Die Spionagetätigkeit [der Roten Kapelle] wurde erbärmlich dilettantenhaft betrieben, erheblicher militärischer Schaden scheint nicht gelungen zu sein.«[350)]

Canaris griff die sowjetischen Offerten nicht auf. Er überließ es einem Mann ganz anderer Art, dem NS-Diplomaten Peter Kleist, Mitarbeiter der »Dienststelle Ribbentrop«, die Sowjets in Stockholm zu kontaktieren – mit Hilfe des unvermeidlichen Klaus.[351)] Die Russen wurden inzwischen immer deutlicher. Im April 1943 trafen sich die sowjetischen Diplomaten Michail Nikitin, Alexej Taradin und Boris Jarcev mit deutschen Vertretern auf einem Landgut bei Stockholm, im Juni wurden die Gespräche in dem schwedischen Ostseebad Saltsjöbaden fortgesetzt. Wenige Tage später ließ ein Gewährsmann der Abwehr (vermutlich Klaus) die Deutsche Gesandtschaft wissen, ein Beamter des sowjetischen Außenkommissariats namens Alexandrow wünsche »mit einem ihm bekannten Herrn des Deutschen Auswärtigen Amtes zusammenzutreffen«.[352)]

Kleist nutzte die Chance, die sich ihm bot. Am 17. Juni 1943 quartierte er sich im »Strandhotel« Stockholms ein, bald gefolgt von Klaus, der ihm ausrichtete, Alexandrow wolle sich mit ihm am 7. Juli treffen.[353)] Immer wieder war V-Mann Klaus zur Stelle, wenn es galt, Gespräche zu vermitteln. Aus dem Gespräch Kleist–Alexandrow wurde wegen des wütenden Einspruchs von Hitler nichts, dennoch spähte Klaus ständig neue Möglichkeiten aus, ein Gespräch mit Moskau aufzunehmen.[354)] Auch andere V-Männer sahen Chancen zu deutsch-sowjetischen Verhandlungen.

Ein portugiesischer Diplomat, Agent der Abwehr unter der Kennziffer RR 3174, meldete seinem Führungsoffizier in der Abwehrstelle Hamburg sowjetisches Interesse an Verhandlungen mit Deutschland, und prompt kabelte die Ast den Bericht am 29. August 1943 nach Berlin: »Port[ugiesischer] Gesandter in Stockholm meldet telegraphisch an Außenministerium Lissabon: In schwed[ischen] politischen Kreisen umlaufen Gerüchte über kurz bevorstehenden deutsch-russischen Frieden. Port[ugiesischer] Gesandter im Quirinal berichtet telegraphisch im gleichen Sinne.«[355)] Canaris mochte davon nichts länger hören. Hitler hatte weitere Gespräche mit Russen verboten – der Admiral hielt sich daran.

Kaulbars aber zürnte: »Nun ist Rußland auf der anderen Seite und wird von Tag zu Tag durch die deutsche Politik stärker und einiger. Es ist nur eine Frage der Zeit, wann die Ukraine wieder russisch wird und die baltischen Staaten ins russische Reich einverleibt werden und diesmal aber gründlich, denn die kleinen Völker haben es genau wie die großen nicht verstanden, was Rußland war und auch geblieben ist.«[356)] Der Baron gab freilich nicht die Hoffnung auf, seinen Freund Canaris doch noch auf den Weg geheimer Verhandlungen zur Beendigung des Krieges führen zu können. War der Weg zu den Russen versperrt, so mußte einer zu den Westmächten gefunden werden.

Er ließ nichts unversucht, Canaris zu geheimen Kontakten mit Briten und Amerikanern zu bewegen. »Hier, wie auch in Amerika, ist die Einstellung zu Ihnen eher freundlich als feindlich«, schrieb Kaulbars am 25. Mai 1943 in einem Brief, der geschickt auf die besondere Eitelkeit von Canaris hin angelegt war. »Man steht auf dem Standpunkt, daß Sie sehr sachgemäß und pflichttreu Ihre großen und schwierigen Aufgaben erfüllten, die allgemeine Lage sehr gut übersehen könnten und keinen Dank bei der deutschen Führung dafür ernteten. Schon seit Beginn des Krieges hätten Sie große Differentzen [sic] mit dem Führer gehabt, dem Sie wahrgemäß über die tatsächliche Lage berichtet hätten. Da er Sie durch keinen anderen ersetzen konnte, mußte er Sie auch weiter auf diesem verantwortlichen Posten behalten.«[357)]

Was aber gebiete die Verantwortung im Amt, die Pflicht gegenüber dem Vaterland? Der baltische Baron kannte nur eine Antwort: handeln zum Wohle des Landes, sprechen mit dem Gegner. Und er wußte sogleich, was man in den britischen Kreisen darüber denke: »Auch in England wüßte man, daß Sie einer der wenigen Männer wären, mit denen man verhandeln könnte. Ihr Einfluß und Ihre Verbindungen wären so groß, daß Sie auch bei der schwersten Lage was erreichen könnten. Auch hier werden Sie für zu anständig gehalten und damit zu schwach, um rechtzeitig sich zurück zu ziehen.«[358)]

Das waren freilich nicht nur inhaltslose Schmeicheleien, sondern sie gaben durchaus zutreffend wider, was man zumindest in einer Gruppe der britischen und amerikanischen Geheimdienste über Canaris dachte. Für das Gros der alliierten Spione war er allerdings, wie der amerikanische Geheimdienst-Chronist R. Harris Smith festhält, »der böse Genius des Dritten Reiches, der Organisator der nationalsozialistischen Fünften Kolonnen in ganz Europa, die Geißel der alliierten Agenten und ihrer Freunde in der Resistance«.[359)] Die Führung der westlichen Geheimdienste hatte indes eine differenziertere Vorstellung von ihrem deutschen Gegenspieler. Vor allem der Chef des Secret Intelligence Service, Generalmajor Stewart Menzies, nach britischer Geheimdienst-Tradition kurz »C« genannt, machte sich ein sehr genaues Bild von Canaris.

Menzies sammelte jede Information über den Deutschen und rekonstruierte sich den Alltag von Canaris, wobei ihm zugute kam, daß er »eine fast hellseherische Fähigkeit besaß, Menschen abzuschätzen, die er nie gesehen hatte«, wie ein britischer Historiker berichtet.[360)] »C versteht Admiral Canaris besser, als er mich versteht«, stöhnte einmal ein Mitarbeiter von Menzies,[361)] und nicht selten geschah es, daß der SIS-Chef völlig zutreffend künftige Aktionen des Deutschen voraussagte. Und was Menzies dabei erkannte, nötigte ihm einen großen Respekt vor Canaris ab, sah er doch in seinem geheimdienstlichen Kaleidoskop einen artverwandten Kollegen, der trotz aller Widrigkeiten, trotz aller Unterschiede der Nation und Machtpolitik nicht weniger als er selber den heißen Wunsch hegte, diesen Krieg zu beenden.[362)] Seither war es für Stewart Menzies eine verlockende Vorstellung, diesem Mann persönlich gegenüber zu treten und mit ihm die rettende Friedensformel auszuhandeln – eine Utopie gewiß, aber eine, der sich ein Geheimdienstchef Seiner Britischen Majestät nicht zu schämen brauchte.

Canaris mag gespürt haben, daß auf der anderen Seite ein verwandter Geist wirkte, geprägt wie er von den Traditionen des Gentleman-Offiziers und den Denkkategorien der konservativ-aristokratischen Vor-Weltkrieg-

I-Gesellschaft. Ende 1942 ließ er dem SIS-Chef durch Mittelsmänner auf der Iberischen Halbinsel eine Botschaft zukommen, die den Briten zu einem Treff an einem neutralen Ort einlud.[363] Es war die Nachricht, auf die Menzies so lange gewartet hatte. Seine Phantasie gaukelte ihm schon einen phantastischen Plan vor: mit Hilfe von Canaris den Kriegsverbrecher Hitler zu stürzen, den Krieg abzukürzen und einen Versöhnungsfrieden zwischen den beiden verwandten Völkern zu ermöglichen.

Menzies war bereit, sich mit Canaris zu treffen. Die Landung der westlichen Alliierten in Nordafrika schien ihm eine gute Gelegenheit, den deutschen Abwehrchef irgendwo in Spanien oder Portugal zu sehen. Der General unterbreitete dem Foreign Office seinen Plan, doch die Diplomaten blockierten ihn sofort – »aus Furcht, die Russen damit zu provozieren«, wie Menzies nach dem Krieg erklärte.[364] »Das hätte Stalin sicherlich nicht gefallen«, kommentiert der Geheimdienstoberst Frederick Winterbotham, den Menzies damals ins Vertrauen zog, »aber warum wir solche Verrenkungen machen mußten, um die Leute zu besänftigen, die erklärtermaßen unsere Lebensordnung zerstören wollten und wollen, werde ich nie begreifen.«[365] Männer wie Menzies und Winterbotham mochten sich denn auch nicht mit dem Ukas des Foreign Office zufriedengeben. Sie hofften auf ein neues Zeichen von Canaris.

Das Foreign Office, dienstaufsichtführende Behörde des SIS, mißtraute dem eigenen Geheimdienstchef und schob allen künftigen Avancen von Canaris einen Riegel vor. Englands diplomatische Vertretungen im Ausland wurden angewiesen, Friedenssondierungen militärischer oder ziviler Personen des deutschen Widerstands automatisch zurückzuweisen.[366] Als der Rechtsanwalt und Diplomat Allen W. Dulles nach Bern zog, um dort die Europa-Zentrale des »Office of Strategic Services« (OSS), des neuen Geheimdienstes der Vereinigten Staaten, aufzubauen, ging ihm eine Warnung der britischen SIS-Vertretung zu: Vorsicht vor den Provokateuren deutscher Geheimdienste, die als sogenannte Widerstandskämpfer auftreten![367]

Und was die Befehle des Foreign Office noch nicht ganz schafften, bewirkten die historischen Entscheidungen der alliierten Staatsmänner: Im Januar 1943 einigten sich Franklin D. Roosevelt und Winston Churchill, mit keinen deutschen Widerständlern zu paktieren, sondern einzig und allein die »bedingungslose Kapitulation Deutschlands« herbeizuführen.[368] Menzies wußte augenblicklich, was dies praktisch bedeutete: den Kampf bis zur letzten deutschen Patrone, den Todesstoß gegen jedwede innerdeutsche Bewegung, die wohl Hitler und sein Regime beseitigen, aber doch wenigstens den in Jahrhunderten gewachsenen deutschen Staat erhalten wollte. Canaris – dessen war Menzies sicher – würde nie wieder eine Botschaft schicken.

Doch da geschah ein kleines Wunder: Gerade die Konferenz von Casablanca, die Forderung nach der bedingungslosen Kapitulation Deutschlands, spornte Canaris zu neuer Aktivität an. Jetzt war alles bedroht, was dieses Deutschland ausmachte, wofür Generationen gekämpft und gearbeitet, wofür Millionen auf den Schlachtfeldern ihr Leben gelassen hatten – er, Wilhelm Canaris, mußte handeln. Alle Lebensangst, alles Taktieren war von ihm für einen kurzen Augenblick abgefallen. Er fuhr los, um im Direktgang das Gespräch mit den westlichen Alliierten zu führen.

Da ihm der Weg zu den Briten verschlossen war, suchte er einen Kontakt zu den Amerikanern. Der Leiter der KO-Nebenstelle Istanbul, Hauptmann Paul Leverkuehn, bis zu seiner Einberufung zur Wehrmacht einer der wenigen international renommierten Rechtsanwälte Deutschlands, stellte eine Verbindung zu US-Kreisen her.[369] Leverkuehn hatte nach dem Ersten Weltkrieg in einem Gremium für die Regelung privater Kriegsschadensansprüche, der »Mixed Claims Commission«, in Washington gearbeitet und dabei auch den Anwalt William J. Donovan kennengelernt, der jetzt an der Spitze des US-Geheimdienstes stand.[370] Die Amerikaner in Istanbul kannten diese US-Verbindungen Leverkuehns und hatten einen ihrer Leute, einen Angestellten des United States War Information Service, an den Hauptmann herangespielt.[371]

Aus den Unterhaltungen mit dem Amerikaner und anderen Informationen wußte Leverkuehn, daß in Istanbul ein erzkonservativer US-Geheimdienstler saß, der darauf brannte, eine Gelegenheit zu bekommen, den unseligen Krieg zwischen den bürgerlichen Staaten zu beenden. Das war der Fregattenkapitän und Marineattaché George H. Earle, einer der wenigen Balkan-Kenner Amerikas und zudem ein recht einflußreicher Politiker: Freund Roosevelts, ehemaliger Gouverneur von Pennsylvania, Gesandter in Österreich und später in Bulgarien, Kommandant eines U-Boot-Jägers und seit Anfang 1943 als Balkan-Beobachter Roosevelts in der Türkei stationiert.[372] Als Leverkuehn hörte, daß Canaris eine Verbindung zu den Amerikanern suche, nannte er ihm Earle: zwei Seeoffiziere, zwei enragierte Antikommunisten – das konnte gutgehen.

Bei der Anbahnung des Kontakts hielt sich Leverkuehn freilich zurück und schob einen anderen Deutschen vor, der den Vorteil hatte, keine offizielle Position zu besitzen. Der Ex-Diplomat Kurt Freiherr von Lernsner, ehemaliger Leiter der Deutschen Friedensdelegation in Versailles 1919 und Freund des in Ankara residierenden Deutschen Botschafters Franz von Papen, hatte einmal als Legationsrat an der Deutschen Botschaft in Washington gewirkt und dabei die Freundschaft des damaligen Marinestaatssekretärs Roosevelt gewonnen.[373] So gab es für die beiden Roosevelt-Freunde Lernsner und Earle manches gemeinsame Gesprächsthema.

Die Herren verstanden sich so gut, daß Earle keine Bedenken hatte, auch einen guten Freund des Roosevelt-Freundes Lernsner zu empfangen: Canaris. Noch Ende Januar 1943 saß der Admiral dem Roosevelt-Konfidenten gegenüber und stellte ihm die Frage, ob er eine Möglichkeit sehe, daß sich die deutschen Gegner Hitlers mit den Westmächten verständigten, um den Krieg abzukürzen und alle Kräfte gegen die sowjetische Gefahr zu vereinigen.[374] Dazu gebe es, so Canaris' Argumentation, nur eine furchtbare Alternative: die Formel von der bedingungslosen Kapitulation, die Hitler instand setze, den Deutschen die fanatischste Kriegsanstrengung ihrer Geschichte abzuverlangen und damit den Krieg auf unabsehbare Zeit zu verlängern. Da dies auch nicht im Interesse der westlichen Alliierten liege, biete er, Canaris, im Namen der hinter ihm stehenden Kräfte eine Lösung an: Waffenstillstand nach Westen hin, Fortsetzung des Kampfes im Osten.[375]

Earle bekundete seine Sympathie und versprach, den Präsidenten von dem Vorschlag zu unterrichten. In der Zwischenzeit überließ es Canaris dem Freiherrn von Lernsner, Earle durch weitere Hinweise für seinen Plan zu interessieren. »Unser Freund Franklin Roosevelt ließ mich wissen, daß er jedes Angebot von mir sofort mit seinen Bundesgenossen aufs freundlichste beraten werde, da er mir aufs Wort glaube«, schrieb später Lernsner. »Ich wollte mit einem großen Amerikaner [Earle] von Stambul aus zu ihm fliegen. Der Papst, der Kardinalstaatssekretär Maglione, Nuntius Roncalli, Bischof Montini hatten jede Unterstützung zugesagt.«[376)]

Da kam Roosevelts Antwort auf den Canaris-Vorschlag: Der Präsident lehnte ab.[377)] Darauf setzte Canaris zu einem neuen Versuch an und bat Earle um ein weiteres Gespräch. Der Amerikaner wich aus – die Order aus Washington erlaubte ihm nicht, noch länger mit Canaris zu verhandeln.[378)] Canaris war enttäuscht, aber noch nicht entmutigt. Wieder spornte er Lernsner an, auf keinen Fall den Kontakt zu dem Amerikaner abreißen zu lassen.

Im Mai 1943 wartete der Freiherr bei Earle mit einem neuen Plan auf, der sich fast noch abenteuerlicher ausnahm als der Canaris-Vorschlag. Deutsche Heeresoffiziere, so verriet Lernsner dem amerikanischen Marineattaché, hätten den Plan ausgearbeitet, mit Hilfe einer Eingreiftruppe, die gerade im Bereich der Heeresgruppe Mitte in Rußland entstehe, das Führerhauptquartier überfallartig zu besetzen, Hitler zu verhaften und ihn schließlich an die westlichen Alliierten auszuliefern.[379)] Gemeint war die »Reiterabteilung Boeselager«, ein Kavallerieregiment in Stärke von etwa 3000 Mann unter dem Rittmeister Georg Freiherr von Boeselager, in dem Anti-Nazi-Verschwörer eine Art Verfügungstruppe für den Fall eines Staatsstreiches sahen.[380)]

Im Juni ließ Canaris Graf Moltke nach Istanbul reisen, wo er zwei ihm bekannten Professoren mit Verbindungen zum OSS einen Vorschlag machte, der sich wie eine Fortsetzung des Canaris-Plans las. Moltke regte an, einen deutschen Generalstabsoffizier nach England zu bringen, der die nötigen Kenntnisse habe, »um mit den Westalliierten die Öffnung der deutschen Westfront zu verabreden«, wie ein Historiker formuliert; die Ostfront hingegen sollte erhalten bleiben. Moltke verlangte – wiederum wie Canaris im Januar – die Rücknahme der Casablanca-Formel, was jedoch die beiden Professoren für utopisch hielten.[381)]

Immerhin waren die amerikanischen Gesprächspartner so interessiert, daß sich OSS-Chef Donovan persönlich einschaltete. Er ließ sich von seinem alten Freund Leverkuehn eine von diesem unterschriebene, auf dem offiziellen Papier der Deutschen Botschaft in Ankara getippte Erklärung zuspielen, in der sich Canaris' Vertreter im Namen der innerdeutschen Opposition verpflichtete, im Falle einer Frankreich-Invasion der westlichen Alliierten die deutschen Kommandeure zur Passivität anzuhalten.[382)] Donovan schien das so bedeutsam, daß er sich entschloß, noch einmal einen Vorstoß bei Roosevelt zu unternehmen.

Noch vor der Intervention Donovans war Canaris dazu übergegangen, seine Friedenskontakte zu erweitern. Ihm genügte nicht mehr, die Amerikaner nur von Istanbul aus anzusprechen. In den Hauptstädten der neutralen

Staaten Europas tauchten Beauftragte des Admirals auf, die Weisung hatten, gesprächsbereite Amerikaner und Briten auszumachen. Doch Canaris agierte vorsichtig und mißtrauisch. Der Vorschlag zu einem Gespräch brauchte nur falsch oder zu auffällig vorgetragen zu werden – und schon brach Canaris die Verbindung ab. Als der KO-Leiter in Stockholm, Oberstleutnant Wagner, am 20. April 1943 Canaris meldete, über schwedische Offiziere habe der britische Marineattaché, Captain Denham, »großes Interesse an einer Aussprache mit einem deutschen Herrn« bekundet, kritzelte der Abwehrchef auf den Bericht: »Obstlt. Wagner soll ablehnen. C.«[383]

Er konnte nur Mittelsmänner und Konfidenten gebrauchen, die abseits der offiziellen Vertretungen ihrer Länder arbeiteten und nicht auffielen. Und Canaris fand solche Männer: Neben dem Sonderführer Gisevius hielten der Vizekonsul Eduard Waetjen und der Abwehrhauptmann Theodor Strünck Kontakt zu dem OSS-Residenturleiter Dulles, der Berliner Rechtsanwalt Carl Langbehn suchte die Nähe des Dulles-Vertrauten Gero von Gaevernitz, der Ex-Diplomat und Doppelagent Hans-Eduard Riessner mühte sich um Erneuerung der abgebrochenen Beziehungen zu dem britischen Konsul Henry B. Livingston in Genf, und auch Max Egon Prinz zu Hohenlohe-Langenburg, deutscher Fürst, spanischer Großgrundbesitzer und liechtensteinscher Staatsbürger, ein Meister gepflegter Hinterzimmer-Gespräche, war dem Admiral gefällig.[384]

Besonders aussichtsreich waren die Kontakte zu den Alliierten in Spanien, und damit kehrte Canaris wieder dorthin zurück, wo so vieles für ihn begonnen hatte. »Canaris sagte mir, er sei so gut mit Franco bekannt, daß dieser jederzeit bereit sei, bei den Engländern zu vermitteln«, wußte später Oberst Georg Hansen, der Nachfolger Piekenbrocks.[385] Da Verbindungen zu den Briten noch fehlten, bat Canaris die Spanier um Hilfe. Spanische Diplomaten sprachen Vertreter Englands an und drängten sie zu Gesprächen mit den Deutschen. »Für uns«, schrieb später José Maria Doussinague, der Generaldirektor des spanischen Außenministeriums, »hatte die Lösung des Krieges immer darin bestanden, daß sich endlich unsere Auffassung durchsetzte, das nationalsozialistische Regime müsse gestürzt werden, ohne aber Deutschland zu zerstören. Und nun brachte uns der Prinz Hohenlohe den Beweis, daß dies nicht nur möglich, sondern sogar verhältnismäßig leicht sei.«[386]

Auch der Geheimdienst Spaniens assistierte, zumal er in der Schuld von Canaris stand: Die deutsche Abwehr hatte wiederholt Francos Sicherheitsorgane auf die Spur regimefeindlicher Gruppen gebracht.[387] Kein Wunder, daß Francos Diplomaten und Geheimdienstler keine Bedenken zeigten, Botschaften des Admirals Canaris an das gegnerische Lager weiterzugeben. Im Sommer 1943 hatte der Abwehrchef endlich sein erstes Ziel erreicht: Die Generale Menzies und Donovan signalisierten ihrem deutschen Kollegen, daß sie zu einem Treff in Spanien bereit seien. Kurz darauf trafen sich die Geheimdienstchefs in Santander.[388]

Es muß ein merkwürdiger Anblick gewesen sein, dieses geheime Zusammentreffen der drei Männer, die über die gefährlichsten Spionageapparate der damaligen Zeit geboten. Canaris trug Menzies und Donovan seinen Friedensplan vor, der noch immer das alte Schema enthielt: Waffenstillstand im Westen, Beseitigung oder Auslieferung Hitlers, Fortführung des Krieges im

Osten. Der Brite erhob kaum Einwände, auch der gröbere Donovan beugte sich der Logik des deutschen Admirals – wie fern waren doch schon die Tage, in denen sie beide, der Amerikaner und der Deutsche, mit seltsam verkehrter Front auf dem Balkan gegeneinander Krieg geführt hatten. »Donovan, sein englischer Kollege und C[anaris]«, erzählt der ehemalige Abwehroffizier F. Justus von Einem, der in Santander dabei war, »wurden auf Basis des Vorschlags von C. einig. Es war mein aufregendstes Erlebnis als Mitarbeiter im Stabe von C.«[389]

Doch der Pakt der Spionagechefs hielt nicht lange. Präsident Roosevelt rief den eigenmächtigen OSS-Chef zur Ordnung, und auch der Leiter des Secret Intelligence Service hatte Mühe, seine verbotene Reise nach Spanien vor dem Foreign Office zu bagatellisieren.[390] Roosevelt verbot jeden weiteren geheimen Umgang mit deutschen Unterhändlern. Donovan und Menzies werden kaum anders gedacht haben als der amerikanische Marineminister James Forrestal, der eines Tages im Weißen Haus den wegen einer neuerlichen Canaris-Offerte angereisten Earle traf. Forrestal: »Mein Gott, George, Sie und ich und Bill Bullitt sind doch die einzigen um den Präsidenten, die wissen, was die Russen eigentlich wollen.«[391]

Canaris aber sah sich aller Hoffnungen auf einen letzten Ausweg aus dem Krieg beraubt. Er mußte sogar befürchten, daß die Konkurrenten im Reichssicherheitshauptamt sein geheimes Zusammenspiel mit den Konfidenten der Alliierten zu einem tödlichen Schlag gegen ihn ausnutzen würden. Denn Canaris' Geheimkontakte waren zumindest dem SD-Chef Schellenberg nicht verborgen geblieben: Er versuchte selber auf seine opportunistisch-kaltblütige Art, Hitlers sinkendes Schiff zu verlassen – seine Agenten saßen ebenfalls in den Vorzimmern von Dulles, er bediente sich oft der gleichen Mittelsleute wie Canaris.[392] Der Prinz von Hohenlohe stand auch in seiner V-Mann-Kartei, Langbehn reiste auch in seinem Auftrag zu amerikanischen Geheimdienstlern.[393] Wie leicht konnte da Schellenberg dem alternden Abwehrchef ein Ende bereiten!

Indes, Canaris sah in die falsche Gefahrenecke. Nicht vom RSHA kam die stärkste Bedrohung, sie ereilte ihn aus den eigenen Reihen. Der letzte Akt im Lebensdrama des Abwehrchefs hob an.

12 Der Sturz

Anfang 1943 meldeten sich zwei Männer im Vorzimmer von Canaris, die ihn dringend zu sprechen wünschten. Der Name des einen Besuchers genügte, den beiden sofort die Tür zum Chefzimmer zu öffnen: SS-Sturmbannführer und Oberregierungsrat Hartmut Plaas, Leiter der Abteilung Innenpolitik im Forschungsamt, gehörte zu den ältesten Vertrauten des Admirals Canaris. Abwehrchef und SS-Mann kannten sich aus gemeinsamen Freikorpstagen, in denen Plaas als Adjutant des Marinebrigadeführers Ehrhardt engen Kontakt zu Canaris gehalten hatte.[1]

Sie hatten alle einmal im gleichen politischen Lager gestanden: der Kapitänleutnant Canaris, Organisator und Finanzier rechtsradikaler Wehrverbände, der Leutnant a. D. zur See Plaas, 1922 wegen Beihilfe zur Ermordung Walther Rathenaus zu zwei Jahren Haft verurteilt, der Leutnant a. D. zur See Franz Liedig, der seinen Kommandeur Ehrhardt gewaltsam aus der Gefängniszelle befreite, und der Freikorps-Propagandist Friedrich Wilhelm Heinz.[2] Nach der NS-Machtübernahme waren sie politisch getrennte Wege gegangen. Heinz und Liedig hatten sich schon frühzeitig dem Widerstand angeschlossen, Canaris und Plaas sich hingegen angepaßt, bis auch sie Entartung und Tyrannei des Regimes in das Lager der NS-Gegner führten.

Das Schicksal bedrohter Regimegegner führte Canaris und Plaas in letzter Zeit häufiger zusammen, denn der Oberregierungsrat wußte oft, wer von der Gestapo bespitzelt wurde. Ging es um telefonische Überwachung eines Verdächtigen, so mußte das Reichssicherheitshauptamt beim Forschungsamt die entsprechende Telefonkontrolle beantragen, da die Gestapo selber keine Abhöranlagen besaß. Auf solche Art hatten Plaas und Canaris auch erfahren, daß ihr Freund Ehrhardt, der auf seinem Gut im österreichischen Brunn am Walde mit der ihm eigenen Unvorsichtigkeit Polterreden gegen das NS-Regime hielt, von der Gestapo bespitzelt wurde.[3]

Canaris und Plaas hatten daraufhin wiederholt bei Himmler interveniert. In einem Beobachtungsbericht des Geheimen Staatspolizeiamtes vom Dezember 1941 hieß es denn auch, Plaas habe versichert, Ehrhardt »stehe der SS ganz besonders sympathisch gegenüber und schätze den Reichsführer-SS sehr«, und es fehlte auch nicht der Hinweis in den Akten, »daß Ehrhardt noch heute mit Admiral Canaris in enger Verbindung steht«.[4] Das bewahrte schließlich Ehrhardt vor weiteren Belästigungen durch die Gestapo. Notiz Himmlers an das zuständige Referat in der Prinz-Albrecht-Straße: »Nicht erforderlich, irgendwelche Maßnahmen gegen Ehrhardt zu ergreifen.«[5]

Doch diesmal ging es Plaas nicht um die Sicherheit seines alten Chefs, auch nicht um ein paar Tips aus den Telefonüberwachungsanträgen des RSHA. An diesem Januartag des Jahres 1943 ging es ganz elementar um Leben oder Tod, und Wilhelm Canaris sollte noch in letzter Minute verhindern, daß die Häscher der Gestapo einen Menschen auf jenen Weg trieben, der mit roboterhafter Automatik in den Gaskammern und Todesfabriken des deutschen Rassismus endete.

Plaas' Begleiter, der Publizist Franz Josef Furtwängler, Mitarbeiter im Sonderreferat Indien des Auswärtigen Amtes, erläuterte Canaris, was sie zu ihm geführt hatte. Sie hätten, so erzählte Furtwängler, einen jüdischen Freund, der 1938 Deutschland ganz legal verlassen habe und nach Holland ausgewandert sei; dort habe er sich eine neue berufliche Existenz geschaffen, die zunächst auch nicht von den ins Land gekommenen deutschen Besatzungsbehörden tangiert worden sei. Jetzt aber drohe ihm Übles, wie Tausende anderer holländischer Juden solle er den verruchten »gelben Stern« anlegen und nach Polen deportiert werden. Und dann kam Furtwänglers entscheidende Frage: ob der Admiral, wie schon in früheren Fällen, den jüdischen Freund in die Dienste der Abwehr nehmen könne, um ihn so vor dem sicheren Tod zu retten.[6)]

Kaum aber hatte Furtwängler seine Bitte vorgetragen, da »erlebten wir etwas Niederschmetterndes«, wie er sich später erinnerte.[7)] Canaris erklärte, er könne nicht helfen. »Der Chef der Abwehr«, so berichtet Furtwängler, »gestand uns offen, er sei so ziemlich ›eingekreist‹. Himmler sei im Begriff, endgültig das Rennen zu machen, und er, der Admiral, habe nicht mehr die Macht, einen Menschen zu schützen oder ihn für seine Dienste zu ›requirieren‹.«[8)]

Enttäuscht, ja entsetzt sahen die beiden Besucher auf den Mann, der mit immer leiserer Stimme seine ganze Verzweiflung artikulierte und physisch völlig erschöpft wirkte. Der Abwehrchef war kaum wiederzuerkennen. Das Gesicht schien eingefallen und übernächtigt, der Blick verschleiert, die Zigarre in den Fingern seiner rechten Hand vibrierte; offenbar trank er jetzt auch mehr als früher. War das noch der listenreiche Taktiker im deutschen Kompetenzdschungel, der »Fuchs unter den Bären der preußischen Militärhierarchie«, als den ihn einmal Furtwängler gesehen, der »Vater der Geächteten«, wie ihn der Canaris-Freund Otto Wagner gerne nannte?[9)]

Canaris hatte oft bedrängten Menschen geholfen, selten war ein Ruf nach Hilfe und Rettung bei ihm ungehört verhallt – vorausgesetzt, die gewünschte Hilfeleistung brachte ihn und die Abwehr nicht in einen offenen, frontalen Gegensatz zum Regime. Vor allem jüdische Menschen hatte Canaris durch manches verschlungene Manöver vor dem Untergang in den deutschen Massenmordfabriken bewahrt. Zahlreiche Juden oder »Halbjuden« trugen auf Canaris' Betreiben Wehrmachtuniformen, zumindest aber Papiere der Abwehr, sichere Garantien gegen einen Zugriff der Gestapo. Die Rettung von 500 holländischen Juden durch die Abwehrstelle Den Haag im Mai 1941, nur möglich dank der Genehmigung von Canaris, war unvergessen, und noch im Spätsommer 1942 hatte der Abwehrchef eine besonders gewagte Rettungsaktion in Szene gesetzt: die Ausreise von zwölf alten Berliner Juden, die zuvor der Gestapo als V-Männer der Abwehr für künftigen Einsatz in den USA angegeben worden waren.[10)]

Doch das war nun vorbei, Canaris mochte oder konnte nicht mehr helfen. Zur Erläuterung seiner Haltung nannte er ein Motiv, das scheinbar alles erklärte: die wachsende Macht Himmlers und seines Polizeiapparates. Die

Erklärung des Admirals beeindruckte Furtwängler so nachhaltig, daß er noch später – als Schriftsteller ohnehin zu einer literarischen Überhöhung der Wirklichkeit neigend – der Szene im Canaris-Büro so etwas wie tragische Endgültigkeit beimessen wollte. Für Furtwängler stand fest: »Canaris war im Begriff, sein letztes Gefecht um die Selbstbehauptung der Preußenarmee gegen die ›nationalsozialistische Revolution‹ zu verlieren.«[11]

Furtwängler entging dabei freilich wie so manchem späteren Historiker, daß nicht allein die Macht des SS/Polizei-Imperiums Canaris in Nervosität und Unsicherheit versetzte. Gewiß, der schier unaufhaltsame Machtzuwachs von Himmlers vielgliederigem Apparat war unverkennbar: Der Reichsführer-SS zimmerte sich mit seinen Polizisten, Geheimdienstlern, Bürokraten und Soldaten ein eigenes Reich, eine Art Gegenmacht, die zusehends danach trachtete, von Staat und Partei unabhängig zu werden. Himmler kontrollierte Polizei und Sicherheitsdienste, er war Herr über die gesamte Volkstums- und Rassenpolitik des Regimes, seine Beauftragten saßen in Wirtschaft und Diplomatie, in Besatzungsbehörden und Staatsverwaltung, seine Waffen-SS wuchs zu einem ernsthaften Konkurrenten der Wehrmacht heran, und die Zeit war nicht mehr fern, in der er auch das äußere Zeichen innerdeutscher Macht, den Posten des Reichsinnenministers, an sich reißen würde.

Auch die Abwehr bekam die verstärkte Macht der Konkurrenz deutlich zu spüren. Canaris hatte, zumindest in den besetzten Westgebieten, die Kontrolle über die Geheime Feldpolizei an das Reichssicherheitshauptamt abgeben müssen, und auch die Monopolstellung auf dem Gebiet der Gegenspionage, traditionelle Domäne des militärischen Geheimdienstes, hatte die Abwehr verloren. Und an der Spitze des SD agierten politisch fanatisierte Geheimdienstreformer, die der Abwehr immer unverhüllter zu verstehen gaben, daß die Tage eines autonomen militärischen Erkundungsdienstes gezählt seien.

Gleichwohl war es weniger die Übermacht der SS als die Schwäche der Abwehr, die Canaris fürchtete. Wäre die Abwehr eine starke und erfolgreiche Organisation gewesen, so hätte die Rückendeckung durch die noch halbwegs intakte Wehrmachtführung genügt, die Führungsansprüche der anderen Seite abzuweisen. Eben dies aber fehlte der Abwehr: innere Geschlossenheit, Erfolgserlebnisse, Hoffnung auf ungestörte Zukunft. Canaris war zu klug, um sich nicht selber einzugestehen, daß er einem unsicheren, sich immer mehr zersetzenden Unternehmen vorstand.

Der Zerfall der Abwehr schien kaum noch aufzuhalten. Was Gestapo und SD noch nicht offiziell beanspruchten, machten der Abwehr andere Rivalen streitig. Jodls Wehrmachtführungsstab verlangte den Befehl über die Haustruppe der Abwehr, die »Brandenburg«, die nach verlustreichen Kämpfen an der Ostfront seit Anfang 1943 neu aufgestellt wurde, und die Feindlagebearbeiter des Heeresgeneralstabes spielten mit der Idee, die nur noch in loser Verbindung mit dem Tirpitz-Ufer operierenden Frontkommandos der Abwehr an sich zu ziehen und mit ihnen einen eigenen, nur dem Heer unterstehenden Erkundungsdienst zu schaffen.[12] Auch Luftwaffe und Marine verstärkten ihre Aufklärungsstellen, um von der mangelhaft arbeitenden Abwehr unabhängig zu werden.

In der Tat bewies so manche Schlappe, daß die Abwehr trotz gelegentlicher hervorragender Einzelleistungen ungenügend arbeitete. Der sowjetische Aufmarsch im Raum Stalingrad war von der Abwehr nicht rechtzeitig erkannt worden, und von der Landung der britisch-amerikanischen Truppen in Nordafrika im November 1942 war die Abwehr völlig überrascht worden.[13] Es hätten der Abwehr zwar, urteilten die Analytiker der Seekriegsleitung, auch Meldungen über das Nordafrika-Unternehmen vorgelegen, aber zugleich habe der Gegner die Abwehr mit so vielen Nachrichten über Landungsabsichten in anderen Gegenden überschüttet, »daß keiner dieser Nachrichtenkomplexe so bestimmt gewertet wurde, wie es für die Vorbereitung einer langfristigen Abwehr der feindlichen Operation erforderlich gewesen wäre«. Resultat: »In diesem Nachrichtenkampf haben wir die Partie verloren.«[14]

Noch katastrophaler waren die Fehlschläge, die Canaris und seine Führungsoffiziere gar nicht erkannten. So blieb ihnen verborgen, daß die gesamte England-Organisation der Abwehr längst von der britischen Spionageabwehr enttarnt und umgedreht worden war. Fast alle Meldungen, die das Tirpitz-Ufer aus England erhielt, stammten in Wahrheit aus den Fälscherwerkstätten des Secret Intelligence Service – die Falschmeldungen sollten noch am Vorabend der alliierten Invasion in Frankreich im Sommer 1944 eine für die Deutschen verhängnisvolle Rolle spielen.[15]

Nicht einmal die Sabotage-Unternehmen, lange Zeit spektakulärste Zeichen guter Abwehrarbeit, mochten noch gelingen. Der Versuch, acht Saboteure der Abwehr im Juni 1942 in den USA an Land zu setzen (»Unternehmen Pastorius«), scheiterte schon im Ansatz, weil ihr Anführer die Aktion an die amerikanische Spionageabwehr verriet,[16] und auch die Kodenamen anderer Unternehmen wurden zu Synonymen geheimdienstlichen Versagens: »Unternehmen Weisdorn« (Inszenierung einer Volkserhebung in Südafrika), »Unternehmen Tiger« (Aufwiegelung Afghanistans und Westindiens gegen die Briten), »Unternehmen Schamil« (Anzettelung eines antisowjetischen Aufstandes im Kaukasus) – keine Aktion gelang.[17]

»Wieder einmal hat uns Canaris durch seine Unvernunft und Unbeständigkeit sitzenlassen«, schimpfte Jodl nach dem nordafrikanischen Debakel.[18] Die Kritik wurde so heftig, daß Canaris nur noch selten ins Führerhauptquartier fuhr; meist überließ er es Bürkner, dessen Auslandsabteilung inzwischen zur Amtsgruppe erhoben worden war, das Amt zu vertreten, was Canaris nicht hinderte, sich über die blauäugige Hitler-Gläubigkeit seines Delegaten zu mokieren.[19] Canaris-Freunde erzählten gerne die Geschichte, nach der Bürkner einmal zugesehen habe, wie im Lageraum des Führerhauptquartiers die Karte mit den roten Steckfähnchen (für sowjetische Verbände) und mit den blauen (für deutsche Verbände) versehen worden sei und ihn dabei die Befürchtung befallen habe, Hitler könne an so massiver Häufung der sowjetischen Kräfte Anstoß nehmen. Bürkner: »Ach, machen Sie doch nicht so viel rot auf die Karte.«[20]

Jetzt rächte sich bitter, daß die Hektik der Hitlerschen Eroberungspolitik und die Eigenheiten von Canaris' Amtsführung keinen leistungsintensiven Geheimdienst hatten entstehen lassen. Der »aufgedunsene Abwehrapparat mit seinem gegenseitig rivalisierenden, intrigierenden und oft auch denunzierenden, durch unterschiedliche politische Einstellung zerrissenen Offizierkorps« (so ein ehemaliger Abwehroffizier) fand nicht die Kraft zur Reform.[21] Der Abwehrchef sah keinen Ausweg: Fatalist, der er war, ohne Glauben an eine Zukunft, gewohnt, Aufträge mechanisch auszuführen, ließ Canaris seinen Apparat ins Abseits gleiten.

Je dürftiger aber das Meldungsaufkommen der Abwehr wurde, desto hemmungsloser plusterte sie sich zu einer Mammutorganisation auf, die sich freilich oft nur noch wie im Leerlauf bewegte. Die Abwehr beschäftigte mehr Referenten als Agenten, zudem war das Leistungs- und Bildungsniveau mancher Abwehroffiziere »erschreckend gering«, wie ein Fachmann urteilt.[22] Den Abwehroffizieren, meist aktivierten Reserveoffizieren aus spionagefremden Zivilberufen, fehlte oft gediegenes militärisches Wissen, das ihnen erst ermöglicht hätte, Bedeutung und Wert von Informationen zu erkennen, ganz zu schweigen von den »Kasemattenbären«, wie im Landserjargon die alten, noch einmal eingezogenen Herren im Pensionsalter hießen, die in irgendeiner abgelegenen Dienststelle der Abwehr vegetierten.

Und wie in der Zentrale, so sah es auch in den ferngelegenen Abwehrstellen, Kriegsorganisationen, Nebenstellen und Meldeköpfen aus: Militärbürokratische Routine, geringe Leistungen, erstarrte Geheimdienstritualien bestimmten ihren Alltag. Da die Zentrale (und das hieß in erster Linie: Canaris) die Arbeit der Abwehrstellen und KO kaum mehr überprüfte, wurden manche von ihnen zu Tummelplätzen menschlicher Eitelkeiten. Die von der Zentrale großzügig bemessenen Spesen und Agentenhonorare erlaubten vielerorts einen exotischen Lebensstil, und so mancher erlag den Verlockungen, die von attraktiven Frauen, reizvollen Verbindungen zur Geschäftswelt und unverhüllten Angeboten gegnerischer Geheimdienste ausgingen.

Die KO Portugal, Startbasis der England-Agenten des deutschen Geheimdienstes, war berühmt ob ihrer »großen Gelage, die bis in die späte Nacht andauerten«, wie sich der Oberstabsintendant Max Franzbach erinnert. »Da gab es wirklich alles, was man sich vorstellen konnte. Diese Feste wiederholten sich ständig. Man hatte kaum Zeit zum Schlafen.«[23] Als die Geliebte eines KO-Leiters mit ihrem Freund ins Reich zurückfuhr, hatte sie sich in knapp drei Jahren 40 Paar Schuhe und so viele Wertsachen erworben, daß ein Lastwagen nicht ausreichte, das Gut abzutransportieren.[24] Mancher Offizier einer KO oder Abwehrstelle im Ausland hatte seine Frau – was streng verboten war – heimlich nachkommen lassen, und nicht wenige spanische, portugiesische, französische oder türkische Favoritinnen von Abwehroffizieren teilten mit ihren Freunden die Dienstgeheimnisse der Abwehr.

Nicht selten führten Frauen das Regiment über eine Abwehrstelle – wie die legendäre »Mausi«, die Sekretärin, Geliebte und spätere Ehefrau des Lissaboner KO-Leiters Ludwig Kremer von Auenrode, die allzeit zu hofieren hatte, wer auf diesem wichtigen Außenposten der Abwehr etwas werden wollte, oder ihre nicht weniger berühmte Kollegin Fehleisen, Frau des in Algeciras residierenden Abwehrnebenstellenleiters Fritz Kautschke, die häufig im deutschen Geheimdienst Verwirrung stiftete, weil sie wichtige Papiere in ihrer Kaffeemaschine versteckt oder den Schlüssel des Safes der Dienststelle verlegt hatte.[25]

Selbstverständlich gehörte es zum guten Ton einer KO, sich Hunde zu halten – das Beispiel des »hohen C« wirkte bis in die fernsten Winkel nach. Bei Besuchen des Admirals war es ratsam, einen Hund zum richtigen Augenblick auftreten zu lassen; sein Anblick heiterte Canaris meist sofort auf. Zuweilen wurden Hunde freilich auch zur Bewachung herangezogen. Der britische Geheimdienst, der den deutschen Abwehrfunk abhörte, rätselte lange, wer der geheimnisvolle V-Mann »Axel« war, dessen Entsendung zu dem in Algeciras sitzenden Agenten Karbe (Deckname: »Cäsar«) in zahlreichen Meldungen angekündigt wurde. Die Briten bekamen erst eine Ahnung, als ein Funkspruch warnte: »Vorsicht vor Axel. Er beißt!« Die Warnung kam zu spät. Algeciras funkte zurück: »Cäsar ist im Hospital. Axel hat ihn gebissen.«[26]

Zum Bild der Abwehrstellen gehörten auch jene zunehmend auftretenden V-Männer und Agentenführer, die der deutsche Branchenjargon »Schaumschläger« nennt: Informanten, die keine »Quellen« haben, sie vielmehr erfinden. Umstrittenster Informant der Abwehr war wohl der in Lissabon agierende Abwehroffizier Paul Fidrmuc, der eine ND-Organisation namens »Ostro« aufbaute, die ihm ermöglichte, die Wehrmachtführung mit zahlreichen Militärinformationen aus England, den USA und Kanada zu beliefern. Ostro beunruhigte den Gegner derart, daß der Secret Intelligence Service seine besten Agenten zur Aufklärung nach Lissabon schickte; sie entdeckten allerdings rasch, daß die scheinbar so gefährliche Spionageorganisation nur aus einem fleißigen Mann bestand, der an seinem Schreibtisch phantasievoll die geheimsten Panzerschränke der alliierten Generalstäbe knackte.[27]

Fast jede Abwehrstelle und KO hatte ihre Schaumschläger. Selten war allerdings, daß eine Dienststelle der Abwehr nur aus Schaumschlägern bestand, wie der Meldekopf Athen, den ein zur Abwehr eingezogener Professor der Orientalistik und dessen Freund, der nach dem Zweiten Weltkrieg noch zum bundesdeutschen Botschafter aufstieg, geschaffen hatten: Sie bedienten die Abwehrzentrale mit V-Mann-Berichten über den Nahen Osten, die ebenso erfunden waren wie die Agenten und Zuträger, deren sich der Meldekopf rühmte.[28]

Bei so orientalischem Treiben wurden nicht unwesentliche Teile der Abwehr zu einem Selbstbedienungsladen, zu einem Labyrinth vielfältigster Interessen und Cliquen, in dem Korruption und Nepotismus gediehen. Canaris war nicht der Mann, gegen korrupte Elemente eisern durchzugreifen; seine papierenen Ermahnungen zu finanzieller Sauberkeit fruchteten wenig – er selber vertuschte manche Korruptionsaffäre und sah allzu oft weg, wenn Offiziere in den Abwehrstellen oder gar in der Zentrale großzügigsten Gebrauch von Reisekostenabrechnungen, Kreditbriefen, Auslandsreisen und Spesen machten.

Der Abwehrchef, der sich gerne in einer Sondermaschine die frischen Erdbeeren von Aranjuez (Spanien) einfliegen ließ, bedachte seine Favoriten mit ansehnlichen Geschenken aus der Abwehrkasse (Fidrmuc erhielt einmal eine brillantenbesetzte Tabaksdose aus dem Besitz Napoleons) und gab seinen Zahlmeistern kaum Rückenschutz, die über die fehlenden Abrechnungen von Dienstreisen hoher Abwehroffiziere klagten.[29] Einem Militärrichter gegenüber beschwerte sich allerdings Canaris einmal, in seinem Amt geschehe manches, von dem er nie etwas erfahren habe, und durch diese Ahnungslosigkeit habe er »schon früher erheblichen Ärger gehabt, wobei er eine größere Geldschiebung von Venedig nach Kroatien erwähnte«.[30] An Korruptionsaffären im Abwehrapparat mangelte es nicht:

Da gab es Offiziere bei der Abwehrstelle München, die einen schwungvollen Schmuggel mit Devisen, Teppichen und Gemälden an den Grenzen des Reiches betrieben, da gab es Referenten in der Abwehrzentrale, die ihre Frauen auf Auslandsreisen mitnahmen und sich gegen Freistellung reicher Geschäftsleute vom Wehr- und Kriegsdienst lukrative Kredite einhandelten.[31] Zahlmeister und Unteroffiziere der KO Bulgarien seien eine »Schieberbande allerersten Ranges« gewesen, beobachtete einer ihrer Mitarbeiter, und im slowakischen Finanzministerium stapelten sich die Akten einer staatsanwaltschaftlichen Untersuchung, die sich mit den grenzüberschreitenden Schiebungen deutscher Abwehrstellen beschäftigte.[32]

Und überall saßen in der Abwehr Freunde und Verwandte, die wiederum anderen Freunden und Verwandten halfen. Der Abwehrhauptmann Schulz hatte seinen Schulfreund Ivar Lissner in der Abwehr untergebracht, der Oberstintendant Martin Toeppen protegierte die beiden jugoslawischen Brüder Dusco und Ivo Popov, ohne freilich zu wissen, daß sie für die andere Seite arbeiteten, der Abwehrhauptmann Schmidhuber hatte seinen Sekretär Ickrath und seinen Freund Müller in die Ast München geschleust, Dohnanyi war es geglückt, seinem Schwager Dietrich Bonhoeffer Abwehraufträge zu verschaffen und seinen Jugendfreund Delbrück im Vorzimmer unterzubringen.[33] Selbst Canaris hatte Platz für Verwandte geschaffen; sein Neffe Heinz Canaris saß in der KO Spanien, dort freilich »nur als Neffe des Admirals Canaris geduldet, er war keine besondere Leuchte« (so sein ehemaliger Verwaltungschef), auch eine Canaris-Nichte, Fräulein Spindler, arbeitete in der Madrider Dienststelle, eine andere als Sekretärin in der KO Portugal.[34]

Die Abwehr galt bei ihren westlichen Gegenspielern als so korrupt, daß der Secret Intelligence Service seine Infiltrationsagenten dort ansetzte, wo die Abwehrstellen den Verlockungen des süßen Lebens besonders ausgesetzt waren: in Lissabon, Madrid, Istanbul und an anderen Plätzen des östlichen Mittelmeers. Die KO Lissabon war praktisch schon vom britischen Geheimdienst unterwandert, und auch in Istanbul bereiteten sich Abwehrmänner zum Absprung auf die britische Seite vor.[35] Die KO Madrid wiederum war den Briten kein Geheimnis mehr, wie der britisch-sowjetische Doppelspion Kim Philby rühmt: »Wir kannten die Namen, Pseudonyme, Adressen, Tarntätigkeiten und wirklichen Tätigkeiten der meisten Außenstellen, wie Barcelona, Bilbao, Vigo, Algeciras usw.«[36]

Die »Unfähigkeit und Korruption der deutschen Abwehr« (so John Masterman, einer der maßgeblichen Männer der britischen Gegenspionage) war fest in die Pläne des SIS einkalkuliert, und oft erschreckte Englands Geheimdienstler die Aussicht, in der Abwehr könnten »neue Besen vieles, an dessen Erhaltung uns gelegen war, hinwegfegen«, wie Masterman nach dem Krieg offen gestand.[37] Neben Canaris und seinen Offizieren befürchtete vor allem der Secret Intelligence Service einen »Zusammenbruch der Abwehr, mit der – oder auch gegen die – wir zu arbeiten gelernt hatten«.[38]

Wehe aber, wenn solche Mißstände zur Kenntnis der Gestapo und des SD gelangten! Dann war es um die Abwehr geschehen, dann konnte niemand und nichts mehr den militärischen Geheimdienst vor der Liquidierung durch die skrupellosen Apparatschiks des RSHA retten. Canaris war sich bewußt, daß eine gut vorbereitete Aktion der Gestapo für die Abwehr tödlich werden konnte. Und genau diese Aktion mußte er jetzt befürchten, denn seit Wochen saß vor den Verhörscheinwerfern der Geheimen Staatspolizei ein Offizier, der über Korruption und Nepotismus in der Abwehr wahrscheinlich mehr wußte als jeder andere Angehörige des militärischen Geheimdienstes: Major Wilhelm Schmidhuber, V-Mann der Abwehrstelle München.

Mehr noch als Canaris mußte freilich Hans Oster von dem Fall Schmidhuber alarmiert werden, hatte doch der Major an den Staatsstreichvorbereitungen des Oster-Kreises 1939/40 teilgenommen. Bedenklicher noch: Schmidhuber hatte im Mai 1940 in Rom die ihm von dem Oster-Konfidenten Josef Müller übermittelten Angriffsdaten des deutschen Westfeldzuges an den Vatikan und damit an die Westmächte weitergegeben. Wenn ein solcher Mitwisser plauderte, dann war mit dem Schlimmsten zu rechnen.

Für Oster konnte die Verhaftung Schmidhubers zu keinem unglücklicheren Zeitpunkt erfolgen: Zum erstenmal seit 1940 sah Oster, inzwischen Generalmajor geworden, wieder eine Chance, den Untergang des Vaterlandes zu vermeiden, war er sicher, daß sich genügend entschlossene Männer fanden, die Hitler und sein Regime beiseite fegten. Canaris mochte an den neuen Plänen, die er für Utopien hielt, nicht mehr mitwirken, doch Oster hatte energische Bundesgenossen gefunden.

Sie saßen im Stab der Heeresgruppe Mitte, die in Rußland kämpfte. Von ihnen hatte Oster zum erstenmal 1941 durch einen Freund, den Rechtsanwalt Fabian von Schlabrendorff, gehört, einem alten Anhänger des Widerstands, der als Offizier bei der Heeresgruppe diente; Schlabrendorff erzählte Oster, im Stab dieser Heeresgruppe habe sich eine Offiziersfronde gebildet, die bei nächster Gelegenheit gegen das Regime losschlagen wolle.[39] Ihr Führer sei der Erste Generalstabsoffizier der Heeresgruppe, Oberst Henning von Tresckow, der zu härtesten Konsequenzen entschlossen sei.[40]

Tresckow hatte aus der Tatsache, daß bis dahin kein führender Soldat zum Putsch gegen Hitler bereit gewesen war, seine eigenen Lehren gezogen. Solange Hitler lebte, folgerte der Oberst, würde kein prominenter General die Hand gegen das Regime rühren; die Scheu vor dem Hitler-Mythos und der mit pseudoreligiösen Inhalten angereicherte Soldateneid lähmten die Militärs. Es gab nur ein Mittel, das Dilemma der Soldaten zu beseitigen: Hitler mußte ermordet werden.

Oberst von Tresckow gab seinem Stab Auftrag, den Plan eines Hitler-Attentats auszuarbeiten. Drei Möglichkeiten boten sich an: Erschießung durch einen Einzelattentäter, Sprengstoffanschlag durch eine Gruppe, Überfall auf das Führerhauptquartier. Tresckow entschied sich für ein Sprengstoffattentat, auszuführen entweder während einer Reise Hitlers oder im Führerhauptquartier.[41] Der Ic-Offizier der Heeresgruppe, Oberstleutnant Freiherr von Gersdorff, fand geeignetes Sprengmaterial, während andere Offiziere die beste Gelegenheit zu einem Attentat auskundschafteten.[42]

Doch was sollte geschehen, wenn der Anschlag auf Hitler gelang? Die

Verschwörer konnten nicht erwarten, daß nach Hitlers Tod die Fronttruppen automatisch auf die Seite der Putschisten treten würden. Man benötigte Verbände, mit denen man dem zu erwartenden Gegenschlag der regimetreuen Kräfte zuvorkommen konnte. Tresckow schwebte die Aufstellung einer Verfügungstruppe bei der Heeresgruppe Mitte vor (daraus wurde später die Reiterabteilung Boeselager), doch das reichte nicht. Das große Unternehmen hatte nur Aussicht auf Erfolg, wenn sich im Reich nennenswerte Kräfte dem Putsch anschlossen. Und das war die Stunde gewesen, in der sich Tesckow mit Oster verband.

Tresckows Anstrengungen ermunterten Oster, wieder selbst Pläne für einen Staatsstreich zu entwerfen. Auch in Berlin hatte er einen neuen Bundesgenossen gewonnen: den General der Infanterie Friedrich Olbricht, der im Oberkommando des Heeres als Chef des Allgemeinen Heeresamtes auf einem Schlüsselposten saß. Gemeinsam mit Olbricht kombinierte nun Oster seine alten Putschvorstellungen mit denen Tresckows.[43] Es entstand das strategische Muster, nach dem später der Putsch des 20. Juli 1944 ablaufen sollte: Der »Initialzündung« des Hitler-Attentats folgt die Besetzung aller wichtigen Positionen im Reich und in den besetzten Gebieten.

Ende März 1942 konstituierte sich in der Berliner Wohnung des pensionierten Generalobersten Beck eine Art Zentrale, in der Oster Stabschefaufgaben übernahm; Schlabrendorff wurde Verbindungsmann zwischen Berlin und der Heeresgruppe Mitte, zuweilen übernahm es auch Sonderführer Hans von Dohnanyi, Nachrichten seines Chefs Oster zur Heeresgruppe zu bringen.[44] Von Woche zu Woche verdichteten sich die Putschvorbereitungen. Als sich die Katastrophe von Stalingrad abzeichnete, drängten die Putschführer ungeduldiger denn je zur Tat.

Inzwischen stellte General Olbricht Truppen für den Staatsstreich bereit; vor allem in Berlin, Köln, München und Wien mußten zuverlässige Einheiten für die Stunde X zur Verfügung stehen. Der kritischste Punkt war Berlin: Die Osthälfte der Stadt sollte von Truppen besetzt werden, die in Frankfurt an der Oder bereitstanden, fraglich aber blieb, wer die SS-Artillerieschule bei Jüterbog abriegeln und den westlichen Teil Berlins sichern würde.[45] Oster fand eine Lösung, zumindest auf dem Papier. Er wollte die im Raum Berlin entstehende neue Division »Brandenburg« in den Putsch einspannen und wußte es einzurichten, daß als neuer Kommandeur ein regimekritischer Offizier, der Oberst Alexander von Pfuhlstein, berufen wurde.[46]

Die Ernennung Pfuhlsteins erwies sich später als eine schwere Fehlentscheidung, denn der Oberst dachte zu sehr in orthodoxen militärischen Kategorien, als daß er seine Truppe für einen Putsch hergegeben hätte. Pfuhlstein hatte zwar Ende der dreißiger Jahre als Leiter der Abwehrstelle Hannover an den Widerstandsgesprächen Osters aktiven Anteil gehabt, aber durch die Abkommandierung zur Fronttruppe war er der Opposition ziemlich fern gerückt; Kommandeur des Infanterieregiments 154, nach den schweren Kämpfen im Kessel von Demjansk 1942 mit dem Ritterkreuz ausgezeichnet, hatte er kaum mehr als verbales Verständnis für Osters Staatsstreichpläne.[47]

Aufbau und Führung der neuen »Brandenburg« sah Pfuhlstein nur aus militärischem Blickwinkel, und es war ihm ein Horror, politische Kategorien in die Truppe einzuführen. Das ließ er deutlich den Oster-Vertrauten Heinz spüren, der noch kurz vor Pfuhlsteins Ernennung an die Spitze des 4. Regiments der »Brandenburg« berufen worden war und gegen den der Divisionskommandeur eine seltsame Abneigung entwickelte.[48] Für ihn war der Oberstleutnant Heinz nichts als eine »politische Figur«, die vom Militär keine Ahnung habe. »Er war«, urteilt Pfuhlstein, »praktisch nicht in der Lage, eine Kompanie, geschweige denn ein Regiment zu führen. Von der gesamten modernen Kampfführung . . . war Heinz so gut wie nichts bekannt. Ebenso hatte er weder Erfahrung noch Kenntnisse in der Ausbildung und Erziehung einer neu aufzustellenden Truppe.«[49] Wenn es nach Pfuhlstein gegangen wäre, hätte er Heinz sofort abgelöst, doch der Oberstleutnant galt als Freund des Abwehrchefs – deshalb beließ ihn Pfuhlstein auf dem Posten und sorgte erst später für seine Ablösung.[50]

Entscheidender als solche Animositäten aber war, daß Pfuhlstein sehr rasch begriff, wie sich die Machtverhältnisse im Oberkommando der Wehrmacht geändert hatten. General Jodl, der Chef des Wehrmachtführungsstabes, war nicht bereit, Canaris den Befehl auch über die neue »Brandenburg« allein zu überlassen; er beanspruchte die Division als Haustruppe des OKW und wollte dem Abwehrchef nur eine Teilkompetenz einräumen. Gleich bei Dienstantritt hatte Jodl dem neuen »Brandenburg«-Kommandeur erklärt: »Der Wehrmachtführungsstab hat für die OKW-Kriegsschauplätze keine eigene Truppe. Jede Division muß mühsam und oft mit erheblichem Ärger vom OKH erbettelt werden . . . Ein unwürdiger und unerträglicher Zustand! Die neu aufzustellende Division ›Brandenburg‹ wird deshalb als einzige Haustruppe unmittelbar dem Wehrmachtführungsstab unterstellt und von mir eingesetzt werden.«[51]

Canaris war damit einverstanden und ließ sich auf ein Mitspracherecht in Personal- und Abwehrfragen abdrängen; nur das 5. Regiment der »Brandenburg«, künftig »Kurfürst« genannt, blieb als Stammtruppe für die Kommando-Einsätze der Abwehr II Canaris allein unterstellt.[52] Eine solche ungleichgewichtige Machtverteilung machte es jedoch vollends illusorisch, die neue »Brandenburg« für einen Staatsstreich einzusetzen. Das wußte niemand besser als ihr Kommandeur; Pfuhlstein, bald zum Generalmajor befördert, lavierte vorsichtig zwischen der alten Loyalität zu Oster und dem Gehorsam gegenüber Jodl – als entscheidender Helfer der Putschisten fiel er aus.[53]

Oster ahnte freilich nichts von den komplizierten Seelenregungen seines alten Freundes Pfuhlstein, er glaubte, die »Brandenburg« in seine Staatsstreichpläne integrieren zu können. Auch aus anderen Wehrkreisen gingen günstige Nachrichten ein, fast überall schien es ein paar entschlossene Truppenkommandeure zu geben, die sich an einem Staatsstreich beteiligen wollten. Schon in den nächsten Wochen würde der Tag kommen, an dem General Olbricht dem wieder einmal von Tresckow nach Berlin entsandten Kurier Schlabrendorff das entscheidende Wort sagen konnte: »Wir sind fertig.«[54]

Und all dies, die Rettung des Reiches durch einen Staatsstreich in letzter Minute, mußte nun der Generalmajor Oster von einem Schieber und Spekulanten in deutscher Offiziersuniform gefährdet sehen, von dem Mann, der im Hausgefängnis des RSHA saß und die Verschwörung schwer gefährden konnte. Man wird sich Osters damalige Stimmung nicht düster genug vorstellen können. Wie oft hatte er seine Freunde vor den Geschäften des Wilhelm Schmidhuber gewarnt, wie eindringlich vor allem Dohnanyi und dessen Frau von allzu freundschaftlichen Beziehungen zu diesem Mann abgeraten![55]

Doch die Dohnanyis hatten nicht auf ihn gehört, sie hatten die Verbindungen mit dem bayerischen Bierbrauereibesitzer und portugiesischen Honorarkonsul Schmidhuber in den Jahren immer enger werden lassen. Christine von Dohnanyi war von dem dunkelhaarigen Bajuwaren fasziniert, sie hatte für ihn »ein Faible«, wie sie einmal Müller gestand.[56] Schmidhuber wußte sich zudem durch allerlei Artigkeiten die Freundschaft der Dohnanyis zu erhalten; stets war sein Koffer mit Geschenken gefüllt, wenn er bei Aufenthalten in Berlin in der Wohnung des Sonderführers übernachtete.[57] Die Geschenke des Konsuls Schmidhuber waren legendär. Es gab in der Münchner Abwehrstelle kaum einen Offizier, dem er nicht auf seine Art gefällig war, und auch in der Berliner Zentrale gab es manchen, der die vielfältigen Beziehungen des Kameraden Schmidhuber schätzte.

Oster hatte nie so recht gewußt, was es eigentlich war, das ihn Distanz zu diesem schillernden NS-Gegner suchen ließ. War es das Vorurteil des Preußen, der den bayerischen Separatisten und Salazar-Anhänger nur als einen bedingten Helfer im Kampf gegen den braunen Unrechtsstaat in Kauf nehmen mochte, oder wehrte sich der gerade Sinn des Soldaten gegen die dunklen Geschäfte des Auch-Soldaten – Oster hatte jedenfalls nie sein Mißtrauen gegenüber Schmidhuber verloren.

Es hatte Oster daher nicht überrascht, zu erfahren, daß Schmidhuber in eine Devisenaffäre verwickelt sei. Nur der Umfang des Skandals verblüffte ihn: So hemdsärmelig hatte er sich nicht einmal den Geschäftemacher Schmidhuber vorgestellt. Und dieser schier unvorstellbare Umfang der Schmidhuberschen Geschäfte war es, der Oster und auch Canaris befürchten lassen mußte, der Skandal werde sie ins Verderben stürzen, wenn es nicht gelinge, einen Ausweg aus dem Morast zu finden.

Dabei hatte die Affäre scheinbar so harmlos begonnen – mit einer Meldung, die dem Leiter der Zollfahndungsstelle Prag, Regierungsrat Johannes Wapenhensch, um Pfingsten 1942 zugegangen war. Einer seiner Beamten wollte erfahren haben, daß auf einem der beiden Hauptbahnhöfe Prags in den nächsten Tagen größere Dollarmengen zum Verkauf angeboten würden.[58] Wapenhensch zweifelte zunächst an der Richtigkeit der Meldung, dennoch schickte er seine Beamten zu dem angegebenen Bahnhof. Wenige Stunden später waren sie wieder zurück. Sie brachten einen Schwarzhändler mit, der sich als Kaufmann David, Prokurist einer großen Prager Firma, legitimierte.[59]

David war verhaftet worden, als er einem Tschechen 10000 Dollar zu einem äußerst hohen Kurs verkaufen wollte. In seiner Tasche fanden die Beamten neben den Dollars zahlreiche Edelsteine, die in mehreren Briefumschlägen steckten; auf den Umschlägen standen zwei Namen: Schmidhuber und Ickrath.[60] David erläuterte, Major Schmidhuber und Hauptmann Ickrath seien Offiziere der Abwehrstelle München, in deren Auftrag er Geld und Juwelen habe verkaufen wollen. Er habe übrigens, fügte David hinzu, für die beiden Offiziere auch schon Auslandsreisen unternommen, unter anderem in die Schweiz.[61]

Wapenhensch erschien Davids Aussage so unglaubhaft, daß ihm der Verdacht kam, der Tscheche sei möglicherweise ein feindlicher Spion. Er alarmierte die Abwehrstelle Prag, auf der ihm jedoch ein Offizier den Rat gab, sich mit der Gestapo in Verbindung zu setzen.[62] Die Prager Stapoleitstelle vernahm den Schwarzhändler, entschied jedoch nach kurzer Prüfung, Wapenhenschs Spionageverdacht sei unbegründet.[63] So blieb dem Regierungsrat nur noch übrig, die Abwehrstelle München anzurufen und sich zu vergewissern, ob es dort einen Schmidhuber und einen Ickrath gebe.

Der Leiter der Abwehrstelle, Oberstleutnant Nikolaus Ficht, bestätigte, Schmidhuber und Ickrath seien Luftwaffenoffiziere, die zu seiner Dienststelle gehörten; beide arbeiteten für »I/Luft«, die Luftwaffengruppe der Abwehrabteilung I.[64] Fichts Auskünfte fielen jedoch so knapp aus, daß Wapenhensch noch keine rechte Vorstellung von dem seltsamen Verbundsystem bekam, das die beiden Offiziere, die Abwehrstelle München und Devisenschieber miteinander verknüpfte.

Der Kaufmann Heinz Ickrath war im Zivilberuf Sekretär am portugiesischen Konsulat in München und damit ein Angestellter des Konsuls Schmidhuber, während sich auf der Abwehrstelle ihr Verhältnis umkehrte: Dort war Ickrath der Chef, nämlich Leiter des Referats I/Luft, Schmidhuber hingegen nur ein Mitarbeiter und folglich Ickraths Untergebener.[65] Das militärdienstliche Verhältnis zu seinem Sekretär brauchte freilich Schmidhuber nicht so ernst zu nehmen, gehörte er doch nur in recht lockerer Form zur Abwehrstelle. Schmidhuber hatte von 1939 bis 1941 als Hauptmann bei der Ast gedient, war dann aus dem aktiven Militärdienst entlassen und zugleich wieder für die Abwehrstelle »uk« (unabkömmlich) gestellt worden, »damit er einerseits seinem Zivilberuf nachgehen, andererseits aber auch ohne äußere Bindung für die Ast arbeiten konnte«, wie Ficht interpretierte.[66] Die Aussicht, Major werden zu können, hatte indes Schmidhuber Anfang 1942 veranlaßt, sich wieder einziehen zu lassen und auf der Abwehrstelle gelegentlich Dienst zu tun.[67] Der Ast-Leiter kümmerte sich wenig um diesen Mitarbeiter, zumal Schmidhuber in dem Ruf stand, nur Befehle aus Berlin ausführen zu müssen.

Immerhin reichten Wapenhensch die Mitteilungen Fichts, um Ickrath und Schmidhuber nach Prag zu bitten.[68] Dort erzählte Schmidhuber eine abenteuerliche Geschichte: Das Geld und die Juwelen, die man bei David gefunden habe, gehörten zu einer supergeheimen Transaktion, mit der eine in der Schweiz lebende Tschechin, die über gute Beziehungen zum britischen Geheimdienst verfüge, für die Abwehr gewonnen werden solle; die Frau sei bereit, den Deutschen Informationen zu liefern, wenn die Abwehr dabei helfe, ihre noch im Reichsprotektorat Böhmen und Mähren befindlichen Vermögenswerte zu realisieren. Das Geld Davids stamme von der Abwehr und sei zur Abfindung der Tschechin gedacht.[69] Mit dieser Story begründete Schmidhuber die Forderung, die er nun namens der Abwehr vorbrachte: David und das Geld müßten sofort freigegeben werden, da wichtigste Abwehrinteressen auf dem Spiele stünden.[70]

Wapenhensch aber hatte wieder einmal eine falsche Eingebung, weil er aus dem Vortrag Schmidhubers etwas anderes heraushörte, als die Worte des Majors besagten. Dem Zollfahnder kam der Verdacht, David habe mit dem Abwehrgeld Nebengeschäfte für die eigene Tasche getätigt – nur so konnte sich Wapenhensch das Kaufangebot Davids auf dem Schwarzen Markt erklären. Was immer aber auch Wapenhensch glaubte – er war nicht bereit, David und das Geld herauszugeben. Für ihn lag eine klare Verletzung der Devisenbestimmungen vor, und danach handelte er.[71]

Als der Zollbeamte stur bei seiner Weigerung blieb, veränderte Schmidhuber plötzlich seine Geschichte. Hatte er David soeben noch als einen äußerst wichtigen Mitarbeiter der Abwehr ausgegeben, so wollte der Major nun nicht mehr ausschließen, daß David für die andere Seite arbeite. Wapenhensch sah auf einmal seinen ursprünglichen Verdacht bestätigt und stimmte eifrig ein. Der Verdacht, meinte er, müsse sich doch erhärten lassen, denn schließlich reise David oft in der Schweiz herum und hebe dort von einem bestimmten Konto Geld ab.[72]

Prompt erbot sich Schmidhuber, in der Schweiz Erkundigungen über das fragliche Konto einzuziehen. Schon einige Tage später konnte er mit einer Erfolgsmeldung in Prag aufwarten. Bei dem Schweizer Konto, so berichtete Schmidhuber, handle es sich um ein Guthaben des britischen Geheimdienstes; es bestehe kein Zweifel daran, daß David erst kürzlich von diesem Konto Geld abgehoben habe.[73] Wapenhensch war nicht abgeneigt, diese Geschichte zu glauben; noch hatte der Zöllner »nicht die Überzeugung, daß Schmidhuber in dieser Devisensache der führende Kopf war«.[74] Sofort konfrontierte er den Untersuchungsgefangenen David dem Schmidhuber-Bericht.

Der solcherart zum Secret-Service-Agenten gestempelte David ließ jäh alle Zurückhaltung fallen. David: »Jetzt geht es um meinen Kopf, jetzt muß ich auspacken. Was Herr Schmidhuber Ihnen gesagt hat, ist nicht wahr.«[75] Und dann erzählte David: Er arbeite seit langem mit Schmidhuber und Ickrath zusammen und helfe ihnen bei Devisenschiebungen; auch hätten sie einen einträglichen Warenschmuggel aufgezogen, sie handelten vor allem mit Gemälden und Juwelen. Schmidhuber arbeite nicht nur im Reichsgebiet, sondern auch im Ausland. So habe er beispielsweise in der Slowakei erhebliche Warenmengen aufgekauft und schwarz über die Grenze gebracht; näheres wüßten die slowakischen Behörden, da Schmidhuber mit ihnen in Schwierigkeiten geraten sei.[76]

Wapenhensch reiste nach Preßburg und stieß in der Fahndungsabteilung des slowakischen Finanzministeriums auf Akten, in deren Mittelpunkt ein V-Mann der Abwehrstelle Wien, ein ehemaliger ungarischer Major, stand, der wegen illegaler Devisengeschäfte von der slowakischen Polizei verhaftet worden war. Der Ex-Major hatte ausgesagt, im Auftrag Schmidhubers erhebliche Devisenbeträge an einen gewissen David in Prag geliefert zu haben; David führe für Schmidhuber die meisten dieser Transaktionen aus.[77] Wieder in Prag, hielt Wapenhensch die slowakischen Ermittlungen David vor, »der sie nicht nur bestätigte, sondern sogar noch erweiterte« – so Wapenhensch.[78]

Jetzt war der Regierungsrat überzeugt, »einem der größten Schmuggel-

und Devisenfälle meiner Tätigkeit« auf die Spur gekommen zu sein.[79] Die Affäre dünkte ihn jedoch angesichts von Schmidhubers Stellung im militärischen Geheimdienst so heikel, daß er sich seinem nächsthöheren Vorgesetzten, dem Oberfinanzpräsidenten in Prag, anvertraute, der ihn ins Reichsfinanzministerium schickte, wo Wapenhensch Vortrag hielt. Doch auch die Oberen im Finanzministerium wußten für ihn keinen anderen Rat als den, sich direkt an das OKW-Amt Ausland/Abwehr zu wenden, am besten an die dortige Rechtsabteilung.[80] Wapenhensch fuhr zum Tirpitz-Ufer.

In der Abwehrzentrale aber geriet Wapenhensch an die Gruppe »ZR« (Zentralabteilung, Rechtswesen), in der einige der schärfsten Gegner Osters und Dohnanyis arbeiteten. Die ZR galt in der Abwehr als eine Hochburg regimetreuer Nationalsozialisten, und es wird kein Zufall gewesen sein, daß ihr Leiter, Ministerialrat Dr. Herzlieb, zugleich Mitglied des berüchtigten Volksgerichtshofes war.[81] Zudem hatte so mancher Sachbearbeiter in der ZR noch eine persönliche Rechnung mit dem Intimus von Oster zu begleichen; allzu häufig war der ehemalige Reichsgerichtsrat von Dohnanyi vom Abwehrchef beauftragt worden, ZR-Gutachten auf ihre juristische Stichhaltigkeit zu überprüfen – oft mit einem für die ZR fatalen Ergebnis.[82]

In der ZR war auch bekannt, daß Schmidhuber zu den Freunden des Hauses Dohnanyi zählte und wiederholt Oster in dessen Büro besucht hatte. So ermunterte man Wapenhensch nicht ungerne, den Schieber Schmidhuber seiner gerechten Strafe zuzuführen. Ein Sachbearbeiter wußte natürlich auch, welchen Dienstweg Wapenhensch zu beschreiten habe: Er müsse sich an die Reichskriegsanwaltschaft, die höchste Strafverfolgungsbehörde der Wehrmacht, wenden; dort werde man den Fall weiter verfolgen.[83] In der Reichskriegsanwaltschaft, die Wapenhensch nun aufsuchte, erhielt er denn auch eine definitive Antwort: Da Schmidhuber und Ickrath Luftwaffenoffiziere seien und zur Abwehrstelle München gehörten, müsse ihr Fall zunächst vom Feldgericht des Luftgaus VII (München) behandelt werden.[84]

Canaris und Oster ahnten nicht, was sich gegen Schmidhuber zusammenbraute. Sie wären von dem Fall vollends überrascht worden, hätte Wapenhensch nicht einen Fehler begangen. Statt sofort – inzwischen war es September 1942 geworden – nach München zu gehen und das dortige Luftwaffengericht zu informieren, fuhr er noch einmal nach Prag zurück, um seine Papiere zu vervollständigen. In Prag kamen ihm dann Bedenken, ob er nicht zuviel Zeit verliere; er entschloß sich daher, noch von Prag aus die Verhaftung Schmidhubers und Ickraths zu veranlassen.[85]

Doch Wapenhensch fehlten Erfahrungen im Umgang mit militärischen Behörden; er wußte nicht, wer für die Verhaftung von Militärpersonen letztlich zuständig sei. Da erinnerte er sich, daß an der Abwehrstelle München ein ehemaliger Kollege von ihm, der Zollamtmann Karl Süß, tätig war. Ihn rief Wapenhensch an; er bat Süß, die Festnahme der beiden Devisenschmuggler in die Wege zu leiten.[86] Er hatte sich dafür den wohl ungeeignetsten Helfer ausgesucht: Hauptmann Süß, Leiter des Referats III F, sympathisierte mit den politischen Bestrebungen Schmidhubers und seiner Freunde.

Süß belehrte den Kollegen, er könne Schmidhuber nicht verhaften, da dazu kein Auftrag einer militärischen Dienststelle vorliege; zudem sei er nur

Hauptmann, Schmidhuber aber Major.[87] Kaum hatte Süß den Telefonhörer aufgelegt, da alarmierte er Schmidhuber, Ickrath und deren Freund »Ochsensepp«, den Oberleutnant Josef Müller. Kurze Zeit darauf war auch Dohnanyi verständigt, der wiederum Oster und Canaris in Kenntnis setzte.[88] Die Freunde in der Abwehrzentrale erkannten, welche Lawine auf sie zurollte. Eile war geboten. Wapenhensch würde in wenigen Tagen in München sein, dann begann eine hochnotpeinliche Untersuchung mit all der Pedanterie und Schonungslosigkeit, deren die deutsche Militärjustiz fähig war.

Schmidhuber aber würde schwerlich eine solche Untersuchung überstehen. »Ein gutmütiger und amüsanter, aber schwacher Mann«, hatte Christine von Dohnanyi einmal über ihn gesagt,[89] und eben diese Charakterzüge ließen die Männer um Oster befürchten, ihnen drohe von Schmidhuber schwere Gefahr. Nur allzu leicht konnte der schwache Mitwisser zu einem gefährlichen Mitwisser werden. Geriet er erst einmal in die Hände regimetreuer Strafverfolger, dann waren die Widerständler in der Abwehr vor dem Wankelmut ihres Freundes und Gönners nicht mehr sicher.

Auch Canaris hatte allen Grund, die Schwatzhaftigkeit Schmidhubers zu fürchten. Sowenig der Admiral auch an dem Verrat Osters im Mai 1940 beteiligt gewesen war, so genau kannte Schmidhuber doch die Rolle von Canaris in den Staatsstreicherörterungen der Jahre 1939/40. Was war da zu tun? Schmidhuber bot eine simple Lösung an: Er verlangte von Canaris, die Abwehr müsse ihm bescheinigen, daß er im amtlichen Auftrag gehandelt habe. Das war für Canaris indiskutabel.[90] Er lehnte ab und stürzte damit Osters Freunde in schwere Bedrängnis.

Auf einmal sahen sie sich der moralisch heikelsten Frage konfrontiert, die es für Kämpfer gegen die nationalsozialistische Unmoral geben konnte: Durfte man einem einzelnen erlauben, das Werk der Rettung Deutschlands zu gefährden und das Leben von Menschen aufs Spiel zu setzen, die ihr Land aus den Fesseln der Barbarei befreien wollten? Ein einzelner Mensch, ohnehin nicht sonderlich tugendhaft, bedrohte eine Sache, deretwegen deutsche Patrioten Unehre, Gefängnis, Folterung und Schafott auf sich nahmen – was lag da näher als die Versuchung, diesen einen aus dem Weg zu schaffen!

Tatsächlich kam in einer Besprechung zwischen Canaris, Oster und Dohnanyi der Vorschlag auf, man müsse Schmidhuber liquidieren, ehe er sie ans Messer liefere.[91] Schmidhuber wollte sogar nach dem Krieg beweisen, daß man dreimal versucht habe, ihn zu beseitigen.[92] Doch Dohnanyi war gegen jeden Mord, der abenteuerliche Plan wurde wieder fallengelassen.[93] Schließlich einigte man sich auf einen eleganteren Ausweg. Schmidhuber sollte veranlaßt werden, sich nach Italien abzusetzen und dort abzuwarten, bis die Gefahr vorüber war. Auch Ickrath sollte aus München verschwinden und sich zumindest an den Wörthersee zurückziehen.[94] Inzwischen wollte Canaris versuchen, die Untersuchung doch noch abzubiegen.

Schmidhuber stimmte zu, wenn auch nur widerwillig. Er bat Ficht um Sonderurlaub für eine angeblich wichtige Reise nach Italien, den allerdings der Ast-Leiter nur »unter dem Vorbehalt, nicht länger als 14 Tage bis 3 Wochen auszubleiben«, genehmigte, und reiste mit seiner Frau nach Meran, wo er in einem kleinen Hotel untertauchte.[95] Auch Ickrath verschwand. Auf diesen Augenblick hatten Süß und Müller schon gewartet. Nach der Abreise Schmidhubers öffneten sie sofort seinen Panzerschrank, um verräterische Spuren zu beseitigen.[96]

»Zunächst«, erzählt Süß, »ging ich selbst daran, aus den Akten alles Belastende zu entfernen. Ich erkannte jedoch bald, daß ich infolge nicht völliger Kenntnis der Zusammenhänge die Bereinigung der Akten nicht allein durchführen konnte und machte Dr. Müller die Akten zugänglich, die dieser dann in meinem Büro durch Vernichtung bzw. Entnahme allen belastenden Materials bereinigte.«[97] Müller beseitigte jedes Papier, das auf die Auslandstätigkeit der Oster-Gruppe hinwies, und vernichtete auch Abrechnungen, Quittungen und Aktennotizen. Ebenso versteckte er eine Aktenmappe, die ihm Schmidhuber selber gegeben hatte. Müller bezeugt: »In dieser Mappe befanden sich Aufzeichnungen über Geschenke, die er gegeben hatte an eine Reihe von Offizieren, und er hatte die Aufzeichnungen bis zu minutiösen Kleinigkeiten gemacht.«[98]

Das Verschwinden Schmidhubers konnte jedoch nicht lange verborgen bleiben. Inzwischen erschien Wapenhensch in München, verärgert darüber, daß ihm Schmidhuber entkommen war. Er verlangte wiederum die Verhaftung des Majors. Da auch das Feldgericht des Luftgaus VII Schmidhuber vernehmen wollte, rief ihn Ficht aus Meran zurück.[99] Doch Schmidhuber kam nicht. Daraufhin wies Ficht Oberleutnant Müller an, nach Meran zu fahren und den Major zur Rückkehr zu bewegen.[100]

Müller verkehrte den Auftrag in sein Gegenteil, denn der Oster-Gruppe konnte nichts daran liegen, Schmidhuber wieder auf deutschem Boden zu sehen. Bei einer Zusammenkunft in Meran beschwor ihn Müller, auf keinen Fall nach Hause zu kommen, da sein »Kopf in Gefahr« sei.[101] Da polterte Schmidhuber, er werde nicht nach Deutschland zurückkehren, es sei denn als Hochkommissar einer britischen Besatzungstruppe.[102] Müller erklärte daraufhin, am besten wäre es für alle Beteiligten, Schmidhuber ginge nach Portugal; auch in Italien sei er bald nicht mehr sicher. Müller schied mit einem Versprechen: Er werde sofort Nachricht geben, falls Schmidhuber in Italien gefährdet sei; bis dahin brauche er sich keine Sorgen zu machen.[103]

Der Fahnder Wapenhensch ließ indes Müller keine Chance, sein Versprechen zu erfüllen. Er drängte nun Ficht, Haftbefehle gegen die beiden verschwundenen Offiziere seiner Dienststelle zu beantragen. Tatsächlich erwirkte Ficht beim Feldgericht den Befehl, Major Schmidhuber wegen des Verdachts der Fahnenflucht in Meran festzunehmen und nach München zu bringen.[104] Ickrath stellte sich freiwillig; er kehrte zur Ast zurück und wurde dort am 13. Oktober verhaftet.[105] Komplizierter erwies sich die Festnahme Schmidhubers; Italien war immerhin Ausland, Wapenhensch benötigte noch eine militärische Respektsperson, die in der Lage sein würde, die Italiener zur Auslieferung Schmidhubers zu bewegen.

Wapenhensch fand eine solche Person: Schmidhubers formalen Vorgesetzten in der Abwehrzentrale, den Hauptmann Brede, Gruppenleiter »Luft« in der Abwehrabteilung I. Und wieder einmal entging Schmidhubers Freunden am Tirpitz-Ufer ein entscheidender Zug der Gegenseite: Ohne Canaris oder Oster zu informieren, fuhren Brede und Wapenhensch nach Südtirol und veranlaßten die italienischen Behörden zur Auslieferung Schmidhubers.[106] Am 31. Oktober 1942 verhafteten ihn italienische Polizisten in Meran, zwei Tage später wurde er Brede und Wapenhensch in Bozen überstellt.[107] Der Zöllner legte Schmidhuber Handschellen an und lieferte ihn im Münchener Wehrmachtgefängnis ab.

Zu spät erkannten die Freunde am Tirpitz-Ufer, daß ihr Manöver, Schmidhuber von der Wehrmachtjustiz fernzuhalten, gescheitert war. Canaris leitete daraufhin einen letzten Abwiegelungsversuch ein. Er befahl Ficht, dafür Sorge zu tragen, daß mit der Vernehmung Schmidhubers nicht eher begonnen werde, bis ein Vertreter der Abwehrzentrale in München eingetroffen sei, und setzte zugleich den Oberkriegsgerichtsrat Walter Schoen, den für Geheimhaltungsbestimmungen zuständigen Referenten der Gruppe ZR, nach München in Marsch – mit dem recht vage formulierten Auftrag, »die Interessen des OKW zu wahren« und darauf zu achten, daß sich die Vernehmungen im Rahmen »rein militärischer Angelegenheiten« hielten.[108]

Zudem wies der Abwehrchef Ficht an, sich bei den Vernehmungen durch Süß vertreten zu lassen, und es fehlte auch nicht an Versuchen, Ficht und Wapenhensch deutlich zu machen, wie wenig der Admiral Canaris die ganze Untersuchung schätze.[109] Bei Ficht klingelte immer wieder das Telefon; am Apparat sprach stets ein hoher Abwehroffizier in Berlin, der den Ast-Chef hieß, er solle Wapenhensch »zu verstehen geben, daß die Fortführung der Ermittlungen sehr wenig erwünscht sei«.[110] Zuweilen wurde dem Regierungsrat sogar offen nahegelegt, die Aktion einfach abzubrechen. Wapenhensch: »Ich habe die Einstellung der Ermittlungen abgelehnt.«[111]

Wapenhensch stieß denn auch prompt bei der Vernehmung Schmidhubers und Ickraths mit den Canaris-Aufpassern zusammen. Süß versuchte, jede Frage nach Devisenvergehen anderer Abwehroffiziere abzublocken, was schließlich Wapenhensch gegen den ehemaligen Kollegen aufbrachte. Süß erinnert sich: »Mich selbst forderte Wapenhensch ausdrücklich auf, meine Einstellung in diesem Verfahren zu ändern, es würde mir sonst den Kopf kosten.«[112] Auch zwischen Wapenhensch und Schoen kam es zu »Differenzen«, die »später beigelegt wurden«, wie Wapenhensch berichtet.[113]

Doch die Intervention der Canaris-Beauftragten half nicht mehr. Schmidhuber glaubte sich von Müller verraten und begann, seine Devisengeschäfte als politische Aktionen zu interpretieren. In seinen Aussagen vor dem dienstaufsichtführenden Richter des Luftwaffenfeldgerichts, Oberfeldrichter Karl Sauermann, beteuerte Schmidhuber, den Devisenhandel habe er nur im Auftrag der Abwehr betrieben; es sei dabei um hochpolitische Missionen gegangen, über die Sonderführer von Dohnanyi und Oberleutnant Müller Bescheid wüßten.[114] Es klang wie eine letzte Warnung an die Adresse der Oster-Gruppe: die politischen, regimefeindlichen Aktionen Osters und Dohnanyis zu verraten, wenn man ihm nicht helfe.

In diesem Augenblick höchster Gefahr kam Osters Freunden eine scheinbar rettende Idee, die jedoch fatale Folgen haben sollte. Man mußte, so kalkulierten sie, Schmidhuber unglaubwürdig machen, ehe er Geheimnisse des Widerstandes ausplaudern konnte. Sie brachten ihn deshalb in den Geruch, ein Agent des britischen Geheimdienstes zu sein.

Die Oster-Freunde veranlaßten Ficht, Schmidhuber beim Feldgericht als Hoch- und Landesverräter zu verdächtigen.[115] Richter Sauermann konnte sich später noch »an die von der Abwehrstelle erhobene Beschuldigung« erinnern, »daß Schmidhuber in Verdacht gestanden hat, ins feindliche Lager überzugehen. Es war von ausländischen Pässen die Rede, die er sich ohne Wissen der Abwehrstelle heimlich beschafft haben soll, ferner von Spionageverbindungen mit dem Feind gegen Deutschland«.[116] Wichtigstes Indiz: die Aussage Müllers, der Major Schmidhuber habe zu ihm in Meran geäußert, er werde nur als Hochkommissar einer britischen Besatzungstruppe nach Deutschland zurückkehren.[117]

Dank dieses verzweifelten Ablenkungsmanövers wurde aus einer Devisenaffäre plötzlich ein brisanter Fall des Hoch- und Landesverrats. Das Feldgericht des Luftgaus aber fühlte sich überfordert und gab den Fall an die Macht ab, die fernzuhalten Canaris und die Abwehrführung allen Grund gehabt hätten: die Geheime Staatspolizei. Ende November 1942 wurden Schmidhuber und Ickrath ins Hausgefängnis des RSHA überführt.[118]

Canaris eilte nach München und bestellte sich Müller ins Hotel »Regina«, um von ihm zu erfahren, wie es zu der katastrophalen Wende der Affäre gekommen war.[119] Als Müller ihn in seinem Hotelzimmer aufsuchte, klopfte Canaris die Wände nach versteckten Mikrophonen ab und legte dann einen Mantel über den Telefonapparat. »Ich merkte, daß er mit seinen Nerven ziemlich am Ende war«, kommentiert Müller.[120] Fast inquisitorisch wollte Canaris wissen, was Müller vor dem Richter Sauermann ausgesagt habe. Plötzlich brach sein altes Mißtrauen gegen Osters Leute wieder durch: »Aber, Müller, was Oster und Dohnanyi da tun, Landesverrat ist das doch nicht?« Müller starrte Canaris »ziemlich entgeistert« an, ehe er eine Antwort fand.[121] Müller: »Admiral, jetzt fangen Sie doch nicht mit diesem Wort Landesverrat an und womöglich auch noch mit Paragraphen. Sie wissen doch, daß es dieser herrliche Führer fertiggebracht hat, Hoch- und Landesverrat auf eine Stufe zu stellen. Im Grunde ist es doch gleichgültig, weswegen wir in der Bredouille sind.«[122]

Müllers aggressive Replik wird Canaris, diesen Feind jeglichen Landesverrats, schwerlich zufrieden gestellt haben. Der Admiral ahnte, daß er und die Abwehr schweren Tagen entgegengingen. Im Gefängniskeller der Prinz-Albrecht-Straße saß ein Kronzeuge des Oster-Verrats von 1940, und die Gestapo würde nichts unversucht lassen, den Fall gegen die Abwehr auszuschlachten. – Die Gestapo stürzte sich in der Tat mit gewohnter Energie auf den Fall Schmidhuber, der ihr zum erstenmal die Möglichkeit eröffnete, in die ihr sonst so verschlossene Welt der Abwehr einzudringen. Daß Schmidhuber etwas über die römischen Aktivitäten von Abwehroffizieren wußte, mußte die Gestapo besonders erfreuen, denn die Beziehungen zwischen der Abwehr und dem Vatikan hatten schon frühzeitig das Mißtrauen des Referats 6 der Abwehrpolizei (RSHA-Gruppe IV E) erregt.

Noch von Heydrich stammte die Anweisung, alle Aktivitäten der Abwehr im Umkreis des Vatikan scharf zu beobachten. 1940 war im RSHA der Verdacht aufgekommen, Müller habe über seine vatikanischen Verbindungen den Termin der deutschen Westoffensive an den Gegner verraten; der Fall »Schwarze Kapelle« (so das Gestapo-Kodewort für die Preisgabe des Offensivtermins) war zwar nie aufgeklärt worden, doch Müller blieb weiterhin auf der Liste der Verdächtigen.[123] 1941/42 fiel der Gestapo ein weiterer Abwehroffizier auf, dem bei einem Aufenthalt in Rom militärisches Geheimmaterial gestohlen wurde, das offensichtlich zur Übergabe an den britischen Geheimdienst vorgesehen war. Eine Nachforschung ergab, daß die Dokumente keineswegs von der Wehrmachtführung als Spielmaterial (wie von dem Offizier behauptet) freigegeben worden waren.[124] Kurz darauf geriet der Oberregierungsrat Peter Graf Yorck von Wartenburg, Beamter einer Abwehr-nahen Dienststelle, unter Gestapo-Beobachtung, weil er ebenfalls versucht hatte, Kontakt zum Vatikan anzuknüpfen.[125]

Jahrelang hatte die Gestapo darüber gerätselt, was die Abwehr in Rom trieb. Nun saß vor ihr ein Mann, der an Rom-Gesprächen der Abwehr teilgenommen hatte – und er war bereit, sein Wissen zumindest teilweise preiszugeben. Von den eigenen Freunden als britischer Spion und als Landesverräter denunziert, sah Schmidhuber nur eine Chance, seinen Kopf zu retten: durch gezielte Mitteilsamkeit.

Am 10. Januar 1943 wurde er zuerst von dem Kriminalkommissar Walter Möller, einem Beamten des Referats 6, vernommen. »Im Verlaufe seiner Vernehmung«, berichtet Möller, »machte Schmidhuber Angaben über bestehende Nachrichtenverbindungen der Abwehrabteilung des OKW zum Vatikan. Ich habe diese Dinge seinerzeit aufgenommen und, da mir die Sache zu heiß schien, selbst diktieren lassen . . . Jedenfalls bestätigte sich unsere Vermutung, daß seitens der Abwehr Verbindungen zum gegnerischen ND [Nachrichtendienst] bestanden.«[126]

Schmidhubers Aussagen erschienen der Gestapo-Führung so brisant, daß sie einen besonders sachkundigen Ermittler auf den redseligen Häftling ansetzte. Auf der Szene erschien einer der listigsten und intelligentesten Beamten des RSHA, hart, zuweilen brutal und doch wieder so menschlich, daß manche seiner Opfer sich später noch gern an ihn erinnerten. »Im Grunde ein stark links gerichteter Mann, der mit wirklichem Haß eigentlich nur die sogenannten ›Reaktionäre‹ verfolgte«, fand Christine von Dohnanyi,[127] und auch Müller stand nach dem Krieg nicht an, dem »anständigen Menschen« zu helfen.[128] Er war und blieb kompliziert, undurchsichtig: Franz Xaver Sonderegger, Kriminalsekretär und SS-Untersturmführer, Jahrgang 1898, Sohn eines Korbmachers aus der Pfalz, Schriftsetzer, im Ersten Weltkrieg Soldat, dann Zollhelfer, schließlich Polizist, zunächst bei der Sittenpolizei, ab 1930 bei der Politischen Polizei, damals in die NSDAP ein- und wieder ausgetreten, seit September 1939 im Referat 6 der Amtsgruppe IV E im RSHA.[129]

Schon die ersten Unterhaltungen mit Schmidhuber überzeugten Sonderegger davon, daß ihm eine politische Sensation bevorstand. Schmidhuber machte, so hielt Sonderegger fest, »Andeutungen über das Bestehen einer hochverräterischen Vereinigung, die den Generalobersten Beck, Goerdeler, von Dohnanyi und andere Personen als Träger haben sollte«.[130] Eine »Generals-Clique«, so wollte Schmidhuber gehört haben, sei zum Sturz des nationalsozialistischen Staates und zur Beendigung des Krieges entschlossen; über Kontakte zum Vatikan seien Friedensgespräche mit England geführt worden. Eine andere Verbindung zu den Alliierten laufe über die protestantischen Kirchen in der Schweiz und in Schweden. Diesen Kontakt pflege der Pastor Dietrich Bonhoeffer, der von den Regimegegnern in der Abwehr dem normalen Wehrdienst entzogen worden sei, damit er nur für sie tätig sein könne.[131]

Schmidhuber erklärte, er habe bei dieser Auslandsarbeit finanziellen Beistand geleistet, ohne freilich Einblick in Details erhalten zu haben. Soweit es dabei zu illegalen Devisentransaktionen gekommen sei, habe er nur im Auftrag der Abwehr gehandelt und sei von ihr auch immer gedeckt worden.

Das erläuterte er an einem Beispiel: Dohnanyi habe jüdische Bekannte, darunter auch Freunde von Canaris, vor den NS-Gesetzen dadurch geschützt, daß er sie als V-Männer in den Dienst der Abwehr stellte und in die Schweiz entsandte, von wo aus sie angeblich nach Amerika eingeschleust werden sollten. Es habe sich zunächst um sieben Personen gehandelt, weshalb für die Aktion der Kodename »V 7« gewählt worden sei; später sei die Zahl der Personen auf zwölf gestiegen. Dohnanyi habe durch Verhandlungen mit dem RSHA die notwendigen Ausreisegenehmigungen erwirkt. Bei dieser Aktion habe er, Schmidhuber, von Dohnanyi den Auftrag erhalten, 100000 Dollar in die Schweiz zu schmuggeln und den V-7-Leuten auszuhändigen. Außerdem sei er von Dohnanyi gebeten worden, einer persönlichen Bekannten unter den jüdischen Ausreisenden Juwelen im Werte von 20000 Reichsmark zu übergeben.[132]

Je mehr Schmidhuber aussagte, desto deutlicher breitete sich vor Sonderegger das Geflecht eines Komplotts gegen den nationalsozialistischen Staat aus. Als Sonderegger jedoch nach Namen fragte, wich Schmidhuber aus. Er wollte nur Personen nennen, die wiederum über andere Auskunft geben konnten.[133] Nicht einmal über Müller, dem er bis zu seinem Lebensende voll Bitterkeit und Haß die Nichtbenachrichtigung nachtrug, mochte er sich deutlich äußern; er wisse nicht, gab er zu Protokoll, ob Müller 1940 im Vatikan versucht habe, mit den Briten in Kontakt zu kommen – er hatte keine Lust, sich selber zu belasten.[134]

Müller sei, so hat Sonderegger die Schmidhuber-Aussage überliefert, »zweifellos ein deutscher Mann, sehe aber die Kriegslage immerhin pessimistisch an«, und über Dohnanyi wollte er auch nur sagen, er sei »wohl ein alter Konservativer, der insbesondere die Vernichtung fast aller Kulturwerte auf dem europäischen Kontinent bedaure und für den weiteren Verlauf des Krieges sehr schwarzsehe«. Allerdings habe Dohnanyi auch geäußert, »man müsse sich doch schließlich vorstellen, daß ein Zusammenbruch der Fronten einen solchen des politischen Regimes mit sich bringe und an eine Auffangregierung gedacht werden müsse, die die Fronten zum Stehen bringe«.[135]

Immerhin hatte Schmidhuber bereits so viele Namen genannt, daß Sonderegger zu einer Aktion entschlossen war. »Diese Namen«, so der Gestapo-Mann, »waren schon so oft aufgefallen, daß ich alle erreichbaren Akten beizog.«[136] Der Inhalt dieser alten Akten und Schmidhubers Aussagen erschienen Sonderegger bedeutungsvoll genug, um dem Gestapochef Müller eine Überraschungsaktion gegen die Abwehrzentrale vorzuschlagen. Anfang Februar 1943 setzte der Kriminalsekretär einen Ermittlungsbericht auf, in dem er die Auffassung vertrat, im Grunde stehe hinter der ganzen Verschwörung kein anderer als Canaris.[137]

Doch da erlebte Sonderegger die größte Überraschung seines Lebens. Gestapo-Müller hatte Sondereggers Bericht an Himmler weitergeleitet, und das Papier kam nun zurück mit einem Kommentar in Himmlers steiler Sütterlin-Schrift: »Laßt mir endlich den Canaris in Ruhe!«[138] Sonderegger erfuhr, das Geheime Staatspolizeiamt habe vom Reichsführer-SS Order, den Fall Schmidhuber nicht länger zu verfolgen und die dazugehörige Akte an die Wehrmachtjustiz zurückzureichen.[139] Sondereggers Referatsleiter, Kriminalrat Schmitz, schärfte ihm ein, die Gestapo dürfe nur noch als Hilfsorgan der Wehrmachtjustiz, nicht aber als eigene Kraft in Erscheinung treten; es bestünde sonst »die Gefahr, daß Canaris in einem solchen Fall sein Amt zur Verfügung stellen würde, was verhütet werden müsse«.[140]

Ratlos erkundigte sich Sonderegger bei den Kameraden in anderen Referaten, wie Himmlers Order zu verstehen sei. Die Kameraden wußten längst Bescheid, es war immer wieder die alte Geschichte: Himmler schützte Canaris.

Sonderegger ließ sich ein paar Beispiele nennen. 1942 war der Abwehroffizier Nikolaus von Halem wegen Vorbereitung eines Attentats auf Hitler verhaftet worden; er gestand, von Dohnanyi 12000 Reichsmark für die Anwerbung eines Attentäters erhalten zu haben. Die Gestapo-Vernehmer wollten sogar den Eindruck gewonnen haben, Halems eigentlicher Auftraggeber sei Canaris gewesen. Als sie daraufhin gegen Canaris vorgehen wollten, befahl Himmler die Einstellung der Ermittlungen, ja mehr noch: Er ordnete an, sämtliche Hinweise auf Canaris und die Abwehr seien aus den Untersuchungsakten zu entfernen.[141] Der ehemalige Legationssekretär Mumm von Schwarzenstein hatte einen Anschlag auf Hitler geplant und war dabei von einem Gehilfen verraten worden. Schwarzenstein war V-Mann der Abwehr gewesen – Himmler verbot jedwede Fahndung im Amt Ausland/Abwehr.[142] Der Landgerichtsrat Straßmann hatte im Auftrag Dohnanyis eine Widerstandsgruppe gebildet und war von der Gestapo verhaftet worden. Auch in seinem Fall wurden Ermittlungen gegen die Abwehr unterbunden. Sonderegger: »Meine Erkundigungen ergaben, daß [es] sich jeweils um diesbezügliche Weisungen Himmlers gehandelt hat.«[143]

Spätestens an dieser Stelle wird der von allerlei Schwarzweißbildern bundesdeutscher Historiographen heimgesuchte Leser stutzen: Wie denn, Himmler ein Beschützer von Canaris? Bisher las man es in der Literatur anders. Da sollte – nachzuschauen bei Gisevius und Abshagen, bei Hoffmann und Shirer, bei Bracher und Brissaud – der große Schlag gegen die Abwehr das Produkt »einer diabolischen Intrige der Gestapo« gewesen sein, ein Manöver des SD-Chefs Schellenberg, der endlich die Abwehr habe übernehmen wollen, ein kalter Staatsstreich Himmlers.[144] Nun aber auf einmal die so andersartige Wirklichkeit: Himmler schützt Canaris.

Wie ist diese seltsame, allen historiographischen Vorstellungen hohnsprechende Sympathie des SS-Chefs für Canaris zu erklären? Ganz einfach: Himmler hatte sich nie der Magie entziehen können, die Canaris von jeher auf ihn ausgeübt hatte. Himmler hielt ihn für ein Genie der Spionage, auf das zu verzichten sich das Reich nicht leisten könne, solange der Krieg andauerte. Eine fast schon groteske Überbewertung des Fachmannes ließ Himmler an Canaris festhalten, obwohl er – wie im Januar 1942 wegen der jüdischen V-Männer – die Gelegenheit gerne benutzte, in Gegenwart seines Führers gegen den Abwehrchef zu sticheln, dessen Einfluß auf Hitler er, wie so viele andere, überbewertete.

Selbstverständlich wollte auch Himmler, wie seine Unterführer, den Abwehrapparat zerschlagen und auf dessen Trümmern einen neuen nationalsozialistischen Supergeheimdienst errichten. Aber er hatte sich trotz aller ideologischen Wahnvorstellungen einen realistischen Blick für die Abenteurer, Fanatiker und Dilettanten bewahrt, die in schneidigen SS-Uniformen Geheimdienstler spielten. Solange der SD nicht über genügend Fachkräfte verfügte, wollte der SS-Chef die Abwehr gelten lassen, denn nichts fürchtete Himmler mehr als Hitlers Zorn und Spott über Unzulänglichkeiten des SD.

Die sich rapide verschlechternde Kriegslage hatte zudem eine gespenstische Gemeinsamkeit zwischen dem von den Massenverbrechen des Regimes erschütterten Abwehrchef und dem Chefexekutor eben dieser Verbrechen gefördert. Seit dem erfolglosen Ende der deutschen Rußland-Offensive im Herbst 1942 gaukelte sich Himmler vor, er sei dazu berufen, anstelle Hitlers Frieden mit den Alliierten zu machen.[145] Canaris und Himmler trennte eine Welt der Tradition und Menschlichkeit voneinander, aber in der machtpolitischen Analyse stimmten sie weitgehend überein: Der Krieg war verloren, Hitler der ärgste Hemmschuh für eine Verständigung mit dem Kriegsgegner. Wenn man das Reich retten wollte, so mußte Hitler ausgeschaltet werden – anders war eine Verständigung mit den Alliierten nicht denkbar. Der aalglatte Opportunist Schellenberg machte das Himmler immer wieder klar, aber der SS-Chef zögerte, schwankend zwischen realistischen Erkenntnissen und der jahrzehntealten Hitler-Hörigkeit.

Heute läßt sich kaum noch nachvollziehen, was echte Widerständler veranlassen konnte, in Himmler noch etwas anderes zu sehen als die düstere Symbolfigur der größten Verbrechen deutscher Geschichte. Im Ausland, etwa im spanischen Außenministerium oder im britischen Geheimdienst, sah man lange Zeit in Himmler den einzigen Deutschen, der Hitler stürzen und den Krieg abkürzen könne. Auch unter deutschen Widerstandskämpfern gab es Leute, die meinten, mit dem SS-Chef gegen Hitler eine kurze Wegstrecke gemeinsam marschieren zu können – bis nach dem Tage des Umsturzes. Dohnanyi gehörte dazu, der einen Draht zu Himmler und vor allem zu dessen Chefadjutanten Wolff unterhielt.[146]

Auch Canaris glaubte, nach so vielen Mißerfolgen bleibe dem Widerstand praktisch nichts anderes übrig als der Versuch, Himmler für eine Ausschaltung Hitlers zu gewinnen. Schon arbeiteten die von Canaris und Schellenberg zu den Alliierten ausgeschickten Sendboten getrennt und doch einträchtig an der Vorbereitung eines Umsturzes, schon kam die Idee auf, Führer der innerdeutschen Opposition sollten Himmler einmal ihre Pläne für »die Zeit nach Hitler« vortragen. Gelegentlich bediente sich der SD sogar einiger Abwehrkonfidenten wie Carl Langbehn oder Prinz Hohenlohe, um selber mit den Alliierten ins Gespräch zu kommen.[147]

Wie tief auch immer die Kluft zwischen Canaris und Himmler blieb – der Reichsführer-SS konnte im Februar 1943 kein Interesse daran haben, die Abwehr zu zerstören und durch eine pedantische Untersuchung jene geheimen Sondierungen des Canaris-Apparats bei den Alliierten bloßzustellen, von denen Himmler selber profitierte. Doch Himmler dachte in zu primitiven Machtkategorien, als daß er die Abwehr hätte ungeschoren lassen können. Himmler blieb unsicher, ob er sich Schellenbergs Ratschlägen anvertrauen solle. So wollte er sich jede Möglichkeit offenhalten: Man mußte sich, so mag Himmler spekuliert haben, die stille Partnerschaft von Canaris erhalten, zugleich aber ein Druckmittel in der Hand haben, um eines Tages – sollte sich die Lage ändern – die Abwehr für das SS-Imperium annektieren zu können. Das bedeutete praktisch: Abgabe des Falles Schmidhuber an die Wehrmachtjustiz, ohne ihn gänzlich aus den Augen zu lassen. Die Häftlinge wurden an das Wehrmachtuntersuchungsgefängnis in Berlin überstellt, die Akte Schmidhuber/Ickrath an das Feldgericht im Luftgau VII zurückgereicht – zweifellos mit dem drohend-gewichtigen Hinweis, im RSHA stünden Beamte bereit, der militärischen Strafverfolgungsbehörde bei der Aufklärung des Falles zu helfen.[148] Die Akte blieb nicht lange in München. Noch im Februar 1943 erhielt sie der Oberstkriegsgerichtsrat Dr. Manfred Roeder, dienstaufsichtführender Richter des Feldluftwaffengerichts z.b.V. in Berlin, das nur Sonderfälle bearbeitete.[149]

Roeder blätterte die 60 Seiten der Akte flüchtig durch, um festzustellen, ob auch Offiziere anderer Waffengattungen betroffen seien (sie waren es), dann adressierte er die Akte an seinen Vorgesetzten, Ministerialdirektor Christian Freiherr von Hammerstein, den Chef der Rechtsabteilung im Oberkommando der Luftwaffe.[150] Erst Hammersteins nervöse Reaktion scheuchte Roeder auf: Der oberste Luftwaffenjurist befahl Roeder, sich sofort mit dem Chef der Wehrmachtrechtsabteilung im OKW, Generaloberstabsrichter Rudolf Lehmann, in Verbindung zu setzen und mit ihm zu beraten, was im Fall Schmidhuber zu geschehen habe.[151]

Am 5. März erreichte Roeder in Paris Lehmann, der zutiefst erschrak, als er hörte, worum es ging. Er hielt zwar »die gesamten Beschuldigungen für Unsinn«, dennoch sah Lehmann ein brisantes Spektakulum mit unabsehbaren Konsequenzen auf die Wehrmacht zukommen. Er erkannte sofort, daß Canaris und die Funktionstüchtigkeit der Abwehr, ja vielleicht sogar ihre Existenz gefährdet waren, wenn es der Wehrmachtjustiz nicht gelang, die Untersuchung gegen Schmidhuber und seine Hintermänner allein zu führen. Lehmann wollte nicht ausschließen, daß die Aussage Schmidhubers von der Gestapo manipuliert worden sei, um später als Belastungsmaterial gegen die Wehrmacht verwendet werden zu können.[152]

»Das Ganze«, schrieb er später, »konnte also eine Sturmausgangsstellung der Polizei für einen Angriff gegen den militärischen Apparat der Abwehr sein. Brach dann etwa die Abwehr unter einer solchen Anschuldigung zusammen, so mußte ihre Aufgabe von selbst der Geheimen Staatspolizei zufallen. Wir hätten dann den SD und die Geheime Staatspolizei mitten in der Wehrmacht gehabt.«[153] Noch war der Gestapo jeder Zugriff auf militärischem Territorium verwehrt; folglich kam es darauf an, den Fall Schmidhuber/Ickrath sofort an sich zu ziehen und für seine Behandlung die alleinige Zuständigkeit des höchsten Militärgerichts, des Reichskriegsgerichts (RKG), zu beanspruchen.

Lehmann fuhr nach Berlin zurück, um den OKW-Chef Keitel richtig einzustimmen. Als er den Generalfeldmarschall am 8. März informierte, war

Keitel »wahrhaft zu Tode erschrocken«, wie sich Lehmann ausdrückt.[154] Lehmann berichtet: »Aber auch er hielt den Gedanken, Canaris könne verbotene Beziehungen zum Feinde unterhalten, für ausgesprochen absurd. Dem General Oster traute er nicht sehr. Er wies aber den Gedanken, ein General in der Abwehr könne solche Pläne verfolgen, weit von sich.« Gleichwohl verlangte auch Keitel, die Vorwürfe rasch und gründlich zu untersuchen, wobei er Lehmanns Meinung zustimmte, »daß alles geschehen müsse, um die Sache im Rahmen der Wehrmachtgerichtsbarkeit zu behandeln«.[155]

In diesem Augenblick hatte es die Wehrmachtführung noch in der Hand, die Untersuchung im Fall Schmidhuber, die leicht zu einer Untersuchung gegen Canaris und die Abwehr werden konnte, vor jeglicher Intervention durch das Reichssicherheitshauptamt abzuschirmen. Doch wie Keitel einst 1938 durch seine Instinktlosigkeit die Blomberg-Fritsch-Krise erst möglich gemacht hatte, so bewirkte auch jetzt seine Rückgratlosigkeit, daß sich trotz aller Bemühungen Lehmanns ein Spalt öffnete, den die Gestapo jederzeit zu einer Einmischung in Angelegenheiten der Abwehr nutzen konnte.

Als Lehmann von Keitel forderte, er möge Hitler über den Fall informieren und dessen Einwilligung zur Einschaltung des Reichskriegsgerichts einholen, schrak der OKW-Chef zurück. Um keinen Preis war er zu bewegen, Hitler von der Affäre in Kenntnis zu setzen; der Führer, so äußerte Keitel, werde es schon noch von anderer Seite erfahren.[156] Seine Panik hatte einen Grund: Das RKG war oft Gegenstand Hitlerscher Zornesausbrüche gewesen, der Diktator trug den obersten Militärrichtern nach, daß sie noch an einem kleinen Rest rechtsstaatlicher Normen festhielten, die in der übrigen Justiz längst von den Gehilfen nationalsozialistischer Rechtswillkür beseitigt worden waren.

Das lag vor allem an den Berufsjuristen, die neben Offizieren auf der Richterbank saßen und durch ihre Entscheidungen dem Reichskriegsgericht eine im braunen Totalitarismus fast sensationell wirkende Eigenständigkeit verliehen. Sie widersetzten sich zum Beispiel Hitlers Wunsch, Anklage gegen Generale zu erheben, die im Winterkrieg 1941/42 ihre Verbände befehlswidrig aus den Stellungen vor Moskau herausgenommen hatten.[157] Vor allem dort, wo das natürliche Unabhängigkeitsstreben der Berufsjuristen mit der Verteidigung traditioneller Werte durch die preußisch-deutschen Militärs zusammenfiel, bekannte sich das Gericht zu rechtsstaatlichen Prinzipien – gegen den Protest von NS-Justiz, Gestapo und Partei. Kein Wunder, daß nicht nur Hitler, sondern auch Gestapo-Müller zu den schärfsten Feinden der RKG-Richter gehörten.[158]

Und ausgerechnet dieses Gericht sollte nun Keitel seinem Führer zur Erledigung des Falles Schmidhuber empfehlen? Keitel lehnte das ab. Statt dessen riet er Lehmann zu einem Verfahren, das die RKG-Richter gleichsam unauffällig in die Affäre einführe und zugleich eine scharfe Reaktion Hitlers oder des RSHA vermeide.[159] Lehmann konsultierte daraufhin Dr. Alexander Kraell, den Präsidenten des Zweiten Senats des Reichskriegsgerichts, der ab 1. April die Leitung der Reichskriegsanwaltschaft übernehmen sollte.[160]

Kraell war der geschickteste unter jenen deutschnationalen, autoritätsgläubigen, gleichwohl noch an Rechtsstaatsidealen orientierten Militärrichtern, deren Urteilssprüche Hitler oft erregten. Der ehemalige Oberstaatsanwalt aus Darmstadt, seit 1938 in der Militärjustiz, galt als ein gebildeter, couragierter und taktisch versierter Jurist, für Kenner war er einer der profiliertesten Richter des Landes.[161] Nur wenigen fiel dabei auf, daß all sein Taktieren und Finassieren ihn immer mehr in einen Sog der Anpassung trieb und die Grundsätze zu überdecken drohte, um die es ihm im Grunde ging.

Sein listenreicher Verstand begann sofort zu agieren, als ihn Lehmann einweihte. Er hatte auch gleich eine scheinbar perfekte Lösung: »1. Die Sache muß untersucht werden. 2. Die Wehrmacht braucht diese Untersuchung nicht zu scheuen, das zu erwartende günstige Ergebnis wird ihre Position nur stärken. 3. SD und Gestapo müssen unterrichtet werden, um dem Vorwurf der Heimlichtuerei zu begegnen.«[162] Wichtig war der dritte Punkt: Was hieß »Unterrichtung« der Gegenseite? Kraell stellte sich vor, das RSHA müsse so herangezogen werden, daß es sich nicht ausgeschlossen fühle und dennoch keinen Einfluß auf den Gang der Untersuchung nehmen könne. »Mit Sicherheit«, assistiert Lehmann, »war der Vorwurf [des RSHA] zu besorgen, wir untersuchten in eigener Sache und würden versuchen, alles zu verdecken.«[163]

Es war eine verhängnisvolle Taktik, die gerade herbeiführte, was sie verhindern sollte: die Mitwirkung der Gestapo. Selbst wenn man berücksichtigt, daß Kraell und Lehmann nicht Himmlers Hände-weg-Ukas kannten, handelten sie grundfalsch. Nirgendwo hatte das RSHA offiziell eine Zuständigkeit für die Aufklärung des Falles Schmidhuber/Ickrath beansprucht; die beiden Häftlinge waren wieder an die Wehrmachtjustiz ausgehändigt, die Akte zurückgegeben worden. Was war die Taktik von Lehmann und Kraell anderes als ein Akt anpasserischer Übervorsicht und mangelnden Selbstvertrauens?

Noch fataler sollte sich freilich der nächste Zug auswirken, den sich die beiden Meisterstrategen ausdachten, um der befürchteten Negativreaktion des RSHA zuvorzukommen. Lehmann hatte die Idee: Man müsse einen Untersuchungsführer finden, der im Reichssicherheitshauptamt gut gelitten und dennoch ein zuverlässiger Verfechter von Wehrmachtinteressen sei. Lehmann und Kraell kannten einen solchen Verfechter. Es war der Mann, der Lehmann die erste Nachricht von dem Skandal überbracht hatte: Roeder. Der Oberstkriegsgerichtsrat Roeder, Jahrgang 1900, Sohn eines Kieler Landgerichtsdirektors, im Ersten Weltkrieg Leutnant des Feldartillerie-Regiments 83, dann im bunten Wechsel Student, juristischer Firmenberater, Gutsbewirtschafter und wieder Student, 1934 für kurze Zeit Richter an Berliner Amtsgerichten, schließlich in die Militärjustiz hinübergewechselt, galt als ein Günstling Hermann Görings und genoß den Ruf, einer der härtesten Militärjuristen des Dritten Reiches zu sein.[164] Der ultrakonservative Jurist, keineswegs der Typ des Nazi-Richters, kannte keinen höheren Lebenszweck als die unnachsichtige Wahrung der Staatsautorität, mochte sie ein braunes oder ein schwarzweißrotes Vorzeichen tragen.

Roeders ruppige Verhandlungsmethoden gaben immer wieder zu Beanstandungen Anlaß, hinter sich zog der Militärrichter eine breite Spur von persönlichen Anrempelungen, Dienstaufsichtsbeschwerden und Disziplinarverfahren. Sein grimmiger Ruf stammte aus dem Spionageverfahren

»Rote Kapelle« her, in dem er als Untersuchungsführer und Ankläger vor dem Reichskriegsgericht fungiert hatte.[165] Angeklagte und deren Angehörige hatten sich wiederholt über seine gefühllosen, fast zynischen Umgangsformen so heftig beschwert, daß selbst Kraell später fand, Roeder sei »zu kalt und zu einseitig« gewesen, seine Art habe »mitunter polizeimäßig« gewirkt.[166]

Dabei war er bei seinen Untergebenen beliebt, für die der Grobian fast rührend sorgte. Stets stellte er sich vor seine Mitarbeiter, und wenn es galt, Korruption und Nepotismus unter höheren Chargen aufzuspüren, gab es keinen mutigeren Wahrheitsapostel als Roeder. Das hatte er schon 1941/42 bewiesen, als er zusammen mit Kraell einer Kommission des RKG angehörte, die den mysteriösen Selbstmord des Generalluftzeugmeisters Ernst Udet, des Teufels General, aufklären sollte.[167] Da erwies er sich als ein findiger Untersuchungsführer, als ein scharfsinniger, instinktsicherer und hart zupackender Staatsanwalt. Hatte er einmal eine Spur entdeckt, so konnte nichts ihn daran hindern, das Opfer bis zum letzten Atemzug zu jagen und es schließlich zu stellen.

Solche Spürhund-Qualitäten brauchte Kraell auch jetzt wieder, deshalb bestellte er sich Roeder zum Untersuchungsführer im »Fall Depositenkasse«, wie das Verfahren nun offiziell genannt wurde – nach dem Devisenfonds, den Schmidhuber für Dohnanyis V-7-Juden in der Schweiz angelegt hatte. Am 3. April wurde Roeder zum Reichskriegsgericht abkommandiert, am gleichen Tag meldete er sich auf der Reichskriegsanwaltschaft und nahm die dort inzwischen gelandete Schmidhuber-Akte wieder in Empfang.[168] Dann machte sich der Inquisitor an die Arbeit.

Er las die Akte nun gründlich, und was er da fand, zwang dem empörten Oberstkriegsgerichtsrat die Überzeugung auf, einer gigantischen Hoch- und Landesverratsaffäre auf die Spur kommen zu können, in deren Mittelpunkt er bald keinen anderen als den Admiral Canaris vermutete. In dem Protokoll der Vernehmung Schmidhubers durch Sonderegger fand Roeder einen seltsamen Hinweis auf den Abwehrchef, der sein allzeit vorhandenes Mißtrauen aktivierte. Der Hinweis betraf den Sonderführer Hans Bernd Gisevius, der als Vizekonsul in der KO Schweiz eingebaut war und auch zu Schmidhuber engen Kontakt unterhalten hatte.

»Vizekonsul Gisevius habe ihm, Schmidhuber«, so gab Roeder später die Äußerung des Untersuchungsgefangenen wieder, »bei dem letzten, vor wenigen Tagen in der Schweiz stattgefundenen Zusammentreffen sein Herz ausgeschüttet über die Wankelmütigkeit des Admirals Canaris, der ihm, Gisevius, jetzt Schwierigkeiten mache, aber Canaris solle sich vorsehen, er habe den Russen die [deutsche] Offensive von Woronesch bekanntgegeben und auch Oster habe vor dem Angriff im Westen den holländischen Militärattaché von dem bevorstehenden Angriff im Westen unter Einschluß Hollands unterrichtet. Gisevius sei damals sehr erbost auf Canaris gewesen.«[169] Auch Kraell entsann sich nach dem Krieg dieser Aussage Schmidhubers. Es habe sich um eine »sehr schwere Belastung« von Canaris gehandelt: »Er sollte dem Feinde erinnerlich in 3 Fällen deutsche Offensivvorhaben verraten haben, zuletzt die Offensive im Raum Woronesch.«[170]

Für Roeder gab es kaum Zweifel: Die Führung der Abwehr trieb Landesverrat – man mußte zugreifen, ehe noch mehr verraten wurde. Zunächst aber galt es, die von Schmidhuber besonders häufig als Partner seiner Aktivitäten genannten Personen augenblicklich zu verhaften. Roeder hatte es eilig, noch am 3. April ließ er sich vom Präsidenten des Reichskriegsgerichts die Vollmacht geben, die Verdächtigen festzunehmen und deren Diensträume zu durchsuchen.[171]

Zu der Überraschungsaktion, die Roeder vorschwebte, benötigte er freilich Hilfskräfte. Da es sich um einen Fall der Wehrmachtjustiz handelte, wäre es normal gewesen, Beamte der Geheimen Feldpolizei heranzuziehen. Doch Roeder mißtraute der Canaris zum Teil noch unterstellten GFP. Er suchte, seit dem Fall »Rote Kapelle« ohnehin an die Zusammenarbeit mit der Gestapo gewöhnt, die Unterstützung des RSHA, wobei er freilich im Rahmen von Kraells Dreipunkteprogramm blieb. Im RSHA leistete man nur allzu gerne Amtshilfe: Sonderegger, Möller und Schmitz wurden Roeder zur Verfügung gestellt – mit der Weisung, nie eigenmächtig, sondern nur auf Befehl des Oberstkriegsgerichtsrats zu handeln.[172]

Die Männer um Oster waren nicht ahnungslos, sie mußten jeden Augenblick einen Überraschungsschlag der Gegenseite befürchten. Schon im Herbst 1942 hatte Kripochef Nebe gewarnt, gegen Dohnanyi braue sich etwas zusammen.[173] Guttenberg, der Abwehrhauptmann Gehre, der Kriegsverwaltungsrat Graf Moltke, Langbehn – jeder von ihnen hatte gehört, Dohnanyis Post und Telefon werde überwacht, er selber auf der Straße beschattet.[174] Anfang Februar 1943 hatte Nebe die Warnungen so verschärft, daß Dohnanyi seinen bereits nach München zu einer Rom-Reise aufgebrochenen Schwager Bonhoeffer wieder zurückrief.[175]

Auch Canaris war unruhig, er kannte die Unvorsichtigkeit Osters und seiner Mitarbeiter. Der Admiral hatte in den letzten Tagen mehr denn je darauf bestanden, alle heiklen Papiere aus den Diensträumen der Abwehrzentrale zu entfernen. Noch am 4. April erkundigte er sich bei Oster, ob er auch wirklich keine verfänglichen Dokumente in seiner Abteilung liegen habe – just eben war ihm eine Warnung Lehmanns zugekommen, der, nun selber irritiert von der hektischen Betriebsamkeit Roeders, den Abwehrchef angerufen hatte, obwohl er nicht glaubte, daß Roeder schon in den nächsten Tagen etwas unternehmen werde.[176]

Oster beruhigte Canaris, doch ganz ernst nahm er die vielen Warnungen nicht. Die Aufmerksamkeit der Verschwörer war ohnehin in eine andere Richtung gelenkt, der Monat März war für sie bitter und enttäuschend gewesen: Am 13. März war der Versuch fehlgeschlagen, Hitler auf dem Rückflug von der Heeresgruppe Mitte ins Führerhauptquartier durch eine in seine Maschine geschmuggelte Zeitbombe zu töten, und auch ein zweites Attentat anläßlich eines Besuches von Hitler im Berliner Zeughaus am 21. März war mißlungen, weil der Diktator das Gebäude zu früh verlassen hatte.[177] Noch immer war die Verschwörung ohne »Initialzündung«, neue Möglichkeiten eines Anschlages auf Hitler mußten gesucht und gefunden werden.

Die Vorbereitungen des projektierten Staatsstreiches engagierten Oster so stark, daß er die Gefahren, die seine Arbeit bedrohten, kaum noch wahrnahm. Zudem glaubte er sich sicher, einen Coup der Gestapo (einen anderen konnte er sich nicht vorstellen) fürchtete er nicht. Doch als die Gegenseite zum Schlag ausholte, offenbarten Oster und seine Freunde eine fast selbstzerstörerische Hilflosigkeit.

Am 5. April 1943 gegen 10 Uhr brach der Gegner in die Abwehrzentrale ein, freilich nicht mit jenem Getöse, das die Männer um Oster wohl erwartet hatten. Er kam leise und gleichsam auf dem Dienstweg. Statt eines Rollkommandos handschellenklirrender Gestapo-Beamter erschien ein kleiner, bulliger Mann in Luftwaffenuniform, begleitet von einem Zivilisten, der sich betont zurückhielt. Wenige Sekunden später standen Oberstkriegsgerichtsrat Roeder und Kriminalsekretär Sonderegger vor Canaris. In knappen Worten eröffnete ihm Roeder, er sei vom Präsidenten des Reichskriegsgerichts ermächtigt worden, Dohnanyi zu verhaften und dessen Dienstraum zu durchsuchen. Der Sonderführer von Dohnanyi, erläuterte Roeder, stehe in dem dringenden Verdacht, sich zahlreicher Devisenvergehen, der Korruption und Verletzung von Dienstpflichten schuldig gemacht zu haben; auch seien landesverräterische Umtriebe nicht auszuschließen. Roeder wünschte, der Verhaftung solle ein Offizier der Abwehr beiwohnen.[178)]

Ein ungeheuerlicher, noch nie dagewesener Vorgang in der Geschichte der Abwehr: Ein Fremder wollte unter Mitwirkung der Gestapo bis dahin als sakrosankt geltende Diensträume des militärischen Geheimdienstes durchsuchen! Protestierte der Abwehrchef gegen diese Zumutung, alarmierte er Keitel ob dieses Bruchs von Tradition und Geheimhaltungsvorschriften? Nein, Canaris nahm die Eröffnungen Roeders schweigend hin. Schon dieser Augenblick gab jedem Beobachter einen Vorgeschmack von der Ratlosigkeit, in die ihn Roeders Unternehmungen stürzen sollten.

Schwerfällig erhob sich Canaris aus seinem Sessel und erklärte den Besuchern, er werde Verhaftung und Durchsuchung selber beiwohnen. Der Admiral ging mit Roeder und Sonderegger durch einen der engen Flure des alten Hauses, kurz darauf traten sie in das Büro Osters.[179)] Als der Generalmajor erfuhr, sein wichtigster Mitarbeiter solle verhaftet werden, brauste er auf: »Ich bitte, mich auch gleich festzunehmen, da Herr von Dohnanyi nichts getan hat, von dem ich nicht weiß.«[180)] Canaris brachte den General rasch zum Schweigen, zu viert gingen die Männer durch die Tür, die von Osters in Dohnanyis Zimmer führte.

Roeder erklärte Dohnanyi für festgenommen und bedeutete ihm, er habe vor, das Zimmer nach relevanten Dokumenten zu durchsuchen. Zielstrebig steuerte er auf einen verschnörkelten, grünen Panzerschrank zu und verlangte dessen Schlüssel, den Dohnanyi – er wollte ihn zunächst nicht bei sich haben – zögernd herausgab.[181)] Und nun wurde offenkundig, wie wenig die Verschwörer auf den Überfall vorbereitet waren. Akte um Akte holte Roeder aus dem Schrank und legte sie auf Dohnanyis Schreibtisch. Da waren Reiseabrechnungen von Osters politischen Vertrauensmännern, Devisenformulare, Entwürfe für Sprachregelungen zur Tarnung geheimer Auslandsreisen, Berichte über das Hinausschmuggeln gefährdeter Juden ins Ausland.[182)]

Mit wachsender Erregung starrte Dohnanyi auf eine Aktenmappe mit der Aufschrift »Z grau«, die Roeder soeben aus dem Schrank geholt hatte. Dohnanyi langte mit der Hand hin und nahm gerade drei in der Mappe liegende Zettel an sich, als Roeder herumschnellte. Er verlangte, Dohnanyi solle die Zettel wieder herausgeben. Dohnanyi legte sie auf den Schreibtisch zurück.[183] Während Roeder erneut an den Safe herantrat, warf Dohnanyi seinem Freund Oster einen Blick zu und flüsterte: »Die Zettel! Die Zettel!«[184] Was daraufhin geschah, las sich später in Roeders Anklageschrift gegen Dohnanyi so: »Bei den Beschuldigten [Oster und Dohnanyi] gelang eine Verständigung, die dahin führte, daß der Generalmajor Oster, mit dem Gesicht zum Untersuchungsführer gewandt, mit der linken Hand hinter seinem Rücken die gleichen Zettel herauszog und diese unter den Saum seines Zivilanzuges steckte. Hierbei wurde er durch den anwesenden Kriminalsekretär Sonderegger und den Untersuchungsführer beobachtet, sofort zur Rede gestellt und mußte die Zettel wieder herausgeben.«[185]

Roeder forderte Canaris auf, den Generalmajor Oster augenblicklich aus dem Zimmer zu entfernen. Canaris entsprach dem Wunsch, Oster mußte den Raum verlassen.[186] Dann sah sich Roeder die drei Zettel genauer an. Sie enthielten Texte, die mit einer Schreibmaschine getippt waren. Der eine Zettel enthielt eine Notiz, die besagte, militärische Gruppen in Deutschland und Kreise der christlichen Kirchen seien entschlossen, zu einem Sturz des nationalsozialistischen Regimes beizutragen. Auf dem zweiten Zettel war die territoriale Struktur eines vom Hitler-Regime befreiten Deutschlands skizziert worden, das sich in einen nord- und einen süddeutschen Staat aufgliedern sollte.[187] Der dritte Zettel schien Roeder besonders interessant. Er las:[188]

Abschrift!
Seit längerer Zeit befaßt sich ein kleiner Kreis führender Geistlicher der deutschen evangelischen Kirche mit der Frage, welchen Beitrag die evangelische Kirche in diesem Krieg für die Herstellung eines gerechten und dauerhaften Friedens und für den Aufbau einer auf christlichen Fundamenten ruhenden Gesellschaftsordnung leisten könne. Es ist beabsichtigt, eine Reihe programmatischer Punkte aufzustellen, dazu einen ausführlichen sachlichen Kommentar abzufassen und aufgrund der programmatischen Sätze einige allgemein verständliche erläuternde Flugschriften herzustellen, die bei gegebener Gelegenheit der Bevölkerung zugänglich gemacht werden können. Die Arbeiten sind bereits weit vorgeschritten. Es ist möglich, daß der Papst in seinen letzten beiden Weihnachtsbotschaften seine Friedensziele grundsätzlich niedergelegt hat und daß die englischen und amerikanischen (übrigens auch die holländischen, norwegischen und französischen) protestantischen Kirchen dieselben Fragen bereits sehr intensiv bearbeiten. Da es von großer Bedeutung wäre, daß zum gegebenen Zeitpunkt sämtliche christlichen Kirchen einmütig zu den Fragen der Friedensgestaltung Stellung nehmen würden, und da sich – soweit das heute schon zu beurteilen ist – eine Übereinstimmung in sämtlichen wesentlichen Punkten erreichen lassen dürfte, erscheint es als überaus wichtig und wünschenswert, daß ein deutscher evangelischer Geistlicher die Möglichkeit erhält, sowohl mit Vertretern der katholischen Kirche in Rom diesbezügliche Besprechungen zu führen, wie auch in Genf oder Stockholm sich mit den betreffenden Arbeiten der protestantischen Weltkirchen bekannt zu machen.
O.

Roeder bedurfte keines außergewöhnlichen Scharfsinns, um zu erkennen, was ihm da in die Hände gefallen war. Er hatte gefunden, wonach die Gestapo jahrelang vergebens gefahndet hatte: Beweise für die regimefeindliche Tätigkeit des Oster-Kreises. Es wird Roeder mit tiefer Genugtuung erfüllt haben, daß zu der gleichen Stunde die Häscher der Gestapo ausschwärmten, um sich der wichtigsten Freunde und Mitarbeiter Osters auch außerhalb der Abwehrzentrale zu bemächtigen. In Sakrow bei Berlin holte die Gestapo Dohnanyis Ehefrau ab, kurz darauf war auch Pastor Bonhoeffer verhaftet; in München arretierte die Gestapo Müller und dessen Ehefrau. Ein paar Tage später verhaftete die Gestapo auch Müllers Sekretärin und den Oberleutnant Breidbach, einen ehemaligen Mitarbeiter in Müllers Anwaltskanzlei.[189]

Schlimmer noch aber war, daß auch Oster, der Geschäftsführer des Widerstandes, für die Verschwörung ausfiel – er hatte sich durch sein Verhalten bei der Verhaftung Dohnanyis selber bloßgestellt. Roeder erstattete bei Keitel Dienstaufsichtsbeschwerde gegen den Stabschef der Abwehr, der OKW-Chef hielt den suspekten General nicht länger. Auch Canaris scheint keinen Rettungsversuch zugunsten des langjährigen Freundes unternommen zu haben. Am 15. April 1943 entließ er Oster aus den Diensten der Abwehr (Oberst Jacobsen, Gruppenleiter in der Abwehr III, übernahm die Leitung der Zentralabteilung) und gab »uns dienstlich den Befehl bekannt, daß jeder Umgang mit Oster zu meiden sei«, wie Pfuhlstein von einer Abteilungsleiterbesprechung beim Abwehrchef festhielt.[190] Oster wurde in die sogenannte Führerreserve der Wehrmacht versetzt. Er durfte zwar weiterhin Uniform tragen, aber praktisch lebte er in seinen Wohnungen in Berlin und Dresden wie ein Gefangener, zumal er jetzt auch offiziell auf Roeders Verdächtigenliste stand.[191]

Mit einem Griff war es den Regimewächtern gelungen, den Oster-Kreis lahmzulegen und das Berliner Aktionszentrum der antinazistischen Putschvorbereitungen zu zerstören. »Der schwerste Schicksalsschlag, der die Widerstandsbewegung überhaupt treffen konnte«, wie Gisevius später formulierte,[192] vernichtete zunächst alle Hoffnungen auf eine Befreiung Deutschlands von der braunen Tyrannei und ermöglichte die ungehemmte Fortsetzung von Kriegswahnsinn und NS-Verbrechen. Es sollte Monate dauern, ehe ein neuer Mann, der Oberst Claus Schenk Graf von Stauffenberg, darangehen konnte, das ramponierte Werk Osters fortzuführen.

Auch Canaris' Renommee, ein listiger Sympathisant des Widerstands zu sein, der zwar selber nicht aktiv mitmache, wohl aber Verschwörern Schutz biete, hatte einen schweren Stoß erhalten. »Der ganze Stall Canaris«, notierte sich Ulrich von Hassell, »hat sich Blößen gegeben und überhaupt nicht ganz gehalten, was man von ihm hoffte. Wenn die ›Guten‹ nicht klug wie die Schlangen und ohne Falsch wie die Tauben sind, ist nichts zu erreichen.«[193]

In den ersten Tagen nach Dohnanyis Verhaftung fand Pfuhlstein den Abwehrchef »häufig sehr erregt« und »direkt verzweifelt«, denn Canaris mußte befürchten, jetzt selber den inquisitorischen Künsten Roeders zu erliegen.[194] Der Oberstkriegsgerichtsrat ließ nichts unversucht, hinter das Geheimnis des Verrats zu kommen, dessen Hintermänner er in der Führung der Abwehr witterte. Er schickte seine Helfer aus der Gestapo auf neue Spuren, er hämmerte auf die verhafteten Mitglieder des Oster-Kreises ein, er fahndete in beschlagnahmten Papieren nach Indizien und Beweisen, die seinen noch ganz vagen Verdacht erhärten sollten.

Roeder trieb dabei ein mit Ressentiments und Selbstgerechtigkeit seltsam gemischter Zorn über die Unzulänglichkeit der Abwehr. »Ich persönlich habe von der Abwehr nie viel gehalten«, sagte er später, »und stand auf dem Standpunkt, daß jeder Abwehroffizier mindestens nach einem Jahr abgelöst werden müßte, wegen der vielen Gefahren, besonders für nicht charakterfeste Menschen.«[195] Was er nun über die inneren Zustände in der Abwehr erfuhr, bestärkte ihn nur noch mehr in seiner Abneigung. Er fuhr den Häftling Breidbach an: »Niemand ist mehr da, der Sie decken könnte! Der Herr General Oster ist von mir erledigt. Den Laden räum ich aus!«[196]

Er setzte bei den Papieren an, die er in Dohnanyis Panzerschrank gefunden hatte. Vor allem der letzte der drei Zettel, der mit »O.« abgezeichnet war, erregte Roeders Kombinationsgabe. Aus dem Text ging deutlich hervor, daß hier Personen der Abwehr versuchten, auf dem Umweg über den Vatikan mit ausländischen Kreisen Absprachen über die politischen Verhältnisse Deutschlands nach einem Sturz des nationalsozialistischen Regimes zu treffen. Das allein war schon in Roeders Augen Hoch- und Landesverrat. Wer aber hatte den Zettel geschrieben? Dohnanyi gab es bei den Vernehmungen scheinbar offenherzig zu: Verfasser seien er und sein Schwager Bonhoeffer.[197] Um das »gefährliche Dokument«, wie es später seine Frau nannte, möglichst zu entschärfen, hatte sich Dohnanyi eine einfache Version zurechtgelegt. Der Text, so lautete seine Aussage, sei nicht, was er dem Anschein nach besage, sondern eher das Gegenteil: eine zum Umgang mit dem Gegner bestimmte Sprachregelung, eine in der Abwehr übliche Tarnanweisung für Pastor Bonhoeffer, der im Auftrag von »O.«, nämlich Oster, als V-Mann habe den Vatikan anlaufen und dortige Kreise nachrichtendienstlich ausforschen sollen.[198]

Das Unglück Dohnanyis aber wollte nun, daß Oster nicht bereit war, diese Version zu bestätigen. Der General bestritt nahezu alles: Er kenne die Sprachregelung nicht, wisse nichts von dem Zettel, das »O.« sei auch nicht sein Signum, und von einer Entsendung Bonhoeffers als V-Mann könne gar keine Rede sein, da die Zentralabteilung nicht berechtigt sei, eigene Agenten zu unterhalten.[199] Bonhoeffer widersprach: Er sei seit dem 1. September 1939 sehr wohl V-Mann des Amtes Ausland/Abwehr und arbeite für dessen innenpolitischen und kirchenpolitischen Nachrichtendienst.[200]

Das wiederum mußte Canaris in Verlegenheit bringen, war doch der Abwehr jeder innenpolitische Nachrichtendienst verboten. Roeder durchlöcherte denn auch rasch Bonhoeffers und Dohnanyis Darstellungen. Er ermittelte, daß Bonhoeffer zwar – auf Betreiben seines Schwagers – für die Abwehr »uk«, also unabkömmlich und mithin unerreichbar für die Einziehung zu einer anderen Wehrmachtdienststelle, erklärt worden war, gleichwohl in der Abwehr keinerlei V-Mann-Status besaß.[201] Bonhoeffer wurde nicht in der V-Mann-Kartei der dafür allein zuständigen Abteilungen I und III geführt, er hatte nicht die übliche Geheimhaltungserklärung abgegeben, die V-M-Akten enthielten keinen Bericht des angeblichen V-Mannes Bonhoeffer.[202] Daß der enragierte NS-Gegner Bonhoeffer zudem noch seit Jahren unter Beobachtung der Gestapo stand, die ihm sogar ein Redeverbot und eine Aufenthaltsbeschränkung auferlegt hatte, vermittelte Roeder noch ein zusätzliches Aha-Erlebnis.[203]

Roeder kontaktierte daraufhin Canaris, der ihn zu einem »gemütlichen« Nachmittagsbesuch bei Kaffee und Zigarre in seinem Haus in Schlachtensee einlud.[204] Ein hinzugekommener Mitarbeiter Roeders, der Oberkriegsgerichtsrat Noack, fuhr mit und erlebte ein recht klägliches Rückzugsgefecht des Abwehrchefs. Er müsse, lächelte Canaris, zugeben, daß die Uk-Stellung Bonhoeffers nicht in Ordnung sei und er von einer Beschäftigung des Pastors in einem innenpolitischen Nachrichtendienst nichts wisse, dies natürlich auch nie gebilligt haben würde, da eine solche Tätigkeit den Vereinbarungen zwischen Abwehr und Gestapo widerspreche.[205] Ein paar Tage später gab Canaris zu Protokoll: »Eine Angabe darüber, daß staatspolizeiliche Maßnahmen gegen Bonhoeffer z. Z. seiner Beschäftigung bei der Abwehr verhängt waren, hat mir v. Dohnanyi nicht gemacht. Ich war weder über das Redeverbot noch die Aufenthaltsbeschränkung unterrichtet.«[206]

Solche Gespräche spornten Roeder an, in das Dunkel des offenbar recht diffusen Abwehrapparats noch schärfer hineinzuleuchten. Sein Spürsinn verriet ihm, daß Dohnanyi die zentrale Figur unter den Häftlingen war. Er hatte die V-7-Aktion inauguriert, er hatte Schmidhuber motiviert, er galt als Gehirn und Theoretiker in der Umgebung Osters, sein Name tauchte immer wieder auf, wo Roeder neue Verdachtsmomente ausmachte oder alte, längst verwehte Spuren abermals entdeckte.

Roeder konzentrierte seine Untersuchungen immer mehr auf Dohnanyi, der sich freilich von dem Militärrichter nicht überrumpeln ließ. Bald waren die beiden Männer in einem heftigen Zweikampf verstrickt, von Roeder aus oft kleinlich, hämisch und unfair geführt, denn er konnte sich nicht von seinem Minderwertigkeitskomplex gegenüber dem brillanteren Kollegen freimachen: der durchschnittliche Oberstkriegsgerichtsrat, der sein Referendarexamen nur mit der Note »Vollausreichend« bestanden hatte, und der feinsinnige Reichsgerichtsrat, der schon mit jungen Jahren zu den glänzendsten Staatsanwälten Deutschlands gehört hatte – das war ein zu ungleiches Paar.[207]

Doch statt des politischen Komplotts enthüllte sich Roeder nur ein privatwirtschaftlicher Sachverhalt, der später Josef Müller zu dem Ausruf provozierte, Dohnanyi habe »durch Verquickung der politischen Opposition mit persönlichen Vorteilen den ganzen Kreis in die Gefahr hineingerissen«.[208] Selbst der milde formulierende Lehmann registrierte im Fall Dohnanyi »merkwürdige Feststellungen in finanziellen Dingen, höchst bedenkliche Methoden bei der Abrechung bei Dienstreisen, mehr als sonderbare Devisengeschäfte«.[209]

Roeder stieß bei seinen Recherchen auf ein seltsames Geflecht von Beziehungen aller Art, die den lange Zeit vermögenslosen Dohnanyi mit zahlreichen Geschäftsleuten und reichen Privatpersonen verband. Sie gehörten alle zu seinem Kreis: die Hamburger Versicherungsfirma Jauch & Hübener, deren Mitinhaber Stier und Oswald Hübener durch Vermittlung Dohnanyis vom Wehrdienst freigestellt worden waren, der J & H-Miteigentümer Otto Hübener, dessen bei den Behörden in Prag in Schwierigkeiten geratene

Maklerfirma Dohnanyi beriet, der Graf Ostrowsky in der Steiermark, der einen Freund namens Paul Struzzl hatte, den Dohnanyi bei Jauch & Hübener und dann im Abwehrregiment »Kurfürst« unterbrachte, und nicht zuletzt Schmidhuber, der Dohnanyi mit Reisekreditbriefen behilflich war.[210]

Fuhr Dohnanyi einmal nach Italien und nahm seine Frau auf die Dienstreise mit, so stand Otto Hübener nicht an, dem einflußreichen Touristen anzubieten, fehlende Reisegelder ohne Quittung bei der (Hübener mitgehörenden) Maklerfirma Makenzic & Co. in Mailand und Rom abzuheben, während Schmidhuber in München Devisen beschaffte, zusätzliche Summen zu dem Reisegeld, das Dohnanyi von Amts wegen schon in Berlin empfangen hatte.[211] Der Sonderführer aber beruhigte sich mit dem Gedanken, er werde die Spenden der Freunde nach dem Krieg zurückzahlen, auch die Geschenke im Wert von 5000 Reichsmark, die von Schmidhuber stammten.[212] Roeder: »Schmidhuber war V-Mann, jede Annahme von Geschenken oder Vorteilen von V-Leuten war dienstlich verboten.«[213]

Besonders regen Scharfsinn verwandte Roeder darauf, die Beziehungen zwischen Dohnanyi und Otto Hübener aufzuhellen, in deren Mittelpunkt ein Hauskauf stand. Im Juni 1941 war Dohnanyi eine Villa in Sakrow zum Kauf angeboten worden, für die er 83000 Reichsmark plus 4150 Reichsmark Grunderwerbssteuer hinlegen sollte. Einen Teil der Summe konnte Dohnanyi bei einer Bank aufnehmen, ihm fehlten jedoch 40000 RM.[214] Er erzählte Hübener davon und ließ dabei auch einfließen, er habe demnächst Aussicht, als Vorstandsmitglied in die Rheinisch-Westfälische Bodenkreditbank eintreten zu können.[215] Sofort war Hübener bereit, ihm die 40000 RM als Darlehen vorzustrecken. Dohnanyi zeigte Bedenken: »Aber Sie können Ihr Kapital doch sicher besser anlegen!« Darauf Hübener: »Sie wollen mir sagen, wie ich Kapital anlegen soll! Ich habe Kapital schon angelegt, als Sie noch nicht trocken hinter den Ohren waren.«[216]

Hübener schickte einen Darlehensvertrag mit äußerst kulanten Bedingungen, doch Christine von Dohnanyi, stets zupackender als der bedenklerische Ehemann, war noch nicht ganz zufrieden: Die Laufzeit des Vertrages schien ihr zu kurz; Hübener beanspruchte das Recht, die geliehene Summe nach 10 Jahren zurückzuerhalten, Frau von Dohnanyi aber verlangte 20 Jahre.[217] Hastig nahm Hübener den Vertrag zurück – mit der Entschuldigung, es habe sich nur um ein Versehen der Sekretärin gehandelt. Schließlich war der Vertrag perfekt. Hier sein Text:[218]

1. *Herr Otto Hübener stellt Herrn v. Dohnanyi ein Darlehen in Höhe von 40000 RM zur Verfügung. Herr v. Dohnanyi kann diesen Betrag jederzeit auch in Abwesenheit von Herrn Otto Hübener in dessen Sekretariat in Form eines Schecks entnehmen.*

2. *Das Darlehen ist auf unbestimmte Zeit gegeben. Es ist Herrn v. Dohnanyi überlassen, die Rückzahlung vorzunehmen, sobald für ihn der geeignete Zeitpunkt hierzu gekommen ist.*

3. *Herr Hübener verzichtet seinerseits auf eine Kündigung des Darlehens für die nächsten zwanzig Jahre.*

4. *Die Verzinsung des Darlehens beträgt 2% p.a. Es ist Wunsch des Herrn v. Dohnanyi, eine höhere Zinszahlung vorzunehmen (seitens des Herrn Otto Hübener wird eine Erhöhung nicht verlangt), sofern sein Einkommen zu einer späteren Zeit eine Zinssatzerhöhung zuläßt.*

Berlin, den 3. Juli 1941

Roeder mußte sogleich auffallen, daß der Vertrag einen sensationell niedrigen Zinssatz vorsah. Das wußte niemand besser als Dohnanyi, der für die ersten, vom Bankhaus Seiler geliehenen 56000 Reichsmark der Kaufsumme den damals normalen Zinssatz von 6 Prozent bezahlte, bei Hübener aber nur 2 Prozent entrichten sollte.[219] Dohnanyi war jedoch nicht einmal zu einer höheren Zinszahlung übergegangen, nachdem sich ab September 1941 sein Einkommen durch den Eintritt in die Rheinische Bodenkreditbank mehr als verdoppelt hatte – was er freilich Hübener verschwieg. Ihn ließ Dohnanyi glauben, die Bank werde dem Sonderführer erst nach Kriegsende ein Gehalt zahlen.[220]

Darin wollte Roeder einen Fall von passiver Bestechung sehen, was die Anwälte Dohnanyis nicht gelten ließen. Rechtsanwalt Kurt Peschke wandte ein, Dohnanyi habe schon bei der ersten Zinszahlung im Februar 1943 mehr als den verabredeten Satz überweisen wollen. »Der Beschuldigte selbst«, schrieb Peschke, »neigte dazu, nunmehr einfach 5% zu überweisen, während seine Frau meinte, Hübener könnte dies vielleicht übelnehmen.«[221] Christine von Dohnanyi vertrat dabei den Grundsatz, nur der Geldgeber, nicht aber der Schuldner könne einen neuen Zinssatz festlegen.[222] Roeder blieb ungerührt: »Die Tatsache, daß der Beschuldigte über die ihm zum Ausgeben zur Verfügung stehenden Gelder falsche Auskünfte an Hübener machte, . . . läßt unter Berücksichtigung der Darlehensbedingungen nur den zwingenden Schluß zu, daß es Hübener darauf ankam, das allgemeine Wohlwollen des Beschuldigten zu erhalten.«[223]

Doch es befriedigte Roeder nicht, Dienstvergehen und Unregelmäßigkeiten aufzudecken. Er suchte den großen politischen Fall, das Komplott der Landes- und Hochverräter – und tappte ins Dunkel. Zunächst hatte er geglaubt, eine Untersuchung der Aktion »V 7« werde neue Spuren ergeben, die zu staatsfeindlichen Kreisen hinführen könnten, aber auch das hatte sich als Illusion erwiesen; selbst seine Hoffnung, Dohnanyi könne sich möglicherweise an der »Depositenkasse« bereichert haben, zerschlug sich.[224]

Roeder jagte einer anderen Fährte nach, die in den Vatikan führen mußte. Aber auch hier blieb ihm jeder Erfolg versagt, nicht zuletzt dank Müllers Standhaftigkeit, der in zahllosen Vernehmungen bewies, daß er seinen Spitznamen nicht zu Unrecht trug. Der »Ochsensepp« irritierte oft mit einer Mischung aus List und Sturheit seine Vernehmer. Roeder hatte ihm sofort bei der ersten Vernehmung erklärt: »Wir sind uns doch darüber klar, daß ohne die Partei Deutschland undenkbar ist?« Müller kehrte den Kadavergehorsam-Soldaten hervor, klappte die Hacken zusammen und schnarrte: »Zu Befehl, Herr Oberst!«[225] Bald gab es »zwischen Roeder und mir scharfe

Auseinandersetzungen, wobei er brüllte, drohte, Bekannte von mir beleidigte«, wie sich Müller erinnert.[226] Wurde der Ton Roeders und seiner Gestapo-Gehilfen zu laut, dann deutete der »Ochsensepp« geheimnisvoll Beziehungen zur SS-Führung an, und der Stil seiner Vernehmer mäßigte sich wieder.

Spurensucher Roeder mußte allmählich erkennen, daß ihm ein Durchbruch im Fall des vermuteten Hoch- und Landesverrats einstweilen versagt bleiben würde, wenn nicht ein Wunder geschah. Jede neue Fährte hatte in die Irre geführt, kein handfester Beweis ließ ahnen, wo die von Schmidhuber erwähnte staatsfeindliche »Generals-Clique« saß. Noch war freilich ein Mann von Roeder unangetastet geblieben, ein Mann, der immer verdächtiger wurde, weil er wie kein anderer der Beteiligten im Fall »Depositenkasse« nervös und fahrig reagierte: Canaris.

Kraell hatte Roeder dringend davor gewarnt, den Abwehrchef unziemlich anzufassen. Für den Oberreichskriegsanwalt Kraell war und blieb der Admiral Canaris eine unbezweifelbare, staatstreue Figur, die auch nur zu verdächtigen eine Art Naturfrevel sei. Roeder mußte Kraell stets vorher die Fragen schriftlich vorlegen, die er Canaris zu stellen beabsichtigte; zuweilen kam Kraell auch mit zur Vernehmung des Abwehrchefs.[227] Da konnte ihm freilich nicht verborgen bleiben, wie kaputt und verbraucht Canaris aussah.

»Ich erinnere mich«, so Kraell, »an eine Vernehmung des Admirals Canaris durch Roeder, in der Canaris auf mich einen geradezu hilflosen Eindruck machte und in der von ihm abgegebenen Erklärung recht wenig überzeugend wirkte. Ich hatte erwartet, daß er gegen seine Vernehmung mit scharfen Worten Front machen würde. Statt dessen wirkten seine Äußerungen matt und beinahe entschuldigend.«[228] Andere Beobachter, die Canaris damals sahen, urteilten ähnlich. Die Ausschaltung der Oster-Gruppe, das Eindringen fremder Fahnder in die Welt der Abwehr, hatte Canaris schwer getroffen; lethargisch, fast wie benommen, ohne jede Initiative, lavierte er zwischen Roeder und den zu einer Gegenaktion drängenden Abwehroffizieren.

Ein Überlebensinstinkt riet ihm allerdings wie in anderen Krisen seines Lebens, die Verbindungen zu den Verdächtigen rasch abzubrechen. Oster empfing er nie wieder im Amt, und auch Häftlinge hörten von ihm offizielle Worte kühler Distanzierung. Er verlegte sich aufs Dementieren: Nein, ein innenpolitischer Nachrichtendienst habe niemals seine Billigung gefunden. Nein, Herr von Dohnanyi habe wissen müssen, daß von ihm, dem Amtschef, stets die Mitnahme von Ehefrauen auf Dienstreisen mißbilligt und immer wieder pünktlichste Abrechnung von Reisekosten verlangt worden sei. Nein, Bonhoeffer sei kein V-Mann gewesen, einen kirchenpolitischen Nachrichtendienst habe es in der Abwehr überhaupt nicht gegeben.[229]

Selbst in Gesprächen mit regimekritischen Mitgliedern der Reichskriegsanwaltschaft wie Karl Lotter, dem ehedem engen Mitarbeiter des antinazistischen Heeresrichters Sack, wahrte Canaris Distanz zu seinem Freund Oster. »Ich hatte bei den Gesprächen mit Canaris und Oster«, notierte sich Lotter, »die Überzeugung, daß nicht etwa eine Abmachung über Abstimmung der Aussagen getroffen worden war, die gegenüber dem Ermittlungsführer gemacht werden sollten, eher das Gegenteil; der eine gab bei diesen gelegentlichen Rücksprachen eine Darstellung über den Hergang der angeblichen Devisenvergehen, die sich von der Schilderung des anderen wesentlich unterschied.«[230]

Die Häftlinge in den Zellen aber, der Einsamkeit und den Attacken des schier übermächtigen Roeder ausgeliefert, verstanden ihren Chef nicht mehr. Wie Hilfeschreie lasen sich ihre Kassiber und Schriftsätze, mit denen sie sich mühten, Canaris für sich zu mobilisieren. »Der Schuldbeweis gegen die Angeklagten«, schrieb Dohnanyi, »ist nicht zu führen, wenn – woran nicht der geringste Zweifel sein kann – Admiral Canaris das folgende bestätigt: 1) Die ökumenischen Beziehungen Bonhoeffers waren abwehrmäßig von großem Interesse ... 2) Im Falle Struzzl hat es sich um einen der Abwehrstelle Hamburg gemachten Vorschlag gehandelt, Struzzl ... mit Aufträgen des Nachrichtendienstes zu versehen ... 3) Admiral Canaris wird bestätigen, daß Dr. v. Dohnanyi im Amt ›Ermessensentscheidungen‹ auch in der Form der Beratung des Chefs des Stabes nicht zustanden. Mit der Nachrichtenbeschaffung hatte er an sich nichts zu tun und konnte daher schon mangels Zuständigkeit nicht auf den Gedanken kommen, mit Hübener in dienstlichen Beziehungen zu stehen ... Hat die Anhörung des Admirals Canaris das oben geschilderte und zu erwartende Ergebnis, so wird die Strafverfolgungsbehörde gegen die Einstellung des Verfahrens keine Bedenken zu erheben brauchen.«[231]

Als Canaris weiterhin schwieg, verstärkten Dohnanyi und seine Anwälte das Werben um den Abwehrchef. Peschkes Sozius, der Justizrat Graf von der Goltz, Canaris noch aus dem gemeinsamen Kampf für die Rehabilitierung Fritschs vertraut, hielt dem Admiral vor, im Grunde gehe doch Roeders Feldzug nur gegen ihn und die gesamte Abwehr. Goltz argumentierte: »Das ergab sich u.a. aus der unsubstantiierten Erhebung krimineller und politischer Vorwürfe gegen den Herrn Amtschef persönlich (z.B.: ›Juden über die Grenze geschoben und ihnen 100000 $ nachgeworfen zu haben‹), aus den Äußerungen über die Abwehr als solche und das Schicksal, das er [Roeder] ihr zugedacht habe ... Der überwiegende Teil der Vernehmungen des Beschuldigten [Dohnanyi] hatte die Tendenz, von dem Beschuldigten Angaben gegen die Abwehr als solche und Herrn Admiral Canaris persönlich zu erhalten, ihn unter Anwendung psychischen und Androhung körperlichen Zwanges zu veranlassen, gegen seine Dienststelle und den Herrn Admiral Canaris, wie der Untersuchungsführer es ausdrückte, ›auszupakken‹.«[232]

Aber auch solche gezielten Appelle an Canaris fruchteten wenig. Der Admiral ließ den Häftlingen heimlich Botschaften der Ermunterung überbringen, aber offiziell blieb er reserviert. Frau von Dohnanyi, inzwischen wieder aus der Haft entlassen, berichtete später: »Canaris ließ meinem Mann immer wieder versichern, er sei bis an die Grenze des Möglichen gegangen, seine politische Situation sei [jedoch] nicht mehr so stark, daß er auf den Tisch schlagen könne. Mein Mann ist bis zuletzt anderer Ansicht gewesen.«[233]

Wie sehr unterscheidet sich doch dieser müde, verängstigte, übervorsichtige Canaris von dem strahlenden Heroenbild, das bisher seine Biographen von ihm malten! Abshagen sieht seinen Helden »zu höchster Aktivität angespornt«, noch einmal habe sich Canaris »in seiner alten Gewandtheit« bewährt, und auch Brissaut schreibt dem ersten Canaris-Biographen treuherzig nach, der Admiral sei »äußerst aktiv« geworden und habe Roeders Ermittlungen »frustriert«.[234] Nichts von alledem hat Canaris getan. Die Häftlinge und mit ihnen auch Canaris wären schon damals verloren gewesen, hätten nicht ein paar beherzte Abwehroffiziere die Verteidigung ihrer Organisation selber in die Hand genommen.

Ihre Wortführer waren der Oberst von Bentivegni, der das Dahinsiechen seines Amtschefs nicht mehr mitansehen mochte, und ein energischer NS-Gegner, der erst in den letzten Tagen die Aufmerksamkeit von Canaris gefunden hatte: der Stabsintendant Dr. Georg Duesterberg, stellvertretender Leiter der Gruppe »ZF« (Zentralabteilung, Finanzwesen) und Sohn des ehemaligen »Stahlhelm«-Führers Theodor Duesterberg.[235] Der Verwaltungsmann war von Canaris als »Briefbote« für vertrauliche Botschaften ausersehen worden, die er Roeder zukommen ließ, »da er dem Leiter der Rechtsgruppe des Amtes Ausland/Abwehr und den jüngeren Offizieren des Amts nicht traute«.[236]

Bei seinen Begegnungen mit Roeder aber merkte Duesterberg rasch, daß der Untersuchungsführer in Wahrheit auf den Kopf von Canaris aus war. Roeder zog ihn, erzählt Duesterberg, »jedesmal in eine ›kameradschaftliche‹ Unterhaltung, in welcher er an mich Suggestivfragen betr. das laufende Verfahren v. Dohnanyi richtete, von mir Charakterbeurteilungen der führenden Köpfe der Abwehr . . . verlangte«.[237] Ihm wurde dabei ob Roeders »Zynismus« so unheimlich, daß er Canaris mündlich meldete, der Oberstkriegsgerichtsrat drehe ihm das Wort im Munde herum und führe Übles gegen die Abwehr im Schilde. Canaris fragte Duesterberg, ob er eine schriftliche Meldung machen wolle, was der Stabsintendant bejahte.[238]

Da intervenierte Bentivegni, der eine Chance sah, die Arbeit Roeders lahmzulegen. Er bestellte Duesterberg zu sich und überredete ihn, statt einer schriftlichen Meldung an Canaris eine an den Chef des OKW zu richtende Dienstaufsichtsbeschwerde gegen Roeder zu verfassen.[239] Duesterberg war einverstanden. Er begann gerade mit der Formulierung, da kam es im Zimmer von Roeder zu einem Eklat, der ganz in Bentivegnis Pläne paßte.

Mitte Mai hatte Roeder vor seinen Schreibtisch Gisevius geladen, von dem Schmidhuber gehört haben wollte, Canaris habe deutsche Offensivpläne an die Sowjets verraten. Der Widerstandsveteran wollte die Verrats-Story nicht bestätigen, gab allerdings zu, daß er sich seinerzeit bei der Unterredung mit Schmidhuber über Canaris negativ geäußert habe, mit dem er zuvor wegen gewisser Kompetenz- und Funktionsfragen in Streit geraten sei.[240] Roeder war schlau genug, Gisevius diese Teilbestätigung der Aussage Schmidhubers selber ins Stenogramm diktieren zu lassen. Am nächsten Tag sollte Gisevius das geschriebene Vernehmungsprotokoll unterzeichnen.[241]

Wieder griff Bentivegni ein. Als er erfuhr, was der unvorsichtige Gisevius zugegeben hatte, stimmte er ihn um; noch am Abend fand bei Canaris eine Besprechung statt, in der erörtert wurde, wie Gisevius' unpassende Aussage wieder rückgängig gemacht werden könne.[242] Am nächsten Tag erschien der Zeuge Gisevius erneut vor Roeder, doch diesmal aggressiv und arrogant.

»Er verlangte Abänderung des Protokolls vom Vortage, das er selbst diktiert hatte«, berichtet Roeder. »Ich lehnte Änderungen im Protokoll ab, er könne Zusätze oder Abänderungen im neuen Protokoll diktieren.«[243] Gisevius verweigerte jede weitere Aussage, worauf Roeder die Beherrschung verlor und ihn anschrie, wenn Gisevius bei seiner Weigerung bleibe, werde er gegen ihn »Zeugenhaft« verhängen.[244] Gisevius brüllte zurück, ein heftiges Wort folgte dem anderen. Erst nach geraumer Zeit erklärte sich Gisevius bereit, neue Fragen Roeders zu beantworten. Er gab Auskunft, wenn er sich auch an die am vorangegangenen Tag beschriebenen Meinungsdifferenzen zwischen ihm und Canaris nicht mehr erinnern mochte. Anschließend unterschrieb er das neue Protokoll, während Roeder nach Gisevius' Weggang seiner Sekretärin eine Aktennotiz über den Vorfall diktierte.[245]

Der Chronist Gisevius, von einem boshaften Kritiker einmal der »Karl May des deutschen Widerstands« genannt, beschreibt allerdings die Szene in Roeders Büro erheblich anders.[246] Gisevius will Roeder bei der Auseinandersetzung um eine einstündige Unterbrechung gebeten haben, in der er zu dem Heereschefrichter Sack geeilt sei, der wiederum durch seine Intervention den Erlaß des von Roeder schon angekündigten Haftbefehls gegen Gisevius um 24 Stunden verschoben habe; die gewonnene Zeit sei von ihm, Gisevius, dazu genutzt worden, eine »umfangreiche Beschwerdeschrift« über Roeders Vernehmungsmethoden zu schreiben, die durchschlagende Folgen gehabt habe – ein paar Tage später sei Roeder von Keitel aus dem Verfahren herausgenommen worden.[247]

Zutreffend an diesem Roman ist wohl nur, daß Gisevius in der Tat zur Formulierung einer Dienstaufsichtsbeschwerde veranlaßt wurde – von Sack und vor allem von Bentivegni, der froh war, einen weiteren Zeugen gegen Roeder gefunden zu haben.[248] Der streitbare Oberst trieb auch noch einen dritten Angehörigen der Abwehr auf, der zu einer schriftlichen Beschwerde gegen Roeder bereit war.[249] Dann »hagelte es Zwischenfälle«, wie sich Kraell erinnert: Eine Beschwerde nach der anderen lief beim Reichskriegsgericht ein, »die Zusammenstöße und wechselseitigen Beschwerden rissen nicht ab«.[250]

Doch der Jurist Roeder hatte sich gut abgesichert, mit den Dienstaufsichtsbeschwerden juristischer Laien war ihm nicht beizukommen. Lehmann bezeugt: »Die Beschwerden waren ganz offensichtlich ein Teil des heftigen Kampfes, den die Abwehr gegen das Verfahren selbst und gegen die Person Roeders führte . . . Wir hatten im OKW den Eindruck, daß es sehr unsachliche Beschwerden waren, mit denen die beteiligten Kreise der Abwehr das Verfahren zu torpedieren versuchten.«[251] Jede einzelne Beschwerde wurde im Reichskriegsgericht geprüft und von dessen Präsidenten entschieden, nicht eine einzige erwies sich als stichhaltig.[252]

Sie erschienen dem Oberreichskriegsanwalt Kraell als so fragwürdig, daß er Sack, mit dem er seit gemeinsamer Schulzeit befreundet war, mahnte, er solle seine Freunde in der Abwehr vor weiteren Angriffen auf Roeder zurückhalten.[253] Kraell hatte ein Konzept: Er wollte das Verfahren allmählich einschlafen lassen, die Gestapo immer mehr von dem Fall lösen, Zug um Zug, unauffällig, ohne Aufsehen. Eine Kampagne gegen Roeder aber, so warnte Kraell, werde das Reichssicherheitshauptamt erst richtig auf den Plan rufen. Sack indes sah darin nur Taktiererei, die zu nichts führe; man müsse entschlossen, so sein Konzept, gegen Roeder Front machen.[254]

Je mehr sich jedoch die Abwehrzentrale auf Roeder einschoß, desto verbissener verbohrte er sich in jedes Indiz, das den Verdacht gegen Canaris verstärkte. Die Kampagne gegen ihn mußte Roeder als ein letztes Gefecht des um seine Existenz ringenden Abwehrchefs erscheinen. Roeder war nicht der einzige, der Canaris verdächtigte, von den politischen und privatwirtschaftlichen Unternehmungen seiner Untergebenen gewußt zu haben. Canaris galt sogar als der eigentliche Hauptverdächtige im »Fall Depositenkasse«. Keitel gab dem auf seine Art Ausdruck: Er wies Reichskriegsgericht und Reichskriegsanwaltschaft an, Canaris nur in die vordergründigsten Details des Untersuchungsverfahrens einzuweihen.[255]

»Canaris«, berichtet Kraell, »wurde zwar nicht offziell als Beschuldigter geführt, weil die Verdachtsgründe hierzu nicht ganz ausreichten, aber er wurde doch als recht verdächtig angesehen.«[256] Auch Lehmann weiß, »das Verhältnis zu Canaris« sei »recht sorgenvoll« geblieben: »Nach allen normalen Vorstellungen hätte er ständig über das Verfahren ins Bild gesetzt werden müssen. Aber das ging nicht. Einmal stand er selbst doch ziemlich unmittelbar in dem Scheinwerferlicht. Außerdem aber mußte man bei den ganz nahen persönlichen Beziehungen zwischen ihm und seinen beiden Untergebenen damit rechnen, daß er nicht dicht halten werde.«[257] Man kann sich vorstellen, wie der nervöse Admiral auf solche Signale des Mißtrauens reagierte. Er führte in seinem Büro fast nur noch eine Schattenexistenz.

Der Vizeadmiral Bürkner aber sah sich unversehens zum eigentlichen Chef einer Abwehr emporgehievt, die praktisch nicht mehr funktionsfähig war. Die Zentrale arbeitete kaum noch kontinuierlich, Referenten, Gruppen- und Abteilungsleiter standen zusehends im Banne der großen Frage, wann Roeder die Abwehr gänzlich lahmlegen, ihren Chef endgültig in Handschellen abführen lassen werde. Bürkner hatte das immer deutlicher werdende Chaos in der Abwehrzentrale täglich zu verantworten, er mußte regelmäßig ins Führerhauptquartier und Hitlers spöttische Frage ertragen, was denn die Abwehr des Herrn Canaris eigentlich mache.

In seiner Bedrängnis vertraute sich Bürkner eines Tages Lehmann an und bat um Hilfe. Lehmann notierte sich: »Bürkner sagte mir ... mit dürren Worten, daß wegen dieser Untersuchung die Tätigkeit der Abwehr in der Zentrale so ziemlich stillgelegt sei.«[258] Canaris, fügte der Vizeadmiral hinzu, falle »als Arbeitskraft und als Chef nahezu aus«.[259] Lehmann nahm sich den Appell des Abwehrmannes zu Herzen. Und da kam ihm plötzlich ein Einfall, verrückt zwar und einigermaßen verwegen und doch eine so einfache Lösung, daß der vorsichtig-ängstliche Lehmann später noch oft über sie lächeln mußte.

Lehmann konsultierte Kraell, und der staunte über seinen Kollegen: »Das war ein ganz außergewöhnlicher Vorschlag, der mir in meiner beruflichen Laufbahn nicht ein zweites Mal begegnet ist und der, streng genommen, gegen das Gesetz ging.«[260] Gemeinsam gingen sie zu dem Präsidenten des Reichskriegsgerichtes, und das war nun ein Offizier, der heilfroh war, daß Canaris von allem Alpdruck befreit werden sollte: Admiral Max Bastian, der

Mann, der einst dazu beigetragen hatte, seinen ehemaligen Ersten Offizier in die geheimdienstliche Laufbahn zu befördern. Die drei Herren waren sich einig: Es ging zur Not, man mußte es jedenfalls versuchen.[261]

Lehmann rief Ende Juni seine Referenten zusammen und bat den RSHA-Gruppenleiter Huppenkothen hinzu, dann warf er, wie es Lehmann selbst beschreibt, »einen Gedanken in die Debatte, über den die Beteiligten sämtlich sprachlos waren. Ich sagte ziemlich unvermittelt, daß ich mit dem Gedanken spielte, dem Feldmarschall Keitel vorzuschlagen, das Verfahren möge wegen der Aussichtslosigkeit wirklicher Aufklärung eingestellt werden. Man solle die Untersuchung auf die politisch nicht interessierenden Nebenpunkte beschränken.«[262] Lehmann wartete noch einen günstigen Augenblick ab, ehe er sich mit seinem Projekt zu Keitel wagte.

Eine neue Wendung des Krieges bot ihm die gewünschte Gelegenheit: Am 10. Juli 1943 landeten britische und amerikanische Truppen auf Sizilien, die westlichen Alliierten setzten zum Sturm auf den »weichen Unterleib« von Hitlers Europa an.[263] Schon die ersten Kämpfe verrieten, daß die italienische Widerstandskraft rasch erlahmte; der Zusammenbruch des faschistischen Italien kündigte sich an. Da nutzte Lehmann seine Chance. Er meldete sich bei Keitel und trug ihm seinen Plan vor, der für den schwächlichen OKW-Chef nicht ohne Brisanz war: Keitel sollte Himmlers Einverständnis einholen.[264]

Doch zu Lehmanns Überraschung lief alles reibungslos ab. Kraell forderte von Roeder einen Zwischenbericht über seine Ermittlungen, der so abgefaßt war, daß er keine Schwierigkeiten bereiten konnte.[265] »Sein Bericht«, erzählt Kraell, »bejahte strafrechtliche Handlungen unpolitischer Art, war aber in der Beurteilung politischer Vorwürfe zurückhaltend.«[266] Bastian assistierte mit einem – von Kraell aufgesetzten – Zusatzbericht, der »die Möglichkeiten [verneinte], die Beschuldigten mit dem vorhandenen Beweismaterial des Hoch- oder Landesverrats zu überführen«.[267] Das gab Keitel genügend Handhabe, als Gerichtsherr die Einstellung des politischen Verfahrens anzuordnen.[268]

Der Sturz Benito Mussolinis am 25. Juli beschleunigte noch die juristische Entlastungsoffensive für Canaris. Einen Tag danach, erinnert sich Roeder, »kam eine von Keitel unterschriebene Anweisung, in der er dem Präsidenten des RKG für die geleistete Arbeit dankte und zugleich aussprach, daß die Entwicklung der militärischen Lage auf dem italienischen Kriegsschauplatz durch den Zusammenbruch Italiens den vollen Einsatz aller Kräfte des Amtes Ausland/Abwehr erforderte und die zusätzliche Belastung durch das Verfahren beendet werden müsse«.[269] Gehorsam setzte Roeder auf, was Keitel von ihm erwartete: eine Anklageschrift, in der nahezu jeder politische Unterton fehlte. Schmidhuber und Ickrath wurden wegen Devisenvergehens in Tateinheit mit Untreue angeklagt, Dohnanyi wegen Untreue, Devisenvergehens und Zersetzung der Wehrkraft, Oster wegen Mittäterschaft und Bonhoeffer wegen Wehrdienstentziehung.[270] Die Vertretung der Anklage übernahm ein Kriegsgerichtsrat, Roeder schied aus dem Verfahren aus – zornig und unwillig, aber widerstandslos: Seine Niederlage wurde einige Wochen später mit einer Beförderung zum Chefrichter der Luftflotte IV in Lemberg versüßt.[271]

Und Himmler? Er wollte von den Vorwürfen gegen Canaris nichts mehr hören. Himmler zu Keitel: »Man soll doch endlich den alten Mann in Ruhe lassen.«[272] Huppenkothen konnte nie die Marginalie vergessen, die Keitel auf die erste Seite des Zwischenberichts von Roeder geschrieben hatte: »Himmler habe sich geweigert, den Bericht zu lesen, er habe erklärt, er habe kein Interesse an der Durchführung des Verfahrens gegen Canaris, er habe im übrigen seine Zustimmung zur Aktion V 7 Canaris persönlich mündlich gegeben und halte sich an sein Versprechen gebunden, im übrigen solle Canaris endlich die unzuverlässigen Elemente um ihn herum abstoßen und in Zukunft sachlicher arbeiten«.[273]

Das waren Worte des Mannes, der soeben zum Reichsinnenminister ernannt wurde und schon eine Verabredung mit dem antinazistischen Ex-Finanzminister Popitz für den 26. August getroffen hatte, an dem dieser ihm in Begleitung des Canaris-Konfidenten Langbehn, der zugleich ein Hausfreund Himmlers war, Vortrag über die politische Vorstellungswelt des Widerstandes halten sollte.[274] Schellenberg hörte es ungern, denn die Rehabilitierung von Canaris verbaute ihm weiterhin den Weg an die Spitze des von ihm erträumten Supergeheimdienstes.

Was vielen unvorstellbar gedünkt hatte, war geschehen: Canaris noch einmal gerettet, die Abwehr in ihrer Substanz erhalten. Gleichwohl verlangte Keitel jetzt von Canaris eine gründliche Reform der Abwehr, bessere Leistungen, Ablösung aller Abteilungschefs. Bürkner durfte zwar auf seinem Posten bleiben, auch der Oster-Nachfolger Jakobsen wurde nicht angetastet, aber Piekenbrock, Lahousen und Bentivegni mußten ihre Sessel räumen.[275] Es war eine schwere Entscheidung für Canaris, in den Händen dieser drei Offiziere hatte praktisch die Leitung der Abwehr gelegen.

An die Stelle der allzu routinierten Abteilungschefs rückten neue Männer, an die sich Canaris nur langsam gewöhnen konnte. Der Generalstabsoberst Theodor Heinrich, ein Pfälzer und Infanterist, den das OKW Ende Juni in die Abwehrzentrale kommandiert hatte, um am 15. September die Leitung der Abwehr III zu übernehmen, blieb Canaris eine undeutliche Figur, zumal Heinrich schon fünf Tage nach seinem formalen Amtsantritt als Abteilungschef einen schweren Autounfall erlitt, der Canaris ermöglichte, Bentivegni zurückzurufen.[276] Auch Piekenbrocks Nachfolger, Oberst Georg Hansen, 17 Jahre jünger als der Abwehrchef, NS-Gegner, ehemaliger Panzeroffizier und zuletzt Chef der Abteilung »Fremde Heere West«, fand nur langsam Zugang zu Canaris, brachte er doch so manches Vorurteil des generalstäblerisch gebildeten Feindlagebearbeiters gegen die Abwehr mit.[277] Eher paßte der neue, seit dem 1. August amtierende Abwehr-II-Chef zu Canaris: Oberst Wessel Baron von Freytag-Loringhoven, Jahrgang 1899, ein Balte, im kaiserlichen Rußland erzogen, in der lettischen Armee aufgewachsen, dann in die Reichswehr übergewechselt, zuletzt Ic der Heeresgruppe Süd, in deren Rahmen der passionierte Reiter auf deutscher Seite kämpfende Kosakenformationen aufgestellt und dabei den verbrecherischen Größenwahn nationalsozialistischer Herrenmenschenpolitik im Osten kennengelernt hatte.[278]

Mit dem Einzug der neuen Abteilungschefs begann das Amt Ausland/Abwehr auch äußerlich, sein Gesicht zu verändern. Die Intensivierung des alliierten Bombenkrieges gegen Berlin und andere deutsche Städte zwang die

Abwehrzentrale, in Ausweichquartiere im Süden Berlins umzuziehen: in das Militärlager »Zeppelin« bei Zossen. Der Umzug hatte bereits in der zweiten Aprilhälfte begonnen; ein Teil des Amtes tauchte in dem Zeppelin-Sperrkreis »Maybach II« unter, einem Gelände mit kleinen, getarnten Reihenhäusern, die zweigeschossige, miteinander verbundene Tiefbunker besaßen (andere Dienststellen des Amtes verteilten sich in Berlin auf Häuser am Matthäikirchplatz, in der Bendler- und der Großadmiral-Prinz-Heinrich-Straße sowie auf die ehemalige Polizeischule Eiche bei Potsdam).[279] Canaris selber bezog in Maybach II ein Haus, das früher der (1942 von Hitler abgesetzte) Generalstabschef Halder bewohnt hatte.[280]

Canaris wußte nicht, daß ihm ein gefährlicher Schatten der Vergangenheit in die Welt der Tiefbunker folgte. Oberstleutnant Heinz, der Vertraute Osters, hatte es für opportun gehalten, die 1942 in einen Safe der Preußischen Staatsbank verlagerten Geheimarchive der Oster-Dohnanyi-Gruppe wieder aus ihrem Versteck hervorzuholen und in zwei Autofuhren nach Maybach II zu bringen, wo sie in einen Panzerschrank kamen, den er für Gestapo-sicher hielt.[281] Es war das tödliche Material, das Canaris und Oster in den letzten Monaten des Dritten Reiches zum Verhängnis werden sollte.

Inzwischen mühten sich die neuen Abteilungschefs, das Leistungsniveau des Abwehrapparats zu verbessern. Oberst Heinrich glaubte, die ortsfesten Dienststellen der Abwehr mit ihrer bürokratischen Routine lähmten Einfallsreichtum und Initiative des Geheimdienstes; er beschloß daher, die stationären Einheiten der Spionageabwehr und Gegenspionage zu beweglichen Frontaufklärungskommandos (FAK) aufzuteilen. Die Abwehrstellenleiter in den besetzten Gebieten hielten davon nichts und sabotierten den von dem zurückgekehrten Bentivegni übernommenen Reformplan. Dennoch setzte sich Bentivegni mit Canaris' Unterstützung durch.[282] Die FAK, die in Frankreich, Belgien und Holland von einer »Leitstelle III West für Frontaufklärung« gesteuert wurden, konnten die Erkundungsarbeit der Abwehr verbessern; auch im Osten entstanden FAK, Beginn einer »Abwehr auf Rädern«.

Canaris freilich wartete die Umstrukturierung seines Geheimdienstes nicht in Maybach II ab, er ging wieder auf Reisen. Der Zusammenbruch des italienischen Faschismus faszinierte ihn; die Beseitigung des Mussolini-Regimes mußte auch dem deutschen Patrioten Canaris nachahmenswert erscheinen – als ein erster Schritt, das eigene Land aus dem Krieg hinauszumanövrieren. Er beeilte sich, die italienische Szene mit ihren unschätzbaren Möglichkeiten in Augenschein zu nehmen. Ein Befehl Keitels gab ihm Anlaß dazu: Canaris sollte sich mit dem Chef von Italiens militärischem Geheimdienst, General Cesare Amé, in Venedig treffen, um von ihm zu erfahren, wie es der Mussolini-Nachfolger Pietro Badoglio mit der Bündnistreue und der Fortführung des Krieges halte.[283]

Am 29. Juli flog Canaris mit Lahousen und Freytag-Loringhoven nach Venedig, dort erwartet von Amé und einer italienischen Militärdelegation.[284] Die Amé zugegangenen Meldungen hatten unheilvoll geklungen: Die Deutschen verlegten drei Divisionen nach Italien, und zwar nicht für den Einsatz auf dem Kriegsschauplatz Sizilien, sondern so, daß sie bei einem Abfall Italiens von seinem Bündnispartner sofort Norditalien, die italienischen Flottenbasen und Rom besetzen konnten.[285] Und Amé konnte keinen Zweifel daran haben, daß Badoglio eben dies plante – den Absprung von der Achse.

Die beiden Delegationen trafen sich im Hotel »Danieli« und versicherten sich einander unverbrüchlicher Waffenbrüderschaft. Canaris diktierte ein Abschlußkommuniqué, in erster Linie für die Augen des mißtrauischen Hitler formuliert: gemeinsame Fortsetzung des Krieges.[286] Der Admiral war zu klug, um nicht zu erkennen, daß die Italiener etwas anderes vorhatten – ihm sollte es recht sein. In einer Pause der Konferenz am 30. Juli nahm er Amé beiseite und schlug vor: »Wir wollen etwas frische Luft schnappen.« Sie verließen das Hotel, in einiger Entfernung von den anderen Konferenzteilnehmern gefolgt, und schlenderten die Straße hinunter. Plötzlich sagte Canaris: »Die allerherzlichsten Glückwünsche.« Der Italiener tat, als verstünde er nicht, doch Canaris sprach schneller: »Glückwünsche für euren 25. Juli. Auch für uns wäre ein solcher erforderlich. Deutschland träumt nur noch davon, sich von Hitler zu befreien.«[287]

Auf einmal überkam Amé das seltsame Gefühl, er könne diesem lächelnd-undurchsichtigen Deutschen trauen. Er sprudelte heraus: »Admiral, ich zähle auf Ihre absolute Loyalität. Wir suchen heute nur Zeit zu gewinnen. Der Waffenstillstand [mit den Alliierten] wird binnen kurzem erbeten. Es ist jedoch nötig, daß Italien nicht durch eine sofortige und harte nazistische Besetzung gelähmt wird.« Darauf Canaris: »Um dies zu erreichen, gibt es nur ein Mittel: auf jede Weise verhindern, daß die Wehrmacht ihre Truppen in Italien verstärkt. Mit einem Wort: Sucht so wenig deutsche Soldaten nach Italien gelangen zu lassen, als ihr könnt.«[288]

Der Italiener mochte sich über solche Ratschläge noch wundern, doch Canaris ließ ihm keine Zeit zum Mißtrauen. Canaris versicherte: »Was mich betrifft, lieber General Amé, können Sie beruhigt sein. Ich werde in Berlin nichts sagen. Ich werde im Gegenteil mit Nachdruck betonen, daß Italien den Kampf Seite an Seite mit uns fortsetzen will.« Einen Augenblick schwieg er, dann beschwor er Amé: »Es ist unmöglich, daß ihr länger als einen Monat aushalten könnt. Es bleibt euch nichts übrig, als euch aus dem Getümmel zurückzuziehen. Aber hört auf mich, laßt so wenig deutsche Soldaten über den Brenner kommen, wie nur möglich ist.«[289]

Am 31. Juli flog Canaris mit seinen Begleitern zurück, überzeugt, Italien werde spätestens in einigen Wochen aus dem Krieg ausscheiden.[290] Offenbar hoffte er, Italiens Kapitulation würde die deutsche Führung derart schokken, daß sich auch im Reich (wie in Italien vor Mussolinis Sturz) einflußreiche Militärs und gemäßigte Parteifunktionäre bereit fanden, Hitler zu neutralisieren und den Alliierten einen Waffenstillstand anzubieten. Mussolinis undurchsichtiger Polizeichef Carmine Senise, eine Art italienischer Himmler, hatte beim Umsturz eine maßgebliche Rolle gespielt – warum sollte sich das Beispiel nicht in Deutschland wiederholen lassen?

Das waren sicherlich Illusionen, aber allein politische Wunschträume dieser Art hielten Canaris noch in seinem Amt. Jedenfalls war er entschlossen, durch seine Berichterstattung zu verhindern, daß rechtzeitig starke deutsche Verbände nach Italien gelangten, um das Ausscheiden des Achsenpartners mit der schlagartigen Besetzung des Landes zu beantworten. So erzählte

Canaris nach seiner Rückkehr aus Venedig jedem offiziellen Gesprächspartner, Italien bleibe zweifellos an der Seite Deutschlands. Auch Huppenkothen bekam bei einem Abendessen in Canaris' Zossener Bunker zu hören, er, der Admiral, »halte es persönlich und nach dem Eindruck, den er von Amé erhalten habe, für ausgeschlossen, daß Italien selbständig etwas unternehmen werde, um den Krieg zu beenden«.[291]

Doch Canaris hatte nicht mit dem Argwohn Walter Schellenbergs gerechnet. Der SD-Chef, verärgert über die Rettung des Rivalen, mißtraute den Erzählungen von Canaris und setzte in Rom seine V-Männer auf Amé an. Der italienische Geheimdienstchef hatte geschwatzt, und eine Homosexuellenverbindung zu dem eingeweihten Amé-Chauffeur drohte nun Canaris gefährlich zu werden: Schellenbergs Agenten ermittelten den wahren Inhalt der Canaris-Amé-Gespräche in Venedig.[292] Der aber las sich in den V-Mann-Berichten des SD so beklemmend, daß Schellenberg schon glaubte, endlich eine Waffe in der Hand zu haben, mit der sich der Abwehrchef abschießen ließ. Er setzte einen Bericht auf, in dem er Canaris beschuldigte, in landesverräterischer Absicht die deutsche Führung laufend über die wahren Absichten Italiens getäuscht zu haben.[293]

Schellenberg fühlte sich stark, zumal der neue Chef des Reichssicherheitshauptamtes, SS-Obergruppenführer Ernst Kaltenbrunner, den geheimdienstlichen Ehrgeiz Schellenbergs teilte. Kaltenbrunner hatte schon vor seiner Ernennung bei Gesprächen mit Himmler im Dezember 1942 gleichsam zur Bedingung seines Amtsantritts gemacht, daß endlich ein einheitlicher deutscher Geheimdienst unter SS-Kontrolle geschaffen werde.[294] »Ich sagte ihm damals«, so Kaltenbrunner, »daß auf einem SD allein ein Nachrichtendienst nicht aufgebaut werden könne. Ein Nachrichtendienst, der bisher so engstirnig, wie ihn Heydrich besorgt hatte, immer mehr zur Exekutive gedrängt worden ist, ist von vornherein zur Nachrichtenschöpfung ungeeignet. Ein Nachrichtendienst müsse zweitens kleiner sein, und vor allem halte ich es für einen Wahnsinn, daß eine Trennung zwischen politischem und militärischem Nachrichtendienst bestehe. Kein Land auf der ganzen Erde, außer Deutschland und Frankreich, habe sich die Zweiteilung eines Nachrichtendienstes zu eigen gemacht.«[295]

Himmler hatte ihm versprochen, solche Vereinigungspläne gegenüber Hitler zu vertreten, wenn die Zeit reif sei. Kaltenbrunner: »Ich verlangte, daß er zuerst einmal einen Führerbefehl erwirke, auf Grund dessen das Nachrichtenwesen der Wehrmacht ... vereinheitlicht werde mit dem SD.«[296] Der SS-Chef hatte eingewilligt, Kaltenbrunner gleichwohl bestimmt, erst einmal abzuwarten und in der Zwischenzeit die Leitung des RSHA zu übernehmen. Seither hoffte Kaltenbrunner auf seine Stunde. Schellenbergs Anti-Canaris-Aktion mag ihm aussichtsreich erschienen sein, er selber war mit Huppenkothen in Maybach II dabei gewesen, als der Abwehrchef über Italiens angebliche Bündnistreue fabuliert hatte.[297]

Schellenberg legte Himmler den Bericht über den wahren Inhalt der Canaris-Amé-Gespräche vor, der zunächst den erwünschten Erfolg hatte. Himmler klopfte mit dem Daumennagel gegen seine Zähne – deutliches Zeichen seines Ärgers. Himmler entschied: »Lassen Sie mir das Dossier hier, ich werde es bei Gelegenheit Hitler zur Kenntnis bringen.«[298] Canaris indes erfuhr rechtzeitig von Schellenbergs Coup. Beim nächsten Abendessen mit RSHA-Führern, unter ihnen Schellenberg und Huppenkothen, neutralisierte er den Gegenspieler mit einem Zug.

Er überreichte Schellenberg, so bezeugt Huppenkothen, »eine größere Ausarbeitung, in der – inzwischen war der Waffenstillstand Italiens mit den Westmächten Tatsache geworden – er eine Zusammenstellung aller der Meldungen wiedergab, die bereits seit Jahren von der militärischen Abwehr an Keitel gegeben worden seien, und in denen eindeutig davon die Rede war, daß Italiens Wehrmachtführung planmäßig zu einem Sonderfrieden unter gleichzeitiger Ausschaltung Mussolinis treibe. Keitel habe sich geweigert – so betonte Canaris –, diese und ähnliche Meldungen dem Führer vorzulegen, weil sie . . . den Führer unnütz erregen würden«.[299] Canaris wußte sogar noch eine kleine dramatische Fußnote hinzuzufügen, die zwar nicht zutraf, dennoch die RSHA-Leute recht verwirrte: Amé, der treue Deutschenfreund, sei kurz nach dem Treffen von Venedig abgesetzt worden und auf dem Weg zu seinem neuen Posten, dem Kommando über eine Division, verschwunden; er, Canaris, vermute, daß der General umgebracht worden sei.[300]

Soviel Geschicklichkeit beeindruckte auch den Reichsführer-SS. Noch dreimal wurde Schellenberg bei ihm wegen des Anti-Canaris-Berichts vorstellig, doch Himmler »brachte nicht den Mut auf, die Folgerungen zu ziehen«, wie sich Schellenberg in seinen Memoiren grämt.[301] Er schreibt: »Hatte er mir bisher schon . . . Canaris stets als klugen Meldechef hingestellt, von dem ich noch viel lernen könnte, so erklärte er nunmehr, die Fehler des Admirals und seine Einstellung zum Regime stünden auf einem anderen Blatt, um das ich mich nicht zu kümmern hätte.«[302]

Es war Canaris' letzter großer Triumph über seine Gegenspieler im RSHA. Von nun an ging es nur noch abwärts; die militärischen Rückschläge, die Deutschland trafen, vergrößerten zugleich die interne Krise der Abwehr und ihres Chefs. Rasch erwies sich, daß Canaris vergebens auf eine Wende in Italien gehofft hatte: Das zur Kapitulation bereite Land geriet vollends in die Feuerwalze des Krieges, nachdem die Regierung Badoglio am 3. September kapituliert hatte und noch am selben Tag britische Truppen auf dem italienischen Festland gelandet waren; die Deutschen besetzten das restliche Italien, im Süden verbissen sich die feindlichen Armeen in einen mühsamen, langwierigen Abnutzungskrieg.[303]

Den neuen geheimdienstlichen Problemen, die der Krieg in Italien aufwarf, war die Abwehr nicht gewachsen; jahrelang hatte sie im Land des Bundesgenossen nicht Erkundung treiben dürfen, jetzt fehlte ihr das Personal mit Ortskenntnissen. Aber auch in traditionellen Domänen der Abwehr erlahmte ihre Aktivität; die Arbeit der Abwehrstellen und KO im östlichen Mittelmeer kam zum Erliegen, die meisten Horch- und Beobachtungsposten in Nordafrika waren von den alliierten Armeen überrollt worden. Deutlichstes Symptom des Niedergangs: Canaris' erfolgreichstes und größtes Agentennetz, die KO Spanien, nicht zuletzt Frucht seiner lebenslangen Beschäftigung mit diesem Land, geriet in Bedrängnis.

Die Krise ging von den spanischen Behörden aus, die immer weniger Neigung zeigten, die Arbeit der deutschen Spione zu tolerieren. Seit dem Siegeszug der alliierten Armeen im Mittelmeerraum, vor allem seit dem

Zusammenbruch des faschistischen Italien, stand das importabhängige Spanien unter dem wachsenden wirtschaftlichen Druck der angelsächsischen Mächte, deren Diplomaten zusehends schärfere Forderungen an die Regierung in Madrid stellten: Stopp der spanischen Wolfram-Lieferungen an Deutschland, Schließung des deutschen Generalkonsulats in Tanger, Ausweisung aller deutschen Agenten aus Spanien und Spanisch-Marokko.[304] Erfüllte Franco diese Forderungen, war die KO Spanien erledigt.

Anfang Oktober hastete Canaris heran, die Spanier zu besänftigen.[305] Doch er fand ein gewandeltes Spanien vor: Franco zu keinem Gespräch mit ihm bereit, Vigón voller Bedenken gegen die Arbeit der deutschen Abwehr, selbst Geheimdienstchef Martinez Campos nicht so kooperativ wie sonst. Canaris ließ sich jedoch von solchen Widrigkeiten nicht entmutigen. Er verhandelte mit Vigón und dem neuen spanischen Außenminister Graf Jordana, die schließlich ihre Bedenken zurückstellten, wobei ein kleines Dossier eine Rolle gespielt haben dürfte, das sich Canaris schon im Juli von der Abwehr III hatte anfertigen lassen.[306]

In ihm war aufgeführt, wie oft deutsche Abwehr und spanische Polizei die von alliierten Geheimdiensten unterstützten Widerstandsgruppen gegen das Franco-Regime lahmgelegt hatten. Da gab es »ein von der Englischen Botschaft Madrid gesteuertes monarchistisches Widerstandsunternehmen in den spanischen Nordprovinzen« (Canaris), das V-Männer der Abwehr im April 1943 enttarnt hatten, da gab es ein von der Abwehr erkanntes Informantennetz des US-Geheimdienstes im Raum Barcelona »zur Erkundung spanischer Küstenbefestigungen, auch auf den Balearen« (Canaris).[307] Und es wird dem Admiral nicht unlieb gewesen sein, bei seinen Gesprächspartnern auch den hohen Franco-Emissär anzuschwärzen, der schon begonnen hatte, die Ausweisung aller deutscher Agenten aus Spanisch-Marokko zu verlangen. »Die deutsche militärische Abwehr«, so Canaris' gezielte Erinnerung, »klärte bis Mitte Juni 1943, daß der monarchistisch und anglophil eingestellte Hohe Kommissar für Spanisch-Marokko, General Orgaz, gemeinsam mit anderen führenden Monarchisten in wichtigen Schlüsselstellungen einen Staatsstreich plant. Von Spanisch-Marokko bestehen enge Verbindungen nach Malaga, wo besondere Vorbereitungen für diesen Staatsstreich betrieben werden.«[308]

Vigón und Graf Jordana ließen es genug sein, die deutsche Abwehr durfte zunächst weiter arbeiten. Doch Canaris machte sich keine Illusionen, auch dieses Kapitel seines Lebens ging allmählich zu Ende. Zu deutlich waren auch die Zeichen inneren Verfalls in der KO Spanien: Im Sommer war ein Abwehrangehöriger, der für die Briten gearbeitet hatte, durch ein Rollkommando der KO erschossen worden, und jeder neue Protestschritt der Alliierten in Madrid mit genauer Angabe von Klarnamen und Funktionen deutscher Agenten verriet, wie durchlässig die Spanienorganisation der Abwehr geworden war.[309]

Die Krise in den Außenposten griff auf die Zentrale in Maybach II über, deren Sachbearbeiter vor den meist nichtssagenden und dürftigen Meldungen der Abwehrstellen saßen. Zudem hatte das Amt den Schock der Roeder-Inquisition noch immer nicht überwunden. Manche hielten die Gefahr keineswegs für überstanden. Neue Spekulationen und Latrinenparolen kamen auf, die sogar davon wissen wollten, der im August definitiv aus dem Verfahren »Depositenkasse« ausgeschiedene Roeder sei abermals beauftragt worden, die politischen Verdachtsmomente gegen den Abwehrchef und dessen engste Mitarbeiter zu untersuchen. Er sollte wieder in Berlin aufgetaucht sein, Ende November war er dort gesehen worden.[310]

Canaris reagierte auf solche Gerüchte hektisch und nervös, zumal ihm inzwischen bekannt war, daß wieder ein Abwehroffizier das Mißtrauen der Gestapo erregt hatte. Abwehrhauptmann Gehre wußte durch Oberregierungsrat Plaas, daß die Gestapo seit Herbst 1943 einen Personenkreis um die Botschafterwitwe Hanna Solf überwachte, in dem Umsturzpläne diskutiert wurden und zu dem auch der Major Dr. Otto Kiep von der Amtsgruppe Ausland gehörte.[311] Ein Spitzel der Gestapo namens Paul Reckzeh – so Plaas' Hinweis – habe sich in das Vertrauen des Solf-Kreises geschlichen und dem RSHA über die Gespräche, namentlich auf einer Teegesellschaft bei Elisabeth von Thadden, laufend berichtet.[312]

In dieser Atmosphäre voll Spannung und Mißtrauen bedurfte es nur noch eines Gerüchts, um Canaris in Hysterie zu versetzen. Anfang Januar 1944 drang zu ihm die Nachricht, Roeder habe erneut mit der Bearbeitung der Vernehmungsprotokolle im Fall Oster-Dohnanyi begonnen.[313] Augenblicklich waren in Canaris alle Verteidigungsinstinkte wachgerufen – eine neue Inquisition à la Roeder würde er nicht zulassen. Ohne die Meldung auf ihren Wahrheitsgehalt zu überprüfen, setzte Canaris einen Coup in Szene, der den tragischen Untergang der Abwehr noch um einen burlesken Zug anreicherte.

Dabei hätte eine Nachprüfung rasch ergeben, daß die Nachricht falsch war; Roeder blieb aus dem Fall »Depositenkasse« ausgeschlossen. Er war allerdings von Lehmann Ende November 1943 nach Berlin gerufen worden, weil dessen Diensträume bei einem Bombenangriff zerstört worden und dabei auch die Akten der »Depositenkasse« verbrannt waren.[314] Ein Richter hatte daraufhin den Auftrag erhalten, die Vernehmungsprotokolle des Verfahrens zu rekonstruieren, wozu er auch den Chefrichter Roeder Anfang Januar nach Torgau bat, dem Ausweichquartier des Reichskriegsgerichts. Dort verbrachte Roeder drei Tage, um dem Kollegen zu helfen, dann fuhr er zu seiner Luftflotte zurück – das war die ganze Geschichte.[315]

Canaris aber hatte nur gehört, Roeder sei wieder gerufen worden, und sofort stand sein Entschluß fest, dieses Comeback zu verhindern – mit einem Eklat, der den Militärrichter vor der ganzen Wehrmacht lächerlich und damit für eine weitere Tätigkeit im Fall »Depositenkasse« unmöglich machen sollte. Doch wie dies anstellen? Ein Schriftsatz des Dohnanyi-Verteidigers Graf von der Goltz, der dem Admiral soeben zugeschickt worden war, wies einen Weg.[316] Einen zuverlässigen, wenn auch unfreiwilligen Helfer hatte Canaris auch schon ausersehen. Die Aktion konnte beginnen.

Am 10. Januar 1944 gab der Abwehrchef einen Funkspruch auf, der wenige Minuten später eine von Friedrichshafen nach Wien fliegende Militärmaschine erreichte, in der Generalmajor von Pfuhlstein saß. Der Kommandeur der »Brandenburg« las den kurzen Spruch: »Keine Landung in Wien. Sofort zurück nach Berlin. Canaris.«[317] Das Flugzeug drehte ab, ein paar Stunden danach fuhr der General mit seinem Wagen in den Sperrkreis der

Abwehrzentrale ein. Im Vorzimmer des Chefs warteten schon Hansen und Freytag-Loringhoven, die den General sanft in das Büro von Canaris hineinschoben. Der Admiral schloß vorsichtig die Tür hinter sich zu, griff nach einem auf dem Schreibtisch liegenden Schriftstück und forderte Pfuhlstein auf: »Setzen Sie sich, lesen Sie!« Ungeduldig marschierte er durch den Raum, während der General zu lesen begann. Canaris unterbrach: »Haben Sie es? Lesen Sie weiter!«[318]

Als es Canaris zu langwierig wurde, nahm er Pfuhlstein das Papier wieder aus der Hand und zeigte ihm die Stelle, auf die es ihm ankam. Da stand die Bemerkung des Grafen von der Goltz, Roeder habe erklärt, die Division »Brandenburg« sei »ein Drückebergerverein«.[319] Pfuhlstein erinnert sich: »Als ich dies gelesen hatte, sagte mir Canaris, ich müsse mir darüber klar sein, daß dies eine ganz gemeine Beleidigung und Diffamierung meiner Truppe sei.«[320] Dann kam von Canaris die Frage, was der General dagegen zu tun gedenke. Pfuhlstein zögerte und erwiderte schließlich, man könne wohl eine Strafanzeige gegen Roeder stellen, der sich allerdings Canaris anschließen müsse. Canaris (»Das haut nicht hin«) war »offensichtlich enttäuscht«. Dem General kam nun eine willkommenere Idee: »Ich erwiderte, dann bleibe mir nichts anderes übrig, als zu Dr. Roeder zu fahren und ihm ›eine in die Fresse zu schlagen‹.«[321]

Jetzt war der Admiral zufrieden, froh gab er ihm den Rat, noch einmal Dohnanyi und Goltz wegen der Roeder-Äußerung zu konsultieren. Was der General freilich von beiden erfuhr, machte ihn wieder bedenklich. Die Bemerkung Roeders galt dem Fall des Paul Struzzl, den Dohnanyi in dem Abwehrregiment »Kurfürst« untergebracht hatte; »Kurfürst« aber gehörte längst nicht mehr zur »Brandenburg«, das Regiment unterstand allein dem Amt Ausland/Abwehr.[322] Auch fand es Pfuhlstein wenig ermutigend, daß der Heereschefrichter Sack auf die Frage, was den General wohl ein »Schlag in die Fresse« kosten werde, geantwortet hatte: »Sofortige Ablösung als Divisionskommandeur und 6 bis 9 Monate Festung.«[323]

Als der General am Abend des 11. Januar wieder vor Canaris stand, wollte er nicht mehr mitmachen. Roeder habe ja das Regiment »Kurfürst« gemeint, argumentierte Pfuhlstein, und deshalb sei »alles weitere durch die Abwehr zu veranlassen, der dieser Verband unterstellt war«.[324] Canaris reagierte verärgert: Er habe sich wohl in dem Herrn General getäuscht, es fehle ihm offensichtlich »an dem nötigen persönlichen Mut«. Da sprang Pfuhlstein in höchster Erregung von seinem Sitz und rief: »Wenn mein persönlicher Mut hier in Zweifel gezogen wird, so ist der Fall für mich klar. Ich werde die Konsequenzen ziehen.« Sagte es und marschierte aus dem Zimmer.[325]

Kaum war er aber in seinem Quartier eingetroffen, da fand er eine Notiz vor, die ihn hieß, noch einmal bei Canaris anzurufen. An Stelle des Abwehrchefs meldete sich Freytag-Loringhoven, der Pfuhlstein im Namen von Canaris darauf hinwies, daß der General »jede Konsequenz aus eigener Entschließung ziehen« müsse.[326] Das brachte nun Pfuhlstein vollends gegen Canaris auf. Wütend verbat er sich jede weitere Belehrung und schrieb an Canaris einen Brief, in dem auch der Satz stand, »daß es mir nicht an Mut fehle, die Angelegenheit zu bereinigen, daß ich aber auch den Mut hätte, die Verantwortung zu übernehmen, die er nicht tragen wollte«.[327]

Pfuhlstein rief seinen Ordonanzoffizier, Leutnant Arnold von Gustedt, und zusammen flogen sie in das Lemberger Hauptqartier der Luftflotte IV. Am 18. Januar tauchten die beiden Offiziere in Roeders Vorzimmer auf, legten Mantel, Koppel und Pistole ab und drangen in das Zimmer des Chefrichters ein.[328] Pfuhlstein sagte: »Ich habe eine Frage an Sie, Herr Oberstkriegsgerichtsrat. Haben Sie s. Zt. den Fall Dohnanyi bearbeitet?« Roeder bejahte. Darauf Pfuhlstein: »Sie haben im Verlauf dieser Verhandlungen den Ausspruch getan: ›Der Sonderverband Brandenburg ist ein Drückebergerverein‹.« Roeder unterbrach ihn: »Darf ich fragen, woher Herr General dieses erfahren haben?« Doch Pfuhlstein duldete keine Zwischenbemerkung: »Das können Sie später von mir hören! Ich bin der Kommandeur der Division Brandenburg. Sie haben meine Truppe schwerstens beleidigt. Ich stehe hier im Namen meiner Truppe. Dies ist meine Antwort!«[329]

»Hierauf«, so hielt später Gustedt in einem Protokoll fest, »versetzte Herr General von Pfuhlstein dem Oberstkriegsgerichtsrat Dr. Roeder mit der rechten Hand einen Schlag in die linke Gesichtshälfte und verließ sofort das Zimmer. Er ging in das Vorzimmer, um sich den Mantel anzuziehen. Ich folgte ihm. Der Herr Oberstkriegsgerichtsrat kam uns nach und versuchte noch einmal, den Herrn General anzusprechen. Er sagte, im Vorzimmer angelangt, in meiner Gegenwart und im Beisein eines Uffz. [Unteroffiziers] seiner Dienststelle: ›Ich werde dem Herrn Generalfeldmarschall Keitel sofort Meldung machen. Darf ich um Ihren Namen bitten und um den Namen des Leutnants?‹ Herr General von Pfuhlstein antwortete kurz: ›Ich bin General von Pfuhlstein und das hier ist der Leutnant von Gustedt!‹ und verließ, ohne noch ein Wort zu sagen, das Dienstgebäude.«[330]

Pfuhlstein, von Keitel am 23. Januar zu sieben Tagen Stubenarrest verurteilt, konnte zeit seines Lebens nicht verwinden, daß ihn Canaris in »Mißbrauch des dienstlichen Ansehens« zu der Tat gezwungen hatte.[331] In seinem Bericht, den er am 18. Januar dem Abwehrchef »gehorsamst« vorlegte, kam indes der schöne Satz vor: »Ich bin meinen Vorgesetzten dankbar, daß sie bisher nichts unternommen haben, weil ich es als meine besondere Aufgabe und auch als mein besonderes Vorrecht ansehe, als Kommandeur in allererster Linie für meine tapfere Division einzutreten«[332] – Anlaß für die rührende Mär, Canaris habe die Verantwortung für Pfuhlsteins Tat übernommen und Keitel erklärt, er werde nicht eher sein Haus verlassen, als der General wieder in Freiheit gesetzt sei.

In Wahrheit ließen die Ereignisse Canaris keine Zeit zu solchen Ritualien, ja er konnte sich nicht einmal des Scheinsiegs über den längst kaltgestellten Inquisitor Roeder erfreuen. Denn über das Amt Ausland/Abwehr brach eine Welle von Pannen, Mißerfolgen und Affären herein, die den militärischen Geheimdienst in die größte Krise seiner Geschichte stürzten.

Noch vor der Lemberger Ohrfeige hatte die Gestapo zugegriffen und eine neue Bresche in die Front der Canaris-Mitarbeiter geschlagen. Am 12. Januar verhaftete sie sämtliche Mitglieder des Solf-Kreises, unter ihnen auch den Abwehrmajor Kiep.[333] Seine Festnahme hatte unabsehbare Weiterungen: Am 19. Januar führten Gestapobeamte Moltke ab, der Kiep noch vor der Verhaftungsaktion hatte warnen wollen, und auch Hauptmann Gehre geriet in so starken Verdacht, daß er verhaftet wurde.[334] Besonders schwer aber mußte Canaris treffen, daß auch Plaas, der Tipgeber aus dem Forschungsamt, in die Gewalt der Gestapo fiel.[335]

Canaris konnte die ersten Folgen der Gestapo-Aktion nicht mehr abwarten, er saß bereits wieder in seiner Maschine und flog nach Rom. Am 21. Januar besuchte Canaris das im Norden Roms gelegene Hauptquartier des deutschen »Oberbefehlshabers Südwest«, dessen Generalstab sich anschickte, nach einem 3000 Kilometer langen Rückzug aus Süditalien eine dauerhaftere Verteidigungslinie an der schmalsten Stelle des Landes südlich Roms aufzubauen.[336] Da interessierte die Frage brennend, welche Nachrichten die Abwehr über mögliche Lande-Absichten des Gegners im Rücken der deutschen Front habe. Die Feindlagebearbeiter von Südwest waren mißtrauisch, weil ihnen aufgefallen war, daß nahezu alle Schlachtschiffe, Kreuzer und Landefahrzeuge der Alliierten von der West- und Südküste Italiens verschwunden waren. Nur ein paar Meldungen lagen vor, die besagten, im Hafen von Neapel, immerhin eine mögliche Startbasis gegnerischer Lande-Operationen, staue sich Schiffsmaterial im Umfang von 350000 Bruttoregistertonnen.[337]

Desto neugieriger sahen die Feindlagebearbeiter den Auskünften des Abwehrchefs entgegen, die recht beruhigend klangen. Canaris: »Wir behalten die Schiffe im Auge, machen Sie sich keine Sorgen.«[338] Canaris, so erinnert sich Generalmajor Siegfried Westphal, Generalstabschef des Oberbefehlshabers Südwest, »konnte zwar keine Einzelangaben machen, meinte aber, daß in naher Zeit eine neue Landung keinesfalls zu befürchten sei«.[339]

Canaris hatte eben das Hauptquartier verlassen, als um 2 Uhr des 22. Januar 1944 am Strand von Anzio, 75 Kilometer im Rücken der deutschen Front, 300 alliierte Landefahrzeuge aufkreuzten – mit den Divisionen des VI. US-Armeekorps an Bord, die kurze Zeit darauf unter dem Kommando des Generals Lucas an Land stürmten.[340] Die Angreifer bildeten einen Brückenkopf, der nur deshalb nicht den deutschen Verbänden zum Verhängnis wurde, weil es Lucas nicht verstand, den Überraschungseffekt zu einem Blitzvorstoß gegen das unverteidigte Rom auszunutzen.[341] Canaris und die Abwehr aber hatten sich blamiert. Von Stund an schwor sich General Westphal, keinen Canaris-Analysen mehr Glauben zu schenken. Für ihn stand unumstößlich fest: »Canaris ist ein schlechter Nachrichtenoffizier!«[342]

Das dachten jetzt viele von ihm. Das Renommee des vermeintlichen Meisterspions Canaris war verbraucht, der Admiral hatte aufgehört, der geheimnisumwitterte und stets gutinformierte Spionagechef zu sein, für den man ihn lange Jahre hindurch gehalten hatte. Sein Name erregte meist keine Aufmerksamkeit mehr, oft galten ihm nur noch gutmütiger Spott oder gar Mitleid. Der Reichskriegsanwalt Lotter erschrak, als er im Januar Canaris bei einem Besuch im Führerhauptquartier begegnete: »Canaris befand sich in großer Aufregung, machte körperlich einen recht verfallenen und unsteten Eindruck.«[343] Der Abwehrchef hatte Grund zur Sorge: Hitler hatte Jodl befohlen, genau ermitteln zu lassen, warum die Feindaufklärung von der Anzio-Landung so überrascht worden war.[344]

Was Jodl dem Diktator meldete, verschärfte Hitlers beißend-wütende Kommentare über die Unfähigkeit der Abwehr. Noch in den vergangenen

Monaten hatten Hitlers Worte über Canaris freundlicher geklungen, ja er hatte ihn zuweilen sogar vermißt. In der Nacht vom 23. zum 24. August 1943 fragte Hitler seinen Intimus Bormann, was eigentlich Canaris mache, und wunderte sich: »Ich habe lange nichts mehr von ihm gehört.« Als Canaris davon erfuhr, schöpfte er wieder neue Hoffnung. »Sehen Sie«, strahlte er seinen Adjutanten Jenke an, »er will doch noch etwas von mir.« Dann wurde er freilich nachdenklich: »Ach, was hat das noch für einen Zweck!«[345] Doch solche aufblitzenden Erinnerungen an die alte Partnerschaft zwischen Diktator und Geheimdienstchef waren selten geworden. Aus Hitlers Umgebung wehte Canaris ein eisiger Wind an.

Die Schwäche der Abwehr und ihres Chefs machte einen alten Gegenspieler mobil, der im Geheimdienst immer einen lästigen Konkurrenten gesehen hatte. Joachim von Ribbentrops Auswärtiges Amt hatte nie verwunden, daß es gezwungen worden war, der Abwehr Hilfestellung zu leisten; allzu viele Offiziere und Agenten der Abwehr waren in die diplomatischen Auslandsvertretungen des Reiches eingebaut, sie benutzten die Funkanlagen des Auswärtigen Amtes und agierten im Schutz der diplomatischen Immunität. Nur mit Mühe hatte Ribbentrop durchsetzen können, daß alle Berichte einer KO an die Abwehrzentrale zuvor dem Missionschef vorzulegen seien und die Abwehr die Arbeit der diplomatischen Vertretung nicht durch provozierende Operationen behindern dürfe.[346] Trotz solcher Zusagen war es zu Kompetenzstreitigkeiten zwischen den beiden Mächten gekommen.

Sie nahmen im Laufe der Jahre zu, je mehr sich der Abwehrapparat in den neutralen Staaten aufblähte und je geringer der politische Spielraum der deutschen Diplomatie wurde. Bald fühlten sich die Missionschefs und ihre engsten Mitarbeiter von den Abwehroffizieren beobachtet, mit denen sie oft unter einem Dach zusammenlebten, und sahen nicht selten in den Geheimdienstlern Rivalen, die immer stärker dazu neigten, die Berichterstattung einer Mission über das jeweilige Land zu beaufsichtigen oder doch zumindest durch eigene Informationen nachzubessern. Andererseits war dem Missionschef in der Regel jeder Einblick in die geheimen Aktivitäten der Abwehr verwehrt, die oft die Arbeit der diplomatischen Vertretung belasteten.

Zudem hatte das Auswärtige Amt nie aufgehört, eigene geheimdienstliche Pläne zu verfolgen, die sich in ihren Ursprüngen bis in die Bismarck-Zeit zurückverfolgen ließen. Das AA unterhielt in seiner Informationsabteilung einen kleinen geheimen Nachrichtendienst, dessen V-Männer in den diplomatischen Missionen des Reiches saßen oder unabhängig von ihnen operierten. Selbst der Ausbau des SD zu einem politischen Auslandsnachrichtendienst hatte das AA nicht veranlassen können, auf eigenen konspirativen Ehrgeiz zu verzichten, obwohl seine Agenten kaum geheimdienstlich geschult waren.

Himmler und Heydrich hatten bei Kriegsbeginn versucht, durch einen personellen Trick den Rivalen des SD auszuschalten. Sie wußten es einzurichten, daß der Leiter der Informationsabteilung, der Gesandte Marschall von Bieberstein, durch den SS-Brigadeführer Walter Stahlecker abgelöst wurde.[347] Doch Ribbentrop durchschaute das Manöver rasch und drängte den SS-Mann wieder zum AA hinaus.[348] Stahleckers Nachfolger wurde der Unterstaatssekretär Sandor Hencke, der den ND seines Hauses (nicht ohne

Mithilfe Marschall von Biebersteins) weiter ausbaute.[349] Der »Hencke-Dienst« entwickelte sich zu einem Alpdruck des RSHA, das schon mit dem Gedanken spielte, eines Tages ihn ganz dem SS-Imperium einzuverleiben.

Der Hencke-Dienst blieb freilich nicht das einzige Werkzeug diplomatischen ND-Ehrgeizes. In Ribbentrops engerer Umgebung, der »Dienststelle Ribbentrop«, zog dessen Leiter, der Vortragende Legationsrat Rudolf Likus, ein Altnazi und Schulfreund des Ministers, einen gesonderten V-Männer-Ring auf, dessen Mitarbeiter in fremde Botschaften einsickerten (Likus' Agenten zapften beispielsweise 1941 erfolgreich den NKWD-Residenten Kobulow in Berlin an) oder im Ausland Informantennetze anlegten.[350] Zu diesem konspirativen Zweig der Dienststelle Ribbentrop gehörten auch die sogenannten Sonderbeauftragten des Reichsaußenministers, die spezielle – selbst vor dem entsprechenden Missionschef geheimgehaltene – Aufträge zu erfüllen hatten, wie etwa der Gesandtschaftsrat Erich Gardemann, der mit Konfidenten im spanischen Partei- und Staatsapparat eine Anti-Franco-Fronde schaffen sollte, die den Zweck hatte, den kriegsunwilligen Caudillo zum Eintritt in den Krieg zu zwingen oder gar ihn zu beseitigen, um einen gefügigen Nachfolger an die Macht zu bringen.[351]

Ein Behördenchef mit so vielfältigen diplomatischen und geheimdienstlichen Interessen wie Ribbentrop war nicht gesonnen, die Konkurrenz politischer und militärischer Geheimdienste hinzunehmen. Der pedantische Choleriker Ribbentrop, ein Virtuose im Cliquenkampf der obersten NS-Hierarchen, eröffnete einen erbitterten Kleinkrieg gegen die Abwehr, die er sogleich als den schwächeren der beiden Rivalen des AA erkannt hatte. Dabei ging er nicht ohne Schlauheit vor.

Schon die SS-Führung hatte erfahren müssen, wie unratsam es war, die Intrigenkunst Ribbentrops zu unterschätzen. Das RSHA hatte ihm im Oktober 1939 eine Vereinbarung aufgenötigt, wonach sich der SD deutscher Botschaften und Gesandtschaften bedienen durfte und der jeweilige SD-Chef in einem Land als Polizei-Attaché in das diplomatische Personal eingebaut werden sollte. Die deutschen Auslandsvertretungen sahen sich in kurzer Zeit vom SD bespitzelt und waren machtlos dagegen, denn Ribbentrop hatte dem RSHA das Recht zugestanden, Agenten ohne Befragung des AA einzusetzen und berichten zu lassen.[352] Daraufhin beschloß Ribbentrop, die Vereinbarung wieder rückgängig zu machen, ohne freilich den mächtigen Konkurrenten frontal anzugreifen.

Er wartete geduldig, bis dem SD ein Fehler unterlief. Als Agenten des SD im Januar 1941 einen Aufstand der faschistischen Eisernen Garde gegen Rumäniens ultrakonservativen Diktator Antonescu, dem vom AA gestützten Bündnispartner Hitlers, förderten, wurde Ribbentrop bei seinem Führer vorstellig und klagte den SD an, die deutsche Rumänien-Politik zu sabotieren.[353] Hitlers Zorn war leicht geweckt; der Diktator wetterte, die »Schwarze Pest« werde er »ausradieren«, wenn sie nicht pariere.[354] Im Schutz von Hitlers Wut kündigte der AA-Chef im Sommer 1941 die Vereinbarung mit dem RSHA und lockte Himmler im August einen neuen Vertrag ab, in dem fixiert wurde, daß der gesamte Schriftwechsel zwischen Polizei-Attaché und RSHA vom Missionschef einzusehen sei und der SD sich nicht in die Geschäfte der diplomatischen Mission einmischen dürfe.[355]

Nach dem gleichen Muster agierte nun Ribbentrop gegen die geschwächte Abwehr. Ribbentrop hatte einen konkreten Plan; er wollte das Abwehrpersonal aus den diplomatischen Vertretungen verdrängen, die Aktivitäten der Abwehr in den neutralen Staaten auf ein Mindestmaß reduzieren und sie außerdem noch unter die Kontrolle des jeweiligen Missionschefs bringen. Auch hier wartete der Kompetenzstratege einen günstigen Augenblick ab. Als Kampffeld wählte sich Ribbentrop jenes Land aus, in dem sich Canaris wie in keinem anderen zu Hause fühlte: Spanien.

Der Kampfplatz war gut gewählt, denn in keinem anderen neutralen Land ließ sich Ribbentrops These leichter erhärten, die ungezügelten Aktivitäten der Abwehr schadeten den Interessen des Dritten Reiches. Zudem saß seit April 1943 auf dem Botschafterposten in Madrid ein Schwager Ribbentrops, der sachliche und persönliche Gründe hatte, die Abwehr zurückzudämmen: Hans Heinrich Dieckhoff, zwei Jahre älter als Canaris, Spanien-Kenner und Typ des von den Nazis umfunktionierten, allzeit einsatzbereiten Berufsdiplomaten, war der gleiche AA-Beamte, der im Sommer 1936 Partei und Wehrmacht hatte daran hindern wollen, mit Vertretern des Rebellengenerals Franco Kontakt aufzunehmen.[356)] Dieckhoff hatte nie vergessen, daß politische Außenseiter wie der Abwehrchef Canaris dem Auswärtigen Amt damals einen Kurs aufzwangen, der von den Legationsräten des AA für verhängnisvoll erachtet worden war.

Jetzt war die Stunde gekommen, die alte Rechnung von 1936 zu begleichen, zumal wieder Männer der Abwehr auf der anderen Seite standen und die Arbeit der deutschen Diplomatie behinderten. Die Aufgaben, die Dieckhoff nach Spanien geführt hatten, waren ohnehin schwierig genug: Er hatte Auftrag, unter allen Umständen die für Deutschland kriegswichtigen Wolfram-Lieferungen aus Spanien weiterhin zu ermöglichen – trotz des harten wirtschaftlichen Drucks der Westmächte gegen Spanien.[357)] Das stand im Mittelpunkt aller Überlegungen Dieckhoffs. Hitler hatte verfügt, »daß alles getan werden müsse, um großmöglichste Mengen an Rohstoffen aus Spanien, besonders Wolfram, für uns zu sichern«.[358)] Auch für Dieckhoff galt das Hitler-Wort: »Wolfram-Einkauf rangiert an erster Stelle, und jede gekaufte Menge muß auf schnellstem Wege nach Deutschland geschafft werden.«[359)]

Die Spanier würden freilich nur liefern, wenn sich die Deutschen – nicht nur in der Wolfram-Frage – möglichst unauffällig verhielten. Jeder laute Ton auf deutscher Seite mußte die Botschafter der Alliierten auf den Plan rufen, die wiederholt von der spanischen Regierung gefordert hatten, die Wolfram-Lieferungen nach Deutschland einzustellen und die deutschen Agenten auszuweisen. Was Hitlers Botschafter in Madrid benötigte, war in erster Linie Ruhe, Unauffälligkeit, Diskretion.

Doch einige Zeit zuvor war Canaris' Spanien-Organisation dazu übergegangen, den Feind auf spanischem Boden mit Sprengstoffanschlägen und Terrorakten mehr denn je zu erschrecken. Hauptmann Hummel, der Abwehr-II-Offizier der KO Spanien, hatte ein Netz von Saboteuren und Bombenexperten angelegt, die gegen Anlagen in Gibraltar und gegen britische Schiffe in spanischen Häfen losschlugen.[360)] Hummel war freilich umsichtig genug, jede Spur, die auf deutsche Auftraggeber hätte schließen lassen, zu verwischen; der verwendete Sprengstoff war immer britischer Herkunft, die Bombenleger kamen meist aus kommunistischen Widerstandsgruppen, die gar nicht wußten, daß sie für Hitlers Geheimdienstler arbeiteten, und die nur die Wunschvorstellung trieb, durch Störung des britisch-spanischen Handels die Regierung in London gegen das Franco-Regime aufzubringen.[361]

Bevorzugtes Ziel der Saboteure waren die britischen Schiffe, die Apfelsinenladungen nach Großbritannien brachten. Immer häufiger wurden sie zu Trägern tödlicher Ladungen: Auf dem Meer oder in britischen Ausladehäfen detonierten die Apfelsinenkisten, die geschickte Hände unauffällig mit Explosivmaterial gefüllt hatten. »Das Austauschen der Sabotagekisten«, registrierte Abwehr-II-Chef von Freytag-Loringhoven, »erfolgte außerhalb des Hafenbereiches und blieb unbemerkt. Nach Meldungen der KO Spanien ist die deutsche Urheberschaft nicht nachweisbar.«[362] Die Apfelsinenschiffe aus Spanien wurden zum Schrecken britischer Hafenbehörden. Zuweilen weigerten sich die Hafenarbeiter, die Schiffe zu entladen, und Polizei mußte erst aufgeboten werden, um jede Apfelsinenkiste nach Bomben abzusuchen.[363]

Nach dem Zusammenbruch des faschistischen Italien fand Hummel für seine Saboteure weitere Ziele: die in Spaniens Häfen liegenden italienischen Schiffe, die von der Regierung Badoglio beansprucht, von den spanischen Behörden aber noch zurückbehalten wurden, obwohl deren sofortige Freigabe ebenfalls auf dem Forderungskatalog der alliierten Botschafter stand.[364] Hummels Saboteure steuerten nachts unter Wasser die italienischen Schiffe an und machten sie durch kleinere Sprengladungen zumindest manövrierunfähig. Ergebnis wochenlanger Bemühungen, stolz von der Abwehr registriert: »Rund 40000 t italienischer Schiffsraum [sind] unbeweglich gemacht worden und damit dem Feind zunächst verloren gegangen.«[365]

Mit ohnmächtigem Zorn beobachtete Dieckhoff die Sabotageakte in den spanischen Häfen, die ramponierten, was er mit diskreter Diplomatie zu sichern versuchte. Denn die Alliierten und die spanischen Behörden konnten nicht lange im Zweifel darüber sein, wer hinter den Sprengstoffanschlägen stand. Doch solange die Behauptung der Abwehrführung, die deutsche Urheberschaft könne kein Fremder nachweisen, unwiderlegt blieb, mußte der Botschafter dem Bombenlärm tatenlos zuhören.

Da geschah Anfang Januar 1944, womit Dieckhoff immer schon gerechnet hatte. In der nächtlichen Dunkelheit des Hafens von Cartagena kletterte der Abwehrtaucher Carl Kampen von Bord des deutschen Schiffes »Lipari« und sprang in ein Ruderboot, in dem die beiden »Lipari«-Offiziere Walter Schröder und Hans Richter saßen; die beiden Offiziere ruderten los, während Kampen die im Wasser an einer langen Leine mitgezogene Mine beobachtete. Schlag um Schlag näherten sie sich ihrem Ziel, dem italienischen Tanker »Lavoro«, an dessen Außenwand Kampen die Unterwassermine anbringen sollte. An der Bordwand der »Lavoro« unterlief dem Taucher jedoch ein verhängnisvoller Fehler; die Markierungen an dem 8 Zentimeter langen Säurezünder zeigten nicht (wie Kampen glaubte) Stunden, sondern nur Minuten an. Kampen hatte sich noch nicht von der »Lavoro« entfernt, da ertönte eine gewaltige Explosion und riß den Taucher in Stücke.[366] Ein Bericht des Auswärtigen Amtes stellte später fest: »Kampen tauchte nicht wieder auf. Das Ruderboot . . . wurde umgeworfen, der Erste Offizier erhielt nicht lebensgefährliche Verletzungen, der Dritte Offizier blieb unbeschädigt.«[367]

Konsul Carlos Fricke, einer der ältesten Mitarbeiter von Canaris, schaltete sich ein und besänftigte die spanischen Hafenbehörden, doch das Mißtrauen der Spanier war geweckt.[368] Sofort nutzte Dieckhoff seine Chance. Er drängte Ribbentrop, einen Stopp aller Sabotageunternehmen in Spanien zu verlangen. Der AA-Chef griff die Aufforderung seines Schwagers nur zu gerne auf und legte der Abwehr nahe, aus der Affäre Kampen Konsequenzen zu ziehen. Canaris gab nach. Freytag-Loringhoven notierte: »Abw. II hat . . . weitere S-Angriffe gegen Feindtonnage aus spanischen Häfen und Gibraltar . . . mit Wirkung vom 18. 1. 44 ganz unterbunden.«[369]

Indes, die Sabotageakte gingen weiter, denn Sabotagechef Hummel wurde nun ein Gefangener des Apparates, den er geschaffen. Was ihm als besondere Raffinesse erschienen war, kehrte sich gegen die Abwehr: Kein deutsches Kommandowort konnte die spanischen Franco-Gegner daran hindern, ihre kleinen Sprengladungen weiterhin an Bord britischer Schiffe zu schmuggeln und den vermeintlichen Kreuzzug gegen das faschistische Regime fortzusetzen. Wieder knallte es auf den Apfelsinendampfern, wieder führten die Spuren in den Hafen von Cartagena.[370]

Nun reagierten die Spanier scharf. Am 21. Januar steuerten Schnellboote mit bewaffneten Marinesoldaten auf die beiden in Cartagena liegenden deutschen Schiffe »Lipari« und »Karl Vinnen« zu; wenige Minuten später waren die Dampfer geentert, fahndeten spanische Suchtrupps nach versteckten Sprengstoffen.[371] Kurz darauf ließ Admiral Bastarreche, der Chef der Marinestation Cartagena, dem Konsul Fricke eine schriftliche Order aushändigen, in der es hieß, daß »›Lipari‹ noch am gleichen Tage von der deutschen Besatzung zu räumen sei, um von einer Militärwache übernommen zu werden«.[372] Zudem trug der Caudillo Franco Sorge, daß seine höchste Mißbilligung deutscher Sabotageaktivitäten in der Botschaft bekannt wurde. »Das Vorgehen gegen ›Lipari‹«, kabelte Marineattaché Menzell an Canaris, »ist eine Folge der englischen Demarchen wegen zahlreicher Sabotageakte in spanischen Häfen. Der Staatschef selbst hat sie scharf verurteilt und befohlen, mit allen Mitteln weitere Attentate, sei es gegen fremde oder eigene Schiffe, zu verhindern.«[373]

Dieckhoff war entschlossen, den von ihm seit langem geplanten Schlag gegen die Abwehr zu führen. Der vorsichtige Diplomat und Taktiker wartete freilich noch den idealen Zeitpunkt ab. Er kam wenige Tage später und hing mit einer Affäre zusammen, die in keinerlei Verbindung zu den Ereignissen in Spanien stand. Dennoch war die Affäre der letzte Vorwand zum Vorpreschen des AA gegen die Abwehr: Am 27. Januar 1944 brach die Regierung Argentiniens die diplomatischen Beziehungen zu Deutschland ab und nannte als Anlaß die Aufdeckung einer deutschen Spionage-Organisation, die argentinische Offiziere zum Verrat an ihrem eigenen Land verlockt und argentinische Lebensinteressen verletzt habe.[374]

Tatsächlich hatte der Kaufmann Hans Harnisch, Prokurist der Firma

Boker & Co. in Buenos Aires, für die Abwehr (allerdings auch für den SD) gearbeitet, in deren Auftrag er ursprünglich über die wirtschaftliche Entwicklung in den USA berichten sollte. Da er jedoch gute Beziehungen zu einem Kreis um den argentinischen General Pedro Ramírez unterhielt, der im Juni 1943 durch einen Militärputsch Staatspräsident wurde, engagierte sich Harnisch immer mehr in politischer Berichterstattung – gegen den Widerstand der Deutschen Gesandtschaft und der Waffenattachés.[375] Harnisch glaubte ernsthaft, ein Militärbündnis zwischen Berlin und Buenos Aires mitbegründen zu können, und hatte zu diesem Zweck einen argentinischen Offizier namens Helmuth angeworben, den er nach Deutschland zu Waffenkäufen schicken wollte, wobei ihn der SD betreuen sollte. Als indes alliierte Geheimdienste den Argentinier bei der Überfahrt verhafteten und die Verbindung Harnisch-Helmuth-Ramírez aufdeckten, rettete sich Argentiniens desavouierter Präsident durch eine Flucht nach vorn, um alliierten Repressalien zu entgehen.[376]

Für die Berufsdiplomaten aber war der Fall Harnisch ein klassisches Beispiel plumper Einmischung der Abwehr in die Außenpolitik. Jetzt handelte Dieckhoff. Am 28. Januar schickte er ein langes Telegramm an das Auswärtige Amt, in dem er unter Berufung auf den Fall Harnisch praktisch die Beendigung aller Abwehrtätigkeit in Spanien verlangte. »Es erscheint mir«, kabelte er, »unbedingt notwendig, daß der in Spanien vorhandene Abwehrapparat aufs äußerste eingeschränkt wird.«

Im Grunde, argumentierte Dieckhoff, »müßte meines Erachtens der Apparat der Waffenattachés für die auf diesem Gebiet notwendigen Erkundungsaufgaben genügen«, doch er wolle einem »gewissen Abwehrapparat in Spanien« nicht die »Daseinsberechtigung« absprechen. Aber der Apparat habe »radikal verringert« zu werden: »Es müssen so rasch wie möglich alle Abwehreinrichtungen aus dem Dienstgebäude der Botschaft und aus den deutschen Konsulaten entfernt werden. Einen großen personellen Apparat . . . halte ich für überflüssig und schädlich . . . Es muß alles geschehen, daß der verbleibende Abwehrstab in Zukunft nur mit Aufgaben betraut wird, die auch wirklich nach außen hin vertretbar sind . . . Vor allem aber müssen sogenannte aktive Aufgaben, wie z. B. Sabotageakte, . . . nunmehr endgültig unmöglich gemacht werden.«[377]

Ribbentrop fing den Ball des Schwagers auf und schleuderte ihn mit einem noch größeren Stoß weiter gegen die Abwehrführung. Am 30. Januar diktierte der Außenminister einen Brief an Keitel, in dem er Klage über die Aktivitäten der Abwehr in Spanien und Argentinien führte und nichts geringeres als ein Vetorecht über alle »aktiven« Abwehraktionen in neutralen Ländern beanspruchte. »Aus diesem Grunde«, schrieb Ribbentrop, »wäre ich Ihnen sehr verbunden, wenn Sie mich baldmöglichst über alle zurzeit eingeleiteten oder im Gange befindlichen Abwehraktionen der in Frage stehenden Art unterrichten würden, damit ich prüfen kann, ob ihre Durchführung unter außenpolitischen Gesichtspunkten verantwortet werden kann oder nicht. Ferner möchte ich bitten, dafür Sorge tragen zu wollen, daß künftig neue Aufträge dieser Art vorher mit dem Auswärtigen Amt abgestimmt werden.«[378]

Keitel war nicht der Mann, solche Eingriffe in militärische Belange zurückzuweisen. Er bestimmte sogleich Canaris, sich mit dem Auswärtigen Amt zu verständigen. Am 3. Februar mußte Canaris an Ribbentrop schreiben: »Chef OKW hat weitere Sabotage gegen englische Schiffe in spanischen Häfen untersagt. Er hält jedoch die Fortsetzung der Sabotageangriffe gegen den Badoglio-Schiffsraum in spanischen Häfen für erwünscht. Es wird um Stellungnahme gebeten, ob unter Berücksichtigung der gegenwärtigen Lage eine Fortsetzung der Sabotageangriffe . . . noch tragbar ist.«[379] Stärker konnte sich die Führung eines Geheimdienstes mitten im Kriege nicht ihrer Befugnisse begeben – der Außenminister als Schiedsrichter über Aktivitäten der Abwehr!

Ähnlich schwach fiel auch die Antwort aus, die Keitel dem Außenminister am 4. Februar erteilte. Zwar wies er Ribbentrop mit der Bemerkung ab, die Fälle Harnisch und Apfelsinendampfer dürften wohl »nicht den Anlaß, sondern lediglich einen im Augenblick benötigten Vorwand für die politischen Maßnahmen des Gegners gebildet haben«, dennoch konzedierte er, die Sabotagearbeit in Spanien werde eingestellt und der Einsatz der Abwehr im neutralen Ausland mit dem AA »abgestimmt«.[380] Im übrigen: »Ich habe Admiral Canaris beauftragt, baldigst mit Botschafter Dieckhoff persönliche Fühlung aufzunehmen, um unseren militärischen Nachrichtendienst in Spanien auf die jeweilige außenpolitische Lage abzustellen und trotzdem den notwendigen militärischen Erfordernissen zu entsprechen.«[381]

Doch Ribbentrop führte seine Kampagne weiter, jetzt wollte er die Abwehr in eine noch abhängigere Position manövrieren. Als er eine Meldung der britischen Nachrichtenagentur »Reuters« erhielt, wonach auf einem aus Spanien kommenden britischen Schiff in einer Zwiebelkiste eine *deutsche* Zeitbombe gefunden worden war, intervenierte er am 8. Februar bei Hitler.[382] Was Ribbentrop dort vorbrachte, ist im Detail nicht bekannt – seine Argumente kann man sich unschwer vorstellen: kein Verlaß auf die Abwehr, Canaris' Leute sabotieren die deutsche Spanien-Politik. Das Ergebnis der Hitler-Ribbentrop-Unterredung konnte Canaris in einer Notiz des Legationsrats Otto Freiherrn von Grote, des AA-Verbindungsmannes bei der Abwehrzentrale, nachlesen, die ihn am 8. Februar erreichte: »Der Führer hat anschließend geäußert, daß 1) derartige Sabotageakte überhaupt unterbleiben sollten, 2) auch auf die italienischen Schiffe keine Sabotageangriffe gemacht werden sollten.«[383]

Ribbentrop hatte seine Falle geschickt aufgestellt: Kam es noch einmal zu einem Sabotageakt in Spanien, so mußte eine solche Tat Hitler unmittelbar herausfordern – mit katastrophalen, existenzbedrohenden Folgen für die Abwehrführung. Doch diesmal hatte der Außenminister etwas zu schlau operiert. Auf Hitlers Schreibtisch lag schon ein Bericht Kaltenbrunners, der einer neuen Panne der Abwehr galt: der Flucht des Istanbuler Abwehr-Gefreiten Vermehren zu den Alliierten.

Auf sieben Seiten hatte da der RSHA-Chef unter dem Datum des 7. Februar seinem Führer gemeldet: »Der SD-Beauftragte in Istanbul berichtet über eine deutsche Verratsquelle in der Türkei, der, soweit bisher bekannt, folgende Personen angehören: ›Rechtsanwalt Dr. Kurt Vermehren jun. und Frau, eine geborene Gräfin Plettenberg, Dr. Hamburger, Herr und Frau Kletschkowski, der Vertreter der Semperit-Werke Istanbul Herock, der juristische Direktor der Deutschen Bank Dr. Barth und der Direktor der Gummi-Werke Semperit Wien, Josef Ridiger. Dringend verdächtig sind ferner der Gehilfe des Luftattachés Major Schenker-Angerer nebst Frau und Tochter; Frau Henschel, ehem[alige] Gräfin Wurmbrand.‹ Die Genannten sind sämtlich Angehörige der Ast Istanbul bzw. stehen zu ihr in engen Beziehungen.«[384)]

Hitler glaubte in einen Abgrund von Landesverrat zu blicken, meldete doch der SD-Beauftragte, SS-Obersturmbannführer Wolff, die Vermehrens seien bereits zu den Briten übergelaufen und die anderen Verdächtigen würden ihnen bald folgen. Und was konnten sie nicht alles verraten! Kaltenbrunner wußte es genau: »Vermehren hat bereits seit 3 Monaten eine Verrätertätigkeit für Major Elliot und Major Gripp vom britischen ND ausgeübt. Vermehren hat weiterhin die Absicht, im Londoner Rundfunk aktive Propaganda gegen Deutschland zu treiben. Die Engländer wollen aus diesem Fall eine Sensation machen, zumal die Gräfin Plettenberg mit [dem Botschafter] von Papen verwandt ist.«[385)]

Der Diktator stutzte, ein Name war ihm plötzlich aufgefallen. Er las noch einmal: »Dr. Vermehren ist seit Dezember 1942 Mitarbeiter und Vertrauter des Leiters der Ast I in Istanbul Dr. Leverkuehn.«[386)] Der Name kam Hitler nur allzu bekannt vor. Hauptmann Paul Leverkuehn, Leiter der KO-Nebenstelle Istanbul – war das nicht der Canaris-Freund und Papen-Vertraute, über den schon im Frühjahr 1943 das Gerücht gegangen war, er stehe mit Amerikanern in geheimer Verbindung und wolle einen Sonderfrieden mit den Westmächten in die Wege leiten?[387)] Seither konnte Hitler diesen Namen nicht mehr hören, schon seine Nennung genügte, ihn in unbeherrschte Wut zu versetzen. Und jetzt war ein Mitarbeiter dieses Canaris-Freundes zum Feind übergelaufen, ja seine ganze Dienststelle offenbar ein einziges Verräternest. Kaltenbrunner schrieb es selber: »Schwerstens belastet werden durch diese Angelegenheiten die Ast Istanbul, aber auch die anderen militärischen Dienststellen in der Türkei. Die Gesamtarbeit der Ast ist aufgedeckt, und eine Weiterarbeit erscheint unmöglich.«[388)]

Hitler war über die neue Abwehrpanne so ungehalten, daß er mit dem Gedanken spielte, sich von Canaris zu trennen. Am 9. Februar sagte er zum erstenmal bei einer Besprechung zu Himmler, so könne es mit Canaris und der Abwehr nicht mehr weitergehen.[389)] Der SS-Chef wird sofort gespürt haben, daß jetzt die Chance nahe war, auf die er und vor allem Kaltenbrunner und Schellenberg so lange gewartet hatten: die Abwehr in eigene Regie zu nehmen. Doch Himmler war zu vorsichtig, um die Initiative zu ergreifen. Er überließ es dem Führer, sich weiterhin über die Verräter in der Abwehr zu erregen.

Der Diktator wußte nicht, daß die Angabe des SD über den Umfang des Verrats in Istanbul ebenso ungenau war wie die Personenbeschreibung des angeblichen Leverkuehn-Vertrauten. Denn der Gefreite Dr. jur. Erich Maria Vermehren, geboren am 23. Dezember 1919, Rechtsanwalt aus Lübeck, ehemaliger Rhodes-Scholar und wegen einer Schußverletzung aus Kindertagen nur zu den Landesschützen eingezogen, dann aufgrund seiner Sprachkenntnisse vom OKW in der »geistigen Betreuung« britisch-amerikanischer Kriegsgefangener eingesetzt und schließlich Schreiber im Büro Leverkuehn, hatte schwerlich Sinn für das Spionagehandwerk. »Meine Stellung in der KO-Nebenstelle Istanbul war viel zu unbedeutend, als daß meine Desertion allein schwerwiegende Folgen hätte zeitigen können«, berichtet Eric M. de Saventhem, wie sich Vermehren heute nennt, und ein ehemaliger Kollege von der KO bestätigt, es habe damals »keinen harmloseren Menschen in untergeordneter Stellung in einer ohnehin schon nicht mehr funktionierenden Geheimdienststelle gegeben« als den jungen Vermehren.[390)]

Nicht geheimdienstliche, sondern juristische Aufgaben hatten Leverkuehn Ende 1942 veranlaßt, sich des Sohns seines alten Hamburger Kollegen Vermehren zu erinnern und dessen Versetzung nach Istanbul an die dortige KO zu betreiben. Der im internationalen Schiffahrtsrecht bewanderte Erich Vermehren sollte Deutschlands Ansprüche auf die Donauflotte vertreten, deren Schiffe von den Türken beschlagnahmt worden waren und nun in langwierigen Prozessen zurückerworben werden mußten. Das füllte Vermehrens Alltag jedoch nicht völlig aus. Leverkuehn beschäftigte ihn daher nebenbei mit allerlei Schreibarbeiten, die kaum aufregend waren.[391)]

Ihm wäre schwerlich etwas so Dramatisches wie ein Übertritt zu den Alliierten eingefallen, hätte er nicht an seiner Seite eine energische, acht Jahre ältere Frau gehabt, die aus strenger Katholizität es nicht länger sittlich für vertretbar hielt, dem braunen System zu dienen. Die Gräfin Elisabeth Plettenberg, aus westfälischem Uradel, seit 1941 mit Vermehren verheiratet, Mitarbeiterin des Hencke-Dienstes und seit Jahren mit katholischen Widerstandskreisen in Verbindung, gab einer Beseitigung des Hitler-Regimes aus innerdeutscher Kraft keine Chance mehr. Auch Vermehren, dessen »zunächst mehr instinktive und nahezu ererbte Gegnerschaft gegen das Regime« nach eigener Interpretation durch die Konversion zum Katholizismus »eine weltanschauliche Tiefendimension« erhalten hatte, sah nur noch die Möglichkeit, das NS-System von außen zu überwinden.

Wer von den beiden Vermehren zuerst den Entschluß gefaßt hat, auf die Seite der Alliierten zu wechseln, läßt sich nicht mehr rekonstruieren. Erich Vermehren will der Gedanke im Sommer 1943 gekommen sein, seine Kollegen und die Gestapo hingegen nahmen an, die Initiative sei von der willensstärkeren Frau ausgegangen.[392)] Unbestritten ist zumindest, daß Vermehren bei seinem ersten Heimaturlaub im November 1943 mit der Ehefrau übereinkam, es gebe für sie als NS-Gegner keinen anderen Ausweg als den Übertritt zu den Briten. »Ich war naiv genug zu glauben«, so Vermehren, »daß selbst meine bescheidenen Kenntnisse dazu beitragen könnten, daß das politische Konzept der zukünftigen Besatzer der innerdeutschen Wirklichkeit besser angepaßt . . . würde.«[393)]

Elisabeth Vermehren ging nicht ohne Umsicht ans Werk. Sie verteilte ihr Guthaben auf die Bankkonten jüngerer Geschwister und ließ sich von Marschall von Bieberstein einen Auftrag für eine Erkundungsmission in der Türkei geben, der sich später in der apologetischen Sprache des AA-Staatssekretärs Gustav Adolf Baron Steengracht von Moyland, Weizsäckers Nachfolger, so las: »Seit der Reise des Bischofs Spellman in die Türkei bezog der Amerikanische Präsident Informationen aus einem gewissen, in der Türkei bekannten Kreis. Aus diesem Kreis etwa bekanntgewordene Nachrichten über Wahlaussichten Roosevelts usw. sollten gegebenenfalls zur Kenntnis des Auswärtigen Amts über Frau Vermehren gelangen. Herr Vermehren hatte erklärt, daß bei ihm und später auch bei seiner Frau Material anfallen würde, das für die Abwehr kein Interesse haben, für die außenpolitische Information jedoch wichtig sein könne.«[394]

Mit diesem AA-Auftrag hoffte Frau Vermehren die »Grenz- und Sichtvermerkssperre« unterlaufen zu können, die im Oktober 1943 die Gestapo gegen sie verhängt hatte und die einem Ausreiseverbot gleichkam.[395] Mitte Dezember reisten die beiden Vermehren ab. Kaum aber hatte Leverkuehn von dem Reiseprojekt erfahren, da alarmierte er die Abwehrstellen in Bulgarien mit der Order, Frau Vermehren anzuhalten und ins Reich zurückzuschicken.[396] Tatsächlich stoppte eine Streife der Geheimen Feldpolizei die Frau an der bulgarisch-türkischen Grenzstation Svilengrad; Hauptmann Hans Hußl, Leiter der zuständigen KO-Nebenstelle, nahm Frau Vermehren den Paß ab und schickte sie zur KO Sofia zurück, während Erich Vermehren weiterreiste.[397]

Doch Frau Vermehren fand neue Helfer auf der Deutschen Gesandtschaft in Sofia. Deren Kulturattaché, Gesandtschaftsrat Garben, ließ sich bewegen, im Auswärtigen Amt Marschall von Bieberstein anzurufen, und der riet nun, sie solle mit einer Kuriermaschine des Reichsluftfahrtministeriums, in der Plätze für diplomatisches Personal reserviert seien, nach Istanbul fliegen, um sich so der lästigen Grenzkontrolle zu entziehen.[398] Die Gräfin befolgte den Rat, am 24. Dezember traf sie in Istanbul ein.[399] Leverkuehn war entsetzt und witterte Schwierigkeiten mit der Gestapo; daraufhin bewog er Vermehren, sich in einer schriftlichen Meldung formal von der Aktion seiner Frau zu distanzieren.

»Ich melde«, schrieb Vermehren am 27. Dezember an die Leitung der KO Naher Osten, »daß meine Frau am 24. 12. 1943 ohne mein Vorwissen auf ausdrückliche Anweisung des Auswärtigen Amtes, bei dem sie angestellt ist, mit der Kuriermaschine in Istanbul eingetroffen ist. Meine Frau teilt mir mit, daß sie hier Aufträge, die ihr das Auswärtige Amt erteilt hat, zu erfüllen habe. Es sei vorgesehen gewesen, daß sie alsbald von hier nach Ankara weiterfahren würde. Ihr Gesundheitszustand nötige sie jedoch, sich hier in ärztliche Behandlung zu begeben, notfalls müsse sie für einige Wochen ins Krankenhaus.«[400]

Wenige Tage später kontaktierte Vermehren die Istanbuler Station des Secret Intelligence Service und bot seinen Übertritt zu den Alliierten an – unter 3 Bedingungen: Er und seine Frau würden nur kommen, wenn sie nicht an Kampfmaßnahmen der Alliierten teilnehmen müßten, ihre Flucht als Entführung getarnt und sie »bei den Planungsarbeiten für die Nachkriegszeit eingesetzt« würden. Die Briten stimmten zu. »Der wohldurchdachte Kidnapping-Plan der Engländer«, berichtet Vermehren, »ließ uns zuversichtlich hoffen, daß die Freiwilligkeit unseres Übertritts bis Kriegsende geheim bleiben würde.« Argloser konnte wohl kaum ein Abwehrmann dem Geheimdienst einer feindlichen Weltmacht gegenübertreten: Der Übertritt der beiden Vermehren hatte für die Alliierten nur Sinn, wenn er sich propagandistisch ausschlachten ließ – und zu dem Propagandamanöver benötigten die Briten gerade freiwillige Überläufer, Gesinnungstäter, die sich in der Öffentlichkeit als Zeugen für die Verderbnis und Hoffnungslosigkeit des Hitler-Regimes verwenden ließen.

Kein Wunder, daß die Kidnapper-Version rasch zerbröckelte. Am 27. Januar 1944 ließen sich Erich und Elisabeth Vermehren von britischen Geheimdienstlern in Istanbul »entführen« und nach Izmir bringen, wo sie auf einem Transporter mit griechischen Flüchtlingen unterkamen und nach Syrien, von dort mit einem Flugzeug nach Kairo gelangten. Knapp 3 Wochen später indes sahen sich die beiden Flüchtlinge der »entsetzlich bitteren Wahrheit« (Vermehren) konfrontiert: Alle Welt kannte ihre Desertion. Am 16. Februar brachte die Basler »Nationalzeitung« eine erste Meldung über die Vermehren-Flucht, 13 Tage später wurde sie gleichsam offiziell von dem BBC-Sprecher Frazer bestätigt, am 3. März funkte Radio Kairo eine antinazistische Erklärung Vermehrens in den Äther.

Der Fall erregte solches Aufsehen, daß später Historiker und Canaris-Biographen einstimmig behaupteten, der Fall Vermehren sei Anlaß und letzter Anstoß des Sturzes von Canaris gewesen. Goebbels soll dem Fall sogar »kriegsentscheidende Bedeutung« beigemessen haben, und in allen deutschen Zeitungen und im Rundfunk sei die Affäre »groß angeprangert« worden. Nichts davon trifft zu. Bis zur Stunde des Canaris-Sturzes war in der Öffentlichkeit nichts über den Fall bekannt, und selbst nach den propagandistischen Breitseiten der Alliierten beschlossen Auswärtiges Amt, OKW und Propagandaministerium, es solle »auf dem Propagandawege vorläufig nichts veranlaßt werden, da man sonst der Angelegenheit unnötig noch größere Resonanz geben würde«.[401] Auch für Hitler war die RSHA-Meldung vom 7. Februar kein Anlaß, Canaris sofort abzusetzen. Nur einer nutzte die Panne augenblicklich aus: der Außenminister.

Ribbentrop, der vermutlich die Verwicklung des Hencke-Dienstes in die Flucht der Frau Vermehren nicht kannte, benutzte auch diese Affäre, um bei Hitler gegen Canaris und die Abwehr Stimmung zu machen. Wieder schienen Abwehragenten die Arbeit der deutschen Diplomatie zu stören, denn die zu erwartenden Enthüllungen Vermehrens über die KO-Nebenstelle Istanbul mußten die diplomatische Vertretung Deutschlands in der Türkei schwer belasten: Die Zentrale der Abwehragenten saß im Deutschen Generalkonsulat in Istanbul, Leverkuehns Männer arbeiteten im Nebel diplomatischer Immunität. Wie verlockend mußte es für den Außenminister sein, sich die Wut Hitlers über den Fall Vermehren zunutze zu machen!

Ribbentrop war sich seiner Sache so sicher, daß er jetzt sogar mit dem Gedanken spielte, auch den SD auf seine schwarze Liste zu setzen. Am 8. Februar kabelte Steengracht im Auftrag seines Herrn an die Missionschefs in Ankara, Stockholm, Bern und Lissabon und verlangte »eindeutige, präzise Stellungnahme« zu folgenden Fragen: »1.) Welche Einrichtungen und Personen der Abwehr und des SD sind dort noch tragbar? 2.) Welcher Abbau kann möglicherweise in dieser Hinsicht vertreten werden?« Steengracht ermunterte: »Bitte diese Prüfung ohne Rücksicht auf irgendwelche Sonderinteressen und innerdeutsche Dienststellen vornehmen.«[402]

Am 9. Februar ersuchte das AA die diplomatischen Vertretungen in Spanien, Portugal, Schweden, der Schweiz und der Türkei, jeweils einen Beamten nach Berlin zu entsenden, der über die geheimdienstliche Arbeit informiert sei und darüber Auskunft geben könne, wie die Aktivitäten der Abwehr reduziert werden könnten.[403] Botschafter Karl Ritter, Leiter des für die Verbindungen zum Militär zuständigen Sonderreferats Pol I M, mahnte in einem Geheimtelegramm: »Da das Oberkommando der Wehrmacht über die beabsichtigte Herberufung der Beamten nach Deutschland bisher noch nicht unterrichtet worden ist, bitte ich, zunächst davon abzusehen, die Waffenattachés und Abwehrbeauftragten von der beabsichtigten Reise zu unterrichten.«[404]

Canaris aber bekam schon deutlich zu spüren, daß die AA-Bürokraten die Schlinge um die Abwehr immer enger zuzogen. Er hatte gerade begonnen, erste Vorbereitungen für die Reise nach Spanien zu treffen, auf der er sich mit Dieckhoff aussprechen sollte, da legte der Botschafter sein Veto ein. Er habe, kabelte Dieckhoff am 5. Februar nach Berlin, soeben von Canaris' Reiseplan erfahren; er müsse indes dringend von dieser Reise abraten, da ein Besuch des Admirals in Spanien nur den Angelsachsen eine neue Gelegenheit geben würde, ihren Druck auf Spanien zu verstärken.[405]

Einen Tag darauf legte Dieckhoff neue Sperren gegen einen Spanien-Besuch von Canaris. In einem Telegramm drohte er gefährliche »Aktionen der spanischen Behörden« gegen die Abwehr an und malte ein düsteres Bild der Lage: »Bei einem Angestellten des Büros Hummel hat dieser Tage Haussuchung stattgefunden, und man spricht immer wieder von bevorstehenden weiteren Haussuchungen. Darüber hinaus habe ich Hinweis bekommen, daß eine weitergehende Aktion der Spanier gegen das ganze deutsche Agentennetz geplant ist.« Aber Canaris' gute Beziehungen zu den Spaniern, die jahrzehntealte Freundschaft mit hohen spanischen Funktionären? Dieckhoff: »Die Dauerhaftigkeit solcher persönlichen Beziehungen bitte ich keinesfalls zu überschätzen.«[406]

Für Wilhelm Canaris muß es eine unerhörte Herausforderung gewesen sein: Ein deutscher Botschafter wagte es, ihn an einem Besuch seines Spanien zu hindern, noch dazu ein Mann, der einst im spanischen Bürgerkrieg auf der falschen Seite gestanden hatte und von der Geschichte widerlegt worden war! Doch der Abwehrchef war schon zu ermattet, um es selbst mit einem Dieckhoff noch aufnehmen zu können. Er ließ sich bewegen, auf die Spanien-Reise zu verzichten und sich in dem südfranzösischen Kurort Biarritz mit dem Stellvertreter Dieckhoffs, dem Gesandten Sigismund Freiherr von Bibra, am 10. Februar zu treffen.[407] Grote sollte Canaris begleiten, die KO-Chefs von Spanien und Portugal waren ebenfalls nach Biarritz befohlen.[408]

Canaris nahm in der Villa des örtlichen Vertreters der Abwehr Quartier, dann erschien Bibra. Doch die Kontrahenten verstanden sich nicht. Allmählich mußte der Diplomat das Gefühl haben, Canaris interessiere sich für die beiden mitgebrachten Dackel »Kasper« und »Sabine« mehr als für die Problematik der Abwehrarbeit im vierten Kriegsjahr. Auch die Frau des Majors Kremer von Auenrode staunte über die Interesselosigkeit von Canaris.[409]

In Wahrheit hatte Canaris maßlos erregt, was er von dem Madrider KO-Chef Leißner über die Disziplinwidrigkeiten in dessen Organisation erfahren hatte. Canaris wußte nur eines: Er mußte nach Madrid, mußte nach Spanien, um das schwankende Spionagereich zu retten und in ihm wieder Ordnung zu schaffen. Er rief Bürkner in Zossen an und diktierte ihm einen Text, der beinahe schon wie ein Bittgesuch an den Reichsaußenminister klang. Bürkner schrieb mit: »Der KO-Leiter Madrid hätte wissen lassen, daß in der Organisation des Abwehrdienstes in Spanien Schwierigkeiten eingetreten seien, die ein Kommen des Admirals Canaris nach Madrid erforderlich machten. Admiral Canaris würde sich lediglich mit dem General Vigón und dem spanischen Militärnachrichtenchef treffen, dagegen Vorsorge treffen, daß ein Zusammenkommen mit Franco, Jordana, Muñoz Grande keinesfalls in Frage komme. Die Reise sei angesichts der gesamten Lage dringend geworden. Sie würde getarnt ohne Visum und Berührung der Grenzstellen erfolgen.«[410]

Bürkner gab die Nachricht an Ritter weiter, der huldvoll versicherte, er könne sich nicht vorstellen, daß der Reichsaußenminister Bedenken gegen die Reise haben werde, doch er müsse ihn erst noch konsultieren.[411] Canaris wartete Stunde um Stunde, jeden Augenblick konnte die Nachricht aus Berlin kommen. Die Nachricht kam nicht, Canaris sollte Spanien nie wieder sehen. Ob Dieckhoff die Reise abermals vereitelte, ist unbekannt. Sicher ist nur, daß auch die Spanier es ablehnten, Canaris zu empfangen. Selbst Canaris' Vorschlag, General Martinez Campos möge sich mit ihm in Südfrankreich treffen, fand keine Gegenliebe.[412]

Endlich rührte sich der Fernschreiber in der Villa, eine kurze Meldung aus der Abwehrzentrale traf ein. Als Canaris sie las, wurde er bleich. Ärgerlich rief er: »Wie können die so was machen? Das ist ja ganz unmöglich! Ausgerechnet in diesem Moment!«[413] Die Meldung besagte, daß es auf einem britischen Apfelsinenschiff in Cartagena erneut zu einem Sprengstoffanschlag gekommen sei. Frau von Auenrode, die neben Canaris stand, ist noch heute überzeugt: »Diese Dinge, die er in Biarritz erfuhr, waren es jedenfalls, über die sie ihn dann schließlich stolpern ließen.«[414]

Im Nu ahnte Canaris, daß er die neue Katastrophe als Amtschef nicht überleben werde. Auf einmal war ihm, als habe er unsagbar viel Zeit; seine Begleiter konnten ihn, der nur Hast und Nervosität gekannt hatte, kaum zur Abreise bewegen. Als sich Major Kremer von Auenrode abmelden wollte, hielt er ihn fest: »Ach, bleib doch, laß uns noch ein paar Tage hierbleiben.« Sie fuhren zu dritt mit den Hunden an einen kleinen See mit einem nahegelegenen Golfplatz und wanderten stundenlang durch die Gegend. »Es war alles so ein bißchen melancholisch«, erzählt Frau Kremer von Auenrode. »Wir waren uns alle sicher, daß das schrecklich ausgehen würde. Wir wußten aber nicht wie.«[415]

Am 11. Februar 1944 trennten sie sich. Canaris flog nach Berlin zurück, die Auenrodes nach Lissabon. Keiner von ihnen ahnte, daß es der Tag von Canaris' Sturz sein würde. Die Meldung über den neuen Bombenanschlag in Cartagena hatte inzwischen auch Hitler erreicht. Der Fall Vermehren war noch nicht vergessen.[416] Wieder ergoß sich eine Woge Hitlerschen Zorns über die Abwehr und ihren Chef, jeder der Mitarbeiter bekam zu hören, er habe den Herrn Canaris und seine ganze Abwehr satt.

Da schnellte der anwesende SS-Brigadeführer Hermann Fegelein, Chefvertreter Himmlers im Führerhauptquartier, vor und meinte fast beiläufig, der Führer möge doch den »ganzen Kram« einfach dem Reichsführer-SS übertragen.[417] Hitler nickte und bestellte Himmler zu sich. Als der den Diktator wieder verließ, war er um einen Riesenschritt der totalen Macht im Dritten Reich näher: Hitler hatte ihn beauftragt, einen vereinigten Geheimdienst aus SD und Abwehr zu schaffen, den Supernachrichtendienst, den die Sigrunenjünger immer erträumt hatten.[418] Canaris wurde seines Postens enthoben, Oberst Hansen bis zur Neuregelung mit der Führung des Amtes Ausland/Abwehr betraut.

Am nächsten Tag – Himmlers rollendes Hauptquartier, der Sonderzug »Heinrich«, hatte in Posen Station gemacht – rief der SS-Chef seine engsten Mitarbeiter zu sich: Kaltenbrunner, Schellenberg, Müller, Huppenkothen und die beiden Referatsleiter Schmitz und Sandberger.[419] Himmler eröffnete ihnen, es sei kurz zu skizzieren, wie Abwehr und SD vereinigt werden könnten, und außerdem ein entsprechender Hitler-Befehl zu entwerfen.[420] Schellenberg mochte, erinnert sich Huppenkothen, »möglichst alles, was bisher Canaris unterstanden hatte, für den Reichsführer-SS übernehmen«, Himmler hingegen nur die Abteilungen (Abwehr I und II), die das RSHA »verdauen« könne.[421] Kaltenbrunner wiederum wollte auch gleich noch den Nachrichtendienst des Auswärtigen Amtes mit einbeziehen, denn er hatte längst die Manöver Ribbentrops durchschaut. Ein paar Tage später wird er grollen: »Das Auswärtige Amt versucht, die Angelegenheit Vermehren und Konsorten zur Ausschaltung der als Konkurrenz lästigen deutschen ND [Nachrichtendienste] zu benutzen.«[422]

Die SS-Führer entwarfen einen Hitler-Befehl, dann reiste am 13. Februar Kaltenbrunner mit dem Papier ins Führerhauptquartier. Kaltenbrunner zeigte den Entwurf noch Keitel und Jodl, die zustimmten, ehe er vor Hitler trat.[423] Nach der Unterzeichnung des Befehlsentwurfs fragte ihn der Diktator nicht ohne Spott, ob er denn nun alles zusammen habe. Darauf Kaltenbrunner: Jetzt fehle nur noch der Nachrichtendienst des AA.[424] Hitlers Antwort fiel so vage aus, daß sich Kaltenbrunner vornahm, auch den diplomatischen Nachrichtendienst ins RSHA-Joch zu zwingen. Wer immer aus den Cliquenkämpfen und Intrigen als Sieger hervorgehen mochte – Joachim von Ribbentrop würde es nicht sein.

Kurz darauf klapperten die Schreibmaschinen in den Vorzimmern des Führerhauptquartiers, um eine Zehnzeilenorder zu tippen, die dann Sonderkuriere des OKW und des RSHA in den höchsten Kommandobehörden des Dritten Reiches gegen Quittung abgeben sollten. Die Empfänger des als »Geheime Reichssache« gekennzeichneten Papiers lasen: »Führerhauptquartier, den 12. Februar 1944. Ich befehle: 1. Es ist ein einheitlicher deutscher geheimer Meldedienst zu schaffen. 2. Mit der Führung dieses deutschen Meldedienstes beauftrage ich den Reichsführer-SS. Soweit hierdurch der militärische Nachrichten- und Abwehrdienst berührt wird, treffen der Reichsführer-SS und der Chef O.K.W. die notwendigen Maßnahmen im beiderseitigen Einvernehmen. gez.: Adolf Hitler.«[425]

Die unabhängige Abwehr war tot, ihr Chef gestürzt. Über dem untergehenden Reich aber dämmerte die Endphase der deutschen Hybris herauf: die fast schrankenlose Herrschaft der SS.

13 Mord in Flossenbürg

Mitte Februar 1944 näherte sich ein Kübelwagen mit zwei hohen Offizieren der Wehrmacht dem Tor des Sperrkreises »Maybach II« im Militärlager bei Zossen. Ein kurzer Blick des wachhabenden Offiziers ersparte dem Wagen weiteren Aufenthalt, denn die beiden Insassen kannte jeder deutsche Soldat. Generalfeldmarschall Keitel, der Chef des Oberkommandos der Wehrmacht, und Generaloberst Jodl, der Chef des Wehrmachtsführungsstabes, legten nur kurz und mechanisch die Hand an ihren Mützenschirm, während der Wagen schon weiterrollte. Er hielt nach kurzer Fahrt vor einem der graugrünen Bunker, die – gut getarnt – zwischen hochstämmigen Kiefern lagen.

Als Keitel und Jodl ausstiegen, werden sie sich nicht sonderlich behaglich gefühlt haben. Ein Befehl Hitlers hatte ihnen einen unangenehmen Auftrag zugewiesen: Sie sollten dem in Ungnade gefallenen Ex-Abwehrchef Canaris die Gründe seiner Amtsenthebung erläutern und ihm außerdem eröffnen, welches weitere Schicksal der Führer ihm zugedacht habe.[1] Mit etwas steifen Beinen schritten die beiden Hitler-Gehilfen auf den Bunker zu. Wenige Minuten später saßen sie Canaris gegenüber.

Was sie gesprochen haben, ist nicht überliefert. Nur der wesentliche Inhalt von Keitels und Jodls Erklärungen läßt sich rekonstruieren. Hitlers Sendboten bedeuteten Canaris, der Führer habe sich angesichts der gespannten Kriegslage und mancherlei Fehlleistungen der Abwehr entschlossen, die geheimdienstliche Arbeit durch Zusammenlegung von Abwehr und SD unter Leitung des Reichsführers-SS zu konzentrieren, und befehle dem Admiral, sich für die Dauer des Umstellungsprozesses auf die Burg Lauenstein zu begeben.[2] Später werde der Führer – so die tröstliche Mitteilung der Besucher – über eine weitere Verwendung des Admirals entscheiden.

In Klartext hieß das: Wilhelm Canaris sollte fortan unter Hausarrest stehen, die Abwehr mit einem Schlag seinem Einfluß entzogen werden. Für einen Mann freilich, der in letzter Zeit wiederholt Zornesausbrüche des Diktators auf sich gelenkt hatte, war die zeitlich begrenzte Verbannung auf eine Burg kein allzu harter Schlag, zumal Keitel und Jodl statt der seidenen Schnur eines wütenden Tyrannen sogar ein paar Dankesworte Hitlers überbrachten. Sie fielen immerhin so freundlich aus, daß später die Version aufkam, die beiden Sendboten hätten Canaris das Deutsche Kreuz in Gold, eine der höchsten Tapferkeitsauszeichnungen des Regimes, überreicht – zweifellos eine Verwechslung mit dem Deutschen Kreuz in Silber, das Hitler in der Tat dem Admiral wenige Wochen zuvor wegen »außergewöhnlicher Verdienste in der militärischen Kriegführung« verliehen hatte.[3]

Keitel und Jodl ließen jedoch Canaris nicht lange Zeit, über Dank oder Undank eines Diktators nachzudenken. Canaris mußte schon in den nächsten Stunden seinen Bunker verlassen. Die Abreise bedurfte keiner umständlichen Vorbereitung, ein Abschied von der Familie erübrigte sich; Canaris hatte seine Frau bereits früher bei der Familie seines Spanien-Konfidenten Sturm in Riederau am Ammersee vor dem Bombenkrieg der Alliierten in Sicherheit gebracht, die Töchter (Brigitte war auf einem Internat, Eva auf einer Sonderschule) weilten ebenfalls außerhalb Berlins.[4] So waren nur einiges Gepäck und die beiden Dackel »Kasper« und »Sabine« fertig zu machen, ehe die Reise ins Ungewisse begann.

Fahrer Lüdecke steuerte seinen Chef – wie immer im Dienst-Mercedes – nach Süden, Thüringen und Oberfranken entgegen. Sie fuhren in den Frankenwald, ein Schollengebirge zwischen Thüringer Wald und Fichtelgebirge, dessen rauhes, unwirtliches Klima den wetterempfindlichen Canaris abstieß. Südwestlich von Probstzella, auf einer Bergkuppe über dem Tal der Loquitz, lag ein wildromantisches Gemäuer, für den geschichtskundigen Canaris eine Art Elba, künftiger Verbannungsort des gestürzten Geheimdienstchefs: die Burg Lauenstein. Es war eine alte Feste, deren baugeschichtliche Daten Canaris bald auswendig kennen sollte: im 13. Jahrhundert erbaut, 1290 zerstört, im 14. Jahrhundert stilgerecht wieder errichtet und im 16. erweitert, dann verfallen und schließlich 1896 restauriert.

Die Burg lag abseits genug, um Dienststellen der Abwehr Unterkunft zu bieten, die allen Grund hatten, ihre Arbeit besonders geheimzuhalten. Auf Lauenstein arbeiteten vor allem Fachleute, die dem Geheimdienst das unvermeidliche Handwerkszeug schufen: falsche Pässe, neue Geheimtinten, Mikrokameras, Vervielfältigungsapparate.[5] Über das geheime Reich der Laboratorien und Forschungsstellen auf Burg Lauenstein gebot Oberstleutnant Albrecht Focke, ein strammer Nationalsozialist, der früher Wirtschaftsreferent (I/Wi) der Abwehrnebenstelle Köln gewesen war und jetzt den Posten eines Burgkommandanten ausfüllte.[6]

Canaris meldete sich bei Focke, der Oberstleutnant hatte bereits aus Berlin Instruktion erhalten, wie der Admiral zu behandeln sei: völlige Bewegungsfreiheit auf der Burg, möglichst keinen Kontakt zur Außenwelt. Der Burgkommandant wies Canaris und dessen Fahrer die Quartiere an und begegnete dem ehemaligen Chef höflich und respektvoll, wenn auch der Nationalsozialist Focke nie begreifen mochte, wie ein so bedeutender Mann nicht an das Genie des Führers glauben könne.[7] Aber auch die steif-förmliche Zuvorkommenheit Fockes konnte Canaris nicht das für ihn quälende Bewußtsein nehmen: Er war von der Welt abgesperrt.

In den folgenden Wochen erfuhr Canaris kaum, was sich draußen abspielte. Kein Wort klärte ihn über die Lage der Abwehr auf, er wußte nicht, ob es seinem Nachfolger Hansen gelungen war, gegenüber dem RSHA wenigstens die Masse des alten Geheimdienstes zusammenzuhalten. Er war allenfalls auf Gerüchte und Spekulationen angewiesen, wollte er sich ein Bild von dem Zustand der Abwehr machen. Konkret waren nur die offiziellen Mitteilungen und Schreiben, die Canaris mit brutaler Deutlichkeit offenbarten, daß er endgültig ausgespielt hatte. Am 10. März ließ ihn Canaris' alter Rivale Dönitz, inzwischen zum Oberbefehlshaber der Kriegsmarine aufgestiegen, wissen, daß er seine »Entlassung aus dem aktiven Wehrdienst mit dem 30. Juni 1944 herbeiführen« werde.[8] Ein Schreiben des Marinepersonalamtes verhieß am 21. März: »Admiral Canaris wird zur Verfügung der

Kriegsmarine gestellt werden. Eine Wiederverwendung ist nicht vorgesehen.«[9]

Derartig in den Akten bereits erledigt, hoffte Canaris gleichwohl auf einen Gnadenakt seines Führers. Doch ermunternde Botschaften der Außenwelt blieben aus. Keiner seiner ehemaligen Mitarbeiter drang zu Canaris vor, keiner der alten Freunde meldete sich. Auch Erika Canaris, die ihn einmal auf der Burg besuchte, konnte den Eingeschlossenen nicht aus seinen Depressionen befreien.[10] Mehr denn je konzentrierte sich Canaris auf die Zwiesprache mit seinen Dackeln; zu dritt durchwanderten sie oft stundenlang das Gelände der Burg – ein seltsamer Anblick inmitten militärischer Routine und geheimdienstlicher Geschäftigkeit.

Da erschien endlich auf Lauenstein eine Canaris vertraute Figur: Oberstleutnant Schrader, einer der wenigen noch nicht verhafteten Konfidenten des einstigen Oster-Kreises.[11] Er war gekommen, um dem alten Chef über die Lage der Abwehr zu berichten. Was Canaris freilich dabei über die Fusionsverhandlungen zwischen Abwehr, SD und Gestapo erfuhr, erregte ihn: Oberst Hansen, so dünkte es ihn in arger Verkennung der Realität, machte den RSHA-Führern viel zu große Zugeständnisse und räumte gegenüber der triumphierenden Konkurrenz eine Abwehrposition nach der anderen.[12]

Tatsächlich zerschlugen Kaltenbrunner, Schellenberg und Gestapo-Müller den traditionellen Abwehrapparat Zug um Zug, von Keitel und einigen anderen Offizieren nur mühsam an der völligen Auflösung und Atomisierung des ehemaligen Canaris-Dienstes gehindert. Die Verhandlungen führte allerdings nicht der neue Abwehrchef Hansen, sondern Oberst von Bentivegni, jener Abteilungschef, der dienstlich dem RSHA besonders nahestand und daher mit dessen Denken gut vertraut war.[13] Keitel hatte ihn für die Dauer der geheimdienstlichen Reorganisation zum stellvertretenden Abwehrchef ernannt und ihm die Weisung erteilt, an der Seite des OKW-Chefunterhändlers, Generalleutnant Paul Winter, eine Vereinbarung mit dem RSHA auszutüfteln.[14]

Der Abwehr-III-Chef von Bentivegni, den Kritiker gerne einer allzu undurchsichtigen Partnerschaft mit dem RSHA verdächtigten, verfolgte ein einfaches Konzept: die Abwehr möglichst geschlossen in die neue Superorganisation einzubringen und zugleich seine alte Abteilung jedweder Kontrolle durch das RSHA zu entziehen. Praktisch bedeutete dies, den Apparat der Spionageabwehr (Abwehr III) und auch Bürkners Amtsgruppe Ausland beim OKW zu belassen, hingegen die Abteilungen I (Geheimer Meldedienst) und II (Sabotage) zu einem »Militärischen Amt« zusammenzufassen und es als separate Einheit dem Reichssicherheitshauptamt zu überlassen, wobei noch offenblieb, was aus Jacobsens Zentralabteilung werden sollte.

Entsprechend sah der Vorschlag aus, den Winter und Bentivegni im März ihren Gegenspielern aus der Prinz-Albrecht-Straße unterbreiteten. Doch die RSHA-Führer hatten andere Vorstellungen von der Fusion der Geheimdienste unter ihrem Kommando; sie verlangten das Aufgehen aller Abwehrdienststellen im RSHA, soweit sie nicht der unmittelbaren Spionageabwehr der Wehrmacht dienten, und wollten die einzelnen Referate, Gruppen und Unterabteilungen der Abwehr auf die entsprechenden Gegenstellen des

Reichssicherheitshauptamtes aufteilen. Was indes die Vertreter des OKW anboten, war eine autonome Abwehr innerhalb des SD, deren Angehörige zudem weiterhin der militärischen Disziplinargewalt, also dem OKW, unterstehen sollten. So hatten sich Kaltenbrunner und Schellenberg den neuen Supergeheimdienst nicht vorgestellt.

Trotz des zu erwartenden Protestes der Gegenseite schickte Keitel Ende März oder Anfang April (das genaue Datum läßt sich nicht mehr feststellen) Kaltenbrunner einen Entwurf zu, in dem skizziert war, wie sich das OKW die Neuregelung der geheimdienstlichen Organisationen und Kompetenzen dachte. Danach sollten Abwehr I und II als Militärisches Amt unter Oberst Hansen ins RSHA übertreten, die meisten Dienststellen der Abwehr III (minus der Gegenspionage III F) und die Frontaufklärungskommandos einer Abteilung »Truppenabwehr« im Wehrmachtführungsstab bzw. einem Chef »Frontaufklärung und Truppenabwehr« im Oberkommando des Heeres unterstellt werden.[15]

Prompt schoß Kaltenbrunner Anfang April einen Gegenentwurf zurück, in dem er alle geheimdienstliche Macht für das RSHA verlangte: Aufteilung der Abwehr auf die Dienststellen von SD und Gestapo, SS-eigene Disziplinarstrafgewalt und Gerichtsbarkeit für alle zum RSHA übergetretenen Abwehrangehörigen, alleinige Kompetenz des RSHA für alle Personalangelegenheiten und Stellenbesetzungsfragen.[16] Das war selbst dem schwachen Keitel zuviel, sofort ließ er ein Fernschreiben an Kaltenbrunner aufgeben: »Für den gemeinsamen Erlaß betreffend geheimen Meldedienst und Abwehrdienst kann ich mich mit dem heute mir durch Oberleutnant B. übermittelten Gegenvorschlag nicht einverstanden erklären, weil er über den Führererlaß hinausgeht.«[17]

Am 11. April formulierte Keitel ein Protestschreiben an Himmler, das er freilich nicht abschickte, ohne sich vorher bei den Generalstäben der Wehrmachtteile Rückendeckung geholt zu haben. Vor allem die Feindlageoffiziere des Heeresgeneralstabes um Oberst Gehlen drängten ihre Vorgesetzten, Kaltenbrunner auf keinen Fall nachzugeben. Gehlen setzte am 16. April ein Schreiben an Keitel auf:

»Die [vom RSHA] vorgeschlagene Regelung bedeutet meines Erachtens eine sehr weitgehende Aufteilung und Übertragung von Arbeitsgebieten des militärischen Nachrichtendienstes auf den Bereich des Herrn Reichsführers-SS, die bei mir Besorgnisse entstehen lassen, daß der Durchführung des militärischen Nachrichtendienstes hierdurch nicht unerhebliche Nachteile erwachsen können.«[18]

So konnte schließlich Keitel dem SS-Chef bedeuten: »Nach Rücksprache mit dem Chef Wehrmachtführungsstab und in Übereinstimmung mit den Oberbefehlshabern der Luftwaffe und der Kriegsmarine sowie dem Chef des Generalstabes des Heeres halte ich es für einen Fehler, im jetzigen Zeitpunkt des Krieges das ›Militärische Amt‹ des geheimen Meldedienstes mit der Übernahme aufzulösen.« Von Zeile zu Zeile zeigte sich der OKW-Chef widerspenstiger: ». . . wird zu einer Zersplitterung und damit zumindestens auf längere Zeit zum Absinken der Leistungen führen . . . Völlige Fusion bedingt . . . mindestens vorübergehende Lahmlegung der Gewinnung, vor allem der Sichtung und Bewertung militärischer Nachrichten . . . Eine unmittelbare Anordnung von Versetzungen seitens des C.d.S. [Chefs der Sicherheitspolizei] an militärische höhere Kommandobehörden, Stäbe usw. kann nicht in Betracht kommen.«[19]

Angesichts so unerwarteter Festigkeit gab Himmler, der frontale Auseinandersetzungen mit der Wehrmacht scheute, seinen Unterführern den Wink, einen Teil ihrer Forderungen fallen zu lassen. Die Führer des RSHA mußten sich mit der Existenz des Militärischen Amtes (künftiger Name: Amt M oder Amt Mil) abfinden, ja dessen Chef wurde sogar zugestanden, Schellenberg als Amtschef VI im Falle der Abwesenheit vertreten zu dürfen, was freilich auch umgekehrt galt. Kaltenbrunner konzedierte außerdem, daß die ins RSHA überwechselnden Soldaten und Beamten der Abwehr »truppendienstlich und wirtschaftlich« der Wehrmacht unterstellt blieben und keiner SS-Strafgewalt unterlagen.[20] Eine kleine Vokabel verschleierte notdürftig das Zurückweichen Kaltenbrunners: Nur »vorläufig« sollte diese Regelung gelten.[21]

Desto hartnäckiger feilschten die RSHA-Unterhändler, als es galt, sich mit den OKW-Vertretern über das künftige Schicksal jeder einzelnen Abwehrdienststelle einig zu werden. Stück um Stück zerfiel das Imperium des Wilhelm Canaris: Die Zentralabteilung wurde völlig aufgelöst und auf das RSHA aufgeteilt, Canaris' brillanteste Schöpfung, die Gegenspionage-Gruppe III F, geriet zum Zankobjekt zwischen Schellenberg und Gestapo-Müller, die Referate für den vorbeugenden Geheimschutz wurden je nach ihrem zivilen bzw. militärischen Aufgabenbereich dem RSHA oder dem OKW zugeschlagen, die Sabotage-Aufgaben der ehemaligen Abwehr II teilten sich erneut in eine allgemeine Sabotage (daher: RSHA) und eine Sabotage gegen feindliche Armeen (daher: OKW).[22]

Anfang Mai war dies wunderliche Werk geheimdienstlicher Fusion fertig – zusammengehalten von einem Gespinst komplizierter Unterstellungsbestimmungen, die mit papierener Genauigkeit fixierten, wo im neuen Erkundungsapparat die truppendienstlichen Kompetenzen der Wehrmacht aufhörten und die fachlichen Weisungsbefugnisse des Reichsführers-SS begannen. Am 14. Mai 1944 unterzeichneten Keitel und Himmler eine Vereinbarung, die den ausgehandelten Kompromiß zwischen RSHA und OKW schriftlich festhielt.[23] Wenige Tage später riefen die beiden Signatare die führenden Männer von Abwehr, Gestapo und SD zu einer mehrtägigen Konferenz nach Salzburg, um den Beginn der neuen Erkundungsorganisation gebührend zu feiern.[24] Und alle, alle kamen: Hansen, Bentivegni, Schellenberg, Kaltenbrunner, Rohleder, Huppenkothen – noch nie zuvor hatte man die großdeutsche Geheimdienstelite so geschlossen auf einem Platz gesehen.

Nur einer fehlte: Canaris. Himmler ließ es sich jedoch nicht nehmen, in einer stundenlangen Rede über die künftigen Aufgaben des Auslandsnachrichtendienstes an den Admiral und das »verdienstvolle Wirken der militärischen Abwehr« zu erinnern.[25] Auch Hansen sprach und knüpfte dabei an die alte Arbeit unter dem abgelösten Amtschef an. Die Führer der deutschen Geheimdienstapparate gaben sich so harmonisch, daß ihr neuer Oberherr Kaltenbrunner schon am 23. Mai verfügen konnte: »Das bisherige Amt Abwehr wird mit Wirkung vom 1. 6. 44 aufgelöst . . . Die allmähliche Verschmelzung der Ämter VI und M ist planmäßig vorzubereiten. Diese Aufgabe übertrage ich dem Amtschef VI.«[26]

Kurz darauf reiste Schellenberg zur Burg Lauenstein, um Canaris über den reorganisierten Geheimen Meldedienst zu informieren.[27] Es ist nicht bekannt, was die beiden Männer miteinander gesprochen haben. Canaris kann sich schwerlich mit der neuen Organisation abgefunden haben: Die alte Abwehr zerschlagen, sensibelste Dienststellen der Gegenspionage auseinandergerissen, die Wehrmacht jeder geheimdienstlichen Tiefenaufklärung im Ausland beraubt – das schien ihm ein Akt der Selbstzerstörung, eine Tat von Dilettanten und Wahnsinnigen. Nie würde er, Wilhelm Canaris, sich mit dieser Vernichtung seines Lebenswerkes abfinden, nie aufhören, vor allem den schwachen, im RSHA nur allzu wohlgelittenen Amtschef Hansen für diesen Frevel verantwortlich zu machen.

Gleichwohl erschien dem Admiral der Besuch Schellenbergs als ein günstiges Omen, das ihm signalisierte, daß die deprimierend-sterilen Tage auf der Burg Lauenstein bald zu Ende gehen würden. In der Tat lockerte sich nach Schellenbergs Abreise der Ton des Burgkommandanten Focke gegenüber dem Ehrenhäftling zusehends. Offenbar hatte Focke neue Weisungen aus Berlin erhalten. Am 10. Juni hatte zwar Hitler die Entlassung von Canaris aus dem aktiven Wehrdienst verfügt, doch eine zweite Order – wenige Tage später erlassen – machte den Befehl wieder rückgängig: Canaris wurde erneut, diesmal als Admiral z. V. (zur Verfügung), zum aktiven Wehrdienst einberufen.[28]

Ende Juni konnte Canaris wieder hoffen, daß seine Karriere doch noch nicht ganz zu Ende sei. Focke überbrachte die Nachricht, der Führer habe ihn mit Wirkung vom 1. Juli 1944 zum Chef des OKW-Sonderstabes für Handelskrieg und wirtschaftliche Kampfmaßnahmen (HWK) ernannt.[29] Wie ist dieses Rätsel zu erklären? Eine naheliegende Version bietet sich an: Hitler mochte auf den Mann nicht völlig verzichten, der zu den wenigen Deutschen mit internationalem Renommee gehörte. Baron Kaulbars, der Vertraute von Canaris, erklärte denn auch später vor der Gestapo, schwedische Kreise seien der Meinung gewesen, bei einer »Ausschaltung des Admirals fielen die Möglichkeiten irgendwelcher Verständigungen [zwischen Deutschland und den westlichen Alliierten] . . . weg«.[30] Aber auch ein spärlicher Rest Hitlerscher Sympathie für den Ex-Abwehrchef und nicht zuletzt die diskrete Hilfestellung Keitels, der später noch die Familie des Gestapo-Häftlings Canaris finanziell unterstützen sollte, mag das Comeback des Admirals erklären.

Was immer auch der Grund gewesen sein mag – Canaris war wieder frei. Fahrer Lüdecke erhielt den Auftrag, die Sachen zu packen, noch in den letzten Junitagen fuhren sie mit den Hunden nach Berlin zurück.[31] Canaris bezog wieder sein altes Haus in der Betazeile 14, in dem schon der algerische Diener Mohammed und eine polnische Köchin darauf warteten, sich ihres Chefs erneut anzunehmen.[32] Am 1. Juli stand der Admiral z. V. Canaris befehlsgemäß in Eiche bei Potsdam vor der kleinen Dienststelle, die sich hinter dem wohltönenden Namen eines OKW-Sonderstabes für Handelskrieg und wirtschaftliche Kampfmaßnahmen verbarg.[33] Ein Adjutant, ein paar nicht mehr frontfähige Offiziere, einige kriegsverpflichtete Zivilisten und Sekretärinnen – das war der ganze Apparat, über den Canaris nun gebot.

Auch in der Geschichte der HWK spiegelte sich das Auf und Ab deutscher Groß- und Weltmachtillusionen wider. Ursprünglich hatte der Sonderstab einmal die zentrale Stelle sein sollen, die im Dreieck zwischen Marine, Auswärtigem Amt und Wirtschaftsministerium den Handelskrieg in aller Welt und vor allem den Kampf gegen die alliierte Wirtschaftsblockade steuerte. Jahr um Jahr war der Arbeitsbereich der HWK zusammengeschrumpft; ein neutrales Land nach dem anderen schränkte den Handel mit Deutschland ein – im April hatte die Türkei alle Chromlieferungen gestoppt, seit Mai und Juni kam kein Wolfram mehr aus Spanien und Portugal; Schweden und die Schweiz machten sogar Miene, ihre Deutschland-Exporte gänzlich einzustellen.[34]

So blieb dem neuen Amtschef kaum mehr als die Bearbeitung von Akten und das Abhalten von Dienstbesprechungen, die praktisch nur Sandkastenspiele waren. Das alles langweilte Canaris, Schreibtischarbeit hatte er nie gemocht. Fast mechanisch ging er seinem Bürodienst nach, abgelenkt und aufgewühlt von den dramatischen Ereignissen, die die Fronten in Ost und West in hektische Bewegung setzten. Denn der Krieg war in eine neue Phase getreten, und diesmal trafen die Schläge der alliierten Armeen die Wehrmacht und ihre Verbündeten mit tödlicher Wucht, pausenlos, unausweichlich, alle Widerstandsenergien der Deutschen erschöpfend. Das Reich war schwer angeschlagen und ging immer deutlicher dem Untergang entgegen.

Am 6. Juni waren die amerikanischen und britischen Armeen zu ihrer langerwarteten Frankreich-Invasion angetreten und hatten sich noch am Ende des Tages an der Küste der Normandie – dort von den Deutschen nicht erwartet – drei Landungsköpfe erkämpft, aus denen sie, laufend verstärkt, in das Landesinnere drängten.[35] Drei Wochen später verfügte der alliierte Oberbefehlshaber Eisenhower über die größte Invasionsstreitmacht der Geschichte auf französischem Boden: 1 Million Mann, 171532 Fahrzeuge und 566648 Tonnen Material.[36] Bald war die Halbinsel Cotentin in der Hand der Alliierten, am 18. Juli brachen britische und amerikanische Verbände nach Süden auf, um volle Operationsfreiheit zu gewinnen.[37]

Die Invasion der westlichen Alliierten war gerade in Schwung gekommen, da schlug im Osten auch der sowjetische Gegner los: Am 22. Juni ließen die Marschälle Schukow und Wassilewski vier Heeresgruppen der Roten Armee gegen die Stellungen der deutschen Heeresgruppe Mitte anstürmen und sie überrollen.[38] Zwei Tage später war das Gros der 3. Panzerarmee in Witebsk abgeschnitten, am 26. Juni die 9. Armee bei Bobruisk eingekesselt, am 3. Juli die 4. Armee im Raum Minsk eingeschlossen. Die Heeresgruppe Mitte verlor 350000 Mann, die Reste fluteten zurück.[39] Das deutsche Ostheer hatte »eine weitaus schwerere Katastrophe erlebt als bei Stalingrad«, wie der Historiker Lothar Gruchmann urteilt.[40]

Und die feindlichen Angriffsoperationen gingen nahezu unaufhaltsam weiter, immer aussichtsloser gerieten die deutschen Armeen in den Zangengriff der west-östlichen Gegner. Schon formierte sich der sowjetische General Bagramjan mit seinen Verbänden zum Vorstoß nach Riga, der die deutsche Heeresgruppe Nord von ihren Nachbarn abschneiden sollte, schon hatten die britischen Truppen Caen erobert und die Amerikaner St. Lô erreicht.[41] Der Luftüberlegenheit des Gegners ausgeliefert, materiell unterlegen, ohne nennenswerten Ersatz an Menschen und Waffen, konnten die deutschen Truppen den Vormarsch ihrer westlichen Gegner nicht stoppen, kaum noch hinauszögern.

Die Lage der Verteidiger wurde so kritisch, daß die beiden deutschen Heerführer im Westen, die Generalfeldmarschälle von Rundstedt und Rommel, gegen Hitlers stereotype Durchhaltebefehle aufbegehrten und den Diktator aufsuchten, um ihn zu neuen strategischen Entschlüssen zu drängen.[42] Die Invasionsschlacht hatte auch die letzten Illusionen hitlertreuer Militärs über die wahre Lage des Reiches zerstört. Rommel schätzte Anfang Juli, die deutsche Abwehrfront in der Normandie werde noch drei Wochen halten, dann sei mit dem Durchbruch der US-Verbände und dem Verlust Frankreichs zu rechnen.[43] Konsequenz: Bis dahin müsse der Führer eine strategische oder eine politische Lösung finden, die einen deutschen Totalzusammenbruch verhindere.

Doch Hitler wich jedem ernsthaften Sachgespräch mit den beiden Generalfeldmarschällen aus, ja mehr noch: Er ersetzte von Rundstedt durch einen scheinbar willfährigeren Offizier.[44] In der Normandie aber verblutete ein deutsches Regiment nach dem anderen – hingeopfert von einem Diktator, den kein Rückzug, keine materielle Überlegenheit des Gegners, keine Erschöpfung des deutschen Landsers aus seiner gespenstischen Wunschwelt aufschrecken konnte. Da mochte Rommel, allzu lange ein unkritischer Bewunderer seines Führers, dem sinnlosen Dahinsterben seiner Soldaten nicht mehr tatenlos zuschauen. Am 15. Juli schickte er Hitler ein Fernschreiben, das wie ein Ultimatum klang: »Die Truppe kämpft allerorts heldenmütig, jedoch der ungleiche Kampf neigt dem Ende entgegen. Ich muß Sie bitten, die Folgerungen aus dieser Lage unverzüglich zu ziehen.«[45]

Rommels Hilfeschrei fand ein hundertfaches Echo in den Herzen und Gehirnen all derer, die durch einen kurzen Gewaltstreich dem Vaterland die völlige Vernichtung und weitere Tausende oder gar Millionen von Menschenopfern ersparen wollten. Wenn schon der ehemalige Hitler-Paladin Rommel es für vertretbar hielt, im Falle einer Fortsetzung des Krieges den Diktator zu stürzen und ihn von einem deutschen Gericht aburteilen zu lassen, wie aktionsbereit müssen erst die Widerstandskämpfer gewesen sein, die die Katastrophe seit Jahren vorausgesehen hatten! Sie mochten jetzt nicht länger warten, zumal sie eine mitreißende Führerfigur unter sich wußten, bereit, alles zu wagen: Oberst Claus Schenk Graf von Stauffenberg.

Canaris hörte den Namen mit gemischten Gefühlen, als ihn Anfang Juli die Oberstleutnants von Freytag-Loringhoven und Schrader über die Pläne Stauffenbergs in vagen Umrissen unterrichteten.[46] Nach dem Sturz Osters und seiner eigenen Amtsenthebung hatte Canaris den Kontakt zu den Führern des militärischen Widerstandes verloren; den neuen Männern, die dort agierten, war der gestürzte Abwehrchef zu konservativ und zu zögernd, nicht wichtig genug, um gehört zu werden, zumal keine Macht mehr hinter ihm stand. So mußte Canaris froh sein, daß ihn wenigstens Freytag, Schrader und auch der Generalstabsrichter Sack auf dem laufenden hielten.[47]

Obwohl Stauffenberg seine Pläne selbst gegenüber wichtigen Mitverschwörern geheimhielt, wußten Freytag und Schrader einiges über die Absichten des Putschstrategen. Das hing mit einem Paket erbeuteten britischen Plastiksprengstoffes zusammen, das eine Streife der Geheimen Feldpolizei im November 1943 vergraben im OKH-Lager »Mauerwald« gefunden und nach einer vergeblichen Fahndung Schrader als dem zuständigen Gruppenleiter Abwehr in der Heerwesenabteilung (Groscurths alter Abteilung z.b.V.) ausgehändigt hatte.[48] Ende Juni 1944 interessierte sich Stauffenberg für das Paket, das ihm schließlich Freytag aushändigte, der seit Auflösung der Abwehr die Heerwesenabteilung führte.[49] Die Schlußfolgerung lag für Schrader und Freytag nahe: Stauffenberg nahm jetzt selber das Attentat auf Hitler in die Hand, das dem Putsch als Initialzündung dienen sollte.

Canaris aber bezweifelte, daß der Oberst von Stauffenberg der geeignete Mann sei, einen Putsch exakt zu planen und auszuführen, ganz zu schweigen davon, daß der Admiral bis zuletzt Gegner eines Attentats blieb.[50] Die beiden Männer waren sich gelegentlich begegnet, seit Stauffenberg im Oktober 1943 den Posten des Stabschefs des Allgemeinen Heeresamtes (AHA) im OKH in Berlins Bendlerstraße übernommen und damit die Nachfolge des unglücklichen Putschplaners Oster angetreten hatte. Doch der leidenschaftlich-idealistische Graf mit seinen vagen sozialistischen Ideen lag Canaris nicht, diese Mischung aus militärischer Forschheit, Elitebewußtsein und sozialrevolutionärem Pathos schreckte ihn ab.

Er besaß keinen Blick für das verzehrende Feuer, das den kaum von einer schweren Verwundung genesenen Stauffenberg (er hatte im Afrika-Feldzug die rechte Hand und das linke Auge verloren) zur Tat trieb. Canaris befürchtete, unter Stauffenbergs umstürzlerischem Ungestüm werde die präzise, jede Gefahr miteinkalkulierende Planung des Staatsstreichs leiden. Auch andere Beobachter teilten Canaris' Bedenken: Hansen kam der nervös-launische Graf reichlich »durchgedreht« vor, und der weltbekannte Chirurg Ferdinand Sauerbruch fand gar, Stauffenbergs Gesundheitszustand verbiete einen von ihm geführten Putsch zu dieser Zeit.[51]

Canaris und Stauffenberg verstanden sich so schlecht, daß Sack wiederholt zwischen den beiden Männern vermitteln mußte.[52] Doch es ging nicht nur um einen Unterschied der Charaktere und Generationen, auch die Basis der politischen Gemeinsamkeiten war zu klein. Für den Admiral symbolisierte der Name Stauffenberg eine Art Linksruck der Anti-Hitler-Fronde: In ihr rückten nicht nur entschiedene Sozialisten wie Julius Leber und Adolf Reichwein nach vorn, Stauffenberg plante sogar eine überparteiliche Volksbewegung, an der auch Kommunisten teilnehmen sollten. Eine Zusammenarbeit mit Kommunisten aber war für Canaris indiskutabel; der Mann, der jahrelang die deutschen Rüstungsfabriken von verdächtigen Marxisten »gesäubert« und rote Spione gejagt hatte, würde niemals Kommunisten als Partner im Kampf gegen Hitler akzeptieren.

Ein schwerer Schlag, der die Fronde kurz nach Canaris' Rückkehr aus Lauenstein traf, bestärkte ihn noch in seiner Skepsis. Stauffenberg hatte sich mit dem Plan Lebers einverstanden erklärt, Vertreter der illegalen KPD zu kontaktieren und für eine Zusammenarbeit zu gewinnen, obwohl Kenner des mit Gestapo-Spitzeln verseuchten KP-Untergrunds davor warnten. Am 22.

Juni trafen sich Leber und Reichwein in Berlin mit drei Kommunisten, die zu einer Widerstandsgruppe um den Hamburger KPD-Funktionär Bernhard Bästlein gehörten. Leber und Reichwein wußten nicht, daß der dritte Mann der Kommunisten für die Gestapo arbeitete.[53] Sie mußten ihre Unkenntnis bitter bezahlen: Bei dem nächsten Treff mit den Kommunisten am 4. Juli verhafteten Gestapobeamte Reichwein, einen Tag später wurde auch Leber abgeführt.[54]

Canaris mußte das Vorgehen Stauffenbergs und Lebers ein Gipfel konspirativen Dilettantismus dünken: Die Bästlein-Gruppe gehörte zu den letzten Anrainern der 1942 von Abwehr und Gestapo gemeinsam liquidierten »Roten Kapelle«, ihre Führer waren schon damals in Gestapohaft geraten, allerdings wieder freigekommen; seither hatte die Gruppe unter Beobachtung der Gestapo gestanden, die es aus taktischen Gründen vorzog, Bästleins Organisation mit ihren Spitzeln zu unterwandern und deren Verbindungen zu anderen Widerstandszirkeln aufzudecken.[55] Mit so markierten Objekten der Gestapo Kontakt zu suchen – das grenzte schon an Selbstmord. Canaris zumindest hatte keine Lust, seine ohnehin unsicher gewordene Existenz von der Arbeit konspirativer Amateure abhängig zu machen. Das Beispiel Osters schreckte ihn.

So liefen denn die letzten Vorbereitungen des Staatsstreichs ohne den einstigen Schutzherrn des innerdeutschen Widerstands an. Canaris zog sich gleichsam in die private Welt der Betazeile zurück, scheinbar unbekümmert um die dramatischen Ereignisse, die sich immer deutlicher ankündigten. Er lebte wie ein normaler Beamter, der tagsüber seinem Bürodienst nachging und dann in Haus und Garten die dienstfreie Zeit genoß. Meistens war er nur bis zum frühen Nachmittag in Eiche, die restliche Zeit verbrachte er mit Lesen, Plaudereien am Gartenzaun und gelegentlichem Hobbykochen, wenn ihm die Stimmung danach war.

In seiner erzwungenen Einsamkeit lernte er jetzt sogar, sich des zweistökkigen Hauses zu erfreuen, das ihn früher immer nur als einen flüchtigen Gast gesehen hatte. Canaris nahm wieder den russischen Sprachunterricht bei seinem Freund Kaulbars auf und hatte nun auch die Geduld, dem Klavierspiel seines renommierten Nachbarn, des Pianisten Helmut Maurer, zuzuhören, der oft herüberkam, dem von ihm verehrten Admiral die Langeweile zu vertreiben. »Onkel Mau«, wie Canaris ihn nannte, blieb der einzige Freund, der ihn noch mit der Abwehr verband; Canaris hatte Maurer als Zivilangestellten in einem Referat der Abwehr III untergebracht, das nun dem RSHA zugeschlagen worden war, was Onkel Mau befähigte, Canaris über die weitere Arbeit seiner ehemaligen Mitarbeiter zu berichten.[56]

Seine innigste Aufmerksamkeit galt freilich nicht den Menschen, sondern den Tieren. Unermüdlich konnte Canaris mit Kasper und Sabine spielen, und manchmal genügte für ihn schon ein Wiehern, die Lektüre eines Buches zu unterbrechen und nach den Pferden in dem nahe gelegenen Stall zu schauen. »Motte«, die Araberstute, kam nicht selten vom Garten bis ins Eßzimmer, um sich dort vom Hausherrn ein Stück Zucker abzuholen. »Seine prächtige kleine Schimmelstute«, weiß Maurer, »wurde so geputzt, daß ihr Fell mit seinen schlohweißen Haaren in Konkurrenz treten konnte.«[57] Im Schutz seiner Tiere fühlte er sich sicher. Canaris: »Halten Sie sich an die Güte der

Tiere – sehen Sie, meine Dackel sind schweigsam und werden mich nie betrügen.«[58]

In so privat-pensionärhafter Atmosphäre erreichte ihn keine Vorwarnung durch die Verschwörer, als der Schicksalstag des 20. Juli 1944 heraufdämmerte. Stauffenberg hatte sich entschlossen, alles auf eine Karte zu setzen, um das Reich in letzter Minute vor dem völligen Untergang zu retten. Mit Schraders Sprengstoffpaket war der Oberst in den frühen Morgenstunden nach dem ostpreußischen Rastenburg geflogen, in dessen Nähe Hitlers Hauptquartier »Wolfsschanze« lag.[59] Für 12 Uhr 30 war in Hitlers Gästebaracke die mittägliche Lagebesprechung vorgesehen worden, an der auch Stauffenberg teilnehmen sollte. Pünktlich betrat er das Lagezimmer, schob die Aktentasche mit dem Zeitzünder, dessen Ampulle Stauffenberg zuvor auf einer Toilette zerdrückt hatte, unter einen großen Tisch in möglichster Nähe Hitlers und entfernte sich, eine Entschuldigung murmelnd. In zehn Minuten mußte der Diktator tot sein.[60]

Stauffenberg eilte hinaus und suchte nach einem Wagen, der ihn und seinen Begleiter, den Oberleutnant Werner von Haeften, sofort zum Flugplatz bringen sollte. Noch hielt er nach dem Wagen Ausschau, da ertönte – es war inzwischen 12 Uhr 50 geworden – in der Gästebaracke eine gewaltige Detonation. Im selben Augenblick fuhr auch schon ein achtzylindriger »Horch« heran; Stauffenberg und Haeften sprangen in den Wagen, der sich augenblicklich in Bewegung setzte.[61] Als die beiden Verschwörer jedoch die Außenwache des Führerhauptquartiers passieren wollten, hielt sie ein mißtrauischer Wachoffizier auf, der ebenfalls die Explosion gehört hatte. Indes, ein Telefonanruf zerstreute seinen Verdacht – das Tor zum Putsch öffnete sich.[62]

Jetzt kam der entscheidende Augenblick: die Auslösung von »Walküre«, die Alarmierung aller Heeresverbände im Reich, die unter dem Vorwand eines drohenden Bürgerkrieges schlagartig alle politischen und polizeilichen Schlüsselpositionen besetzen sollten. Doch Stauffenbergs Mitarbeiter in der Bendlerstraße zögerten mit der Herausgabe der Befehle. Der für die Nachrichtenverbindungen des OKH verantwortliche Generalleutnant Thiele verlor die Nerven und war unauffindbar, erst kurz vor 16 Uhr raffte sich General Olbricht, der Chef des Allgemeinen Heeresamtes, zur Aktion auf.[63] Er gab die Befehle an die Fernschreiber und ließ seine wichtigsten Offiziere informieren. Hitler, so erfuhren sie, sei einem Attentat zum Opfer gefallen; die Wehrmacht habe unter dem Oberbefehl von Generalfeldmarschall von Witzleben die vollziehende Gewalt übernommen, um Ruhe und Ordnung zu gewährleisten, die Gesamtführung des Reiches liege nunmehr in der Hand von Generaloberst Beck.[64]

Olbricht wußte freilich in diesem Augenblick bereits, daß der Anschlag auf Hitler mißlungen war. Von seinem Chef, dem opportunistischen Ersatzheer-Befehlshaber Fromm, im Stich gelassen, ohne Kontakt zu dem Berlin anfliegenden Stauffenberg, löste Olbricht gleichwohl den großen Schlag gegen das Regime aus. Seine Ordonnanzoffiziere alarmierten das Berliner Wehrkreiskommando und die ihm unterstellten Einheiten, darunter vor allem das Wachbataillon »Großdeutschland«, während die Fernschreibbefehle alle Wehrkreiskommandeure im Reich aufscheuchten.[65] Schier pausenlos tickten die Fernschreiber und klingelten die Telefone, immer wieder die gleichen Texte vermittelnd: »Eine gewissenlose Clique frontfremder Parteiführer hat es unter Ausnutzung dieser Lage [Tod Hitlers] versucht, der schwerringenden Front in den Rücken zu fallen und die Macht zu eigennützigen Zwecken an sich zu reißen.«[66] Dann kam der inhaltsschwere Satz: »Ohne Verzug ihres Amtes zu entheben und in besonders gesicherte Einzelhaft zu nehmen sind: sämtliche Gauleiter, Reichsstatthalter, Minister, Oberpräsidenten, Polizeipräsidenten, Höhere SS- und Polizeiführer, Gestapoleiter und Leiter der SS-Dienststellen.«[67]

Das »anständige Deutschland«, wie es Josef Müller sah, formierte sich zum Aufstand gegen das Regime der Reichsverderber, nur Canaris wußte nichts davon. Niemand hatte ihn darauf vorbereitet, der 20. Juli 1944 war auf seinem Terminkalender als ein ganz normaler Tag angekreuzt worden, als ein Donnerstag, an dem er zum Nachmittagskaffee ein paar Gäste erwartete: Baron Kaulbars und Maurer wollten zu einem Plauderstündchen in die Betazeile 14 kommen. Erst um 15 Uhr, so wußte sich später Maurer zu erinnern, habe ein Anruf Stauffenbergs den Admiral aufgeklärt; der Führer – so Stauffenbergs Nachricht – sei tot, eine Bombe habe seinem Leben ein Ende gesetzt. Mit »unglaublicher Geistesgegenwart« (Maurer) habe Canaris angesichts der Gefahr mithörender Gestapobeamter erwidert: »Tot? Um Gottes willen, wer war es denn? Die Russen?«[68]

Man darf wohl bezweifeln, daß sich Maurer, ein unermüdlicher Gralshüter der Canaris-Legende, hier korrekt erinnert. Stauffenberg kann Canaris schwerlich um 15 Uhr angerufen haben, da er zu dieser Zeit noch in der Luft war und erst um 16 Uhr 30 in der Bendlerstraße eintraf; zudem ließ die Verwirrung in der AHA Stauffenberg gar keine Zeit, einen funktionslosen Beobachter wie Canaris persönlich zu informieren.[69] Aufklärung erhielt Canaris erst nach 17 Uhr von einem Besucher, der frisch aus der Bendlerstraße kam: von Sack.

Der Generalstabsrichter, als Amtsgruppenchef im Allgemeinen Heeresamt ein enger Vertrauter Olbrichts und Stauffenbergs, hatte gerade mit dem Generalrichter Rosencrantz bei einem Geburtstagskaffee seiner Frau zusammengesessen, als ihn ein Mitarbeiter Olbrichts anrief und in die Bendlerstraße bat.[70] Das war gegen 16 Uhr gewesen, zu der Zeit, da Olbricht die Walküre-Befehle ausgegeben und seine Offiziere eingeweiht hatte. Sack zog sich seine Uniform an und fuhr mit Rosencrantz in die Bendlerstraße. Zweifellos wird ihn Olbricht dort über die geringen Erfolgschancen des Unternehmens eingeweiht haben, denn Sack verließ schon 15 Minuten später wieder das OKH-Gebäude. Er fuhr in seine Wohnung zurück, legte erneut Zivilkleidung an und eilte in die Betazeile, um Canaris zu informieren.[71]

Ein paar Worte des Richters genügten, Canaris deutlich zu machen, daß der Putsch zum Scheitern verurteilt war. Hitler lebte, die Walküre-Maßnahmen waren zu spät angelaufen, wertvolle Zeit verlorengegangen – das entschied die Schicksalsfrage Deutschlands. Sack freilich mochte noch nicht jede Hoffnung aufgeben, leidenschaftlich und zornig stemmte er sich gegen die aufkommende Erkenntnis, daß vergebens gewesen war, was sie all die Jahre erduldet und erkämpft, erhofft und ersehnt hatten, um das Land von

Unfreiheit und Verderbnis zu befreien. Canaris aber war sich bereits sicher, daß kein Weg am Untergang des Reiches vorbeiführen werde.

Als Sack das Haus wieder verlassen hatte, schritt Canaris unruhig im Wohnzimmer auf und ab, schweigend beobachtet von Maurer. Der Admiral blieb plötzlich vor ihm stehen und fragte: »Soll ich nun nach Eiche fahren oder in die Bendlerstraße?«[72] Es war nur eine rhetorische Frage, der Admiral wußte längst, was er zu tun hatte. Canaris ließ sich zu seiner Dienststelle in Eiche fahren, wo er kurz nach 18 Uhr eintraf.[73] Sein Adjutant formulierte bereits das Ergebenheitstelegramm an das Führerhauptquartier, in dem der Admiral z. V. Wilhelm Canaris namens des OKW-Sonderstabes für Handelskrieg und wirtschaftliche Kampfmaßnahmen Adolf Hitler zu seiner wundersamen Rettung beglückwünschte.[74]

Die Uhrzeit des Vorgangs muß Erstaunen erregen: Schon kurz nach 18 Uhr erklärte sich Canaris für Hitler. Es dürfte kaum einen Gegner des Regimes gegeben haben, der die Sache des Putsches so früh verlorengab. Zur Zeit von Canaris' Resignation rückten überhaupt erst die von Olbricht und den Wehrkreiskommandeuren alarmierten Wehrmachteinheiten aus ihren Kasernen, um Regierungs- und Parteidienststellen vor den angeblichen Putschgelüsten »frontfremder Parteiführer« abzusichern. Gegen 18 Uhr 30 hatte das Wachbataillon »Großdeutschland« das Berliner Regierungsviertel umstellt, um 20 Uhr ließ das Wehrkreiskommando Wien die Führer von SS, Gestapo und SD verhaften, drei Stunden später waren im besetzten Paris die beiden maßgeblichen Männer der Sicherheitspolizei arretiert und 1200 Polizisten in Wehrmachtgefängnisse abgeführt.[75]

Noch mochte mancher Putschist hoffen, der Staatsstreichversuch werde doch zu einem Erfolg führen. Allzu willig ließen sich in Wien und Paris die Funktionäre des SS-Polizei-Apparates von Wehrmachtoffizieren verhaften, und selbst noch am frühen Abend hielten sich in Berlin die Kompanien der Leibstandarte-SS »Adolf Hitler« in ihren Kasernen vorsichtig zurück und ließen die Herren des RSHA alleine, die ratlos an den Fenstern ihrer Büros standen und das rätselhafte Auf- und Abmarschieren der Heereskolonnen beobachteten.[76]

Doch keine Nachricht aus der Bendlerstraße, keine Irritation der Machthaber konnte den Fatalisten Canaris bewegen, an einen Erfolg des Putsches zu glauben. Zielsicher durchforschte er seine Akten in Eiche nach belastendem Material, sah er noch einmal das seit 1943 geführte Tagebuch (dessen Vorgänger hatte er in Sicherheit gebracht) auf verdächtige Stellen durch, denn er wußte nur zu gut, daß der brutale Gegenschlag des schwankenden Regimes nicht mehr lange auf sich warten lassen würde. Und er behielt recht: Kaum hatten in der späten Nacht hitlertreue Offiziere in der Bendlerstraße die Macht an sich gerissen und Stauffenberg und seine engeren Kameraden erschossen, da setzte sich die Todeswalze des RSHA6inBewegung.

Erbarmungslos schlug der SS-Chef Himmler mit seinem Repressionsapparat auf die vermeintlichen Verräter und deren Familien ein, die grausigste Blutjustiz deutscher Militärgeschichte begann. Himmler war wieder zum fanatischen Werkzeug seines Führers geworden, den er noch kurz zuvor mit Hilfe der Widerständler hatte entmachten wollen. Als ihn sein Intimus, der deutsch-finnische Masseur Felix Kersten, vorsichtig an die besseren Einsichten erinnerte, wies er ihn ab: »Die Vorsehung hat uns mit der Errettung des Führers ein Zeichen gegeben. Der Führer lebt, er ist unverwundbar, die Vorsehung will, daß er uns erhalten bleibt, daß wir unter seiner Führung den Krieg siegreich zu Ende führen.«[77] In so pseudoreligiöser Besessenheit führte Himmler jeden Rachebefehl des Diktators aus. Hitler schrie: »Erschießen Sie jeden, der Widerstand leistet, ganz gleich, wer er ist.« Himmler schnarrte zurück: »Mein Führer, Sie können sich auf mich verlassen.«[78]

Himmler fuhr nach Berlin, um den Rachefeldzug des Regimes persönlich in Gang zu setzen. Er ließ den Gestapochef Müller eine »Sonderkommission 20. Juli« bilden, der 400 Ermittlungsbeamte zugeteilt wurden, unter ihnen auch die Canaris-Kenner Huppenkothen und Sonderegger, die jeden Widerstandskämpfer und jeden Sympathisanten des Putsches aufstöbern sollten.[79] Suchkommandos der Gestapo kämmten alle Winkel des Reiches durch, schon der leiseste Verdacht genügte, einen Deutschen in die Verhörzellen des RSHA zu bringen. Selbst über unbeteiligte Familienmitglieder senkte sich der Eiserne Vorhang rabiatester Polizeiwillkür. Kaum einer der prominenten Widerstandsführer entging den Regimewächtern. Hunderte sahen sich auf den Märtyrerweg getrieben, der durch Gestapo-Gefängnisse, Konzentrationslager und Volksgerichtshofprozesse führte und für allzu viele Patrioten erst unter den Galgen des Regimes endete.

Einen Augenblick konnte Canaris hoffen, dem Terror zu entgehen. Er hatte am Putsch nicht teilgenommen, er hatte sich am 20. Juli frühzeitig auf die Seite des Regimes geschlagen. Tatsächlich ging die erste Verhaftungswelle der Gestapo vorüber, ohne Canaris erreicht zu haben. Kein Verdacht schien auf den Admiral zu fallen, selbst in diesem Augenblick wirkte noch der abergläubische Respekt nach, den die RSHA-Männer und nicht zuletzt Himmler lange Zeit dem angeblichen Meisterspion Canaris entgegengebracht hatten.

Doch die Ermittler der Sonderkommission des RSHA stießen bald auf die Spuren von Canaris. Mit der ihnen eigenen Pedanterie und Systematik begannen sie, von den Personen und Akten des Stabes des Allgemeinen Heeresamtes aus das Verbindungsnetz der Verschwörer zu enttarnen. Ein AHA-Offizier nach dem anderen geriet in ihre Gewalt. Zu diesen Offizieren gehörte auch der Major Egbert Hayessen, der am 20. Juli den Auftrag erhalten hatte, dem Stadtkommandanten von Berlin bei der Zernierung des Regierungsviertels zu assistieren.[80] In seinen Aussagen aber nannte Hayessen als Mitverschwörer auch einen Mann, der bis dahin im RSHA als persona grata galt: den Amt-Mil-Chef Hansen.[81]

Müller benötigte geraume Zeit, sich von dem Schreck zu erholen: Oberst Hansen, der Stellvertreter Schellenbergs, der zweite Kopf des Geheimen Meldedienstes – ein Feind des Regimes! Doch Hayessens Aussage ließ keinen Zweifel aufkommen, in der Sprache der Gestapoprotokolle las sich das so: »Hayessen hat am 15. 7. von Oberleutnant Haeften die Mitteilung erhalten, daß Oberst Hansen bei der Besetzung des Dienstgebäudes der Geheimen Staatspolizei mitwirken würde. Auch auf dem Zettel, den Hayessen als Unterlage für seine Aktion in die Hand gedrückt bekam, stand der Name des

Obersten Hansen hinter dem Geheimen Staatspolizeiamt. Hansen sei als besonderer Kenner der Verhältnisse im Geheimen Staatspolizeiamt angekündigt gewesen.«[82]

Hansen wurde am 22. Juli in die Prinz-Albrecht-Straße bestellt, er sollte das Gestapa nicht mehr als freier Mann verlassen. Müller übernahm selber die Vernehmung des Amtschefkollegen, ungestüm drängte er den Oberst, ihm detailliert zu erklären, welcher Art seine Verbindungen zu den Verschwörern gewesen seien. Stundenlang rangen die beiden Männer miteinander, immer wieder hielt ihm Müller die Hayessen-Aussage vor. Am Ende brach Hansen zusammen und gestand seine Teilnahme am Komplott. Es war das erste Geständnis eines der maßgeblichen Männer der Anti-Hitler-Fronde, dem noch viele folgten. Auf das ihm von Müller gereichte Papier schrieb er einen Namen nach dem anderen.[83]

Über solches Verhalten sollte keiner richten, der nicht selber dem psychischen und physischen Terror von Gestapovernehmungen ausgesetzt war. Wer will heute noch beurteilen können, was den Oberst Hansen zu seinem Geständnis trieb – war es nackte Existenzangst oder die Begleichung alter Rechnungen aus der Vergangenheit, war es die verzweifelte Hoffnung, durch Nennung meist unwichtiger Mitverschwörer andere und bedeutendere zu decken, oder war es gar die Verlockung, mittels rückhaltloser Offenbarung der Motive und des Umfangs der Verschwörung die kritischeren Geister in der SS- und Polizeiführung gegen das korrupte NS-Cäsarentum aufzubringen? Die dürren, nüchternen Gestapoprotokolle schweigen sich darüber aus, als Faktum blieb nur übrig: Georg Hansen hatte gestanden.

Als Müller die Seiten des Hansen-Protokolls überflog, stutzte er. Da stand unter vielen Namen auch einer, der ihn elektrisierte. Hansen hatte aufgeschrieben: »Canaris sehe ich als den geistigen Treiber der Umsturzbewegung, die zum 20. 7. führte, an . . . Canaris selbst hat hierzu im wesentlichen als Träger der notwendigen Auslandsverbindungen gedient. Canaris war bestrebt, solche Leute ins Ausland zu bringen, die nicht mit dem nationalsozialistischen Regime einverstanden waren, darunter auch zahlreiche Juden, kirchlich Gebundene usw.«[84] Nach der Enttarnung Hansens konnten solche Enthüllungen den Gestapochef nicht mehr erschüttern, gleichwohl schien es Müller noch nahezu unvorstellbar, daß der Admiral Canaris, jahrelanger Hohepriester engster Zusammenarbeit zwischen Abwehr und Gestapo, einer der großen Hintermänner der regimefeindlichen Bewegung gewesen sein sollte.

Am nächsten Tag, dem 23. Juli, alarmierte Müller seinen Amtskollegen Schellenberg und ersuchte den Brigadeführer, Canaris zu verhaften.[85] Der SD-Chef will sich anfangs gegen den Auftrag gewehrt haben, ihm mußte es zumindest menschlich peinlich sein, den einstigen Rivalen, Reitpartner und Gastgeber zu arretieren. Doch Müller, für die Verfolgung der Verschwörer mit außerordentlichen Vollmachten ausgestattet, bestand auf strikter Ausführung des Haftbefehls. Mit einem ehemaligen Abwehroffizier, dem zum SD übergewechselten SS-Hauptsturmführer Baron von Völkersam, fuhr Schellenberg am Nachmittag in die Betazeile, wo Canaris zwei Kaffeegäste, seinen Neffen Erwin Delbrück und Baron Kaulbars, bewirtete.[86]

Als der SS-Brigadeführer Schellenberg vor ihm stand, bat Canaris seine Gäste, für einen Augenblick das Zimmer zu verlassen. Er ahnte, was Schellenberg zu ihm führte. Canaris: »Irgendwie habe ich gefühlt, daß Sie es sein würden.« Und nicht ohne hellseherische Fähigkeiten fügte er hinzu: »Sagen Sie mir, haben Sie irgend etwas Schriftliches von diesem Narren Oberst Hansen gefunden?« Schellenberg nickte und begnügte sich mit der Andeutung, Hansen habe in der Tat mit der Sache etwas zu tun.[87)]

Schellenberg gab später an, er habe Canaris die Gelegenheit geben wollen, sich durch eine Flucht noch in letzter Minute der Verhaftung zu entziehen. Schellenberg zu Canaris: »Ich werde in diesem Raum eine Stunde lang warten, und während dieser Zeit können Sie tun, was immer Sie wollen. In meinem Rapport werde ich sagen, daß Sie in Ihr Schlafzimmer gingen, um sich umzuziehen.« Darauf soll Canaris geantwortet haben: »Nein, Schellenberg, Flucht kommt für mich nicht in Frage, ich werde mich auch nicht selbst umbringen. Ich bin meiner Sache sicher.« Er ging in das im ersten Stock gelegene Schlafzimmer, zog sich um und kehrte mit einer Handtasche zu Schellenberg zurück. Einen Augenblick schaute Canaris ihn an, Tränen in den Augen, und legte seinen Arm um ihn. Dann sagte er ruhig: »Nun denn, lassen Sie uns gehen.«[88)]

Sie stiegen in den Wagen ein, an dem Baron von Völkersam wartete, und fuhren davon. Die Fahrt ging freilich nicht, wie Canaris erwartet haben mochte, in die düstere Kellerwelt der Prinz-Albrecht-Straße; der Wagen verließ vielmehr Berlin in nördlicher Richtung und fuhr in die mecklenburgische Stadt Fürstenberg an der Havel. Der Wagen hielt im Hof der Grenzpolizeischule, in deren Kasino etwa 20 hohe Offiziere einquartiert waren, die unter Hausarrest standen, weil sie von der Gestapo verdächtigt wurden, in die Tat des 20. Juli verwickelt zu sein.[89)]

Der Kommandant der Schule, SS-Brigadeführer Dr. Hans Trummler, laut Schellenberg »ein äußerst unsympathisch wirkender Mann«, versuchte zu wahren, was er für militärische Courtoisie hielt, und fragte die Ankömmlinge, ob sie schon zu Abend gegessen hätten. Canaris und Schellenberg ließen sich einen Tisch zuweisen, gemeinsam tranken sie eine Flasche Rotwein und plauderten über vergangene Zeiten, wobei Canaris den SD-Mann bat, ihm eine Unterredung mit Himmler zu vermitteln (was Schellenberg auch getan haben will). Zum Abschied mahnte ihn Canaris, er solle gut auf sich aufpassen, damit Schellenberg erspart bleibe, was ihm, Canaris, jetzt widerfahre. Dann trennten sich die beiden Männer. Sie sahen sich nie wieder.[90)]

Die Aufnahme in Fürstenberg täuschte Canaris über seine wahre Lage hinweg; er glaubte damals, nicht mit dem Ärgsten rechnen zu müssen. Tatsächlich rätselten Müller und seine Ermittlungsbeamten daran, ob Canaris wirklich zu den Führern oder Hintermännern des 20. Juli gehört habe; sein Verhalten an jenem Tag widersprach eher den Aussagen Hansens, die ohnehin recht vage blieben, soweit sie Canaris' Rolle bei der konkreten Vorbereitung des Putsches betrafen. Zudem konnten die beiden Männer, die Canaris mit den Putschvorbereitungen locker verbunden hatten, nicht mehr sprechen: Freytag-Loringhoven hatte sich am Tag von Canaris' Verhaftung erschossen, fünf Tage später nahm sich auch Schrader das Leben.[91)]

Doch der Verdacht gegen Canaris war einmal geweckt, und die Gestapo ließ nichts unversucht, die Komplizenschaft, zumindest aber die Mitwisserschaft des Admirals zu beweisen. Und wer war im RSHA zur Klärung des Canaris-Rätsels geeigneter als jener juristische Funktionalist, der mit kaltblütiger, automatenhafter Präzision Regimegegner zu jagen wußte und den einstigen Abwehrchef aus nächster Nähe beobachtet hatte? Der SS-Standartenführer Huppenkothen, kurz vor seiner Beförderung zum Leitenden Regierungsdirektor stehend, hatte nie verwunden, daß im Fall »Depositenkasse« Canaris und dessen engste Freunde dem Zugriff der Gestapo entkommen waren. Jetzt endlich wollte der Gestapomann nachholen, was die trickreichen Wehrmachtjuristen damals verhindert hatten.

Huppenkothen setzte denn auch mit seinen Ermittlungen dort an, wo die Fahndungen im Sommer 1943 versandet waren: im Gestrüpp der menschlichen Freundschaften und politischen Einverständnisse, die Canaris mit dem Oster-Kreis verbunden hatten.[92] Der Standartenführer ließ sich den inzwischen zum Kriminalkommissar beförderten Sonderegger, den intimsten Kenner der »Depositenkasse« in der Gestapo, zuteilen; auch Sonderegger hatte einen persönlichen Grund, den Ex-Abwehrchef zu »entlarven« – er hatte nicht vergessen, daß sein schon 1943 vorgetragener Plan, durch einen Frontalangriff auf die Abwehrzentrale das »Verräternest um Canaris« auszuheben, am Veto Himmlers gescheitert war.

Zug um Zug holten sich Huppenkothen und Sonderegger alle Mitglieder des ehemaligen Oster-Kreises vor ihre Verhörscheinwerfer. Drei von ihnen waren nach dem 20. Juli von der Wehrmachtjustiz an die Gestapo ausgeliefert worden: Hans von Dohnanyi, Dietrich Bonhoeffer und Josef Müller, der zwar im März 1944 nach einem Prozeß vor dem Reichskriegsgericht freigesprochen worden, jedoch auf Protest des RSHA in Haft geblieben war (im Gegensatz zu Schmidhuber und Ickrath, die im Februar wegen Devisenvergehen und Steuerhinterziehung zu 4 Jahren Zuchthaus bzw. 2 Jahren Gefängnis verurteilt worden waren).[93] Zwei ehemalige Vorzimmer-Gehilfen von Dohnanyis kamen nun ebenfalls in Gestapohaft: Erwin Delbrück, der 1943 zur Dolmetscher-Kompanie 2 im Wehrkreis III versetzt worden war, und Karl Ludwig Freiherr von und zu Guttenberg, der jetzt zur Ic-Abteilung des Deutschen Generals in Kroatien gehörte.[94]

Bald wurde der wichtigste von ihnen im Hausgefängnis des RSHA eingeliefert: Hans Oster. Er war bereits am 21. Juli auf dem Rittergut Schnaditz im Kreis Delitzsch von Beamten der Stapostelle Halle verhaftet worden, obwohl er zunächst nur als formal belastet galt; in den Akten des Allgemeinen Heeresamtes waren Listen der Verschwörer gefunden worden, die alle als Verbindungsoffiziere bei den Wehrkreisen vorgesehenen Personen aufführten, darunter auch den Generalmajor z. V. Oster. Doch die Gestapo vermutete rasch, daß Oster eine aktivere Rolle gespielt haben mußte, als sie zunächst angenommen hatte. Sonderegger ermittelte, daß der General am 20. Juli sein Gut verlassen hatte und in Berlin gewesen war.[95] Beweis für Osters Anwesenheit in der Reichshauptstadt: »Er hatte an diesem Tage auf der für seine Wohnung, Bayerischer Platz 8, zuständigen Kartenstelle Lebensmittelkarten gegen Quittung in Empfang genommen« – so Sonderegger.[96]

Als auch andere Häftlinge den Namen Oster nannten, ließ Huppenkothen den General in die Prinz-Albrecht-Straße überführen und in die Zelle 20 des RSHA-Hausgefängnisses einliefern. Sonderegger übernahm die Vernehmung zur Person, Huppenkothen die zur Sache. Mit jener Zuckerbrot-und-Peitsche-Taktik, die Gestapomänner für eine Gipfelleistung vernehmerischer Psychologie hielten, drangen Huppenkothen und Sonderegger auf den Häftling ein; mal menschliches Verständnis andeutend, mal mit den Foltermethoden des Polizeiapparats drohend, versuchten sie, dem Untersuchungshäftling ein Geständnis abzuringen. Tag für Tag nahmen sie sich ihn vor, Stunde um Stunde wollten sie wissen, welche Rolle er und Canaris bei der Vorbereitung des Putsches gespielt hätten.

Huppenkothen behauptete später, »nach drei Tagen« eindringlicher Vernehmungen habe Oster »ein Teilgeständnis« abgelegt.[97)] Diese Angabe findet in den erhaltenen Gestapoprotokollen keine Bestätigung, so sehr sich auch meist die Mitteilungen Huppenkothens als zutreffend erwiesen haben. Huppenkothen erinnert sich hier zweifellos falsch, denn noch während des ganzen Monats August enthält keiner der Berichte, in denen Kaltenbrunner den Parteikanzleichef Bormann über den Verlauf der Vernehmungen informierte, konkrete Angaben zur Frage der Mitwisserschaft oder gar Mittäterschaft Osters. Über ihn wußten die Vernehmer nicht viel mehr als dies: »Von den Verschwörern war er als Verbindungsoffizier zum OKH im Wehrkreis IV vorgesehen. Gegen Oster läuft zurzeit noch ein Verfahren wegen Wehrkraftzersetzung und bestimmungswidriger Uk-Stellung von Vertrauensmännern vor dem Reichskriegsgericht« – so Kaltenbrunner in einem Bericht vom 17. August.[98)]

Geschickt verstand es Oster, seine zentrale Funktion in früheren Putschplänen zu verschleiern und die Vernehmungen fast unmerklich auf das Gebiet politisch-ideologischer Fragen zu verlagern. Mit der ihm eigenen Offenheit suggerierte er den Gestapobeamten, einen zwar reaktionären, aber doch harmlosen Offizier vor sich zu haben, dem im Grunde nicht mehr vorzuwerfen sei als die Unfähigkeit, den »geschichtlichen Sinn« der nationalsozialistischen Revolution zu begreifen.[99)] Es klang fast wie ein Kompliment, was Kaltenbrunner am 25. August Bormann meldete: »Klarer als es bisher von einem der Beteiligten ausgesprochen worden ist, hat sich Hans Oster über die geistige und politische Haltung des älteren Berufsoffiziers geäußert.«[100)]

Selbst solche Aussagetaktik konnte jedoch nicht verhindern, daß Oster ein Minimum von Namen und Verbindungen preisgeben mußte, um sich gegenüber seinen Vernehmern glaubhaft zu machen. Es lag in der Natur von Osters früherer Dienststellung, daß in seinen Ausführungen immer häufiger der Name Canaris auftauchte. Wie vorsichtig er dabei auch vorging – Stück um Stück formte sich vor den begierig zuhörenden Huppenkothen und Sonderegger das Bild eines defaitistischen und kriegsmüden Abwehrchefs, der nicht so recht an den deutschen Endsieg geglaubt habe.

Canaris erschien daraufhin der Gestapoführung so belastet, daß sie seine Überführung von Fürstenberg in das Hausgefängnis des RSHA anordnete. Ein Gestapokommissar holte den Admiral ab, von nun an war Canaris vollends in der Gewalt der Gestapo. Seine neue Lage in dem Inferno der Kellergänge, Eisentüren und Gefängniszellen ließ Canaris kaum noch Hoffnung:

Tag und Nacht gefesselt, in eine kaum eineinhalb mal zweieinhalb Meter große Zelle eingesperrt, harrte er der Vernehmungen, ohne zu wissen, was der anderen Seite über ihn bekannt war.

Erst allmählich fand sich Canaris in dieser neuen Welt zurecht. Kontakte zu anderen Häftlingen waren verboten, Rundgänge auf dem Gefängnishof fanden nicht statt. Nichts bedrückte ihn mehr als die verzweifelnde Einsamkeit – und der Hunger, der von Tag zu Tag fühlbarer wurde. Die Hälftlinge waren praktisch auf Hungerrationen gesetzt worden. »Morgens und abends«, berichtet einer von ihnen, »gab es einen Becher Ersatzkaffee, zwei Scheiben Brot mit Marmelade, mittags eine Suppe.«[101] Manche Häftlinge erhielten von ihren Freunden und Verwandten zusätzliche Eßpakete, zuweilen durften sie auch Besuch empfangen – nur zu Canaris kam kein Freund und kein Verwandter. Nicht ein einziges Mal erschien Erika Canaris bei ihrem Mann, der Admiral blieb ohne Zuspruch.

Nur am Morgen, beim gemeinsamen Waschen, sah er ein paar Menschen seiner Art. Am Ende der Zellenflucht lag ein Waschraum, in dem sich die Häftlinge trotz aller Kontaktverbote regelmäßig trafen; unter der lauten Dusche konnte Canaris sogar mit ihm bekannten Häftlingen gelegentlich ein Wort wechseln, auch Oster war darunter. Was Canaris dabei erfuhr, deprimierte ihn zutiefst: Nahezu alle führenden Männer der Verschwörung waren enttarnt, die meisten von ihnen in Haft, einige sogar schon abgeurteilt. Auch fast sämtliche Mitarbeiter Osters saßen ein; Canaris wußte nur zu gut, was das für ihn bedeutete.

Gleichwohl verteidigte er sich gewandt, als ihn Müller zur ersten Vernehmung kommen ließ. Noch einmal zeigte Canaris seine alte rhetorische Meisterschaft, praktizierte er die Kunst der Andeutungen, Anspielungen und Ausweichmanöver. Nach wenigen Stunden wußte der Gestapochef, daß er Canaris nicht gewachsen war. Er hatte dem Admiral die alten Sünden aus dem Fall »Depositenkasse« vorgehalten, hatte ihm aus dem in Eiche gefundenen Canaris-Tagebuch von 1943 vorgelesen, aus dem hervorging, daß der Admiral die Untersuchung der Wehrmachtjustiz behindert habe, und schließlich Osters Aussagen zitiert.[102] Canaris ließ sich nicht einschüchtern, für jeden Vorwurf hatte er ein plausibles Gegenargument: Ein Geheimdienstchef müsse realistisch sein und alle möglichen Zukunftsentwicklungen bedenken, er dürfe auch nie zulassen, daß die Arbeit seines Apparats durch fremde Institutionen gefährdet werde.

Canaris konnte über den primitiven Gestapochef triumphieren, doch zum Optimismus war kein Anlaß. Schon führten Gestapobeamte zwei Männer heran, die Oster ebenfalls als politische Sympathisanten genannt hatte und die Canaris gefährlich werden konnten. Der eine von ihnen war der Oberstleutnant Friedrich Wilhelm Heinz, der nach seinem Fiasko in der Division »Brandenburg« Kommandeur des Wehrmachtstreifendienstes im Wehrkreis III geworden war, und der andere sein schärfster Kritiker, der »Brandenburg«-Kommandeur und Generalmajor Alexander von Pfuhlstein. Der gemeinsam erlittene Verhaftungsschock vereinte die miteinander verfeindeten Oster-Freunde zu einer Attacke gegen Canaris.

Zum Glück für Canaris wurde der bedrohlichere der beiden Zeugen, Heinz, von der Gestapo rasch wieder entlassen, weil die Vernehmer seine

Rolle in den Putschvorbereitungen zwischen 1938 und 1940 nicht kannten. Aber auch die kurze Vernehmung von Heinz genügte, Canaris in den Augen der Gestapobeamten noch mehr zu belasten. »Durch die . . . Vernehmung von Oberstleutnant Friedrich Wilhelm Heinz«, meldete Müller an Bormann, »wird der Verdacht verstärkt, daß die Division Brandenburg im Rahmen der Umsturzpläne eine besondere Verwendung finden sollte.«[103] Wer aber war im OKW für die Division verantwortlich gewesen? Kein anderer als Canaris!

Heinz behauptete, in der Abwehrzentrale habe ein frontfremder Geist geherrscht, und sein ganzes Bestreben während des Dienstes im Amt Canaris sei gewesen, »möglichst rasch wieder in saubere Truppenverhältnisse« zu kommen.[104] Canaris habe immer wieder versucht, den Fronteinsatz der »Brandenburg« zu verhindern. Ein Gestapobeamter protokollierte: »Als typisch erwähnt Heinz: Ein Unteroffizier des Regimentes [der ›Brandenburg‹] habe einen hervorragenden Schalldämpfer für Maschinenpistolen und Karabiner konstruiert. Die Stellungnahme von Canaris bzw. Oster habe in der Frage bestanden, warum man immer noch neue Mordwerkzeuge konstruiere. Auf der Welt gehe es doch schon schrecklich genug zu. Er – Heinz – habe daraufhin den Unteroffizier Wolf zu Reichsminister Speer gebracht, der eine Vorführung und Auswertung in die Wege leitete.«[105]

Noch heftiger entlud der Troupier von Pfuhlstein vor der Gestapo seine lange Zeit unterdrückte Abneigung gegen den »truppenfremden« Bürochef Canaris. Der Admiral hatte schon beim ersten Auftauchen Pfuhlsteins im Waschraum des RSHA-Gefängnisses am 2. September gespürt, daß ihm von dem General echte Gefahr drohte. Auch Pfuhlstein erinnerte sich später noch eindringlich an das Zusammentreffen im Waschraum. »Dort standen«, so beschreibt er die Szene, »nackt nebeneinander Canaris und Oster am Waschbecken. Oster mit der Zahnbürste im Munde erstarrte vollständig und sah mich völlig entsetzt an, Canaris, der einen gebrochenen körperlichen Eindruck machte, sah mich ebenso entsetzt an und hielt sich mit beiden Händen am Waschbecken fest, um nicht in die Knie zu sinken.«[106]

In seinen Aussagen ließ Pfuhlstein die Rücksicht gegenüber dem ehemaligen Amtschef fallen. Canaris, gab er an, habe sich nie sonderlich um die »Brandenburg« gekümmert, sein Pessimismus habe jeden echten Soldaten gelähmt.[107] Der General gab zu Protokoll: »In der Auffrischung der Truppe fand ich weder beim Amt noch bei Admiral Canaris irgendwelche Unterstützung. Allmählich gewann ich den Eindruck, daß Admiral Canaris gar nichts daran lag, diese Truppe schnell wieder an die Front zu bringen.«[108] Es sei Canaris wohl nur »darauf angekommen, für eine erwartete kritische Situation eine zuverlässige Truppe in der Hand zu haben, Schutz für das Amt Ausland/Abwehr und eine Leibwache für sich selbst«.[109]

Sonderegger beugte sich gespannt vor: Was für eine »kritische Situation«? Das wollte Pfuhlstein auch nicht genau wissen, immerhin konnte er sich erinnern, von Canaris, Oster und anderen hohen Militärs sei über eine neue »Organisation der Wehrmachtführung« und auch darüber gesprochen worden, »daß der Führer den Oberbefehl über das Heer wohl nur vorübergehend behalten werde«.[110] Was er, Pfuhlstein, sich eigentlich dabei gedacht habe, an solchen hochverräterischen Erörterungen teilzunehmen? Ein

Gestapoprotokoll hielt die Antwort fest: »Pfuhlstein entschuldigt die stillschweigende Teilnahme an derartigen Gesprächen damit, daß er habe annehmen können, daß von Armeeführern und Feldmarschällen keine illegalen Dinge getrieben würden. Er habe sich überlegt, welche Aussicht auf Erfolg wohl im Falle einer Meldung bestehen würde. Schließlich habe er keinerlei Beweise [für hochverräterische Absichten] in der Hand gehabt.«[111] Allerdings sei er entschlossen gewesen, »mit Vorsicht und durch stille Sabotage die Division vor einem Mißbrauch zu bewahren«.[112]

Pfuhlstein mochte hoffen, durch solche Mitteilungen das von ihm befürchtete Todesurteil gegen sich verhindern zu können. Tatsächlich wurde er Ende 1944 entlassen und zum einfachen Soldaten degradiert.[113] Nach dem Krieg behauptete der Ex-General allerdings, er habe in seinen Aussagen ab 9. September 1944 »nur das berichtet, was die Gestapo schon wußte«. Pfuhlstein: »Einige nicht allzu belastende Punkte hatte ich vorsichtshalber hinzugefügt.«[114] Das ist ebenso falsch wie das angegebene Datum der ersten Aussage; wie die Gestapoprotokolle zweifelsfrei erweisen, lag sein umfassendes Geständnis bereits am 8. September vor – und wog schwer für alle Beteiligten.[115]

Vor allem Canaris mußten Pfuhlsteins Aussagen hart treffen, bestätigten sie doch einen Teil des Verdachts, den die Gestapo gegen den ehemaligen Abwehrchef hegte. Für Canaris konnte es sich besonders verhängnisvoll auswirken, daß sich nun Oster durch Pfuhlsteins Geständnis gezwungen sah, seine eigenen Aussagen immer mehr zu erweitern. Er mußte schließlich zugeben, daß es tatsächlich Gespräche über eine Reorganisation der Wehrmachtspitze gegeben hatte.

Das las sich dann in den Gestapoberichten so: »Anfang 1942 hätten diese Gespräche den Stand erreicht, daß man zumindest einen Oberbefehlshaber Ost, nach Möglichkeit auch wieder einen Oberbefehlshaber des Heeres einsetzen müsse, und zwar unter Umständen auch gegen den Willen des Führers. Man habe damals noch an eine Zernierung des Führerhauptquartiers gedacht . . . Im Herbst 1942 haben dann die Pläne greifbarere Formen angenommen. Oster und Sonderführer von Dohnanyi haben sich im Gedankenaustausch über die angelaufenen Vorbereitungen des Verrats nur Sorge darüber gemacht, ›wie man die Partei, die Polizei, die Verwaltungsbehörden, die Arbeiterschaft und zuletzt auch die Armee in den Rahmen der Maßnahmen‹ einspannen könne . . . Nach Aussage von Oster ist etwa im Frühjahr 1943 von ihm aus und durch Olbricht auch mit Generalmajor Alexander von Pfuhlstein gesprochen worden.«[116]

Das war nichts anderes als ein kaum noch verhülltes Geständnis, die gewaltsame Entmachtung des Obersten Kriegsherrn Hitler geplant zu haben. Osters Erklärung verwickelte zugleich Canaris in diesen Umsturzplan, denn in dem Gestapoprotokoll hieß es: »Nach der Aussage von Oster ist derartiges auch mit Admiral Canaris, Graf Schwerin, Oberstleutnant Schrader und anderen besprochen worden. Canaris habe sich derartiges angehört, ohne positiv oder negativ eine Meinung dazu zu äußern.«[117] Oster bezichtigte damit praktisch Canaris der Mitwisserschaft. Wen will es da wundern, daß Kaltenbrunner in seinem nächsten Bericht an Bormann folgerte: »Insbesondere aus den Vernehmungen von Generalmajor Oster, Generalleutnant [sic!] Pfuhlstein und Oberst Hansen hat sich der starke Verdacht ergeben, daß Admiral Canaris von den Umsturzplänen zumindest gewußt hat.«[118]

Canaris spürte, daß sich die Schlinge der Gestapo um ihn immer bedrohlicher zusammenzog – dank der Aussagen von Oster, Heinz und Pfuhlstein. Wenn er jetzt nicht sofort reagierte, war er verloren. Um sich zu retten, sah Canaris nur einen Ausweg vor sich, bitter, schmerzlich und voller Falschheiten: Er mußte die wesentlichsten Behauptungen der Mithäftlinge abstreiten, mußte Pfuhlstein unglaubwürdig machen und den einstigen Freund Oster als einen von niemandem ernstgenommenen Phantasten abqualifizieren.

Am 13. September ließ sich Canaris erneut vernehmen, um sich von Oster zu distanzieren. Er könne sich zwar, erklärte Canaris, an Gespräche mit Oster erinnern, »die sich auf die Schwierigkeiten der Kriegführung bezogen und die Möglichkeiten erwogen, Abhilfe zu schaffen«, worunter Oster verstanden habe: »a) Schaffung eines Oberbefehlshabers Ost, b) Stärkung des Einflusses dieses Oberbefehlshabers und des Generalstabes auf die Operationen im Osten, c) Sicherstellung, daß Vorschläge für die Kriegführung im Osten durch den verantwortlichen Oberbefehlshaber ohne Verzögerung zur Entscheidung gebracht werden, d) Änderung der Politik in den besetzten Gebieten, e) größere Selbständigkeit der verantwortlichen Armeeführer«.[119] Auch habe Oster gelegentlich über die Möglichkeit gesprochen, mit den Gegnern in Ost und West Frieden zu schließen. Doch dies sei an ihm, Canaris, abgeprallt. Canaris: »Ich habe all diesen Mitteilungen keinerlei Wert beigemessen und vor allen Dingen niemals angenommen, daß es sich dabei um ernsthafte Überlegungen handele. Für mich war es selbstverständlich, daß alles das undurchführbar sei und müßige Erörterungen wären.«[120]

Satz um Satz zerschnitt er das ohnehin schon dünn gewordene Band zwischen sich und Oster. Canaris beteuerte: »Für mich bestand nie ein Zweifel, daß jede Änderung der Regierung während des Krieges als Dolchstoß aufgefaßt würde und die innere Front erschüttern würde. Ferner war ich überzeugt, daß weder die Westgegner noch die Russen auf ein Friedensangebot, das sie von vornherein als Schwäche ansehen würden, eingehen würden. Falls sie tatsächlich zunächst darauf eingehen würden, so würden sie es nur zum Schein tun, um dann nachher doch rücksichtslos die Forderung nach bedingungsloser Kapitulation zu stellen. Es würde sich das gleiche wiederholen wie 1918, nur in sehr viel schlimmerer Form.«[121]

Die Aussagen Pfuhlsteins hingegen, so erklärte Canaris weiter, träfen in keiner Weise zu. Er, Canaris, habe nicht – wie von Pfuhlstein behauptet – den Zusammenbruch Deutschlands für Weihnachten 1943 mit Bestimmtheit vorausgesagt, und es stimme auch nicht, daß von ihm Pessimismus verbreitet worden sei. Bei seinen Gesprächen mit dem Kommandeur der »Brandenburg« habe es sich »um von ernster Verantwortung getragene, aber keineswegs um als pessimistisch oder defaitistisch zu bezeichnende Gespräche über die Kriegsentwicklung gehandelt«.[122] Im übrigen habe ihn Pfuhlstein falsch verstanden: Seine Bedenken gegen die damalige Verwendung der »Brandenburg« an der Front und im Partisanenkrieg hätten nur deren infanteristischem Einsatz gegolten, der »die Division von ihrer eigentlichen Aufgabe weggeführt« habe – dem Kampf hinter der Front des Gegners.[123]

Derartig zu unglaubwürdigen Zeugen gestempelt, verlangten Oster und Pfuhlstein, dem Admiral gegenübergestellt zu werden. In dem Vernehmungszimmer Huppenkothens stießen die drei Ex-Kameraden hart aufeinander.[124] Mochten Oster und Pfuhlstein noch so heftig auf den Admiral einreden und ihn beschwören, die Wahrheit zu sagen – Canaris blieb bei seiner einmal eingeschlagenen Linie: Die Herren hätten ihn falsch verstanden, er habe niemals an irgendeiner Verschwörung gegen den nationalsozialistischen Staat teilgenommen. Unversöhnt ließen sich die drei Männer wieder abführen.

Am 21. September setzte Canaris handschriftlich eine weitere Erklärung auf. »Ich habe«, schrieb er, »oft die Ansicht geäußert und bin auch heute noch der Ansicht, daß namentlich die Schlußphase des Krieges noch hohe Anforderungen an uns stellen würde und nur gemeistert werden könne, wenn wirklich bis zum letzten gekämpft würde. Auf die voraussichtlich entstehenden Schwierigkeiten, die eintreten würden, wenn der Feind sich unseren Grenzen näherte, habe ich . . . hingewiesen. Daß man mit einer solchen Entwicklung des Krieges rechnen müsse, ohne es aber bestimmt voraussagen zu können, war klar.«

»Ich habe aber auch«, fuhr Canaris fort, »zum Ausdruck gebracht, daß es uns trotz der sicher immer größer werdenden Schwierigkeiten doch zum Schluß gelingen müsse, aus dem Krieg gut herauszukommen. Allerdings müßten wir uns über eins klar sein, daß nach einem solchen Krieg, bei dem das ganze Volk das Letzte hergegeben hat und auch die Bevölkerung in der Heimat ganz anderes zu leisten gehabt hat als im vergangenen Krieg, noch nicht gleich eine rosige Zeit beginnen würde, sondern daß zunächst wieder alle Kräfte gebraucht würden, um Deutschland wiederaufzubauen und neue Möglichkeiten für seine Weiterentwicklung zu geben. Dabei wäre zu berücksichtigen, daß sicherlich auch nach dem Kriege zunächst wir noch im Ausland auf große innere Widerstände stoßen würden, die es uns sicher erschweren würden, den Aufbau schnell durchzuführen und auch im Ausland wieder Fuß zu fassen. Aber auch dies würde sicher überwunden werden, man müsse sich aber darauf einstellen, daß jeder weiter Opfer bringen müsse und sich dann ganz für den Dienst zum Nutzen des Vaterlandes zur Verfügung stellen müsse . . . Jeder müsse sich damit abfinden, ein einfaches Leben zu führen, um die Grundlage zu schaffen für bessere Lebensbedingungen der kommenden Generation.«

Und warum diese Erinnerung des Häftlings? Canaris: »Ich habe diese Gedanken kurz noch einmal zum Ausdruck gebracht, weil ich glaube, daß manche Offiziere derartige Beurteilungen der Lage und der weiteren Entwicklung als pessimistische Auffassungen angesehen haben. Für mich war aber vor allem klar, und auch das habe ich den Offizieren gesagt, die mit mir darüber sprachen, daß ein solcher Krieg mit so ungeheuren Ausmaßen vom Schicksal gewollt und durch nichts zu verhindern gewesen sei. Ferner war für mich kein Zweifel, und auch das habe ich bei Gesprächen oft betont, daß die großen Opfer, die unser Volk in diesem Kriege an der Front und in der Heimat unter straffer einheitlicher Führung gebracht hat, niemals umsonst sein könnten, und sich auch dann, wenn der Krieg nicht so zu Ende gehe, wie die Optimisten es sich denken, doch günstig auswirken würden.«[125]

Ein seltsames, ein beklemmendes Dokument, diese letzte Aufzeichnung von Canaris sieben Monate vor seinem Tod. Wie in einem für die Vernehmer präparierten Zerrspiegel sind gleichwohl die Hauptelemente seiner Gedanken- und Gefühlswelt wiederzuerkennen: Schicksalsgläubigkeit, die Ideologie des Vaterlandes, Anpassung an die Herrschenden und jenen unausrottbaren, alle pessimistischen Anwandlungen überstehenden Glauben, der Canaris bis zum letzten Atemzug hoffen ließ, er werde doch noch irgendwie der Rachejustiz der vom Untergang bedrohten Gewalthaber entkommen.

Canaris' Formulierungskunst konnte freilich seine Vernehmer nicht lange irreführen. Die Tinte auf dem Dokument vom 21. September 1944 war noch nicht getrocknet, da saß bereits in Sondereggers Zimmer ein Mann, der Canaris' Verteidigungsposition mit einem Schlag ruinieren sollte. Kurt Kerstenhan, der ehemalige Fahrer Schraders, hatte den Kommissar aufgesucht und ihm einen wichtigen Tip gegeben.

Der revolutionäre Alt-Nazi Kerstenhan, ein brauner Sozialist und Gegner des Dritten Reiches, Mitglied der hitlerfeindlichen »Schwarzen Front« Otto Straßers, nach dem Urteil eines Kenners »ein radikaler, schwer durchschaubarer Mann, eine Art Berufsrevolutionär«, war 1939 von Schrader aus politischer Gefängnishaft befreit worden und hatte ihm treu gedient.[126)] Der Schuß indes, mit dem sich Schrader im Lager Zeppelin tötete, beraubte zugleich Kerstenhan seines Beschützers – Anlaß genug für den mißtrauischen Berliner, sich den Wünschen der Gestapo anzupassen. Sonderegger vernahm ihn Ende Juli in der Prinz-Albrecht-Straße, ließ ihn jedoch wieder laufen, da Kerstenhan zur Aufklärung des Falls Schrader offenbar nichts beizutragen hatte.[127)]

Desto überraschter war der Kommissar, als sich Kerstenhan unaufgefordert am 21. September noch einmal bei ihm meldete. Dem Fahrer war in der Zwischenzeit etwas eingefallen: Er erinnerte sich, 1942 zusammen mit Schrader und Heinz zwei Wagenladungen mit Akten aus dem Amt Ausland/Abwehr in ein Berliner Haus gebracht zu haben, an dessen Eingang die Inschrift »Seehandlung« gestanden habe; ein Jahr darauf habe er die Akten wieder abholen und im Lager Zeppelin in einen bestimmten Bunker transportieren müssen.[128)] Sonderegger brauchte nicht lange nachforschen zu lassen, um das beschriebene Haus in Berlin zu finden: Das Haus war Sitz der Preußischen Staatsbank – und deren Betriebsleiter war der Staatsfinanzrat Hermann Schilling, der Stiefbruder von Heinz.

Auf einmal dämmerte Sonderegger, daß ihm mit Heinz einer der wichtigsten Zeugen der Verschwörung durchgeschlüpft war. Sofort verfügte er die neuerliche Verhaftung von Heinz, doch das Verhaftungskommando kehrte ergebnislos zurück; Heinz war gewarnt worden und untergetaucht – Sondereggers Schergen fanden ihn nie.[129)] Der Kommissar mußte sich mit der Verhaftung Schillings begnügen, aus dem jedoch die Ermittler nicht mehr herauspreßten als die Aussage, er habe seinem Stiefbruder einen Gefallen erweisen wollen und auf dessen Wunsch einige – ihm nicht näher bekannte – Akten in einem Safe der Bank einschließen lassen.[130)]

Für Sonderegger aber war weit wichtiger die Frage, wo jetzt die Papiere lagen. Der Kommissar wollte von Kerstenhan wissen, ob er den Bunker im Zeppelin-Lager wiedererkennen würde, in dem er 1943 die Aktenpakete abgegeben habe. Der Fahrer bejahte und beschrieb ihm die Lage des Bunkers. Sonderegger rief im Zeppelin-Sperrkreis Maybach II an und erfuhr, in dem beschriebenen Bunker gebe es einen Panzerschrank, der sich von den 130 Safes des Sperrbezirks durch einen Umstand unterscheide: Er habe keinen Schlüssel – sowohl der Hauptschlüssel als auch der (versiegelt bei der Wache aufzubewahrende) Reserveschlüssel seien verschwunden.[131] Da es zu riskant war, den Safe gewaltsam zu öffnen, bestellte sich Sonderegger bei dem Hersteller des Safes, der Firma Pohlschröder in Dortmund, einen Monteur, der ihm Zugang zu dem geheimnisvollen Panzerschrank verschaffen sollte.[132]

Am 22. September fuhren Sonderegger und Kerstenhan zu dem Tiefbunker in Maybach II, den der Fahrer sofort wiedererkannte; auch der Monteur von Pohlschröder war zur Stelle. Wenige Minuten später standen die drei Männer vor dem Panzerschrank. Der Monteur machte sich an die Arbeit, schon nach kurzer Zeit hatte er den Panzerschrank geöffnet.[133] Gespannt trat Sonderegger näher. Als er die säuberlich zurechtgerückten Leitz-Ordner, Aktenhefter und Pappkartons sah, ahnte er instinktiv, daß er sein Ziel erreicht hatte: Vor ihm lag gleichsam das Geheimarchiv der Verschwörer.

Je mehr Sonderegger in den Papieren blätterte, von Akte zu Akte hastiger werdend, desto unwirklicher dünkte ihn der ganze Vorgang. Sollten die Gegner des Regimes, das über einen der mächtigsten Polizeiapparate der Geschichte verfügte, mit deutscher Gründlichkeit jede Phase ihrer Konspiration schriftlich fixiert, in Aktenordnern festgehalten und hübsch übersichtlich registriert haben? Franz Xaver Sonderegger, der seit dem 20. Juli begonnen hatte, sich über die Existenzberechtigung des nationalsozialistischen Regimes seine eigenen Gedanken zu machen, mochte kaum glauben, was er vor sich sah: Jede Seite der Aktennotizen, Vortragsentwürfe, Protokollauszüge, V-Mann-Berichte, Briefe und Zettel dünkte den Gestapomann ein Schuldgeständnis ihres Verfassers, ja, kam einem selber verfaßten Todesurteil gleich.

Alles, aber auch alles schienen die Verschwörer aufgezeichnet zu haben. Da gab es Osters dreiseitige »Studie« über die Durchführung des Staatsstreiches, da sah Sonderegger Ausarbeitungen über Programm, Politik und personelle Besetzung einer Umsturzregierung mit handschriftlichen Verbesserungen von Oster, Groscurth, Gisevius und Heinz, da häuften sich Akten über die Blomberg-Fritsch-Affäre, da waren Aktennotizen und Berichte über Josef Müllers Verhandlungen im Vatikan zusammengebündelt, da lagen neben Rede-Entwürfen Becks lose Blätter aus Merkbüchern, auf denen Dohnanyi skizziert hatte, wie ein Putsch möglichst unblutig verlaufen könne. Und da waren nicht zuletzt ein paar Durchschläge von Seiten aus den so hektisch gesuchten Tagebüchern des Admirals Canaris.[134]

Sonderegger brauchte nicht lange zu lesen, um zu begreifen, daß die Papiere aus dem Panzerschrank die Arbeitshypothese des RSHA über Motive und Entstehung der Umsturzbewegung radikal revidierten. Bis dahin hatte die Gestapo geglaubt, die Tat des 20. Juli gehe auf die Zeit von 1941/42 zurück und sei weitgehend das Produkt der Unzufriedenheit mancher Offiziere mit Hitlers Kriegführung. Die Zossener Dokumente aber stammten nahezu ausschließlich aus den Jahren 1938, 1939 und 1940. Daraus mußte nun die Gestapo folgern, daß die Verschwörung bereits lange Zeit vor dem Krieg begonnen hatte, also schwerlich nur das Resultat der für Deutschland ungünstigen Kriegslage war.[135] Die Entdeckung in Maybach II zwang das RSHA zu völlig neuen Untersuchungen, denn die Papiere enthielten die Namen von NS-Gegnern, die bis dahin der Gestapo kaum bekannt gewesen waren: General Thomas, Kripochef Nebe, Gauleiter Wagner, Generaloberst Halder, Generalfeldmarschall von Brauchitsch, Korvettenkapitän Liedig – die Liste der neuen Verdächtigen schien kein Ende zu finden.

Beklommen las Huppenkothen die Papiere, die ihm Sonderegger stapelweise ins Zimmer schleppte. Einige Tage benötigte er, um sich wenigstens oberflächlich über den Inhalt der Akten zu informieren. Am Ende wußte auch Huppenkothen, daß der Gestapo ein entscheidender Fund geglückt war – dank der Redseligkeit von Kerstenhan. Sonderegger erinnert sich: »Kerstenhan ist mit 1000 Reichsmark belohnt worden.«[136] Schraders Sohn freilich, der ehemalige Abwehrsoldat Dr. Werner Wolf Schrader, will nicht an eine freiwillige Aussage Kerstenhans glauben und vermutet: »Man hat ihn grauenhaft verprügelt.«[137]

Schrader und der Canaris-Biograph Benzing warteten später sogar mit der überraschenden These auf, die »angeblichen« Aktenfunde von Zossen seien nichts anderes als nachträgliche Erfindungen von Huppenkothen und Sonderegger, mit denen sie sich der Bestrafung durch bundesdeutsche Nachkriegsgerichte hätten entziehen wollen.[138] »Die Aktenfunde sind eine Schutzbehauptung der SS-Mörder«, insistiert Schrader, und auch Benzing fand es »merkwürdig«, daß »alle Berichte« über den Aktenfund »auf Behauptungen von Angehörigen der SS« basierten. Benzing: »Kein neutraler Gewährsmann hat die Aktenfunde je gesehen.«[139]

Die beiden Interpreten irren. Aus der Zeit *vor* Kriegsende gibt es genügend Aktenaufzeichnungen über den Zossener Fund, nicht zuletzt Kaltenbrunners Berichte an Bormann. Meldung Kaltenbrunners vom 2. Oktober 1944: »Aus dem in einem Panzerschrank der Abwehr beschlagnahmten Material ergibt sich nunmehr, daß bereits in früheren Jahren Pläne gelaufen sind, im Wege militärischer Maßnahmen einen Regierungswechsel herbeizuführen.«[140] Zudem sahen auch nicht der SS angehörende Zeugen das Material, das Sonderegger in Zossen gefunden hatte. Oberst Rohleder entdeckte bei Huppenkothen seine früheren Berichte über den Fall »Palmenzweig«, und auch der Häftling Josef Müller mußte sich von seinem Vernehmer »die gesamten Unterlagen über meine römischen Gespräche« entgegenhalten lassen.[141] Müller bezeugt: »Es waren praktisch alle Dokumente, die Dohnanyi im Lauf der Jahre gesammelt hatte.«[142]

Der Aktenfund erschien der Gestapoführung so brisant, daß sie ihn selbst im RSHA geheimhalten ließ. Als Huppenkothen bei der nächsten Routinebesprechung der Sonderkommission über Sondereggers Coup referieren wollte, unterbrach ihn der Gestapochef Müller und ersuchte ihn um gesonderten Vortrag nach Konferenzschluß. »Bei dieser Besprechung unter vier Augen«, erzählt Huppenkothen, »rügte Müller, daß ich diese Dinge nicht ihm allein vorgetragen hätte, da sie äußerster Geheimhaltung bedürften. Er gab dann die Weisung, auch im Kameradenkreise nicht mehr darüber zu sprechen, im übrigen die Sache unter ›Geheime Reichssache – Ministersache‹ weiter zu behandeln, der höchsten Geheimhaltungsstufe.«[143]

Huppenkothen mußte über den Aktenfund eine sogenannte Führervorlage zusammenstellen, eine Dokumentation für Hitler, die Bericht und Analyse sowie zwei Anlagebände mit Fotokopien der wichtigsten Dokumente enthielt und insgesamt 160 Seiten umfaßte.[144] Mitte Oktober war die Arbeit fertig, kurz darauf folgte Hitlers Entscheidung: Fortsetzung der Ermittlungen bei strengster Geheimhaltung, unmittelbare Informierung des Führers nach Abschluß der Vernehmungen und keine Abgabe abgeschlossener Ermittlungsfälle an den Volksgerichtshof.[145] Huppenkothen sollte weiter untersuchen – Canaris hatte wieder etwas Zeit gewonnen.

Hitlers Befehl mag formal das Rätsel lösen, das die Canaris-Biographen immer wieder irritierte: warum der Admiral und einige seiner engsten Mitarbeiter wider Erwarten zunächst die folgenden Monate überlebten – im Gegensatz zu ihren vielen Gesinnungsfreunden, die nach Vernehmungen und Folterungen durch die Justizmaschinerie des keifenden Volksgerichtshof-Präsidenten Roland Freisler gepeitscht und schließlich zum Henker getrieben wurden.

In der Tat muß die so andersartige Behandlung von Canaris auffallen. Er wurde nicht, wie Kameraden mit ähnlichem Schicksal, während der Untersuchungshaft aus der Wehrmacht ausgestoßen und seines militärischen Ranges entkleidet, um ihn so für den zivilen Volksgerichtshof erreichbar zu machen. Selbst für die Gestapobeamten, die nur noch den »ehemaligen Obersten Hansen« oder den »ehemaligen SS-Gruppenführer Nebe« kannten, blieb er »der Admiral Canaris«. Fast höflich klang das Abschiedsedikt der Marine, das Dönitz am 19. September 1944 unterschrieben hatte. Keine der unwürdigen Beschimpfungen eines ehemaligen Kameraden, mit denen sich etwa die Mitglieder des Ehrenrates der Wehrmacht besudelten, sondern nur kühle, unbeteiligte Distanz: »Der Admiral z. V. Canaris (Wilhelm) wird mit Wirkung vom 25. 7. 44 aus dem aktiven Wehrdienst der Kriegsmarine entlassen. Mit gleichem Tage wird seine z.V.-Stellung für die Kriegsmarine aufgehoben.«[146] Auch in seiner düsteren, erbärmlichen Gefängniszelle war der Admiral a.D. Canaris noch ein gesuchter Gesprächspartner: Himmler soll ihn (nach einer Vermutung Schellenbergs) aufgesucht haben, und noch wenige Wochen vor seinem Tod wird ein Häftling ihn, lebhaft gestikulierend, an der Seite Kaltenbrunners im Hof des KZ Flossenbürg spazieren gehen sehen.[147]

Canaris war jedoch realistisch genug, sich klar zu machen, daß seine Lage durch den Fund in Zossen nahezu ausweglos geworden war. Die Nachricht von der Entdeckung des Dohnanyi-Archivs muß ihn schwer getroffen, muß seinen Ärger über den Leichtsinn Osters noch gesteigert haben. Wie oft hatte er dem Freund die Vernichtung der von Dohnanyi aufgehobenen Komplottunterlagen befohlen, wie leidenschaftlich und besorgt ihn vor weiteren Unbesonnenheiten gewarnt! Jetzt lag vor der Gestapo offen wie ein Buch, was sie alle einmal zur Rettung des Vaterlandes geplant und gedacht hatten. Ja, schlimmer noch: Als seien die Papiere noch nicht belastend genug, steigerte sich Oster, der offenbar nun jede Hoffnung auf Rettung verloren hatte, in ein fast selbstzerstörerisches Bekennertum, das ihn bald zu einem der meistbefragten Häftlinge und Auskunftspersonen der Gestapo machen sollte.[148]

Gegen solche Bedrohung gab es für Canaris kaum ein Abwehrmittel, dennoch versuchte er noch einmal, die Verfolger und Vernehmer zu neutralisieren. Was hatten sie von ihm in Maybach II gefunden? Etwa 20 Seiten aus seinen Tagebüchern mit Eintragungen über die Putschgespräche zwischen ihm und den Heerführern im Westen sowie die Canaris-Halder-Gespräche im Winter 1939/40, ferner Putschaufrufe mit handschriftlichen Verbesserungen von Canaris, außerdem Unterlagen über den Verrat der Westoffensive, aus denen immerhin hervorging, daß Canaris sachwidrig und willkürlich Rohleders Untersuchungen abgebrochen hatte. Auch manche Papiere über Müllers Geheimverhandlungen konnten Canaris belasten.[149]

Canaris erkannte natürlich sofort, daß er angesichts solchen Materials seine Behauptung, er habe keinesfalls an der Verschwörung teilgenommen, in der bisherigen Form nicht aufrechterhalten konnte. Er mußte schleunigst sein Nichtwissen in ein Nichtwollen umwandeln – anders ließen sich die gefährlichen Tagebuchblätter nicht hinwegargumentieren. Seine neue Argumentation: Er habe zwar formal an den Komplottgesprächen teilgenommen, aber nur, um im Ernstfall die Verschwörung konterkarieren zu können; das sei sogar seine Pflicht als Geheimdienstchef gewesen.[150] Mit solchen Geheimdienstaufgaben konnte er auch sein undurchsichtiges Verhalten im Falle von Rohleders Untersuchungen und Müllers Vatikan-Verhandlungen erklären, zumal die entsprechenden Unterlagen in der verschleiernden, doppeldeutigen ND-Sprache abgefaßt waren.

Diese Argumentation hatte freilich nur eine Chance, akzeptiert zu werden, wenn nicht weiteres Belastungsmaterial gegen Canaris zutage trat – etwa seine Tagebücher, aus denen die in Zossen gefundenen 20 Seiten stammten. Doch die schwarzen, großformatigen Ringbücher der Marke Soennecken, in denen Canaris seit 1938 jedes belangvolle Ereignis in Wehrmacht und Staat notiert und kommentiert hatte, wähnte er in Sicherheit.[151] Die Originale der 5 Tagebücher (plus weiteren 6 mit Canaris' Reiseberichten) lagen in einem noch unentdeckten Panzerschrank von Maybach II, während die Schrader anvertrauten Zweitschriften nach dem 20. Juli von diesem teilweise und von dessen Frau dann ganz vernichtet worden waren.[152]

Doch Huppenkothen und Sonderegger, von Hitlers Befehl angetrieben, ließen Canaris keine Ausweichmöglichkeit. Mit einer Ruppigkeit ohnegleichen nahmen sie den Admiral ins Kreuzfeuer ihrer Fragen und Unterstellungen; gnadenlos setzten sie Canaris unter Druck, verlangten von ihm Geständnis und Reue. Canaris schlug jetzt die ganze Inhumanität und Brutalität der Gestapowelt entgegen. Nur unter Aufbietung letzter physischer Reserven konnte er sich gegen den neuerlichen Ansturm seiner Gegenspieler zur Wehr setzen.

Die beiden Vernehmer bedrängten Canaris um so gröber, als sie sich auf einer Spur wähnten, die ihnen vollen Triumph über ihren wendigen Häftling zu verheißen schien. Bei der Lektüre des Zossener Materials war Sonderegger und Huppenkothen die fixe Idee gekommen, der ehemalige Abwehrchef habe nicht nur Hochverrat, sondern auch Landesverrat begangen.[153] Das wollten die zwei Gestapobeamten aus den Unterlagen des ehemaligen Dohnanyi-Archivs herauslesen, die den Verrat der deutschen Westoffensive und Müllers vatikanische Kontakte zu den Westmächten detaillierten. Nichts schien Huppenkothen logischer, als daß Canaris hinter beiden Vorgängen gestanden habe.

»Es war auch bekannt«, berichtet Huppenkothen, »daß Dänemark und Norwegen vor dem deutschen Einmarsch gewarnt worden waren. Hier fehlten aber Hinweise über den Weg, wie sie im Falle Rom und Holland jetzt vorhanden waren.«[154] Ein weiterer Verrat kam hinzu: In der Nacht vor dem Beginn des Balkan-Feldzuges 1941 hatte das Forschungsamt einen Anruf mitgehört, durch den Oberst Vauhnik, der jugoslawische Militärattaché in Berlin, über den bevorstehenden Angriff gegen sein Land informiert worden war. Der inzwischen von der Gestapo verhörte Oberst erklärte dazu, der Anruf sei für ihn überraschend gekommen, er habe den Anrufer nicht gekannt.[155] Huppenkothen konnte es sich nicht anders erklären: Auch dahinter mußte Canaris stecken.

Huppenkothen erinnerte sich jetzt auch an die Aussage Schmidhubers, ihm habe Gisevius einmal erzählt, von Canaris seien mehrere deutsche Offensivvorhaben im Osten verraten worden.[156] Auch dies hielt Huppenkothen für möglich, seit auf seiner Verdächtigenliste ein Freund und Vertrauter von Canaris stand, dem er jedes Paktieren mit den Sowjets zutraute: Baron Kaulbars. Die Gestapo hatte ermittelt, daß Kaulbars über den schwedischen Militärattaché Juhlinn-Dannfeld mit sowjetischen Stellen in Verbindung stand und wiederholt von Canaris über militärische Vorgänge ins Bild gesetzt worden war; ein V-Mann der Gestapo in der Schwedischen Gesandtschaft in Berlin hatte sogar Durchschläge der Berichte Juhlinn-Dannfelds beschafft, denen zumindest Huppenkothen entnahm, daß der Militärattaché »über alle militärischen Vorgänge und Absichten, insbesondere die an der Ostfront, genauestens unterrichtet war«.[157]

Daraus schloß Huppenkothen, daß Canaris über Kaulbars und Juhlinn-Dannfeld die Sowjets mit landesverräterischen Informationen beliefert hatte. Auch Verbindungen in den Westen glaubte er Canaris nachweisen zu können. Gisevius unterhielt in der Schweiz Kontakte zu Vertretern der in London sitzenden polnischen Exilregierung, und auch seine Verbindungen zu dem amerikanischen Residenturleiter Allan Dulles waren der Gestapo nicht unbekannt geblieben.[158] Beweis: die aus dem Papierkorb von Dulles gestohlene Kopie einer Ausarbeitung über die Behandlung von NS-Anhängern nach einer Besetzung Deutschlands durch die Alliierten, deren Verfasser die Gestapo in Gisevius vermutete.[159]

Das alles genügte Huppenkothen, seinem Häftling den Landesverrat auf den Kopf zuzusagen. Doch nichts vermochte die Energien des erschöpften Canaris mehr anzuspornen als der Vorwurf des Landesverrats. Er hatte nicht ein Leben lang den Verrat am Vaterland bekämpft, um sich jetzt noch von der Gestapo zum Landesverräter stempeln zu lassen. Energisch verwahrte er sich gegen die Vorwürfe, die Huppenkothen und Sonderegger immer ungezügelter gegen ihn schleuderten, und beharrlich zerpflückte er die fadenscheinigen »Beweise« der Gegenseite, Stück um Stück.

Jedem Vorwurf, jedem Verdacht hielt Canaris eine plausible Erklärung entgegen: Die Verbindungen zur polnischen Exilregierung und zu Dulles – eine Eigenmächtigkeit von Gisevius, die er, der Admiral, nicht zu verantworten habe. Die Informierung des Jugoslawen Vauhnik – eine verdammenswerte Tat, mit der er nichts zu schaffen habe. Der angebliche Verrat deutscher Offensivabsichten im Osten durch ihn – eine Ungeheuerlichkeit, dummes, unverantwortliches Gequatsche von Schmidhuber oder Gisevius.[160] Auch seine Beziehungen zu Baron Kaulbars befreite Canaris von jedem Zwielicht. Canaris gab zwar zu, den Baron zwei Wochen vor Beginn von Barbarossa über den beabsichtigten Rußland-Feldzug eingeweiht zu haben, aber er betonte zugleich, Kaulbars habe sein volles Vertrauen genossen, er sei immerhin V-Mann des OKW gewesen.[161] Und Müllers Spiel am Vatikan? Canaris: Es habe »ausschließlich der Nachrichtengewinnung gedient«, von Müller sei »sehr wichtiges Material über die Feindmächte, ihre wissenschaftliche Kapazität und ihre Kriegsziele und -pläne geliefert« worden.[162]

Auch andere Häftlinge und Zeugen mochten Huppenkothens Vorwürfe nicht bestätigen. Vor allem Kaulbars ramponierte die Thesen der beiden Vernehmer. Ein Gestapobericht hielt fest: »Kaulbars . . . hat in den Vernehmungen Canaris mit Nachdruck die Stange gehalten.«[163] Der Baron wußte auch seinem Verhältnis zu Juhlinn-Dannfeld eine harmlose Deutung zu geben; der Schwede habe ihm Verbindungen zu sowjetischen Stellen geschaffen, diese hätten indes nur dem vom OKW erteilten Auftrag gedient, sich über Lage und Verbleib deutscher Kriegsgefangener in der Sowjetunion zu informieren.[164]

Je weniger aber Huppenkothen und Sonderegger mit ihren Vernehmungen vorankamen, desto barbarischer wurden ihre Verhörmethoden und Umgangsformen. Selbst der von seinen Vernehmern noch immer irgendwie respektierte Canaris bekam die Wut der Gegenseite zu spüren. Sein Renommee hinderte zwar die Gestapobeamten, ihn zu mißhandeln, aber sie wandten andere Mittel an, den sensiblen Mann zu brechen. Seine Essensration wurde auf ein Drittel der normalen Gefängniskost herabgesetzt; ständige, noch verschärfte Kontrollen ließen ihn nachts nicht schlafen, und am Tage warteten entwürdigende Arbeiten auf den prominenten Häftling – begleitet von den höhnischen Reden des Wachpersonals.[165] Ein Wächter: »Na, kleiner Matrose, das hättest du dir wohl auch nicht gedacht, daß du noch einmal Flure schrubben müßtest!«[166]

Über Canaris' Mithäftlinge ging eine Welle des Terrors und des Sadismus hinweg, die auch dem Zweck diente, neues Belastungsmaterial für den Landesverratsvorwurf gegen ihn zu erpressen. Nicht selten hörte Canaris in seiner Kellerzelle die Schreie von Häftlingen, an denen in einem Zimmer im 3. Stock des RSHA praktiziert wurde, was die Verdunkelungssprache der Gestapo eine »verschärfte Vernehmung« nannte. Manchmal wurden dabei die Häftlinge so grausam gefoltert, daß man sie danach tagelang in dem Vernehmungszimmer pflegte und ernährte, ehe sie wieder in ihre Haftzellen zurückkehren durften.[167]

Oft schlugen auch die Gestapobeamten bei »normalen« Vernehmungen auf die Häftlinge ein. Sonderegger stürzte sich einmal auf den Freiherrn von und zu Guttenberg und schlug ihm ins Gesicht, dann auf Rücken und Brust

– so brutal, daß der seelisch gebrochene Häftling schon nach der ersten Mißhandlung (ihr folgten noch andere) zu einem Schicksalsgefährten äußerte, er wolle mit seinem Leben Schluß machen.[168] Guttenberg blieb nicht der einzige, der von seinen Vernehmern geschlagen wurde. Josef Müller fiel der Kriminalrat Stawitzky, einer der übelsten Schläger des RSHA, an, und Schilling genügte es, andere Häftlinge mit deutlichen Zeichen erlittener Mißhandlungen an sich vorüberziehen zu sehen.[169]

Elisabeth Strünck, die Frau des inhaftierten Abwehrhauptmanns, konnte zeitlebens nicht die Szene vergessen, die sich ihr beim Eintreten in Sonderеggers Büro bot: Auf einem Stuhl saß der verhaftete Berliner Rechtsanwalt Hans Koch, die Füße gefesselt, die ebenfalls gefesselten Hände nach rückwärts über die Stuhllehne geschoben. »Bringt das Dreckschwein hinaus«, sagte gerade Sonderegger, worauf zwei Gestapobeamte ihre Stiefel mit voller Wucht gegen den Stuhl krachen ließen und ihn fortstießen. Koch wäre zu Boden gestürzt, hätte er nicht im letzten Augenblick sein Gleichgewicht gefunden. Mit gebeugtem Oberkörper hopste er zum Zimmer hinaus, durch neuerliche Fußtritte wie ein Wurfgeschoß durch die offene Tür katapultiert – Sinnbild des zum Untermenschen erniedrigten Gestapo-Opfers.[170]

Auch Dohnanyi, von der Krankenabteilung des KZ Oranienburg ins RSHA-Gefängnis verlegt, erfuhr an sich die Unmenschlichkeit der Gestapo. Um sich weiteren qualvollen Vernehmungen zu entziehen, hatte er Diphtheriebazillen eingenommen, die unter anderem auch ein schweres Herzleiden und Lähmungserscheinungen auslösten. Weitere Folge: Er konnte seine Darmfunktionen nicht mehr unter Kontrolle halten.[171] Huppenkothen aber gab dem hilflos in seiner Zelle vegetierenden Dohnanyi keinen Arzt und ließ ihn in seinen Exkrementen liegen. Huppenkothen: »Der soll in seiner eigenen Scheiße verrecken!«[172]

Doch Canaris hielt durch, solange er die Gesichter der anderen Häftlinge sah und er sich von ihren Parolen, Illusionen und Erzählungen ermuntern lassen konnte. Trotz des offiziellen Sprech- und Kontaktverbots fand Canaris zuweilen eine Möglichkeit, mit einem anderen Häftling zu sprechen. Zum Schrubben der Gänge wurde ihm eines Tages Müller zugeteilt. »Hat Dohnanyi mich belastet?« flüsterte er dem »Ochsensepp« zu. Müller hauchte zurück: »Ich kann es nicht sagen, hat man Ihnen die Dokumente vorgehalten?« Darauf Canaris: »Sag Du, in dieser Hölle fällt die alte Reserviertheit weg. Wir sagen jetzt beide Du!« Sie arbeiteten einen Augenblick schweigend, bis ihr Wächter wieder einmal außer Hörweite war. Müller fragte: »Bist Du aus der Wehrmacht ausgestoßen?« Canaris wußte darüber nichts, der Ochsensepp blieb optimistisch: »Da kannst Du eigentlich zufrieden sein, Du kommst nicht vor den Volksgerichtshof und gewinnst damit Zeit.«[173]

Die zunehmenden Luftalarme vereinigten die Häftlinge häufig im »Himmlerbunker«, einem Luftschutzkeller im Hof des Reichssicherheitshauptamtes. Hier schnappte Canaris manches auf, was man sich im RSHA-Gefängnis erzählte. Draußen im Lande mußte es katastrophal aussehen: Hitlers Reich lag in Scherben. Mitte Januar 1945 waren die Heeresgruppen der sowjetischen Marschälle Schukow und Konjew zum Vorstoß an die Oder, dem letzten Flußhindernis auf ihrem Marsch nach Berlin, aufgebrochen, Anfang Februar rüsteten sich die Armeen der Westalliierten zum geballten Schlag gegen das Ruhrgebiet und Süddeutschland; Ostpreußen war verloren, Oberschlesien eingebüßt.[174] Im Rumpfreich aber feierte der Durchhaltefanatismus blutige Triumphe; Standgerichte der SS und der Gauleiter kartätschten jeden Kapitulationswillen nieder – zur höheren Ehre des Diktators, der seit dem 16. Januar, zurückgeworfen auf die Ursprünge seines Aufstiegs, in der Berliner Reichskanzlei den selbstmörderischen Endkampf der »Festung Deutschland« vorbereitete.[175]

Die Häftlinge im Himmler-Bunker indes beherrschte nur ein Gedanke: Würden die Alliierten rechtzeitig genug kommen, um sie vor dem Liquidationsapparat des RSHA zu bewahren? Die Häftlinge schleppten sich von einer Hoffnung zur anderen, zumal einige Gestapobeamte ihr Verhalten gegenüber den Eingeschlossenen allmählich änderten. Manche Häftlinge wollten sogar eine deutliche Kluft zwischen Huppenkothen und Sonderegger beobachtet haben; Huppenkothen blieb offenbar der gefühllose Funktionär, der er war, Sonderegger hingegen zeigte Abweichungen vom RSHA-Kurs. Der Ochsensepp hätte solche Vermutungen bestätigen können: Sonderegger hatte ihm ermöglicht, ein wichtiges Dokument aus den Zossener Akten zu entwenden, und ein anderes, Müller belastendes Papier hatte Sonderegger dem Kriminalinspektor Hoffmann mit der Bitte zugesteckt, es unterwegs zu vernichten.[176] Selbst Dohnanyi half er jetzt und beschaffte ihm einen Arzt, freilich mit einem linientreu klingenden Argument: »Ein toter Dohnanyi kann uns nicht nützen.«[177]

Noch spekulierten die Häftlinge über die Gründe solchen Verhaltens, da bombte ihnen die alliierte Luftwaffe einen scheinbar aussichtsreichen Weg aus der Kellerwelt der Prinz-Albrecht-Straße. Am Vormittag des 3. Februar mußten die Häftlinge wieder in den Himmler-Bunker; amerikanische Bombergeschwader flogen Berlin an.[178] Kurze Zeit später erschütterten Bombenschläge die Gehirnzentrale der Gestapo. Das Hauptgebäude des RSHA geriet in Brand, die unterirdischen Anlagen, darunter auch Teile des Gefängnisses, waren zerstört. Wasser und Licht fielen aus, die Kerker ließen sich nicht mehr heizen.[179]

Gestapochef Müller befahl darauf die Verlegung der Häftlinge in bombensichere, von den Alliierten noch ungefährdete Gebiete. Am 6. Februar wurden Josef Müller, Bonhoeffer, Liedig, Gehre und ein paar andere »Sonderhäftlinge« in das KZ Buchenwald gebracht.[180] Einen Tag später ließ Sonderegger auf dem Hof des RSHA einen Autobus vorfahren, in den Canaris, Oster, Halder, General Thomas, Strünck, Schacht und der als »Ehrenhäftling« geltende Ex-Kanzler von Schuschnigg kletterten.[181] Erst unterwegs erfuhren die Häftlinge, wohin die Fahrt ging: ins Konzentrationslager Flossenbürg. Canaris schöpfte neue Hoffnung. Er ahnte nicht, daß es für ihn eine Fahrt ohne Wiederkehr werden würde.

Der Bus fuhr ins nördliche Bayern, passierte Hof und schlug die Straße nach Weiden ein. Dann ging es in östlicher Richtung weiter, bis zu dem kleinen Ort Flossenbürg, der – nahe der alten deutsch-tschechischen Grenze – in einem Seitental des Oberpfälzer Waldes lag. Am Rande Flossenbürgs sah Canaris in den Abendstunden des 7. Februar 1945, was kommen mußte: ein Gewirr von Stacheldraht, Wachtürmen und schier endlosen Reihen mit Baracken – das Konzentrationslager.[182] Sonderegger meldete sich bei dem Lagerkommandanten, SS-Obersturmbannführer Kögl, und händigte ihm vermutlich ein Schreiben Gestapo-Müllers aus. Es wird genaue Anweisungen darüber enthalten haben, wie die »Sonderhäftlinge« zu behandeln seien: ständige Fesselung, kein Briefverkehr, ausreichende Kost, Aufrechterhaltung der Vernehmungsfähigkeit.[183]

Canaris und die anderen Häftlinge wurden in einen Sondertrakt des Schutzhaftlagers geführt, wo der »Kommandanturarrest« lag. Das war ein langgestrecktes, ebenerdiges, steinernes und in West-Ost-Richtung angelegtes Gebäude mit 40 Zellen, im Lagerjargon der »Bunker« genannt. Dort waren früher meist Leute untergebracht worden, die der KZ-Kommandant mit Arreststrafen belegt hatte; seit etwa 1943 war der Zellenbau besonderen politischen Häftlingen vorbehalten. Die Zellen lagen nach Süden und versperrten den Blick zu dem im Norden des Gebäudes gelegenen Hof mit seiner Hinrichtungsstätte.[184]

Die RSHA-Häftlinge gingen an der Wachstube vorbei und erhielten ihre Zellen zugewiesen. Canaris wurde nach links in den Gang und dann zu einer Zelle geführt, deren Tür die Nummer 22 trug; die begleitenden SS-Posten schoben den Admiral in die Zelle, fesselten seine Hände und schlossen seine Fußgelenke an die in der Zellenwand eingelassenen Ketten an.[185] Dann schlug die Tür hinter Canaris zu. In die Kartei der Sonderhäftlinge aber trug der Lageradjutant Baumgartner einen Decknamen ein, unter dem Canaris fortan geführt wurde: »Caesar«.

Bald tauchte im Zellenbau ein Mann auf, der Canaris sofort deutlich machte, daß das RSHA nicht aufgab. Der berüchtigte Kriminalrat Stawitzky hatte Order, die Vernehmung von Canaris fortzusetzen – mit stärksten Mitteln.[186] Huppenkothen mochte noch die Erinnerung an die einst von Canaris erfahrene Gastfreundschaft hemmen, der Schläger Stawitzky aber kannte keine Skrupel. Und er brachte mit, was das RSHA als neues Belastungsmaterial gegen Canaris bewertete: Ein Beamter an der Deutschen Botschaft in Madrid hatte Canaris beschuldigt, 1940 Franco vom Kriegseintritt an der Seite Deutschlands abgeraten und ihm militärische Geheimnisse des Reiches preisgegeben zu haben.[187]

Canaris bestritt auch diese neuen Vorwürfe, was Stawitzky freilich nur anspornte, noch gröberen Druck auf den Admiral auszuüben. Äußerlich blieb Canaris gelassen und ungerührt. Canaris' gepflegte Erscheinung täuschte über seine innere Verfassung hinweg; er trug einen hellgrauen Anzug, hatte stets ein sauberes weißes Hemd und eine sorgfältig ausgewählte Krawatte angelegt. Trat Canaris zum »Bewegungsgang« (hier war er erlaubt) auf den Hof, vergaß er nie, seinen Mantel anzuziehen.[188] In der Einsamkeit seiner Zelle aber war er ein verzweifelter Mensch.

Eines Tages vernahm er an der Wand zur Nachbarzelle 21 ein Kratzen, ein undeutliches Klopfen. Canaris hörte schärfer hin und verstand: Der ihm nicht bekannte Nachbar versuchte offenbar, sich durch Morsezeichen mit ihm in Verbindung zu setzen. Doch Canaris konnte dem Fremden nicht antworten; er hatte früher einmal das Morsealphabet beherrscht, es inzwischen aber wieder vergessen.[189] Nach einer Weile verstummten die Klopfzeichen. Am nächsten Tag steckte ihm ein Wachmann, der SS-Rottenführer Weißenborn, einen Zettel zu, auf dem der Zellennachbar das gefängnisübliche Klopf- und Signalsystem skizziert hatte: Das Alphabet war unter Weglassung des Buchstabens J in 5 Gruppen zu je 5 Buchstaben eingeteilt; das erste Klopfzeichen gab die gewählte Buchstabengruppe an, das zweite den einzelnen Buchstaben innerhalb dieser Gruppe. Canaris begriff rasch, wenn ihm der Nachbar auch noch unbekannt blieb.[190]

Erst ein paar Tage später, als Canaris im Gang wartete, um zu einer neuen Vernehmung geführt zu werden, konnte ihn der Fremde von Zelle 21 in einem unbewachten Augenblick ansprechen und sich ihm vorstellen. Er war ein ehemaliger Geheimdienstler, vom Schicksal zum Chronisten der letzten Stunden des Wilhelm Canaris ausersehen: Hans Mathiesen Lunding, Rittmeister und einstiger Offizier im Geheimdienst der dänischen Armee.

Canaris kannte Lundings Geschichte. Der Rittmeister, aus dem früher deutschen Nordschleswig stammend, im Berliner Garde-Ulanenregiment ausgebildet, ab 1937 im Nachrichtendienst des dänischen Generalstabs und mit dem Aufbau eines Spionagenetzes in und gegen Deutschland beauftragt, war bei der kleinen Rumpfarmee geblieben, die das Reich zunächst Dänemark nach der deutschen Besetzung des Landes zugestanden hatte; angesichts des sich versteifenden Widerstands der dänischen Bevölkerung gegen die deutschen Besatzer waren jedoch im August 1943 die Armee aufgelöst und ihre Offiziere verhaftet worden. Lunding kam in ein Wehrmachtsgefängnis, wurde indes bald darauf ins RSHA-Gefängnis übergeführt – gegen den Protest von Canaris, der anfangs Lunding unter die Obhut der Abwehrstelle Kopenhagen gestellt hatte. Seit dem 6. Juli 1944 saß der Däne im KZ Flossenbürg ein.[191] Doch Canaris und Lunding hatten keine Zeit, darüber zu meditieren, wie seltsam sich ihre Wege gekreuzt hatten. Jeden Augenblick konnte Canaris' Wächter zurückkommen. Sie verabredeten rasch, die Unterhaltung mit dem von Lunding skizzierten Klopfsystem fortzusetzen.[192] Schon am folgenden Abend begannen die beiden Ex-Geheimdienstler mit dem Dialog.[193]

Sobald Lunding von der Nachbarzelle her das Klirren von Canaris' Fußfesseln hörte, legte er das Ohr an die Wand, damit ihm kein Signal entging. Anfangs verstand der Däne nur wenig von dem, was ihm Canaris mitzuteilen wünschte. Der Admiral klopfte oft zu schnell, zuweilen verhaspelte er sich bei den Schlägen und verlor den Überblick über die Buchstaben. Doch von Tag zu Tag wurde die Verständigung besser.[194] Allmählich lernte Lunding die Geschichte seines Nachbarn kennen, die Geschichte seiner Vernehmungen, seiner Ängste, seiner Hoffnungen.

Die Klopfzeichen aus Zelle 22 klangen recht optimistisch, denn noch konnte Canaris hoffen, die sich allerorten ankündende Götterdämmerung der NS-Herrschaft überleben zu können.[195] Auch Stawitzkys grobschlächtige Vernehmungstechnik war erfolglos geblieben; der Gestapo fehlten die Beweise, um Canaris des Landesverrats zu überführen – selbst das Material, mit dem Canaris' Hochverrat bewiesen werden sollte, war nicht eindeutig genug. Zudem standen die ins Ausland führenden Ermittlungen der Gestapo unter einem Unstern: Der in Madrid stationierte Polizeiattaché Paul Winzer, zur Einweisung der Canaris-Fahndung von Gestapo-Müller nach Berlin gerufen, war auf dem Rückflug nach Spanien von alliierten Jägern abgeschossen worden.[196]

So konnte Canaris wähnen, das Regime werde zusammenbrechen, ehe die Untersuchung gegen ihn zu Ende ging. Und er hatte einigen Anlaß zu solcher Hoffnung: Mit immer schnellerem Tempo löste sich das Dritte Reich auf, schoben sich die Marschkolonnen und Panzerarmeen der Alliierten über die deutsche Landkarte. Das Westufer des Rheins war bereits in der Hand des Gegners, Anfang März hatte er Krefeld besetzt und Köln erreicht; am 1. April war das Ruhrgebiet und mit ihm 21 deutsche Divisionen eingeschlossen, zugleich traten die amerikanischen Armeen zum Vorstoß gegen den Raum Mainz–Mannheim und gegen Thüringen an, um von dort das nördliche Bayern zu erreichen.[197] Noch aber standen die sowjetischen Hauptarmeen untätig an der Oder-Front und verstärkten laufend ihre Angriffsverbände, nur ein Ziel, nur eine Beute vor Augen: Hitlers Berlin.

Fieberhaft verstärkte der Diktator seine Verteidigungskräfte rund um Berlin, jeder Mann, jede Frau, jeder Junge wurde aufgerufen, den zu erwartenden »bolschewistischen Ansturm im Blut« zu ersticken.[198] In den Tiefbunkern des Militärlagers Zeppelin in Zossen quartierten sich neue Stäbe und Kommandobehörden ein, entschlossen, der Roten Armee den letzten deutschen Soldaten entgegenzuwerfen. Zu den Durchhalte-Aposteln gehörte auch der General der Infanterie Walter Buhle, der mit seinen Offizieren – er leitete den Heeresstab beim Oberkommando der Wehrmacht – in den ehemaligen Abwehrhäusern von Maybach II Diensträume bezog und immer noch weiteren Quartierraum suchte.[199]

Da geschah das Unglück: Auf der Suche nach neuen Diensträumen stieß Buhle (oder einer seiner Offiziere) auf einen Panzerschrank, in dem er merkwürdige Papiere fand: mehrere schwarze Kalikohefter in Stärke von je 80 bis 200 Seiten, die in Form eines Tagebuches gehalten waren.[200] Buhle hatte die langgesuchten Tagebücher des Admirals Canaris gefunden. Sofort alarmierte er die Gestapo. Empfand er keine Bedenken, einen Kameraden zu denunzieren? Der General Buhle lebte noch im Banne eines Erlebnisses, das er nicht verwinden konnte: Er hatte am 20. Juli 1944 in der Lagebaracke der Wolfschanze unweit Hitlers gestanden, als die Stauffenberg-Bombe explodiert war, und schwere Verletzungen davongetragen.[201]

Buhle informierte den SS-Brigadeführer Hans Rattenhuber, den Chef des für Hitlers persönlichen Schutz zuständigen Reichssicherheitsdienstes, und händigte ihm die Canaris-Tagebücher aus.[202] Rattenhuber gab sie umgehend an das RSHA weiter, wahrscheinlich an Kaltenbrunner oder Müller.[203] Das muß spätestens am 4. April gewesen sein, denn schon am nächsten Tag stand der triumphierende SS-Obergruppenführer Kaltenbrunner in der Mittagskonferenz (»Mittagslage«) der Reichskanzlei vor seinem Führer und meldete ihm den sensationellen Fund.[204]

Hitler las einige der von Kaltenbrunner markierten Stellen in den Tagebüchern, augenblicklich glaubte sich der Diktator im Bilde. In seiner Wahnwelt fühlte er sich jetzt erst recht als das Opfer jahrelangen Verrats und Treubruchs, formierte sich in seiner Phantasie ein gigantisches Komplott engster Mitarbeiter, allein dem Ziel gewidmet, den deutschen Endsieg zu hintertreiben und ihn, Adolf Hitler, zu stürzen. Welcher Sturzbach Hitlerscher Wutausbrüche und Schimpfvokabeln sich in dieser Stunde auch auf Canaris und seine engeren Freunde ergossen haben mag – am Ende stand der furchtbare Befehl, den Rattenhuber als einziges Moment der Szene in Erinnerung behielt: sofortige »Vernichtung der Verschwörer«.[205]

Die Henker der SS hatten freie Bahn, nichts sollte sie mehr hindern, das Leben der »Verräter« auszulöschen. Indes, der »weiche Österreicher«, wie man Kaltenbrunner im RSHA nannte, liebte nicht den offenen Genickschuß, den unverhüllten Mord; für den Juristen Kaltenbrunner mußte auch das Staatsverbrechen seine papierene Ordnung haben. Als er sich am frühen Nachmittag des 5. April mit Müller beriet, hatte er schon eine Lösung gefunden: Ein SS-Standgericht mit Richter und Ankläger mußte zuvor die Gezeichneten zum Tode verurteilen, ehe der Henker agierte.[206] Und er kannte schon den juristischen Apparatschik, der den letzten Akt ordnungsgemäß in Bewegung setzen würde: Huppenkothen.

Um 16 Uhr rief ihn Müller zu sich und erklärte ihm, das RSHA habe den Befehl erhalten, »ein Standgericht solle Dohnanyi aburteilen, das am 6. April in Sachsenhausen zusammenzutreten habe. Ich sei beauftragt, die Anklage zu erheben und zu vertreten«, wie sich später Huppenkothen erinnerte.[207] Huppenkothen will einige formaljuristische Einwände erhoben haben, doch Müller duldete keinen Widerspruch. Seine Ankündigungen waren umißverständlich: Im KZ Oranienburg/Sachsenhausen stehe ein Standgericht mit einem SS-Richter (vermutlicher Name: Hoffmann) und zwei Beisitzern, dem KZ-Kommandanten Keindl und dem SS-Oberführer Somann, bereit; Sonderegger werde Dohnanyi rechtzeitig ins Lager bringen.[208]

Huppenkothen wußte sich seines Auftrages rasch zu entledigen. Pünktlich zum festgesetzten Termin erschien der Standartenführer am Morgen des 6. April in einem Nebengebäude der Lagerkommandantur von Oranienburg/Sachsenhausen, in dem der »Prozeß« stattfinden sollte.[209] Der SS-Richter und seine beiden Beisitzer warteten bereits auf ihn, Huppenkothen legte sich die nur aus wenigen Sätzen bestehende Anklageschrift zurecht, die er zuvor rasch ausgearbeitet hatte – gestützt auf die Führervorlage, die von ihm im Oktober 1944 nach dem Zossener Aktenfund angefertigt worden war.[210]

Dann trugen Wächter den noch immer gelähmten Hans von Dohnanyi auf einer Bahre herein, der Prozeß begann. Huppenkothen verlas seine Anklage, die auf Hoch- und Kriegsverrat lautete. Ohne Hilfe eines Verteidigers, ohne jeden Protokollführer, an den Folgen seiner schweren Krankheit leidend, konnte sich Dohnanyi kaum zur Wehr setzen.[211] Am Abend war das grausige Satyrspiel zu Ende. Der SS-Richter Somann und Keindl zogen sich zur Beratung zurück, darauf erging das Urteil: Tod durch den Strang. Anschließend diktierte der Richter der Sekretärin Huppenkothens die schriftliche Urteilsbegründung in Länge von zwei Seiten, die der Ankläger dann gleich mit nach Berlin nahm.[212] (Wann Dohnanyi starb, bleibt dunkel – wahrscheinlich am 9. April fast zur gleichen Stunde wie die Häftlinge in Flossenbürg.)

Kaum hatte sich jedoch Huppenkothen um 23 Uhr bei Müller zurückgemeldet, da hielt der Gestapochef schon einen weiteren Liquidationsbefehl bereit: sofort ins KZ Flossenbürg, dort mit einem Standgerichtsverfahren den Fall der »Gruppe Canaris/Oster« erledigen.[213] Diesmal hatte Müller auf seine Art besonders umsichtig vorgesorgt: Müllers Blitzfernschreiben hatten noch am 5. April RSHA-Kommandos, KZ-Kommandanturen und das SS-Hauptamt Gericht aufgescheucht. Ein RSHA-Befehl stoppte den vom KZ Buchenwald aufgebrochenen und für das Lager Schönberg bestimmten Häftlingstransport und nötigte Josef Müller, Gehre und Bonhoeffer zur Fahrt nach Flossenbürg, der in Nürnberg tätige SS-Richter Otto Thorbeck mußte ebenfalls nach Flossenbürg reisen, um die Leitung eines SS-Standgerichts zu übernehmen, und der Oberverwalter Gogalla, Chef des RSHA-Gefängnisses, in Berlin eine Wagenkolonne zusammenstellen, die ein paar Sonderhäftlinge und auch Huppenkothen nach Flossenbürg bringen sollte.[214]

Jeder Transport war so geplant, daß alle am Sonntag, dem 8. April 1945, im KZ Flossenbürg eintreffen würden: die zusätzlichen Häftlinge, der Ankläger Huppenkothen und der Richter Thorbeck. Tatsächlich verlief alles nach dem Müller-Plan. Um 3 Uhr am frühen Morgen des 7. April stand Huppenkothen an der Berliner Autobahn und stieg in einen der heranrollenden Wagen Gogallas ein; die Fahrt ging zunächst nach Hof, wo sich der Ankläger Aktenmaterial für den Prozeß in Flossenbürg abholte.[215] Unterwegs las Huppenkothen noch einmal Müllers Instruktionen durch, der Text war nur zu eindeutig: Aburteilung von Oster, Canaris, dem Abwehrhauptmann Gehre, dem Theologen Dietrich Bonhoeffer und dem ehemaligen Heereschefrichter Karl Sack.

Am Abend des 7. April fuhr Huppenkothens Wagen in das Kommandanturlager des KZ Flossenbürg ein, am nächsten Morgen meldete sich Richter Thorbeck bei ihm.[216] Und wieder spielte sich die gleiche Justizfarce ab wie im KZ Oranienburg/Sachsenhausen: In einem Kommandanturgebäude war eine Art Verhandlungsraum hergerichtet worden. In einem Nebenzimmer breitete Huppenkothen das Anklagematerial aus, mit dem er Thorbeck, den zum Beisitzer bestimmten KZ-Kommandanten Kögl und einen zweiten – bis heute unbekannt gebliebenen – Beisitzer aufklärte.[217] Das Belastungsmaterial entstammte abermals nur Huppenkothens alter Führervorlage, nicht aber den Canaris-Tagebüchern, die die Vernichtungsaktion ausgelöst hatten und die Huppenkothen drei Wochen später auf Befehl Kaltenbrunners bei dem österreichischen Schloß Mittersill verbrennen wird.[218]

Hatten sie keine Skrupel, kamen ihnen keine Bedenken, das Standgerichtsverfahren in Szene zu setzen? Zumindest Huppenkothen und Thorbeck waren ausgebildete Juristen, erfahren genug, um genau zu wissen, daß es Mord oder rechtswidrige Tötung war, die sie vorbereiteten. Selbst die Gesetze und Rechtsverordnungen des Dritten Reiches schrieben vor, ein Gerichtsverfahren müsse von dem Willen getragen sein, die Wahrheit zu erforschen und Gerechtigkeit zu üben. Hier aber ging es ausschließlich darum, den strafrechtsfremden Zwecken einer untergehenden Diktatur zu dienen und einer von der Staatsführung beschlossenen Vernichtung politischer Gegner die pseudojuristische Begründung zu geben.

Zudem waren Huppenkothen und Thorbeck entschlossen, auch wesentliche juristische Formalien zu mißachten. Canaris und die Mitangeklagten waren Soldaten, ein SS-Standgericht hatte also gar keine Jurisdiktion über sie – für die Angeklagten kam nur ein Militärgericht in Frage.[219] Aber nicht einmal ein mit militärischen Richtern besetztes Standgericht wäre zur Aburteilung von Canaris und seinen Gefährten berechtigt gewesen, denn die Kriegsstrafverfahrensordnung (KStVO) schrieb vor, Standgerichte dürften nur dazu eingesetzt werden, eben begangene schwere Straftaten zu verhandeln, deren sofortige Aburteilung zur Aufrechterhaltung von Ordnung und Sicherheit der Truppe unbedingt notwendig sei – die den Angeklagten von Flossenbürg zugeschriebenen Straftaten aber lagen Jahre zurück.[220] Auch der gewählte Gerichtsort, das KZ Flossenbürg, widersprach den Vorschriften; das Standgericht hätte in Berlin, der Wirkungsstätte von Canaris, Oster und auch Huppenkothen, stattfinden müssen – so aber hatte man die schon im voraus bestimmte Hinrichtungsstätte zum Gerichtsort bestimmt.[221]

Jedes wesentliche Merkmal dieses Standgerichtsverfahrens bewies, daß hier Mord und Rechtsbeugung geplant waren: keine militärischen Richter, falscher Gerichtsort, keine Zulassung von Verteidigern, keinerlei Absicht, das zu erwartende Urteil durch den Gerichtsherrn bestätigen oder überprüfen zu lassen – Gründe genug für das später, 1955, urteilende Schwurgericht in Augsburg, Huppenkothen und Thorbeck wegen Beihilfe zum Mord zu 7 bzw. 4 Jahren Zuchthaus zu verurteilen.[222] Sie hatten nicht die geringsten Bedenken gehabt, der Todesmaschine im KZ Flossenbürg die juristische Begründung zu liefern. Fast sorglos waren Huppenkothen und Thorbeck mit den beiden Beisitzern in den Mittagsstunden des 8. April 1945 im Kasino der Kommandantur zum Essen gegangen. Am Nachmittag waren sie soweit. Das Standgericht trat zusammen.[223]

Um 16 Uhr brachten SS-Wachen den ersten der Angeklagten in den Verhandlungsraum: Oster. Mit kalter, schneidender Stimme verlas Huppenkothen die Anklage, die wie im Falle Dohnanyis dem Generalmajor vorwarf, jahrelang Hoch- und Kriegsverrat begangen zu haben. Huppenkothen zitierte aus den Zossener Akten, ein Dokument nach dem anderen zog er hervor, um zu beweisen, daß Oster seit 1938 auf den Sturz des nationalsozialistischen Regimes hingearbeitet und dabei auch durch Verhandlungen im Vatikan mit den Westmächten kooperiert habe.[224] Hans Oster, der offensichtlich mit dem Leben abgeschlossen hatte, bekannte sich leidenschaftlich zu seiner Tat. Am Abend erging das Urteil: Todesstrafe, zu vollstrecken im nächsten Morgengrauen.[225]

Dann kam Canaris. Gegen 20 Uhr hörte Lunding, daß in der Nachbarzelle die Tür geöffnet und dem Admiral die klirrenden Fußfesseln abgenommen wurden. Ein paar Schritte ertönten im Gang, die sich immer rascher entfernten.[226] Was schließlich vor dem Standgericht geschah, kennt die Nachwelt nur aus den verschleiernd-apologetischen Darstellungen Huppenkothens und Thorbecks. Kein Zweifel, daß Canaris nahezu die gleiche Anklage wie Oster entgegengehalten wurde: Er sei seit 1938 in die Umsturzpläne eingeweiht gewesen und habe innerhalb der Abwehr die Tätigkeit des Verschwörerkreises um Oster in jeder Hinsicht gedeckt, ja er habe auch selber aktiv im Winter 1939/40 deutsche Heerführer zum Putsch zu bewegen versucht und sei über Josef Müllers Geheimverhandlungen im Vatikan informiert worden. (Die Anklage wegen Landesverrats war stillschweigend fallengelassen worden.)[227]

Doch Canaris mochte selbst in dieser bittersten Stunde seines Lebens noch nicht aufgeben. Er widerlegte die Argumentation Huppenkothens, wo immer er konnte; mit nie dagewesener Zähigkeit stritt er die Vorwürfe ab oder interpretierte sie zu seinem Gunsten um. »In der Verhandlung«, wollte sich später Huppenkothen erinnern, »war er sehr vital und hat jeden Punkt der Anklage zerredet, um seinen Kopf zu retten. Wir haben mit ihm große Schwierigkeiten gehabt.«[228] Als Canaris immer wieder unterstrich, er habe nur zum Schein mit den Verschwörern zusammengearbeitet, um den Putsch in letzter Minute aufzudecken, unterbrach das Gericht die Verhandlung. Thorbeck ließ Oster noch einmal rufen, um ihn Canaris gegenüberzustellen.[229]

Vehement stießen die beiden Ex-Freunde aufeinander, als der SS-Richter Oster mitteilte, was Canaris zu seiner Verteidigung vorbringe. Empört entgegnete Oster, Canaris' Aussage entspreche nicht der Wahrheit, selbstverständlich sei der Admiral an allen Aktionen seines Widerstandskreises beteiligt gewesen. Verzweifelt rief Canaris: »Laß Dir doch erklären, ich habe es doch nur zum Schein getan!«[230] Da rief der General erregt: »Nein, das stimmt doch nicht. Ich kann nichts anderes aussagen, als was ich weiß. Ich bin doch kein Lump.« Canaris war am Ende. Als ihn Thorbeck fragte, ob ihn sein ehemaliger Stabschef zu Unrecht belaste, sagte er leise: »Nein.«[231] Ergebnis: Todesstrafe.

Während noch die restlichen drei Angeklagten – mit dem gleichen Ergebnis – vor das Standgericht kamen, wurde Canaris in seine Zelle zurückgeführt.[232] Um 22 Uhr hörte Lunding wieder das Türschlagen in der Nachbarzelle und das ihm nur allzu vertraute Rasseln von Canaris' Fußketten. Der Däne wartete noch ein paar Stunden, bis es im Zellenbau ruhig wurde. Dann klopfte er an die Wand. Es blieb einen Augenblick still, schließlich klopfte es zurück. Lunding identifizierte die Worte, es war Canaris' letzte Botschaft an die Nachwelt: »Bei der letzten Vernehmung Nase gebrochen. Meine Zeit ist um. War kein Landesverräter. Habe als Deutscher meine Pflicht getan. Sollten Sie weiterleben, grüßen Sie meine Frau.«[233]

Fraglich bleibt allerdings, ob Lunding in der Aufregung der letzten Kriegstage alle Worte der Canaris-Botschaft zutreffend in Erinnerung behielt. Sieben Jahre später, als Zeuge im Huppenkothen-Prozeß, hielt er es selber für unwahrscheinlich, daß Canaris von einer »Vernehmung« gesprochen habe; das Wort habe er, Lunding, eingesetzt, weil sein Eindruck gewesen sei, Canaris habe sich bei einer Vernehmung »festgefahren« und nun mit seiner alsbaldigen Hinrichtung gerechnet.[234] Auch die Formulierung »Nase gebrochen« gibt Rätsel auf: Wollte Canaris damit andeuten, daß er (was seine Biographen automatisch annahmen) bei der Gerichtsverhandlung geschlagen worden sei, oder war die Wendung nur metaphorisch gemeint, etwa in dem Sinne, er habe sich den Hals gebrochen? Die zweite Version ist die wahrscheinlichere, zumal später der als Leichenträger eingesetzte Krankenrevier-Schreiber Theodor Aichholzer an der Nase des toten Admirals keine Verletzungen bemerkte.[235]

Lunding mag in jener Nacht vom 8. zum 9. April noch lange über die Bedeutung von Canaris' Worten nachgedacht haben, doch bald übermannte ihn die Müdigkeit. Gegen 2 Uhr schlief der Däne ein. Nach ein paar Stunden schreckte er jedoch wieder hoch, ungewohnte Geräusche hatten ihn geweckt. Im Zellenbau hörte er laute Stimmen, die Hunde der Lagerwache bellten schier ohne Unterlaß – deutliches Zeichen, daß sich viele Menschen auf dem Hinrichtungshof hin und her bewegten. Lunding preßte sich an einen Türspalt seiner Zelle, durch den er einen Teil des Ganges und – dank eines großen Fensters auf dem Flur – auch Partien des Hofes überblicken konnte. Der Däne sah, daß der Hof in grelles Scheinwerferlicht getaucht war.[236)]

Schon kurz nach 5 Uhr hatte Adjutant Baumgartner die letzten Vorbereitungen für die Hinrichtung treffen lassen. Auf dem Wege zu dem auf 5 Uhr 30 angesetzten Zählappell der Wachtruppe hatte er dem Rapportführer Geisberger befohlen, sich zur Beobachtung der Hinrichtung beim Eingang zum Bunker, 20 Meter entfernt von der Hinrichtungsstätte, aufzustellen, und auch der Standortarzt von Flossenbürg, SS-Sturmbannführer Dr. Hermann Fischer, war bereits am Abend zuvor angewiesen worden, der Exekution beizuwohnen, um den Tod der Delinquenten festzustellen und ein Hinrichtungsprotokoll aufzunehmen, das freilich nur die Decknamen, nicht die Klarnamen der Liquidierten enthalten durfte.[237)] Baumgartner, Fischer und Geisberger waren auf dem Hof pünktlich zur Stelle, als SS-Männer noch einmal die tödlichen Instrumente überprüften. An der Westseite des Hofes war die Mauer mit einem Holzdach überdeckt, an dessen Balkenkonstruktion Haken und Schlingen angebracht waren; darunter standen kleine Treppen.

Fischer trat in den Bunker, die SS-Wachen holten gerade die Todeskandidaten heran. Es war gegen 6 Uhr, als Lunding neue Unruhe in der Nachbarzelle bemerkte. Die Tür von nebenan wurde geöffnet, Lunding hörte das Kommando »Mitkommen!« und kurz darauf das Geräusch nackter Füße, die über den steinernen Boden des Ganges schritten. Aus der Richtung der Schreibstube erscholl ein neuer Befehl: »Alles ausziehen!«[238)] Lunding konnte nicht mehr sehen, daß sich Canaris und seine vier Gefährten in der Badezelle unweit der Wachstube entkleiden mußten. Bonhoeffer ließ sich in einen links neben dem Badezimmer gelegenen Raum führen; dort sah ihn Fischer: nackt, auf die Knie gesunken und in einem innigen Gebet vertieft.[239)]

Neue Kommandos erschollen, der Zug der Todeskandidaten bewegte sich wieder den Gang zurück – in Richtung Hof. Lunding konnte einen letzten Blick auf Canaris werfen. Als sich die Schritte der Nackten wieder näherten, stürzte der Däne an den Türspalt und sah einen weißen Oberkörper und einen grauhaarigen Kopf vorüberhuschen – Canaris.[240)] Ihm folgten die anderen vier Todeskandidaten, die Lunding allerdings nicht kannte: Oster, Gehre, Sack und Bonhoeffer. Am Ende des Ganges, unmittelbar vor der Tür zum Hof, stoppte der Zug. Wieder ertönten Befehle, kaum verständlich vor dem Hintergrund des hysterischen Hundegebells. »Die Delinquenten«, berichtet Fischer, »wurden einzeln über den Hof zum Galgen getrieben. Sie mußten eine kleine Treppe besteigen. Dann wurde ihnen die Schlinge um den Hals gelegt und die Treppe unter ihnen weggezogen.«[241)]

Als erster der Todgeweihten betrat Canaris den Hof. Ruhig ließ er sich auf die Treppe führen und die Schlinge umlegen. Fischer und der neben ihm stehende Huppenkothen starrten bewegungslos nach vorn, dorthin, wo Wilhelm Franz Canaris, 58 Jahre alt, Admiral und ehemaliger Abwehrchef des Großdeutschen Reiches, seinen letzten Kampf führte. Die allerletzten Minuten dieses Lebens kennt man nur aus der Barbarenoptik seiner Liquidatoren. Ein SS-Mann, der Zeuge war: »Bei dem kleinen Admiral hat es sehr lange gedauert – er ist ein paarmal rauf und runter gezogen worden.«[242] SS-Arzt Fischer bedient sich einer angemesseneren Sprache: »Admiral Canaris ist fest und mannhaft gestorben.«[243]

Der Tod von »Caesar« und seinen Schicksalsgenossen sollte geheimgehalten werden, doch schon ein paar Stunden später wußten fast alle Häftlinge im Bunker, was geschehen war. Allzu viele Indizien wiesen auf die Untat hin: Der ebenfalls inhaftierte Prinz Philipp von Hessen hatte in der Wachstube die aufgehäuften Kleider der Hingerichteten gesehen, darunter auch Canaris' letzte Lektüre, die Hohenstaufer-Biographie »Kaiser Friedrich II.« von Ernst Kantorowicz, mit Marginalien des Admirals.[244] Auch redselige SS-Männer machten Andeutungen über die Hinrichtungen. Als Lunding von Canaris' Tod erfuhr und Weißenborn fragte, ob man in Deutschland immer so mit Offizieren umgehe, brummte ihn der Rottenführer bösartig an: »Das war kein Offizier, das war ein Landesverräter.«[245]

Gleichwohl schien es Lunding ein Tag voll seltsamer Symbolträchtigkeit: 9. April 1945 – vor fünf Jahren waren die deutschen Truppen nicht zuletzt unter Assistenz von Canaris und dessen Abwehr in Dänemark eingefallen und hatten dem damals noch lokal begrenzten Krieg erst seine welterschütternden Dimensionen gegeben. Auch Josef Müller, wie durch ein Wunder dem Standgericht entgangen, fiel das Schicksalhafte dieses historischen Tages auf, als er erfuhr, was sich am frühen Morgen ereignet hatte. Die Essensklappe seiner Zelle öffnete sich und das Gesicht eines britischen Offiziers erschien, der im Laufe des Tages als Kriegsgefangener eingeliefert worden war, sich aber relativ frei im Bunker bewegen durfte.[246]

»Gehören Sie zu den hohen Offizieren, die gehängt werden sollen?« wollte der Brite wissen. Müller antwortete knapp: »Yes.« Der Brite schüttelte den Kopf. Er sagte: »Ich glaube es nicht! Ihre Kameraden sind schon tot. Sie werden gerade hinter dem Zellenbau verbrannt.«[247] Tatsächlich hatte kurz zuvor der Schreiber Aichholzer den Befehl erhalten, mit einem weiteren Häftling in der »Totenhalle» des KZ eine Tragbare zu holen und fünf nackte Leichen, die seit Stunden auf dem Hinrichtungsplatz lagen, zum Krematorium zu bringen. Einer der Toten (Aichholzer kannte keinen von ihnen) fiel ihm auf, weil er eine »große gebogene Nase« hatte und eine »ganz dünne Strangulationsfurche« am Hals aufwies. Erst am nächsten Tag klärte ihn Fischer auf, wer der Mann gewesen sei: Canaris alias Caesar.[248]

Als Müller den »deutlichen Verbrennungsgeruch von Leichen« wahrnahm, stürzte er zu dem Fenster an der Außenwand seiner Zelle und blickte nach draußen. Müller weiß noch genau: »Fetzen wirbelten durch die Luft, sie wirbelten durch die Gitterstäbe in meine Zelle, ich hatte den Eindruck, daß es Teile von menschlicher Haut waren.«[249] Minutenlang starrte Müller vor sich hin, bis er die ganze Wahrheit erfaßte: »Es stimmte also, was mir der Engländer erzählt hatte. Meine Freunde waren ermordet worden. Ihre Leichen hatte man auf den Scheiterhaufen gelegt und verbrannt. Und jetzt wirbelten Fetzen ihrer Haut in der Luft herum und in meine Zelle.

Ich konnte nicht mehr. Ich wurde von Schmerz geschüttelt und weinte.«[250]

Wilhelm Canaris tot – Müller konnte es kaum fassen. Er hatte den Admiral nicht gut genug gekannt, um ihn detailliert und differenziert beurteilen zu können, und doch mochte Müller nie vergessen, welche Faszination dieser Mann und dieser Name auf sie alle, die sich gegen Hitler und dessen Regime gestellt, einmal ausgeübt hatte. Wie sehr hatte er, der »Vater der Geächteten«, der Schutzherr des konservativen Widerstands, der Verfechter militärischer Ritterlichkeit, sie an ein »anständiges Deutschland« glauben lassen, an eine bessere Zukunft, in der Vaterlandsliebe und Europäertum, Nationalstolz und Rechtlichkeit keine Gegensätze mehr und all die blutigen Spuren, die nationalistische Hypertrophie und machtpolitischer Größenwahn auf dem deutschen Ehrenschild hinterlassen hatten, beseitigt sein würden!

Doch in Canaris war etwas gewesen, was ihn trotz aller besseren Einsichten gehindert hatte, einer der Ihrigen zu werden und sich vorbehaltlos den Menschen anzuschließen, die sich nicht ohne verzweifelten Stolz Hochverräter am braunen Unrechtsstaat nannten. Waren es die Denkkategorien des konventionell-traditionalistischen Soldatentums gewesen, war es der Bann Hitlers, dem er sich nie ganz entziehen konnte, oder war es ein Fatalismus, der ihm die Vergeblichkeit all seines Tuns suggerierte – er hatte in keiner Sekunde seines Lebens den Absprung von jenem Lager gewagt, das ihn mit tausend Banden an die Herrschenden in Staat, Gesellschaft und Militär fesselte. Ihm war es nicht gegeben gewesen, neue Wege zu gehen und den alten, schon 1918 illusionär gewordenen Denk- und Verhaltensweisen der Vorkriegswelt den Abschied zu geben; er blieb mit allen Fasern seines Wesens dem Ideal des nationalen Machtstaates verhaftet – und merkte zu spät, daß die höchste Steigerung dieses Staates unter Hitler zugleich dessen Zerstörung bedeutete.

So blieb Canaris bis zu seinem sinnlosen Ende, was er allzeit gewesen war: der Kadett des Kaisers, der Herold deutscher Macht- und Weltgeltung, die sich immer weniger mit den Realitäten des 20. Jahrhunderts in Einklang bringen ließ. Er sträubte sich gegen solche Erkenntnis und verschrieb sich einem scheinbar leistungsfähigen Regime, dessen Maxime nicht umsonst lautete, Politik sei die Kunst des Unmöglichen. Aber war er darin ein Einzelfall? Keineswegs. Gab es nicht Millionen solcher braven, gutherzigen und tapferen Canaris, die sich der schier unbegrenzten Kraftsteigerung der Nation verschrieben und zu spät die mörderischen Untiefen des Regimes bemerkten? Was Wilhelm Canaris von den meisten Deutschen unterschied, war nur die prophetische Hellsichtigkeit, mit der er früher als andere witterte, daß all dies in Katastrophe und Untergang enden werde.

Ein Geräusch riß Müller aus seinen Gedanken. Die Tür der Zelle hatte sich geöffnet, Kriminalrat Stawitzki stand vor ihm, plötzlich freundlich und liebenswürdig. »Herr Doktor Müller«, sagte er, »wollen Sie den Wehrmachtbericht hören?« Einen Augenblick verstand der Häftling nicht, soviel Höflichkeit des Schlägers schien ihm unglaubhaft. Da brach es aus Stawitzki hervor: »Dr. Müller, sind wir rettungslos verloren?«[251] Erst jetzt begriff Müller: Die amerikanischen Truppen standen nur noch 90 Kilometer von Flossenbürg entfernt, Stawitzki hatte die letzten Nachrichten gehört.

Die Lage wurde schon in den nächsten Tagen so bedrohlich, daß die Gestapoführung Müller, Lunding und die restlichen Sonderhäftlinge ins scheinbar sichere KZ Dachau verlegen ließ. Am 15. April fuhr am Eingang des Bunkers ein Lastkraftwagen vor, um die Häftlinge abzuholen.[252] Als Müller auf den Lkw kletterte, der schon dicht besetzt war, verdunkelte sich der Himmel: Im Westen rückte die 7. US-Armee des Generals Patch auf Nürnberg, der Symbolstadt des Dritten Reiches, vor. Wie hatte Canaris prophezeit? »Finis Germaniae.« Es war nicht das Ende Deutschlands, wohl aber jenes Reiches, für das Wilhelm Canaris ein halbes Jahrhundert lang gelebt und gelitten hatte.

Der Lkw setzte sich in Bewegung, bald hatte er das Lagergebiet von Flossenbürg verlassen. Er entfernte sich immer mehr, wurde kleiner und kleiner, bis ihn der Horizont vollends verschluckte.

Anmerkungen

1 Der Kadett des Kaisers

1 Otto Schenk, S.M.S. »Dresden« im Geschwader Spee, S. 131, 132. **2** Erich Raeder, Das Kreuzergeschwader, S. 399. **3** Ebd. **4** Schenk, a.a.O., S. 132. Raeder, a.a.O., S. 399. **5** Raeder, a.a.O., S. 400. **6** Ebd. **7** Schenk, a.a.O., S. 133. **8** Ebd. **9** Chr. P. Christensen, Letzte Kaperfahrt nach Quiriquina, S. 132. Raeder, a.a.O., S. 401, 402. **10** Raeder, a.a.O., S. 402. **11** Raeder, a.a.O., S. 402, 403. **12** Qualifikationsbericht zum 1. Dezember 1913; Personalakte Canaris, Photokopie im Institut für Zeitgeschichte (IfZ). Vgl. auch Helmut Krausnick, Aus den Personalakten von Canaris; Vierteljahrshefte für Zeitgeschichte, 3. Heft, Juli 1962. Krausnick hat jedoch nicht alle Papiere aus der Personalakte veröffentlicht, weshalb hier immer auf die Photokopie der Originalakte im IfZ Bezug genommen wird. **13** Schenk, a.a.O., S. 134. **14** Raeder, a.a.O., S. 400, 402, 403. **15** Karl Heinz Abshagen, Canaris, S. 26. **16** Abshagen, a.a.O., S. 27. **17** Ebd. **18** Abshagen, a.a.O., S. 24. **19** Hugo Racine und Helmut Krausnick, Canaris; Neue Deutsche Biographie, S. 116–118. Bodo Herzog, Der junge Canaris in Duisburg (1892–1905), in: Die Nachhut, 10. Mai 1972, S. 16, 17. **20** Krausnick, Neue Deutsche Biographie, S. 117. **21** Herzog, a.a.O., S. 14. **22** Herzog, a.a.O., S. 14, 15. **23** Abshagen, a.a.O., S. 19. **24** Abshagen, a.a.O., S. 20. **25** André Brissaud, Canaris, S. 5. **26** Ulrich Klever, Knaurs Hundebuch, S. 179. **27** Paul Ronge, Zur Ahnentafel des Admirals Canaris, in: Genealogie, Bd. VI, Heft 1/1962, S. 35. **28** Abshagen, a.a.O., S. 20. **29** Herzog, a.a.O., S. 15. **30** Herzog, a.a.O., S. 16. Abshagen, a.a.O., S. 29. **31** Herzog, a.a.O., S. 16. **32** Brockhaus' Conversations-Lexikon, 1885; Bd. X, S. 60. **33** Abshagen, a.a.O., S. 25. **34** Herzog, a.a.O., S. 16. **35** Ungenannter Verfasser (= Erich Ferdinand Pruck), Wilhelm Canaris, in: Annedore Leber, Das Gewissen entscheidet, S. 251. **36** Michael Freund, Deutsche Geschichte, S. 827. **37** Ekkhard Verchau, Von Jachmann über Stosch und Caprivi zu den Anfängen der Ära Tirpitz, in: Marine und Marinepolitik 1871–1914, S. 54. **38** Verchau, a.a.O., S. 59. **39** Verchau, a.a.O., S. 67. **40** Brockhaus Enzyklopädie, 1968, Bd. IV, S. 798. **41** Paul Simsa, Marine intern, S. 30. **42** Simsa, a.a.O., S. 61. **43** Simsa, a.a.O., S. 84. **44** Vgl. dazu Volker R. Berghahn, Der Tirpitz-Plan und die Krisis des preußisch-deutschen Herrschaftssystems, in: Marine und Marinepolitik, S. 89ff. **45** Arthur J. Mader, From the Dreadnought to Scapa Flow, S. 106. **46** Simsa, a.a.O., S. 105. **47** Friedrich Forstmeier, Der Tirpitzsche Flottenbau im Urteil der Historiker, in: Marine und Marinepolitik, S. 35. **48** Herzog, a.a.O., S. 17. Brissaud, a.a.O., S. 6. **49** Simsa, a.a.O., S. 135. **50** Deckoffiziere der Deutschen Marine, S. 20. **51** Holger H. Herwig, Soziale Herkunft und wissenschaftliche Vorbildung des Seeoffiziers der Kaiserlichen Marine vor 1914, in: Militärgeschichtliche Mitteilungen, Heft 2/1971, S. 89. **52** L. Persius, Menschen und Schiffe in der Kaiserlichen Flotte, S. 24. **53** Weyers Flottenkalender, S. 102, 104. **54** Persius, a.a.O., S. 26. **55** Herzog, a.a.O., S. 18. **56** Persius, a.a.O., S. 29. **57** Hermann Giskes, Spione überspielen Spione, S. 41. **58** Abshagen, a.a.O., S. 32. **59** Schriftliche Mitteilung von Otto Benninghoff, 12. November 1966. **60** Abshagen, a.a.O., S. 31, 32. Der Zeuge wird dort zwar nicht mit Namen genannt, ist jedoch mit dem Abshagen-Mitarbeiter Benninghoff identisch. **61** Qualifikations-Bericht zum 1. Dezember 1909, Personalakte Canaris. **62** Ebd. **63** Holger H. Herwig, Zur Soziologie des kaiserlichen Seeoffizierkorps vor 1914, in: Marine und Marinepolitik, S. 78. **64** Herwig, Zur Soziologie, a.a.O., S. 81. **65** Herwig, Zur Soziologie, a.a.O., S. 80. **66** E. Alboldt, Die Tragödie der alten deutschen Marine, S. 16ff. **67** Alboldt, a.a.O., S. 25. **68** Alboldt, a.a.O., S. 26, 27. **69** Alboldt, a.a.O., S. 21. **70** E. Alboldt, Die Ursachen des Zusammenbruchs der Marine, in: Die Ursachen des Deutschen Zusammenbruchs im Jahre 1918, Bd. X, S. 81. **71** Alboldt, Tragödie, S. 20. **72** Herwig, Zur Soziologie, S. 83. **73** Ebd. **74** Ebd. **75** Herwig, Zur Soziologie, S. 87. **76** Dienstzeugnis vom 20. November 1907; Personalakte Canaris. **77** Weyer Flottenkalender, S. 168. **78** Qualifikationsbericht zum 1. Dezember 1909; Personalakte Canaris. **79** Bericht bei Gelegenheit des Kommandowechsels, 12. November 1908; Personalakte Canaris. **80** Dienstzeugnis vom 20. November 1907. **81** Bericht bei Gelegenheit des Kommandowechsels, 12. November 1908. **82** Qualifikationsbericht zum 1. Dezember 1909. **83** Auszeichnungen für Admiral Canaris; Personalakte Canaris. **84** Qualifikations-Bericht zum 1. Dezember 1909. **85** Tagebuch Hopmann, 21. November 1908; Bundesarchiv/Militärarchiv (= BA/MA), N 326/5. **86** Bericht bei Außerdienststellung der Manöverflotille, 3. September 1910; Personalakte Canaris. **87** Marineärztliches Zeugnis, 15. Januar 1924; Personalakte Canaris. **88** Qualifikations-Bericht zum 1. Dezember 1911; Personalakte Canaris. **89** Marineärztliches Zeugnis, 15. Januar 1924. **90** Qualifikations-Bericht zum 1. Dezember 1911. **91** Ebd. **92** Qualifikationsbericht zum 1. Dezember 1913. **93** Else Lüdecke, Kreuzerfahrten und Kriegserlebnisse: S.M.S. »Dresden«, 1914/1915, S. 8. **94** Ebd. **95** Abshagen, a.a.O., S. 34. **96** Lüdecke, a.a.O., S. 9. **97** Raeder, a.a.O., S. 370. **98** Heinrich Schneider, Die letzte Fahrt des Kleinen Kreuzers »Dresden«, S. 9, 15. **99** Schneider, a.a.O., S. 16. **100** Schneider, a.a.O., S. 17, 18. 19. **101** Lüdecke, a.a.O., S. 9. **102** Raeder, a.a.O., S. 371. **103** Schneider, a.a.O., S. 26–28. **104** Schneider, a.a.O., S. 28, 29. Raeder, a.a.O., S. 371. **105** Ebd. **106** Raeder, a.a.O., S. 371. **107** Schneider, a.a.O., S. 30. **108** Raeder, a.a.O., S. 371. **109** Ebd. **110** Schneider, a.a.O., S. 36. **111** Schneider, a.a.O., S. 37. **112** Raeder, a.a.O., S. 371. **113** Eberhard von Mantey, Das Kreuzergeschwader 1914, in: Mantey, Unsere Marine im Weltkrieg 1914–1918, S. 81. **114** Ebd. Gerhard Bidlingmaier, Zum 50. Jahrestag der Falklandschlacht, in: Marine-Rundschau, Heft 6/1964, S. 319, 320. **115** Bidlingmaier, a.a.O., S. 321. **116** Nachruf, in: Die Nachhut, Heft 6, 15. Dezember 1968, S. 24. Ian Colvin, Chief of Intelligence, S. 11, 12. Tgb. Hopmann, 21., 25. November und 24. Dezember 1908. **117** H. R. Trevor-Roper, Admiral Canaris, in: The Cornhill Magazine, Sommer 1950; S. 390. **118** Raeder, a.a.O., S. 371, 373. **119** Rader, a.a.O., S. 373. **120** Ebd. **121** Ebd. **122** Raeder, a.a.O., S. 374. Nachruf, a.a.O., S. 24. **123** Nachruf, a.a.O., S.

24. **124** Raeder, a.a.O., S. 375. **125** Raeder, a.a.O., S. 372–375. **126** Raeder, a.a.O., S. 379. **127** Raeder, a.a.O., S. 381. **128** Raeder, a.a.O., S. 382. **129** Raeder, a.a.O., S. 380. **130** Bidlingmaier, a.a.O., S. 320ff. Mantey, a.a.O., S. 82. **131** Raeder, a.a.O., S. 142. **132** Ebd. **133** Raeder, a.a.O., S. 147. **134** Bidlingmaier, a.a.O., S. 325. **135** Bidlingmaier, a.a.O., S. 326. Mantey, a.a.O., S. 89. **136** Bidlingmaier, a.a.O., S. 326. **137** Auszeichnungen für Admiral Canaris. Abshagen, a.a.O., S. 36, 37. **138** Bidlingmaier, a.a.O., S. 327. **139** Ebd. **140** Ebd. **141** Bidlingmaier, a.a.O., S. 328. **142** Ebd. **143** Raeder, a.a.O., S. 295. Schneider, a.a.O., S. 95ff. **144** Raeder, a.a.O., S. 295. **145** Raeder, a.a.O., S. 296. **146** Raeder, a.a.O., S. 386, 387. **147** Schenk, a.a.O., S. 101. **148** Raeder, a.a.O., S. 387. **149** Schneider, a.a.O., S. 111. Raeder, a.a.O., S. 387. **150** Raeder, a.a.O., S. 387. **151** Ebd. **152** Raeder, a.a.O., S. 320. **153** Ebd. **154** Raeder, a.a.O., S. 387. **155** Ebd. **156** Raeder, a.a.O., S. 389. **157** Raeder, a.a.O., S. 388. **158** Raeder, a.a.O., S. 388–391. **159** Raeder, a.a.O., S. 390. **160** Raeder, a.a.O., S. 393. **161** Raeder, a.a.O., S. 391. **162** Schneider, a.a.O., S. 126. Schenk, a.a.O., S. 116. Raeder, a.a.O., S. 395. **163** Raeder, a.a.O., S. 395. **164** Raeder, a.a.O., S. 396. **165** Schenk, a.a.O., S. 123. **166** Ebd. **167** Ebd. **168** Schneider, a.a.O., S. 130. **169** Raeder, a.a.O., S. 398. **170** Fritz Lüdecke, S.M.S. »Dresden« von der Falkland-Schlacht bis zum Untergang, in: Reinhard Scheer und Willy Stöwer, Die deutsche Flotte in großer Zeit, S. 167. **171** Raeder, a.a.O., S. 397, 398. **172** Fritz Lüdecke, a.a.O., S. 167. Raeder, a.a.O., S. 398. **173** Ebd. Schenk, a.a.O., S. 128. **174** Raeder, a.a.O., S. 399. **175** Raeder, a.a.O., S. 403. **176** Raeder, a.a.O., S. 402, 403. **177** Ebd. Colvin, a.a.O., S. 18. Schenk, a.a.O., S. 136. Otto Mielke, Das letzte Schiff des Kreuzergeschwaders, S. 36. **178** Else Lüdecke, a.a.O., S. 43. Raeder, a.a.O., S. 403. **179** Raeder, a.a.O., S. 403. **180** Christensen, a.a.O., S. 139. Raeder, a.a.O., S. 403, 404. Schenk, a.a.O., S. 139. **181** Raeder, a.a.O., S. 404. **182** Schenk, a.a.O., S. 146. **183** Else Lüdecke, a.a.O., S. 47. **184** Ebd. **185** Raeder, a.a.O., S. 405, 406. **186** Christensen, a.a.O., S. 155. **187** Christensen, a.a.O., S. 157. **188** Else Lüdecke, a.a.O., S. 53. Schenk, a.a.O., S. 155. **189** Admiralstab, 5. Oktober 1915. Aktenvermerk; BA/MA RM 5/v. 2228. Else Lüdecke, a.a.O., S. 53. **190** Personalakte Canaris. Christensen, a.a.O., S. 213. **191** Christensen, a.a.O., S. 217.

2 Mission am Mittelmeer

1 Chr. P. Christensen, Letzte Kaperfahrt nach Quiriquina, S. 218. **2** Otto Schenk, S.M.S. »Dresden« im Geschwader Spee, S. 155. Else Lüdecke, S.M.S. »Dresden«, S. 54. **3** Admiralstab, 5. Oktober 1915. Aktenvermerk. Bundesarchiv/Militärarchiv (= BA/MA), RM 5/v. 2228. **4** Karl Heinz Abshagen, Canaris, S. 39. **5** Admiralstab, 5. Oktober 1915. Aktenvermerk. **6** Ebd. **7** Abshagen, a.a.O., S. 39. **8** Als jüngstes Beispiel: Charles Whiting, Canaris, S. 15ff. **9** Admiralstab, 5. Oktober 1915. Aktenvermerk. **10** Personalakte Canaris; Institut für Zeitgeschichte (IfZ). **11** Ebd. **12** Schreiben des Admiralstabs N an das Kommando der Marine-Station der Ostsee, 20. Oktober 1916; Personalakte Canaris. **13** Otto Schulze, U-Boote im Mittelmeer, in: Eberhard von Mantey, Unsere Marine im Weltkrieg 1914–1918, S. 315. **14** Ebd. **15** Schulze, a.a.O., S. 316. **16** Ebd. **17** Schulze, a.a.O., S. 319. **18** Schulze, a.a.O., S. 317, 318. **19** Schulze, a.a.O., S. 319. **20** Personalakte Canaris. **21** Abshagen, a.a.O., S. 41. **22** Ebd. **23** Friedrich Gempp, Geheimer Nachrichtendienst und Spionageabwehr des Heeres, Bd. IV, II. Teil, S. 243; National Archives (= NA), ML 68. **24** Abshagen, a.a.O., S. 42. **25** Marineärztliches Zeugnis, unterschrieben von Marinestabsarzt Dr. Schulte-Ostrop, 15. Januar 1924; Personalakte Canaris. Helmut Krausnick, Aus den Personalakten von Canaris, in: Vierteljahrshefte für Zeitgeschichte, 3. Heft, Juli 1962; S. 286. **26** Abshagen, a.a.O., S. 43. **27** Decknamenlisten der Marineleitung in Spanien, 1928; BA/MA, OKM Box 20, 48903. **28** Gempp, a.a.O., S. 243. **29** Ebd. **30** Bericht eines V-Manns (Ritter von Goß) an die Marineleitung, 27. September 1928; BA/MA, OKM Box 20, 48903. **31** Diplomatist, Ein König im Netz, in: Die Weltbühne, 10. Januar 1928, S. 53. **32** Diplomatist, a.a.O., S. 54. **33** Diplomatist, a.a.O., S. 55. **34** Gempp, a.a.O., S. 243. **35** Bericht von Canaris: N-Arbeiten in Spanien während der Reise vom 28. I. bis 17. II. 1925; BA/MA, OKM Box 20, 48903. **36** André Brissaud, Canaris, S. 8. **37** Abshagen, a.a.O., S. 43. **38** Bericht eines V-Manns (Ritter von Goß) an die Marineleitung, 29. Juni 1928; BA/MA, OKM Box 20, 48903. **39** Siehe Kapitel 4. **40** Zu der Verbindung Canaris–Ullmann–Echevarrieta: Bericht von Canaris über seine Reise nach Spanien vom 9. V. bis 10. VI. 1926; BA/MA, OKM Box 20, 48903. Hugh Thomas, Der spanische Bürgerkrieg, S. 40. **41** Reisebericht von Canaris aus Spanien, Januar/Februar 1925; BA/MA, OKM Box 20, 48903. **42** Ebd. **43** Heinz Kiel, Canaris zwischen den Fronten, S. 7. **44** Kiel, a.a.O., S. 8. **45** Siehe Kapitel 4. **46** Abshagen, a.a.O., S. 45. **47** Ebd. **48** Telegramm des Admiralstabs N an das Kommando der Marinestation der Ostsee, 28. Februar 1916; Personalakte Canaris. **49** Ebd. **50** Telegramm des Chefs des Admiralstabes an Marinekommando Ostsee, 3. März 1916; Personalakte Canaris. **51** Abshagen, a.a.O., S. 45. Hinweis auch bei Bodo Herzog, Canaris wird am 2. Oktober 1916 aus Spanien abgeholt, in: Die Nachhut, Heft 21/22, 8. Januar 1973, S. 24. **52** Ebd. **53** Telegramm des Chefs des Admiralstabes an Marinekommando Ostsee, 3. März 1916. **54** Abshagen, a.a.O., S. 47. **55** Ladislas Farago, The Game of the Foxes, S. 6. Abshagen, a.a.O., S. 47. **56** Marineärztliches Zeugnis, 15. Januar 1924. **57** Telegramm des Admiralstabs an Marinekommando Ostsee, 20. März 1916; Personalakte Canaris. **58** Ebd. **59** Schulze, a.a.O., S. 316, 317. **60** Diplomatist, a.a.O., S. 56. **61** Gempp, a.a.O., S. 243. **62** Notiz des Admiralstabes N, 5. September 1916; Personalakte Canaris. **63** Vortragsnotiz des Kapitäns zur See Götting, 24. März 1931; BA/MA, II M 65/2. **64** Schreiben von Canaris an Götting, 23. März 1931; a.a.O. **65** Krausnick, a.a.O., S. 286. **66** Telegramm des Admiralstabes an Marinekommando Ostsee, September 1916; Personalakte Canaris. **67** Herzog, a.a.O., S. 21. **68** Von Kapitänleutnant v. Arnauld verfaßter Bericht betr. Übernahme des Kapitänleutnants Canaris vor Cartagena, 21. Oktober 1916; BA/MA, RM 97/766. **69** Herzog, a.a.O., S. 22. **70** Herzog, a.a.O., S. 23. **71** Kriegstagebuch von U 35, 30. September 1916; BA/MA. RM 97/766. **72** Herzog, a.a.O., S. 23. **73** KTB U 35, 1. Oktober 1916. Bericht betr. Übernahme Canaris. **74** Herzog, a.a.O., S. 24. **75** Herzog, a.a.O., S. 23. **76** Bericht betr. Übernahme Canaris. **77** Schreiben des Admiralstabes N an das Marinekommando Ostsee, 20. Oktober 1916. **78** Ebd. **79** Krausnick, a.a.O., S. 286. **80** Schreiben von Korvettenkapitän Eschenburg, 11. September 1917; Personalakte Canaris. **81** Ebd. **82** Qualifikationsbericht zum 1. Dezember 1917; Personalakte Canaris. **83** Abshagen, a.a.O., S. 58. **84** Ebd. **85** Qualifikationsbericht zum 1. Dezember 1917. **86** Schulze, a.a.O., S. 319, 320. **87** Qualifikationsbericht zum 1. Dezember 1917. **88** Undatierte Aktennotiz von Kapitänleutnant Otto Schulze; Personalakte Canaris. **89** Bodo Herzog, Kapitänleutnant Wilhelm Canaris als U-Boot-Kommandant, in: Die Nachhut, 1. Oktober 1972, S. 11. **90** Ebd. **91** Ebd. **92** Herzog, Canaris als U-Boot-Kommandant, S. 12. **93** Herzog, Canaris als U-Boot-Kommandant, S. 14. **94** Herzog, Canaris als U-Boot-Kommandant, S. 15. **95** Aktennotiz Schulze. **96** Abshagen, a.a.O., S. 25. **97** Herzog, Canaris als U-Boot-Kommandant, S. 16. **98** Schreiben von Korvettenkapitän Schaper, 1. August 1918; Personalakte Canaris. **99** Ebd. **100** Schulze, a.a.O., S. 323. **101** Schulze, a.a.O., S. 326. **102** Ebd.

3 Im Dienst der Konterrevolution

1 Kriegstagebuch von UB–128, Eintragung vom 29. November 1918; Bundesarchiv/Militärarchiv (= BA/MA). **2** J. Benoist-Méchin, Geschichte der deutschen Militärmacht, Bd. I: Das Kaiserreich zerbricht; S. 104. **3** Kriegstagebuch von UB–128, Eintragung vom 29. November 1918. **4** Ebd. **5** Gustav Noske, Von Kiel bis Kapp, S. 45. **6** Kriegstagebuch von UB–128, Eintragung vom 29. November 1918. **7** Noske, a.a.O., S. 45. **8** Ebd. **9** Noske, a.a.O., S. 46. **10** Ebd. **11** Benoist-Méchin, a.a.O., S. 66. **12** Klaus Hildebrand, Hitlers Ort in der Geschichte des preußisch-deutschen Nationalstates; in: Historische Zeitschrift, Bd. 217, Heft 3, Dezember 1973; S. 615. **13** Lothar Persius, Erinnerungen eines Seeoffiziers, in: Die Weltbühne, 12. Mai 1925; S. 693. **14** Die Ursachen des deutschen Zusammenbruchs im Jahre 1918, herausgegeben von Dr. Albrecht Philipp, 9. Bd., 1. Halbband; S. 131. **15** Die Ursachen . . ., a.a.O., S. 126. **16** Paul Simsa, Marine intern, S. 243. **17** Siehe dazu das Gutachten des Marinesekretärs a.D. Alboldt, Die Ursachen des Zusammenbruchs der Marine, in: Die Ursachen des Zusammenbruchs im Jahre 1918, 10. Bd., 1. Halbband, S. 133ff. **18** Ebd. **19** Simsa, a.a.O., S. 253. **20** Siehe dazu die neueste Forschungsergebnisse berücksichtigende Darstellung von Wilhelm Deist, Die Politik der Seekriegsleitung und die Rebellion der Flotte Ende Oktober 1918, in: Vierteljahrshefte für Zeitgeschichte, 4. Heft, Oktober 1966; S. 341ff. **21** Simsa, a.a.O., S. 287ff. **22** Wolfgang Malanowski, November-Revolution 1918, S. 35. **23** Michael Freund, Deutsche Geschichte, S. 1027. **24** Simsa, a.a.O., S. 298ff. **25** Personalakte Canaris; Photokopie im Institut für Zeitgeschichte (IfZ). **26** Die 3. Marine-Brigade v. Loewenfeld, herausgegeben von der Kameradschaft der 3. Marine-Brigade, S. 5. **27** Wilfried von Loewenfeld, Das Freikorps von Loewenfeld, in: Hans Roden, Deutsche Soldaten, S. 150. **28** Die 3. Marine-Brigade, a.a.O., S. 5. **29** Die 3. Marine-Brigade, a.a.O., S. 4. **30** Loewenfeld, a.a.O., S. 150. **31** Ebd. **32** Loewenfeld, a.a.O., S. 149. **33** Die Wirren in der Reichshauptstadt und im nördlichen Deutschland 1918–1920, herausgegeben von der Kriegsgeschichtlichen Forschungsanstalt des Heeres, in: Darstellungen aus den Nachkriegskämpfen deutscher Truppen und Freikorps, 6. Bd., 2. Reihe; S. 47. **34** Ebd. **35** Ebd. **36** Die Wirren . . ., a.a.O., S. 48. **37** Freund, a.a.O., S. 1043–1046. **38** Ebd. **39** Harry Wilde, Rosa Luxemburg, S. 181. **40** Wilde, a.a.O., S. 185. **41** Die Wirren . . ., a.a.O., S. 48. **42** Malanowski, a.a.O., S. 100ff. Wilde, a.a.O., S. 184. **43** Noske, a.a.O., S. 68, 69. **44** Die Wirren . . ., a.a.O., S. 48. Benoist-Méchin, a.a.O., S. 127. **45** Benoist-Méchin, a.a.O., S. 125. **46** Ernst Jünger (Herausgeber), Krieg und Krieger, S. 120. **47** Jünger, a.a.O., S. 106. **48** Die Wirren . . ., a.a.O., S. 46. **49** Ebd. **50** Mündliche Mitteilung von Herrn Otto Wagner, Juni 1973. **51** Benoist-Méchin, a.a.O., S. 127. Simsa, a.a.O., S. 302. **52** Die Wirren . . ., a.a.O., S. 48. **53** Personalakte Pabst; Archiv des »Spiegel«. **54** Waldemar Pabst, in: Der Spiegel, Nr. 16/1962, S. 39. **55** Benoist-Méchin, a.a.O., S. 129–132. **56** Ebd. **57** Benoist-Méchin, a.a.O., S. 133. **58** Elisabeth Hannover-Drück und Heinrich Hannover, Der Mord an Rosa Luxemburg und Karl Liebknecht, S. 29. **59** Malanowski, a.a.O., S. 105. **60** Siehe dazu Wilde, a.a.O., S. 95, 96, 204, 208, 209, 213, 215, 235. **61** Aktennotiz des späteren Präsidenten des Bundesamtes für Verfassungsschutz, Dr. Günther Nollau, über ein Gespräch mit Pabst, 1. Dezember 1959; Der Spiegel, Nr. 1/2 1970, S. 49. **62** Peter Nettl, Rosa Luxemburg, S. 733. Max Hochdorf, Rosa Luxemburg, S. 234ff. **63** Paul Levi, Der Jorns-Prozeß, S. 3. Hannover, a.a.O., S. 36. **64** Pabst in einem Interview; Der Spiegel, Nr. 16/1962, S. 42. Pabst-Befehle, unveröffentlichter Bericht eines Fernseh-Teams des Süddeutschen Rundfunks, 1966; Archiv des Spiegel. **65** Nettl, a.a.O., S. 735. Hochdorf, a.a.O., S. 238, 239. **66** Wilde, a.a.O., S. 192. Levi, a.a.O., S. 4. **67** Wilde, a.a.O., S. 193. Pabst-Interview, a.a.O., S. 43. **68** Der dritte Mann, in: Der Spiegel, Nr. 8/1967, S. 40. **69** Malanowski, a.a.O., S. 107. **70** Ebd. **71** Gert Buchheit, Der deutsche Geheimdienst, S. 193. André Brissaud, Canaris, S. 10. Karl Heinz Abshagen, Canaris, S. 58. **72** Die Wirren . . ., S. 54. **73** Ebd. **74** Buchheit, a.a.O., S. 192. **75** Personalakte Canaris. **76** Richard Grunberger, Red Rising in Bavaria, S. 63ff. **77** Abshagen, a.a.O., S. 58. **78** Abshagen, a.a.O., S. 61. **79** Die Wirren . . ., S. 54. **80** Personalakte Canaris. **81** Jost Dülffer, Weimar, Hitler und die Marine, S. 29. Siehe auch Deist, a.a.O., S. 352ff. **82** Die 3. Marine-Brigade, S. 6. **83** Gabriele Krüger, Die Brigade Ehrhardt, S. 26. **84** Die 3. Marine-Brigade, S. 7. Krüger, a.a.O., S. 26, 27. **85** Krüger, a.a.O., S. 27. Die Wirren . . ., a.a.O., S. 213. **86** Siehe Stellenbesetzungsliste der Loewenfeld-Brigade; Die 3. Marine-Brigade, S. 11. **87** Levi, a.a.O., S. 7, 14, 15. **88** Levi, a.a.O., S. 8. **89** Levi, a.a.O., S. 16. **90** Levi, a.a.O., S. 7. **91** Ebd. **92** Ebd. **93** Levi, a.a.O., S. 9. **94** Ebd. **95** Levi, a.a.O., S. 15. **96** Levi, a.a.O., S. 16. **97** Levi, a.a.O., S. 10. **98** Ebd. **99** Levi, a.a.O., S. 11. **100** Levi, a.a.O., S. 13. **101** Erklärung von Canaris gegenüber Korvettenkapitän Flies, Vermerk vom 31. Januar 1931: Canaris-Akte, BA/MA, II M 65/2. Levi, a.a.O., S. 20. **102** Levi, a.a.O., S. 20. **103** Ebd. **104** Ebd. **105** Hannover, a.a.O., S. 59. **106** Levi, a.a.O., S. 21. **107** Berliner Börsen-Zeitung, 23. Januar 1931. **108** Aussage von Bredereck im Jorns-Prozeß; Berliner Börsen-Zeitung, 23. Januar 1931. **109** Aussage von Bredereck; Vorwärts, 23. Januar 1931. Niederschrift Ib (Marineleitung), Januar 1931; Canaris-Akte. **110** Berliner Börsen-Zeitung, 23. Januar 1931. **111** Aussage Bredereck, Vorwärts, 23. Januar 1931. **112** Ebd. **113** Hannover, a.a.O., S. 125. **114** BS-Korrespondenz, 31. Januar 1931; Canaris-Akte. **115** Der Berichterstatter der USPD-»Freiheit«, 8. Mai 1919; zitiert nach: Hannover, a.a.O., S. 60. **116** Hannover, a.a.O., S. 88. Der Spiegel, Nr. 8/1967, S. 42. **117** Der Spiegel, Nr. 8/1967, S. 42. **118** Wer tatsächlich den tödlichen Schuß abgegeben hat, ist bis heute ungeklärt. Die durch Aussagen Pabsts unterstützte Vermutung des Redakteurs Dieter Ertel in einem Anfang 1969 gesendeten Fernsehspiel des Süddeutschen Rundfunks, Souchon habe geschossen, wurde von diesem energisch bestritten. Das Stuttgarter Landgericht verurteilte den Süddeutschen Rundfunk im Februar 1970, die Behauptung zu widerrufen. **119** Hannover, a.a.O., S.

116ff. **120** Levi, a.a.O., S. 21. **121** Levi, a.a.O., S. 11, 12. **122** Levi, a.a.O., S. 12. **123** Hannover, a.a.O., S. 134. Pabst-Befehle, S. 7, 8. Diese Zeugnisse decken sich auch mit einer Mitteilung des Historikers Helmut Krausnick, der nach Deutschland zurückgekehrte Vogel habe ihm in Berlin Mitte der dreißiger Jahre erklärt, er sei von Canaris befreit worden; mündliche Mitteilung von Professor Krausnick, Juni 1970. **124** Telephonische Erklärung von Oberheeresanwalt Sohl gegenüber Korvettenkapitän Flies, Vermerk vom 31. Januar 1931, dazu handschriftliche Notizen von Flies; Canaris-Akte. **125** Ebd. Abshagen, a.a.O., S. 67, 68. **126** Pabst-Befehle, S. 7. **127** Personalakte Canaris. **128** Hagen Schulze, Freikorps und Republik 1918–1920, S. 207. **129** Schulze, a.a.O., S. 213. **130** Schulze, a.a.O., S. 210. **131** Schulze, a.a.O., S. 212. **132** Ebd. Krüger, a.a.O., S. 40. **133** Schulze, a.a.O., S. 213. **134** Krüger, a.a.O., S. 40. Schulze, a.a.O., S. 213. **135** Schulze, a.a.O., S. 213. **136** Schulze, a.a.O., S. 253. Krüger, a.a.O., S. 41. **137** Schulze, a.a.O., S. 253. **138** Ebd. **139** Johannes Erger, Der Kapp-Lüttwitz-Putsch, S. 110. Schulze, a.a.O., S. 248. **140** Erger, a.a.O., S. 115. **141** So der Reichsminister Koch-Weser; Schulze, a.a.O., S. 249. **142** Erger, a.a.O., S. 116. **143** Schulze, a.a.O., S. 250. Erger, a.a.O., S. 116. **144** Schulze, a.a.O., S. 261. Erger, a.a.O., S. 121. **145** Erger, a.a.O., S. 119. **146** Schulze, a.a.O., S. 262. **147** Erger, a.a.O., S. 121. Aussage von Canaris, 7. März 1923, und Aussage von Trothas, 12. Januar 1923; Nachlaß Luetgebrune, National Archives (= NA), T–253/12. **148** Anklageschrift des Oberreichsanwalts gegen Korvettenkapitän a.D. Hermann Ehrhardt, 5. Mai 1923, S. 12; NA, T–253/12. **149** Schulze, a.a.O., S. 255. Krüger, a.a.O., S. 50. Erger, a.a.O., S. 112. **150** Aussage Trotha, 12. Februar 1923. **151** Aussage Canaris, 7. März 1923. **152** Ebd. **153** Erger, a.a.O., S. 121, 122. **154** Erger, a.a.O., S. 123. **155** Erger, a.a.O., S. 124. **156** Ebd. **157** Ebd. **158** Erger, a.a.O., S. 125. **159** Anklageschrift Ehrhardt, S. 19. **160** Erger, a.a.O., S. 132. **161** Aussage Trotha. **162** Ebd. **163** Ebd. **164** Aussagen Canaris und Trotha. **165** Aussage von Ehrhardt, 14. Dezember 1922; NA, T–253/12. **166** Aussage Trotha, 10. Dezember 1921. **167** Meldung Trothas an das Kommandanturgericht, 26. März 1920; NA, T–253/12. **168** Eingabe des Trotha-Verteidigers Grünspach an das Kommandanturgericht, 25. Mai 1920. NA, T–253/12. **169** Aussage von Canaris. **170** Ebd. **171** Aussage Trothas vom 10. Dezember 1921. **172** Ebd. **173** Ebd. **174** Aufzeichnung des Staatssekretärs Albert, 10. Juni 1920; Bundesarchiv (= BA), R43 I/2722 138 R. **175** Bericht Trothas an das Kommandanturgericht, 27. März 1920; NA, T–253/12. **176** Helmut Sprotte, Die Reichsmarine in ihrer organisatorischen Entwicklung seit der Revolution, S. 25. **177** Sprotte, a.a.O., S. 25, 26. **178** Ebd. **179** Siehe die genaue Darstellung bei Schulze und Erger. **180** Abshagen, a.a.O., S. 74. **181** Sprotte, a.a.O., S. 26. **182** Personalakte Canaris. Abshagen, a.a.O., S. 74. **183** Otto Geßler, Reichswehrpolitik in der Weimarer Zeit, S. 146. **184** Geßler, a.a.O., S. 148. **185** Geßler, a.a.O., S. 134. **186** Personalakte Canaris. **187** Kurt Stöckel, Die Entwicklung der Reichsmarine nach dem Ersten Weltkrieg, S. 43. **188** Stöckel, a.a.O., S. 27. **189** Dienstleistungsbericht zum 1. August 1921; Personalakte Canaris. **190** Kapitän zur See Schüssler, Der Kampf der Marine gegen Versailles 1919–1935, abgedruckt in: Der Prozeß gegen die Hauptkriegsverbrecher vor dem Internationalen Militärgerichtshof (= IMG), Band XXXIV, S. 541ff. **191** Vgl. Krüger, a.a.O., S. 70ff. **192** Stöckel, a.a.O., S. 45. **193** Ebd. **194** Stöckel, a.a.O., S. 44. **195** Sprotte, a.a.O., S. 25. **196** Anklageschrift Ehrhardt. **197** Schüssler, a.a.O., S. 551. **198** Schüssler, a.a.O., S. 541. **199** Schüssler, a.a.O., S. 542. Oliver, Das Geheimnis um Canaris, in: Die Weltbühne, 23. August 1927; S. 287. **200** Schüssler, a.a.O., S. 541. **201** Ebd. **202** Schüssler, a.a.O., S. 542. **203** Schüssler, a.a.O., S. 543. **204** Krüger, a.a.O., S. 72. **205** Krüger, a.a.O., S. 73. **206** Krüger, a.a.O., S. 70, 71. **207** Krüger, a.a.O., S. 78. **208** Ebd. **209** Oliver, a.a.O., S. 286. Krüger, a.a.O., S. 91. **210** Oliver, Canaris an der Ostsee, in: Die Weltbühne, 6. September 1927; S. 357. **211** Aussage des Rittmeisters a.D. Kurt Lieder zum Wiking-Olympia-Prozeß 1927, wiedergegeben bei Oliver, Das Geheimnis um Canaris, a.a.O., S. 286. **212** Ebd. **213** Oliver, Das Geheimnis um Canaris, a.a.O., S. 287. **214** Krüger, a.a.O., S. 91. **215** Krüger, a.a.O., S. 89. **216** Oliver, Das Geheimnis um Canaris, a.a.O., S. 286. **217** Oliver, Das Geheimnis um Canaris, a.a.O., S. 288. **218** Krüger, a.a.O., S. 105ff. **219** Heinz Kiel, Canaris zwischen den Fronten, S. 11. **220** Krüger, a.a.O., S. 106. **221** Oliver, Das Geheimnis um Canaris, a.a.O., S. 286. **222** Rede des SPD-Abgeordneten Philipp Scheidemann im Reichstag, 16. Dezember 1926, abgedruckt in: Verhandlungen des Reichstags, III. Wahlperiode 1924, Bd. 391, S. 8580. **223** Personalakte Canaris. **224** Die 3. Marine-Brigade, S. 19. **225** Erich Raeder, Mein Leben, Bd. I, S. 187. **226** Francis L. Carsten, Reichswehr und Republik 1918–1933, S. 110. **227** Shlomo Aronson, Heydrich und die Anfänge des SD und der Gestapo 1931–1935, S. 26. **228** Aronson, a.a.O., S. 45. **229** Aronson, a.a.O., S. 40, 41. **230** Personalakte Canaris. **231** Ebd. **232** Aronson, a.a.O., S. 51. **233** Mündliche Mitteilung von Frau Renée Wagner, die im Hause Canaris verkehrte; Juni 1973. **234** Abschiedsgesuch von Korvettenkapitän Canaris, 15. Januar 1924; Personalakte Canaris. **235** Marineärztliches Zeugnis, unterschrieben von Marinestabsarzt Dr. Schulte-Ostrop, 15. Januar 1924; Personalakte Canaris. **236** Schreiben von Konteradmiral Freiherr von Gagern an Canaris, 6. Februar 1924; Personalakte Canaris.

4 Die Abenteuer des Herrn Kika

1 Karl Heinz Abshagen, Canaris, S. 80. **2** Kapitän zur See Schüssler, Der Kampf der Marine gegen Versailles 1919–1935; in: Der Prozeß gegen die Hauptkriegsverbrecher vor dem Internationalen Militärgerichtshof (= IMG), Band XXXIV, S. 565. **3** Schüssler, a.a.O., S. 566. **4** Ebd. **5** A. G. Ploetz, Geschichte des Zweiten Weltkrieges, S. 285. Vgl. auch Donald W. Mitchell, History of the Modern American Navy, New York, 1946. **6** Ploetz, a.a.O., S. 305. **7** Schüssler, a.a.O., S. 566. **8** Ploetz, a.a.O., S. 305. **9** Schüssler, a.a.O., S. 566. **10** Ebd. **11** Abshagen, a.a.O., S. 80. **12** Ploetz, a.a.O., S. 285. **13** Ploetz, a.a.O., S. 305. **14** Abshagen, a.a.O., S. 80. **15** Schüssler, a.a.O., S. 566. **16** Personalakte Canaris; Photokopie im Institut für Zeitgeschichte (= IfZ). **17** Jost Dülffer, Weimar, Hitler und die Marine, S. 51. **18** Dülffer, a.a.O., S. 61. **19** Dülffer, a.a.O., S. 62. **20** Dülffer, a.a.O., S. 90. **21** Dülffer, a.a.O., S. 63. **22** Wolfgang Wacker, Der Bau des Panzerkreuzers A und der Reichstag, S. 10ff. **23** Dülffer, a.a.O., S. 75. **24** Ebd. **25** Ebd. **26** Dülffer, a.a.O., S. 89. **27** Beurteilungsbericht zum 1. November 1925; Personalakte Canaris. **28** Ebd. **29** Ebd. **30** Schüssler, a.a.O., S. 566, 567. **31** Kurt Stöckel, Die Entwicklung der Reichsmarine nach dem Ersten Weltkriege, S. 57. **32** Francis L. Carsten, Reichswehr und Republik, S. 311ff. **33** Schüssler, a.a.O., S. 553. **34** Ebd. **35** Ebd. **36** Ebd. **37**Geßler, Reichswehrpolitik in der Weimarer Zeit, S. 444, 447. **38** Geßler, a.a.O., S. 447. **39** Bericht des Staatssekretärs i.R. Fritze zum Fall der Lohmann-Unternehmungen, Bundesarchiv (= BA), R 43 I/605; S. 46. **40** Geßler, a.a.O., S. 443. **41** Staatssekretär i.R. Fritze, Material zur Frage des »Ruhrfonds«, S. 1; BA, R 43 I/605. **42** Ebd. **43** Fritze, Material . . ., S. 4. **44** Fritze, Material . . ., S. 20. **45** Fritze, Material . . ., S. 11. **46** Fritze, Material . . ., S. 17, 21. **47** Zusammenstellung der Lohmannschen Unternehmungen; Bundesarchiv/Militärarchiv (= BA/MA), OKM-Box 7, 34428. **48** Edb. **49** Ebd. **50** Ebd. **51** Schüssler, a.a.O., S. 567. **52** Ebd. **53** Ebd. Schüssler, a.a.O., S. 567. **54** Bericht des Korvettenkapitäns Canaris über seine Reise nach Spanien vom 28. 1. bis 17. 2. 1925; Marineleitung/Spanien-Akten, BA/MA, OKM-Box 20, 48903. **55** Ebd. **56** Ebd. **57** Von Canaris verfaßte Aufzeichnung: N-Arbeiten in Spanien während der Reise vom 28. I. bis 17. II. 1925; BA/MA, OKM-Box 20, 48903. **58** Ebd. **59** Ebd. **60** Ebd. **61** Ebd. **62** Bericht des Korvettenkapitäns Canaris über die Reise nach Spanien vom 28. I. bis 17. II. 1925. Bericht des Korvettenkapitäns Canaris über die Reise nach Spanien vom 20. IV.–8. V. 1925; BA/MA, OKM-Box 20, 48903. **63** Reisebericht Canaris 28. I.–17. II. 1925. **64** Ebd. **66** Ebd. **67** Ebd. **68** Ebd. **69** Ebd. **70** Ebd. **71** Auszug aus C 4310/28; BA/MA, OKM-Box 20, 48903. **72** Von Canaris verfaßte Aufzeichnung: Geheim-Stabssache, Stand der U-Boots- u. Torpedo-Angelegenheit; BA/MA, OKM-Box 20, 48903. **73** Reisebericht Canaris 28. I.–17. II. 1925. **74** Ebd. **75** Undatierte Aufzeichnung von Canaris (etwa: Juni 1926); BA/MA, OKM-Box 20, 48903. **76** Entwicklung der spanischen Angelegenheiten nach der Reise des Korvettenkapitäns Canaris nach Spanien im Februar 1925; BA/MA, OKM-Box 20, 48903. **77** Ebd. **78** Ebd. **79** Ebd. **80** Reisebericht Canaris 20. IV.–8. V. 1925. **81** Ebd. **82** Undatierte Aufzeichnung von Canaris: Stand der spanischen Angelegenheit (etwa: Sommer 1925); BA/MA, OKM-Box, 20, 48903. **83** Ebd. **84** Ebd. **85** Ebd. **86** Schüssler, a.a.O., S. 555. **87** Aufzeichnung von Canaris: Betrifft Torpedofabrikation in Spanien, 22. Februar 1926; BA/MA, OKM-Box 20, 48903. **88** Aufzeichnung von Canaris: Situationsbericht über das spanische Geschäft; BA/MA, OKM-Box 20, 48903. **89** Ebd. **90** Bericht des Kapitäns zur See Lohmann über seine Reise nach Nordspanien und den Besuch der »Barbara« in Bilbao und Santander, 18./19. August 1926; BA/MA, OKM-Box 20, 48903. **91** Situationsbericht über das spanische Geschäft. **92** Stellungnahme des Korvettenkapitäns Canaris zu der Angelegenheit Lohmann, 1927; BA/MA, OKM-Box 20, 48903. **93** Von Canaris verfaßte Notiz: Echevarrieta, 1926; BA/MA, OKM-Box 20, 48903. **94** Bericht des Korvettenkapitäns Canaris über seine Reise nach Spanien vom 9. VI. bis 10. VI. 1926; BA/MA, OKM-Box 20, 48903. **95** Ebd. **96** Ebd. **97** Ebd. **98** Ebd. **99** Bericht des Kapitäns zur See Lohmann . . . **100** Programm für die Zeiteinteilung vom 17.–20. August 1926; BA/MA, OKM-Box 20, 48903. **101** Bericht des Kapitäns zur See Lohmann . . . **102** Ebd. **103** Ebd. **104** Von Lohmann verfaßte Aufzeichnung: Bericht, 16. Febr. 1927; BA/MA, OKM-Box 20, 48903. **105** Von Lohmann verfaßte Aufzeichnung: Nachtrag zu dem Bericht über die Spanien-Reise; BA/MA, OKM-Box 20, 48903. **106** Bericht des Kapitäns zur See Lohmann . . . **107** Beurteilungsbericht vom 1. November 1926; Personalakte Canaris. **108** Von Canaris verfaßte Aufzeichnung: Bericht über Reise Spanien vom 28. April bis 18. Mai 1927; BA/MA, OKM-Box 20, 48903. **109** Ebd. Außerdem Decknamenliste von Canaris. **110** Von Canaris verfaßte Aufzeichnung: Bericht über Spanienreise, Februar 1928; BA/MA, OKM-Box 20, 48903. **111** Ebd. **112** Wechselseitige Beziehungen zwischen der Polizeiverwaltung Deutschlands und Spaniens, 17. Februar 1928; BA/MA, OKM-Box 20, 48903. **113** Schreiben von R. Mayrhofer an Suadicani, 13. Mai 1930; BA/MA, OKM-Box 20, 48903. **114** Reisebericht Canaris 20. IV.–8. V. 1925. **115** Ebd. **116** Von Canaris verfaßte Aufzeichnung: Bericht über Reise Spanien vom 28. April bis 18. Mai 1927; BA/MA, OKM-Box 20, 48903. **117** André Brissaud, Canaris, S. 193. Brian Crozier, Franco, S. 42. **118** Crozier, a.a.O., S. 90ff. **119** Beurteilungsbericht zum 1. November 1927; Personalakte Canaris. **120** Ebd. **121** Ebd. **122** Reisebericht Canaris 28. April bis 18. Mai 1927. Ferner: Undatierte Aufzeichnung von Canaris (etwa Sommer 1927). BA/MA, OKM-Box 20, 48903. **123** Von Canaris verfaßte Aufzeichnung: Ölmonopol (etwa Sommer 1927); BA/MA, OKM-Box 20, 48903. **124** Von Canaris verfaßte Aufzeichnung: Betrifft Angelegenheiten in Spanien, 8. August 1927; BA/MA, OKM-Box 20, 48903. **125** Reisebericht Canaris 28. April bis 18. Mai 1927. **126** Ebd. **127** Von Canaris verfaßte Aufzeichnung: Reise Spanien vom 8. 11.–19. 11. 1927; BA/MA, OKM-Box 20, 48903. **128** Ebd. **129** Beurteilungsbericht zum 1. November 1927. **130** Stellungnahme Canaris zur Angelegenheit Lohmann. **131** Schüssler, a.a.O., S. 569. Über Finanzierung und Aufgaben Messerschmidts: Anhang zur Zusammenstellung der Lohmannschen Unternehmungen. **132** Bericht Fritze, S. 54. **133** Ebd. **134** Ebd. **135** Stellungnahme Canaris zur Angelegenheit Lohmann. **136** Ebd. **137** Ebd. **138** Bericht Fritze, S. 55. **139** Geßler, a.a.O., S. 451ff. **140** Berliner Tageblatt, 9. August 1927. **141** Bericht Fritze, S. 98. **142** Bericht Fritze, S. 62ff. **143** Bericht Fritze, S. 64ff. **144** Bericht Fritze, S. 109. **145** Bericht Ftitze, S. 67–71. **146** Bericht Fritze, S. 71–73. **147** Bericht Fritze, S. 74–77. **148** Bericht Fritze, S. 78. **149** Bericht Fritze, S. 98. **150** Ebd. **151** Geßler, a.a.O., S. 450. **152** Berliner Tageblatt, 9. August 1927. **153** Ebd. **154** Berliner Tageblatt, 10. August 1927. **155** Bericht Fritze, S. 27. **156** Geßler, a.a.O., S. 453. **157** Geßler, a.a.O., S. 456. **158** 1. Vorbericht des Staatsministers a.D. Saemisch, 11. November 1927. Vom Reichskanzler Marx unterzeichnete Bestellungsurkunde für Fritze, 22. Mai 1928; BA, R 43 I/604. **159** Bericht Fritze, S. 271. **160** Carsten, a.a.O., S. 313. **161** Stellungnahme Canaris zur Angelegenheit Lohmann. **162** Von Canaris verfaßte Aufzeichnung: Geheime Kommandosache, Besprechung mit Hausknecht am 5. und 6. X. in Bremen, 8. Oktober 1928; BA/MA, OKM-Box 20, 48903. **163** Ebd. **164** Beurteilungsbericht zum 18. VI. 1928; Personalakte Canaris. **165** Die Weltbühne, 22. Mai 1928. **166** So die programmatische Erklärung von Kurt Tucholsky in der Weltbühne, für den es »kein Geheimnis der deutschen Wehrmacht gibt, das ich nicht, wenn es zur Erhaltung des Friedens notwendig erscheint, einer fremden Macht auslieferte«; zitiert nach Alf Enseling, Die Weltbühne, S. 115. **167** Die Weltbühne, 2. August, 16. August, 13. September 1927, 22. Mai 1928. **168** Die Weltbühne, 22. November 1927. **169** Zitiert nach Enseling, a.a.O., S. 118. **170** Die Ursachen des Deutschen Zusammenbruchs im Jahre 1918, in: Das Werk des Untersuchungsausschusses 1919–1928, 9. Band, 1. Halbband, Seite 126. **171** Wilhelm Deist, Die Unruhen in der Marine 1917/18, in: Marine-Rundschau, 6/1971, S. 333ff. **172** Die Ursachen . . ., a.a.O., S. 126. **173** Ebd. **174** Die Ursachen . . ., a.a.O., S. 131. **175** Die Ursachen . . ., a.a.O., S. 132, 134. **176** Die Ursachen . . ., a.a.O., S. 139. **177** Die Ursachen . . ., a.a.O., S. 140–143. **178** Die Ursachen . . ., a.a.O., S. 144. **179** Die Ursachen . . ., a.a.O., S. 165. **180** Vorwärts, 23. Januar 1931. **181** Verhandlungen des Reichstages,

III. Wahlperiode 1924, Band 391, Seite 8579ff. Carl von Ossietzky, Der Ponton-Prozeß, in: Die Weltbühne, 20. März 128, S. 428. **182** Oliver, Canaris an der Ostsee, in: Die Weltbühne, 6. September 1927, S. 357. **183** Welt am Abend, 23. Januar 1931. **184** Die Ursachen . . ., a.a.O., S. 137. **185** Wacker, a.a.O., S. 13ff. **186** Wacker, a.a.O., S. 114. **187** Wacker, a.a.O., S. 21, 24. **188** Gabriele Krüger, Die Brigade Ehrhardt, S. 12ff. **189** Wacker, a.a.O., S. 24. **190** Wacker, a.a.O., S. 19–23. **191** Wacker, a.a.O., S. 21, 23, 121. **192** Die Weltbühne, 3. Februar 1931. **193** Dülffer, a.a.O., S. 96. **194** Beurteilungsbericht zum 18. VI. 1928. **195** Am 1. Juni 1929. Beurteilungsbericht zum 1. November 1929; Personalakte Canaris. **196** Schüssler, a.a.O., S. 569. **197** Schreiben von Araoz an Donner, 13. Mai 1928; BA/MA, OKM-Box 20, 48903. **198** Dazu Unterlagen in: Marineleitung/Spanien-Akten (Herbst 1928). **199** Schreiben von Suadicani an den Chef des Stabes beim Flottenkommando, Kapitän zur See Gladisch, 27. August 1928; BA/MA, OKM-Box 20, 48903. **200** Das Märchen von den Canarischen Inseln, in: Die Weltbühne, 22. November 1927. **201** Auszug aus C 4310/28, dazu Schreiben von M 1 (Suadicani), 25. Mai 1928; BA/MA, OKM-Box 20, 48903. **202** Schreiben von Donner, 19. Mai 1928; BA/MA, OKM-Box 20, 48903. **203** Schreiben von Suadicani an Messerschmidt, 24. Juni 1929; Stellungnahme Messerschmidts zu einem Bericht des Leiters der Abwehrabteilung, Oberstleutnant Schwantes, Mai 1929; BA/MA, OKM-Box 20, 48903. **204** Schreiben von Goß, 29. Juni 1928; BA/MA, OKM-Box 20, 48903. **205** Ebd. **206** Schreiben von Goß, 27. September 1928; BA/MA, OKM-Box 20, 48903. **207** Ebd. **208** Ebd. **209** Dülffer, a.a.O., S. 97. **210** Erich Raeder: Mein Leben, Band 1, S. 188. **211** Carsten, a.a.O., S. 315. **212** Handschriftlicher Vermerk Suadicanis auf einem Schreiben von Messerschmidt, 18. Mai 1929; BA/MA, OKM Box 20, 48903. **213** Aktenvermerk von Messerschmidt, 1. Juni 1929; BA/MA, OKM-Box 20, 48903. **214** Beurteilungsbericht zum 1. November 1930, Personalakte Canaris. **215** Ebd. **216** Beurteilungsbericht zum 1. November 1928. Abshagen, a.a.O., S. 87. **217** Personalakte Canaris. **218** Karl Dönitz, Zehn Jahre und zwanzig Tage, S. 299. **219** Enseling, a.a.O., S. 116ff. Elisabeth Hannover-Drück und Heinrich Hannover, Der Mord an Rosa Luxemburg und Karl Liebknecht, S. 133. **220** Abgedruckt bei Hannover, a.a.O., S. 133. **221** Ebd. **222** Hannover, a.a.O., S. 136. **223** Hannover, a.a.O., S. 158–161. **224** Hannover, a.a.O., S. 169. **225** Berliner Börsenzeitung, 23. Januar 1931. **226** Ebd. **227** Von Flies verfaßte Aufzeichnung: Fernspruch Kpt. Canaris vom 23. I. 31 4.35 Nm. mit Kpt. Flies, 23. Januar 1931; BA, II M 65/2. **228** Erklärung von Canaris, 26. Januar 1931; BA, II M 65/2. **229** Schreiben von Frau v. Pflugk-Hartung an Rechtsanwalt Asch, 30. Januar 1931; BA, II M 65/2. **230** Schreiben von Ilse v. Pflugk-Hartung an ihren Bruder Horst, 2. Februar 1931; BA II M 65/2. **231** Flies-Notiz, 23. Januar 1931. Von Canaris verfaßte Aufzeichnung: Niederschrift über Besprechung mit Rechtsanwalt Bredereck in Angelegenheit Kapitän-Canaris-Jorns-Prozeß am 26. 1. 31; BA II M 65/2. **232** Aktennotiz, 30. Januar 1931; BA, II M 65/2. **233** Erklärung des Reichswehrministeriums, veröffentlicht in: Berliner Tageblatt, 29. Januar 1931. **234** Volkswacht, 29. Januar 1931. **235** Ebd. **236** 8-Uhr-Blatt, 26. Januar 1931. **237** Montag-Morgen, 26. Januar 1931.

5 Im Labyrinth der Geheimdienste

1 Völkischer Beobachter, 25. Mai 1932. **2** Ebd. **3** Helmut Heiber, Die Republik von Weimar, in: Deutsche Geschichte seit dem Ersten Weltkrieg, Bd. I, S. 197. **4** Werner Conze, Die Krise des Parteienstaates in Deutschland 1929/30, in: Von Weimar zu Hitler, S. 34. **5** Heiber, a.a.O., S. 50. **6** Zitiert nach Werner Maser und Heinz Höhne, Adolf Hitler: »Aufriß über meine Person«; Der Spiegel, Heft 19/1973, S. 145. **7** Ebd. **8** Völkischer Beobachter, 25. Mai 1932. **9** Jost Dülffer, Weimar, Hitler und die Marine, S. 222. Max Domarus, Hitler, S. 109. **10** Dülffer, a.a.O., S. 222. **11** Werner Maser, Hitlers Briefe und Notizen, S. 116. **12** Walter Baum, Marine, Nationalsozialismus und Widerstand, in: Vierteljahrshefte für Zeitgeschichte, 11. Jahrgang, 1963, S. 44. **13** Dülffer, a.a.O., S. 128, 129. **14** Wilhelm Canaris, Politik und Wehrmacht, in: Richard Donnevert, Wehrmacht und Partei, S. 47. **15** Canaris, a.a.O., S. 46. **16** Canaris, a.a.O., S. 47. **17** Von Canaris verfaßte Aufzeichnung: Niederschrift über Besprechung mit Rechtsanwalt Bredereck in Angelegenheit Kapitän-Canaris-Jorns-Prozeß am 26. Januar 1931; Canaris-Akte, Bundesarchiv (= BA), II M 65/2. **18** Dülffer, a.a.O., S. 75. **19** Morus, Der Fall Lohmann, in: Die Weltbühne, 16. August 1927. **20** Dülffer, a.a.O., S. 88. **21** Gabriele Krüger, Die Brigade Ehrhardt, S. 120ff. **22** Gedächtnisprotokoll über die Befragung des Admirals a.D. Conrad Patzig am 18./19. Januar 1966, S. 5; Bundesarchiv/Militärarchiv (= BA/MA). **23** Beurteilungsbericht zum 1. November 1933; Personalakte Canaris, Photokopie im Institut für Zeitgeschichte (= IfZ). **24** Karl-Heinz Abshagen, Canaris, S. 93. Victor Reimann, Dr. Joseph Goebbels, S. 40. **25** Bodo Herzog, Das letzte Bordkommando von Wilhelm Canaris, in: Die Nachhut, Heft 23/24, 15. Mai 1973; S. 10. **26** Ebd. **27** Abshagen, a.a.O., S. 93. **28** Klaus Benzing, Der Admiral, S. 48. **29** Otto Wagner, Wilhelm Canaris, S. 2. **30** Brief von Dr. Werner Best, 17. Dezember 1949. **31** Erich Pruck, Admiral Wilhelm Canaris, S. 2. **32** Beurteilungsbericht zum 1. November 1934; Personalakte Canaris. **33** Canaris, a.a.O., S. 48. **34** Canaris, a.a.O., S. 47. **35** Canaris, a.a.O., S. 48. **36** Canaris, a.a.O., S. 49. **37** Herzog, a.a.O., S. 10. **38** Ebd. **39** Herzog, a.a.O., S. 11. **40** Beurteilungsbericht zum 1. November 1933; Personalakte Canaris. **41** Ebd. **42** Beurteilungsbericht zum 1. November 1934; Personalakte Canaris. **43** Randvermerk von Foerster im Beurteilungsbericht zum 1. November 1934; Personalakte Canaris. **44** Personalakte Canaris. **45** Kurt Stökkel, Die Entwicklung der Reichsmarine nach dem Ersten Weltkriege, S. 55. **46** Gedächtnisprotokoll Patzig, S. 4. **47** Ebd. **48** Harry Howe Ransom, The Intelligence Establishment, S. 51. Felix Baumann, Bilder zur Geschichte der Spionage, in: Die Weltkriegsspionage, S. 527. **49** Nancy Mitford, Friedrich der Große, S. 106. Pierre Gaxotte, Friedrich der Große, S. 450. **50** Franz Kugler, Geschichte Friedrichs des Großen, S. 161. **51** Kugler, a.a.O., S. 20. **52** Kugler, a.a.O., S. 205. **53** E. H. Cookridge, Karriere Doppelagent, S. 94. **54** Baumann, a.a.O., S. 527. **55** Gaxotte, a.a.O., S. 450. **56** Ursula Veit, Justus Gruner als Schöpfer der Geheimen Preußischen Staatspolizei, S. 6, 7. **57** Kriminalkommissar Wendzio, Politische Polizei; Akten des Reichsführers-SS und Chefs der Deutschen Polizei, National Archives (= NA), T–175/432. **58** Veit, a.a.O., S. 7. **59** Ebd. **60** Veit, a.a.O., S. 11. **61** Veit, a.a.O., S. 7. **62** Veit, a.a.O., S. 30. **63** Veit, a.a.O., S. 30, 31. **64** Ebd. **65** Veit, a.a.O., S. 18. **66** Veit, a.a.O., S. 31–33. **67** Veit, a.a.O., S. 4. **68** Wendzio, a.a.O. **69** Manfred Kehrig, Die Wiedereinrichtung des deutschen militärischen Attachédienstes nach dem Ersten Weltkrieg, S. 4. **70** Kehrig, a.a.O., S.

4. **71** Ebd. **72** Denkwürdigkeiten des Generalfeldmarschalls Alfred Grafen von Waldersee, S. 24. **73** Ebd. **74** Denkwürdigkeiten des Geheimen Regierungsrathes Dr. Stieber, S. 4ff. **75** Denkwürdigkeiten Stieber, S. 220. Walter Horn, Abwehrspionage in der Ära Bismarcks, in: Die Weltkriegsspionage, S. 560. **76** Denkwürdigkeiten Stieber, S. 222. Friedrich Gempp, Geheimer Nachrichtendienst und Spionageabwehr des Heeres, Teil I, S. 1; National Archives, M L 68. **77** Denkwürdigkeiten Stieber, S. 223. **78** Gempp, a.a.O., S. 1. **79** Denkwürdigkeiten Stieber, S. 239–251. **80** Gempp, a.a.O., S. 2, 3. **81** Gempp, a.a.O., S. 3. Denkwürdigkeiten Waldersee, S. 10. **82** Denkwürdigkeiten Stieber, S. 253. **83** The American Peoples Encyclopedia, Band VII, S. 301. Brockhaus' Conversations-Lexikon, Band VIII, S. 573. **84** Denkwürdigkeiten Stieber, S. 260. **85** Denkwürdigkeiten Waldersee, S. 95. **86** Gempp, a.a.O., S. 12. **87** Gempp, a.a.O., S. 17. **88** Gempp, a.a.O., S. 18, 19. **89** Veit, a.a.O., S. 6. **90** Denkwürdigkeiten Stieber, S. 308; Horn, a.a.O., S. 564. **91** Gempp, a.a.O., S. 20. **92** Gempp, a.a.O., S. 21, 22. **93** Gempp, a.a.O., S. 29. **94** Gempp, a.a.O., S. 32ff. **95** Walter Nicolai, Geheime Mächte, S. 19. **96** Gempp, a.a.O., S. 49. **97** Gempp, a.a.O., S. 23ff. **98** Gempp, a.a.O., S. 26. **99** Gempp, a.a.O., S. 51. **100** Gempp, a.a.O., S. 56. **101** Gempp, a.a.O., S. 56–58. **102** Gempp, a.a.O., S. 58, 59. **103** Gempp, a.a.O., S. 81. **104** Ebd. **105** Gempp, a.a.O., S. 87. **106** Gempp, a.a.O., S. 38ff. **107** Gempp, a.a.O., S. 41. **108** Gempp, a.a.O., S. 44. **109** Gempp, a.a.O., S. 75. **110** Gempp, a.a.O., S. 76. **111** Gempp, a.a.O., S. 77. **112** Ebd. **113** Gempp, a.a.O., S. 79ff. **114** Gempp, a.a.O., S. 103. **115** Gempp, a.a.O., S. 105. **116** Gempp, a.a.O., S. 106. **117** Gempp, a.a.O., S. 107. **118** Gempp, Geheimer Nachrichtendienst und Spionageabwehr des Heeres, Teil II, Band 10, 9. Abschnitt, S. 81. **119** Gempp, a.a.O., II, Bd. 7, Abschnitt 7, S. 155ff. Ulrich Liss, Der Nachrichtendienst in den Grenzschlachten im Westen im August 1914, in: Wehrwissenschaftliche Rundschau, März 1962, S. 142ff. **120** Gempp, a.a.O., II, Bd. 10, Abschnitt 9, S. 47ff. **121** Gert Buchheit, Der deutsche Geheimdienst, S. 31. Andreas Ziesenitz, Spionage, in: Die Weltbühne, 9. Dezember 1920, S. 673–675. **122** Gempp, a.a.O., II, Bd. 10, Abschnitt 9, S. 47. **123** Gempp, a.a.O., II, Bd. 10, Abschnitt 9, S. 48. **124** Andreas Ziesenitz, Der Vater der Lüge, in: Die Weltbühne, 29. Juli 1920, S. 140. **125** Buchheit, a.a.O., S. 31. Gempp, a.a.O., II, Bd. 8, Abschnitt 8a, S. 166. **126** Hans Buchheim, Die SS – Das Herrschaftsinstrument, in: Anatomie des SS-Staates, Bd. I, S. 36. **127** Ebd. **128** Buchheim, a.a.O., S. 37. **129** Ebd. Dazu eine Darstellung aus nationalsozialistischer Perspektive: Werner Best, Die deutsche Abwehrpolizei bis 1945, S. 25. **130** David Dallin, Die Sowjetspionage, S. 146. **131** Heinz Höhne, Kennwort: Direktor, S. 49. **132** Albrecht Charisius und Julius Mader, Nicht länger geheim, S. 78. **133** Ebd. **134** Ebd. **135** Ebd. **136** Buchheit, a.a.O., S. 33. **137** Charisius/Mader, a.a.O., S. 80. **138** Buchheit, a.a.O., S. 33. **139** Kehrig, a.a.O., S. 39. **140** Buchheit, a.a.O., S. 32. Kehrig, a.a.O., S. 39. **141** Kehrig, a.a.O., S. 39. **142** Buchheit, a.a.O., S. 33. **143** Buchheit, a.a.O., S. 40. **144** Vortrag A II beim Amtschef A, 20. März 1928; Akten der Marineleitung, BA/MA, OKM-Box 6 34165/2. **145** Der Reichswehrminister, Entwurf eines Befehls zur Bildung der Abwehrabteilung, März 1928, mit einem Anschreiben Schleichers an ML, 14. März 1928; BA/MA, OKM-Box 6 3416/2. **146** Ebd. **147** Schreiben von A IIa an A II, 17. März 1928, und Aktennotiz von Loewenfelds, 19. März 1928; BA/MA, OKM-Box 6 34165/2. **148** Vortrag A II beim Amtschef A. **149** Akten der Marineleitung. **150** Buchheit, a.a.O., S. 40. **151** Buchheit, a.a.O., S. 38. **152** Gedächtnisprotokoll Patzig, S. 1. **153** Ebd. **154** Ebd. **155** Gedächtnisprotokoll Patzig, S. 1, 2. Schreiben Patzigs an Walter Baum, 10. November 1953; IfZ, ZS 540. **156** Buchheit, a.a.O., S. 40. **157** Buchheit, a.a.O., S. 35. **158** Ebd. **159** Buchheit, a.a.O., S. 102. **160** Best, Die deutsche Abwehrpolizei, S. 25. **161** Hans Buchheim, SS und Polizei im NS-Staat, S. 32–34. **162** Jacques Delarue, Geschichte der Gestapo, S. 43. **163** Heinz Höhne, Der Orden unter dem Totenkopf, S. 171. **164** Ebd. **165** Ebd. **166** Höhne, Der Orden, S. 173. **167** Höhne, Der Orden, S. 174. **168** Schreiben der Abwehrabteilung an alle Abwehrstellen, 27. März 1936; NA, T–175/403. **169** Zitiert in einem Schreiben des Geheimen Staatspolizeiamtes an alle Staatspolizeileitstellen und Staatspolizeistellen, 28. April 1939; NA, T–175/403. **170** Weisung Heydrichs an alle Staatspolizeistellen, 1934; NA, T–175/403. **171** Buchheit, a.a.O., S. 46ff. Der ungeklärte Fall Major Sosnowskis, in: Polnische Wochenschau, Ausgabe 24/1971. **172** Ebd. **173** Höhne, Der Orden, S. 165. **174** Shlomo Aronson, Heydrich und die Anfänge des SD und der Gestapo, S. 53ff. **175** Aronson, a.a.O., S. 58. **176** Ebd. **177** Höhne, Der Orden, S. 165. **178** Ebd. **179** Buchheim, SS und Polizei im NS-Staat, S. 62. **180** Aronson, a.a.O., S. 214. **181** Buchheit, a.a.O., S. 42. Aussage von Walter Huppenkothen: Canaris und Abwehr, S. 3, IfZ, ZS 249. **182** Gedächtnisprotokoll Patzig, S. 3. **183** Ebd. **184** Schreiben von Dr. Helmut Krausnick an Patzig, 5. März 1955, und Antwortschreiben Patzigs, 21. März 1955; IfZ, ZS 540. **185** Gesprächsprotokoll Patzig, S. 2. **186** Buchheit, a.a.O., S. 50. **187** Ebd. Ian Colvin, Chief of Intelligence, S. 14, erzählt eine andere Version, die er von Protze haben will; danach soll es wegen der Aufklärung gegen Polen zum Bruch zwischen Blomberg und Patzig gekommen sein. **188** Gedächtnisprotokoll Patzig, S. 4. **189** Ebd. **190** Gedächtnisprotokoll Patzig, S. 5. **191** Schreiben Patzigs an Baum, 10. November 1953. **192** Ebd. **193** Gedächtnisprotokoll Patzig, S. 4. **194** Ebd.

6 Der Abwehrchef

1 Personalnachweis; Personalakte Canaris, Photokopie im Institut für Zeitgeschichte (= IfZ). Observator (= Dr. Will Grosse), Geheimdienst, Fahneneid und Hakenkreuz, in: Echo der Woche, 5. Mai 1950. **2** Observator, a.a.O., 5. Mai 1950. **3** Gert Buchheit, Der deutsche Geheimdienst, S. 83. Erich Ferdinand Pruck, Admiral Wilhelm Canaris, Ergänzungsblatt. **4** Gerhard Henke, Bericht und Erinnerungen, in: Die Nachhut, 1. August 1967, S. 11. **5** Franz Josef Furtwängler, Männer, die ich sah und kannte, S. 205. **6** Nikolaus Ritter, Deckname Dr. Rantzau, S. 24, 25. **7** Gerhard Henke, Aus den Erinnerungen eines Ic/AO, in: Die Nachhut, 15. November 1967, S. 13. **8** Buchheit, a.a.O., S. 63. **9** Ebd. **10** Will Grosse, Der Mann, der zuviel wußte, in: Hamburger Morgenpost, 24. Oktober 1950. **11** Mündliche Mitteilung von Frau Lina Heydrich-Manninen, 8. März 1975. **12** Ritter, a.a.O., S. 25. **13** Erich Ferdinand Pruck, Warnzeichen Rot, XIII, S. 16. **14** Henke, Aus den Erinnerungen eines Ic/AO, a.a.O., S. 13. **15** Marineärztliches Zeugnis, 15. Januar 1924; Personalakten Canaris. **16** Pruck, Warnzeichen Rot, XIII, S. 16. **17** Mündliche Mitteilung von Herrn Otto Wagner, 12. Juli 1973. **18** Henke, Bericht und Erinnerungen, a.a.O., S. 12. **19** Buchheit, a.a.O., S. 85. **20** Ebd. **21** Klaus Benzing, Der Admiral, S. 108. **22** Heinrich Fraenkel und

Roger Manvell, Canaris, S. 223. **23** Mündliche Mitteilung von Herrn Otto Wagner, 22. Juli 1973. **24** Schriftliche Mitteilung von Frau Renée Wagner, März 1975. **25** Mündliche Mitteilung von Frau Lina Heydrich-Manninen, 8. März 1975. **26** Schriftliche Mitteilung von Frau Renée Wagner, März 1975. **27** Ebd. **28** Ebd. **29** Ebd. **30** Mündliche Mitteilung von Frau Lina Heydrich-Manninen, 8. März 1975. **31** Schriftliche Mitteilung von Frau Renée Wagner, März 1975. **32** Schriftliche Mitteilung von Herrn Otto Wagner, 21. März 1975. **33** Henke, Aus den Erinnerungen eines Ic/AO, a.a.O., S. 13. **34** Schreiben von Canaris, 30. Juni 1937; Bundesarchiv/Militärarchiv (= BA/MA), RW 5/v. 197. **35** Helmut Krausnick, Vorgeschichte und Beginn des militärischen Widerstandes gegen Hitler, in: Die Vollmacht des Gewissens, S. 247. **36** Klaus-Jürgen Müller, Das Heer und Hitler, S. 165. **37** Frankfurter Allgemeine Zeitung, 10. Mai 1957. Heinrich Bennecke, Die Reichswehr und der Röhm-Putsch, S. 65. **38** Müller, a.a.O., S. 173. **39** Müller, a.a.O., S. 155. **40** Müller, a.a.O., S. 166, 167. **41** Krausnick, a.a.O., S. 251. **42** Völkischer Beobachter, 5. Januar 1935. **43** Berliner Illustrierte Zeitung, 10. Januar 1935. **44** Müller, a.a.O., S. 159. **45** Ebd. **46** Krausnick, a.a.O., S. 253. **47** John W. Wheeler-Bennet, Die Nemesis der Macht, S. 360. Dagegen: Krausnick, a.a.O., S. 251. **48** Völkischer Beobachter, 5. Januar 1935. **49** Müller, a.a.O., S. 159. **50** Völkischer Beobachter, 14. Januar 1935. **51** Friedrich Hoßbach, Zwischen Wehrmacht und Hitler 1934–1938, S. 71. **52** Heinz Höhne, Der Orden unter dem Totenkopf, S. 67. **53** Höhne, a.a.O., S. 181. **54** Shlomo Aronson, Heydrich und die Anfänge des SD und der Gestapo, S. 275. **55** Furtwängler, a.a.O., S. 207. **56** Mündliche Mitteilung von Frau Lina Heydrich-Manninen, 8. März 1975. **57** Ebd. **58** Werner Best, Wilhelm Canaris, S. 4. **59** Mündliche Mitteilung von Frau Lina Heydrich-Manninen, 8. März 1975. **60** Ebd. Benzing, a.a.O., S. 106. **61** Mündliche Mitteilung von Frau Lina Heydrich-Manninen, 8. März 1975. **62** Ebd. **63** Ebd. **64** So etwa Karl Heinz Abshagen, Canaris, S. 147ff. **65** Mündliche Mitteilung von Herrn Bruno Streckenbach, 21. Januar 1966. **66** Aussage von Walter Huppenkothen, Canaris und Abwehr; IfZ, ZS 249. **67** Mündliche Mitteilung von Frau Lina Heydrich-Manninen, 8. März 1975. **68** Ebd. **69** Ebd. **70** Ebd. **71** Aronson, a.a.O., S. 190ff. **72** Ernst Jünger, Krieg und Krieger, S. 158. **73** Aronson, a.a.O., S. 195–198. **74** Best, a.a.O., S. 3. **75** Schreiben von Frau Erika Canaris an Erich Ferdinand Pruck, 1. April 1955. **76** Schreiben des Politischen Polizeikommandeurs der Länder, 2. April 1936, mit Abschrift der Vereinbarung vom 17. Januar 1935; National Archives (= NA), T–175/403. **77** Ebd. **78** Aussage Huppenkothen, S. 3. **79** Entschließung der Reichsregierung, 24. Oktober 1933; BA/MA, RW 5/v.195. **80** Wie kam es zu meinem Rußlandeinsatz? Erklärung von Otto Ohlendorf zu seinem Prozeß vor dem amerikanischen Militärtribunal, undatiert; im Besitz von Frau Käthe Ohlendorf. **81** Schreiben des Geheimen Staatspolizeiamtes, III H, 19. Januar 1935; NA T–175/403. **82** Schreiben des Geheimen Staatspolizeiamtes an alle Staatspolizeistellen, 25. Januar 1935; NA T–175/403. **83** Weisung Heydrichs an alle Staatspolizeistellen, 1935; NA T–175/403. **84** Ebd. **85** Reisebericht über die Reise Chef Abw. mit Leiter III, Kaptn. Bartenbach und SS-Gruppenführer Heydrich zur Ast Kiel am 7. 2. 1935, datiert vom 9. Februar 1935; BA/MA RW 5/v.197. **86** Reisebericht über die Reise nach Bremen und Wilhelmshaven, 25. März 1935; BA/MA RW 5/v.197. **87** Gemeint war die Entschließung vom 17. Oktober 1933, deren schriftliche Ausfertigung das Datum des 24. Oktober 1933 trug. **88** Stapostellen-Leiter-Besprechung bei Gestapa am 19. 10. 1936, datiert vom 11. November 1936; BA/MA RW 5/v.194. **89** Schreiben von Canaris, 14. Dezember 1936; BA/MA RW 5/v.194. **90** Reisebericht Bremen und Wilhelmshaven, 25. März 1935. **91** Schreiben von Bamler, 27. März 1936; NA, T–175/403. **92** Der Reichskriegsminister, Abwehrdienst in der SS-V.T., 23. April 1936; BA/MA RM 5/v.194. **93** Schreiben von Canaris betr. Abwehrdienst in der SS-V.T., 4. August 1936; BA/MA RW 5/v.194. **94** Aronson, a.a.O., S. 308. Mündliche Mitteilung von Herrn Dr. Werner Best, 5. Februar 1966. **95** Stapo-Stellen-Leiter-Besprechung, 11. November 1936. **96** Henke, Bericht und Erinnerungen, S. 11. **97** Martin Göhring, Bismarcks Erben, S. 245ff. **98** Göhring, a.a.O., S. 247. **99** Robert J. O'Neill, The German Army and the Nazi Party, S. 87. **100** Müller, a.a.O., S. 208. **101** Müller, a.a.O., S. 208, 209. **102** Müller, a.a.O., S. 207. **103** Müller, a.a.O., S. 208. **104** Ebd. **105** Ebd. **106** O'Neill, a.a.O., S. 88. Müller, a.a.O., S. 209. **107** Völkischer Beobachter, 18. März 1935. **108** Schreiben von Canaris an alle Abwehrstellen, 29. März 1935; BA/MA RW 5/v.197. **109** Ebd. **110** Ebd. **111** Bericht über Reise Chef Abw. und I L nach Budapest, 4. 4. 35 mit 7. 4. 35; BA/MA RW 5/v.197. **112** Ebd. **113** Gedächtnisprotokoll über die Befragung des Admirals a.D. Conrad Patzig am 18./19. 1. 1966, Militärgeschichtliche Forschungsanstalt, S. 2. **114** Hugh Thomas, Der spanische Bürgerkrieg, S. 210. **115** J. Benoist-Méchin, Auf dem Wege zur Macht 1925–1937, S. 240, 241. **116** O'Neill, a.a.O., S. 89. **117** Personalbogen; Personalakte Canaris. **118** Schreiben von Canaris an alle Abwehrstellen, 30. März 1935; BA/MA RW 5/v.195. **119** Ebd. **120** Personalakte Bamler; Privatarchiv. **121** Schriftliche Mitteilung von Erich Ferdinand Pruck, 13. März 1975. **122** Personalakte Bamler. **123** Hans Bernd Gisevius, Bis zum bitteren Ende, S. 126. **124** Schriftliche Mitteilung von Herrn Erich Ferdinand Pruck, 13. März 1975. Mündliche Mitteilung von Frau Lina Heydrich-Manninen, 8. März 1975. **125** Abwehr III, Merkblatt über Spionage, Spionageabwehr und Landesverrat, Juni 1938; BA/MA, RW 5/v.196. **126** Abwehr IIIa, Vorsorglicher Geheimschutz, 8. März 1935; BA/MA, RW 5/v.195. **127** Ebd. **128** Frederick V. Grunfeld, Die deutsche Tragödie, S. 189. **129** Bamler, Vortragsnotiz, 10. April 1935; BA/MA, RW 5/v.197. **130** Ebd. **131** Schreiben von Canaris betr.: Gewaltsames Vorgehen des ausl. ND, 14. Dezember 1936; BA/MA RW 5/v.194. **132** Schreiben von Canaris, 7. Januar 1938; BA/MA, RW 5/v.196. **133** Schreiben von Canaris an die Oberkommandos von Heer, Kriegsmarine und Luftwaffe, 31. März 1938; BA/MA, RW 5/v.197. **134** Ebd. **135** Schreiben von Canaris an die Abwehrstelle Dresden, 30. August 1937; BA/MA, RW 5/v.196. **136** Aussage von Generalleutnant Franz Eccard von Bentivegni in sowjetischer Kriegsgefangenschaft, in: Julius Mader, Hitlers Spionagegenerale sagen aus, S. 212. **137** Oscar Reile, Geheime Westfront, S. 19ff. **138** Bamler, Abwehrbesprechung am 21. u. 22. 6. 35; NA T–77/808. **139** Aussage Bentivegni, a.a.O., S. 212. **140** Ebd. **141** Ebd. **142** Bamler, Reisebericht Kiel, 9. Februar 1935. **143** Aussage Bentivegni, a.a.O., S. 205. **144** Schreiben der Abwehrstelle im Wehrkreis V, 8. 6. 34, in: Mader, a.a.O., S. 67. **145** Merkblatt für Abwehr von Spionage und Verrat, 2. Januar 1934, in: Mader, S. 70. **146** Ian Colvin, Chief of Intelligence, S. 44. **147** Bamler, Reisebericht Bremen und Wilhelmshaven, 25. März 1935. **148** Ebd. **149** Abw. Ia, Notizen über Reise Leiter Abw. zur Abwehrstelle Münster 15./16. 5. 35, datiert vom 20. Mai 1935; BA/MA, RW 5/v.197. **150** Von Henke unterschriebenes Schreiben an alle Abwehrstellen, 2. Juli 1936; BA/MA, RW 5/v.197. **151** Ebd. **152** Schreiben von Canaris an alle Abwehrstellen, 3. Juli 1936; BA/MA, RW 5/v.197. **153** Reichskriegsministerium, Richtlinien für militärische Berichterstattung, 11. Januar 1935; NA, T-77/808. **154** Schreiben von Canaris, 30. Juni 1937; BA/MA, RW 5/v.197. **155** Ebd. **156** Bamler, Organisation der Abwehrabteilung, August 1937; BA/MA, RW 5/v.207. **157** Observator, a.a.O., 5. Mai 1950. **158** Personal-Nachweis von Hans Oster; IfZ. **159** Internationales Bibliographisches Archiv (Munzinger-Archiv), Lieferung 28/54. Befragung von Franz Liedig; IfZ, ZS 2125. Mündliche Mitteilung von Herrn Dr. Werner Wolf Schrader, 12. März 1975. **160** Personalakte Rohleder; Privatarchiv. **161** Personalakte Leissner; Privatarchiv. **162** Personalakte Schmalschläger; Privatrchiv. **163** Ritter, a.a.O., S. 22, 49. **164** Pruck, Warnzeichen Rot, XIII, S. 1–3. **165** Otto Wagner, Bericht, S. 1–3. **166** Aussage Bentivegni, a.a.O., S. 215. **167** Paul Fidrmuc, Tagebuch, Bd. I; im Besitz von Herrn Günter Peis. **168** Die Nachhut, 15. Mai 1973, S. 41ff. Vgl. auch Rudolf Ströbinger, A/54. **169** Müller, a.a.O., S. 22. **170** Müller, a.a.O., S. 39. **171** Wagner, Bericht, S. 4. **172** Fidrmuc, Tagebuch, Bd. I, S. 95. **173** Merkblatt über Spionage, Spionageabwehr und Landesverrat, a.a.O. **174** Abwehr III C, Besprechungspunkte, Ende 1936; BA/MA, RW 5/v.195. **175** Reichskriegsministerium, J Ic/d, Vortrag, 20. Dezember 1937; NA, T-77/808. **176** Schreiben von Canaris betr.: Untergruppe III C, 22. April 1937; BA/MA, RW 5/v.196. **177** Erich Ferdinand Pruck, Gedanken über den geheimen militärischen Meldedienst, S. 4. **178** Observator, a.a.O., 17. März 1950. Walter Hagen (= Wilhelm Höttl), Die geheime Front, S. 105. **179** Mündliche Mitteilung von Frau Lina Heydrich-Manninen, 8. März 1975. **180** Erich Ferdinand Pruck, Der Abwehrchef, in: Der Notweg, Heft 7/1954. **181** Observator, a.a.O., 5. Mai 1950. **182** Ebd. **183** So Lahousen, zitiert in: Pruck, Admiral Wilhelm Canaris, S. 4. **184** Pruck, Gedanken über den geheimen militärischen Meldedienst, S. 4. **185** Otto Wagner, Canaris, S. 3. **186** Pruck, Warnzeichen Rot, XIII, S. 24. **187** Observator, a.a.O., 17. März 1950. **188** Ebd. **189** Mündliche Mitteilung von Frau Lina Heydrich-Manninen, 8. März 1975. **190** Bamler, Organisation der Abwehrabteilung, August 1937. **191** Ebd. **192** Abwehr Ia, Notizen Reise Münster. **193** Ebd. Paul Leverkuehn, Der Geheime Nachrichtendienst, S. 66. **194** Leverkuehn, a.a.O., S. 66. **195** Abwehr Ia, Notizen Reise Münster. **196** Ebd. **197** Leverkuehn, a.a.O., S. 68. **198** Aussage von Generalleutnant Hans Piekenbrock, in: Mader, a.a.O., S. 74. **199** Benoist-Méchin, a.a.O., S. 289. **200** Benoist-Méchin, a.a.O., S. 279. **201** William L. Shirer, Aufstieg und Fall des Dritten Reiches, S. 280. **202** Ladislas Farago, The Game of the Foxes, S. 88. **203** Benoist-Méchin, a.a.O., S. 290. **204** Wheeler-Bennet, a.a.O., S. 375. **205** O'Neill, a.a.O., S. 129. **206** Wheeler-Bennet, a.a.O., S. 375. **207** Ebd. **208** O'Neill, a.a.O., S. 129. **209** Benoist-Méchin, a.a.O., S. 292ff. **210** Wheeler-Bennet, a.a.O., S. 375. **211** Benoist-Méchin, a.a.O., S. 296. **212** Farago, a.a.O., S. 88. **213** O'Neill, a.a.O., S. 129. **214** Schreiben von General a.D. Geyr von Schweppenburg, 21. August 1967; ED 91/Bd. 8, IfZ. **215** O'Neill, a.a.O., S. 129. **216** Joachim C. Fest, Hitler, S. 683. **217** Benoist-Méchin, a.a.O., S. 304. **218** Henke, Aus den Erinnerungen eines Ic/AO, a.a.O., S. 12. **219** Müller, a.a.O., S. 215. **220** Pruck, Gedanken über den geheimen militärischen Meldedienst, S. 4. **221** Schreiben von Geyr von Schweppenburg, 6. Februar 1968; ED 91/Bd. 8, IfZ. **222** Schreiben von Canaris betr.: Organisation des Geheimen Meldedienstes, 9. September 1936; BA/MA, RW 5/v.197. **223** Von Canaris unterschriebene Dienstanweisung für die Führungsgruppe, September 1936; BA/MA, RW 5/v.197. **224** Ebd. **225** Personalakte Piekenbrock, Privatarchiv. **226** Aussage Piekenbrock, a.a.O., S. 51. **227** Aussage Piekenbrock, a.a.O., S. 52. **228** Aussage von Oberst Erwin Stolze in sowjetischer Kriegsgefangenschaft, in: Mader, a.a.O., S. 145. **229** Aussage Piekenbrock, a.a.O., S. 52. **230** Der Prozeß gegen die Hauptkriegsverbrecher vor dem Internationalen Militärgerichtshof, Bd. II, S. 488. **231** Aussage Stolze, a.a.O., S. 145, 146, 147. **232** Ladislas Farago, Burn after reading, S. 19. Reile, a.a.O., S. 36. **233** Bericht des Meldegebietes Hamburg über Schiffsbefragungsdienst, 30. Januar 1945; im Besitz von Herrn Heinrich Fraenkel. **234** Aussage Piekenbrock, a.a.O., S. 73. **235** Ebd. Buchheit, a.a.O., S. 121. **236** Hans-Joachim Neufeldt, Jürgen Huck und Georg Tessin, Zur Geschichte der Ordnungspolizei 1936–1945, S. 14. **237** Ebd. **238** Neufeldt u.a., a.a.O., S. 17. **239** Höhne, a.a.O., S. 182. **240** Mündliche Mitteilung von Herrn Erich Ferdinand Pruck, 12. Juli 1973. **241** Grundsätze für die Zusammenarbeit zwischen der Geheimen Staatspolizei und den Abwehrdienststellen der Wehrmacht vom 21. 12. 1936; BA/MA, RW 5/v.194. **242** Ebd. **243** Ebd. **244** Schreiben von Canaris, 23. Dezember 1936, BA/MA, RW 5/v.194. **245** Stapostellen-Leiter-Besprechung bei Gestapa am 19. 10. 36. **246** Buchheit, a.a.O., S. 170, nimmt an, in der Vereinbarung sei festgelegt worden, daß ein politischer Nachrichtendienst von der Abwehr nicht mehr, sondern nur noch vom SD betrieben werden dürfe. Der Text der Übereinkunft stützt solche Annahme nicht. **247** Henke, Bericht und Erinnerungen, a.a.O., S. 12. **248** Schriftliche Mitteilung von Frau Lina Heydrich-Manninen, 12. April 1975.

7 Im Banne Hitlers

1 Ladislas Farago, The Game of the Foxes, S. 88. **2** Ebd. **3** Werner Maser und Heinz Höhne, Adolf Hitler: »Aufriß über meine Person«, in: Spiegel, Heft 22/1973, S. 113. **4** Farago, a.a.O., S. 87. **5** Ian Colvin, Chief of Intelligence, S. 39. **6** Ebd. **7** Niederschrift des Vortrages von Konteradmiral Canaris bei der Ic-Besprechung im OKW am 3. 3. 1938, S. 5; National Archives (= NA), T-77/808. **8** Niederschrift des Vortrages von Canaris, S. 6. **9** Gerhard Fischer, Die Irrlichter, S. 160. **10** Fischer, a.a.O., S. 316. **11** Niederschrift des Vortrages von Canaris, S. 1. **12** Maser/Höhne, a.a.O., Heft 21/1973, S. 114. **13** Ebd. **14** Ebd. **15** Ebd. **16** Maser/Höhne, a.a.O., Heft 21/1973, S. 155. **17** Die nationalpolitische Stellung des Offiziers in der Deutschen Wehrmacht, Vortrag von Vizeadmiral Canaris am 22. April 1938 in Wien, S. 6; Institut für Zeitgeschichte (= IfZ). **18** Die nationalpolitische Stellung des Offiziers, S. 1. **19** Wilhelm Canaris, Politik und Wehrmacht, in: Richard Donnevert (Herausgeber), Wehrmacht und Partei, S. 48. **20** Niederschrift des Vortrages von Canaris, S. 8. **21** Canaris, Politik und Wehrmacht, a.a.O., S. 54. **22** Canaris, Politik und Wehrmacht, a.a.O., S. 53. **23** Will Grosse, Der Judenstern – eine Idee von Canaris?, undatiert, S. 1. **24** Ebd. **25** Akten zur Deutschen Auswärtigen Politik, Serie D, Bd. V, S. 763. **26** Klaus-Jürgen Müller, Das Heer und Hitler, S. 41. **27** Maser/Höhne, a.a.O., Heft 20/1973, S. 135. **28** Ebd. **29** Aussage von Otto Ohlendorf am 8. Oktober 1947, Nürnberger Nachfolgeprozesse, Fall X, Gerichtsprotokoll, S. 495; im Besitz von Frau Käthe Ohlendorf. **30** Canaris, Politik und Wehrmacht, a.a.O., S. 45. Die nationalpolitische Stellung des Offiziers, S. 2, 8. **31** Canaris, Politik und Wehrmacht, a.a.O., S. 50. **32** Niederschrift des Vortrages von Canaris, S. 10. **33** Müller, a.a.O., S. 175. **34** Walter Görlitz, Generalfeldmarschall Keitel – Verbrecher oder Offizier?, S.

182. **35** Ebd. **36** Jost Dülffer, Weimar, Hitler und die Marine, S. 88. **37** Klaus-Peter Hoepke, Die deutsche Rechte und der italienische Faschismus, S. 159ff. **38** Hoepke, a.a.O., S. 307, 297. Hans-Adolf Jacobsen, Nationalsozialistische Außenpolitik, S. 197. **39** Farago, a.a.O., S. 12. **40** Internationales Biographisches Archiv (Munzinger-Archiv), 17/53. **41** Gedächtnisprotokoll über die Befragung des Admirals a.D. Conrad Patzig am 18./19. Januar 1966, S. 2; Bundesarchiv/Militärarchiv (= BA/MA). **42** Ebd. **43** Ebd. **44** Ploetz, Geschichte des Zweiten Weltkrieges, S. 822. **45** Farago, a.a.O., S. 12. Bericht über Reise Chef Abw. und I L nach Budapest, April 1935; BA/MA, RW 5/ v.197. **46** Müller, a.a.O., S. 219. **47** Müller, a.a.O., S. 217, 218. **48** Müller, a.a.O., S. 220. **49** Müller, a.a.O., S. 219. **50** Müller, a.a.O., S. 224ff. **51** Müller, a.a.O., S. 226ff. **52** Müller, a.a.O., S. 240. **53** Müller, a.a.O., S. 242. **54** Wolfgang Foerster, Generaloberst Ludwig Beck, S. 54. **55** Canaris, Politik und Wehrmacht, S. 50. **56** Müller, a.a.O., S. 227. **57** Müller, a.a.O., S. 215. **58** Moritz von Faber du Faur, Macht und Ohnmacht, S. 234. **59** Müller, a.a.O., S. 233. **60** Faber du Faur, a.a.O., S. 168ff. **61** Faber du Faur, a.a.O., S. 234. **62** Ebd. **63** Faber du Faur, a.a.O., S. 200. **64** Gabriel Jackson, A Concise History of the Spanish Civil War, S. 39. **65** Brian Crozier, Franco, S. 196. Hugh Thomas, Der spanische Bürgerkrieg, S. 91. **66** Thomas, a.a.O., S. 63, 91. **67** Fischer, a.a.O., S. 168. Thomas, a.a.O., S. 91. **68** Thomas, a.a.O., S. 91. **69** Jackson, a.a.O., S. 39. **70** Crozier, a.a.O., S. 171. **71** Erklärung von Oberst Hans Remer, 16. Mai 1946, in: Julius Mader, Hitlers Spionagegenerale sagen aus, S. 226. **72** Jackson, a.a.O., S. 40. **73** Thomas, a.a.O., S. 61. **74** Crozier, a.a.O., S. 176. **75** Thomas, a.a.O., S. 106ff. **76** Crozier, a.a.O., S. 182. **77** Ebd. **78** Crozier, a.a.O., S. 183. **79** Crozier, a.a.O., S. 186. **80** Crozier, a.a.O., S. 189. **81** Crozier, a.a.O., S. 191. **82** Crozier, a.a.O., S. 192. **83** Crozier, a.a.O., S. 194. **84** Crozier, a.a.O., S. 193. **85** Crozier, a.a.O., S. 194. **86** Ebd. **87** Crozier, a.a.O., S. 196. **88** Klaus-Jörg Ruhl, Spanien im Zweiten Weltkrieg, S. 106. **89** Manfred Merkes, Die deutsche Politik gegenüber dem spanischen Bürgerkrieg, S. 19. **90** Crozier, a.a.O., S. 196. **91** Akten zur Deutschen Auswärtigen Politik, Serie D, Bd. III, S. 9, 11. **92** Akten, Bd. III, S. 12. **93** Ebd. **94** Merkes, a.a.O., S. 20, Akten, Bd. III, S. 4. **95** Völkischer Beobachter, 26. Juli 1936. **96** Akten, Bd. III, S. 4. **97** Merkes, a.a.O., S. 23. **98** André Brissaud, Canaris, S. 37. Crozier, a.a.O., S. 197. **99** Merkes, a.a.O., S. 27. **100** Ebd. **101** Ruhl, a.a.O., S. 106. Merkes, a.a.O., S. 28. **102** Merkes, a.a.O., S. 29. **103** Ebd. **104** Ebd. **105** Ebd. **106** Müller, a.a.O., S. 232. **107** Faber du Faur, a.a.O., S. 160. **108** Müller, a.a.O., S. 232. **109** Colvin, a.a.O., S. 31. **110** Erklärung Remer, a.a.O., S. 227. **111** Akten, Bd. III, S. 23. **112** Akten, Bd. III, S. 31, 78. Erklärung Remer, a.a.O., S. 228. **113** Mader, a.a.O., S. 227. **114** Akten, Bd. III, S. 31. **115** Akten, Bd. III, S. 23. **116** Akten, Bd. III, S. 36. **117** Merkes, a.a.O., S. 30. Crozier, a.a.O., S. 194. **118** Merkes, a.a.O., S. 30. **119** Ebd. **120** Ebd. **121** Ebd. **122** Ebd. **123** Merkes, a.a.O., S. 31. **124** Ebd. **125** Ebd. **126** Thomas, a.a.O., S. 210., Merkes, a.a.O., S. 32. **127** William L. Shirer, Aufstieg und Fall des Dritten Reiches, S. 288. Hermann Graml, Europa zwischen den Kriegen, in: Deutsche Geschichte seit dem Ersten Weltkrieg, Bd. I, S. 459. **128** Shirer, a.a.O., S. 288. **129** Graml, a.a.O., S. 459. **130** Crozier, a.a.O., S. 210. **131** Akten, Bd. III, S. 39. **132** Akten, Bd. III, S. 105. **133** Thomas, a.a.O., S. 247. Brissaud, a.a.O., S. 39. **134** Thomas, a.a.O., S. 247. **135** Akten, Bd. III, S. 106. **136** Akten, Bd. III, S. 107. **137** Thomas, a.a.O., S. 248. **138** Ebd. Hellmuth Günther Dahms, Der spanische Bürgerkrieg, S. 142. **139** Ebd. **140** Merkes, a.a.O., S. 97. **141** Merkes, a.a.O., S. 64. **142** Akten, Bd. III, S. 148. **143** Merkes, a.a.O., S. 76. **144** Pierre Broué und Émile Témime, Revolution und Krieg in Spanien, S. 430. Akten, Bd. III, S. 126. **145** Merkes, a.a.O., S. 75. Akten, Bd. III, S. 126. **146** Akten, Bd. III, S. 162. **147** Merkes, a.a.O., S. 76. **148** Broué/Témime, a.a.O., S. 428. **149** Broué/Témime, a.a.O., S. 432. **150** Broué/Témime, a.a.O., S. 434. **151** Broué/Témime, a.a.O., S. 435. **152** Ebd. **153** Ebd. **154** Erich Ferdinand Pruck, Warnzeichen Rot, XIII, S. 24. **155** Merkes, a.a.O., S. 97. **156** Fischer, a.a.O., S. 166. Merkes, a.a.O., S. 103. **157** Merkes, a.a.O., S. 103. **158** Thomas, a.a.O., S. 208. **159** Fischer, a.a.O., S. 159. **160** Max Franzbach, Geschichte der KO Spanien, undatiert, S. 1; im Besitz von Herrn Günter Peis. **161** Gert Buchheit, Der deutsche Geheimdienst, S. 137. Fischer, a.a.O., S. 175. **162** Aussage des Generalleutnants von Bentivegni, in: Mader, a.a.O., S. 230. **163** Werner Best, Die deutsche Abwehrpolizei bis 1945, S. 49. Die Beamten entstammten fast sämtlich der Hauptabteilung III des Geheimen Staatspolizeiamtes und unterstanden für die Dauer des Krieges der Gruppe III der Abwehrabteilung. **164** Fischer, a.a.O., S. 160. **165** Fischer, a.a.O., S. 159. **166** Fischer, a.a.O., S. 180. **167** Thomas, a.a.O., S. 233. **168** Ebd. **169** David J. Dallin, Die Sowjetspionage, S. 154. **170** Anonymus, Zarenoffiziere für Spaniens Internationale Brigaden, etwa 1950; Archiv des Spiegel. **171** Bericht des Chefs der Sicherheitspolizei und des SD, IV A 2–B, 22. Dezember 1942, S. 20; Archiv des Spiegel. **172** Ebd. **173** Günther Weisenborn, Rote Kapelle (Sammelbericht der Überlebenden); Akten der Staatsanwaltschaft am Landgericht Lüneburg, Strafsache gegen Dr. Manfred Roeder, Bd. VIII, Blatt 64. **174** Bericht des Chefs der Sicherheitspolizei und des SD, S. 20. **175** Klaus Lehmann, Widerstandsgruppe Schulze-Boysen/Harnack, S. 29. **176** Bericht über Reise Chef Abw. nach Budapest, April 1935. **177** Ebd. **178** Paul Leverkuehn, Der geheime Nachrichtendienst der deutschen Wehrmacht im Kriege, S. 40. **179** Bericht über Reise Chef Abw. **180** Edgar Siegfried Meos, Hitlers Geheimdienst in Estland vor dem Überfall auf die Sowjetunion, in: Mitteilungsblatt der Arbeitsgemeinschaft ehemaliger Offiziere, S. 9. **181** Ebd. **182** Meos, a.a.O., S. 10. **183** Observator (= Dr. Will Grosse), Geheimdienst, Fahneneid und Hakenkreuz, in: Echo der Woche, 24. März 1950. **184** Ebd. **185** Lew Besymenski, Sonderakte »Barbarossa«, S. 245. **186** Erich Kordt, Nicht aus den Akten, S. 123. **187** Ebd. **188** Heinz Höhne, Der Fall Lissner, in: Ivar Lissner, Mein gefährlicher Weg, S. 233. **189** Aktennotiz des Chefs der Abteilung Ausland, 26. August 1937; NA, T–77/884. Farago, a.a.O., S. 13. **190** Theo Sommer, Deutschland und Japan zwischen den Mächten, S. 25. **191** Ebd. **192** Ebd. **193** Sommer, a.a.O., S. 26. **194** Somer, a.a.O., S. 27. **195** Sommer, a.a.O., S. 28. **196** Sommer, a.a.O., S. 493ff. **197** Martin Göhring, Bismarcks Erben, S. 258. **198** Sommer, a.a.O., S. 29. **199** Sommer, a.a.O., S. 39. **200** Ebd. **201** Entwurf: Deutsch-japanische Militär-Konvention (von Oshima verfaßt); NA, T–77/884. **202** Entscheidung des Herrn Ministers (von Keitel verfaßt), 15. Dezember 1936; NA, T–77/884. **203** Ebd. **204** Vereinbarungen zwischen der deutschen Armee (inclusive der Luftwaffe) und der japanischen Armee, von Oshima entworfen, undatiert; NA, T–77/884. **205** Notiz Neuraths über ein Gespräch mit Hitler, 17. August 1937; NA, T–77/884. **206** Aufzeichnung über eine Unterredung zwischen Chef WA und dem japanischen Militärattaché General Oshima am 6. Juli 1937 (von Keitel verfaßt); NA, T–77/884. **207** Ebd. **208** Schreiben des Chefs der Abteilung Ausland an Chef WA, 8. Juni 1937; NA, T–77/884. **209** Höhne, a.a.O., S. 233. **210** Pruck,

a.a.O., XIII, S. 13. **211** Göhring, a.a.O., S. 258. Merkes, a.a.O., S. 251. **212** Merkes, a.a.O., S. 251. **213** Heinz Höhne, Der Orden unter dem Totenkopf, S. 215. **214** B. H. Liddell Hart (Herausgeber), Die Rote Armee, S. 75. **215** Robert Conquest, Am Anfang starb Genosse Kirow, S. 279, 526, 243. Kriwitzki blieb nicht lange in Sicherheit: Am 10. Februar 1941 wurde er im Zimmer eines Washingtoner Hotels erschossen aufgefunden. **216** Pruck, a.a.O., X. S. 13 ff. **217** Karl Spalcke, Der Fall Tuchatschewski, in: Die Gegenwart, 25. Januar 1958, S. 47. **218** Jesco v. Puttkamer, Von Stalingrad zur Volkspolizei, S. 105. **219** Friedrich Wilhelm Heinz veröffentlichte seine Gespräche mit Canaris zum erstenmal unter dem Pseudonym Horst Falkenhagen in der Neuen Zeitung vom 6. Juli 1948 und arbeitete diesen Artikel in die zweite Auflage des Buches von Puttkamer ein, das im Michael-Verlag (Eigentümer: Heinz) erschien; Brief von Heinz an den Spiegel-Archivar Robert Spiering, 14. März 1949. **220** Puttkamer, a.a.O., S. 106. **221** Walter Schellenberg, Memoiren, S. 48. Conquest, a.a.O., S. 265. **222** Conquest, a.a.O., S. 189. **223** Conquest, a.a.O., S. 255. **224** Conquest, a.a.O., S. 257. **225** Conquest, a.a.O., S. 258. **226** Conquest, a.a.O., S. 260. **227** Conquest, a.a.O., S. 267. **228** Walter Hagen (= Wilhelm Höttl), Die geheime Front, S. 62. **229** Schellenberg, a.a.O., S. 50. **230** Vortragsnotiz für Herrn Generalfeldmarschall (von Bamler verfaßt), 28. Mai 1937; BA/MA, RW 5/v.207. **231** Josef Wulf, Die SS, S. 123. **232** Shlomo Aronson, Heydrich und die Anfänge des SD und der Gestapo, S. 155. **233** Heinz Höhne, Kennwort: Direktor, S. 98. **234** Mündliche Mitteilung von Herrn Dr. Werner Best, 5. Februar 1966. **235** Schreiben von Canaris an die Abteilung Inland des Reichskriegsministeriums, 24. April 1937; NA, T–77/808. **236** Brief von Admiral Conrad Patzig an Walter Baum, 10. November 1953; IfZ, ZS 540. Buchheit, a.a.O., S. 64.

8 Am Wendepunkt

1 André Brissaud, Canaris, S. 66. **2** Harold C. Deutsch, Das Komplott, S. 81. **3** Völkischer Beobachter, 31. Januar 1938. **4** Schriftliche Mitteilung von Herrn Hellmuth Müller, 9. Dezember 1949. **5** Ebd. **6** Ebd. **7** Ebd. **8** Ernst Murmann, Betrachtungen zum Fall Blomberg, in: Frankfurter Allgemeine Zeitung, 4. Juni 1974. **9** Walter Görlitz, Generalfeldmarschall Keitel, Verbrecher oder Offizier?, S. 103. **10** Murmann, a.a.O. **11** Görlitz, a.a.O., S. 104. **12** Helmut Krausnick, Wehrmacht und Nationalsozialismus, in: Das Parlament, 9. November 1955, S. 679. **13** Deutsch, a.a.O., S. 98. **14** Friedrich Hoßbach, Zwischen Wehrmacht und Hitler, S. 123. **15** Hermann Foertsch, Schuld und Verhängnis, S. 76. **16** Tagebuch von Jodl, 26. Januar 1938, in: Der Prozeß gegen die Hauptkriegsverbrecher vor dem Internationalen Militärgerichtshof (= IMG), Bd. XXVIII, S. 356. **17** Deutsch, a.a.O., S. 174. **18** Ian Colvin, Chief of Intelligence, S. 43. **19** Personal-Nachweis Hans Paul Oster; Institut für Zeitgeschichte (= IfZ), F 87. **20** Schreiben von Generaloberst a.D. Franz Halder an Professor Walter Baum, 3. Juni 1957; IfZ, ZS 240/VII. **21** Ebd. **22** Spiegelbild einer Verschwörung: Die Kaltenbrunner-Berichte an Bormann und Hitler über das Attentat vom 20. Juli 1944 (= KB); S. 302. **23** Hermann Graml, Der Fall Oster; Vierteljahrshefte für Zeitgeschichte, Jahrgang 1966, S. 29. **24** Bericht des Kriminalkommissars a.D. Franz Sonderegger über seine Beziehungen zu den Verschwörern des 20. Juli 1944; Akten der Staatsanwaltschaft Lüneburg, Strafverfahren gegen Dr. Manfred Roeder (= LStA), Bd. IX, Bl. 81. **25** Schriftliche Mitteilung von Generaloberst a.D. Halder, 26. April 1955; IfZ, ZS 240/V. **26** Mitteilung Halder, 26. April 1955. **27** Personal-Nachweis Oster. **28** Gedächtnisprotokoll über die Befragung des Admirals a.D. Conrad Patzig am 18./19. 1. 1966, S. 3; Bundesarchiv/Militärarchiv (= BA/MA). **29** Ebd. **30** Erich Ferdinand Pruck, Warnzeichen Rot, XIII, S. 17. **31** Gedächtnisprotokoll Patzig, S. 3. **32** Schreiben von Canaris, betr.: Untergruppe III C, 22. April 1937; BA/MA, RW 5/v.196. **33** Edward Crankshaw, Die Gestapo, S. 48. **34** Aufnahme-Erklärung von Hans Bernd Gisevius, 15. November 1933; Document Center, Berlin. Völkischer Beobachter, 10. Juni 1933. **35** Das Spiel ist aus – Arthur Nebe, in: Der Spiegel, 22. Dezember 1949; S. 24. **36** Ebd. **37** Gedächtnisprotokoll Patzig, S. 3. **38** Hans Bernd Gisevius, Bis zum bittern Ende, Bd. I (Ausgabe 1947), S. 60. **39** KB, S. 302. **40** KB, S. 451. **41** Gedächtnisprotokoll Patzig, S. 5. **42** Deutsch, a.a.O., S. 54. **43** Deutsch, a.a.O., S. 52. Befragung von Rechtsanwalt Liedig durch Dr. Krausnick und Professor Deutsch, undatiert; IfZ, ZS 2125, S. 1. **44** Befragung Liedig, S. 2. **45** Ulrich von Hassell, Vom anderen Deutschland, S. 37. **46** Anklageschrift des Oberkriegsanwalts gegen Dohnanyi und Oster, 16. September 1943, S. 8; LStA, Bd. I. **47** Deutsch, a.a.O., S. 174. **48** Ebd. **49** Görlitz, a.a.O., S. 109. **50** Ebd. **51** Tagebuch Jodl, 28. Januar 1938; a.a.O., S. 359. **52** Deutsch, a.a.O., S. 175. **53** KB, S. 430. **54** Mitteilung Halder, 26. April 1955. Deutsch, a.a.O., S. 259. **55** Klaus-Jürgen Müller, Das Heer und Hitler, S. 262. Deutsch, a.a.O., S. 170. **56** Wolfgang Foerster, Generaloberst Ludwig Beck, S. 90. **57** Peter Hoffmann, Widerstand, Staatsstreich, Attentat, S. 68. Müller, a.a.O., S. 283. **58** Müller, a.a.O., S. 294. **59** Schreiben von Generaloberst a.D. Halder an Generalmajor a.D. Hermann von Witzleben, 6. September 1952; IfZ, ZS 240/VII. **60** Zitiert nach Werner Picht, Vom Wesen des Krieges und vom Kriegswesen der Deutschen, S. 225. **61** Urteil des Gerichts des Obersten Befehlshabers der Wehrmacht in der Sache des Generalobersten Freiherr von Fritsch; im Besitz von Herrn Dr. Fabian von Schlabrendorff, S. 28. **62** Aufzeichnungen von Christine von Dohnanyi geborene Bonhoeffer, undatiert, S. 4; LStA, Bd. I. **63** Anklageschrift des Oberkriegsanwalts gegen Dohnanyi und Oster, S. 1. Schreiben der Rechtsanwälte Graf von der Goltz und Kurt Peschke an den Oberreichskriegsanwalt, 19. Februar 1944; LStA, Bd. I. **64** Ebd. **65** Aufzeichnungen von Christine von Dohnanyi, S. 6. **66** Aufzeichnungen von Christine von Dohnanyi, S. 3. **67** Ebd. **68** Ebd. **69** Hermann Bösch, Heeresrichter Dr. Karl Sack im Widerstand, S. 24. **70** Ebd. **71** Bösch, a.a.O., S. 26. **72** Bösch, a.a.O., S. 25. **73** Ebd. **74** Deutsch, a.a.O., S. 253. **75** Aufzeichnungen von Christine von Dohnanyi, S. 4. **76** Urteil Fritsch, S. 3. **77** Mündliche Mitteilung von Herrn Dr. Werner Best, 5. Februar 1966. **78** Urteil Fritsch, S. 4–9. **79** Urteil Fritsch, S. 11. **80** Der Spiegel, Heft 36/1965, S. 46. **81** Foertsch, a.a.O., S. 90, 91. **82** Foertsch, a.a.O., S. 118. **83** Hoßbach, a.a.O., S. 126, 127. **84** Hoßbach, a.a.O., S. 129. Foertsch, a.a.O., S. 138. **85** Bösch, a.a.O., S. 29. **86** Deutsch, a.a.O., S. 255. **87** Deutsch, a.a.O., S. 259. **88** Gisevius, Bis zum bitteren Ende (Ausgabe 1964), S. 179. **89** Ebd. **90** Deutsch, a.a.O., S. 157. **91** Ebd. **92** Deutsch, a.a.O., S. 158. **93** Deutsch, a.a.O., S. 255. **94** Ebd. **95** Müller, a.a.O., S. 290. **96** Foertsch, a.a.O., S. 106. **97** Erlaß von Keitel, 7. Februar 1938; National Archives (= NA), T–77/908. **98** Vortrag von Konteradmiral Canaris bei der Ic-Besprechung im OKW, 3. März 1938, S. 1; NA, T–77/808. **99** Völkischer Beobachter, 6. Februar 1938. **100** Vortrag Canaris, 3. März 1938, S. 11, 12. **101** Karl Heinz Abshagen, Canaris, S. 70, 74. **102** Müller, a.a.O., S. 291. **103** Tagebuch Jodl, 1. März 1938; a.a.O., S. 367. **104** Tagebuch Jodl, 10. Februar 1938; a.a.O., S. 367. **105** Deutsch, a.a.O., S. 263. **106** Deutsch, a.a.O., S. 264. **107** Franz von Papen, Der Wahrheit eine Gasse, S. 458–460. **108** Papen, a.a.O., S. 461. **109** Walter Goldinger, Der geschichtliche Ablauf der Ereignisse in Österreich von 1918 bis 1945; in: Heinrich Benedikt, Geschichte der Republik Österreich, S. 260. Papen, a.a.O., S. 469ff. **110** Aussage von Keitel; IMG, Bd. X, S. 567, 568. Papen, a.a.O., S. 471. **111** Hermann Graml, Europa zwischen den Kriegen, in: Deutsche Geschichte seit dem Ersten Weltkrieg, Bd. I, S. 474. Papen, a.a.O., S. 473. **112** Aktenvermerk von Staatssekretär Keppler, 28. Februar 1938; Akten zur Deutschen Auswärtigen Politik (= ADAP), Serie D, Bd. I, S. 450. **113** Aussage Keitel; IMG, Bd. X, S. 568. Tagebuch Jodl, 13. Februar 1938; a.a.O., S. 367. **114** Vorschlag Keitel/Canaris; IMG, Bd. II, S. 450. **115** Ebd. **116** Tagebuch Jodl, 14. Februar 1938; a.a.O., S. 367. **117** Pruck, a.a.O., XIII, S. 16. **118** Ebd. **119** Tagebuch Jodl, 14. Februar 1938; a.a.O., S. 367. **120** Aussage Keitel; IMG, Bd. X, S. 568. **121** Pruck, a.a.O., XIII, S. 16. **122** Pruck, a.a.O., XIII, S. 17. **123** Ebd. **124** Müller, a.a.O., S. 278. Deutsch, a.a.O., S. 218, 219. **125** Deutsch, a.a.O., S. 272. **126** Müller, a.a.O., S. 289. **127** Stellungnahme zu dem Fall des Generaloberst Freiherr von Fritsch (Verfasser: Canaris und Hoßbach), undatiert; dem Autor von Herrn Professor Harold C. Deutsch freundlicherweise zur Verfügung gestellt. **128** Das Spiel ist aus; Der Spiegel, 22. Dezember 1949, S. 24. **129** Bösch, a.a.O., S. 30. **130** Ebd. **131** Deutsch, a.a.O., S. 265. **132** Deutsch, a.a.O., S. 267. **133** Bösch, a.a.O., S. 31. **134** Deutsch, a.a.O., S. 269. **135** Tagebuch Jodl, 26. Februar 1938; a.a.O., S. 368. **136** Ebd. **137** Deutsch, a.a.O., S. 272. **138** Deutsch, a.a.O., S. 273. **139** Bösch, a.a.O., S. 32. **140** Deutsch, a.a.O., S. 273. **141** Ebd. **142** Deutsch, a.a.O., S. 275, 276. **143** Foertsch, a.a.O., S. 121. Adolf Graf von Kielmansegg, Der Fritschprozeß 1938, S. 82. **144** Kielmansegg, a.a.O., S. 82. **145** Ebd. **146** Colvin, a.a.O., S. 43. **147** Deutsch, a.a.O., S. 288. **148** Ebd. Foertsch, a.a.O., S. 125. **149** Aktennotiz von Militärattaché Muff, undatiert; ADAP, D/I, S. 460. Goldinger, a.a.O., S. 265, 266. **150** Goldinger, a.a.O., S. 266. **151** Goldinger, a.a.O., S. 265. **152** Ebd. **153** Telegramm von Weizsäckers an die Deutsche Botschaft in London, 9. März 1938; ADAP, D/I, S. 460. **154** Goldinger, a.a.O., S. 267. **155** Müller, a.a.O., S. 236. **156** Aussage von Mansteins; IMG, Bd. XX, S. 658. **157** Ebd. **158** Ebd. **159** Goldinger, a.a.O., S. 268–270. **160** Gert Buchheit, Der deutsche Geheimdienst, S. 142. **161** Niederschrift des Telefongesprächs zwischen Hitler und Philipp Prinz von Hessen am 11. März 1938; IMG, Bd. XXXI, S. 368ff. **162** Pruck, a.a.O., XIII, S. 19. **163** Aufzeichnung aus dem Auswärtigen Amt, 13. März 1938; ADAP, D/I, S. 482. **164** Aufzeichnung des Legationsrates Altenburg vom Auswärtigen Amt, 13. März 1938; ADAP, D/I, S. 483. **165** Niederschrift eines Telefongespräches zwischen Göring und von Ribbentrop, 13. März 1938; IMG, Bd. XXXI, S. 383. **166** Ebd. **167** Joachim C. Fest, Hitler, S. 754. **168** Aufzeichnung Altenburg, 13. März 1938; ADAP, D/I, S. 483. **169** Walter Schellenberg, Memoiren, S. 53. **170** Buchheit, a.a.O., S. 143. **171** Fest, a.a.O., S. 754. **172** Leonidas E. Hill (Herausgeber), Die Weizsäcker-Papiere, S. 123. **173** Abshagen, a.a.O., S. 183. **174** Die nationalpolitische Stellung des Offiziers in der Deutschen Wehrmacht, Vortrag von Vizeadmiral Canaris am 22. April 1938 in Wien, S. 1; IfZ, F 6/1. **175** Schreiben von Generalmajor a.D. Erwin Lahousen an Otto Benninghoff, 23. Oktober 1954; IfZ, ZS 658. **176** Die nationalpolitische Stellung, S. 2. **177** Kielmansegg, a.a.O., S. 90. **178** Deutsch, a.a.O., S. 303, 304. **179** Deutsch, a.a.O., S. 305, 306. **180** Urteil Fritsch, S. 1. **181** Stellungnahme zu dem Fall Fritsch, S. 3. **182** Stellungnahme zu dem Fall Fritsch, S. 5. **183** Stellungnahme zu dem Fall Fritsch, S. 3. **184** Stellungnahme zu dem Fall Fritsch, S. 4. **185** Stellungnahme zu dem Fall Fritsch, S. 1, 2. **186** Müller, a.a.O., S. 284. **187** Deutsch, a.a.O., S. 316. **188** Foertsch, a.a.O., S. 129. Schellenberg, a.a.O., S. 151. **189** Vortrag Canaris, 3. März 1938; S. 11. **190** Pruck, a.a.O., XXIII, S. 6. **191** Personalbogen; Personalakte Canaris. **192** Vortrag Canaris, 3. März 1938; S. 4. **193** Vortrag Canaris, 3. März 1938; S. 8. **194** Vortrag Canaris, 3. März 1938; S. 6. **195** Ladislas Farago, The Game of the Foxes, S. 13. **196** Die nationalpolitische Stellung, S. 2. **197** Vizeadmiral Canaris, Politik und Wehrmacht, in: Richard Donnevert, Wehrmacht und Partei, S. 43–54. **198** Robert J. O'Neill, The German Army and the Nazi Party, S. 233. **199** Ebd. **200** Vizeadmiral a.D. Leopold Bürkner, Die Abteilung, spätere Amtsgruppe Ausland im Amt Ausland/Abwehr, 22. August 1960, S. 1, 4; BA/MA, RW 5/v. Liste. **201** Ebd. **202** O'Neill, a.a.O., S. 224. Albert Praun, Soldat in der Telegraphen- und Nachrichtentruppe, S. 225. **203** Tagebuch von Helmuth Groscurth, in: Helmut Krausnick, Harold C. Deutsch und Hildegard von Kotze, Tagebücher eines Abwehroffiziers, S. 101. **204** Dienstanweisung der Abwehrabteilung II, 1. August 1942; NA, T–77/884. **205** Louis de Jong, Die deutsche Fünfte Kolonne im Zweiten Weltkrieg, S. 260–266. **206** Krausnick/Deutsch/Kotze, a.a.O., S. 18, 19. Niederschrift einer Unterredung zwischen Vizeadmiral a.D. Bürkner und Dr. Krausnick, 15. März 1954; IfZ, ZS 364/I. **207** Befragung Liedig, S. 22. **208** Krausnick/Deutsch/Kotze, a.a.O., S. 32. **209** Tagebuch Groscurth, nachträgliche Eintragung; a.a.O., S. 101. **210** Abwehrstelle Schlesien an Abwehr I, 3. Februar 1934; NA, T–77/897. **211** Ebd. **212** Letzte Ölung, in: Der Spiegel, Heft 37/1968, S. 105, 106. **213** Boris Celovsky, Das Münchner Abkommen 1938, S. 108, 109. **214** Letzte Ölung, a.a.O., S. 106. **215** Abwehrstelle Schlesien, Politischer Bericht über die CSR, 16. Januar 1934; NA, T–77/897. **216** Schreiben der Abwehrstelle Schlesien, 7. Juni 1934; NA, T–77/897. **217** Persönlicher Reisebericht über die Reise in die befreiten sudetendeutschen Gebiete, 10. Oktober 1938, in: Krausnick/Deutsch/Kotze, a.a.O., S. 135. **218** Helmuth K. G. Rönnefarth, Die Sudetenkrise in der internationalen Politik, Bd. I, S. 128ff. **219** Ebd. **220** Rönnefarth, a.a.O., S. 164. **221** Aussage von Oberst a.D. Erwin Stolze, in: Julius Mader, Hitlers Spionagegenerale sagen aus, S. 150. Frantisek Moravec, Master of Spies, S. 116. **222** Aussage Stolze, a.a.O., S. 150, 151. **223** Ebd. **224** Rönnefarth, a.a.O., S. 132. **225** Aussage Stolze, a.a.O., S. 151. **226** Rönnefarth, a.a.O., S. 218, 219. **227** Rönnefarth, a.a.O., S. 231ff. **228** A. J. P. Taylor, Die Ursprünge des Zweiten Weltkrieges, S. 209. **229** Ebd. **230** Taylor, a.a.O., S. 201. **231** Moravec, a.a.O., S. 125. **232** Moravec, a.a.O., S. 126. **233** Ebd. **234** Fernschreiben von Canaris, undatiert; IMG, Bd. XXV, S. 432. **235** Geheime Kommandosache, 30. Mai 1938; IMG, Bd. XXV, S. 434. **236** Geheime Kommandosache, 18. Juni 1938; IMG, Bd. XXV, S. 446. **237** Geheime Kommandosache, Entwurf für die neue Weisung »Grün«, 20. Mai 1938; IMG, Bd. XXV, S. 423. **238** IMG, Bd. XXV, S. 425. **239** Vorgehen gegen »Grün«, undatiert; IMG, Bd. XXV, S. 433. **240** Zusammenfassung der Besprechung Führer/Gen. Keitel am 21. 4., datiert vom 22. April 1938; IMG, Bd. XXV, S. 417. **241** Celovsky, a.a.O., S. 159. **242** Vortragsnotiz, Der Zeitpunkt des X-Befehls und die Frage der Vorausmaßnahmen, 26. August 1938; IMG, Bd. XXV, S.

462. **243** Krausnick/Deutsch/Kotze, a.a.O., S. 118. **244** Schreiben von Abwehr I Ost-Süd, 3. November 1934; NA, T-77/897. **245** Krausnick/Deutsch/Kotze, a.a.O., S. 118. **246** Tagebuch (= Tgb.) Groscurth, 4. September 1938. **247** Tgb. Groscurth, 2. September 1938. **248** Helmut Krausnick, Vorgeschichte und Beginn des militärischen Widerstandes gegen Hitler, in: Die Vollmacht des Gewissens, S. 323. **249** Abschließender Schriftsatz über die angebliche »Widerstandstätigkeit« des Angeklagten Ernst von Weizsäcker, Militärgerichtshof IV, 12. Oktober 1948; im Besitz von Herrn Dr. Robert M. W. Kempner. **250** Rudi Strauch, Sir Nevile Henderson, S. 132. **251** Müller, a.a.O., S. 301. **252** Müller, a.a.O., S. 302. **253** Aufzeichnung von Engel, 22. Mai 1938; in: Hildegard von Kotze, Heeresadjutant bei Hitler 1938–1943; S. 22, 23, 24, 25. **254** Müller, a.a.O., S. 309. **255** Aufzeichnung Engel, 18. Juli 1938; a.a.O., S. 27. **256** Mitteilung Halder, 26. April 1955; S. 3. **257** Mitteilung Halder, 26. April 1955; S. 4. **258** Müller, a.a.O., S. 325. **259** Müller, a.a.O., S. 318. **260** Ebd. **261** Müller, a.a.O., S. 321. **262** Müller, a.a.O., S. 327. **263** Müller, a.a.O., S. 328. **264** Müller, a.a.O., S. 333. **265** Müller, a.a.O., S 335. **266** Foerster, a.a.O., S. 142. **267** Fritz Sänger, Politik der Täuschungen, S. 225. **268** Auszüge aus dem Tagebuch des Hauptmanns Eberhard, 15. August 1938; von Mr. David Irving dem Verfasser freundlicherweise zur Verfügung gestellt. **269** Otto Wagner, Canaris, S. 5. **270** Aufzeichnung des Legationsrats von der Heyden-Rynsch, 6. August 1938; ADAP, Serie D, Bd. II, S. 429. **271** Niederschrift Unterredung Bürkner-Krausnick, S. 1. **272** Ernst von Weizsäcker, Erinnerungen, S. 175. **273** Ebd. **274** Ebd. **275** Tgb. Weizsäcker, März 1938; Weizsäcker-Papiere, S. 122. **276** Tgb. Weizsäcker, 22. Mai 1938; Weizsäcker-Papiere, S. 128. **277** Hoffmann, a.a.O., S. 83. **278** Ebd. **279** Tgb. Groscurth, 20. August 1938. **280** Ebd. **281** Tgb. Groscurth, 23. August 1938. **282** Tgb. Groscurth, 27. August 1938. **283** Aufzeichnung von W. Schmidt (= Friedrich Bürger), 3. Juni 1958; IfZ, ZS 1905. **284** Ebd. **285** Tgb. Groscurth, 4. September 1938. **286** Tgb. Groscurth, 6. September 1938. **287** Aufzeichnung von Weizsäcker, September 1938; Weizsäcker-Papiere, S. 142, 143. **288** Hoffmann, a.a.O., S. 84. **289** Rönnefarth, a.a.O., S. 402, 403. **290** William L. Shirer, Aufstieg und Fall des Dritten Reiches, S. 360. Hoffmann, a.a.O., S. 85. **291** Taylor, a.a.O., S. 219. **292** Rönnefarth, a.a.O., S. 436ff. Taylor, a.a.O., S. 221. **293** Rönnefarth, a.a.O., S. 502. **294** Rönnefarth, a.a.O., S. 485. **295** Rönnefarth, a.a.O., S. 486. **296** Krausnick/Deutsch/Kotze, a.a.O., S. 113. **297** Tgb. Groscurth, 8. September 1938; a.a.O., S. 114. **298** Tgb. Jodl, 8. September 1938; a.a.O., S. 376. **299** Tgb. Jodl, 13. September 1938; a.a.O., S. 378. **300** Tgb. Groscurth, 8. September 1938. **301** Tgb. Jodl, 13. September 1938; a.a.O., S. 378. **302** Tgb. Groscurth, 7. Setember 1938. **303** Tgb. Groscurth, 7. September 1938. **304** Celovsky, a.a.O., S. 334ff. **305** Celovsky, a.a.O., S. 332, 333. **306** Schreiben von Canaris, 21. September 1938; BA/MA, RW 5/v.60. **307** Ebd. **308** Ebd. **309** Hoffmann, a.a.O., S. 118ff. Müller, a.a.O., S. 359. **310** Schriftliche Mitteilung von Generaloberst a.D. Halder, 14. Juli 1955. **311** Hoffmann, a.a.O., S. 122. **312** Abshagen, a.a.O., S. 175. **313** Schreiben von Generaloberst a.D. Halder an Professor Walter Baum, 3. Juni 1957; IfZ, ZS 240/V. **314** Befragung Liedig, S. 16. **315** Mitteilung Halder, 14. Juli 1955. **316** Ebd. **317** Müller, a.a.O., S. 348. **318** Hoffmann, a.a.O., S. 116. Müller, a.a.O., S. 354. **319** Bösch, a.a.O., S. 54. **320** Mitteilung Halder, 26. April 1955. **321** Mitteilung Halder, 14. Juli 1955. **322** Müller, a.a.O., S. 355. **323** Mitteilung Halder, 14. Juli 1955. Hoffmann, a.a.O., S. 119. **324** Mitteilung Halder, 14. Juli 1955. **325** Ebd. **326** Müller, a.a.O., S. 357. **327** Gisevius, a.a.O., (Ausgabe 1964), S. 241. **328** Hoffmann, a.a.O., S. 124. Müller, a.a.O., S. 361. **329** Müller, a.a.O., S. 362. **330** Ebd. **331** Befragung Liedig, S. 17. **332** Hoffmann, a.a.O., S. 125. **333** Krausnick/Deutsch/Kotze, a.a.O., S. 35. **334** Celovsky, a.a.O., S. 343. **335** Letzte Ölung, a.a.O., S. 112. **336** Taylor, a.a.O., S. 232. **337** Müller, a.a.O., S. 371. **338** Ebd. **339** Tgb. Groscurth, 15. September 1938. **340** Martin Broszat, Das Sudetendeutsche Freikorps, in: Vierteljahrshefte für Zeitgeschichte, Jahrgang 1961, S. 36. **341** Broszat, a.a.O., S. 37. Tgb. Jodl, 17. September 1938; a.a.O., S. 381. **342** Tgb. Groscurth, 17. September 1938. **343** Tgb. Groscurth, 18. September 1938. **344** Tgb. Groscurth, 19. September 1938. **345** Ebd. **346** Tgb. Groscurth, 21. September 1938. **347** Aussage von Berger; IMG, Bd. IV, S. 177. **348** Aussage Stolze; a.a.O., S. 151, 155. **349** Tgb. Groscurth, 21. September 1938. **350** Ebd. **351** Tgb. Groscurth, 23. September 1938. **352** Tgb. Jodl, 20. September 1938; a.a.O., S. 381. **353** Celovsky, a.a.O., S. 394. **354** Strauch, a.a.O., S. 162. **355** Shirer, a.a.O., S. 371, 373. **356** Strauch, a.a.O., S. 164. **357** Strauch, a.a.O., S. 165. **358** Müller, a.a.O., S. 374. **359** Müller, a.a.O., S. 376. **360** Tgb. Jodl, 21. und 26. September 1938; a.a.O., S. 386. **361** Auszüge aus dem Tagebuch Eberhardt, 28. September 1938. **362** Tgb. Jodl, 28. September 1938; a.a.O., S. 388, 389. **363** Strauch, a.a.O., S. 169. Josef Henke, England in Hitlers politischem Kalkül, S. 182. **364** Persönlicher Reisebericht, 10. Oktober 1938; Krausnick/Deutsch/Kotze, S. 129ff. **365** Persönlicher Reisebericht, 10. Oktober 1938. **366** Persönlicher Reisebericht ab 11. Oktober 1938; Krausnick/Deutsch/Kotze, S. 138, 143, 152. **367** Charles Whiting, Canaris, S. 232. **368** Foerster, a.a.O., S. 96.

9 Weg in den Krieg

1 Tagebuch (= Tgb.) Groscurth, Dezember 1938; in: Helmut Krausnick, Harold C. Deutsch, Hildegard von Kotze, Tagebücher eines Abwehroffiziers, S. 158. **2** Ebd. **3** Charles Callan Tansill, Die Hintertür zum Kriege, S. 549. **4** Tansill, a.a.O., S. 550. **5** Wladislaw Kozaczuk, Die Schlacht um Geheimnisse (deutsches Übersetzungsmanuskript), S. 299. **6** Karl Dietrich Bracher, Die deutsche Diktatur, S. 333. **7** Klaus-Jürgen Müller, Das Heer und Hitler, S. 384. **8** Ebd. **9** Tgb. Groscurth, Dezember 1938. **10** Ebd. **11** Erich Ferdinand Pruck, Warnzeichen Rot, XIII, S. 21. **12** Fritz Fischer, Griff nach der Weltmacht, S. 150. **13** Isidore Nahayewsky, History of the Modern Ukrainian State 1917–1923, S. 80ff. **14** Nahayewsky, a.a.O., S. 170. **15** Gregor Prokoptschuk, Der Metropolit, S. 221. Alexander Dallin, Deutsche Herrschaft in Rußland, S. 125. **16** Oscar Reile, Geheime Ostfront, S. 234. **17** Ebd. **18** Prokoptschuk, a.a.O., S. 221, Dallin, a.a.O., S. 125. Gerald Reitlinger, Ein Haus auf Sand gebaut, S. 194. Reile, a.a.O., S. 235. **19** Schriftliche Mitteilung von Herrn Erich Ferdinand Pruck, 18. November 1976. **20** Hans-Adolf Jacobsen, Nationalsozialistische Außenpolitik, S. 11. **21** Richard Breyer, Das Deutsche Reich und Polen, S. 182. **22** Breyer, a.a.O., S. 183. **23** Reile, a.a.O., S. 235. Prokoptschuk, a.a.O., S. 221. **24** Bericht des Deutschen Botschafters in Warschau an das Auswärtige Amt, 19. Oktober 1938; Akten zur Deutschen Auswärtigen Politik (= ADAP), Serie D, Band V, S. 83. **25** Bericht des Deutschen Botschafters in Warschau an das Auswärtige

Amt, 15. Oktober 1938; ADAP, Serie D, Bd. V, S. 79. **26** Bericht des Deutschen Botschafters in Warschau an das Auswärtige Amt, 19. Oktober 1938. **27** Schreiben des Deutschen Botschafters in Warschau an den Vortragenden Legationsrat Schliep, 25. Oktober 1938; ADAP, Serie D, Bd. V, S. 90. **28** Ebd. **29** Ebd. **30** Charles Wighton und Günter Peis, They spied on England, S. 21. **31** Ebd. **32** Mündliche Mitteilung von Herrn Otto Wagner, 12. September 1973. **33** Wenzel Jaksch, Europas Weg nach Potsdam, S. 338. **34** Ebd. **35** Jaksch, a.a.O., S. 336. **36** Robert Nowak, Bericht über eine Informationsreise durch die rückgegliederten Gebiete Oberungarns, Januar 1939; Institut für Zeitgeschichte (= IfZ), ED 63. **37** George F. Kennan, Diplomat in Prag, S. 81. **38** Kennan, a.a.O., S. 82. **39** Robert Nowak, Bericht über eine Informationsreise in die Slowakei und die Karpatenukraine im Jänner–Februar 1939, 25. Februar 1939; IfZ, ED 63. **40** Ebd. **41** Ebd. **42** Ebd. **43** Aufzeichnung des Gesandten Schmidt (Büro RAM), 5. Januar 1939; ADAP, Serie D, Bd. V. S. 128–131. **44** Kennan, a.a.O., S. 79, Bericht des Deutschen Botschafters in Warschau an das Auswärtige Amt, 19. Oktober 1938. **45** Kozaczuk, a.a.O., S. 298. **46** Aufzeichnung des Leiters der Politischen Abteilung des Auswärtigen Amtes, 12. November 1938; ADAP, Serie D, Bd. V, S. 106. **47** Telegramm des Deutschen Botschafters in Warschau an das Auswärtige Amt, 13. März 1939; ADAP, Serie C, Bd. V, S. 151, 152. **48** Schreiben von Groscurth an Canaris, 15. Oktober 1938, und an Oster, 24. Oktober 1938, in: Krausnick/Deutsch/Kotze, a.a.O., S. 332, 334, 342. **49** Schreiben von Abwehr/Ausland, Gruppe Ausland Ic, an das Auswärtige Amt, 6. Oktober 1938; ADAP, Serie D, Bd. IV, S. 39. **50** Walter Hagen, Die geheime Front, S. 174. **51** Walter Schellenberg, Memoiren, S. 58. **52** Bericht von Admiral Lais an den Chef des italienischen Marinestabes, 22. Juli 1939, in: I Documenti Diplomatici Italiani, Bd. XIII, S. 486. **53** Hagen, a.a.O., S. 174. **54** Hagen, a.a.O., S. 175. **55** Heinz Höhne, Der Orden unter dem Totenkopf, S. 260. **56** Allan Bullock, Hitler, S. 483. **57** Bullock, a.a.O., S. 484. **58** Erich Kordt, Wahn und Wirklichkeit, S. 142. **59** Hagen, a.a.O., S. 176, 177. **60** Bullock, a.a.O., S. 484, 485. **61** Bullock, a.a.O., S. 486. **62** Jaksch, a.a.O., S. 339. **63** Kordt, a.a.O., S. 143. Jaksch, a.a.O., S. 339. **64** Jaksch, a.a.O., S. 339. **65** ADAP, Serie D, Bd. IV, S. 219, 220. **66** Ebd. **67** Ebd. **68** Aufzeichnung des Legationsrats von Heyden-Rynsch, 14. März 1939; ADAP, Serie D, Bd. IV, S. 220. **69** Schreiben von Erich Ferdinand Pruck an Dr. Helmut Krausnick, 20. Januar 1966; IfZ, ZS 2099/I. **70** Ebd. **71** Ebd. **72** Ebd. **73** Hermann Graml, Europa zwischen den Kriegen, in: Deutsche Geschichte seit dem Ersten Weltkrieg, Bd. I, S. 490. **74** Kennan, a.a.O., S. 103. **75** Ebd. **76** Schriftliche Mitteilung von Herrn Erich Ferdinand Pruck, 28. November 1975. **77** Kordt, a.a.O., S. 144. **78** Joachim Fest, Hitler, S. 783. **79** Fest, a.a.O., S. 788. **80** Fest, a.a.O., S. 788, 789. **81** Krausnick/Deutsch/Kotze, a.a.O., S. 40. **82** Tansill, a.a.O., S. 551, 552. A. J. P. Taylor, Die Ursprünge des Zweiten Weltkrieges, S. 270. **83** Tansill, a.a.O., S. 552. **84** Dazu ausführlich die bahnbrechende Darstellung bei Taylor, a.a.O., S. 270ff. **85** Hans Roos, Die militärpolitische Lage und Planung Polens gegenüber Deutschland vor 1939, in: Wehrwissenschaftliche Rundschau, Heft 4/1957, S. 194. Documents on Events, S. 212. **86** Documents on Events, S. 212. **87** New York Times, 28. März 1939. **88** Kozaczuk, a.a.O., S. 305, 306. **89** Taylor, a.a.O., S. 271. **90** Ebd. **91** Ebd. **92** Tansill, a.a.O., S. 553. **93** Ebd. **94** Ausland I, Übersicht über außenpolitische Vorgänge in Europa, 27. April 1939; Bundesarchiv/Militärarchiv (= BA/MA), RW 5/v.350. **95** Hans-Bernd Gisevius, Bis zum bitteren Ende, S. 270. **96** André Brissaud, Canaris, S. 133. **97** William L. Shirer, Aufstieg und Fall des Dritten Reiches, S. 434. **98** Der Prozeß gegen die Hauptkriegsverbrecher vor dem Internationalen Militärgerichtshof (= IMG), Bd. XXXIV, S. 380ff. **99** Shirer, a.a.O., S. 436ff. **100** Shirer, a.a.O., S. 438. **101** Ebd. **102** Leonides E. Hill, Die Weizsäcker-Papiere, S. 185. **103** Aussage von Piekenbrock in sowjetischer Kriegsgefangenschaft, in: Julius Mader, Hitlers Spionagegenerale sagen aus, S. 83. **104** Ladislas Farago, The Game of the Foxes, S. 104ff. **105** Ian Colvin, Chief of Intelligence, S. 54. **106** Weizsäcker-Papiere, S. 153. **107** Ausland I, Übersicht über außenpolitische Vorgänge in Europa, 27. April 1939. **108** Ebd. **109** Aufzeichnung von Canaris, Aussprache mit Generaloberst Keitel am 17. August 1939; BA/MA, RW 4/v.764. **110** Ebd. **111** Karl Heinz Abshagen, Canaris, S. 193. **112** Bericht Lais, 22. Juli 1939. **113** Müller, a.a.O., S. 386. **114** Müller, a.a.O., S. 408. **115** Müller, a.a.O., S. 392. **116** Tgb. Groscurth, April 1939. **117** Weizsäcker-Papiere, S. 150. **118** Aussage von Lahousen, 30. November 1945; IMG, Bd. II, S. 515. **119** Heeresgruppenkommando 3, Ia, 14. Juni 1939; IMG, Bd. XXX, S. 190. Oberkommando des Heeres, 12. Abteilung des Generalstabs des Heeres, betr.: Die militärische Lage in Polen am 12. 8. 1939; BA/MA, RW 5/v.150. **120** Liddell Harts Geschichte des Zweiten Weltkrieges, Bd. I, S. 45ff. **121** Schreiben der Abwehrstelle I, Ref. II, an Abwehrabteilung II, 3. Juli 1939; BA/MA, RW 5/v. 123. **122** Hans-Albrecht Herzner, Bericht über das Unternehmen gegen Bahnhof und Tunnel von Mosty in der Nacht vom 25./26. August 1939; Handakte Herzner, im Besitz von Herrn Günter Peis. **123** Ebd. **124** Heinz Heumann, Bericht über die »Brandenburg«, 13. Juni 1965; im Besitz von Herrn Dr. Gert Buchheit. **125** Schreiben der Abwehrstelle VIII an Abwehrabteilung II, 14. Juni 1939; BA/MA, RW 5/v.123. **126** Aktennotiz von Abwehr II/1 (ON), Zusammenfassung der Besprechung mit dem Fürsten Henckel-Donnersmarck am 11. 6. 1939 bei Major Diebitsch in Hochdorf im Beisein von Chef Abw. II, 14. Juni 1939; BA/MA, RW 5/v.123. **127** Tgb. Lahousen, 15. August 1939; IfZ. **128** Ebd. **129** Aktennotiz von Abwehr II/1 (ON), Besprechnung mit dem ukrainischen Militärstab, 13. Juni 1939; BA/MA, RW 5/v.123. **130** Aktennotiz von Lahousen betr.: Ergebnis der Besprechung mit den II-Referenten der Asten VIII und XVII, am 27. Juni 1939, datiert vom 3. Juli 1939; BA/MA, RW 5/v.123. **131** Robert Nowak, Bericht über die Tätigkeit des Arbeitsstabs Zips; IfZ, ED 63. **132** Aktennotiz von Lahousen, 3. Juli 1939. **133** Lahousen, Das »Unternehmen Himmler«, undatiert; IfZ, ZS 658. Tgb. Lahousen, 17. August 1939. **134** Lahousen, »Unternehmen Himmler«. **135** Bericht Lais, 22. Juli 1939; a.a.O., S. 486. ADAP, Serie D, Bd. VII, S. 172. **136** Tgb. Lahousen, 17. August 1939. **137** Jürgen Thorwald, Der Mann, der den Krieg auslöste, in: Der Stern, 7. Juni 1953. **138** Höhne, a.a.O., S. 241. **139** Aussage von Keitel; IMG, Bd. X, S. 579. **140** Aufzeichnung von Canaris, Aussprache mit Keitel, 17. August 1939. **141** Ausland I, Übersicht über die außenpolitischen Vorgänge in Europa, 26. Juni 1939; BA/MA, RW 5/v.350. **142** I Documenti Diplomatici Italiani, Bd. XIII, S. 395. **143** Bericht Lais, 22. Juli 1939; a.a.O., S. 486. **144** Rudi Strauch, Sir Nevile Henderson, S. 238. **145** Ebd. Müller (mit anderer Datierung), a.a.O., S. 407. Anthony Cave Brown, Die unsichtbare Front, S. 171. **146** Brown, a.a.O., S. 172. **147** Weizsäcker-Papiere, S. 156. **148** Bericht Lais, 22. Juli 1939, a.a.O., S. 486. **149** Heeresgruppenkommando III, 1a, 14. Juni 1939, betr.: Feindlage; IMG, Bd. XXX, S. 191. **150** Kordt, a.a.O., S. 159. **151** Bericht Lais, 22. Juli 1939; a.a.O., S. 486. **152** Weizsäcker-Papiere, S. 157. **153** Kordt, a.a.O., S. 160, 161. **154** Weizsäcker-Papiere, S. 158. **155** Ferdinand Siebert, Italiens Weg in den Zweiten Weltkrieg, S. 205ff. **156** Bericht von Magistrati an Ciano, 16. August 1939, in: I Documenti Diplomatici Italiani, Bd. XIII, S. 46. **157** Abshagen, a.a.O., S. 198. **158** Ebd. **159** Siebert, a.a.O., S. 252. **160** Ebd. **161** Bericht Magistati, 16. August 1939. **162** Ebd. **163** Aufzeichnung Canaris über Aussprache mit Keitel, 17. August 1939. **164** Ebd. **165** Müller, a.a.O., S. 408. **166** Aufzeichnung Canaris über Aussprache mit Keitel, 17. August 1939. **167** Ebd. **168** Müller, a.a.O., S. 408. **169** Müller, a.a.O., S. 415. **170** Tgb. Lahousen, 12. August 1939. **171** Tgb. Lahousen, 15. August 1939. **172** Tgb. Lahousen, 18. August 1939. **173** Tgb. Lahousen, 17. August 1939. **174** Tgb. Lahousen, 19. August 1939. **175** Ebd. **176** Raimund Schnabel, Macht ohne Moral, S. 386. **177** Höhne, a.a.O., S. 242, 243. **178** Dazu Winfried Baumgart, Zur Ansprache Hitlers vor den Führern der Wehrmacht am 22. August 1939; Vierteljahrshefte für Zeitgeschichte, Heft 16/1968, S. 120ff. **179** Ansprache des Führers vor den Oberbefehlshabern am 22. August 1939; ADAP, Serie D, Bd. VII, S. 167. **180** Ansprache des Führers ...; ADAP, Serie D, Bd. VII, S. 168–170. **181** Ebd. **182** Zweite Ansprache des Führers am 22. August 1939, ADAP, Serie D, Bd. VII, S. 171, 172. **183** Kriegstagebuch des Generaladmirals Albrecht, 22. August 1939, abgedruckt bei: Baumgart, a.a.O., S. 149. **184** Persönliche Erlebnisse des Generals der Infanterie a.D. Curt Liepmann in den Jahren 1938/1939, S. 30; IfZ, ED 1/3. **185** Tgb. Lahousen, 23. August 1939. **186** Ebd. **187** Gisevius, a.a.O., S. 268. **188** Ebd. **189** Baumgart, a.a.O., S. 136ff. **190** ADAP, Serie D, Bd. VII, S. 171, 172. **191** Strauch, a.a.O., S. 277, 278. **192** Tgb. Lahousen, 25. August 1939. **193** Strauch, a.a.O., S. 278. **194** Shirer, a.a.O., S. 580, 581. Aussage Keitels und Brauchitschs; IMG, Bd. X, S. 578, und XX, S. 625. **195** Helmuth Greiner, Die Oberste Wehrmachtführung, S. 46, 47. **196** Müller, a.a.O., S. 413, 414, 420. **197** Gisevius, a.a.O., S. 277. **198** Gisevius, a.a.O., S. 278. **199** Heinrich Fraenkel und Roger Manvell, Canaris, S. 91. **200** Höhne, a.a.O., S. 244. **201** Tgb. Lahousen, 26. August 1939. **202** Ebd. **203** Fernspruch, aufgenommen von Meldekopf Striegau, 26. August 1939; Handakte Herzner, im Besitz von Herrn Günter Peis. **204** Meldung an das Generalkommando VIII, Ic/AO II, 26. August 1939; Handakte Herzner. **205** Herzner, Bericht über das Unternehmen gegen Bahnhof und Tunnel von Mosty. **206** Tgb. Lahousen, 26. August 1939. **207** Ebd. **208** Taylor, a.a.O., S. 346. **209** Weizsäcker-Papiere, S. 162. **210** Ausland I, Außen- und militärpolitische Nachrichten, 26. August 1939; BA/MA, RW 5/v.352. **211** Ausland I, Außen- und militärpolitische Nachrichten, 30. August 1939; BA/MA, RW 5/v.352. **212** Ausland I, Außen- und militärpolitische Nachrichten, 29. August 1939; BA/MA, RW 5/v.352. **213** Ausland I, Außen und militärpolitische Nachrichten, 31. August 1939; BA/MA, RW 5/v.352. **214** Ausland I, Außen- und militärpolitische Nachrichten, 1. September 1939; BA/MA, RW 5/v.352. **215** Weizsäcker-Papiere, S. 163. **216** Tgb. Lahousen, 31. August 1939. **217** Gisevius, a.a.O., S. 280.

10 Die letzte Chance

1 Der Spiegel, 13. November 1963, S. 74. **2** Völkischer Beobachter, 1. September 1939. Jürgen Runzheimer, Der Überfall auf den Sender Gleiwitz im Jahre 1939, in: Vierteljahrshefte für Zeitgeschichte, Heft 4/1962, S. 409. **3** Lahousen, Das »Unternehmen Himmler«, undatiert; Institut für Zeitgeschichte (= IfZ), ZS 658. **4** Tgb. Lahousen, 1. September 1939. Ladislas Farago, The Game of The Foxes, S. 168. **5** Schreiben von Theodor v. Hippel an Hildegard v. Kotze, 17. Dezember 1968; IfZ, ZS 2055/I. **6** Liddell Harts Geschichte des Zweiten Weltkrieges, Bd. I, S. 46. **7** Tgb. Lahousen, 2. und 5. September 1939. Tgb. Groscurth, 5. September 1939, in: Helmut Krausnick, Harold C. Deutsch und Hildegard v. Kotze, Tagebücher eines Abwehroffiziers, S. 259. **8** Tgb. Lahousen, 6. September 1939. **9** Tgb. Lahousen, 3. und 5. September 1939. **10** Tgb. Groscurth, 24. August 1939, 2. Juli 1939, 4. September 1939, 5. September 1939, 10. September 1939. **11** Werner Best, Wilhelm Canaris, 10. April 1949, S. 8; im Besitz von Herrn Dr. Best. Mündliche Mitteilung von Herrn Dr. Best, 5. Februar 1966. **12** Tgb. Groscurth, 3. September 1939. **13** Tgb. Groscurth, 5. September 1939. **14** Enno Stephan, Geheimauftrag Irland, S. 27. **15** Stephan, a.a.O., S. 32ff. **16** Tgb. Lahousen, 13. September 1939. **17** Tgb. Lahousen, 5. September 1939. **18** Tgb. Lahousen, 6. September 1939. **19** Tgb. Lahousen, 8. September 1939. **20** Ebd. **21** Ebd. **22** Tgb. Lahousen, 10. September 1939. **23** Tgb. Lahousen, 11. September 1939. **24** Ebd. **25** Tgb. Lahousen, 12. September 1939. **26** Aktenvermerk Lahousens über die Besprechung im Führerzug am 12. 9. 39 in Ilnau, datiert vom 14. September 1939, in: Krausnick/Deutsch/Kotze, a.a.O., S. 357. **27** Ebd. **28** Ebd. **29** Tgb. Lahousen, 15. September 1939. **30** Tgb. Lahousen, 17. September 1939, Tgb. Groscurth, 17. September 1939. **31** Robert Nowak, Zur ukrainischen Frage, 4. Dezember 1939; IfZ, ED 63. **32** Tgb. Lahousen, 17. September 1939. **33** Tgb. Lahousen, 18. September 1939. **34** Tgb. Lahousen, 19. September 1939. **35** Ebd. **36** Tgb. Groscurth, 22. September 1939. **37** Ebd. **38** Tgb. Lahousen, 23. September 1939. **39** Ebd. **40** Philipp W. Fabry, Der Hitler-Stalin-Pakt, S. 156ff. **41** Franz Halder, Kriegstagebuch, Bd. I, S. 80. **42** Franz Liedig, Die Bedeutung des russisch-finnischen Zusammenstoßes für die gegenwärtige Lage Deutschlands, 7. Dezember 1939, S. 5; Bundesarchiv/Militärarchiv (= BA/MA), N 104/2. **43** Ebd. **44** Ulrich von Hassell, Vom anderen Deutschland, S. 88. **45** Oscar Reile, Geheime Ostfront, S. 310. **46** Klaus Benzing, Der Admiral, S. 61. **47** Tgb. Groscurth, 17. September 1939. **48** Tgb. Groscurth, 7. September 1939. **49** Tgb. Groscurth, 22. September 1939. **50** Karl Heinz Abshagen, Canaris, S. 219, S. 220. **51** Reile, a.a.O., S. 311. **52** Tgb. Lahousen, 29. September 1939. **53** Ian Colvin, Chief of Intelligence, S. 89. **54** Reile, a.a.O., S. 310. **55** Wladislaw Kozaczuk, Die Schlacht um Geheimnisse (deutsches Übersetzungsmanuskript), S. 271ff. **56** Colvin, a.a.O., S. 90. **57** Ebd. **58** Ebd. **59** Reile, a.a.O., S. 310. **60** Helmut Krausnick, Hitler und die Morde in Polen, in: Vierteljahrshefte für Zeitgeschichte, Heft April/1963, S. 203. **61** Ebd. **62** Krausnick, a.a.O., S. 198. **63** Tgb. Groscurth, 8. September 1939. **64** Ebd. **65** Tgb. Groscurth, 9. September 1939. **66** Gert Buchheit, Der deutsche Geheimdienst, S. 219. **67** Reile, a.a.O., S. 312. **68** Tgb. Groscurth, 23. September 1939. Martin Broszat, Nationalsozialistische Polenpolitik, S. 28. **69** David Irving, Hitler und seine Feldherren, S. 741. **70** Aktenvermerk Lahousens über die Besprechung im Führerzug, in: Krausnick/Deutsch/Kotze, a.a.O., S. 358. **71** Erinnerungen des Generals Nikolaus von Vormann, S. 76; IfZ, F 34/2. **72** Aktenvermerk Lahousens über die Besprechung im Führerzug am 12. 9. 1939. **73** Krausnick/Deutsch/Kotze, a.a.O., S. 128. **74** Dienstvorschrift der Geheimen Feldpolizei, S. 6; BA/MA, RW 5/v.198. **75** Krausnick/Deutsch/Kotze, a.a.O., S. 272. **76** Zur Entstehungsgeschichte des RSHA: Heinz Höhne, Der Orden unter dem Totenkopf, S.

235ff. Buchheit, a.a.O., S. 106. **77** Heinz Heumann, Bericht über die »Brandenburg«, 13. Juni 1965; im Besitz von Herrn Dr. Buchheit. **78** Schreiben von Major Klug an Bürgermeister Peter Denk, Hartmannitz, 4. Juli 1939, und weitere Beispiele für die Beziehungen zwischen Abwehr II und SS-Hauptamt in: BA/MA, RW 5/v.164. **79** Tgb. Groscurth, 12. September 1939. **80** Wolfgang Gans Edler Herr zu Putlitz, Unterwegs nach Deutschland, S. 257ff. **81** Colvin, a.a.O., S. 104. **82** Walter Schulze-Bernett, Der Grenzzwischenfall bei Venlo, in: Die Nachhut, Heft 23/24, 15. Mai 1973; S. 1. **83** Ebd. **84** Schulze-Bernett, a.a.O., S. 2. **85** Ebd. **86** Ebd. **87** Walter Schellenberg, Memoiren, S. 76. **88** Lothar Heimbach, Die Stevens-Best-Affäre, 26. Oktober 1967; S. 9. **89** Ebd. **90** Ebd. **91** Ebd. **92** Schulze-Bernett, a.a.O., S. 2. **93** Schellenberg, a.a.O., S. 80. Tgb. Groscurth, 15. November 1939. **94** Schulze-Bernett, a.a.O., S. 5. **95** Schellenberg, a.a.O., S. 86. **96** Ebd. Krausnick/Deutsch/Kotze, a.a.O., S. 309. **97** Schulze-Bernett, a.a.O., S. 5, 6. Schellenberg, a.a.O., S. 87, 88. Schreiben von Schellenberg an Meisner, 12. Februar 1940; National Archives (= NA), T–175/463. **98** Schulze-Bernett, a.a.O., S. 6. **99** Schulze-Bernett, S. 7, 8. **100** Tgb. Groscurth, 9. November 1939. **101** Schulze-Bernett, a.a.O., S. 9. Tgb. Groscurth, 15. November 1939. **102** Schulze-Bernett, a.a.O., S. 9. **103** Schreiben von Schellenberg an Meisner, 12. Februar 1940. **104** Hans Buchheim, Anatomie des SS-Staates, Bd. I, S. 76, 77. **105** Office Memorandum, United States Government, Subject: Friedrich Walter Schellenberg, 29. Dezember 1947; IfZ, ZS 291/V. Mündliche Mitteilung von Frau Lina Heydrich-Manninen, 8. März 1974. **106** Office Memorandum Schellenberg. **107** Mündliche Mitteilung von Frau Heydrich-Manninen. **108** Aktenvermerk von Schellenberg, 10. Februar 1940; NA, T–175/463. Schellenberg, Memoiren, S. 137. **109** Vernehmung von Schellenberg, 29. Juli 1946; IfZ, ZS 291/I. **110** Aktenvermerk von Schellenberg, 30. Januar 1941; NA, T–175/463. **111** Aktennotiz der Stabskanzlei über Amtschefbesprechung am 19. 9. 39, datiert vom 21. September 1939; NA, T–175/463. **112** Aktenvermerk von Schellenberg, 22. Januar 1940; NA, T–175/463. **113** Ebd. **114** Aktenvermerk von Schellenberg, 1. Februar 1940; NA, T–175/463. **115** Tgb. Groscourth, 18. Juni 1939. **116** Bernt Richter, Interview mit Paul Kanstein, 24. Juni 1971, S. 2; im Besitz von Herrn Dr. Richter. Beispiele bei Gisevius, Bis zum bitteren Ende, S. 288ff. **117** Aktenvermerk von Schellenberg, 23. Februar 1940; NA, T–175/463. **118** Memorandum der Abwehr III, betr.: Abwehrmaßnahmen in Deutschland auf dem Gebiet der Personenüberwachung, 6. Februar 1940; NA – 175/463. **119** Abwehrmaßnahmen in Deutschland, S. 1, 14. **120** Personalakte Bentivegni; Archiv des Spiegel. **121** Ebd. **122** Buchheit, a.a.O., S. 109, 110. **123** Buchheit, a.a.O., S. 109. **124** Aktennotiz der Abwehrabteilung III betr.: Propagandamaßnahmen, 12. Dezember 1919; BA/MA, RW 5/v.198. **125** Abwehrmaßnahmen in Deutschland, S. 16. **126** Abwehrmaßnahmen in Deutschland, S. 17, 23. **127** Ebd. **128** Dienstvorschrift der Geheimen Feldpolizei, S. 7; BA/MA, RW 5/v.198. **129** Ebd. **130** Merkblatt der Abwehr III für Unterrichtung der Truppe usw. über Einsatz und Aufgaben der Geheimen Feldpolizei, S. 2; BA/MA, RW 5/v.198. **131** Vernehmung von Schellenberg, 21. November 1946; IfZ, ZS 291/II. **132** Ausland I, Außenpolitische Mitteilung, 29. September 1939; BA/MA, RW 6/v.198, Teil 2. **133** Ebd. **134** Schreiben von Theodor v. Hippel an Dr. Helmut Krausnick, 30. Oktober 1968; IfZ, ZS 2055/I. Buchheit, a.a.O., S. 308. **135** Ebd. **136** Ebd. **137** Tgb. Groscurth, 27. September 1939. **138** Ebd. **139** *** (= Friedrich Wilhelm Heinz), Der historische Ablauf bei »Brandenburg«, in: Herbert Kriegsheim, Getarnt, getäuscht und doch getreu, S. 295. Georg Tessin, Verbände der deutschen Wehrmacht und Waffen-SS im Zweiten Weltkrieg, Bd. 12, S. 327. **140** So vor allem Abshagen, a.a.O., S. 235, und Heinz, a.a.O., S. 289. **141** Schreiben von Hippels an Hildegard v. Kotze, 17. Dezember 1968. **142** Tgb. Lahousen, 13. Oktober 1939. Erich Ferdinand Pruck, Warnzeichen Rot, XIV, S. 8ff. **143** Reile, a.a.O., S. 341, 342. **144** Mündliche Mitteilung von Herrn Otto Wagner, 12. September 1973. Reile, a.a.O., S. 323, 342. **145** Klaus-Jürgen Müller, Das Heer und Hitler, S. 473. **146** Müller, a.a.O., S. 475. **147** William L. Shirer, Aufstieg und Fall des Dritten Reiches, S. 586. **148** Müller, a.a.O., S. 477. **149** Lothar Gruchmann, Der Zweite Weltkrieg, in: Deutsche Geschichte seit dem Ersten Weltkrieg, Bd. II, S. 33. **150** Irving, a.a.O., S. 57. **151** Louis de Jong, Die deutsche Fünfte Kolonne im Zweiten Weltkrieg, S. 178. **152** de Jong, a.a.O., S. 179. **153** de Jong, a.a.O., S. 178. **154** Putlitz, a.a.O., S. 225. **155** de Jong, a.a.O., S. 73. **156** Aussage von Piekenbrock in sowjetischer Kriegsgefangenschaft, in: Julius Mader, Hitlers Spionagegenerale sagen aus, S. 65. **157** Tgb. Lahousen, 4. November 1939. **158** de Jong, a.a.O., S. 179. **159** Ebd. **160** Abshagen, a.a.O., S. 238. **161** Sir Kenneth Strong, Die Geheimnisträger, S. 131. **162** Ausland I, Außenpolitische Mitteilung, 29. September 1939. **163** Tgb. Groscurth, 11. September 1939. **164** Aktenvermerk von Lahousen über die Besprechung im Führerzug am 12. 9. 1939. **165** Strong, a.a.O., S. 131. **166** Ebd. **167** Krausnick/Deutsch/Kotze, a.a.O., S. 212. **168** Tgb. Groscurth, 5. Oktober 1939. **169** Tgb. Groscurth, 10. Oktober 1939 und 14. Februar 1940. **170** Strong, a.a.O., S. 134–136. **171** Tgb. Lahousen, 5. November 1939. de Jong, a.a.O., S. 71. **172** Tgb. Lahousen, 8. November 1939. **173** de Jong, a.a.O., S. 180. **174** Tgb. Lahousen, 16. November 1939. **175** Erklärung von Ehrhardt, in: Kapitän Ehrhardt, Fernsehsendung von Wolfgang Venohr, Westdeutscher Rundfunk, III. Programm, 9. Oktober 1971. **176** Gruchmann, a.a.O., S. 31. **177** Müller, a.a.O., S. 476, 478. **178** Müller, a.a.O., S. 478. **179** Harold C. Deutsch, Verschwörung gegen den Krieg, S. 78. **180** Aufzeichnungen von Christine von Dohnanyi, geb. Bonhoeffer, undatiert, S. 5; Akten der Lüneburger Staatsanwaltschaft, Strafverfahren gegen Dr. Manfred Roeder (= LStA), Bd. I. **181** Otto John, Männer im Kampf gegen Hitler, Hans von Dohnanyi, undatiert; Archiv des Spiegel. Richard Korherr, Karl Ludwig Freiherr von und zu Guttenberg; Deutsche Tagespost, 28. April 1965. **182** Aufzeichnungen von Christine von Dohnanyi, S. 2. **183** Aussage von Schmidhuber, 20. Juli 1950; LStA, Bd. IX, Bl. 221. Aussage des ehemaligen Abwehrstellenleiters Nikolaus Ficht, 6. September 1950; LStA, Bd. XIV, Bl. 15. **184** Deutsch, a.a.O., S. 88. **185** Brief von Groscurth, 15. Oktober 1939, in: Krausnick/Deutsch/Kotze, a.a.O., S. 32. **186** Schreiben von Franz Halder an Professor Walter Baum, 3. Juni 1957; IfZ, ZS 240/V. **187** Ebd. **188** Erklärung von Lahousen, 30. Januar 1953; IfZ, ZS 658. **189** Ebd. **190** Ebd. **191** Tgb. Groscurth, 5. Oktober 1939. **192** Ebd. **193** Müller, a.a.O., S. 479. **194** Halder, Kriegstagebuch, Bd. I, S. 105. **195** Müller, a.a.O., S. 482. **196** Müller, a.a.O., S. 483. **197** Ebd. **198** Tgb. Groscurth, 16. Oktober 1939. **199** Müller, a.a.O., S. 494. **200** Tgb. Groscurth, 25. Oktober 1939. **201** Müller, a.a.O., S. 489. **202** Müller, a.a.O., S. 488. **203** Müller, a.a.O., S. 496. **204** Tgb. Groscurth, 1. November 1939. **205** Tgb. Groscurth, 2. November 1939. **206** Müller, a.a.O., S. 514. **207** Müller, a.a.O., S. 516. **208** Ebd. **209** Walter Huppenkothen, Abschrift, undatiert, S. 5; LStA. **210** Ebd. **211** Deutsch, a.a.O., S. 113. **212** Deutsch, a.a.O., S. 117. **213** Aussage von Schmidhuber, 20. Juli 1950. **214** Josef Müller, Bis zur letzten

Konsequenz, S. 12. **215** J. Müller, a.a.O., S. 19ff. **216** J. Müller, a.a.O., S. 12. **217** J. Müller, a.a.O., S. 14. **218** Ebd. **219** Aussage von Ficht, 6. September 1950. **220** Deutsch, a.a.O., S. 124. **221** Aussage des ehemaligen Kriminalkommissars Franz Xaver Sonderegger, 31. August 1950; LStA, Bd. IX, Bl. 244. **222** Aussage von Corbinian Hofmeister, 25. November 1948; LStA, Bd. V, Bl. 713. **223** J. Müller, a.a.O., S. 17, 64. Deutsch, a.a.O., S. 120. **224** J. Müller, a.a.O., S. 82. Deutsch, a.a.O., S. 132, 133. **225** Peter Ludlow, Papst Pius XII., die britische Regierung und die deutsche Opposition im Winter 1939/40, in: Vierteljahrshefte für Zeitgeschichte, Heft 3/1974, S. 303. **226** J. Müller, a.a.O., S. 85. **227** J. Müller, a.a.O., S. 88. **228** Ludlow, a.a.O., S. 305. **229** Müller, a.a.O., S. 520. **230** Müller, a.a.O., S. 513. **231** Deutsch, a.a.O., S. 243. **232** Müller, a.a.O., S. 521, Deutsch, a.a.O., S. 243ff. **233** Deutsch, a.a.O., S. 243. **234** Deutsch, a.a.O., S. 247. Müller, a.a.O., S. 521. **235** Erklärung von Lahousen, 30. Januar 1953. Müller, a.a.O., S. 510. **236** Müller, a.a.O., S. 522. **237** Deutsch, a.a.O., S. 248. **238** Tgb. Groscurth, 5. November 1939. **239** Deutsch, a.a.O., S. 248. **240** Schreiben von Halder an Baum, 3. Juni 1957. **241** Gisevius, a.a.O., S. 287. **242** Tgb. Groscurth, 5. November 1939. **243** Schreiben von Halder an Baum, 3. Juni 1957. **244** Gisevius, a.a.O., S. 288. **245** Ebd. **246** Ebd. **247** Müller, a.a.O., S. 530. **248** Müller, a.a.O., S. 531. **249** Müller, a.a.O., S. 534. **250** Deutsch, a.a.O., S. 259. **251** Ebd. **252** Deutsch, a.a.O., S. 260. **253** Ebd. **254** Tgb. Groscurth, 11. November 1939. **255** Müller, a.a.O., S. 536. **256** Ebd. **257** Tgb. Groscurth, 9. November 1939. **258** Müller, a.a.O., S. 544. **259** Ludlow, a.a.O., S. 305. **260** Besprechung in Rom beim Vatikan (Verfasser: Dr. Josef Müller), 6.–9. 11. 39, S. 15; BA/MA, N 104/2. **261** Besprechung in Rom, S. 16. **262** Besprechung in Rom, S. 17. **263** Besprechung in Rom, S. 19. **264** Hassell, a.a.O., S. 107. **265** Peter Hoffmann, Widerstand, Staatsstreich, Attentat, S. 177. Deutsch, a.a.O., S. 263. **266** Lahousen, Zur Vorgeschichte des Anschlages vom 20. Juli 1944; IfZ, ZS 658. **267** Ebd. **268** Ebd. **269** Ebd. **270** Ludlow, a.a.O., S. 330, 334. **271** Ebd. **272** Ludlow, a.a.O., S. 328. **273** Ludlow, a.a.O., S. 334. **274** Aussage von Müller im Huppenkothen-Prozeß; Frankfurter Allgemeine Zeitung, 15. Oktober 1952. **275** Fragen und Erläuterungen von Dr. Müller, Juli 1947; LStA, Bd. IX, Bl. 69. **276** Ebd. **277** Deutsch, a.a.O., S. 137ff. **278** Deutsch, a.a.O., S. 139. **279** J. Müller, a.a.O., S. 96. **280** Ebd. **281** Deutsch, a.a.O., S. 141. **282** J. Müller, a.a.O., S. 98. **283** Deutsch, a.a.O., S. 141. **284** Schreiben von Halder an Baum, 3. Juni 1957. **285** J. Müller, a.a.O., S. 97. **286** Müller, a.a.O., S. 572. **287** Befragung von Liedig durch Dr. Helmut Krausnick und Professor Harold C. Deutsch, undatiert; IfZ, ZS 2125. **288** Deutsch, a.a.O., S. 99. **289** Aussage von Sas, 16. März 1948; Enquetecommissie Regeringsbeleid 1940–1945 (Deutsche Übersetzung), S. 7. **290** Deutsch, a.a.O., S. 100. **291** Aussage von Sas, a.a.O., S. 8. **292** Ludlow, a.a.O., S. 330. **293** Farago, a.a.O., S. 204. **294** Hart, a.a.O., S. 76. **295** Erich Raeder, Mein Leben, Bd. II, S. 200. **296** Hart, a.a.O., S. 77. **297** Hart, a.a.O., S. 78. Betreuer Quislings bei der Abwehr war Hauptmann von Hippel unter dem Decknamen »Hohenstein«; mündliche Auskunft von Frau Melitta Wiedemann, 17. Januar 1976. **298** Irving, a.a.O., S. 77. **299** Ebd. **300** Hart, a.a.O., S. 79. **301** Ebd. **302** Pruck, a.a.O., XV, S. 1. **303** Ebd. **304** Pruck, a.a.O., XV, S. 4. **305** Hart, a.a.O., S. 81, 82. **306** Hart, a.a.O., S. 83. **307** Bericht von Osborne an Lord Halifax, 12. Januar 1940; in: Ludlow, a.a.O., S. 330ff. **308** Bericht von Osborne an Lord Halifax, 7. Februar 1940, in: Ludlow, a.a.O., S. 333ff. **309** Schreiben von Lord Halifax an Osborne, 17. Februar 1940, in: Ludlow, a.a.O., S. 336ff. **310** Bericht von Osborne an Lord Halifax, 19. Februar 1940, in: Ludlow, a.a.O., S. 337. **311** So noch Klaus-Jürgen Müller, der sogar von einer »Abmachung« spricht (S. 560). **312** Müller, a.a.O., S. 128. **313** Deutsch, a.a.O., S. 310. **314** Deutsch, a.a.O., S. 319. **315** Deutsch, a.a.O., S. 320. **316** Ebd. **317** Besprechungen in Rom, S. 6, 15. **318** Tgb. Groscurth, 20. Januar–2. Februar 1940. **319** Deutsch, a.a.O., S. 332. **320** Müller, a.a.O., S. 565. **321** Ebd. **322** Befragung von Liedig, S. 6. **323** Ebd. **324** Irving, a.a.O., S. 93. **325** Pruck, a.a.O., XV, S. 12, 13. **326** Deutsch, a.a.O., S. 345. **327** Deutsch, a.a.O., S. 344. **328** Deutsch, a.a.O., S. 345, 346. **329** Deutsch, a.a.O., S. 346. **330** J. Müller, a.a.O., S. 137. **331** Deutsch, a.a.O., S. 346. Hart, a.a.O., S. 85. **332** Hart, a.a.O., S. 82, 85. **333** Hart, a.a.O., S. 89. **334** Tgb. Lahousen, 9. April 1940. **335** Pruck, a.a.O., XV, S. 14. **336** Müller, a.a.O., S. 567. **337** Ebd. **338** Hildegard von Kotze, Heeresadjutant bei Hitler, S. 69, a.a.O., S. 58ff. **339** Hoffmann, a.a.O., S. 217. **340** Hermann Graml, Der Fall Oster, in: Vierteljahrshefte für Zeitgeschichte, Heft 3/1966, S. 39. **341** Deutsch, a.a.O., S. 363. **342** Deutsch, a.a.O., S. 367, 369. **343** Deutsch, a.a.O., S. 366, 367. **344** Ludlow, a.a.O., S. 341. **345** Deutsch, a.a.O., S. 368. **346** Ebd. **347** Ebd. **348** Ebd. **349** Deutsch, a.a.O., S. 364. **350** Ebd. **351** Ebd. **352** Ebd. **353** Ebd. **354** Ebd. **355** Tgb. Lahousen, 9. Mai 1940. **356** Aussage von Sas, a.a.O., S. 16. **357** Tgb. Lahousen, 9. Mai 1940. **358** Aussage von Sas, a.a.O., S. 16, Deutsch, a.a.O., S. 354. **359** Tgb. Lahousen, 9. Mai 1940. **360** Aussage von Sas, a.a.O., S. 16. **361** Deutsch, a.a.O., S. 354. **362** Aussage von Sas, a.a.O., S. 16. **363** Aussage von Sas, a.a.O., S. 17. **364** Ebd. **365** Ebd. **366** Deutsch, a.a.O., S. 365. **367** Deutsch, a.a.O., S. 355. de Jong, a.a.O., S. 73ff. **368** Irving, a.a.O., S. 117. **369** Ebd. **370** Ebd. **371** Buchheit, a.a.O., S. 316. **372** Irving, a.a.O., S. 117. de Jong, a.a.O., S. 180. **373** Tgb. Lahousen, 26. Mai 1940. **374** Irving, a.a.O., S. 118. **375** Tgb. Lahousen, 14., 16. Mai 1940. **376** Tgb. Lahousen, 1. Juni 1940. **377** Brief Groscurth an seinen Bruder, 25. Mai 1940, in: Krausnick/Deutsch/Kotze, a.a.O., S. 520. **378** Huppenkothen, Abschrift, S. 12. **379** Ebd. **380** Schlußbericht des Staatsanwalts Dr. Finck im Ermittlungsverfahren gegen Manfred Roeder, S. 655. **381** Stellungnahme von Dr. Georg Duesterberg, 2. Februar 1951; LStA, Bd. XIII, Bl. 159. **382** Siehe Kapitel 6 dieses Buches, Anmerkung 123. **383** Erlaß von Canaris, 6. Januar 1940; BA/MA, RW 5/v.198. **384** Ebd. **385** Erlaß von Abwehr III C 3 betr.: Maßnahmen gegen fahrlässige Preisgabe von Staatsgeheimnissen, 6. Januar 1940; BA/MA, RW 5/v.198. **386** Deutsch, a.a.O., S. 370. **387** J. Müller, a.a.O., S. 148. **388** Ebd. **389** Ebd. **390** Deutsch, a.a.O., S. 372. J. Müller, a.a.O., S. 149. **391** Deutsch, a.a.O., S. 372. **392** J. Müller, a.a.O., S. 150. **393** J. Müller, a.a.O., S. 152. Aussage von Müller, 21. Oktober 1948; LStA, Bd. V, Bl. 208. **394** Deutsch, a.a.O., S. 369. **395** Deutsch, a.a.O., S. 375. **396** Eidesstattliche Versicherung von Karl Süß, 19. Dezember 1946; LStA, Bd. XIV, Bl. 10, 11. **397** Ebd. **398** Deutsch, a.a.O., S. 364. **399** Schriftliche Mitteilung von Herrn Kurt English, 22. September 1969. Deutsch, a.a.O., S. 375. Aussage von Rohleder, 2. Juli 1950; LStA, Bd. IX, Bl. 184. **400** Aussage von Rohleder, 2. Juni 1950. **401** Schlußbericht von Finck, S. 655. **402** Aussage von Rohleder, 2. Juli 1950. **403** In memoriam Joachim Rohleder, in: Die Nachhut, Heft 29/30, 15. Juli 1974; S. 15. **404** Aussage Rohleder, a.a.O., Bl.

185. **405** Ebd. **406** Ebd. **407** Ebd. J. Müller, a.a.O., S. 154. **408** Aussage von Rohleder; a.a.O., Bl. 185. **409** Stellungnahme von Lahousen, 15. Oktober 1952; IfZ, ZS 658. **410** Aussage von Rohleder, a.a.O., Bl. 185. **411** Pruck, a.a.O., XV, S. 24. **412** Aussage des ehemaligen Kriminalinspektors Hugo Franz Hoffmann, 15. Juni 1950; LStA, Bd. IX, Bl. 233. **413** Ebd. **414** Ebd. **415** Pruck, a.a.O., XV S. 24. **416** Aussage von Hoffmann, a.a.O., Bl. 233. **417** Aussage von Hoffmann, a.a.O., Bl. 234. **418** Ebd. **419** Ebd. **420** Ebd. **421** Aussage von Hoffmann; a.a.O., Bl. 235. **422** Schlußbericht von Finck, S. 672. **423** Ebd. **424** Ebd. **425** Befragung von Liedig, S. 16. **426** Befragung von Liedig, S. 12. **427** Mündliche Mitteilung von Herrn Dr. Best, 5. Februar 1966.

11 Tränen für Heydrich

1 Charles B. Burdick, Germany's Military Strategy and Spain in World War II, S. 24. **2** Ebd. **3** Burdick, a.a.O., S. 25. **4** Interview mit Max Franzbach, 29. Oktober 1974; im Besitz von Herrn Günter Peis. **5** Burdick, a.a.O., S. 24. **6** Ebd. **7** Burdick, a.a.O., S. 25. **8** Ebd. **9** Ebd. **10** Ebd. **11** Burdick, a.a.O., S. 24. **12** Burdick, a.a.O., S. 26. **13** Ebd. **14** Ebd. **15** Karl Heinz Abshagen, Canaris, S. 321; Hermann Graml, Die deutsche Militäropposition vom Sommer 1940 bis zum Frühjahr 1943, in: Helmut Krausnick, Die Vollmacht des Gewissens, Bd. II, S. 425. **16** So Karl Wolff in seiner Aufzeichnung: Hitler und Franco, undatiert, s. 27ff. **17** Bericht von Admiral Lais an den Chef des italienischen Admiralstabes, 22. Juli 1939, in: I Documenti Diplomatici Italiani, Bd. XIII, S. 485. **18** Ebd. **19** Ebd. **20** Ebd. **21** Ebd. **22** Ebd. **23** Ebd. **24** Max Franzbach, K. O. Spanien, die größte Kriegsorganisation der Abwehr; undatiert (etwa: 1946); im Besitz von Herrn Günter Peis. Klaus-Jörg Ruhl, Spanien im Zweiten Weltkrieg, S. 51. **25** Schreiben Francos an Hitler, 3. Juni 1940, in: Donald S. Detwiler, Hitler, Franco und Gibraltar, S. 106. **26** Detwiler, a.a.O., S. 22. **27** Detwiler, a.a.O., S. 18. **28** Ebd. **29** Detwiler, a.a.O., S. 24. **30** Detwiler, a.a.O., S. 25. **31** Ebd. **32** Gert Buchheit, Der deutsche Geheimdienst, S. 317. **33** Burdick, a.a.O., S. 20. **34** Interview mit Hans-Jochen Rudloff, 22. Mai 1976; im Besitz von Herrn Günter Peis. **35** Burdick, a.a.O., S. 29. **36** Ebd. **37** Ebd. **38** Oscar Reile, Geheime Westfront, S. 284. **39** Kriegstagebuch (= KTB) Halder, Bd. II, 6. Juli 1940. **40** Reile, a.a.O., S. 284. **41** Burdick, a.a.O., S. 29. **42** Ronald Wheatley, Operation Sea Lion, S. 31. **43** Ebd. **44** Lothar Gruchmann, Der Zweite Weltkrieg, in: Deutsche Geschichte seit dem Ersten Weltkrieg, Bd. II, S. 59. **45** Ebd. **46** Wheatley, a.a.O., S. 31. **47** Gruchmann, a.a.O., S. 60. **48** Ebd. **49** Burdick, a.a.O., S. 21. **50** Ebd. **51** Burdick, a.a.O., S. 24. **52** Günter Alexander (= Peis), So ging Deutschland in die Falle, S. 56ff. **53** Alexander, a.a.O., S. 170ff. **54** Burdick, a.a.O., S. 26. **55** Burdick, a.a.O., S. 27. **56** Ebd. **57** Burdick, a.a.O., S. 35. **58** Detwiler, a.a.O., S. 32. **59** Ebd. **60** Burdick, a.a.O., S. 37. **61** Detwiler, a.a.O., S. 35. **62** Tagebuch (= Tgb.) Lahousen, 16. August 1940. **63** Tgb. Lahousen, 24. August 1940. **64** Burdick, a.a.O., S. 41. **65** Ebd. **66** Ebd. **67** Ebd. **68** Detwiler, a.a.O., S. 35, 36. **69** Burdick, a.a.O., S. 70. **70** KTB Halder, 27. Oktober 1940. **71** KTB Halder, 2. November 1940. **72** Ebd. **73** Ebd. Burdick, a.a.O., S. 67. **74** Gruchmann, a.a.O., S. 61. **75** KTB Halder, 27. August 1940. **76** Detwiler, a.a.O., S. 41. **77** Detwiler, a.a.O., S. 56. **78** Detwiler, a.a.O., S. 58, 59. **79** Detwiler, a.a.O., S. 59. **80** Detwiler, a.a.O., S. 61. **81** Gruchmann, a.a.O., S. 65. **82** Gruchmann, a.a.O., S. 82. **83** Ehrengard Schramm-von Thadden, Griechenland und die Großmächte im Zweiten Weltkrieg, S. 73. **84** Ferdinand Siebert, Italiens Weg in den Zweiten Weltkrieg, S. 392. **85** Schramm-von Thadden, a.a.O., S. 47. **86** Schramm-von Thadden, a.a.O., S. 51. **87** Ebd. **88** Schramm-von Thadden, a.a.O., S. 77. **89** Schramm-von Thadden, a.a.O., S. 78. **90** Schramm-von Thadden, a.a.O., S. 74. **91** Schramm-von Thadden, a.a.O., S. 138. **92** David Irving, Hitler und seine Feldherren, S. 177. **93** Ebd. **94** Bernd Martin, Friedensinitiativen und Machtpolitik im Zweiten Weltkrieg, S. 395. **95** Gruchmann, a.a.O., S. 84. **96** Ebd. **97** Detwiler, a.a.O., S. 70. **98** Burdick, a.a.O., S. 80. **99** Burdick, a.a.O., S. 94. **100** Ebd. **101** Ebd. **102** Tgb. Lahousen, 5. November 1940. **103** Burdick, a.a.O., S. 94. **104** Burdick, a.a.O., S. 80. **105** Detwiler, a.a.O., S. 80. **106** Ebd. **107** Detwiler, a.a.O., S. 80, 81. **108** Burdick, a.a.O., S. 102, 103. **109** Burdick, a.a.O., S. 103. **110** KTB Halder, 2. November 1940. **111** Schramm-von Thadden, a.a.O., S. 139. **112** Schramm-von Thadden, a.a.O., S. 138. **113** Schramm-von Thadden, a.a.O., S. 139. **114** Burdick, a.a.O., S. 106. **115** Ebd. **116** Detwiler, a.a.O., S. 85. Burdick, a.a.O., S. 103. **117** Abgedruckt bei Detwiler, a.a.O., S. 123–125. **118** Aufzeichnung über Franco-Canaris-Unterredung, 7. Dezember 1940, in: Detwiler, a.a.O., S. 123, 124. **119** Aufzeichnung Franco–Canaris, a.a.O., S. 124. **120** Ebd. **121** Aufzeichnung Franco–Canaris, a.a.O., S. 125. **122** Ebd. **123** Kriegstagebuch des Oberkommando der Wehrmacht, Bd. I, 8. Dezember 1940. **124** Ebd. **125** Ebd. **126** KTB des OKW, 10. Dezember 1940. **127** Detwiler, a.a.O., S. 87. **128** Nachschrift zu Karl Wolff, Hitler und Franco, 27. Januar 1972, S. 5. **129** Gruchmann, a.a.O., S. 140. **130** Schramm-von Thadden, a.a.O., S. 140. **131** Aufzeichnung des Admirals Perikles Argyropoulos, Juli 1952; in: Schramm-von Thadden, a.a.O., S. 217. **132** Ebd. **133** Aufzeichnung des Obersten a.D. Clemm von Hohenberg, November 1952; in: Schramm-von Thadden, a.a.O., S. 218. **134** Aufzeichnung Clemm, a.a.O., S. 219. **135** Schramm-von Thadden, a.a.O., S. 151. **136** Ebd. **137** Ebd. **138** Gruchmann, a.a.O., S. 84. **139** Ebd. **140** Corey Ford, Donovan of OSS, S. 99. **141** Ford, a.a.O., S. 100. **142** Ford, a.a.O., S. 102. **143** Gruchmann, a.a.O., S. 85. **144** Ebd. **145** Ford, a.a.O., S. 103. **146** Johann Wuescht, Jugoslawien und das Dritte Reich, S. 151. **147** Martin, a.a.O., S. 403. **148** Aufzeichnung Clemm, a.a.O., S. 220. **149** Martin, a.a.O., S. 406. **150** Aufzeichnung Clemm, a.a.O., S. 219. **151** Aufzeichnung Clemm, a.a.O., S. 220. **152** Schramm-von Thadden, a.a.O., S. 169. **153** Ebd. **154** Schramm-von Thadden, a.a.O., S. 170. **155** Gruchmann, a.a.O., S. 85. **156** Martin, a.a.O., S. 406. **157** Ebd. **158** Ebd. **159** Aufzeichnung Clemm, a.a.O., S. 220. **160** Schramm-von Thadden, a.a.O., S. 172. **161** Wuescht, a.a.O., S. 159ff. **162** Gruchmann, a.a.O., S. 86. **163** Franz Josef Furtwängler, Männer, die ich sah und kannte, S. 208. **164** Tgb. Lahousen, 15. April 1941. **165** Tgb. Lahousen, 16. April 1941. **166** Abshagen, a.a.O., S. 269. **167** Tgb. Lahousen, 7. Mai 1941. **168** Aufzeichnung Clemm, a.a.O., S. 221. **169** KTB Halder, 22. Juli 1940. **170** Philipp W. Fabry, Der Hitler-Stalin-Pakt, S. 367. **171** Erich Helmdach, Überfall?, S. 18. **172** Barton Whaley, Codeword Barbarossa, S. 18. **173** Aussage von Piekenbrock in sowjetischer Kriegsgefangenschaft, 12. Dezember 1945; Der Prozeß gegen die

Hauptkriegsverbrecher vor dem Internationalen Militärgerichtshof (= IMG), Bd. VII, S. 293. **174** Aussage von Bentivegni in sowjetischer Kriegsgefangenschaft, 28. Dezember 1945; IMG, Bd. VII, S. 294. **175** Aussage Bentivegni, a.a.O., S. 300. **176** Hermann Giskes, Spione überspielen Spione, S. 16. **177** Fabry, a.a.O., S. 393. **178** Fabry, a.a.O., S. 389, 393. **179** Buchheit, a.a.O., S. 256. **180** Schriftliche Mitteilung von Herrn Professor Dr. Dr. Theodor Oberländer, 25. Juni 1976. Buchheit, a.a.O., S. 205. Kurt Ziesel, Der rote Rufmord, S. 63. **181** Walter Schellenberg, Memoiren, S. 170. **182** Helmdach, a.a.O., S. 88. **183** Tgb. Lahousen, 26. März 1940. **184** Von Canaris unterschriebener Befehl betr.: Organisation zur Behandlung von Zwischenfällen an der deutsch-sowjetrussischen Grenze, 18. Juni 1940; National Archives (= NA), T–77/908. **185** Erich Ferdinand Pruck, Warnzeichen Rot, XIV, S. 13. **186** Tgb. Lahousen, 11. November 1940. **187** Tgb. Lahousen, 15. Februar 1941. **188** Tgb. Lahousen, 30. November 1940. **189** Tgb. Lahousen, 14. Dezember 1940. **190** Schreiben von Goth, 4. Mai 1940; NA, T–78/488. Helmdach, a.a.O., S. 17. **191** Ebd. **192** Die Welt, 31. Januar 1973. **193** Aufzeichnung von Baun, 4. Juli 1940, NA, T–78/488. **194** Hermann Zolling und Heinz Höhne, Pullach intern, S. 54, 55. **195** Beispiele dafür in den Akten der Fremde Heere Ost, Herbst 1940; NA, T–78/488. **196** Herbert Rittlinger, Geheimdienst mit beschränkter Haftung, S. 224ff. **197** Heinz Höhne, Der Fall Lissner, in: Ivar Lissner, Mein gefährlicher Weg, S. 243ff. **198** Höhne, a.a.O., S. 248. **199** Abgedruckt bei: F. A. Krummacher und Helmut Lange, Krieg und Frieden, S. 555. **200** Ebd. **201** Ebd. **202** Tgb. Lahousen, 19., 25. Februar 1941. **203** Aussage Bentivegni, a.a.O., S. 301. **204** Whaley, a.a.O., S. 171. **205** Whaley, a.a.O., S. 175. **206** Whaley, a.a.O., S. 256. **207** Whaley, a.a.O., S. 160. **208** Whaley, a.a.O., S. 173. **209** Ebd. **210** Ebd. **211** Georgi K. Schukow, Erinnerungen und Gedanken, S. 227. **212** Whaley, a.a.O., S. 232. **213** Näheres bei Gruchmann, a.a.O., S. 91. **214** Fabry, a.a.O., S. 410. **215** Ebd. **216** Ebd. Helmdach, a.a.O., S. 10. **217** Fabry, a.a.O., S. 410. **218** Ebd. **219** Fabry, a.a.O., S. 411. **220** Fabry, a.a.O., S. 415, 417. **221** Von der Fremde Heere Ost herausgegebene Feindbeurteilung, Stand: 20. Mai 1941; NA, T–78/479. **222** KTB Halder, 4. April 1941. **223** Fabry, a.a.O., S. 418. **224** Von Piekenbrock unterschriebener Befehl zur Aufstellung von Walli, 10. Juni 1941; NA, 78/458. **225** Tgb. Lahousen, Juni 1941. **226** Tgb. Lahousen, 25. Februar 1941. **227** Aussage von Stolze in sowjetischer Kriegsgefangenschaft, 25. Dezember 1945; IMG, Bd. VII, S. 302. **228** Aufzeichnung von Herzner, 28. Juni 1941; Handakte Herzner, im Besitz von Herrn Günter Peis. **229** Brief von Herzner an seine Frau, 26. Juli 1941; Handakte Herzner. **230** Ebd. **231** Lew Besymenski, Sonderakte »Barbarossa«, S. 253. **232** Schellenberg, a.a.O., S. 179. **233** Schellenberg, a.a.O., S. 180. **234** Tgb. Lahousen, 21. Juni 1941. **235** Gruchmann, a.a.O., S. 93. **236** Herbert Kriegsheim, Getarnt, getäuscht und doch getreu, S. 308, 309. **237** Tgb. Lahousen, 29. Juni, 29. Juli 1941. Alexander Dallin, Deutsche Herrschaft in Rußland, S. 129. **238** Tgb. Lahousen, 18. und 26. Juni, 17., 18., 22. Juli sowie 21. Juni, 24. Juli 1941. **239** Tgb. Lahousen, 5. Juli 1941. **240** Heinrich Uhlig, Der verbrecherische Befehl, in: Das Parlament, 6. November 1963; S. 431. **241** Uhlig, a.a.O., S. 432. **242** Joachim Fest, Hitler, S. 886. **243** Das Spiel ist aus – Arthur Nebe; Der Spiegel, 2. Januar 1950, S. 24. **244** Robert Kempner, SS im Kreuzverhör, S. 25, 28. **245** Raul Hilberg, The Destruction of the European Jews, S. 213, 214, 215. **246** Dallin, a.a.O., S. 129, 130. **247** Dallin, a.a.O., S. 130. **248** Tagebuch des Lehrgangs »Nachtigall«, 30. Juli 1941; Handakte Herzner. **249** Brief von Herzner an Oberländer, 3. September 1941; Handakte Herzner. **250** Tgb. Nachtigall, 1. August 1941. **251** Tgb. Lahousen, 23. Juni 1941. **252** Ebd. **253** Tgb. Lahousen, Juni 1941. **254** Hilberg, a.a.O., S. 219ff. **255** Aussage von Lahousen, 30. November 1945; IMG, Bd. II, S. 501. **256** Aussage von Lahousen vor Fred Kaufman, 9. Januar 1948; Institut für Zeitgeschichte (= IfZ), 1948/56. **257** Ebd. **258** Aussage Lahousen, 30. November 1945; IMG, Bd. II, S. 501. **259** Vortragsnotiz betr.: Anordnung für die Behandlung sowjetischer Kriegsgefangener, 15. September 1941; in: Hans Buchheim, Martin Broszat, Hans-Adolf Jacobsen, Helmut Krausnick, Anatomie des SS-Staates, Bd. II, S. 251ff. **260** Ebd. **261** Hilberg, a.a.O., S. 189. **262** Aufzeichnung von Hauptmann Keune, Ic, Arbeitsstab Ostpreußen, betr.: Besprechung OKW/Abw. und OKH am 5./6. Juni 1941 in Berlin; NA, T–78/482. **263** Aktennotiz von Hauptmann Keune, 16. Januar 1941; NA, T–78/482. **264** Hilberg, a.a.O., S. 198, 222, 244. **265** Hilberg, a.a.O., S. 245. **266** Karl Bartz, Die Tragödie der deutschen Abwehr, S. 98ff. **267** Von Baun unterschriebene Aufzeichnung des Stabes Walli für Abwehr I, Berlin, 24. März 1942; NA, T–77/1028. **268** Aufzeichnung von Dr. Gert Buchheit, undatiert, dem Verfasser freundlicherweise zur Verfügung gestellt. **269** Brief von Generalleutnant a.D. Gerhard Engel an Dr. Krausnick, 17. Oktober 1964; IfZ, ZS 222/Bd. I. **270** Ebd. **271** Ebd. **272** Mündliche Mitteilung von Herrn Horst Hiemenz, 21. Mai 1970. **273** So auf einem Lissner-Bericht vom 14. August 1942; Höhne, Der Fall Lissner, a.a.O., S. 249. **274** Mündliche Mitteilung von Herrn Gerhard Wessel, 3. Juni 1971. Außerdem: Kriegsstellenbesetzung der Fremde Heere Ost, 1943; NA, T–78/499. **275** Kriegsheim, a.a.O., S. 310ff. **276** Buchheit, a.a.O., S. 323. **277** Buchheit, a.a.O., S. 324. **278** Observator (= Will Grosse), Geheimdienst, Hakenkreuz und Fahneneid, in: Echo der Woche, 17. März 1950. **279** Abshagen, a.a.O., S. 21. **280** Paul Ronge, Zur Ahnentafel des Admirals Canaris, in: Genealogie, Bd. VI, Heft 1/1962, S. 35. **281** Buchheit, a.a.O., S. 84. **282** Ebd. **283** Ian Colvin, Chief of Intelligence, S. 158. **284** Buchheit, a.a.O., S. 85. **285** Heinz Höhne, Der Orden unter dem Totenkopf, S. 369. **286** Personalakte Huppenkothen, Berlin Document Center. **287** Aussage Huppenkothen: Canaris und Abwehr, undatiert; IfZ, ZS 249, S. 1. **288** Personalakte Huppenkothen. **289** Aussage Huppenkothen, S. 4. **290** Ebd. **291** Ebd. **292** Aussage Huppenkothen, S. 5. **293** Ebd. **294** Ebd. **295** Von Canaris und Heydrich gemeinsam unterschriebene Ausführungsbestimmungen über den dienstlichen Verkehr zwischen den militärischen Abwehrdienststellen und den Dienststellen der Sicherheitspolizei und des SD, 1. März 1942; abgedruckt in: Die Nachhut, Heft 3/32, 1. Februar 1975, S. 28. **296** Ic/AO, betr.: Aufgabengebiete des SD, der militärischen Abwehr und der GFP, 2. Oktober 1942, abgedruckt wie in Anmerkung 295. **297** Buchheit, a.a.O., S. 189 (mit allerdings unzutreffenden Angaben über Zeit und Unterschrift der Vereinbarungen zwischen Abwehr und RSHA). **298** Mündliche Mitteilung von Frau Lina Heydrich-Manninen, 8. März 1975. **299** Höhne, Der Orden, S. 459. **300** Aussage Huppenkothen, S. 5. **301** Mitteilung von Frau Heydrich-Manninen. **302** Ebd. **303** Aussage von Lahousen, in: IMG, Bd. II, S. 512ff. **304** General Giraud, Mes evasions, in: Point de Vue Images du Monde, 12. Mai 1949. Blitz-Fernschreiben des Reichskriminalpolizeiamtes, 20. April 1942; NA, T–175/498. **305** Aussage von Keitel, 5. April 1946; IMG, Bd. X, S. 647. **306** Ebd. Bartz, a.a.O., S. 123, 124. **307** Aussage Keitel, a.a.O., S. 647. **308** Ebd. **309** Aussage Keitel, a.a.O., S. 648. **310** Aussage Keitel, a.a.O., S. 649. **311** Bartz, a.a.O., S. 126. **312** Aussage Keitel, a.a.O., S. 648. **313** Aussage Lahousen, a.a.O., S. 512. **314** Ebd. **315** Ebd. **316** Ebd. **317** Aussage Keitel, a.a.O., S. 648. **318** Aussage Lahousen, a.a.O., S. 512. **319** Blitz-Fernschreiben von Schellenberg an Himmler, 9. November 1942; NA T–175. **320** Ebd. Außerdem: Vernehmung von Schellenberg durch Dr. Robert Kempner, 18. Dezember 1947; IfZ, ZS 291/V. **321** Aussage Keitel, a.a.O., S. 648. **322** Aussage Lahousen, a.a.O., S. 513. **323** Ebd. **324** Ebd. **325** Abshagen, a.a.O., S. 296. **326** Aussage Lahousen, a.a.O., S. 514. **327** Blitz-Fernschreiben Schellenberg–Himmler, 9. November 1942. **328** Werner Best, Wilhelm Canaris, 10. April 1949, S. 9; Archiv Best. **329** Heinrich Fraenkel und Roger Manvell, Canaris, S. 224. **330** Ebd. **331** Allen Welsh Dulles, Verschwörung in Deutschland, S. 100. **332** Abshagen, a.a.O., S. 372. Walter Huppenkothen, Abschrift, S. 15; von Herrn Huppenkothen freundlicherweise zur Verfügung gestellt. **333** Abshagen, a.a.O., S. 372. Spiegelbild einer Verschwörung: Die Kaltenbrunner-Berichte (= KB), S. 425. **334** Huppenkothen, Abschrift, S. 15. **335** Martin, a.a.O., S. 454, 455. **336** Whaley, a.a.O., S. 38. **337** Peter Hoffmann, Widerstand, Staatsstreich, Attentat, S. 263. **338** Martin, a.a.O., S. 464. **339** Alexander Fischer, Sowjetische Deutschlandpolitik im Zweiten Weltkrieg, S. 181. **340** Fischer, a.a.O., S. 180. **341** Fischer, a.a.O., S. 181. **342** Ebd. **343** Martin, a.a.O., S. 464. **344** Fischer, a.a.O., S. 181. **345** Fischer, a.a.O., S. 41. **346** Ebd. **347** Heinz Höhne, Kennwort: Direktor, S. 205ff. **348** Höhne, Kennwort, S. 173. **349** Mündliche Mitteilung von Generalrichter a.D. Dr. Manfred Roeder, 5. März 1968. **350** Aussage von Joachim Rohleder, 2. Juli 1950; Akten der Staatsanwaltschaft Lüneburg, Strafsache Roeder, Bd. XII, Bl. 193. **351** Fischer, a.a.O., S. 40ff. **352** Fischer, a.a.O., S. 42, 43, 44. **353** Fischer, a.a.O., S. 44. **354** Fischer, a.a.O., S. 45. **355** Telegramm von Ast Hamburg an Ausl/Abw., Chef I, 29. August 1943; im Besitz von Herrn Dr. Gert Buchheit. **356** Schreiben von Baron Kaulbars an Canaris, 25. Mai 1943; Bundesarchiv/Militärarchiv, RW 4/v.764. **357** Ebd. **358** Ebd. **359** R. Harris Smith, OSS, S. 210. **360** Richard Deacon, A History of the British Secret Service, S. 282. **361** Ebd. **362** Ebd. **363** Ebd. **364** Ebd. **365** F. W. Winterbotham, Secret and Personal, S. 162. **366** Smith, a.a.O., S. 210, 211. **367** Smith, a.a.O., S. 211. **368** Gruchmann, a.a.O., S. 260. **369** Hoffmann, a.a.O., S. 278. **370** Colvin, a.a.O., S. 181. **371** Franz von Papen, Der Wahrheit eine Gasse, S. 568. **372** Albert C. Wedemeyer, Wedemeyer reports, S. 416, 417. **373** Papen, a.a.O., S. 38. Schreiben von Kurt Freiherr von Lernsner an seinen Bruder Horst, Herbst 1945; im Besitz von Herrn Otto Wagner. **374** Mario Rodriguez Aragon, Operacion KN, in: Pueblo (Madrid), 21. August 1958. **375** Heinrich Brackelmanns, Ein Beitrag zur politischen Geschichte des II. Weltkrieges, S. 5; dem Verfasser freundlicherweise zur Verfügung gestellt. Wedemeyer, a.a.O., S. 417. **376** Schreiben Lernsner, Herbst 1945. **377** Wedemeyer, a.a.O., S. 417. **378** Rodriguez, a.a.O. **379** Ebd. **380** Hoffmann, a.a.O., S. 327–329. **381** Hoffmann, a.a.O., S. 277. **382** Hoffmann, a.a.O., S. 278. **383** Gert Buchheit, Eine Dokumentation, in: Die Nachhut, 15. Februar 1968, S. 11ff. **384** Aussage von Gero v. S.-Gaevernitz in der Strafsache Wolff, 1. September 1964; Akten der Staatsanwaltschaft am Landgericht München II. Hoffmann, a.a.O., S. 287. Martin, a.a.O., S. 280, 281. **385** KB, 29. November 1944, S. 505. **386** José Maria Doussinague, España teniá razón, S. 295. **387** Vortragsnotiz von Canaris für Chef OKW, Juli 1943; NA, T–77/856. **388** Brief von F. Justus von Einem an Dr. Josef Müller, 29. Dezember 1967; im Besitz von Herrn Heinrich Fraenkel. **389** Ebd. **390** Ebd. **391** Wedemeyer, a.a.O., S. 417. **392** Höhne, Der Orden, S. 476. **393** Schreiben von SS-Hauptsturmführer Ahrens an RSHA, VI D, 30. April 1943; im Besitz von Herrn Lew Besymenski. Dulles, a.a.O., S. 240ff.

12 Der Sturz

1 Gabriele Krüger, Die Brigade Ehrhardt, S. 71. **2** Krüger, a.a.O., S. 106. **3** Vermerk des Chefs der Sicherheitspolizei und des SD, IV A 3a, betr.: Korvettenkapitän a.D. Ehrhardt, Dezember 1941; National Archives (= NA), T–175/128. **4** Ebd. **5** Schreiben des Persönlichen Stabes Reichsführer-SS an RSHA-Referat IV a 3a, 26. Juli 1943; NA, T–175/128. **6** Franz Josef Furtwängler, Männer, die ich sah und kannte, S. 210, 211. **7** Furtwängler, a.a.O., S. 211. **8** Ebd. **9** Furtwängler, a.a.O., S. 207. **10** Gert Buchheit, Aktion »V 7«, undatiert; vom Verfasser freundlicherweise zur Verfügung gestellt. **11** Furtwängler, a.a.O., S. 211. **12** Siehe Kapitel 11 dieses Buches. **13** Günter Alexander (= Peis), So ging Deutschland in die Falle, S. 200ff. **14** Kriegstagebuch der Seekriegsleitung, 8. November 1942, zitiert bei Alexander, a.a.O., S. 220. **15** Alexander, a.a.O., S. 187ff. **16** Alexander, a.a.O., S. 217. **17** Alexander, a.a.O., S. 220ff. **18** Alexander, a.a.O., S. 202. **19** Ian Colvin, Chief of Intelligence, S. 186. **20** Ebd. **21** Schreiben von Herrn Erich Ferdinand Pruck an den Verfasser, 13. März 1975. **22** Herr Dr. Werner Best in einem Gespräch mit dem Verfasser, 5. Februar 1966. **23** Tonbandprotokoll eines Gespräches zwischen Max Franzbach und Günter Peis, 29. Oktober 1974, S. 3; im Besitz von Herrn Peis. **24** Ebd. **25** Alexander, a.a.O., S. 182. Charles B. Burdick, Germany's Military Strategy and Spain in World War II, S. 107. **26** Kim Philby, Mein Doppelspiel, S. 77, 78. **27** Ladislas Farago, The Game of the Foxes, S. 519. **28** Herbert Rittlinger, Geheimdienst mit beschränkter Haftung, S. 54ff. **29** Alexander, a.a.O., S. 139. **30** Aussage von Manfred Roeder, 23. Mai 1947; Akten der Lüneburger Staatsanwaltschaft in der Strafsache Roeder (= LStA), Bd. II, Bl. 219. **31** Anklageschrift des Oberreichskriegsanwalts gegen Dohnanyi und Oster, 16. September 1943; LStA, Bd. I, Bl. 3ff. **32** Rittlinger, a.a.O., S. 71. Bericht von Johannes Wapenhensch, siehe Anmerkung 59. **33** Heinz Höhne, Der Fall Lissner, in: Ivar Lissner, Mein gefährlicher Weg, S. 242. Alexander, a.a.O., S. 270. Bericht von Franz Xaver Sonderegger über seine Beziehungen zu Verschwörern des 20. Juli 1944; LStA, Bd. IX, Bl. 81ff. **34** Tonbandprotokoll Franzbach–Peis, S. 29. **35** Alexander, a.a.O., S. 182. **36** Philby, a.a.O., S. 78. **37** John C. Masterman, Unternehmen Doppelspiel, S. 176, 178. **38** Masterman, a.a.O., S. 176. **39** Peter Hoffmann, Widerstand, Staatsstreich, Attentat, S. 309ff. **40** Hoffmann, a.a.O., S. 311. **41** Hoffmann, a.a.O., S. 321. **42** Hoffmann, a.a.O., S. 322. **43** Hoffmann, a.a.O., S. 327, 318. **44** Hoffmann, a.a.O., S. 319. **45** Hoffmann, a.a.O., S. 325. **46** Hoffmann, a.a.O., S. 325. **47** Gert Buchheit, Der deutsche Geheimdienst, S. 324. **48** Alexander von Pfuhlstein, Bericht über meine Erlebnisse in Verbindung mit Herrn Heinz, 10. Juni 1953; vom Verfasser freundlicherweise zur Verfügung gestellt. **49** Pfuhlstein, Bericht, S. 2. **50** Ebd. **51** Buchheit, Geheimdienst, S. 324. **52** Buchheit, Geheimdienst, S. 323. **53** Zur Kritik an Pfuhlstein: Schreiben von Georg Duesterberg an den Oberstaatsanwalt in Lüneburg, 2. Februar 1951; LStA, Bd. XIII, Bl. 161. **54** Hoffmann, a.a.O., S. 332. **55** Fragen und Erläuterungen von Dr. (Josef) Müller, im Juli 1947 diktiert; LStA,

Bd. IX, Bl. 73. **56** Fragen und Erläuterungen von Dr. Müller, Bl. 66. **57** Ebd. **58** Schlußbericht des Staatsanwalts Dr. Finck, Lüneburg, im Ermittlungsverfahren gegen den ehemaligen Generalrichter Dr. Manfred Roeder wegen Aussageerpressung (= Schlußbericht), S. 681; Archiv des Justizministeriums des Landes Niedersachsen. **59** Aussage von Johannes Wapenhensch, 16. September 1950; LStA, Bd. XIV, Bl. 23. **60** Ebd. **61** Schlußbericht, S. 681. **62** Aussage Wapenhensch, Bl. 23. **63** Aussage Wapenhensch, Bl. 24. **64** Aussage von Nikolaus Ficht, 6. September 1950; LStA, Bd. XIV, Bl. 15. **65** Aussage von Heinz Ickrath, 8. September 1950: LStA, Bd. XIV, Bl. 1. **66** Aussage Ficht, Bl. 15. **67** Ebd. **68** Schlußbericht, S. 683. **69** Aussage Wapenhensch, Bl. 24. **70** Ebd. **71** Ebd. **72** Aussage Wapenhensch, Bl. 25. **73** Schlußbericht, S. 684. **74** Aussage Wapenhensch, Bl. 25. **75** Ebd. **76** Ebd. **77** Schlußbericht, S. 684. **78** Aussage Wapenhensch, Bl. 25. **79** Ebd. **80** Aussage Wapenhensch, Bl. 26. **81** Geschäftsverteilung von ZR, 21. Januar 1942; Bundesarchiv/Militärarchiv (= BA/MA), Arb. Nr. Loos. 727. **82** Aufzeichnung von Christine von Dohnanyi, undatiert (etwa: 1948/49); LStA, Bd. I. Bl. 126. **83** Aussage Wapenhensch, Bl. 26. **84** Ebd. **85** Schlußbericht, S. 686. **86** Aussage von Karl Süß, 6. September 1950, LStA, Bd. XIV, Bl. 7. **87** Ebd. **88** Schlußbericht, S. 686. **89** Aufzeichnung Christine von Dohnanyi, Bl. 127. **90** Schlußbericht, S. 688. **91** Schlußbericht, S. 710. **92** Schlußbericht, S. 707. **93** Schlußbericht, S. 710. **94** Schlußbericht, S. 688. **95** Aussage Ficht, Bl. 16. **96** Schlußbericht, S. 687. **97** Eidesstattliche Versicherung von Karl Süß, 19. Dezember 1946; LStA, Bd. XIV, Bl. 10. **98** Aussage von Josef Müller, 22. September 1950; LStA, Bd. XIV, Bl. 29. **99** Aussage Ficht, Bl. 16. **100** Ebd. **101** Schlußbericht, S. 688. **102** Ebd. **103** Schlußbericht, S. 689. **104** Aussage Ficht, Bl. 16. Schlußbericht, S. 689. **105** Aussage Ickrath, Bl. 2. **106** Aussage Wapenhensch, Bl. 27. **107** Aussage von Wilhelm Schmidhuber, 20. Juli 1950; LStA, Bd. IX, Bl. 222. **108** Schlußbericht, S. 691. Aussage von Walter Schoen, 11. September 1950; LStA, Bd. XIV, Bl. 21. **109** Schlußbericht, S. 691. **110** Aussage Wapenhensch, Bl. 26. **111** Aussage Wapenhensch, Bl. 27. **112** Eidesstattliche Versicherung von Süß, Bl. 11. **113** Aussage von Wapenhensch, Bl. 27. **114** Schlußbericht, S. 692. **115** Schlußbericht, S. 704, 707. **116** Aussage von Karl Sauermann, 7. September 1950; LStA, Bd. XIV, Bl. 18. **117** Schlußbericht, S. 689. **118** Schlußbericht, S. 704. **119** Josef Müller, Bis zur letzten Konsequenz, S. 165. **120** Müller, a.a.O., S. 166. **121** Müller, a.a.O., S. 167. **122** Ebd. **123** Walter Schellenberg, Memoiren, S. 327–329. **124** Aussage von Franz Xaver Sonderegger, 31. August 1950; LStA, Bd. IX, Bl. 244. **125** Ebd. **126** Schlußbericht, S. 727. **127** Aufzeichnung Christine von Dohnanyi, Bl. 140. **128** Fragen und Erläuterungen von Dr. Müller, Bl. 4ff. **129** Aussage von Franz Xaver Sonderegger, 9. September 1948; LStA, Bd. III, Bl. 435ff. **130** Ebd. **131** Ebd. **132** AufzeichnungChristine von Dohnanyi, Bl. 127. **133** Aussage Sonderegger, Bd. IX, Bl. 248. **134** Aussage Sonderegger, Bd. IX, Bl. 250. **135** Aussage Sonderegger, Bd. IX, Bl. 246. **136** Aussage Sonderegger, Bd. IX, Bl. 248. **137** Aussage Sonderegger, Bd. IX, Bl. 250. **138** Ebd. **139** Aussage Sonderegger, Bd. III, Bl. 437. **140** Aussage Sonderegger, Bd. III, Bl. 438. **141** Aussage Sonderegger, Bd. IX, Bl. 299. **142** Ebd. **143** Ebd. **144** So Hans Bernd Gisevius, Bis zum bitteren Ende, S. 310. **145** Heinz Höhne, Der Orden unter dem Totenkopf, S. 478ff. **146** Aussage von Josef Müller, 21. Oktober 1948; LStA, Bd. V, Bl. 209. **147** Höhne, Der Orden, S. 481ff. **148** Schlußbericht, S. 764. **149** Schlußbericht, S. 774, 775. **150** Schlußbericht, S. 775. **151** Aufzeichnung von Rudolf Lehmann, 30. Juni 1947; LStA, Bd. XIV, Bl. 78. **152** Aufzeichnung Lehmann, Bl. 79. **153** Ebd. **154** Aufzeichnung Lehmann, Bl. 80. **155** Ebd. **156** Ebd. **157** Schlußbericht, S. 67. **158** Ebd. **159** Aufzeichnung Lehmann, Bl. 80. **160** Ebd. **161** United States Military Intelligence Service Center, Subject: Alexander Kraell, 18. Juli 1946; Archiv David Irving. **162** Alexander Kraell, Bericht über das Verfahren »Depositenkasse«, 25. August 1948; LStA, Bd. III, Bl. 402. **163** Aufzeichnung Lehmann, Bl. 80. **164** Schlußbericht, S. 1. **165** Heinz Höhne, Kennwort: Direktor, S. 212ff. **166** Bericht Kraell, Bl. 398. **167** Aussage von Christian von Hammerstein, 22. Juli 1948; LStA, Bd. VIII, Bl. 54. **168** Aussage von Manfred Roeder, 9. Dezember 1947; LStA, Bd. II, Bl. 328. **169** Aussage von Manfred Roeder, 9. Mai 1947; LStA, Bd. II, Bl. 201. **170** Bericht Kraell, Bl. 400. **171** Aussage Roeder, Bd. II, Bl. 328. **172** Aussage Sonderegger, Bd. III, Bl. 438. **173** Eberhard Bethge, Dietrich Bonhoeffer, S. 877. **174** Aufzeichnung Christine von Dohnanyi, Bl. 126. **175** Bethge, a.a.O., S. 881. **176** Aufzeichnung Christine von Dohnanyi, Bl. 130. **177** Hoffmann, a.a.O., S. 332–341. **178** Schlußbericht, S. 802. **179** Aussage Roeder, Bd. II, Bl. 329. **180** Anklageschrift gegen Dohnanyi und Oster, Bl. 23. **181** Aussage Roeder, Bd. II, Bl. 329. **182** Ebd. **183** Ebd. **184** Gisevius, a.a.O., S. 311. **185** Anklageschrift, Bl. 9. **186** Aussage Roeder, Bd. II, Bl. 329. **187** Schlußbericht, S. 804. Bericht Kraell, Bl. 404. **188** Anklageschrift, Bl. 9, 10. **189** Schlußbericht, S. 805. **190** Anklageschrift, Bl. 5. Aussage von Alexander von Pfuhlstein, 10. März 1950; LStA, Bd. IX, Bl. 140. **191** Ebd. **192** Gisevius, a.a.O., S. 310. **193** Ulrich von Hassell, Vom andern Deutschland, S. 307. **194** Aussage Pfuhlstein, Bl. 140. **195** Aussage Roeder, Bd. II, Bl. 336. **196** Schreiben von Josef Müller an den Oberreichskriegsanwalt, 10. November 1943; LStA, Bd. V, Bl. 705. **197** Aufzeichnung Christine von Dohnanyi, Bl. 130, 131. **198** Ebd. Anklageschrift, Bl. 10. **199** Anklageschrift, Bl. 10. **200** Anklageschrift, Bl. 8. **201** Anklageschrift, Bl. 5ff. **202** Anklageschrift, Bl. 8, 9. **203** Anklageschrift, Bl. 7. **204** Aussage Roeder, Bd. II, Bl. 330. **205** Aussage Roeder, Bd II, Bl. 208. **206** Anklageschrift, Bl. 8. **207** Schlußbericht, S. 2. **208** Fragen und Erläuterungen von Dr. Müller, Bl. 66. **209** Aufzeichnung Lehmann, Bl. 82. **210** Anklageschrift, Bl. 11–17. **211** Anklageschrift, Bl. 18. **212** Anklageschrift, Bl. 19. **213** Ebd. **214** Anklageschrift, Bl. 15. **215** Anklageschrift, Bl. 16. **216** Schriftsatz von Rechtsanwalt Kurt Peschke, undatiert (etwa: Anfang 1944); LStA, Bd. I, Bl. 70. **217** Schriftsatz Peschke, Bl. 71, 72. **218** Anklageschrift, Bl. 15, 16. **219** Anklageschrift, Bl. 18. **220** Anklageschrift, Bl. 16. **221** Schriftsatz Peschke, Bl. 74. **222** Ebd. **223** Anklageschrift, Bl. 17. **224** Bethge, a.a.O., S. 903. **225** Müller, a.a.O., S. 171. **226** Aussage Müller, Bd. V, Bl. 698. **227** Aussage Roeder, Bd. II, Bl. 330. **228** Aussage von Alexander Kraell, 19. Juni 1950; LStA, Bd. IX, Bl. 165. **229** Anklageschrift, Bl. 8, 21, 23. **230** Aussage von Karl Lotter, 30. August 1950; LStA, Bd. IX, Bl. 241. **231** Schutzschrift von Hans von Dohnanyi, undatiert (etwa: Herbst oder Ende 1943); LStA, Bd. I, Bl. 17. **232** Schriftsatz des Grafen von der Goltz, 19. Februar 1944; LStA, Bd. I, Bl. 21. **233** Aufzeichnung Christine von Dohnanyi, Bl. 135. **234** Karl Heinz Abshagen, Canaris, S. 361. André Brissaud, Canaris, S. 301. **235** Schreiben von Georg Duesterberg an die Lüneburger Staatsanwaltschaft, 16. November 1950; LStA, Bd. XIII, Bl. 139. **236** Ebd. **237** Ebd. **238** Ebd. **239** Ebd. **240** Aussage Roeder, Bd. II, Bl. 336. **241** Ebd. **242** Schlußbericht, S. 838. **243** Aussage Roeder, Bd.

II, Bl. 336. **244** Ebd. **245** Ebd. Bericht Kraell, Bl. 411. **246** Gisevius, Bis zum bittern Ende (Ausgabe 1947), S. 233. **247** Ebd. **248** Schlußbericht, S. 839. **249** Bericht Kraell, Bl. 416. **250** Bericht Kraell, Bl. 412. **251** Aussage von Rudolf Lehmann, 28. September 1948; LStA, Bd. IV, Bl. 535. **252** Aufzeichnung Lehmann, Bl. 83. **253** Bericht Kraell, Bl. 412. **254** Ebd. **255** Bericht Kraell, Bl. 409. **256** Ebd. **257** Aufzeichnung Lehmann, Bl. 82. **258** Aufzeichnung Lehmann, Bl. 83. **259** Ebd. **260** Bericht Kraell, Bl. 413. **261** Ebd. **262** Aufzeichnung Lehmann, Bl. 83. **263** Lothar Gruchmann, Der Zweite Weltkrieg, in: Deutsche Geschichte seit dem Ersten Weltkrieg, Bd. II, S. 170. **264** Bericht Kraell, Bl. 414. **265** Bericht Kraell, Bl. 413. **266** Ebd. **267** Bericht Kraell, Bl. 414. **268** Schlußbericht, S. 866. **269** Aussage Roeder, Bd. II, Bl. 217. **270** Ebd. **271** Schlußbericht, S. 2. **272** Bericht Kraell, Bl. 166. **273** Aussage von Walter Huppenkothen, 12. Juli 1950; LStA, Bd. IX, Bl. 199. **274** Allen W. Dulles, Verschwörung in Deutschland, S. 203. **275** Schellenberg, a.a.O., S. 332. **276** Personalakte Heinrich; im Besitz von Herrn Robert Spiering. **277** Personalakte Hansen; im Besitz von Herrn Robert Spiering. **278** Personalakte Freytag-Loringhoven; im Besitz von Herrn Robert Spiering. **279** Buchheit, Geheimdienst, S. 426. Telefon- und Anschriftenverzeichnis des OKW-Amtes Ausland/Abwehr, 1943, BA/MA, RW 5. **280** Colvin, a.a.O., S. 186. **281** Schlußbericht, S. 1157. **282** Buchheit, Geheimdienst, S. 424. **283** Buchheit, Geheimdienst, S. 407. **284** Tagebuch Lahousen, 29. Juli 1943. **285** Melton S. Davis, Söhne der Wölfin, S. 233. **286** Schellenberg, a.a.O., S. 331. **287** Frankfurter Allgemeine Zeitung, 23. Mai 1970. **288** Ebd. **289** Ebd. **290** Tgb. Lahousen, 31. Juli 1943. **291** Walter Huppenkothen, Canaris und Abwehr, S. 5; Institut für Zeitgeschichte (= IfZ), ZS 249. **292** Schellenberg, a.a.O., S. 331. **293** Ebd. **294** Aussage von Ernst Kaltenbrunner, 11. April 1946, in: Der Prozeß gegen die Hauptkriegsverbrecher vor dem Internationalen Militärgerichtshof, Bd. XI, S. 266. **295** Aussage Kaltenbrunner, a.a.O., S. 267. **296** Aussage Kaltenbrunner, a.a.O., S. 268. **297** Huppenkothen, a.a.O., S. 5. **298** Schellenberg, a.a.O., S. 331, 332. **299** Huppenkothen, a.a.O., S. 5. **300** Ebd. **301** Schellenberg, a.a.O., S. 332. **302** Ebd. **303** Gruchmann, a.a.O., S. 173ff. **304** Klaus-Jörg Ruhl, Spanien im Zweiten Weltkrieg, S. 239. **305** Ruhl, a.a.O., S. 238. **306** Ebd. **307** Von Canaris unterschriebene Vortragsnotiz für Chef OKW, Juli 1943; NA, T-77/856. **308** Ebd. **309** Alexander, a.a.O., S. 249ff. **310** Schlußbericht, S. 889ff. **311** Hoffmann, a.a.O., S. 678. **312** Walter Huppenkothen, Der Fall Kiep und andere, undatiert; LStA, Bd. I, Bl. 123ff. **313** Schlußbericht, S. 889. **314** Ebd. **315** Schlußbericht, S. 893. **316** Aufzeichnung Christine von Dohnanyi, Bl. 137. **317** Aussage Pfuhlstein, Bl. 141. Aufzeichnung Alexander von Pfuhlsteins: Ein Faustschlag und seine Folgen, 25. Februar 1948; IfZ, ZS 592. **318** Aufzeichnung Pfuhlstein, 25. Februar 1948. **319** Aussage Pfuhlstein, Bl. 141. **320** Ebd. **321** Ebd. **322** Aussage Pfuhlstein, Bl. 142. **323** Schreiben Alexander von Pfuhlsteins an Hans Rothfels, 18. Juli 1969; IfZ, ZS 592. **324** Aussage Pfuhlstein, Bl. 142. **325** Aussage Pfuhlstein, Bl. 143. **326** Ebd. **327** Ebd. **328** Protokoll der Vernehmung des Leutnants von Gustedt, 18. Januar 1944; im Besitz von Herrn Alexander von Pfuhlstein. **329** Ebd. **330** Ebd. **331** Schreiben von Staatsanwalt Finck an Regierungsdirektor Schierholt, 20. Januar 1951; LStA, Bd. XIII, Bl. 155. Schreiben der Zentralnachweisstelle des Bundesarchivs an Alexander von Pfuhlstein, 11. Juli 1969; im Besitz von Herrn Alexander von Pfuhlstein. **332** Meldung Alexander von Pfuhlsteins an Canaris, 18. Januar 1944; im Besitz von Herrn Alexander von Pfuhlstein. **333** Hoffmann, a.a.O., S. 448. Huppenkothen, Fall Kiep, Bl. 7. **334** Hoffmann, a.a.O., S. 448. Huppenkothen, Fall Kiep, Bl. 8. **335** Huppenkothen, Fall Kiep, Bl. 8. **336** Siegfried Westphal, Heer in Fesseln, S. 238. **337** Westphal, a.a.O., S. 240. **338** Colvin, a.a.O., S. 191. **339** Westphal, a.a.O., S. 240. **340** David Irving, Hitler und seine Feldherren, S. 557. **341** Gruchmann, a.a.O., S. 176. **342** Colvin, a.a.O., S. 191. **343** Aussage Lotter, Bl. 21. **344** Irving, a.a.O., S. 558. **345** Colvin, a.a.O., S. 186. **346** Nähere Einzelheiten darüber in dem Fernschreiben von Legationsrat Kramarz an Botschafter Ritter, 5. August 1942; NA, T-120/366. **347** Schellenberg, a.a.O., S. 209. **348** Schellenberg, a.a.O., S. 210. **349** Ebd. **350** Barton Whaley, Codeword Barbarossa, S. 160. **351** Ruhl, a.a.O., S. 54ff. **352** Schreiben von Heydrich an das Auswärtige Amt, 20. Juni 1941; NA, T-175/199. **353** Walter Hagen (= Hoettl), Die geheime Front, S. 288. **354** Schellenberg, a.a.O., S. 290. **355** Paul Seabury, The Wilhelmstraße, S. 128. **356** Ruhl, a.a.O., S. 54. **357** Ruhl, a.a.O., S. 236. **358** Ruhl, a.a.O., S. 239. **359** Ebd. **360** Vortragsnotiz für Chef WFSt, unterschrieben von Freytag-Loringhoven, 29. Januar 1944; Politisches Archiv des Auswärtigen Amtes in Bonn (= PA), Akten der Politischen Abteilung, IM; im Besitz von Herrn Günter Peis. **361** Schreiben von Grotes an Steengracht, 27. Januar 1944; PA. **362** Vortragsnotiz für Chef WFSt, 29. Januar 1944. **363** Ebd. **364** Ruhl, a.a.O., S. 239. **365** Schreiben von Grotes an Steengracht, 27. Januar 1944. **366** Aktennotiz von Grotes, betr.: Kampen, 26. Januar 1944; PA. **367** Ebd. **368** Bericht des Marineattachés Menzell an Canaris, 31. Januar 1944; PA. **369** Vortragsnotiz für Chef WFSt, 29. Januar 1944. **370** Bericht Menzell an Canaris, 31. Januar 1944. **371** Ebd. **372** Ebd. **373** Ebd. **374** Farago, a.a.O., S. 610. **375** Aktenvermerk des Amts Ausland/Abwehr, betr.: Verhaftung Harnisch in Buenos Aires, 30. Januar 1944; NA, T-120/366. **376** Ebd. **377** Telegramm von Dieckhoff an das Auswärtige Amt, 28. Januar 1944; NA, T-120/366. **378** Schreiben Ribbentrops an Keitel, 30. Januar 1944; NA, T-120/366. **379** Schreiben von Canaris an Ribbentrop, 3. Februar 1944; PA. **380** Schreiben von Keitel an Ribbentrop, 4. Februar 1944; NA, T-120/366. **381** Ebd. **382** Schreiben von Grotes an Amt Ausland/Abwehr, 8. Februar 1944; PA. **383** Ebd. **384** Bericht des Chefs der Sicherheitspolizei und des SD, betr.: Deutsche Verratsquelle in der Türkei, 7. Februar 1944; NA, T-120/784. **385** Ebd. **386** Ebd. **387** Abshagen, a.a.O., S. 367. **388** Bericht des Chefs der Sicherheitspolizei und des SD, 7. Februar 1944. **389** Irving, a.a.O., S. 558. **390** Rittlinger, a.a.O., S. 246. Schriftliche Mitteilung von Herrn Dr. Eric M. de Saventhem, 17. Mai 1976. **391** Mitteilung Dr. de Saventhem. **392** Genealogisches Handbuch des Adels, Gräfliche Häuser, A, Bd. IV, S. 298. Bericht Sondereggers über seine Beziehungen zu Verschwörern des 20. Juli 1944; LStA, Bd. IX, Bl. 86. Rittlinger, a.a.O., S. 246. **393** Mitteilung de Saventhem. **394** Aufzeichnung Steengrachts für Ribbentrop, 6. Mai 1944; NA, T-120/784. **395** Stellungnahme des Chefs der Sicherheitspolizei und des SD zur Notiz des Herrn Reichsaußenministers, 20. April 1944; NA, T-120/874. **396** Ebd. **397** Hans Hußl, Flucht des Vermehren mit seiner Frau, Aufzeichnung vom 2. Juli 1965; im Besitz von Herrn Dr. Gert Buchheit. **398** Stellungnahme des Chefs der Sicherheitspolizei und des SD, 20. April 1944. **399** Ebd. **400** Ebd. **401** Mitteilung Dr. de Saventhem. Aktennotiz von Legationsrat Frohwein, 3. März 1944; NA, T-120/366. **402** Telegramm Steengrachts an die Missionschefs in Ankara, Stockholm, Bern und Lissabon, 8. Februar 1944; NA, T-120/366. **403** Telegramm Ritters an die diplomatischen Vertretungen in Ankara, Bern, Stockholm, Lissabon und Madrid, 9. Februar 1944; NA, T–120/366. **404** Ebd. **405** Farago, a.a.O., S. 611. **406** Telegramm von Dieckhoff an das Auswärtige Amt, 6. Februar 1944; PA. **407** Telegramm Ritters, 9. Februar 1944. **408** Tagebuchnotizen der Deutschen Botschaft Madrid, 1944, Bd. ng. I; von Herrn Dr. Werner Maser dem Verfasser freundlicherweise zur Verfügung gestellt. **409** Tonbandprotokoll eines Gespräches zwischen Frau Kremer von Auenrode und Günter Peis, 1975, S. 115; im Besitz von Herrn Günter Peis. **410** Aufzeichnung von Bürkner, 10. Februar 1944; im Besitz von Herrn Dr. Buchheit. **411** Ebd. **412** Farago, a.a.O., S. 612. **413** Tonbandprotokoll Frau von Auenrode, S. 416. **414** Bericht des Chefs der Sicherheitspolizei und des SD, 26. Februar 1944. **415** Abshagen, a.a.O., S. 368. **416** Irving, a.a.O., S. 558. **417** Huppenkothen, Canaris und Abwehr, S. 6. **418** Ebd. **419** Ebd. **420** Bericht des Chefs der Sicherheitspolizei und des SD, 26. Februar 1944. **421** Huppenkothen, Canaris und Abwehr, S. 6. **422** Befehl mit der Kopfleiste: Der Führer, Chef OKW Nr. 1/44, 12. Februar 1944; NA, T–78/497.

13 Mord in Flossenbürg

1 Anthony Cave Brown, Die unsichtbare Front, S. 431. **2** Ebd. **3** Auszeichnungen für Admiral Canaris; Personalakte Canaris, Fotokopie im Institut für Zeitgeschichte (= IfZ). **4** Mündliche Mitteilung von Herrn Otto Wagner, 15. Mai 1976. **5** Ebd. **6** Ebd. **7** Ebd. **8** Schreiben des Oberkommandos der Kriegsmarine, Marinepersonalamt, an das Marineoberkommando Ostsee, 21. März 1944; Personalakte Canaris. **9** Ebd. **10** Mündliche Mitteilung von Herrn Wagner. **11** Klaus Benzing, Der Admiral, S. 150. **12** Karl Heinz Abshagen, Canaris, S. 345. **13** Walter Huppenkothen, Canaris und Abwehr, S. 6; IfZ. **14** Huppenkothen, S. 7. Gert Buchheit, Der deutsche Geheimdienst, S. 430. **15** Huppenkothen, S. 7. Buchheit, a.a.O., S. 430. **16** Schreiben von Keitel an Himmler, 11. April 1944; National Archives (= NA), T–78/497. **17** Fernschreiben von Keitel an Kaltenbrunner, undatiert; NA, T–78/497. **18** Schreiben von Fremde Heere Ost (Strub), 16. April 1944; NA, T–78/497. **19** Schreiben von Keitel an Himmler, 11. April 1944. **20** Befehl Kaltenbrunners über Neuorganisation des Geheimen Meldedienstes, 23. Mai 1944; NA, T–78/497. **21** Ebd. **22** Huppenkothen, S. 7ff. **23** Vereinbarung zwischen Keitel und Himmler über Aufgaben des Geheimen Meldedienstes, 14. Mai 1944; NA, T–78/497. **24** Huppenkothen, S. 9. Buchheit, a.a.O., S. 432. **25** Ebd. **26** Befehl Kaltenbrunners, 23. Mai 1944. **27** Buchheit, a.a.O., S. 433. **28** Personalnachweis Canaris; Personalakte Canaris. **29** Ebd. **30** Bericht Kaltenbrunners an Bormann, 29. September 1944, in: Spiegelbild einer Verschwörung: Die Kaltenbrunner-Berichte an Bormann und Hitler über das Attentat vom 20. Juli 1944 (= KB), S. 425. **31** Buchheit, a.a.O., S. 433. **32** Benzing, a.a.O., S. 108. **33** Abshagen, a.a.O., S. 371. **34** W. N. Medlicott, The Economic Blockade, Bd. II, S. 611. **35** Lothar Gruchmann, Der Zweite Weltkrieg, in: Deutsche Geschichte seit dem Ersten Weltkrieg, S. 222. **36** Ebd. **37** Ebd. **38** Gruchmann, a.a.O., S. 192. **39** Gruchmann, a.a.O., S. 193. **40** Ebd. **41** Gruchmann, a.a.O., S. 224. **42** Ebd. **43** Hans Speidel, Invasion 1944, S. 134. **44** Gruchmann, a.a.O., S. 224. **45** Gruchmann, a.a.O., S. 225. **46** Buchheit, a.a.O., S. 437, 438. **47** Ebd. **48** Peter Hoffmann, Widerstand, Staatsstreich, Attentat, S. 394. **49** Hoffmann, a.a.O., S. 395. **50** Abshagen, a.a.O., S. 364. **51** Hoffmann, a.a.O., S. 377, 378. **52** Walter Huppenkothen, Abschrift (seiner Darstellung über die Ermittlungen gegen die Gruppe Canaris/Oster), S. 25; von Herrn Huppenkothen freundlicherweise zur Verfügung gestellt. **53** Hoffmann, a.a.O., S. 429. **54** Hoffmann, a.a.O., S. 430. **55** Heinz Höhne, Kennwort: Direktor, S. 195. **56** Abshagen, a.a.O., S. 363. **57** Benzing, a.a.O., S. 104. **58** Benzing, a.a.O., S. 107. **59** Hoffmann, a.a.O., S. 466. **60** Hoffmann, a.a.O., S. 469, 470. **61** Hoffmann, a.a.O., S. 470, 471. **62** Eberhard Zeller, Geist der Freiheit, S. 381. **63** Hoffmann, a.a.O., S. 487, 491. **64** Hoffmann, a.a.O., S. 492. **65** Ebd. **66** Fernschreiben HOKW 02165, 20. Juli 1944; KB, S. 24. **67** Fernschreiben an die Wehrkreiskommandos röm. 1–13, 17, 18, 20, 21, W. Kdo. Gen. Gouv., Böhmen-Mähren, 20. Juli 1944; KB, S. 25. **68** Abshagen, a.a.O., S. 373. David Irving, Hitler und seine Feldherren, S. 849. **69** Hoffmann, a.a.O., S. 491. **70** Hermann Bösch, Heeresrichter Dr. Karl Sack im Widerstand, S. 83. Damit übereinstimmend: Huppenkothen, Abschrift, S. 24. **71** Bösch, a.a.O., S. 83. **72** Abshagen, a.a.O., S. 374. **73** Ebd. **74** Ebd. **75** Hoffmann, a.a.O., S. 575, 555, 562. **76** Dieter Ehlers, Technik und Moral einer Verschwörung, S. 220. **77** Felix Kersten, Totenkopf und Treue, S. 242. **78** Zeller, a.a.O., S. 251. **79** SS-Bericht über den 20. Juli, in: Nordwestdeutsche Hefte, Februar 1947, S. 5. **80** Bericht von Kaltenbrunner an Bormann, 25. Juli 1944; KB, S. 47. **81** KB, S. 48. **82** Ebd. **83** Karl Bartz, Die Tragödie der deutschen Abwehr, S. 202. **84** Bericht Kaltenbrunners an Bormann, 29. November 1944; KB, S. 503. **85** Walter Schellenberg, Memoiren, S. 333. **86** Schellenberg, a.a.O., S. 333, 334. Huppenkothen, Abschrift, S. 2. **87** Schellenberg, a.a.O., S. 334. **88** Schellenberg, a.a.O., S. 335. **89** Ebd. **90** Schellenberg, a.a.O., S. 336. **91** Hoffmann, a.a.O., S. 613. **92** Huppenkothen, Abschrift, S. 1. **93** Persönlicher Bericht des ehemaligen Kriminalkommissars Franz Xaver Sonderegger über seine Beziehungen zu den Verschwörern des 20. Juli 1944; Akten der Staatsanwaltschaft Lüneburg (= LStA), Strafsache Manfred Roeder, Bd. IX, Bl. 81ff. Schlußbericht des Staatsanwalts Dr. Finck im Ermittlungsverfahren Roeder, S. 965; Archiv des niedersächsischen Justizministeriums. **94** Bericht Sonderegger, Bl. 84. **95** Bericht Sonderegger, Bl. 81. **96** Ebd. **97** Huppenkothen, Abschrift, S. 2. **98** Bericht Kaltenbrunners an Bormann, 17. August 1944; KB, S. 248. **99** Die geistige Haltung des Offiziers; KB, S. 301. **100** Ebd. **101** Eberhard Bethge, Dietrich Bonhoeffer, S. 1015. **102** Bartz, a.a.O., S. 210. **103** Bericht von Müller an Bormann, 8. September 1944; KB, S. 370. **104** Bericht Müllers an Bormann, 8. September 1944; KB, S. 371. **105** Ebd. **106** Alexander von Pfuhlstein, Bericht über meine Erlebnisse in Verbindung mit Herrn Heinz, 10. Juni 1953; S. 10. **107** Bericht Müllers an Bormann, 8. September 1944; KB, S. 370. **108** Ebd. **109** Bericht Müllers an Bormann, 8. September 1944; KB, S. 371. **110** Bericht Kaltenbrunners an Bormann, 21. September 1944; KB, S. 407. **111** Ebd. **112** Bericht Kaltenbrunners an Bormann, 21. September 1944; KB, S. 408. **113** Aufzeichnungen Alexander von Pfuhlsteins: Die Vernehmung, Die Wartezeit im Kerker, 25. Februar 1948; IfZ, ZS 592. **114** Pfuhlstein, Die Vernehmung, S. 19. **115** Bericht Müllers an Bormann, 8. September 1944; KB, S. 370. **116** Bericht Müllers an Bormann, 8. September 1944; KB, S. 369, 370. **117** Bericht Müllers; KB, S. 369. **118** Bericht Kaltenbrunners an Bormann, 21. September 1944; KB, S. 405. **119** Bericht Kaltenbrunners; KB, S. 406. **120** KB, S. 407. **121** KB, S. 408. **122** KB, S. 406. **123** Ebd. **124** Ebd. **125** Handschriftliche

Erklärung von Canaris, 21. September 1944; KB, S. 409, 410. **126** Schriftliche Mitteilung von Herrn Dr. Werner Wolf Schrader, 16. März 1968. **127** Schlußbericht, S. 1157. **128** Bericht Sonderegger, Bl. 86. **129** Ebd. **130** Ebd. **131** Will Grosse, Im Hintergrund Admiral Canaris, S. 5. **132** Bartz, a.a.O., S. 214, 215. **133** Urteil des Schwurgerichts beim Landgericht München I gegen Walter Huppenkothen, 16. Februar 1951 (= Urteil München), S. 8; Fotokopie im Archiv des Kammergerichts Berlin. Schlußbericht. S. 1157. Bartz, a.a.O., S. 213ff. **134** Huppenkothen, Abschrift, S. 2ff. **135** Huppenkothen, Abschrift, S. 11. **136** Aussage Sonderegger, in: Schlußbericht, S. 1157. **137** Schriftliche Mitteilung von Herrn Dr. Schrader. **138** Heinrich Fraenkel und Roger Manvell, Canaris, S. 274. **139** Ebd.Benzing, a.a.O., S. 140. **140** Bericht Kaltenbrunners an Bormann, 2. Oktober 1944; KB, S. 430. **141** Aussage von Rohleder, 2. Juli 1950; LStA, Bd. IX, Bl. 185. Josef Müller. Bis zur letzten Konsequenz, S. 215. **142** Josef Müller, a.a.O., S. 214. **143** Huppenkothen, Abschrift, S. 13. **144** Ebd. **145** Ebd. **146** MPA VI, 7479, 19. Sept. 1944; Personalakte Canaris. **147** Schellenberg, a.a.O., S. 336. Abshagen, a.a.O., S. 392. **148** Siehe dazu den Bericht Kaltenbrunners an Bormann vom 2. Oktobrr 1944; KB, S. 430ff. **149** Huppenkothen, Abschrift, S. 8ff. **150** So auch seine Argumentation vor dem SS-Standgericht in Flossenbürg; siehe Anmerkung 229. **151** Grosse, a.a.O., S. 2. **152** Grosse, a.a.O., S. 6. Fraenkel/Manvell, a.a.O., S. 221ff. **153** Huppenkothen, Abschrift, S. 11ff. **154** Huppenkothen, Abschrift, S. 14. **155** Ebd. **156** Huppenkothen, Abschrift, S. 16. **157** Huppenkothen, Abschrift, S. 15. **158** Huppenkothen, Abschrift, S. 16. **159** Ebd. **160** Huppenkothen, Abschrift, S. 15–17. **161** Huppenkothen, Abschrift, S. 15. **162** Huppenkothen, Abschrift, S. 17. **163** Bericht Kaltenbrunners an Bormann, 29. September 1944; KB, S. 425. **164** Huppenkothen, Abschrift, S. 15. **165** Abshagen, a.a.O., S. 377. **166** Ebd. **167** Urteil München, S. 22. **168** Urteil München, S. 20. **169** Urteil München, S. 22. **170** Urteil München, S. 15ff. **171** Urteil München, S. 11. **172** Ebd. **173** Josef Müller, a.a.O., S. 229. **174** Gruchmann, a.a.O., S. 314, 315. **175** Gruchmann, a.a.O., S. 314. **176** Schlußbericht, S. 1151. **177** Urteil München, S. 12. **178** Bethge, a.a.O., S. 1015. **179** Ebd. Bartz, a.a.O., S. 260. **180** Urteil des Schwurgerichts Augsburg in dem Strafverfahren gegen Walter Huppenkothen und Otto Thorbeck (= Urteil Augsburg), 15. Oktober 1955, S. 16, 17; Fotokopie im Archiv des Kammergerichts Berlin. **181** Urteil Augsburg, S. 17. **182** Ebd. **183** Bartz, a.a.O., S. 261. **184** Urteil Augsburg, S. 17. Abshagen, a.a.O., S. 383. **185** Von Hans M. Lunding angefertigte Skizze »Sonderhäftlingsbaracke«, in: Die Nachhut, Heft 13/14, 15. September 1971; S. 13. **186** Urteil München, S. 33. **187** Huppenkothen, Abschrift, S. 17. **188** Abshagen, a.a.O., S. 387. **189** Urteil Augsburg, S. 43. **190** Ebd. Gert Buchheit, Im Würgegriff der Politik, S. 183. **191** Hans M. Lunding, Stemplet fortroligt, S. 18, 39ff. **192** Urteil Augsburg, S. 43. **193** Abshagen, a.a.O., S. 389. **194** Urteil Augsburg, S. 43. **195** Abshagen, a.a.O., S. 389. **196** Huppenkothen, Abschrift, S. 17. **197** Gruchmann, a.a.O., S. 319–327. **198** Gruchmann, a.a.O., S. 329. **199** Buchheit, Geheimdienst, S. 444. **200** Ebd. Grosse, a.a.O., S. 3. **201** Hoffmann, a.a.O., S. 476. **202** Aussage Huppenkothen; Protokoll der Zeugenaussagen im Prozeß gegen Walter Huppenkothen, 4.–14. Februar 1951, 1. Tag, Bl. 193; Fotokopie im IfZ. **203** Ebd. Grosse, a.a.O., S. 3. **204** Aussage Huppenkothen; Protokoll, Bl. 205. **205** Buchheit, Geheimdienst, S. 445. **206** Aussage Huppenkothen; Protokoll, Bl. 205. **207** Ebd. **208** Urteil Augsburg, S. 18. **209** Urteil Augsburg, S. 21. **210** Urteil München, S. 30. **211** Urteil Augsburg, S. 21. **212** Urteil München, S. 31, 32. **213** Urteil München, S. 33. **214** Urteil Augsburg, S. 19. **215** Urteil Augsburg, S. 25. **216** Urteil Augsburg, S. 26. **217** Urteil Augsburg, S. 26, 31. **218** Aussage Huppenkothen; Protokoll, Bl. 193. **219** Urteil Augsburg, S. 51. **220** Urteil Augsburg, S. 51. **221** Urteil Augsburg, S. 52. **222** Urteil Augsburg, S. 2, 51–58. **223** Urteil Augsburg, S. 31. **224** Urteil des Schwurgerichts beim Landgericht München I gegen Walter Huppenkothen und Otto Thorbeck, 16. Februar 1953 (= Urteil München II), S. 10; Foptokopie im Archiv des Kammergerichts Berlin. **225** Urteil München II, S. 15. **226** Urteil Augsburg, S. 43. **227** Urteil München II, S. 11. **228** Die Welt, 1. Oktober 1955. **229** Urteil Augsburg, S. 31. **230** Ebd. Urteil München II, S. 16. Die Welt, 14. Februar 1951. **231** Ebd. **232** Urteil Augsburg, S. 43. **233** Lunding, a.a.O., S. 107. Urteil Augsburg, S. 44. Buchheit, Würgegriff, S. 183. Die Welt, 10. Februar 1951. **234** Urteil München II, S. 23. **235** Aussage Aichholzer; Frankfurter Rundschau, 4. November 1952. **236** Lunding, a.a.O., S. 107. Josef Müller, a.a.O., S. 251. **237** Urteil München II, S. 26, 27. **238** Urteil München, S. 37. **239** Urteil Augsburg, S. 48. **240** Lunding, a.a.O., S. 107. Urteil München, S. 37. **241** Aussage Fischer; Die Welt, 1. Oktober 1955. **242** Neue Zeitung, 10. Februar 1951. **243** Aussage Fischer; Die Welt, 1. Oktober 1955. **244** Urteil Augsburg, S. 45. **245** Aussage Lunding; Die Welt, 10. Februar 1951. **246** Josef Müller, a.a.O., S. 252. **247** Ebd. **248** Aussage Aichholzer; Frankfurter Rundschau, 4. November 1952. **249** Josef Müller, a.a.O., S. 252. **250** Ebd. **251** Josef Müller, a.a.O., S. 253. **252** Josef Müller, a.a.O., S. 255.

Quellenverzeichnis

Unveröffentlichte Quellen

Akten des Bundesarchivs, Koblenz.
Akten des Bundesarchivs/Militärarchivs, Freiburg.
Akten des Document Center, West-Berlin.
Akten und Zeugenschrifttum des Instituts für Zeitgeschichte, München.
Akten zum Kapp-Putsch; Mikrofilme der National Archives, Alexandria (USA); Filmgruppe T–235.
Akten des Oberkommandos des Heeres; Mikrofilme der National Archives, Alexandria (USA); Filmgruppe T–78.
Akten des Oberkomandos der Wehrmacht; Mikrofilme der National Archives (USA); Filmgruppe T–77.
Akten des Persönlichen Stabes Reichsführer-SS und Chef der Deutschen Polizei; Mikrofilme der National Archives, Alexandria (USA); Filmgruppe T–175.
Akten des Politischen Archivs des Auswärtigen Amtes, Bonn (Photokopien im Besitz von Herrn Günter Peis).
Akten der Staatsanwaltschaft am Landgericht Lüneburg, Strafsache Dr. Manfred Roeder; 15 Bände.
Anonymus, Zarenoffiziere für Spaniens Internationale Brigaden (etwa 1950); Privatarchiv.
Aussage von Oberstleutnant Gisbertus Sas, 16. März 1948; Enquetecommisserie Regeringsbeleid 1940–1945 (Deutsche Übersetzung); im Besitz von Rechtsanwalt Seidel, München.
Best, Werner, Die deutsche Abwehrpolizei bis 1945; im Besitz von Herrn Dr. Werner Best.
Best, Werner, Wilhelm Canaris; undatiert. Privatbesitz Dr. Best.
Bidlingmaier, Gedächtnisprotokoll über die Befragung des Admirals a.D. Conrad Patzig am 18./19. 1. 1966; Militärgeschichtliches Forschungsamt, Freiburg.
Buchheit, Gert, Aktion »V 7«; undatiert. Im Besitz von Herrn Dr. Buchheit.
Gempp, Friedrich: »Geheimer Nachrichtendienst und Spionageabwehr des Heeres«; Mikrofilme der National Archives, Alexandria (USA); Filmgruppen ML 68 und T–77.
Grosse, Will, Im Hintergrund der Admiral Canaris; undatiert; Nachlaß Grosse.
Grosse, Will, Der Judenstern – eine Idee von Canaris?; undatiert; Nachlaß Grosse.
Handakte Herzner; im Besitz von Herrn Günter Peis.
Heimbach, Lothar, Die Stevens-Best-Affäre, 26. Okt. 1967; Nachlaß Heimbach.
Heumann, Heinz, Bericht über die »Brandenburg«, 13. Juni 1965; im Besitz von Herrn Dr. Buchheit.
Hußl, Hans, Flucht des Vermehren mit seiner Frau, Aufzeichnung vom 2. Juli 1965; im Besitz von Herrn Dr. Buchheit.
Kozaczuk, Wladislaw, Die Schlacht um Geheimnisse (Deutsches Übersetzungsmanuskript), undatiert; im Besitz von Herrn Dr. Buchheit.
Nachlaß Luetgebrune; National Archives, Alexandria (USA); Filmgruppe T–253.
Pfuhlstein, Alexander von, Bericht über meine Erlebnisse in Verbindung mit Herrn Heinz, 10. Juni 1953; im Besitz von Herrn v. Pfuhlstein.
Pruck, Erich Ferdinand, Admiral Wilhelm Canaris; undatiert, im Besitz von Herrn Pruck.
Pruck, Erich Ferdinand, Gedanken über den geheimen militärischen Meldedienst; undatiert, im Besitz von Herrn Pruck.
Pruck, Erich Ferdinand, Warnzeichen Rot; undatiert, im Besitz von Herrn Pruck.
Richter, Bernt, Interview mit Paul Kanstein, 24. Juni 1971; im Besitz von Herrn Dr. Richter.
Schlußbericht des Staatsanwalts Dr. Finck im Strafverfahren Dr. Manfred Roeder; Lüneburg 1951. Archiv des niedersächsischen Justizministeriums.
Tagebuchnotizen der Deutschen Botschaft Madrid aus den Kriegsjahren 1941–1945; Archiv Dr. Maser.
Tonbandprotokoll eines Gespräches zwischen Frau Kremer von Auenrode und Günter Peis; im Besitz von Herrn Peis.
Tonbandprotokoll eines Gespräches zwischen Max Franzbach und Günter Peis, 29. Oktober 1974; im Besitz von Herrn Peis.
Urteil des Schwurgerichts Augsburg in dem Strafverfahren gegen Walter Huppenkothen und Otto Thorbeck, 15. Okt. 1955; Archiv des Kammergerichts Berlin.
Urteil des Schwurgerichts beim Landgericht München I gegen Walter Huppenkothen, 16. Februar 1951; Archiv des Kammergerichts Berlin.
Urteil des Schwurgerichts beim Landgericht München I gegen Walter Huppenkothen und Otto Thorbeck, 16. Febr. 1953; Archiv des Kammergerichts Berlin.
Wagner, Otto, Bericht; im Besitz von Herrn Wagner.
Wagner, Otto, Wilhelm Canaris; undatiert; im Besitz von Herrn Wagner.
Wie kam es zu meinem Rußlandeinsatz? Erklärung von Otto Ohlendorf zu seinem Prozeß vor dem amerikanischen Militärtribunal, undatiert; im Besitz von Frau Käthe Ohlendorf.
Wolff, Karl, Hitler und Franco; undatiert; im Besitz von Herrn Wolff.
Wulf, Josef, Die SS, 1965; Archiv Wulf.
Weitere Materialien aus dem Privatbesitz der Herren Dr. Gert Buchheit, Boris Celovsky, Professor Harold C. Deutsch, Heinrich Fraenkel, David Irving, Dr. Robert M. W. Kemper, Dr. Werner Maser, Günter Peis, Erich Ferdinand Pruck, Alexander von Pfuhlstein, Dr. Bernt Richter, Franz Seubert, Robert Spiering, Otto Wagner.

Veröffentlichte Quellen

Akten zur Deutschen Auswärtigen Politik, Serie D; 5 Bände; Baden-Baden 1950–1956.
Verhandlungen des Reichstags. III. Wahlperiode 1924, Band 391.
Der Prozeß gegen die Hauptkriegsverbrecher vor dem Internationalen Militärgerichtshof; 42 Bände; Nürnberg 1949.
Ploetz, A. G.; Geschichte des Zweiten Weltkrieges; Würzburg 1960.
Internationales Bibliographisches Archiv (Munzinger Archiv).
Brockhaus, Conversations-Lexikon; Leipzig 1885.

Brockhaus Enzyklopädie, 1968.
The American People's Encyclopedia; New York 1969.
Weyers Flottenkalender.
Philip, Dr. Albrecht M. d. R. (Herausgeber), Die Ursachen des Deutschen Zusammenbruches im Jahre 1918; 9. und 10. Band, 1. und 2. Halbband; Berlin 1928.
Kriegstagebuch des Oberkommandos der Wehrmacht; Frankfurt am Main 1965.
Genealogisches Handbuch des Adels, Gräfliche Häuser, A, Bd. VI; Limburg, Lahn, 1970.
Freund, Michael; Deutsche Geschichte; Gütersloh 1973.
Domarus, Max, Hitler – Reden und Proklamationen 1932–1945; Würzburg 1962/63.
Neue Deutsche Biographie; Berlin 1957.
Tessin, Georg, Verbände und Truppen der deutschen Wehrmacht und Waffen-SS im Zweiten Weltkrieg 1939–1945; Osnabrück 1975.

Bücher

Abshagen, Karl Heinz, Canaris; Stuttgart 1949.
Alboldt, E., Die Tragödie der alten deutschen Marine; Berlin 1928.
Alexander, Günter, So ging Deutschland in die Falle; Düsseldorf 1976.
Aronson, Shlomo, Heydrich und die Anfänge des SD und der Gestapo 1931–1935; Berlin 1966.
Bartz, Karl, Die Tragödie der deutschen Abwehr; Salzburg 1955.
Baumann, Felix, Die Weltkriegsspionage; München 1931.
Benedikt, Heinrich, Geschichte der Republik Österreich; Wien 1954.
Bennecke, Heinrich, Die Reichswehr und der Röhm-Putsch; München und Wien 1964.
Benoist-Méchin, J., Geschichte der deutschen Militärmacht, Band I: Das Kaiserreich zerbricht; Oldenburg/Hamburg 1965.
Benzing, Klaus, Der Admiral; Nördlingen 1973.
Besymenski, Lew, Sonderakte »Barbarossa«; Stuttgart 1968.
Bethge, Eberhard, Dietrich Bonhoeffer; München 1967.
Bösch, Hermann, Heeresrichter Dr. Karl Sack im Widerstand; München 1967.
Boveri, Margret, Der Verrat im 20. Jahrhundert, Band II; Hamburg 1956.
Bracher, Karl Dietrich, Die deutsche Diktatur; Köln und Berlin 1969.
Breyer, Richard, Das Deutsche Reich und Polen 1932–1937; Würzburg 1955.
Brinkmann, Jürgen, Orden und Ehrenzeichen des »Dritten Reiches«; Minden 1976.
Brissaud, André, Canaris; London 1973.
Broszat, Martin, Nationalsozialistische Polenpolitik; Stuttgart 1961.
Broué, Pierre und Témime, Émile, Revolution und Krieg in Spanien; Frankfurt 1968.
Brown, Anthony Cave, Die unsichtbare Front; München 1976.
Buchheim, Broszat, Jacobsen, Krausnick, Anatomie des SS-Staates, Band I und II; Olten und Freiburg im Breisgau, 1965.
Buchheit, Gert, Der deutsche Geheimdienst; München 1966.
Buchheit, Gert, Im Würgegriff der Politik; Landshut 1974.
Buchheit, Gert, Soldatentum und Rebellion; Rastatt 1961.
Bullock, Allan, Hitler; Düsseldorf 1957.
Bund der Deckoffiziere, Deckoffiziere der Deutschen Marine; Berlin 1933.
Burdick, Charles B., Germany's Military Strategy and Spain in World War II; Syracuse 1968.
Carsten, Francis L., Reichswehr und Politik 1918–1933; Köln und Berlin 1965.
Celovsky, Boris, Das Münchner Abkommen 1938; Stuttgart 1958.
Charisius, Albrecht und Mader, Julius, Nicht länger geheim; Ost-Berlin 1969.
Christensen, Chr. P., Letzte Kaperfahrt nach Quiriquina; Berlin 1934.
Colvin, Ian, Chief of Intelligence; London 1951.
Conquest, Robert, Am Anfang starb Genosse Kirow; Düsseldorf 1970.
Cookridge, E. H., Karriere Doppelagent; Oldenburg und Hamburg 1968.
Crankshaw, Edward, Die Gestapo; New York 1956.
Crozier, Brian, Franco; London 1967.
Dallin, Alexander, Deutsche Herrschaft in Rußland 1941–1945; Düsseldorf 1958.
Dallin, David, Die Sowjetspionage; Köln 1956.
Davis, Melton S., Söhne der Wölfin; Stuttgart 1975.
Deacon, Richard, A History of the British Secret Service; London 1969.
Delarue, Jacques, Geschichte der Gestapo; Düsseldorf 1964.
Detwiler, Donald S., Hitler, Franco und Gibraltar; Wiesbaden 1962.
Deutsche Geschichte seit dem Ersten Weltkrieg; drei Bände; Stuttgart 1971–1973.
Deutsch, Harold C., Das Komplott; Zürich 1974.
Deutsch, Harold C., Verschwörung gegen den Krieg; München 1969.
Dönitz, Karl; Zehn Jahre und zwanzig Tage; Frankfurt und Bonn 1964.
Donnevert, Richard, Wehrmacht und Partei; Leipzig 1938.
Doussinague, José Maria, Espanña tenía razón; Madrid 1950.
Dülffer, Jost, Weimar, Hitler und die Marine; Düsseldorf 1973.
Dulles, Allen Welsh, Verschwörung in Deutschland; Kassel 1948.
Ehlers, Dieter, Technik und Moral einer Verschwörung; Bonn 1964.
Enseling, Alf, Die Weltbühne; Münster 1962.
Erger, Johannes, Der Kapp-Lüttwitz-Putsch; Düsseldorf 1967.
Faber du Faur, Macht und Ohnmacht; Stuttgart 1953.
Fabry, Philipp W., Der Hitler-Stalin-Pakt 1939–1941; Darmstadt 1962.
Farago, Ladislas, The Game of the Foxes; New York 1971.
Fest, Joachim C., Hitler; Frankfurt, Berlin, Wien 1973.
Fischer, Alexander, Sowjetische Deutschlandpolitik im Zweiten Weltkrieg; Stuttgart 1975.
Fischer, Fritz, Griff nach der Weltmacht; Düsseldorf 1961.
Fischer, Gerhard, Die Irrlichter; Valparaiso 1953.
Ford, Corey, Donovan of OSS; Boston 1970.
Foerster, Wolfgang, Generaloberst Ludwig Beck; München 1953.
Foertsch, Hermann, Schuld und Verhängnis; Stuttgart 1951.
Fraenkel, Heinrich und Manvell, Roger, Canaris; Bern und München 1969.
Furtwängler, Franz Josef, Männer, die ich sah und kannte; Hamburg 1951.
Gaxotte, Pierre, Friedrich der Große; Frankfurt, Berlin, Wien 1973.
Gehlen, Reinhard, The Service; New York 1972.
Geßler, Otto, Reichswehrpolitik in der Weimarer Zeit; Stuttgart 1958.

Gisevius, Hans Bernd, Bis zum bitteren Ende; Hamburg und Berlin/Frankfurt, Ausgaben von 1947 und 1964.
Giskes, Hermann, Spione überspielen Spione; Hamburg 1959.
Goebbels, Joseph, Tagebücher; Zürich 1948.
Göhring, Martin, Bismarcks Erben 1890–1945; Wiesbaden 1958.
Görlitz, Walter, Generalfeldmarschall Keitel – Verbrecher oder Offizier? Göttingen, Berlin, Frankfurt 1961.
Greiner, Helmuth, Die Oberste Wehrmachtführung; Wiesbaden 1951.
Gröner, Erich, Die deutschen Kriegsschiffe 1815–1945; München 1966.
Grunberger, Richard, Red Rising in Bavaria; London 1973.
Grunfeld, Frederick V., Die deutsche Tragödie; Hamburg 1975.
Hagen, Walter, Die geheime Front; Linz–Wien 1950.
Halder, Franz, Kriegstagebuch Band I und II; Stuttgart 1963.
Hannover-Drück, Elisabeth, und Hannover, Heinrich, Der Mord an Rosa Luxemburg und Karl Liebknecht; Frankfurt a. M. 1967.
Hart, B. H. Lidell, Geschichte des Zweiten Weltkrieges; Düsseldorf, Wien 1972.
Hart, B. H. Lidell (Hg.), Die Rote Armee; Bonn o. J.
Hassell, Ulrich von, Vom andern Deutschland; Zürich, Freiburg 1946.
Helmdach, Erich, Überfall?; Neckargemünd 1975.
Henke, Josef, England in Hitlers politischem Kalkül 1935–1939; Boppard 1973.
Hilberg, Raul, The Destruction of the European Jews; Chicago 1961.
Hill, Leonidas E. (Hg.), Die Weizsäcker-Papiere 1933–1950; Frankfurt, Berlin, Wien 1974.
Hochdorf, Max, Rosa Luxemburg; Berlin 1924.
Höhne, Heinz, Der Orden unter dem Totenkopf; Gütersloh 1967.
Höhne, Heinz, Kennwort: Direktor; Frankfurt 1970.
Hoepke, Klaus-Peter, Die deutsche Rechte und der italienische Faschismus; Düsseldorf 1968.
Hoffmann, Peter, Widerstand, Staatsstreich, Attentat; München 1970.
Hoßbach, Friedrich, Zwischen Wehrmacht und Hitler 1934–1938; Wolfenbüttel und Hannover 1949.
Irving, David, Hitler und seine Feldherren; Berlin 1975.
Jackson, Gabriel, A Concise History of the Spanish Civil War; London 1974.
Jacobsen, Hans-Adolf, Nationalsozialistische Außenpolitik 1933–1938; Frankfurt, Berlin 1968.
Jaksch, Wenzel, Europas Weg nach Potsdam; Stuttgart 1958.
Jasper, Gotthard (Hg.), Von Weimar zu Hitler 1930–1933; Frankfurt 1963.
Jong, Louis de, Die deutsche Fünfte Kolonne im Zweiten Weltkrieg; Stuttgart 1959.
Jünger, Ernst (Hg.), Krieg und Krieger; Berlin, 1930.
Kehrig, Manfred, Die Wiedereinrichtung des deutschen militärischen Attachédienstes nach dem Ersten Weltkrieg; Boppard 1966.
Kempner, Robert M. W., SS im Kreuzverhör; München 1964.
Kennan, George F., Diplomat in Prag; Frankfurt 1972.
Kersten, Felix, Totenkopf und Treue; Hamburg 1952.
Kiel, Heinz, Canaris zwischen den Fronten; Bremerhaven 1950.
Kielmannsegg, Adolf Graf von, Der Fritschprozeß 1938; Hamburg 1949.
Klever, Ulrich, Knaurs Hundebuch; München/Zürich 1959.
Kordt, Erich, Nicht aus den Akten; Mannheim 1949.
Kordt, Erich, Wahn und Wirklichkeit; Stuttgart 1947.
Kotze, Hildegard von, Heeresadjutant bei Hitler 1938–1943; Stuttgart 1974.
Krausnick, Helmut, Deutsch, Harold C. und Kotze, Hildegard von, Tagebücher eines Abwehroffizieres; Stuttgart 1970.
Krausnick, Helmut, Vollmacht des Gewissens; Frankfurt a. M., Berlin 1960.
Kriegsgeschichtliche Forschungsanstalt des Heeres, Die Wirren in der Reichshauptstadt und im nördlichen Deutschland 1918–1920; Berlin 1940.
Kriegsheim, Herbert, Getarnt, getäuscht und doch getreu; Berlin 1959.
Krüger, Gabriele, Die Brigade Ehrhardt; Hamburg 1971.
Krummacher, F. A. und Lange, Helmut, Krieg und Frieden; München und Esslingen 1970.
Kugler, Franz, Geschichte Friedrichs des Großen; Leipzig 1936.
Leber, Annedore, Das Gewissen entscheidet; Berlin–Frankfurt a. M. 1957.
Lehmann, Klaus, Widerstandsgrupe Schulze-Boysen/Harnack; Ost-Berlin 1948.
Leverkuehn, Paul, Der geheime Nachrichtendienst der deutschen Wehrmacht im Kriege; Frankfurt 1960.
Levi, Paul, Der Jorns-Prozeß; Berlin 1929.
Lissner, Ivar, Mein gefährlicher Weg; München 1975.
Lüdecke, Else, S. M. S. »Dresden« 1914/1915; Berlin 1915.
Lunding, Hans M., Stemplet fortroligt; Kopenhagen 1970.
Mader, Julius, Hitlers Spionagegenerale sagen aus; Ost-Berlin 1970.
Malanowski, Wolfgang, November-Revolution 1918; Berlin 1969.
Mann, Rudolf, Mit Ehrhardt durch Deutschland; Berlin 1921.
Mantey, Eberhard von, Unsere Marine im Weltkrieg 1914–1918; Berlin 1927.
Martin, Bernd, Friedensinitiativen und Machtpolitik im Zweiten Weltkrieg; Düsseldorf 1974.
Die 3. Marine-Brigade v. Loewenfeld, herausgegeben von der Kameradschaft der 3. Marine-Brigade; Kiel und Plön 1963.
Maser, Werner, Hitlers Briefe und Notizen; Düsseldorf und Wien 1973.
Masterman, John C., Unternehmen Doppelspiel; Wien, München, Zürich 1973.
Medlicott, W. N., The Economic Blockade, Bd. II; London 1959.
Merkes, Manfred, Die deutsche Politik gegenüber dem spanischen Bürgerkrieg 1936–1939; Bonn 1961.
Mielke, Otto, Das letzte Schiff des Kreuzergeschwaders; München 1954.
Mitchell, Donald W., History of the Modern American Navy; New York 1946.
Mitford, Nancy, Friedrich der Große; München 1973.
Moravec, Frantisek, Master of Spies; London 1975.
Müller, Josef, Bis zur letzten Konsequenz; München 1975.
Müller, Klaus-Jürgen, Das Heer und Hitler; Stuttgart 1969.
Nahayewsky, Isidore, History of the Modern Ukrainian State 1917–1923; München 1966.
Nettl, Peter, Rosa Luxemburg; Köln–Berlin 1967.
Neufeldt, Hans-Joachim, Huck, Jürgen und Tessin, Georg, Zur Geschichte der Ordnungspolizei 1936–1945; Koblenz 1957.
Noske, Gustav, Erlebtes aus Aufstieg und Niedergang einer Demokratie; Offenbach 1947.
Noske, Gustav, Von Kiel bis Kapp; Berlin 1920.
Oertzen, F. W. von, Die deutschen Freikorps 1918–1923; München 1936.
O'Neill, Robert, J., The German Army and the Nazi

Party; London 1966.
Papen, Franz von, Der Wahrheit eine Gasse; München 1952.
Persius, Lothar, Menschen und Schiffe in der Kaiserlichen Flotte; Berlin 1925.
Philby, Kim, Mein Doppelspiel; Gütersloh 1968.
Picht, Werner, Vom Wesen des Krieges und vom Kriegswesen der Deutschen; Stuttgart 1952.
Praun, Albert, Soldat in der Telegraphen- und Nachrichtentruppe; Würzburg 1965.
Prokoptschuk, Gregor, Der Metropolit; München 1955.
Gans Edler Herr zu Putlitz, Wolfgang, Unterwegs nach Deutschland; Ost-Berlin 1957.
Puttkamer, Jesco von, Von Stalingrad zur Volkspolizei; Wiesbaden 1951.
Raeder, Erich, Der Kreuzerkrieg in ausländischen Gewässern; Berlin 1922.
Raeder, Erich, Mein Leben, Bd. I; Tübingen 1956.
Ransom, Harry Howe, The Intelligence Establishment; Cambridge (USA) 1970.
Reile, Oscar, Geheime Ostfront; München 1963.
Reile, Oscar, Geheime Westfront; München 1962.
Reiman, Victor, Dr. Joseph Goebbels; Wien, München, Zürich 1971.
Reiners, Ludwig, Friedrch; München 1952.
Reitlinger, Gerald, Ein Haus auf Sand gebaut; Hamburg 1962.
Ritter, Nikolaus, Deckname Dr. Rantzau; Hamburg 1972.
Rittlinger, Herbert, Geheimdienst mit beschränkter Haftung; Stuttgart 1973.
Rönnefahrt, Helmuth K.G., Die Sudetenkrise in der internationalen Politik; Wiesbaden 1961.
Roden, Hans, Deutsche Soldaten; Leipzig 1935.
Ruhl, Klaus-Jörg, Spanien im Zweiten Weltkrieg; Hamburg 1975.
Sänger, Fritz, Politik der Täuschungen; Wien 1975.
Scheer, Reinhard und Stöwer, Willy, Die deutsche Flotte in großer Zeit; Braunschweig, Berlin, Hamburg 1926.
Schellenberg, Walter, Memoiren; Köln 1956.
Schenk, Otto, S.M.S. »Dresden« im Geschwader Spee; Berlin o.J.
Schnabel, Raimund, Macht ohne Moral; Frankfurt 1957.
Schneider, Heinrich, Die letzte Fahrt des Kleinen Kreuzers »Dresden«; Berlin und Leipzig 1926.
Schottelius, Herbert und Deist, Wilhelm, Marine und Marinepolitik 1871–1914; Düsseldorf 1972.
Schramm-von Thadden, Ehrengard, Griechenland und die Großmächte im Zweiten Weltkrieg; Wiesbaden 1955.
Schukow, Georgi K., Erinnerungen und Gedanken; Stuttgart 1969.
Schulze, Hagen, Freikorps und Republik 1918–1920; Boppard am Rhein 1969.
Seabury, Paul, The Wilhelmstraße; Berkeley, Los Angeles 1964.
Shirer, William L., Aufstieg und Fall des Dritten Reiches; München, Zürich 1963.
Siebert, Ferdinand, Italiens Weg in den Zweiten Weltkrieg; Frankfurt a.M. 1962.
Simsa, Paul, Marine intern; Stuttgart 1972.
Smith, R. Harris, OSS; Los Angeles und London 1972.
Sommer, Theo, Deutschland und Japan zwischen den Mächten; Tübingen 1962.
Speidel, Hans, Invasion 1944; Tübingen, Stuttgart 1961.
Spiegelbild einer Verschwörung: Die Kaltenbrunner-Berichte an Bormann und Hitler über das Attentat vom 20. Juli 1944; Stuttgart 1961.
Sprotte, Helmut, Die Reichsmarine in ihrer organisatorischen Entwicklung seit der Revolution; Berlin 1922.
Stephan, Enno; Geheimauftrag Irland; Oldenburg 1961.
Stieber, Denkwürdigkeiten des Geheimen Regierungsrathes Dr. Stieber; Berlin 1884.
Stöckel, Kurt, Die Entwicklung der Reichsmarine nach dem Ersten Weltkrieg (1919–1935); Göttingen, 1954.
Strauch, Rudi, Sir Nevile Henderson; Bonn 1959.
Ströbinger, Rudolf, A/54; München 1966.
Strong, Sir Kenneth, Die Geheimnisträger; Wien und Hamburg 1971.
Tansill, Charles Callan, Die Hintertür zum Kriege; Düsseldorf 1957.
Taylor, A. J. P., Die Ursprünge des Zweiten Weltkrieges; Gütersloh 1962.
Thomas, Hugh, Der spanische Bürgerkrieg; Berlin, Frankfurt, Wien 1961.
Veit, Ursula, Justus Gruner als Schöpfer der Geheimen Preußischen Staatspolizei; Coburg 1937.
Wacker, Wolfgang, Der Bau des Panzerschiffes »A« und der Reichstag; Tübingen 1959.
Waldersee, Denkwürdigkeiten des Generalfeldmarschalls Alfred Grafen von Waldersee; Stuttgart 1922.
Wedemeyer, Albert C., Wedemeyer reports!; New York 1958.
Weizsäcker, Ernst von, Erinnerungen; München 1950.
Westphal, Siegfried, Heer in Fesseln; Bonn 1952.
Whaley, Barton, Codeword Barbarossa; Cambridge (USA) 1973.
Wheatley, Ronald, Operation Sea Lion; Oxford 1958.
Wheeler-Bennet, John W., Die Nemesis der Macht; Düsseldorf 1954.
Wighton, Charles und Peis, Günter; They spied on England; London 1958.
Whitting, Charles, Canaris; New York 1973.
Wilde, Harry, Rosa Luxemburg; Wien, München, Zürich 1970.
Winterbotham, F. W., Secret and Personal; London 1969.
Wuescht, Johann, Jugoslawien und das Dritte Reich; Stuttgart 1969.
Zeller, Eberhard, Geist der Freiheit; München 1963.
Ziesel, Kurt, Der rote Rufmord; Tübingen 1961.
Zolling, Hermann und Höhne, Heinz, Pullach intern; Hamburg 1971.

Zeitschriften- und Zeitungsartikel

Baum, Walter, Marine, Nationalsozialismus und Widerstand; Vierteljahrshefte für Zeitgeschichte, Heft 2/1963.
Baumgart, Winfried, Zur Ansprache Hitlers vor den Führern der Wehrmacht am 22. August 1939; Vierteljahrshefte für Zeitgeschichte; Heft 16/1968.
Bidlingmaier, Gerhard, Zum 50. Jahrestag der Falklandschlacht; Marine-Rundschau; Heft 6/1964.
Böhm, Anton, Canaris; Rheinischer Merkur, 7. Januar 1955.
Broszat, Martin, Das Sudetendeutsche Freikorps; Vierteljahrshefte für Zeitgeschichte, Jahrgang 1961.
Deist, Wilhelm, Die Politik der Seekriegsleitung und die Rebellion der Flotte Ende Oktober 1918; Vierteljahrshefte für Zeitgeschichte; Heft 4/1966.
Deist, Wilhelm, Die Unruhen in der Marine 1917/1918; Marine-Rundschau, Heft 6/1971.
Diplomatist, Ein König im Netz; Die Weltbühne, 10. Januar 1928.
Drascher, Wahrhold, Zur Soziologie des deutschen Seeoffizierkorps; Wehrwissenschaftliche Rundschau, Heft 10/1962.
Falkenhagen, Horst, Gespräche mit Canaris; Neue Zeitung, 6. Juli 1948.
Forstmeier, Friedrich, Probleme der Erziehung und Ausbildung in der Kaiserlichen Marine in Abhängigkeit von geistiger Situation und sozialer Struktur; Marine-Rundschau, Heft 4/1966.
Graml, Hermann, Der Fall Oster; Vierteljahrshefte für

Zeitgeschichte, Jahrgang 1966.
Observator, Geheimdienst, Fahneneid und Hakenkreuz; Echo der Woche, 17. Februar bis 5. Mai 1950.
Grosse, Will, Der Mann, der zuviel wußte; Hamburger Morgenpost, 24. Oktober 1950.
Hartmann, Sverre, Zwischen Staat und System; Deutsche Rundschau, April 1955.
Henke, Gerhard, Bericht und Erinnerungen; Die Nachhut, 1. August 1967.
Henke, Gerhard, Aus den Erinnerungen eines Ic/AO; Die Nachhut, 15. November 1967.
Herwig, Holger H., Soziale Herkunft und wissenschaftliche Vorbildung des Seeoffiziers der Kaiserlichen Marine vor 1914; Militärgeschichtliche Mitteilungen, Heft 2/1971.
Herzog, Bodo, Kapitänleutnant Wilhelm Canaris als U-Boot-Kommandant; Die Nachhut, 1. Oktober 1972.
Herzog, Bodo, Der junge Canaris in Duisburg (1892–1905); Die Nachhut, 10. Mai 1972.
Herzog, Bodo, Das letzte Bordkommando von Wilhelm Canaris; Die Nachhut, 15. Mai 1973.
Hildebrand, Klaus, Hitlers Ort in der Geschichte des preußisch-deutschen Nationalstaates; Historische Zeitschrift, Band 217, Heft 3, Dezember 1973.
Kisch, Egon Erwin, Rettungsgürtel an einer kleinen Brücke; Die Weltbühne, 29. Mai 1928.
Krausnick, Helmut, Wehrmacht und Nationalsozialismus; Das Parlament, 9. November 1955.
Krausnick, Helmut, Hitler und die Morde in Polen; Vierteljahrshefte für Zeitgeschichte, Heft April 1963.
Ludlow, Peter, Papst Pius XII., die britische Regierung und die deutsche Opposition im Winter 1939/40; Vierteljahrshefte für Zeitgeschichte, Heft 3/1974.
Lunding, Hans M., Skizze »Sonderhäftlingsbaracke«; Die Nachhut, 1. September 1971.
Maser, Werner und Höhne, Heinz, Aufriß über meine Person; Der Spiegel, Hefte 19/1973 und 22/1973.
Meos, Edgar Siegfried, Hitlers Geheimdienst in Estland vor dem Überfall auf die Sowjetunion; Mitteilungsblatt der Arbeitsgemeinschaft ehemaliger Offiziere, Ost-Berlin Juni 1969.
Merkel, Harald, Ein Admiral kämpft für Frieden und Menschlichkeit; Marine-Rundschau, Heft 6/1965.
Morus, Der Fall Lohmann; Die Weltbühne, 16. August 1927.
Morus, Alle Mann an Bord; Die Weltbühne, 13. März 1928.
Murmann, Ernst, Betrachtungen zum Fall Blomberg; Frankfurter Allgemeine Zeitung, 4. Juni 1974.
Nollau, Günther, Rosa Luxemburg las Faust II; Der Spiegel, Heft 1/2/1970.
Oliver, Gregory in Kiel; Die Weltbühne, 6. März 1928.
Oliver, Canaris an der Ostsee; Die Weltbühne, 6. September 1927.
Oliver, Das Geheimnis um Canaris; Die Weltbühne, 23. August 1927.
Ossietzky, Carl von, Der Ponton-Prozeß; Die Weltbühne, 20. März 1928.
Ossietzky, Carl von, Das glückhafte Schiff von Kiel; Die Weltbühne, 24. Januar 1928.
Ossietzky, Carl von, Canarisfilm und Völkerbundstheater; Die Weltbühne, 13. September 1927.
Pabst, Waldemar, Ich ließ Rosa Luxemburg richten; Der Spiegel, Heft 16/1962.
Persius, Lothar, Der Seekrieg; Die Weltbühne, 17. April und 19. Juni 1919.
Persius, Lothar, Der Schwindel über die Marine; Die Weltbühne, 13. Mai 1920.
Persius, Lothar, Die Tragödie der alten Marine; Die Weltbühne, 6. November 1928.
Pruck, Erich Ferdinand, Der Abwehrchef; Der Notweg, Heft 7/1954.
Rodriguez Aragon, Mario, Operacion KN; Pueblo (Madrid), 21. August 1958.
Ronge, Paul, Zur Ahnentafel des Admirals Canaris; Genealogie, Bd. VI, Heft 1/1962.
Scheurig, Bodo, Helfer, Zauderer, Außenseiter; Vorwärts, 8. April 1960.
Schulze-Bernett, Walter, Der Grenzzwischenfall bei Venlo; Die Nachhut, 15. Mai 1973.
Roos, Hans, Die militärpolitische Lage und Planung Polens gegenüber Deutschland vor 1939; Wehrwissenschaftliche Rundschau, Heft 4/1957.
Selle, Erich von, Mann im Schatten; Welt am Sonntag, 8. Januar 1950.
Spalcke, Karl, Der Fall Tuchatschweski; Die Gegenwart, 25. Januar 1958.
Thorwald, Jürgen, Der Mann, der den Krieg auslöste; Der Stern, 7. Juni 1953.
Trevor-Roper, H. R., Admiral Canaris; The Cornhill Magazine, Sommer 1950.
Uhlig, Heinrich, Der verbrecherische Befehl; Das Parlament, 6. November 1963.
Ziesenitz, Andreas, Spionage; Die Weltbühne, 9. Dezember 1920.
Ziesenitz, Andreas, Der Vater der Lüge; Die Weltbühne, 29. Juli 1920.
Das Märchen von den Canarischen Inseln; Die Weltbühne, 22. November 1927.
Das Spiel ist aus – Arthur Nebe; Der Spiegel, 29. September bis 20. April 1950.
Der ungeklärte Fall Major Sosnowskis; Polnische Wochenschau, Heft 24/1971.
Im Reichsmarineamt erscheint Herr Dillenz mit einem ausländischen Rechtsanwalt . . .; Die Weltbühne, 22. Mai 1928.
In memoriam Joachim Rohleder; Die Nachhut, 15. Juli 1974.
Korvettenkapitän Canaris; Die Weltbühne, 3. Februar 1931.
Letzte Ölung; Der Spiegel, Heft 37/1968.
SS-Bericht über den 20. Juli; Nordwestdeutsche Hefte, Nr. 2, Februar 1947.
Stabsoffizier, Das alte Heer; Die Weltbühne, 10. Juni 1920.

Benutzte Zeitungen und Zeitschriften

Berliner Börsenzeitung 1931.
Berliner Tageblatt 1927, 1931.
Berliner Illustrierte Zeitung 1935.
Der Spiegel 1948–1976.
Die Nachhut 1969–1975.
Die Weltbühne 1920–1933.
Frankfurter Allgemeine Zeitung 1950–1955, 1975.
Völkischer Beobachter 1930–1945.

Bildnachweis

Bildarchiv, Preußischer Kulturbesitz, Berlin (3 u., 4 o., 6 o. re., 6 o. li., 7 o. li. u. re., 7 u., 9 o. re., 13 u., 16 u. li.); Bundesarchiv/Militärarchiv, Freiburg (Textabb. 2, 5, 6, 8, 9, 16); WZ-Bilddienst, Wilhelmshaven (8 o. li.); Peis-Archiv (10 u., 13 o., 14 o. li.); Spiegel-Verlag, Hamburg (15 o., 15 u.); Süddeutscher Verlag, Bilderdienst, München (1, 3 o., 9 u., 10 o., 11 o. li. u. re., 12 u., 14 u.); Ullstein Bilderdienst, Berlin (2 u., 4 u., 5 o. re. 5 u., 8 u., 12 o., 14 o. re.); Otto Wagner, Säckingen (11 u., 16 u. re.).

Personenregister

AUFBAU DES AMTES AUSLAND / ABWEHR

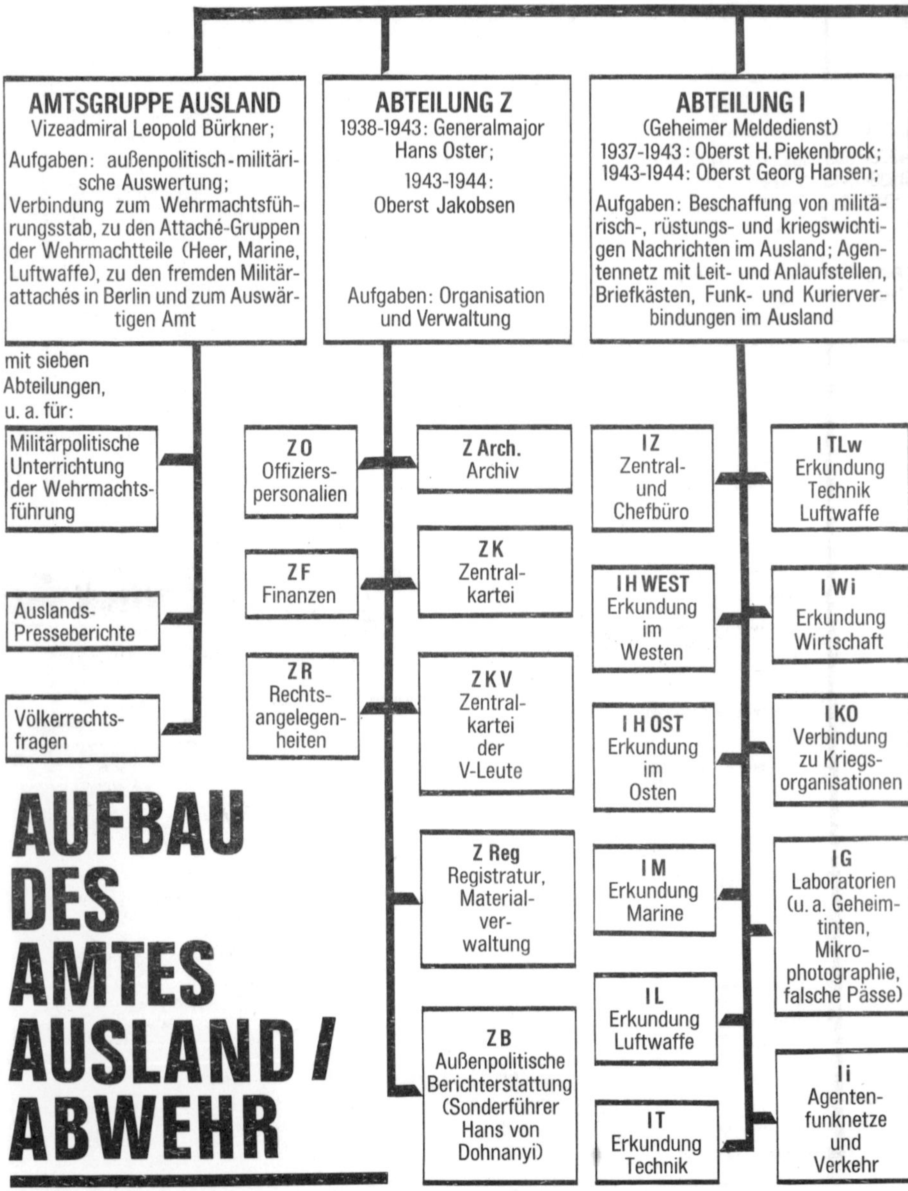